KB066011

박시백의

조선왕조실록
연표

朝   鮮

박시백의
조선왕조실록
연표

박시백 지음

王   祖

實   錄

Humanist

작가의 말

2013년 《박시백의 조선왕조실록》 완간을 기념하는 자리에서 조선사 연표 작업을 마지막으로 《조선왕조실록》과 작별하고 싶다는 이야기를 했었다.

만화 작업은 《조선왕조실록》을 읽으며 노트에 기록하는 것부터 시작되었다. 날짜별로 의미 있는 기사를 요약해 두었는데 완간을 하고 나서 보니 그렇게 작성된 노트가 백여 권에 이르렀다. 이 노트들을 바탕으로 전체적인 흐름을 파악하고 각 권의 얼개를 짰으며, 세부적인 내용을 선택하고 배치하는 것은 물론, 필자만의 해석도 할 수 있었다.

완간과 함께 이제 《조선왕조실록》을 다시 볼 일은 없겠다고 생각하니 노트가 아까웠다. 노트를 요약하고 정리해 놓으면 조선사를 공부하는 이들이나 조선사 관련 창작물을 준비하는 작가들에게 도움이 되지 않을까 하는 생각이 들면서 '문제의 발언'을 했던 것이다.

그날의 발언에 대한 후회는 금방 찾아왔다. 막상 연표 작업을 시작하고 보니 일의 양이 우선 만만찮았다. 노트를 다시 읽으며 요약하여 타이핑하고 의문스럽거나 표현이 모호한 부분은 《조선왕조실록》을 찾아 확인해야 했다. 연표 발언을 한 자신이 여간 원망스럽지 않은 데다 회의도 생겼다.

일단 노트는 《조선왕조실록》을 보며 필자가 임의대로 선택해 기록한 것이다. 그리고 다시 노트에서 임의로 추려 연표 작업을 했다. 그렇다 보니 정작 기록해야 할 기사를 빠뜨리거나 그다지 중요하지 않은 기사를 선택한 경우가 있을 것이다. 이런 문제점 때문에 이 연표가 '도움'이 될 수 있을까 하는 회의가 들었던 것이다.

이렇듯 후회와 회의로 자책하며 1년 가까운 작업 끝에 작년 늦가을에 원고를 넘겼다. 출간이 늦어진 것은 편집부의 성실성 때문이다. 그 많은 양을 일일이 《조선왕조실록》과 대조했을 뿐만 아니라 해당 기사의 앞뒤 내용을 섭렵하고 관련 서적을 뒤적여 가며 정확한 내용을 파악하려 했다. 중간중간 달아 놓은 각주 대부분은 편집부의 그러한 노력의 산물이다.

부족함이 많겠지만 필요한 이들에게 작은 도움이 되기를 바란다.

2015년 6월
박시백

차례

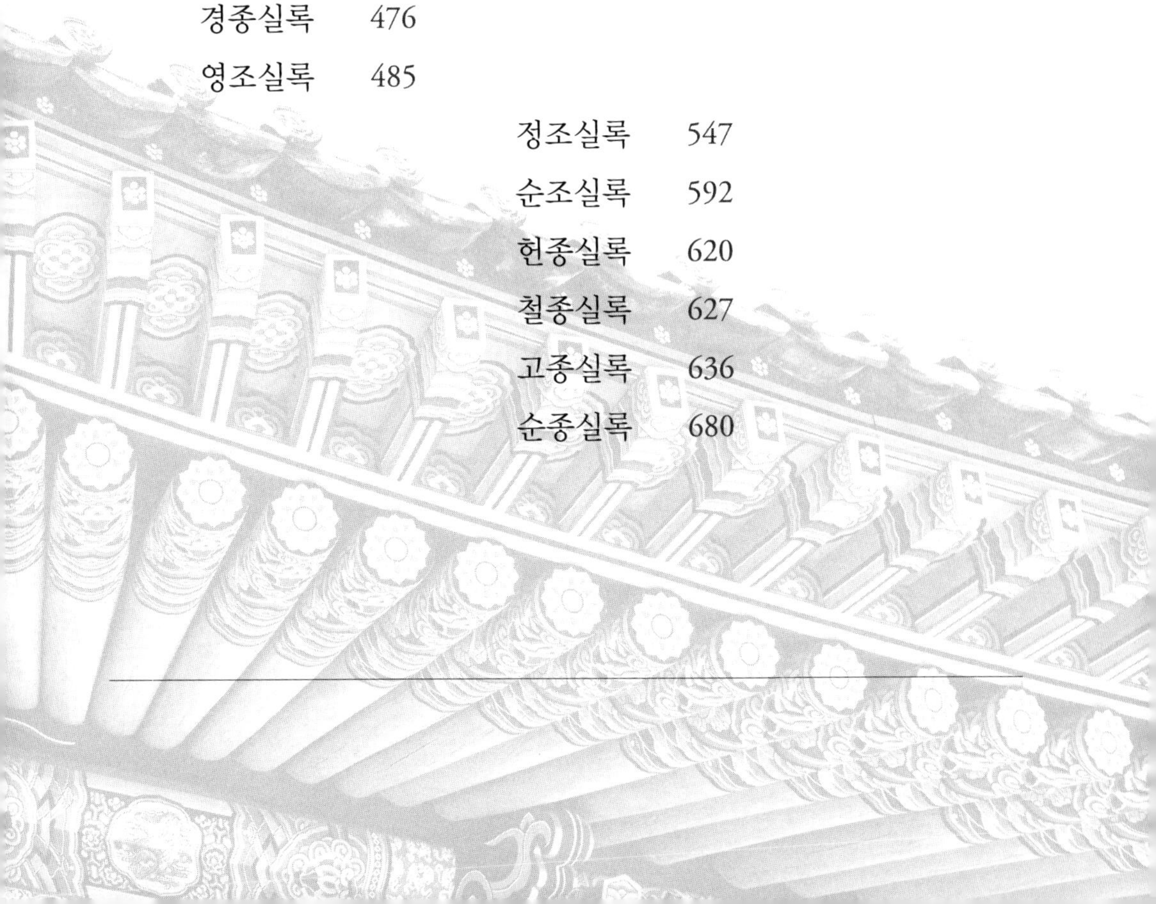

태조실록

총서

- 태조강헌지인계운성문신무대왕의 성은 이, 휘는 단, 자는 군진이다.
- 고조부 목조가 전주를 떠나 강릉도의 삼척현으로 옮기니, 따라 이사한 가구가 170여 호에 이르다.
- 증조부 익조가 목조의 관직을 이어받다.
- 조부 도조가 충숙왕에게 조회하다.
- 부 환조가 공민왕에게 조회하다.
- 태조가 위화도에서 회군하다.
- 공양왕이 태조의 공적을 기리는 교지를 내리다.
- 태종이 정몽주를 죽이고 일당을 탄핵하다.
- 공양왕이 태종과 조용을 시켜 태조와의 맹약을 위한 초안을 잡게 하다.

태조 1년(1392)

7. 17. 수창궁에서 즉위하다.

7. 18. 태조가 왕위에 오르자, 오랜 가뭄 끝에 비가 내리다.

7. 18. 백관에게 명해, 고려 왕조의 정령·법제의 장단점과 변천 내력을 기록해 아뢰게 하다.

7. 18. 종친과 대신에게 각 도의 군사를 나누어 거느리게 하다.

7. 20. 대사헌 민개 등의 건의에 따라 순흥군 왕승 등 5명을 제외한 왕씨들을 강화와 거제로 내보내게 하다.

7. 28. 태조의 4대 조상에게 존호를 올리다.

7. 28. 태조가 전국의 대소 신료·한량·기로·군민 들에게 즉위 교서를 내리다.

7. 28. 문무백관의 관제와 각 관제의 품계와 역할을 정하다.

7. 30. 우현보를 해양으로, 이색을 장흥부로, 설장수를 장기로 유배 보내다.

8. 1. 임금이 서서 여러 신하들의 조회를 받다.

8. 2. 공신도감을 설치하다.

8. 2. 대간과 6조에게 각 1원마다 4품 이하와 6품 이상의 인물 3인씩을 천거하도록 하다.

8. 2. 입관보리법(入官補吏法)을 제정하다.

8. 2. 수령의 근무 실태 조사를 위하여 전최법(殿最法)을 제정하다.

8. 7. 강 씨(신덕왕후)를 왕비로 삼고 현비라 하다.

8. 7. 이방우 등 여러 왕자와 부마 이제를 군으로 봉하다.

8. 7. 왕요(공양왕)를 공양군으로 봉하고, 왕요의 아우 왕우로 하여금 왕씨의 제사를 주관하게 하다. 전 왕조의 왕대비 안 씨는 의화궁주에 봉하다.

8. 7. 각 도의 수령·유학교수관·역승에게 그 직을 그대로 주다.

8. 8. 지금의 전하(이방원)를 동북면에 보내어 4대 선조의 능실에 제사 지내다. 이어 왕위에 오른 일을 고하고 능호를 올리다.

- 이 기사에서 이방원을 '지금의 전하'라고 표현한 것이나, 태조 3년 11월 19일 기사 등 여러 곳에서 '우리 전하[我殿下]'라고 표현한 것은 《태조실록》이 태종 때 편찬되었기 때문이다.

8. 9. 봉상시에 명해 4대 선조의 신주를 만들게 하다.

8. 11. 신하들의 간청에 따라 앉아서 조회를 받다.

- 즉위한 이래, 겸양의 뜻으로 서서 신하들의 조회를 받았는데 이날 처음으로 앉아서 조회를 받았다.

8. 13. 고려 태조의 주상(鑄像)을 마전군으로 옮

기다.

8.13. 도평의사사에 지시해 도읍을 한양으로 옮기도록 하다.

8.15. 올량합이 오다.

8.18. 유구국에서 사신을 보내 조회하다.

8.19. 대사헌 남재가, 온정에 거둥할 때 의흥친군위 외에 대간·사관 등을 각 한 명씩 호종케 할 것을 청하니 따르다.

8.20. 강 씨 소생 막내아들 방석을 세자로 삼다.

8.20. 교지를 내려 개국 공신의 위차를 정하다.

8.23. 이종학·우홍수·이숭인 등이 곤장을 맞고 죽은 일을 알고 임금이 화를 내다.

• 이 일은 정도전·남은 등이 황거정 등과 공모하여 벌인 일이다.

8.26. 사은사 왕격과 권중화가 돌아와, 명의 황태자가 죽고 그의 아들 윤문(건문제)이 황태손이 되었음을 아뢰다.

8.29. 조림을 중국으로 보내 태조가 즉위하게 된 사유를 알리는 표문을 올리다.

9.1. 이거인을 중국에 보내 황태자의 죽음을 애도하는 표문을 올리다.

9.3. 배극렴·조준 등이, 궁궐과 성곽이 완성된 후에 신도로 옮길 것을 청하니 따르다.

9.8. 임금이 온천에서 돌아오자 세자와 백관이 선의문 밖에서 맞이하다.

9.11. 유구국 사신과 오량합의 사람이 조회에 참여하다.

9.14. 예문춘추관에서, 정전에서 정무를 재결하고 신료를 접견할 때는 사관을 입시케 하여 듣게 할 것 등 3가지를 상언하니 윤허하다.

9.16. 공신도감에서, 공신들에게 줄 관직·토지·노비 등 포상 규정을 상언하니 윤허하다.

9.18. 수창궁에 거둥해 성절(중국 황제의 생일)을 축하하는 의식을 행하고 신하들에게 잔치를 베풀다.

9.21. 편전에서 개국 공신들에게 연회를 베풀고 녹권·금대·은대 등을 내리다.

9.21. 대사헌 남재 등이 상언해, 서북면의 방어책, 환관의 제어, 양반 부녀자의 외출 제한 등 12가지를 건의하다.

9.21. 현비전에서 개국 공신의 부인들에게 잔치를 베풀다.

9.24. 도평의사사의 배극렴·조준 등이, 학교와 농상(農桑)·수령의 출척과 교대·인재의 추천·민정(民丁)·의창 등 22개 조목에 대해 상언하니 모두 따르다.

9.26. 대궐 뜰에서 격구를 하다.

9.26. 대신들이, 왕자들에게도 본래의 과전 외에 토지를 더 내려 줄 것을 청하다.

9.27. 대사성 유경에게 《대학연의》를 강론하게 하다.

9.27. 도평의사사에 교서를 내려 조견 등 7명을 공신에 추록하도록 하다.

9.28. 개국 공신들과 왕세자 및 왕자들이 모여 끝까지 신의를 지킬 것을 맹세하다.

9.30. 임금이 서운관 관원들과 종묘를 지을 자리를 논의하다.

10.3. 대간이 연명으로 상소해 한상경 등 7명의 개국 공신 추록을 반대했으나, 윤허하지 않다.

10.9. 개국 공신의 칭호를 내리다. 1등은 좌명개국이라 하고, 2등은 협찬개국이라 하고, 3등은 익대개국이라 하다.

10.9. 유원정과 박의중에게 관직을 제수하고, 자초(무학 대사)를 왕사로 삼다.

10.9. 유만수·최영지 등 수십 명을 원종공신으로 포상하라 명하다.

10.9. 최윤수·황보개 등 213명을 원종공신에 책록하라 명하다.

10.10. 이조전서 유양 등이, 근래에 폐지되어 없어진 문무 양반의 정안을 시행할 것을 상언하니 윤허하다.

10.12. 우현보·이색·설장수 등 30명을 경외에 종편하다.

10.13. 조준·정도전 등에게 명하여, 전 왕조의

역사를 수찬케 하다.

10. 13. 전 왕조의 종묘를 헐고 그 자리에 새 종묘를 짓도록 하다.

10. 22. 중국에 갔던 지중추원사 조반이 조선을 인정한다는 차부(箚付)를 가져오자 백관이 배하하다.

10. 25. 벼슬아치의 임명 법식을 고치다. 1품에서 4품까지는 왕이 교지를 내리는데 이를 관교라 하고, 5품에서 9품까지는 문하부에서 교지를 받아 임명장을 주는데 이를 교첩이라 하다.

10. 25. 정도전이, 명 황제의 덕을 칭송하는 표문을 가지고 가다.

11. 1. 예조에서, 초제(醮祭)를 지내는 장소를 소격전으로 한정하고 이외의 장소는 폐지할 것을 상언하자 윤허하다.

11. 4. 의화궁주 안 씨의 어머니가 임금을 위해 잔치를 베풀다.

11. 6. 4대 선조의 존호를 정하여 올리다.

11. 9. 왜구에게 피랍되었다가 도망하여 합포에 이른 중국인에게 의복과 양식을 주고 남경으로 보내다.

11. 12. 사간원에서, 날마다 경연을 열 것을 청했으나 거부하다.

11. 14. 다시 사간원에서, 경연을 열 것을 상소하니 윤허하다.

11. 15. 내탕고의 재물을 내어 관음굴에서 중들을 공양하다.

11. 19. 상의중추원사 황희석을 개국 2등 공신에 준하여 포상하라는 교지를 내리다.

11. 26. 문하좌시중 배극렴이 향년 68세로 병사하다.

11. 27. 남경에 갔던 조림이 돌아와, 국호를 어떻게 할 것인지를 묻는 중국 예부의 자문(咨文)과 황제의 선유(宣諭)를 전하다.

11. 29. 예문관 학사 한상질을 중국에 보내어, 조선과 화령 중 어떤 것으로 국호를 정할지 묻다.

12. 12. 도평의사사에서 품계별 관복의 복식을 상정해 아뢰다.

12. 17. 우인열을 중국에 보내 은혜에 사례하고 말 30필을 바치게 하다.

12. 24. 감찰을 의주 등지에 보내, 사람들이 국경을 넘어가 무역하는 것을 금하게 하다.

12. 27. 노비 송사의 처결에 대한 교지를 내리다.

윤12. 14. 올량합이 와서 방물(方物)을 바치다.

윤12. 16. 형조에서, 대벽(大辟)의 죄는 반드시 세 번 아뢰게 하고, 외방의 사형 죄는 수령이 도관찰사에게 보고하면 도관찰사가 다시 조사한 후 도평의사사에 전하도록 하고, 도평의사사는 다시 세 번 아뢰게 한 후 처결토록 할 것을 청하니 따르다.

윤12. 19. 현비와 더불어 의화궁주 안 씨의 사제에서 연회를 베풀다.

윤12. 28. 개국 공신들이 임금을 위해 잔치를 베풀고, 각기 술잔을 받들어 헌수(獻壽)하다.

윤12. 28. 유구국 중산왕이 찰도가 칭신(稱臣)하며 사람을 보내 예물을 바치다.

태조 2년(1393)

1. 1. 신하들을 거느리고 황제가 있는 곳을 향해 새해를 하례하고, 중국 조정에서 제정한 관복을 처음 입다.

1. 1. 우현보·이색·설장수 등 30명을 사면하고, 서울과 외방 편리한 곳에 살게 하다.

1. 12. 예문춘추관 학사 이행이 쓴 사초에, 왕이 신우(우왕)·신창(창왕)·변안열을 죽였다고 되어 있어서 국문하도록 하다.

1. 15. 임금의 행차에 뛰어들어 양민이라고 호소한 사람들을 국문하고, 수괴 3명에게는 곤장을 치게 하다.

1. 19. 계룡산의 지세를 직접 보고 장차 도읍으로 삼고자 출발하니, 영삼사사 안종원·우시중 김사형·참찬문하부사 이지란·판중추원사 남은

등이 따라가다.

1.21. 회암사에 들러, 왕사 자초를 청해 같이 가다.

1.21. 이조에서, 경내(境內)의 명산(名山)·대천(大川)·성황(城隍)·해도(海島)의 신을 봉하기를 청하니 따르다.

1.21. 이색이 와서 알현하고 사면해 준 은혜에 대해 사례하다.

2.1. 지중추원사 정요가, 현비가 병환이 나서 편치 못하고 초적(草賊)이 준동한다는 도평의사사의 보고를 아뢰었는데, 천도를 저지하기 위한 술수로 여기다.

2.8. 계룡산 밑에 도착하다.

2.9. 신도 예정지의 산수와 형세를 살펴보고, 조운(漕運)·도로·성곽을 축조할 지세 등을 조사하도록 하다.

2.10. 영서운관사 권중화가, 새 도읍의 종묘·사직·궁전·조시(朝市)를 만들 지세의 그림을 바치다. 이에 서운관과 풍수학인 이양달·배상충 등에게 명해 형세를 살펴보게 하다. 이어 판내시부사 김사행에게 명해 먹줄로 땅을 측량하게 하다.

2.11. 높은 언덕에 올라 지세를 두루 살핀 후 왕사 자초에게 지세가 어떠한가 물으니 판단하기 쉽지 않다고 답하다.

2.13. 동지중추 박영충·전 밀직 최칠석 등을 남겨 새 도읍 건설을 감독하도록 하고 계룡산을 떠나다.

2.15. 주문사 한상질이 와서, 국호를 조선으로 하라는 중국 예부의 자문을 전하다.

2.27. 개경으로 돌아오니 백관이 맞이하다. 시좌궁 문밖에 채붕(綵棚)을 설치하고 나례(儺禮)를 행하다. 성균관의 학관이 여러 유생을 거느리고 노래를 부르다.

3.2. 지형조사 장연이, 지난번 노비 송사의 처리에 대한 교지 이후 노비 쟁송이 오히려 더 번다해졌다고 상언하자, 이유를 조사하라 이르다.

3.8. 새 도읍을 건설하던 백성을 놓아 보내게 하다.

3.15. 만호 신용무가 왜구를 막지 못하고 병선 3척을 빼앗기니, 율에 의거해 참형에 처하기로 하다.

3.18. 왜구가 침범할 기미가 있자, 이화·박위·최운해를 양광도에, 이제·남은·이지란을 경상도에, 진을서를 전라도에 보내 방비하도록 하다.

3.19. 신용무의 죄를 사하고 왜적을 치게 하다.

3.20. 사은사 정도전이 중국에서 돌아오다.

3.21. 사초를 잘못 기록했던 이행에게 곤장 100대를 치고 울진으로 귀양 보내다.

3.28. 연복사의 5층탑이 완성되자, 문수 법회를 열고 친히 자초의 선법 강설을 듣다.

4.1. 신도를 건설하던 공장(工匠)을 놓아 보내다.

4.2. 왕비와 함께 연복사에서 문수 법회를 구경하다.

4.3. 서북면 도순무사 조온이, 탈환불화(중국의 사신)가 예전의 관하 인민을 찾으러 왔다고 보고하다.

4.4. 왕우와 격구를 하다가, 그의 형인 공양군(공양왕)은 욕심이 한이 없어서 오늘날 이렇게 됐다고 말하다.

4.6. 죄수의 정상(情狀)을 살피게 하다.

4.6. 여러 도에 사람을 파견해 병마의 단련 상황을 점고(點考)하도록 하다.

4.6. 왕사 자초를 궐 안에서 접대하고 채색 비단을 하사하다.

4.14. 왜구가 물러가니 의안백 이화 등 여러 절제사가 돌아오다.

4.27. 의창의 곡식을 내어 가난한 백성을 구휼하다.

5.2. 청심정(淸心亭)에서 척석희(擲石戲)를 구경하다.

5.7. 탈환불화에게 저포(苧布)와 마포(麻布)를 하사하다.

5.7. 만호 최용유가 왜구와 싸우다 전사했다는 소식을 듣고, 연해의 방어를 엄히 하라 명하다.

5.7. 세자가, 자신의 거처가 낮고 좁다고 불평하여 양청(涼廳) 공사를 시작했으나, 세자에게는 양청이 없어도 괜찮다며 중지할 것을 명하다.

5.7. 공신 자제들을 세자와 함께 공부하게 하였으나, 공부는 게을리하고 세자의 눈에 드는 일에만 애쓴다며 질책하다. 앞으로는 함께 공부하게 하지 말고 날마다 교대로 숙직만 하게 하라 명하다.

5.8. 중추원사 이무에게 강화(江華)의 병선을 점고하고, 연해의 요로에 정박해 왜적을 잡게 하다.

5.10 의비(의혜왕후)의 3대 조상을 추증하다.

5.11 탈환불화가 중국으로 돌아가다.

5.14. 왜적이 교동에 침구하다.

5.16. 오량합 5인에게 의복을 내리다.

5.21. 이화와 여러 절제사를 보내 왜적을 치게 하니, 왜적이 도망가다.

5.23. 흠차내사 황영기 등이 황제(홍무제)가 직접 쓴 조서를 가지고 오다. 조서에 조선이 정탐 활동을 하고 요동의 변장(邊將)을 회유하려 했다는 것과, 여진인들을 꾀어 조선으로 데려갔다는 등 힐문하는 내용이 있는데, 여진인을 돌려보내면 군사를 일으키지 않겠다고 하다.

5.25. 이성·강계 등지에서 와서 의탁한 여진인들을 찾아 돌려보내라 명하다.

5.26. 영토 안에 있는 사람은 다 적자(赤子)라며, 거제도의 왕씨들을 육지로 나와 살게 하고 재능 있는 왕씨에겐 벼슬도 주라 명하다.

5.26. 각 도에서 군사를 점고하여, 마병·보병·기선군(騎船軍)을 합쳐 모두 200,800여 명이라는 군적을 올리다.

6.1. 황제가 힐문한 조목에 대해 답하는 표문을 올리게 하다.

6.6. 천호 고활활출을 통해 공마 약 1만 마리에 해당하는 비용을 지불하겠다는 예부의 자문이 오다.

6.6. 장사길과 곽충보에게 문화현과 영녕현에 침구한 왜구를 치게 하다.

6.7. 좌산기상시 안경검이 화원(花園)의 공사를 중지할 것을 청하자 질책하면서, 이후로는 종사의 안위에 관계된 것이 아니면 아뢰지 말라 이르다.

6.10. 지중추원사 조림을 정요위(定遼衛)에 보내 말값을 받아 오게 하다.

• 정요위는 명나라의 지방 행정 기구다.

6.16. 섬라곡국에서 사람을 보내 소목(蘇木)·속향(束香)과 토인(土人) 두 사람을 바치니 두 사람으로 하여금 대궐 문을 지키게 하다.

6.19. 내시 이만을 목 베고, 세자의 현빈 유 씨를 내쫓다.

6.21. 대간과 형조에서 현빈 유 씨 일의 정상을 밝히도록 상언하니, 노하여 순군옥(巡軍獄)에 가두다.

6.22. 현빈 유 씨의 일을 함부로 논한 대간과 형조의 관원들을 순군옥에 가두다.

6.23. 현빈 유 씨의 일에 관련된 대간의 관원들을 귀양 보내다.

7.2. 내시 별감 한계보를 왕사 자초에게 보내 서울로 돌아오게 하다.

7.5. 문하시랑찬성사 정도전을 동북면 도안무사로 삼다.

7.14. 예조에서, 의학·율학에 능한 사람을 등용할 것을 청하니 윤허하다.

7.19. 회암사에 역질이 돌아 중들이 많이 죽자 자초를 광명사에 거처하게 하다.

7.22. 회군 공신을 책록토록 교지를 내리다.

7.26. 문하시랑찬성사 정도전이, 〈몽금척〉·〈수보록〉·〈문덕곡〉·〈납씨곡〉·〈궁수분곡〉·〈정동방곡〉 등 왕을 찬양하는 악장을 지어 바치다.

8.1. 백성을 동원해 경성을 쌓게 하다.

8.2. 정도전 대신 이지란을 동북면 도안무사로

삼다.

8.2. 칙사 황영기 등이 중국으로 돌아가니 서교에 나아가 전송하다. 중추원부사 이지를 보내 조회할 길을 열어 줄 것을 청하는 표문과 여진인 남녀 400여 명을 중국 서울로 압송하여 가게 하다.

8.2. 조임 등이 말값을 받아 요동에서 돌아오다.

8.5. 도성 공사를 시작하다.

8.11. 광명사에서 왕사 자초를 만나 보고 소격전으로 거둥하다.

8.12. 동북면 도안무사 이지란을 시켜 갑주와 공주에 성을 쌓게 하다.

8.15. 사은사 이염이 황제에게 맞아 초주검이 되어 돌아오다. 황제가 요동 도사에게 조선의 사신은 들어오지 못하게 하라고 명하다.

8.20. 찬성사 정도전이 사시수수도(四時蒐狩圖)를 만들어 바치다.

8.29. 전 밀직부사 조언을 보내, 요동에서 도망쳐 온 사람들을 압송하다.

9.1. 동지중추원사 박영충을 보내 천추절(중국 황태자의 생일)을 축하하게 하다.

9.2. 주문사 남재가 중국에서 돌아와, 황제가 3년에 1번만 조회하라 하였다고 아뢰다.

9.6. 서운관에서, 새 도읍을 조성하기 전에 좋은 방위로 옮길 것을 청하니 도평의사사에 명해 의논하도록 하다.

9.11. 일본에서 사신을 보내 칼 20자루를 바치니 임금이 대신들에게 하사하다.

9.13. 안렴사를 폐지하고 관찰출척사를 회복시키다.

9.14. 3군총제부를 의흥3군부로 고치고 중방을 폐지하다.

9.14. 왜적이 서북면 정주에 침입하다.

9.17. 병조전서 윤소종의 졸기.

9.19. 사역원을 설치해 중국어를 익히게 하다.

9.21. 중추원 학사 이직을 중국에 보내 예전처럼 조빙(朝聘)하기를 청하다.

9.29. 천추사 박영충이 첨수참에 이르렀으나 중국에 들어가지 못하고 돌아오다.

10.4. 이영과 이조가 전 판사 안의의 첩을 빼앗자 노해 곤장을 치게 하다.

10.6. 성을 쌓다가 도망친 역부(役夫) 6명을 참수하다.

10.11. 임금의 생일이어서, 신하들이 글을 올려 하례하다. 2죄(二罪) 이하의 죄수를 사면하고 중 1,500명을 광명사에서 공양하다.

10.19. 경천사로 이거하다. 각 관사는 도성으로 돌아가게 하고, 대성과 형조 각 1원(員)과 의흥3군부를 남겨 번갈아 숙위하게 하다.

10.27. 관습도감판사 정도전 등이 전악서의 무공방을 거느리고 〈문덕〉·〈무공〉·〈몽금척〉·〈수보록〉 등 새 음악을 올리다.

10.27. 6학을 설치하여 양가의 자제들로 하여 익히게 하다.

• 6학은 병학·율학·자학·역학·의학·산학이다.

10.27. 사은사 이직이 백탑에 이르렀으나, 중국에 들어가지 못하고 돌아오다.

10.29. 별의 변괴가 자주 나타나자, 중들을 시좌소에 불러 도량을 베풀게 하고, 중궁과 더불어 예불행향(禮佛行香)을 하다.

11.5. 좌산기상시 유경이 선술(仙術)을 배우겠다며 사직을 청했으나 윤허하지 않다.

11.9. 판삼사사 정도전이, 군사 중에서 무략이 있는 이를 뽑아 진도(陣圖)를 가르칠 것을 청하니 따르다.

11.10. 동지를 맞아, 신하들을 거느리고 황제의 궁궐을 향해 하례하다.

11.12. 각 도의 계수관을 정하다.

11.12. 정도전이, 군사를 격구장에 모아 진도를 설치하고 진법 훈련을 시키다.

11.29. 김주를 계룡산의 새 도읍으로 보내다.

12.1. 귀의군 왕우와 찬성사 유만수 등과 더불어 내정에서 격구하다.

12. 7. 하정사 경의 등이 요동에 이르렀으나, 중국에 들어가지 못하고 돌아오다.

12. 11. 하륜이 계룡산 도읍에 반대하는 글을 올리다. 이에 권중하·정도전·남재 등에게 하륜과 함께 검토하게 한 후 계룡산 새 도읍 건설 공사를 중지시키다.

12. 13. 임금의 맏아들 진안군 이방우가 죽다.

12. 16. 오랑합 10여 인에게 면포로 지은 옷을 하사하다.

12. 21. 진안군의 곽(槨)을 작게 만든 선공감의 관리를 순군옥에 가두다.

12. 27 대간이, 진현(進見)을 잘못해 매 맞고 돌아온 이염을 국문할 것을 청하였으나, 파직만 하다.

태조 3년(1394)

1. 1. 수창궁에 거둥해 여러 신하들을 거느리고 황제의 정조를 하례하다.

1. 4. 세자를 자운사에 보내 사대연성 법석을 베풀어 별의 변괴를 막게 하고 친히 거둥해 이를 구경하다.

1. 12. 흠차내사 노타내·박덕룡·정징 등이 좌군도독부의 자문을 가지고 오다. 기회를 보아 요동을 치려 했다는 최독이의 진술과, 국호를 바꾸라 허락하였는데도 표문에 여전히 권지국사(權知國事)라 칭한 것에 대해 질책하다.

• 권지국사는 중국으로부터 왕호를 받기 전에 임시로 쓰던 칭호다.

1. 16. 질책에 대해 해명하는 표문을 올리다.

1. 16. 각 도의 장정을 징발해 경성을 쌓는 데 조력하게 하다.

• 이전부터 도성 축조를 진행하고 있었다.

1. 16. 참찬문화부사 박위를 순군옥에 가두고, 박위의 말에 따라 이흥무를 찾아가 공양왕과 왕씨들의 운수를 점친 김가행·박중질을 잡아오게 하다.

1. 17. 대장군 심효생을 보내 왕화와 왕거를 안동 감옥에 가두게 하다.

1. 20. 김가행·박중질 등을 잡아 국문하게 하다.

1. 21. 박위와 같은 인재는 쉽게 얻을 수 없다며 용서해 복직시키고, 김가행·박중질·이흥무 등은 곤장을 쳐 귀양 보내다.

1. 21. 대간과 형조에서, 연일 왕씨를 제거할 것을 청하였으나 윤허하지 않다.

1. 27. 판의흥3군부사 정도전을 보내 둑제를 지내게 하니 정도전과 참여한 장수들이 모두 철갑 차림으로 참여하다.

• 둑제는 임금의 행차나 군대의 행렬 앞에 세우는 둑(의장기)에 지내던 제사다.

1. 28. 둑제에 참여하지 않은 여러 절제사들의 장무·진무에게 태형을 집행하다.

1. 29. 대간과 형조에서 글을 올려, 왕강·왕승보·왕승귀·왕격을 절도에 옮길 것을 청했으나, 모두 풀어 주라 이르다.

2. 4. 성 쌓는 공사를 시찰하다.

2. 6. 대간과 형조에서, 왕화 등이 모반에 연루된 것 외에도 거짓말을 퍼뜨려 인심을 소란하게 하고 있다며 국문할 것을 청하니 윤허하다.

2. 8. 군현의 신구 주현관 교대 시, 물품의 수량을 정확히 인수인계한 후 해유(解由)토록 하다.

2. 11. 연복사에 거둥해 문수법회를 구경하다.

• 14일과 17일에도 문수법회를 구경했다.

2. 11. 대간과 형조에서, 왕화·왕거·석능·이흥무·김가행·박중질을 한곳에 모아 대질 신문을 할 것을 청하니 따르다.

2. 13. 경상도 수군첨절제사 안처선이 왜적 12명을 죽이니 술과 비단 등을 하사하다.

2. 14. 권중화·정도전 등에게 명해 하륜과 함께 역대 여러 현인들의 비록을 두루 상고해 요점을 추려 바치게 하다.

2. 16. 권중화 등이 《비록촬요》를 바치니, 하륜과 이직으로 하여금 진강하게 하다.

2. 18. 조준·권중화 등 11인과 서원관의 관리들

에게 《지리비록촬요》를 가지고 가서 천도할 땅을 무악 남쪽에서 살펴보게 하다.

2. 19. 표전(表箋) 문제 등 황제가 힐문한 10가지 조항에 대해 해명하는 주본(奏本)을 지어 올리다.

2. 20. 왜적의 배 1척을 잡아 왜구 13명을 벤 경상도 수군만호 차준에게 술과 비단 등을 하사하다.

2. 21. 대간과 형조에서 왕씨 일족을 섬으로 옮길 것을 청했으나 윤허하지 않다.

2. 23. 영삼사사 권중화와 좌시중 조준 등이 무악으로부터 돌아와, 땅이 좁아 도읍을 옮길 수 없다고 아뢰자 친히 보겠다 하다.

2. 26. 대간과 형조가, 공양군을 죽일 것 등을 요구하며 업무를 거부하자, 왕강·왕격·왕승보·왕승귀를 귀양 보내다.

2. 26. 수군만호 차준이 왜선 2척을 잡았다고 하자 사자를 보내 술을 하사하다.

2. 26. 모반 사건에 대하여 이흥무·왕화·석능·김가행 등이 공초(供招)하다.

2. 29. 대간과 형조에서, 박위가 사람을 보내어 길흉을 묻게 한 것은 대역의 죄이므로 처벌해야 한다 청했으나 윤허하지 않다.

2. 29. 각 도 관찰사에게 주군 수령의 치적을 보고토록 명하다.

2. 29. 왕거·박중질·이흥무 등이 공초하다.

2. 29. 군제 개정에 대하여 판의흥3군부사 정도전이 8가지 항목의 상서를 올리니 이에 따르다.

3. 1. 왕화·김유의 등이 공초하다.

3. 3. 조준을 교주·강릉·서해·경기좌·경기우 5도의 도총제사로, 정도전을 경상·전라·양광 3도의 도총제사로 삼다.

3. 3. 박위의 재주에 대해 말하며 죄줄 뜻이 없음을 밝히다.

3. 4. 왜적이 연안부 근처에 침구하다.

3. 7. 판문하부사 안종원 등이 연산참에 이르렀으나 중국에 들어가지 못하고 돌아오다.

3. 9. 왜적을 물리친 창평 현령 신원절과 경상도 수군만호 이지대에게 술과 비단 등을 하사하다.

3. 11. 수미포에 거둥해 판삼사사 정도전에게 명해 오군진도를 연습하게 하다.

3. 13. 왕화·왕거·김가행·박중질·김유의·이흥무 등은 참수하였으나 박위는 특별히 용서하다.

3. 14. 공양군 3부자를 삼척에 안치하다.

3. 17. 왜적 3척을 섬멸한 수군첨절제사 김빈길 등에게 궁시와 비단 등을 하사하다.

3. 26. 명의 사신을 호송하던 요동군이 의주 사람 이견실·강보정 등을 잡아가다.

3. 27. 도평의사사의 상언에 따라, 제주에 교수관을 두어 토관의 자제를 교육시키고, 상경해 시위(侍衛)하고 종사(從仕)하는 자에게는 천호 등의 벼슬을 주게 하다.

• 토관은 평안도·함경도 등의 부(府)·목(牧)·도호부(都護府)에 따로 둔 벼슬로, 그 지방 사람만 임명했다.

4. 6. 진헌관마소(進獻官馬所)를 설치하고 관리들에게 말을 차등을 두어 바치도록 하다.

4. 10. 대간과 형조에서 공양군 부자와 왕씨 일족을 잡아 처리할 것을 청하는 소를 올리다.

4. 14. 왕씨 일족을 처리하라는 주장이 이어지자 도평의사사에 명해 대소 각 관사(官司) 및 한량(閑良)과 기로(耆老)를 모아 가부를 진술하여 봉해 바치도록 명하다. 이에 서운관·전의·요물고의 관원 들은 해도에 귀양 보내야 한다고 하고, 대부분의 관사와 기로 들은 왕씨 일족을 제거하여 후일의 근심을 막아야 한다고 주장하다.

• 선조(先祖)의 제사를 맡을 왕우 3부자를 제외한 나머지를 제거하기로 결정했다. 이에 중추원부사 정남진과 형조의랑 함부림을 삼척에, 형조전서 윤방경과 대장군 오몽을을 강화에, 형조전서 손흥종과 첨절제사 심효생을 거제도에 보냈다

4. 15. 윤방경 등이 왕씨 일족을 강화 나루에 던지다.

4. 17. 정남진 등이 삼척에서 공양군과 두 아들

을 교살하다.

4.20. 손흥종 등이 거제도에 있던 왕씨 일족을 바다에 던지다.

4.20. 중앙과 지방에 명해, 왕씨 자손을 대대적으로 수색해 모두 목 베다.

4.22. 판삼사사 정도전이, 매일 이른 아침에 정전에 장상들을 불러 군국(軍國)의 일을 의논할 것을 상언하니 받아들이다.

4.25. 흠차내사 황영기 등 3인이, 변방을 침입한 사람들을 압송하라는 좌군도독부의 자문을 가지고 오다.

• 위 3인은 모두 조선에서 보낸 엄인(閹人)이다.

4.26. 고려 왕조에서 왕씨 성을 받은 이는 모두 본성을 따르게 하고, 그 밖의 왕씨 성을 가진 이는 비록 고려 왕손의 후손이 아니라 해도 모두 어미의 성을 따르게 하다.

5.3. 누군가 곰 새끼를 바치자 후원에서 기르게 하다.

5.5. 동량청에 앉아 척석희를 구경하다.

5.20. 명나라 내사가 중국으로 돌아갈 때 엄인 5명을 황제에게 바치다. 이때 내사 진한룡이 대접이 박하다며 행패를 부리다.

5.20. 사수감 송희정을 시켜, 요동도사가 잡아간 우리나라 사람들을 돌려보내 달라는 주문을 보내다.

5.23. 궁중의 소환(小宦)들에게 《대학》을 읽게 하다.

5.28. 일본 회례사 김거원이 중 범명과 더불어, 사로잡혀 갔던 본국인 569명을 거느리고 오다.

5.30. 판삼사사 정도전이 《조선경국전》을 지어 바치다. 감탄하여 칭찬하며 구마(廏馬)와 비단 등을 하사하다.

• 구마는 어용마(御用馬)로, 군마(軍馬)와는 구별이 되며 임금이 공이 있는 신하에게 하사하기도 하였다.

6.1. 정안군이 명나라에 입조하겠다고 하니, 남재가 따라가기를 자청하다.

6.7. 국호 및 왕의 호칭 문제에 대한 표문을 가

지고 정안군과 지중추원사 조반이 중국으로 가다.

6.16. 사신 황영기 등이 돌아가다. 선대 종계를 변무(辨誣)하고 정탐군을 보낸 적이 없다는 내용의 주본을 보내다.

6.16. 판봉상시사 김을상이 진헌마 500필을 요동까지 끌고 가서 건네주고 돌아오다.

6.18. 겸상서녹사 변혼이, 두 사람을 천거하고 그들의 녹봉을 받아 써 버렸다가 탄로나다. 헌사에서 탄핵하자 달아나다.

6.23. 경기도를 좌우도로 나누다. 또한 양광도를 충청도로, 강릉교주도를 강원도로, 서해도를 풍해도로 고치다.

6.24. 판삼사사 정도전이, 역대 부병(府兵)의 시위하는 제도에 대하여 폐단과 연혁·해야 할 일들을 논하고 도(圖)를 만들어 올리다.

6.26. 명나라에 압송되었던 임거륜과 이군필이 돌아오다.

• 앞서 오군도독부의 독촉에 못 이겨 이름이 비슷한 이를 보냈었다.

6.27. 서운관 관원이, 도읍으로 무악이 좋지 않다고 아뢰자 다른 곳을 물색하게 하다.

7.2. 서운관 관원이 새 도읍지 후보로 불일사와 선고개를 아뢰다.

7.4. 도평의사사에서 선고개에 가 보았으나 마땅치 않자, 우복야 남은이 서운관 관원 이양달을 꾸짖다.

7.5. 도평의사사에서 불일사에 가 보았으나 그곳 역시 좋지 못하다.

7.5. 귀국하던 섬라곡 사신이 회례사 배후와 함께 일본에 들렀다가 도적에게 겁략당했다며 본국으로 돌아갈 배를 청하다. 이들이 흑인 두 사람과 칼·갑옷 등을 바치다.

7.7. 제주 사람 고봉례 등이 말 100필을 바치니, 쌀 1백 섬을 하사하다.

7.11. 도평의사사에서, 지리의 학설이 분명치 못하다며 음양산정도감(陰陽刪定都監)을 두어 교정

할 것을 청하니 따르다.

7.12. 음양산정도감을 두다.

7.13. 일본 구주 절도사가 왜구에게 잡혀갔던 남녀 659명을 돌려보내다.

7.17. 왕씨들의 복을 빌기 위해 금으로 《법화경》 4부를 써서 각기 절에 두고 때때로 읽도록 하다.

7.17. 백관들에게 무쇠를 내게 하여 무기를 만들다.

8.7. 도승지 한상경을 청심정에 불러서 《대학연의》를 강(講)하게 하다.

8.8. 무악을 직접 돌아보다.

• 천도 예정지다.

8.11. 무악에 대하여 서운관 관원들이 반대 의견을 펴다. 무악 밑에서 유숙하다.

8.12. 자초가 오니 장막 안으로 불러들여 밥을 먹이다.

8.12. 여러 재상들에게 분부하여 도읍을 옮길 만한 터를 글로 올리게 하니, 판삼사사 정도전이 국가의 치란(治亂)은 지기에 있지 않고 사람에 달려 있다고 역설하다.

• 성석린과 정총은 부소가 좋다고 주장하였고, 하륜과 이직은 무악이 비기에 부합한다고 말하였다.

8.13. 남경의 옛 궁궐터를 살피다가 신하들에게 묻다. 하륜이 홀로 반대 의견을 말했으나 대부분 긍정적인 반응을 보여 도읍지로 정하다.

8.13. 각 도의 민정(民丁)을 징발하여 옛 서울의 성 쌓는 공사를 마치게 하다.

8.15. 수군만호 장용검이, 충청도에 침입한 왜구를 물리치고 왜선 9척을 노획하다.

8.16. 장단 나루에서 다락배를 타고 놀다가, 남은이 재상의 지위에 오를 때까지 부모가 모두 살아 계신 것에 부러움을 표하다.

8.17. 임진현 북쪽에서 유숙하고 전 왕조의 신경(新京) 터를 보다.

8.21. 원구단의 제사는 폐하지 않고 이름만 원단으로 고치다.

8.22. 왜선 10여 척이 영광군에 침입했는데, 소금 굽는 인부 30여 명이 힘껏 싸워 물리치다.

9.1. 신도궁궐조성도감을 설치하고 심덕부·김주·이염·이직을 판사로 임명하다.

9.5. 전 공조전서 임수가 요동에 가서 말 500필을 교할(交割)하고 오다.

9.8. 천태종의 중 조구를 국사로 삼다.

9.11. 조회에 나가니, 일본과 유구국 사신들이 수반(隨班)하여 예를 행하다.

9.23. 정도전 등은 한양에서 돌아왔으나 심덕부와 김주는 남아서 관리하다.

9.25. 천구(天狗)가 땅에 떨어졌는데 소리가 우레 같았다.

• 천구는 혜성이나 큰 유성을 이르는 말이다. 여기서는 운석을 뜻한다.

10.5. 금·은·채단 등의 금령을 엄하게 하다.

10.8. 사헌부의 탄핵에 따라, 채단을 입은 장군 이지숭을 파면하고 전 전서 김천구를 순군옥에 가두다.

10.10. 시중을 정승으로 고치다. 대사헌 이서를 파직하다.

• 이서의 파직을 정도전이 막으려 했으나 실패했다.

10.16. 이조전서 심효생의 딸을 세자빈으로 삼다.

10.21. 내전에서 중들에게 밥을 먹이고 국사(國師)의 봉숭례를 행하다.

10.25. 한양으로 도읍을 옮기다. 각 관청의 관원 2명씩은 송경에 머물게 하다.

10.28. 옛 한양부의 객사를 이궁으로 삼다.

11.4. 변중량과 이회가, 조준·정도전·남은 등이 병권과 정권을 장악하고 있는 것은 옳지 않다고 하다. 이에 변중량과 이회를 국문하다.

11.6. 변중량은 영해에, 이회는 순천에 유배하다.

11.10. 세자가 종친과 대신에게 연회를 베풀다.

11.17. 흥국사 동불(銅佛)이 땀을 흘리다.

11.19. 우리 전하(정안군 이방원)가 황제의 우대를

받고 돌아오다.

11. 19. 사역원제조 설장수 등이, 사역원의 시험 자격과 선발 정원 등에 대해 글을 올리다.

11. 25. 도평의사사에 명해 무악 천도를 의논하 게 하였는데, 모두 좁다 말하여 그만두다.

12. 3. 정도전에게 명해, 황천후토(皇天后土)에게 제사를 올리고 왕도의 공사를 시작하는 사유를 고하게 하다. 또한 김입견을 보내 산천의 신에게 도 고하게 하다.

12. 4. 종묘와 궁궐터의 오방지기(五方地祇)에게 제사 지내고 중들을 모아 공사하게 하다.

12. 14. 다완인(多完人) 부언과 오도리(五都里) 사 람 소오 등이 와서 방물을 바치니, 만호의 직첩 을 하사하다.

12. 21. 나라에서 하얀 닭·개·말을 기르지 못하 게 한다는 소문이 민간에 떠돌다.

12. 26. 일본국 진서절도사 원요준이 사신을 보 내 《대장경》을 청구하다.

태조 4년(1395)

1. 3. 왜인 4인이 와서 항복하니, 경상도 고을에 두라 이르다.

1. 6. 민간에 흰 가축을 기르지 못하게 한다는 말을 퍼뜨린 능귀 등을 참형하다.

1. 9. 여러 도에 특사를 보내 군용(軍容)을 점고 (點考)하게 하다.

1. 9. 예조 전서 조영규의 졸기.

1. 19. 정안지에게 명해, 요동에서 넘어온 사람 을 압송해 돌려보내다.

1. 25. 정도전과 정총이 《고려사》를 편찬해 바치 니, 친히 보고 정도전과 정총에게 각각 교서를 내려 칭찬하고 구마 등을 하사하다.

1. 29. 사직단을 영조(營造)하다.

2. 1. 국경을 넘어간 서북면 사람 김법화 등 7인 을 기시(棄市)하다.

2. 2. 3군부와 병조에 명해, 장군과 오원십장

등을 신중히 뽑으라 이르다.

2. 13. 서반(西班)의 관제를 개정하다.

2. 19. 농사철이라 군용을 점고할 수 없다고 한 전라도 관찰사 조박을 공주에 안치하다.

2. 22. 요동에서 도망해 온 군사 김불개 등 25명 을 압송하게 하다.

2. 27. 서봉(西峯) 밑에 거둥하여 사직단 쌓는 것 을 보다.

3. 1. 아비를 죽인 자로부터 뇌물을 받고 관청 에 고발하지 않은 아들을 참형에 처하다.

3. 1. 응방을 한강에 만들다.

3. 4. 과주에 거둥해 수릉(壽陵)을 살피고 돌아 오는 길에 선상에서 술자리를 열었는데, 능 자 리를 물색한다는 사실에 슬픔을 이기지 못하겠 다며 정도전이 눈물을 흘리다.

• 수릉은 임금이 죽기 전에 미리 만들어 두는 임금의 능이다.

3. 7. 각 도에 사신을 보내 군적(軍籍)을 점고하 게 하다.

3. 9. 간관 이고 등이, 농사철이라 군사 점고를 정지할 것을 청하자, 정도전을 시켜 정승들과 의논하게 한 뒤 사신 파견을 중지하고 고을 관 리들로 하여 점고케 하다.

3. 13. 세자이사 정도전이 《맹자》를 강하며, 사 람의 심성을 저울에 빗대 기뻐하고 성내는 것을 바로 해야 한다고 하다.

3. 20. 새 궁궐의 양청(涼廳)에서 주연을 베풀었 는데, 판삼사사 정도전이 시를 지어 올리다.

3. 21. 평주 온천에 거둥하다.

4. 1. 3군부에 명을 내려 《수수도(蒐狩圖)》와 《진 도(陣圖)》를 간행케 하다.

4. 4. 대사헌 박경이, 공신에게 줄 토지를 경기 지역으로 한정할 것을 상언하니 윤허하다.

4. 4. 홍안군 이제가 사사로운 감정으로 관리를 때렸으나, 헌사에서 감히 말하는 자가 없다.

4. 19. 최무선의 졸기.

4. 21. 왕지를 위조한 사노(私奴) 최문·오천수 등

을 기시하다.

4.22. 공조 전서 양첨식이 말 500필을 요동에 가서 교부하고 돌아오다.

4.23. 천둥과 번개가 치고 우박이 내리다.

4.24. 천변(天變)이 있자, 정도전에게 명해 재상들에게 구언하는 교서를 짓게 하다.

4.25. 대사헌 박경이, 밤에 풍악을 울리고 가벼이 거둥하고 여악(女樂)을 앞에 데리고 나가는 것과, 부처와 귀신에 빠져 기도하는 것 등이 천변의 원인이라 상소하다. 이에 풍악과 경솔한 거둥, 여악에 대한 지적은 장차 고치겠다고 답하다.

4.25. 간관 이고 등이, 천변의 원인은 왕우 3부자에게 있다며 강화에 안치할 것을 청했으나 듣지 않다.

4.27. 왜구에 항거해 죽음으로 절개를 지킨 절부(節婦) 임 씨에게 정문(旌門)을 세워 주다.

5.3. 도평의사사에서, 임금의 명을 친히 받아 전할 때의 예식에 대해 상언하다.

• 전하는 자는 서고 받는 자는 꿇어앉게 하고, 전해 받아서 전할 때는 전하는 자와 받는 자 모두 꿇어앉게 했다.

5.7. 사신을 각 도에 보내 군용을 점고하게 하다.

5.11. 최자운이 요동에 가서 말 1,000필을 바치고 돌아오다.

5.11. 환관 황영기 등 20여 인이 축출당해 명나라에서 돌아오다.

5.17. 경상도 조운선 16척이 풍랑에 침몰하다.

5.18. 명에서 군사를 보내 치려 한다는 헛소문을 퍼뜨린 요동의 중 각오를 참형에 처하다.

5.28. 간관 이고 등이, 풍악을 울리고 경솔히 거둥하는 것에 대해 다시 상언하다.

6.6. 한양부를 한성부로 고치다.

6.6. 중추원사 권근에게 관혼상제의 예를 상정하게 하다.

6.6. 판삼사사 정도전이 《경제문감》을 저술해

올리다.

6.9. 당 태종의 고사를 예로 들어 즉위 이래의 사초를 보려 했으나, 대신과 대간이 옳지 않다 하여 그만두다.

6.28. 아내를 버리고 첩을 아내로 삼은 김우를 파직하다.

7.1. 풍문만 듣고 탄핵하였다 하여, 간관 이고에게 일을 보지 말라 하다.

7.3. 새 궁궐 동쪽 월랑 48칸이 폭풍에 무너지다.

7.9. 명나라의 제도에 따라 제복의 등급을 정하다.

• 1등복은 명의 3등복을 본받고, 2등복은 명의 4등복을 본받는 등, 명의 등복보다 2등을 감하여 정했다.

7.10. 일본 회례사 최용소가 구주절도사 원요준이 보낸 중과 함께 돌아오고, 납치되었던 남녀 570명도 돌아오다.

7.12. 현비가 병이 나자 중들에게 기도하게 하고 2죄 이하의 죄수를 석방하다.

7.13. 제주 왕의 아들 문충보가 양마(良馬) 7필을 바치다.

7.13. 공신들의 화상(畫像)을 봉안할 장생전을 궁궐 서쪽에 세우라 명하다.

7.30. 제언(堤堰)을 쌓고 산불을 놓는 자를 벌하자는 낭장 정분의 진언을 사사에서 아뢰다.

8.7. 충청도 조운선 10척과 경상도 조운선 16척이 풍랑에 파선되다.

8.8. 훈련관으로 하여금, 각 위의 상장군과 대장군을 모아 각 영의 장군과 군관들을 인솔하고 여러 가지 병서를 강습하게 하다.

8.12. 좌도의 정부(丁夫) 4,500명, 우도의 정부 5,000명, 충청도의 정부 5,500명을 징발해 궁궐 역사에 부역하게 하다.

8.15. 경기도 빈 땅을 토호들이 강점하는 실태를 말하고 금하게 하다.

9.9. 현비가 새 궁궐 후청에 나가 역승과 목공·석공 등에게 은혜를 베풀다.

9. 16. 각 도에서 보고한 효자·절부를 정려하고 복호하게 하다.

- 절부의 경우는 왜적과 관련된 사례가 많다.

9. 18. 간관이 세자가 학문을 좋아하지 않는다고 상언하니, 세자에게 서연을 게을리 말라고 말하다.

9. 22. 정도전에게, 경계될 만한 훈계의 말을 경서와 사서에서 모아 올리라고 이르다.

9. 29. 종묘와 새 궁궐이 완성되다.

윤9. 10. 도성 쌓을 자리를 돌아보다.

윤9. 13. 도성조축도감을 두고, 판삼사사 정도전에게 명해 성터를 정하게 하다.

윤9. 16. 단기(單騎)로 용산강에 행행하려 하였으나, 간관이 말리자 그만두다.

10. 4. 백관을 거느리고 대묘에 이르러 4배례를 행한 뒤 재소(齋所)로 들어가다.

- 이때 태조는 강사포에 원유관을 썼고, 백관들도 공복을 갖추어 입었다.

10. 5. 제례를 마친 후 중외(中外)의 조하를 받고 국정 쇄신의 내용을 담은 교서를 내리다.

10. 7. 판삼사사 정도전에게 명해, 새 궁궐의 여러 전각의 이름을 짓게 하다. 정도전이 이름을 짓고 그 의의를 써서 올리다.

- 정도전은 경복궁·강녕전·연생전·경성전·사정전·근정전·융문루 등 이름을 붙인 이유에 대해 긴 설명을 붙였다.

10. 11. 남양백 홍영통이 임금의 탄일 잔치에서 만취하여 돌아가다 말이 놀라는 바람에 떨어져 죽다.

10. 13. 정안군이 의안백 이화의 청으로 서교에 사냥을 나갔다가 표범에게 물릴 뻔하다.

10. 14. 홍영통이 낙마해 죽은 일로 조준·김사형·정도전 등에게 가마를 하사하다.

10. 25. 주인이 자신의 처를 범하자, 주인이 역모를 꾀한다며 무고한 종 송산을 참형하다.

10. 25. 매를 기르기 위해 민간의 닭과 개를 잡아 죽이는 것은 옳지 않다며, 왕자와 제군(諸君)에게 매를 기르지 말라 명하다.

10. 25. 진상하는 매 외에 사사로이 바치는 매도 금하다.

10. 30. 밤에 정도전 등 여러 훈신을 불러 주연을 베풀다. 이 자리에서 정도전이, 임금에게 말에서 떨어졌을 때를 잊지 말 것을 아뢰고 명에 따라 〈문덕곡〉에 맞춰 춤추다.

- 개국 전 이성계가 정몽주와 갈등이 있을 때, 말에서 떨어져 자리보전하며 위기에 처한 일이 있는데 그것을 잊지 말라고 한 것이다.

11. 6. 연왕이 조선 왕은 왜 자기에게 말을 보내지 않느냐고 해서 송희정·권을송을 시켜 말을 보내 주다. 이를 연왕이 황제에게 고하자, 조선 왕이 사사로이 연왕과 교제한다며 송희정·권을송을 유배하다.

11. 7. 도평의사사에서 한산군 이색에게 미두(米豆) 1백 석을 보냈으나 받지 않다.

11. 11. 명나라에 고명(誥命)과 인장(印章)을 청하다.

11. 14. 국사 조구가 병사하자 조회를 정지하다.

11. 24. 한산군 이색이 오대산에서 돌아오자 친구의 예로 대접하고, 돌아갈 때는 중문까지 나가서 배웅하다.

11. 27. 이색에게 과전·쌀·콩 등을 하사하다.

11. 28. 형조도관 박신 등이 상언해 노비 문제의 변정을 청하자 받아들이다.

12. 3. 남편의 고종제(姑從弟)와 간통하고 남편을 교살한 여자를 교형에 처하다.

12. 8. 이색이 불교를 신봉해 술과 고기를 끊었다고 하자, 술과 고기를 하사하며 먹고 건강을 유지하라 하다.

12. 15. 노비변정도감을 설치하다.

12. 20. 좌정승 조준·우정승 김사형·판삼사사 정도전에게 칼 한 자루씩을 하사하다.

12. 25. 한산백 이색에게 잔치를 베푸니 정도전도 참예하다.

12. 28. 새 궁궐에 들어가다.

태조 5년(1396)

1.3. 송사 판결문에 세자의 이름을 쓴 김온을 순군옥에 가두다.

1.9. 민정 118,00여 명을 징발하여 도성을 쌓게 하다.

1.24. 화공에게 부처를 그리게 하여 새 궁궐에 안치하고 불사를 열다.

1.24. 우보덕 함부림이, 세자가 창기를 들인 일을 지적하자, 다시는 가까이 않겠다고 하다.

2.9. 신년을 하례하는 표문과 전문에 희롱하는 문구가 있다고 질책하는 명나라 예부의 자문을 받다.

2.15. 표문과 전문을 지은 김약항을 경사로 압송하게 하고, 예부에 자문을 보내다.

2.22. 성균관 대사성 함부림을 의주로 보내 임금의 뜻을 전하니, 김약항이 충성을 약속하다.

2.22. 도성 축조 공사를 사흘 동안 돌아보다.

2.25. 문무를 겸비한 자를 수령 후보자로 천거하라 명하다.

2.28. 농사철을 맞아, 성을 쌓던 역부를 돌려보내다.

3.9. 술에 취해 임금을 비웃는 말을 한 전 안동부사 이전을 국문했으나, 술에 취해 무슨 말을 했는지 전혀 모른다고 답하다.

3.10. 대간의 중지 상소에도 불구하고 병 치료를 명목으로 충청도 온천으로 거둥하다.

3.29. 표전의 작성자와 교정자 전원을 보내라고 한 황제의 명을 담은 명나라 예부의 자문을 받다.

4.8. 명나라에 억류된 관원의 가족들까지 보내라는 명나라 예부의 자문을 받다.

4.13. 명나라에 억류된 사신의 집에 쌀과 콩을 하사하다.

4.19. 세자가 밤에 중추 유용생의 집에 다녀오다.

5.6. 예조에서, 생원시 과목과 절차에 대해 건의하다.

5.7. 한산백 이색이 신륵사에서 졸하다.

5.20. 이조에서, 6품 이상 관리의 조상을 추증하고, 배필에게도 품계에 맞는 직첩을 주기를 청하다.

6.9. 남녀의 황색복과 말 고들개 드리우는 것을 금하게 하다.

6.11. 표문 작성에 관여한 정도전·정탁을 보내라는 예부의 자문이 오다.

6.26. 종실 제군에게 명해 차례로 중국 사신을 사택에서 연회하게 하였는데, 중국 사신이 전하(정안군 이방원)의 사저에 와서는 고두례(叩頭禮)를 행해 쑥덕거림이 일다.

7.1. 현비에게 병이 있자, 중 50명을 내전에 모아 부처에게 빌게 하다.

7.19. 표문을 지은 권근·정탁 등을 남경으로 보내며 시말을 주달하다.

• 정도전은 교정에 관여하지 않았다는 내용을 포함하고 있다.

7.21. 각 도 군인을 징발해 도성 역사를 마치려 했으나 신하들이 반대하다.

7.27. 정도전을 봉화백에 봉하고 설장수를 판삼사사로 삼다.

8.6. 경상도·전라도·강원도에서 축성 인부 79,000여 명을 징발하다.

8.9. 현비의 병이 위독해 판내시부사 이득분의 집으로 거처를 옮기게 하다.

8.9. 왜선 120척이 경상도에 들어와 병선 16척을 탈취해 가다. 수군만호 이춘수가 죽었으며, 동래·기장·동평성이 함락되다.

8.12. 신유정을 충청·전라·경상 경차관으로 삼아 왜구를 방어하게 하다.

8.13. 현비가 이득분의 집에서 훙하다. 임금이 통곡하고 조회와 저자를 10일간 정지하다.

8.15. 백의와 백관 차림으로 안암동에 나가 능지를 물색하다.

8.18. 왜구 방비를 위해 오용권을 충청·전라·경상 경차관으로 삼다.

8. 18. 왜적이 경상도에 들어와 통양포의 병선 9척을 탈취해 가다.

8. 21. 안암동에 거둥해 능지를 잡았으나, 땅을 파 보니 물이 솟으므로 중지하다.

8. 23. 왜구가 영해성을 함락하다.

8. 23. 취현방에 거둥해 돌아보고 능지를 결정하다.

8. 24. 상복 차림으로 사무를 보는 것은 불편하니, 제례를 행할 때만 입도록 문무백관에게 이르다.

8. 26. 왜구 방비를 위해 도찰리사·절제사 등을 임명하다.

9. 9. 신유정·오용권이 사명을 받들고도 오래 지체하였기에 순군옥에 가두다.

9. 24. 신유정·오용권을 용서하다.

9. 24. 성 쌓는 일이 끝나 장정들을 돌려보내다. 사대문과 사소문의 이름을 정하다.

9. 28. 봉상시에서 현비의 존호를 신덕왕후로, 능호를 정릉으로 의논해 올리다.

10. 11. 탄일이어서 중 108명을 모아 궁정에서 밥을 먹이고 《금강경》을 읽게 하다. 또한 우현보와 이전 등으로부터 적몰했던 가산을 돌려주다.

10. 18. 봉상시에 명해 고려 왕조의 시중이었던 최영에게 시호를 주도록 하다.

10. 27. 왜구가 동래성을 포위했다가 이기지 못하고 물러가면서 병선 21척을 불사르다. 수군만호 윤형과 임식이 전사하다.

• 이즈음 왜구의 침입이 잦았는데 이들이 강원도까지 올라와 침탈하곤 했다.

11. 4. 계품사 하륜과 표문을 지은 정탁이 자문을 가지고 돌아오다.

11. 20. 정총·권근·김약항·노인도의 가솔을 호송해 남경에 보내다.

11. 21. 도당에서 각 도 역마의 짐 무게를 60근으로 제한하다.

11. 23. 백관이 모두 상복을 벗다.

11. 30. 의흥3군부에서, 역대 강무제도를 참고해 강무를 시행할 것을 청하니 따르다.

12. 3. 문하우정승 김사형을 오도병마도통처치사로, 남재를 도병마사로, 신극공을 병마사로, 이무를 도체찰사로 삼아 일기도와 대마도를 치게 하다. 이들이 길을 떠날 때 남대문까지 나가 전송하고 교서를 내리다.

12. 9. 왜선 60척이 영해의 축산도에서 투항해 오다.

12. 13. 송득거와 노문리 등이 왜구 토벌의 선봉이 되기를 청하자, 장하게 여기고 오도병마도통처치사 휘하로 달려가게 하다.

12. 21. 항복한 왜구의 괴수 구육이 장검과 환도를 바치고 조반(朝班)에 나와 숙배하다.

12. 22. 항복한 왜인 구육을 만호로 삼고 비구시지는 백호로 삼다.

태조 6년(1397)

1. 3. 신덕왕후를 취현방 북녘 언덕에 장례하다.

1. 6. 왜구의 괴수 상전과 어중 등이 도당을 거느리고 울주포에 들어왔을 때, 지주사 이은이 식량을 주고 후히 대접하였는데, 이를 자신들을 꾀어 제거하려는 것으로 오인하고 이은 등을 잡아 돌아가다.

1. 28. 투항해 온 왜적이 울주 지사 이은을 납치해 간 일로 3남 절제사들의 죄를 의논하다.

1. 30. 오도도통사 김사형이 돌아오니 흥인문 밖까지 거둥해 맞이하다.

2. 9. 왜인이 전판사 위충과 지울주사 이은 등을 돌려보내다.

2. 10. 왜인 만호 나가온의 아들 도시로에게 사정을, 곤시라·망사문에게 부사정을 제수하고 의복과 갓을 하사하다.

2. 11. 도평의사사에서 군인 징발과 수군 처우 개선 등 군사에 관한 여러 문제에 대해 건의하다.

2.19. 정릉에 거둥해 흥천사 역사를 둘러보다.
  • 환자(宦者) 김사행 등이 아첨하여 화려하게 지었다.
2.22. 고시관 조준과 정도전이 잡과 시험을 쳐서 명의 8인과 명률 7인을 뽑다.
2.24. 귀의군 왕우가 죽으니 예장하고 시호를 하사하다.
2.25. 평주에 거둥하다.
2.28. 임진에 머물렀는데, 고려 시중 경복흥의 묘에 치제(致祭)하게 하다.
3.8. 안익·김희선·권근 등이 황제의 칙위조서·신유성지·어제 시·예부의 자문을 받들고 오다.
  • 황제의 칙위조서는 신덕왕후의 죽음을 애도하는 내용이고, 신유성지는 사신이 다시 올 때는 중국어를 아는 이를 보내라는 것 등이다.
3.15. 상서사 판사 조준·정도전 등이 후궁을 비롯한 궁녀의 작호와 품계를 세우기를 청하다.
3.26. 좌정승 조준에게 초립과 옥영자를, 봉화백 정도전과 의성군 남은에게 초립을 하사하다.
3.27. 온천을 떠나 서울로 돌아오다.
3.27. 왜인의 항복은 받되, 만약 저들이 도적질을 하면 섬멸해야 한다고 도당에 이르다.
3.28. 매를 동반하고 강음·개성현에서 사냥하다.
4.1. 왜구 괴수 나가온이 병선 24척을 거느리고 항복을 청하다.
4.6. 나가온이 80인을 거느리고 밀양부에 이르다. 관찰사 이지가 술과 음식 등을 먹인 후 나가온 등 10인은 서울로 보내고 나머지는 배로 돌려보내다. 이때 도안무사 박자안이 군선으로 이들을 엄습하려 하자 왜인들이 달아나다.
4.14. 진헌한 안장에 천(天) 자가 쓰여 있는 것을 보고 황제가 노해 태워 버리다. 이에 이를 만든 이미충을 순군옥에 가두었다가 구별을 위해 써 둔 것을 알고 이내 석방하다.
4.17. 사은사로 갔던 설장수 등이 돌아와, 정도전이 화의 근원이 될 것이라는 예부의 자문을 전하다.

4.20. 정도전이 설장수·권근 등을 탄핵했는데, 권근을 옹호하며 듣지 않다.
4.20. 궁궐 역사를 일체 중지하고 군사 양성과 양식 저축에 힘쓰라고 명하다.
4.27. 항복해 온 나가온 등에게 벼슬을 내리다.
4.28. 대장군 남지와 장군 강유신이 세자를 모시고 문밖에 나가 말을 달리다 남의 집 염소와 오리를 쏘아 죽이니, 간관이 탄핵하다.
5.5. 용무루에 올라 척석희를 구경하다.
5.14. 왜적이 해주에서 노략질하다.
5.15. 왜구가 옹진진에 들어와 병선 2척을 불태우다.
5.18. 박실이 정안군 이방원에게 읍소해 아비 박자안을 구하다.
5.21. 각 도의 병마도절제사를 파하고, 각 진에 첨절제사를 두어 방어케 하다.
5.22. 왜적이 선주성을 포위하니, 김원계가 구원에 나서 적진 가운데 들어갔다가 해를 당하다. 도당에 명해, 풍해·평양·안주 3도의 수군만호가 왜적을 잡지 못한 죄를 군법으로 다스리라 하다.
6.8. 김원계에게 관직을 추증하고 자손을 서용하게 하다.
6.14. 정도전·남은 등이, 군사를 일으켜 국경에 나가기를 꾀했는데 조준이 불가함을 극력 아뢰다. 이로 인해 남은과 조준 사이가 틀어지다.
6.18. 수군만호 박원정이, 병선 10척으로 왜선 24척과 싸우다 병선 6척을 잃다.
6.27. 왜적이 장산곶을 노략질해 병선 10척을 불태우다.
6.29. 최원충이, 일본 사신을 죽이고 예물 등을 빼앗아 나누어 가지고는 적을 잡았다고 거짓 상신하다. 이에 최원충을 국문하여 치죄하라 명하다. 공모했던 유천은 등 6명을 목 베었으나 최원충은 도망하다.
7.18. 문하시랑찬성사 김주와 환관 김사행에게

명해 서경의 궁궐을 경영하게 하였는데, 동지중추원사 심효생이 간하여 중지하다.

7. 25. 노비변정도감에서 노비 쟁송 판결에 관한 19조목의 소를 올리다.

8. 6. 유구국 왕이 사신을 보내 서신과 방물을 바치며, 잡혀 있던 사람과 표류한 사람 9명을 돌려보내다.

8. 9. 항복한 왜인을 외방에 나누어 두다.

8. 9. 진도를 가르칠 훈도관을 각 도와 각 진에 나누어 보내다.

8. 9. 3군부로 하여금 날마다 진법을 익히게 하다.

8. 23. 제생원을 설치하다.

8. 23. 잡혀갔던 본국인 남녀 19명, 왜인 3명, 중국인 2명 등이 일본에서 오다.

8. 25. 의술에 정통한 일본의 중 원해가 처자를 거느리고 오자, 전의박사를 주고 성을 평이라 하다.

8. 30. 왜적을 막지 못한 의주·안주·평양도의 수군만호 세 사람을 목 베다.

9. 4. 경기우도 수군절제사 김을보가 왜선 1척을 나포해 14명을 죽이고 24명을 생포하다.

9. 8. 좌승지 이문화에게 명해 《서경》〈홍범〉 편을 강하게 하다.

9. 24. 진관사에 거둥하여 서교에서 유숙하고 25일 환궁하다.

9. 27. 심 씨를 왕세자의 현빈으로 삼고 책과 인을 하사하다.

10. 1. 동사(凍死)를 우려해, 서북 등지에서 왜적 잡는 군인들을 돌아가게 하다.

10. 8. 감찰을 각 도에 보내, 연해의 염분·염구·어량·수량을 답사하여 소출의 많고 적은 것을 헤아려 세를 정하고 장적(帳籍)을 만들게 하다.

10. 13. 간관이, 군량미 비축과 국가 재정을 튼튼히 하여 불의의 상황에 대비할 것을 건의하다.

10. 16. 새로 유비고(有備庫)를 설치하고 정도전

을 제조관으로 삼다.

10. 22. 병이 나서 의관을 불렀는데, 곧바로 예궐하지 않자 노하여 의관들을 유배하다.

10. 26. 마전 근처의 인부를 징발하여 고려 태조의 사당을 영건(營建)케 하다.

10. 29. 각 도 군사 2만을 징발해 기일을 엄수해 올라 와 성을 쌓게 하다.

11. 10. 서울에 거주할 품관(品官)에게 집터를 주도록 명하다.

11. 14. 일본국 육주목 의홍이 중 영범과 영확을 보내 토산물을 바치다.

11. 29. 선공감 정난의 기복 문제로, 장무습유 황희를 불러 질책하고 일을 보지 말라 명하다.

11. 30. 정총·김약항·노인도가 명나라에서 죽었다는 소식을 정윤보가 전하다.

12. 8. 형조에서 왕 씨의 서얼 약사노를 교살하다.

12. 18. 표문과 전문의 계본을 잘못 쓴 사람을 보내고 조공은 3년마다 하라는 예부의 글을 받다.

12. 22. 봉화백 정도전을 동북면 도선무찰리사로 삼다.

12. 24. 이지란을 도병마사로 삼아 정도전을 따라가게 하다.

12. 24. 권근이, 명나라에 가서 표문과 전문에 관련한 일을 처리한 일을 들며 원종공신에 올려 주기를 청하다.

12. 26. 도당에서, 무진년(1388) 이후에 시행된 규정을 모은 《경제육전》을 간행하고 임금께 아뢰다.

12. 29. 일본 관서도 구주의 탐제 원도진이 사람을 보내 예물을 바치고 《대장경》을 구하다.

태조 7년(1398)

1. 1. 면복 차림으로 황제의 정조를 하례하고, 근정전에 나와 백관의 조하를 받다. 예가 끝나

군신에게 잔치를 베풀었는데, 일본국 사자와 일기(一岐)·대마(對馬)·패가대(覇家臺)의 사인(使人)과 오도리·오랑합이 잔치에 참여하다.

1. 7. 근정전에서 화엄삼매참 법석을 베풀었는데 참가한 중이 108명이다.

1. 9. 얼음이 비로소 굳어졌으므로 저장하다.

1. 26. 복령사와 해인사의 전지에 대한 조세를 면제하다.

2. 3. 동북면 도선무순찰사 정도전이, 주·부·군·현의 명칭을 정하여 아뢰다.

2. 4. 하정사 조반과 부사 이관이 등주에 이르렀을 때 제왕(齊王)의 저지를 당했는데, 진헌 방물을 제외한 노자와 포물을 모두 빼앗기다.

2. 4. 정도전에게 글을 보내며, 송헌거사로 자신의 호를 정해 쓰기로 하다.

2. 5. 전희길을 시켜 단주와 영흥에서 금을 캐게 하다.

2. 5. 동북면 도선무순찰사 정도전에게 옷과 술을 내려 주며, 송헌거사 명의의 서신을 보내다.

2. 16. 유구국 산남왕 온사도가 소속 15인을 거느리고 오자 의복과 쌀·콩을 주다.

• 유구국 산남왕은 중산왕에게 축출당해 우리나라에 와 지내고 있었다.

2. 16. 정도전이 경원부에 성을 쌓다.

2. 17. 왜인 구육을 등육으로 개명하는 등 항복한 왜인들의 이름을 고치고 벼슬을 내리다.

2. 23. 궁성을 순시하다.

2. 25. 합문인진사 원상의 딸을 후궁으로 맞다.

2. 29. 평주 온천 가는 길에 원상의 딸에게 남복(男服)을 입혀 거가를 따르게 하다.

2. 29. 옷과 술을 내려 준 것에 대해 정도전이 사은의 글을 보내오다.

3. 1. 소마동에 이르러 거가를 멈추고 김사형·남은 등과 더불어 잠저 시절과 개국 때의 일을 이야기하며 술잔을 기울이다.

3. 3 궁성을 쌓는 이들을 돌려보내다. 병들어

죽은 54명에 대해서는 각기 쌀과 콩을 주고 3년 동안 복호(復戶)하게 하다.

3. 4. 대간 낭리(郎吏) 사령(使令)이 너무 많다며 모두 서울로 돌아가라 명하자, 도승지 이문화가 대간은 번다해도 돌려보낼 수 없다고 하다.

3. 5. 보궐 허지와 잡단 전시 등이, 수를 줄여서라도 호가를 원한다고 했으나, 이미 돌려보냈으니 다시 청할 것 없다고 답하다.

3. 6. 판삼사사 설장수를 보내 임금의 진영(眞影)을 계림부에 봉안하다.

3. 17. 제주에 명해 세공마 100필과 소 100두를 바치게 하다.

3. 20. 정도전과 이지란이 복명하니 각각 안마(鞍馬)를 내려 주고 잔치를 열다. 이 자리에서 남은이 절제사를 혁파하고 합하여 관군을 만들 것을 청하자 칭찬하다.

3. 26. 온천에서 돌아오다.

3. 29. 왕사 자초가 회암사를 떠나 용문사로 가기를 청했으나 듣지 않다.

4. 3. 간관 박신 등이, 관작을 줄이고 녹과전을 감할 것을 건의하다.

4. 4. 3사에 명해 염세 및 어량과 선세의 다소(多少)를 조사하게 하다.

4. 4. 양천이 분명치 않은 자에 대한 처리 방법 등을 노비변정도감에 지시하다.

4. 8. 전 현령 이적이 역모를 꾀한다는 익명서를 만들어 무고한 김귀생의 사지를 찢어 조리돌리다.

4. 13. 동교에 거둥해 목마장을 시찰하다.

4. 14. 여장을 하고 박수 노릇을 하며 백성을 속인 복대를 복주하다.

4. 15. 서운주부 김서가 월식을 아뢰었으나 나타나지 않다.

4. 20. 정도전과 권근을 성균관 제조로 삼아, 4품 이하의 유자와 삼관의 유생을 모아 경사를 강습하게 하다.

4. 23. 궁궐의 도색을 다시 하게 하였는데, 이때

명유(明油) 4백 두(斗)를 쓰다.

4. 26. 좌정승 조준과 우정승 김사형에게 신도팔경의 병풍 한 면씩을 주다. 정도전이 〈팔경시(八景詩)〉를 지어 바치다.

5. 1. 흥천사 북쪽에 사리전 3층을 건축하라 명하다.

5. 3. 가회방 인가에서 불이 나 이웃으로 번졌는데 민가 140여 채와 요물고를 태우다.

5. 3. 간관이, 재변의 원인은 잦은 역사(役事)에 있다고 지적하다.

5. 5. 궁성 남문에 거둥해 척석희를 구경했는데 죽고 상한 사람이 많았다.

5. 5. 요물고를 궁성 안에 새로 짓다.

5. 13. 흥천사의 감주 상총이, 영수(領袖)가 될 만한 이를 뽑아 사찰을 주관케 할 것 등을 건의하다.

5. 16. 백관과 기로가 모여, 공부 등 3인을 경사로 보내는 문제를 의논한다.

5. 18. 유비고를 설치하면서, 도평의사사에 전지를 내려 군수(軍需)에 대응하기 위함이라 하다.

5. 21. 최영지 등에게 관직을 제수하고 양부의 상의 등 10명을 감원하다.

5. 26. 우현보의 직첩 및 가산, 그 아들 우홍부와 우홍강의 직첩을 돌려주다.

5. 26. 전희길이 동북면 단주에 가서, 군인 80명을 데리고 금을 캔 지 9일 만에 4돈쭝을 바치다.

5. 29. 왕세자의 현빈이 아들을 낳다.

윤5. 1. 사관에게 왕위에 오른 때부터의 사초를 바치게 하다.

윤5. 7. 아버지를 구타한 사노 오마대를 목 베게 하다.

윤5. 11. 이지가 상소를 올려, 간언을 받아들일 것, 공역을 그만둘 것, 불교를 배척할 것 등을 말하다.

윤5. 15. 육청의 우지개가 변방에 침구하려 한다는 보고가 있자, 수군만호 전승계와 안무사 김승주로 하여금 군관을 거느리고 가서 치게 하다.

윤5. 16. 수군의 품계를 정하다. 만호는 3품 이상, 천호는 4품 이상, 백호는 6품 이상을 모두 무관의 관자(官資)로 임명하게 하다.

윤5. 18. 술자리를 마련하여, 정도전·이지란·설장수·성석린을 불러 사신으로 갔던 일을 위로하다. 심덕부·권중화·조준·김사형·남은도 배석하여 즐기다 돌아가다.

윤5. 21. 대간의 간언으로 새벽에 조회를 보다.

윤5. 26. 이른 새벽 근정전에서 조회를 보았는데, 주요한 사무는 면전에서 직접 아뢰라 하다.

윤5. 28. 양주 목장에서 《진도》를 연습하다.

6. 3. 공부 등 3인을 중국에 압송하며 예부시랑에 회답하는 서신을 보내다.

6. 6. 백관이 반열을 정돈했는데도 조회를 보지 않고 흥천사에 거둥해 사리전의 건축을 시찰하다.

6. 10. 요동에 잡혀갔던 김송이란 사람이 연부왕의 몽고군 격퇴 소식을 알리다.

6. 12. 감예문 춘추관사 조준 등이 고려 공민왕부터 공양군까지는 이미 실록을 편수했으므로 임금의 즉위년 이후의 사초를 거두어 바치려 하다. 이에 사관 신개가 소를 올려 반대했으나 건국 시의 일을 당시 사관이 잘 몰라서 제대로 기록하지 못했을 것이라며 사초를 가려내어 바치라 명하다.

6. 13. 전 좌사의 대부 문익점의 졸기.
• 이날의 기사에 목화씨를 처음 들여와 재배하게 된 내력이 적혀 있다.

6. 18. 형조 도관에서, 말값이 노비 몸값보다 훨씬 비싼 현실을 지적하며, 노비 몸값을 기존의 오승포 150필에서 400필로 올릴 것을 청하다.
• 오승포 400필의 기준은 15~40세이고, 말값은 400~500필이었다.

6. 23 남문에 거둥해 중국 사신을 영접하는 잡기와 채붕을 관람하다.

6. 24. 박영문을 전라도와 경상도에 보내 《진도》의 강습 상황을 살피게 하다.

6. 24. 반송정에서 중국 사신을 접대하다. 황제의 신임을 받았던 조선 출신의 환관 신귀생이 행패를 부리다.

7. 4. 신귀생이 고향인 영흥으로 돌아가다.

7. 8. 임금이 신귀생을 위하여 연회를 개최하다. 이날 신귀생이 술에 취해 행패를 부리자 내시 조순이 저지하다. 이에 조준·김사형·정도전이 남은의 집에서 조순을 접대하다.

7. 11. 조준을 비방한 김부를 목 베고, 황보전에게는 장형을, 이양수에게는 태형을 집행하다.

7. 19. 하륜 충청도 관찰사.

7. 25. 환관 박영문이 올라와 《진도》 강습 실태를 아뢰다. 《진도》 강습을 게을리한 각 진의 훈도관을 가두도록 하고, 감독을 하지 못한 첨절제사의 죄를 논하라 명하다.

7. 27. 일본 비전주 준수태수 원경이 사람을 보내 예물을 바치다.

7. 27. 순군천호 김천익을 전라도와 경상도의 각 진에 보내 《진도》에 통하지 않은 첨절제사를 매질하게 하다.

7. 29. 병이 나다.

8. 1. 사헌부에 명하여, 여러 왕자와 의성군 남은·참찬문하부사 이무·상장군·대장군 등이 《진도》를 익히지 않는 까닭을 묻게 하다.

8. 2. 신덕왕후의 영자(影子)를 인안전에 봉안하다.

8. 4. 사헌부에서 교지를 받들어, 《진도》를 익히지 않은 3군절도사와 상장군·대장군·군관 등 292인을 탄핵하다.

8. 7. 여러 도의 《진도》를 가르치는 이들에게 각 곤장 100대를 치게 하고, 《진도》에 능통한 5인을 뽑아 각 도에 나누어 보내다.

8. 9. 대사헌 성석용이 《진도》을 익히지 않은 지휘관들의 처벌을 청하다. 이에 개국 공신과 왕자들의 경우에는 죄를 논할 수 없으니, 대신

휘하 사람을 태형 50대씩 치게 하고, 외방의 절제사 중 《진도》를 익히지 않은 자 또한 곤장을 치게 하라 명하다.

• 진법 훈련은 정도전과 남은의 요동 정벌 계획의 일환으로 진행된 것이다.

8. 13. 신덕왕후의 대상재(大祥齋)를 흥천사에서 베풀고, 도당에서도 따로 흥복사에서 행하다.

8. 21. 좌정승 조준이 임금의 장수를 비는 초례를 소격전에서 베풀다.

8. 26. 1차 왕자의 난에 대한 기록. 정도전·남은·심효생·방번·방석·이제·변중량 등이 제거되다.

8. 26. 정도전·남은·심효생·박위·유만수의 졸기.

8. 26. 남재가 화를 면하다. 상황을 정리하고 방과를 세자로 삼는 교지를 내리다.

8. 26. 상산군 강계권와 정도전의 아들 정진 등을 순군옥에 가두다.

8. 26. 귀의군 왕조와 그의 아우 왕관이 죽다.

8. 26. 이염 등을 옥에 가두고, 정진과 강택 등을 수군에 충군했으며, 이조·강계권·오몽을 등은 유배하다. 조사의 등 21인은 사유(赦宥)하다.

8. 29. 병이 차도가 있어 서쪽 침실로 옮기다.

9. 1. 친왕자(親王子)는 공(公)으로, 여러 종친은 후(侯)로, 정1품은 백(伯)으로 삼다.

9. 1. 이염·유두명 등의 죄를 용서하다.

9. 3. 한간이 수정포도(水精葡萄)를 구해와 바쳤는데 이로 인해 임금의 병이 낫다.

9. 3. 환관 김사행의 목을 베어 3군부의 문에 매달다.

9. 5. 왕위를 세자에게 선양하고자 하여, 이첨이 교지를 지어 바치다.

9. 5. 왕위의 전수를 태묘와 중국에 알리고 세자에게 양위하는 교서를 내리다. 세자가 강사포와 원유관으로 바꿔 입고 왕위에 올라 백관의 하례를 받다. 면복 차림으로 백관을 거느리고 부왕에게 존호를 올려 상왕이라 하고 치하하다.

정종실록

총서

- 공정왕의 휘는 이방과, 즉위 뒤 이름을 경으로 고치다.
- 태조의 2남이고, 어머니는 신의왕후다.
- 고려에 벼슬해 장상에 이르렀고 항상 태조를 따라 출정해 공을 세우다.
- 인문공예상황이라는 호를 받다.
- 왕위 3년, 퇴위 후 20년이 지나 63세에 훙하다.

정종 즉위년 기사는 원래 《태조실록》에 실려 있으나, 정종 즉위 이후의 기사여서 이곳으로 옮겨 적었다.

정종 즉위년(1398)

9.5. 덕빈을 책봉해 덕비로 삼고, 우리 전하(정안군 이방원)를 판상서사사를 겸하게 하다. 민제·조박·이거이 등에게 관직을 제수하다.

9.7. 상왕이 이방석 등을 위해 소선(素膳)을 들다.

9.7. 신덕왕후 영정을 정릉으로 옮겨 봉안하다.

9.9. 상왕이 흥천사 부도의 공역을 마치라는 명을 임금에게 전하다.

9.12. 논공행상에 불만을 토로한 정탁과 박포를 귀양 보내다.

9.12. 태묘에 고유하고 정전에 앉아 즉위 교서를 반포하다.

9.17. 정사공신의 등급을 정하여 교지를 내리다.

9.18. 사헌부에서 정도전·남은·심효생·장지화·이근 등의 가산 적몰을 청하니 우리 전하(정안군 이방원)가 아뢰어 과전만 회수하게 하다.

9.18. 간관이, 유신을 스승으로 삼아 불교를 숭상하는 폐단을 없앨 것, 엄인의 임무와 관직을 5품 이내로 제한할 것 등 7개항을 건의하다.

9.26. 각 도의 절제사가 도에서 지급받는 수(數)를 정하다.

9.29. 환자(宦者) 조순을 목 베고 그의 가산을 적몰하다.

10.1. 공신도감에서, 정사공신의 책록과 등급별 포상 내역을 아뢰다.

10.3. 중국 황제가 죽고 그의 손자가 황제가 되면서 대사령을 내려 공부 등이 요동에서 돌아오다.

10.3. 간관의 상언으로 병권을 맡고 있는 남은의 친척과 심복들을 외방에 부처(付處)하다.

10.5. 경연에 들어가 시강관 배중륜에게 《정관정요》을 강론하게 하다.

10.9. 정사공신 29인을 거느리고 맹약하다.

10.10. 정도전과 남은의 일파인 오몽을을 목 베고 정진을 수군으로 내쫓다.

10.15. 산남왕 온사도가 죽다.

10.26. 남재를 의령으로 내쫓다.

10.28. 원망을 품고 조준을 무고한 기생 첩 국화를 한강에 빠뜨리다.

10.29. 무관의 반열 차례를 정하다.

11.7. 잠저에 있을 때 첩이었던 유 씨를 후궁으로 들이고, 그 아들 불노를 원자로 삼다. 이에 이숙번이 정안공의 사저로 찾아가 경계할 것을 권하다.

11.11. 생모인 절비 한 씨를 추존하여 신의왕후로 삼다.

11.11. 경연에 나아가, 지경연사 조박에게 《대학》을 강론하게 하다.

11.16. 유성이 낮에 나타나다.

11.18. 덕비에게 책문과 인장을 주다.

11. 18. 정사공신에게 잔치를 베풀고 교서와 녹권을 하사하다.

11. 26. 이방번의 종 박두언 등이 난리를 일으키려다 김숙번의 종이 밀고해 들통 나다.

12. 6. 좌정승 조순이 경기좌우도 도통사를 사직하기를 청하며 인수와 거느린 군액(軍額)을 올리니 따르다.

12. 8. 소와 말의 도살을 금하다.

12. 9. 경연에서 처음으로 《논어》를 읽다. 사관이 입시를 청했으나 듣지 않다.

12. 14. 경연에서 《논어》를 강론하다가 일식의 이유를 묻다.

12. 15. 정안공·익안공·회안공을 개국 1등 공신에 추록하고 조준의 예에 따라 포상하다.

12. 17. 조준·조박·하륜 등이 《사서절요》를 찬술해 바치며 전문을 올리다.

12. 22. 명 태조 고황제의 부음과 연호를 알리는 예부의 자문이 오다. 대통력 1부를 보내오다.

12. 23. 상왕이 후원에서 기르던 들짐승을 너른 땅에 풀어 놓게 하다.

12. 24. 여러 공(公)과 후(侯)를 거느리고 잔치를 베풀어 접대하니 상왕이 즐거워하다.

12. 26. 대행 고황제의 상복을 입고, 3일 동안 곡림한 후에 벗게 하다.

• 대행은 임금이 세상을 떠난 뒤, 시호를 올리기 전의 칭호이다.

12. 28. 김사형과 하윤을 중국 황제의 등극을 하례하는 사신으로 보내다.

12. 29. 일본 육주목 다다량의홍이 사람을 보내 예물을 바치고 《대장경》을 구하다.

정종 1년(1399)

1. 1. 명나라 건문 연호를 시행하다.

1. 1. 종친을 거느리고 태상전에 조회하고 하례했으나, 태상왕이 수륙재로 재계를 행하는 중이라 하여 받지 않다.

1. 3. 중 설오를 보내 금강산과 안변 석왕사에서 보살재를 베풀다.

1. 3. 노비변정도감에서 송사를 결정하는 것을 2월 그믐까지로 한정하다.

1. 7. 문하부에서, 경연에 사관이 입시토록 할 것을 거듭 청하자 마침내 허락하여 입시하다.

1. 7. 충청도 감사 이지의 청에 따라 선군(船軍)에게 어염(魚鹽)의 역사를 면제해 주다.

1. 9. 경연에서, 고황제가 부지런히 정사에 임하면서도 영웅과 공신을 의심하고 죽인 일의 이유를 묻다.

1. 9. 격구를 하는 것은 건강을 위해서라고 하다.

1. 19. 전대 군신의 행사한 자취를 보겠다며 《고려사》를 바치도록 하니 조박이 가져다 바치다.

1. 19. 태상왕이 무안군 이방번의 옛집으로 이어하려다 신하들과 왕의 만류로 그만두고 북문을 열어 왕래를 통하게 하다.

1. 19. 경연에 나아가 강을 끝내고 내정에서 격구하다.

1. 19. 정안공이 판상서사사의 사면을 청했으나 윤허하지 아니하다.

2. 1. 정안공이 다시 판상서사사를 사면하기를 청하니 따르다.

2. 15. 유후사(留後司)에 이르러, 수창궁 북원에 올라가 송경으로 도읍을 옮길 뜻을 은연중에 말하다.

2. 24. 유후사에서 돌아와 태상왕을 알현하다.

2. 26. 종척과 공신 들을 모아 도읍을 옮길 것을 의논하다. 모두 송경으로 환도하는 것에 동의하다.

3. 1. 노비변정도감을 혁파하고 업무는 형조도관으로 이송하다.

3. 1. 연왕이 정변을 일으켰다고, 요동에서 도망쳐 온 조선 사람이 말하다.

3. 1. 중 신생과 사통하고 이를 알게 된 종과 여종을 죽인 구 중추원 부사 구성우의 처 유 씨

를 주살하다.

3. 7. 개경으로 환도하다. 공후는 모두 따르고 각사의 인원은 반씩만 따라가다. 태상왕이 한양 천도는 모두와 의논한 것이었다며 눈물 흘리다.

3. 13. 동북면과 강원도의 선군은 파하고, 경기도·경상도·충청도·풍해도의 선군은 감하도록 하다.

3. 13. 태상왕이 금강산 유점사에 가서 보살재를 베풀려 했는데, 임금이 박영문을 보내 간곡히 만류하니 그만두다.

3. 13. 태상왕이 명하여 궁문을 지키는 군사를 없애다.

3. 13. 조박의 건의에 따라 집현전을 활성화시키기로 하다.

3. 13. 태상왕이, 한양에 천도한 후 아내와 아들을 잃고 환도하였으니 도성 사람들에게 부끄럽다며 출입을 어두울 때 하겠다고 하다.

3. 13. 내정에서 격구하고 다음 날도 계속하다.

3. 13. 태상왕이 좌우 근신을 거느리고 관음굴에 거둥해 능엄 법석을 베풀다.

3. 13. 조박에게 이르기를, 격구하는 이유는 무관의 집에서 나고 자란 때문이라 설명하다.

3. 13. 태상왕이 평주 온천에 거둥하려다 임금과 신하들의 반대로 그만두고 돌아오다. 중 신강이 찾아오자 방번과 방석이 죽은 일을 잊을 수 없다고 하다.

4. 1. 태상왕이 평주 온천에 거둥하다.

4. 4. 정안군과 이저를 온천에 보내 태상왕에게 문안하다.

4. 27. 양청에 나아가 척석희를 구경하다.

4. 27. 마전현에 사당을 세울 것을 명하고, 고려 태조·혜종·성종·현종·문종·충경왕·충렬왕·공민왕의 제사를 지내다.

5. 1. 문하부에서 시무 10가지를 올리다.

• 태상왕에 효도할 것, 경연에 충실할 것, 격구를 하지 말 것 등의 내용이 담겨 있다.

5. 1. 백관을 거느리고 태상전에 조회하여 연향

을 베풀었는데 저녁때가 되어 파하다. 태상왕이 직접 황금대를 풀어 임금에게 주다.

5. 16. 대사헌 조박을 이천에 귀양 보내다.

5. 16. 통신관 박돈지가 일본국 대장군과 왜구 근절책을 교섭하고 잡혀갔던 남녀 100여 명을 데리고 돌아오다.

5. 21. 장사정이, 전 판서 남궁서의 아내 귀를 자르고 때려죽였으나, 공신이라 하여 청주에 안치하는 것에 그치다.

6. 1. 문하부에서, 의안공의 판문하 직임과 병권을 파하기를 청하였으나 윤허하지 않다.

6. 1. 백관을 거느리고 태상전에 가서 헌수하다. 왕과 태상왕이 일어나 춤추다.

6. 1. 일본국 사신이 예궐하다. 군기감으로 하여금 불꽃놀이를 구경시켰는데, 이를 본 사신이 놀라다.

6. 15. 형조도관이, 공사 노비의 적(籍)을 만들자고 청하였으나 시행되지 못하다.

6. 27. 송도에 종묘를 새로 지을 것을 거론하였으나 이거이가 반대하여 그만두다.

7. 1. 대마도 도총관 종정무가 사자를 보내 왜구 근절을 맹서하다.

7. 1. 사사(使司)와 여러 공후가 서강에 모여 병선을 구경하다.

7. 10. 일본 좌경대부 육주목 의홍이 구주를 쳐서 이기고 사자를 보내 방물을 바치며 백제의 후손임을 밝히고 토지를 청하다. 이에 토지를 줄 것인지를 두고 의논하였으나 권근과 간관의 반대로 그만두다.

7. 21. 의홍이 대장경을 청한 것에 대해 장차 마련해 보내 줄 뜻을 보이다.

8. 3. 분경을 금하는 명을 내리다.

8. 10. 올빼미가 수창궁 옥상에서 울다. 서운관에서, 근신할 것을 청하다.

8. 12. 공신도감에서, 임금의 화상과 정사공신의 화상을 그려 바치다.

8. 19. 물동이만 한 유성이 서쪽에서 동쪽으로

흘러가다.

8. 19. 행대감찰을 각 도에 보내, 민간의 이해와 수령의 잘잘못, 향리들의 행태를 감찰하게 하다.

8. 19. 박원길의 아내 변 씨가, 죽은 전 남편 박충언의 종 포대와 간통했다가 들통 나자 박원길이 의안공과 공모해 역모를 꾀한다고 무고했다가 주살되다.

8. 29. 아우 이거이와 조카 이저가 군사를 일으켜 조박을 죽이려 한다고 무고한 이거이의 형 이거인을 청주에 귀양 보내다.

9. 10. 태상왕이 경순궁주를 여승이 되게 하였는데, 머리를 깎을 때 지켜보다 눈물을 흘리다.
• 경순궁주는 태조의 딸로, 신덕왕후의 소생이다.

9. 10. 해주에 사냥을 가려 했으나, 사헌부에서 만류하다.

10. 8. 태상왕이 자신에 대한 시위(侍衛)는 가두어 지키는 것이나 다름없다고 하다. 이에 시위를 철폐할 뜻을 신하들과 의논하여 없애다. 태상왕이 기뻐하며 왕의 성품과 효성을 칭찬하다.

10. 8. 첨서중추원사 권근이 상서하여 시정의 일을 말하다.

10. 19. 판삼사사 설장수의 졸기.

10. 19. 왜적이 풍해도에 침입해 병선 1척을 불태우고 선군 50명을 죽이다.

10. 19. 백관을 거느리고 태상전에 조회하고 연향을 베풀다. 태상왕이 내관 이광과 함승복이 매양 거스른다고 하자, 이광은 나주에 귀양 보내고 함승복은 순군옥에 가두다.

10. 19. 흥천사의 사리전이 낙성되어 태상왕이 신도에 거둥하고 수륙재를 베풀다.

11. 1. 일본 서해도 준주태수 정종이 사람을 보내 토산물을 바치다.

11. 1. 종친과 훈신에게 명해 여러 도의 군사를 나누어 맡게 하다.

11. 25. 구륙이 항복한 왜인 14명을 데리고 오다.

12. 1. 이화·조준·김사형·심덕부·성석린·이거이·권근 등에게 관직을 주다

정종 2년(1400)

1. 1. 권근이 《통감촬요》를 진강하다.

1. 10. 경연에서, 불교 및 유교에 대해 하륜과 문답하다.

1. 10. 집현전을 고쳐 보문각이라 하다.

1. 10. 전 예문춘추관 태학사 한상질의 졸기.

1. 24. 대간이 상소해, 각 품의 고신을 대간에서 서경하는 법을 세울 것을 청하니 허락하다.

1. 28. 임금이 즉위한 뒤에, 남재가 대궐 뜰에서 큰 소리로 정안공을 세자로 세워야 한다고 말했는데 정안공이 꾸짖다.

1. 28. 2차 왕자의 난 전말. 이방간 부자를 토산에 추방하고 박포 등은 가두다. 익안공은 절제사의 인과 군적을 3군부에 바치다.

2. 1. 하륜 등이, 정안공을 세자로 세울 것을 청하니 받아들이다. 정안공을 세자로 세우고 모든 군사를 도독(都督)하게 하라 명하다.

2. 1. 삼성에서 이방간을 복주하길 청하다. 박포는 관직을 삭탈하고 장 100대를 쳐 귀양 보내다.

2. 2. 조영무·윤방경·최원에게 관직을 주다.

2. 4. 정안공을 책립해 왕세자로 삼고 군국의 중대사를 맡도록 하다. 이때 한 대신이 동생이므로 왕태제로 삼을 것을 청하자, 아우를 아들 삼겠다고 하다.

2. 4. 세자가 태상전에 나아가 사은하니 태상왕이 임금 노릇 하는 도리를 이르다. 이어 이저에게 이르기를, 박포를 죽여 뒷날의 경계로 삼아야 한다고 하다.

2. 4. 사헌부에서 판문하부사 조준을 탄핵하다.

2. 13. 이방간을 안산군에 옮겨 안치하다.

2. 25. 대간의 거듭된 주장과 태상왕의 뜻에 따

라 박포를 주살하기로 하다.

3.4. 민 씨를 봉하여 세자 정빈으로 삼다.

3.15. 성석린·민제·권근에게 관직을 주다.

3.19. 세자와 양청에 나아가 활쏘기를 구경하고 이어 잔치를 베풀다.

• 세자가 취해 임금의 허리를 붙잡았는데, 임금이 "이것이 너의 진정이로구나!"라고 말했다고 한다.

3.19. 조영무를 해주에 보내 항복한 왜적을 서북면에 나누어 두다.

4.6. 문하부에서, 초파일에 연등 설치를 정지할 것을 청했으나 답하지 않다.

4.6. 권근과 김약채 등이 상소해 사병의 혁파를 청하니 세자와 의논하여 곧 시행하게 하다. 이에 이거이 부자와 병권을 잃은 자들은 격분하고 원망을 표하다.

4.6. 문하시랑찬성사 하륜에게 명해, 도평의사사는 의정부로, 중추원은 3군부로, 중추원 승지는 승정원 승지 등으로 고쳐 관제를 다시 정하게 하다.

4.18. 사병 혁파에 불만을 표시한 조영무를 황주에 귀양 보내다.

4.18. 사병 혁파에 불만을 표시한 이천우와 조온을 파면하다.

4.18. 조영무가 귀양지에 도착하기 전에 서북면 도순무사 겸 평양윤에 임명되다.

5.1. 권근·김약채 등이 거듭 상소해 종친과 부마로 하여금 직사를 맡지 못하게 하라 청하니 따르다.

5.8. 대간이, 사병 혁파에 불평한 이거이·이저·이천우의 처벌을 청하였으나 따르지 않다.

6.1. 태상왕의 호(號)를 세워 덕수궁이라 하고 부(府)를 승녕부라 하다.

6.1. 공신이 아닌데도 군에 봉해진 자는 모두 파하고, 권중화·이거인 등은 치사(致仕)하게 하다.

6.2. 세자가 빈객(賓客) 정탁과 더불어 충효의 도리를 강론하다.

6.2. 권근의 건의로 다시 노비변정도감을 설치하다.

6.16. 태상왕의 존호를 올리기 위해 봉숭도감을 설치하다.

6.20. 이방간의 휘하였던 진무소 갑사 3백 인을 혁파하고 군기와 갑옷을 모두 3군부로 보내다.

6.20. 예조에서 태상왕의 존호를 계운신무태상왕이라 올리니 그대로 따르다.

7.2. 동북면·서북면·풍해도에 황충(蝗蟲)이 크게 일자 이를 잡도록 하다.

7.2. 세자와 백관을 거느리고 덕수궁에 조알하여 존호를 올리다.

7.2. 세자가 3군부에 영을 내려 길재를 부르니 길재가 서울에 이르다.

7.2. 태상왕이 조온과 이영무를 비난하다. 이를 세자가 고하자 두 사람을 귀양 보내다.

7.2. 사헌부와 형조에서 이무·조영무를 불러들이자고 청하였으나 허락하지 않다.

7.2. 이무·조영무·조온을 변호하기 위해 좌정승 성석린과 우정승 민제가 문무백관을 거느리고 태상전에 나아갔으나, 태상왕이 이들을 힐문하다.

7.2. 장군들의 모임인 장군방(將軍房)을 혁파하다.

7.2. 덕수궁에 드나들며 잡된 말을 하고 다닌 전 삼사좌복야 이염과 전 판사 이덕시를 귀양 보내다.

7.2. 길재가 사직하고 돌아가다. 충렬한 선비라는 사관의 평.

7.2. 이거이·이무·조영무·조온을 서울 밖 편한 곳에 거처토록 하다.

7.25. 문하부의 건의로 천례(賤隸)가 서울 안에서 말 타고 다니는 것을 금하게 하다.

8.1. 평양백 조준을 순군옥에 가두었다가 석방하다. 조사 결과 무고임이 밝혀지자 무고한 조박과 권진을 귀양 보내다.

8.21. 사헌부에서, 이방간을 먼 지방에 옮겨 두

기를 청하였으나 윤허하지 않다.

8. 21. 연경궁을 태상전에 붙이니 태상왕이 기뻐하다.

9. 8. 이거이·이저·이무·조영무를 위로하기 위해 후원 양청에서 술을 베풀다.

9. 8. 일찍이 왜구에게 잡혀갔던 중국 사녀(士女) 20여 명을 요동에 돌려보내다.

9. 19. 우인렬과 이문화를 명나라에 보내 신년 하례로 말 30필을 바치고 인신과 고명을 청하다.

10. 6. 몰래 화장사로 가서 새로 만든 석가삼존과 오백나한을 구경하다.

10. 11. 온정에 거둥하려 하자, 세자가 황교 들에 머물며 승여(乘輿)를 기다리다.

10. 15. 태상왕이 이방석·이제 등을 위해 신암사에서 불사를 크게 베풀다. 중전 김 씨와 세자빈 민 씨가 나아가서 구경하다.

10. 15. 태상왕이 신도(新都)에 거둥하다.

10. 24. 태상왕이 정릉에 이르러 정근 법석를 베풀다. 장차 오대산 낙산사로 거둥하려 함을 아무도 알지 못하다.

10. 26. 중 설오를 보내 환가(遷駕)를 청했으나 태상왕이 듣지 않고 오대산으로 떠나다.

11. 1. 방간의 난 때 공을 세운 단양백 우현보에게 전지 70결을 하사하다.

11. 1. 사사로이 수령을 구타한 참판3군부사 최운해와 예문관 학사 송제대를 귀양 보내다.

11. 11. 왕세자에게 선위하다. 선위 교서를 참찬문하 권근이 짓다. 좌승지 이원을 보내 태상왕에게 선위를 고하다.

태종 즉위년(1400)

11. 13. 세자가 수창궁에서 즉위하고 사면령을 반포하다.

11. 13. 주상을 높여 상왕이라 하다. 거처를 공안부라 하고 중궁의 거처는 인녕부라 하다.

11. 13. 정부와 예조에 귀신과 불사의 일을 없애도록 의논하게 하다.

11. 13. 첨서3군부사 이첨을 명나라에 보내 상왕이 세자에게 전위한 것을 알리다.

11. 13. 태상왕이 오대산에서 돌아오니, 장단 마천에 나가 맞이하다. 태상왕이 한양 환도를 요구하자 따르겠다고 하다.

11. 13. 단양백 우현보의 졸기.

12. 1. 백관을 거느리고 상왕전에 나아가 헌수하다.

12. 1. 갑사 2,000명을 다시 세워 한 번에 1,000명씩 각위에 보충하여 매년 교대하게 하다.

12. 1. 하륜이 인재 천거를 자신과 의논 없이 독단적으로 한다고, 좌정승 이거이가 아들 이저에게 불평하다.

12. 19. 중궁의 투기 때문에 경연청에 나와 10여일 동안 거처하다.

12. 22. 수창궁이 화재를 당하여 대전(大殿)까지 불길이 미치다. 이때 사관 노이가 사고를 열고 사책을 꺼내 화를 피하다.

12. 22. 화재를 계기로 천도 논의를 했는데 하륜이 다시 무악을 주장하다.

12. 22. 구언(求言)의 교지를 내리다.

태종실록

총서

- 태종공정성덕신공문무광효대왕의 휘는 이방원, 자는 유덕이다.
- 태조의 5남이고, 어머니는 신의왕후다.
- 공민왕 16년 5월 16일 함흥부 귀주에서 태어나다.
- 홍무 15년에 진사시에 급제하다.
- 1422년 5월 10일 향년 56세에 승하하다.

태종 1년(1401)

1. 10. 정빈 민 씨를 정비로 봉하다.

1. 14. 청성백 심덕부의 졸기.

1. 14. 문하부의 건의 중에서, 변정도감 혁파·둔전 폐지 등을 받아들이다.

1. 14. 남양군 홍길민이 한양 환도와 언로 개방을 건의하다.

1. 15. 이저·이거이 등에게 좌명공신의 훈호를 내리다.

1. 15. 노비변정도감을 혁파하다.

1. 17. 관음굴에서 수륙재를 베풀다. 시독 김과에게 이르기를, 불사는 이미 파했으나 궁중의 부녀들이 행하는 불사는 금하지 못한다고 하다.

1. 24. 도관찰출척사를 안렴사로 고치고 각 도의 안렴사를 임명하다.

1. 25. 조준 등에게 관직을 제수하다.

1. 25. 참람하게 중국을 모방할 수 없다 하여 공(公)·후(侯)·백(伯)의 작호를 고치다.

2. 9. 영안군 이양우와 완산군 이천우가 태상왕을 끼고 모반을 꾀한다고 무고한 변남룡과 그 아들 변혼을 저자에서 베다.

2. 12. 마암의 단 아래서 좌명공신들과 삽혈(歃血) 동맹을 하며 맹서의 글을 읽다.

2. 12. 공신도감에 명해, 맹서를 전사(傳寫)하여 나누어 주다.

2. 18. 중군총제 민무구가 사직하니 윤허하다.

2. 25. 의안대군 등 47명의 좌명공신에게 교서·녹권·사패를 주다.

3. 6. 정종이 태종에게 선위한 경위가 의심스러워 인신과 고명을 보내 줄 수 없다는 칙지와 예부의 자문이 오다.

3. 9. 태상전 궁녀들에게 3품에서 9품까지 작을 내리고 월봉을 주다.

3. 12. 성균관 정록소의 건의에 따라 삼년상 동안에는 과거를 보지 못하게 하다.

3. 17. 태상왕이 보개산에 행차하니 마이천까지 전송하다.

3. 18. 무신을 거느리고 마이천 남쪽에서 매사냥을 하다.

3. 18. 문하부 낭사가 사냥을 자제하라고 상서하다.

3. 23. 문하부 낭사가 상소를 올리다. 사냥을 멈추고 날마다 태상전을 뵙고 경연에 임할 것을 청하였는데, 이미 윤허한 일이라 말하며 이후로는 큰일만 소장으로 아뢰고 작은 일은 직접 아뢰라 이르다.

3. 28. 우정승 하륜이 재이(災異)를 핑계로 사직하다.

· 좌정승 이거이를 끌어내리기 위한 계산이다.

3. 29. 좌정승 이거이가 사직을 청하니 허락하다.

3. 29. 찬성사 조영무에게 임시로 의정부 일을 맡아보게 하다.

윤3. 1. 태상왕이 흥천사에서 대장 불사를 베풀고자 한양에 행차하니 임진까지 전송하다.

윤3. 11. 왜적이 자연도와 삼목도의 염장(鹽藏)을 노략질하다.

윤3. 11. 태상왕이 한양에서 금강산으로 거둥하다.

윤3. 15. 왕위 계승을 허락하는 명나라 예부의 자문이 도착하다.

윤3. 21. 예조의 의견에 따라 문과의 고강법(考講法)을 정하다.

윤3. 22. 대사헌 유관 등이, 승려의 수를 줄이고 오교·양종을 없앨 것을 청하는 소를 올리다.

4. 6. 하륜을 영삼사사로 삼다.

4. 6. 하륜의 의견을 따라 사섬서를 설치하고 영(令) 1인, 승(丞) 2인, 직장(直長) 2인, 주부(注簿) 2인을 두어 저화(楮貨)를 맡게 하다.

4. 10. 도승지 박석명을 보내 안변부에 있는 태상왕의 안부를 묻다.

4. 16. 박석명이 안변에서 돌아와, 태상왕이 안변에 오래 머무를 뜻이 있다고 아뢰다.

4. 17. 창녕 부원군 성석린을 안변에 보내 태상왕의 회가를 권유하다.

4. 24. 금주령이 제대로 이루어지게 하기 위해 금주하는 모범을 보이다.

4. 25. 감춘추관사 하륜에게 명해 《고려사》를 바치게 하다.

4. 28. 태상왕이 안변으로부터 마이천에 도착하여 연향을 베풀다.

4. 29. 편전에서 정사를 듣는데 사관 민인생이 들어오려 하자, 편전은 편안히 쉬는 곳이라며 들어오지 말라 이르다.

5. 1. 권근과 그 아비 권희가 역모를 꾀했다고 무고한 권식 등을 사형에 처하다.

5. 3. 공부상정도감에서 공물과 조세의 수납 방법을 보고하니 윤허하다.

5. 8. 다시 사관 민인생이 편전에서의 정사 때 사관의 입시를 주장하다.

5. 17. 의원을 익주에 보내 이방간의 병을 치료

하게 하다.

5. 20. 3군부로 하여금 무신의 집에 분경하는 것을 금하게 하고, 사헌부를 시켜 집정(執政)의 집에 분경하는 것을 금하게 하다.

5. 27. 사은사 안윤시가, 명나라 사신들이 고명과 인장을 받들고 온다는 소식을 전하자, 어제 모후가 꿈에 나와 기뻐했다고 하다.

5. 28. 덕수궁에 조회하다. 태상왕이 이방간을 불러들일 것을 요구하자, 명대로 하겠다고 답하다.

6. 4. 이방간을 소환하려 하자 의정부와 백관이 강력히 반대해 그만두다.

6. 12. 사신 장근과 단목예가, 명나라 황제의 고명과 황제의 고를 받들고 오다.

6. 12. 이직·윤곤 등이, 명나라 예부의 자문을 가지고 오다.

6. 16. 영삼사사 하륜·참찬 권근·첨서 이첨에게 명해 관제를 개정하게 하다.

6. 18. 임금이 궁인을 가까이하여 정비가 노하다. 이에 궁인을 힐문하고 정비전의 시녀·환관 20여 인을 내치다.

6. 26. 이무·조영무·이숙번 등 공신들에게 200명의 환자(宦者)를 나누어 주다.

7. 13. 하륜 등이 개정한 관제를 올리다.

7. 13. 하륜 영사평부사, 이서 영의정부사, 김사형 좌정승, 이무 우정승, 조영무 판승추부사, 이원 대사헌.

7. 16. 사간원에서, 의식을 사헌부의 예와 똑같이 할 것을 청하니 따르다.

7. 18. 안성의 학장 윤조와 전 좌랑 박전 등이 상언해, 송 태조의 고사에 따라 등문고를 설치할 것을 청하다.

7. 23. 영흥부의 토관 576명 중 388명을 축소하다.

7. 23. 의정부에서, 동서 양계의 양전 및 조세부과 방법 등에 관해 상소를 올리다.

8. 1. 억울한 사람은 나와서 등문고를 치라 하

다. 이름을 신문고로 고치다.

8. 2. 남쪽 지방의 조세는 모두 배로 운반하도록 하다.

• 그동안은 왜구 때문에 육로를 많이 이용했다.

8. 13. 검교참찬 의정부사 조호가 안속의 노비를 빼앗자 안속이 북을 쳐서 고발하다. 이에 조호를 평주로 귀양 보내다.

8. 20. 상왕이 새벽에 단기(單騎)로 미행(微行)하거나, 외출했다가 며칠씩 머무르는 일이 있자, 사간원에서 의위(儀衛)를 갖추어야 한다고 청하다.

8. 21. 태상왕이 금강산에 순행했다가 동북면으로 가려 하다. 이에 지신사 박석명을 보내 명나라 사신이 오니 행차를 정지해 달라 청하다.

8. 22. 대사헌 이원 등이 세자 책봉을 청하는 소를 올리다.

9. 1. 조선의 말 1만 필을 무역하고 싶다는 명 황제의 뜻이 담긴 병부의 자문.

9. 13. 사은사 민무질을 서교에서 전송하다.

9. 15. 명나라 국자감생 송호 등 4인이 말값을 가지고 오다.

9. 27. 태상왕이 평주 온정에 가는데 금교 서천변에 이르러 잔치를 베풀다.

10. 3. 의정부에서 무역할 말값을 정하다.

10. 8. 평주 온천에 거둥하다.

10. 10. 온천에 이르러 태상왕을 뵙고 헌수하다.

10. 17. 태상왕이 평주에서 돌아오다.

10. 21. 사헌부에서 상소해 사섬서를 혁파하고 저화를 폐지할 것을 청했으나 따르지 않다.

10. 21. 경원성 축성이 완성되다.

10. 27. 부흥군 조반의 졸기.

11. 7. 권근의 말을 좇아 고려 문하시중 정몽주에게 영의정 부사를, 광산군 김약항에게 의정부 찬성사를 증직하다.

11. 7. 사간원의 상소에 따라, 절제사의 지휘를 받는 안렴사를 폐지하고 관찰사를 각 도에 내보내다.

11. 16. 하륜에게, 신라와 고려가 개국했을 때 중국은 어느 시대였는지를 묻고, 등문고(신문고)의 유래에 대해서도 묻다.

11. 17. 태상왕이 불러 나아가니, 잠저 때의 일과 회군 때의 일 등을 자세히 설명하다.

11. 20. 경연에서, 안으로는 부왕의 책망을 받고 밖으로는 여론이 분분하니 어찌할 바를 모르겠다며, 왕자의 난은 단지 살기를 바라는 마음이었다고 토로하다.

11. 24. 국자감생 곽선 등이 말값으로 비단을 가져오다.

11. 26. 밤중에 태상왕이 소요산으로 가다.

12. 5. 영사평부사 하륜이, 급제한 문신은 임금이 직접 시험할 것을 건의하니 받아들이다.

12. 9. 이직 의정부 찬성사, 권근 참찬의정부사.

12. 9. 사신 축맹헌이, 말값에 비해 교환한 말의 수가 적다며 난색을 표하다.

12. 18. 임정을 삼도체찰사로 삼아 중단된 조선 500척의 역사를 재개토록 하다.

태종 2년(1402)

1. 3. 사헌부와 사간원 관리들이 서로 탄핵하다. 이에 좌사간 진의귀 등이 안치되다.

1. 6. 사섬서에서 새로 만든 저화 2,000장을 올리다.

1. 6. 처음으로 무과법을 시행하다.

1. 7. 녹봉 지급 시 저화를 병용하도록 명하다.

1. 9. 백성에게 저화로 국고의 쌀을 사도록 명하다.

• 저화 1장은 상오승포 1필에 준하는 것으로 쌀 2말의 값이다.

1. 16. 전곡의 출납·회계·이문 등의 법을 정하다.

1. 17. 민제가, 하륜을 정도전에 비유하며 머잖아 환난을 당할 것이라 했다고 하자, 하륜이 생사는 하늘에 달렸다며 무시하다.

1. 20. 도관찰출척사의 제도를 복구하고 각 도의

도관찰출척사를 임명하다.

1.26. 신문고를 설치한다는 교서를 내리다.

1.28. 소요산에 가서 태상왕을 뵈다. 종친과 성석린이 태상왕에게 환가를 극력 청하였는데 부처를 좋아함은 두 아들과 한 사위를 위함이라 답하다.

1.28. 동평현의 부산포에 왜구가 들어와 천호 김남보와 사졸 10여 명을 죽이다.

2.4. 요동에 도망했다가 기근으로 인해 다시 돌아온 사람들을 하삼도에 나눠 안치토록 하고 양곡과 토지를 주어 극진히 보호하라 이르다.

2.8. 각 도 관찰사에게 무역을 위한 말을 잘 기르라 명하다.

2.11. 상왕이 사람을 보내, 아들도 많은데 왜 다시 장가들려고 하느냐고 하자 가례색을 파하다.

2.26. 사신 반문규가 면복을 내린다는 명 황제의 칙서를 가져오다.

3.3. 이조전서 여칭을 명나라에 보내, 땅이 좁고 말이 적어 무역하기 어렵다고 아뢰도록 하다.

3.6. 하성절사 최유경이 돌아와, 연왕의 기세가 강해 황제의 군대를 이길 것이라 아뢰다.

3.7. 성균 악정 권홍의 딸을 별궁으로 맞아들이다. 정빈 민 씨가 마음의 병을 얻다.

3.7. 저화의 통용을 위해 풍저창의 미두와 사재감의 어육으로 민간의 저화를 바꾸다.

3.8. 맏아들의 이름을 제(禔)라 짓다.

3.13. 판내자시사 유귀산을 의주로 보내 요동의 사변을 정탐케 하다.

3.15. 금한 일을 가지고 신문고를 치지 못하게 하라 전지하다.

3.24. 말 무역을 더 이상 하지 않아도 된다는 병부의 자문이 오다.

3.26. 중국의 만산군(漫散軍) 2,000명이 강계로 넘어오다.

4.6. 저화 사용의 확대를 위해 저화통행법을 세우다.

4.6. 요동의 도망한 군대가 강계 지역으로 오자 박만을 시켜 진압을 명하다.

4.9. 이지란의 졸기.

4.10. 요동의 길이 막혀 사신 축맹헌과 사은사 노숭이 돌아오다.

4.18. 이제를 원자로 봉하다. 이거이를 영의정부사로, 조온을 의정부 찬성사로 삼다.

4.18. 의례상정소에서 무과 관함의 제도를 올리다.

4.19. 시장에서 저화가 통용되지 않으니 오승포를 쓰지 못하게 하라 명하다.

4.21. 박만이 동북면으로 떠나는 길에 소요산에 들러 태상왕에게 환궁을 청하다.

4.25. 이성도 근처의 여진 마을을 통합해 창성군·석주·이주를 두다.

4.28. 원자부를 두었는데, 이름을 경승이라 하다.

4.28. 태상왕이 소요산에서 한양으로 가서 환왕의 기신 법회를 열다.

• 환왕은 이성계의 아버지인 이자춘의 존호다.

5.4. 사은사로 임명되었는데, 중로에 도적이 일어났다는 말을 듣고 병을 핑계로 사임을 청한 도총제 조견을 축산도로 유배하다.

5.4. 삼도체찰사 임정이 조운선을 만들다.

5.6. 원자의 학궁이 완성되다.

5.10. 상왕전에 나아가 헌수(獻壽)하고 즐기다.

5.13. 명나라 좌군 도독부에서, 만산군을 돌려보내라는 문서를 보내다.

5.22. 태상왕의 뜻에 따라, 회암사에 전지 300결을 주다.

5.30. 만산군을 풍해도에 나누어 두다.

• 남녀 합해 869명이다.

6.1. 중국의 병란으로, 서북면 평양·안주·의주 등에 성을 쌓는 문제를 의논하다.

6.5. 예조에서, 의례상정소제조와 의논해 악조 〈국왕연사신악〉·〈국왕연종친형제악〉 등 10곡을 올리다.

• 각 곡에 대해 연주 순서와 방법 등을 설명했다.

6. 7. 노비를 다투다가, 이신언이 모반했다고 무고한 전 사직 김귀를 복주하다.

6. 8. 하륜·권근·이첨에게 명해 《삼국사》를 수찬하게 하다.

6. 9. 태상왕이 소요산으로 행차해 회암사를 중수하고 궁실을 지어 머물려고 하니 지원하다.

6. 9. 하륜이 〈근천정〉과 〈수명명〉 악장 두 편을 지어 올리니 교서를 내려 칭찬하다.

6. 10. 저화 1장을 기존의 오승포 4필에서 1필로 내려 바꾸게 하니 백성들이 다투어 바꾸다.

6. 11. 예조에서, 사냥하는 규정을 상정하여 수수법(蒐狩法)을 올리니 따르다.

6. 11. 계집종을 가까이한다고 질투하는 아내를 때린 박저생을 귀양 보내다.

6. 14. 견내량만호 목철이 일전에 왜선 1척을 잡아 15명을 참수하고 도적을 잡았다고 하여 후한 상을 받았는데, 금년에 일본의 사자가 와서 그들이 사신 일행이었다고 아뢰다. 조사하여 목철을 목 베다.

7. 3. 금주령을 내리다. 대궐 안의 술그릇을 모두 간수해 두라 명하다.

7. 4. 시독 김과를 불러, 비가 오지 않는 것은 부덕한 자신이 왕위에 있어서라며 왕위를 사양하겠다며 눈물을 흘리다.

7. 9. 술법에 능하다는 문가학에게 비를 내리도록 하라 명하다. 그의 말처럼 비가 오자 옷과 쌀을 내리다.

7. 11. 한양으로 도읍을 다시 옮기는 일에 대해 논의했는데 반나절이 되어도 결정하지 못하다.

7. 13. 왕사 자초를 회암사의 감주로 삼고, 조선을 주지로 삼다.

• 태상왕의 뜻을 따른 것이다.

8. 1. 길이 막혀, 은사 박돈지가 경사에 조회하지 못하고 돌아오다. 대신 반군 토벌에 원군을 요청하는 명 황제의 조서를 베껴 오다.

8. 8. 태상왕의 뜻에 따라 회암사에 전지 120결

을 내리다.

8. 26. 정비와 함께 여흥 부원군 민제의 집에 거둥해 잔치를 베풀다.

8. 26. 진산 부원군 하륜이 〈조선성덕가〉 12장을 올리다.

9. 3. 유죄(流罪)의 수속법(收贖法)을 정하다.

9. 16. 남교에 거둥해 매사냥을 하다 돌아오다. 이저·민무구·민무질·이숙번·이백강이 동행하다.

9. 19. 종기를 치료하기 위해 온천에 행차하겠다고 하자 대간이 반대한다. 해주에 가서 강무를 행하겠다고 하자 사냥하려는 의도로 보고 대간이 또 반대하다.

9. 24. 저화와 상오승포를 함께 통용하도록 하다.

9. 24. 사헌부와 사간원에서 저화 통용의 폐단을 연명 상소하다.

9. 28. 연왕이 황제가 되어 조서를 보냈다는 통사 강방우의 전언.

10. 2. 건문 연호 사용을 금하다.

10. 4. 김사형을 영사평부사로, 하륜을 좌정승으로, 성석린을 영의정부사로, 이직을 예문관 대제학으로, 권근을 참찬의정부사로 삼다.

10. 12. 영락 황제의 즉위와 새 연호의 사용을 알리는 조서.

10. 13. 다시 홍무 연호를 쓰고 35년이라 칭하다.

10. 15. 사신 유사길과 왕태가 조선의 관직 제도와 관리 임용 등을 묻다.

10. 16. 정몽주를 죽이는 데 참여한 고성군 고여가 죽다.

10. 20. 해 가운데에 흑점이 있자, 소격전에서 태양독초(太陽獨醮)를 행하다.

10. 27. 태상왕이 사신 온전에게 징파도에서 잔치를 베풀고 나서 북쪽으로 행차하다.

11. 1. 태상왕이 동북면으로 떠나다.

11. 5. 환관 김완이 돌아와, 태상왕이 선조들의

능에 참배한 후 금강산을 유람하려 한다고 아뢰다.

11. 5. 안변부사 조사의가 군사를 일으키다.
  • 현비 강 씨를 위해 원수를 갚고자 한 것이다.

11. 7. 태상왕이, 자신의 행차는 선릉에 참배하기 위한 것이라 설명하다.

11. 7. 상왕을 사칭하고 다닌 김여생과 중 묘봉을 베고, 중 성총은 곤장 100대를 치다.

11. 8. 상호군 박순을 동북면에 보냈는데, 함주에 이르러 도순문사 박만과 주군 수령에게 조사의를 따르지 말라고 설득하다 피살되다.

11. 8. 태상왕이 철령을 지났다고 회양 부사 김정준이 와서 고하다.

11. 8. 대간이, 이방간 부자를 제주로 옮길 것을 청했으나 불윤하다.

11. 9. 태상왕이 함주로 향하자, 무학을 보내 환가를 청하다.

11. 10. 대호군 김계지를 동북면에 보내 교서를 반포하다.

11. 11. 총제 이귀철을 동북면 도체찰사로, 대호군 한흥보를 지병마사로 삼다.

11. 11. 호군 김옥겸이 안변 부사 조사의에게 잡혔다가 도망해 오다.

11. 11. 호군 송유가 명을 받고 함주에 이르렀다가 피살되다.

11. 12. 조영무를 동북면·강원도·충청도·경상도·전라도 도통사로, 이빈을 서북면 도절제사로, 이천우를 안주도 도절제사로, 김영렬을 동북면·강원도 도안무사로, 유양을 풍해도 도절제사로 삼다.

11. 13. 조영무·이천우·김영렬·이귀철 등이 출발하다.

11. 15. 안평 부원군 이서와 중 익륜·설오를 태상왕에게 보내다.

11. 17. 민무질과 신극례가 군사를 이끌고 동북면으로 향하다.

11. 18. 여흥부원군 민제를 수성도통사로, 권화를 도진무로 삼다.

11. 18. 태상왕의 거가가 서북면 옛 맹주로 향하다.

11. 19. 이천우가 기마 유격대 100여 인을 옛 맹주로 보냈으나, 조사의의 군사에게 잡히다.

11. 20. 이천우가 옛 맹주의 애전에서 조사의의 군사에 패해 포위당했다가 탈출해 나오다.

11. 21. 경성을 출발해 금교역 북교에 머무르다. 민제·성석린 등에게 경성을 지키게 하다.

11. 21. 조영무·김영렬·신극례 등이 철령으로 향하다.

11. 24. 조사의의 군사는 덕주에, 이천우의 군사는 자성에, 이빈의 군사는 강동에 있다고 서북면 도순문사가 보고하다.

11. 24. 태상왕의 행재소로 가던 이서와 설오가 철령에 이르렀다가 길이 막혀 돌아오다.

11. 25. 이거이를 좌도도통사로, 이숙번을 도진무로, 민무질을 도병마사로 삼다.

11. 27. 조사의의 군사가 안주에 이르렀는데, 포로로 잡은 김천우의 말에 겁먹고 와해되다.

11. 28. 이서와 설오를 태상왕 행재소에 보내 문안하게 하다.

11. 28. 연산부사 우박이, 태상왕의 귀환 소식을 전하니 말 1필을 내려 주다.

11. 29. 도순문사 박만과 도진무 박문숭 등을 순위부에 가두고 국문하게 하다.

11. 29. 반란군 조사의·조홍 등의 가산을 몰수하게 하고 처자는 서울로 보내라 명하다.

12. 2. 대간에서, 회안군 부자의 제주 이배 및 동북면 가병(家兵) 조직의 혁파 등을 청하는 소를 올리다.

12. 2. 박실을 회안군에게 보내 안전을 약속하는 편지를 전하다.

12. 3. 조사의의 반란에 참여한 정용수와 신효창을 순위부에 가두다.

12. 5. 박만·박문숭 등을 곤장을 때려 유배하다.

12. 7. 안변에서 압송해 온 조사의 부자를 순위부에 가두다.

12. 8. 정용수와 신효창을 외방으로 유배하다.

12. 8. 금교역에 나아가 태상왕을 맞이하고 헌수하다.

12. 13. 각 도에 이문(移文)하여 요동에서 도망하여 온 군인을 추쇄(推刷)하다.

• 명이 요동에서 도망 온 군인들을 추쇄한다는 소문을 듣고 사신이 오기 전에 미리 한 것이다.

12. 16. 안변 대도호부는 현으로, 영흥부는 군으로 강등하다.

12. 18. 조사의·강현·조홍·홍순 등을 복주(伏誅)하다.

12. 23. 형조전서 진의귀가 만산군 임팔라실리를 요동으로 압송하다.

태종 3년(1403)

1. 3. 상왕전의 내관 박영문을 그의 고향으로 내치다.

1. 8. 사헌부에서 종묘와 사직을 구경(舊京)으로 옮길 것을 청했으나 불윤하다.

1. 13. 고안주 등 110명과 찰한첩목 등 45인을 보낼 것을 요구하는 좌군 도독부의 자문이 오다.

1. 14. 사신 왕득명이, 도망 온 만산군을 모두 추쇄해 줄 것, 그들의 현황을 문서로 만들어 줄 것을 요구하다.

1. 16. 대간이, 반란을 도운 박만·임순례 등을 극형에 처할 것을 청하는 소를 올렸으나 허락하지 않다.

1. 21. 지인(知印)을 각 도에 보내 만산군의 추쇄를 독촉하다.

1. 27. 만산군 남녀 3,649명을 돌려보내다.

2. 11. 예조의 건의로 여러 관부의 인신(印信) 규격을 다시 정하다.

2. 13. 주자소를 새로 설치하다.

2. 19. 재변을 막기 위한 초제를 소격전에서 행하다.

2. 20. 만산군 중에서 이름을 기록한 자만 돌려보내도록 하다.

2. 21. 조사의의 난에 참여한 환관 함승복의 목을 베다.

2. 23. 삼부에서, 송경에 도읍을 정하고 건덕전 옛터에 궁궐을 짓기를 청하니 윤허하다.

3. 3. 사간원에서, 경연에 힘쓸 것과 태자의 교육 및 학문 진흥에 대해 건의하자 윤허하다. 다만 경연은 이미 늙어 진보될 리도 없고 병만 될까 두렵다며 받아들이지 않다.

3. 22. 만산군을 해송(解送)하는 데 대한 주본을 올리기 위해 황거정을 명나라 서울로 보내다.

• 도망 온 군인 총계 13,641명 중, 도망 중인 자와 병고인 자를 빼고 10,920명을 해송하였다.

4. 4. 성석린을 우정승에 명하다.

4. 8. 황제의 사신 일행이 고명·인장·칙서를 가지고 도착하다.

4. 8. 조선 국왕에게 고명과 인장을 내린다는 황제의 칙유.

4. 8. 고명·금인·영락 원년 대통력을 보낸다는 명 예부의 자문.

4. 8. 원자가 입학하다.

4. 21. 성석린을 사례사로 삼아 경사에 보내고 건문(建文)이 준 고명과 인장을 환납하다.

4. 21. 1만여 명을 동원해 송악산 송충이를 잡게 하다. 인력으로 할 수 있는 일을 왜 하지 않았느냐고 질타하다.

4. 24. 왜적이 전라도와 경상도의 해변 주군(州郡)을 노략질하다.

4. 27. 문가학을 시켜 송림사에서 재를 올려 비를 빌게 하다.

5. 3. 강릉·울진·삼척에 눈이 내려 이튿날에도 녹지 않다.

5. 5. 경상도 조운선 34척이 침몰해 1만여 석을 잃고 1,000여 명이 죽다.

5. 7. 풍해도에서 사람과 소가 벼락 맞아 죽었는데, 죽은 자의 손가락과 음경을 잘라 간 자가 있어 율에 의해 논죄하다.

5. 11. 중국에서 돌아온 하륜·조박·이첨에게 교서를 내리고 전지와 노비를 하사하다.

• 고명과 인신을 내리게 한 공로를 치하한 것이다.

5. 27. 예조의 청에 따라, 오부에 영을 내려 부부가 침실을 따로 하게 하다.

5. 30. 남도 쌀의 운반 방법에 대해 논의하다.

• 왕은 지난번 조운선 침몰 때 인명을 다친 것을 고려해 육로 운반을 제안했으나, 신하들은 수운 쪽이 낫다는 입장을 고수했다.

5. 30. 병조에서 중외(中外)의 군사 수를 올렸는데, 총 296,310명이다.

6. 3. 병조 전서 설미수가 무역마 2,548필을 끌고 경사로 가다.

6. 5. 평양 부원군 조준이 병중에 있어 육선을 내려 주다.

6. 11. 하륜의 의견에 따라, 경상도의 조세를 육로로 운반하라 명하다.

6. 11. 의정부에서, 크고 무거운 전함으로는 왜구의 배를 잡기 힘들다며, 작고 빠른 배를 만들어 나포할 것을 청하니 따르다.

6. 17. 사간원에서 수령의 복무 규칙 등에 대해 상소하다.

6. 17. 의정부에서, 대간이 서로 탄핵하는 버릇을 금하기를 청하니 따르다.

6. 25. 여진에게, 조공할 것을 이르는 황제의 칙유에 대해 3부가 의논하다.

• 여진은 본래 조선에 속한다고 보았기 때문에 이를 의논한 것이다.

6. 29. 불필요한 관원을 줄이고 관제·직제·행정구역 등을 개편하다.

7. 16. 조준을 영의정부사로, 이거이를 영사평부사로, 이무를 영승추부사로 삼고, 서로 보복한다는 이유를 들어 대부분의 대간을 좌천시키다.

7. 22. 의정부에서 각 도의 발병호부(發兵虎符)를 올리다.

• 나무로 만들었는데 마패보다 조금 크다. 가운데에 호랑이, 좌우에 음양 두 글자를 새기고 육갑(六甲)으로 표를 하였다. 이를 쪼개어 양(陽)의 부분은 왕부에 두고, 음(陰)의 부분은 각 도 관찰사·절제사에 보냈다. 발병할 일이 있으면 양부를 보내 음부와 합한 후에 조발(調發)토록 했다.

8. 11. 감사의 건의에 따라, 강릉도(江陵道)의 무릉도(武陵島) 거민(居民)을 육지로 나오도록 명하다.

• 무릉도는 울릉도를 일컫는 말이다.

8. 21. 재이로 인해 구언(求言)하다.

8. 30. 좌정승 하륜이 권근·이첨과 함께 편수한 《동국사략》을 바치다.

8. 30. 사헌부에서 저화 사용을 건의하다.

9. 3. 조사의의 난에 참여했던 박만과 임순례를 폐인하다.

9. 9. 우정승 성석린 등이, 면복과 서책을 내린다는 예부의 자문을 받아 오다.

9. 10. 사헌부에서 거듭 상소해, 저화 사용을 청했으나, 저화를 쓰지 않기로 하고 사섬서를 혁파하다.

9. 16. 황제가 우리와 결혼할 뜻이 있다는 소식이 전해지자, 둘째 딸 경정궁주를 급히 호군 조대림에게 하가(下家)시키다.

9. 22. 마흔이 다 되어 가는 나이에도 자신이 열심히 공부하는 이유를 원자에게 물었는데, 원자가 왕의 뜻을 헤아리지 못하자 탄식하다.

9. 24. 개를 잡아 매에게 먹이는 것을 금하게 하다.

9. 25. 이숙번·민무질·한규·조연과 갑사 30여 기를 데리고 동교에 나가 매사냥을 하다.

9. 26. 대간에서, 사냥을 그만두기를 청하니 수용하다.

9. 28. 고묘(告廟)를 명분으로 신도(新都)로 가다가 사냥을 행하려 하다. 대간이 만류하니 노하

여 돌아오다.

10. 1. 사냥하여 종묘에 천신(薦新)하는 의례를 상정케 하다.

10. 11. 해주로 강무하러 가면서 대간은 따르지 못하게 했으나, 대신 대간이 거듭 수가(隨駕)를 청하자 대간과 형조 각 한 사람씩 따르게 하다.

10. 15. 노루 두 마리를 쏘다. 말에서 떨어졌으나 다치지 않다.

10. 20. 무역마의 수가 보낸 말값에 못 미친다는 중국 병부의 자문.

10. 27. 명 사신 황엄 등이 면복과 서책 등을 가지고 오다. 품목을 자세히 적은 예부의 자문.

11. 1. 사헌장령 김여지를 순금사에 가두다.

• 태종이 새벽에 거동하려 하자, 사헌부가 먼저 좌우에 시립하였다. 이때 판승추부사 조영무가 말을 타고 지나간 것을 두고 헌사가 탄핵해 죄를 청했다. 태종이 까닭을 묻자, 조영무는 날이 어두워 보지 못했다고 답했다. 전후 사정을 들은 태종이, 좌우에 불을 밝히고 벽제(辟除)해야 할 임무를 소홀히 했다며 김여지의 잘못을 물은 것이다.

11. 3. 김여지를 석방하다.

11. 15. 사은사 이빈과 민무휼 편에 종계(宗系)를 변무하는 주본을 보내다.

11. 22. 사헌부 관리들과의 충돌로 갑사들이 신문고를 치다.

11. 27. 송개석이 대호군 송거신에게 기생을 빼앗기자, 송거신이 조영무를 죽이려 한다고 모함했다가 유배되다.

윤11. 15. 우왕의 비였던 왕흥의 딸을 아내로 삼은 판통례문사 유은지를 귀양 보내다.

12. 7. 왜적이 전라도 낙안포에 침입해 만호 임원룡을 잡아가고 병선 4척을 불태웠는데 피살된 군인이 86명이다.

12. 17. 태상전을 찾아 헌수하려 하니, 태상왕이 이제부터는 술과 고기를 먹지 않겠다고 하다.

12. 18. 셋째 딸 경안궁주를 권근의 아들에게 하가시키다.

태종 4년(1404)

1. 6. 윤세진을 섬에 보내, 쾌선(快船)을 거느리고 왜적을 잡게 하다.

2. 8. 말을 달려 노루를 쏘다가 말이 거꾸러져 떨어졌으나 상하지는 않았다. 사관이 알게 하지 말라고 이르다.

2. 18. 제릉의 비를 세우다.

2. 22. 왜선 수십 척이 제주에 침입해, 민가 수십 호를 불사르고 7명을 죽이고 10여 명을 잡아가다.

2. 27. 상전의 딸을 강간한 종 실구지 형제와 박질을 능지처참하다.

3. 6. 왜선 2척이 충청도에 침입해 병선 2척을 빼앗고 군인 60여 명을 죽이다.

3. 13. 처음으로 원자를 위한 관직을 두다. 공신의 자제들인 조말생·진준을 시학으로, 조흥·유근을 시직으로 삼고 날마다 강론하고 시위함을 게을리하지 말라 이르다.

3. 27. 사은사 이빈 등이 종계의 정정을 약속한 예부의 자문과 표전문 당시 구류되었던 통사 조서·곽해룡 등을 데리고 돌아오다.

3. 29. 각 도의 도관찰사에게 인구수를 조사하게 하다.

4. 1. 3부의 대신들을 모아 호패의 가부를 논의하다. 하륜이 실행을 강력히 주장하다.

4. 6. 각 품 관리들이 절하고 읍하는 예도와 문자로 통하는 식을 정하다.

4. 15. 가족을 데리고 오겠다며 진주로 떠난 후 돌아오지 않는 문가학을 체포해 가두라 했다가 얼마 뒤 석방하다.

4. 18. 소 무역과 화자(火者)를 추가로 보내는 일에 대한 예부의 자문을 가지고 온 사신들을 맞이했는데, 이들이 말에서 내리지도 않아 불쾌하게 여기다.

4. 19. 진헌색을 두어 소 무역을 맡게 하고, 관찰사들에게 화자를 뽑게 하다.

4. 25. 의정부에서, 각 도의 전답과 호구 수를 올

리다.

5. 5. 각 도에 경차관을 보내 군용을 점고하게 하다.

5. 9. 이방간을 순천부에서 익주로 옮겨 안치하다.

5. 19. 고려 이래의 역사를 말하면서, 동북면 여진 지역을 조선에서 관할하게 해 줄 것을 청하는 주본과 지도를 가지고 계품사 김첨이 떠나다.

5. 26. 명나라에 가는 화자 20명에게 베를 주다.

6. 16. 소 1,000마리를 요동에 보내다.

6. 22. 사신들이 돌아가니 영빈관에 나아가 전송하다. 판군기감사 곽해룡을 보내 소 1만 마리의 명세표를 가지고 사신을 따라 경사로 가게 하다.

7. 26. 12일부터 25일까지 계속 비가 오다가 이날 비로소 개다.

7. 30. 일본 국왕이 사신을 보내 토물(土物)을 바치다.

8. 1. 천변재이가 일어나자 구언의 교서를 내리다.

8. 6. 원자 이제를 왕세자로 삼는 교서를 내리다.

8. 6. 세자를 위한 관서인 경승부를 설치하고, 사윤·소윤·판관·승·주부 각 1인을 두다.

8. 21. 3부의 2품 이상 각 1원이 조회 때마다 예궐하여 계사(啓事)하는 것을 항식(恒式)으로 삼다.

9. 9. 유한우·윤신달·이양달을 보내 한양의 이궁 지을 자리를 정하게 하다.

9. 13. 성석린이, 한양에 이미 궁궐이 있는데 이궁을 새로 지을 필요가 없지 않느냐고 하자 받아들이다. 이에 이궁조성도감을 고쳐 궁궐수보도감으로 하다.

9. 16. 춘추관 기사관이 상서해, 편전 입시를 청했으나 허락지 않다.

9. 19. 하륜이 상서해, 도읍을 한양의 무악으로

옮길 것을 청하다.

9. 26. 무악에 도읍할 땅을 살피러 가다. 조준·하륜·남재·권근 등이 호종하다.

9. 26. 익안대군 이방의의 졸기.

9. 27. 이방의의 부음 소식을 듣고 임진에서 환궁하여 태상전을 위로하다.

10. 1. 여진인을 조선에서 관할하고자 한다는 요청을 수락한 황제의 칙서가 도착하다.

10. 2. 무악에 거둥해 도읍할 땅을 살피다.

10. 4. 한양과 무악 중 어느 곳을 도읍으로 정할지 의논하다.

10. 6. 척전(擲錢)을 하여 도읍을 한양으로 결정하다.

• 척전은 동전(銅錢)을 던져서 점을 치던 일을 말한다. 척괘(擲卦)라고도 하는데, 이를 통해 길흉(吉凶)을 판단했다. 고려 태조가 도읍을 정할 때도 이 방법을 썼다고 한다.

10. 18. 이거이·이저에게 명해, 고향인 진주로 내려가게 하다.

10. 20. 태상왕을 찾아 이거이의 일을 말하자, 태상왕이 사생지간에 돕는 자는 친척만 한 이가 없다며 보전할 것을 권유하다.

10. 21. 의정부에서 이거이 부자의 죄를 청했으나, 뜻을 이루지 못하다.

10. 24. 이거이·이저·이백강 등을 폐서인하여 외방에 안치하다.

10. 27. 태상왕이 불러, 태상전에 나아가 격구하고 술자리를 마련하다.

10. 28. 의정부의 건의에 따라, 신법을 만들 경우에는 반드시 의정부에 보고하여 토의를 거치게 하다.

11. 6. 사신 유경이 소 1만 마리를 보낸 것에 대한 칙서를 가지고 오다.

11. 16. 개국공신·정사공신·좌명공신이 대청관 북쪽에서 회맹하다.

11. 28. 권근이 《예경천견록》을 찬집하기 위해 사면(辭免)을 청하는 전문을 올렸으나 허락하지

않다.

12. 19. 권근에게 고려의 관제를 《고려사》에서 상고하게 하다.

태종 5년(1405)

1. 8. 죽은 세자 이방석의 빈에게 쌀·콩 50석을 하사하다.

1. 15. 의정부·6조·승정원 등의 관제를 개정하다.

1. 15. 조준을 영의정부사로, 하륜을 좌정승으로, 조영무를 우정승으로, 권근을 의정부 찬성사로, 이숙번을 참찬의정부사로, 이직을 이조판서로, 남재를 병조판서로, 이지를 호조판서로, 유양을 형조판서로, 이문화를 예조판서로, 최이를 공조판서로, 맹사성을 동부대언으로 삼다.

1. 15. 처음으로, 현의·숙의·찬덕 등 궁녀들의 관직을 두다.

2. 3. 경상도 계림·안동 등 15고을과, 강원도 강릉·평창 등지에 지진이 발생하다. 계림·안동 등처(等處)에 진병별제(鎭兵別祭)를 행하게 하다.

2. 7. 광주에서 매사냥을 하다 낙마했으나 다치지는 않다.

2. 23. 김상기를 동북면에 보내어 동맹가첩목아에게 인신(印信)과 청심원 10환 등을 주다. 그 외 올량합 만호 보리와 파을소, 동맹가첩목아와 파을소의 관하 사람들, 여진 만호 구요로의 아들 요하 등에게도 각기 물품을 하사하다.

3. 1. 예조에서 6조의 직무 분담과 각 소속 아문을 상정하여 아뢰다.

3. 7. 사간원에서 이거이 부자를 변방에 안치할 것을 청했으나 듣지 않다.

3. 30. 지의정부사 이첨의 졸기.

4. 8. 제복(祭服)과 악기를 청하는 자문을 명나라 예부에 보내다.

4. 18. 태상전에 문안하다. 격구하고 헌수하며 극진히 즐기다.

4. 18. 병조에 명해, 기밀의 일이나 친품(親稟)할 일이 있거든 의정부에 알리지 말고 바로 시행하게 하다.

4. 20. 명 사신 왕가인이 여진 지역에 도착하였는데, 여진인을 초유(招諭)하여 데려가기 위함이다.

4. 20. 명의 사신 왕교화적 등이 야인 땅에 이르러 여진인을 회유했으나, 동맹가첩목아 등이 자신들이 조선을 섬긴 지 20여 년이라며 예전대로 조선을 섬기겠다고 답하다.

5. 2. 왕교화적이 달래, 동맹가첩목아와 파을소 등이 칙서를 맞이하고 채단(綵段)을 받다.

5. 11. 여무(女巫)를 모아 송악·개성의 대정(大井)에서 비를 빌게 하다.

5. 16. 탄신(誕辰)의 하례(賀禮)를 정지하고, 가벼운 죄를 용서하다.

• 가뭄을 근심한 때문이다.

6. 3. 중사(中使)를 보내 이저를 부르다.

• 이저가 점쟁이를 불러 길흉을 점친 일이 물의를 일으켰다.

6. 6. 서울에 머물고 있는 올적합·올량합·오도리 등에게 의복을 내려 주다.

6. 7. 이저가 입경하다. 삼성(三省)에서 다시 상소해 죄주기를 청했으나 듣지 않다.

6. 10. 이저가 공신·백관의 배척을 이유로 외방에 물러나 살 뜻을 아뢰니, 들어주고 활과 화살을 내리다.

6. 27. 영의정부사 평양 부원군 조준의 졸기.

7. 3. 성석린을 영의정 부사로 삼다.

8. 3. 의정부에 한양 환도 가부를 논의토록 하였는데, 흉년을 이유로 반대하다.

8. 8. 명에 갔던 통사 이자영이, 표문의 형식과 내용에 대한 예부의 지적을 아뢰다.

• 예부에서 지적한 표문의 형식이라는 것은 '황제폐하(皇帝陛下)'라는 글자 다음에는 다른 글자를 연(連)하여 쓰지 않는데 그리 하였다는 것을 말한다. 또 내용에서 악기를 무역하겠다고 한 일도 문제 삼았는데, 신

에게 제사를 지내는 악기는 황제가 맡은 것이므로 이를 무역하겠다는 것은 잘못임을 지적한 것이다. 이에 관계자들을 순금사에 가두고 국문하였다. 하지만 다시 고금의 기록을 살펴보니 '폐하(陛下)' 다음에 이어 쓴 것이 많아 석방하였다.

8. 9. 한양으로 옮길 뜻을 강력히 밝히다.

8. 11. 태상전에 나아가 한양 환도의 뜻을 밝히자, 태상왕이 이는 하늘의 뜻이라며 호응하다.

8. 11. 권근이 상소하여 말하기를, 흉년이기 때문에 천도가 불가하다고 했으나 듣지 않다.

8. 14. 양인을 천인으로 판결했다고 신소한 박상문을 다시 변정토록 하다.

8. 19. 박상문의 양천 변정을 잘못 판결한 김첨·한이·한읍을 유배하다.

8. 19. 세자사(世子師) 성석린이 세자에게 진강하며 군왕의 학문에 대해 논하다. 세자가 역대 제왕 중 누가 글씨를 잘 썼는지 묻자, 옛일을 들어 임금에게 글씨가 중요한 것은 아니라고 답하다.

8. 19. 세자와 걸(桀)·주(紂)의 악정에 대해 논하며 인심을 잃으면 안 됨을 이야기하다.

8. 28. 동맹가첩목아의 이중적 행동이 드러나다.

9. 3. 동맹가첩목아의 명나라 귀환 문제를 논의하다.

9. 6. 의정부에서 노비 판결의 준거 20조목을 만들어 올리다.

9. 7. 태상왕이 평주 온천에 가니, 임금이 금교역 임시 처소에서 전송하다.

9. 13. 상왕이 대비와 함께 한양으로 이어하니 보현원에서 전송하다.

9. 13. 동맹가첩목아가 왕교화적과 함께 경사에 입조하였다고 여칭이 보고하다.

9. 13. 의정부·6조·6대언에게 3도(道)의 양전에 대해 의논케 하다.

9. 14. 동맹가첩목아를 설득해 왕교화적과 함께 입조하도록 경차관 조흡을 동북면에 보내다.

9. 14. 세자가 글을 암송하지 못하자, 세자전 환관의 종아리를 치게 하고 다시 이와 같을 경우

서연관을 죄주겠다고 하다.

9. 18. 천추사 윤목이, 동맹가첩목아에 대해 황제가 지시한 내용을 전하다.

9. 20. 왕사 자초의 졸기.

9. 22. 천인이 양인 여자에게 장가드는 것을 금하다.

10. 11. 한양에 이르러 종묘에 알현하고 조준의 집으로 가다.

• 이궁이 아직 완공되지 않았기 때문이다.

10. 19. 이궁이 완공되다.

10. 21. 세자가 공부를 소홀히 하자, 세자궁의 내시 노분의 볼기를 때리다.

10. 21. 함께 식사를 하던 세자의 식사 예절이 바르지 않자, 언어와 거동에 절도가 없음을 나무라다.

10. 24. 서북면 행대감찰 허척이 장사치를 잡아 처형했다고 아뢰자, 사헌부에 명해 마음대로 처형한 것에 대해 의논하도록 하다.

10. 25. 이궁의 이름을 창덕궁이라 하다.

11. 6. 태상왕을 견주에서 맞이하고 헌수하다. 태상왕이, 이후 한곳을 정해 살 수 있겠느냐고 묻자 가르침을 받들겠다고 답하다. 모시고 자다.

11. 16. 허척의 직첩을 거두어 수군에 붙이고, 허주와 허조는 방면하다.

12. 2. 의지할 곳 없는 환과고독(鰥寡孤獨)·병자·실업자 등을 제생원에 모아 기르게 하다.

12. 13. 왕비와 함께 민제의 집에 가서 잔치를 베풀다. 민씨 일족이 모두 참예하다.

태종 6년(1406)

1. 6. 주문사 이현이, 동맹가첩목아와 관련된 예부의 자문을 가지고 오다.

1. 28. 명나라에 사신으로 가서 물건을 개인적으로 매매하는 것을 금하다.

2. 4. 서북 지방의 백성이 강을 건너 밀무역하

는 것을 엄금하다.

2. 7. 노비를 상속받을 사람이 없는 경우, 4촌에 한해 나누어 주고 4촌이 없으면 속공(屬公)하는 법을 세우다.

2. 26. 조계사 중 성민이 수백 명의 중을 이끌고 와 신문고를 치다. 노비와 전지를 삭감하지 말 것 등을 청하였으나 들어주지 않다.

2. 27. 일본 왕이 사신을 보내 《대장경》을 청하다. 구주절도사는 사람을 보내 토물을 바치다.

3. 6. 동맹가첩목아가 명에 입조하니, 황제가 건주위 도지휘사를 제수했다고 통사 조현이 아뢰다.

• 건주위는 남만주의 건주 지역에 사는 여진족을 다스리기 위해 설치한 군영이다.

3. 14. 《문헌통고》를 상고해 성균관 마당의 넓이를 정하다.

3. 16. 제생원에 명하여, 어린 여자아이 10명을 골라 의약을 가르치게 하다.

3. 19. 중국 사신 정승이 와서, 질이 좋은 종이와 쇄환되지 않은 만산군의 송환을 요구하다.

3. 24. 진헌할 백지(白紙)를 전라도와 경상도에서 만들게 하다.

3. 27. 의정부에서 선교(禪教) 각 종파의 사찰 수·토지·노비의 수를 제한할 것을 청하니 따르다. 다만 회암사·표훈사·유점사는 예외로 하고 회암사에는 토지와 노비를 더 급여하라 이르다.

3. 29. 대마도 수호 종정무의 부친상에 쌀·콩 200석을 하사하다.

4. 18. 서연관에 명해, 세자를 부지런히 공부시키도록 하다.

4. 19. 명 사신 황엄 등이 칙서와 자문을 가지고 오다.

4. 20. 전라도 도관찰사 박은의 건의에 따라, 선군(船軍)이 둔전을 일구고 미역 따고 고기 잡는 일을 하지 못하게 하다.

4. 28. 덕수궁이 이룩되다.

5. 10. 동북면 도순문사 박신의 상언에 따라 경

성과 경원에 무역소를 설치하다.

6. 26. 절 노비를 부당하게 취득한 박자안 등을 파직하다.

6. 27. 향교의 생도 수와 전지(田地)를 고을의 크기에 따라 차등을 두어 정하다.

7. 11. 근신(近臣)과 더불어 벼락의 이치 및 재이 등에 대해 의논하다.

• 이즈음 벼락 맞아 죽은 이의 기록이 자주 등장한다.

7. 13. 평양군 박석명의 졸기.

7. 30. 천변재이로 모든 공사를 중지하고 목공들을 돌려보내다.

윤7. 9. 황제가 내린 악기를 가지고 박인 등이 사신으로 오다.

윤7. 11. 원주에 사는 가비(家婢) 개덕이 한꺼번에 2남 1녀를 낳으니 미두 10석을 내려 주다.

윤7. 14. 풍해도 도관찰사 신호의 건의에 따라, 군사들에게 흰 지갑(紙甲) 대신 청색 엄심(掩心)을 입도록 하다.

• 지갑은 종이를 여러 겹 접어 미늘을 만들고 녹피(鹿皮)로 얽어 짠 갑옷이고, 엄심은 가슴을 가리는 갑옷이다.

윤7. 18. 경외의 관원에게 명해, 품계에 따라 중국에 진헌할 은을 바치게 하다.

윤7. 26. 이저에게 고신을 돌려주고 임강현으로 돌아가게 하다.

8. 3. 고(故) 세자 이방석을 추시하여 소도군으로 삼고 이방번을 공순군으로 삼다.

8. 16. 좌군총제 민무질이 군직에서 벗어나기를 청하니 윤허하다. 민무질의 휘하 사관 등이 민무질이 계속 군직에 있게 해 달라고 청하였다가 노여움을 사다.

8. 18. 잦은 재이를 들어 세자에게 전위하려 하자 신하들이 반대하다.

8. 20. 신하들의 거듭된 반대에 물러설 뜻을 보이자, 신하들이 천세를 세 번 부르고 물러나다. 밤에 몰래 노희봉을 시켜 국새를 세자궁으로 보

내다.

8. 21. 백관이 다시 격렬히 반대하자 옥새를 잠시 대전으로 옮겼다가 다시 세자궁으로 보내다.

8. 26. 모후의 꿈을 핑계로 전위의 명을 거두다.

8. 30. 덕수궁에 문안을 갔는데, 전위하려 했던 일에 대해 말하며 태상왕이 벌주를 내리다.

9. 1. 유언을 퍼뜨린 이운계를 처형하다.

• 임금과 상왕 사이에 틈이 생겼고, 조만간 상왕 복위의 명이 있을 것이라는 등의 말을 했다.

9. 7. 대간에서, 농번기에 강무하지 말 것을 거듭 청했으나 듣지 않다.

9. 8. 경차관을 보내, 경기도·풍해도·강원도의 전지를 다시 측량하다.

9. 11. 강원도에서 강무하다.

10. 9. 종묘에 강신(降神)하다. 이때 처음으로 중국 조정에서 하사한 새 악기를 사용하다.

11. 1. 능침의 보수법(步數法)을 정하였는데, 사방 161보로 하다.

11. 13. 성균관에 나아가 곤면 차림에 평천관을 쓰고 친히 문선왕에게 제사 지내다.

11. 15. 좌정승 하륜의 건의에 따라 십학을 설치하다.

• 십학은 유학·무학·이학(吏學)·역학·음양풍수학·의학·자학(字學)·율학·산학·악학을 이른다.

11. 15. 귀신이나 천병을 부릴 수 있다는 등의 요언을 퍼뜨린 문가학과 그를 따르는 당여(黨與)를 순금사의 옥에 가두다.

11. 17. 길창군 권근이 《예기천견록》을 찬하여 올리다.

12. 10. 여흥부원군 민제의 집에 정비(靜妃)와 왕자 등을 데리고 가 술자리를 베풀다.

• 임금이 매우 즐거워하여 대하기를 잠저 때처럼 했다. 민제가 임금을 선달(先達)이라 칭하고, 임금도 민제를 사부(師傅)라 불렀다.

12. 15. 반역죄를 범한 문가학 등 6명을 처형하다.

12. 20. 사헌부의 건의에 따라, 거둥 시 임금에게 직소하는 것을 금지하고 법에 따라 신문고를 치게 하다.

12. 22. 동녕위 천호 김성이 가지고 온 만산군 등에 대한 예부의 자문.

태종 7년(1407)

1. 16. 백관의 녹과(祿科)를 개정하다.

• 대군과 정승 이상부터 종9품까지 녹미와 주포·정포의 지급에 관해 세세히 기록했다.

1. 22. 태상왕이 연희방 궁전 남쪽에 누각을 세우고 불사를 행하다.

1. 24. 태상왕이 새 전각을 절로 만들다. 설오를 주지로 삼고 절의 이름을 흥덕이라 하다.

2. 11. 길이가 38척 3촌, 날개가 6척이나 되는 까만 고기가 비인현 해변에서 죽다.

2. 22. 대간의 반대에도 다시 강무를 행하려 하다.

2. 28. 양주에서 다시 강무하다.

3. 3. 윤저·이귀령·민무질·성석인·조견 등을 새 관직에 임명하다.

3. 8. 우균 등을 각 도에 경차관으로 파견해 민간의 질고를 묻고 병선의 허실과 군사의 고락을 점고하게 하다.

3. 16. 대마도 수호 종정무가, 부하 평도전을 보내 토물을 바치고 잡혀갔던 사람을 돌려보낸다. 아울러 무릉도에 옮겨 살고 싶다고 청하다. 이에 대해 논의하다.

4. 18. 광연루 아래에서 친히 문신들을 시험하다. 하륜·권근을 독권관으로, 맹사성·황희를 대독관으로 삼다.

4. 19. 대마도의 왜인 남녀 58명이 와서 귀순하다.

5. 24. 판전농시사 이상에게 명하여 만산군 746명을 요동으로 압송하게 하다.

5. 27. 큰비가 내려 도성 안의 개천이 모두 넘치다.

6. 4. 상호군 박구를 보내어 만산군 김필과 등 831명을 요동으로 압송하다.

6. 8. 세자와 황녀의 혼인을 의논한 이들을 순금사에 가두어 신문하다.

6. 11. 세자와 황녀의 결혼을 의논한 사람들을 석방하였으나 조박은 양주로 내쫓다.

6. 21. 정조(正朝)에 진하(進賀)하기 위해 세자가 경사에 간다는 자문을 요동에 보내다.

6. 28. 사간원에서, 둔전법과 연호미법을 폐지하자는 상소를 올리자 따르다.

6. 28. 권근 등이 자신들의 잘못을 지적하는 글을 올렸다 하여, 대간이 모두 사직하다.

7. 10. 이화 등이 상소하다. 지난번 임금이 선위를 하려 할 때, 민무구·민무질이 기쁜 기색을 드러내는 등 여러 불충한 행위와 발언을 한 바 있다며 죄를 청하다.

7. 10. 민무질이 변명을 요청함에 따라 관련자들을 대질하다.

7. 12. 민무구·민무질·신극례를 자원(自願)에 따라 안치하다.

7. 12. 의정부에서, 민무구 등을 더욱 엄히 처리할 것을 청하다.

7. 12. 대간에서, 민무구 등을 국문하고 법에 따라 처리할 것을 청하다.

7. 12. 민무구를 연안에, 민무질을 장단에, 신극례를 원주에 안치하다.

7. 13. 세자가 전 총제 김한로의 집으로 친영을 떠나다.

7. 15. 세자빈 김 씨를 숙빈으로 봉하고, 아비 김한로를 좌군동지총제에, 어미 전 씨를 선경택주로 삼다.

7. 15. 공신과 백관 등이 대궐에 나와 민무구의 죄를 청하다. 대간과 형조에서도 국문할 것을 상소하다.

7. 18. 덕수궁으로 문안 가다.

• 민무구 등에게 죄주기를 끈질기게 청하는 백관들을 피하기 위함이다.

7. 25. 대간과 형조에서 민무구의 죄를 거듭 청하다.

7. 29. 민무구 형제의 녹권만을 거두자, 3공신이 상소하여 신극례의 죄를 청하다.

7. 30. 상락 부원군 김사형의 졸기.

8. 6. 화자(火者)를 구한다는 예부의 자문이 오다.

• 안남에서 화자를 데려왔으나 우매해 변변치 않다며, 일을 부릴 만한 조선의 화자를 보내 달라는 자문이다.

8. 7. 덕수궁에 나아가 경순궁주의 죽음을 조상하다.

8. 18. 《속육전》 수찬소를 설치하고, 하륜으로 하여금 관장하게 하다.

8. 26. 대간과 형조에서 민무구·민무질·신극례의 국문을 청하였으나 윤허하지 않다.

9. 10. 설미수가 만산군의 압송 및 말 3,000필의 무역에 관한 예부의 자문을 가지고 오다.

9. 15. 경상도를 좌도와 우도로 나누고, 낙동(洛東)·낙서(洛西)로 경계를 삼다.

9. 17. 상왕이 세자를 불러 전별하고 족자와 말을 주다.

9. 18. 민무휼 등을 불러 보다. 민무구의 불충과 관련해 상세히 설명하고, 민무질에 대해서는 죄가 가볍다고 하다.

9. 25. 세자 이제를 하정사로 경사에 보내다.

9. 25. 허조를 천거한 황희에게 천거를 신중히 하라 이르다.

• 허조가 다른 신민들과 달리 민무구에 대해 입을 다문 것은 후환을 두려워한 탓이라며, 이는 허조가 간사하기 때문이라고 판단한 것이다.

10. 1. 일식을 잘못 예고한 서운부정 윤돈지를 순금사에 가두었다가 곧 석방하다.

10. 2. 전민별감을 각 도에 나누어 보내 토지 측량의 이의를 심사하게 하다.

10. 3. 둘째 아들을 효령군으로 봉하다.

10. 7. 화자 29인을 경사에 보내다

10. 12. 서울 부근에서 강무하고, 저녁에 광주의 탄천에 머무르다.

10. 16. 세자 이제가 요동에 이르다. 황제가 요동 도사에게 세자를 영접하라는 칙유를 내리다.

10. 23. 대간이 연명으로 민무구 등의 죄를 청하다.

10. 24. 의정부에서, 금은·종이·마정에 관하여 계문을 올리다.

10. 29. 대사헌 안원 등이, 민무구 등에게 극형을 내릴 것을 청하는 상소문을 올리다.

10. 30. 신극례가 양주에서 죽자, 부의를 내리고 3일 동안 조회를 정지하다.

11. 2. 대간에서 연명으로, 민무구 등에게 극형을 내릴 것을 청하다.

11. 10. 지난달 강무 행차 시, 정비가 민무질의 처를 궁중으로 불러들인 일이 드러나 당시 순금사 등을 옥에 가두고 벌을 내리다. 아울러 경복궁으로 옮겨 정비에게 소박(疏薄)하는 뜻을 보일 생각을 말하자, 황희가 반대하여 우선 정지하다.

11. 11. 민무구·민무질의 직첩은 거두고 신극례는 논하지 말라 명하다.

11. 18. 민무휼·민무회를 불러 출사하지 않는 이유를 묻고 질책하다.

11. 21. 민제가 두 아들을 먼 지방에 내칠 것을 청하자 민무구는 여흥에, 민무질은 대구에 안치하다.

태종 8년(1408)

1. 14. 각 도에 명해, 진헌할 종이 1만 장을 만들게 하다.

1. 20. 태상왕의 병이 위독해 이죄(二罪) 이하의 죄수를 석방하다.

1. 28. 태상왕의 쾌유를 위해 불사를 행하다.

2. 4. 좌정승 성석린으로 하여금 겸판이조사를, 우정승 이무로 하여금 겸판병조사를 맡도록 하다.

2. 11. 셋째 아들을 충녕군으로 봉하고, 하륜을 영의정부사·세자사로, 좌정승 성석린을 세자부로, 한산 부원군 조영무를 영삼군사로 삼다.

2. 14. 태상왕이 세자궁으로 피병하다. 하루 종일 간호하다.

• 이즈음 매일 병문안이 있었다.

2. 16. 충녕군이 우부대언 심온의 딸에게 장가들다.

2. 20. 경성 병마사가 통사 장천우를 보내 야인 땅에서 사변(事變)을 정탐케 했는데, 천호 파가자에게 죽임을 당하다.

2. 25. 민무구·민무질 형제에게 쌀·콩 40석을 내려 주다.

3. 8. 근래에 왜적이 창궐하다. 충청도 도관찰사 유정현이 병선 수가 적어 당할 수 없다고 보고하자, 박자안을 경기도·충청도·전라도 수군 도체찰사로 삼고 경기도의 병선을 거느리고 가 퇴치하게 하다.

3. 14 일본에 갔던 통신관 박화가, 잡혀갔던 남녀 100여 인을 추쇄해 돌아오다.

3. 21. 태상왕이 다시 미령하여 이죄 이하의 죄수를 용서하다.

4. 2. 세자가 경사에서 돌아오자 광연루에서 술자리를 베풀다.

4. 2. 황제가 세자를 인견했을 때, 세자 보고 용모는 아버지와 같은데 키만 좀 다르다고 하다.

4. 2. 황제가 조하를 받을 때, 세자의 반열을 6부 시랑 아래에 있게 하다.

4. 2. 황제가 봉천전에 좌기했을 때, 세자가 서반 9품 아래에 서 있게 되자 이무 등이 예부상서에 이의를 제기해 황제에게 직접 아뢰겠다 하다.

• 황제가, 이미 전에 세자에게 2품 자리에 있게 하였는데 왜 그리 했느냐고 묻자, 조복(朝服)이 없었기 때문이라고 예부상서 정사가 답했다. 이에 황제가 세자에게 조복과 제복(祭服)을 주었다.

4. 2. 황제가 세자에게 어제(御製) 시 한 편을 주다.

4. 2. 황제가 세자 일행에게 금은 등을 내리다.

4. 3. 태상왕의 병이 오래도록 낫지 않자 임금과 상왕이 간병하다.

4. 10. 세자를 수행한 전 호군 이지성을 편전에 불러 비밀히 물어보고 귀양 보내다.

• 대신들이 그 이유를 몰라 지성을 불러 국문하도록 청했으나, 임금은 이미 귀양을 보냈다며 함구했다.

4. 16. 내사 황엄 등이 와, 황제가 고운 여자를 몇 명 간택해 데려 오라 했다고 하다.

4. 16. 진헌색을 설치해 동녀(童女)를 모으고 혼가(婚嫁)를 금하다.

4. 21. 금혼령을 어긴 상호군 곽승우와 전 감무 강안식을 순금사에 가두다.

4. 24. 백지 1만 장을 바친다는 자문과 함께 설미수와 심인봉을 경사로 보내다.

5. 11. 정비와 함께 내전에 앉아 친히 처녀를 간택하다.

• 이후 수차례의 간택이 있었는데, 주로 황엄이 경복궁에서 간택하였다.

5. 14. 왜선 14척이 서주 서근량에 쳐들어와 병선을 태우고 군량미 100석을 약탈하다.

5. 17. 판내섬시사 허조를 삼도체복사로 삼아 왜적에게 패한 까닭을 조사하게 하다.

5. 19. 사간원이 상서를 올려, 조호·김첨·허응·박돈지가 민제와 붕당을 맺는다며 죄를 청하다.

5. 20. 충청도·전라도 감전경차관 한옹에게 명하여, 왜적을 막지 못한 자를 조사하게 하다.

5. 24. 태상왕이 별전에서 승하하다.

5. 27. 비로소 나물 반찬으로 식사하다.

6. 12. 영의정부사 하륜 등을 보내어 산릉 자리를 보게 하다.

6. 23. 빈전(殯殿)에 능엄 법석을 베풀다.

6. 28. 태조의 산릉을 양주의 검암에 정하다.

7. 3. 비로소 소의(素衣)에 백모(白帽)를 착용하고 내전에서 정사를 듣다.

7. 8. 빈전에 법화삼매참 법석을 베풀다.

7. 13. 세자를 보내 회암사에서 일곱 번째 재를 베풀다.

7. 17. 의정부의 건의로, 각 도 도절제사의 군관 수를 정하다.

8. 7. 태상왕의 시호를 지인계운성문신무대왕이라 하고 묘호를 태조라 하다.

8. 18. 병조의 천거를 받았으나 탈락하자, 황희의 집에 가 불만을 토로한 박유손을 귀양 보내다.

8. 28. 딸을 보내려 하지 않은 지평주사 권문의를 순금옥에 가두다.

9. 3. 정비가 민제를 병문안하고 민무구와 민무질을 소환하자, 대간에서 상소하다.

9. 4. 태조의 시책과 시보.

9. 9. 태상왕을 건원릉에 장사 지내다.

9. 15. 여흥 부원군 민제의 졸기.

9. 28. 태조의 상사를 조문하는 황제의 칙서와 부의가 오다.

9. 29. 태조에게 강헌이라는 시호를 내린다는 황제의 고명이 오다.

10. 1. 민무구 형제를 외방으로 내치면서 10가지 죄상을 일일이 열거하다.

10. 16. 민무구를 옹진진에, 민무질을 삼척진에 옮겨 두다. 의정부와 삼성에서, 그들의 죄를 바로 할 것을 청하는 상소를 올리다.

10. 26. 간택된 처녀의 집에 자장(資裝)으로 쌀과 콩 30석씩과 상포 100필을 주다.

11. 12. 황엄 등이 진헌할 처녀 5명을 데리고 경사로 돌아가다. 처녀들의 인적 사항 등을 담은 주문을 보내다.

11. 13. 이씨 왕조가 30년이면 끝나고 다른 이씨가 나온다는 참위설을 말한 임형을 참형에 처하다.

11. 23. 호구(戶口)의 법을 다시 실시하기로 하다.

11. 26. 상왕과 더불어 건원릉에 나가 동지제를 행하다.

12. 1. 서연(書筵)에서 강학하는 법을 세우다. 세자에게 매일 습독하고 강론하는 것을 학습 방식으로 세우다.

12. 5. 평양군 조대림을 순금사에 가두다. 목인해가 꾸며 무고한 것이 드러나 조대림을 석방하다.

12. 6. 호조판서 조박의 졸기.

12. 9. 목인해를 거리에서 환열(轘裂)하고, 아울러 자식들을 교살하다.

태종 9년(1409)

1. 21. 활을 세자에게 바친 환자 이매 등을 순금사에 가두다.

2. 1. 헌사에서, 세자에게 활과 화살을 바친 박신과 김계지 등을 죄줄 것을 청하다.

• 활을 바쳤다고 죄줄 것을 청한 것은 학문을 소홀히 할까 염려했기 때문이다.

2. 11. 잡희(雜戲)를 하여 세자의 의복과 호피를 내기한 세자전의 소환(小宦) 한용봉 등에게 태형을 가하다.

2. 14. 길창군 권근의 졸기.

2. 14. 충청도 도관찰사에게 명해, 이거이에게 꾸어 준 의창(義倉)의 곡식을 받지 말도록 하다.

2. 17. 경상도 도관찰사 이원이 태조의 어진을 받들고 오다.

• 완산부에서 태조 어진을 봉안하기를 청하자, 서울로 모셔 와 모사하도록 명한 것이다.

2. 17. 병조의 건의로, 3군 갑사를 뽑는 새로운 규정을 정하다.

2. 23. 세자가 권근의 빈소에 전(奠)을 올리다.

2. 26. 민무구와 민무질에게 경작할 토지를 주도록 강원도·풍해도 도관찰사에게 전지하다.

3. 3. 한양 천도 이후 금했던 개성의 장을 다시 열기로 하다.

3. 10. 세자와 대성·형조의 관원 각 1인씩을 호가토록 하여 개성 유후사에 거둥하다.

3. 16. 세자에게 활쏘기를 익히도록 명하자, 신하들이 학문에 저해될 것을 우려하다.

3. 20. 변계량 등이, 세자에게 활쏘기를 가르치는 것은 이르다고 간하였으나 따르지 않다.

3. 21. 호용시위사 대호군 전보에게, 정도전 때 익힌 진법을 알고 있는지를 묻고 3군 갑사 등에게 가르치라 이르다.

3. 22. 병서습독제조를 두고, 진도훈도관들을 임명하다.

3. 25. 중신과 공신들로 훈련관 도제조 및 병서강토총제를 임명하는 등 군사력을 강화할 뜻을 보이다.

3. 25. 세자에게 글 읽은 바를 강(講)한 뒤에 활쏘기를 익히게 하겠다고 말하다. 《대학연의》를 강론하였는데 세자가 능히 대답하지 못하다.

4. 2. 조대림의 병권을 회수하자고 상소한 유사눌 등 대간들을 국문하여 유배 보내다.

4. 5. 오도리 구로보야가 사람과 우마를 죽이거나 사로잡아 가다.

4. 7. 종묘에는 아악을, 조회에는 전악을, 연향에는 향악과 당악을 번갈아 연주하므로 난잡하다며 모든 경우에 아악을 쓰도록 하라고 이르다. 이에 황희가, 향악은 쓴 지 오래되어 고칠 수 없다고 하다.

• 임금이 잘못된 것은 고쳐야 하지 않겠는가 다시 물었는데, 이조가 중국에서는 봉천문 앞에 항상 아악이 놓여 있더라고 상언하자, 중국의 법을 준용하는 것이 마땅하다며 물러섰다.

4. 12. 사은사가 돌아와, 진헌한 처녀와 동행한 가족들이 관작을 제수받은 사실을 전하다.

4. 13. 비로소 《진도》를 반송정에서 연습하다.

윤4. 13. 건원릉에 비를 세우다. 비문은 권근이 짓다.

윤4. 16. 경차관을 강원도와 하삼도에 파견해 백성의 질고를 조사하다.

윤4. 23. 진헌사 이문화와 진헌녀의 오라비 권영균이 돌아와 황제의 특별한 대접을 보고하다.

5. 3. 황엄 등이 경사에서 오다. 진헌녀 한두 명을 더 보내라고 요구하다.

5. 3. 진헌색을 설치하고 처녀들의 혼인을 금지하다.

5. 19. 세자를 비롯해 4형제를 불러 형제간 화목의 도리를 이르고 눈물을 흘리다.

5. 30. 우정승 이무 등을 탄핵하는 사헌부의 상소문.

6. 1. 의정부에서, 세자의 조현(朝見) 시 민무구·민무질이 죄가 없이 쫓겨났다고 말한 이지성의 죄를 청하다.

6. 20. 의정부가 백관을 거느리고 예궐하여 민씨 형제의 죄를 청하다. 자신의 병이 조금 나으면 상량(商量)하겠다고 답하다.
• 이달 들어 민무구 형제의 죄를 청하는 상소가 빗발쳤는데 허락지 않고 있었다.

7. 14. 각 종(宗)의 절에 소속된 토지의 세미(稅米)를 감하다.

7. 17. 의정부의 건의에 따라, 묵은 곡식과 새 곡식이 뒤섞여 보관되는 폐단을 고치기 위해 새로운 곡식 관리와 수납의 법을 만들다.

7. 27. 천변재이를 이유로 서무를 의정부에서 처리토록 하다. 이에 대신들이 예궐해 반대했으나 묵살하다.

8. 10. 하륜을 진산 부원군에 봉하다. 영의정부사·우정승·영삼군사 등의 인사를 행하고 세자에게 선위할 뜻을 밝히다.

8. 13. 이숙번이 전위의 불가함과 정사 보기를 청하다.

8. 19. 정도전의 동생 정도복을 인녕부 사윤으로 삼다.
• 정도복은 정도전이 득세할 때, 바랄 것이 없다며 입경(入京)을 거절한 일이 있다.

8. 22. 광연루에서 정사(政事)를 듣고, 처음으로 세자로 하여금 입참(入參)하게 하다.

8. 23. 중국의 군사가 북정(北征)에 나섰다고 하자, 그 여파에 대한 대책을 세우도록 하다.

8. 28. 영춘추관사 하륜에게 《태조실록》 편수를 명하다. 기사관이, 실록은 3대가 지난 다음 편찬함이 옳다고 주장했으나 하륜이 반대하다.

9. 1. 춘추관 기사관 송포 등이, 실록을 당대에 편찬하는 것에 대해 다시 반대하자, 이와 관련해 신하들에게 묻다.

9. 4. 이천우·김한로·황희 등을 불러, 민무구가 세자 이외의 왕자들을 제거하려 했던 일을 말하다.

9. 8. 《태조실록》의 편찬을 늦추도록 사관과 대간들이 청하다.

9. 8. 회안군과 민무구 형제를 동정하고 공신들은 보전하기 어려울 것이라 말한 원평군 윤목 등을 국문하도록 하다.

9. 12. 윤목과 정안지를 신문해 자백을 받아 내자, 신하들이 극형을 청하다.

9. 19. 윤목의 진술로, 호조판서 이빈 등을 신문하다.

9. 26. 이문화와 박습 등이 상언해, 민무질을 옹호한 이무의 죄를 논하다.

10. 1. 대신 및 3공신을 불러 이무의 과거 행적을 말하고 죄를 의논하다.
• 특히 왕자의 난 당시 상황을 상세히 말하고 있는데, 당일의 기록과 다른 정황 설명도 있다.

10. 2. 윤목·이빈·강사덕 등에게 곤장을 치고 귀양 보내다.

10. 5. 이무를 처형하다. 민무구·민무질은 제주에, 윤목 등은 외방에 부처하다.

10. 11. 이서를 안평 부원군으로 봉하고, 하륜을 영의정부사로 삼다.

10. 21. 내사 황엄이, 말을 요구하는 황제의 칙서를 전하다.

10. 22. 진헌관마색을 설치하고 중외의 관원에게 말을 바치도록 하다.

10. 24. 황엄이 경복궁에서 공납할 처녀를 보다.

10. 27. 상왕의 아들이라고 주장하는 불노를 공주에 안치하다.

10. 27. 군정과 군령의 계통을 개정하다.

11. 10. 진헌마 1만 필을 올린다는 내용의 자문을 보내다.

11. 11. 원종공신으로 동북면에 있는 자가 신문고를 쳐서 호소함에 따라, 유사시에 군량을 보충하려던 공신전·별사전·사사전 등의 국가 수조를 취소하다.

11. 13. 내사 황엄이 처녀 정 씨를 데리고 돌아가면서, 미색(美色)이 아니니 다시 구할 것을 요청하다.

11. 18. 황엄이 말하기를, 날씨가 추워 진헌녀 정 씨를 데리고 가기 힘들다며 봄에 다시 데려가겠다고 하다.

11. 28. 세자전의 숙위를 3번으로 나누고 각 번의 담당 관원을 정하다.

12. 3. 오매패(烏梅牌)로 조영무·이숙번·이천우 등을 불러 사냥을 명하고 군령을 시험토록 하다.

12. 17. 일본 왕이 사자를 보내 빙문(聘問)하다.

12. 19. 정도전·이근·장지화·심효생·오몽을의 토지·노비를 환수하고 조박의 자손을 금고토록 하다.

태종 10년(1410)

1. 11. 비로소 《태조실록》 편찬에 착수하다. 작년 11월 1일까지 바치도록 되어 있는 사초가 아직도 들어오지 않고 있다며 이달 내로 바치지 않는 자는 금고 등의 벌을 주기로 하다.

1. 22. 대간이 민무구 등을 처벌할 것을 요구했으나, 그에게 노모가 있기 때문에 받아들이기 어렵다고 답하다.

• 이즈음에도 민무구 등에 대한 처벌 요구가 계속 이어졌다.

2. 7. 시전의 대시(大市)를 정하다. 장통방 위쪽은 미곡과 잡물로 하여, 동부는 연화동구, 남부는 훈도방, 서부는 혜정교, 북부는 안국방, 중부는 광통교에 이르게 하고, 우마는 장통방 아래 천변으로, 여항의 작은 저자는 각기 사는 곳의 문전에서 행하게 하다.

2. 10. 길주 찰리사 조연에게 명하여 올적합을 치기로 하다.

2. 13. 유정현 등이 경사에서 돌아와 황제가 달단을 치려 한다고 하자 비판적으로 말하다.

3. 1. 중군호군 전흥을 동북면에 보내 북벌에 나서는 장수들을 위로하게 하다.

3. 9. 조연이 승전하였다는 소식을 의정부에 보고하다.

3. 12. 개성 유후사로 떠나려 하자, 백관이 모여 민무구 등의 처벌을 청하고 뒤이어 세자도 청하다.

3. 14. 조호의 아내와 아들을 옥에 가두다.

• 조호가 아내에게, 이무는 신채가 아름다우니 왕이 될 만하다고 말하는 것을 여승 묘음이 듣고 고한 것이다.

3. 15. 조호를 잡아 오게 하다.

3. 17. 제주에 있는 민무구·민무질에게 자결을 명하다.

3. 18. 서북면 도순문사 박은이, 황제가 북정하는 조서를 얻어 바치다.

3. 26. 민무구 형제의 장례를 돌봐 주라고 한 명을 어긴 관원들을 질책하다.

3. 26. 조연의 공격으로 휘하 장수의 손자 등이 죽자 동맹가첩목아가 분개하다. 이를 달랠 계책을 의논하고 조연은 소환키로 하다.·

3. 30. 조호를 추국하였으나 자복하지 않다가 옥중에서 죽다.

4. 2. 대간의 청에 따라, 대간이 갑옷을 입고 의흥부의 점고를 받는 일을 면제해 주다.

4. 3. 3군의 대장이 신문고를 쳐서 신정(申呈)하다. 전례대로 대부(隊副)보다 녹을 더 주도록 청했으나 허락지 않다.

4. 4. 조호의 시신을 거열하고 처자를 관노로 만들다.

4.5. 동맹가첩목아가 경원 옹구참에 이르러 남녀 22명을 잡아가는 등 계속해서 인명과 가축을 살상하다.

4.6. 연경사가 완성되어 모후의 명복을 비는 법회를 열다.

4.13. 곽승우가 경원부에 침구한 올적합과 싸우다 패하여 많은 사상자를 내다.

4.26. 3군이 동교에서 습진(習陣)하다.

5.1. 동맹가첩목아가 이대두를 보내 경원 지방의 침구에 대해 말하고 화호(和好)를 청하다.

5.1. 동맹가첩목아의 화호 요구가 진심인지 의심을 품고 허락하지 않다.

5.5. 척석희를 금하다.

5.12. 병조의 건의에 따라, 갑사의 숙위법과 하번법을 개정하다.

5.15. 의정부의 건의로, 다시 저화를 사용하기로 하다.

5.26. 종묘의 동상(東廂)과 서상(西廂)을 짓고, 공신당을 종묘 안 동계(東階) 아래로 옮기다.

5.29. 황제의 북정으로 인해, 주문사 이현과 유겸이 알현하지 못하고 돌아오다.

5.29. 동북면 경차관 윤하와 박미가, 경성·경원 등지에서의 전황과 올량합의 횡포에 대해 복명(復命)하다.

6.1. 동북면의 전투에서 패한 여러 장수들을 논죄해 처벌할 것을 청하자, 후일에 공을 세우기를 기다리라 명하다.

6.19. 유정현이, 패전해 달아났던 동북면 진무 왕정과 패두 최철생을 목 베다.

6.24. 예조에서 중과 무당을 모아 3일 동안 비를 비니 구경꾼이 구름처럼 모이다.

7.1. 저화의 법을 복구시키다.

7.4. 이무가 왕이 되는 꿈을 꾸고 이를 발설한 정인수와 이를 해몽한 한용을 죽이다.

7.6. 이저를 용서하여 다시 좌명공신으로 삼고 중사를 보내 소환하다.

7.11. 평양군 조대림 등을 북경에 보내 명나라

의 북벌 성공을 진하하다.

7.12. 고(故) 왕사(王師) 묘엄존자(妙嚴尊者)에게 시호를 가하고, 변계량에게 비명을 짓게 하다.
• 묘엄은 무학을 말한다.

7.12. 태조의 배향공신을 조준·조인옥·이화·이지란으로 정하다.

7.19. 사간원에서 이저의 죄를 청하다.

7.26. 태조와 신의왕후의 신주를 종묘에 부묘하고 경내에 사유령을 내리다.

8.4. 인덕궁에 가서 풍악을 베풀고 헌수하다.

8.5. 이저의 죄를 거듭 청해도 윤허하지 않자, 사헌부에서 모두 사직하다.

8.7. 이저의 죄를 청하지 말 것을 명하다.

8.8. 의정부에서, 광통교가 흙다리라서 비만 오면 무너진다며 정릉 옛터의 돌로 돌다리를 만들 것을 청하니 따르다.

8.10. 대언 등의 건의에 따라, 신덕왕후 강 씨의 기신(忌晨)에 정조(停朝)하는 것을 파하다. 다만 태조가 후히 대했으므로 기신 재제(齋祭)를 베풀도록 하다.

8.11. 이저에게 보국숭록대부를 가(加)하다.

8.19. 이저에 대해, 조금도 자신에게 다른 마음을 품은 적이 없다고 변호해 주고, 죄가 없는 것을 알면서도 간쟁하는 풍습에 대해 질타하다.

9.9. 안평부원군 이서의 졸기.

9.12. 이저의 공신전과 과전을 돌려주다. 이저의 이름을 이애로 고치다.

9.15. 새로 그린 신의왕후의 진용을 봉안하므로 문소전에 제사 지내다.

9.27. 민무휼을 우군동지총제로, 민무회를 한성윤으로 삼다.

10.1. 상오승포를 쓰는 것을 금하고 공사 무역(公私貿易)에 저화를 쓰게 하다.

10.9. 말 1만 필을 보내 준 데 대해 사례하는 칙서와 말값에 대한 예부의 자문을 받다. 이에 의정부에서 말값을 사양해 충심을 보일 것을 청하였는데, 뜻을 굽혀 정성을 나타낼 필요는 없다

며 거부하다.

10.15. 평양성이 이루어지다.

10.19. 세자에게 선위할 뜻을 보이다.

10.27. 저화의 유통을 위해 잡공(雜貢)을 저화로 대신하게 하다.

10.28. 내사 전가화 등이 진헌녀 정 씨를 데리고 경사로 돌아가다.

10.28. 저화의 사용을 위해 개성과 한양에 화매소(和賣所)를 설립하다.

11.3. 세자가 몰래 기생 봉지련을 궁중에 불러들이자, 이에 관여한 소친시(小親侍)를 곤장 치고 봉지련을 가두다.

11.21. 사헌부에서, 도첩(度牒)이 없는 중은 환속시킬 것과, 집현전을 개설하고 유사를 뽑아 경사(經史)를 강론할 것을 상소하다.

12.11. 형조와 경시서의 관원을 불러 저화의 유통 상황을 묻다.

12.20. 잠저에 있을 때 글을 읽었던 원주 각림사에 석초가 주지로 간다 하자 향을 주어 보내다.

12.26. 내전에서 종친에게 잔치를 베풀다. 술이 취하자 상당군 이애와 시구를 주고받다.

태종 11년(1411)

1.3. 대신들과 저화의 유통 대책, 환도 시기에 대해 논의하다.

1.4. 세자에게 신도로 돌아가도록 명하다.

1.7. 조강지처를 버리고 부잣집 딸에게 장가든 조말생을 면직시키다.

1.9. 대호군 박미를 동맹가첩목아에게 보내, 약탈해 간 소와 말을 돌려보내라 하다.

1.21. 경외의 백성에게 포를 저화로 교환토록 하다.

1.21. 대소 인민의 집의 칸수를 계산해 한 칸마다 저화 1장씩을 세금으로 받도록 하다.

1.26. 일본에 사신으로 갔다가 해적에게 약탈

당한 양수가 일본 국왕의 답서를 가지고 돌아오자, 불쌍하다며 쌀 20석과 저화 100장을 내려주다.

2.22. 일본 국왕이 사신을 보내 코끼리를 바치니 사복시에서 기르게 하다.

3.29. 무안군 이방번의 처 경녕옹주에게 쌀 20석을 내리다.

3.30. 창덕궁으로 환어하다.

4.26. 회색과 옥색을 금하다. 백관의 복색이 흰색에 가까운데 이는 오랑캐의 조짐이라 하였다며, 조회 때 색깔 있는 옷을 입는 게 좋겠다고 하다.

5.18. 역대의 어용(御容)을 봉안하던 제도를 상고케 한 다음, 어용의 봉안은 송나라 제도를, 공신의 도화(圖畵)는 당나라 제도를 따르라 명하다.

5.26. 봄에서 여름으로 바뀌는 동안 역질이 돌아 백성이 많이 죽다.

6.7. 장생전에 거둥해 태조의 진영(眞影)과 개국공신의 초상을 안치한 곳을 살펴보다.

6.10. 기사(騎射)와 보사(步射)를 시험해 갑사에 충당하였는데, 이 중 능하지 못한 자를 3군부에 모아 놓고 달리기·수박희(手搏戲)를 시험해 3명 이상 이긴 자만 취하고 나머지는 도태시키다.

6.12. 중국의 제도에 따라, 성균관과 오부 유생들이 처음으로 청금(靑襟)을 입다.

6.14. 기근이 든 야인에게 쌀을 나누어 주어 변경의 말썽을 방비하게 하다.

6.17. 동북면 가별초를 혁파하니 모두 감복하다.

7.1. 3공신과 대간이 하륜과 권근의 죄를 청하다.

7.2. 하륜이 네 번에 걸쳐 자신의 무죄를 주장하는 소를 올리다.

7.27. 사헌부에서, 이숭인·이종학을 죽인 황거정과 손흥종에게 죄주기를 청하자, 신문하게 하다.

7. 30. 명당수가 없는 게 흠이라는 말을 듣고, 경복궁 안에 개천을 파도록 하다.

8. 2. 남은에 대해서는 관대하게 보았으나, 정도전은 죄가 공보다 크다며 전민(田民)을 적몰하고 자손을 금고토록 명하다.

8. 11. 정도전·손흥종·황거정을 폐하여 서인으로 삼되, 남은에 대해서는 논하지 말라 명하다.

8. 11. 조영무·조온·정탁 등 개국공신들이 정도전과 남은을 용서할 것을 청하다.

9. 7. 상왕이 충청도 온정에 가려 하자, 경기·충청 감사에게 명해 길옆의 화곡을 빨리 거두게 하다.

9. 12. 상왕이 조정의 반대를 알고, 온정 대신 금주 안양사로 목욕하러 가다.

9. 15. 경상도의 조(租)를 조운하기 위해 충주 금천에 창고를 짓도록 하다.

9. 17. 대간에서, 정도전·남은·손흥종·황거정 등을 극형에 처할 것을 청했으나 더 이상 거론하지 말라 이르다.

9. 19. 예조에서, 옛 제도를 상고해 비빈의 제도를 상서하니, 1빈(嬪) 2잉(媵)으로 제도를 삼도록 명하다.

9. 25. 세자와 함께 동교에서 매사냥을 구경하다.

9. 26. 예조의 건의로, 군신의 구별을 위해 전조 이래 이어져 온 용어들을 일부 고치다.
• 임금에게서 나오는 것을 판(判)이라 하여 신판의 신·신판가·신판부 등의 용어를 썼는데 이를 각각 봉교의윤·봉교가·봉교로 바꿨다.

9. 30. 남부학당이 준공되다.

10. 6. 광주에서 강무하다.

10. 17. 사대(事大)에 필요한 금을 캐게 하다. 군인 70여 명으로 20여 일을 역사하였으나 겨우 1냥쭝을 얻다.

10. 17. 좌사간대부 정준이, 세자궁에 절도 없이 출입하는 사직 은아리와 영인 오방을 내칠 것을 청하다. 이를 세자가 듣고, 이미 내보냈으니 성총(聖聰)을 번거롭게 하지 말라 이르다.

10. 21. 일본 왕이 사신을 보내 토물을 바치다. 또한 대내전(大內殿) 다다량덕웅이 수레와 병기를 바쳤는데, 모두 《대장경》을 구하고자 함이다.

10. 27. 김구덕의 딸을 빈으로 삼고, 노귀산과 김점의 딸을 잉으로 삼다.

11. 6. 신문고를 쳐, 자신이 장철 등 15인과 함께 방석을 죽였다며 원종공신의 반열에 넣어 줄 것을 청한 김기를 국문하다. 거짓이 밝혀져 자원 안치하다.

11. 12. 상당군 이애에게, 정사(定社)·좌명(佐命)의 공을 논하여 교서를 주다.

11. 20. 김 씨를 명빈으로 봉하고, 노 씨를 소혜궁주, 다른 김 씨를 숙공궁주로 삼다.

11. 26. 사사로이 금병을 부리어 사냥을 한 총제 곽승우의 직첩을 회수하고 외방에 부처하다.

12. 2. 《대명률》을 번역하고 원나라 율을 섞어 쓰지 말라고 명하다.

12. 15. 내년부터는 궐내에서 일체 회색 옷을 입지 못하도록 하다.
• 왕씨(王氏)가 망할 때 사람이 모두 비둘기[鳩] 빛[色]이 된다는 참서가 있었다. 회색을 나라를 잃는 색으로 본 것이다.

12. 15. 의정부의 상언에 따라, 취각령(吹角令)을 더욱 엄하게 하다.

윤12. 2. 각 도에 명해 나이 어린 환관을 뽑아 바치게 하다.

윤12. 2. 예조에서, 교린(交隣)에 대비해 5부학 중에 총명한 자 30인을 뽑아 몽고어를 익히게 할 것을 청하니 의논토록 하다.

윤12. 2. 궐내에 잡류(雜類)의 출입이 많다며, 품계에 따라 수종하는 이들의 수를 엄히 제한토록 하다.

윤12. 9. 토지의 상속 제도를 정하다.

윤12. 10. 상왕을 맞아 술자리를 베풀고 격구하고 극진히 즐기다.

윤12. 13. 성안에 장랑(長廊)을 짓도록 명하다.

윤12. 17. 궐내의 은젓가락을 도둑질한 예문관 서리 김위에게 장 80대를 치다.

태종 12년(1412)

1. 15. 개천을 파는 일로 동원된 5만여 군사에게 군자감의 곡식을 내어 주다.

1. 17. 종이를 잘 만드는 신득재를 불러들여 기술을 전파하게 하다.

1. 25. 한상경을 호조판서·세자좌빈객으로, 이래를 계성군·세자우빈객으로 삼다.

1. 26. 의정부에서, 분경을 금하고 거주(擧主)를 죄주는 조목을 올리다.

1. 29. 영의정 하륜이 〈보동방〉·〈수정부〉 2편의 노래를 지어 바치니, 〈보동방〉은 좋다고 하면서도 〈수정부〉는 참위의 설이어서 마음에 들지 않는다고 하다.

2. 6. 우현보의 아들 우홍보와 우홍강을 원종공신에 수록하다.

2. 14. 강무에 세자를 호종케 할 뜻을 가지고 신하들의 의견을 묻다.

2. 15. 하천을 파는 역사가 마무리되다. 광통교·혜정교 등의 다리가 건설되다.

2. 15. 개천도감을 행랑조성도감으로 삼아 시전을 건설하도록 하다.

2. 25. 철원에서 강무하다.

3. 16. 박만 등을 집요하게 죄줄 것을 청하는 대간의 직제를 혁파할 뜻을 말하자, 좌우에서 모두 놀라다.

3. 21. 동교에서 매사냥을 구경하고 한강을 따라 영서역·장의문을 거쳐 돌아오다.

• 이런 행차가 많았다.

3. 22. 박만 등을 논죄하지 않는 조건으로, 대간을 다시 직사에 나오게 하다.

4. 1. 상왕과 함께 광연루에서 잔치를 갖다. 모란을 감상하고 격구를 구경한 뒤 즐기다가 파하

다. 충녕군과 지신사 김여지에게 명하여 상왕을 호종하여 돌아가게 하다.

4. 2. 대간에게 직사에 나오도록 명하다.

4. 11. 경기도 관찰사가, 시위군 중에서 시위에 환속한 수와 기선군으로 정속한 수를 보고하다.

4. 15. 강원도 관찰사가, 무릉도에서 이주해 온 사람들에 대해 보고하다.

4. 22. 세자가 병을 핑계 대고 서연에 나가지 않으려 했으나, 중관 김문후가 눈물로 청하자 나가다.

5. 3. 효령군·충녕군을 대군으로 삼다.

5. 4. 궁중에서 형벌을 가하는 것을 엄금토록 하다.

5. 16. 경복궁에 새로 지은 누각의 이름을 경회루라 명명하다.

• 임금이 경회·납량·승운 등 여러 초안을 잡은 후 하륜에게 정하도록 했다.

5. 19. 사간원에서, 서연일기를 보니 5일 연달아 서연을 연 경우가 적다며, 세자가 학업을 더 열심히 하도록 해야 한다고 아뢰다.

5. 22. 도성의 좌우편 행랑이 완성되다.

6. 3. 영의정사 하륜이 가곡을 지어 올리다.

• 농부(農夫)를 생각하는 곡조 4장(章), 잠부(蠶婦)를 생각하는 곡조 4장, 가언(嘉言)을 올리는 곡조 8장이다.

6. 3. 경상도 창녕 향교의 계집종이 아들을 낳은 후, 5일 건너서 다시 아들과 딸을 낳았다는 소식을 듣고 쌀을 주다.

6. 6. 사헌부에서, 우정승 조영무가 출궁한 여자를 첩으로 삼았다며 탄핵하다.

6. 9. 세자에게 경회루 편액을 큰 글씨로 쓰도록 명하다.

6. 15. 상왕이 임금을 맞아 경회루에서 잔치를 베풀다.

6. 19. 저화를 유통시킬 법을 거듭 밝히다.

6. 25. 순덕왕대비 김 씨가 훙서하자 소복 차림

으로 나아가 곡하다.

6. 26. 사헌부에서, 아내가 있으면서 다른 아내를 얻은 변계량을 탄핵하다. 변계량이 사직을 청했으나 허락하지 않다.

6. 27. 이방간·이맹중에게 상복을 보낼 것을 명하다.

7. 7. 세자와 백관을 거느리고 복(服)을 벗다. 길복(吉服)을 입고는 상왕의 이어소(移御所)에 문안하다.

7. 9. 종이를 잘 만드는 요동 사람 신득재에게 쌀과 면포를 하사하고, 지공(紙工)에게 기술을 가르치도록 하다.

7. 9. 광흥창에 명하여, 녹봉으로 주는 명주와 베를 저화로 대신하게 하다.

7. 20. 대비의 존시를 정안왕후라 하고 능을 후릉이라 하다.

7. 25. 의흥부를 혁파하고, 병조로 하여금 다시 군정을 관장하도록 하다.

7. 25. 갑사 3천 명을 2번으로 나누고 1년씩 번갈아 시위하게 하다.

8. 8. 정안왕후를 후릉에 장사 지내다.

8. 21. 성석린을 영의정부사로, 하륜을 좌정승으로, 유정현을 이조판서로 삼다.

8. 25. 이거이가 졸하니, 부의와 관곽을 내리고 충청도 도관찰사에게 치제하게 하다.

8. 28. 종친과 대신의 국장 격례를 정하다.

9. 11. 대간이 다시 박만 등의 죄를 청하니, 승정원으로 하여금 다시는 입계하지 말라 명하다.

10. 23. 대간의 처벌 청이 그치지 않자, 박만·임순례를 외방에 자원 안치하고 자손은 영구히 서용하지 말라 이르다.

10. 26. 《선원록》·《종친록》·《유부록》을 만들어, 하나는 왕부에 간직하고 하나는 동궁에 간직하게 하다.

11. 1. 인덕궁에 나아가 상왕과 격구하며 놀다 환궁하다.

• 상왕을 찾아가거나 같이 사냥하는 경우가 잦았다.

11. 29. 세자전에서 매를 들이고 풍악을 울리며 잔치한다는 소식을 듣다. 관련자들을 처벌하고 매를 내보내게 하다.

12. 5. 우빈객 이래가, 동궁을 본궁 가까이에 지어 효도하게 하고 살필 것을 청했으나, 여러 이유를 들어 듣지 않다.

12. 5. 사헌부에서 다시, 동궁을 대궐 가까이 신축할 것을 청하자, 중군영 터에 짓도록 했다가 장소가 좁아 정지하다.

12. 10. 전 공조전서 이우가, 3군부에서 기르는 코끼리를 추하다며 비웃고 침을 뱉었는데, 코끼리가 노해 밟아 죽이다.

12. 28. 군기감에 명해 불꽃놀이를 인덕궁에서 베풀게 하다.

태종 13년(1413)

1. 6. 동계와 서계의 도순문사 및 길주 도안무사에게 명해 준응(俊鷹)을 바치게 하였는데 봄철 강무까지로 하다.

1. 6. 사헌부의 건의로, 전조의 유습인 과거의 좌주(座主)와 문생(門生)의 법을 혁파하다.

1. 14. 우리의 병선과 왜인 평도전이 만든 배를 한강에 띄워 비교해 보았는데 속력에서 크게 뒤지다.

1. 17. 우정승 조영무를 비롯, 이양우·이천우·민무휼 등 대신과 종친 들이 세자에게 몰래 매를 바친 게 드러나다.

1. 21. 예조에서, 종묘·사직의 제사에 희생(犧牲)을 쓰는 제도를 상정하다.

1. 27. 큰 종을 완성하여 돈화문에 매달다.

2. 3. 인덕궁에 나아가 온정에 행차한다고 고하다.

2. 5. 세자가 온정에 따라가겠다며 고집을 부리고 밥을 먹지 않자, 신하들과 의논해 따르게 하다. 임진도를 지나다 구선(龜船)과 왜선이 서로 싸우는 상황을 구경하다.

2.10. 조운(漕運)을 위한 순성(蓴城)의 역사가 이룩되다.

• 같은 날 기사에 규모에 대해 상세한 기록을 남겼다. 한편 민간의 힘만 허비했을 뿐, 조운에 도움이 되지 못할 것이라며 비평하는 자들도 있었다.

2.16. 평양성이 이룩되다.

2.28. 환궁하다. 어제 세자가 매로 인해 크게 노해 장내(帳內)에서 소수(小豎)를 채찍질했다는 소식을 듣고 노하다.

2.30. 혜정교 거리에서 아동 곽금·막금 등이 타구놀이를 하며 매 구(毬)의 이름을 주상·효령군·충녕군 등으로 하다가 들켜 옥에 갇히게 되었는데 용서하다.

3.3. 인덕궁에 나아가 환궁한 것을 고하다.

3.6. 상왕과 함께 마전포에서 매사냥을 구경하고 검암에서 유숙하다.

3.10. 사헌부에서 상소해, 적첩(嫡妾)의 분수를 세울 것 등을 청하니 따르다.

3.11. 개경사에 안치할 목적으로, 비용을 대어 해인사에서 《대장경》을 인행(印行)하게 하다.

3.12. 사간원에서 불사 혁파를 상소하다.

3.12. 동북면 채방사 박윤충이 안변·영흥·단주에서 캔 황금 144냥쭝을 바치다.

3.20. 황제가 병선 1만 척을 내어 일본을 정벌하려 한다는 소식을 듣고 이에 대해 의논하다.

3.22. 《태조실록》 15권이 완성되다.

3.27. 세자가 평양 기생 소앵과 놀아나자, 관련자들을 벌주고 빈객(賓客) 조용과 변계량을 불러 심히 책망하다.

4.4. 사간원에서 다시, 세자궁을 대전 옆에 지을 것에 대해 상소했으나 허락지 않다.

4.7. 이천우를 이조판서로, 이숙번을 병조판서로, 황희를 예조판서로 삼다.

4.11. 종루가 이룩되어, 다시 구종(舊鍾)을 매달다.

4.17. 용산강의 군자감 창고 84칸과 서강의 풍저창 창고 70칸이 완성되다.

5.1. 정비가 편치 않자, 점쟁이의 말을 따라 본궁으로 옮기면서 세자에게 시중들 것을 명하다.

5.6. 중궁을 위해 약사정근(藥師精勤)을 베풀다.

• 중들에게, 차도가 없을 경우 불교를 없애 버리겠다며 친히 연비(燃臂)를 하자, 중들 또한 이마를 불사르는 등 맹렬히 기도하여 차도가 있었다. 이에 회암사에 전지 1백 결 등을 내려 주었다.

5.16. 임금의 탄일이다. 상왕이 와서 잔치를 베풀다.

5.16. 장행랑 1,360칸이 모두 완성되다.

• 종루(鍾樓)로부터 서북은 경복궁에, 동북은 창덕궁과 종묘 앞 누문에, 남쪽은 숭례문 전후에 이르렀다.

5.21. 경복궁 성안에 있던 사고를 사훈각(장생전) 재궁으로 옮기다.

5.28. 해인사에서 찍어 낸 《대장경》을 개경사에 수송하다.

6.2. 의정부에서, 일본에 잡혀가 있는 조선인을 추쇄(推刷)할 것을 청하니 따르다.

6.8. 사역원에 문관훈도를 두어 한음(漢音)과 함께 의리(義理)를 가르치게 하다.

6.29. 사헌부의 건의에 따라, 양가의 처녀로 여승이 된 자를 모두 환속시키도록 하다.

7.9. 이방간에게 술과 고기를 하사하다.

7.20. 좌정승 하륜 등이 용산강에서 숭례문까지 운하를 팔 것을 청했으나 따르지 않다.

7.27. 전라도와 경상도의 바닷물이 붉게 변하고 물고기들이 죽자 해괴제(解怪祭)를 행하게 하다.

8.11. 풍질이 발작하여 통증에 시달리다. 이에 유정현이 소격전에 나아가 북두초제를 행하다.

8.13. 세자가 매를 몰래 궁중에 두었다는 걸 알고, 소환(小宦) 주력산 등을 잡아다 처벌하다. 세자가 부왕을 보기 두려워해 병을 핑계로 문안인사를 오지 않다.

8.15. 세자의 일로 서연을 정지시키다.

8.28. 의정부에서 본국 지도를 그린 족자 2폭을 바치다.

8.30. 순금사 겸 판사 박은의 건의로, 사형에 앞서 삼복법(三覆法)을 행하다.

9.1. 의정부 제안대로 호패법을 정하다.

9.3. 예조판서 황희의 건의로, 성균관을 수리하고 식당을 신축하기로 하다.

9.5. 이거이의 장례에 전(奠)을 베풀다.

9.11. 충청도 유성 온정에 가다.

9.18. 내시를 보내 계룡산의 신에게 제사 지내다.

• 이후 여러 곳에서 이런 식의 제사를 지냈다.

9.22. 유성을 떠나 전라도 진주 원산의 들에 머물다.

10.1. 중관을 보내어 방간에게 술과 고기를 하사하다.

10.12. 환궁하다.

10.20. 제주의 감귤 수백 그루를 전라도의 바닷가 여러 고을에 옮겨 심다.

10.22. 조영무를 한산 부원군으로, 남재를 우정승으로, 유정현을 병조판서로, 한상경을 이조판서로 삼다.

11.5. 병조판서 유정현의 건의에 따라, 코끼리를 전라도의 섬에 두기로 하다.

11.10. 의정부에서 호패법의 일부를 고치다.

12.1. 전국의 모든 관리와 백성이 처음으로 호패를 차다.

12.2. 노비 중분(中分)의 법에 불복해 신문고를 친 430여 명을 순금사에 가두다.

12.16. 대간이 의정부를 혁파하고 업무를 6조에 이관시킬 것을 청하다.

12.21. 대간의 의정부 혁파 건의로, 영의정부사 성석린과 우정승 남재가 잇달아 사직을 청하다.

12.27. 하륜에게 분경한 좌사간 최복린을 검교 공조참의로 좌천시키다.

12.29. 군기감에서 화약을 대궐 뜰에 설치하여 불화살을 쏘는 등 역질을 쫓는 연례행사를 행하다.

태종 14년(1414)

1.2. 대간에서 대신을 논죄하니, 하륜·이숙번 등이 간관을 죄주고자 상소하려 하다.

1.2. 세자가 몰래 창기를 들이다.

1.7. 평안도 도순문사와 평안도 도절제사에게 매를 바치도록 명하다.

1.13. 이천우를 완산부원군으로, 이숙번을 의정부찬성사로, 유정현을 참찬의정부사로, 이응을 병조판서로 삼다.

1.24. 이양우를 영흥부에 안치하다.

2.2. 오도리 천호 골간올적합·건주위·백호 등이 와서 토물을 바치다.

• 이즈음 유사 사례가 많고, 변경에 대한 침탈 행위는 드물었다.

2.12. 각 도에 군비 상태를 점검할 경차관을 보내려다 농사철이라 그만두다.

3.11. 문과 급제에 정인지를 1등으로 뽑다.

• 경합을 벌인 두 시권(試券) 중에서 임금이 제비뽑기하듯 하나를 뽑은 것이 정인지의 시권이다.

3.16. 세자가 행궁에 나아가 호가(扈駕)하다.

3.27. 처음으로 세자시사관(世子侍射官)을 설치하다.

4.13. 사간원에서, 날씨 이변을 이유로 교외 행차를 정지하고 덕을 닦아 재이(災異)를 없애라 상소하였는데, 크게 노기를 드러내다.

4.14. 노비변정도감을 두다.

5.3. 순천부 장도에 방목한 코끼리가 먹지 않아 수척해진 데다가 사람만 보면 눈물을 흘린다 하자, 불쌍히 여겨 전처럼 육지에 내보내 기르게 하다.

5.3. 각 도에 안치되어 있는 왜인의 신상을 조사해 보고하게 하다.

5.7. 변정도감에서 노비 사목(事目) 6개 항을 올리다.

5.9. 순금사에서, 근래 왜관에서 금지품을 무역하는 이들이 많은데 남재·유양·정탁 등도 그랬다고 아뢰니, 사람들이 알지 못하게 하라 이르

다.

5. 10. 영춘추관사 하륜을 불러 《고려사》를 다시 찬정하라 명하다.

5. 19. 왜인과 사사로이 무역한 윤인부 등에게 장 100대를 때리고 가산을 적몰하다.

5. 23. 유정현이 북경에서 돌아와 황제가 북정한 사실을 보고하다.

6. 23. 세자가 아들을 낳다.

7. 21. 도성의 좌우 행랑을 지으라 명하다.

7. 28. 조영무가 졸하니, 3일간 조회를 정지하다.

8. 4. 전라도 조운선 66척이 태풍으로 파선되다. 200여 명이 익사하고 5,800여 석의 곡식이 가라앉다.

8. 7. 공민왕 이후의 일은 사실이 아닌 것이 많다며, 하륜·남재·이숙번·변계량에게 《고려사》를 개수하게 하다

9. 1. 각 도에 군용점고별감(軍容點考別監)을 나누어 보내다.

9. 2. 조영무의 빈소에 친림하다.

9. 6. 시혜소를 귀후소로, 대비원을 활인원으로 고치다.

9. 7. 서연관과 대간에서, 세자에게 청강하기를 두 번 세 번 청했으나 병을 핑계 대고 굳이 거절하다.

9. 12. 의정부·6조·대간에서, 전라도 조세 운반에 대한 대책을 건의하니 따르다.

9. 16. 평양부의 토관(土官)은 원래 250명이었는데, 도순문찰리사 최이의 계청에 따라 동반 94명, 서반 36명을 남겨 두고 120명을 태거하다.

9. 19. 여 씨(여미인)가 권비(현인비)를 독살했다는 황제의 전갈을 받고, 여 씨의 어미와 친척을 의금부에 가두라 명하다.

9. 21. 권영균(권비의 오빠)이 돌아온 다음 자세한 상황을 파악한 뒤 처리하겠다며, 여 씨의 어미만 머물러 두고 나머지 친족은 석방하다.

9. 21. 민무휼을 지돈녕부사로, 민무회를 한성부윤으로 삼다.

9. 21. 영길도 백성이 성 쌓는 공사로 지쳤다며 금 캐는 것을 중지시키다.

9. 26. 여 씨의 어미 장 씨를 석방하다.

윤9. 2. 변정도감에 명해 노비 결송을 9월 말까지 한정하도록 하다.

윤9. 14. 원주 각림사에 거둥하다.

• 잠저 시절 공부하던 곳이라 하여, 토지와 노비·옷감·곡식 등을 내렸다.

윤9. 21. 아비의 상중에 기첩과 간통한 조영무의 아들 조윤에게 장 100대를 치다.

10. 1. 변정도감 제조 유정현이 노비 결송(決訟)의 처리 현황을 보고하다.

10. 5. 상왕이 사냥을 하다가 말에서 떨어지다.

10. 6. 상당군 이애의 졸기. 3일간 철조(輟朝)하다.

10. 10. 계사년(1413) 9월 초하루 이후 새로 제기된 소송 2,500건을 변정도감에서 매듭짓게 하다.

10. 11. 한성부에서, 호패의 위조가 심하다며 화인을 찍는 등 양식을 새로 만들 것을 고하다.

10. 20. 사헌집의 이당 등이, 첩의 양부 변겸의 노비 송사 일로 상소한 하륜의 죄를 청하다.

10. 26. 사역원에 명해 일본어를 익히게 하다.

10. 26. 여러 대군이 이백강의 집에서 연회를 가지다. 세자가 기생 초궁장을 끼고 술을 마시다가 정순공주에게 충녕은 보통 사람이 아니라고 말하다.

• 이백강은 이거이의 아들이자 정순공주의 남편이다. 이날 연회는 이거이의 상이 끝난 것을 위로하기 위해 연 것이다. 이 연회에서의 일을 태종이 듣고는 세자가 방종하게 놀았다며 질타했다.

11. 14. 취각령을 거듭 엄하게 하다.

12. 4. 권영균 등이, 현인비의 제사를 지내고 북경에서 돌아와 황제의 유시(諭示)를 전하다.

12. 27. 노비를 변정할 때, 오결한 것은 격고(擊鼓)로 신정(申呈)할 수 있도록 하다.

태종 15년(1415)

1.4. 경칩 이후에는 불을 놓지 말라는 금령을 거듭 내리다.

1.11. 영길도·강원도·평안도·풍해도 도관찰사에게 명해, 좋은 매를 진상하도록 하다.

1.16. 외방의 민간 매매에서 포물(布物)을 사용하는 것을 허용하다.

1.21. 각 도에 명해, 제언(堤堰)을 쌓게 하다.

1.21. 강화에 새 목장이 이룩되었는데, 둘레가 67,148척에 이르다.

1.25. 주방의 물 담당 수부(水夫)가 어정(御井)이 아닌 다른 물을 길어 올렸는데, 환자 이촌이 이를 알면서도 고하지 않았다 하여 의금부에 가두다.

1.26. 이숙번을 의정부 찬성으로 삼다. 이 외 여러 명에게 관직을 제수하다.

1.26. 세자전에 몰래 출입하는 사람을 규찰하지 못했다 하여, 경승부소윤 조종생의 직책을 파면하고 경승부승 신숙화를 좌천시키다.

1.28. 세자빈객 이래와 변계량을 경연청에서 인견하고 세자를 잘 보도(輔導)하도록 하교하다.
· 이래 등이 이 일을 세자에게 알리자, 세자는 주상이 진노한 이유를 모르겠다고 답했다. 이래가 다시 간절한 말로 새로워지기를 청하니, 세자가 부끄러워하며 사과했다.

1.28. 세자전에 무뢰(無賴) 공장(工匠)들의 출입이 번다하다고 하여 다시 이래 등을 소환해 질책하다.

2.3. 대간에서 강무에 호종하기를 청했으나 윤허하지 않다.

2.6. 해주에서 강무하다.

3.4. 가물면 물이 부족해 백성들이 고생하자, 5가(家)마다 우물 하나씩을 공동으로 파게 하다.

3.15. 없어진 절의 종을 모아 화통을 주조하게 하다.

3.25. 동교에 나가 화통 쏘는 것을 구경하다.

4.4. 화통군 400명을 증원하여 1,000명으로

하다.

4.11. 민무회 등 4인을 석방하다.

4.12. 민무회 등 4인과 환관 윤흥부를 다시 가두다.

4.13. 민무회의 노모가 근심한다는 이유로 민무회를 다시 석방하다.

4.15. 염치용에게 장 100대를 때려 경성에 유배하고 가산을 적몰하다. 윤흥부는 나주에 유배하다.

4.17. 민무회의 직첩을 회수하다.

5.4. 민무회 등의 죄를 청하지 않은 사헌부 관원을 의금부에 내리다.

5.7. 사간원에서, 민무회·염치용·윤흥부를 법에 의해 처벌할 것을 청하는 소를 올리다.

5.8. 민무회 등에 대한 조율이 타당하지 못하다고 한 의정부에 대해 핵문(劾問)하게 하다.

5.8. 근신이 대신의 집에 왕래하는 것을 금하다.

5.9. 거듭 병조에 명해, 대간과 대소인원이 서로 통래(通來)하는 것을 금하게 하다.

5.9. 우의정 이직은 성주에 안치하고, 좌의정 남재는 파면하다.

5.10. 6조·승정원·사간원 등을 불러 민무회·염치용의 일을 의논하다. 이직은 용서해 고향으로 돌려보내다.

5.13. 기생 초궁장을 내쫓다.
· 초궁장은 상왕이 가까이하던 기생인데, 세자가 이를 모르고 사통하자 임금이 내쫓은 것이다.

5.14. 의정부에서, 하륜·이숙번·유정현 등이 상소해 이직의 죄를 청하다.

5.17. 공신을 보전하려면 임직(任職)을 맡기지 않는 것이 옳겠다며, 영의정부사 하륜을 파직해 진산부원군으로, 찬성 이숙번을 안성부원군으로 삼다.

5.19. 이직의 직첩과 공신녹권을 거두다.

5.25. 의화궁주 안 씨에게 매일 술 한 병씩을 내리다.

5.29. 왜선 23척이 제주를 노략질하자, 제주 사람 송전에게 큰 병선 3척과 화통·병기를 가지고 가게 하다.

6.2. 고신에 대해 세 번 논의하여 계문(啓聞)하는 법을 세우다.

6.6. 민무회가 방자한 말을 했던 일을 세자가 고하다. 이에 대간과 형조에서 불충한 말을 한 민무휼·민무회를 탄핵하다.

6.8. 민무휼의 직첩을 거두다.

6.17. 저화와 함께 동전을 행용(行用)할 것을 하교하다.

6.19. 노비 판결을 잘못한 황희와 심온을 파직하다.

6.19. 유양을 우의정으로, 박은을 이조판서로, 윤향을 호조판서로, 이원을 예조판서로 삼다.

6.25. 민무휼·민무회를 외방에 자원 안치하게 하다.

7.12. 민무휼·민무회의 국문을 청했으나 듣지 않자, 형조·사헌부·사간원이 모두 사직하다.

7.23. 통사 강유경이 요동에서 돌아와, 왜구가 중국 여순 항구에 들어와 2만여 명을 살상하고 노략질한 일을 아뢰다. 황제가 노해 정벌하려 할 경우, 어떻게 대처할 것인지 논의하다.

7.25. 조지소(造紙所)를 설치하다.

8.1. 김제군에 벽골제를 쌓게 하다.

8.10. 과전의 수조법을 논의하다.

8.10. 공신과 의정부·6조 2품 이상이 예궐하여 민무휼·민무회 등의 죄를 청하다.

• 민무휼·민무회에 대한 공신·대신·대간 들의 처벌 청이 자주 이어졌다.

9.25. 강원도에서 강무하다.

• 10월 12일에 환궁했다. 동교에서 매사냥을 구경하거나, 강무와 사냥이 잦았다.

10.28. 성석린을 영의정부사로, 하륜을 좌의정으로, 남재를 우의정으로 삼다.

11.11. 의정부 찬성 이하(以下)가 번갈아 조계에 들어올 것을 명하다.

• 의정부가 조계에 참여한 것은 이때부터다.

12.18. 민무휼과 민무회를 의금부에 가두다.

12.21. 의정부와 6조에서 민무휼·민무회의 죄를 청하였으나, 송 씨 때문에 차마 못한다고 답하다.

• 송 씨는 민씨 형제와 원경왕후의 어머니로, 임금에게는 장모다.

12.21. 의금부에 명해 민무휼·민무회를 국문하게 하다. 이들 형제가 이비 모자를 죽이려고 한 것과, 세제에게 불경한 죄를 자세히 말하고 죄안(罪案)에 쓰게 하다.

• 이비 모자는 효빈 김 씨와 경녕군을 말한다. 이비는 경녕군의 이름이다.

12.21. 국문 결과를 의금부 관원들이 아뢰다.

12.23. 민무휼은 원주에, 민무회는 청주에 안치하다.

12.30. 충녕대군이, 남재가 자신에게 한 말을 아뢰자, 크게 웃으며 그 늙은이가 과감하다고 하다.

• 태종이 잠저에 있을 때, 왕자는 참여할 곳도 없는데 학문은 해서 무슨 소용인가 자탄했다. 이때 남재가, 모두가 군왕의 아들인데 누가 왕이 될지 알 수 없다고 말한 일이 있다. 그때의 일을 충녕에게 전한 것이다. 이를 들은 태종은, 남재가 충녕도 왕이 될 수 있다는 언질을 한 것으로 판단해 과감하다고 말한 것이다. 충녕 또한 남재의 뜻을 몰랐을 리 없다.

태종 16년(1416)

1.9. 세자가, 시중을 드는 이에게 자신의 차림에 대해 물었는데, 곁에 있던 충녕대군이 먼저 마음을 바로잡은 다음에 용모를 닦을 것을 권하다.

• 세자가 부끄러워하며, 충녕의 어짊이 우연한 것이 아니라며 장차 국가의 대사를 함께 의논하겠다고 말했다. 이 이야기를 들은 임금의 마음이 편치 않았다고 한다.

1. 12. 이조의 건의에 따라 수령에 대한 포폄법(褒貶法)을 정하다.

1. 12. 거듭된 주청에, 민무휼·민무회가 자진하면 가(可)할 듯하다고 답하다. 이에 유사눌이 사사하기를 청하다.

1. 13. 민무휼·민무회가 자진하다. 그 처자들은 먼 곳에 안치하라 명하다.

1. 13. 이지성을 목 베다.

1. 15. 정월 대보름날의 장등(長燈) 행사를 없애다.

2. 1. 군기의 점고를 위해 경상도·강원도·풍해도에 경차관을 보내다.

2. 12. 내관 황도와 사재감정 조서로 등을 보내 순제에 운하를 파는 것이 편한지 살피게 하다.

2. 26. 제석비와 간통한 죄로 전 사재소감 홍중강을 목 베고, 중 신전(信田)에게는 장 100대를 정하다.

• 신전(信田)은 신전(信全)의 종제(從弟)인데, 역시 제석비의 집에 출입하면서 간통한 벌을 받은 것이다.

3. 2. 상왕을 모시고 포천의 해룡산에서 사냥하다.

3. 20. 세자가, 부마 이백강이 일찍이 축첩한 기생 칠점산을 데리고 오자, 충녕대군이 이를 비판하다.

• 세자가 충녕의 말을 따르기는 하였으나, 이후 충녕을 꺼리게 되었다.

3. 23. 세자가 피곤함을 이유로 서연을 물리다.

3. 30. 예조에서, 조관의 관복 제도를 올리니 따르다.

• 각 품별로, 관·혁대·패(佩)·수(綬)·홀·폐슬 등 세세한 부분까지 차이를 두어 정했다.

4. 15. 좌의정 하륜이 찬진한 《동국약운》을 인쇄해 중외에 반포하게 하다.

5. 13. 서운관에 명해, 1년의 기후를 미리 기록해 아뢰라고 하다.

5. 24. 군사와 인사를 제외하고, 호령을 내어 정령을 시행하는 것은 세자와 의논하라 명하다.

5. 25. 세자가 병조의 정청으로 나와 6조와 정사를 의논한다.

5. 25. 남재를 영의정으로, 유정현을 좌의정으로, 박은을 우의정으로 삼다. 하륜이 일흔에 치사(致仕)하는 법을 청했는데, 신하들의 의견을 묻고 들어주다.

6. 1. 세자가 내조계청에 나와 정사에 참여하다.

• 이후에도 자주 참여하였다.

6. 2. 중앙과 지방에서 호패 제도를 폐지하다.

6. 4. 안성부원군 이숙번에게 명해, 농장에 거주하게 하다.

6. 4. 3번 이상 상소하면 교지를 따르지 않는 것으로 보아 논죄하게 하다.

6. 5. 편전에서 이숙번의 불경하고 무례한 죄를 유시하다.

6. 10. 사간원에서, 3번 이상 간쟁을 금한다는 교지에 반대하는 상소문을 올리다.

6. 10. 정도전·황거정 자손의 금고를 해제하게 하다.

6. 11. 세자가 내조계청에 나와 계사에 참여하다. 형조와 대간에서 언로를 닫는 부당함에 대해 논한 것을 아뢰었으나 따르지 않다.

6. 20. 하륜·한상경·변계량이 《고려사》를 나누어 개수하였는데, 이해 겨울 하륜이 졸해 이루지 못하다.

6. 21. 이날도 거듭 이숙번의 죄를 청하자, 이숙번의 공신녹권과 직첩을 거두게 하다.

• 이즈음 이숙번의 죄를 청하는 상소가 이어졌다.

6. 22. 하륜이, 심온·황희는 간사한 소인이라며 전선(銓選)을 맡겨서는 안 된다고 소를 올리자, 하륜에 대해 실망을 드러내다.

6. 26. 정도전의 아들인 정진에게 직첩을 주라고 하다.

7. 1. 상왕의 탄신을 맞아 경회루에서 헌수하고 각투와 수박희를 구경하다. 세자와 종친들이 함께하다.

7.8. 이조와 병조에서, 2품 이상과 공신의 자제를 서용(敍用)하는 법을 의논하여 아뢰니 따르다.

7.11. 노비쇄권색을 부활하다.

7.18. 상왕을 모시고 경회루에서 술자리를 베풀다.

• 이 자리에서 연구(聯句)를 즐겼는데, 충녕대군이 한 말에 감탄하면서, 세자의 학문이 이만 못하다며 질책했다.

7.25. 영길도 여안부를 고쳐 여연군으로 하다.

7.25. 정도전의 손자 정내와 정속, 황거정의 아들 황효신에게 직첩을 주다.

8.2. 예조에서 아뢴 대로 중들에게 도첩을 주다.

8.5. 공양군을 공양왕으로 삼고, 사람을 보내 능 아래에 치제하다.

8.5. 각 도의 산에 붙어 있는 빈 땅에 산뽕나무를 심어 잠실을 설치하게 하다.

8.11. 세자가 세 대군·네 부마·두 원윤 들과 더불어 양전(兩殿)에 연향을 베풀다.

8.21. 신덕왕후와 성비가 계모(繼母)인지를 신하들에게 묻다.

9.19. 전라도 도관찰사에게 명해, 회안대군의 딸이 성혼할 때 혼수를 주게 하다.

9.24. 구종수와 이오방을 의금부에 가두다.

• 세자와 더불어 술을 마시거나 잔치를 여는가 하면, 여색과 매를 바치기도 한 죄를 물은 것이다.

9.25. 구종수는 경성군에 귀양 보내고, 이오방은 공주 관노에 환속시키다.

• 황희는 죄가 크지 않다는 뜻을 아뢰고 세자가 아직 연소하다는 것을 강조하였는데, 하륜은 구종수 등을 베어 후래를 경계해야 한다고 주장했다.

9.26. 세자전의 내시 우적과 사약 백순·이우를 내쫓다.

9.28. 세자가 뉘우치는 기색을 보이자 기뻐하며 지금이라도 허물을 고치면 늦지 않다고 말하다.

10.11. 세자의 뜻과 변계량의 의견을 따라, 강무 때 세자는 남아 공부하게 하다.

10.21. 세자가 병을 이유로 강을 폐하다.

10.27. 거둥 때, 세자가 지송(祗送)하지 않은 문제로 세자궁의 내시들을 처벌하다.

11.1. 왕상우가 체포되자, 도망하여 숨었던 곳과 숨겨 준 사람을 국문하도록 하다.

11.2. 유정현을 영의정부사로, 박은을 좌의정으로, 한상경을 우의정으로, 남재를 의령부원군으로, 김한로를 의정부찬성으로, 황희를 공조판서로 삼다.

11.3. 상왕의 청으로, 인덕궁에 가서 격구하고 술자리를 베풀다.

11.5. 왕상우와 그 아우 왕화상은 석방하여 모두 원래 주인인 이수에게 주고, 숨겨 준 이들은 율에 따라 논죄하다.

11.6. 진산부원군 하륜이 정평에서 졸하다.

11.9. 계사년(1413) 강무 행차 때 이방간과 내통한 심종을 교하에 안치하다.

11.21. 3성과 대간에서, 심종과 이방간의 죄를 청했으나 듣지 않다. 의정부 3공신도 거듭 청했으나 역시 윤허하지 않다.

11.22. 심종의 직첩과 공신녹권을 거두고 폐서인하여 자원안치하다.

11.30. 내관 김용기와 형조좌랑 박경무를 전주에 보내, 이방간의 죄를 묻지 않겠다는 뜻과 장차 홍주로 옮길 것을 전하다.

• 박경무는 이방간의 사위다.

12.2. 이방간의 공신녹권과 직첩, 이맹중의 직첩을 회수하다.

12.2. 제생원이 상서해, 동서 활인원의 운영 방침 등에 대해 아뢰자 받아들이다.

12.2. 여러 민 씨의 자녀가 평민과 결혼하는 것은 허락하다.

12.2. 세자가 하륜의 빈소에 치제하다.

12.8. 친히 하륜의 빈소에 임어해 사제(賜祭)하다.

• 하륜은, 백성을 번거롭게 하지 말고 국장을 없애라

청하고, 가인(家人)을 시켜 장사를 지내라는 유언을 남겼다.

12. 16. 조회 뒤에 백관이 서로 읍(揖)하는 예를 없애라 명하다.

12. 18. 사헌부의 건의에 따라, 이조에 명해 중들의 고신을 서경(署經)해 주다.

12. 19. 현비의 친족인 총제 강유신을 폐서인하고 먼 지방에 자원부처하다.

12. 20. 의금부의 청에 따라, 대소 죄인을 추문할 때는 반드시 왕패를 내리기로 하다.

태종 17년(1417)

1. 20. 습산국(習算局)에서 나라의 불운과 행운을 점치던 것을 혁파하도록 명하다.

2. 1. 완원부원군 이양우의 졸기.

2. 8. 우산과 무릉도 주민의 쇄출에 대해 논의하다. 모두가 쇄출하지 말고 생업을 안정시킬 것을 청했으나, 황희 홀로 쇄출이 옳다고 하다.
- 임금이 황희의 말에 동의해 쇄출 계책을 지시했다.

2. 15. 세자가 곽선의 첩 어리를 궁중에 들여온 전말을 듣고 노하다. 관련자들을 벌하고 신하들의 의견을 구하다.

2. 17. 거듭된 맹세에도 세자가 약속을 지키지 못하자, 변계량이 종묘와 사직 등에 맹세할 것을 청하다. 이에 종묘에 고하겠다며 맹세문을 써 달라고 하다.

2. 22. 세자가 종묘에 고하고, 주상전에 상서하다.
- 서문과 상서는 모두 변계량이 제술한 것이다.

2. 22. 세자가 허물을 뉘우쳐 기쁘다며 대궐로 돌아오도록 하다.

2. 23. 사간원에서, 과전·취처 및 취첩·과거 제도에 대한 문제와 대안을 제시하다.

2. 24. 세자를 탈선하게 만든 구종지·구종유를 의금부에 가두다. 또한 구종수와 사통한 이숙번을 잡아 오게 하다.

- 이번 일은 모두 세자가 고하여 이루어진 것이다.

2. 27. 구종수·구종지·구종유·이숙번 등이 사통한 죄를 국문하다.

3. 3. 이숙번은 외방으로 안치하고, 구종수·구종지·구종유와 이오방은 조율(照律)하여 계문하라 이르다.

3. 5. 구종수·구종지·구종유·이오방을 참하고 가산을 적몰하다.

3. 14. 이방간·이맹종을 충청도 홍주읍 성안의 옛 객관에 옮겨 두게 하다.

3. 20. 강무장(講武場) 안에서 벌초하는 것을 과하게 단속하여 백성의 원망을 산 회양부사 나은 등을 파직하다.

3. 23. 형조와 대간에서, 이숙번을 법대로 처치하기를 청했으나 듣지 않다.

3. 30. 집의 하연이, 이숙번의 불충한 죄를 다스릴 것을 청하였으나, 그를 변호하다.

4. 2. 각림사 단청을 위해 화원 이원해 등 15인을 보내다.

4. 4. 황제가 미녀를 원한다는 밀계가 있어 중외에 금혼령을 내리다.

4. 11. 개국공신·정사공신·좌명공신 적장자들이 경복궁 북동에 모여 회맹하다.

4. 14. 민무구 4형제의 여자를 외방종편(外方從便)하게 하다.

4. 15. 세자가 몰래 두 차례 강을 건넜는데, 이를 고하지 않은 관리 서사민을 의금부에 가두다.

4. 16. 세자를 꾀어 양화 나루를 건너게 한 이홍·이문관·변신귀·이지 등을 처벌하고 서사민과 세자전 별감 조이는 석방하다.

4. 18. 경사에 가서 사사로이 무역하는 것을 금하다.

4. 20. 경차관과 내관을 각 도에 보내 처녀를 뽑게 하다.

4. 23. 세자가 방유신의 손녀를 찾아가 자고 왔었는데, 처녀 간택의 일로 발각되다. 이를 도운 이귀수를 참하고 진기와 방유신에게 벌을 주다.

4. 25. 완산부원군 이천우가 졸하다.

5. 2. 이미 처녀 5인을 얻었다며, 외방의 어린 진헌녀들을 돌려보내라 명하다.

5. 6. 경사에 가서 밀무역으로 명예를 실추시킨 원민생·장유신 등을 의금부에 가두어 국문하게 하였으나 물주는 국문하지 말라 이르다.

5. 8. 처녀주문사로 경사에 보내려고 원민생을 먼저 석방하다.

5. 9. 황하신의 딸과 한영정의 딸을 중국에 진헌할 처녀로 뽑다.

5. 11. 신문할 때 형장을 치는 규정을 의논해 정하다.

5. 13. 호조에서 부경사신이 가지고 갈 수 있는 포물의 수량을 정하다.

5. 13. 함길도 여연군을 평안도에 소속시키다.

5. 17. 변계량을 예조판서로, 조흡을 우군도총제로, 조용을 예문관 대제학으로 삼다.

5. 17. 좌군첨총제 원민생이 진헌녀를 데리고 경사로 떠나다.

5. 24. 《농상집요》 내의 〈양잠방〉을 번역·반포하는 등의 방법으로 양잠을 장려하다.

5. 27. 경상도 도관찰사와 도절제사에게 명해, 왜인이 연해에서 배 만드는 것을 금하게 하다.

윤5. 4. 금천현감 김문에게 소주를 많이 권해 죽게 한 수원부사 박강생과 봉례랑 윤돈을 파직하다.

윤5. 6. 각 사의 노비쇄권색에서 올린 노비결절 사목 14개 항을 윤허하다.

윤5. 9. 역졸의 비첩이 낳은 자식 또한 아비의 정역(定役)을 따르게 하다.

윤5. 14. 예조에서 상정한 과거 시험 12개 조목의 규정을 윤허하다.

윤5. 19. 한천부원군 조온의 졸기.

윤5. 21. 세자가 더위를 핑계로 정강(停講)하니, 빈객 조용·변계량 등이 간하다.

6. 1. 장례 제도를 의논하며 서운관 구장(舊藏)의 참서를 모두 불태울 것을 명하다.

6. 3. 각 사의 노비쇄권색의 일을 약 2년 만에 마치다.

• 노(奴)는 59,585구였고, 비(婢)는 60,017명구였다. 구는 노비를 셀 때 쓰던 단위다.

6. 4. 평안도 도순문사에게 중국에서 도망 온 군사를 돌려보내는 문제에 대해 지시하다.

6. 26. 편전에 나아가 황 씨와 한 씨를 보다.

• 황 씨와 한 씨는 진헌녀로 뽑힌 황하신의 딸과 한영정의 딸이다.

6. 27. 사직에 관계되는 경우를 제외하고 2품 이상의 범죄자를 압송할 때는 갓을 벗기지 말고 칼도 씌우지 말게 하다.

6. 27. 예조판서 변계량이 중국 사신을 접대할 때 홍색 옷을 금할 것을 청하였으나, 상(上)에 속하는 색도 아닌데 금지할 필요가 없다고 답하다.

7. 22. 의정부·6조·공신·대간의 의논을 따라, 과전의 3분의 1을 하삼도에 옮겨 주다.

8. 6. 사신 황엄이 처녀 황 씨와 한 씨 등을 데리고 돌아가다.

8. 6. 왜적이 우산도 등지에서 도둑질하다.

8. 8. 회안대군의 첩과 간통하고, 시녀 기매와 간음한 환자 정사징을 베다.

• 정사징은 고려 공양왕 때부터 환자 같지 않다는 말이 있었다.

9. 12. 명부(命婦)의 봉작하는 법식을 정하다.

9. 22. 형조에서 노비 공문의 규식을 올리다.

10. 8. 이후로 경기 밖에서 강무하지 않겠다며, 지난날 임실·태안·해주에 간 것을 후회한다고 하다. 아울러 경기 내에서 강무하는 경우에도 조발하는 군사 수는 2천이면 족하다고 하다.

10. 23. 외방 과전의 수조하는 법을 세우다.

11. 3. 사섬주부로 있으면서 사사로이 준비한 종이에 저화를 인쇄하거나 빼돌리는 등의 죄를 범한 윤자견·섭공무 등에게 벌을 주다.

11. 5. 기한을 정해 참서를 바쳐 불사르게 하고, 바치지 않는 자는 벌하게 하다.

11. 17. 예조참판 허조가, 소격전이 좁다며 고쳐 지을 것을 청하니, 내년 봄을 기다려 고쳐 지으라 하다.

11. 24. 세자가 금빛 고양이를 구(求)하려 하다.

12. 4. 이조에서, 사관을 천거하는 법을 올리니 따르다.

12. 4. 사간원에서, 감사를 천거하는 법을 상소하니 따르다.

12. 6. 통사 최천로가 북경에서 돌아와, 황제가 한 씨를 중히 여긴다는 사실을 전하다.

12. 15. 서운관에 간직하고 있던 참서 두 상자를 불사르다.

• 요망하고 허탄하여 정상에서 어그러진 것을 골라 불태우라 했는데, 전조의 풍습을 따라 부모가 죽어도 여러 해 동안 장사 지내지 않는 경우 등을 말한다.

12. 20. 원민생·한확 등이 북경에서 돌아와, 한 씨가 대단히 총명하여 황제가 좋아했다는 등의 일을 아뢰다.

12. 20. 예조의 건의에 따라, 3군갑사를 제외한 동서문무 관리는 비나 눈이 오는 날이 아니면 항상 사모를 쓰게 하다.

• 이전엔 갓을 쓰고 다니는 사례가 빈번했다.

12. 20. 한확이 황제에게서 받은 황금 등 선물을 왕과 중전에게 바치다.

태종 18년(1418)

1. 11. 황희를 판한성부사로, 김여지를 예조판서로, 변계량을 예문관대제학으로 삼다.

1. 11. 종친 이하의 예장에는 석실을 없애고 회격(灰隔)을 쓰도록 하다.

1. 13. 세자가 몸이 편찮다며 서연을 정지하다.

1. 18. 이조에서 각 도가 천거한 유일(遺逸)을 올리다.

1. 18. 풍문으로 탄핵하는 것을 금하다. 이명덕이, 대소인원이 헌사의 탄핵을 받더라도 죄를 받는 날까지는 직사에 나오게 할 것을 청하다.

이에 정권이 대간에게 돌아가는 것은 부당하나, 대간에 권력이 없는 것 역시 부당하다며 받아들이지 않다.

2. 4. 성녕대군 이종의 졸기.

2. 6. 개성 유후사로 이어할 것을 의논하다.

2. 13. 개성 유후사에 거둥하다.

3. 4. 변계량을 불러 귀신이 감응하는 이치를 묻다.

3. 6. 조말생에게, 세자가 어리의 아이를 낳은 전말을 말하며 눈물을 흘리다.

3. 13. 황룡이 경기 교동현 수영의 우물에서 나타나다.

3. 13. 세자가 밖으로 나가 표적을 쏘다.

3. 15. 청원군 심종의 졸기.

3. 27. 관기가 양부에게 시집가서 낳은 남자는 도청(都廳)에 속하게 하다.

4. 1. 성녕대군이 졸한 것과 환도할 계책에 대해 말하다.

4. 2. 환도와 관련하여 신하들이 여러 주장을 하고 상소를 올리다.

4. 14. 유정현과 박은이, 환시 등을 물리치고 임금 앞에 나아가 일을 밀계하다.

5. 2. 한경에 머무르고 있던 세자가 와서 알현하다.

5. 10. 어리의 일로, 세자에게 구전(舊殿)에 나가 거처하게 하고 숙빈과 김한로를 질책하다. 또한 예전에 세자를 편드는 발언을 한 황희에 대해 불만을 토로하다.

5. 11. 세자가 충녕에게 노함을 보이다.

• 어리의 일을 아뢴 것이 충녕일 것이라 생각한 것이다. 분함을 이기지 못하고 부왕에게 따지려는 것을 충녕이 거듭 만류해 그만두었는데, 한경에 돌아가 이 일에 대해 상서했다.

5. 11. 김한로를 의금부에 가두어 공초(供招)를 받다.

5. 11. 판한성부사 황희에게 명해 전리(田里)로 돌아가게 하다.

5. 13. 어리의 일은 김한로에게 허물이 있는 것이지 세자의 허물이 아니라고 하다. 세자가 한경으로 돌아갈 때 의장과 시위는 전례와 같이 하도록 하다.

5. 13. 김한로의 직첩을 거두고 죽산에 부처하다.

5. 14. 서연관에서, 세자에게 강할 것을 청했으나 병을 핑계로 나가지 않다.

5. 15. 세자가 한경으로 돌아갈 때 호위를 따돌리고 김한로의 집으로 달려가 숙빈과 어리를 만나다. 이를 정중수가 아뢰자, 세자와 동행했던 서연(書筵)과 숙위사(宿衛司) 장무(掌務)를 가두고 서성 등을 보내 세자를 질책하다.

5. 15. 서성이 돌아와 세자의 변명을 전했으나 신뢰하지 않다.

5. 21. 서연과 숙위사를 혁파하다.

5. 28. 환도를 의논하다.

5. 28. 대간 등이 거듭 치죄를 청하자 황희를 남원부에 안치하다. 다만 압송하지 않고 스스로 가도록 하다.

5. 28. 김한로를 나주에 옮겨 안치하다.

5. 28. 빈객 조용과 탁신이 세자에게 문안했는데, 병이라 하여 사양하다.

5. 28. 세자이사 유창 등이, 세자로 하여금 장인 김한로와 절연케 할 것을 청하니 받아들이다. 또한 세자로 하여금 이를 중외에 고하게 하다.

5. 30. 세자가 내관 박지생을 보내 글을 올리자, 이를 신하들에게 보이고 대처를 논의하다.

6. 1. 어리에 대한 처리를 놓고 박은과 의논하다. 최한을 한경에 보내 하교를 전하다. 세자가 병을 핑계 대며 거듭 서연에 나가기를 거부하다가 할 수 없이 나와 하교를 접하다.

6. 1. 이오방의 무리인 권보를 참하다.

6. 2. 세자의 처리를 명받은 신하들이 상소해 폐세자를 청하다.

6. 3. 세자 이제를 폐하여 광주에 추방하고 충녕대군을 왕세자로 삼다.

• 충녕대군을 왕세자로 정하기까지 여러 논의가 있었다.

6. 4. 소주와 약주를 이제에게 보내다. 또 의원들에게 명해 광주에 가서 시탕하여 병을 치료하게 하다.

6. 5. 세자에게 관교(官敎)를 내리고 심 씨를 봉하여 경빈으로 삼다. 아울러 이제를 강봉하여 양녕대군으로, 숙빈 김 씨를 삼한국대부인으로 삼다.

6. 6. 양녕에게 글을 내리다.

• 태종은 양녕에게 내린 글에서, 충녕을 세자로 삼은 이유 등을 밝히고 새 세자가 양녕을 해하지 않을 것이라 했다. 또 멀지 않은 광주에 안치하는 것은 가까이 두고 보고자 함을 알려 부자의 정을 드러냈다. 양녕은 태종의 글을 받고도 눈물을 흘리지 않았을뿐더러 조금도 비탄의 모습을 보이지 않았다. 하지만 동대문에 이르러서는 이 땅을 다시 볼 일이 없을 거라 말하며, 자신의 불효에 후회의 빛을 드러내기도 했다.

6. 17. 세자와 경빈에게 책보(冊寶)를 내려 주다.

6. 21. 김한로 부자를 청주에 안치하다.

6. 22. 김한로를 다시 나주에 안치하다.

7. 2. 환도할 계획을 정하다.

7. 6. 6대언을 불러 전위할 뜻을 밝히다.

7. 8. 심온을 의정부참찬으로, 정역을 이조판서로, 강상인을 병조참판으로 삼다.

7. 19. 왕세자와 경빈에게 정비를 모시고 환궁하게 하다.

7. 21. 정비와 경빈이 한경에 돌아오다.

8. 8. 18년 동안 호랑이를 탔으니 족하다며, 세자에게 대보를 전하다.

8. 10. 왕세자가 근정전에서 즉위하다.

8. 10. 주상이 장년이 되기 전까지는 군사(軍事)를 친히 청단(聽斷)할 것이라 이르다.

8. 10. 심온을 청천부원군으로 삼고 심온의 처 안 씨를 삼한국대부인으로 삼다.

세종실록

총서

- 세종장헌영문예무인성명효대왕의 휘는 도, 자는 원정이다.
- 태종의 3남이고, 어머니는 원경왕후이다.
- 태조 6년 한양 준수방 잠저에서 탄생하다.
- 태종 8년 녕군에 봉해지고 심온의 딸과 결혼하다.
- 태종 13년 충녕대군에 봉해지다.
- 태종 18년 세자에 책봉되다.

세종 즉위년(1418)

8.11. 즉위 교서를 반포하며 일체의 제도는 태조와 부왕이 이루어 놓은 법을 따라할 것이므로 아무런 변경이 없을 것임을 밝히다.

8.11. 박은을 좌의정이자 영경연사에, 이원을 우의정이자 영경연사에, 변계량을 예조판서 겸 지경연사에, 유관을 예문관 대제학 겸 지경연사에 제수하다.

8.12. 전위를 받았음을 종묘에 고하다.

8.13. 중국에 전위할 일을 전할 사은주문사를 구성하다. 김여지를 사은사로, 이적을 부사로, 조말생을 주문사로 삼다.

8.14. 중궁의 호를 검비(儉妃)로 정하고 상왕에게 아뢰자, 뜻은 좋으나 음이 적당치 않다며 공비(恭妃)로 고치다.

8.15. 양녕에게 주육과 면포 등의 물품을 주다.

8.15. 상왕의 전지(傳旨)를 선지(宣旨)로 칭하기로 하다.

8.21. 상왕의 뜻에 따라, 민씨 형제들의 처자에게 편할 대로 살게 하고 이거이의 자손에게는 경외에서 자유로이 살게 하며 김안로는 청주로 보내다.

8.23. 사은사로 심온이 가는 게 좋겠다고 상왕이 말하다.

8.25. 상왕이, 군사에 관한 일을 자신이 아닌 왕에게 알리는 걸 알고 병조참판 강상인을 불러 상아패와 오매패를 주며 임금에게 가져가게 하다. 왕이 도로 상왕전에 바치라 이르다.

8.26. 병조판서 박습·이각 등 병조의 주요 간부들을 의금부에 내려 가두고, 의금부 제조 유정현에게 그 까닭을 국문하라 명하다.

8.27. 상왕이, 박습은 재임한 지 얼마 되지 않았으니 그대로 두고, 강상인은 고문하라 명하다.

8.29. 상왕이, 박습과 강상인을 원종공신이라 하여 면죄한 후, 강상인은 고향으로 돌아가라고 내치다.

8.29. 병조에서 상왕에게 아뢰기를, 앞으로 모든 군무를 상왕께 아뢰어 지시를 받고 이행한 후 왕께 아뢰겠다고 하다.

9.2. 상왕이, 심온은 주상의 장인이니 마땅히 영의정이 되어야 한다고 말하다.

9.3. 심온을 영의정부사로 삼다.

9.6. 명 사신이 명 궁중에 들어간 한 씨와 황 씨의 집을 찾아 그들의 어머니를 존문(存問)하다.

9.7. 종실 이백강과 부마 이복근을 부원군으로 봉하다.

- 종실과 부마를 부원군으로 봉하기는 이때부터다.

9.8. 상왕·왕·중궁이 각각 환관을 보내 연서역에서 심온을 전송하게 하다.

9.9. 박습과 강상인의 공신녹권 및 직첩을 거두다.

9.13. 창덕궁 중수가 아직 마무리되지 않았으나 본궁이 좁아 창덕궁으로 옮기다.

9. 14. 강상인은 함경도 관노로 보내고, 박습은 경상도 사천으로 유배하다.

9. 25. 이조의 건의에 따라, 중전의 내향(內鄕)인 청부현을 청보군으로 승격시키다.

10. 4. 백성 임부개가 어미와 소를 가지고 다투다가 어미의 목을 매어 끌었는데, 이를 본 누이동생이 악역(惡逆)이라며 부르짖자 아우들과 함께 누이동생을 죽인 사건이 발생하다. 이에 임부개는 환형에 처하고 그 아우들은 참수하다.

10. 7. 처음으로 경연을 열어 《대학연의》를 강하다.

10. 9. 상왕을 따라 계산에서 사냥을 하다.
• 상왕이, 주상의 몸이 비중하다며 때때로 나와 노닐 것을 권했다.

10. 16. 상왕이 양녕을 불러 보니, 임금이 가서 만나 보다.

10. 28. 잔치 자리에서 박은이 양녕을 가까이 두는 것은 옳지 않다고 아뢰자, 상왕이 부자의 정이라며 눈물을 흘리다.

11. 1. 상왕이, 강화에 100여 칸 집을 지어 양녕이 거처하도록 하다.

11. 3. 상왕이, 강상인의 일을 소소한 것까지 들추며 다시 국문하라 이르다.

11. 3. 완성된 상왕전의 신궁을 수강궁이라 부르게 하다.

11. 7. 상왕이 수강궁으로 거처를 옮기다.

11. 8. 왕과 신하들이 상왕과 대비에게 존호를 올리다. 상왕은 왕위를 물려주고 난 후 자신이 더욱 높아졌다고 하다.

11. 9. 예조에서, 중궁을 책봉하는 의식을 아뢰다.

11. 10. 임금이 원유관과 강사포 차림으로 인정전에 나아가 왕비를 책봉하다.

11. 12. 상왕이 임금과 함께 병조참판 이명덕 등을 불러, 이방간 등을 죄주지 않겠다는 뜻을 보이다.

11. 20. 의정부에서 강상인을 신문하였으나 복죄(服罪)하지 않다.

11. 21. 강상인에게 네 번의 압슬형을 가하자, 나라의 명은 한곳에서 나와야 한다는 생각에서 그랬다고 답하다.

11. 22. 강상인이 심정·조흡·이관과도 그런 이야기를 나누었다고 답해 셋이 끌려와 국문을 받다. 이 중 조흡은 혐의가 벗겨져 석방되다. 다시 압슬형을 받은 강상인이 심온과 이종무 등을 끌어들이다.

11. 23. 의금부에서 강상인이 말한 바를 상왕에게 아뢰자, 이제야 진상이 드러났다는 반응을 보이다.

11. 25. 상왕이, 사은사로 갔던 심온이 돌아오기를 기다려 잡아오라 명하다.

11. 25. 왕에게 병권을 주지 않고 있는 이유는 왕위를 잊지 못해서가 아니라 주상에게 무슨 사고가 있을 경우 후원하기 위함이라고 하다.

11. 26. 상왕이, 강상인과 심온을 대질시켜야 옳은지 묻자, 박은과 의금부에서 속히 형을 집행할 것을 주장하다.
• 이때, 자신은 죄가 없는데 매를 견디지 못해 죽는다며 강상인이 크게 소리를 지르기도 했다.

11. 28. 상왕이, 아비가 죄를 지었어도 딸이 후비가 된 일은 예전에도 있었고, 또 형률에도 연좌의 명문이 없으니 공비(세종의 비)에게 염려 말라고 이르다.

11. 29. 신하들이 중전을 폐할 것을 주장하다.
• 상왕이 대신들을 불러, 왕에게 후궁을 더 들이겠다고 하였는데, 상왕의 뜻을 오해한 신하들이 중전을 폐할 것을 주장한 것이다. 상왕은 단호히 반대의 뜻을 보였다.

12. 3. 상왕이 병조에 이르기를, 관직을 제수할 때 상호군·대호군·호군은 자신에게 아뢰고, 사직 이하는 주상에게 아뢰어 임명하라고 하다.

12. 4. 의금부에서, 심온의 아내와 딸들을 천인으로 삼고 그 가산을 적몰토록 하기를 청하자, 상왕이 그리 하라 명하다.

12. 22. 심온이, 강상인 등과의 대질을 요청하다 압슬형을 받고 나서 복죄하다.

12. 23. 심온에게 사약을 내리다.
• 이번 옥사는 심온의 세력이 커지는 것을 걱정한 태종과 좌의정 박은이 무고한 것임이 나중에 드러난다.

12. 25. 경연에 나아가 《고려사》를 개편할 뜻을 말하다.

12. 29. 길재의 아들 길사순이 오니, 쌀·콩·의복 등을 내려 주면서, 서울에는 길사순을 부호(扶護)할 만한 친족이 없다며 장가를 들게 하여 살아갈 수 있도록 하다.

세종 1년(1419)

1. 1. 면복 차림으로 황제에게 정조 하례를 드리고, 원유관·강사포 차림으로 신하들의 하례를 받다. 이후 상왕에게 하례하다.

1. 17. 주홍색 비단으로 말안장 꾸미는 것을 금하다.

1. 19. 명 사신 황엄이 화자 40명과 종이 2만 장을 요구하다.

1. 30. 양녕대군이 편지 한 장을 남기고 사라지다. 이에 상왕이 근심하며 찾아오라 이르고, 왕도 전력을 다해 찾을 것을 경기감사에게 명하다. 양녕의 애첩 어리가 목을 매어 자살하다.

2. 1. 양녕대군이 아차산에 올라 하루를 보내고 본궁의 종 이견의 집으로 가다. 상왕이 효령대군 등을 보내 데려오게 하다.

2. 2. 상왕이, 어리를 협박해 자살하도록 한 양녕의 유모와 김한로의 비첩 등을 가두어 문초한 뒤 놓아 주다.

2. 3. 상왕이, 왕과 양녕 그리고 여러 신하들이 있는 자리에서, 앞으로는 양녕을 의정부에 회부하건 형조에 회부하건 관여하지 않겠다고 말하다. 또 왕이 서른 살이 되면 군사의 일도 맡기겠다고 하다.
• 회부에 관여하지 않겠다고 한 것은 양녕을 포기하

겠다는 뜻은 아니다. 상왕은 이 자리에서 여러 차례 양녕에 대한 애증을 드러내는데, 나중에는 매와 말을 줄 테니 하고 싶은 것을 하고 살라며 말하기도 한다. 이것은 나중에라도 신하들이 양녕의 죄를 청할 것을 미리 막기 위한 조치라고 볼 수 있다.

2. 4. 양녕을 광주로 내보내면서, 5일에 1번씩 매를 날리게 하되 목사나 판관이 수행토록하다.

2. 5. 양녕에게 기생을 들인 자, 몰래 양녕과 통한 자들에게 곤장을 치다.

2. 16. 좌의정 박은이, 문신을 선발해 집현전에 모아 문풍을 진흥시킬 것과 《사서》를 통한 후에 무과 응시를 할 수 있게 할 것을 청하다.
• 어려운 문과 대신 쉬운 무과로 응시자가 몰리자 청한 일이다.

2. 17. 판결이 지체되지 않도록 하라고 의금부에 전지하다.

2. 20. 상왕이, 주상의 몸이 너무 비대하다며 주상과 더불어 노상왕(정종)을 모시고 동쪽 교외에 나가겠다고 이르다.

2. 26. 두 상왕을 따라 양주 경계에서 사냥을 하다.

2. 27. 양녕대군을 불러 오라 명하다.

2. 28. 양녕에게 함께 사냥하자고 하니 양녕이 기뻐하다.

3. 4. 수행하는 종이 많은 경우 30~40명에 달하는 폐단이 있자, 품계별로 수종의 수를 정하다.

3. 4. 거둥 시 신하들의 시위(侍衛) 차례를 정하다.

3. 27. 형조판서 홍여방이, 저화 유통을 위해 매매 시 면포 사용을 금지하니 이를 위반하는 이들이 많다고 계(啓)하다.

4. 12. 길재의 졸기. 임금이 부의로 백미·콩·종이를 내리다.

4. 16. 상왕이 어깨가 아프다고 하니, 유정현·이명덕 등이 온천에 갈 것을 청하다.

4. 17. 좌의정 박은이 평산 온천에 갈 것을 청하

니 상왕이 받아들이다.

4. 20. 잡과(雜科) 방목(榜目)을 발표하다. 홍패를 주고 술과 과일을 먹이다.

5. 7. 충청 비인현에 왜적이 침입해 노략질하다.

5. 9. 상왕이 왕에게, 이직과 이숙번의 죄는 가히 심하지 않고 황희의 죄는 더욱 가볍다고 하다.

5. 12. 상왕이, 대비의 몸이 피골뿐이어서 생명이 오래지 않을 듯하여 양녕을 멀리 내보내지 못한다고 하다.

5. 13. 황해 감사가, 왜선들이 해주 연평곶에 몰려가 노략질을 했다고 보고하다. 이에 상왕이, 박은·이원·조말생 등을 불러 대마도 공격을 의논하다.

5. 14. 상왕이, 왕과 유정현·박은·이원·허조를 불러 대마도 공격 문제를 의논하다. 이에 모두들 적이 돌아오는 것을 기다려 치는 것이 좋다는 입장을 보였는데, 조말생만 허술한 틈을 노려 쳐야 한다며 상왕의 뜻에 부응하다. 상왕이 대마도 공격을 결정하고 이종무를 3군도체찰사로 삼고 3도 병선 200척을 편성하다.

5. 18. 상왕과 함께 두모포에 거둥해 이종무 등 장수들을 전송하다.

6. 4. 각 도에 있는 왜인들을 억류해 관청에 분치하라 명하다. 경상도에 355명, 충청도에 203명, 강원도에 33명을 분치하다.

6. 7. 변계량이, 가뭄이 심하니 하늘에 제사를 지내자고 청하다. 이에 제후가 하늘에 제사함은 옳지 않다는 뜻을 보였으나 변계량이 거듭 주장하자 받아들여 택일을 명하다.

6. 9. 상왕이 대마도 정벌에 대한 포고를 내리다.

6. 17. 낙천정에 나아가 상왕에게 잔치를 베풀다. 양녕과 효령도 참석하다.

6. 17. 이종무가 거제에서 바다로 나갔다가 바람이 세서 돌아오다.

• 병선 227척, 총인원 17,285명, 65일치 양식을 준비

하였다.

6. 20. 대마도에 도착해 성과를 올리다.

6. 21. 허조가, 백성이 고을 수령의 범죄를 고하지 못하게 하는 법의 제정을 청하자 의견이 분분하다. 이수 홀로 백성이 탐관오리의 잘못을 고해 하소연하지 못하면 그 해가 백성에게 미칠 것이라 주장하다.

6. 29. 유정현의 종사관이 승전을 고하다.

6. 29. 상륙하여 적을 토벌하려다 역공을 당해 많은 수의 병사가 전사하다.

7. 3. 이종무가 수군을 이끌고 거제도로 귀환하다.

7. 5. 황해감사가, 중국에서 돌아오는 왜선 수십 척이 출현했다는 급보를 알리다.

7. 7. 이종무 이하 장수들을 승진시키는 한편, 재차 출정해 바다에서 대마도 왜적을 치게 하다.

7. 9. 출정하지 말아야 한다는 의견과 예정대로 출정해야 한다는 의견이 맞서다.

7. 11. 대비의 생일잔치에 양녕도 참석하다.

7. 12. 천추사 김청이 중국 측의 왜적 토벌 소식을 가져오다. 이에 상왕이, 대마도 재토벌을 중지하게 하고 전라도·경상도의 요해처에서 적을 기다렸다가 공격하라 이르다.

7. 17. 대마도 정벌에서 먼저 돌아와 정벌군의 비리를 말한 장온을 의금부에 가두어 국문하게 하다.

8. 5. 대마도에서 구출한 중국인 송관동이, 이번 싸움에서 왜인은 20여 명이 죽었지만, 조선 사람은 100여 명이 죽었다고 진술하다.

8. 16. 의금부 제조 변계량 등이, 패전한 박실뿐만 아니라 구원에 나서지 않은 이종무·유습 등을 국문하여야 한다고 상소하다.

8. 18. 상왕이, 박실을 석방하라 이르다.

8. 22. 우정언 이견기가 이종무 등을 치죄할 것을 상왕께 청하려 했으나 허락하지 않다.

9. 1. 사헌부 장령 정연 등이 이종무 등의 처벌

을 청했으나 허락지 않다.

9.4. 왕이 매일 창덕궁에서 수강궁까지 걸어가서 국가의 대사와 군무를 아뢰다. 이때 사관도 시종하게 할 것을 청하였으나 윤허하지 않다.

9.11. 분치해 두었던 왜인들을 노비로 삼다.

9.18. 상왕이 서강에 행차해 노상왕을 문병하다.

9.19. 경연에서 윤회에게, 《고려사》를 읽어 보았더니 사실과 다른 곳이 많았다며 개수해야 한다는 뜻을 밝히다.

9.20. 유관·변계량에게 《고려사》 개수를 명하다.

9.20. 대마도 수호가 항복을 빌다.

9.21. 대마도의 항복을 받는 문제와 왜관을 짓는 등의 문제를 의논하다. 이에 허조가 도성밖에 왜관을 지어 왜인이 도성 안에 들어오지 못하게 해야 한다는 의견을 내다.

9.23. 상왕이 수강궁에 승문고를 설치하다.

• 병사들의 고충을 듣기 위한 신문고.

9.25. 병조가 왜적 방어와 관련해 각 도의 군기 및 병선의 점검에 대해 아뢰다.

9.26. 노상왕이 인덕궁 정침에서 훙서하다. 향년 63세.

9.26. 소복(素服)·오대(烏帶)·청양산(靑陽傘)·청선(靑扇)의 차림으로 인덕궁에 가서 4배하고 곡을 하다.

9.27. 예조와 의례상정소에서 복제를 의논해 아뢰다.

10.9. 정종의 소상에 상왕은 의례대로 제사를 지내고, 임금은 길복(吉服)으로 돌아가다.

10.21. 정종의 대상.

10.23. 담제(禫祭)를 섭행한 후, 상왕과 백관 모두 길복으로 바꿔 입다.

10.26. 대마도 재정벌 계획으로 하삼도 군사들 중 상당수가 유민이 되어 떠돌다. 이에 대마도의 항복을 들어 재정벌 계획을 보류하는 한편 대마도를 향해 강력한 경고를 보내다.

11.1. 이종무·이적·서성을 하옥시키다.

• 이종무의 죄는 패전이 아니라 불충한 김훈을 추천해 데리고 간 것에 두었다.

11.14. 김훈·노이의 가산을 적몰해 관노로 만들고 이종무·서성은 자원부처하다.

11.18. 유정현과 대사헌 신상 등이 이종무 등의 죄를 청했으나 윤허하지 않다.

11.22. 유정현·신상·허조 등이 이종무의 사형을 청했으나 상왕이 거부하다.

12.2. 대행상왕의 시호는 온인공용순효대왕으로, 능호는 후릉이라 올리다.

12.7. 경녕군 이비가 황제의 각별한 총애를 받고 돌아오다.

• 경녕군이 받은 하사품은 기린·사자·복록·그림 5축을 비롯해, 어제 서문이 붙은 《신수성리대전》·《사서오경대전》·황금 100냥·백금 500냥·각종 비단류·말 12필·양 500마리 등이었다. 동물 중에서 복록은 당나귀와 유사하게 생겼는데 사람들이 이름을 알지 못하므로 황제가 스스로 복록이라는 이름을 지었다고 한다.

12.11. 불충죄를 범한 자의 자손과 평민과의 결혼을 허하다.

12.16. 병조에서, 선군(船軍)은 고생이 커서 무예에 출중하고 부유한 자는 모두 빠지고 용렬하고 재주 없는 사람만으로 꾸려진다며, 연해 각 관의 시위 별패 중에서 무재가 있는 이를 뽑아 선군이 되게 할 것을 청하다.

12.19. 정종 발인.

12.20. 광주목사가, 양녕이 남의 첩을 빼앗으려 한다고 보고하다. 이에 상왕이, 다시는 대면하지 않겠다고 하다.

12.23. 오랑합 천호 7명에게 음식을 접대하게 하다.

12.28. 상왕이, 양녕이 남의 첩을 빼앗으려 할 때 동행한 두 사환을 크게 징계하라 명하다.

세종 2년(1420)

1.2. 상왕이 무악 명당에 100칸 이내로 궁을 짓도록 하다.

1.3. 상왕이 낙천정에 행차하려 하다. 임금이 오늘은 대행상왕의 장례이므로 납시지 않는 게 옳다고 만류하자, 상왕이 깜박 잊었다며 받아들이다.

1.4. 은병(銀甁) 같은 것이 동북쪽에서 일어나 서남쪽으로 들어가면서 우레 같은 소리를 내다. 담당 관원인 위사옥이 이를 몰랐으므로 옥에 가두어 다스리다.

1.10. 3군진무를 각 도에 보내 군기를 검열하다.

1.13. 상왕이 대모산에 행차해 수릉을 살펴보다.

1.17. 대비가 민제의 집에 가서 영당에 제사 지내고 송 씨에게 헌수하다.

1.20. 상왕이, 우균 등의 죄를 왕을 거치지 않고 자신에게 고한 사헌부를 질책하다.

1.25. 하연·한확을 북경에 보내 금은을 바치는 것을 면해 줄 것을 요청하는 표문을 올리다.

윤1.9. 나라에 쓰는 물건은 모두 저화로 사고팔도록 하다.

2.19. 대비가, 낙천정에서 풍양에 새로 지은 이궁으로 이어하다.

2.25. 상왕도 풍양 신궁으로 이어하다.

3.10. 상왕이 다시 낙천정으로 이어하다. 양녕을 이천의 새 집으로 옮겨 안치하다.

3.14. 상왕이 이천현감에게 명해, 농사에 종사할 일꾼 남녀 각 5명과 농기구를 양녕에게 주도록 하다.

3.16. 집현전의 인원을 정하고 관원을 임명하다.

3.17. 집현전에 적당 수의 노비를 두게 하다.

3.18. 인정전에서 33명에게 복시(覆試)를 실시하다.

3.19. 경상도·전라도·충청도의 수군도절제사를 해임하고 병마도절제사로 하여금 직임을 겸임케 하다.

3.19. 상주문에 날짜를 적지 않은 것을 두고, 노왕은 자신을 지성으로 섬겼는데 작은 왕은 마음을 쓰지 않는다며 황제가 질타하다.

3.20. 신장·허조를 포함해 상주문 관련자를 하옥하다.

3.21. 동교에 거둥해 무과 28명에게 복시를 실시하다.

3.22. 문무과 합격자에게 관직을 내리다.

3.28. 양녕에게 곡식의 종자를 주도록 하다.

4.6. 효령대군 이보를 보내 벽제역에서 사신을 영접하게 하다.

4.8. 태평관 문밖에 채붕(綵棚)을 만들다. 임금이 면복 차림으로 백관을 거느리고 모화루에 나아가 사신을 영접하다.

4.21. 사헌부 지평 허척이, 가뭄을 이유로 상왕의 거둥을 제지할 것을 아뢰다.

• 행차하기 위해 이미 말 위에 올랐던 상왕이, 왕의 신하가 그렇게 말을 하면, 자신의 밑에 있는 신하는 정언을 하지 않는 간신인 것이냐며 격노했다.

4.23. 상왕이, 거둥을 제지한 홍여방·송인산·허척을 국문할 것을 명하다.

4.26. 홍여방·허척 등을 먼 곳에 유배하다.

5.6. 한확·하연이 북경에서 돌아오다. 황제가 한확을 매일 불러 황엄과 같이 궁중에서 밥을 먹게 했다고 하다.

5.11. 소와 말의 도살을 엄금하고 고발자에게는 피고발자의 재산 중에서 저화 200장을 상금으로 내리기로 하다.

5.13. 상왕이 왕을 불러 마전포에서 고기잡이를 구경하다. 낙천정으로 돌아가서는 효령대군·경녕군 이비 등과 함께 식사하다.

5.15. 양녕대군을 낙천정으로 부르다.

5.21. 상왕과 왕이 풍양 이궁 북편 산에서 사냥을 구경하다. 왕이 활로 노루를 잡다.

6.5. 상왕이 이종무 등을 용서해 서울 밖에서 살게 하다.

6. 6. 양녕·효령과 함께 대비를 모시고 개경사에 가서 피병(避病)하다.

• 밤 3경에, 시위대도 없이 환관·시녀·내노 등만 데리고 갔다.

6. 10. 양녕·효령과 함께 대비를 모시고 오부의 집을 찾다 길을 잃고 최전의 집에 머물다.

• 이때 도가(道家)의 중 해순으로 하여금 둔갑술을 행하게 하기도 하고 기도를 하게 하기도 하였으나 병이 낫지 않았다.

6. 11. 도류 승 14인을 모아 도지정근(桃枝精勤)을 베풀다.

6. 12. 복숭아 가지를 들고 지성으로 기도를 행하다.

6. 14. 대비의 뜻을 따라, 무당을 시켜 성신에 제사를 지내다.

6. 19. 상왕이 피병소에 나아가 대비의 병환을 보다. 임금이 대비를 모시고 풍양 이궁으로 돌아왔는데 병이 다시 중해지다.

6. 21. 두 대군, 두 공주와 함께 밤에 대비를 모시고 풀밭으로 행차하다.

7. 2. 상왕이, 나라를 오래 비워 둘 수 없다며 주상은 창덕궁으로 돌아오게 하고 대비는 창덕궁 곁 청정한 곳으로 옮기게 하다.

7. 10. 대비가 훙하다. 이에 머리 풀고 발 벗고 부르짖으며 통곡하였는데, 이미 음식을 들지 않은지 오래서 상왕이 울며 미음을 권하다.

7. 11. 13일 만에 복을 벗는 상제를 지킬 수 없다며, 산릉 후에 최질(衰絰)을 벗겠다고 하다.

• 임금이 대비의 능침 곁에 절을 세울 뜻을 보였으나, 신하들은 물론 상왕도 강력히 반대했다.

7. 12. 상왕이 조말생을 보내, 이일역월제(以日易月制)를 따라 상복을 벗을 것을 거듭 권했으나, 거부의 뜻을 완강하게 보이자 상왕이 허락하다.

7. 17. 대비의 능에 절과 원묘를 두는 문제로 논란이 일다.

7. 18. 대비의 모 송 씨가 빈전에 잔을 올리다.

7. 22. 백관이 최복을 벗었으나 임금은 벗지 않다. 이에 대언과 궁중의 급사자도 복을 벗지 않다.

7. 29. 중문 밖에 나아가 최복을 벗고 백의로 풍양궁에 이르러 상왕에게 문안하다.

8. 5. 호조에서, 시장 물가가 공평하지 않으니 경시서를 시켜 3달에 한 번씩 시장 물가를 개정하게 하고 그래도 법을 문란하게 하는 자는 규찰해 처리할 것을 청하니 따르다.

8. 15. 양녕이 객지에서 돌아와 남의 밭을 빼앗아 경작한다 하자 그 밭을 그대로 양녕에게 주라 명하다.

8. 25. 예조에서, 왕대비의 시호를 원경왕태후라 올리고 능호는 헌이라 하기를 청하니 따르다.

9. 10. 예조에서, 재궁(梓宮)이 산릉에 나갈 때 의정부 당상 1인과 사인(舍人) 1인, 6조 당상 각 1인, 낭청 각 1인, 그 밖의 제사(諸司)에 각 2인씩만 남기고 모두 호종케 할 것을 청하니 따르다.

9. 13. 허조가, 종사의 안위나 불법 살인과 관련한 것이 아니면 아랫사람이 윗사람을 고발하지 못하게 할 것을 청하니 따르다.

9. 13. 예조에서, 발인·노제·천전제사 및 반혼·우제·졸곡제 지내는 의식 등을 아뢰다.

9. 14. 윤회를 불러 술 마시기 좋아하는 것을 책망하다.

9. 16. 산릉 만드는 법에 대한 기록.

9. 17. 재궁을 만들어 현궁(玄宮)에 하관하다.

9. 18. 상왕이 강력하게 상복 벗기를 권하자 상복을 벗다.

9. 24. 비로소 편전에서 정사를 보다.

9. 29. 상왕이, 이종무의 고신을 돌려주라 명하다.

10. 11. 상왕이 이명덕과 원숙을 불러, 자신에게 무례를 범한 시녀와 분에 못 이겨 공비(세종 비)의 옷을 찢은 시녀의 일을 말하며 징계토록 하다.

10. 12. 산릉을 조성하다 죽은 군인들에게 쌀과 콩을 주어 상을 치르게 하다.

11. 1. 대마도 왜인의 무례함을 다스릴 방법을 논하다.

11. 3. 조말생과 허조가 대마도 사자들을 만나 무례를 질책하고 다시 정벌할 뜻이 있음을 전하다.

12. 1. 초하루 제사를 올리고 비로소 육찬을 들다.

12. 28. 전라도 관찰사가, 코끼리는 유익한 점은 없고 기르는 일에 도내 백성의 괴로움이 크다며 충청과 경상까지 아울러 돌아가며 키우게 해 달라 청하다. 이에 상왕이 수용하다.

세종 3년(1421)

1. 1. 풍양 이궁에서 상왕·왕·종친·2품관 이상이 모여 함께 설을 축하하다.

1. 12. 집현전 직제학 신장과 김자에게 명해, 원자에게 《소학》을 가르치게 하다.

• 이때 원자는 여덟 살로, 부지런하고 스승을 높일 줄 알며, 장난이나 희롱하기를 좋아하지 않았다고 한다.

1. 16. 궤장을 받은 84세의 성석린이 감사의 표전을 지어 올리다.

1. 17. 송 씨가, 노비를 보내 민무구·민무질의 유해를 거두어 오게 하니, 제주 안무사에 명해 배와 양식을 대 주게 하다.

2. 18. 상왕에 대해 불순한 말을 한 임군례를 저자에서 거열형에 처하다.

3. 9. 이방간이 홍주에서 병으로 죽다.

3. 14. 연화방 동구에 이궁을 건축할 것을 명하다.

3. 14. 충청도 관찰사가, 공주에서 코끼리를 기르던 종이 죽었다며 이익은 없고 먹는 것은 많은 코끼리를 섬 가운데 목장으로 보낼 것을 청하자, 상왕이 물과 풀이 좋은 곳을 가려 내보내되 죽게 하지는 말라 이르다.

3. 24. 동판을 잘 주조한 주자소에 술 120병을 내리고 《자치통감강목》을 인쇄하라 명하다.

3. 26. 중앙과 지방에서 서적을 사들이라 명하다.

3. 28. 군사 훈련 명을 거행하지 않은 정인지·구강·이영을 하옥하다.

4. 8. 의원이 공부에 힘쓰지 않는 것을 염려하여, 전 직장 이효지 등 두어 사람에게 명해 궁중에서 의서를 읽게 하다.

4. 12. 예조에서, 대신에게 제사를 드리는 치제(致祭) 의식과 시호를 내리는 책증(策贈) 의식을 마련해 올리다.

4. 16. 공조에서, 진상하는 그릇의 밑바닥에 만든 장인의 이름을 써 넣게 할 것을 건의하자 따르다.

4. 18. 상왕이 이천 온천에 가다. 임금도 따라나서다.

4. 26. 양녕에게 매일 한 덩이씩, 5월부터 7월까지 얼음을 내어 주게 하다.

4. 28. 병조에서 취각령 보완 내용을 아뢰다.

5. 4. 연화방의 신궁이 낙성되어 상왕을 모시고 신궁에 들다.

5. 18. 상왕을 모시고 낙천정에 거둥하여 오위의 진을 열병하다. 이에 앞서 상왕이 변계량에게 옛 제도를 상고해 진법을 이룩하게 하자 5진법을 만들어 올리다.

5. 20. 변계량의 진법 《진설》 중 마땅치 않은 부분에 대해 문제를 제기하고 변계량의 의견을 묻다.

6. 1. 예조에서, 대열(大閱)의 상세한 의식과 절차를 건의하다.

6. 9. 형조에서, 상인이 왜관을 출입할 시 엄한 벌을 가하게 할 것을 청하자 따르다.

7. 2. 사간원에서, 도첩제를 강력하게 시행할 것과 승려의 도성 출입 제한 등 불교 억제책을 건의했으나 따르지 않다.

7. 9. 병조에서 진법과 그 운용에 관한 상소문을 올리다.

• 행진법·결진법 등이 상세히 서술되어 있다.

7. 20. 배를 잘 만드는 왜인 둘에게 집과 양식, 노비 2명씩을 주다.

8. 12. 병조에서, 각 도의 군사를 5위(중위·전위·좌위·우위·후위)에 나누어 예속하도록 청하니 따르다.

8. 18. 공조에서, 시중의 저울이 부정확하니 교정할 것을 건의하자 표준 저울을 더 많이 만들어 경시서에 두도록 하다.

8. 28. 좌의정 박은이 소를 올려 선위 때의 일을 거론하며 조말생을 공신으로 삼을 것을 청하다. 이에 상왕이 한 푼 가치도 없는 말이라며, 당시 큰 논의를 결정한 것은 다 자신의 마음에서 나온 것이라 하다.

9. 7. 의정부에서 상왕의 휘호를 올려 태상으로 할 것을 청하다.

9. 12. 상왕을 성덕신공태상왕이라 존숭하는 의식을 치르다.

10. 7. 판사역원사 정교에게 말 500필 등을 요동으로 몰고 가게 하다.

• 이후 적게는 300필에서 많게는 700필씩 20차례 가까이 계속되었다.

10. 27. 인정전에서 원자 이향을 왕세자로 책봉하고 책문을 내리다. 세자가 책(冊)을 받을 때에, 주선하고 진퇴하는 동작이 다 예에 맞으니 신하들이 모두 탄복하다.

11. 3. 예조에 명해, 공정대왕을 종묘에 합사하게 하다.

11. 7. 김한로를 자신이 원하는 곳에 안치하게 하다.

11. 7. 태상왕이, 남은과 이제를 태조 배향공신으로 추가할 것에 대해 의견을 묻자, 공으로 죄를 가릴 수 없다며 변계량이 반대하다.

11. 9. 태상왕이, 남은과 이제에게 공신의 시호를 줄 것을 명하다.

11. 19. 동지이므로, 백관들이 조복 차림으로 중국을 향해 망궐례를 행하다.

11. 25. 신궁 안뜰에서 태상왕과 격구를 하다.

• 이듬해 봄까지 효령대군 등 종친들을 불러 자주 격구를 했다.

12. 3. 좌의정 박은이 병으로 사직하다.

12. 7. 이원을 좌의정으로, 정탁을 우의정으로 삼다.

12. 25. 세자가 성균관 입학식을 치르다.

12. 25. 이거이의 아들들에게 고신을 돌려주라 이르다.

세종 4년(1422)

1. 1. 일식이 있자, 인정전 월대에 나아가 백관들과 함께 소복을 입고 해가 다시 나오기를 비는 의식을 행하다. 해가 나오자 해를 향해 4배를 행하다.

• 일식 시간을 1각 앞당겨 계산한 술자(術者) 이천봉에게 곤장을 쳤다.

1. 6. 배향공신의 위차를 정하다.

1. 6. 태상왕이 이직의 딸과 이운로의 딸을 맞아들이다.

• 둘 다 과부였다.

2. 3. 성균관과 사부 학당의 학관·학생에게 술과 어육을 내리다.

2. 12. 남원에 있는 황희를 돌아오게 하다.

2. 16. 이조의 건의에 따라 왕녀의 호칭을 공주로 하기로 하다.

2. 20. 황희가 돌아오니 직첩을 돌려주라 명하다.

3. 4. 대궐 안에서 칠기 대신 놋그릇을 사용하도록 하다.

3. 9. 두 임금이 우봉·임강 등지에서 무예를 연습하다.

3. 18. 황희의 과전을 돌려주다.

3. 21. 천달방의 신궁(新宮)이 이루어지다. 태상왕이 가서 구경하고 유숙하다.

4. 26. 양녕대군을 불러 부왕을 간호하게 하다.

4. 29. 종묘와 소격전에 기도를 드리다.

5. 3. 궁의 수비를 강화하고 사람들의 출입을 삼가다.

5. 4. 흥천사·승가사·개경사에서 관음법회를 열고 도성의 방비와 궁의 호위를 강화하다.

5. 8. 태상왕을 모시고 연화방 신궁으로 옮기다.

5. 9. 박은의 졸기.

5. 10. 태상왕이 연화방 신궁에서 56세를 일기로 훙서하다. 졸곡 때까지 혼인·도살을 금하고 정사는 10일간, 시장은 5일간 정지하다.

5. 13. 이일역월제를 사용하려 하니 졸곡 때까지 최복을 입겠다고 하다.

6. 1. 의정부·6조·대사헌이 양녕을 외방으로 보낼 것을 청하다.

6. 6. 의정부와 6조가 거듭해서 양녕을 외방으로 보낼 것을 청하다.

6. 7. 양녕이 이천으로 돌아가다.

6. 8. 사헌부에서, 김한로가 있는 곳이 양녕이 있는 곳과 가깝다며 양녕을 더 멀리 보낼 것을 요구했으나 재론하지 말라 이르다.

6. 16. 최복 차림으로 여막에서 정사를 보다.

7. 8. 형조에서, 사정 김인달이 사사로이 빈전에 있는 동유 한 그릇을 양녕에게 주었으니 법에 의거해 치죄할 것을 청하다. 이에 김인달의 직첩을 빼앗고 관노로 삼다.

9. 6. 태상왕을 산릉에 장사 지내다.

9. 18. 광효전에서 졸곡제를 거행하다.

10. 2. 올량합 200여 인이 경원부에 침입하자 첨절제사 전시귀가 군사를 거느리고 나아가 내쫓다.

10. 3. 경복궁으로 옮겨 가다.

10. 11. 민무구·민무회 딸들의 혼인을 허용하다.
• 단 벼슬을 하지 않은 사람에 한정했다.

10. 13. 저화를 사용하지 않고 베와 쌀을 사용하는 자를 중죄로 다스리게 하다.

10. 16. 형조에서, 사형에 관계되는 일은 수령이 단독으로 추국하지 말고 감사가 선정한 인근의 다른 수령과 함께 하도록 할 것을 청하니 따르다.

10. 22. 호조의 청에 따라 저화 가치를 조정하다.
• 저화 가치를 3분의 1로 떨어뜨렸다.

10. 22. 양녕이, 이웃에 좋은 개가 있다는 말을 듣고 몰래 가져오게 하다.

10. 29. 주자소에 명해, 글자 모양을 고쳐 만들어 책을 박게 하고 변계량에게 발문을 지으라 하다. 변계량이, 새 활자를 만든 과정과 문화 융성을 찬양하는 발문을 짓다.

11. 1. 태종의 유교를 들어 육선 들기를 청하다.
• 태종이, 주상(세종)은 고기가 없으면 수라를 들지 못하니 자신이 죽은 후 권도를 따라 상제를 마치게 하라는 유교를 한 적이 있다.

11. 4. 의금부에서, 국상 중 기생과 간음한 흥천현감 이익박을 형률에 따라 장 90대를 칠 것을 청하니 따르다.

11. 13. 일본 구주도원수가, 자국 황태후의 명으로 토산물을 바치고 《대장경》을 청하다.

11. 14. 대사헌 원숙이 양녕을 벌주기를 청하다.

11. 14. 이원이, 정부와 6조의 당상관에 문신만을 쓰는 것은 타당하지 않다며 무신을 뽑아 교차(交差)시키기를 청하자 쾌히 수용하다.

11. 16. 일본 왕과 모후가 중 규주 등을 보내 《대장경》을 청하다.

11. 24. 대간이 양녕을 탄핵하자, 형제임을 내세우며 단호히 물리치다.

11. 26. 가벼운 죄는 즉시 결단하여 내보내고, 중한 죄를 지은 자도 감옥에서 굶주림과 추위에 이르게 하지 말라 이르다.
• 죄수를 오랫동안 가두어 둠으로써 생기는 폐단을 막기 위한 조치이다.

11. 30. 대사헌 윤숙이, 양녕과 통한 김한로를 국문하고 치죄할 것을 청하다.

12. 4. 양녕과 김한로에 대한 치죄 요구가 빗발

치자, 유정현의 건의에 따라 김한로를 양녕과 떼어 두겠다며 장소를 추천하라 하다.

12. 19. 올량합이 쳐들어왔으나 지여연군사 이안길이 물리치다.

12. 24. 김안로를 연기에 옮겨 안치하다.

12. 29. 새로 만든 저울을 표준으로 삼고 예전의 저울은 쓰지 못하게 하다.

세종 5년(1423)

1. 4. 유구국 사신을 칭하는 이가 토산물을 올리려 했으나, 서계(書契)와 도서(圖書)가 유구국의 것이 아니어서 받지 않다.

1. 12. 창녕부원군 성석린의 졸기.

1. 16. 흉년을 당해 잠정적으로 저화 사용을 단속하지 않기로 하자 백성이 크게 기뻐하다.

1. 22. 향후 성절(聖節)·천추(千秋)·정조(正朝)의 표전(表箋)은 사신이 떠나기 약 30일 전에 지어 승문원에 보내도록 하라 명하다.

1. 24. 사형은 3년 후에 시행토록 하다.

1. 27. 향교와 학당에서 총명한 이를 골라 사역원에 보내 몽학(몽고어)을 배우게 하다.

1. 28. 금과 은의 채취를 금하다.

2. 1. 사헌부 장령 이숙치 등이 양녕을 탄핵하다.

• 태종의 장사(葬事)를 치른 지 얼마 지나지 않은 상황에서 사냥한 죄를 물었다.

2. 4. 악공이 상시로 익혀야 할 금·슬·대쟁·봉소 등은 아악서·전악서에 나눠 주어 상시로 익히게 하라 명하다.

2. 10. 당의 〈선명력〉과 원의 〈수시력〉 등 역서의 차이점을 교정한 후 서운관에 내려 간수하게 하다.

2. 12. 사헌부에서, 예문대교 양봉래가 조회에서 코를 골고 침을 흘려 불경을 범했다며 죄줄 것을 청했으나 용서하다.

2. 15. 우사간 박관 등이, 태종을 장사 지낸 지

얼마 되지 않았는데 남의 개를 빼앗아 사냥을 했다며 양녕을 탄핵하다.

2. 16. 문무관 2품 이상이 양녕의 죄를 열거하며 치죄를 청하다.

2. 23. 모든 부녀(婦女)들은 특지(特旨)로 교자(轎子)를 타는 것 외에는 말을 타고 궐문 출입하는 것을 금하다.

2. 25. 양녕에게 지급하는 방식을 녹봉 과전에서 월봉으로 바꾸다. 또 거느리는 노비 숫자를 정하게 하고, 잡인으로 하여금 사적으로 통하지 못하게 하다.

2. 26. 대궐에 불러들이는 사람은 '승정원(承政院)'이라는 글자가 새겨진 아패(牙牌)를 사용케 하다.

3. 4. 전옥서에 교지를 내려, 죄수들 중 병이 있는 자는 활인원으로 옮겨 치료하게 하다.

3. 11. 양녕이 사사로이 사람을 만나는 것을 금하게 하고, 거처를 청주로 옮기게 하다.

• 세종의 조치를 들은 양녕은 차라리 가노와 함께 도망쳐 살겠다며 불만을 토로했다. 이에 세종은 그가 도망치더라도 예로 대하라 이르며 형을 옹호하는 모습을 보였다. 하지만 자신이 형을 보호해 주고 있는데도 양녕이 멋대로 구는 것에 대해 "내가 베푸는 은혜는 생각지 아니하고, 양녕이 이런 일을 하고자 하는 것은 과연 무슨 마음인가." 불편한 심기를 드러내기도 했다.

3. 13. 양녕을 청주로 옮기는 것과 관련하여 전지하다. 문을 지키지는 말되, 사사로이 출입하는 자가 있으면 보고하라고 청주목사에게 이르다.

3. 17. 제생원 의녀 중에서 젊고 총명한 3~4인을 뽑아 가르쳐 문리를 통하게 하라 이르다.

3. 28. 경복궁 근정전에 나아가 친히 문과 과제를 내다.

4. 1. 양녕의 처소에 해마다 쌀과 밀을 내려 주게 하다.

4. 4. 젖소를 사서 날마다 우유를 받아 양녕에

게 주라 이르다.

5. 15. 예조에서 잡과를 보다.

6. 1. 각 도에 공문을 내어 메밀을 기르게 하면서, 《농상집요》·《사시찬요》 등에 의거해 경작할 것을 권하다.

6. 2. 환관의 출납 폐단을 승정원에 전지하다.

6. 5. 이조에서, 지방 관리의 출척·임기 등에 대해 계하다.

6. 8. 공조참판 황상이, 수령을 걸어 소송하는 것을 금하지 말게 할 것을 청하자, 이조판서 허조가 반대하다.

6. 20. 삼한국대부인 송 씨 집에 문병을 가다.
- 송 씨는 세종의 외조모이다.

6. 24. 《고려사》의 내용이 《강목》에 비해 너무 소략하다며 이는 사관 한 사람이 일을 기록해서 그런 것이라 하다. 신장·김상직·어변갑·정인지·유상지에게 춘추를 겸직시키다.

7. 3. 중국의 사대부들은 황제를 알현할 때 머리를 숙이고 땅에 엎드리는 예절이 없다고 들었다 하자, 허조가 중국의 예를 다 따를 필요는 없다고 말하다.

7. 3. 관리에게 명해, 주·군을 조사해 다니며 수령의 탐오하고 가혹한 형벌을 적발해 다시 등용하지 않도록 하라고 하교하다.

8. 1. 통사 김언용이 북경에서 돌아와, 중국에서 달달 지역 정벌을 위해 말 1만 필을 빌린다고 하자 관마색을 설치하다.

8. 2. 허조가, 말 2만 필을 잃는 것은 기병 2만 명을 잃는 것과 같다며 5천 필로 줄여야 한다고 건의하다.
- 지난해 1만 필에 이어, 지금 또 1만 필을 요구한 것까지 합한 수치다.

8. 4. 중국에 보낼 말을 도별로 할당하였는데, 모두 10,400필이다.

8. 18. 이향을 세자로 삼는 것을 윤허한다는 중국 황제의 칙서를 받다.

8. 19. 중국에 보낼 화자 30인을 뽑다.

8. 22. 세자가 태평관에서 사신과 연회를 갖다. 열 살에 불과한데 거동이 예에 맞지 않는 것이 없어 사신이 칭찬해 마지않다.

9. 3. 사신 해수가 각지에서 뽑은 화자를 돌려보내다.

9. 5. 다시 화자 17인을 보내니 14명을 가려 받다.

9. 16. 호조에서, 거듭된 흉년으로 의창의 곡식만으로는 백성을 구휼하는 것도 모자라다며, 군국을 위한 국고의 곡식이 줄어들게 되어 염려스럽다는 의견을 올리다.

9. 27. 사신 해수가 돌아가다가 변방에서 행패를 부리다.

10. 2. 압마관 김을현이, 지난 9월 20일에 말 700필을 끌고 갔는데, 중국 쪽에서 158필은 늙고 병들었다며 거부하고 542필만 받아갔다는 보고를 하다.

10. 3. 찰방을 각 도에 파견하다. 여러 주현에 가서 염탐하고 촌락의 여염집들을 출입하며 수령의 비리를 수집하라 이르다.

10. 8. 병조에서, 재인(才人)과 화척(禾尺)은 본시 양인이라며 백정(白丁)이라 칭하게 하고 평민과 서로 혼인하여 섞여 살게 할 것을 청하니 따르다.

10. 14. 요동도지휘사에게 자문을 보내다.
- 그간 거부당한 말이 720여 필이라며, 이같이 해서는 1만 필을 채우기 어려우니 황제에게 잘 말해 달라는 내용이다.

10. 16. 병조에서, 내금위·내시위 선발 기준에 대해 계하다.

11. 15. 이조에서, 산학박사는 율학과 더불어 무척 중요하다며, 이후 사족의 자제 중 지원자를 시험하여 등용하고 항상 산학을 연습하여 회계 사무를 전담케 할 것을 청하니 따르다.

11. 15. 예조에서, 풍수학 시험에서 수석한 이는 서운관에 서용케 할 것을 청하니 따르다.

12. 4. 충청·전라·경상의 관비 중에서 10~15세

의 영리한 여아 2명씩을 선발해 제생원으로 보내 의술을 배우게 한 후 다시 지방으로 내려보내게 하다.

12. 23. 임금의 총명과 통찰에 대한 기록.

• 책을 가까이함은 물론, 수많은 신하들의 이름·내력·가계 등 미세한 것까지 기억하는 비상한 기억력 등에 대해 기록했다.

12. 24. 춘추관 지관사 변계량 등이, 양조(兩朝)의 실록 편찬을 건의하자 따르다.

12. 29. 유관과 윤회에게 《고려사》 개수를 명하다.

• 《고려사》 개수 방향을 둘러싸고 논쟁이 있었다. 왕은 '조종'을 '왕'으로 '짐'을 '나'로 고친 것 등을 원래대로 되돌릴 것을 주장했고, 변계량은 참람한 표현은 고치는 게 옳다고 주장했다.

세종 6년(1424)

1. 2. 대장경판을 얻지 못하자, 일본국 사신이 단식을 하다.

1. 5. 올적합 등이 토산물을 바치자 의복·갓·신·면포 등을 주다.

1. 6. 박희중 등이 일본 사신을 훈계하며 먹을 것을 권하다.

1. 17. 일본 국왕에게 보내는 경판 수송을 위해 인근의 소와 말을 동원해 실어 보내게 하다.

1. 29. 영의정 유정현이 가혹한 고리대를 행하는 등 축재 행각을 벌이자, 효령대군이 유정현의 아들을 불러 꾸짖다.

2. 6. 태종의 배향공신으로 하륜·조영무·정탁·이천우·이래를 정하다.

2. 10. 대간의 반대를 무시하고, 양녕을 이천으로 돌아오게 하다.

2. 17. 병조참의 유연지 등이 말값을 가지고 요동에서 돌아오다.

3. 1. 덕흥사에 모여 공정대왕(恭靖大王)과 공정대왕(恭定大王) 두 임금의 《실록》을 편수하다.

• 《정종실록》과 《태종실록》을 의미한다.

3. 2. 경복궁으로 이어하다.

3. 14. 형조에서, 소나 말을 매매하여 도살한 자와 도둑질하여 도살한 자에 대한 형벌을 정해 아뢰다.

3. 23. 일본 사신의 청에 따라 중종(124근)과 대종(313근)을 주다.

4. 5. 예조에서, 조계·천태·총남 3종을 선종으로, 화엄·자은·중신·시흥 4종을 교종으로 하고, 전국에 36개 절만 남겨 양종에 분속시킬 것을 청하자 따르다.

4. 12. 시위를 자처한 이도을적에게 집 등을 주고 아내를 맞이하게 하다.

4. 17. 소나무를 육성하는 기술과 병선을 잘 유지하는 방법을 상세히 갖추어 아뢰라 이르다.

4. 17. 조원이라는 사람이 임금을 비방하였으나 놓아 주게 하다.

5. 6. 병조의 건의에 따라, 내시위를 혁파해 내금위에 통합하다.

5. 9. 겨드랑이 밑에 종기가 나다.

6. 10. 삼한국대부인 송 씨가 졸하다.

7. 8. 황제가, 좋은 처녀와 음식과 술에 능한 시비 몇 명을 요구하자 중외에 혼인을 금하고 진헌색을 설치하다.

7. 17. 귀화한 사람의 경우, 조세는 3년, 요역은 10년을 면제해 주다.

7. 22. 맹인 26인이, 거문고와 비파를 타는 것으로 생계를 이어왔는데 국상으로 인해 음악을 금해 살아가기 어렵다고 호소하자, 쌀 한 섬씩을 주라 명하다.

7. 22. 예조에서, 처녀를 데리고 갈 화자 10명을 선발할 것을 아뢰니 따르다.

7. 26. 사섬서 제조에서, 동전을 반포해 저화를 꺼리는 백성의 마음을 위로할 것을 청하다.

8. 4. 편전에서 처녀 28명을 뽑다.

• 이외에도 친히 뽑거나 지신사가 주도해 뽑은 기록이 여럿 있다.

8. 11. 윤회가 개수한 《고려사》를 올리다.

9. 1. 황제가 승하했다는 소식을 듣고 각 도에서 뽑은 처녀와 화자를 돌려보내다.

9. 4. 문무 대신을 거느리고 명나라를 향해 절하고 곡하다.

• 9월 5일과 6일에도 같은 일을 반복했고, 7일에는 네 번 절하고 곡을 한 후 상복을 벗었다.

9. 19. 경기도 연천·안협 등과, 강원도 김화·금성 등의 강무장을 혁파하고 백성이 농사를 짓도록 하다.

9. 29. 철원에서 사냥하다.

10. 17. 사신이, 중국에 뽑혀 갔던 한 씨 등 조선 출신 궁인들이 모두 황제에게 순사했음을 알리다.

• 영락제와 조선 출신 궁인들에 대한 상세한 이야기를 적고 있다.

10. 26. 최사의와 박강생의 딸을 후궁으로 들이다.

10. 26. 병조에서, 김화·금성·회양의 강무장을 그대로 둘 것을 청하니 따르다.

11. 1. 내정에서 종친 및 부마와 격구하고 연회를 갖다.

11. 2. 영돈녕 유정현·좌의정 이원·우의정 유관을 불러, 민제의 제사를 민무구의 아들 민추로 하여금 지내게 함이 어떤가 묻자 모두 동의하다. 이어 중궁이 모친의 집에 가 만나볼 수 있게 함이 어떤가 물었으나 모두 반대하다. 다시 중궁의 외조 안천보의 집에서 만나게 하는 것은 어떤지 묻자 그것은 가하다고 답하다.

• 강상인의 옥사 때 중궁의 아버지 심온이 주모자로 몰렸다. 이 사건으로 중궁의 어머니 안 씨도 관노비가 되었다가 후에 복작되었다.

11. 5. 집의 송인산 등이, 양녕과 김한로를 변방으로 내보낼 것을 청했는데 듣지 않다.

11. 11. 사헌부 감찰 정효충과 총제 허권이 길에서 우연히 마주쳤는데, 허권이 인사를 하지 않았다며 죄줄 것을 여러 대언이 청하였으나 따르지 않다.

11. 15. 대제학 변계량에게 지지(地志)와 주·부·군·현의 연혁을 편찬하게 하다.

11. 19. 공비가 외조인 안천보의 집에 거둥했다가 날이 저물어 환궁하다.

11. 29. 함길도 도절제사 하경복에게 유임을 바라는 글을 보내다.

12. 1. 이원·유관·변계량 등과 의논하는 자리에서, 부왕이 상왕으로 있던 시절의 국정은 다 상왕과 의논해 처리했으니 그 4년 동안의 사초는 모두 거두어 태종실록에 싣는 것이 어떤지를 묻다.

12. 9. 평안도 도절제사 최윤덕에게 더 머물러 있으라 유시하다.

12. 14. 군기판사 최해산에게 명해, 광연루에서 화포를 쏘게 하다.

세종 7년(1425)

1. 5. 세자비 간택을 서둘러 3명을 뽑고, 나머지는 혼인을 허용하라 이르다.

1. 29. 경상도와 전라도 백성의 고통을 조사하기 위해 찰방을 보내다.

2. 2. 좌사간 유계문 등이, 관리 고소 금지법의 폐지를 청하는 소를 올리다.

2. 8. 호조에서, 동전을 사용하지 않고 곡식이나 포를 사용하는 자는 강력히 처벌할 것을 청하다.

2. 21. 예조에서, 경외의 관원이 대전과 공비전에 바치는 물품은 '진상'이라 일컫고, 나머지 각 전에 올리는 것은 '공상'이라 할 것을 청하니 따르다.

3. 9. 철원·평강 등지에서 강무하다.

3. 9. 속전(贖錢)의 액수를 정하다.

3. 10. 연천·오봉산 등지에서 사냥하다.

3. 21. 군사들에게 격구를 가르치게 하고 격구장 30개를 훈련관에 내리다.

3.24. 수령 고소 금지법은 유지하되 찰방을 통해 탄핵받은 수령은 체임(遞任)하는 게 좋다고 하다.

3.29. 사주를 볼 줄 아는 변계량과 음양술수에 능한 유순도에게 세자의 배필을 고르도록 하다.

4.1. 병조에 전교하기를, 문밖에 거둥할 때 시위하는 군사들은 모두 철릭을 입도록 하다.

4.2. 예조에서, 여러 빈과 궁주들을 모두 전이라 부르는 것은 예도에 어긋난다며 궁으로 고쳐 부를 것을 청하니 따르다.

4.4. 형조의 건의에 따라, 급속히 전교를 전하는 경우를 제외하고는 성안에서 말을 달리지 못하게 하다.

4.15. 저화를 본격적으로 수거하기 시작하다.

4.19. 흥천사의 종을 남대문에 옮겨 달게 하다.

5.8. 돈이 저자에 널리 통용되었으나 백성이 즐겨 쓰지 않아 돈 가치가 날로 떨어지다.

5.9. 병조에서, 서자가 무과에 나가는 것은 불가하니, 춘추도목 시험만 허락할 것을 청하다.

5.12. 경기감사가, 남의 땅을 억지로 점령해 분묘를 쓰는 것을 허락하지 말 것을 청하니 따르다.

6.9. 이종무의 졸기.

6.11. 호조에서, 돈을 쓰지 않고 물건으로 교역하는 자는 경시서에 가둘 것을 청하니 따르다.

6.15. 의금부에 전지하여, 가벼운 죄수의 보석을 명하다.

• 죄수의 보석을 허락한 것은 가뭄을 근심하였기 때문이다. 천재에 대처하는 방식 중 하나였다.

6.16. 제향과 사신 접대 외에는 금주토록 하다.

6.16. 돈의 가치를 일률적으로 정하는 것은 부당하다며 민간 시세에 따르게 하다.

6.17. 9월부터 물물교환을 금하다.

6.19. 조회·정사·경연을 정지한 채 북교에서 비를 빌고 범의 머리를 한강에 집어넣다.

6.21. 무당들을 모아 동교에서 빌게 하고, 서울과 지방의 사람들도 이사(里社)에 나가 빌도록 하다.

6.23. 전국에 사면령을 내리다.

6.24. 사직단에서 기우제를 갖다. 유정현이 사직을 청하다.

6.25. 소격전에서 비를 빌고, 흥천사에 치성을 드리다.

6.26. 삼각산과 목멱산 등에 제사하다.

6.29. 종묘에 비를 빌다.

7.2. 선종·교종 양종과 명통사에 명해, 비가 올 때까지 기도하라 하다.

7.4. 4품 이상은 날마다 윤대하라 명하고, 좌우를 물리친 후 매일 한 사람씩 독대하다.

7.5. 원단에 기우제를 지내다.

7.6. 청의동자 60명과 도마뱀을 모아 광연루 앞에서 비를 빌다.

7.8. 비가 오다. 청의동자 60명에게 쌀 두 섬씩을 내리다.

7.19. 죄가 무거운지 가벼운지 불분명하면 가벼운 쪽을 적용하라 이르다.

7.23. 경미한 죄인은 보석해 놓고 문초하라 명하다.

7.30. 충청도·황해도·함경도·평안도·강원도에 찰방을 보내다.

윤7.19. 사신이 오자 세자가 하마연을 주관하다.

• 이때 사신이 세자를 보고는, "이 나라는 산수가 기절(奇絶)하여 이런 아름다운 인물이 난다."라고 찬미했다고 한다.

윤7.24. 병환이 심하자, 대신들이 종묘·사직·소격전·삼각산·백악산·목멱산·송악산 등에 기도하다.

8.7. 성안에 호랑이가 많아 3군진무와 호랑이 잡는 갑사 10명을 보내 잡게 하다.

8.14. 3군도진무에 문신을 교대로 임명키로 했는데, 맹사성을 첫 문신 도진무로 삼다.

8.18. 공·사 노비가 양인에게 시집가 낳은 자식은 양인으로 삼기로 하다.

• 단 결혼하기 전에 공노비는 관의, 사노비는 주인의 승낙을 받아야 한다.

8. 23. 가죽신과 쌀을 바꾸었다가 가혹한 법 적용으로 엄청난 벌금을 물게 되어 자살하는 사람이 있자, 법은 돈을 사용하라고 하기 위한 것이지 사람을 죽게 하려는 것이 아니라며 마음 아파하다.

8. 24. 동전 사용과 관련하여 변계량이, 오랜 시일을 두고 시행하면 자연히 널리 이루어질 것이라 아뢰다.

8. 26. 9월부터 시행하기로 했던 마되[斗升] 이하의 곡식·잡물의 매매 금지령을 폐지하자 백성이 모두 기뻐하다.

8. 26. 예조에서, 경기 남양에서 나는 돌을 캐 가지고 와서 석경을 만들어 볼 것을 청하니 따르다.

9. 2. 각 도의 무쇠 대장간을 대중소로 분별할 기준과 상납할 양을 정하다.

9. 28. 장군절제사 한확이 간통했다는 보고가 있자, 절제사를 교체하고 한확을 서울로 불러들이다. 헌사에서 죄를 청했으나 윤허하지 않다.

• 헌사에서 죄를 청했을 때, "이 사람은 내가 죄줄 수 없는 사람이다."라는 답을 했다.

10. 9. 허조가, 순장 등 중국의 풍속을 비판하다.

10. 15. 허조에게, 종묘제례 시 연주하는 음악의 문제점을 지적하며 맹사성과 더불어 의논하라 이르다.

10. 27. 이원 등이 중국에서 돌아와 인종 황제의 장례를 보고하다.

11. 2. 양녕에게 감자(柑子)를 내려 주다.

11. 27. 세자와 동교에 가서 방포(放砲)를 관람하다. 활로 쏜 것과 방포한 것 중 어느 것이 더 갑옷을 깊이 꿰뚫는지 실험하다.

11. 29. 집현전의 선비들에게 사기를 읽도록 하다. 윤회가 경학이 우선이라며 반대했으나, 대제학 변계량에게 명해 사학을 읽게 할 만한 사람

을 추천하게 하다.

12. 2. 경회루 아래에서 포 쏘는 것을 구경하다.

12. 5. 상림원의 새·짐승·꽃·과실나무 관리를 잘하도록 하다.

12. 7. 《고려사》의 용어 등은 정도전의 전례에 따라 참람한 이름을 고쳐 쓰게 하다.

12. 8. 의주·삭주·이산 등의 고을은 제주·강계 등의 예에 따라 수령의 임기를 만 30개월로 하다.

12. 12. 사헌부에서, 권력자의 집에 출입하는 자는 법에 따라 처벌하여 선비의 기풍을 바로 잡을 것을 청하니 따르다.

• 동성은 8촌, 이성과 처가의 친척은 6촌, 긴급한 공사로 고품(告稟)하는 것은 예외로 두었다.

12. 23. 《집성소학》 100권을 중국에서 사 오게 하다.

12. 26. 승문원 관원과 이문학관에게 전지하여, 매달 1일과 16일을 제외한 나머지 날에는 출근하지 말고 오직 이문 습독에만 힘쓰도록 하다.

세종 8년(1426)

1. 18. 내이포·부산포 외에 울산의 염포에서도 무역을 허가하기로 하다.

1. 26. 사헌부에서, 7품 이하는 특별한 경우를 제외하고는 가죽신을 신지 못하게 할 것을 청하니 따르다.

• 특별한 경우는 악공이 연주할 때 등을 말한다.

1. 27. 대군·군·부마 등의 과전법을 제정하다.

• 대군 300결, 군 200결, 공주의 남편 250결, 옹주의 남편 150결 등이다.

2. 8. 영의정 이직·찬성 황희·이조판서 허조 등이 수찬한 《속육전》을 올리다.

2. 10. 황희를 이조판서로, 신상을 예조판서로 삼다.

2. 13. 강원도 횡성 등지에서 강무하다.

2. 15. 한성부에 큰불이 나서 경시서 행랑 106

칸, 인가 2,170호가 타다.

2. 16. 화재로 죽거나 피해를 본 이들에게 구호 조치를 내리다.

2. 20. 우물의 설치 등 화재 대비책을 지시하다.

2. 26. 변계량이, 화폐 사용과 관련해 일반 물품의 매매 시에는 물물 교환을 허용하되, 속전을 받을 때와 관청에서 물건을 사들일 때에는 반드시 동전을 사용하게 하자는 개선책을 냈으나 반대하다.

2. 28. 화폐의 사용이 공적으로나 사적으로 유익한 것이 없다는 뜻을 보이다.

3. 12. 명의 사신이 와서 황제의 선유를 밝히다.

• 나이가 어린 여자와 음식을 만들 줄 아는 여종을 선발해 보내라는 것이었는데, 이에 따라 진헌색을 설치했다.

3. 14. 충청도·경상도·전라도·황해도·평안도에서는 처녀 5명씩을, 나머지 도에서는 3명씩을 선택하게 하다.

3. 15. 좌의정 이원의 직첩을 회수하여 여산에 안치하다.

• 이원이 죄를 받은 것은, 수상의 신분임에도 태종의 졸곡이 끝나자마자 첩을 들인 데다가, 남의 종을 증여받아 부렸기 때문이다.

3. 23. 편전에서 처녀를 선택하다.

4. 23. 12살인 딸의 나이를 8살로 속인 양주현감 유종을 파면하다.

4. 25. 조정에 제향할 때 쓰는 음악에 대하여 봉상판관 박연이 장문의 상소문을 올리다.

5. 6. 두 사신을 청해 처녀를 뽑고 다례를 행하다.

5. 13. 이직을 좌의정으로, 황희를 우의정으로 삼다.

5. 15. 유정현의 졸기.

5. 17. 좌의정 이직·우의정 황희 등이, 심온의 아내와 자녀를 천안(賤案)에서 삭제하고 직첩을 돌려줄 것을 청하자, 천안에서 삭제할 것을 명하다.

5. 18. 좌의정 이하 6조 참판 이상이, 심온의 아내와 자녀들의 직첩도 돌려줄 것을 청하니 따르다.

5. 19. 대언들을 불러 장모의 일을 말하고, 오는 6월 1일에 공비를 장모 집으로 가게 할 것이라 이르다.

• 장모 등을 천안(賤案)에 두었던 것은 유정현이 고집했기 때문이며, 이후 대비가 이를 지적하고 태종도 동의해 천안에서 삭제하려 했는데, 태종이 갑자기 세상을 떠나서 실행하지 못했다는 등의 이야기를 했다.

5. 19. 양녕에게 과전을 돌려주고 녹봉도 지급하라 이르다.

6. 8. 함길도 병마도절제사에게 편지와 내구마 한 필, 의복을 내리다.

7. 2. 병조에 명해, 숙련된 별군 1명을 뽑아 소화포 120개를 가지고 경원과 경성 등의 고을에 보내 교습토록 하다.

8. 15. 춘추관에서 《공정대왕실록(恭靖大王實錄)》을 바치다.

8. 17. 70세 이상의 어버이가 있는 사람은 먼 지방 수령으로 임명하지 말 것을 명하다.

9. 3. 양전이 연희궁으로 이어하다.

9. 22. 함길도에 사는 이들 중에, 여진어와 본국어에 능한 자를 사역원에 입속시켜 야인관 통사로 삼게 하다.

9. 22. 귀화한 남만인에게 면포·정포 2필씩을 주고 아내를 얻도록 하다.

10. 4. 평강 등지에서 강무하다.

10. 13. 양전이 경복궁으로 이어하다.

10. 26. 집현전 수찬에게 명해, 경복궁 각 문과 다리의 이름을 정하게 하다.

• 이때, 홍례문·광화문·영제교 등의 이름을 정했다.

10. 27. 사헌부에서, 각 종의 중들이 사사로이 농사짓고 아내와 첩까지 두고 있다며, 절을 혁파하고 토지는 평민들에게 나누어 줄 것을 청하다.

11. 5. 공신과 5품 이상의 죄수는 친속들로 하여

금 들어가 볼 수 있도록 하라 이르다.

11. 7. 사간원에서, 국무당(國巫堂)을 혁파하라는 상소를 올리다.

11. 9. 국무당을 혁파하자는 소에 대해, 풍속이 오래되어 모두 없앨 수 없다고 답하다.

11. 12. 이조에서, 율학의 교관은 문신으로 정하고 품급이 변동되더라도 그대로 두어, 오로지 가르치는 일에만 힘쓰게 할 것을 청하니 따르다.

11. 15. 세자와 백관을 거느리고 동지 망궐례를 행하고 근정전에서 조하를 받다.

11. 18. 혼인을 금지시키고 다시 처녀를 간택토록 하다.

11. 21. 진헌할 처녀와 수종할 화자를 각 도에서 미리 뽑아 대기토록 하다.

12. 8. 호패법을 거론하며, 새로운 법을 세우는 것을 좋아하지 않는다고 하다. 이에 변계량이, 백성이 좋아해도 행해서는 안 될 일이 있고, 백성이 꺼려도 세우지 않으면 안 될 법이 있다며, 호패법은 시행해야 한다고 주장하다.

12. 9. 진헌할 처녀를 친히 간택하다.

12. 11. 집현전 부교리 권채 등 3인을 불러, 앞으로는 출근하지 말고 사가에서 전심으로 글을 읽으라 명하다.

• 글 읽는 규범은 변계량의 지도를 받도록 했다.

세종 9년(1427)

1. 4. 진헌할 송골매를 잡지 못한 평안감사 이숙묘와 황해도 경력 이치를 의금부에 가두다.

1. 11. 간관들이, 양녕의 아들 이개를 한양에 거주하지 못하게 할 것을 청했으나 불허하다.

1. 14. 대사헌 등이 다시 청하자, 장차 이개를 문밖으로 내보내겠다고 답하다.

1. 26. 이개를 남대문 밖 신이충의 집에 두려 한다고 하자, 신하들이 이는 내쫓는 것이 아니라며 반발하다.

2. 19. 정조사 참판 한상덕이 돌아와 말 5,000필을 바치라는 성지를 전하다.

2. 19. 효령대군의 첩과 간통한 지돈녕 이담의 직첩을 회수하고 공주로 유배하다.

3. 5. 공조에 명해 서울과 지방의 저울을 모두 교정하여 만들게 하다.

3. 6. 정도전의 아들 형조판서 정진의 졸기.

3. 9. 양전이 창덕궁으로 이어하다.

3. 21. 동서 십자각을 철거하다.

3. 25. 화자를 뽑을 때 부모들이 숨기고 내놓지 않을 경우, 처녀를 숨기는 것과 같은 법을 적용해 죄주기로 하다.

4. 4. 예조에서, 신부가 시부모에게 인사드리는 날의 사치를 지적하고 개선책을 아뢰다.

4. 9. 김구덕의 손녀 김 씨를 왕세자의 휘빈에 봉하다.

4. 10. 양녕을 편전으로 불러 《사기》와 활·화살을 내리다.

4. 21. 모화루에서 칙서를 맞이하고 경복궁에서 예를 거행하다.

4. 25. 세 사신을 청하여 편전에서 다례를 행하고 처녀를 간택하다. 성달생의 딸 등 7명과 식사를 담당할 비자(婢子) 10명을 뽑다.

4. 26. 사신에게 화자 12명을 선보였는데, 사신이 10명만 고르다.

5. 1. 진헌할 처녀로 간택된 한영정의 막내딸이, 시집갈 준비를 했던 침구를 찢고 재물을 모두 친척들에게 나눠 주다.

5. 15. 박연이 석경을 새로 만들어 올리다.

5. 22. 의정부와 6조에서, 양녕의 궁성 출입을 금할 것을 청하다. 이에 자주 만나지 않을 것이고 만날 경우에도 미리 신하들에게 알리겠다고 하다.

5. 25. 가뭄을 근심하여 술을 끊겠다고 하다. 또 오고(午鼓)와 인정(人定)과 파루(罷漏)에 종은 치되 북은 치지 말라 이르다.

• 오고는 임금이 정전에 있을 때 정오를 알리는 북이

다.

6. 12. 저화를 사용하지 않아 가산이 몰수된 이들에게 재산을 돌려주다.

6. 17. 서달이 신창의 아전을 죽인 사건과 관련해 황희·맹사성·서선을 의금부에 가두다.

6. 18. 황희와 맹사성을 보방(保放)하라 명하다.

7. 4. 황희와 맹사성을 복직시키다.

7. 18. 중궁이 처녀 7인을 불러 전별연을 열다. 부모와 친척들도 참석했는데 우는 소리가 밖에까지 들리다.

7. 20. 세 사신과 처녀들이 떠나다.

8. 8. 대사헌 이맹균 등이, 영돈녕 이지의 부인 김 씨의 음란한 행적을 치죄할 것을 청하다.

9. 4. 예조의 건의에 따라, 건춘문 밖에 종친을 위한 학교를 세우고 8세가 되면 입학하게 하다.

10. 1. 광주에서 강무하다. 양녕도 부르다.

10. 4. 양녕·효령과 함께 매사냥을 하다.

10. 12. 저화를 폐하고 동전을 사용하게 했는데, 몇 해 되지 않아 동전도 저화처럼 무용지물이 되었다고 평하다.

10. 13. 세자가 명나라 조현길에 오르다.

10. 18. 왕세자의 조현을 정지하라는 칙서가 압록강에 이르렀다는 급보가 오다.

10. 30. 조계하는 신하들에게, 사신 범영의 무례함과 탐욕스러움에 대해 말하다.

11. 3. 주자소에 명해, 《강목통감》을 인쇄하게 하다.

12. 21. 향악을, 종묘에는 쓰지 말고 문소전·광효전의 종헌(終獻)에만 쓰게 하다.

세종 10년(1428)

1. 4. 하경복이 내현하다.

1. 7. 참찬 하경복이 어머니를 뵈러 진주로 내려가다. 이에 경상도 감사에게 전지하여 그 어머니를 위로하여 잔치를 열고 미두 30석을 내리게 하다.

1. 12. 양녕이 좌군비(左軍婢) 윤이와 정을 통하다가 발각되다. 윤이와 그 어미를 의금부에 가두다.

1. 14. 의금부 제조와 좌대언이, 양녕의 상서 내용이 심하다며 방자히 굴지 못하게 할 것을 청하다.

• 윤이를 가둔 처사에 화가 난 양녕이 "전하와 영원히 이별입니다."라는 내용의 상서를 올렸다.

1. 15. 권진 등이, 사통의 금령을 어긴 양녕을 국문하라 청하다.

1. 16. 효령대군의 가노가 과전의 조를 징수하며 부당하게 거둔 것이 많자, 헌부에 내려 국문토록 하다.

1. 22. 윤이에게 장 100대를 결정하되, 유삼천리(流三千里)는 속바치게 하다.

• 2월까지도 의정부·6조·대간 등이 사직을 청하는 등의 방법을 취하며 끈질기게 양녕의 치죄를 청했다. 유삼천리는 오형(五刑)의 하나로 먼 지방으로 귀양을 보내는 형벌이다.

2. 14. 양녕에 대한 치죄 요구를 결코 들어주지 않을 것이라며 업무 복귀를 명하다.

2. 16. 진응사 이사검이 돌아와, 황제에게 죽은 매를 바쳤던 사실과 황제의 반응에 대해 아뢰다.

• 중도에 병이 들어 죽은 매를 바칠 수밖에 없었는데, 황제는 하는 수 없는 일이라며 이해했다.

2. 19. 효령대군 이보의 서리 신유정 등이 전조를 불법하게 거두자 이를 처벌하다.

3. 8. 이조에서 당나라 제도를 상고해 후궁·내관·궁인 들의 제도를 상정해 아뢰다.

3. 8. 흉년인 까닭에 강무를 5일만 한다고 알리도록 하다.

3. 23. 예조에서, 한해의 기후를 상세히 기록해 매년 바치게 할 것을 청하니 따르다.

3. 28. 사가독서(賜暇讀書)의 효용에 대해 논의하고 산속 고요한 절이 낫다고 결론짓다.

4. 8. 양녕에게 술을 내리다.

4. 29. 변계량이 기자묘비(箕子廟碑)의 비명을 지어 올리다.

윤4. 1. 정초와 김효정에게 명해, 《속육전》을 고쳐 수찬하게 하다.

윤4. 18. 자신이 사대의 예를 지나치게 한다는 말이 있다며, 의견이 있을 때는 몰래 논의하지 말고 직접 와서 하라고 이르다.

윤4. 23. 가뭄이 이어지자, 숭례문을 닫고 숙청문을 열어 저자를 옮기다.

5. 2. 호구 조사의 내용을 정하다.

5. 7. 도적이 그치지 않아 3군진무를 평안도·황해도에 보내 잡도록 하다.

5. 14. 의화궁주 안 씨가 졸하니 부의로 쌀과 콩 각 1백 석을 하사하다.

6. 14. 동파역 역인(驛人) 박용이 황희·이순몽 등에게 뇌물을 바친 일이 문제가 되다.

6. 16. 박 씨와 최 씨를 모두 귀인으로 봉하고, 이유를 진평대군에, 이용을 안평대군에, 이구를 임영대군에 봉하다.

6. 19. 박천기가, 황희 등에게 뇌물을 썼다는 자신의 공술은 사헌부에서 강요한 것이라 말하다.
• 박천기는 박용의 아들이다.

6. 25. 황희가 박용 등의 일로 사직해 물러가다.

7. 1. 대언들에게, 통신사를 일본에 보내 《백편상서》를 사 오게 하고 단단하고 질긴 일본 종이 만드는 법을 배워 오게 하라 이르다.

7. 21. 사신이 처녀 한 씨의 집에 가 보다.
• 진헌녀로 간택되었지만 병으로 가지 못한 처녀.

8. 7. 사신 창성의 탐욕에 대해 신하들과 이야기하다.

9. 1. 대사헌 조계생이, 생원과 생도가 책을 끼고 다니는 것을 수치스럽게 여겨 자신은 말을 타고 책은 종에게 들려 다니는 행태를 지적하고 금할 것을 청하다. 이에 말 타는 것을 금하는 것은 지나치다며 예조에 내려 의논하게 하다.

10. 1. 중궁이 한 씨에게 전별연을 베풀다.

10. 4. 세 사신이 한 씨를 모시고 가다.

10. 13. 진평대군 이유가 윤번의 딸에게 장가들다.

11. 11. 명에 해청을 바치는 것에 대해 의논하다.

12. 11. 무과나 무예를 고열(考閱)할 때, 보사(步射)를 85보에서 80보로 낮추다.

세종 11년(1429)

1. 4. 김기의 고신을 도로 주게 하다.

1. 7. 편전에서 종친과 더불어 구(毬)를 치다.

1. 20. 안평대군 이용이 정연의 딸에게 장가들다.

1. 24. 궁궐 이외의 공사 건물에 붉은 칠을 쓰지 말라 이르다.

2. 5. 사헌부의 건의에 따라, 금령의 조문을 요약해 광화문 밖 등지에 내걸도록 하다.
• 간소한 혼인을 위한 사항, 직분에 따른 옷감 사용 제한, 황색 의복 금지, 서민·공인·상인·천인의 가죽신 착용 금지 등이다.

2. 26. 평강 등지에서 강무하다.

3. 6. 전라도 감사가 새로 새긴 《시경》·《예기》의 책판을 바치다.

3. 16. 의정부에서, 심온의 고신을 돌려줄 것을 청하였으나, 경솔히 논의할 수 없다고 답하다.

3. 17. 이조참판 정초가, 심온을 국문할 때 압슬형을 3차례나 가해도 자백하지 않다가 유정현의 말을 듣고 승복한 상황을 아뢰다.

4. 8. 사정전에서 구를 치다.

4. 12. 한확이, 일곱 처녀의 편지와 머리카락을 가지고 돌아와 그들이 고생하면서 산다는 사실을 전하다.
• 일곱 처녀는 진헌녀들이다.

4. 24. 사신의 무리한 요구에 대한 대책을 논의하다.
• 사신이 요구한 것은, 연어(年魚)가 나는 곳에 직접 가서 젓을 담그고 싶다는 것과, 노래를 부를 여아 30

명이었다. 임금이 고민하자 이직 등이, 연어는 강원도 험한 곳에 있어 친히 가기 어렵다고 하고, 소녀 중에는 노래 부를 수 있는 사람이 적으므로 몇 사람만 뽑았다는 식으로 둘러대자는 안을 냈다.

5. 5. 가무 여아를 뽑게 하다.

5. 7. 백제 시조의 묘우(廟宇)을 직산현에 세우고, 고을 노비 2인을 시켜 지키게 하다.

5. 11. 사신 창성이, 영접도감사 등을 뜰아래 꿇어앉히고 공조의 영사와 장인 등에게 장을 치는 횡포를 부리다.

5. 16. 정초 등이 《농사직설》을 찬술하다.

5. 29. 각 도에 명해, 민가에 《국어》·《자치통감원위》·《문원영화》·《주문공집》 등을 소장한 이가 있으면 바치게 하다.

6. 3. 허조가, 석전놀이는 아무 이익이 없다며 석척군(石擲軍) 폐지를 청하니 따르다.

6. 7. 창성이, 호군 박혈이 마음을 다해 고기를 잡지 않는다고 매질하다.

6. 13. 창성이, 전날 받은 안장 2개가 수리한 흔적이 있다며 부숴 버리다.

6. 19. 사신의 무례함에 대한 대처를 논의하다. 황희와 맹사성이, 창성은 무지한 환시로 의리를 따져 꾸짖어도 부끄러워하기보다는 감정을 품고 중국 조정에 거짓으로 아뢸 것이라며, 참고 우대하는 편이 낫다는 의견을 내다.

6. 27. 안동 사람 윤기가 《주문공집》 32권을 바치다.

7. 11. 15세 미만의 절도범 처리에 대해 논의하다.

7. 16. 사신 윤봉이 요구한 물품이 200궤에 이르다.

7. 18. 명나라에 진헌할 창가녀 8인, 집찬녀 11인, 어린 화자 6인에게 음식을 베풀고 위로하다.

7. 18. 동궁의 시녀 호초를 의금부 옥에 가두고, 휘빈 김 씨를 사저로 내쫓다.

7. 20. 휘빈을 내쫓게 된 전말을 말하다.
• 휘빈이 압승술을 썼기 때문이다. 압승술은 주술을 쓰거나 주문을 외어 음양설에서 말하는 화복(禍福)을 누르는 일을 말한다.

7. 30. 노인과 어린아이에게는 자자(刺字)를 금하도록 하다.

8. 4. 세자빈 간택 방식을 의논하다.

8. 18. 금은 세공의 면제를 주청하는 표문과 전문을 보내다.

9. 23. 민간에서 동전 기피 현상이 심해져 가치가 떨어지다.

10. 15. 봉 씨를 왕세자의 순빈으로 삼다.

10. 20. 종학(宗學)을 경복궁 건춘문 밖에 새로 짓다.

11. 2. 사신 김만이 오다.
• 이때 황제가 칙서를 통해 해청·큰 개 등 원하는 진상품을 직접 거론했다.

11. 29. 김을현이 돌아와, 황제가 금은 세공의 면제를 허락했음을 아뢰다.

12. 9. 일본에서 신하를 칭하며 따르겠다는 뜻을 알려오다. 이를 중국에 알릴 것인지를 논의하다.

12. 18. 예조에서, 사신이 지나는 각 도의 대소 관인은 사신이 기증하는 물건에 대한 답례 이외에 따로 선물하거나 청구에 응하지 말도록 할 것을 청하다.

12. 26. 칙서로 인해 물품을 따로 요구할 수 없게 되자, 사신들이 물건을 기증해 답례를 받거나 은근히 요구하는 일이 생기다. 이에 대해 기증품 자체를 받지 않는 선례를 만들기로 하다.

세종 12년(1430)

1. 10. 사신이 흑우(黑羽) 3개, 앵가우(鸚歌羽) 2개를 바치므로, 인삼 8근을 하례로 주다.

1. 29. 대언사에 명해 양녕과 관계된 소는 받지 말라 이르다.

2. 14. 《농사직설》을 여러 도의 감사와 주·군·부·현과 서울 안의 시직·산직·2품 이상의 관원

에게 주다.

2. 19. 예조에서, 박연이 상서한 조건에 대해 아뢰다.

2. 26. 예조에서, 금은 대신 바칠 물품에 대해 아뢰다.

2. 26. 윤형이, 순성군 이개의 망령된 행각에 대해 아뢰다.

• 이개는 양녕의 아들이다.

3. 9. 평강 등지에서 강무하다.

4. 18. 병조판서 이수의 졸기.

4. 24. 판우군부사 변계량의 졸기.

5. 11. 최윤덕에게 하삼도의 축성을 일임하다.

5. 15. 예조에서, 목화와 가죽신을 신는 규정을 아뢰다.

5. 17. 대군들이 종학에 입학하다. 이후 종친들의 입학이 이어지다.

5. 24. 병조의 건의에 따라, 수명이 긴 중국식 건조 방법으로 병선을 제조키로 하다.

6. 26. 정사를 보는 자리에 왕세자가 처음으로 참예하다.

7. 12. 김종서가, 사신 창성이 15일에 입경한다고 아뢰다. 예전과 달리 선물이 없다며 창성이 계속 불평하다.

7. 17. 모화루에 거둥해 칙사를 맞고 경복궁에 거둥해 예식을 거행하다.

7. 28. 박연이 병이 나자 뒤를 이을 자가 있는지 묻다. 이 자리에서 김종서가 여악의 폐지를 청했으나 받아들이지 않다.

8. 3. 예전에는 선명력만을 써서 일식·월식·별의 운행 등을 계산할 때 오차가 많았는데, 근래에는 수시력을 연구해 밝혀낸 뒤로 오차가 많이 줄었다고 말하다.

8. 6. 부득이한 경우에는 고하지 않을 수 없으니, 창성 등이 한 말을 낱낱이 기록하라 이르다.

8. 15. 예조에서, 부인들이 외출할 때 얼굴을 가리게 할 것을 건의하자 따르다.

8. 20. 해청과 토표를 직접 잡겠다고 창성이 말하자, 칙서에 없다는 이유로 반대하면서 토표 잡는 일만 허락하다.

8. 24. 사신 창성과 운봉이 토표를 잡기 위해 함길도로 가다.

9. 11. 살아서는 향악을 듣는데 죽어서는 아악을 듣는 것이 적절치 않다며, 아악 일변도의 연주에 대해 문제를 제기하다.

9. 27. 창성 등이 토표를 못 잡은 채 함길도에서 돌아오다.

10. 10. 양녕을 궁중에 불러 연회를 베풀다.

10. 11. 양녕을 내보낼 것을 요구한 변계송 등에게, 그대들이 아뢸 성질이 아니라며 힐난하다.

10. 15. 갑사의 창과 투구 색깔을 주홍색에서 검은색으로 바꾸게 하다.

10. 19. 관가의 노비가 아이를 낳았을 때, 낳은 달과 낳고 난 후 100일을 쉬게 하다.

10. 23. 계몽산을 배우다.

11. 6. 내관 김만이 회동관에 와서, 잡은 해청을 빨리 바치라는 황제의 뜻을 전하다.

11. 11. 사은사 이교와 동지총제 김을신이 칙서를 가지고 돌아오다.

• 보낸 해청이 훌륭했다며 칭찬을 하는 한편, 좋은 해청이 있거든 또 찾아 보내라는 내용이다.

11. 15. 부역에 백성을 동원함에 있어 날수에 제한을 가하겠다는 뜻을 밝히다.

11. 21. 사헌부에서, 1,000여 마리의 말이 죽은데 책임이 있는 감목관 태석균을 옹호한 황희를 탄핵하다.

11. 23. 병조에서, 격구하는 자세를 아뢰다.

11. 27. 살인과 강도를 제외하면, 15세 이하와 70세 이상인 자는 구속하지 말라 명하다. 또 죽을죄를 지었다 해도 고문하지 말고 여러 사람의 증언에 의거해 죄를 결정하라 이르다.

12. 5. 백성 동원 날짜의 한계를 정하다.

• 백성 동원 기간은 20일간으로 정했다. 풍년에는 10일을 연장하고, 흉년에는 10일을 단축하는 내용도 있다.

12.8. 경연에서 강(講)하다가, 중국은 차를 좋아하면서 왜 단속을 심하게 하는지 묻다. 이어 우리는 대궐에서도 차를 쓰지 않는데, 이는 좋아하는 것이 서로 달라서 그렇다고 하다.

12.11. 책력을 바로잡는 일을 의논하다.

12.14. 왕세자 가례색을 설치하다.

12.15. 모화관에서 창성을 전송하다.

12.22. 사헌부에서, 서연의 강의를 맡아야 하는데 취해서 참석 못한 윤회를 죄줄 것 청했으나 듣지 않다. 다만 윤회에게 지나치게 마시지 말라 이르다.

12.24. 사정전에서 친히 처녀를 선발하다.

윤12.1. 함길도 도절제사 하경복과 경원부사 이징옥의 모친에게 쌀을 내리다.

윤12.1. 〈아악보〉가 완성되고 정인지가 서문을 쓰다.

윤12.6. 중궁이 모친의 집에 가서 헌수하다.

윤12.10. 판사복시사 장우량을 보내 황제에게 드릴 음식과 토표 세 마리, 해청 흰매와 누런매 각 2연을 바치게 하다.

세종 13년(1431)

1.2. 근정전이 높아 화재 때 오르기 어려울 것이라며 쇠고리를 연쇄하여 처마 아래에 늘여 놓았다가 잡고 오르내리게 할 것 등을 제안하다.

1.12. 가옥의 크기에 대해 하교하다.

1.19. 사정전에 임어하여 권전·정갑손·홍심의 딸을 선발하다.

1.30. 세자가 중국 사신을 접견하는 걸 보니, 얼굴이 붉어지고 머뭇거리며 몸 또한 날로 비대해지고 있다며, 이번 강무에 세자를 데려가겠다고 하다.

2.12. 평강 등지에서 강무하다.

3.2. 공조판서 정초에게, 역법의 교정을 위해 언어에 능통한 자를 중국에 보내 산법을 습득케 할 것을 이르다.

• 사역원 주부 김한·김자안 등을 선발해 유학을 보냈다.

3.5. 신하들이 숨김없이 말하므로, 진위에 혼란은 있으나 윤대에 유익함이 많다고 하다.

3.8. 이색·정몽주·하륜·권근 등을 평하다.

3.17. 춘추관에서 《태종실록》 36권을 편찬해 올리다.

3.18. 함길도 절제사가, 올적합이 군정 8명을 납치해 갔다고 보고하다.

3.20. 《태종실록》을 보는 것에 대해 물었는데, 우의정 맹사성 등이 반대하자 받아들이다.

• 임금이 관여하게 되면 사료의 정확성이 떨어질 수밖에 없기 때문에 반대한 것이다.

3.23. 진헌사 유종수가 북경에서 돌아와, 황제가 소 10,000마리를 사들이게 했다고 하다.

3.25. 이와 관련한 논의에서, 요구가 있으면 지성으로 응하는 게 옳다는 입장을 펴다.

3.28. 각지에 목장을 운영할 만한 곳을 골라 소를 기르게 하다.

4.10. 올적합에게 납치되었던 8인이 필사적으로 탈출해 오자 포상하다.

5.4. 경회루 아래에 나아가 화포 쏘는 것을 구경하다.

5.4. 양녕에 대한 소회를 밝히다.

• 이 자리에서 세종은, 양녕이 대위에 올랐어야 하는데 자신이 누리고 있다는 겸양의 말을 했다. 또 서울에 불러 두고서 언제든 만나 형제의 도리를 다하겠다는 뜻을 밝히기도 했다.

5.5. 4품 이상은 대부로, 5품 이하는 사로 일컫도록 하다.

• 중국은 6품 이상이 대부고 7품 이하는 사다. 우리의 5품은 중국의 7품에 해당하므로 이에 맞춘 것이다.

5.17. 중국은 물론 왜국에서도 수차를 사용한다며, 수차를 널리 쓰게 할 뜻을 밝히다.

6.2. 법을 집행하는 관리들에게, 《사기》에 기록된 사건들과 최근의 사건을 상세히 들어가며

공평하고 신중한 옥사 판결을 명하다.

6.14. 길 가는 사람의 개를 쏘아 죽인 양녕의 가노를 벌하다.

6.14. 허조가, 수령을 고소하는 법을 육전에 싣게 한 것은 잘못이라고 말하다.

6.18. 경회루에서 종친들의 투호를 구경하다.

6.19. 수령을 고소할 수 있도록 하는 것과 관련해 논란을 계속하다.

7.4. 집현전에서, 수령 고소 허용의 예를 상고해 보고하다. 또 지신사 안숭선 등도 백성이 억울함을 고하지 못하게 하는 것은 옳은 정치가 아니라고 하다. 이에 상정소의 의결을 기다린 뒤에 결정하겠다고 답하다.

7.11. 정초가, 역법 교정을 맡은 지 이미 수년인데 함께하는 이들이 무능하고 게으르다며 정인지를 보내 달라고 청하니 받아들이다.

7.12. 하경복을 다시 함길도 절제사로 삼다.

7.17. 사헌부에서, 무당을 성 밖에 모여 살게 하고 부녀자의 출입을 엄금할 것을 청하니 따르다.

8.4. 원접사 노한이, 사신 창성과 윤봉이 병이 났다고 급보하자 집현전 직제학 유상지를 보내 문병토록 하다.

8.7. 성산부원군 이직의 졸기.

8.12. 열병을 앓고 있는 사신을 만나지 않기 위해 병을 칭탁하다.

8.17. 세자에게 칙서를 맞이하게 하다.

8.19. 세자가 모화루에서 백관을 거느리고 칙서를 맞다.

• 이때의 사신은 창성·윤봉·장동아·장정안 4명이고, 두목을 비롯해 인원이 150명에 이르는 규모였다. 지난번에 왔을 때 잘 접대하지 않자, 사신들이 황제에게 허위로 보고를 해 해청과 표토를 잡을 군사를 거느리고 온 것이다.

8.23. 사신들이 요구하는 물건을 주다.

8.28. 윤봉의 아우 윤중부에게 관직을 제수할 것인지를 논의하다.

• 이는 윤봉을 달래기 위한 것이다.

9.3. 황희를 영의정으로, 맹사성을 좌의정으로, 권진을 우의정으로. 윤중부를 동지총제로 삼다.

9.8. 좌사간 김중곤이 황희의 파면을 청했으나 듣지 않다.

• 교하 수령에게 토지를 청하고, 그 대가로 수령의 아들에게 벼슬을 준 일과 태석균과 연관이 있던 일 등을 들어 탄핵했다.

9.8. 안숭선이, 교하와 태석균의 일은 황희의 과실이지만, 정사를 의논하는 데 있어서 황희만 한 이가 없다고 하자 동의하다. 다시 안숭선이 심온의 일을 말하며 신원할 것을 거듭 청했으나, 선조의 일을 쉽게 고칠 수 없다는 뜻을 고집하다.

9.27. 양녕과 사사로이 통한 갑사 김상례를 국문하라 이르다.

10.14. 소 교역의 어려움을 사신에게 전하기로 하다.

10.15. 화붕(火棚) 놀이를 중국 사신에게 보일 것인지를 논의하다. 허조가, 우리의 불을 쏘는 맹렬함이 중국보다 나으니 중국 사신이 청한다 하더라도 보여 주면 안 된다고 아뢰다.

10.29. 서연관은 겸관을 하지 않게 하여, 그 임무만을 전담케 하는 것이 옳다고 이르다.

• 겸관을 폐지한 것은 세자가 새로운 서연관이 오면 머뭇거리며 낯설어했기 때문이다. 겸관을 폐함으로써 한 서연관이 임무에 오래 전념하도록 했다.

11.6. 유구 사신이 오다. 동평관에 거처하게 하고 예관에게 위문토록 하다.

11.7. 서연관의 직함은 보덕·필선·문학·사경·정자로 하고 수효는 각 2명으로 정하다.

11.11. 정몽주와 길재를 〈충신도〉에 넣으라 하다.

12.6. 윤봉이, 소와 말 10,000필을 교환하는 것이 어려움을 황제에게 아뢰겠다 하다.

12.9. 윤봉의 두목 심귀가, 함길도에서 돌아오

는 길에 견마잡이 차득생을 때려죽이다.

12. 10. 광화문에 부녀자들의 출입을 금하고, 영제교 뜰과 근정전의 뜰에도 또한 들어오지 못하게 하라 명하다.

12. 2. 예조에, 일식과 월식 때에는 음악을 끊는 등의 일을 상정소 제조와 의논해 아뢰라고 명하다. 예조에서, 조회 정지·음악 중단·형륙 중단·도살 금지를 의논해 아뢰다.

12. 25. 왜의 수차와 당의 수차를 만드는 장인을 뽑게 하다.

12. 25. 이해, 화약 생산량이 1,000근에 달하다.

12. 26. 사정전에 나아가 종묘 악기를 검열하다.

세종 14년(1432)

1. 4. 사헌부에서, 일식 관측에 실패한 죄를 물어 서운관에 죄를 내리라 청하자, 구름이 짙어 못 보았을 수도 있다며 각 도에 공문을 내어 물어보라 하다.

1. 4. 호조에서, 의주·창성·강계 등 변경 지방의 농민들이 월경해 농사짓는 문제와 세금 문제를 아뢰다. 10리를 한계로 건너가 경작하는 것을 금하지 말고 그에 대한 세금은 반액을 받게 하라 명하다.

1. 18. 수염 하나, 머리털 하나라도 다르면 다른 사람에게 제사를 지내는 꼴이라며, 원묘에서 영정을 빼고 신주만을 모시기로 하다.

1. 19. 맹사성·권진·윤회·신장 등이 《팔도지리지》를 올리다.

2. 10. 외환은 북방에 있다며 미리 연대(烟臺)·신포(信砲)·소화포(小火砲) 등을 준비하라 명하다.

2. 14. 효령대군 이보가 7일 동안 한강에서 수륙재를 행하다.

• 중 1,000여 명을 비롯해 길가는 행인까지 음식을 대접하고, 쌀 두어 섬을 강물 속에 던져 물고기에게도 베푸는 등 성대하게 치렀다.

2. 19. 평강 등지에서 강무하다

2. 25. 좌대언 김종서에게 활과 화살을 내리다.

3. 11. 과거 시험에 책을 숨겨 부정행위를 하는 경우 1~2년 정거토록 하다.

3. 14. 하륜에게 적손이 없으니 첩손(妾孫)에게 과거 응시 기회를 줄지를 물었는데 모두 반대하다.

3. 15. 도총제·총제는 전조의 용어라며 고치는 게 좋겠다고 하자, 맹사성이 중추원으로 할 것을 청했고 받아들이다. 또한 6조와 한성부에 사무가 많다며 참판과 참의를 하나씩 더 두고 한성부엔 부윤 1명을 더 두려 한다는 뜻을 밝히다.

4. 4. 사간원에서, 태종의 서자 이선의 과거 응시는 과거를 존중하는 도리에 어긋난다고 하자, 임금의 자손을 서얼이라 일컬어 벼슬길을 막으려 한 사유를 추국해 아뢰라고 하다.

4. 14. 중국인 당몽현이, 사신 창성·윤봉·장정안이 요동에 도착했고, 장동아는 채포군(採捕軍) 400명을 거느리고 백두산으로 향했다고 아뢰다.

4. 19. 군사 취재 시 시험관과 상피 관계(相避關係)에 있는 자는 따로 시험 보게 하다.

4. 20. 황희가 고령을 이유로 사직을 청했으나 허락지 않다.

4. 26. 예조의 건의에 따라 중궁의 의장을 더하도록 하다.

• 공작선 6개, 화원선 8개. 푸른 일산과 붉은 일산 각 2개를 더했다.

5. 20. 용도 금수의 일종이라며 용이 어느 곳에서 나오는지 묻다. 대언들이 평택·아산·만경·임파 등지에서 간혹 보인다고 답하다.

5. 28. 소를 바치라는 칙서가 다시 내려오자, 이에 대한 대책을 논의한 뒤 준비해 바치라 이르다.

5. 29. 모화관에서 칙서를 받고 경복궁에서 예를 거행하다.

6. 3. 의논 끝에 황소 4,000마리, 암소 6,000마

리로 정하다.

6. 9. 집현전이 《삼강행실도》를 편찬해 올리다.

6. 9. 김종서에게 최윤덕의 됨됨이를 묻다.

6. 19. 유모(홍인부의 아내)가 자신의 아들을 양민이 되게 해 달라고 청한다며 의견을 묻자, 신하들이 유모의 공을 고려해 들어주는 것이 좋겠다고 답하다.

7. 11. 소 6,000마리를 나누어 요동으로 보내다.

8. 4. 도첩이 없는 중들은 군역을 면제시키지 말라 이르다.

8. 10. 《고려사》를 본 후, 편년의 필법으로 수찬하여 실수가 있더라도 빠뜨리지 말라 이르다.

• 편년의 필법이란, 편년체(編年體)로 기록하라는 의미이다.

8. 13. 사대부의 아녀자들에게 평교자(平轎子)를 타지 못하게 하고 옥교자(屋轎子)를 타게 하되, 먼저 시범적으로 한두 개를 만들어 본받게 하라 이르다.

8. 14. 춘추관에서, 향후 사초를 잃어버리면 그 사람으로부터 은 20냥쭝을 징수하고 서용하지 않을 것을 청하니 따르다.

• 잃어버린 사람의 자손에게도 마찬가지로 시행하게 했다.

8. 27. 근정전에서 80세 이상의 노인들에게 연회를 베풀다.

9. 7. 황희를 영의정부사로 삼다.

9. 24. 살곶이에 행차하여 매사냥을 보다.

10. 19. 북경에 가는 사람들이 금과 은을 가져가는 것을 금하게 하다.

10. 25. 세자가 학문을 익히는 데에는 부지런하나 강용한 기질이 없음을 지적하다. 이어 활쏘기·말타기로 기력과 체질을 기르는 것이 좋겠다며 세자의 사부에게 이르라 하다.

11. 20. 이징옥의 직첩을 거두고 외방에 부처하라 명하다.

• 사신 윤봉이 민가의 개를 끌고 가자, 이징옥이 이를 주인에게 돌려주고 잡았던 해청도 놓아 준 일이 있

었다.

12. 9. 야인 400여 기(騎)가 여연의 경내에 쳐들어와 사람과 물건을 끌고 가다. 이에 강계절제사 박초가 추격해 사람과 마소 일부를 탈환하다.

12. 13. 최윤덕이 여연 등지에 성을 쌓고 방어할 것을 청하다.

12. 18. 지중추원사 이천이 배를 견고하게 만들 방법을 진언하자, 윤득홍과 함께 만들어 보라 이르다.

12. 22. 경연에서 의심나고 어려운 게 있어 경연관들에게 물었으나 아무도 대답하지 못하다. 이에 알지 못함을 혐의쩍게 생각하지 말라 이르다.

세종 15년(1433)

1. 1. 근정전에 나아가 회례연을 의식에 따라 베풀었는데 처음으로 아악을 사용하다.

• 이 기사에서, 송나라 휘종이 보내 준 악기들이 난리를 거치며 손실된 상황, 박연이 이를 복원하려고 노력한 것 등에 대해서도 서술했다. 또 세종이 경(磬)의 한 음이 다르다고 지적하기도 하였는데, 박연이 살펴보니 가늠한 먹이 남아 있었기 때문이었다. 이 먹을 다 갈아 내자 정확한 음을 냈다고 한다.

1. 4. 상정소 도제조 황희 등이 새로 편찬한 《경제속육전》을 올리자, 주자소에 명해 인쇄하라 이르다.

1. 9. 평안도 감사가, 지난번 여연·강계 싸움에서 전사한 사람이 48명이라고 보고하다.

1. 11. 여연의 변을 일으킨 야인들에게 무위(武威)를 보이려 한다는 뜻을 밝히자, 황희 등이 마땅하다 답하다.

1. 12. 의금부 조서강을 여연·강계에 보내 패전 상황을 조사하게 하다.

1. 13. 여연·강계 인민들을 구휼할 방법 등을 의논하고, 군기감 등으로 하여 무기를 만들게 하

다.

2.2. 학자들에게 특정 분야의 전문가가 되기를 희망한다고 말하다.

2.8. 공조참판 신참이 과음으로 졸하다.

2.21. 신하들을 불러 병장 잡물의 수량, 기병과 보병의 규모, 도강 방법 등을 구체적으로 논의하다. 최윤덕·이순몽·최해산을 장수로 선정하다.

• 이후 자주 작전 회의를 열었다.

3.3. 동궁의 딸이 죽다.

3.5. 무릇 사람이 죄에 빠지는 것은 그 법을 알지 못하기 때문이라며, 조속히 《육전》을 인쇄하여 반포하라 지시하다.

3.7. 최윤덕이 사람을 보내 자신의 구상을 밝히자 대부분 수용하다.

• 그동안 작전 회의에서 의논한 것과 많이 달랐다.

3.11. 조회에 들어올 때 대개 걸음을 느리게 하는 하는 이가 많다고 지적하다. 이는 불공한 듯하다며 걸음을 빨리할 것을 명하다.

3.14. 의논 끝에 원정군을 15,000명으로 하다.

3.19. 야인을 토벌하는 일을 종묘와 사직에 고하다.

3.22. 집현전 부제학 이선을 보내 북정의 장졸에게 교서를 반포하다.

3.22. 박연이, 제악에 쓰는 관복의 제도를 올리다.

4.2. 상호군 김을현을 북경에 보내 북정과 관련한 주본을 올리다.

4.8. 인력으로 도는 수차를 모두 없애라 이르다.

4.25. 평안도 감사 이순몽이 승전을 알려오다.

5.2. 권맹경·박이녕이 건주위에서 돌아와 승전을 아뢰다.

5.3. 황희·맹사성·권진·허조 등을 불러 승전 후의 방비 등을 의논하다.

5.5. 평안도 도절제사 최윤덕이, 평양 소윤 오명의를 보내어 야인 평정을 하례하는 글을 올리

다.

5.7. 승전을 종묘에 고하고 황제에게 주달하게 하다.

5.7. 평안도 도절제사 최윤덕이, 박호문을 보내 자세한 상황을 보고하다.

5.8. 병조에서, 경상도 양산군 가아진의 옥룡연과 안강현 형제포의 온지연, 전라도 나주의 현도가 용이 있는 곳이라 아뢰다. 이곳에 나무 울타리를 쌓고 흰 암말을 골라 들여보내 시험케 할 것을 청하니 따르다.

5.8. 평안도 도절제사에게, 생포한 이들 중 장정은 참하라 지시하다..

5.16. 최윤덕을 우의정으로 삼다.

5.17. 전사자 처리를 명하다. 군관에게는 쌀과 콩 각 5석을, 군졸에게는 3석씩을 내리고 5년간 복호하게 하다.

5.26. 근정전에서 잔치를 베풀고 출정한 장수들을 위로하다.

6.9. 성균관 직강 김말과 집현전 부수찬 남수문에게 명해, 대군들에게 글을 가르쳐 주게 하다.

6.9. 올량합 16명이 여연에 침입해 남녀 각 1명씩을 죽이다.

6.9. 정초·박연·김진 등이 새로 만든 혼천의를 올리다.

6.11. 《향약집성방》을 완성하다. 임금의 명을 받고 권채가 서문을 쓰다.

6.14. 임영대군의 아내 문제를 논의하다.

• 12세가 넘었는데도 오줌을 싸고 혀가 짧고 행동이 놀라고 미친 듯했다고 한다.

6.21. 최윤덕을 불러 평안도로 다시 가서 야인들을 제압하라 명하다.

7.3. 최양선이, 경복궁 북쪽 산이 주산이 아니라 승문원 자리가 주산이라며 창덕궁을 승문원자리로 옮길 것을 청하다.

7.9. 황희·신상·안숭선이, 임금의 명에 따라 목멱산에 올라 풍수가들의 의견을 물으니 최양

선의 의견에 동의하는 이가 2명, 반대하는 이가 3명으로 갈리다.

7. 10. 유학자들로 하여금 지리의 설을 강구하여 밝히게 하겠다고 하다.

7. 15. 황희·신상·안숭선 등에게, 삼각산 보현봉에 올라 산의 내맥을 살피라 명하다.

7. 15. 예조 좌참판 권도가 풍수학을 비판하자, 정통 경서가 아니어서 허황됨이 없지 않으나 아주 버릴 수는 없다고 하다.

7. 18. 직접 백악산 중봉에 올라 삼각산 내맥을 살펴보다. 이어 봉황암으로 내려와서 승문원 산맥의 형세를 살피다.

7. 18. 허조가, 최양선의 망령됨에 죄를 내릴 것을 청하자, 최양선의 말은 그가 공부한 것을 가지고 한 것이니 실로 충성에서 나온 것이라며 듣지 않다.

7. 19. 유구국의 배 짓는 기술자가 작은 배의 모형을 만들어 올리다.

7. 21. 그동안 검토한 것을 토대로 경복궁의 지리적 약점을 막기 위한 여러 가지 안과 수리 등에 대하여 제안하다.

7. 21. 권도의 상언에 대하여 망령된 말을 한 혐의로 박연을 파직하다.
• 지난 7월 15일에 있었던 상소와 관련이 있는 일이다.

7. 29. 황희·신상·김자지 등이 경복궁은 명당자리를 얻어 있음을 아뢰다.

8. 3. 강녕전을 고쳐 짓기 위해 동궁으로 거처를 옮기고 왕세자는 종학으로 옮기다.

8. 11. 성심으로 귀순해 오면 포로들을 돌려보내고 전처럼 대접하겠다고 전하라고, 최윤덕에게 지시하다.

8. 11. 대제학 정초·지중추원사 이천·제학 정인지·응교 김빈 등이 혼천의를 올리다.

8. 13. 집현전에 명하여, 조선의 납세·부과금·부역·농업·잠업 등의 일을 채집해 실상을 그리고 노래로 찬사를 써서 칠월시로 만들라 이르

다.

윤8. 1. 세자가 조회에 들어올 땐 의장을 차리지 말고, 서연관과 익위사 2명만 데리고 들어오게 하라 이르다.

윤8. 7. 처녀 11명을 불러 중궁과 함께 임영대군의 배필을 고르다.

윤8. 10. 건주위에서 얻은 고명·사람·가축 따위의 물건은 모두 돌려주고, 이후로 사이좋게 지내라는 황제의 칙서가 오다.

윤8. 29. 중국 유학의 필요성을 거론하며, 북경의 국자감이나 요동 향학에 입학할 것을 청하는 게 어떤지를 묻다.

윤8. 29. 허조가, 풍수가들의 주장에 따라 경복궁에 못을 파는 일을 정지시키는 것이 어떠한지 아뢰자, 사대부들이 집에서는 귀신이나 풍수를 따지면서 조정에만 나오면 모두 고상한 이론을 가지고 배척한다고 불평하다.

9. 16. 장영실의 출생 등에 대해 말하면서, 그가 아니었으면 자격루를 만들기 어려웠을 것이라 이르다.

9. 17. 중국에 보낼 유학생들의 자격에 대해 논하다. 총명하다면 시골 백성의 자제도 좋겠다는 의견을 제시하자, 황희·안숭선 등은 중국에 웃음거리가 된다며 재주와 행실이 있는 사대부집 자제로 할 것을 주장하다.

9. 22. 지신사를 도승지로, 대언을 승지로 개칭하다.

9. 23. 강녕전이 낙성되어 세자와 세자빈이 동궁으로 돌아오다.

9. 23. 병조에서, 외국의 사신이 올 때에는 궁문 파수를 보는 군사들에게 색깔 있는 갑옷을 입게 하고 그 수효도 늘릴 것을 청하다.

9. 27. 평강 등지에서 강무하다.

10. 4. 사냥하다 진흙에 빠진 왕세자를 도와준 마변자 등에게 옷과 활을 내리다.

10. 13. 창성·이상·장봉이 칙서를 받들고 왔는데, 칙서에 요리를 잘하는 여자 여남은 명과 해

청 두어 마리를 보낼 것을 요구하다.

10. 20. 부민 고소 금지법과 관련해, 원칙은 옳으나 고소는 할 수 있게 하여 억울함을 풀게 하되 수령의 오판에 대해서는 치죄하지 않는 게 어떤지를 묻다.

10. 23. 허조가, 존비의 구분을 상하게 해서는 안된다며 예전의 주장을 거듭하다. 그가 물러가고 난 뒤 안숭선에게 허조는 고집불통이라고 불평하다.

10. 24. 백성의 원통함은 들어 처리해 주되 관리에게 죄주지 않는 것을 기본으로 정하다.

11. 17. 이징옥 등의 직첩을 도로 내주다.

12. 5. 술을 경계하는 교서를 족자로 만들어 각 관아에 걸게 하다.

12. 12. 함길도 도체찰사 하경복이 하직하자, 경원·영북진에 목책을 강화하고 남쪽 주민들을 이주시킬 문제를 말하다.

12. 13. 박안신이 칙서를 가져오다.

• 칙서에는, 더 좋은 개를 보낼 것, 인삼을 더 보낼 것, 자제 유학의 뜻은 가상하나 너무 머니 본국에서 공부하는 게 나을 것 등이 있었다. 이 중 유학이 좌절된 것에 대해 아쉬워했다.

12. 18. 김종서에게 함길도 감사를 맡기다. 김종서가 사조(辭朝)할 때 털옷과 털모자를 내리다.

12. 27. 양녕을 부르자 다시 반대 상소가 올라오다. 이에 다시는 이러한 봉장을 접수하지 말라 명하다.

세종 16년(1434)

1. 6. 김종서가 건의한 경원부·영북진 입주자의 배정과 성벽 축조군의 배정 등에 대해 논의하다.

• 김종서의 건의를 거의 받아들였다.

1. 23. 첨지중추원사 이백관이 큰 개 20마리와 인삼 1,000근을 가지고 북경으로 가다.

1. 24. 신문고를 승문고로 고치다.

2. 6. 왕세자를 데리고 평강 등지에서 강무하다.

2. 6. 첨지승문원사 이변·이조정랑 김하 등이 《직제소학》을 질문하러 요동으로 떠날 때 베 11필, 인삼 5근을 주다.

• 이변이 한어에 능통하게 된 과정도 적혀 있다.

2. 11. 왕세자가 노루를 쏘아 잡다.

2. 14. 김종서가 도체찰사 하경복·부사 심도원·영북진 절제사 이징옥 등과 경원·영북진의 지형을 살피고 축성 계획에 대해 글을 올리다.

2. 25. 병조에서 기존의 목제를 폐하고 철제로 마패를 제조할 것을 청하니 따르다.

3. 8. 2품 이상의 관원들이 전정에 나와 배례할 때 상참의 예에 따라 초석을 깔게 하다.

3. 17. 집현전 관원들에게 경사자집을 나누어 주어 강독하도록 하다.

• 어디까지 보았는지를 매일 기록하게 하였고, 매달 당상관이 시문의 글제를 내어 시험을 보도록 했다.

3. 26. 새로 주조한 종을 광화문에 달다.

4. 2. 이징옥이, 동맹가첩목아의 아우를 칠 것을 주장했으나 김종서가 반대하다.

4. 8. 왕은 전하, 중궁은 왕비, 동궁은 세자, 대궐은 왕부, 대군은 왕자, 공주는 왕녀, 부마는 의빈, 영공은 재상으로 일컫도록 명하다.

4. 26. 사역인의 아내가 아이를 낳으면 그 남편도 30일간 쉬게 하라 명하다.

5. 24. 각 도의 수령에게, 경내의 관사 배치와 산천 내맥, 도로의 거리와 이웃 고을의 사표를 그림으로 그려 감사에게 올리라 명하다. 또 감사는 각 주·군을 차례로 이어 붙여 올려서 참고할 수 있게 하라 이르다.

5. 27. 전의감·혜민국·제생원의 각 1인을 각 도에 보내 제약과 구료를 담당하게 하다.

6. 11. 예조에서, 활인원의 열병 앓는 이들에게 얼음을 줄 것을 청하다.

6. 25. 여진 문자를 이해하는 이를 뽑아 사역원에서 훈련시키고 통사로 임명토록 하다.

6. 26. 《자치통감훈의》를 찬집하도록 하다.

7. 1. 이날부터 새로 만든 누기를 쓰다.

• 새로 만든 누기(자격루)에 대한 상세한 설명이 있다. 김빈에 명해 지은 서와. 자격루 나무 인형이 북소리를 받아 광화문의 북을 치기까지의 경로에 대한 설명, 장영실이 동래현 관노 출신이라는 설명 등이다.

7. 2. 이천에게 활자 개량을 명했었는데, 마침내 인쇄 속도가 20배나 빠른 개량 활자가 이루어지다.

8. 11. 역산법을 아는 김빈 등 31인에게 명해, 《강목통감》에 실린 일식을 추산하게 하다.

9. 5. 《대학연의》를 종친 및 신하 들에게 나누어 주다.

9. 22. 《자치통감훈의》을 수찬하는 일로 인해 경연을 정지하다.

10. 2. 앙부일구를 종묘와 혜정교 앞에 설치하다.

11. 15. 예조에서, 어의가 될 만한 여아를 각 도에서 뽑아 올리게 할 것을 청하자, 흉년이 심하니 이듬해로 미루라 이르다.

11. 24. 《삼강행실》을 종친과 신하 들에게 내려주고 또 여러 도에 내려 주다.

12. 11. 윤회가 날마다 편찬된 《자치통감훈의》을 올리자 밤늦도록 오류를 교정하다.

12. 11. 중궁이 연을 타고 의장을 갖춰 모친을 찾아보다.

12. 24. 천추사 박신서가 칙서 3통을 갖고 오다.

• 반찬을 할 여인과 해청을 보내라는 것 등이 적혀 있었고, 야인들이 침노하려 한다는 정보도 있었다.

12. 26. 가려 뽑은 비자들을 궐내로 불러 반찬 만드는 법을 가르치게 하다.

세종 17년(1435)

1. 1. 근정전에 나아가 회례연을 열다. 왜인과 야인도 참여하다.

1. 15. 이후로 북경에 가는 사역원 출신자는 포

나 삼을 가지고 가서 약재를 무역해 오라 이르다.

1. 17. 이만주 휘하의 백호가 시위하기를 청하자, 이만주의 허락을 받고 오라며 허락지 않다.

1. 18. 오량합 2,700여 명이 여연성을 포위해 와 싸웠다는 평안감사의 급보가 오다.

1. 22. 100세 이상의 노인들에게 해마다 쌀 10석, 달마다 술·고기를 보내 주라 이르다.

1. 29. 진헌사 이숙묘가, 요동에 이르러 황제의 부음을 접하고 소식을 알려오자 반찬을 가르쳐 온 비자를 놓아 보내다.

2. 1. 최윤덕을 좌의정으로, 노한을 우의정으로 삼다.

2. 7. 통사가 돌아와, 지난 1월 10일 황태자가 즉위해 대사면령을 내렸고, 연호는 정통으로 정했다고 아뢰다.

2. 8. 진향사·진위사가 북경으로 떠나다.

2. 11. 우의정 노한과 동지중추원사 민의생을 북경에 보내 등극을 하례하게 하다.

2. 29. 1품에서 서인에 이르기까지, 상세한 혼례 절차와 의식을 정하다.

3. 4. 파원군 윤평이 숙신옹주를 친히 맞아 가다.

3. 27. 정흠지를 함길도 관찰사로, 김종서를 함길도 병마도절제사로 삼다.

• 김종서에게, 모든 방어와 관련한 분포·배치 등은 신임 관찰사와 더불어 상의해 시행하라 이르다.

3. 28. 이만주 관하의 천호 동화웅합의 남녀 10여 명이 귀화를 청하다.

• 이만주가 4월 10일경 침범하려 한다는 정보를 가지고 왔다.

4. 1. 몸이 불편해, 진양대군 이유가 사신 전별연을 대신 행하다.

4. 8. 양계에 화포 등을 공급할 대책을 지시하다.

4. 26. 사신 이충·김각·김복이 칙서를 받들고 처녀 종비 9명, 창가비 7명, 집찬비 37명을 데리

고 오다.

4. 27. 왕과 세자가 모두 편찮아서, 진양대군 이유에게 대신 잔치를 베풀게 하다.

5. 19. 예조판서 신상의 졸기.

6. 8. 《통감훈의》 찬집관들에게 잔치를 베풀고 시를 짓게 하다.

6. 15. 유모 이 씨를 봉보부인에 봉하다.

6. 21. 노인의 수를 조사하다.

• 경상도·전라도·강원도·함길도·황해도에 사는 90세 이상의 노인은 모두 614명이었다.

7. 1. 호삼성의 《자치통감》을 사 가지고 왔다 하여, 사은사의 통사인 신백온 등에게 의복 등을 내리다.

7. 6. 각 도의 영·진에 속한 군사에게 화포 쏘는 법을 연습하게 하다.

7. 15. 사신 이충의 아비 이호와 김각의 조카 사위에게 관직을 제수하다.

8. 2. 여연군을 승격시켜 부(府)로 삼고 진을 설치하다.

9. 3. 왕지라는 용어를 교지로 통일하다.

9. 7. 흉년이지만 하삼도의 성을 마저 쌓게 하다.

9. 12. 주자소를 경복궁 안에 두다.

9. 26. 병조에서, 함길도에 새로 설치한 각 참의 야인식 지명을 바꿀 것을 청하니 따르다.

• 경원의 호질가참을 마유로, 종성의 백안수소참을 무안으로 바꾸었다.

10. 23. 부엉이가 근정전에서 우니 해괴제를 행하다.

10. 28. 새로 만든 마패를 나누어 주고 구패를 회수하다.

11. 19. 상정소를 혁파하다.

11. 20. 지난 11월 11일, 올적합 400여 명이 알타리에 와서 14호를 불사르고 남녀 140여 명과 마소 445필을 데려갔다고, 함길도 도순검사가 급보하다.

11. 28. 양녕의 일을 더 이상 간하지 못하게 하

다.

12. 8. 양녕이 서울에 와서 친척들을 만나는 것을 막지 말게 하다.

12. 11. 황희가, 양녕의 금방(禁防)을 푸는 것은 옳지 않다고 간하자, 장차 서울에 와서 살게 할 것이라며 친속이 서로 보는 게 옳다고 답하다.

12. 13. 양녕의 일은 종사에 관계된 게 아니라 실덕한 때문이라며, 장차 서울로 불러 효령과 같이 대접할 것이라 이르다.

세종 18년(1436)

1. 6. 평안도와 함길도 감사에게 목면을 심도록 권하다.

1. 13. 함길도에 군량을 저장하게 하다.

1. 21. 김종서가 모친의 삼년상을 마치게 해 달라고 청했으나, 상복을 벗고 직책에 나아가라고 답하다.

2. 29. 지승문원사 정척에게, 화공을 거느리고 함길도·평안도·황해도 등에 가서 산천의 형세를 그려 오게 하다.

2. 30. 집현전에 명해, 역대 제왕의 인재 등용을 상고하여 아뢰게 하다.

3. 8. 강원도에서 강무하다.

3. 12. 윤회의 졸기.

4. 12. 의정부 직계제를 보완하다.

• 6조에서는 맡은 직무를 의정부에 먼저 품의하고, 의정부는 가부를 의논하여 왕에게 아뢴 뒤, 분부를 받아서 도로 6조에 돌려보내 시행하도록 했다.

4. 15. 유은지의 일가를 외방에 자원안치하게 하다.

• 두 딸이 각각 조카와 형부와 간통하는 등 일가가 온통 음탕하기로 유명했다.

4. 16. 광평대군과 금성대군이 성균관에 입학하다.

5. 7. 대군 이하 여러 왕자들이 공부를 게을리 한다고 걱정하다.

5. 9. 함길도 경차관 조수량이, 새로 설치한 4진의 백성 중 죽은 이는 3,200여 명이라며, 전날 하경복이 수만의 해골이 들판에 널려 있다고 한 것은 거짓이라 보고하다.

5. 12. 4진 신읍의 주민들에 대한 위로 조치를 논의하다.

5. 23. 평안도 감사가, 올량합 500여 기병이 여연 인근에서 남녀 14명·말 51필·소 34두를 붙잡아 가고 1명을 죽였다고 보고하다.

6. 6. 병조판서 최사강에게 명해, 이만주가 보낸 김갑노를 예조에 불러 질책하게 하다.

윤6. 2. 세쌍둥이를 낳은 아낙에게 쌀과 콩 10석을 주다.

윤6. 11. 집현전의 인원을 20명으로 줄이다.

6. 25. 앞의 여연 사변에 대한 책임을 물어 평안도 절제사 이각을 귀양 보내다.

7. 18. 김종서가, 야인을 반간(反間)으로 삼아 저들의 실상을 알게 할 것을 청하니 받아들이다. 다만 반간은 자신이 반간이 된 것을 스스로 알지 못하게 해야 할 것이라 이르다.

7. 29. 이계전과 김문에게 명해, 《통감》·《강목》의 훈의를 찬술하게 하고 유의손으로 하여 서문을 짓게 하다.

9. 7. 홀라온 올적합 8명이 회령에 이르러 남녀 9명과 말 1필을 노략하자, 이징옥이 즉시 12명을 보내 모두 되찾아 오다.

10. 1. 염장관을 폐지하고 수령이 겸직하게 하다.

10. 3. 지난 9월 26일에, 올적합 군사 3,000여 명이 경원 읍성을 포위해 위력 시위했다는 보고가 오다.

10. 5. 의정부에서, 토지의 등급을 나누어 수세할 것을 건의하니 따르다.

10. 12. 도절제사 김종서가, 지난 올적합의 경원성 포위에 대해 상세히 보고하다.

10. 16. 조종의 영토를 버릴 수 없다는 확고한 뜻을 밝히고, 장차 하삼도와 강원도의 백성을 옮겨 살게 할 뜻을 말하다.

10. 26. 측근의 신하를 물리치고 도승지 신인손과 동부승지 권채만을 가까이 불러, 두 번째 세자빈 봉 씨를 폐출하게 된 경위를 말하다.

11. 7. 대신들에게 추가로 봉 씨의 문제를 말하다.

11. 9. 김종서가, 내년 가을 정병 4,000명으로 야인을 치자고 청하는 글을 올리다. 아직 때가 아니라며 도승지에게 잘 봉해 두라 이르다.

11. 26. 김종서가, 범찰을 목 베자는 이징옥의 주장과 자신의 생각을 아뢰자, 김종서의 주장에 동의하며 경솔히 행동하지 말라 이르다.

11. 27. 이징옥에게 인후와 자애로 사람들을 복종시키라 전지하다.

• 야인들이, 이징옥을 일러 어금니가 있는 큰 돼지라 부르며 두려워하자 이런 전지를 내렸다.

11. 28. 생사에 관계된 형벌은 의정부에 보고해 시행하게 하다.

12. 1. 이만주가 토산물을 바치다.

12. 28. 양원 권 씨를 세자빈으로 삼다.

세종 19년(1437)

1. 3. 이조와 병조의 제수, 그리고 군국의 중대한 일을 제외하고 나머지 작은 일은 세자에게 맡기겠다는 뜻을 표했으나 승지들이 반대하다.

1. 9. 세자에게 업무를 이관하는 문제를 집현전으로 하여금 아뢰게 했는데 승지들이 강력히 반대하다.

2. 28. 양원 권 씨를 세자빈으로 책봉하는 의식을 갖다.

3. 10. 동궁으로 이어하고, 동궁은 경연청으로 옮기다.

3. 11. 김종서에게 비밀 답신을 보내, 야인을 토벌하는 것은 아직 때가 아니나 상대는 잘 파악하고 있으라 당부하다.

3. 27. 재위한 지 오래되었고 병이 많아 정사를

돌보기가 어렵다며, 세자에게 일부 정사를 맡기겠다는 뜻을 보였으나 대신들이 반대하다.

• 대신들은, '명이 두 군데서 나오면 안 된다. 태평성대에 세자가 섭정한 전례가 없다. 나이 마흔은 한창 일할 나이다.' 등의 이유를 들어 반대했다.

4. 2. 왕업을 일으킨 곳이라 하여 경원부를 큰 고을로 하게 하다.

4. 11. 김종서가, 알타리를 향도 삼아 야인을 토벌할 계획을 상서했으나 모두 반대하다.

4. 28. 일본이 매양 대장경판을 청하는 것에 대해 의논하다. 국보를 가벼이 남에게 줄 수 없으니 도성 근방의 절로 옮겨 보관할지를 여쭙자, 감사로 하여금 잘 검찰하고 수령이 맡아 더럽혀지거나 손상되지 않게 하는 게 좋겠다고 하다.

5. 16. 이만주가 칙서를 들고 국경 근처에서 기웃거리자, 정벌할 생각을 갖고 황희에게 의견을 물었는데 황희가 반대하다.

5. 20. 김종서에게, 두만강은 하늘이 저들과 우리 사이에 경계를 만들어 준 것이라며, 4읍을 튼튼히 세워 야인을 진정시키고, 때에 이르면 대의를 들어 적의 소굴을 소탕함이 옳겠다고 전교하다.

• 일부 대신들은 두만강이 아니라 마천령을 경계로 삼아도 족하다는 의견을 냈다.

6. 19. 야인 토벌책 16조목을 작성해 평안감사 이천에게 보내다.

7. 1. 범찰이 관하 16명을 거느리고 와 조현하며, 회령에서 30리 밖으로 물러나 살고 싶다는 뜻을 아뢰다.

7. 1. 평안도 절제사에게, 군사를 일으키려면 상대를 제대로 정탐한 연후라야 한다고 전교하다.

7. 11. 변방 방어와 축성에 수고로운 함길도 백성의 조세를 감면하다.

7. 17. 회령·종성·공성에 학교를 설치하고 회령엔 교도를 임명하다.

7. 17. 평안도 도절제사 이천이 이만주 무리를 소탕할 계책을 올리다.

7. 18. 평안도 도절제사에게 토벌 지침을 내리다.

7. 19. 평안도에서 파견한 정탐 요원 9명 중 이춘부 혼자만 탈출해 돌아오다.

7. 23. 백성에게 《농사직설》의 경작법을 권유하도록 각 도 감사에게 명하다.

8. 4. 의정부와 6조, 2품 이상의 관원이 문안 인사를 오다.

• 세종이 아팠기 때문이다.

8. 6. 김종서에게, 4군의 형세와 앞으로의 추세를 보고토록 하고 변장들에게도 경거망동하지 말 것을 명하다.

8. 14. 이천에게, 야인 수괴 이만주를 잡는 데 주력하라 이르다.

8. 21. 송희미는 자결하게 하고, 조석강에게는 장형을 내리고 유배하다.

• 작년 10월, 올적합이 경원성을 포위했을 때, 성문을 닫고 나가 공격하지 않았을 뿐 아니라 성 밖 사람들이 잡히고 죽임을 당할 때도 절제사 송희미는 수수방관했다. 또 조석강은, 김종서의 명을 받고도 즉시 구원에 나서지 않고 추격도 하지 않았다. 이 죄를 물은 것이다.

9. 4. 양계에 이주한 백성의 조세를 감해 주다.

9. 11. 세자로 하여금 강무를 대신하게 하려 했으나, 승지들이 반대하다.

9. 12. 무예를 익히는 데 모구(毛毬)만한 게 없다며, 세자로 하여금 매일 군사를 거느리고 모화관에 나아가 모구를 쏘게 하다.

9. 14. 평안도 절제사 이천이, 군사를 3군으로 나누어 야인 토벌에 나섰음을 고하다.

9. 22. 이천이 승전보를 전해 오다.

• 사살하거나 포로로 잡은 이가 60여 명이었다. 대부분은 도망간 상태였다.

9. 27. 병조의 건의에 따라, 시위 군사가 갑옷 안에 입는 옷을 흰색에서 아청(鴉靑)으로 바꾸게 하다.

10. 1. 올량합 도아온과 유보아간이 한데 모여

살게 되면 그들의 힘이 커진다며, 김종서가 반대하다.

10. 17. 우의정 노한이 이천의 공을 무시하는 발언을 하자 파면하다.

10. 19. 명을 어기고 양녕을 탄핵한 사헌부 지평 이영상을 국문하라 명하다.

10. 20. 함길도 순검사 심도원이 경원성·경흥성을 쌓고 돌아오다.

10. 21. 이영상의 고신을 거두다.

10. 23. 강독하다가, 주자와 관련해 주자의 말이라도 다 믿을 수는 없다고 하다.

10. 24. 의정부에 찬성을 하나 더 두도록 하여, 좌찬성·우찬성 체제를 갖추다.

11. 1. 이천과 그의 군관에게 잔치를 내리다.

11. 29. 바람에 견디는 볍씨를 시험하게 하다.

12. 13. 지난 12월 11일, 야인 3,000기가 벽동에 침입해 벽단 목책(碧團木柵)을 불태우고 돌아갔다고 평안감사가 급보하다.

• 이때 추격대가 강 건너 30리까지 쫓아가 싸우다가 패했다. 남은 군사가 적에게 포위를 당했는데 지창성 군사 김자웅이 300기를 거느리고 구원을 왔다.

12. 22. 김종서가, 인보법을 시행할 것을 청하다. 이에 황희가 민심의 소요가 우려된다며 반대했으나, 백성을 보호하기 위한 것임을 잘 설명해 시행하라 이르다.

세종 20년(1438)

1. 5. 양녕을 서울 집에 들어와 살게 하고 때때로 우애의 정을 펴겠다고 하다.

1. 6. 의정부와 6조에서, 양녕을 물리칠 것을 청하자 형을 위해 책망을 달게 받겠다며 거부하다.

1. 7. 장영실이 흠경각을 완성하다.

1. 8. 대간이, 양녕에게 하사한 구종(驅從)을 거두어들이고 서울에 살지 못하게 할 것을 청했으나 듣지 않다.

1. 12. 함길도·평안도에 개털 가죽을 보내어, 변방 각 진성을 순찰하는 병사들이 털옷을 입을 수 있게 하다.

2. 1. 김종서에게, 4진을 설치하자 홀라온이 스스로 와 조회하는 것이 기쁘다고 말하다. 다만 여럿이 오면 공궤하는 비용이 많이 드니, 높고 낮음이나 세력의 강함을 따져 조회에 올려 보내라 이르다.

3. 1. 김종서에게, 모친상을 당한 이징옥을 대신해 경원까지 다스리게 하다.

3. 2. 《태종실록》을 보아도 괜찮은지 물었으나, 황희·신개 등이 당 태종의 사례를 들며 반대하자 보지 않다.

3. 3. 이조에 전지해, 4진에 있는 백성의 자제들을 가려 서울에 와서 벼슬하게 하다. 또 경재소를 설치해 풍속을 살피게 하다.

3. 23. 김종서가, 이징옥이 오랜 풍증으로 건강이 악화된 상태라며, 김효성을 추천하다.

3. 28. 죄를 범해 천역을 받은 자라도 60세가 되면 역을 면제토록 하다.

4. 6. 의정부·황해도에는 대나무가 없다며, 충청도의 대나무를 옮겨 심어 볼 것을 청하니 따르다.

4. 12. 전시에 장원한 하위지의 답지로 인해 사헌부 전원이 사직을 청하다.

• 하위지가, 흥천사 중수 공사를 간하지 않은 대간을 비판했다.

4. 18. 예조에서, 각 도와 제주에 암양 4마리와 숫양 2마리를 보내 10년간 번식토록 할 것을 건의하니 따르다.

4. 21. 사형수들을 시켜 적의 소굴을 정탐케 하다.

4. 23. 승지 허후가, 임영대군에게 기첩을 허락한 일을 철회할 것을 청하다.

4. 28. 서무 일부를 세자에게 이양할 문제를 제기하며 자신의 몸 상태를 설명하다.

• 이때 세종은 소갈증과 부종에 시달리고 있는 상태

였으며, 임질·무기력에 의한 기억력 감퇴 등을 호소했다.

4.29. 편치 않자, 2품 이상이 문안하다.

5.9. 평양 등에서 1,000호를 추려 변경 마을에 이주하게 하다.

5.19. 허조를 우의정으로 삼다.

5.27. 세자에게 서무를 이관할 뜻을 승정원에 비치다.

7.1. 동창 등이 와서 토산물을 바치고 조선 규수와 혼인하고 싶다는 뜻을 보이다.

7.8. 춘추관에서, 신우와 신창을 폐왕우·폐왕창으로 표기할 것을 청하니 따르다.

7.29. 김종서가, 동맹가첩목아가 죽은 뒤 범찰이 중심에 섰다는 보고를 올리다.

8.6. 양계를 제외한 각 도 감사의 임기를 2년에서 1년으로 줄이기로 하다.

9.5. 경상도 채방별감 장영실이, 창원·울산·영해·청송·의성 등의 동철과 안강현의 연철을 바치다.

10.1. 황희 등에게 명하여, 풍수학관을 데리고 수릉 자리를 헌릉 옆에 살펴 정하게 하다.

10.4. 맹사성의 졸기.

11.4. 의정부에서, 연소자를 풍수학에 소속시켜 지리를 교습받게 할 것을 청하다.

11.12. 사헌부에서, 효령대군이 불도를 숭상하는 조짐이 있다며 금지할 것을 청하자 병 때문에 행하는 것이라며 거절하다.

11.14. 김종서가 글을 올려, 북방에서 어명을 받든 지 6년이 된다며, 돌아가 여생을 마치게 해 달라고 청하다.

12.24. 형조참판 정인지에게, 중추원사 권제·부제학 안위와 함께 사대문서(事大文書)를 맡아보게 하다.

세종 21년(1439)

1.13. 경연에서, 작은 사무는 장차 세자에게 위임하겠다고 하다.

1.22. 판강계부사 최해산의 고신을 빼앗고 여연으로 귀양을 보내다.

1.22. 공조에서, 상의원의 공장 정원을 늘려 줄 것을 청하니 수락하다.

1.23. 김종서가, 아내의 병 때문에 소명을 받고 서울로 오다.

1.27. 동창을 가선대부 시위사 상호군으로 삼다.

2.3. 안태사 안순이 동궁의 태를 받들고 경상도 기천으로 가다.

2.4. 경상우도 절제사가, 대마도 왜적들이 조만간 중국으로 도적질을 가려 한다는 정보를 보고하다.

윤2.2. 의정부에서, 문무관 1품의 아내를 정숙부인에서 정경부인으로 고칠 것을 청하다.

윤2.11. 의정부가 병조의 보고에 의거해, 함길도에서 양천(良賤) 간에 혼인이 많으니 모두 이혼하게 할 것을 청하다.

윤2.19.~2.28. 철원 등지에서 강무하다.

3.19. 처녀 11인을 사정전에 모아 놓고 친히 간택하다.

4.5. 평안도 영변부에 기녀 60명을 두기로 하다.

4.7. 함길도 관찰사가, 판회령도호부사 박호문이 백성을 죽였으니 율법에 의거 죄를 주라 청하다.

5.3. 내자시의 여종 및 인수부의 여종과 간통한 임영대군의 직첩을 빼앗다.

5.10. 하삼도의 부강한 향호들을 함길도로 들여보내게 하다.

5.25. 정흠지의 병이 중하므로 얼음 1정을 내려 주다.

6.11. 황희가, 노환을 이유로 사직을 청하자 집에 누워 대사를 처결할 수 있도록 하다.

6.12. 허조를 좌의정으로, 신개를 우의정으로 삼다.

6. 16. 정흠지의 졸기.

6. 17. 최해산을 석방하다.

6. 21. 갖가지 병을 말하며 세자에게 강무를 위임하겠다고 하자, 승지들이 반대하다.

6. 24. 광평대군의 집으로 이어했다가 다음 날 돌아오다.

7. 3. 계속해서 세자에게 강무를 위임할 뜻을 밝혔으나, 대신들이 강경하게 반대하다.

8. 6. 김종서에게, 공험진의 위치와 윤관이 세운 9성이 어디인지를 조사해 보고하라 하다.

9. 2. 이징옥과 김효성을 대신하여 경원을 지킬 장수가 있는지 묻다.

10. 5. 허조가, 내이포에 왕래하는 왜인의 수가 늘어나는 것에 대해 경계의 말을 올리자, 통신사가 돌아오면 대책을 세우라 이르다.

10. 8. 흉년이 든 경기도에 충청도 국고 30,000석을 보내 진휼토록 하다.

10. 14. 야인 추장이 서울로 들어올 때, 수종하는 자를 2~3명으로 제한토록 하다.

10. 26. 동궁의 동랑에 불이 나다.

10. 28. 함길도의 신설 고을에 《시경》·《서경》·《춘추》를 보내게 하다.

11. 3. 가택 연금 상태인 임영대군이 중궁을 보고 싶다 하여 궁궐 출입을 허락했는데, 내자시의 종 가야지와 다시 간통하다. 이에 가야지를 남해현의 관비로 보내다.

11. 12. 박호문이, 회령에 입거한 500호 중에서 7년 동안 정군 150여 명이 도망가고 관중에 저축된 것이 없다고 보고하다. 이에 다른 진의 도망자 수를 보고하라 명하다.

11. 29. 형조의 의견에 따라, 죽은 시체를 제외하고 산 사람의 경우에는 상처의 깊고 얕음을 재지 말게 할 것을 청하니 받아들이다.

12. 4. 목조 이하 왕실 자손은 모두 양민이 되게 하라 명하다.

12. 4. 형조의 의견에 따라, 종묘·사직의 제사로 인해 서계하는 날, 제사 지내는 날, 왕·왕비·세자의 탄일, 단오·중추·중양절에는 사형을 금하기로 하다.

12. 10. 김종서가 도망자 수에 대해 보고하다.

• 경원은 없고, 경흥 20호, 종성 13호, 회령 152호가 도망했다. 회령이 많은 이유는 이징옥이 방비는 잘하나 위무(慰撫)는 잘하지 못했기 때문이다.

12. 28. 허졸의 졸기.

세종 22년(1440)

1. 17. 함길도 도절제사 김종서가 상언하여, 자신을 둘러싼 풍문들에 대해 억울함을 토로하다.

2. 22. 황보인을 평안도·함길도 도체찰사로 삼아 장성을 쌓는 계획을 세우다.

3. 2. 중궁이 충청도 온수현의 온천에 거둥하다.

3. 15. 이숙번의 졸기.

3. 18. 형조참판 고약해가 수령 6기법을 무례하게 아뢰다 탄핵당하다.

4. 3. 영의정 황희와 우의정 신개에게 초헌을 주면서, 이제부터 2품 이상은 초헌을 타게 하라고 예조에 이르다.

6. 5. 홍제원 길가에서 여자 시체가 나오자 조사를 명하다.

6. 9. 평안도 경차관 김광수가 도절제사 이천 등의 근무 행태를 고하고 처벌을 청하다.

6. 10. 좌찬성 이맹균이, 홍제원 길가의 여자 시체는 자기 집 여종이라고 아뢰다.

• 이맹균이 여종을 가까이하자 아내가 질투해 때려 죽인 것이다. 이에 이맹균을 파면하고 황해도로 폄출했다.

6. 19. 김종서를 대신할 사람을 의논하니, 모두들 좌부승지 이세형을 천거하다.

6. 25. 젊고 총명한 자를 골라 의방을 익히게 하다.

6. 26. 김종서가, 동창과 범찰 등이 300호를 거

느리고 파저강으로 도망했다고 보고하다.

7.5. 범찰 등이 도망한 일은 김종서의 탓이 있다며, 해임시킬지를 의논하라 이르다.

7.17. 평안도·함길도 도체찰사 황보인이 김종서의 해명 편지를 들고 돌아오다.

7.18. 박호문을 조사토록 하다.

7.19. 김종서의 주장은 받아들이면서, 다만 지나치게 위엄으로만 대해 범찰을 도망가게 한 것은 실책이라고 하다.

7.21. 경계를 소홀히 한 책임을 물어 이천을 파직하고, 휘하 절제사들은 곤장형 등에 처하다.

7.22. 이징옥을 중추원사 겸 평안도 도절제사로 삼다. 이천은 천안으로 유배하다.

8.17. 성문 밖으로 나가는 거둥 시에, 황보인은 항상 호종할 것을 명하다.

8.21. 이맹균을 석방하다.

8.26. 박호문을 장 100대에 처하고 여연으로 귀양 보내다.

8.30. 이맹균의 졸기.

• 이맹균은 이색의 손자다. 석방되어 서울로 돌아오는 길에 개성에서 졸하였다.

9.30. 범찰에게 경원으로 돌아가라 했으니, 구원을 풀고 해하지 말라는 칙서가 오다.

10.1.~10.10. 평강 등지에서 강무하다.

10.8. 함길도 도절제사 김종서에게, 고하지 않고 군사를 출동시켜 위력 시위를 한 것은 부당한 처사라는 전지를 보내다.

10.12. 황희의 서자 황중생이 궁궐의 물건을 훔치다.

12.3. 김종서를 형조판서로, 이세형을 함길도 도절제사로 삼다.

12.20. 황보신의 죄는 장 100대·유삼천리·자자형에 해당한다고 하자, 자자는 면제하고 장 100대와 유삼천리는 속전으로 내게 하다.

12.27. 이후로는 대소 연회에 양녕이 들어와 참여하게 하라 이르다.

12.28. 사정전에서 나희(儺戲)를 베풀다. 후궁들도 발을 드리우고 밤늦도록 관람하다.

세종 23년(1441)

1.6. 첨지중추원사 박연이 제악에 대해 건의하다.

1.10. 진양대군 이유와 안평대군 이용도 궁중에서 강독하게 하고 집현전 관원에게 가르치게 하다.

1.15. 의정부에서, 2품 이상이 타는 초헌에 덮개를 설치하게 할 것을 청하니 따르다.

• 모양에 대해 자세한 설명을 기록했다.

1.19. 함길도 방어책은 항상 김종서와 의논하게 하다.

2.28. 최해산의 고신을 돌려주라 이르다.

3.11. 조중생이 훔친 재물은 장물로 환산하면 94관에 이르러 참형에 처하다.

• 조중생은 곧 황중생이다. 지난 절도의 건으로 황희가 성을 바꾸게 했다.

5.15. 중들로 하여 이천 온천에 욕실을 짓게 하다.

5.18. 길주 이남민들 1,600호를 이북으로 사민하게 하다. 빈자리에 경상도에서 600호, 전라도에서 550호, 충청도에서 450호를 옮겨다 채우게 하다.

6.9. 최양선이, 경복궁은 명당자리가 아니라며 옮길 것을 청하자, 풍수학제조 예판 민의생과 지중추원사 정인지가 반박하고 최양선을 벌할 것을 청하다.

6.11. 호조참판 황치신이, 몰수된 아우 황보신의 땅과 자기의 척박한 땅을 바꿔 바쳐 파면되다.

6.14. 종부소윤 김맹현이, 양녕의 정자가 지극히 장려하여 창덕궁을 누른다며 헐어 버릴 것을 청했으나 듣지 않다.

6.28. 지중추원사 정인지에게, 중국과 우리 역사에서 징계할 만한 것, 권할 만한 것을 추려

볼 수 있게 하라 명하다.

• 제목은 《치평요람》으로 하게 했다. 집필은 집현전 학사들에게, 감독은 진양대군에게 맡겼다.

7. 3. 조회 시, 시위 군사들은 갑옷을 입게 하라 이르다.

7. 23. 왕세자빈 권 씨가 원손을 낳다. 이에 황희가 집현전 부제학 이상을 영솔해 진하하다. 대사면령의 교지를 읽는데 전상의 대촉(大燭)이 땅에 떨어지다.

7. 24. 왕세자빈 권 씨의 졸기.

7. 25. 자선당 밖에 동궁을 새로 지어 살게 하다.

8. 12. 임영대군 이구가 여자 둘을 남장시켜 광화문으로 들어오게 하려다 들통 나 직첩과 과전을 압수당하다.

8. 16. 영의정 황희에게, 1일과 16일 외에는 조회에 참여하지 말라 이르다.

8. 18. 호조에서, 서운관과 외방 각 고을에 측우기를 설치하게 할 것과 한강에 수표를 세워 수량을 측정할 것을 청하다.

9. 7. 왕세자빈의 시호를 현덕이라 하다.

9. 12. 유은지의 졸기.

9. 21. 현덕 빈의 장례를 치르다.

10. 2, 10. 10, 10. 13. 금성대군 이유의 집에 거둥하다.

11. 22. 북방에 장성을 쌓는 문제, 왜인이 고초도에서 고기잡이를 청한 문제에 대해 논의하다.

• 장성은 먼저 석보를 쌓은 뒤 점차 증축하기로 하고, 고초도에서의 고기잡이는 허락하되 세금을 받기로 했다.

윤11. 3. 경상도 맹인 김학루가 점을 잘 친다 하여 불러 보고는 집을 하사하다.

윤11. 6. 우의정 이계선이, 하삼도 백성을 옮기는 일에 대해 백성의 원망이 가득하다며 시간을 두고 천천히 옮길 것을 청하다. 이에 백성의 원망을 피할 생각만 하고 세월을 허비해서야 되겠느냐며 힐난하다.

윤11. 20. 오량합 400여 명이 여연을 침략하다.

11. 22, 11. 23, 11. 25, 11. 27, 11. 28. 광평대군 집에 거둥하다.

세종 24년(1442)

1. 10. 하삼도 백성을 함길도로 이주시킬 방책을 의논하라 명하다.

1. 26. 이세형에게, 알타리들의 부역에 대한 의심을 풀어 주라 이르다.

2. 6. 의정부의 건의에 따라, 하삼도와 황해도에서 3,000호를 뽑아 평안도에 사민하다.

2. 8. 함길도 도절제사에게, 흉년을 겪은 알타리들에게 군자미를 풀어 구제토록 하다.

2. 14. 사역원 도제조 심개 등이, 사역원 녹관들은 원내에서는 중국어만 쓰게 하고, 기타 몽고어·왜어·여진어의 학도들도 또한 그렇게 하도록 청하자 따르다.

2. 21. 온정에 간 사이 흥천사 사리각 경찬회를 열도록 하다.

3. 1. 태조가 왜구를 소탕한 운봉 전투에 대해 말하며, 당시의 출전자들을 찾아 정확히 기록하게 하다.

3. 2. 태조의 잠저 시절의 신성(神聖)·용무(勇武)한 행적이 《실록》에 너무 간략히 서술되어 있다며, 노인들에게 그때 일을 물어 기록하도록 하다.

3. 12. 집현전 직제학 이선제에게, 흥천 사리각 경찬소문(慶讚疏文)을 지어 올리게 하다.

3. 13. 강원도 이천 온정에 거둥하고 강무도 거행하다.

3. 15. 강원도 관찰사 조수량에게 진기한 새를 바치게 하였는데, 영흥대군을 즐겁게 하기 위함이다.

• 영흥대군은 세종의 8남으로, 뒤에 역양대군, 다시 영응대군으로 개봉되었다.

3. 16. 온정에 이르다.

3.21. 목욕을 시작하다. 광대를 시켜 담장 밖에서 매일 풍악을 연주하게 하고 신하들도 관문 온정에서 목욕하게 하다.

3.24. 흥천사 경찬회를 갖다.

• 이때 공양에 참여한 중이 만 명을 넘었다고 한다.

4.16. 온정을 출발하다.

4.22. 서울로 돌아와 금성대군의 사저에 거둥하다.

5.3. 눈병이 심해 세자에게 서무를 보게 하려는 뜻을 보였으나 황희 등이 반대하다.

5.3. 박강·장영실 등에게 불경의 죄를 물어 곤장을 치고 직첩을 회수하게 하다.

6.14. 이징옥에게, 방어와 관련하여 발생한 여러 폐해에 대해 이르다.

6.16. 눈병 때문에 세자로 하여금 정무를 보게 하려는 뜻을 승지들에게 이르다.

6.17. 종정성의 청에 따라, 고초도에서의 조어에 대한 세를 감해 주다.

6.26. 판통례문사 문민의 딸과 주부 권격의 딸을 세자에게 들여 승휘로 삼게 하다.

7.21. 성균관 유생들이 산사에 놀러 갔다가 중들과 싸우고 옥에 갇히다.

7.28. 중국의 첨사부처럼 첨사원을 세자 밑에 두어 사무를 처리하게 하다.

8.26. 세자에게 서무를 맡기는 것에 대해 최만리가 반대 상소를 올리다.

9.3. 병조에 명해, 가을 강무를 세자에게 대신하게 하다.

9.4. 춘추관 감관사 신개 등이, 《태조실록》·《공정왕실록》·《태종실록》에 빠진 것이 많다며 고쳐 수찬하게 할 것을 청하니 따르다.

• 《공정왕실록》은 《정종실록》을 뜻한다. 숙종 때 정종의 묘호가 정해진 후부터 《정종실록》으로 부르게 되었다.

9.13. 첨사원에 서리 10인을 두다.

9.25. 의정부가 문란해진 의복과 장식물을 바로잡을 것을 청하니 따르다.

9.30. 진과 한에서부터 명에 이르기까지, 제고(制誥)와 조칙(詔勅)을 모아 《사륜전집》·《사륜요집》을 편찬할 것을 명하다.

• 제목은 왕이 지어 준 것이다.

10.7. 왕세자가 양주 등지에서 강무를 대행하다.

10.10. 왕세자가 강무에서 돌아오다.

10.26. 사헌부에서, 잡류들을 거느리며 사냥과 풍악을 일삼는 양녕을 탄핵하다.

11.11. 병이 나서, 왕세자로 하여금 성절을 하례하게 하다.

11.19. 종묘의 일을 세자가 대행할 때, 모든 일은 임금이 친히 하는 예에 의거하도록 하다.

11.26. 서부와 중부의 학당 생도 이양경 등 10여 명이 보등사에 가서 중들을 결박하고 불경과 면포를 빼앗다. 이들을 의금부에 내려 국문하게 하고, 이를 규찰하지 못한 교수관도 추국하게 하다.

11.27. 중국에 가는 사신에게 《극택통서》를 구해 오게 하다.

11.27. 광주와 부평에 온정이 있는지 파 보게 하다.

11.30. 중을 구타한 유생들의 행태를 비판하다.

12.9. 왕세자가 종묘 납향을 대신 행하다.

12.10. 사헌부에서, 중국어를 열심히 공부하지 않은 사직 이계하 등을 장 80대에 처할 것을 청하다.

세종 25년(1443)

1.4. 병조에서, 평안도와 함길도의 천호나 만호를 뽑을 때, 그 도의 사람들 중 무략이 있고 글도 아는 이로 맡게 할 것을 청하니 따르다.

1.14. 온정에 거둥할 때, 진기한 반찬을 올리기 위해 백성들을 괴롭게 하는 일이 없게 하라 이르다.

2.2. 의정부와 예조에서, 서운부정 최양선이

수릉에 대해 한 말을 들어 벌할 것을 청했으나, 과감하게 말을 한 것을 가지고 죄줄 수는 없다 답하다.

• 최양선은, 수릉이 손이 끊어지고 장자를 잃을 곳이라고 말했다.

3.1. 왕비와 함께 온양 온정으로 거둥하다.

3.3. 전리 최덕강 등이 문묘 앞 장막에서 음주하다 유생들과 패싸움을 벌이다.

• 최덕강의 고소로 사헌부에서 유생들을 잡아다 문초했는데, 안평대군 이용이 오히려 전리들의 죄가 크다고 행궁에 고하여, 최덕강 등이 곤장 80대를 맞고 유생들도 태형을 받았다.

3.24. 함길도 도절제사에게, 야인들을 자상하게 대하라고 전지하다.

3.30. 온정 근방의 농민들에게 술과 음식을 주다.

4.17. 3차례의 대조하(大朝賀)와 1일·16일의 조참(朝參)은 직접 받겠으나, 그 외의 조참은 승화당에서 세자가 남면(南面)하여 받도록 하라 이르다. 또한 인사·형벌·군사를 제외한 나머지는 세자에게 결재를 받도록 하다. 이에 영의정 황희 이하 신하들이, 칭신은 할 수 있으나 남면하는 것은 하늘에 해가 둘이 있는 격이라며 거듭 반대하다.

5.8. 노비를 죽인 전의군 이완을 가두고 국문하게 하다.

• 사노 석류의 아들 석사민이 경신옹주의 아들을 욕한 일이 있었다. 이에 옹주의 종이 석사민을 잡아들이자 석류의 딸이 역시 옹주에게 욕지거리를 했다. 이 이야기를 들은 경신옹주의 남편 이완이 석류를 잡아다가 형장을 쳤는데 그만 죽고 말았다.

5.12. 왕세자가 조회를 받을 집을 건춘문 안에 짓도록 하고, 이를 계조당이라 칭하도록 하다.

5.14. 이완의 고신을 빼앗고 충청도 진천현에 귀양 보내다. 이완의 명을 받아 노비를 때린 장수와 덕생에게 장 100대를 치다.

5.22. 열흘에 한 번씩 정사를 보겠다고 하다.

6.5. 의정부에서, 평안도와 함길도에 평민이 아니라 유민을 입거시킬 것을 청하니 따르다.

6.17. 종부시에 명해, 소학과 사서 중 한 가지에 통한 자는 40세, 한 가지도 통하지 않은 자는 50세가 되어야 방학할 수 있게 하라 이르다.

• 방학은 졸업을 뜻한다.

7.11. 각 도 관찰사에게 일러, 각 고을 수령들이 진상을 칭탁해 민간으로부터 물품을 거두어들이지 못하게 하다.

9.11. 중추원부사 박연이 미복 차림으로 병조판서 정연을 방문하였다 하여 탄핵을 받았으나 용서하다.

9.20. 함길도 온성군 행성을 완성하다.

10.19. 일본 왕의 즉위에 사신을 보낼지를 논의했는데, 김종서가 반대 의견을 내다.

10.23. 조말생·이명덕·한확·김종서 등을 불러 조세의 기준 등을 묻다.

11.17. 집현전에 명하여, 역대 산학의 법을 상고해 산학을 익힐 방책을 마련하게 하다.

12.30. 훈민정음을 창제하다.

세종 26년(1444)

1.1. 세자가 망궐례를 주관하다.

1.10. 충청도·전라도·경상도 도순찰사 정인지를 불러, 전품 9등 구분의 의의에 대해 설명하고 백성의 불만을 없애라 명하다.

2.16. 집현전 교리 최항과 부교리 박팽년 등에게 《운회》를 언문으로 번역하라 명하고, 세자와 진양대군·안평대군에게 관장토록 하다.

2.20. 최만리가 훈민정음 반대 상소를 올리다. 부제학 최만리·직제학 신석조·직전 김문·응교 정창손·부교리 하위지·부수찬 송처검·저작 조근을 의금부에 가두었다가 석방하다. 이 중, 정창손은 파직하고 김문은 장 100대를 치다.

2.25. 함길도 도절제사 김효성에게, 시역(弑逆)한 자는 마땅히 저자에서 죽여야 한다며, 도내의

군민과 경계선 근처의 야인에게 보여 경계토록 하라 이르다.

2. 28. 왕비와 함께 청주 초수리에 거둥하다. 세자가 모시고 따라가다.

3. 4. 종친은 종부시에서, 부마와 여러 군은 사헌부에서 규찰하게 하다.

4. 13. 양녕이 광주 강무장에서 사냥을 청하자 따르다.

5. 7. 환궁하다.

5. 11. 임영대군에게 과전을 돌려주다.

6. 5. 부녀자들은 평교자를 타지 못하도록 금령을 강력히 행하다.

6. 21. 김문과 정창손을 집현전에 복직시키다.

7. 14. 집현전에서, 의정부가 제출한 사창(社倉)과 염법(鹽法)에 대해 시행할 수 없다는 의견을 내자, 염법에 대해서는 다시 논의하게 하다.

7. 15. 왕비와 함께 금성대군의 집에 거처하다.

7. 17. 함길도에 장성을 쌓기 위해 도체찰사 황보인을 보내다.

윤7. 2. 가뭄이 들자, 가을 강무와 내년 봄 강무를 정지하기로 하다.

윤7. 8. 최양선이 또 화복지설을 가지고 상언하자, 다시는 최양선이 음양설을 가지고 상언하지 못하도록 하라 이르다.

윤7. 11. 초수지에 거둥할 동안, 진무 한 사람이 별군 20명을 거느리고 세손이 있는 금성대군 집을 숙직하게 하라 명하다.

윤7. 15. 왕비와 청주의 초수에 거둥하다.

윤7. 22. 눈병 환자들을 초수에 보내 치료해 보게 하다.

윤7. 23. 궁중·중앙·지방에 황색 복식 사용을 금지토록 하다.

윤8. 12. 김종서·정인지 등과 제언(堤堰) 쌓는 일을 의논하고, 이순지·정인지에게 맡기기로 하다.

9. 26. 환궁하다.

9. 26. 왕비가 어머니를 문병하다.

10. 9. 사헌부가 중국의 예를 들며, 정황색을 제외하고 그 외 황색에 가까운 정도의 색은 허용해 달라 청하자 받아들이다.

10. 11. 진양대군·광평대군·금성대군 등을 양하도로 보내 화포를 시험하게 하다.

10. 11. 병조에서, 경기도·황해도·강원도 지역에 도둑이 떼를 지어 일어났다며 3군진무·갑사·별시위를 보내 잡게 할 것을 청하니 따르다.

10. 11. 변효문·민헌 등에게 명하여, 《오례의》의 주해를 자세히 적도록 하다.

10. 12. 왕자의 가례 때, 신부 집에서 사치스러운 혼례품을 보내지 않게 하다.

11. 1. 군기감 제조 이천이, 무쇠로 화포 만드는 기술을 야인들로부터 배울 것을 건의하다.

11. 13. 토지의 등급과 연분(年分)의 고하를 감안해 조세 받는 법을 시범적으로 시행하려 하다. 이에 시행 조건을 의논하라 명하니, 전제상정소에서 그 내용을 올리다.

11. 16. 장모를 병문안하고, 안평대군에게 명해 중들을 모아 기도를 올리게 하다.

11. 18. 《치평요람》과 《역대병요의주》를 상정한 선비들에게 잔치를 베풀고, 진양대군에게 연회를 관리하게 하다.

11. 23. 의정부와 6조에서, 초수에 행행하기를 청하다.

11. 24. 삼한국대부인 안 씨가 졸하다.
- 삼한국대부인 안 씨는 왕비의 어머니다.

12. 7. 광평대군 이여가 졸하다.

세종 27년(1445)

1. 1. 부마 안맹담의 집으로 이어하다.

1. 2. 연희궁으로 이어하다.

1. 7. 집현전 부수사 신숙주·성균관 주부 성삼문·행사용 손수산을 요동에 보내 《운서》에 대해 질문하고 오게 하다.

1. 9. 도체찰사 황보인을 평안도에 보내 읍성과

행성을 쌓게 하다.

1. 16. 평원대군 이임이 졸하다.

1. 18. 잇따른 수재와 한재·오래된 병·두 아들의 죽음 등을 이유로 선위의 뜻을 밝혔으나, 신하들이 강력히 반대하자 뜻을 거두다.

1. 18. 의정부에서, 요동의 돼지·염소를 들여와 번식시키기를 청하자 따르다.

1. 20. 함길도 감사가, 경성부 진봉동에서 땅이 타는 이상한 현상이 있다는 보고를 하다.

1. 24. 신개를 좌의정으로, 하연을 우의정으로 삼다.

2. 11. 진양대군을 수양대군으로 개봉하다.

2. 23. 하삼도 관찰사들에게 왜적 방비에 만전을 기하라 명하다.

3. 30. 화포를 개량할 것과, 40세 이하의 정3품·종3품 중에서 군기감 제조를 삼아 종신케 할 뜻을 밝히다.

4. 3. 5진의 인민들이 야인의 마소를 훔치지 못하도록 법을 세우게 하다.

4. 4. 우의정 하연·예조판서 김종서·우참찬 정인지 등이 헌릉의 서편 수릉을 살펴보고 와서 가하다 아뢰자 그곳으로 정하다.

4. 5. 우찬성 권제·우참찬 정인지 등이 《용비어천가》 10권을 올리다.

4. 16. 우찬성 권제의 졸기.

• 권제는 권근의 아들이자 권람의 아버지다.

4. 26. 각 도 감사에게 《성제총록》을 구해 오게 하다.

4. 28. 다시 선위의 뜻을 내보였으나, 신하들이 반대하자 거두다.

5. 1. 중요한 군국 이외의 일은 세자에게 맡겨 다스리게 하겠다고 하다.

5. 5. 세자에게 아뢰던 대소 공사를, 첨사원에서 승정원으로 바꾸다.

5. 6. 병을 회복할 때까지, 벼슬의 제수와 과전의 절급·제향·타국 응접·군사의 조발·대소 형옥·대형 토목 공사·새 법을 세우는 일 외의 나머지 일은 세자가 결재토록 하다.

5. 9. 사표국을 두어 염초 제조를 시험하게 하다.

5. 17. 세자가 비로소 서무를 재결하다.

6. 3. 세자가 광화문에 나아가, 갑사·방패·근장 등 무인을 시험하다.

6. 19. 영의정 황희의 나이가 여든이 넘었으니, 전교를 내려 의논하는 경우와 합좌해서 처리해야 할 일 외의 일상적인 서무는 맡기지 말라 이르다.

7. 7. 함길도의 행성이 완성되다.

7. 15. 제대로 정전(丁錢)을 바쳐 중이 된 자는 없고 삭발한 무리는 날로 늘어난다며, 정전을 오승포 100필에서 정포 30필로 바꾸고 엄히 시행할 것을 명하다.

8. 16. 세자가 공조참판 권맹손의 건의를 받아들여, 의염색을 설치하고 소금을 전매키로 하다.

9. 5. 집현전 직제학 김문이 상서해, 소금 전매제인 염법의 폐해에 대해 논하며 신중한 시행을 청하다.

9. 8. 공조참판 권맹손이 염법의 빠른 실시를 주장하자, 시험해 보아 폐단이 있으면 행하지 않겠다고 하다.

10. 8. 수양대군의 집으로 이어하다.

10. 11. 저화 사용에 대해 김문이 상소문을 올리다. 재상들과 저화·철화 사용 등을 논의하다.

10. 27. 《의방유취》가 완성되다.

11. 1. 의정부에서, 야인들의 왕래가 빈번하여 역로(驛路)가 피폐하다며 야인들의 내조하는 수를 제한할 것을 청하다.

11. 4. 김종서가 하삼도에서 벌어지는 민폐와 시정책을 세자에게 아뢰다.

11. 13. 세자가 경복궁에서 동지 망궐례를 행하다.

12. 4. 의정부에서, 저화 사용과 관련해 아뢰다.

12. 5. 최윤덕의 졸기.

12. 8. 함길도 변방에서 북쪽으로 도망가는 자가

많으니 엄히 다스리라 명하다.

세종 28년(1446)

1. 5. 좌의정 신개의 졸기.

1. 22. 김종서가 매달 1일과 16일엔 친히 정사를 볼 것을 청하다.

2. 2. 사헌부에서, 효령대군이 며느리를 고를 때, 최운용의 딸과 조서강의 딸을 데려다 미추(美醜)를 보았다며 탄핵하다.

2. 20. 대간이 효령대군의 탄핵을 계속하자, 노하다.

2. 26. 흉년을 이유로 봄철 강무를 정지하다.

3. 9. 수양대군의 집으로 이어하다.

3. 10. 왕비의 병세가 심해지다.

3. 12. 동궁과 대군들이 산천·신사·불우(佛宇)에서 기도할 것을 청하자, 옳다 여기고 시행하다.

3. 13. 사면령을 내리다.

3. 14. 하연을 종묘에, 김종서를 사직에, 시신(侍臣)을 명산·대천·신사·불우에 보내 기도하게 하다.

3. 15. 왕비의 병이 더하자, 중 80명을 모아 정근 기도를 갖게 하다. 세자와 대군들이 연비(燃臂)하다.

3. 23. 세자가 먹지도 자지도 않다.

3. 24. 왕비가 수양대군 제택(第宅)에서 훙하다.

4. 9. 양녕의 집으로 이어하다.

4. 20. 왕비의 시호로, 소헌·효순·효선을 아뢰니 소헌으로 정하다.

4. 23. 효령대군이 회암사에서 불사(佛事)를 짓는데, 양녕이 사냥해 잡은 새와 짐승을 절 안에서 굽다.

• 이때 효령이 탓을 하자, 양녕이 "살아서는 임금의 형으로 부귀를 누리고, 죽어서는 불자의 형으로 보리에 오를 테니 즐겁지 아니한가."라고 답했다.

5. 11. 세자가 다시 명을 받고 시어소에서 서무를 재결하다.

6. 6. 예조판서 정인지가 영릉 지문을 지어 바치다.

8. 20. 저화 사용을 강력히 시행하기로 하다.

9. 27. 곡(斛)·두(斗)·승(升)·홉[合] 체제를 다시 정하다.

9. 29. 훈민정음이 이루어지다.

• 어제와 예조판서 정인지의 서문을 자세히 기록하였다.

10. 11. 이계전과 어효첨에게 《고려사》에 누락된 게 많다고 지적하다.

10. 17. 평안도 관찰사에게 대성산 도적을 잡을 방책을 아뢰라 하다.

11. 4. 새로 만든 영조척(營造尺) 40개를 서울과 지방에 나누어 주도록 명하다.

12. 26. 이과(吏科)와 이전(吏典)의 취재 때, 훈민정음도 아울러 시험하게 하라 이르다.

세종 29년(1447)

1. 7. 도체찰사 황보인이 평안도 행성 15리 50보 2척을 완성하다.

1. 13. 안평대군의 집으로 이어하다.

1. 16. 영흥대군을 역양대군으로 고쳐 봉하다.

2. 2. 경복궁으로 돌아와 거처하다.

3. 10. 역양대군을 영응대군으로 고쳐 봉하다.

4. 2. 세자가 각 도에 내리는 명을 시서(示書)라 이름하다.

• 왕의 명은 유서(諭書)다.

4. 20. 함길도의 자제들이 하급 관리 선발 시험에 응하려면 먼저 훈민정음 시험을 통과하도록 하다.

4. 27. 조말생의 졸기.

4. 22. 무동을 없애고 악공에 복속시키다. 이후 각종 잔치에는 악공 중에서 춤에 능한 이를 뽑아 쓰게 하다.

5. 1. 서울에 돌림병이 창궐해 450여 명이 죽다.

5.5. 강녕전에서 〈용비어천가〉를 연주하게 하다.

5.15. 의정부·6조 등에 전지하여, 세자에게 아뢸 것이 있으면 승정원에 알려 접견을 허락받고, 승지와 사관을 함께 참석시키도록 하다.

6.1. 경상좌도 절제사 권맹경이, 세탁·바느질 등을 이유로 천첩을 데리고 가길 청했으나, 허락하지 않다.

6.10. 하연을 좌의정으로, 황보인을 우의정으로, 정인지를 이조판서로 삼다.

6.19. 선종·교종의 주지 선출 방식을 정하다. 후보로 3명을 뽑아 이조에 보고해 1인을 임명하게 하고 그 임기는 30개월로 정하다.

6.27. 밀양의 10살 난 아이가, 아비를 침탈한 주인을 칼로 찔러 죽이려다 실패하다.

8.8. 평안감사에게, 대성산 도적 소탕을 명하다.

8.23. 박팽년이 문과 중시에 합격하자 아비 박중림을 풀어 주라 명하다.

9.2. 신하들에게, 이제 세자에게 칭신(稱臣)하라 이르다.

9.11. 세자의 의장을 걸맞게 바꾸도록 하다.

9.29. 《동국정운》이 완성되다. 왕명에 따라 신숙주가 서문을 짓다.

11.15. 평안도와 함길도 도절제사에게, 총통을 연습할 때와 총통을 들고 임전할 때의 대오에 대해 유시하다.

세종 30년(1448)

1.10. 북경에 이사은을 보내 사은하다.
• 표문과 이때 가져간 물품을 적시한 방물표에 대한 기록이 있다.

2.4. 의정부의 건의에 따라, 왕손을 책봉하고 교육토록 하다.

2.10. 각 도의 감련관에게, 총통을 주조할 때 규격대로 엄밀히 할 것을 이르다.

3.3. 정조사 김조가 칙유를 받고 돌아오다.

3.10. 사헌부의 탄핵에 따라 박연을 파직하다.
• 악공을 데리고 영업 행위를 하는 등의 문제를 일으켰다.

3.21. 왕세손의 관속을 두다.

3.28. 황희의 아내 장례에 부의하다.

4.3. 원손 이홍위를 봉하여 왕세손으로 삼다.

4.24. 세자가 익선관을 쓰는 문제를 의논했는데, 반대가 많아 정지하다.

5.2. 종친이 미복 차림으로 다니다 모욕을 당한 일이 있자, 종친은 반드시 녹색 마담(馬韂)을 쓰고 의장을 갖추어 다니게 하다.

6.9. 세자가 문밖으로 행차할 때, 일각사조청룡기(一角四爪靑龍旗)를 앞세워 인도하라 이르다.

7.2. 죄수가 더위를 먹지 않도록, 동이에 물을 담아 넣게 씻게 하는 등의 방법을 모색하라 이르다.

7.17. 문소전 서북쪽에 불당을 짓고 중 7인으로 하여 지키게 하라 명하자, 신하들이 일제히 반대하다.

7.23. 성균관 생도들이 파하여 흩어지고, 집현전도 사직서를 올리고 물러가다.

7.24. 유생들을 가두어 국문하려 하자, 의금부 제조 남지 등이 승정원에 나와 눈물로 유생들의 용서를 빌다.

7.24. 대간이 불당 역사를 파하기를 청하고 사직하니, 직사에 나오라 명하다.

8.4. 임영대군 집에 이어하다.

8.14. 유생을 가두라는 명을 따르지 않았다 하여, 도승지 이사철·좌승지 조서인·의금부 관리를 가두어 국문케 하다.

8.16. 이사철·조서인·의금부 관리를 죄주지 않게 하다.

9.8. 여섯 승지 모두 첨사원 첨사를 겸하게 하다.

9.25. 경복궁에 환어하다.

10.29. 예조에서, 중궁 간택을 청했으나 듣지

않다.

11. 8. 세자가 금성대군의 집으로 이차(移次)하다.

12. 5. 불당이 이룩되어 경찬회를 베풀다.

세종 31년(1449)

1. 3. 도체찰사 황보인을 평안도에 보내 행성을 쌓게 하다.

1. 28. 우찬성 김종서와 이조판서 정인지에게 명하여, 《고려사》를 개찬하게 하다.

4. 6. 춘추관에서, 《고려사》 편수 시 우와 창의 이름을 그대로 쓸 것을 청하니 따르다.

4. 7. 역마의 법이 해이해졌음을 질책하다.
• 관원이 가족을 만날 때 사용하는 등 폐해가 크다며, 역마를 사용할 수 있는 경우를 한정했다.

4. 19. 운명의 설은 믿을 게 못 된다고 하면서도 《금연진경》을 구해 올리라 명하다.

4. 23. 영응대군의 가례를 위해 충청도·전라도에 사람을 보내 처녀를 간택하다.

5. 21. 황보인이, 양계의 성 쌓는 일을 맡고 있으니 도당의 관직을 해면해 달라 청했으나 허락지 않다.

6. 20. 승도가 비를 빌 때 감찰도 따라 부처에게 절하는 것을 항식으로 삼으라 명하다. 언문으로 20여 장의 글을 써서, 신하들이 부처를 배척함을 비판하다.

6. 22. 전라도 교생 양회 등이 재암(齋庵) 11곳을 불태워 버리자, 의금부에 명해 국문케 하다.

6. 22. 사헌부에서 글을 올려, 부처에게 감찰이 절하는 식을 폐할 것을 청하다.

6. 26. 영응대군이 고(故) 부윤 정충경의 딸에게 장가가다. 임금이 특별히 사랑하여 갖가지 진귀한 보물을 내리다.

7. 1. 수양대군과 도승지 이사철에게 명해 홍천사에서 기우하게 하다. 수양대군이, 불씨(佛氏)의 도를 모르며 배척하는 자는 취하지 않겠다고

하다.

7. 1. 이즈음 병 때문에 지친도 접견하지 않았는데, 황보인을 내전에 불러 은밀히 의논하다. 황보인은 성을 쌓으러 다시 함길도에 가다.

7. 12. 세자에게 내전을 내어 주려다 대신들의 완강한 반대로 물러서다. 이때 서무는 대부분 세자가 처리하고 인사도 3품 이하는 세자가 맡아 하다.

7. 28. 경복궁에 환어하니, 의정부에서 사인을 시켜 문안하다.
• 이즈음 각 부에서 아뢰거나 문안할 때도 대신들이 직접 오지 못하게 했다.

8. 1. 요동으로부터, 달달·야선의 병마가 장성에 들어와 성을 포위하고 병사와 말을 잡아갔다는 급보가 오다. 이에 김종서를 평안도 도절제사로 삼고, 함길도에서 성을 쌓고 있던 군사는 원대로 복귀하라는 명을 내리다.

8. 12. 달달이 광녕을 3일간 포위했으나 함락시키지 못하고 물러났다는 보고를 받다. 방비를 소홀히 하지 말 것을 당부하다.

8. 19. 대마도주 종정성이 환도와 원숭이를 바치고 《대장경》과 백견(白犬)·백학(白鶴)을 청하다.

8. 20. 영중추원사 이순몽의 졸기.
• 이순몽은 희첩이 10여 명에 이를 만큼 탐욕스럽고 음란했다. 또 왕이 예뻐하는 영응대군에게는 생일 때마다 금은과 진귀한 보물을 선물하는 등의 방법을 써서 임금의 총애를 구하기도 했다.

10. 5. 황희를 영의정부사 그대로 치사(致仕)하게 하다.
• 이 기사에서, 황희는 너그럽고 후한 데다가 분경을 좋아하지 않고 여론을 잘 진정시켜 명재상으로 불렸다고 평하고 있다.

10. 21. 세자가 계조당에서 조참(朝參)을 받고 백관이 처음으로 4배례를 행하다.

10. 25. 세자에게 등창이 생기자, 여러 신하들을 기내의 명산·대천·신사·불우에 나누어 보내 빌게 하다.

11. 1. 세자의 병을 기원하는 의미로 사면을 행하다.

11. 14. 세자의 병으로 직접 서무를 결재하다.

11. 15. 세자의 종기 근이 빠져나오다.

• 당상관 이하에게 한 자급씩 가자(加資)하여 기쁨을 나누고 싶으나, 우선 대신들과 의논하겠다고 했다.

11. 19. 영녕대군 집에 이어하고, 세자는 금성대군 집에 머물게 하다.

• 대군의 집이 이때 완성되었는데, 고대(高大)하고 장려(壯麗)함이 참람되게도 궁금(宮禁)에 비길 만했다는 기록이 있다.

11. 27. 의정부에서, 세자의 쾌차를 하례하다.

12. 8. 세자의 쾌차로 경중과 외방의 3품 이하에게 한 자급을 더해 주다.

12. 11. 신악의 절주(節奏)는 모두 왕이 하였는데, 막대기를 짚고 땅을 치는 것으로 음절을 삼아 하루저녁에 제정하다.

• 박연이 옥경을 올렸는데 음이 맞지 않는 것을 지적해 바로잡기도 했다.

12. 22. 중국에서 다시 말의 진헌을 요구하자, 달달의 성세를 보고 두마음을 갖게 된 것으로 의심할 수 있다며 원하는 대로 주자고 하다.

12. 25 세자가 또 종기가 나서 신사와 절에 기도하게 하다.

세종 32년(1450)

1. 16. 경복궁으로 환어하다.

1. 22. 병으로 효령대군 집에 이어하다. 세자가 가마를 타고 동행하고 여러 대군과 시위 군사가 걸어서 따라가다.

1. 22. 사신이, 왕과 세자 모두 조서를 맞이하지 못한다면 중국에 돌아가 무어라 말할 것인가 묻자, 자신과 세자의 병 때문임을 설명하다.

• 세자의 종기에 대한 설명이 있는데, 길이가 한 자가량 되고 엄지손가락만 한 창근이 6개나 나왔다고 한다. 또 허리 사이에 새로 종기가 났는데 지름이 5~6

치나 되어 생사와 관련이 있을 정도였다. 조서를 맞이하지 못한 것은 이런 이유 때문이다. 이후에는 부축을 받게 하더라도 세자가 조서를 받도록 하겠다고 했다.

윤1. 1. 세자가 경복궁 근정전 뜰에서 조서를 맞이하다. 이어 수양대군이 하마연을 대리하다.

윤1. 3. 사신 예겸과 정인지가 시를 주고받다.

윤1. 4. 김하와 정인지가 사신들에게 명나라 종묘 제도 등을 묻다

윤1. 8. 예겸이 정인지에게 덕담을 하다.

• 예겸과 정인지가 시를 읊기도 하고 술을 마시기도 하면서 분위기가 좋았는데, 예겸이 정인지에게 "그대와 하룻밤 이야기를 나누는 것이 10년 동안 글을 보는 것보다 낫소."라고 말했다 한다.

윤1. 11. 수양대군이 태평관에서 온짐연(溫斟宴)을 행하는데 사신이 안평대군에게 글씨를 청하다. 안평대군이 수십 폭을 써 주니 조맹부의 삼매(三昧)를 얻은 것 같다며 기뻐하다.

윤1. 14. 옥포 등지에서 홍합을 먹고 죽은 이가 7명에 이르자 진상을 조사하라 이르다.

윤1. 20. 세자가 마지막 전별연에까지 나오지 않자 사신이 트집을 잡다. 이에 수양대군이 세자의 종기 난 상황 등을 설명하다.

2. 4. 세자와 영응대군 집에 이어하다

2. 11. 김종서에게 군사를 거느리고 올라오라 이르다.

2. 13. 예조참판 이변이 탑산위 지휘사에게 답서를 보내다.

2. 15. 중 50명을 왕이 있는 곳에 모아 구병정근(救病精勤)을 베풀게 하다.

2. 15. 종묘·사직과 명산대천에 사람을 보내 기도하게 하다.

2. 17. 영응대군의 동별궁에서 훙서하다.

• 세종의 자질·자세·업적 등에 대한 기록이 있는데, 거룩한 덕이 높아 당시 이미 해동 요순이라 불렸다고 적었다.

문종실록

총서

- 문종공순흠명인숙광문성효대왕의 휘는 향, 자는 휘지이다.
- 세종의 장자이고, 어머니는 소헌왕후다.
- 태종 14년 사저에서 탄생하고, 세종 3년에 세자로 책봉되다.
- 세종 27년부터 대리청정하다.

문종 즉위년(1450)

2.19. 대신들이 죽 들기를 청하고, 종기를 염려해 조섭하기를 청했으나 듣지 않다.

2.23. 면복 차림으로 빈전문 밖의 장전에서 즉위하였는데, 슬피 울어 옷소매가 다 젖다. 식을 마치고 상복을 입다.

2.24. 우찬성 김종서가 평안도에서 돌아와 곡하다.

2.27. 안평대군이 대자암을 새로 짓고 불경을 베껴 명복을 빌 것을 청하자, 가부를 대신들에게 물으라 이르다.

2.28. 장령 정지가, 대자암 증축과 불경 조성에 반대하다.

3.3. 대궐 내 불사 반대를 반박하는 수양과 안평의 글을 승정원에 보이다.

3.9. 첨사원을 폐지하고, 서연관은 우선 집현전에 출근하게 하다. 익위사는 본위에 출근하여 세자가 책봉되기를 기다리라 이르다.

3.10. 의정부에서, 6조의 참판 등과 의논해 대행대왕의 시호를 영문예무인성명효라 하고 묘호를 세종이라 아뢰니 따르다.

3.11. 의정부에서, 삼국부터 고려까지 있었던 외적의 침범과 우리의 준비, 방어 계책의 시작과 끝, 득실을 모아 찬집할 것을 청하니 따르다.

• 후에 찬집을 완성한 후 이름을 《동국병감》이라 했다.

3.13. 정인지와 허후가, 세종은 중흥을 했거나 창업을 한 임금의 묘라며 문조로 바꿔 덕행을 기록하게 할 것을 청했으나, 북방에서의 공을 들며 세종을 주장하다.

3.21. 무안군의 집을 수리해 자수궁이라 이름했는데, 장차 선왕의 후궁을 거처하게 하려 함이다.

3.26. 이날부터 매일 조석으로 빈전에 나아가다.

4.19. 적의 침입이 진정되어 말을 보내지 않아도 된다는 칙서가 오다.

5.4. 빈전에 나아가려 했으나 승정원에서 더 조리할 것을 청하다.

5.12. 세자 친영 때의 복식을 의정부에서 의논하다.

5.12. 허후 등이, 검은 관을 쓰면 평시와 다름이 없다며 삼년상을 마칠 때까지 흰 갓을 쓰는 것이 옳다 아뢰니, 그렇게 하면 후일의 법이 될 것이라며 따르다.

• 세종 때에는 오사모·흑각대·검은 갓을 썼다.

5.17. 사은사로 갔던 조서안 등이, 황제가 준 세자의 7장 면복과 칙서를 가지고 돌아오다.

5.23. 고명을 맞이하는 임금의 복장을 의논하다.

• 아직 고명을 받기 전이므로, 흉배와 무늬가 없는 아청사 단령에 금(金)을 그리지 않은 흑혁대와 금은을 아로새기지 않은 옥대와 흑화로 정했다.

5.29. 장령 하위지가, 불사를 정파(停罷)할 것을 청했으나 듣지 않다.

6.6. 세종의 후궁들이 자수궁으로 옮기다.

6.24. 졸곡제를 지내다.

7. 1. 의정부에서 예조의 정문(呈文)에 의거해, 현덕빈을 현덕왕후로 봉할 것과 능호를 소릉으로 할 것을 청하니 따르다.

7. 3. 왕세손이 세자 책봉 의식을 연습하다.

7. 6. 중 신미를 선교종도총섭밀전정법비지쌍운우국이세원융무애혜각존자로 삼다.

7. 11. 하위지가, 신미의 칭호가 부당하다고 거듭 아뢰며 뜻을 굽히지 않자, 면대해 밤늦도록 토론하다. 비록 들어주지는 않았으나 하위지의 태도를 매우 아름답게 여기다.

7. 15. 같은 일로 박팽년이 상소하였는데, 상소 내용 중 '선왕을 속이고 전하를 미혹케 했다'는 구절이 무슨 의미인지 질책하다.

7. 16. 박팽년의 고신을 거두다. 이에 집현전 응교 이개 등 9명이 함께 처벌받기를 청했으나 듣지 않다.

7. 19. 이조에서, 의정부의 건의를 좇아 부마를 군(君)이 아니라 위(尉)로 칭하도록 하다.

7. 20. 왕세손을 왕세자로 삼는 책문을 내리다.

8. 3. 중국 사신 윤봉 등이 칙서를 가지고 오다.

• 윤봉은 끝없는 탐욕을 보이며 조금이라도 들어주지 않으면 노기를 보였다.

8. 7. 윤봉의 동생 윤중부를 지중추원사로 삼다.

8. 7. 중 신미의 칭호를 대조계선교종도총섭밀전정법응양조도체용일여비지쌍운도생이물원융무애혜각종사로 고치다.

8. 11. 처음으로 윤대를 행하고, 경연에 나가 《근사록》을 강하다.

8. 22. 판중추원사 한확이, 이징석 평안우도절제사의 교체를 청하다.

8. 26. 집현전 부제학 신석조가 윤대해 이단을 배척할 것을 청하자, 지금은 시속을 따르는 것일 뿐이라며 삼년상이 끝나고 나면 결단코 행하지 않겠다고 답하다.

9. 1. 판중추원사 한확이, 읍민들이 해마다 탕진해 사방으로 흩어진다며, 평안도의 여연·무창 2읍을 혁파할 것을 청했으나 반대하다.

9. 4. 하사한 집의 건축을 감독하는 윤봉에게 내온(內醞)을 보내 위로하다.

9. 8. 풍수학에서, 왕세자의 태실을 옮길 것을 청하자 따르다.

9. 11. 성절사인 통사 손수산이 정통 황제의 조서를 가지고 오다.

9. 14. 정통 황제가 돌아온 것을 축하하는 연회를 베풀다.

9. 17. 서현정에 나가 활 쏘는 것을 구경하자 간관들이 만류하다.

9. 17. 왕세자가 처음으로 서연을 베풀다. 유성원·이극감을 시학(侍學)으로 삼아 세자를 붕우의 예절로 대하며 날마다 들어와 시강하라 이르다.

9. 12. 박팽년의 고신을 돌려주라 하다.

9. 28. 인재 등용에 대한 교서를 반포하다. 각기 등용할 사람과 폄출할 사람을 천거하고, 시정과 민간의 폐해에 대해 밀봉해 고하라 명하다.

• 임금이 글과 문장에 능하다는 기록이 있다.

9. 29. 지난 달달의 사변 때 파견했던 평안도 절제사 강순을 불러 변방의 수비를 그만두게 하다.

10. 8. 진관사를 지은 중 100명에게 차등 있게 직을 내려 주다.

10. 12. 문과에서 권람 등 33인을, 무과에서 유근 등 28인을 뽑다.

• 이때 권람은 향시와 회시에서 모두 으뜸을 했고 전시에서는 4등을 했다. 전시 으뜸은 생원 김의정이었는데 그의 가문이 한미한 것을 여러 사람이 문제 삼았다. 이에 임금이 다시 책문을 읽고는 권람을 장원으로 뽑았다.

10. 17. 윤봉이 진원현의 땅 100결을 청하자 들어주다.

10. 20. 정인지가 불교를 좇지 말 것을 청하자, 부왕의 천도를 위한 것일 뿐이라며 상을 끝내면

천천히 없앨 것이라 답하다.

10. 22. 사신 정선에게 노비 7구를 내려 주다.

• 정선은 왕이 어렸을 때의 시종으로, 같이 놀기도 했던 이다.

10. 27. 사헌부에서, 대신이 영합해 고식적인 계책을 쓰고 좌우의 세력이 커져 임금을 가리는 조짐이 있다며 집단으로 사직하다.

10. 28. 의정부의 대신들이, 사헌부의 비난을 혐의하여 집으로 돌아가니 명소하여 부르다

11. 18. 함길도 도절제사 이징옥이 변방의 정세를 밀봉해 보고하자 답하다.

11. 21. 예조에서, 종실의 결혼 때 남녀의 나이차이가 6살 이상이면 허락하지 말 것을 청하니 따르다.

11. 23. 《근사록》강을 마친 후 병서를 강하고 싶다 하자, 모두가 기모(奇謀)나 비계(秘計)의 책이라며 반대하다.

12. 8. 정몽주의 증손 정윤정에게 관직을 제수하고, 길재의 손자 길인종은 20살이 되면 관직을 제수하라 이르다.

12. 13. 종금(宗金)이 대장경을 청하니, 득익사에 두었던 3,800권을 주다.

12. 15. 평안도 도체찰사 김종서가 사조(辭朝)하니, 인견하고 갓옷·이엄·궁시를 내려 주다.

12. 28. 주와 군 간의 거리를 상세히 기록하고 지도를 만들도록 하다.

12. 29. 대사헌 안완경 등이, 아비의 빈전에서 동생 이징옥을 마구 팬 이징석을 다스릴 것을 청하다.

문종 1년(1451)

1. 4. 김종서가 북방의 정세를 설명하며, 군대 증강 배치와 신기전을 보내 줄 것 등을 청하다. 이에 의정부·6조와 논의해 황해도 군사를 평안도로 보내 김종서의 지휘를 받게 하다.

1. 4. 신기전 3,000개, 소신기전 4,000개를 평안

도에 보내다.

1. 5. 곳곳에서 징발하여 모은 군사와 말로 적변(賊變)에 대비케 하니, 사졸은 피로하고 말은 피폐해지다.

• 이때 야선(也先)의 의도는 중원을 병탄하는 데 있는 것이지, 수천 리 떨어진 조그만 땅에는 관심이 없는데 쓸데없는 짓을 한다는 비판도 있었다.

2. 2. 황희가 아들 황보신의 직첩을 돌려줄 것을 청하니 받아들이다.

2. 7. 김종서에게, 별도로 증강한 군사는 돌려보내 생업에 종사하게 하라 이르다.

2. 13. 임영대군에게 명해 화차를 제조하다.

• 광화문에서 서강까지 끌고 가며 시험한 뒤 서울과 의주·안주·길주 등지에서 제조하게 했다.

2. 20. 군기감 제조 이사임이 건의한 화차 개조 방안을 받아들이다.

3. 3. 형조에 옥사를 지체하는 일이 없도록 하교하다.

3. 9. 병조참판 황수신이, 군사들이 벼슬하고 나면 무예에 힘쓰지 않는다며 게으른 자에게 불이익을 줄 것을 청하다. 이에 능한 자에게 상을 주면 다투어 훈련할 것이라 답하다.

3. 9. 서현정에 나아가 군사들이 활 쏘는 것을 보다.

3. 17. 빙고를 튼튼히 지어 여러 번 고치는 폐단을 없게 하다.

3. 24. 온정 어욕실을 봉폐(封閉)하지 말고, 사람들이 목욕을 할 수 있도록 하라 이르다.

3. 24. 형조의 건의를 받아들여, 공사 노비의 추쇄와 부강한 토호가 양민을 노예로 삼는 일 등을 엄단하게 하다.

4. 10. 중추원부사 박연이, 볕이 나고 건조하면 소리가 높고, 흐리고 추우면 소리가 낮다며 더운 철이 오기 전에 종과 경의 소리 교정을 청하다.

4. 17. 불교의 폐단을 논하고 도첩이 없는 중들은 자수하게 하라는 등의 하교를 내리다.

4. 19. 탐오하고 학민한 수령을 추핵하기 위해 경상도와 전라도에 행대감찰을 보내다.

5. 7. 어떻게 백성에게 실덕을 베풀지를 묻자, 검토관 하위지가 요역과 공물의 폐단에 대해 지적하다.

5. 9. 함길도 관찰사의 청에 따라, 함길도 도절제사 이징옥에게 의복 3벌을 하사토록 명하고, 겨울이 되면 겹옷도 내릴 것이라 하다.

5. 15. 서운관 관리에게 명해, 정선방의 앙부의와 간의대 등에서 해의 그림자를 측량하게 하다.

• 이날이 하지였다.

5. 21. 병조에서 《어제신진서》를 수찬하다.

5. 21. 사은사 한확이 돌아와, 중국 예부주사 순무가 안평군의 초서를 구한다고 하자 의정부와 의논하다. 사사로운 청이기에 들어주지 않기로 하다.

5. 23. 경상도 절제사 신숙청이 죽순을 바쳤는데, 부당한 진상이라며 유시를 내려 꾸짖다.

5. 29. 정척이 《양계지도》를 수찬하여 바치다.

6. 1. 무과 회시에는 합격했으나 전시에 합격하지 못한 자는 별시위에 소속시키도록 하다.

6. 11. 좌의정 황보인이, 일흔에 가까운 나이를 들며 성 쌓는 일을 계속하기 어렵다 했으나 죽기로 작정하고 맡아서 지휘하라 이르다.

6. 19. 《신진법》을 완성하다.

• 친히 《신진법》을 지은 후, 수양대군·김종서·정인지 등에게 명해 교정하게 했는데, 이때에 이르러 완성되었다. 책 내용에 대해 자세히 기록하고 있다.

7. 2. 12사(司)를 고쳐 5사로 만들고 신설한 호군직을 제수하다.

• 5사는 의흥사·충좌사·충부사·용양사·호분사다.

7. 3. 공조판서 정인지가 영릉의 비문을 지어 바치다.

7. 12. 최항을 집현전 부제학으로 삼고 《대학연의》의 상세한 주석을 다는 일을 맡게 하다.

7. 24. 집현전에서, 북경으로 가는 사신 편에 주문할 책의 목록 13종을 아뢰다.

8. 3. 내의원에 명해, 발운산을 달여 올리라 이르다.

• 열이 심하고 눈이 약간 어두웠다고 한다.

8. 5. 의정부 대신을 불러 의논하는 중에, 선왕이 신숙주는 큰일을 맡길 사람이라고 한 적이 있다고 말하다. 또 심온의 아들들에게 벼슬길을 열어 주어야겠다는 의사도 밝히다.

8. 6. 심온의 아들 심회·심결을 돈녕부 주부에, 심온의 장자의 아들 심미를 전농직장에 제수하다.

8. 8. 종기가 허리에 생겨 다음 날 정사를 정지하도록 하다.

8. 20. 좌찬성 김종서와 병판 민신 등에게 명해, 각색 군사(各色軍士)를 이끌고 새로 정한 진법에 따라 동교에서 이틀간 열병을 행하게 하다.

8. 25. 지춘추관사 김종서 등이 새로 편찬한 《고려사》를 바치다.

8. 30. 《고려사》 편찬과 관련해, 김종서·정인지 등 편찬자들에게 차등 있게 상을 내리다.

9. 2. 지승문원사 김담에게, 《병요》에 주를 넣도록 명하다.

9. 13. 사헌부에서, 성녕대군의 부인이 절에 올라갔으니 귀환을 명하고 죄를 다스릴 것을 청하다. 또 안평대군이 복천사에 갈 때, 지나는 고을의 수령들이 과도한 접대를 했다며 수령들을 죄줄 것을 청하다.

9. 14. 성녕대군의 부인을 속히 서울로 오도록 하다.

9. 15. 경기감사가, 교하에서 비롯된 전염병이 인근 마을로 번지는데 의약으로 치료가 안 된다며 수륙제를 베풀기를 청하니 따르다. 이에 대간들이 반대하다.

9. 26. 중이 여염집에 드나들다 붙잡히자 사헌부에서 칼을 씌워 호송하다. 이를 수양대군이 발견해 칼을 풀어 데려가고는 그 사유를 갖추어 임금께 아뢰다.

10. 1. 좌정언 홍응이, 법을 집행하는 사헌부의 관원을 방해한 수양대군을 죄줄 것을 청하다.

10. 8. 우헌납 조원희가, 안평이 복천사에 간 것과 이번 수양의 일을 문제 삼자, 수양은 충직하여 다른 마음이 없는 사람이라며 질책하다.

10. 9. 예조판서 이승손이, 심온에게 시호를 줄 것을 청하자 이에 대해 대신의 의견을 묻다. 모두들 찬성하다.

10. 27. 황보인을 영의정으로, 남지를 좌의정으로, 김종서를 우의정으로 삼다.

11. 1. 왕씨 후예를 찾아 그 작위를 높이고, 제사를 이어가게 할 것을 명하다.

11. 8. 판중추원사 이천의 졸기.

• 이천은 화포·규표·간의·혼의·주자 등을 모두 관장했다.

11. 12. 세종대왕에게 배향할 신하로 맹사성·최윤덕·허조·신개·안순·이수가 논의되었는데, 최윤덕·허조·신개·이수로 결정하다.

11. 21. 심온에게 시호를 내리다.

11. 25. 서거정·허조·홍응 등에게 경외에서 자유로이 독서할 것을 허락하다.

11. 28. 둔전의 유용함을 하교하다.

11. 29. 성균 생원 김안경 등이, 김종서가 우의정에 제수될 때 영성균관사를 겸한다는 말씀이 없었다며 영성균관사에 임명해 줄 것을 청하다.

• 12월과 이듬해인 문종 2년 1월의 기록은 없다.

문종 2년(1452)

2. 6. 김종서가, 연로함을 이유로《세종실록》감수의 일을 사임했으나 불허하다.

2. 8. 황희의 졸기.

2. 18. 동궁에 가례색을 두고 서울과 지방의 혼인을 금하다.

2. 20. 김종서 등이 새로 찬술한《고려사절요》를 바치다.

• 《고려사》와《고려사절요》찬수 과정을 자세히 적고 있다.

2. 22. 《세종실록》을 비로소 찬술하다.

• 찬술 때, 피기(避忌)하는 사관이 많아, 먹으로 사초의 자구(字句)를 지우고 고쳐 쓴 것도 있었다고 한다.

3. 9. 내전에서 8~15세 처녀를 친히 고르다.

4. 13. 함길도 병마도절제사 이징옥에게 숭정대부의 품계를 가자하다.

• 이징옥은 여진족이 매우 두려워하는 인물로, 청렴·검소하였으며 무신중 제일이라 기록하고 있다.

4. 14. 환관을 여러 도에 보내 처녀를 뽑게 하다.

4. 14. 안숭선의 졸기.

4. 17, 4. 21. 처녀들을 내전에서 친히 고르다.

4. 27. 사간원에서, 수양대군을 관습도감의 도제조로 삼은 것을 문제 삼다. 종친에게 일을 맡기는 것은 기존의 법을 무너뜨리는 것이라며 고치기를 청했으나 받아들이지 않다.

5. 3. 의정부와 6조에서 문안하면서, 회복하는 동안 정무를 일체 정지할 것을 청하니 따르다.

• 이때 다시 종기가 났다.

5. 4. 안평대군을 대자암에 보내 기도하게 하다.

5. 5. 종묘·사직 등에서 신에게 기도하다.

5. 8. 내의 전순의가 임금의 병에 차도가 있다고 말하다.

5. 10. 다시 조관들을 보내 각 도의 명산·대천의 신에게 기도하게 하다.

5. 11. 황보인·김종서 등을 보내 종묘·사직에 기도하게 하다.

5. 14. 어제보다 회복되었다고 어의들이 말했으나 아침부터 위태로워지다. 수양대군이 통곡하며 청심원을 올리라고 했으나 조금 뒤 훙서하다.

• 의정부와 병조에서 궁문을 지키게 하고, 세종의 빈양 씨로 하여 세자를 함원전에 옮겨 거처하게 했다. 신민의 슬퍼함이 세종 때보다 더했다고 전한다.

단종실록

총서

- 노산군의 휘는 이홍위이다.
- 문종의 외아들로 어머니는 현덕왕후다.
- 세종 23년 출생하고, 세종 30년에 왕세손에 책봉되다.
- 문종 즉위년에 중국 황제에게 국저로 삼도록 청하고, 문종 1년에 왕세자로 책봉되다.

《단종실록》에서 수양대군이 주체인 경우에는 세조라는 묘호로 칭하고 있고, 안평대군 이용의 경우에는 작위는 빼고 이름만 적고 있다. 이 책에서는 수양대군이 보위에 오르기 전 기사인 점을 감안하여, 세조는 수양대군으로, 이용은 안평대군으로 적었다.

단종 즉위년(1452)

5.14. 빈전도감을 설치하다.

5.15. 대간에서, 지금 저하가 어리시니 정부 대신과 함께 매일 시선(視膳)하고, 근신(謹愼)한 환관을 택해 좌우에 입시케 하며, 간사한 소인을 가까이하지 말 것을 청하다.

5.18. 내의 전순의 이하를 강등하다.

5.18. 근정문에서 즉위하고 즉위 교서를 반포하다.

• 이날 위사와 백관이 소리 없이 울었는데 수양대군이 가장 비통해했다고 기록하고 있다. 수양대군이 집에 와 자성왕비에게, 문종이 생전에 자신을 제갈량 같은 이라며 칭찬했다는 등 여러 이야기를 하며 끝없이 울었다고 한다. 또 문종이 죽기 전에 수양이 보고 싶다고 했는데 좌우에서 숙의(淑儀)로 잘못 알아듣고 부르지 않았다는 이야기도 있다. 문종이 수양을 보고 싶다고 한 이유는 후사(後嗣)를 부탁하기 위함일 것이다.

5.18. 대간의 청으로, 의정부 당상 및 대군의 집에 분경하는 것을 금하다.

5.18. 집현전 부제학 신석조가, 생전의 대행왕이 다시는 후궁이 여승이 되는 일이 없도록 하라고 했다며 지금 후궁들이 여승이 된 것은 대행왕의 뜻이 아니니 그치게 할 것을 청하다.

• 이즈음 남지는 와병 중이어서, 국사는 모두 황보인과 김종서가 결정했고, 허후와 정분이 참여했다.

5.19. 수양대군과 안평대군이, 분경 금지는 우리 종친을 의심하는 것이라며 강력히 항의하다. 황보인이 크게 놀라, 대군의 집에는 분경을 금하지 말게 하고 다만 종부시로 하여 규찰토록 하다.

5.26. 승정원에서 수양대군이 지은 《역대병요》를 올리다.

6.17. 대행왕의 존호를 흠명인숙광명성효로 하고 묘호는 문종, 능호는 현릉으로 하다.

6.30. 김종서가 안평에게 시를 주다.

• 사관은, 김종서가 안평을 부추겨 모반하려는 의도로 해석하고 있다. 하지만 이 역시 찬탈 세력의 입장에서 기술한 것이다.

7.2. 강맹경이, 홍 귀인(문종의 후궁)으로 하여 내정을 책임지게 할 것과, 관리의 임명 등 대소사는 대신들에게 자문하고 내시를 신임하지 말라 청하다.

7.4. 《세종실록》을 편찬하는데, 황희에 대한 기록이 험하자 편찬자들이 의논하다. 모두 들은 바 없는 일이라며 삭제를 주장하다.

7.9. 강맹경이 수양대군을 알현하다. 수양이, 혜빈(세종의 빈 양 씨)이 궁중을 마음대로 하려 한다며 홍 귀인의 작위를 높여야 궁중의 일이 질서가 설 것이라 말하다.

7.12. 대군과 대신이 경회루 남문에 나아가 육즙을 드실 것을 청하니 수락하다.

7.17. 현릉의 자리를 9척쯤 파니 물이 솟아 나

와 다른 혈을 파기로 하다.

7.23. 한명회가 권람을 찾아가, 나라가 잘못돼 간다며 수양대군을 만나 잘 말씀드리라 권유하다. 이에 권람이 수양대군을 찾아 대화를 나누다.

7.25. 홍윤성이 수양대군을 뵙고 말하기를, 어린 임금이 왕위에 있어 조정이 문란하니 변(變)에 대처해야 한다고 건의하다.

• 이 자리에서, 수양대군이 홍윤성에게 사직을 위해 죽을 수 있는지를 물었는데, 홍윤성이 마땅히 그러겠다고 하자, 수양은 농이었다면서 슬그머니 발을 뺐다.

7.28. 권람이 한명회를 수양대군에게 추천하다.

8.10. 수양대군이 신숙주의 마음을 떠보다.

8.13. 수양대군이 황수신을 가서 보았는데, 황수신이 감읍하여 심정을 털어 놓다.

9.1. 문종의 재궁을 현궁에 안치하다.

9.3. 김종서가, 나이 들었음을 이유로 사직을 청했으나 불허하다.

9.10. 수양대군이, 북경에 고명사은사로 가겠다고 나서다.

• 권람이 달려와 자리를 비우는 것에 대해 걱정하자, 안평은 적수가 아니니 문제 없고, 황보인과 김종서 또한 호걸이 아니니 걱정 없다고 답했다.

9.13. 변효문과 정척이 편찬한 《오례의주》를 《세종실록》에 실을지, 금상의 실록에 실을지 논란이 일다.

9.14. 신숙주를 사은사 서장관으로 삼다.

9.23. 김종서·이양·허후 등이 와서 문병하다. 수양대군도 문병 와서 지나치게 부지런한 탓이라며 세 번하는 강론을 한 번으로 줄일 것을 청하다.

윤9.6. 수양대군이 안평대군·김종서·황보인 등과 산릉 역사를 살피다. 이때 산릉도감 장무 이현로가 거만하다 하여, 수양이 이현로를 불러 매질하다.

• 전에 이현로가, 백악산 뒤에 궁을 짓지 않으면 정룡(正龍)이 쇠하고 방룡(傍龍)이 발할 것이라 말한 적이

있는데, 이 일을 여러 정승에게 고하는 문제를 두고 수양과 이현로가 대립한 적이 있다.

윤9.8. 수양대군이 예궐해, 이현로를 매질한 것은 안평을 위해서라 설명하다.

윤9.19. 허후가 수양대군을 찾아오다. 술에 취해 군사를 일으켜 안평을 치라는 둥, 형제가 화목하라 둥 횡설수설하다.

• 이를 지켜보던 환관 전균이 "충(忠)은 충이나 대신의 체통은 없다."라고 했다.

윤9.22. 수양대군이, 명에 갈 때 황보석과 김승규를 데리고 갈 뜻을 밝히다.

• 황보석과 김승규는 각각 황보인과 김종서의 아들이다. 이들을 데리고 가려는 이유는 안평대군과 김종서·황보인 등이 뒷일을 꾸미지 못하게 하기 위함이다.

윤9.27. 효령대군 등 종친들이 양녕의 집에 모여 수양대군을 전별하는 잔치를 벌이다.

10.5. 수양대군이 권람에게, 한명회와 함께 비밀리에 황보인을 염탐하라 이르다.

10.11. 수양대군이 울면서 하늘이 자신의 충정을 알아주기 바란다고 하다.

10.12. 수양대군이 표문을 받들고 명나라로 떠나다.

10.12. 김종서가 이현로를 적극 변호하다.

10.21. 수양대군이 영응대군 이염에게 시를 지어 보내다.

11.12. 수양대군이 요동에서 강맹경에게 글을 보내, 《병요》·《삼강행실도》 등의 반포에 대해 명하듯 하다.

11.28. 춘추관에서, 《고려사》를 인쇄할 것을 청하니 그대로 따르다.

12.11. 김종서를 좌의정으로, 정분을 우의정으로, 한확을 좌찬성으로 삼다.

12.15. 김종서가, 공주에 가서 소분(掃墳)하고자 한다며 하직하자, 그를 전별하는 인사가 도성에 가득하고 군현에서 뇌물도 끊이지 않다.

단종 1년(1453)

1.6. 황보인이, 《세종실록》이 거의 이루어졌다며 《문종실록》도 편찬할 것을 청하니 따르다.

1.10. 안평대군이, 수양대군을 맞으러 가길 청하자 개성에 가서 맞으라 하다.

• 앞서 수양이 떠나면서 평양이나 의주로 마중 올 것을 요청했다.

1.28. 회령의 장성이 무너져 김길통 등을 보내 살펴보게 하다.

1.29. 대간이, 수양의 영접을 위해 안평을 보낼 필요는 없다고 아뢰다.

2.10. 현릉의 사토가 비로 무너지다.

2.13. 안평이 평양에 이르러 절도 없이 놀다가 수양을 만나지 못하다. 이에 수양이 질책하다.

2.14. 순안에서 수양과 안평이 만나다.

2.22. 효령대군의 집으로 이어하다.

2.26. 수양대군이 예부의 자문을 가지고 오다.

• 이날 실록의 기록은 수양대군에 대한 찬양 일변도 묘사가 대부분이다.

3.5. 사간원의 서경을 받지 못한 홍윤성이 김종서의 이름을 빌려 사간원에 항의하다.

3.21. 수양대군이 비로소 한명회를 만나 계책을 달라고 하다.

3.22. 김종서가 홍윤성에게 활을 선물하며, 수양을 섬기지 말고 안평을 섬기라 하다.

3.23. 수양이 한명회에게 선비를 많이 얻고 있는 것에 대해 기쁨을 표하다.

4.7. 사헌부에서, 수양대군의 수종관에게 상을 주는 것은 옳지 않다고 아뢰다.

4.20. 《병요》를 수찬한 공을 들어 홍달손·성삼문·하위지 등 10여 인에게 한 자급씩 더해 주다.

4.21. 지평 유성원이, 수양대군 종사자들에게 상을 준 일과 《병요》 수찬자들에게 자급을 더해 준 일을 비판하다.

4.22. 하위지가 소를 올려, 수양대군이 추천해 상을 받게 한 문제점을 지적하며 상을 받을 이

유가 없다고 아뢰다.

4.24. 수양대군이 승정원에 해명하다.

4.24. 집현전 직제학 성삼문도 자신에게 자급을 더해 준 일이 부당하다고 아뢰다.

5.7. 김종서·황보인이 《세종실록》을 감수하면서 자신들에게 불리한 기사를 고쳐 달라고 요구하다. 이에 성삼문이 재상의 도량이 아니라며 비판하다.

5.15. 홍달손이 수양대군을 만나, 이징옥이 비밀리에 경성의 무기를 서울로 옮기도록 했다고 전하다. 또 홍달손이 첨지중추가 되어 감순을 담당하게 되자 한명회가 기뻐하다.

• 감순은 순작군이 도성을 순찰하는 것을 감독하는 일이다. 도성 순찰 임무를 장악하면 거사를 일으키기 쉽기 때문에 기뻐한 것이다.

5.17. 수양대군이 여러 종친들과 더불어, 왕비를 맞아들일 것을 청하다.

5.25. 수양대군의 수종관과 《병요》 수찬자에게 가자했던 것을 거두다.

6.16. 함흥부 축성 등의 일로 황보인에게 직접 가서 조사하고 결정하게 했으나, 사간원에서 수상을 멀리 나가게 하는 것은 불가하다 하여 보내지 않기로 하다.

7.8. 안평대군이 남의 무덤 자리에 아내의 무덤을 쓰기를 청했으나 허락지 않다.

7.15. 김종서가 경연에서 신진의 고담준론을 듣지 말 것을 청하다.

7.24. 하위지가 병으로 사직하면서, 늙은 여우가 없어지면 돌아오겠다고 하다.

• 늙은 여우는 김종서를 염두에 두고 한 말이다.

7.27. 문묘의 액자를 대성전(大聖殿)에서 대성전(大成殿)으로 고쳐 쓰게 하다.

8.6. 정분이, 사민의 임무로 경상·전라 지역 순찰에 나서자 장안에 전송객이 가득하다.

8.24. 이징규가 온천에 가자, 수양대군이 이징석과 함께 전송하다.

9.19. 새로 급제한 이들에게 신고식을 시키다가

사망에 이르게 한 관련자들을 태형·파직 등에 처하다.

9.25. 황보인의 종이 자기네 대감이 거사하려 한다고 권람의 종에게 말하다. 이에 권람·한명회·홍달손·양정 등이 밤에 수양대군을 찾아와 의논하다.

9.25. 수양대군이 봉장을 올려, 바른 사람을 가까이할 것, 백성의 힘을 아낄 것, 군사를 사랑할 것 등을 아뢰다.

9.29. 한명회·권람 등이 와서 거사일을 10월 10일로 정하다.

10.2. 권람이 수양대군을 만나, 황보인·김종서가 수양 측의 거사 계획을 알았다고 전하다.

· 수양은, 저들이 알았더라도 논의하고 약속을 잡는 데 여러 날이 걸릴 테니 문제없다고 했다.

10.10. 무사들을 불러 활쏘기를 하고 술자리를 베풀다가 저녁에 거사를 행하다. 김종서를 치고 대궐을 장악한 뒤, 재상들을 들어오게 하여 이들 중 황보인·조극관·이양 등을 죽이고 사람을 보내 윤처공·이명빈·조빈·원구 등을 죽이다.

10.10. 군국의 중요한 일은 모두 수양대군에게 위임하여 처리하게 하다.

10.11. 사헌부·사간원에서 안평의 처형과 정분 등의 국문을 주장하다.

10.11. 수양대군이 영의정부사 등 주요 관직을 제수받다.

10.11. 갑사와 별시위 각 50명, 총통위·방패 각 20명으로 하여 수양대군을 호위하게 하다.

10.11. 좌찬성 한확을 우의정으로 삼고자 했으나, 한확이 사돈임을 들어 사양하다.

10.13. 양녕대군 등 종친들과 6조 당상이, 안평을 율에 따라 처형할 것을 청하자 대신과 의논하겠다고 답하다.

10.13. 정분·조수량·허후 등을 안치하다. 안평이 임금이 될 운명이라고 한 소경 점쟁이 지화를 목 베게 하다.

10.15. 좌명공신을 책봉하다.

10.15. 한확을 우의정으로, 이사철을 좌찬성으로 삼다.

10.16 안평을 처형하라는 종친과 백관의 청이 이어지다.

10.17. 성삼문 등이 상소해, 안평에게 병기를 조달한 이경유와 그 수하 및 관련자를 국문할 것을 청하다.

10.17. 수양대군에게 공신호·식읍 1,000호·식실봉 500호·전 500결·노비 300구와, 별봉으로 해마다 600석·근수 10면·안장 갖춘 말 4필·금 25냥 등을 내리다.

10.19. 성녕대군의 부인을 외방에 쫓아내다.

· 전날 성녕대군의 부인이 안평과 간통했다며 극형에 처할 것을 청하는 상서가 있었다.

10.21. 평안도 좌우도를 통합하다.

10.25. 안평대군 이용이 반역을 모의한 조목을 열거하여 중외에 효유하다.

10.25. 함길도 도절제사 이징옥이 박호문을 베고 반기를 들다.

10.27. 수양대군이, 6진 인근의 야인들과 이징옥 휘하에게 이징옥을 잡으라는 글을 보내다.

10.27. 이징옥이 휘하들에 의해 죽음을 맞다.

11.11. 조수량·안완경·지정·이보인·이의산·허후·김정·김말생 등을 교형에 처하고, 황보인,·김종서·이양·민신·윤처공·이명민·이현로·김승규·이경유·이징옥·조번·원구·김대정·하석 등의 친자로 16세 이상인 자는 교형에 처하다.

11.18. 성삼문 등이, 환관 엄차지·전균에게 봉군(封君)한 명을 거두어 줄 것을 청하다.

11.18. 사헌부가, 수양대군·한명회·권람·홍달손을 제외한 1등공신들에게 무슨 공이 있느냐며 공신에서 삭제할 것을 청하다.

11.18. 신숙주와 최항이, 사헌부의 주장이 옳다며 자신들의 공신 호를 삭제해 줄 것을 청하다.

11.19. 정인지·한확·이사철·이계전·박중손·이흥상·성삼문 등이 자신들의 공신 호를 삭제해 줄 것을 청하다.

11. 20. 공신을 거느리고 서북단에서 회맹하다.

11. 22. 수양에게 공신노비 300구를 더 하사하다.

11. 26. 성삼문이 소를 올려, 정분과 안평의 심복 조충손·조순생·이석정 등도 베어야 한다고 청하다.

12. 2. 정난으로 죽은 이들의 집을, 정난에 공을 세운 종과 시녀에게 분배하다.

12. 28. 수양대군·정인지·한확 등이, 왕비를 맞아들일 것을 청하다.

단종 2년(1454)

1. 8. 수양대군·효령대군·정승·판서 등이 창덕궁에서 처녀를 간택하다. 송현수·김사우·권완의 딸을 취(娶)하다.

1. 10. 수양대군 등이, 송현수의 딸을 비로, 나머지는 잉(媵)으로 할 것을 아뢰다.

1. 22. 송 씨를 왕비로 책봉하다.

1. 23 왕비를 맞아들이는 일을 정지하라 이르다.

1. 23. 수양대군이 승지들과 더불어 길복을 따를 것인지를 의논했는데, 박팽년이 상제를 단축시킬 수 없다며 반대하다.

1. 23. 수양대군의 요청에 따라, 길복을 반대한 성삼문 등의 고신을 거두고 국문하라 명하다.

1. 23 왕비를 맞아들이고 길복을 입으라는 수양의 말을 따르다.

1. 24. 효령대군을 보내, 왕비 송 씨를 효령대군 집에서 봉영(奉迎)하다. 숙의 김 씨와 권 씨도 효령대군 집에서 왕비를 수종해 대궐로 가다.
  • 혼인례에 대해 상세한 기록을 남겼다.

1. 25. 대간들을 석방하고 성삼문에게 고신을 돌려주다.

2. 6. 신숙주를 도승지로, 박팽년을 좌승지로 삼다.

2. 10. 조계일(朝啓日)에 상참(常參)을 받겠다고 이르다.

2. 13. 예조에 전지해, 동반 6품 이상과 서반 4품 이상을 3일에 1번씩 윤대하겠다고 하다.

3. 1. 매월 3일 경연관에서 회강(會講)할 것을 명하다.

3. 24. 중외병마도통사 인을 주조해 수양대군에게 주라 이르다.

3. 29. 중외병마도통사에게 둑(纛)을 하사하다.

3. 30. 춘추관에서 《세종실록》을 편찬하다.

5. 2. 예조의 건의에 따라, 조계·상참·사신 접대 등의 경우를 제외하고, 신료들에게 토홍색(土紅色) 옷을 입을 수 있도록 하다.

5. 14. 문종의 대상제를 행하다. 문종의 후궁들이 모두 머리를 깎다.

6. 1. 검토관 양성지가, 흉배를 갖춰 상하를 엄히 구별케 할 것을 청하니 대신들에게 의논하게 하다.

7. 1. 현덕왕후의 존호를 더하여 올리다.

7. 16. 문종대왕과 현덕왕후의 신주를 종묘에 부묘하다.

7. 22. 예조에 전지해, 이후로 계달하는 문서에 수양대군·임영대군·금성대군·영응대군의 이름은 쓰지 말도록 하다.

8. 12. 사헌부에서, 근일의 와언은 간당이 남아 있기 때문이라며 제거를 청하다.

8. 15. 친히 건원릉과 현릉에 추석제를 행하다.

8. 28. 계양군 이증이, 금성대군의 의심스러운 면을 수양대군에게 말하다.

9. 18. 동교에서 농사의 작황을 구경하다.

9. 30.~10. 3. 사냥하다.

10. 11. 대소의 행행에 사관을 입시케 하다.

10. 14. 사간원에서, 아직 어리니 자주 사냥하는 것은 옳지 않다고 아뢰다. 이에 수양대군이, 하루 3차례 경연을 하여 건강을 해칠까 두렵다며 주강은 폐할 것을 청하다. 또 간원들의 죄를 열거하며 국문을 청하자, 간원들을 국문하게 하다.

10. 17. 언관을 너그러이 용서한 조종의 고사를 따라 죄를 특별히 용서한다며 간원들을 석방하다.

11. 25. 세종이 임어하던 자미당 창가의 난간에 이르러 세종을 그리워하며 탄식하니 모두들 울다.

12. 1. 처음으로 흉배 단령을 달게 하다.

• 주요 종친과 2품 이상 등 72명에게 허용했다.

12. 10. 문무 당상관은 모두 흉배를 달게 하다.

12. 17. 청계산에서 사냥하다.

단종 3년(1455)

1. 14. 유언비어를 유포하는 자를 엄히 다스리라 명하다.

2. 4. 중전 송 씨와 함께 수양대군 집을 찾아가 연회를 베풀다. 양녕대군을 비롯한 주요 종친들과 정승·승지 등이 함께하다.

2. 27. 영의정·우의정·판서·승지 등이, 화의군 이영을 유배하고 금성대군 이유의 고신을 거둘 것을 청하다.

• 화의군과 최영손·김옥겸 등이 금성대군 집에 모여 활쏘기를 하고도 숨겼다는 등의 이유를 들었다.

2. 27. 금성대군 이유의 고신을 거두고 화의군 이영을 외방에 부처하다.

3. 1. 사헌부의 논의를 거쳐 이승소가 금성대군 등의 처리에 대해 이의를 제기했는데, 답변의 과정에서 금성대군은 죄가 없다고 하다.

3. 3. 사간원에서, 무인이 사사로이 모인 문제, 환관의 행실 등을 추국할 것을 청했으나 이미 결론이 났다며 거부하다.

3. 17. 대사헌 최항이, 환관과 무사 들의 죄를 재결할 것을 청하다.

3. 19. 6조 당상이, 환관들의 죄를 청하자 대신들과 의논하겠다고 답하다.

3. 21. 금성대군 이유가 몰래 혜빈 양 씨와 결탁하다.

4. 27. 김종서의 집을 시녀 내은이에게 주다.

5. 7. 중국 사신이 수양대군에게, 해청·표·토표 등을 얻어 진상하고 싶다고 하다. 이에 표는 가능하나 해청과 토표는 어렵다고 답하다.

5. 10. 영천위 윤사로가 수양대군을 만나 금성대군에 대한 정보를 보고하다.

5. 26. 계양군 이증과 파평위 윤암 등이 수양대군을 만나, 금성대군·화의군·혜빈·상궁을 제거할 계책을 말하다.

윤6. 5. 이만주의 아들 이두리가 조현한 뒤 수양대군을 만나다.

• 이두리는 이후로도 자주 내조하였다.

윤6. 10. 하위지를 예조참의로, 권람을 우승지로, 구치관을 좌부승지로, 한명회를 우부승지로, 성삼문을 동부승지로 삼다.

세조실록

세조총서

- 세조혜장승천체도열문영무지덕융공성신명예
흠숙인효대왕의 휘는 유, 자는 수지이다.
- 세종의 2남이고, 어머니는 소헌왕후다.
- 태종 17년 본궁에서 탄생하다.
- 세종 10년 진평대군으로 봉해지다. 뒤에 함
평대군으로, 다시 진양대군으로 고쳤다가, 또
수양대군으로 고치다.
- 세종이 세조를 종부시 제조로 삼다.
- 세종이 문종과 세조에게 유교를 전하다.
- 세조 잠저의 가마솥이 스스로 울다. 세조가,
이는 잔치를 베풀 징조라고 말하다.

《세조실록》에서 단종은 강봉 이전에도 노산군으로 불린다. 그런데 단
종이 세조 세력에 의해 노산군으로 강봉된 것은 세조 3년(1457)이고,
임금으로 복위되어 단종이라는 묘호를 받은 것은 숙종 24년(1698)이
다. 이 책에서는 강봉 이전까지는 단종 또는 상왕으로, 강봉 이후부터
는 노산군으로 적었다.

세조 1년(1455)

윤6. 11. 수양대군이 한확·이사철·이계린 등과
의논한 뒤 금성대군·혜빈·상궁 박 씨 등의 치
죄를 청하다. 이에 금성대군 등을 유배토록 한
다음 환관 전균을 통해 수양대군에게 전위할
뜻을 밝히다. 수양대군이 근정전 뜰에서 즉위하
고 주상을 높여 상왕으로 삼다.
윤6. 11. 혜빈 양 씨와 상궁 박 씨의 가산을 적
몰하다. 한명회가 금성대군의 제거를 청했으나
지켜보기로 하다.
윤6. 12.《문종실록》에 과실을 말한 것이 있더라
도 삭제하지 말라 이르다.
윤6. 17. 문종의 사위인 정종을 유배지에서 풀어
주다.

윤6. 20. 단종이 창덕궁으로 들어가고 왕은 잠저
에서 경복궁으로 옮기다.
윤6. 26. 상왕께 문안하는 날과 경연·윤대하는
날에 대하여 승정원에 하교하다.
7. 20. 윤 씨를 왕비로 책봉하는 교서와 책문을
내리다.
7. 26. 원자 이장(의경세자, 덕종)을 왕세자로, 한
씨를 왕세자빈으로 삼는 교서와 책문을 내리다.
7. 27. 상왕에게 문안해 술자리를 갖다.
8. 1. 이후로 6조는 직접 계달하라고 하다.
8. 9. 병조판서 이계전 등이, 옛 제도인 의정부
서사제를 그대로 할 것을 청하다.
- 논의를 하던 중에, 하위지의 의견이 마음에 들지
않는다며 관(冠)을 벗게 하고 의금부에 가두었다.
8. 10. 승지들에게, 과거 하위지가 자신에게 했
던 말을 거론하며 불만을 드러내면서도 너그러
운 법을 따르겠다며 풀어 주다.
8. 12. 집현전 직제학 양성지에게 명해 지리지를
편찬하게 하고 지도를 그리게 하다.
9. 5. 좌익공신을 책봉하다.
9. 11. 병조에서, 각 도의 내지에도 거진을 설치
하고 인근 고을들을 분속(分屬)시킬 것을 청하니
따르다.
10. 5. 세자와 함께 창덕궁 광연정에서 상왕에게
잔치를 베풀다.
10. 13. 주문사 김하가, 양위를 승인하는 조칙을
받들고 돌아오다.
11. 5. 상왕이 대궐에 이르니 광화문 밖에서 맞
이하고 사정전에서 잔치하다.
11. 8. 교지를 내려, 유명무실해진 어사 파견 제
도를 되살리겠다 이르고 부민이 수령을 고소할
수 있게 하겠다고 하다.
11. 10.《문종실록》13권이 편찬되다.

11. 10. 평안도 경차관 양성지가 여연·무창·우예의 지도를 바치고 현지의 상황과 장수·군인들의 어려움을 보고하다.

• 이즈음 다양한 야인 부족들이 찾아와 알현하고, 일본에서도 자주 찾아왔다.

12. 8. 좌찬성 이계린의 졸기.

12. 25. 제주 도안무사에게 감귤 공납의 폐해를 줄일 것을 명하다.

• 금귤·유감·동정귤·감자·청귤·유자·산귤에 대해 등급을 설명하고 재배법이나 현황 등 당시 제주 감귤에 대해 묘사하고 있다.

12. 27. 의정부에 전지하여, 연창위·안맹담 등을 원종공신에 봉하다.

세조 2년(1456)

1. 9. 서운관에서, 부엉이가 홍례문 서문에서 울었다고 아뢰다.

• 이때까지 부엉이가 운 것을 기록하고 있었는데, 이후로는 이런 일을 아뢰지 말라 일렀다.

1. 23. 대제학 신숙주의 처 윤 씨의 상에 조효문을 보내어 호상하게 하다.

2. 18. 이만주가 내조(來朝)하는 문제에 대하여 토론하다.

2. 24. 충청도와 전라도에 간 분대어사들의 보고에 따라 해당 수령들을 추국케 하다.

2. 25. 분대어사를 소환한 지역의 수령과 아전들이 전일의 소송을 원망하여 보복할지 모른다며, 선차사를 보내 규찰하고 암행하라 명하다.

2. 27. 8도 관찰사에게 좋은 종자를 가려 백성들에게 나눠 줄 것과, 분대에 고소당한 수령의 백성 침학을 엄금케 하다.

3. 2. 상왕과 아차산에서 사냥을 구경하다.

• 여러 차례 단종과 사냥 구경에 나섰다.

3. 5. 8도 관찰사에게 명해, 중을 각종 잡역에 동원시키지 말 것과, 유생이 절에 올라가는 것을 금하게 하다.

4. 14. 상참 시 사관이 궐내에 들어오게 하다.

• 이전에는 사관이 중계(中階)에 부복해 있어 내용을 자세히 들을 수 없었다.

4. 15. 경회루에서 종친·재추(宰樞)·승지 들과 함께하다. 습진 훈도들에게는 진법을, 집현전 관원들에게는 사서오경을 강하게 하다.

4. 20. 중국 사신 하마연 뒤, 돌아오는 길에 민발이 임영대군의 앞을 가로막는 등 불손한 태도를 보여 장을 치다.

4. 21. 민발의 고신을 거두고 귀양 보내다.

4. 28. 평안도 관찰사에게 단군·기자·동명성왕의 사당을 수리케 하다.

5. 9. 한확이 사은사로 떠나며 정예의 호송군을 청하니 따르다.

• 초적과 야인의 습격을 우려한 것이다.

5. 11. 좌참찬 강맹경과 예조참판 하위지가, 후궁을 들일 것을 청하자 본래 색을 좋아하지 않는다며 거절하다.

5. 16. 70세 이상 당상관에게 4일에 1번씩 얼음 한 덩어리를 주게 하다.

5. 27. 사정전 술자리에서 중궁과 같이 잔대를 잡고 한명회에게 술을 따라 주다.

6. 2. 김질과 정창손이 성삼문의 불궤를 고하다.

• 이때 사육신 사건이 드러났다.

6. 3. 금성대군 등 유배자들의 경계를 강화하다.

6. 6. 집현전을 파하고 경연을 정지하며 소장된 책들은 예문관에 옮겨 관장케 하다.

6. 7. 성삼문과 권자신에게, 상왕도 역모 계획을 알고 있었는지를 묻자 그렇다고 답하다.

6. 7. 박팽년이 옥사하다.

6. 8. 백관들을 군기감 앞에 불러 모은 다음, 성삼문·이개·하위지·박중림·김문기·성승·유응부·권자신 등을 능지처사한 뒤 3일간 저자에 효수하다.

6. 16. 상왕이 금년에 복위할 거라 점을 친 무녀

용안을 능지처사하다.

6. 18. 박기년·심신·이정상·이지영·아지 등을 국문하고 능지처사하다.

6. 21. 박대년·이유기·이의영·정관·봉여해·성삼성·이말생 등을 능지처사하다.

6. 27. 이유를 경상도 순흥에, 이어를 함양에, 이영을 금산에, 이전을 임실에, 정종을 광주에 안치하다. 담장을 높이고 외부인과 통하지 못하게 하다.

6. 27. 무녀 내은덕·최면·심상좌·덕비를 능지처사하다.

7. 3. 정창손을 좌익3등공신에서 2등공신으로 높이고 김질을 3등에 봉하다.

7. 12. 야인들의 내조 시 평안도를 거쳐 서울로 오는 것을 허락하다. 다만 중국 사신과 마주치지 않도록 조치하다.

8. 14. 한명회에게 민간의 생활을 암찰하게 하다.

8. 23. 이후로는 강무 시에도 반드시 사관을 2명씩 갖추게 하다.

9. 7. 난신에 연좌된 부녀자들을 공신과 대신에게 나눠 주다.

9. 11. 한확의 졸기.

9. 17. 공신들에게 공신을 중시하는 뜻을 밝히다.

10. 18. 정창손을 우의정으로, 강맹경을 좌찬성으로, 신숙주를 우찬성으로, 홍윤성을 예조참판으로, 한명회를 도승지로, 김질을 동부승지로 삼다.

10. 26. 전라도 무안과 경기도 천녕현에서 백성들이 수령의 불법을 고하니 모두 잡아와 조사하라 명하다.

11. 7. 8도 관찰사에게 옥사의 지체를 용서치 않겠다고 경고하다. 다만 일을 빨리 처리하기 위해 고문을 하는 것은 불가하다고 이르다.

11. 11. 공사를 빙자해 백성을 참학하는 수령을 크게 징치할 것임을 8도에 알리다.

11. 23. 8도 군민에게 내리는 글을 8도 관찰사에게 보내면서 백성이 두루 알게 하라 명하다.

• 글의 내용은, 백성을 괴롭히는 갖가지 상황들을 적시하고 이를 금하는 것과, 수령이 침탈이 있으면 와서 고하라는 것이다.

12. 13. 사정전에 나가, 조현을 떠나는 세자를 전송하다.

12. 15. 요동도사가, 세자가 조현하러 올 필요가 없다는 황제의 명을 전하다.

12. 30. 대사헌 원효영 등이, 상왕이 역모 사실에 동조했으니 그냥 넘길 수 없다고 상소하다.

세조 3년(1457)

1. 8. 신숙주·이극감·한계희·강희맹 등에게 《국조보감》을 찬술케 하다.

1. 15. 면복을 갖추고 환구단에 제사하다.

1. 16. 정인지가 존호를 올릴 것을 청하다.

1. 29. 양녕대군과 정인지가, 상왕을 밖에 나가 살게 할 것을 청하니, 이유의 집을 수리해 나가 거처하게 하는 게 좋겠다고 답하다.

2. 22. 도적들을 막기 위한 엄중한 형벌을 중외에 효유할 것을 의정부에 명하다.

3. 7. 대전에 존호를 올리는 의식, 중전에 존호를 올리는 의식을 기록하다.

3. 12. 분대의 폐해에 대해 정찬손 등과 의논하다.

3. 15. 사정전에 나아가 봉희를 구경하고 술자리를 갖다.

• 이 자리에서, 신숙주는 서생일 뿐 아니라 지장이니 곧 자신의 위징이라 칭찬하며 사관에게 기록하게 했다.

3. 15. 판서운관사 양성지가, 전적·사직·존호·수령 고소 금지법 등에 대해 아뢰면서 경연을 청하자 나이가 불혹이라는 등의 이유를 들며 거부하다.

3. 24. 입직한 군사의 명령 계통에 대하여 하교

하다.

3. 28. 한명회에게 술을 올리게 하고는, 정난의 일은 한명회가 다 했다며 비상한 사람이라 말하다.

4. 29. 어전에서의 예절에 대한 사목을 예조에 내리다.

5. 7. 호조에 명해 의창의 폐단을 바로잡도록 하다.

• 의창은 재산 증식 수단으로 악용되기도 했다.

6. 21. 백성 김정수가 전 예문제학 윤사윤에게, 판돈녕부사 송현수와 행돈녕부판관 권완이 반역을 도모한다고 하자, 이들을 가두다. 아울러 상왕을 노산군으로 강봉해 영월로 내보내다.

6. 26. 의정부의 건의에 따라, 현덕왕후를 폐서인하고 개장(改葬)토록하다.

6. 27. 안동의 관노 이동이 예궐해 금성대군 이유가 불궤한 짓을 도모한다고 고하니, 이유와 그 처자를 데려오라 명하다.

7. 3. 순흥부사 이보흠이 이유의 역모를 치계(馳啓)하다.

7. 6. 의원 조경지를 보내 노산군에게 옷가지를 주다.

7. 15. 송현수와 역모를 꾀했다고 자백한 권완을 능지처사하다.

7. 27. 세자가 편찮으니, 정인지·강맹경·신숙주 등과 더불어 약을 의논하다.

8. 2. 순흥부를 혁파하다.

8. 14. 한명회를 이조판서로, 홍달손을 병조판서로 삼다.

8. 16. 송현수에게 장 100대를 치고 먼 지방의 관노로 보내다.

8. 21. 대사헌 김자연 등이, 송현수가 권완과 죄는 같으나 처벌이 다르다고 하자 자복하지 않은데다 옛 친구이므로 이 정도면 족하다고 답하다.

9. 2. 세자의 졸기.

• 의경세자 덕종으로, 9대 성종의 아버지다.

9. 7. 국장도감에 세자 묘의 석물을 후하게 쓰지 못하게 어찰을 내리다.

9. 10. 신숙주를 시작으로 3정승과 대간이, 금성대군과 노산군의 사사를 청하다.

10. 9. 의금부가, 금성대군의 역모에 대하여 고하다.

10. 9. 안순손·황치·김유성·안처강·신극장을 능지처참하다. 연루된 백성들에 대해서는 신숙주가 나서서 가벼운 처벌을 받게 하다.

10. 17. 8도에 거진을 설치하고 도절제사가 진장을 통솔하게 하다.

10. 21. 양녕 이하 종친들과 백관이, 노산군과 금성대군 등의 처형을 청하자 금성대군은 사사하고 송현수는 교형에 처하다.

• 실록은, 노산군이 이를 듣고 스스로 목매어 죽으니 예로써 장사지냈다고 기록하고 있다.

11. 4. 개간한 땅에 대해 5년간 조세를 면제하다.

11. 18. 의금부의 건의에 따라, 이영·이어·이진 등에 대해 금방(禁防) 조건(條件)을 세우다.

11. 18. 계빈전(啓殯奠)을 베풀다.

12. 15. 근정전에서 세자를 책봉하다.

• 8대 예종이다.

세조 4년(1458)

1. 4. 《국조보감》이 완성되자 수찬한 신숙주 등에게 상을 내리다.

1. 29. 주인을 구타한 종을 능지처참하다.

2. 11. 사정전에서 공신들과 잔치를 하는데, 정인지가 나아가 《법화경》·《대장경》을 인쇄하고 또 《석보》를 간행하는 것은 옳지 않다고 아뢰다. 노하여 잔치를 파하다.

2. 13. 정인지에게 전날의 일을 힐문하다. 고신을 거두고 가두어 국문하라 이르다.

2. 15. 정인지를 의금부에 내렸지만, 노신이 오래 옥중에 있을 수 없으므로 국문을 파하라 명하

다.

2.16. 정인지를 처벌하라는 거듭된 요구에, 스스로 높은 체한 것뿐이니 논하지 말라 명하다.

2.18. 정인지의 고신을 돌려주고 하동부원군으로 삼다.

2.26. 화폐 체천지보를 제작했으나, 쓸 곳을 모르겠다고 하다.

윤2.1. 전옥서와 의금부의 옥을 살피게 하다.

윤2.4. 승정원에 어사의 득실을 논하게 한 뒤, 해는 적고 이는 크다고 하다.

윤2.7. 좌찬성 신숙주·병판 홍달손·지중추원사 양정을 주장으로 삼아 대야원 들에서 습진하다.

3.8. 온천에 요양 중인 권람에게 편지를 띄우고 술·옷·목화를 내리다.

4.5. 호패법을 공고하다.

4.15. 하삼도 도순문진휼사 한명회가, 상평창 제도의 시험 설치를 청하니 수락하다.

4.24. 청민고소지법(聽民告訴之法)의 폐지를 요구하는 주장에 반대하다.

5.4. 우사간 서거정 등이, 가뭄을 당했으므로 근신할 것을 상소하다.

6.1. 함경도 도절제사 곽연성에게, 동창이 보낸 다양함, 범찰의 아들 보하토, 이만주 관하의 모리 등이 정성껏 귀부하니 후대하여 올려 보내라 하다.

6.19. 한명회의 일처리를 칭찬하며, 훌륭한 이 중에서도 용이라고 하다. 아울러 최항을 유웅(儒雄)이라며, 홍달손에게 너희 무부(武夫)는 미칠 수 없다고도 하다.

7.11. 사헌부에서, 홍윤성이 김한의 딸을 간통하려 들어 강상(綱常)을 더럽혔다며 탄핵하다.

7.12. 홍윤성이, 술에 취해 잘못 들어간 것뿐이라고 변명하다.

7.14. 우정언 유권이, 홍윤성의 국문을 청하다.

• 이후 대간들도 국문할 것을 주장했으나 왕은 계속 홍윤성을 편들었다.

8.24. 신숙주에게, 대간이 계속해 홍윤성의 일을 거론한다고 불평했는데, 신숙주도 홍윤성이 옳지 못했다고 하자 벌주를 내리다.

8.26. 사형 집행 시에는 형조낭관·전옥관·검률이 가서 감시하라 이르다.

9.2. 장차 평안도에 순행하려, 신숙주를 평안도 도체찰사로 삼다.

9.12. 평안도 관찰사와 절제사에게 서울로 올려 보내도 될 야인들을 정해 알리다.

9.12. 《동국통감》을 편찬케 하다.

9.16. 의정부·충훈부 등에서, 정인지가 전날에 보인 무례함을 거론하며 처벌을 청하다.

• 정인지가 술에 취해 세조에게 너라고 불렀다.

9.17. 의정부·충훈부 등이 다시 정인지의 처벌을 청했으나 훈구이기 때문에 죄줄 수 없다고 하다.

9.20. 정인지가 절절한 사직서를 올리다.

10.8. 세자에게 훈사 10장을 지어 주다.

11.3. 형조에 명하여, 추위에 죄수들이 동사할까 염려되니 밤에도 출사하여 처결(處決)하게 하다.

11.30. 의금부와 전옥의 옥에 갇힌 자에게 주육(酒肉)을 먹이게 하다.

12.7. 정창손을 영의정으로, 강맹경을 좌의정으로, 신숙주를 우의정으로, 황수신을 좌찬성으로, 권람을 우찬성으로, 한명회를 병조판서로 삼다.

12.26. 중궁과 함께 사정전에 나아가 잡희를 구경하다.

세조 5년(1459)

1.10. 유구국의 사자가 대마도에 이르러 약탈당하고 일부가 들어와 알리다.

1.20. 홍윤성을 예조판서로 삼다.

2.8. 태종과 세종은 모두 큰 덕이 있고 영걸한 군주였으나, 예를 만들고 악을 지어 기강과 조

장(條章)을 마련한 것은 태종이 세종만 못하다고 하다. 이에 강맹경이 세종의 정치는 태종의 범위 안에 있다고 하다. 이어 강맹경이 승도(僧徒)의 횡행을 거론했는데, 자신은 호불(好佛)의 인주(人主)라 답하다.

2. 24. 중전과 평양 이궁에 거둥하다.

3. 10. 함길도 도체찰사 신숙주가, 야인들의 상황과 조치 등을 보고하자 옷을 몇 벌 보내다.

3. 13. 신숙주에게, 야인을 초무하는 일로 진가유 등이 사신으로 오는데, 의논할 일이 많다며 세세한 절목은 도절제사에게 맡기고 속히 들어오라 이르다.

3. 27. 좌의정 강맹경 등을 시관으로 삼고 호구와 군적을 어떻게 하면 분명할게 할 수 있을 것인지를 글제로 내리다.

4. 8. 야인들과 사사로이 교통하는 일을 문제삼는 칙서를 받다. 이에 야인·왜인 들을 응접하는 것은, 그리 하지 않을 시 소란이 일기 때문에 부득이 하게 하는 일이라 답하다.

4. 13. 내려오지 못한 신숙주가 그 후의 일을 보고하자, 칙서를 동봉해 보내다.

4. 15. 신숙주와 양정에게 유시하여, 야인들을 만나 내왕하지 말라는 뜻을 전하라 하다.

• 조선이 야인들과 만나는 것을 중국 조정에서 꺼리자 취한 조치이다.

4. 17. 신숙주가 돌아와 복명하다.

4. 28. 최항을 기복(起復)시켜 6전을 수찬토록 하다.

5. 6. 중전과 함께 경회루에 나아가니 세자가 풍정(豊呈)을 바치다.

5. 7. 충청도 관찰사 황효원이, 세자에게 여러 차례 붓과 먹을 보내고 중궁에게도 은장도를 보내자, 충성은 가상히 여기지만 되풀이하지 말라 이르다.

5. 8. 강계절제사에게 야인을 대하는 법을 유시하다.

5. 20. 이두리가 이만주의 서신을 가지고 강계로

오다. 중국 사신들이 건주위에 도착해 조선에 귀순한 것을 책망했다고 전하다.

5. 29. 함양에 안치된 이어가 병사하다.

6. 1. 새로 지은 양녕의 정자를 찾아가 영복정이라는 이름을 내리다.

8. 1. 하동부원군 정인지를 내전으로 불러 술자리를 베풀었는데, 정인지가 또 무례를 범하다.

8. 2. 정인지의 고신을 거두고 외방종편하다.

8. 10. 효령대군 이보와 판내시부사 전균에게 왕세자빈을 간택하게 하다.

8. 12. 호조에서 공물을 대납하는 폐해를 말하다.

9. 1. 좌승지 이극감을 불러, 《의방유취》는 그릇된 곳이 적다며 교정하고 인쇄할 것을 말하고, 《치평요람》은 부족함이 많다며 교정을 새로 하고 인쇄 여부를 판단하라 이르다.

9. 4. 이극감이, 《치평요람》은 비록 틀린 곳이 많아도 선왕께서 마음에 두신 책이니 버릴 수 없다 아뢰고, 《의방유취》은 의서이므로 조금만 잘못돼도 사람을 해칠 수 있다며 교정에 더욱 유의해야 한다고 아뢰다. 이에 전적으로 맡아하라 이르다.

9. 10. 정전에 나가 상참을 받을 때 고취악을 설치하고 4배를 하도록 하라 이르다.

10. 7. 진법을 헤아려 확정토록 하다. 친히 재결하여 명칭을 병정(兵政)이라 하고 왕세자로 하여금 강독하게 하다.

10. 10. 풍양 이궁 일대에서 며칠간 사냥하다.

11. 1. 사은사 박원형과 부사 이승소가 돌아와, 황제가 표문을 칭찬한 사실을 아뢰다.

11. 2. 대간에서, 황해도·평안도 순행을 반대하다.

11. 5. 황해도와 평안도의 관찰사에게 순행의 폐단을 제거하라 이르다.

11. 5. 함길도 도절제사 양정에게, 올적합과의 화해에 공을 세운 이들을 포상하라 이르다.

11. 6. 강맹경을 영의정으로, 신숙주를 좌의정으

로, 권람을 우의정으로 삼다. 부여에 부처한 정인지를 상경하게 하다.

11. 11. 중궁의 탄일을 맞아 하례를 행하다. 이 자리에서 강맹경과 권람이, 풍악을 울리며 노는 게 마음이 편치 않다고 아뢰자, 이는 평상시 자신을 그르게 여기고 있었던 것이라며 파면하다.

11. 14. 강맹경과 권람을 불러 자신의 과실이라며 사과하고, 술을 올리라 하여 해가 지도록 한껏 즐기다.

11. 15. 강맹경을 영의정으로, 신숙주를 좌의정으로, 권람을 우의정으로 삼다.

11. 30. 양성지에게 《의방유취》를 교정하게 하다.

12. 4. 올적합 야인 2인에게 관직을 제수하다.

12. 7. 정인지의 고신을 돌려주게 하다.

12. 16. 양정의 공을 치하하고 그대로 진에 머물러 있게 하다.
  • 양정의 공은 올량합·올적합과 화해를 이끈 것을 말한다.

12. 18. 의정부에 교지를 내려, 평안도·황해도·강원도에 백성을 이주시킬 뜻을 밝히고 진흥책을 마련하라 지시하다. 이에 의정부에서, 자급을 높이고 면천하고 토지를 지급 하는 등의 대책을 내놓다.

12. 27. 중전과 더불어 광화문에서 화포 쏘는 것을 구경하다.

세조 6년(1460)

1. 15. 사민(徙民)에 응모한 자들을 가상히 여긴다면서도, 파종 시기를 놓칠 수 있다며 가을에 보내는 것이 좋겠다고 하다.

1. 25. 분대(分臺)의 법을 다시 시행하겠다고 하다.

1. 28. 양정이, 아비거가 회령으로 침구해 들어왔으나, 사전에 정보를 접하고 준비했다가 물리쳤다고 보고하다.

1. 28. 이계손을 함길도 경차관으로 삼아 보내며 여러 장수들을 선위하게 하다. 양정에게 어찰과 상을 내리다.

1. 29. 모민체찰사 황수신이, 공천(公賤)과 사천(私賤)이 사민에 응하는 경우가 많다며 천인은 수를 제한할 것을 청하다. 또한 이주 전부터 관과 주인을 배반하는 경우가 많다고 아뢰자, 면천 증명서를 발급받은 자에 한해 양인이 되도록 하라 이르다.

2. 3. 홍윤성 등을 회령에 파견하여 양정의 지휘를 받게 하다.

2. 11. 양정이 야인 토벌의 의지를 밝히자, 회유를 우선하라고 답하다.

2. 12. 병조에서, 강상이 무너진다며 사천들이 스스로 사민에 응모하지 못하게 할 것을 청하니 따르다.

2. 14. 죽은 이의 호패는 즉시 거두어 태우게 하다.

2. 19. 야인 800여 기가 종성 강변에 주둔하고 5기가 종성으로 난입하다.

2. 23. 남도의 군사를 보내 평안도 강변을 방어하게 하다.
  • 이즈음 계속해서 야인의 침구가 있었다.

3. 22. 신숙주와 의논 끝에 북정을 결정하고, 신숙주를 함길도 도체찰사에 제수하다.

3. 28. 한명회의 딸을 세자빈으로 삼다.

4. 10. 신숙주가 여러 진을 순행하다.
  • 가을까지 기다리면서 편대를 정비한 다음, 일거에 치는 것이 좋겠다는 뜻의 보고를 올렸다.

4. 11. 한 씨를 세자빈으로 책봉하다.

4. 26. 신숙주가 기회를 보아 적을 공격하겠다고 하다.

5. 28. 예조에서, 《훈민정음》·《동국정운》·《홍무정운》을 문과 초장에서 강하게 할 것을 청하니 따르다.

6. 1. 양정이, 올미거·올적합이 침구한 사실을 알리다.

6. 9. 사은사 김순이 칙서를 가지고 오다.
• 야인들을 어떻게 처리할 것인지를 담고 있다.

7. 17. 새로 제정한 《경국대전》 〈호전〉을 반행(頒行)하다.

7. 27. 신숙주와 홍윤성을 불러 인견하고 북정 계획을 결단하다. 신숙주를 강원도·함길도 도 체찰사 선위사로, 홍윤성을 부사로 삼다. 신숙 주와 홍윤성이 이날로 길을 떠나다.

7. 29. 신숙주가 영평에 이르러 몇 가지 건의하 는 글을 올리니, 주도적으로 결단해 처리하도록 하다.

7. 29. 한명회와 구치관 등이 밀계를 올려, 황제 가 화해시키려 사신을 보냈는데 군사를 일으키 는 것은 순당하지 못하다고 하자 불러 의논하 다. 이어 신숙주에게 상황을 알리면서도 기회를 놓칠 수 없다는 뜻을 분명히 하다.

8. 2. 신숙주가, 중국 사신이 모은 사람들을 죽 이는 것은 불가하다는 등의 글을 보내오자, 어 찌 중국 사신을 무서워하겠는가라고 답하다.

8. 8. 이극배가, 명 사신을 회령 밖에서 만난 상 황을 치계하다.

8. 13. 이극배가, 명 사신이 떠났다고 치계하자, 한명회를 평안도 도체찰사로 삼아 보내다.

8. 15. 정벌을 중지할 수 없다는 신숙주의 치계 에 신하들이 분분한 의견을 내다.

9. 4. 신숙주가, 적 90인을 잡아 목 베었다면서, 길을 나누어 진군해 적의 근거지를 공격하겠다 고 보고하다.
• 이 보고를 받고, 신숙주는 그 쓰임이 무궁하다며 기뻐했다.

9. 11. 신숙주가 다시 승전을 보고하다.
• 이때 양정이 명을 어겨 실패한 일도 거론했다.

10. 4. 중궁과 더불어 황해도·평안도 순행에 나 서다.

10. 14. 신숙주와 홍윤성 등이 와서 알현하다.

10. 17. 한명회가, 평양에 행궁을 짓기를 청하니 바로 자신의 뜻이라 답하다.

10. 24. 함길도 도절제사 양정이, 적 500여 기가 침구했는데 패주시켰다고 치계하다.

11. 3. 광탄에 이르러 술자리를 갖다가 평양·개 성·한양의 풍수지리를 논한다. 정인지가 왕의 풍수에 대한 견식을 깔보는 듯한 발언을 하자 노하다.

11. 4. 한양으로 돌아오다.

윤11. 9. 양정이 귀경하다.

12. 7. 한명회가 와서 복명하다.

세조 7년(1461)

1. 3. 호조에서, 공물 대납의 폐단을 말하고 바 로잡을 것을 청하다.

1. 21. 《병요》 200권을 인쇄해 강습자들에게 하 사하다.

1. 24. 성균관과 사학의 유생 560여 명을 불러 시험을 보아 사민 대책을 묻다.

2. 4. 광화문에 나가 종각을 세울 터를 살펴보 다.

2. 20. 이징석의 졸기.

3. 24. 《북정록》을 교정하게 하다.

4. 17. 강맹경의 졸기.

4. 25. 정창손을 의학도제조로 삼아 의원들을 감독하게 하다.

4. 29. 정창손을 영의정으로 삼다.

5. 9. 정창손·박원형·이순지가 빈청에 나아가 김국광·김양경과 더불어 《형전》을 수교(讎校)하 다.

5. 12. 아산현의 관노 화만이, 황수신이 땅과 집 을 빼앗았다고 고하자, 어찌 황수신을 문초할 수 있겠느냐며 화만을 잡아다 국문하라 명하다.

5. 20. 한승찬·유효례·함제동·이영생 등과 간 음하고, 최집과 도주한 환관 김덕련의 아내 종 비를 강원도 관비로 삼다.

5. 26. 야인의 침구가 계속 이어지다. 이에 신숙 주가, 큰 정벌을 할 듯한 움직임을 보여 저들을

두렵게 만들어야 한다고 하다.

6. 3. 병판 한명회를 강원도·함길도 도체찰사로 삼다.

6. 16. 간경도감을 설치하다.

6. 23. 사형 시 먼저 의정부에 보고하는 《대전》의 조항을 없애도록 하다.

6. 26. 날씨가 더워 의금부와 전옥서의 죄수를 살피게 하다.

7. 9. 문과 시험에 운서 등 잡서를 제외토록 하다.

7. 15. 《경국대전》〈형전〉을 반포할 것을 명하다.

7. 26. 광주에 안치된 정종이, 삼칠일(21일)을 먹지 않고 참선하여 성불했다는 등 이상한 소리를 하고, 문짝과 담장을 차는 등 괴이한 행동을 한다고 하자 잡아오게 하다.

8. 3. 병조의 건의에 따라, 사민이 중도 혹은 옮기는 고을에 이르러 도망하는 경우는 물론, 떠나기 전에 도망하는 경우도 모두 기훼제서율(棄毁制書律)로 논죄토록하다.

8. 11. 병조에서, 함길도 사민 2,500호의 이동 대책을 아뢰다.

8. 12. 승인(僧人) 호패법을 정하다.

8. 15. 근정전에 나아가 조하를 받고, 올량합·우노합 등 5인과 니마거·올적합·팔리 등 3인에게 전교하다.

8. 16. 지난번 서교에 거둥할 때 양녕대군의 언어와 행동이 무례했다며 영의정 정창손 이하가 국문을 청하니 꾸짖겠다고 하다.

9. 5. 도체찰사 한명회가, 야인에 대한 대책을 올리자, 이에 대해 답하다.

• 이즈음에도 북방과 관련한 보고와 논의 대책이 자주 나왔다.

10. 1. 우부승지 김겸광에게 명해 이만주에게 말을 전하게 하다.

10. 3. 《병경》을 친히 지어 이르다.

10. 7. 부장·진무·선전관 등을 불러 《병경》을

강하다.

10. 20. 여러 신하들과 정종의 죄를 의논하여 정종과 5인을 능지하다.

11. 4. 정종의 족친들을 연좌시키지 말라 이르다.

11. 30. 왕세자빈이 아들을 낳다.

12. 5. 왕세자빈 한 씨가 졸하다.

12. 14. 영양위 공주(정종의 처)에게 집·토지·노비를 주다.

세조 8년(1462)

1. 2. 중전과 함께 경복궁에서 화산붕을 구경하다.

1. 16. 한명회를 황해도·강원도·함길도 체찰사에 임명하다.

1. 30. 창덕궁 후원을 확장하고자 인가 70여 채를 철거하고 이들에게 빈 땅을 주다.

2. 11. 중궁과 함께 경복궁에 나아가 동궁을 새로 지을 터를 잡다.

2. 18. 친히 《병장설》을 지었는데 신숙주 등이 전문(箋文)을 바치다.

• 처음에 《병경》으로 지었다가 《병장설》로 고쳤다.

2. 27. 중궁과 더불어 동교에서 사냥을 구경하다. 세자가 여우를 쏘다.

3. 15. 종친에게 경서를 강하게 하고 통한 사람에게 방학을 명하다.

4. 13. 유구국에서 올린 물소 2마리를 창덕궁 후원에서 기르게 하다.

4. 16. 8도에 분대를 파견해 감사·수령의 위법과 작폐를 감찰하고자 하다.

4. 18. 내잠실·외잠실·아차산 잠실에서 각기 새 고치를 바쳤는데 외잠실이 가장 많다.

4. 27. 사방지 사건이 불거지다.

• 이순지의 딸이자 고 김구석의 처가 사방지와 사통한 일이다. 사방지는 이의(二儀)였다고 한다.

5. 8. 공물 대납 폐해와 관련하여 말하다. 이

날, 세자의 학문을 논하다 크게 통달한 뒤에 국사를 넘겨주려 한다고 하자 정창손이 진실로 마땅하다고 하다. 이에 양녕대군이 정창손이 실언했다고 비판하다. 저녁, 교태전에 나아가 정창손의 말을 들어 선위를 준비하라 명하니 신하들이 반대하다.

5. 10. 신하들의 처벌 요구를 받아들여 정창손의 고신을 거두고 외방에 유배하다.

5. 12. 이순지를 복직시키다.

5. 14. 사방지의 국문을 청한 이길보를 의금부에 가두다.

6. 1. 성균 생원 5명을 불러 강(講)하게 하다.

6. 28. 제도(諸道)의 진군(鎭軍)을 3번으로 나누어 교대케 하다.

7. 12. 승정원에서, 양정이 왕세자를 따르려 한다고 말했다며 추국을 청했으나 불허하다.

8. 10. 공물 대납 시 수량보다 많이 거두는 것을 추핵(推覈)하라 이르다.

8. 20. 세자에게 예와 악의 중요성을 설명하고, 자세히 익히라는 어찰을 내리다.

9. 2. 영북진 설치의 사목(事目)을 내리다.

9. 7. 양녕대군 이제의 졸기.

9. 20. 영북진 설치와 관련하여 한명회가 올린 상서에 동감을 표하다.

10. 4. 사냥을 구경하고 영평현 앞 들에서 머무를 때, 홍윤성을 불렀으나 바로 달려오지 않자 파직하다.

10. 13. 홍윤성을 판중추원사로, 이극배를 예조판서로 삼다.

11. 5. 상원사에 거둥할 때, 관음보살이 현상(現相)하는 이변이 있자 백관이 진하하고 사면령을 내리다.

11. 20. 주연 자리에서, 세자가 궁중에서 나고 자라 백성의 일을 알지 못해 문제라며 백성의 일을 잘 살필 것을 당부하다.

11. 21. 정창손을 석방하다.

11. 29. 선전관·진무·부장 등에게 《병요》를 강

하게 하다.

12. 7. 함길도 도절제사 강순에게, 임기가 다 되었으나 유임을 당부하는 글을 내리다.

12. 10. 세자궁에서 낙성연을 열다.

세조 9년(1463)

1. 5. 새로 철피갑 견본을 만들어 각 도 절도사영에 보내 만들게 하다.

1. 12. 호패의 사목을 새로 짓다.

1. 22. 어찰로 승정원에 강무 지침을 내리다.

• 백관은 융복 차림으로 시위케 하라는 조목을 포함했다.

1. 24. 권람이 임금을 한 고조에 비유한 시를 지어 칭송했는데, 한 고조가 공신을 죽인 일을 거론하며 도리어 서운함을 드러내다.

2. 30. 도체찰사 한명회가, 해빙하였으니 수병(戍兵)을 놓아 보내고 자신도 상경하게 해 달라고 청하다.

3. 5. 한명회가 와서 복명하다.

3. 10. 술에 취해도 실수가 없는 어효첨을 판서에 제수하겠다고 하다.

3. 14. 어효첨을 이조판서로, 박원형을 예조판서로, 김질을 공조판서로 삼다.

3. 19. 세자의 동교행 의장과 관련해, 문종의 경우 섭정을 한 까닭에 의장에 특별히 선(扇)을 더했지만 지금은 빼야 마땅하다고 하다.

4. 2. 한명회를 주장으로 삼아 모화관에서 습진하게 하다.

4. 18. 사헌부에서, 아내를 버린 정숭조와 심정원의 죄를 처벌할 것을 청했으나 따르지 않다.

• 정숭조는 정인지의, 심정원은 심결의 아들인데 이들 아버지들이 집안을 다스리는 차원에서 내친 것이라며 받아들이지 않은 것이다.

4. 23. 사헌부에서, 거듭 정숭조와 심정원의 처벌을 청하자 사헌부 관리들을 파직하다.

4. 25. 사헌부 관리들을 방면하다

5. 8. 송골매 잡는 일에 더딘 채방 수령에게 장 100대를 치게 하다.

5. 29. 군기감에 도둑이 들어 총통 600여 자루를 훔쳐 가다.

6. 7. 한명회·조석문에게 장의사·수륙사의 건립을 감독하게 하다.

6. 22. 보성경 이합을 도진무로, 거평정 이복을 진례정으로, 이형을 위장으로 삼다. 최한량이 종친에게 군사를 맡기는 건 불가하다 아뢰다. 이에 심사숙고하지 않고 이름만 낚으려 한다며 최한량은 물론 같이 의논한 이유와 이지의 고신을 거두다.

6. 23. 의금부에서, 창원부사 권유순을 고신하기를 청하여 옥리가 수색을 심하게 하다. 이에 권유순의 부인 김 씨가, 근래 난신의 처첩들이 공신의 집에 나누어 붙이게 된 일을 말하며 그런 일을 당하지 않겠다고 목매 죽다.

• 박대년의 부인, 윤영손의 부인 등의 사례를 들며, 병자년·계유년의 난신 중 죽어 절개를 지킨 이는 하나도 없었다고 기록하고 있다.

윤7. 13. 전 우의정 이인손이 90세로 졸하다.

• 이인손의 다섯 아들이 모두 과거에 급제했다.

윤 7. 28. 세자가 비록 어리지만, 자신이 어렸을 때보다 활을 잘 쏜다며 칭찬하다.

8. 13. 공신에게 나누어 준, 난신의 처첩과 딸을 모두 놓아 보내고 다른 노비를 대신 주도록 하다.

8. 29. 권람을 길창부원군으로, 한명회를 좌의정으로, 구치관을 우의정으로 삼다.

9. 5. 최항·양성지 등에게 《동국통감》의 편찬을 명하다.

• 이즈음 자주 습진토록 했다.

9. 27. 양성지에게 유생들을 거느려 《동국통감》을 편찬하게 하고, 이를 신숙주와 권람이 감수하게 하다.

10. 11. 세자에게, 아비가 부처를 숭상한 것을 다 본받으려 하지 말 것과, 옷을 보면 여자의 공

덕을 생각하고 음식을 대하면 농부의 어려움을 생각할 것을 이르다. 또 대신들은 아비의 친구들이라며 마땅히 공경해야 한다고 하다.

10. 20. 강순이 치계하여, 이만주·동산 등이 모련위와 손잡고 중국이나 조선을 치려 한다고 아뢰다. 이에 준비하여 기다렸다가 들어오면 치되 추격해 정벌할 뜻은 보이지 말 것과, 그들이 중국을 치게 된다면 손해가 없다는 답서를 보내다.

10. 24. 원손 이분의 졸기.

11. 5. 원손의 시호를 인성군으로 하다.

11. 12. 정척·양성지가 제작한 《동국지도》가 완성되다.

11. 13. 아차산에 거둥해 사냥하다. 여우 한 마리가 나타나 세자에게 쏘기를 명하자 단발에 명중시키니 기뻐하다.

11. 17. 양성지가, 숭문원과 홍문관의 설치를 청하다. 숭문원을 세우는 것은 부정적으로 답하고, 홍문관을 세우는 것은 긍정적으로 답하다.

12. 27. 《의약론》을 지어 주해하고 반포토록 하다.

세조 10년(1464)

1. 3. 강순에게, 야인 올적합과 알타리의 분쟁에서 중립을 지키라고 하교하다.

1. 11. 《의방유취》의 교정에 오류가 많다며 담당자 수십 명을 처벌하다.

2. 8. 공조판서 김수온 등에게 《금강경》을 번역하게 하다.

2. 18. 중전과 함께 온양에 행행(行幸)하다.

2. 28. 속리사와 복천사에 행행하고 쌀과 전지 등을 하사하다.

3. 3. 황해도와 평안도의 관찰사·절제사에게 치서(馳書)해, 명나라 사신을 맞이하는 군사는 같은 빛깔의 갑옷과 좋은 말을 갖춰 약한 모습을 보이지 않게 하라 이르다.

3. 21. 서울로 돌아오다.

3. 24. 행행길에 어가 앞에 모여 상언하는 경우가 거의 수천 건에 이르다. 유사(有司)들이 재결을 꺼려 감사에게 떠넘기려 하자, 질책하며 경중(京中)에서 들어줄 만한 것은 급히 판결토록 하라 명하다.

3. 27. 궁중 생활만 아는 세자를 염려해, 대군청 북쪽에 한 채의 집을 지어 나가 있게 하면서 항상 사인(士人)과 만나게 하여 바깥일을 알게 할 뜻을 보이다.

4. 2. 한명회에게, 이미 뜻이 섰으니 갑옷을 살피고 병사를 쉬게 하고 병기를 정련하면서 명을 기다리라 전하다.

4. 18. 형조·의금부·한성부·외방의 태와 장의 크기를 점검하게 하다.
• 형의 남발을 경계하기 위함이다.

4. 19. 무사들 수십 명을 전정에 불러 술을 먹이고 학문에 힘쓸 것을 말하다.

5. 13. 강순에게, 가을에 야인들을 멸망시킬 것이라며 다른 의견을 내지 말라 이르다.

6. 5. 원각사 건립을 위해 인가 200채를 헐다.

7. 23. 신하들을 대상으로 인재를 얻기 위한 책문을 내다.
• 장원 김수온을 비롯해 1등 3명, 2등 7명, 3등 21명을 뽑았는데, 대리 제출이 과반수였다고 한다.

8. 6. 감찰 김종직이, 문신으로 하여금 7학의 잡학을 연구하게 한 것에 대해 이의를 제기하자, 노하여 파직하다.

8. 25. 양심당에 나아가 7학의 담당자들을 불러 강(講)하게 하다.

9. 4. 신숙주의 청에 따라, 잠시 군무를 양정에게 맡기고 한명회는 돌아와 병조 일에 힘쓰게 하다.

9. 23. 위장·부장·선전관 등에게 병서를 강하게 하는 규정을 정하다.

10. 1. 강희안의 졸기.

10. 14. 신숙주·한명회·최항·노사신 등에게 명

해 《정난일기》의 찬술을 명하다.

10. 17. 왕세자에게 왕명을 출납케 하다.
• 몸이 아팠기 때문이다.

11. 9. 모반죄를 무고한 임양무를 참형에 처하고, 이장수와 박영문은 전 가족을 평안도로 옮기게 하다.

11. 14. 명나라에 해청 1마리와 문어 600마리를 바치다.

12. 3. 양정에게 명해, 사냥을 핑계로 강을 건너 위세를 떨치게 하다.

12. 12. 병을 돌보는 데 공로가 있다 하여, 구성군 이준에게 노비 2구를 상으로 주다.

세조 11년(1465)

1. 4. 온양에 머무르다.

1. 8. 난신 연루자와 도형·유형에 부처되거나 정역된 자 중, 불경을 잘 외우고 심행(心行)이 쓸 만한 자는 도첩을 주라 이르다.

1. 12. 사건을 처리하면서 가혹하게 고문을 한 성주목사 김자행을 국문하다.

1. 16. 원각사 대종이 이루어지다.

2. 6. 권람의 졸기.

3. 4. 세자가 동교에서 매사냥을 하고 돌아오는데, 이신행·박건 등 5인이 말을 달려 길을 끊으니 의금부에 명해 국문케 하다.

3. 9. 효령대군 이보가 《원각경》 수교(讎校)를 마치자, 사정전에서 잔치를 베풀어 위로하다.

4. 1. 정종의 자녀를 연좌하지 말게 하다.

4. 4. 임영대군·영응대군·한명회·승지 등을 불러 인재를 임용하고 양계(兩界)의 일을 의논하다.
• 이 자리에서 승지 노사신이 뒤에 온 승지들은 모두 옮겨 갔는데 자신만 그러지 못했다며 다른 관직을 제수해 달라 청했다. 이에 한명회 등이, 스스로 체직을 청했으니 벌주를 내려야 한다고 하자 그 말이 옳다며 벌주를 내리고 호조판서에 제수했다.

4.12. 사냥을 빙자해 강을 건너 관병(觀兵)한 것을 야인 이두리가 의심하다.

4.12. 봉석주의 신고로, 역모 혐의를 꾀한다 하여 김처의 형제들과 최윤 등이 체포되다.

4.17. 봉석주·김처의·최윤을 처참하다.

• 세 사람 모두 공신이다.

5.12. 평안도 도절제사 양정을 유임하다.

5.21. 재추·낭관 각 1명씩을 나누어 6전을 수교하게 하다.

5.29. 증거를 가지고 죄를 논하도록 형조에 전지하다.

5.30. 사대부 집에서 잔치를 벌일 때 반드시 소를 잡는다며, 사헌부에 명해 규찰토록 하다.

6.5. 신숙주·한명회·구치관·황수신·최항 등을 불러 내구마 3필을 밑천으로 국희(局戲)를 하게 하다.

• 신숙주·한명회·구치관 등이 노름을 잘했다고 한다.

6.11. 행상호군 이순지의 졸기.

7.12. 예조에서, 부녀의 수식(首飾)·복색을 중국의 제도를 따르지 말 것을 청하니 따르다.

8.4. 각 도 경차관에게 수령들이 남형하는 것을 국문하라 지시하다.

8.17. 온양에 거둥하다.

8.25. 민간에서 함부로 거두어 재상들에게 뇌물을 바친 충청도 관찰사 김진지와 도사 강안중을 참형에 처하다.

• 뇌물을 받은 재상들은 문제 삼지 않았다. 구치관만 홀로 받지 않았다고 한다.

8.2. 8도에, 김진지와 강안중의 사례를 경계로 삼으라 유시하다.

9.4. 궁인 덕중이 연모하는 마음을 담은 편지를 써서 구성군 이준에게 전하다.

9.5. 덕중을 교형에 처하다.

10.12. 의금부에 명해, 생사에 관계된 백성의 호소는 모두 받으라 명하다.

10.28. 호패법에 대한 폐단을 듣고 대책을 묻다.

11.2. 신하들과 이(理)와 기(氣)에 대해 토론하다.

11.8. 술자리에서, 신숙주에게는 세자를 잘 가르칠 것을, 세자에게는 사부의 예로 신숙주를 공경할 것을 이르다.

11.23. 조효문의 서자 조진경과 그의 어미 흔비가 계집종을 잔혹하게 죽인 사건이 일어나다.

• 모두들 생사여탈은 오직 한 사람만 할 수 있는 것이라며 극형에 처해야 한다고 주장했는데, 노사신만 홀로 노비가 주인을 배반하는 구실이 될 수 있다며 반대했다.

12.1. 조진경을 능지처사하다.

• 그의 어미 또한 처참에 처하는 등 관련자들을 처벌했다.

12.11. 사헌부에 일러, 감사와 수령의 탐오와 백성 침탈 등의 일을 추국하라 하다.

12.12. 한명회를 다시 체찰사로 삼아 평안도로 보내다.

세조 12년(1466)

1.15. 영의정부사를 영의정으로, 부원군을 군으로, 서운관을 관상감으로, 군기감을 군기시로, 오위진무소를 오위도총부로, 병마도절제사를 병마도절도사로 개칭하다.

2.4. 평안도에 유민이 많이 발생하자 오가작통법을 시행하라 이르다.

2.15. 정인지가 왕을 태상이라 지칭하는 실수를 범했으나 용서하다.

2.20. 구성군 이준과 중추부지사 김개에게 고성의 온정 행궁을 수축하게 하다.

3.16. 강원도 고성 탕정(湯井)에 거둥하다.

윤3.14. 대가가 강릉에 머무르다.

윤3.20. 대가가 원주에 머무르다.

윤3.25. 환궁하다.

4.15. 병조참판 구종직과 대사헌 양성지가 《시

경》과 맹자에 대해 논쟁하다.

4.18. 구치관을 영의정으로, 황수신을 좌의정으로, 박원형을 우의정으로 삼다.

5.23. 형조와 의금부에 명해 감옥을 깨끗이 하도록 하다.

6.8. 양정이 평안도에서 돌아와 알현하니 잔치를 열어 주었는데 양정이 퇴위를 권하다.

6.12. 양정을 참수하다. 다만 공훈을 생각해 아우들은 파직만 하고 아들들은 하옥하는 데 그치도록 하다.

7.1. 양성지에게 명해, 《대명강해율》·《율학해이》·《율학변의》 등을 교정하게 하다.

8.19. 월산군 이정이 박중선의 딸과 결혼하다.

8.25. 과전을 혁파하고 직전을 설치하다.

9.14. 강녕전에서 종친·대신·승지 들이 입시한 가운데 정치하는 방법에 대한 글을 짓다.

10.13. 명나라에 종마 50필을 바치다.

10.19. 한명회를 영의정으로, 심회를 좌의정으로, 황수신을 우의정으로 삼다.

11.2. 시무 8조에 대해 양성지가 상소를 올리다.
- 직전법 실시에 대한 우려 등을 담았다.

11.5. 여러 가지 일들을 세자에게 재결을 받도록 하다.

11.9. 김효창 등을 각 도에 파견해 문폐사(聞弊使)가 논핵한 수령들을 추국토록 하다.

11.10. 범법이 심한 수령은 형틀에 매어 보내도록 하다.

11.10. 수십 명에 이르는 수령들의 고신을 압수하거나 파직하다.

12.4. 수령들에게 대납 이유를 물으니, 감사가 간경도감의 주문에 의거해 추진하는 까닭에 어길 수 없어 금령을 범했다고 대답하다.

세조 13년(1467)

1.11. 백성들을 함경도로 옮기게 한 수령들을 조사해 과죄하다.

1.12. 잘산군이 한명회의 딸을 친영하다.

1.22. 정인지에게 궤장을 하사하다.

1.25. 대사헌 양성지가 《해동성씨록》을 찬술해 올리다.

2.2. 영응대군 이염의 졸기.

2.11. 신숙주·한명회·구치관·박원형에게 새로 만든 《육전》을 감교(勘校)하게 하다.

2.17. 중 학조를 금강산에 보내 유점사를 중창(重創)하게 하다.

2.18. 병으로 인해, 세자로 하여금 서사를 결단하게 하다.

3.1. 종친과 재상 들을 불러 술자리를 갖고 유생들을 불러 성리를 강론하게 하다.

3.7. 세자로 하여금 충순당에 나아가 서사를 의결토록 하다.

3.10. 더 이상 송골매를 진헌하지 말라는 칙서가 오다.

3.14. 제신들에게 술자리를 베풀다. 군자감의 최호원과 관상감의 안효례를 불러 지리설과 인지규형(印地窺衡)의 묘리를 논쟁케 하다.

3.21. 예문관·승문원·이조·병조의 관리들에게 공사 천인의 수를 헤아리게 하다.

3.25. 잡색군을 설치하다.

3.30. 도둑이 창덕궁에 들어와 시녀의 의복을 훔쳐 가다. 성문을 닫아걸고 수색했으나 잡지 못하다.

4.1. 여색에는 빠지지 않았으나, 매에는 그러지 못했다며 응방을 파하다.

4.5. 신숙주·구치관 등에게 영릉의 개장을 의논하다.

4.29. 승지들의 업무를 정비하다.

5.16. 이시애가 난을 일으키다.

5.17. 구치관·조석문·윤필상 등을 불러 이시애군의 토벌을 의논하다.

5.19. 이시애의 모반에 연루되었다는 의혹을 받은 신숙주·한명회를 가두다.
- 신숙주와 네 아들을 가두었다. 다만 한명회는 병이

있어 가택에 연금토록 하고 아들과 사위만 가두었다.

5.20. 심회를 영의정으로, 최항을 좌의정으로, 홍윤성을 우의정으로 삼다.

5.21. 신숙주 등의 하옥 상태를 조사하게 했는데, 칼이 헐겁다고 하자 보병 30명으로 옥을 지키게 하다.

5.21. 황수신의 졸기.

5.22. 신숙주의 형구를 느슨하게 풀어 준 남용신을 환열(轘裂)에 처하다.

5.22. 도총사 종사관이 모반 정황을 보고하다.

5.24. 최윤손이 군민을 효유하는 유서를 가지고 함길도에 가다.

5.28. 안변 사람 윤흥신이 절도사 허종의 보고서를 가지고 와서 상황을 전하다.

6.4. 사헌부에서, 신숙주·한명회가 갇힌 것으로 보아 범한 죄가 중한 듯하다며 국문을 청하였으나, 너희가 알 일이 아니라고 하다.

6.5. 정인지 등 대신들에게, 신숙주·한명회의 죄는 무례하게 마음대로 한 것이라고 하다.

6.5. 이준이, 선봉대를 보내 함흥성을 점거한 뒤 원병을 기다려 들어가겠다고 치계하다.

6.6. 참소를 듣고 원훈을 가두었다며, 신숙주·한명회와 자제들을 방면하다.

6.8. 이시애가 계서를 올려, 강효문이 역모했다는 주장을 펴다.

6.13. 이시애의 주장을 하나하나 반박하다.

6.14. 갑사 유자광이, 이시애 평정에 관한 상서를 올리다.

6.15. 유자광을 불러 계책을 물으니, 정병 300명을 주면 이시애의 목을 따 오겠다고 하다.

6.22. 이준이 함흥을 출발해 함관령 아래에 진을 치다.

6.24. 북청에서 전투를 벌였는데, 반군이 포위를 해 격전을 치르다.

6.29. 강순이 이시애에게, 속히 자수하라는 글을 보내다.

6.30. 친정(親征)을 결의하다.

7.3. 친정 소식을 들은 강순이, 자신들이 제몫을 못해 임금으로 하여금 친정을 하게 만들었다며 눈물을 흘리다.

• 이때 장수들도 따라 우는 자가 있었는데, 친정 발언을 계기로 분발했다고 한다.

7.9. 도총사 이준에게 대장기·초요기 등을 보내다

7.11. 북청·홍원·이성 등지의 군민이 도총사 이준에게 호소하다.

• 군민들은, 이시애에게는 역심이 없다며, 만일 이시애가 자신들을 속인 것이라면 앞장서서 응징하겠다는 글을 보냈다.

7.13. 이준이 유자광을 보내, 적의 형세를 자세히 아뢰게 하고 원병을 청하다

7.22. 대치 중 적장 김말손 휘하 정윤이 엿보러 왔다가 체포되어 반군의 계획이 누설되다. 북청 앞으로 진군하자 적이 도망하다.

7.25. 밤 3고에 강순이 산개령을, 어유소가 종개령을 넘고, 이준이 평포에 다다르다. 남이와 이숙기가 선봉이 되어 적의 목책을 돌파하다.

8.3. 작전 회의를 열다. 백지에 검은 달을 그린 것을 투구에 붙여 적들과 구분키로 하다.

8.4. 도총사 이준 등이 이끄는 관군이 이시애 무리를 대파하다.

8.8. 승정원에서 이준에게, 이시애의 군대 태반이 호인(胡人)처럼 꾸미고 있으니 이를 장졸들에게 알리라 치서하다.

8.8. 관군은 마운령을 넘어 영제원 아래에 진을 치고, 이시애는 단천에 웅거해 진을 치다.

• 진공할 것인지를 놓고 논란을 벌였는데 적정을 탐지해 보니 이미 다 도망친 후였다.

8.12. 이시애와 이시합을 잡다.

8.14. 호조판서 노사신을 보내 제장들을 위로하다.

8.17. 진응사 성윤문이 요동도사의 자문을 가지고 와서 복명하다.

8.19. 이시애를 잡은 이주와 황생 등에게 2품의

작위를 내리고 금대와 의복을 하사하다.

8. 20. 논공을 의논하다.

8. 27. 김국광·윤필상에게, 이시애의 반역으로 인해 군졸을 훈련한 것 또한 나라를 튼튼히 하는 방도라는 중궁의 말을 전하다.

8. 29. 도민들이 불안해한다며 군사를 파할 것을 청하는 이준의 건의에, 잔당들의 선동 가능성을 들며 아직은 아니라고 답하다.

9. 4. 함길도를 남북으로 나누어 살피게 하겠다고 하다.

9. 14. 건주위를 치려 하니, 그들의 도주를 막으라는 칙서가 오다.

9. 15. 윤필상·강순·남이·어유소에게 건주위 정벌 시의 책략을 유시하다.

9. 20. 이준 등이 개선하자 공신 호와 전토·노비를 내리다.

9. 22. 유자광이 병조정랑에 임명된 데 대해 정효항이 불가함을 아뢰자, 절세의 인물을 얻었다고 생각한다며 일축하다.

10. 10. 강순이 승정원에 봉서하여, 이만주·이고납합 등 24명을 참하고 부녀 24명을 사로잡았으며 175명을 사살하는 등의 전과를 올렸다고 보고하다.

10. 12. 건주위 정벌을 기념하여 사면령을 내리다.

10. 17. 어유소·남이 등이 와서 복명하다.

10. 24. 우의정 강순이 복명하다.

10. 27. 세자가 6공신을 거느리고 회맹하다.

11. 15. 백성의 재산을 함부로 강탈해 권문세가에 뇌물을 주고 잔치하는 데 써서 군민의 원망을 산 강효문의 죄가 너무 크니 반역으로 논하라 명하다.

12. 12. 조석문을 영의정으로, 홍달손을 좌의정으로 삼다.

12. 21. 새로 지은 《형전》·《호전》을 상고하여 아뢰게 하다.

12. 24. 상정소에서, 《형전》·《호전》을 먼저 반포할 것을 청하다.

12. 27. 남이를 공조판서로, 이숙기를 이조참판으로 삼다.

세조 14년(1468)

1. 5. 평안도를 서도·동도·중도 3도로 나누다.

1. 16. 세자에게 사냥의 도리를 써 주다.

1. 27. 중궁·세자와 함께 온양으로 가다.

2. 15. 세자가 문과 초시와 중시를 감독하다.

2. 15. 유자광의 대책이 낙방으로 분류돼 있었으나, 꺼내 보고는 1등으로 뽑고 병조참지에 제수하다.

2. 20. 밤 4고에 윤덕녕이 행궁 문밖에서 곡을 하여, 남편이 홍윤성의 종들에게 맞아 죽었다고 하다. 이에 관련자들을 직접 조사한 뒤 가두다.

2. 20. 억울함이 있는 자는 고하라고 방을 붙이자 매일 100여 명씩 나와 고하다.

2. 20. 온양 근방의 여러 고을의 사형수들을 불러 직접 묻고 재결하다. 아울러 잘못 판결한 해당 수령들을 국문토록 하다.

2. 22. 윤덕녕이 홍윤성의 비리를 아뢰다. 이에 홍윤성의 비부(婢夫)들을 체포하고 윤덕녕의 남편을 때려죽이게 한 종을 수배하다.

2. 24. 홍윤성에게, 사직에 관계된 것이 아니니 안심하라 이르다.

2. 25. 양사에서, 홍윤성을 치죄하라는 상소를 올리자 홍의 죄목이 애매하다고 답하다.

3. 5. 홍윤성의 종들을 대거 처벌하고, 윤덕녕에게는 절의가 가상하다며 복호하고 쌀 10석을 내리다.

3. 6. 윤덕녕이 와서 사은하다.

3. 7. 윤덕녕 이후, 밤마다 행궁 가까운 곳에서 곡을 하는 일이 이어지자 억울함이 있는 자는 남문 밖 의금부에 고하라 하다.

• 곡하는 자는 벌하겠다고 하였으나 곡성이 계속 이어졌다고 한다.

3. 12. 환궁하다.

3. 25. 박시형이 옥중에서 글을 올려 억울함을 아뢰자, 불러 물어본 뒤 벼슬을 내리겠다고 하다.

3. 27. 장원하지 못하면 재주를 상하게 된다며, 남이에게 중시에 나가지 말라 이르다.

4. 9. 강옥·김보 등이 사신으로 와서, 건주위 정벌을 치하하는 칙서와 강순에게 하사한 선물을 주다.

4. 24. 행대(行臺)를 보내 하도(下道)의 수령을 규찰케 하다.

5. 1. 서현정에서 술자리를 갖다. 남이·이숙기·유자광 등 무장들에게 활쏘기를 시켰는데 남이가 여러 번 쏘아도 맞히지 못하니 웃다.

• 이 자리에서 남이가, 구성군을 지나치게 사랑하는 것을 지적했으나 듣지 않았다. 기생들에게 구성군과 한명회를 소재로 노래를 하게 시키기도 했다.

5. 25. 남이가 상서해 아내의 행실을 말하고, 다시 결혼할 수 있게 해 달라고 청하니 들어주다.

• 남이의 어미가 성품이 악독해 며느리를 내쫓았다는 의논이 분분했다.

5. 27. 환관 백충신이 궐 안에서 벼락을 맞자, 하늘의 꾸짖음으로 알고 대사면령을 내리다.

6. 4. 세자에게, 이시애의 난과 구성군의 역할을 말하다.

6. 23. 사신 강옥·김보가 한치인의 집에서 잘산군을 보다.

7. 5. 편찮다.

7. 17. 이준을 영의정으로, 김질을 우의정으로 삼다. 임영대군 이구가 아들 이준의 영의정 제수를 거두어 줄 것을 청했으나, 듣지 않고 술자리를 베풀다.

7. 19. 세자에게 전위할 것을 의논했으나 모두 반대하다. 신숙주·한명회·이준·이부 등과 의논하여 세자가 서무를 결재하게 하다.

7. 22. 대신들에게, 4번(番)으로 나누어 대궐에 나와 세자와 더불어 서사(庶事)를 의논하여 결정

하라 이르다.

7. 25. 중궁과 함께 효령대군의 집으로 이어하다.

8. 6. 잘산군의 사저로 이어하다.

8. 13. 김국광과 노사신을 불러 《주역》을 강하게 하다.

• 아픈 와중에도 여러 차례 이런 자리를 가졌다.

8. 14. 신전을 창덕궁 후원에 세우고 이름을 무일전이라 하도록 하다.

• 전위하고 휴양하려는 뜻이다.

8. 14, 8. 18. 최효원과 안효례 등을 불러 논쟁하게 하다.

• 학문 논쟁의 형식을 띠었으나, 실은 말싸움 공연 같은 것이다.

8. 23. 남이를 병조판서로 삼다.

8. 26. 수강궁으로 이어하다.

9. 6. 세자가, 계유년 이래 난신에 연좌된 이들을 방면하다.

9. 7. 세자에게 전위하다. 세자가 수강궁 중문에서 즉위하다.

9. 8. 수강궁의 정침에서 훙서하다.

11. 21. 시호를 승천체도열문영무지덕융공성신명예흠숙인효대왕으로, 묘호는 세조로 정하다.

11. 28. 광릉에 장사 지내다.

예종실록

총서

- 예종양도흠문성무의인소효대왕의 휘는 황, 자는 평보이다.
- 세종 32년 사저에서 탄생하다.
- 세조 3년 세자에 책봉되다.
- 세조 13년 정무를 참결하다가, 이듬해 왕위를 잇다.

예종 즉위년(1468)

9. 7. 박중선을 병조판서로 삼다.

- 처음에는 남이를 병조판서로 제수했다가 한계희의 권유에 따라 박중선으로 바꿨다. 예전에 강희맹이 "남이의 사람됨이 병사(兵事)를 맡기기에는 마땅치 못하다."라고 한 말을 한계희가 따른 것이다.

9. 8. 태상왕이 명해 소훈 한 씨를 왕비로 삼다.

9. 8. 밤에 태상왕이 훙하다.

9. 10. 왕대비의 전교를 내지(內旨)라 일컫게 하다.

9. 14. 영순군 이부와 영의정 이준에게 명해 번갈아 숙직하게 하다.

9. 17. 태상왕의 유명을 놓고 의논한 끝에, 안에는 석실을 두고 밖에는 석난간만 설치하게 하다. 각종 의물은 전례대로 하기로 하다.

- 태상왕이 남긴 유명은, 죽으면 속히 썩어야 하니 석실·석곽을 마련하지 말라는 것이다.

9. 21. 신숙주·한명회·구치관·박원형·최항·홍윤성·조석문·김질·김국광을 원상으로 삼고, 날마다 번갈아 승정원에 나아가 정무를 의논해 처리하게 하다.

9. 22. 신숙주 등이, 석실을 쓸 것을 거듭 청했으나 유명을 들어 물리치다.

9. 23. 유자광이, 왜인의 수가 10,000명을 헤아리니 처리하지 않으면 후환이 있을 수 있다고 아뢰자, 예조에 명해 왜인 거주자의 수를 기록해 보고하게 하다.

9. 23. 산릉에 부역할 이 6,000명 중 반을 돌려보내게 하다.

- 석실을 쓰지 않으므로 공사 인원을 줄인 것이다.

9. 24. 시호를 빨리 의논해 보고하라고 명하다. 이에 묘호는 신종·예종·성종을 추천하고, 시호는 열문영무신성인효로, 능호는 경릉·창릉·정릉을 추천해 올리다. 시호는 글자 수에 구애받지 말라고 일렀는데 8자로 제한했다며 화를 내고, 묘호에 대해서는 재조(再造)한 공덕을 말하며 세조를 주장하다. 이에 시호를 승천체도지덕융공열문영무성신명예인효로 다시 의논해 올리고 묘호는 세조로 하기로 했다고 보고하자, 시호에 의숙을 더하고 능호는 태릉으로 하라 명하다.

9. 25. 신숙주의 의견에 따라, 능호를 광릉으로 바꾸다.

9. 29. 시호의 의숙을 흠숙으로 바꾸라 명하다.

10. 1. 정흠지의 묏자리를 산릉 자리로 정하다.

10. 4. 이장하는 정창손 등에게 관·곽 및 군인을 붙여 주다.

10. 4. 권세가에 분경하는 자는 종친·재추·공신일지라도 칼을 씌우고, 숨김이 있으면 족주(族誅)하라 명하다. 대신들이 족주는 지나치다 아뢰자 극형으로 바꾸다.

10. 19. 김국광의 탐욕을 비판하는 방이 거리에 붙자, 김국광을 해임하다.

10. 19. 분경한 자들을 불러 직접 질문하고, 분경이 확실한 김미 등을 의금부에 가두다.

10. 24. 유자광이 승정원에 가서 남이가 역모를

꾀한다고 고변하다. 이에 남이를 체포해 와 국문하다.

10. 27. 남이·강순·조경치·변영수 등을 환열하고 7일 동안 효수하다

10. 27. 유자광을 적개공신 2등에 추록하다.

10. 28. 남이의 역모에 관련된 자들을 죄의 경중에 따라 형벌을 정하다

10. 29. 공신의 호칭을 3등으로 나누어 정하다. 1등은 유자광·신숙주·한명회 등으로 하다.

10. 30. 남이를 편든 조숙을 처참하다.

• 조숙은 남이가 건주를 칠 때 종사관이었다.

11. 6. 남이의 집을 유자광에게 내려 주다.

11. 7. 유자광을 무령군에 봉하다.

12. 1. 한명회·서거정 등을 불러 영릉의 길흉을 의논하게 하다.

12. 3. 졸곡제를 마치다. 왕은 익선관·백포·흑각대·백피화를, 백관은 백의·오모·각대를 착용하기로 하다.

12. 18. 다리가 아파 경연에 나가지 못하다.

12. 27. 이계전의 분묘가 있는 곳으로 영릉을 천장하기로 하다.

12. 29. 중국에서 세조에게 혜장이라는 시호를 내리다.

예종 1년(1469)

1. 4. 대신들을 불러, 서쪽을 정벌할 장수와 군량 등에 대해 의논하다.

1. 5. 석성현감 민효증이 호패법의 불편을 말하자 국문하라 명하다.

1. 6. 족질(足疾)이 낫지 않자 목멱산·백악산·한강·원각사 등에 가 기도하게 하다.

1. 11. 구치관을 정서대장군으로, 어유소를 토역장군으로, 선형을 정로장군으로, 유자광을 응양장군으로, 구겸을 호분장군으로 삼다.

1. 13. 난신의 처첩을 공신에게 나눠 주다.

1. 15. 정서장군을 진서장군으로, 정로장군을

평로장군으로 고치다.

1. 23. 한명회를 영의정으로 삼다.

1. 24. 보성군 이합의 고신을 돌려주다.

2. 5. 종사에 관계되는 일과 불법 살인의 경우에만 부민이 수령을 고소할 수 있게 하고, 그 외의 일은 고소를 금하다.

2. 6. 강순·남이가 덕망이 없는데 높은 관직을 주어 반란에 이르게 하였다며, 세조가 사람을 알아보는 분별력이 없었다는 등의 소를 올린 성균지사 권충을 국문하게 하다.

2. 22. 태비의 존호를 올리고 사령(赦令)을 반포하다.

2. 24. 영릉 천장 때, 잡상을 운반하는 데 어려움이 있을 것이므로 영릉이 있던 자리 근처에 묻게 하다.

2. 28. 내달부터 마땅히 정사를 보겠다 하다.

2. 30. 영릉을 여니 현궁에 물기가 없고 재궁과 복어(服御)가 새것 같았다.

윤2. 10. 홍윤성을 좌의정으로, 윤자운을 우의정으로 삼다.

윤2. 29. 경차관을 하삼도에 보내 수령·찰방 및 장수의 탐오 불법 등을 검찰하고 삼도에서 일시에 도둑을 잡게 하다.

• 이때의 일제 소탕령으로 670여 명을 체포했다.

3. 6. 영릉을 천장하다.

3. 16. 임금이 어리고 약하다고 난언한 이들을 국문하다.

4. 5. 완성된 《세조실록》 초권을 내전에 들여보내도록 하다.

4. 24. 사관 민수가, 대신의 허물을 많이 쓴 것을 걱정해 실록청의 기사관 강치성을 시켜 사초를 몰래 빼내 고치다.

• 이 일로 사옥이 벌어지는데, 이를 민수사옥이라 한다.

4. 27. 민수에게 장 100대를 쳐 제주에 유배하고, 원숙강·강치성은 참형에 처하는 등 관련자들을 처벌하다.

5. 28. 대마주 태수 종정국이 서신을 보내오다.

• 겉으로는 인호(隣好)를 청하는 듯 보이나, 양국(兩國)이라는 표현을 쓰는 등 당시 조선의 입장에서 보면 서신의 내용이 극히 무례하였다. 하지만 어떤 의미가 담긴 것인지 알 수 없었으므로 일단 예전의 방식으로 대하기로 하고, 방비에 소홀함이 없도록 했다. 조정의 대신들은 서신의 무례함에서 침략의 의도를 읽은 듯 하다.

6. 12. 제도·제포의 선군은 배만 다스려 방어하게 하고 다른 역사를 시키지 말라 명하다.

6. 18. 도승지 권감에게 전교하기를, 대소 행차 시 소라를 불게 하다.

6. 24. 한명회가 《경국대전》 중 고칠 만한 일을 초(抄)하여 아뢰다.

7. 2. 문제 있는 자를 천거한 자, 능력 있는 자를 천거하지 않은 자에게 책임을 묻게 하다.

7. 6. 계모를 아비의 첩이라 한 자를 장 100대에 처하다.

7. 10. 옛 영릉의 석실·잡상·비석을 묻도록 하다.

7. 11. 북교에서 기우제를 지내고, 흥천사·원각사에서 불사를 열다.

7. 13. 기우 초제를 소격전에서, 기우 불사를 내불당 흥덕사에서 행하다.

7. 13. 경미한 죄인은 모두 석방하게 하다.

7. 13. 저자를 동현으로 옮기고 숭례문을 닫다.

7. 17. 영창전에서 친히 기우제를 지내다. 이날 큰비가 내리다.

7. 17. 송사를 처리하는 아문은 대사·중사·소사에 따라 각기 기한을 정해 처리하고, 기한을 지키지 못한 경우에는 사유를 보고토록 하다.

7. 19. 밤에 환관 안중경을 보내 위사를 점고했는데, 표신을 보였음에도 누워서 일어나지 않은 북소 위장 신주를 국문하다.

7. 28. 신숙주·한명회·구치관·최항·홍윤성이, 평안도의 호패 정지를 청하자 받아들이다.

8. 2. 모화관 남쪽 산등성이에 거둥해 친열하

다.

8. 4. 김초를 능지처사하다.

• 한치의에게 첩을 빼앗기자 거친 말을 내뱉어 국문을 받았는데, 이때 임금에게 무례한 발언을 했다.

8. 10. 구성군의 반인 전중생이 난언을 해서 국문을 받다.

8. 12. 전중생을 능지처사하다.

• 구성군의 반인들을 불러다 문초했으나 별다른 이야기는 나오지 않았다.

8. 13. 신숙주에게 명해, 임영대군의 종들과 구성군의 종들을 국문하게 하다.

• 이때도 이렇다 할 내용은 없었다.

8. 15. 신숙주·정창손 등 원상들이, 비록 구성군에게 말이 미치지는 않았으나 구성군이 근신하지 못한 까닭이라며 죄줄 것을 청하다.

8. 22. 홍윤성을 영의정으로, 윤자운을 좌의정으로, 김국광을 우의정으로, 한명회를 상당군으로 삼다.

• 이날의 사관은 한명회를 높이 평가하며, 영의정에서 갈린 것에 대해 사람들이 안타까워했다고 기록했다.

9. 16. 태비에게 책보와 전문을 올려 하례하다.

9. 18. 예조에 명해, 천문·지리·음양과 관련이 있는 책을 수집하라 명하다.

7. 19. 남소문을 막도록 하다.

• 임경준이, 이 문을 세운 뒤에 의경세자가 홍서했던 일을 말하며 막는 것이 좋겠다고 했다.

9. 20. 창덕궁의 네 모퉁이에 군영을 설치하기로 하다.

9. 24. 당직에 빠지는 순장·감군 등을 일제 점검해 문제 있는 자들을 국문하라고 명하다.

9. 24. 공정대왕을 까닭 없이 칭종(稱宗)하지 않았다며, 칭종 여부를 의논하라 명하다.

9. 27. 상정소제조 최항, 우의정 김국광 등이 《경국대전》을 지어 바치다.

10. 4. 식사 중에 환관들이 쥐를 잡는다고 소란을 떨자, 국문하게 하고 고신 박탈 등의 죄를 주

다.

10. 6. 직숙하는 군사들이 노천에서 떠는 것을 염려해 영추문 안에 가건물을 짓게 하다.

10. 8. 형옥을 맡은 관리들에게, 조금이라도 엄체(淹滯)함이 없도록 하라고 명하다.

10. 13. 갑사 김계동이, 이말중 등이 한 난언을 아뢰다.

• 까치가 밤에 울면 장차 주인(주상)이 죽을 일이 생기다고 하고, 주상이 죽더라도 영순군이 있다는 등의 말을 했다.

10. 14. 이말중과 이양보를 능지처사하고 3일간 효수토록 하다.

10. 16. 자격루를 다시 설치하다.

10. 30. 도승지 권감이, 공정왕의 추숭을 하지 않아도 괜찮다는 의견을 올리다.

11. 10. 100여 명의 도둑들이 관군을 죽이고 전라도에서 경상도로 도주하자, 반역죄로 다스리게 하다.

11. 18. 이즈음 며칠간 족질로 고생해 정사를 보지 못하다.

11. 26. 위독해지자, 행향사(行香使)를 종묘·사직·영창전·소격서·절 등에 보내 빌게 하다.

11. 28. 내불당에서 쾌유를 빌다.

11. 28. 진시에 자미당에서 훙서하다.

11. 28. 태비가 신숙주·한명회·구치관 등과 의논해 잘산군을 후사로 삼다.

11. 28. 고사하던 태비가 수렴청정을 수락하다.

12. 18. 묘호를 예종으로, 시호는 흠문성무의인 소효대왕으로 하다.

성종실록

총서

- 성종강정인문헌무흠성공효대왕의 휘는 혈이다.
- 덕종의 2남이고, 어머니는 인수대왕대비(소혜왕후)다.
- 세조 3년 동저에서 탄생하고, 세조가 궁중에서 양육하다.
- 세조 7년에 자산군에 봉해졌다가 후에 잘산군으로 개봉되다.

성종 즉위년(1469)

11. 28. 신시에 면복을 입고 근정전에서 즉위하여 교서를 반포하다.

11. 29. 대왕대비가 전교하여, 한 씨를 왕비로 일컫게 하고 원자를 왕자로 고쳐 부르게 하다.

12. 1. 대왕대비가, 한명회를 병조겸판서에, 한계미를 이조겸판서에 임명하다.

• 대행왕은 자신이 조정을 장악하려는 의도로 겸판서를 없앴지만, 지금은 왕이 어리니 그럴 수 없다고 했다.

12. 3. 대왕대비가, 예종이 쓴 종이를 보이며 예(睿)를 시호로 삼아야 할 것이라 하다.

12. 3. 원상들의 요청에 따라, 날마다 2명씩만 순번으로 승정원에 앉아 있게 하다.

12. 4. 대왕대비가, 생전의 세조의 말을 전하며 호패법 폐지를 의논하게 하다.

12. 4. 이후로 원장(圓杖)을 사용하지 말라 명하다.

12. 6. 백성의 폐단을 들며 호패법을 폐지하다.

12. 9. 신숙주가, 경연을 행하는 방법에 대한 사목을 만들어 아뢰니 원상과 논의하다

12. 18. 대행왕의 시호를 흠문성무의인소효, 묘호는 예종, 능호는 창릉으로 정하다.

12. 18. 함경북도 절도사 김교가 이거을가개의 사건에 대해 보고하다.

12. 19. 홍윤성으로 하여금, 서울의 야인들에게 이거을가개의 사건을 설명하게 하다.

12. 26. 대왕대비·수빈과 함께 창덕궁으로 이어하다. 왕대비는 경복궁으로, 중전은 한명회의 사제(私第)로 옮기다.

12. 30. 대왕대비가 의지(懿旨)를 의정부에 내려, 자신의 명을 어렵게 여기지 말고 불편한 것이 있으면 다시 아뢰라 하다.

성종 1년(1470)

1. 2. 대왕대비가 원상들에게, 어린 주상이 대신들을 대하는 어려움을 이야기하다.

1. 2. 성균관 생원 김윤생이, 최세호가 구성군에 대해 한 말을 듣고 별시위 윤경의와 함께 승정원에 와 고하다.

1. 3. 신숙주·한명회·최항 등이 최세호와 관련자들을 국문하다.

1. 7. 경기 부평의 군졸 김치운과 양인 박말동이 산릉 역사를 불평하며 난언하다.

• 구성군 같은 장년이 임금이 되었으면 산릉의 일도 더 수월했을 것이라는 등의 말을 했다.

1. 8. 사헌부 지평 홍빈이 와서, 구성군이 최세호의 난언에 언급되었으니 국문할 것을 청하다.

1. 10. 대왕대비가, 임금의 공부가 미진하다며 좀 더 공부를 강화할 것을 제안하다.

1. 11. 한명회가, 분경 금지 완화를 청하다.

1. 11. 대행왕의 책문에 올릴 사왕(嗣王)의 호칭을 의논 끝에 고자(孤子)로 하기로 하다.

1. 13. 대사간 강자평이, 구성군을 폐서인하여

유배할 것을 청했으나 대왕대비가 거부하다.

1.13. 신숙주가, 구성군이 세조 때 나인과 통했던 일을 거론하며, 폐서인하여 유배하는 것이 오히려 보전하는 길이라 아뢰다. 이에 대왕대비가, 세조가 그 일은 사실이 아니라고 했다며 소급해 논죄할 수 없다고 하다.

1.13. 신숙주가, 내관을 시켜 명을 전하는 것에 문제가 있다며 수렴청정을 청하다. 이에 문자를 몰라 어렵다는 반응을 보이자, 승지가 해석해 아뢰면 문제가 없을 것이라 하니, 대왕대비가 받아들이다.

1.14. 구성군의 처리를 청하는 주장이 이어지자, 원상·판서 이상과 주요 종친을 불러 의논한 뒤 경상도 영해에 안치하다.

1.15. 형조에 명하여, 가벼운 죄로 갇혀 있는 죄수를 빨리 결단하라고 하다

1.15. 이현을 제안대군으로 삼다.

1.15. 분경 완화를 사헌부에 지시하다.

1.16. 중궁이 창덕궁으로 들어오다.

1.20. 사헌부의 청에 따라, 원상의 집도 분경을 금하다.

1.22. 의경세자를 의경왕으로 추증하고 수빈을 인수왕비로 높이다.

2.6. 대전·대왕대비전·왕대비전의 시종 수를 정하다.

2.11. 임사홍의 상서에 따라, 신하들과 의논한 뒤 내불당을 옮기기로 하다.

2.16. 난언을 고하는 자가 많아 의금부의 일이 번다하다며 관찰사로 하여 국문하게 하다.

2.18. 사사로운 감정으로 난언을 고하거나 무고하는 일을 엄금하다.

2.19. 경안전에 나아가 졸곡제를 행하고 돌아와 흰옷을 입다. 이에 백관도 흰옷을 입다. 아울러 신하들에게 고기를 먹도록 권하다.

3.3. 왕이 선정전에 나아가 비로소 정사를 보다. 한명회의 요청에 따라 3일에 1번씩 정사를 보기로 하다.

3.12. 매달 무신들의 활쏘기를 구경하겠다고 이르다.

3.12. 대왕대비가, 왕대비와 인수왕비의 서차를 묻다. 신숙주가 답하기를, 인수왕비의 존호를 높이어 명위가 이미 정해졌으니 형제의 서열로 차서를 정해야 한다고 하다.

3.19. 정몽주·길재의 자손을 녹용하라 명하다.

4.1. 영순군 이부의 졸기.

4.3. 유자광의 반인 박성간이, 유자광이 동생 유자석에게 난언했다고 고하여 유자광을 국문하다.

4.4. 유자광이 해명하는 글을 올리다.

4.4. 박성간이 무고했음을 자복하자, 유자광을 풀어 주며 주상은 신문하지 말자고 했으나 자신이 주간해 국문했다며 양해를 구하다.

4.5. 한확과 권람을 세조의 배향공신으로 삼다.

4.6. 윤자운을 영의정으로, 김구광을 좌의정으로, 한백륜을 우의정으로 삼다.

4.7. 종친·의빈·공신의 아들·아우·사위를 서용토록 하다.

4.10. 의정부에 전지를 내려, 대소신민으로 하여금 시정의 폐단에 대해 구언하게 하다.

4.17. 충청도 관찰사에게 명해, 온양 온천을 민가에 개방하라 이르다.

4.18. 대왕대비가 한명회에게, 백성의 고충이 크니 임금의 능을 미리 정해 두었으면 하는 뜻을 말하다. 이에 한명회가 동의하다.

4.19. 유자광을 무고한 박성간을 참하다.

4.20. 대왕대비가 가뭄을 거론하며, 총명한 인수왕비에게 수렴청정을 맡기겠다는 뜻을 피력했으나 신하들이 반대하다.

4.23. 직전을 폐하고 과전을 회복하는 일에 대해 의논하게 하다.

5.1. 모화관에 거둥해, 중국 사신이 가지고 온 조서·고명·칙서를 받다.

5.12. 대왕대비가, 자신의 족친인 양주 목사 윤

호가 위세를 빌려 사람을 때려죽였다며 국문할 것을 명하다.

5. 26. 어세겸이 와서, 중국 사신이 주상의 총명함에 감탄하였다고 아뢰다.

5. 28. 임금이 박숭질과 여지에게, 수령으로서 임무를 감당하지 못하는 자, 탐오하여 백성을 병들게 하는 자를 기록해 아뢰라 명하다.

6. 1. 구치관을 이조겸판서로, 조석문을 호조겸판서로 삼다.

6. 4. 홍윤성의 청에 따라, 관찰사의 임기를 1년에서 3년으로 늘리다.

6. 5. 원상 김질이, 무더운 날씨를 이유로 주강의 정지와 석강 시 편복 착용을 청했으나 듣지 않다.

7. 7. 금주령은 해제하였으나, 병과(餠果)는 여전히 금지하다.

7. 14. 사헌부에서, 관찰사에 의한 수령 평가가 공정함과 엄밀함을 잃었다고 아뢰며, 여러 도의 관찰사와 도사의 국문을 청하니 따르다.

7. 24. 봉보부인 백 씨가 아는 이에게 관작을 주기를 청하자 준엄하게 질타하다.

7. 27. 전교를 내려 매와 개를 바치지 말게 하다.

8. 8. 영안도 절도사 어유소의 덕행을 가상히 여겨 경차관 편에 옷을 보내고 잔치를 베풀어 주다.

8. 25. 후원에 있는 노루·사슴을 경릉에 풀어 주다.

9. 8. 영창전에 나아가 대상제를 행하다.

9. 8. 원상들에게 야직은 하지 말라고 전지하다.

9. 13. 능성군 구치관의 졸기.

10. 20. 종친의 과거 참여 금지를 청하는 상소에 대해, 세조 대부터 해 온 일이라며 거부하다.

10. 20. 신숙주·최항·노사신·서거정을 독권관으로 삼고 왕이 직접 책문의 주제를 내리다.

10. 27. 최항 등이 《경국대전》을 교정하여 올리다.

11. 5. 《대전》 교정청의 당상과 낭청을 불러 먹이고 물품을 내려 주다.

11. 28. 경안전에 나아가 소상제를 행하다.

12. 1. 이후 조참은 인정전 처마 아래서 받도록 하라고 이르다.

12. 2. 이날 이후 윤대는 독대를 원칙으로 하도록 명하다.

12. 7. 윤대 시, 승지·사관 각 1인씩 참여하라 명하다.

12. 10. 정인지·정창손을 원상으로 삼다.

성종 2년(1471)

1. 7. 호조에서, 경상도가 실농(失農)하였으니 군자창의 곡식으로 구휼할 것을 아뢰다.

1. 9. 충청도·전라도·경상도 관찰사에게 진휼 구제에 힘쓸 것을 유시하다.

1. 19. 인정전에 나아가서 왕비를 책봉하다.

2. 1. 명성부원군 최항이, 문사(文辭)가 훌륭한 자로 임사홍·박시형 등 6명을 아뢰다.

2. 8. 한명회가, 도적이 성행하고 있으므로 원장(圓杖)을 쓸 것을 청하다.

2. 15. 경연에서 맹자를 읽다가 해석을 둘러싸고 신하들 사이에 고성이 오가다. 이같이 논란하지 않으면 시비를 분간할 수 없다며 긍정적인 반응을 보이다.

2. 22. 하삼도의 공납을 금년에 한해 감해 주다.

2. 27. 궁핍해서 시집가지 못하는 이들에게 비용을 지급해 제때 시집가게 하다.

3. 27. 좌리공신을 정하다.

• 1등에 신숙주·한명회·최항·홍윤성·조석문·정현조·윤자운·김국광·권감을 두고, 2등 11명, 3등 18명, 4등 35명이었다.

3. 27. 이에 대해 지평 김수동 등 대간들이, 태평 시대에 공을 논하는 것은 적절치 않다며 공신 책봉의 부당함을 계속 주장하다.

4. 2. 한명회가, 무과에도 문과처럼 의장을 내

려 줄 것을 청하니 따르다.

4.4. 대간들이 공신 책봉 반대를 주장하며 사직하다.

4.6. 면복을 갖추어 8공신과 자손 등을 거느리고 맹단(盟壇)에 모여 맹세하다.

5.1. 비록 국가의 중대한 일에 관계된다 하더라도 익명의 투서는 모두 불문에 부치고, 현장에서 잡히는 자는 법대로 처리하라 명하다.

5.2. 황해도에 도적이 성행하여 군사를 동원해 포획케 하다.

5.24. 경연 영사 등이 더위를 이유로 주강의 정지를 청했으나 듣지 않다.

5.25. 조한신을 황해 포도장으로, 홍이로를 경기 포도장으로 삼다.

6.18. 무당을 모두 도성 밖으로 내치다. 도성 안 염불소라는 곳에서 남녀가 떼를 지어 징과 북을 치며 몰려다니는 일도 금하라 명하다.

6.19. 《소학》·《삼강행실도》를 널리 간행해 백성으로 하여금 강습케 하라 명하다.

6.20. 예조에 명해, 외친도 6촌 이내면 혼인을 허락하지 말라 명하다.

7.5. 진현 시, 대소 조관들은 흑의를 착용하라 명하다.

7.8. 광릉의 사토가 붕괴되자, 황효원·안효례·남척 등을 처벌하다.

7.22. 형조의 건의를 받아들여 단근(斷筋) 조항을 구체화하다.

• 왼쪽 다리 복사뼈 힘줄을 1치 5푼 정도 잘라 내되 주척(周尺)을 사용한다는 식이다.

8.12. 광평대군 부인 신 씨가 노비 730구, 전지 70결을 불사에 헌납하다.

8.24. 소·말의 절도 및 도살에 대한 법조문을 강화하다.

9.11. 영안북도 절도사 선형이 변경 침범자들에 대해 보고하자, 대책을 논의하다.

9.14. 동지중추 이영은과 예조판서 김겸광이 권이경의 계집종 철비를 첩으로 삼기 위해 다투

다.

• 두 사람 모두 공신이다.

9.25. 이영은과 김겸광을 나무라고 일을 마무리하다.

윤9.19. 이영은의 졸기.

윤9.25. 장령 홍귀달이, 야대(夜對)를 행할 것과 대소 거둥 때 경연관의 호종을 청하다.

윤9.27. 이후, 조강·주강·석강 외에 야대까지 행하다.

10.1. 예조에 명해, 이후 거둥 시에는 대간 1명과 경연관 2명이 따르게 하다.

10.10. 영릉에 배알하기 위해 여주에 이르다.

10.13. 환궁하다.

10.23. 신숙주를 영의정으로, 최항을 좌의정으로, 성봉조를 우의정으로 삼다.

11.2. 유구국 왕이 서계를 올리다.

11.2. 영돈녕부사 윤사분의 졸기.

11.10. 인정전에 나아가 유구국 사신에게 잔치를 베풀다.

11.23. 유구국 사신에게 종2품직을 제수하다.

11.28. 경안전에 나아가 대상제를 행하니 백관이 배제하다

11.29. 강도 및 미수자에게 자자(刺字)할 글자를 정하다.

12.5. 간경도감을 파하다.

12.7. 사헌부에 전교를 내려, 제도의 절도사·만호·수령이 첩을 거느리고 부임해 폐단을 일으킨다며 엄히 금하라 명하다.

12.7. 혜성이 잇달아 출현하자, 한명회를 서영장으로 유수를 동영장으로 삼아 군사를 거느리고 충훈부·장춘문에 각기 주둔케 하다.

12.11. 승지 등의 건의에 따라, 조하·조참에 풍악을 연주하지 말게 하다.

12.11. 이조·병조의 당상과 제장(將) 외에는 분경을 금하지 말게 하다.

12.15. 신문고를 부활시키다.

12.15. 춘추관에서 《세조실록》을 바치다.

12. 18. 《세조실록》 수찬관들에게 상을 내리다.

12. 23. 한계미의 졸기.

• 한계미의 처는 정희왕후의 언니다.

12. 25. 근일에 부인이 남자 옷 입기를 좋아해 남녀 구분이 없다며 금하라 명하다.

성종 3년(1472)

1. 10. 2품 이상 관원의 외방거처 금지법을 준수토록 하다.

1. 25. 이조의 건의에 따라, 3년마다 관리의 출신과 내력을 갖추어 이조에 바치게 하다.

1. 28. 겸판서의 집에 분경을 금하게 하다.

2. 3. 병조에서, 강원도에 있는 삼봉도를 찾기 위한 절목을 아뢰니 따르다.

• 삼봉도는 독도를 말한다. 세종 때부터 이곳에 대한 기록이 있지만, 이때까지도 어떤 섬인지, 어디에 위치하고 있는지 정확히 파악하고 있지 못했다.

2. 9. 효성 지극한 평산 사람 임담을 서용하고, 열녀 원 씨는 정문·복호하다.

2. 24. 이후, 능실 외에는 고총을 파서 장사 지낼수 없게 하고, 남의 무덤을 발굴하도록 허락하거나 지시한 자 모두 율에 의해 다스리라 명하다.

2. 25. 신창 현감 김숙손에게 수령칠사(守令七事)에 대해 물었으나 대답하지 못하자 질책하다. 또한 사람을 옳게 쓰지 못한 이조를 질타하다.

3. 21. 효성이 지극한 정득신이란 사람에게 벼슬을 내리고 복호하다.

• 정득신이 손가락을 잘라 약을 제조하여 아비의 병구완에 썼다고 한다.

4. 7. 사천 사람 최소하가 어미의 병구완을 위해 손가락을 잘라 피를 약에 타서 먹여 낫자 벼슬을 제수하고 복호하다.

• 이와 유사한 사례가 많다.

4. 17. 경학을 채택하는 등 과거 제도를 조정하다.

4. 18. 병조에서, 무예 시험 채점 기준을 아뢰니 따르다.

4. 26. 임사홍이, 재앙이 닥치면 임금뿐만 아니라 재상도 행동을 삼가야 한다며, 재상들이 금주령 등을 어길 시 용서하지 말 것을 청하다.

4. 27. 우물을 독점하고 물을 판매하는 행태를 엄금하라 명하다.

• 가뭄 때문에 일어난 일이다.

5. 9. 신숙주 등이 《예종대왕실록》을 올리다.

5. 23. 대왕대비가, 노산군의 처 송 씨를 존휼(存恤)하여 의식을 공급하라고 전지하다

6. 5. 영안북도 절도사 선형이, 구주 올적합 100여 기가 온성에 침노했는데 관군과 싸우다 승부가 나지 않자 물러갔다고 아뢰다.

6. 19. 지평 박시형이, 이제 전하의 성학이 고명해 친히 서무를 결재하시니 원상(院相)을 폐해야 한다는 뜻을 아뢰다.

• 원상은 왕이 죽은 뒤 어린 임금을 보좌하여 정무를 맡아보던 임시 벼슬이다.

7. 7. 대사간 성준이, 왕자가 대신을 욕보인 사례를 들며 왕자와 대신 사이의 예절에 대해 문제를 제기하다.

8. 6. 수령은 생원·진사 시험에 나가지 못하게 하다.

9. 14. 모화관에 거둥해 열무하고 무신의 활쏘기를 구경하다.

10. 6. 사헌부에서, 정인지의 종들이 살인한 것을 이유로 정인지를 국문할 것을 청했으나 듣지 않다.

10. 8. 신숙주와 윤자운이, 재인과 백정의 양민화 방안에 대해 아뢰다.

11. 4. 호조에서, 둔전에 대한 절목을 의논하여 아뢰다.

11. 25. 홍달손의 졸기.

12. 4. 사헌부 장령 이맹현이, 김순성을 서용하지 말 것을 청하다.

• 김순성이 평창 군수로 발령이 났으나 처의 병을 들

어 부임할 수 없다고 한 일이 있었다. 이맹현은 이 일을 문제 삼은 것이다.

12. 6. 사헌장령 이맹현이 다시, 김순성은 평창군이 만족스럽지 않아 정승에게 청탁한 것이라며 비판하다. 이에 말을 그만두지 않으면 큰일이 생길 것이라고 경고하다.

• 여기서 말하는 정승은 한명회다.

12. 7. 집의 임사홍이, 경연 자리에서 임금의 태도를 비판하며 김순성의 치죄를 청하다.

12. 7. 한명회가 병조겸판서의 해직을 청하다.

12. 8. 한명회를 옹호하며 사헌부 관원 전체를 좌천시키다.

12. 16. 영안북도 관찰사 어유소와 군사에게 방한복을 내려 주다.

성종 4년(1473)

1. 9. 영안도 관찰사 정난종에게 무릉도에 대해 조사할 것을 명하다.

• 당시 무릉도나 삼봉도에 대한 뜬소문들이 많았다.

1. 13. 대왕대비가 호조에 명해, 윤기견·윤호의 집에 면포 100필과 정포 50필, 쌀 50석을 내려주게 했는데 장차 딸들이 궐내로 들어올 것이기 때문이다.

1. 13. 사헌부의 건의에 따라, 가묘를 세우지 않은 호군 김계손 등 40인을 죄주기로 하다.

1. 23. 같은 말만 반복하므로 윤대를 일시 정지했는데, 정언 김제신이 윤대 정지가 그릇됐다고 아뢰자 다시 행하라 명하다.

2. 11. 화폐 관련 토론에서 신숙주의 탁견이 빛을 발하다.

2. 19. 전 보산군 오자경이, 집수리를 위해 목공을 불렀는데 빨리 오지 않자 때려죽이다.

• 오자경이 증거를 없애려고 관을 열고 시체를 훔쳐 강물에 버렸다가 들통이 났다. 이에 의금부는 교형에 해당한다는 의견을 냈으나, 고신을 거두고 외방에 안치하는 것으로 마무리했다.

3. 12. 윤기견의 딸을 숙의로 맞아들이다.

4. 8. 대사헌 서거정이 정미수의 파직을 청했으나 세조의 뜻임을 들어 거부하다.

• 정미수는 문종의 사위인 정종의 아들로, 얼마 전 돈녕부직장에 제수됐다.

4. 11. 이후에도 정미수 파직 청이 이어지자, 대왕대비가 직접 나서서 세조의 유교를 따르는 일이라 해명하다.

6. 12. 예조의 건의에 따라, 문서는 초서로 쓰지 못하게 하다.

7. 1. 사대부가에서, 적장자 상속의 법을 엄격히 하도록 하다.

7. 5. 춘추관에서 《세종실록》과 《문종실록》을 인쇄해 바치다.

7. 20. 사헌집의 현석규가, 절의 중과 여승이 풍기문란하다며 죄줄 것을 청하였는데, 대전에도 금하는 조항이 없다며 거부하다.

7. 21. 중궁이 한명회의 집으로 옮기다.

8. 1. 수령을 고소하는 자는 자신의 억원(冤抑)만을 말하게 하고 나머지는 묻지 말라고 명하다.

8. 4. 사족의 부녀자가 여승이 되는 것을 금하게 하다.

8. 18. 모화관에 거둥해 무예를 시험하고 포상하는데, 이자겸 등이 술에 취해 장막 앞을 지나가다. 이자겸의 고신을 거두다.

9. 11. 중궁이 환궁하다.

9. 20. 의경묘가 완성되다. 의장을 갖추고 의경왕의 신주·영정을 봉안하다.

10. 18. 풍양에 거둥해 사냥하다.

10. 23. 전라도·경상도의 관찰사와 절도사에게 해적 소탕을 명하다.

11. 1. 의경묘에 가서 제사 지내고 월산대군 집에 거둥하다.

11. 3. 사사로이 왜인과 무역한 웅천의 관노를 참형에 처하다.

11. 6. 병조의 건의에 따라, 가까운 도(道)에 있

는 기병과 정병 중에서 활쏘기를 못하는 자는 나장이나 조례로 삼고, 먼 도(道)에 있는 자는 수군으로 삼도록 하다.

11. 14. 《경국대전》을 갑오년 2월 1일부터 행용 (行用)하라 명하다.

12. 21. 중궁이 편치 않아, 종묘·사직·명산대천 에 기도하다.

12. 26. 신숙주가, 왜선에 비해 우리 배가 우수 한 점을 말하다.

• 크고 무거우나 나무못을 많이 사용해 젖으면 더 견 고해지고, 선체가 높아서 싸움에 유리하다는 점 등을 들었다.

성종 5년(1474)

1. 1. 망궐례를 행하고 세 대비전에 하례한 뒤 인정전에 나아가 하례를 받다. 이날 왜인 96인 이 회례연에 입참하다.

1. 2. 병조에서, 영종포 만호 박숭인과 내금위 변오천이 서얼이라며 개차(改差)를 청하니 받아 들이다.

1. 2. 《경국대전》을 반포하다.

• 대전에 기록되지 않은 72조의 속록도 같이 반포했 다.

1. 5. 동부승지 박시형과 좌부승지 심한이 서로 비방하고 힐난하자, 박시형의 직첩은 거두고 심 한은 파직하다.

1. 21. 후원에 나아가 활쏘기를 관시하고 많이 맞힌 이에게 하사품을 주자, 대사간 정괄 등이 유희인 관시를 위해 경연을 폐함을 비판하다. 이에 잘못을 인정하다.

2. 15. 겸예조판서 신숙주와 겸이조판서 윤필상 이, 《대전》에 겸판서의 직이 실려 있지 않다며 사직을 청했으나 받아들이지 않다.

3. 18. 대사간 이예 등이, 양인을 무려 1,100명이 나 받아들여 노비로 삼은 송익손의 서용은 부 당하다고 아뢰다.

3. 22. 부모의 제사를 지내지 않은 전 죽계부수 이함동의 고신을 거두다.

3. 23. 중궁이 편치 않아, 명산대천에 기도하게 하다.

3. 26. 한명회가, 수리도감을 파하고 선공감에서 궁궐 수리를 맡게 할 것을 청하다

• 사관은 한명회에 대해, 하찮은 일이라도 맡아 하기 를 좋아하고 권력을 잡는 것을 좋아해 내놓으려 하지 않으려 한다고 평했다.

3. 28. 송익손을 파직하다.

4. 4. 사헌부 장령 이세필이, 조효례가 어미의 상중인데도 과거에 응시했었다며 파직을 청하 다.

4. 6. 새로 벼슬에 부임하는 이를 침학(侵虐)하 는 일과 혼인의 사치를 금하도록 하다.

4. 15. 왕비가 홍서하다.

4. 25. 예조에서, 요승의 말에 현혹되어 화장하 는 자들을 법에 따라 다스릴 것을 청하다.

4. 28. 최항의 졸기.

4. 28. 정효상을 이조판서로 삼다.

• 사관은, 정효상이 재산 많은 기 씨의 딸을 아내로 맞이하였는데, 그 아내의 성격이 교만스럽고 사나워 서 정효상을 대하기를 노예처럼 하고, 그 장모는 성격 이 더욱 사나워서 때로는 정효상에게 매질까지 하였 다고 기록하고 있다.

5. 15. 한명회가 겸판서의 해직을 청하자, 대왕대 비가 좌의정에 제수하다.

5. 19. 위를 능멸하는 풍습이 날로 더해 간다며, 수령 고소를 업으로 하는 자들과 고소를 부추 기는 자들을 조사해 아뢰라 명하다.

5. 21. 신숙주가 아뢰기를, 한명회가 영의정을 두 번이나 지냈는데 이제 좌의정이 되어 자기 밑 에 있게 되니 미안하다며 벼슬을 바꾸어 교체 할 것을 청했으나 듣지 않다.

6. 6. 달력을 중국과 차이 나게 제작한 관상감 관리를 추국하게 하다.

6. 17. 날씨가 무더우니 주강을 정지할 것을 청

하니 따르다.

6. 20. 정몽주와 길재의 후손을 찾아 등용하라 명하다.

윤6. 10. 가뭄이 심하므로 조하·조참·상참을 정지하고 경연만 강하게 하다.

7. 10. 정찬손이, 영안남도 절도사를 폐지하자고 청하였으나 한명회가 반대하다.

7. 11. 전날의 건에 대하여, 신숙주와 윤필상 등도 반대하다.

• 임금도, 세조가 남도를 둔 것은 후세를 위한 계책이었을 것이라며, 작은 폐단 때문에 폐지할 수 없다고 말했다.

8. 24. 임사홍이, 의경왕의 추봉을 천자에게 주청한 것은 잘못이라 상소하다.

9. 1. 어버이의 시체를 버려두고 장사 지내지 않는 자를 참하게 하다.

• 변경에서는 바위 구덩이에 놓아두는 풍습이 있었다.

9. 11. 이원형의 건의로, 광양·순천 등지의 전복 공납을 감하도록 하다.

9. 19. 예조의 건의에 따라, 민제의 묘 등에 있는 정자각·석양·석호 등을 철거하게 하고 품계에 따라 석인의 크기를 정하게 하다.

9. 24. 새벽녘에 동가(動駕)하니, 백관들이 공경히 전송하다.

9. 28. 진봉산에서 사냥을 하다가, 우의정 성봉조가 졸했다는 소식을 듣고 환궁하다.

11. 30. 어유소에 유시해, 올적합 등의 공무역과 사무역을 엄금케 하다.

• 우리의 마소·철 등이 넘어가는 등의 경제적인 문제뿐 아니라, 염탐할 기회를 주지 않아 기습 공격을 막으려는 군사적 의도도 포함되어 있다.

12. 4. 곡(斛)·두(斗)·승(升)의 체제와 척(尺)·촌(寸)을 상정한 대로 만들어서 인을 찍으라 하다. 아울러 쇠자를 만들어 모든 도의 계수관에게 보내라 명하다.

12. 10. 각 도 관찰사에게 덕망 있는 인재를 찾아서 보고하라 명하다.

12. 13. 김질이 의경왕 추중에 관한 고명을 받아오자, 사은사로 한명회를 보내기로 하다.

성종 6년(1475)

1. 6. 의경왕의 시호를 선숙공현온문의경대왕으로 높이고, 인수왕비는 인수왕대비로 높이다.

1. 15. 무림군 이선생이 공정대왕의 묘호와 부묘에 대해 상서하다.

1. 19. 형조의 건의에 따라, 재범 절도인 경우 사전(赦前)을 가리지 말고 교형에 처하기로 하다.

1. 25. 동교의 단에서 선농제를 행하다.

2. 6. 평안도 관찰사 정문형이, 지난 1월 29일 적 3,000여 기가 장성을 깨뜨리고 벽단 송평리에 난입해 빈집을 태우고 갑사 김극손을 사로잡아갔다고 보고하다.

2. 7. 영안도 관찰사 김관이, 이만주의 아들 이보을가대가 침략하려 한다는 정보를 보고하다.

2. 8. 북적을 토벌하겠다는 자문을 명나라 예부에 보내다.

3. 2. 경상도 관찰사가 삼포에 사는 왜인의 수를 보고하다.

3. 17. 호군 박종의 처 김 씨가 남편의 죽음을 슬퍼하며 따라 죽자, 정문·복호하다.

4. 18. 양계의 진 방어 대책을 논하다. 신숙주가, 화차를 새로 제조해 양계에 보내고 항상 훈련해야 한다고 말하다.

4. 23. 윤대에서, 정효종이 의경왕을 종묘에 모셔야 한다고 아첨하다.

5. 2. 어미를 죽인 김울산을 도성 사람들이 지켜보는 가운데 환열하라 명하다.

5. 12. 예종 비와 인수왕비의 위차를 논의하다.

5. 17. 석강에서 궁실 짓는 문제, 전라도의 풍습 등에 대해 논의하다.

5. 22. 탈 없이 중국에 다녀온 한명회를 위로하

며, 개성에서 잔치를 열어 주게 하다.

6. 21. 신숙주의 졸기.

7. 1. 정창손을 영의정으로, 윤사흔을 우의정으로 삼다.

7. 19. 도성 안 여승(女僧)의 집을 철거하다.

• 이때 철거한 것은 모두 23소(所)다. 다만 반석방의 두 곳은 민가와 떨어져 있어서, 인왕동의 한 곳은 세조 때 창건한 이유로 그대로 두었다.

9. 8. 홍윤성의 졸기.

9. 16. 회간왕(의경왕) 부묘를 둘러싸고 논의하다.

9. 20. 회간왕의 부묘를 명하고 그 절차를 의논하게 하다.

10. 2. 정인지 등이 원상제의 혁파를 청하다.

10. 5. 10일에 1번씩 윤대하도록 전교하다.

10. 6. 의정부, 6조 참판 이상이 모여 여러 안의 묘호를 올렸는데, 덕종으로 정하다.

10. 23. 신우와 신돈의 행적을 논한 끝에, 신우(우왕)가 신돈의 아들은 아닌 것 같다는 의견을 내다.

12. 16. 장용대를 장용위로 개칭하다.

성종 7년(1476)

1. 9. 회간왕의 신주를 종묘에 안치하다.

• 이에 앞서 회간왕(덕종, 세조의 장남)과 예종(세조의 2남)의 위차를 어떻게 정할 것인지, 인수대비(덕종 비)와 예종 비의 위차는 어떻게 정할 것인지를 거듭 논의했다. 신하들은, 황제의 고명을 받은 순서에 따라 부묘는 예종을 먼저 하는 것으로, 왕비들의 경우는 천륜에 따라 인수대비를 위로 보자고 했다. 하지만 내외를 달리 할 수 없다는 임금의 뜻에 따라 결국 종묘에서의 위차도 회간왕을 앞세웠다.

1. 13. 대왕대비가 수렴청정을 거둔다는 언문 교지를 내리다.

• 이를 만류하는 과정에서 한명회가 "지금 정사를 사피하신다면, 동방의 창생을 버리는 것이니 신 등이 어느 곳에 귀의하겠습니까." 같은 말을 했는데, 대왕대비를 만류하기 위한 것이기도 하지만, 임금의 능력을 믿지 못한다는 말이기도 하다.

1. 14. 신하들이 한명회의 국문을 청했으나 받아들이지 않다.

• 한명회가 사죄하러 오는데, 음식을 대접하여 보냈다.

1. 14. 이후부터, 보통 일 외에는 상전(尙傳)에게 주지 말라 이르다. 또 조계에 승지가 직접 아뢰고 긴급한 일은 조강과 주강에서 아뢰라 명하다.

2. 8. 사간 박숭질이, 승지가 홀로 정무를 아뢸 경우 권한이 커지고, 고굉의 신하는 소원해질 수 있다고 아뢰다.

2. 19. 유자광이 한명회를 탄핵하는 소를 올리자, 지나간 일이라 답하다.

2. 23. 유자광이 재차 한명회를 탄핵하는 소를 올리다.

2. 28. 한명회가, 성삼문·이시애·남이 등 역적들이 계획을 꾸밀 때 항상 자신을 먼저 제거하려 했다며, 유자광에 반박하는 소를 올리다.

2. 29. 한명회가 예궐하여 유자광의 소에 대해 아뢰자, 술과 안주를 내려 위로하다.

3. 1. 대사헌 윤계겸 등이 한명회를 탄핵하다.

3. 1. 유자광을 불러 지나쳤다고 이르다.

3. 2. 지평 양자유가 한명회를 탄핵하는 발언을 하다.

3. 2. 도승지 유지가 한명회를 옹호하다.

• 이후 여러 차례 한명회와 유지에 대한 탄핵이 이어져서 한명회와 유지가 사직 소를 올리기도 했다. 한명회와 유지에 대한 탄핵이 받아들여지지 않자, 대사헌·대사간 등도 사직 소를 올렸다.

3. 29. 한명회가, 병을 이유로 사직을 청하자 수락하다.

4. 27. 불분명한 근거로 소를 올린 유자광을 파직하다.

5. 1. 사형수 외의 죄수들을 속히 판결해 옥사가 지체되지 말게 하라 이르다.

5. 19. 원상제를 폐지하다.

6. 4. 세종 때의 사가독서를 부활하다.

6. 8. 종실의 서자녀들이 명문대가의 자녀들과 결혼하려 하나 명문대가 쪽에서 꺼리는 상황에 대해 종친들이 논의하다.

6. 9. 승정원의 청에 따라, 주강과 석강을 폐지하다.

• 더위가 심한 것이 이유였다.

6. 14. 사가독서 문신으로 채수·권건·허침·유호인·조위·양희를 발탁하다.

6. 28. 서거정의 건의에 따라, 사가독서 문신들을 산사에 가서 공부하게 하다.

7. 11. 대왕대비가, 숙의 윤 씨를 중궁으로 삼겠다는 뜻을 밝히자 대신들이 찬동하다.

7. 14. 도승지 현석규의 청에 따라, 첩종·강무·대열 같은 무비(武備)의 일을 닦게 하다.

• 첩종은 열병(閱兵)할 때 군대를 모으려고 대궐 안에서 치던 큰 종을 말하는데, 비상소집 때에도 쳤다.

8. 11. 심회를 좌의정으로, 윤자운을 우의정으로, 유자광을 무령군으로 삼다.

9. 20. 사헌부의 의견에 따라, 농사철에 관할 지역 밖에서 관기와 놀아난 수원부사 김사원을 국문하게 하다.

11. 9. 원자가 태어나자 7일 동안 상참과 경연을 정지하다.

11. 13. 제포의 항거(恒居) 왜인들의 집 68호가 연소하자, 소금·간장 등을 내려 주다.

12. 15. 한명회가 종의 일로 대죄를 청하다.

• 한명회의 종이 위세를 믿고 남의 재산을 빼앗는 등의 일을 저질렀는데, 절도사 이종생도 관여했다.

12. 17. 노사신·서거정·이파 등이 《삼국사절요》를 지어 바치다. 이어서 노사신 등에게 우리나라 시문을 모아 양성지가 지은 《지리지》에 첨가하라 명하다.

12. 18. 월산대군의 생일이어서 선온과 음악을 내려 주다.

성종 8년(1477)

1. 2. 강무를 위해, 양계와 강원도 군사를 제외한 모든 군사를 징집하다.

1. 23. 절도사 이종생의 고신을 거두고 외방에 부처하다. 한명회의 종 도치·구질금 등은 율문에 따라 장 100대에 유삼천리, 변경의 관노로 삼다.

1. 23. 한명회가 10년간 재임한 군기시제조의 사직을 청하니 따르다.

1. 27. 대사헌 윤계겸 등과 대사간 최한정 등이 한명회를 추국할 것을 상소하다.

• 한명회 종들이 벌인 사건에 대해 상세히 기록하고 있다.

1. 28. 내관 김처선을 보내 선온을 내리고 한명회를 위로하다.

2. 21. 원자가 병이 나자, 종묘·사직·소격서 등에 기도하게 하고 강무도 정지하다.

2. 24. 유자광을 도총관으로 삼자, 대사헌 김영유 등이 유자광은 서얼이라며 반대하다.

3. 4. 승직을 내리는 문제, 삼봉도를 찾는 일, 봉선사에서의 금자경(金字經) 간행 작업 등에 대해 의논하다.

• 삼봉도는 부역을 피해 도망간 이들이 산다는 섬으로 소문이 났다.

3. 7. 인수대비가 금자경 간행 작업에 대해 설명하다.

• 의경왕을 위한 일이고, 이는 자신의 사재로 하고 있다고 설명했다.

3. 14. 중궁이 친잠례를 행하다.

3. 29. 전 정승·6조 판서·대사헌·대사간을 빈청에 불러 모은 뒤 대왕대비의 언문 교지를 내보이고 폐비할 뜻을 밝히다. 이에 대해 신하들은 폐하지 말고 별궁에 거처하게 하면서 개과천선을 기다림이 옳다는 입장을 피력하다.

• 대왕대비의 교지는 중궁의 여러 잘못된 행실에 대한 것이다.

3. 30. 폐하여 빈으로 삼고 사제로 내친 다음 종

묘에 고할 뜻을 밝히다. 임사홍 등 승지들이 면대를 청해 원자의 존재를 들며 강력히 반대하다. 이어 대신들도 한결같이 반대하다.

4.1. 삼월이 등을 국문하다. 모든 일을 삼월이가 조작한 일이고 중궁은 모르는 일로 결론내기로 하고 삼월이를 극형에 처하다. 중전의 어미 신 씨는 직첩을 회수하다.

4.20. 대사간 이세좌 등이, 승문원 옛 땅에 임원준·임사홍 부자가 집을 짓고 있다며 실정과 연유를 국문케 할 것을 청하다.

4.22. 이세좌 등이 잘못 알고 공격한 것으로 드러나자, 임원준 부자를 불러 위로하다.

5.3. 야인에게서 탈출해 들어오는 중국인들의 처리에 대해 의논하여 중국 송환을 원칙으로 정하다.

5.24. 일본에 통신사를 보낼 것인지를 의논하다.

6.6. 유구국 왕이 글과 토산물을 바치다.

6.6. 사대부 집의 혼인 연령 문제를 논의하다.

7.8. 홍귀달이 조식이 무고함을 아뢰다.

• 과부 조 씨가 김주와 성혼했는데, 조 씨의 오라비 조식이 김주가 누이를 강간했다고 무고했다. 이에 무고한 것을 이유로 의금부에서 조식을 형문하려 하자 홍귀달이 조식을 두둔한 것이다.

7.14. 조식 사건에 대한 사헌부의 보고를 듣고, 이와 관련된 한한·송순효·홍귀달을 의금부에 이송하라 명하다.

7.18. 삼종지의를 거론하며, 재혼한 여자의 자손은 사판(仕版)에 나란히 하지 않도록 하라고 명하다.

8.17. 화협하지 못한 것을 이유로 임사홍·한한·손순효를 체임하다.

8.26. 대간의 탄핵을 받자 현석규가 체임을 청했으나, 오히려 두 자급을 올리다.

8.29. 현석규의 대사헌 제수에 대간이 이의를 제기하다.

9.5. 현석규를 소인이라 칭하는 상소를 올린

유자광과 지평 김언신을 불러 논쟁한 뒤, 공신인 유자광은 용서하고 김언신은 가두다.

9.8. 김언신이 끝까지 소신을 굽히지 않자, 그 기개를 칭찬하고 복귀시키다.

9.9. 대간들이 합사해 현석규의 죄를 청하다.

9.27. 모화관에 거둥해 화포 발사를 보다.

9.28. 일본국 일기주·비전주·대마주·상진군 등에서 토산물을 바치다.

9.29. 왜적의 노략질에 대해 대마도주에게 서신을 보내다.

10.2. 양성지를 대사헌으로 삼다.

10.4. 대간들이, 양성지의 사람됨이 사헌부 수장에 맞지 않는다는 차자를 올리다.

10.9. 양성지의 일에 대해 실록을 상고하도록 춘추관에 전지하다

10.9. 이인석·이숭원을 불러 양성지의 일에 대해 물으니, 사람들이 시끄럽게 전(傳)하는 것을 들었다고 답하다.

10.11. 한명회가, 풍문에 따라 탄핵을 한다면 대신들이 평안하지 못할 것이라고 아뢰다.

10.15. 양성지 탄핵의 책임이 있는 장령 김제신이 피혐하자, 직분에 따른 것이니 피혐하지 말라 이르다.

10.22. 건주 야인 4,000여 명이 도둑질을 선언하자 명에서 군사를 급파했다고, 주문사 윤필상이 치계하다.

10.21. 전직 정승들과 평안도 변방의 일을 의논하고, 예조판서 허종을 평안도 순찰사로 삼다. 아울러 통사 이효석을 요동에 파견해 야인의 동태를 탐지하게 하다.

10.26. 남방이 태평한 지 100년이 되어 병기가 완비되어 있지 않을 것이라며, 대신을 보내 열병케 하라는 한명회의 건의를 받아들여 이극배를 3도순찰사로 삼다.

10.29. 성균관과 사학의 유생들은 서울의 길거리에서 청금단령을 착용하라 명하다.

11.30. 제사를 지낼 때 날씨가 추우면 이엄을

착용토록 하다.

12. 6. 삼포의 왜전에서 조세를 거둘지 의논한 끝에 현행대로 걷지 않기로 하다.

성종 9년(1478)

1. 11. 두골이 상하고 깨어진 여자 시체가 모화관 동쪽에서 나오자, 검시하여 추문하라 명하다.

1. 19. 이극배가, 선군의 고단함과 부실함을 아뢰다. 이에 조운 때 병선과 사선을 반반씩 쓰도록 명하다.

1. 21. 여자 시체의 살인자를 수배하다.

1. 22. 살인자 색출과 관련해, 노비의 상전 고발 허용 여부를 논의하다.

• 왕은 해야 한다는 입장이나, 신하들은 강상을 들며 반대했다. 노비와 주인의 관계는 신하와 임금의 관계와 같다는 것이 논지였다.

1. 27. 도승지의 집에 어떤 이가 밀봉서를 전하다.

• 익명으로 된 편지인데, 이것으로 사건의 실체가 드러나기 시작한다.

1. 28. 창원군이 종들을 시켜 처마에 달아매고 칼로 죽인 일로 드러나다.

• 창원군은 세조의 후궁 근빈 박 씨의 소생이다.

2. 5. 창원군이 무죄를 주장하다.

2. 7. 창원군 관련자들이 자복했으니 증거에 의거해 죄를 결정하라 이르다.

3. 13. 대왕대비가, 세조의 친자가 창원군 형제뿐이니 우선 용서해 개과천선을 기다릴 것을 제안하다. 이에 직첩만 회수하고 집에 있게 하되 출입을 금하라 명하다.

• 10월에 창원군의 직첩을 돌려주었다.

1. 20. 절도사들에게, 수령과 만호의 병기 관리 소홀을 감시하도록 명하다.

1. 23. 책의 부족을 말하고, 비용이 들더라도 책을 많이 찍어 낼 것을 말하다.

1. 30. 강희맹의 요청에 따라 원자의 집을 호위하게 하다.

2. 3. 삼포 왜인의 수에 대해 논의하다.

• 원래는 60호만 거주하기로 했으나, 이보다 더 많았다.

2. 8. 전라도 백성이 왜적의 침탈을 자주 받는다며 군사를 보내 체포할 뜻을 비쳤으나, 신하들이 반대하다.

3. 10. 사족의 부녀가 중이 되는 것을 금하다.

3. 12. 효령대군 집에서 연회하다.

4. 5. 초파일에, 길가에 등을 다는 것은 금하되 민가와 절은 허용하라 이르다.

4. 9. 심원이 상소해, 세조 때의 훈신을 쓰지 말 것을 청하니 불러 까닭을 묻다.

4. 11. 집의 이칙과 도총부 낭청이 모두 문신이어서 열무 때 익숙지 못한 모습을 보인다며, 문신·무신을 반반씩 제수하기로 하다.

4. 15. 남효온이 장문의 상소를 올리자, 심사홍이 남효온의 무리에 대해 경계하는 발언을 하다.

4. 20. 서거정도 남효온 상소의 부당성을 지적하다. 한명회 등 대신들도 같은 의견을 보이다.

4. 21. 임사홍이, 대간들이 청하고 왕이 수용한 금주령에 대해 반대 의견을 말하며 대간들의 말이 지나치다고 하다.

4. 27. 홍문관 부제학 유지와 예문관 봉교 표연말 등이 상소해 임사홍을 탄핵하다.

4. 28. 대간들이 이구동성으로, 임사홍은 소인이고 아비 임원준도 탐오한 사람이라고 논하다.

4. 28. 홍문관과 예문관 관원을 파면하고 임사홍의 고신을 거두다.

4. 29. 심원이 임금과 면대해, 자신의 고모부인 임사홍과 그 아비가 소인인 까닭을 말하다.

• 심원은 보성군 이합의 외손자다.

4. 30. 보성군 이합이, 손자가 광패한 말을 했다며 대죄를 청하다.

4. 30. 여러 신하를 서빈청에 불러, 임사홍이 박

효원을 꾀어 현석규를 공격한 것 등을 묻다.

5. 5. 임사홍이 옥중에서 쓴 시를 보고, 잘못을 알고는 있다며 냉소하다.

5. 5. 임광재가 임사홍에게 자비를 내려 줄 것을 청하자, 그대의 아비가 자신을 버린 것이지 자신이 그를 버린 것이 아니라 답하다.

5. 6. 임사홍 아내가 소를 올려 남편을 공격한 이들에 대해 말하다. 이에 채수·이창신·표연말을 가두어 국문하라 이르다.

5. 6. 우부승지가, 유자광·임사홍·박효원·김언신은 붕당을 지어 조정을 문란케 한 죄로 다스려야 한다고 아뢰다. 이에 사형을 감하고 먼 지방에 내쳐 종신토록 서용하지 말라 명하다.

5. 8. 임사홍·유자광·박효원·김언신 등 6인을 귀양 보내다.

6. 10. 절도죄 처벌에 대해 논의하다.

6. 14. 좌참찬 허종이, 평안도에 일부의 진을 제외하고는 통사가 없다며 다른 곳에도 통사를 한 사람씩 배치할 것을 청하니 따르다.

6. 21. 임원준을 파직하다.

7. 9. 참판 이하는 문관·무관을 교차해 쓰라 하자, 승지들이 《대전》의 조문을 들어 반대하다. 이에 6주의 당상관과 호조·형조·공조의 낭관은 문관·무관을 교대로 등용하라 명하다.

• 《대전》의 조문은 "이조·예조·병조의 당하관은 문신을 쓴다."라는 것이다.

7. 20. 직전·공신전·별사전의 조세를 경창에 바치도록 하고, 그것을 녹봉의 예에 따라 나눠 주도록 하다.

8. 4. 이세광이, 화공을 모아 초목과 금수를 그리는 것을 반대하다. 이에 화가 나서 도화서를 없애겠다고 했으나 신하들이 반대하자 그대로 두다.

8. 9. 황궁의 한 씨가, 황제 모르게 선물을 바치라고 요구하다.

8. 10. 다시 대간들이, 대궐에서 그림 그리는 것에 대해 반대하다.

8. 18. 등에도 발이 셋 달린 기형 송아지가 태어나다.

9. 4. 정승들과 6조가, 서쪽 정벌을 담당할 장수로 어유소를 추천하다.

10. 3. 이조·예조·승문원에 전교해, 젊고 총명한 문신을 골라 이문(吏文)을 전업으로 삼게 하다.

11. 3. 구변국 왕 이획이 토산물을 바치고 《대장경》을 희망하다.

11. 7. 정창손이, 세종 조에 나눠 놓은 아악·속악이 지금 혼재가 되었다며 구분을 청하다.

• 정창손은, 아악은 문묘와 사직에 쓰고, 속악은 종묘·무소전·조하·조참에 쓴다고 말했다.

11. 21. 경상도 관찰사에게, 대장경의 숫자와 물목을 조사하게 하다.

11. 21. 예조와 사역원 제조 등이, 몽고학·왜학·여진학을 일으킬 조건을 아뢰다.

11. 23. 이후로, 종친이 집에 데리고 있는 기첩을 제외하고, 일시적으로 입역(立役)하는 기생과의 사이에서 낳은 자식은 종량(從良)함을 허락지 말라 명하다.

11. 26. 정인지의 졸기.

12. 3. 문과 정시와 무과 시험을 마치고 월산대군 집에 가다.

12. 8. 대사간 안관후 등이, 늦은 시간에 월산대군 집을 찾은 것을 문제 삼자 짜증 내다.

12. 21. 황제가 요구하는 물품 목록을 한치형이 가지고 오다.

성종 10년(1479)

1. 1. 행호군 박숙선이 아내를 소박하자, 고신을 거두고 외방에 부치다.

1. 28. 구성군 이준의 졸기.

2. 12. 예조의 의견에 따라, 향음주례·향사례를 유수·관찰사로 하여금 권장하게 하다.

2. 19. 서산에 거둥해 사냥하다.

3.5. 도승지 홍귀달 등이, 월산대군 집에 가서 관시한 것을 비판하자 화를 내다. 홍귀달과 김승경을 대죄하게 했다가 월산대군의 청에 따라 풀어 주다.

3.11. 죽은 관찰사 이윤인의 아내 홍 씨가 아비의 상에 여묘(廬墓)를 살고 집에 불이 났을 때도 불길을 무릅쓰고 신주를 안고 나왔다 하여, 정문하고 자손을 녹용(錄用)하다.

3.13. 무역해 온 중국 벼를 경기 연해에서 재배하게 하다.

3.19. 효령대군 집에 거둥해 종친들에게 잔치를 열다.

3.20. 영안북도 절도사 여의보의 이름을 여자신으로 고쳐 다시 임명하다.

4.7. 일본에서 전쟁이 일어났다는 경상우도 절도사의 보고를 접하고 출발시키려던 통신사를 우선 멈추게 하다.

4.16. 살곶이에서 열병하고 아차산에서 사냥하다.

4.17. 일본의 사신이 들어와 전황을 말하고, 행로에 문제가 없다며 통신사의 파견을 청하다.

4.17. 유자광의 공신녹권을 돌려주는 것에 대해 의논하여 아뢰도록 하다.

4.19. 일본이 보낸 불상은 받아들이되, 왕이 불교를 믿지 않음을 사신에게 설명하기로 하다.

4.21. 유자광의 공신녹권을 돌려주는 것을 보류하다.

4.26. 종친과 문신 들을 모아 종전의 활쏘기 대신 책을 강의하기로 하다

5.11. 어세겸을 대사헌에 제수했다가 아우 어세공이 병판인 까닭에 체임하다.

5.12 혼례·장례에서의 사치에 대해 논의하다.

5.26. 선공제조 한계순의 의견에 따라, 동궁을 구축하게 하다.

5.29. 대왕대비와 인수대비를 수강궁으로 모시다.

6.2. 새벽, 대신들을 소집하고 왕비를 폐출할 뜻을 밝히다.

6.3. 대사헌 등이 폐출된 중궁을 별궁에 두도록 청하다.

6.5. 중궁을 폐출한 연유를 대신들에게 말하다.

6.5. 성균관 생도들이 상소해 민가로의 폐출을 반대하자, 모두 의금부에 가두다.

6.7. 폐비 윤 씨의 거처에 대한 절목을 마련하여 시행하게 하다.

6.12. 폐비 윤 씨의 소생인 왕자가 죽다.

• 연산군의 동생이다.

7.27. 유구국 왕에게 《대장경》을 구하지 못했다는 서계를 주다.

8.1. 심회를 좌의정으로, 홍응을 우의정으로 삼다.

8.3. 대사간 성현 등이, 연일 관사(觀射)하는 것과 여악(女樂) 쓰는 것을 비판하다.

8.16. 대사헌 박숙진 등이, 윤 씨의 거처가 낮고 좁아 변고가 두렵다며 별궁에 둘 것을 청하자 추국을 명하다.

8.17. 폐비의 집에 동생이 출입하는 것을 허락하다.

8.30. 영안도 관찰사·절도사에게 삼봉도 토벌을 준비시키고 널리 알리게 하다.

9.4. 승정원에 글을 내려, 관사에 대한 대간의 비판에 대해 변명하고 질타하다.

9.12. 통신사 이형원의 졸기.

9.12. 삼봉도의 유민을 회유하는 유시문을 내리다.

9.21. 여러 도의 연분(年分)을 관찰사들이 하지하(下之下)로 매기다. 이에 호조에서 다시 살필 것을 청했으나 관찰사의 등급을 시행하게 하다.

9.29. 살곶이 들판에서 크게 열무(閱武)하고 백관의 군장을 점고하다.

10.2. 융복을 입고 거둥하니 백관들이 흥인문 밖에서 전송하다.

10.5. 횃불을 부족하게 준비한 풍덕군수 박임

종 등을 국문하다.

10. 6. 안개가 자욱해 호종하는 군사들이 길을 잃고 이탈하자 화를 내고 관련 수령들을 처벌하다.

10. 15. 일본국 통신부사 이계동과 서장관 김흔이 복명하다.

10. 16. 길가에서 굶주림을 고하는 자들에게 옷과 쌀을 하사하다.

10. 17. 흥인문으로 환궁하다.

10. 5. 전문 고소군이 활개친다며, 수령을 고소하는 자는 자기의 억울함만을 고하게 하다.

10. 28. 중국에서 청병을 요구할지도 모른다는 소식이 오다.

윤10. 9. 3도도체찰사 어유소를 야인 토벌대의 원수로 삼다.

윤10. 11. 모화관에서 칙서를 받다.

• 15만 명을 동원해 정벌하려고 하니, 도주자를 막고 협공해 달라는 내용이다.

윤10. 12. 서정(西征)에 나서는 장수 어유소 등을 만나 작전을 논하다.

윤10. 14. 어유소에게, 서정에 관한 일은 모두 맡아서 처리할 것과 도강하는 일시는 출발에 앞서서 급보하라 명하다.

윤10. 22. 판윤 정문형이, 폐비의 집에 도둑이 들었다며 이웃 사람을 추문하고 담을 쌓게 할 것을 청하자 냉소적인 반응을 보이다.

윤10. 23. 해가 짧은 동안에는 석강을 중지하기로 하다.

11. 11. 서정 종사관 신중거가, 군대를 파했다는 것과 강을 건너지 못한 이유를 고하다.

11. 13. 다시 강을 건너 서정하는 문제를 의논했으나 그만두기로 하다

11. 18. 대사헌 김양경이, 보고도 없이 군사를 파한 어유소를 죄줄 것을 청하다. 한명회가, 지금이라도 새로 군사를 모아 서정군을 일으킬 것을 주장한다. 이에 따라 윤필상을 도원수로, 김교를 부원수로 삼다.

11. 24. 어유소가 복명하니 추국토록 하다.

11. 30. 서정 종사관 조지서를 불러 당시 상황을 묻다.

• 다수가 동상에 걸리는 등 상황이 좋지 않았고, 최지강·성귀달 등이 파진을 강력하게 주장했다고 한다.

12. 4. 이계동에게 명하여, 평안도 군사 2,000명을 구원병으로 뽑아 윤필상을 돕게 하다.

12. 8. 대궐 주위 나무 위에 올라가 징을 치며 억울함을 호소하는 이를 벌주기로 하다.

12. 18. 절도 재범을 처벌할 때 개정된 법을 따르게 하다.

12. 19. 삼봉도에 군사를 보내기로 하다.

12. 20. 제안대군의 부인을 폐하라 전교하다.

성종 11년(1480)

1. 1. 망궐례를 행하고 세 대비전에 하례하다. 인정전에서 회례연을 갖고 세 대비전에 잔치를 베풀고 효령대군 집에 잔치를 하사하다.

1. 3. 한명회가, 원자의 나이 5세가 되었으니 여염에 섞여 살게 할 수 없다고 아뢰자, 괜찮다고 답하다.

1. 4. 어유소를 국문하라는 청이 이어지자 마침내 받아들이다.

1. 4. 성절사 한치례가 중국에서 돌아와 중국의 동정(東征) 등에 대해 아뢰다.

• 중국의 군사가 적 486명을 포로로 삼고 695명을 살해했으나, 회군 직후 야인 300여 기가 쳐들어와 많은 사람을 죽이고 사로잡아 갔다고 한다.

1. 5. 어유소를 자기 농장 근처에 부처하다.

1. 13. 경복궁에서, 서정한 장수와 군사에게 연회를 베풀다.

1. 23. 야대에서, 삼포 왜인의 처리를 묻다.

2. 18. 세 대비가 광릉에 나아가 친제하다.

2. 30. 경연관이, 종친과의 연회에 사관이 입시할 수 없도록 한 것에 대해 부당함을 논하다.

• 왕은 사사로운 자리여서 입시할 필요가 없다는 입

장을 내세웠고, 경연관은 임금의 모든 말과 행동은 기록되어야 한다고 주장했다.

3. 11. 경연관이, 삼봉도의 존재 여부도 불확실한데 김한경의 말만 믿고 200명의 군사를 험한 지경에 내모는 것은 위험하다고 말하다. 노사신·서거정도 섬의 존재 유무를 정확히 안 뒤에 보내는 것이 중요하다는 의견을 내다.

• 김한경은, 경흥에서는 청명한 날이면 삼봉도를 바라볼 수 있다고 말했다.

3. 16. 모화관에서 열무하고 월산대군 집에 거둥해 종친의 활쏘기를 보다.

3. 17. 삼봉도 초무사 심안인이 하직하다.

4. 2. 중국 사신 정동의 출발 소식을 듣고 정동의 친척들에게 곡식과 물품을 주다. 또 정동의 서울 집을 수리토록 하다.

4. 16. 향교에 학전을 지급하다.

4. 17. 평안도 관찰사 현석규가 중국 사신의 규모를 급보했는데, 두목만 46명이라고 하다.

4. 21. 진헌의 폐단에 대해 정동에게 건의할 것을 대신들과 의논하다.

• 정동은 황실의 한 씨를 끼고 계속 사적인 진헌을 요구했다.

5. 1. 근정전에서 칙서를 받다.

5. 2. 임금이 직접 진헌 물품을 줄여 줄 것을 청했으나 정동이 거절하다.

5. 9. 정동의 집 옆에 있는 밭을 그의 본가에 주다.

5. 25. 원각사 목불이 돌아앉았다는 소리에 도성 남녀들이 다투어 시납하다. 이에 대간에서, 요망한 말을 만들어 낸 자들을 국문할 것을 청하다.

5. 28. 김경충 등 유생 400여 명이, 원각사의 일과 흥덕사 수창(修創)을 들며 나라에 폐를 끼치고 있다고 주장하다. 상소의 내용이 임금을 속이고 있다며 전원 하옥시키라 했는데, 신하들의 만류로 김경충만 하옥하다. 다시 남궁찬 등 4명이 같이 의논했다며 옥에 나가겠다고 하자 같이

가두고 국문하게 하다.

5. 29. 성균관 생원 김성산 등 400여 명이 다시 상소해 같이 옥에 가겠다고 하자, 김성산 등을 아울러 국문하게 하다.

• 이때 성종은, "너희들이 임금을 속인 죄를 뉘우치지 않고, 사람이 많으면 하늘을 이긴다고 생각하고 있으니, 소원에 따라 장차 곡직(曲直)을 분변하겠다." 라며 강경하게 대처했다.

5. 29. 불상이 돌아앉았다는 말을 퍼뜨린 중 지일을 추국하라 명하다.

5. 30. 인수대비가 언서를 내려 불교를 옹호하다.

5. 30. 유생과 중 모두를 석방하도록 하다.

5. 30. 초무사 심안인에게, 장마가 시작된 것을 이유로 삼봉도 행차를 중지하고 돌아오게 하다.

6. 7. 유구국 왕이 사신을 보내 내빙하다.

6. 8. 정동이 말하기를, 황제가 선제의 늙은 후궁이라며 한 씨를 특별히 대우한다고 하다.

6. 23. 장령 구치곤이, 종친들의 활쏘기를 관람할 때 여악을 쓰지 말 것을 청했으나 듣지 않다.

7. 8. 치통을 앓은 지 해가 넘었다며 사신에게 의약을 조용히 물어보게 하다.

7. 9. 어을우동 사건이 발생하다.

• 9월 2일에는 어을우동의 처벌에 대한 논의를 했다. 극형에 처해야 한다는 주장보다 율에 따라 처벌해야 한다는 주장이 다소 우세했으나, 왕은 사율(死律)을 적용해야 한다는 입장을 고수했다. 마침내 10월 18일 교형에 처했다.

8. 5. 태평관에 거둥해 두 사신을 전송하다.

8. 11. 남방의 백성을 옮겨 평안도와 황해도를 채우는 것이 적당한지를 묻다.

9. 8. 평안도 관찰사 김교가, 중국 사신의 호송군이 야인의 습격을 받은 것을 치계하다.

9. 14. 서팽소가, 무인의 승지 등용을 자제할 것 등에 관해 상소하다

9. 15. 이에 발끈하여 서팽소를 죄주려다 신하들의 만류로 그만두다.

9. 24. 사헌부에서, 사신의 족친들을 조사해 죄

줄 것을 아뢰었으나 내년에 다시 정동이 사신으로 올까 두려워 흐지부지되다.

10. 28. 동래부에 부처된 유자광이, 병든 어미가 있는 곳으로 보내 달라고 상소하자 받아들이다.

11. 26. 세 대비에게 잔치를 베풀고 월산대군을 대궐 뜰에서 대접하다.

12. 30. 후원에 나아가 불꽃놀이를 구경하다.

성종 12년(1481)

1. 3. 장례원에 미결된 송사를 신속히 처리할 관청을 만들게 하다.

1. 4. 단송도감을 설치하고 이극배 등을 당상관으로 삼다.

1. 9. 영안도 관찰사 이극돈이, 삼봉도에 대해 조사해서 찾을 수 없으면, 처음 이에 대해 말을 꺼낸 김한경 등을 극형에 처해야 한다고 하다.

1. 20. 월산대군·제안대군 등이 왕자에 대한 백관의 예가 지나치다는 의견을 내다.

1. 20. 산맥에 지은 집은 금년 6월 안으로 철거하라 명하다.

2. 8. 대사헌 정괄 등이 풍수에 의거해, 200년이 넘는 집은 철거하지 말 것을 청하다.

3. 2. 대간 김작 등이 차자를 올려, 원각사에서 불경을 인쇄하려 한다며 못 하게 할 것을 청하다.

3. 24. 언문으로 된 《삼강행실열녀도》를 인쇄해 부녀들이 강습하게 하다.

4. 19. 주문사 한명회 등이 복명하다.

4. 20. 한명회에게 노비 8구와 토지 50결을 내리다.

4. 26. 6조 당상과 홍문관원을 불러 상평창 설치를 의논하였는데, 대부분 부정적인 의견을 내다.

4. 29. 대간들이 한명회의 국문을 청하다.

4. 30. 대사헌 등이 한명회의 죄를 올리다.

5. 7. 한명회가 자신의 무고를 아뢰다.

5. 16. 고명과 칙서를 받다.

5. 21. 유자광의 공신녹권을 돌려주라 이르다.

5. 26. 무인 김세적을 동부승지로 삼다.

6. 8. 세자가 중국 사신을 따라온 잡희를 보고 싶어 한다며 승지들에게 의견을 구했으나, 승지들이 반대하다.

6. 25. 한명회가, 사신을 자신의 정자인 압구정에 초대해 잔치하겠다며 대만(大幔)을 청하다. 이에 대해 왕이 싸늘한 반응을 보이며, 중국에 이름이 알려진 제천정과 세종이 이름을 내린 희우정을 제외한 여타 정자들은 헐어 버리라 명하고 제천정에서 연회를 열겠다고 하다. 이에 한명회가 아내의 병을 이유로 자신은 참석하지 않겠다고 하다. 신하들이, 한명회는 신하로서의 예의가 없다며 죄줄 것을 청하다.

6. 26. 경연에서, 한명회를 국문해야 한다는 주장에 동의하다. 다만 집으로 가서 서면으로만 조사하게 하다.

7. 1. 연일 국문을 주장하는 청이 이어지자, 원훈이고 자신에게도 구은이 있으니 직첩을 거두고 성 밖에 부처하는 게 옳다고 이르다. 이에 대해 정창손·강맹경 등이 한명회의 공을 들어, 부처는 감하고 직첩만 거두는 게 좋겠다는 의견을 내자 받아들이다.

7. 2. 양사에서, 한명회를 엄히 처벌할 것과 정창손 등도 국문할 것을 청하다.

7. 7. 충청도 관찰사가, 공주 등지에서 지진이 발생했다고 급보하다.

8. 1. 호조에서 평안도 관찰사의 보고에 의거해, 환곡의 폐해가 크다고 아뢰다.

8. 22. 왜구를 목 베어서 가져온 대마도주에게 선물을 후히 주도록 하다.

• 거짓으로 꾸민 일인지도 모르나, 정성을 보였다 하여 선물을 준 것이다.

8. 25. 어유소를 이조판서로 삼다.

9. 3. 지평 김석원 등이, 어유소가 문리를 몰라 이조판서를 감당할 수 없다고 하자, 이미 절도

사와 병조판서를 지냈는데 어찌 문리를 모르겠느냐며 듣지 않다.

9. 7. 전라도 수군절도사 심정원이, 우후 박윤경이 군사 100여 명을 거느리고 돌산도에서 해산물을 캐던 중 왜선 3척을 만나 싸우다가 전사했다고 치계하다. 이에 병조에서, 국위를 훼손시켰다며 심정원과 병마절도사를 국문할 것을 청하니 따르다.

10. 12. 대마도에서 온 사신이 왜구를 잡아 죽인 것에 대해 아뢰다.

11. 7. 한명회의 직첩을 돌려주다.

12. 7. 황제가 칙서에서 요구한 진상품에 대해 논의하다.

12. 15. 영안도 관찰사 정문형에게, 경성·북청에서 잡은 해청과 송골매를 보내라 이르다.

12. 20. 2품 이상과 홍문관원 등에게 음식을 대접하고, 한명회를 불러 한껏 취해 돌아가라며 큰 잔으로 술을 내리다.

성종 13년(1482)

1. 10. 주서와 사관을 동·서 진제장(賑濟場)에 나누어 보내 구황하는 일을 살피게 하다.

1. 22. 정창손·심회·이극배 등이 유향소 복설에 대한 의견을 내다. 심회의 안이 채택되다.
• 복설하되, 유향소 직원에 대한 규제안을 마련하기로 했다.

2. 2. 수춘군의 부인이 정업원의 주지가 된 일에 대해 대간·대신 들이 반대하다.

2. 14. 김승경이, 완호(玩好)의 조짐이 있을까 두렵다며 며칠 전 들여온 해청을 놓아줄 것을 청하자, 소리 높여 반박하다.

3. 16. 중국인 김보라에게 남쪽 지방에 아내를 얻어 집 짓고 살게 해 주다.

3. 17. 모화관에서 화포 쏘는 것을 관람하다.

4. 3. 사냥 중에 몰이를 잘 이행하지 못한 김세적·오순 등을 국문하게 하다.

4. 9. 일본 국왕이 사람을 보내 《대장경》을 청하다.

4. 13. 내시들에게 《통감》을 가르쳐 주라 이르다.

4. 15. 대사헌 채수가, 내시와 매를 관리하는 이에게 자급을 높여 준 일과, 의관·역관 들을 동·서반에 등용하는 일에 대해 비판하다.

4. 17. 일본에 보내는 서계에 후추씨를 보내 달라고 쓰도록 하다.

4. 18. 일본 왕의 청에 대해, 절을 짓는 데 필요한 비용 일부와 《대장경》 1건을 보내기로 하다.

4. 18. 내금위 10인과 겸사복 5인에게 달아난 해청을 찾도록 하다. 찾지 못하자 방을 붙이다.

4. 19. 일본국 사신들에게 연회를 베풀 때, 무슨 말을 할지 의논한 뒤 인정전에서 접견하다.

4. 24. 인신(印信)을 위조하는 등의 죄를 지은 신정을 사사하다.
• 신정은 신숙주의 아들이다.

5. 6. 정언 정광세가, 제안대군이 이혼한 아내 김 씨와 몰래 통한다고 고하다.

5. 17. 제안대군 전처의 아비 김수말을 추국하라 하다.

5. 19. 유생들 4인이 원각사에 가서 연못에 방뇨하고 중들을 때리는 등 행패를 부리자 처벌하다.

6. 10. 대왕대비의 병이 심해 종묘·사직·소격서 등에 빌다.

6. 11. 제안대군의 부인 박 씨가 시녀들과 동침했다는 사건에 대해 관련 여종들을 국문하다.

6. 16. 내시를 보내 제안대군 부인 박 씨의 진술을 받다.
• 박 씨는 무고하다며 부인했다.

6. 18. 여종들을 국문한 결과 박 씨의 진술이 사실로 밝혀지다.
• 여종들은 제안대군이 전처 김 씨와 합치려 하자, 박 씨의 악덕을 드러내려 꾸민 일이라고 했다.

6. 27. 홍문관 교리 김흔이 상소해, 자신을 해임

시키고 홍문관 응교 김종직을 제수할 것을 청하
다.

6.30. 제안대군 부인 박 씨를 모해한 여종들을
장 100대, 유삼천리에 처하다.

7.6. 대사간 이세필이 상소해, 환관이 권세를
부릴 수 없도록 막을 것을 청하다.

7.9. 양사가, 안중좌의 벼슬을 파할 것을 수차
청하다.

• 안중좌는 내관인데 동반 벼슬을 받았다.

7.11. 흥천사에서 기도하여 비가 오자 중들에
게 포상하다.

7.20. 공정왕의 후손 이효성이, 공정왕의 묘호
를 추상할 것을 청하니 대신들과 의논하다.

7.23. 유자광의 직첩을 돌려줄 것을 명하다.

8.11. 시독관 권경우가 폐비를 거론하며 온 나
라가 안타까워한다고 하다. 채수·한명회 등이,
폐비에게 처소를 마련해 주고 비용을 공급해 줄
것을 청하다. 이에 화를 내며 폐비 윤 씨의 오라
비들을 의금부에 가두라 명하다.

8.11. 대비전에서 언문 교지를 내려, 폐비의 패
악에 대해 말하고 권경우를 징계할 것을 요구하
다.

8.12. 채수·권경우의 직첩을 거두다.

8.13. 윤 씨 집에 출입한 자가 있는지를 알아내
라 명하다.

8.16. 의정부·6조·대간 등을 불러 폐비의 처리
에 대해 묻자 대부분 큰 계책을 정해야 한다는
의견을 내다. 이에 좌승지 이세좌에게 명하여
폐비 윤 씨를 사사토록 하다.

8.16. 윤구·윤후·윤우를 장 100대에 외방안치
에 처하다.

8.17. 윤 씨를 염장하는 일에 대해 의논하다. 대
비의 지시로 관곽을 내려 주고, 또한 여의(女醫)
를 보내 여러 가지 일을 돌보게 하다.

8.17. 상여를 운반하고 매장할 군인을 보내 주
도록 하다.

8.17. 채수와 권경우를 불러 용서하다.

윤8.12. 제주 사람들이 왜인 행세를 하고 노략질
을 한다며 조사하라 명하다.

9.6. 형조에서, 여자의 경우 죄를 범해도 자자
를 면해 주는 등 벌이 약해 여도둑이 많아진다
며 새 법을 세울 것을 청했으나 받아들이지 않
다.

9.24. 대마도 사신에게 일본도를 만들게 하다.

• 한명회·심회 등이, 저들이 만든 칼이 잘 단련된 것
같다며 시험적으로 주조하게 하고 우리 공인으로 하
여금 전습하게 하자고 청했다.

11.11. 안북도 절도사가 올적합·올량합이 서로
원수가 되었다고 보고하다.

12.11. 제안대군의 이혼 문제를 의논하다.

12.16. 대간이 제안대군의 이혼 허락은 불가하
다고 연일 주장하다.

12.20. 예조에 전교해, 제안대군을 다시 장가들
게 하라고 하다.

성종 14년(1483)

1.4. 세자 책봉을 주청하러 한명회를 보내기로
하다.

1.8. 정창손·윤필상·허종 등에게 관직을 제수
하다

1.19. 승정원에서, 경연에서 《장자》를 강하는
것을 반대하다.

1.28. 후원에 나가 무신들이 활 쏘는 것을 보고
《병서》를 강(講)하게 하다.

2.6. 경복궁 사정전에서 왕세자를 책봉하다.

2.13. 한명회에게, 정동을 만나 상아·금·은·토
표·초서(貂鼠)는 우리 땅의 산물이 아님을 잘 말
해 감하게 해 달라고 하도록 하다.

3.5. 병조에서, 왜적이 우리 백성을 죽이고 거
문도에 머물고 있는데 변장이 뒤쫓아 잡지 않았
다고 보고하다.

3.7. 후원에 나가 해동청을 날리고 구경하다.

4.1. 김세적이 대왕대비의 위독함을 고하다.

4.1. 대왕대비가 승하하다.

4.4. 대왕대비의 공덕이 한 나라에 있으니 상장의 모든 일은 대왕의 예에 의하고, 소헌왕후의 고사를 참고하여 우례(優禮)를 택하여 행하게 하다.

6.1. 한명회가 돌아와 복명하다.

6.12. 광릉에 대왕대비를 장사 지내다.

7.2. 경복궁에서 칙서를 받다.

8.4. 송현수의 조카 송영을 대간에 기용하자, 대간이 연일 반대하다.

8.7. 특별한 경우를 제외하고는 국상 중에 사형을 집행하지 않기로 하다.

8.13. 중국의 후궁 한 씨가 죽었다는 소식이 전해지다.

8.14. 궁궐 수리 인력이 부족해 중 2,000명을 쓰기로 하다.

8.16. 감사들에게 글을 내려, 학교를 일으키는 방도를 곡진히 하도록 하다.

8.17. 안침·최응현 등을 지방으로 보내 수령들의 불법과 학교 상황을 살피게 하다.

10.8. 서거정이, 《동국통감》을 찬하게 할 것을 청하니 따르다.

10.10. 중국으로 돌아가던 사신 정동이 황주에서 졸하다.

10.13. 정동의 사망을 애도하여 상참과 경연을 정지하다.

11.7. 영안남도 절도사 이종생이 해청을 바치니, 놓아 보내게 하고 다시는 바치지 말게 하다.

11.10. 궁궐 수리를 위해 각 도 수군 6,000명을 징발하기로 하다.

12.3. 평안도와 황해도에 백성을 이주시키는 일을 논의하다

12.6. 전라도와 경상도에 와서 사는 제주인들에 대한 관리 대책을 정하다.

12.17. 서거정이 전교를 받아 〈비궁당기〉를 지어 올리다.

12.18. 유구국 왕이 사신을 보내다.

성종 15년(1484)

1.7. 병조에 전교하기를, 평안도·황해도로 옮기는 백성은 1,500호(戶)인데, 경상도에서 600호, 전라도에서 600호, 충청도에서 300호를 뽑아 정하라 하다.

1.16. 승정원에 소격서를 혁파함이 옳은지를 묻자, 승지들이 가벼이 없앨 수 없다고 답하다.

2.1. 황희의 장남 황치신의 졸기.

2.8. 인굴사 중들이 중학(中學)에 난입한 사건을 의금부에 회부하게 하다

2.11. 좌찬성 서거정이, 새 궁전의 여러 전각 이름을 지어 올리다.

3.6. 중학에 난입한 중들을 처벌하다.

3.15. 한명회에게 궤장을 하사하다.

3.20. 우부승지 김종직이 〈창경궁기〉를 지어 바치다.

4.8. 《경국대전》을 감교한 후에는 함부로 고치지 못하게 하다.

5.2. 공신전·별사전의 세는 반을 거두고, 직전의 세는 전부 거두고, 공신·종친·의빈의 수조인들의 체아(遞兒)는 모두 영구히 혁파하라 명하다.

5.9. 〈대루원기〉를 친히 써서 승정원 벽에 붙일 뜻을 전교하다
  • 임금이 "사람들이 내가 재주를 과시한다고 할까 두렵다."라는 말을 하자, 승지 등이 경계하기 위한 글이니 상관이 없다고 답을 했다.

5.17. 우부승지 김종직이, 유향소를 다시 세워 향풍을 규찰케 할 것을 청하자, 알맞은 자를 얻기 어렵다며 부정적인 반응을 보이다.

5.15. 고총을 파서 유물을 빼돌린 흥덕현감 임은을 국문하게 하다.

5.21. 평안도와 황해도의 역마 운용 방식을 의논하다.

6.25. 수리도감에 전교해 새 궁궐을 칭찬하다.

7.2. 윤필상 등을 불러, 무신 중 관리 능력이 있고 마음씨가 취할 만한 자가 있으면 비밀리에

천거하라 이르다.

7. 24. 홍문관 부제학 안침이, 《대전》 중 불교 우대 조항을 폐지할 것을 청했으나 거부하다.

7. 24. 기근으로 만포진에 몰려온 야인들을 진휼하게 하다.

8. 1. 세자가 《소학》을 마치자, 서연관에게 공궤하고 물품을 하사하다.

8. 6. 김종직을 도승지로 삼다.

• 김종직과 그 무리에 대해 사관이 글을 남겼다. "김종직은 박문하고 문장을 잘 지으며 가르치기를 즐겨 그에게 수업한 자 중에 과거에 급제한 사람이 많았다. 이 때문에 조정 안에서 무리를 이루고 붙좇는 일이 많아 사람들이 비평하기도 했다."

8. 8. 승정원에 걸어 두었던 〈대루원기〉를 떼어내 필적을 씻은 후 승정원에 돌려주다 하다.

• 시강관 정성근이 옳지 않다고 했다는 이유를 들었는데, 내심 불쾌하게 여긴 것이다.

8. 18. 대신들과 의논해, 기근을 만난 건주위 야인들을 진휼케 하다.

9. 12. 김종직의 청에 따라 거둥 시 승정원의 위치를 바꾸다.

9. 16. 월식 추산에 오차가 없자 관원 조희윤에게 옷 한 벌을 내리다.

9. 27. 창경궁이 낙성되다.

10. 1. 부역을 피한 양인들과 주인을 배반한 노비들을 거두는 행태를 말하고, 기한을 정해 자수할 것과 자수하지 않을 경우 엄벌하라 지시하다.

10. 1. 창경궁 낙성에 공이 있는 관원들을 파격적으로 승진시키다.

10. 15. 월산대군 이정의 청으로 망원정시(望遠亭詩)와 서를 써서 내리다.

10. 16. 창경궁 안이 들여다보이지 않게 빨리 자라는 버드나무를 섞어 심게 하다.

11. 1. 김종직이 경연에서 관리 선발의 문제를 제기하다.

• 관리 선발 풍조에 대해 비판했다. 청탁하는 자가 대궐 뜰에 분주하고 인사 발표가 나기도 전에 벌써 인사 내용이 파다했다고 한다.

11. 8. 월산대군에게 말 2필을 하사하다.

11. 10. 행실과 재주가 뛰어난 자는 자격이나 차례를 따지지 말고 등용해 쓰라고 전교하다.

11. 13. 서거정 등이 《동국통감》을 편찬해 올리다.

11. 20. 형조에서, 불법으로 소를 도살하는 사대부 하인들의 체포를 위해 집 수색을 청하자, 대신들과 논의한 끝에 사대부를 대우하는 도리가 아니라며 수색하지 말라 이르다. 다만 소문이 나면 보고하라 하다.

12. 1. 종친들에게도 식년마다 과거를 보아 격려하게 하다.

12. 7. 임광재가 상소해, 아비 임사홍의 고신을 돌려줄 것을 청하다.

12. 14. 남편이 정처를 소박한 것이 강상에 관계되는지 토론하다.

• 죄이기는 하나, 강상의 죄는 아니라고 결론을 내렸다.

12. 15. 김후·최응현 등 14명을 보내 수령과 만호의 불법을 적발토록 하다.

12. 17. 내수사에 명하여, 봉선사·회암사·용문사 등의 사찰을 검찰케 하다.

성종 16년(1485)

1. 8. 최호원이 상소해 술수학(術數學) 장려를 청하다.

1. 9. 홍문관이 최호원을 격렬히 성토하며 내치도록 주장하다.

1. 17. 최호원을 국문하게 하다.

1. 27. 유자광의 서용 문제를 의논하다. 공이 죄보다 크다는 한명회 등의 주장을 받아들이다.

2. 1. 전 병조참지 최호원의 고신을 거두고 외방에 부치다.

2. 11. 부역을 피해 새 지역에 사는 사람들에 대

한 처리를 논의하다. 쇄환할 경우 소요가 일 수 있으니 우선 그대로 두기로 하다.

3. 28. 윤필상을 영의정으로, 홍응을 좌의정으로, 이극배를 우의정으로 삼다.

4. 12. 국가의 대계는 말하지 않으면서, 지극히 작은 일을 가지고 논박한다고 대간을 힐난하다.

윤 4. 13. 시강관 정성근이, 못에 물을 끌어들이는 수통을 구리를 녹여 만든 것에 대해 불가함을 아뢰다.

윤 4. 26. 구리 수통을 철거하고 돌로 대체하다.

5. 29. 제안대군이 언문으로 글을 올려 첫 부인 김 씨와 재결합을 청하다. 허락지 않을 경우 평생을 홀아비로 살겠다고 하다.

6. 1. 임사홍의 고신을 돌려줄 것을 청한 좌참찬 손순효를 추국하라 이르다.

6. 14. 논의의 끝에 손순효를 다만 파직토록 하다.

7. 26. 서거정이 《동국통감》을 편찬해 올리다.

7. 28. 사노 임복이 구호에 써 달라며 곡식 2,000석을 바치다. 불러서 원하는 바를 묻자 네 아들의 면천을 청하다. 이를 받아들이자 대간들이 반대하다.

8. 30. 전라도 사노 가동이 2,000석을 납속하려 했으나 허락하지 않다.

11. 24. 대소인원의 옷 색에 특정한 제도가 없다며, 중국 사신을 접대할 때가 아니면 무릇 길복으로 통용하라 명하다.

12. 15. 한명회가 사직을 청했으나 들어주지 않다.

• 발병 때문에 일어나 절도 못하는 상황이라, 누가 보면 불경하다 여길 것이라는 게 사직을 청한 이유였다.

성종 17년(1486)

1. 2. 한명회가, 조종의 전례를 들어 세자의 입학과 납빈을 청했으나, 때를 기다려 하겠다며 받아들이지 않다.

1. 17. 이조참판 김종직에게 금대를 내려 주다.

1. 22. 응방의 송골매가 날아가자, 경기도·강원도·영안도·경상도에 명해 두루 찾아 잡아 오게 하다.

1. 22. 윤은로가, 덕성군의 처 구 씨가 간통한 사건에 대한 내막을 아뢰다.

1. 23. 세자의 납빈을 위해 금혼령을 내리라 이르다.

1. 27. 시강원에서, 세자 나이 11살이라며 입학례를 의논할 것을 청했으나 들어주지 않다.

2. 7. 대간이 송골매로 인한 폐단을 아뢰다.

2. 22. 영안도 경차관 홍문관전한 정성근이, 영안도 및 6진의 방비 상태와 문제점을 아뢰다.

• 군액이 날로 감소하고, 면포로 역인을 고용해 대신 군역을 지게 하는 등의 문제가 있었다.

3. 6. 임사홍의 고신을 돌려주다.

3. 8. 성건이 세자의 입학을 청하니, 이듬해에 관례를 행하고서 하겠다고 답하다.

3. 11. 홍문관에서, 임사홍에게 직첩을 돌려주지 말라고 상소하다.

3. 29. 경상도·평안도의 관찰사·절도사에게, 야인·왜인이 주는 물건을 받지 말라 이르다.

4. 9. 후원에서 해청 날리는 것을 보다.

4. 12. 시독관 조지서가, 해청을 기르고 애완하는 것의 부당함을 간하여 논쟁하다.

4. 15. 시독관 신종호가, 가뭄이 들었으므로 해청을 기르는 것은 부당하다고 아뢰자, 응방을 파하고 매를 날려 보내다.

4. 16. 이조와 병조에 전지하여, 변방의 수령을 임용할 때 문·무를 교차하라 이르다.

5. 11. 효령대군의 졸기.

6. 8. 변장을 뽑을 때, 문·무과 출신이 아니더라도 재주가 있는 사람이면 추천하라 이르다.

6. 12. 군적 정리를 위해 이극배를 겸병조판서로 삼다.

7. 15. 어세공의 졸기.

9. 3. 경연 당상과 홍문관 관원에게 술을 내려 주고 활쏘기 등을 하게 하다.

10. 7. 대사헌 이경동 등이, 중국에서 낙타를 사들이지 말라는 차자를 올리다.

10. 21. 유자광을 정조사로 보내다.

11. 2. 세자가 《논어》를 다 읽었다고 아뢰니, 《맹자》를 익히도록 하라고 전교하다.

11. 4. 세자의 서연관들을 선정전에서 대접하다. 세자가 술잔을 잡고 한 순배 권하고 내전으로 돌아오다.

11. 16. 장령 이계남이, 19일 밤에 종친들과 연회를 갖고 수경신을 하는 것에 반대하다.

• 수경신은 경신일 밤에 잠을 자지 않고 지키는 것으로 도가에서 유래한 행사다. 종친들이 어두운 밤에 기생·악공 들과 더불어 섞여 있으면 실례(失禮)를 할 사람이 있다는 것이 반대 이유였으나 조종조에서도 행했던 일이라며 다시 언급하지 말게 했다.

11. 19. 행사 중에도 대간들이 계속 수경신을 파할 것을 청하다.

• 이때 천둥이 치고 비가 내려 파했는데, 파한 이유는 비 때문이지, 대신들의 말을 들은 때문은 아니라고 선을 그었다.

11. 28. 군역을 대체하는 세태에 대해 의논하다.

12. 1. 성균관 유생에게 글을 강하게 하다.

• 이런 일이 자주 있었다.

12. 10. 시강관 정성근이, 풍속 해이를 이유로 유향소 회복을 청했으나 듣지 않다. 이에 김종직이 관찰사의 임기를 늘려 수령을 단속할 것을 청하자, 감사가 어질지 못하면 도리어 해가 될 수 있다고 하다.

12. 15. 입직한 승지·주서·홍문관에 명해, 납설(臘雪)을 제목으로 배율(排律) 10운(韻)을 짓게 하고 술을 내려 주다.

성종 18년(1487)

1. 24. 정창손의 졸기.

2. 3. 사역원 제조 임원준 등이 요동에 가서 한어를 익힐 일행의 규모를 정하다.

2. 8. 김종직 등이 《동국여지승람》의 교정을 끝내고 바치다.

2. 10. 《동국여지승람》을 인쇄하게 하다.

2. 29. 세자가 성균관에 가서 입학례를 행하다.

3. 1. 병조판서 신승선의 딸을 세자빈으로 삼으라고 전교하다.

3. 29. 이달에 영안도 혜산진 서북면에 성을 쌓았는데, 높이가 6척이고, 둘레가 380척이다.

4. 11. 아차산에 거둥해 사냥을 구경하다.

4. 23. 한명회의 행차 때, 가마 맬 사람을 뽑아 대령한 수령과 한명회의 행차를 기다린 수령을 추국하라 명하다.

• 다음 날 모두 방면해 주었다.

4. 27. 우찬성 손순효가 《식료찬요》를 올리다.

5. 5. 가뭄을 이유로 보루각·자격루의 공역을 정파하다.

5. 19. 각 도 관찰사에 유시하여, 선위(宣慰)·전향(傳香)·채녀(採女)의 일로 내려가는 내관들이 폐단을 일으키면 바로 단속하고 치계하라 이르다.

5. 27. 김종직을 전라도 관찰사로 삼다.

6. 11. 선정전에서 왕세자의 정혼례를 행하다.

6. 17. 기녀를 첩으로 삼은 홍문관 부제학 유윤겸과 함양군수 조위를 추국하다

7. 4. 춘궁도감의 공사가 끝난 후, 관련자들에게 선물과 관직을 내리다.

8. 3. 최무선의 증손자 최식이 〈용화포섬적도〉 1축과 《화포법》 1책을 올리다.

8. 6. 시강관 정성근이, 이조·병조·예조의 낭청과 승정원 주서 등이 스스로 자기 동료를 추천하는 폐단을 바로잡을 것을 청하다.

9. 6. 권감의 졸기.

9. 22. 여러 종류의 새를 암수를 갖춰 잡아 바칠 것을 각 도에 하서하다.

• 승정원에서 민간이 소요할 것이라며 반대하자, 완상(玩賞)을 위한 것이 아니라 화법(畫法)을 위한 것이라고 했다.

10. 17. 방비를 잘못한 죄를 물어 광원군 김백겸의 직첩을 거두다.

11. 3. 좌승지를 한명회에게 보내 문병하고, 한명회에게 말하고 싶은 것이 있는지 묻도록 하다.

11. 8. 중 학조에게 해인사 대장경 판당을 보수하게 하고 물자를 지원하다.

11. 14. 한명회의 졸기.

12. 6. 승정원에서 원점(圓點)의 법을 의논하여 아뢰다.

• 원점은 성균관과 사학의 유생들이 식당에 들어갈 때 찍던 점이다. 이는 출결을 점검하기 위한 것인데, 승정원에서 대리 출석 등의 문제를 제기했다.

성종 19년(1488)

1. 8. 한명회의 외손 신종흡이 조부의 시호를 바꿔 주길 청하자, 봉상시에서 정한 명성(明成)을 충성(忠成)으로 바꿔 주다.

윤1. 15. 홍문관 부제학 안호 등이, 화재로 일부 소실된 원각사 중수의 명을 거두기를 청했으나, 선왕·선후의 뜻을 잊지 못해 그러는 것뿐이라며 들어주지 않다.

윤1. 26. 인정전에서 세자빈 책봉례를 행하다.

2. 6. 선정전에서 세자 혼례식을 갖다.

2. 22. 대간이 거듭해 반대하자, 해인사에 주기로 한 2,500필의 면포를 주지 말라 이르다.

3. 9. 지평 성세명이, 중국 사신이 올 때 부녀자들이 구경 나오지 못하게 할 것을 청했으나, 풍속이 모두 같지 않다며 들어주지 않다.

• 다만 구경할 때 발[簾]을 들어 올리거나, 얼굴을 드러내는 것은 금하는 것이 좋겠다고 말했다.

3. 10. 원접사 허종이, 조서를 맞이할 때 연(輦)을 타는 것에 대해 중국 사신이 문제를 제기했다고 아뢰다.

3. 13. 중국 사신이 모화관에 이르니 연을 타고 가서 조서를 받다. 이어 말을 타고 다시 들어가

칙서를 받다.

3. 18. 모화관에 거둥해 전별연을 베풀다.

• 이때 온 중국 사신은 예는 까다롭게 따졌으나 물품은 사양하고 돌아갔다.

3. 20. 사신과 자유롭게 말을 통할 수 있는 이가 적으니, 젊은 문신을 뽑아 익히게 하라 이르다.

3. 21. 왕세자의 복색을 흑단령으로 하다.

4. 4. 종묘악에서 쓰는 〈서경별곡〉 같은 것은 남녀가 서로 좋아하는 가사이니 불가하다며 따로 가사를 짓도록 하다.

4. 12. 지리학제조 김석산이 38장의 법을 들어 폐비 묘의 방향이 잘못되었다고 아뢰다.

4. 13. 김석산이 폐비 묘에 대해 언급한 것을 두고, 그때는 입 다물고 있다가 이제 와서 말하는 것은 이유가 있을 것이라며 국문하라 명하다.

4. 13. 홍문관에 명하여, 역대에 폐비를 위해 제사한 사례를 상고해 아뢰게 하다.

4. 17. 서거정에 명하여, 폐비 묘를 살펴보게 하다.

4. 24. 관상감제조 서거정과 행호군 최호원이 묘를 살펴보고 난 후, 길함이 적고 흉함이 많다고 아뢰다.

5. 5. 양 대비전에 연회를 베풀다.

5. 12. 아비의 머리를 꺼두른 사노 조봉산을 참부대시에 처하다.

5. 21. 망원정에 거둥한 뒤, 월산대군 집에 가 술자리를 갖다.

5. 29. 제도의 수군절도사에게 《대전》의 규정에 얽매이지 말라 이르다.

• 《대전》에 병선은 8년, 조운선은 6년 뒤에 수리하는 것으로 되어 있는데, 견고한 배는 그대로 두고 썩은 배는 기한 전이라도 판단해 수리하라고 했다.

6. 3. 지난달에 왕십리에서 여인의 시체가 발견되었는데, 수사가 미진하다는 이유로 형조·한성부·의금부의 당상을 개차토록 하다.

6. 8. 왕십리 시체와 관련하여, 제보하는 자는 크게 상을 주고 자수하지 않는 자는 벌을 무겁

게 하겠다고 하다.

6. 11. 유자광이 의주·동팔참·요동 등지의 지도를 바치다.

6. 12. 노비로 하여금 주인의 죄를 고하게 하는 문제에 대해 의견이 분분하다.

6. 20. 박성근이 어미 정 씨를 죽이자 추국하게 하다.

• 정 씨는 어을우동의 어미이기도 하다.

6. 28. 사헌부에서 유향소를 다시 세울 절목을 아뢰다. 홍응이, 우려되는 폐해를 들며 반대했으나 사헌부에서 아뢴 대로 복구토록 하다.

7. 2. 여종을 죽인 것으로 드러난 이화를 사형시킬지 의논하다.

• 신하들은 사형에 이르는 죄가 아니라며 반대했으나, 왕은 자수하라고 했는데도 하지 않은 죄가 크다며 죽이는 것이 마땅하고 했다.

7. 3. 대신들과 의논을 거쳐 사형을 감하기로 하다.

7. 14. 딸 숙순공주가 11세의 나이로 졸하다.

8. 13. 특진관 이세좌가, 〈만전춘〉·〈후정화〉 등은 비루하고 저속하다며 기공(妓工)들이 연습하지 못하게 할 것을 청하다. 이에 해당 조(曹)로 하여금 상의하여 아뢰게 하다.

8. 22. 박성근이 어미를 죽인 이유를 기록하다.

• 자신을 종처럼 대우하며 박해하고 재산도 조금밖에 주지 않았다고 한다.

9. 4. 노공필이, 금년 과거 시험이 공정하지 못했다며 정파하기를 청하다.

• 서울은 정원에 미달되었고, 지방은 정원의 배에 이르렀다.

9. 12. 인수대비의 병을 이유로 강무를 멈추다. 징발된 군사는 점고만 하고 돌려보내기로 하다.

9. 20. 《향약집성방》에 실려 있는 약 중, 일상적으로 쓰기에 적절한 것을 가려 뽑아 언문으로 번역해 펴내게 하다.

9. 23. 구숭경·임희재·정승충 등이 충청 향시에서 부정하게 합격했다 하여 재시험 논란이 일

다.

9. 27. 향시의 부정이 심해 결국 재시험을 치르기로 하다.

10. 2. 대비와 나이·병세가 같은 여인을 찾도록 하다.

• 약을 미리 써 보기 위함이다.

10. 2. 임사홍이 억울함을 하소연하는 상소를 올리다.

• 자신의 자식 임희재가 부정하게 합격하였다는 건에 대해 억울하다며 소를 올렸다.

10. 19. 임광재가, 아비 임사홍의 억울함을 호소하는 소를 올리다.

• 소를 본 사람마다, 아비인 임사홍이 지은 것이라 판단했다.

11. 1. 사헌부에서, 임사홍을 불러 추국할 것을 청했으나 대신들과 의논을 거쳐 논하지 말라 하다.

11. 13. 인수대비가 완쾌하자, 임원준 등에게 상을 내리고 임사홍을 기용하기로 하다.

• 피병 중에 임사홍의 집에 여러 날 머물렀다.

11. 30. 대간들이, 임사홍 기용에 대해 격렬히 반대하다.

12. 2. 대신들을 불러 임사홍과 관련한 대간의 태도에 대해 불평하다.

12. 12. 경복궁에 나아가 문안하고 월산대군 집에 거둥하다.

12. 21. 월산대군 이정이 35세로 졸하다.

12. 24. 서거정이 69세로 졸하다.

성종 20년(1489)

1. 2. 파적위 김방이, 상감 앞에 직접 아뢸 게 있다며 윤대를 청하면서, 이서·이항 등이 한철동·신준·노공필 등과 더불어 불궤를 도모한다고 고하다. 이에 관련자들을 잡아 오게 하다.

1. 3. 한산군수 한철동 등을 체포하고 모반 문서를 수색하라는 명을 내리다.

1.3. 신준·노공필 등을 불러 김방의 초사(招辭)를 보이며 실상을 묻다.

•신준과 노공필 등에게 초사를 보여 줬다는 것은 이들을 의심하고 있지 않다는 뜻이다.

2.2. 옹주의 집을 지어 주게 하다.

2.5. 불교를 경계하는 뜻을 널리 깨우치게 하라 이르다.

2.7. 대사헌 이칙이, 신준·노공필 등이 불궤를 도모할 리 없다며 이서 등은 석방하고 김방은 굳게 가두어 국문할 것을 청하다.

2.18. 숭문당에서 친국하니 김방이 거짓임을 실토하다.

2.18. 신준·노공필 등을 불러 술을 내려 주다.

2.28. 김종직을 형조판서로 삼다.

3.2. 월산대군을 고양에 장사 지내다.

3.23. 임사홍에게 월산대군의 신도비명(神道碑銘)을 짓게 하다.

4.5. 사복시에 명하여, 세자에게 말타기를 연습시키도록 하다.

4.12. 대소인원의 첩자(妾子)들 중에서 총명한 자 10인을 뽑아 김응기에게 《율려신서》를 배우게 하다.

5.10. 관찰사들에게, 효자·열부를 보고하라 이르다.

5.11. 흥덕사에 놀러 간 유생들을 국문케 하다.

5.16. 폐비 윤 씨의 제사만 허락하고 명호는 허락하지 않다.

5.20. 승정원에 전교해, 세자로 하여금 공부에 겨를이 없을 때이니만큼 하루 한 차례만 문안하게 하다.

5.20. 폐비 묘를 '윤씨지묘'라 명하여 제사할 것과, 이후 영원히 고치지 말고 아비의 뜻을 지키게 하라고 예조에 전지하다.

5.30. 내의원제조 영돈녕 윤호 등이 《신찬구급간이방》을 저술해 바치다.

6.20. 원각사 중수 중지를 청하는 대간들에게, 중을 모두 없앨 수 있는 게 아니라면 절을 수리하지 않을 수 없다고 답하다.

7.11. 손가락을 잘라 어미의 병을 낫게 한 배철중, 지아비의 병을 낫게 한 봉금, 삭망에 부모 묘소에 제사하는 최효손 등을 정문하고 복호하다.

•이후에도 유사한 사례가 다수 등장한다.

8.3. 안평대군이 쓴 글씨를 보고자, 승정원에 명해 구하게 하다.

8.5. 폐비 윤 씨의 분묘에 치제하는 의품(儀品)을, 왕후의 고비(考妣)의 예에 의하라 전교하다.

9.5. 대간에서, 새 도승지가 문신이 아니라 하여 교체를 주장하다.

9.27. 병조판서 허종을 영안도 관찰사로 보내다.

10.4. 강무 중에 장수들을 부르니, 판중추부사 어유소가 급히 어소에 이르려다 쓰러져 졸하다.

10.7. 영안도 관찰사 허종이, 뜬소문으로 동요된 민심이 진정되었음을 아뢰자, 기뻐하며 시급히 오라고 이르다.

10.26. 이봉이 영안도 관찰사로 있으면서, 과시에만 힘쓰고 사치스러워 민심을 소란케 한 점을 들어 추국하게 하다.

11.5. 호조판서 이숙기의 졸기.

11.8. 이철견을 축성순찰사로 삼아 평안도의 축성 상황을 돌아보게 하다.

11.21. 7년간 악명을 떨쳤던 황해 도둑 김일동이, 빼앗겼던 장물을 관찰사 김극검을 위협해 되찾아가는 일이 벌어지다. 김극검이 방비하지 못한 죄를 청했으나 용서하다.

11.25. 김일동에게 장물을 내주고, 관찰사를 구출하지 않은 재령 군수와 재령의 아전 및 옥졸들을 추국하게 하다.

12.9. 갑옷과 칼을 훔쳐 야인에게 판 이들을 처벌하다.

12.24. 강도 용의자들을 가혹하게 조사해 15명이 죽는 문제가 발생하자, 사헌부로 하여금 수령을 추국케 하다.

12. 26. 김극검의 직첩을 거두다.

성종 21년(1490)

1. 4. 금제사 이계동이, 김막동·김경의 등을 체포해 오자 상을 내리고 김막동 등을 추국하게 하다.
• 이계동이 김막동의 손바닥을 뚫어 새끼로 꿰어 잡아 왔다. 이에 손바닥을 뚫은 것은 가혹하다 하면서도 상을 내렸다.

1. 17. 정언 이수공이, 월산대군의 묘 옆에 절을 세우는 것은 옳지 않다고 아뢰다.

1. 19. 문수전 수복노(守僕奴) 석시가 어전 안에서 술내기를 하고 싸우다 지의(地衣)를 태우다. 죄는 죽어 마땅하나 사형은 면하게 하다.

1. 25. 음설과 관련이 있는 악부 가사를 모두 없애거나 고치게 하다.

3. 2. 예조에서, 《대전》에 세자의 조참 반열에 대한 규정이 없다고 아뢰자, 세자도 신하이므로 반열에 따르게 하다.

3. 14. 호조에서 구저화와 신저화의 통용에 대한 의견을 올리다.

4. 1. 《삼강행실도》를 두루 보급하라 명하다.

4. 5. 겸병조판서 이극배가 군적을 바치고 보고하다. 군적이 끝났으므로 겸판서 직책을 면해 줄 것을 청하니 허락하다.
• 군사의 예전 액수(額數)는 153,303명이고, 지금의 액수는 158,127명이라고 보고했다.

4. 7. 5진의 판관에 문관과 무관을 교대로 임명하라 이르다.

4. 29. 좌의정 홍응이 병을 이유로 사직을 청하자, 허락하지 않으며 3공에 대한 생각을 말하다.

4. 29. 전라도 회령포에 성을 쌓았는데, 높이가 13척이고 둘레가 1,990척이다.

5. 11. 대전·중궁·세자궁에 진상하는 물품에 대해 전교하다. 특히 사서 진상할 수밖에 없는 것은 양을 감하여 백성의 고통을 줄이라 말하다.

5. 21. 임원준·유자광·어세겸·성현 등이 〈쌍화곡〉·〈이상곡〉·〈북전가〉 중에서 음란한 가사를 고쳐 바치자, 장악원으로 하여금 익히게 하라 명하다.

6. 24. 좌경(坐更)의 법에 대해 승지들의 의견을 묻고 혁파하도록 하다.

7. 11. 대간 등을 수령으로 내보낼 의사를 보이고 대신들에게 의논케 하다.

7. 20. 김겸광의 졸기.

7. 23. 등문고(登聞鼓)를 친 자를 죄로 다스리라고 청하는 일이 있는데, 이는 등문고를 설치한 뜻이 아니라 이르다.

8. 13. 정언 유빈이, 임사홍은 소인이라 관압사를 맡길 수 없다고 아뢰다.

8. 14. 대신들은 임사홍을 중국에 보내는 것이 가하다는 입장을 보이다.

9. 10. 사헌부 대사헌 이계동이, 임사홍을 관압사로 보내는 것에 반대 의견을 아뢰자 따르다.

9. 12. 이균·성희안 등이, 임사홍의 아들을 부마로 삼지 말 것을 청하다.

윤9. 4. 대사헌 이계동이, 대간의 말의 근원을 캐면 언로가 막힌다며 언근을 캐지 말 것을 청하자 더불어 논란하다.

윤9. 6. 시강관 조지서가, 흠경각·자격루가 훼손되었다며 천문을 아는 사람으로 하여 교정하게 할 것을 청하니 따르다.

윤9. 13.~윤9. 20. 여주에 행차하고 돌아오다.

윤9. 20. 말이 놀라 낙마하다. 어마를 놀라게 한 이와 어마를 제대로 조련하지 못한 담당자를 국문할 것을 청했으나, 말이 깃발 그림자에 놀란 것이라며 죄를 남에게 돌릴 수 없다고 답하다.

10. 8. 정문형과 노공필 등이, 진강에 소홀할까 두렵다며 진강은 당하관이 하고 자신들은 대의를 논란하는 게 어떠냐고 건의하자 따르다.

11. 5. 검토관 김물이 제주에 말을 점고하러 갔

다가 주민으로부터 수령의 잘못을 듣다. 이에 개차를 청하니 따르다.

11. 10. 도승지 신종호가, 김물은 신진 서생이라 보고 온 것이 다 이치에 맞을 수 없다며, 수령을 바꿀 경우 다투어 고발하는 풍습이 커질 것이라 아뢰다. 이에 가혹한 정치는 사나운 호랑이보다 심하다며 개차해야 다음 수령들의 본보기가 될 수 있다고 답하다.

12. 4. 승정원에서, 소격서에서 초제를 행해 성변을 물리칠 것을 아뢰다. 이에 성변 같은 일은 빌어서 물리칠 수 있는 것이 아니라며 거부하다.

• 이때 혜성이 출현해 연일 그 움직임을 관찰하던 중이었다. 왕이 소격서의 허망함을 말하며 폐할 수 없는지를 물었는데 동조하는 대신이 없었다.

12. 14. 봉보부인 백 씨의 졸기.

• 임금의 유모다. 사관은 임금이 대우해 주어 주변에 득을 보려는 사람이 많이 끓었다며 비판했다.

성종 22년(1491)

1. 3. 혜성이 사라지다.

1. 6. 재차 구언(求言)을 청하면서, 구언에 응하는 이가 없는 것을 비판하다.

2. 6. 사간 권경우가, 야인이 조산보를 침입한 사실과 장수들의 대응에 대해 고하다.

2. 7. 유자광이 면대를 청한 후 양계의 상황을 아뢰다.

2. 15. 영안북도 절도사 성준이, 남도의 백성을 이주시켜 줄 것을 청하다.

4. 6. 무과 전시에 세자와 같이 가기로 하다.

4. 17. 병판 이숭원·참판 여자신·영안도 관찰사 허종 등이 빈청에 모여 북정에 관한 일을 의논하다.

4. 18. 재상들을 불러 북정의 시기 등을 의논하고 정하다.

• 도원수는 허종으로 결정했다.

4. 19. 북정에 필요한 군사 동원 기간과 식량 문제를 논의하다

4. 19. 기병은 말 2필에 보인 1명을 두고, 보병은 2인에 말 1필을 주라 이르다.

4. 26. 홍문관 부제학 김극검 등이 북정을 반대하다.

4. 27. 영안북도 절도사 성준을 부원수로 삼다.

4. 29. 북정의 잘못을 논하는 주장에 단호한 입장을 보이다.

5. 2. 대사헌 신종호와 지사 이숭원이 북정을 반대하는 이유를 아뢰자 논란하다.

5. 8. 대간이, 광양군 이세좌가 북정을 지지하는 발언을 한 것에 대해 아첨이라며 죄줄 것을 청하다.

5. 8. 북정을 반대하는 대사헌 신종호 등 10여 명을 추국하도록 하다.

5. 9. 대사헌 이하 대간을 대거 교체하다.

• 이후로도 반대론은 계속 이어졌다.

5. 15. 허종이 하직하다.

6. 16. 대간이 합사하여 북정 중지를 청하다.

7. 5. 집의 김응기가 북정 정지를 주장하다.

7. 29. 강원도 관찰사 김여석이, 강릉에 왜선 5척이 나타났다는 강릉도호부사의 보고를 아뢰며, 북정에 참여할 병력 수를 감해 줄 것을 청하다.

7. 30. 북정을 반대하는 대간에게 형벌을 적용하는 문제를 놓고 대신들과 의논하다.

8. 4. 일본 국왕이 사신을 보내 《대장경》 전부와 목면 등을 청하다.

8. 11. 경차관 이줄이, 강릉에 나타났다는 왜선에 대한 보고는 거짓이었다고 치계하다.

8. 24. 좌부승지 권경희를 영안도로 보내 도원수와 여러 장수를 선위하게 하다.

8. 25. 좌승지 허침을 평안도로 보내 도원수와 여러 장수를 선위하게 하다.

8. 29. 이극균이, 적이 성을 포위했으나 39급(級)을 뱄다고 치계하다.

9. 5. 이극균에게 승전을 치하하는 하서를 내리

다.

9.20. 20세 미만으로 참봉이 된 노찬을 개차하고, 서용한 이조의 담당관을 국문하게 하다.

• 사헌부장령 이거가, "20세 미만인 자는 동반직(東班職)에 서용하지 말라고 함이 《대전》의 법입니다."라고 말한 것에 따른 것이다.

9.24. 화재 때 지아비의 신주를 들고 나오려 한 원 씨와, 원 씨가 불길에서 나오지 못하자 어미와 신주를 함께 구한 아들을 복호하다.

10.14. 좌승지 허침이, 서북면 연변의 지도와 도원수가 공격해 들어간 도로도를 바치다.

10.17. 허종이 북정 계책을 보고하다.

10.23. 10.15. 허종이, 두만강을 건넜다는 것과 자신의 아들 셋, 그리고 성준의 아들 둘도 종정(從征)했다고 아뢰다.

• 임금이 허종과 성준의 아들들이 종정한 것은 취품하지 않고 임의대로 한 것이라고 말하자, 남흔이 "그들이 큰 공을 얻더라도 논상(論賞)하지 않는 것이 좋겠다."라고 답했다. 사관 또한 "허종과 성준의 아들들은 서생일 뿐인데 전공(戰功)을 기대했다면 이는 비루한 짓이다."라고 평했다.

11.10. 허종이, 도강한 후의 상황과 11월 2일에 돌아오기로 한 것을 보고하다.

11.12. 유자광이, 대첩은 아니나 온전히 돌아왔으니 종묘에 고하고, 군사들에게는 한두 해 복호할 것을 청하다. 이에 종묘에는 고하지 말고 복호는 시행하라 명하다.

11.16. 부원수 이계동을 인견하고 북정의 경과와 상황을 듣다.

11.17. 허종이 반란을 꾀한다고 무고한 박철산을 국문하다.

11.27. 건주위 사람들이 조만간 군사를 일으켜 침구한다는 정보에 화포를 더 갖추어 경계하라 이르다.

12.11. 거동할 때 대간도 융복을 입게 하다.

• 이전에는 임금과 다른 신하들은 모두 융복을 입었는데, 대간만 예복을 입었다.

12.29. 대사헌 김여석이, 정전에 여악을 쓰지 말 것을 청하였으나 대신들과 의논을 거쳐 그대로 쓰기로 하다.

성종 23년(1492)

1.8. 영안도에서 돌아온 도승지 정경조로부터 북정군의 상황과 민폐의 원인 등에 대해 묻다.

1.9. 세자가 아직 문리를 이해하지 못하고 있다며 근심하다.

1.28. 승정원에서, 이계동이 《북정일기》 중 착오가 있는 부분을 수정할 것을 청한 것은 사초를 보았기 때문이라며 국문을 청하다.

1.28. 사초를 보인 정자당을 국문하게 하자 이계동이 대죄하다.

1.29. 시독관 강겸 등이, 도승법(度僧法)을 해체할 것, 군역을 피해 도망한 중들을 추쇄할 것 등을 청하다.

2.1. 이극균이 벽동 전투 결과를 보고하다.

2.7. 병 때문에 낙향하며 사직을 청한 김종직에게 약과 의원을 보내 주다.

2.9. 예조판서 성건이, 유구국 사신의 청을 따르지 말 것을 청하다.

2.19. 북정에 따라갔던 야인들을 불러 음식을 대접하고 상을 내리다.

2.27. 허종이, 올적합 40인이 온성의 야인 마을을 습격해 불사르고 2명을 죽였으며 마소 15두를 노략질했다고 치계하다.

• 올적합이 야인 마을을 공격한 것은, 야인들이 조선군을 인도했던 것에 대한 복수다.

3.7. 살아 돌아온 사람의 수를 허위로 보고한 도원수 허종을 국문하게 하다.

3.9. 풍천위 임광재가 창기 청루월과 간통하였는데, 청루월에게 장을 치고 용천의 관비로 정속케 하다. 또 임광재를 따라다닌 이와 종들을 죄주다.

• 임광재는 임사홍의 아들로, 현숙공주의 남편이다.

3.11. 이예견과 정탁이, 임사홍을 추천한 홍응 등을 죄줄 것을 청하다. 이에 대해 홍응이 반박하다.

4.5. 첩의 자식 중, 무예가 뛰어난 자를 기용하는 법을 정하다.

4.16. 김종직에게 쌀과 콩을 내려 주다.

4.19. 북정 도원수 허종이 와서 복명하다.

5.8. 북정에 대한 군공을 의논하고 장수·사졸에게 두루 상을 내리다.

5.14. 노사신을 좌의정으로, 허종을 우의정으로 삼다.

5.26. 중국 사신들이, 조서와 칙서를 맞이하는 문제를 자기들 뜻대로 고집하다.

5.28. 사신들의 주장은 있을 수 없는 일이라 말하다.

5.28. 모화관에 거둥해 조서·칙서를 맞이하고 경복궁에 이르러 받다.

5.28. 세자가 중국 사신에게 다례를 베풀다.

6.5. 더위를 이유로, 세자에게 조강만 실시하도록 하다.

6.13. 사헌부 지평 민이가, 근일 세자의 학업이 부족하다며 이는 주강과 석강을 중지한 때문이라 아뢰다.

7.5. 내년에 벼를 심을 것이라며, 후원에 논을 만들게 하다.

7.7. 문신을 선전관에 모아 활쏘기를 시험하고 1등과 2등을 한 이에게 상을 내리다.

• 임금이 문신을 대상으로 자주 활쏘기를 행해 문사들이 궁시(弓矢)를 숭상하고 능력을 과시했는데, 5진의 수령을 활 잘 쏘는 문신으로 바꿔 임용하기 시작하자 그때부터는 활쏘기를 즐겨 하지 않게 되었다고 한다.

7.28. 《대전속록》을 완성하다.

8.7. 박원종을 승지로 제수하자, 대간은 물론 대신까지 나서서 반대하다.

8.14. 박원종 문제로 대간이 사직서를 올리고 물러가다.

8.19. 지중추부사 김종직의 졸기.

8.30. 대신에게 박원종의 일을 물었는데, 이극배가 성상께서 참작해서 처리하라고 답하다. 이에 대간에서, 이극배가 비위만 맞춘다며 이극배의 추국을 청하다.

9.9. 영의정 윤필상·좌의정 노사신 등이 대간의 뜻을 따를 것을 청하다.

9.10. 박원종을 공조참의로 삼다.

• 박원종 논란 이후 무신을 승지로 삼지 않았다.

9.17. 승문원 도제조가, 임사홍을 출사시켜 한어를 가르치게 해 달라고 청하니 수락하다.

11.6. 장령 신경이, 몇 년 전 왜적 출몰 시 제대로 대응하지 못한 것은 진법 훈련을 행하지 않은 탓이라고 아뢰자, 절도사에게 유시(諭示)하라 이르다.

11.21. 중이 되는 것을 금하는 금승법을 제정한 것에 대해, 두 대비가 언문으로 글을 내려 반대하다.

11.22. 대비전의 뜻을 따르겠다고 하자, 대비전의 국정 간여는 부당하다는 등의 이유를 들며 대간이 격렬히 반대하다.

12.2. 허종·유지가 창경궁으로 나아가 세종·세조의 사례와 대간의 반응 등을 들며 신하들의 뜻을 아뢰자, 대비전에서 다시 언문 교지를 내려 조목조목 반박하다. 이에 대간들 역시 대비의 정치 간여는 부당함을 아뢰다.

12.4. 대사헌 이세좌와 대사간 안호가, 금승법 시행이 가져올 5가지 이로움과 시행하지 않을 경우 있을 5가지 해로움을 아뢰다.

12.4. 이목 등이, 윤필상의 죄를 논하며 간귀(奸鬼)라 비판하자 의금부에 가두다.

12.14. 이목을 석방하다.

성종 24년(1493)

1.8. 민사건이 당상관의 의견을 가지고 와서, 김종직에게 문충이란 시호를 내린 것은 문제가 있다고 하자, 동의하며 왜 이런 시호를 정했는

지 봉상시에 묻도록 하다.

1. 16. 독서당에 술을 내리다.

1. 16. 지평 민수복이, 김종직의 시호 문제를 들어 봉상시를 국문할 것을 청하다.

1. 28. 부제학 안침 등이, 김종직의 시호를 바꿀 수 없고 유생에게 죄주는 것은 옳지 않다고 아뢰다.

4. 14. 김종직의 시호를 문간으로 바꾸다.

5. 8. 《대전속록》 중 새 조건을 행용하기로 하다.

윤5. 8. 이극돈이 경상감사로 있으면서 왜인들과 관련해 확인된 바를 아뢰다.

5. 14. 군사를 정하는 일에 대해 의논하다

7. 9. 대간이 예궐하여 오래 머물 때는 술과 밥을 대접하도록 하다.

7. 30. 반드시 들어주기를 기약하며 논하기를 그치지 않는 대간의 행태를 지적하다.

8. 3. 세자의 얼굴에 종기가 있는데 오래 낫지 않다.

8. 24. 사부·빈객이 모였는데 세자가 읍례를 행하지 않고 바로 자리로 가다. 필선이 나아가서 고한 뒤에야 읍례하다.

10. 23. 왕자군이나 옹주의 혼인 때 사치하지 않도록 예조에 전지하다.

10. 29. 3사의 탄핵 등으로, 윤필상이 사직을 청하자 들어주다.

11. 3. 영사 허종이, 대간과 재상이 서로 화동(和同)하지 않으면 뒷날 폐단이 있을까 두렵다고 아뢰자, 대간들이 비판하며 논쟁하다.

11. 6. 이극배를 영의정으로, 윤필상을 파평부원군으로, 한치형을 좌찬성으로 삼다.

11. 12. 장령 양희지가 세자의 강마(講劘)를 청하자, 세자는 강관과 더불어 오랫동안 강론하는 것이 마땅하다 말하다.

• 세자가 서연이 끝나면 곧 동궁으로 돌아가 환관·궁첩 들과 노는 일에 빠지자 이를 경계하기 위한 것이다.

성종 25년 (1494)

1. 28. 세자가 《대학》을 마치자 《중용》을 강하게 하다.

2. 23. 원손이 태어나다.

3. 13. 원손 탄생을 기념해 별도의 과거를 행하기로 하다.

3. 19. 유구국의 사신으로 온 자의 의심스러운 점을 의논하다.

3. 29. 원손 졸.

4. 2. 《안기집》을 번역·반포해 우마의 치료에 도움이 되게 하도록 하다.

• 《안기집》은 당나라 이석이 편찬한 수의학서다.

4. 11. 대간이, 흥복사에서 불사를 행한 월산대군의 부인을 추국할 것을 청하다.

4. 19. 이극돈이 사직을 청하자, 답하며 대간의 행태를 지적하다.

4. 19. 윤호를 우의정으로 삼다.

5. 11. 경상도 관찰사 이극균이, 총통·신기전의 발사 연습을 자주 하지 않아 다룰 줄 아는 이가 거의 없다고 보고하다.

5. 14. 왕자의 혼례를 화려하고 사치스럽게 치르지 못하게 하다.

5. 16. 여러 군과 옹주의 집을 지을 때, 어린아이를 주춧돌 밑에 묻어 재앙을 물리친다는 괴소문이 파다하다.

5. 26. 현숙공주의 여종 청옥이, 공주의 유모·보모·비(婢) 등이 공주를 독살하려 했다고 왕대비에게 고하다. 이에 관련자들을 국문하게 하다.

5. 27. 대사헌 정경조가, 임금이 대간의 말을 듣지 않는다고 하자 이에 대해 논하다.

6. 9. 공주의 보모가 그의 일가붙이에게서 비상을 구한 형적이 드러났다며, 잡아다 추국하게 하다.

6. 15. 일본 사신이 무역에 불만을 품고 예궐하지 않자, 예물은 주지 말고 연탁(演卓)만 내리게 하다.

6. 15. 장원서제조 임광재가 장원서별좌 한우창

의 여종을 부하들에게 붙들게 하고 강간하다.

6. 21. 의금부에서, 임광재가 양첩(良妾)을 두었다고 아뢰며 국문할 것을 청하다.

6. 22. 노비가 공주를 살해하려다 발각돼 갇히고, 온 집안이 변고를 당했는데도 가장으로서 부끄러워하지 않는 데다, 양첩의 일이 터졌는데도 대죄하지 않으니, 지극히 무례하다며 임광재를 궁추(窮推)하라 명하다.

6. 25. 임광재의 양첩이 자수할 수 있도록 방을 걸라 명하다. 숨기는 자는 죄를, 고발하는 자는 상을 주겠다고 하다.

6. 28. 강심이, 임광재가 존금과 통간했다고 진술하다.

• 존금이 바로 양첩으로 의심받은 여인이다. 강심은 존금의 의붓아버지인데, 이 진술이 자신이 알고 있던 것을 말한 것일 수도 있지만 강압이나 회유에 의한 것일 가능성도 있다. 뒤에 임광재가 존금과의 관계에 대해 자복을 하지만, 현숙공주의 유모가 임광재에게 잘 보이기 위해 공주를 독살하려고 했다는 것과는 무관한 일인 듯하다. 오히려 사관은 공주에게 직언을 하던 유모 등을 해할 목적으로 공주가 벌인 자작 가능성을 암시하고 있다.

7. 4. 경상우도 수군절도사 변수가 왜구에게 겁략을 당했는데도 보고하지 않다가 들켜 국문을 받다.

7. 10. 임광재가 양첩을 취하고 폐백까지 보낸 사실이 드러났는데도 고하지 않았다며, 임광재와 존금이 다시는 만나지 못하게 각각 영구 부처하라 명하다.

8. 10. 임광재가 귀양길에 병에 걸리자 의원을 보내 치료하게 하다.

8. 12. 세자의 얼굴에 난 종기가 낫지 않자, 사은사 편에 중국의 양의를 찾아 처방을 배워 오게 하다.

8. 18. 임광재를 강릉에 부처하다.

9. 9. 편찮아서, 인수왕대비전의 탄일 하례를 정지하다.

9. 11. 대비를 잘 간호한 월산대군 부인 박 씨에게 소원을 묻자, 흥복사의 역사를 면해 달라 하다. 들어주다.

9. 29. 편찮아서, 양로연을 세자로 하여금 대행하게 하다.

10. 9. 부제학 성세명 등이, 세 발 달린 암탉이 나온 것은 임금이 불교를 위하기 때문이라 아뢰자, 매사 허물을 임금에게 돌리려 한다고 힐난하고 논쟁하다.

10. 25. 이극균이, 3포에 있는 왜의 호수에 대해 아뢰다.

11. 20. 천증이 오래 낫지 않아 약을 올리게 하다.

12. 20. 몸이 좋지 않자, 윤필상·노사신·임원준·이세좌를 부르라 이르다.

12. 23. 양 대비전에서 주상의 병이 낫도록 종묘와 사직에 기도하라 이르다.

12. 23. 종묘·사직·소격서·백악산·목멱산·성황사 등지에 기도하다.

12. 23. 모반 대역·모반·부모 모살·남편 모살·주인 모살·고독(蠱毒)·염매(魘魅) 외의 죄수는 사면하라 명하다.

12. 24. 의원들이 진찰해 보고는, 종기를 다스리는 약을 써야 한다고 아뢰다.

12. 24. 정승들에게 명하여, 밤에도 물러가지 말고 승정원에 머물면서 세자와 일을 의논하라 명하다.

12. 24. 오시에 대조전에서 훙하다.

12. 24. 이극배·노사신·신승선이 예조당상·승지 등과 융례문 밖에 모여 모든 일을 의논하다.

연산군 1년 3. 26. 시호는 인문헌무흠성공효대왕으로, 묘호는 성종으로 하다.

연산군 1년 4. 6. 선릉에 장사 지내다.

연산군일기

총서

- 연산군의 휘는 융이다.
- 성종의 맏아들이고, 어머니는 폐비 윤 씨다.
- 성종 7년에 탄생하고, 성종 14년에 세자로 책봉되다.
- 폐위 후 두어 달 살다가 병으로 죽으니, 나이 31세다.

연산군 즉위년(1494)

12. 25. 예조판서 성현이, 칠칠일 및 소대상 때 절에서 제사를 지낼지를 묻자, 왕대비전에 전계하다. 이에 대행왕께서 불교를 좋아하지는 않았으나, 지내지 말라는 유교(遺敎)가 없었으므로 폐할 수 없다고 하다.

12. 26. 대간들이 수륙재를 반대하자, 대행왕도 선왕을 위해 행했다며 자신도 선왕을 위해 행하겠다고 하다.

12. 27. 홍문관 부제학 성세명 등이, 불사 반대를 청했으나, 하지 말라는 유교가 없었다며 받아들이지 않다.

12. 28. 대간이 연일 수륙재를 반대하다. 노사신이, 이는 조종조의 고사인데 논란을 벌이고 있으니 잘못이라고 아뢰다.

12. 28. 5일 동안 철시하다. 백성들은 물론 때마침 왔던 왜인들까지 슬퍼하다.

12. 29. 성복하고 즉위식을 갖다.

연산군 1년(1495)

1. 1. 대간이 합사해, 전일 노사신이 아뢴 것을 문제 삼아 탄핵하다.

1. 4. 노사신·윤필상·신승선이 탄핵을 받고 사직을 청하다.

1. 8. 사은사 신준이, 중국에서 얼굴 종기를 치료하는 약을 가지고 오자, 우선 다른 사람에게 시험해 보라 이르다.

1. 9. 승정원에서, 하루 5차례 곡림(哭臨)은 폐하고 조석에만 할 것을 청했으나, 폐할 수 없다고 답하다.

1. 10. 산릉 자리를 광평대군의 묏자리로 정하다.

1. 14. 대행왕의 묘호를 둘러싸고 논란이 일다.
- 성종으로 할 것인지, 인종으로 할 것인지 의견이 분분했다.

1. 15. 대간을 비롯하여 젊은 신하들은 인종을, 왕과 정승들은 성종을 선호하다.
- 성종으로 결정했다.

1. 17. 홍문관 부제학 성세명 등이, 성종을 고집한 대신들을 비판하다.

1. 20. 홍문관의 논박을 이유로, 노사신 등 대신들이 사직을 청하자, 성종은 여러 사람의 의견을 좇아 자신이 결정한 것이라며 사직하지 말라 이르다.

1. 22. 처음으로 정사를 보다.

1. 22. 1월 초, 조유형 등이 올린 상소의 표현이 잘못되었다며 의금부에 하옥하다. 홍문관·승정원 등이 적극 나서서 만류하니, 가두지는 않겠다고 하면서도 연유는 물라 하다.

1. 26. 조유형 등은 정거하고, 정희량·이목·이자화는 외방에 부처하다.

1. 30. 성준·홍귀달·성현이 유생들의 석방을 청하자, 위를 능멸하는 풍습을 고치지 않을 수 없다고 답하다.

1. 30. 선왕이 유생을 죄주지 않아서 위를 능멸하는 풍습이 생겼다고 하다.

2. 9. 편찮다.

2. 11. 의정부·6조 당상들이 문안해 육선을 들 것과 처소를 옮길 것을 청하다.

2. 14. 동궁으로 이어하다.

2. 15. 동궁에 있으면서도 편찮다.

2. 15. 왕대비와 대신들이 기도드리기를 청하자, 대행왕 때도 했지만 효과가 없었다며 못 하게 하다.

3. 5. 임광재의 복직을 명하다.

3. 16. 성종의 묘지문(墓誌文)을 본 후, 판봉상시 사 윤기견이 누구인지 묻다. 승지들이, 폐비 윤 씨의 아버지인데 윤 씨가 왕비로 책봉되기 전에 죽었다고 아뢰다. 비로소 어머니 윤 씨가 폐위되어 죽은 걸 알고 수라를 들지 않다.

3. 19. 영의정 이극배의 사직 청을 받아들이다. 윤필상·노사신·윤호를 불러 좌의정을 영의정에, 우의정을 좌의정에, 정괄을 우의정에 삼겠다고 하다.

3. 20. 승정원에서, 어제 비밀리에 정승 인사를 한 일을 비판하자, 밖에서 미리 알까 봐 그랬다며 대궐 안의 일을 누설시키는 자와 관련한 법 조문을 등사해 아뢰라 이르다.

3. 20. 이극배를 광릉부원군으로, 노사신을 영의 정으로, 신승선을 좌의정으로, 정괄을 우의정으로 삼다.

3. 24. 새로 밀부(密符)를 만들다.

• 밀부는 병란이 일어나면 즉시 군사를 동원할 수 있도록 내리던 병부를 말한다.

3. 27. 이지방·이장생·신윤무를 8도에 보내 밀부를 내리다.

4. 8. 정괄과 구수영에게, 중국산 검은 엿을 구하고 제조법을 알아 오라 명하다.

4. 9. 사치스럽게 모친상을 치른 유자광을 국문하게 하다.

4. 11. 폐비의 묘에 어떻게 묘지기를 정해 수호하게 하였는가를 묻다. 승정원에서, 폐비 교서·장사 지낸 일·기유년(성종 20년)에 내린 교지를 써

서 아뢰다.

4. 11. 임광재 졸.

4. 19. 어세겸·이극돈·유순·성현 등에게 명해 《성종실록》 편찬을 명하다.

4. 20. 전 창원부사 조지서가 봉서를 올려, 별전을 세우고 자릉(慈陵)을 만들어 어머니의 은혜에 보답할 것과 모후의 족친을 거두어 녹을 줄 것을 청하다.

4. 28. 사간원에서, 조지서의 봉서는 과장되었고 총애를 노린 것이라며 국문을 청하다. 예조에서도 그 마음 씀이 간사하다고 비판하다. 이에 조지서를 국문하라 하다.

5. 1. 의정부에서, 구언(求言)하라는 전교에 따른 것이니 조지서를 죄줄 수 없다고 아뢰자 받아들이다.

5. 5. 윤필상·노사신·신승선 등이 원상(院相) 폐지를 청하다.

5. 13. 대간에서, 계속 외척을 등용하는 것에 대해 비판하다.

5. 14. 대간에서, 정미수의 당상관 승진에 대해 비판하자, 권한이 다 대간의 손에 있게 되었다고 힐난하다.

6. 2. 이극배 졸.

6. 10. 비와 병을 이유로 중국 사신 위로 잔치에 못 나간다고 하자, 사신이 빈정거리며 화를 내다.

6. 26. 표연말 등이 차자를 올려, 원각사에서 불경을 인쇄하는 일을 못 하게 하자, 대비전에서 하는 일이라 모른다고 답하다.

6. 28. 윤탕로를 사면하는 단자를 내리자, 사헌부에서 수령을 거부하다.

• 윤탕로에게 죄주기를 대간이 청하고 있었다.

6. 29. 윤탕로 사면 단자를 4번이나 내렸는데 받지 않는다며 대간의 직을 갈고 의금부에 내려 국문하라 이르다. 이에 승정원이 반대하다.

• 노사신은 지당하다고 임금의 편을 들었다.

7. 7. 노사신의 발언은 부당하다며 대간에서

탄핵을 청하다.

• 이 탄핵의 청은 7월 내내 이어졌다.

8.2. 대간에게, 자신이 어린 임금이라고 하여 무례한 말을 많이 하는 것이냐고 묻다.

8.8. 대간이 중국 사신 김보를 간휼하다고 표현하자, 체직하고 국문할 것을 명하다.

8.9. 중국 사신 김보를 업신여겼다 하여 대사헌 이하 대간들을 국문하게 하다. 이에 신승선과 권경우가 대간 대접을 그렇게 해서는 안 된다고 하자, 임금이 대간을 제어하지 못하면 권세가 대간에 있게 된다며 듣지 않다.

8.14. 명일은 폐비 윤 씨의 기일이니 소찬을 들이라 이르다.

8.15. 의정부·6조와 더불어 폐비의 추존 및 제사 등에 대해 의논하다.

9.3. 승지 권경우가 3일에 1번씩 윤대할 것을 청하니 5일에 1번씩 하라고 답하다.

9.8. 대간이 노사신을 탄핵함이 3개월이나 계속된다며 대신들에게 의견을 구하다.

10.4. 신승선 영의정, 정괄 좌의정.

10.8. 좌의정 정괄의 졸기.

10.16. 어세겸 우의정. 이극돈 우찬성.

10.28. 어세겸이 원상을 파할 것을 주청하자, 견문이 넓지 못해 노성한 대신들에게 힘입어 정사를 도모하려는 것이라며 반대하다.

11.1. 노사신·윤필상 등이 원상직 해면을 청하니 따르다.

11.3. 승정원에서, 근래 조신을 접견하지 않은 것이 오래되었다며 경연에 나올 것을 청하다. 근일 나가겠다고 답하다.

• 이즈음 대간은 수륙재를 파할 것을 연일 주청하고 있었다.

12.3. 홍문관 관원들이, 말의 출처를 묻지 말 것을 건의했으나 묻지 않을 수 없다고 답하다.

• 풍문으로 떠도는 말 등을 대간이 전하며 임금을 압박하자, 출처를 확실히 하라는 의미였다.

12.13. 관찰사·절도사에게 변방의 경계 태세를 강화하라고 유시하다.

12.17. 주강에 나가 《대학연의》를 강하다.

연산군 2년(1496)

1.3. 백성이 중이 되는 것은 군적을 피해 생계를 위한 것이라며, 해결할 방안이 있는지를 묻다.

1.12. 대간에서, 내시 김효강이 승정원을 거치지 않고 유점사·낙산사에 소금 공급을 아뢴 것은 내시가 권세를 부리려는 징조라고 지적하자, 지금의 형세는 대간이 권세를 부리는 것이라고 답하다.

2.2. 내시가 사족의 딸들을 아내로 삼는 까닭에 궁중의 비밀이 누설된다며, 조사(朝士)의 5촌 되는 친족이나 사천(私賤)은 내시의 아내가 될 수 없게 하라 명하다.

2.4. 어세겸을 좌의정으로, 정문형을 우의정으로 삼다.

2.5. 윤필상 등이, 신숙주·정창손·홍응·허종·이극배를 성종의 배향공신으로 추천하자, 신숙주·정창손·홍응으로 정하다.

2.21. 승정원에 어서를 내리다.

• 제왕의 도에 대해 이르고 있는데, 신하들을 접견하는 날이 적고 백성의 질고(疾苦)를 알지 못한다는 등 자기반성의 성격을 띠고 있다.

2.29. 대간이 경연에 힘쓸 것을 청하자, 병 때문에 어렵다고 답하다.

3.4. 승지들이, 내시 김효강의 일과 정승 정문형의 일에 대해 수의(收議)를 청하자, 의논해도 대간은 마음에 안 들면 문제 삼을 것이고, 재상들은 두려워 올바른 의논을 안 할 것이라며 수의할 필요가 없다고 하다.

• 이렇게 말하면서도, 김효강과 정문형의 일을 함께 의논하라고 일렀다.

3.4. 대신들이, 김효강의 죄에 대해 대간에 동의하는 의논을 드리다.

3.5. 김효강은 죄가 없으나, 재상의 의논이 그러하니 국문하라 이르다.

3.29. 정문형에게 일을 맡길 만한지를 물었는데도 대신들이 대간의 눈치만 보고 있다며, 이는 자신을 업신여기는 것이라 말하다. 이에 다시 의논하라 명하다.

윤3.1. 재론을 거쳐 정문형을 그대로 쓰기로 하다.

윤3.3. 대간들이 계속 반대하자, 우선 따르겠다고 말면서도, 대간이 편당을 중시하고 임금을 가벼이 여기며 이기기를 힘쓴다면 백년 종묘사직이 하루아침에 위태로워질 것이라 이르다.

윤3.13. 폐비의 묘를 살펴보았더니 심각한 상태라 천장하려 한다며, 여기에 반대하는 자는 참하겠다고 하다.

윤3.14. 승정원에 명해, 우선 폐비의 묘를 수축만 하고 선왕 부묘가 끝난 뒤에 천묘함이 옳다고 이르다.

4.2. 출모(出母)의 제사에 대해 의논하다.
• 여기서 출(出)은 아버지에게 내쳐졌다는 의미로 쓰인 것이다.

4.3. 윤필상·노사신·어세겸 등과 폐비의 제문에 대하여 의논하다.
• 노사신은 선비(先妣)라 칭하는 것이 마땅하다고 했고, 어세겸은 선왕의 뜻을 어기고 모후라 칭하는 것은 옳지 않다며 휘를 칭하지 않는 것이 합당하다고 했다. 여러 논의 끝에 제문 머리말은 '국왕은 삼가 자친 모씨에게 고합니다.'로 정했다.

4.9. 윤호의 졸기.

4.11. 앞으로 추쇄할 때, 도첩이 없는 중은 힘써 추궁해 공자의 도를 일으키고 불씨(佛氏)의 교를 쇠하게 하라 이르다.

4.22. 각 사(司)의 여종 및 사족 첩의 소생 딸 중에 자색이 있어 시녀에 합당한 자 50인을 뽑아들이라 명하다.
• 50명 중에서 자신이 따로 뽑겠다고 했다.

5.4. 성균관 생원 박겸무 등이, 불교를 배척한

일을 하례하자, 자신이 밝고 지혜롭지 못해서 그 정도에 그쳤다며 만일 밝고 지혜로웠으면 중들을 다 죽였을 것이라 답하다.

5.6. 정언 권균이, 묘를 옮기는 일을 담당할 당상과 낭청은 삼년상 후에 정해도 늦지 않다고 아뢰자, 저의가 있을 것이라며 국문하게 하다.
• 이튿날 대간들의 반대에 석방했다.

5.8. 불교 배척 하교로 인해 유생들이 절에 올라가 중을 때리는 등 행패를 부리자, 불교 배척이 어찌 중을 때리는 데 있느냐며 이 같은 행동을 금하라 명하다.

5.13. 내시 김순손을 삼년상이 끝난 뒤 처형토록 하다.
• 왕이 초상 중에 암말과 수말을 내정에 들여 교접하는 것을 구경했는데, 김순손이 간하여 말린 일이 있었다. 이를 노여워한 것이다.

6.1. 승정원이 개나 말을 내정에 들이지 말 것을 청하자 수용하다.

6.3. 형구를 안으로 들이라 했다가 승지들이 반대하자 거두다.

6.5. 홍문관 직제학 표연말 등이 선왕의 유교를 지킬 것을 청하다.
• 폐비의 일을 말한 것이다.

6.7. 폐비의 신주를 세우고 사당을 건립하는 문제를 의논하다.

6.9. 승정원에서, 신주를 세우고 사당을 세우는 것은 조정의 의논이 정해진 바이지만 추숭하는 예는 거행할 수 없다고 하다. 폐비가 선왕에게는 죄를 얻었으나 조정에서 미워할 일이 아니라며 봉숭의 예를 행하겠다고 하다.

6.29. 신주와 사당 문제는 대신과 의논해 이미 정해진 것인데 계속 문제 삼는 것은 속셈이 있어서라며, 모두 의금부에 내리고 형신하라 명하다.

6.29. 이세좌·신준 등 대신들이, 간원을 죄주지 말 것을 청하자, 국문은 하지 말고 파직만 하라고 후퇴하다.

7. 9. 대간이 합사하여, 선왕의 유교를 따를 것을 요구하다.

• 이날부터 19일까지 연일 청하였으나 들어주지 않자 사직했다.

7. 20. 대간을 불러 복직시키자 다시 사직하다.

• 이후 복직·사직이 수차례 반복되는 등 대간의 논박은 8월에도 계속 이어졌다.

9. 11. 한치형 우의정.

9. 18. 경연에 나가다.

9. 29. 윤필상 등의 의논을 따라, 도성 안에 사당을 세우고 예관으로 하여금 주관하게 하다.

• 대간들은 도성 안보다는 묘소 곁에 세우고 내수사가 주관해야 한다고 주장했다.

10. 2. 대간이 사직하자 복직하라 명하다.

• 이후에도 사직과 복직 명이 여러 차례 이어졌다.

10. 15. 세 대비의 명이라며, 왕패가 있는 사찰은 잡역을 면제하라 이르다.

10. 26. 경연에 참석하지 않는 것은 병 때문이라고 하다.

• 이후에도 여러 차례 같은 말을 했다.

11. 23. 어제 시를 내려, 경연에 나오라고 재촉하는 간관들을 힐난하다.

11. 24. 장령 이자건이, 어제 홍문관에 시를 내린 것에 대해, 그런 기예의 일은 임금으로서 할 일이 아니라 탓하다.

12. 5. 병조판서 노공필이 사직을 청했으나 들어주지 않다.

• 노공필은 아버지 노사신과의 상피(相避) 문제로 대간의 논박을 받고 있었다.

연산군 3년(1497)

1. 4. 인가가 후원을 내려다본다며 궁궐 담장을 높게 쌓도록 하다.

1. 11. 이세좌·윤효손을 천묘도감 제조로 삼다.

1. 21. 유자광을 무령군으로 삼다.

1. 22. 경연에 나가다.

1. 25. 이수공이, 윤 씨 묘를 옮기는 일에 도감까지 설치한 것은 잘못이라고 아뢰자, 아들이 어미의 사당을 세우는 것이 무슨 허물이냐고 답하다.

1. 26. 이육이, 모양을 새로 바꾼 갓을 쓰도록 강제할 수는 없다며 명을 취소해 달라 청하다.

• 성종이 마루가 둥글고 차양이 넓은 갓은 중들이 쓰는 승립(僧笠)을 본뜬 것 같다며 고치라고 명한 적이 있다. 이것을 다시 바꾸려고 했으나, 많은 사람들이 예전 모양의 갓을 주로 쓰자 이육이 청한 것이다.

2. 10. 성종과 공혜왕후의 신주를 봉안하다.

2. 12. 곡연(曲宴)을 대왕대비전에 드리다.

2. 13. 간언을 했던 내시 김순손을 제주에 안치시키고 민호에 편입시켜 부역을 부담하게 하다.

• 김순손을 죽이지는 않았다.

2. 15. 노국대장공주의 화상을 대전 안으로 들여오게 하다.

3. 10. 백관을 거느리고 인수왕대비, 인혜왕대비에게 휘호를 올리다.

3. 15. 인정전에 나가 왕비에게 책보와 교명을 전하다.

3. 21 손순효 졸기.

3. 22. 대간에서, 후원에 장막을 두른 것은 혹시 유희를 위한 것이 아닌지 의심스럽다며 수성에 힘쓸 것을 청하자, 보경당 수리를 위해 두른 것이라며 억측으로 간하는 것은 옳지 않다 하다.

3. 23. 대간이 서로 구하는 세태에 대해 말하다.

3. 29. 영의정 신승선의 사직을 허락하다.

4. 3. 신승선을 거창부원군 겸 영경연사로, 임사홍을 가선상호군으로 삼다.

4. 9. 윤 씨의 묘호를 의논하여, 사당은 효사(孝思)로 묘소는 회(懷)로 정하다.

4. 10. 부제학 이승건 등이, 인군은 종묘만 효라 칭하고 다른 곳을 효라 칭할 수 없다며, 사당의 이름을 고치기를 청하다.

4. 16. 대간에서, 임사홍의 벼슬을 높인 것은 불가하다고 서계하다.

4. 24. 대간이 공신의 가자 문제와 임사홍의 일로 거듭 사직하다.

• 이후 여러 차례 같은 일이 벌어졌다.

5. 7. 대간을 복직하게 했는데 다시 사직하자, 가서 다른 임금을 섬기더라도 우선 명에 따르라 하다.

5. 10. 복직을 명해도 따르지 않는다며 파직을 명하자, 성덕에 누가 된다며 다시 생각하라 아뢰다. 이에 대간이 말하면 삼공이 따라 말하고 홍문관과 승정원도 따라 말하니 이는 모두가 대간이 된 격이라고 질타하다.

5. 12. 의정부가 대간을 용납할 것을 청하자, 세종조와 성종조에도 대간이 이런 적이 있는지를 물으며 질책하다.

5. 12. 대간을 복직시키기는 하지만, 그들이 말하는 것은 들어줄 수 없다고 하다.

5. 15. 대간에서, 임사홍의 가자를 개정할 것을 청하다.

5. 16. 대간이 사직하다.

• 이후 또 여러 차례 같은 일이 벌어졌다.

5. 18.《대전》의 규정을 들어 궁궐 담 100자 안의 민가는 모두 철거토록 하다.

5. 21. 대간의 주장이 맞는지, 임사홍과 관련한 성종의 발언을 확인하기 위해 실록을 상고하게 하다.

• 성종이 "내가 있을 때에는 임사홍을 다시 등용하지 않는다."라고 말했는지를 따지기 위한 것이다.

5. 23. 성종이 다시 등용하지 않는다고는 했으나 버리지 않고 다시 등용했다며, 임사홍 한 사람을 가자한다고 해서 나라가 위망해지는 것은 아니라고 하다. 이에 다시 대간이 사직하다.

6. 14. 대간 교체를 전교하면서, 나이가 젊어서 일 만들기를 좋아하는 사람을 임명하지 말라 명하다.

7. 1. 성종이 군액의 부족함을 염려해 도승법을 제거했지만, 그들이 이단이라 할지라도 백성이니 도승을 금하지 말 것을 의논하게 하다.

7. 14. 경연에 나가 대간·대신 들과 토론하다.

7. 21. 조순이, 노사신의 죄는 극형에 처해도 부족하다며 공박하다.

• 조순은 노사신의 살덩이를 씹고 싶을 정도라는 극언도 마다하지 않았다.

7. 22. 조순을 국문하라고 명하다. 승정원이 만류하자, 승정원은 어찌 그리 대간을 두려워하느냐며 조소하다.

7. 22. 홍문관에서, 조순을 국문하라는 명을 거두어 달라 청하자, 임금에게 일이 생겨도 이같이 구원하겠느냐며 모두 파직하다.

7. 24. 계속된 대간의 청에, 대간이 아니면 곤장을 쳐 귀양 보낼 것인데 대간이어서 파직만 한 것이라며, 죄를 주고 안 주고의 결정은 위에 있다고 답하다.

7. 26. 경연에서, 대간이라 하여 관용으로만 대한다면 끝내는 대간만 말을 하고 대신은 가부를 논할 수 없게 되어 나라를 그르치게 될 것이라 하다.

8. 6. 승도를 모두 제거하지는 못할 것이니 1년에 10명만이라도 도첩을 주는 것이 어떤지를 묻자, 승정원이 성종의 뜻을 준수해야 한다고 답하다.

8. 8. 홍문관 직제학 홍한 등을 각 요새지로 보내 방어 태세를 살피게 하다.

8. 14. 과음을 한 내시 박인손을 국문하게 하다.

8. 16. 변수를 영안북도 절도사로 삼다.

8. 17. 어서를 내려 남방 여러 도의 경비를 철저히 하라 이르다.

8. 29. 사헌부에서, 영안도의 특수성과 역사적 사례를 들며 역량이 있는 대신이 가야 하는데 변수는 재질이 용렬하다며 체임할 것을 아뢰다.

• 이때 대간의 말을 받아들였는데, 대간의 뜻을 곧바로 수용한 드문 예이다.

8. 29. 조숙기를 영안북도 병마절도사로, 변수를 온성부사로 삼다.

9. 8. 풍원위 임숭재에게 곡식 등을 하사하다.

9. 10. 인정전에 나가 문과 중시의 책제를 내다.

9. 25. 자순대비가 선릉을 참배하고 돌아오니 제 천정에서 마중하다.

• 자순대비의 선릉행은 대간의 반대를 무시하고 갔던 것이다.

10. 13. 혀끝이 아프다며, 어서를 내려 경연을 연 기하다.

10. 22. 눈병을 이유로 정사 보는 것을 정지하다.

11. 1. 왜인들이 녹도 만호를 죽이고 백성의 양 곡을 겁탈하고 군량을 노략질하다.

11. 15. 이극균이 경상우도의 지도를 그려 올리 다.

11. 25. 세 대비전에 축연을 올리고 명정전 앞뜰 에서 신하들에게 음식을 베풀다.

12. 9. 유사(有司)로 하여금 윤기견과 신 씨 내외 의 족속을 탐문하여 성명을 모두 기록해 아뢰라 고 승정원에 전교하다.

• 윤기견은 폐비의 아버지, 신 씨는 어머니다.

12. 12. 시골 훈도 송헌동이 재변으로 인한 상 소 17조항을 올리다. 그 첫째로 20세 이하의 자 녀 없는 홀어미는 개가를 허할 것을 청하였는데 《대전》에 기재되어 있는 것을 경솔히 고칠 수 없다며 들어주지 않다.

12. 16. 어을우동이 지었다는 시를 보고자 하나 승정원에서 반대하다.

12. 18. 밤에 원자가 탄생하다.

연산군 4년(1498)

1. 7. 이조 판서 이세좌 등이, 작상 남용에 대한 신하들의 간언을 들어줄 것을 청하다

• 1월에도 작상의 남발, 특히 임사홍에게 가자한 일 로 연일 논박이 이어졌다.

2. 5. 대간이 논집(論執)을 그치지 않자, 임사 홍·한환·조득림·김효강의 가자를 개정하게 하 다.

2. 11. 권력이 대간에게 옮겨 가는 문제를 지적

하다.

2. 24. 지평 신복의 등이, 견성사 창건의 불가함 을 논하며 후세에 공론이 있을까 걱정이라 하 자, 어찌 후세의 공론을 두려워하겠는가라고 하 다.

4. 4. 함흥군을 부로 승격해 부윤을 두고 영흥 은 대도호부로 승격하다. 영안도는 함경도로 개 칭하다.

5. 4. 사간 이점이, 월산대군의 처 박 씨가 불교 를 숭상한 것에 대해 논하다.

5. 8. 사치 풍속의 폐단에 대해 전교하다.

6. 15. 여러 대신들이 사치금제(奢侈禁制) 절목의 내용을 논의하다.

• 이해 1월에서 6월 사이의 실록 기록이 부실하다.

7. 8. 경연도 중하지만 자신의 몸도 중하다며, 억지로 경연에 나갔다가 큰 병을 이루게 되면 문제가 될 수 있다고 하다.

7. 11. 김일손의 사초를 모두 들여오라 이르다. 이극돈이, 사초를 볼 수는 없다며 상고할 곳만 절취해 올리니, 그 종실에 대해 쓴 것도 들이라 명하다.

• 무오사화의 시작이다.

7. 12. 김일손과 허반을 잡아와 친국하다.

• 김일손에게, 세조가 며느리 권 씨를 불렀는데 분부 를 받지 않았다고 쓴 이야기의 출처를 묻자, 권 귀 인의 조카 허반에게 들었다고 답했다. 이에 허반도 잡 아와 국문했는데 허반은 모두 부정했다.

7. 12. 김일손이 체포돼 오면서 홍사호에게 한 말을 서계하게 하다.

• 이극돈이 자신과 관련이 있는 사초의 내용을 삭제 하려다 실패한 적이 있었는데, 이를 통해 김일손은 이 일이 《실록》과 관련되어 있다는 것과, 이극돈이 자신 을 원망하는 게 틀림없다는 등의 말을 했다.

7. 12. 유자광이 사초의 내용을 하나하나 신문 하다.

• 김일손은, 황보인·김종서의 죽음, 소릉의 재궁, 박 팽년 등에 대한 이야기의 출처를 진술했다.

7. 13. 실록은 사실을 써야 하는데 헛된 것을 썼다며 김일손을 질타하다.

• 연산이, 소릉 복구를 청하고 난신을 절개를 지켜 죽었다고 한 것은 반심의 표현이라고 하자, 김일손은 믿을 만한 자에게서 들은 얘기라 기록했을 뿐이라며 반심을 품은 것은 아니라고 했다.

7. 13. 홍문관 예문관에서 《실록》을 보는 것은 부당하다 하자, 국문을 명하다.

7. 14. 사초 사건에 연루된 자들의 집을 수색할 것을 명하다.

7. 14. 이목의 집에서 임희재의 편지가 나오다.

• 편지에는 사직서를 낸 조사들이 시골 수령으로 좌천되는 세태를 비판하는 내용이 담겨 있다. 이에 임희재의 아비인 임사홍까지 잡아다 국문하게 했다.

7. 15. 유자광이 조의제문을 구절마다 풀이해서 아뢰다.

7. 16. 유자광·강귀손 등과 조의제문에 대해 논의하다.

• 유자광이 강경한 모습을 보인 반면, 강귀손은 편집과 간행을 맡은 이들과 교분이 있었기 때문에 말을 아끼는 편이었다.

7. 17. 김종직의 문집 판본은 불태우게 하고 문집 소장자는 바치게 하다.

7. 17. 김종직을 성토하고 형을 논하게 하니, 대신들이 대역의 죄로 논단하고 부관참시를 해야 한다고 하다.

7. 17. 도연명의 술주시(述酒詩)에 대해 김종직이 화답한 것의 의미를 놓고 그의 제자들까지 모두 추핵하는 것이 어떻겠느냐고 묻다. 노사신·한치형·윤필상 등이, 연루자는 국문해야 마땅하나 제자라고 모두 추핵하면 소요가 일 것이라며 반대하다.

• 김종직이 쓴 글은 세조와 단종의 관계를 빗대고 있다.

7. 17. 김일손이 김종직 제자들의 이름을 말하다.

7. 17. 실록청에서 올린 사초 중, 권경유가 기록한 부분 때문에 국문이 김종직의 제자들로 확대되다.

• 권경우가 김종직의 조의제문을 칭찬하는 글을 남겼다.

7. 18. 유자광이 사초를 수검(搜檢)할 것을 청하다.

7. 19. 이극돈이 상소해, 한치형·노사신 등과 의논하고 바로 아뢰려 했다고 변명하다.

7. 24. 신수근에게 대간을 뽑는 기준에 대해 전교하다.

7. 26. 윤필상 등이 죄목을 논하여 서계하다. 이에 김일손 등을 벨 때는 백관이 가서 보게 하라 명하다.

• 이 같은 일은 통렬히 다스려 뒷사람의 경계가 되게 해야 한다며, 백관 중에서 고개를 돌리거나 낯을 가리는 자는 이름을 적어 오라 이르기도 했다.

7. 27. 김종직을 부관참시한 일 등을 종묘사직에 고하고 중외에 사면령을 내리다.

7. 27. 추관이었던 당상·낭청 등에게 논공행상하다.

7. 28. 김종직·권오복·김일손·권경유 등의 사초를 불사르다.

7. 28. 노사신·한치형·유자광 등이 권오복의 죄를 감해 줄 것을 청하자, 장 100대를 치고 종으로 삼도록 하다.

7. 28. 한치형을 좌의정으로, 성준을 우의정으로, 이극균을 좌찬성으로, 신수근을 이조판서로 삼다.

8. 3. 죄인의 집 중에 좋은 것을 택해 신수근과 윤구의 어미에게 주도록 하다.

8. 10. 유자광과 윤필상이 사마소의 폐단을 아뢰다.

8. 13. 폐비의 기일에는 형을 집행하지 말라 이르다.

8. 16. 유자광이, 남효온의 시를 근거로 안응세·홍유손 등을 김종직의 일파라며 국문을 청하다.

8. 19. 유배를 가던 표연말이 졸하다.

9. 6. 노사신이 위독하다는 소식을 듣고 사람을 보내 유언을 물으니, 공정한 상벌과 부지런한 경연 참여뿐이라 하다.

9. 6. 노사신 졸.

9. 10. 창경궁 대내에서 불이 나다.

10. 6. 역모죄로 배목인 등 13인을 능지처참하다.

11. 2. 배목인 일당 37명을 처형하고 사령을 반포하다.

11. 11. 함경도 관찰사 이승건이, 단천군 마곡역 벽에 이종준이 쓴 시에 대해 고하니 잡아 오라 이르다.

11. 30. 충청 사람 박원성이, 유생들이 모여 걸주의 세상이라며 윤필상 등을 욕하고 김종직을 충신이라 했다고 고하다.

윤11. 12. 유분은 능지처사하고, 남계희와 유승연은 처참하다.

윤11. 17. 이종준과 이총이 벽서 사건으로 끌려오다.

윤11. 25. 고문을 가해도 이총이 불복하다. 이에 이종준이 무함한 것으로 생각해 이종준을 고문해 보았으나 역시 불복하다.

윤11. 28. 진상을 조사하기 위해 유자광을 함경도에 파견하다.

윤11. 30. 나례·잡희는 질리도록 본 것이니, 구경할 만한 다른 기교를 만들어 공연하라 이르다.

12. 6. 장령 이세인이, 옥사 추국시에는 형관·정승·대간이 담당해야 하는데, 근래 대간은 빠지고 유자광만 참여한다며, 이를 못 하게 해 달라 청했으나 듣지 않다.

12. 23. 인혜왕대비가 승하하다.

12. 23. 상(喪)의 길고 짧음으로 정성을 판단할 수 없다며, 기년역월제를 쓰도록 하다.

연산군 5년(1499)

1. 2. 대행대비의 시호를 안순(安順)으로 하다.

1. 10. 유자광이 명을 받고 함경도에 갔을 때, 사사로이 전복과 굴 등을 채취하게 하고는 역마를 써서 실어다 바쳤다며 대간이 탄핵하다. 왕이 변호해 주다.

1. 12. 유자광이 헌상하고 싶었던 것뿐이라며 변명하다.

1. 12. 빈전에서 조석으로 곡해 시끄럽고 고요하지 못하니 예에 어긋나는 것이 아닌가 묻다. 예조가 예문에 따른 것이라고 하자, 알았다고 하다.

1. 19. 승지 정미수가, 《해동제국기》의 예에 따라 야인들에 관한 책자를 만들기를 청하다.

1. 22. 대간이 서거정의 〈수직론〉을 써서 올리다.

• 유자광을 비꼬는 글이다.

2. 2. 제안대군의 상복을 3년으로 하다.

2. 3. 이세좌가, 왕자군 졸곡 후에 백의·흑모·흑대를 착용하는 제도는 《오례의》에 실려 있고, 정승의 의논에 따라 삼년상을 행하기로 하였으니 정식 제도로 삼을 것을 청하다. 가하다고 답하다.

2. 22. 홍귀달이, 실록이 이루어졌으니 전에 명한 대로 《국조보감》 속편을 편찬케 하는 것이 어떤지를 여쭙다. 가하다고 답하다.

2. 23. 대간의 계속된 요구에 유자광을 특진관·도총관에서 해임하다.

2. 24. 영소전에서 연제를 행하고 백관이 길복을 입다.

2. 25. 이총을 종적에서 삭제하고 거제에 안치하다.

3. 2. 무고를 한 죄를 물어 이종준을 중벌에 처하라 명하다.

3. 10. 《성종실록》이 완성되다.

4. 3. 야인이 침범하여 인명을 살해하고 사람과 우마를 노략질한 일을 의논하다

5.9. 유빈이 치계해, 야인 50기가 침범해 남녀 4명과 소 2마리를 노략질해 갔다고 하자, 의논을 거쳐 성준·이극균으로 하여 정벌하게 하다.

5.12. 성준·이극균의 주장에 따라 정병 20,000명과 총통군 등을 뽑아 연습하게 하다.
• 대간들은 연일 정벌 반대 주장을 폈다.

5.21. 야인 정벌 문제를 재론치 말라 명하다.

6.7. 서정 문제를 토론했는데 회의론이 대세를 이루다.

8.1. 성준·이극균은 평안도 병사를 동원해 기습할 것을 주장하고, 윤필상·한치형 등은 내년을 기다려 논죄하자고 주장하다. 이에 윤필상 등의 의견으로 기울다.

8.4. 문신들에게 서정과 관련한 주장들을 소개하고 대책을 묻는 책문을 내다.
• 남곤이 장원을 차지했다.

8.20. 월산대군 부인 박 씨에게 쌀과 정포·면포를 지급하다.

9.1. 채청색 공작 날개를 널리 구해 대궐에 들이라 명하다.

9.2. 흰고래 수염 20개를 사서 대궐에 들이라 명하다.

9.4. 공조에서 왕의 안장 위에 덮는 헝겊을 이금으로 그리자, 너무 사치하다며 자황으로 장식하여 빛깔만 있게 하라 명하다.
• 이금은 금박 가루를 아교로 갠 것이다.

9.10. 야인이 또 침범하자, 금년에 공격할 여부를 다시 의논하게 하다.
• 대신들은 여전히 내년을 기약하자고 했다.

9.22. 야인이 또 침구하다.

10.4. 호초(胡椒) 5석을 대궐에 들이게 했다가 모자라자 2석만 들이게 하다.

10.29. 우의정 성준이 아뢰기를, 종을 손녀의 시가로 보냈는데 사헌부에서 붙들고 물건을 수색하고 가두었다며, 이는 자신을 가둔 것이나 같다고 하다. 이에 장령 이의손이 해명하다.

10.30. 6승지에게 부녀들의 투기를 주제로 칠언율시를 지어 들이라 이르다.

10.30. 문신들에게 풍속의 미악(美惡)을 책문으로 짓게 하자, 모두들 아래가 위를 능멸하는 뜻으로 지었다.

11.21. 성준을 불초하다고 표현한 대간을 옥에 가두다.

11.22. 의금부 홍귀달에게, 대간이 정승을 불초하다고 하는 것은 위를 능멸하는 풍습이 초래한 것이라며 상세히 국문하라 이르다.

11.22. 승지가 대간을 변호하자, 아직도 선비의 마음을 잊지 못해 서로 보호하려 하느냐고 힐난하다.

11.23. 예판 이세좌가, 대간을 너그러이 용서할 것을 청하자, 재상을 불초하다 하는 것은 국가의 다스림을 비난하는 것이라 답하다.

11.25. 의금부에서 대사헌 이하 사헌부 관원들의 죄를 의논하여 아뢰자, 대신들에게 의논하라 이르다. 대신들이 모두 용서를 청하다.

11.25. 대간들을 석방하다.

11.27. 형옥을 살피게 하고는, 날씨가 추우니 오래 가두지 말라 이르다.

12.4. 한어에 능통한 자를 뽑은 후, 선정전에서 명나라 사신을 접대하는 의식을 익히게 하다.

12.10. 모든 절에 전토(田土)가 있는 것은 빠짐없이 써서 아뢰라 명하다.

12.12. 연일 성준의 처벌을 청하던 대간의 복직을 명하다.

12.12. 새로 창건한 봉은사에 전토가 없자, 각 도의 절에서 얻은 세와 소금을 옮겨 주게 하다.

12.25. 도화서에 명해, 앵무새 10여 마리를 정교하게 그려 들이도록 하다.

12.25. 한치형·성준이, 서쪽의 길을 열어 야인이 통하게 하면 저들이 믿을 것이라며, 이후 불시에 공격하면 성공할 것이라 아뢰다.
• 조종조 이래 서쪽의 길을 열어 주지 않은 것에는 어떤 뜻이 있었을 것이며, 또한 열었다가 다시 닫을 경우 원망을 살 수도 있다는 말을 했다. 그러면서도

여러 신하들과 의논해 결정하겠다고 답했다.

12.31. 윤필상·성준 등이 문안하자 장수를 비는 절구를 써서 보이다.

연산군 6년(1500)

1.12. 경변사 이극균이, 성준에게 글을 보내 서정을 앞당기자는 제안을 했으나, 의논을 거쳐 보류하다.

1.15. 한치형·성준이 아뢴, 서쪽 길을 여는 문제에 대해 의논을 거쳐 불가로 결정하다.

1.20. 평안도 경변사 이극균 등에게, 도내 연변각 진과 방어처의 지형을 그려 들이게 하다.

1.22. 좌의정 한치형이 서정을 반대하다. 이에 도원수 성준에게 물으니 성준도 금년은 어렵다고 답하자 정지하다.

1.29. 내관 김순·김처정을 당직청에서 장을 때리게 하다.

2.18. 신수근을 이조판서로, 박원종을 병마절도사로 삼다.

3.8. 백청밀(白淸蜜) 40말을 들이라 명하다.

3.8. 각 도에 명해 추등응(白淸蜜) 20마리씩을 더 봉진하게 하다.

3.11. 경기감사에게 자라·돌고래·옥복(玉腹) 등을 산 채로 잡아 올리게 하다.

3.13. 벌통 30통을 대궐에 들이게 하다.

3.20. 중국의 허락을 얻은 바, 해랑도 사람들을 수색해 쇄환케 하다.

3.22. 변방 수령은 문무를 겸비한 이로 내보내게 하다.

3.25. 5냥짜리 초 200자루를 들이게 하다.

3.26. 김확이 누이 옥금을 때렸다 하여 가두다.
 • 조사 결과, 김확의 어미가 딸에게 어떤 남자가 찾아든다 하자 징계의 의미로 때린 것이다. 이에 김확을 보석하고 옥금과 간부 이계창을 형신하라 이르다.

4.1. 이극균이 들어와 강변의 지도, 성을 쌓은 곳의 지형, 군졸의 피폐 상황을 올리다.

4.10. 이극균을 우의정으로 삼다.

4.12. 호초 1섬·단목 150근·나무빗 100개 등을 들이라 이르다.

4.19. 연굴사에서 불상을 내동댕이쳐 부숴 버린 유생 이열 등 6명에게 장 100대를 치게 하고 내시를 보내 집행을 감독하다.

4.19. 밤에 전교하여, 청주 20병·타는 말 2필·짐 싣는 말 3필을 들이게 하다.

5.2. 내관 박인손을 당직청에서 매를 때리다.

5.24. 두 대비전에 각기 쌀 100석을 보내게 하다.

6.12. 옥금의 처벌을 둘러싸고 논란이 일다.
 • 법에 따라야 한다는 주장과, 어을우동처럼 중벌에 처해야 한다는 주장이 맞섰다.

6.16. 내관 김취인을 당직청에서 장을 치다.
 • 유사 기록이 이후로도 종종 나타난다.

6.18. 사대부의 여자로 강상을 더럽히는 이는 간부까지 함께 사형에 처해 풍속을 교화할 것이라 이르다.

6.22. 활짝 핀 연꽃 세 송이와 함께 승정원에 어제(御製) 절구를 지어 내리다.
 • 연산이 지은 절구를 현대어로 풀면 다음과 같다. "고요한 은대(銀臺)에 낮이 지겨운데/ 무더위를 견디지 못해 졸고 앉아 있노라/ 연꽃을 꺾어서 은근히 주니/ 잔에 가득한 술 싫어하지 말게나." 이어 연산은 승정원에 명하여 율시를 짓게 하고 자소주와 참외 등 음식물을 하사했다.

6.27. 어제 절구를 내리고 차운하여 지어 바치게 하다.
 • 이후로도 종종 이런 일이 있었다.

7.9. 해랑도 초무사 전임이, 해랑도 일대의 섬들을 수색해 중국인 포함 남녀 100여 명을 사로잡았다고 아뢰다.

8.11. 월산대군 부인에게 쌀·황두·면포·호초 등을 내리다.

8.14. 의정부가, 내수사의 물품을 절약할 것을 청하다.

8. 19. 풍원위 임숭재가 소를 올려 아비 임사홍의 억울함을 하소연하다.

8. 20. 옥금을 교형에 처하다.

8. 22. 왜가 동철 11만 근을 무역하자고 청했으나 3분의 1만 허락하기로 하다.

• 요구한 양을 모두 수용하면, 나라에서 재용(財用)할 부분이 부족해지기 때문이기도 하고, 훗날 왜가 더 심한 요구를 해 올 수 있다고 판단했기 때문에 제한을 둔 것이다.

9. 23. 각 고을에서 진상품을 많이 거둬 백성에게 피해를 끼친다며 매우 옳지 못하다고 하다.

9. 26. 폐비 윤 씨의 형제들을 대우하여 특별히 승진시키다.

9. 27. 홍귀달·권건 등이 《속국조보감》을 찬술해 올리다.

9. 28. 장령 신숙근이, 경재소·유향소로 인한 폐풍을 제거해야 한다고 청하다.

10. 1. 영의정 한치형이, 청계산 사냥 시 수확하지 않은 벼를 손상시킬까 염려가 된다고 아뢰자, 10월은 사냥의 시기라며 수확하지 않은 것은 백성의 과실이라 답하다.

10. 3. 뇌성이 일자, 사냥을 떠나려고 군사를 모은 것 때문이냐고 묻다. 승지 권주가, 하늘의 뜻은 알 수 없지만 재변을 만나면 공구(恐懼)하고 수성(修省)하여 재앙을 해소시켰다 답하다. 이에 사냥을 중지하고 직언(直言)을 구하는 전지를 의정부에 내리라 명하다.

10. 21. 월산대군 집을 찾아 면포·정포·쌀·참기름 등을 내려 주다.

10. 22. 세 정승이 강도 홍길동을 잡은 것을 하례하다.

10. 28. 홍길동을 도와준 엄귀손의 처벌을 논하다.

11. 15. 한치형이, 갑옷은 면포 13필, 투구는 면포 2필로 값을 쳐서 구입하게 할 것을 청하니 따르다.

11. 28. 어세겸 졸.

12. 21. 엄귀손이 옥사하다.

12. 28. 인양전에서 나례를 종일 즐겁게 구경하다.

12. 29. 홍길동의 죄를 알고도 고발하지 않은 권농(勸農)과 이정(里正)을 변방에 보내기로 하다

연산군 7년(1501)

1. 15. 정문형의 졸기.

1. 17. 난언을 한 정종말을 처벌하다.

• 정종말이 "설령 빗줄기가 주룩주룩 새끼줄처럼 온다고 해도 주상께서 사냥을 멈출 리는 만무하다. 어찌 그리 황당한 것인가. 주상은 군졸을 아끼는 마음이 없다."라고 했다.

1. 30. 일본에 표류한 내섬시 종 장회이가 보고 들은 이야기를 전하다.

3. 15. 내일 친열(親閱)시, 응방의 사냥개 10마리를 청로대원 10명이 좌우로 나누어 어가 앞에서 끌고 가도록 하다.

• 청로대원은 임금이 거둥할 때 앞서 가면서 사람의 통행을 금지하는 군졸이다.

4. 3. 종과 간통한 내관 김새의 아내와 이만중의 아내를 국문하게 하다.

5. 6. 영의정 한치형 등이, 토목 역사의 축소, 보병에게 집중된 부역 개선 등을 요구하다.

5. 10. 술과 작약꽃을 승정원에 내리며, 율시 한 편씩을 지어 바치라 하다.

6. 30. 홍문관이 장성 반대를 주장하면서 성준과 이극균을 비판하는 소를 올리다. 성준과 이극균이 해명하며 사직을 청하자 홍문관 관원을 국문하겠다고 하다.

7. 5. 대사헌 성현 등이 축성 중지를 청하는 상소를 올리다.

7. 29. 성종의 부마 중에서 임숭재와 남치원을 총애해 승진시키다.

윤7. 8. 성준과 이극균이 《서북제번기》·《서북지도》를 지어 바치다.

8. 1. 윤훤의 딸을 숙의로 삼다.

8. 9. 의정부에서, 절약하고 검소할 것을 청하다.

8. 13. 서교에서 농사짓는 것을 보다.

8. 14. 유자광을 겸오위도총관으로 삼다.

8. 28. 일본 사신을 접견할 때의 풍악에 관하여 전교하다.

9. 17. 유자광이 자신의 행적을 변호하며, 자신을 비방하는 서거정의 글에 대해 시비를 가려 달라 청하다.

9. 23. 윤필상·한치형·성준 등이, 무오년 대간들의 직첩을 돌려줄 것을 청하자, 돌려주되 대간이나 홍문관엔 서용하지 말도록 하다.

10. 11 대간의 비판이 계속 이어지자, 유자광이 서거정의 〈수직론〉을 들어 아뢰며 적극적으로 변호하다.

11. 11. 대간이 유자광을 논박하는 것은 잘못이라 말하다.

11. 12. 정언 유순이 대신들이 언로를 방해하고 있다고 하자, 대간의 잘못이 크다고 말하다. 한치형도 대간이 지나치게 간쟁을 한다고 아뢰다.

11. 16. 벼 1,000석 등을 양 대비전에 진상하다.

11. 16. 홍문관에서 유자광과 대신들을 논박하다. 이에 성준·이극균 등이 분개하고 한치형·윤필상도 사직하니 홍문관을 국문하라 이르다.

12. 18. 나례와 잡희를 원자가 피접해 있는 곳으로 보내다.

연산군 8년(1502)

1. 23. 머리에 난 종기의 여독으로 며칠간 정무를 보지 못할 것임을 전교하다.

1. 28. 영의정 한치형 등이, 1년 동안 쓴 잡처용도(雜處用途)의 수량을 써서 아뢰자 이후로 절약하겠다고 하다.

2. 5. 조회 때 사냥개가 뛰어다니자, 담당자를 국문하게 하다.

2. 5. 첩이 참소하여 왕후를 폐위시키려 한다면, 잘못임을 간하는 것이 옳은지 자신의 목숨을 아껴 침묵하는 것이 옳은지를 아뢰라 명하다. 또 이 일을 제목으로 삼아 각기 논과 율시를 지어 바치라 하다.

2. 11. 어제 궁궐 뒷산에 올라 궁내를 바라본 비자(婢子) 3명은 물론 그 주인까지 다스리라 명하다.

2. 17 승지와 정승에게 활쏘기를 연습하게 하고 어제 시를 내리다.

3. 10. 사간원에서, 경연·간언·정사·경계·절약 등에 대해 상소하자, 자신은 덕이 적은 사람이어서 열심히 해도 안 될 것이라 답하다.

3. 24. 내관 김효강에게 의원을 보내다.

4. 19. 동교에서 농사짓는 것을 관람하다.

5. 11. 사찰을 창건한 횟수가 신라와 고려 중 언제 더 많았는지를 묻자, 영사 이극균이 신라라고 답하다.

6. 15. 강귀손이 사직하자 수락하다. 이조에서 윤효손·박숭질·김응기를 추천했으나 허침을 한 자급 승진시켜 이조판서 일을 보게 하다.

6. 15. 정미수를 지돈녕부사로, 김수동을 경기도 관찰사로, 박원종을 강원도 관찰사로 삼다.

6. 21. 대간에서 박원종의 교체를 청했는데, 대신들이 문제없다는 의논을 올리다.

7. 4. 친부모의 상에 후궁은 어떤 복을 입어야 하는지를 묻다. 이에 이세좌 등이 답하기를 중궁도 기년상을 따르고 이일역월제를 써서 13일 만에 상복을 벗는데, 후궁은 심상(心喪)하는 게 옳다며 길복을 입으면 된다고 하다.

7. 7. 더위가 심해지자, 의금부와 전옥서에 사관과 내관을 보내 자세히 조사해 형벌을 신중히 하는 뜻을 보이게 하다.

7. 14. 한치형을 겸세자사로, 성준을 겸세자부로 삼다.

7. 29. 폐비의 일은 투기에서 생긴 일이라며, 회묘와 효사묘에 친제하고 참봉을 두어 관장하게

하겠다는 의견을 내다. 대신과 승지 들은 대체로 찬성했으나 대간은 반대하다.

8. 3. 회묘 친제 문제로 대사헌 김영정과 부제학 허접 등이 거듭 반대했으나, 뜻을 굽히지 않다.

8. 6. 궁성 근처와 산맥을 내리누르는 등지에 집 짓는 것을 금하라 이르다.

8. 7. 효사묘에 아침저녁으로 하는 상식(上食)은 내관 말고 3품직의 종친이 맡게 하다.

8. 12. 대사헌 김영정이, 도첩이 없는 젊은 중이 많다며 그들의 부모에게 죄를 가하는 등 강경책을 쓸 것을 청하다. 이에 법을 너무 각박하게 쓰면 소요를 일으키는 폐단이 있다며 반대하다.

8. 13. 승정원에서, 사직이나 각 능에 거둥할 것을 청하자, 선릉 같은 가까운 곳은 장차 가겠다고 답하다.

• 그동안 능행이 없었다.

8. 13. 서울과 지방에 상평창을 두게 하다.

8. 26. 내관 김취인을 의금부에 가두고 장 70대를 치다.

8. 30. 승정원에서, 재변 등을 이유로 세자 책봉 뒤의 회례연을 정지할 것을 청하자, 현명한 군주는 하지 않겠지만 자신은 덕이 없는 사람이므로 거행하겠다고 하다.

8. 30. 남천군 이쟁이 자신의 형제와 노비 송사를 하다가 이기지 못할 듯하자, 왕이 총애하는 궁녀 녹수(錄壽)에게 뇌물을 주다.

• 이날의 기사에는 녹수(錄壽)로 되어 있지만, 녹수(綠水, 장녹수)의 오기인 듯하다.

9. 5. 효사묘를 다녀온 것에 대해 어제 절구를 내리다.

9. 14. 흉년이나 재변은 외방의 관리들이 백성을 침해하여 원망을 쌓은 탓일 수도 있다며, 각 도 관찰사에게 그들을 엄히 규찰하여 백성의 원망을 없애라 명하다.

9. 15. 원자 황을 세자로 세우고 대사면령을 내리다.

9. 19. 장흥부부인 신 씨에게 쌀 20석을 내리다.

10. 8. 담비 가죽 60벌을 들이라 명하다.

10. 21. 초동 5~6명이 남산 마루에 올라 궁궐 안을 보자 붙잡게 하다. 이에 수십 명이 연행되어 와 곤장을 맞다.

• 왕이 음탕한 놀이를 난잡하게 하는데, 이를 바깥에서 알까 염려한 탓이다.

10. 22. 상정청에서, 응사를 없앨 것을 청하자, 내응방은 없앨 수 없고 외응방에서 기술이 서툰 사람 60명을 줄이고 군액을 채우게 하다.

11. 12. 인수대비전·자순대비전·대전에 쓸 호초와 백단향을 들이라 명하다.

11. 14. 일본에서 원숭이를 바치자, 구리나 쇠 같은 물건도 값을 대기가 어려워 무역을 정지시켰는데 이런 무익한 짐승으로 무엇을 하겠느냐며 돌려보내게 하다.

11. 21. 조참을 받고 경연에 나가 윤대를 받다.

11. 24. 당 고종이 참언과 아첨을 분간하지 못했음을 제목으로 절구를 짓고, 이를 내용으로 승정원·홍문관에서 각기 율시를 지어 바치게 하다.

11. 25. 장녹수의 형부 김효손을 사정으로 삼다.

• 이날의 기사에 장녹수의 배경과 연산과의 관계를 자세히 기록해 놓았다.

11. 27. 흉년이므로, 환과고독·폐질자 등 의지할 데 없는 사람을 먼저 진휼하라 이르다.

11. 29. 전한 정인인을 국문하게 하다.

• 일전에 당 고종의 일을 시로 바치게 한 것과 관련이 있다. 사관은, 정인인이 성품이 곧아 직언을 잘했는데 이즈음의 왕이 주정(酒酊)이 대단하고 절도가 없으므로 정인인이 올린 글에 화를 낸 것이라 평했다.

12. 1. 승지 김감이 지은 눈[雪]에 대한 시를 친히 족자로 꾸며 김감에게 하사하다.

• 김감을 총애해서 1년 안에 품계가 1품에 이르렀다.

12. 4. 북경에 가는 사람에게 수박을 구해 오게 하다.

12. 8. 글자를 휘(諱)하던 전례를 묻자, 승지 김감

이 답하다.

• 예종(睿宗)의 휘 자가 기록된 것이 있었는데, 강관
(講官)이 다른 글자로 대신 읽었기 때문에 무슨 글자인
지 몰라 전례는 어떠했는지를 물은 것이다.

12. 15. 두 대비전에 진상할 면포 450필 등을 대
내로 들이라 하다.

12. 19. 담비 가죽으로 만든 여자 갖옷 4벌을 들
이라 이르다.

12. 20. 절도의 경우, 비록 초범일지라도 모두 참
형에 처하는 게 어떠냐고 묻자, 승지 이점이 반
대하다.

12. 20. 성준의 의견을 따라, 절도범에게 단근(斷
筋)과 경면(黥面)을 당분간 시행하기로 하다.

12. 21. 서피(鼠皮)로 만든 여자 갖옷 1벌을 들이
게 하다.

연산군 9년(1503)

1. 3. 이극균에게 정승 후보를 추천하라 하자,
이극균이 좌찬성 박건과 우찬성 유순을 추천하
다. 이에 유순을 우의정에 제수하다.

1. 6. 내관 최호후에게 곤장 100대를 치게 하
다.

• 이후로도 비슷한 일이 계속 이어졌다.

1. 21. 임사홍을 서용하라 명하다.

1. 7. 중국 사신 접대를 명목으로 백성을 괴롭
히지 않도록 8도 관찰사에게 명하고, 수령들이
백성을 괴롭히는 것을 조사해 그 죄를 논단하게
하다.

2. 7. 관사의 계집종이나 양민의 딸 중에 용모
가 단정한 8~11세의 아이를 골라 들이라 하다.

2. 8. 궐의 담장을 높게 쌓도록 명한 이유를 변
명하다.

• 안을 들여다볼 수 없게 하기 위함이 아니라, 전에
담을 뛰어넘은 사람이 있었기 때문이라고 했다.

2. 11. 최숙생이 말을 더듬는 것을 문제 삼으며,
이후로 대간은 말소리가 분명한 사람을 골라 차

임하라 명하다.

2. 12. 대궐 안 동산에 심겠다며, 기이한 꽃과
풀을 구해 오게 하다.

2. 16. 일식과 월식에 대한 생각을 말하다.

• 일식과 월식은 자연의 법칙이라며, 군주의 덕행과
는 상관이 없다는 것을 말했다.

3. 1. 휘순공주 출가를 맞아, 벼 8,000섬을 준
비해 주라 이르다.

• 휘순공주는 연산군의 장녀로 구수영의 아들 구문
경에게 출가했다. 출가한 이후에는 봉호가 휘신으로
바뀌었다고 하는데 《실록》에서는 특별한 구분 없이
휘순과 휘신이 모두 쓰이고 있다. 이 책에서는 휘순으
로 통일했다.

3. 6. 휘순공주의 집을 짓기 위해 값을 주고 수
십 채의 민가를 철거토록 하다.

3. 28. 경복궁 용문루의 책을 용무루로 옮기다.

5. 6. 두 대비전에 잔치를 베풀다.

5. 8. 사신이 시 족자를 써 줄 것을 청하니, 임
사홍에게 쓰게 하다.

5. 20. 대군이 거처하고 있는 도승지 김감의 집
에 물품을 내리다.

6. 2. 교서관 관원에게 숙원장씨(淑媛張氏) 네 글
자를 쓰게 하다.

6. 4. 중국 사신 김보가 조카의 승진을 요구하
니 들어주다.

7. 6. 중국 사신 김보의 졸기.

7. 7. 김돈을 요동에 보내 김보를 조문하다.

8. 19. 서대문 교외에서 농사짓는 것을 관람하
다.

8. 21. 민효중과 채수에게 좋은 매를 바치게 하
다.

9. 5. 콩알만 한 진주를 널리 구하게 하다. 연어
알도 별도로 바치게 하다.

9. 11. 인정전에서 양로연을 베풀다. 회배(回盃)
때 술을 반 이상 엎지른 이세좌를 국문하게 하
다.

9. 12. 이세좌가 술을 엎지른 일을 다시 거론하

다.

• "소리가 나도록 엎질러 어의까지 적셨다."라는 말을 한 것으로 보아 이세좌가 일부러 한 행동이라 판단한 듯하다.

9. 14. 외조모 신 씨에게 1년에 4번 쌀을 주도록 하다.

9. 14. 내관들을 곤장 때리고 군역에 충당하다.

9. 15. 이세좌를 파직하다.

9. 16. 이세좌가 해명했으나, 사실이 아니라며 받아들이지 않다.

9. 16. 윤필상이 이세좌의 말을 인용하며 술을 흘린 것을 깨닫지 못했을 것이라 하자, 깨닫지 못했어도 매우 그른 일이라 하다.

9. 19. 대간이 이세좌의 죄를 청하지 않는 것은 이세좌의 위세가 두려워서일 것이라 하다.

9. 19. 의정부·6조 당상을 불러 이세좌의 아들들을 청요직에서 갈도록 하다. 이어 이세좌에 대해 다시 의논할 것이 있는지, 혹은 대간을 죄주어야 할지를 논하게 하다. 이에 모두들 죄에 비해 벌이 가볍고 대간들도 죄를 받아야 한다고 아뢰자 이세좌를 외방에 부처하다.

9. 20. 대사헌·대사간·대간을 서반에 보내 직위를 낮춰 서용하라 명하다.

9. 21. 이세좌를 전라도 부안으로 유배했다가 온성으로 바꾸다.

10. 5. 백성의 빚을 2~3년에 나누어 받게 하다.

10. 25. 청계산에서 사냥할 때 보니, 성준이 앉아 있는 게 무례해 보였다고 하자, 근일에 병이 있어 그런 것 같다고 승지들이 변호하다.

11. 5. 궁궐 담장 밑 100자 안, 궁궐이 내려다보이는 곳의 집을 재차 헐어 내게 하고 창덕궁 주변 90여 가옥을 이달 20일 이내로 철거케 하다.

11. 6. 왜인에게서 황금을 사들이게 하다.

11. 9. 성균관 뒷간이 후원과 가까우니 옮겨 짓게 하다.

11. 9. 경복궁이 내려다보이는 복세암·인왕사 등 11곳을 철거하다. 아울러 백악산·인왕산·사직

산에 올라가 바라보지 못하도록 성 밑에 사는 사람을 시켜 금지하게 하다.

11. 13. 목멱산·백악산 등의 성황당에 기도하는 사람과, 올라가 대궐 안을 보는 사람을 금하게 하다.

11. 13. 김효손을 함경도 전향 별감에 제수하다.

11. 17. 대간들이 철거에 반대하자, 화를 내며 내일부터 시작해 그믐까지 모두 철거하라 명하다.

11. 20. 두 대비가 창경궁 내전에서 왕에게 잔치를 베풀어 위로하자, 왕이 스스로 북 치고 노래하고 춤추다.

11. 22. 전날의 술자리에서 각종 선물을 내리는 등 격 없이 대하여 준 것에, 성준·이극균을 비롯해 많은 신하들이 감격하다.

12. 19. 두 대비전에 잔치를 베풀다.

12. 24. 숙원 장 씨를 숙용으로 하라 이르다.

12. 27. 나례 놀이를 대군이 피접해 있는 정미수의 집으로 보내다.

12. 28. 인양전에 나아가 나례 놀이를 구경하다.

연산군 10년(1504)

1. 5. 인수대비가 위독하자 은밀히 상제를 의논하다.

1. 8. 병중에 계신 대비의 뜻을 따른다며, 절을 중수하거나 부처를 공양하는 자를 금하지 말라 이르다.

1. 11. 이세좌를 석방하다.

1. 16. 중미 30석, 황두 10석을 제안대군 집에 보내다.

1. 19. 성현 졸.

1. 26. 풍원위 임숭재에게 장악원 제조를 맡기다.

2. 18. 큰 진주 500개를 들이게 하다.

2. 23. 진주 3,000개를 사들이라 하다.

2. 28. 이조와 예조에 명하여, 후궁의 벼슬 이름

을 지어 올리게 하다.

3.3. 이세좌가 와서 사은하니 술을 하사하다.

3.4. 세자의 입학을 맞아, 월산대군 집에 물품을 하사하고 사면령을 내리다.

3.6. 무명 500필을 장 숙용 집에 보내다.

3.8. 장 숙용의 집 인근 민가를 헐어 집을 넓히게 하다.

3.10. 《서국제번기》인출을 허하다.

3.12. 이세좌의 방면에 대해 말하지 않은 대간들을 하옥하다.

3.12. 뒤에 대사면령이 내리더라도 이세좌는 용서하지 말라 이르다.

3.13. 의정부에 전지를 내려, 위를 능멸하는 풍습을 통렬히 고치도록 하라 이르다.

3.13. 홍귀달·이세좌를 낭청이 아니라 옥졸이 압령해 가도록 하다.

• 관리가 아닌 일개 옥졸이 압송해 가게 함으로써 모욕을 느끼게 하려는 의도다.

3.13. 경계의 말을 새긴 나무패를 환관들에게 나눠 주고 차고 다니게 하다.

• "입은 화의 문이요, 혀는 몸을 베는 칼이다. 입을 닫고 혀를 깊이 간직하면 몸이 편안하여 어디서나 굳건하리라."라는 문구를 새겼다.

3.14. 이세좌에 대해 논하지 않은 자를 써서 아뢰도록 하다.

3.14. 대간들이, 이세좌·홍귀달의 벌이 죄에 비해 가볍다고 아뢰다.

3.14. 이세좌의 귀양길을 살피게 했는데, 옥졸이 보이지 않았다고 하자 옥졸들을 잡아다 추국하라 이르다. 또 이세좌의 아들 이수정이 아비 뒤를 따라가고 있었는데, 자기 직임이 있는데도 그리 한 것은 잘못이라며 국문하라 명하다.

3.15. 이자건 등 간하지 않은 대간들에게 장을 치고 먼 곳에 유배하다.

3.15. 이세좌를 죄줄 때, 그 가벼움을 말하지 않은 정부·6조 당상·승지 들을 국문하라 이르다.

3.16. 홍귀달·이세좌를 도로 불러 장을 치고 다시 유배하다.

3.17. 이세좌가 풀려날 때 찾아간 이들을 추문하게 하다.

3.18. 전 대간을 가두어 태 40대씩 치고 유배하다.

3.19. 이수원·이수의·이수정·이수형·홍언국을 서북 지방에 유배하다.

3.20. 이세좌의 아들·아우 외에도 사위 양윤·조영손·정현 등도 장을 치고 외딴곳에 유배하다.

3.20. 안양군 이항과 봉안군 이봉을 불러 엄 씨와 정 씨를 몽둥이로 치게 하고, 인수대비의 처소로 가서 왜 어머니를 죽였느냐며 불손한 행동을 하다.

• 엄 씨와 정 씨는 모두 성종의 후궁들이다. 연산군은 이들 때문에 모후 윤 씨가 폐위되고 죽었다고 생각해 이런 일을 벌인 것이다. 불려 온 이항과 이봉은 정 씨의 소생이다. 이항은 날이 어두워 자신의 어머니인 줄 모르고 마구 쳤다고 하고, 이봉은 알아차리고 가만히 있었다고 한다.

3.23. 어머니는 자식으로 인해 귀해지는 것이라며, 회묘의 묘호를 고치는 게 어떤지를 묻다. 이에 승지들이 존숭하는 시호를 올려야 한다고 답하다.

3.23. 대신들은 시호와 능호를 올려야 한다는 의견을 내고, 대간들은 이미 정성을 다했으니 더할 수 없다고 하다.

3.24. 윤 씨를 폐할 때, 의논에 참여한 재상과 궁궐에서 나갈 때 시위한 재상 및 사약을 내릴 때 참여한 재상을 상고해 아뢰라 명하다.

3.24. 윤필상 등이, 시호를 제헌이라 하고 회묘를 회릉이라 하기를 아뢰면서, 효사묘는 고치지 않는 것이 어떤지를 여쭙자 수락하다.

3.26. 엄 씨와 정 씨를 폐서인에 처했으니 그 아들 역시 종친으로 보지 말게 하라 이르고, 부모와 동생도 난신의 예에 의거해 연좌하라 이르

다.

3. 28. 좌의정 이극균을 이세좌의 일로 국문하게 하다.

3. 30. 이세좌에게 사약을 내리다.

4. 1. 이극균을 귀양 보내다.

4. 1. 완원군 이수의 첩이 궁인과 결탁해 궁내의 일을 밖으로 옮겼다며 대대적인 국문을 벌이다. 그 결과 궁인 나읍덕을 능지처참하고 이수의 여종 존비·존이를 참하여 효수하라 명하다.
• 궁중의 일을 누설한 죄라 쓰고 백관과 궁인이 구경하게 했다.

4. 1. 효사묘를 혜안전으로 고치다.

4. 1. 춘추관이 상고한 것을 보고, 그때 일이 되도록 한 자, 폐위가 불가하다고 간하다 죄를 받은 자, 사약을 내릴 때 간하지 않은 자 등으로 분류하여 아뢰도록 하다.

4. 8. 임사홍으로 하여금 중궁의 족친을 아뢰게 하다

4. 9. 의금부 도사 안처직이, 이세좌가 명을 받고 죽은 일을 상세히 고하다.
• 이세좌가 죽을 때 안색도 변하지 않았다는 사실에 불쾌감을 드러냈다.

4. 13. 파손된 악기를 고치게 하다.

4. 14. 이후로는 후궁이 여승이 되는 것을 허락지 말라 명하다.

4. 23. 모란 한 송이를 내리고, 승지들에게 시를 지어 바치게 하다.

4. 25. 정창손·한명회를 종묘에서 내치는 일에 대해 의논하지 않은 자들을 국문하라 명하다.

4. 26. 덕종의 후궁 권 씨가 엄 씨와 정 씨에 관계되었다 하여 폐서인하고 무덤을 파게 하다. 관이 비어 있자 시체를 화장한 비구니 혜명 등을 가두어 국문하게 하다.

4. 27. 윤필상의 재산을 금부도사 안처직이 아뢰다.

4. 27. 인수왕대비 홍서.
• 의경왕보다는 높게, 안순왕후보다는 낮게 장례를

치르라고 했다가, 낮출 경우 예문에 근거가 없다고 하자, 안순왕후의 상제에 따르도록 하다.

윤4. 2. 대행대비의 시호를 소혜, 휘호를 휘숙명의로 하다.

윤4. 4. 성준이 병으로 사직하자 안심하고 조리하라 이르다.

윤4. 5. 유순·허침 등이 《실록》을 상고해 폐비의 일을 아뢰다.

윤4. 9. 앞으로 일을 의논함에 있어서 재상을 존칭하지 말라 이르다.
• 재상을 존칭하는 것은 위, 즉 자신을 능멸하는 것이라 했다.

윤4. 12. 이극균에게 사약을 내리다.

윤4. 13. 이극균의 아들과 사위에게 장을 치고 먼 지방에 유배하다.

윤4. 13. 윤필상에게 사약을 내리다.

윤4. 13. 이극균과 이세좌의 친족을 모두 난신의 예에 의하도록 하다.

윤4. 16. 제 스스로 높은 체하고 군상을 능멸하였다 하여 조지서를 참하고 효수하다.

윤4. 17. 조지서가 죽을 때 원망의 말을 했다 하여 능지하고 시체를 8도에 조리돌리다.

윤4. 17. 폐비 때와 사약을 내릴 때의 승지·주서·사관 들의 직첩을 거두고 외방에 부처하는 등의 처벌을 내리다.

윤4. 18. 이극균이 죽기 전에, 반복해 생각해 보아도 한 가지 죄도 없다는 것을 주상에게 전해 달라 하다.

윤4. 19. 이극균의 동성·이성 8촌 친족 및 그를 찾아본 무사들을 변방 고을로 내치다.

윤4. 21. 이극균·윤필상·이세좌를 능지하여 사방에 돌리게 하고 정창손·심회·한명회를 부관참시하도록 하다.

윤4. 24. 무릇 제사는 마음의 정성에 있는 것이라며, 길복으로 빈전에 행사하고 조회 시에는 풍악을 울리다.

윤4. 29. 어세겸·곽종원·김제신을 부관참시하

다.

• 이즈음에 이르러서는, 신하들이 성상의 하교가 지당하다는 말만 연발하였다.

5. 1. 수성궁에 거처하는 여승들을 모두 자수궁으로 옮기고, 수성궁은 이름을 고쳐 성종의 후궁들만 거처하게 하다.

5. 2. 이세좌의 머리와 사지를 모두 베어 왔다고 아뢰자, 머리를 매달되 찌에 죄를 적어 붙이라 이르다.

5. 3. 성준에게 칼을 씌우고 차꼬를 채워 끌고 와서, 예전에 이극균·한치형과 같이 올린 시폐 10조에 대해 트집을 잡다. 성준이 답하기를, 이극균이 주창하여 마지못해 응했다고 하다. 한치형을 부관능지하고 이극균의 가산을 몰수하다.

5. 4. 성준의 아들과 사위에게 장을 치고 외방에 내치다.

5. 4. 성준을 효수하게 하다.

5. 4. 한치형을 효수하게 하다.

5. 6. 백관을 거느리고 제헌왕후를 인정전에서 추숭하다.

5. 6. 기생·악공 들을 검열하게 하고, 기생이 누구에게 시집갔는지를 조사하라 이르다.

5. 6. 강귀손·서경생·임사홍 등에게 관직을 제수하다

5. 7. 옛사람의 말을 인용해, 어지러운 나라를 다스리려면 중한 법을 써야 한다고 하다.

5. 8. 큰비가 내리자, 흉악한 것들을 제거하니 이런 비가 오는 것이냐고 묻다. 승지들이 아름다운 비라며 아부하다.

5. 8. 선정전에서 신 씨에게 잔치를 베풀다.

5. 8. 총애하는 여인들에게 상으로 줄 노비·전지가 바닥났다며, 개국 이래 여러 공신들의 경중을 상고해 아뢰라 이르다.

5. 9. 조관들은 홍색에 가까운 옷을 입지 말라 이르다.

5. 9. 임사홍을 병조판서로, 성희안을 이조참판으로 삼다.

5. 10. 이세좌의 일로 이극돈·이극감·이극증·이극배의 노비와 전토를 거두게 하다.

5. 10. 풍속이 바로잡힐 때까지, 모든 범죄인을 엄하게 고문하고 용서하지 말며 속바치지 말게 하라 이르다.

5. 11. 의금부에서 한명회의 관을 가르고 머리를 베어 오자, 죄명을 써서 저자에 효수하라 명하다.

5. 11. 근시 내관이 법을 어기고 술을 마셨다 하여 사형으로 다스리라 하자, 승지들이 사형은 중한 것 같다고 만류하다. 이에 내관을 비호한다며 승지들을 국문하다.

5. 12. 코끼리 발과 무소뿔을 대내에 들이게 하다.

5. 13. 이극균의 서자를 목 베다.

5. 15. 국가에 저장한 것을 자신이 아니면 누가 쓰겠느냐며, 이후로 절약에 대해 말하지 말라 이르다.

5. 15. 자신에게 절약 등을 이유로 잔소리했던 대신들을 그 인척과 자손들까지 죄주게 하다. 한치형·이극균·성준이 고친 법은 사관이 상고해 삭제토록 하다.

5. 15. 성종의 후궁이 거처하는 수성궁을 정청궁으로 바꾸다.

5. 17. 대신과 대간이 서로를 탄핵토록 하다.

5. 18. 성균관과 사학의 유생들이 모여 나랏일을 의논하지 못하게 하다.

5. 21. 성준과 한치형의 족친도 이극균의 준례에 따라 동성 8촌까지 다스리도록 하다.

5. 22. 과거 죄 있는 사람을 처벌할 때 언로에 방해된다고 비호한 자들을 《시정기》를 상고해 아뢰도록 하다.

5. 22. 승지들에게 대비 헌수(獻壽)의 일을 묻다.

• 이날의 기사를 보면, 왕이 직접 대비 앞에서 처용무를 추고 흥청에게 노래를 시켰다고 한다. 대비가 채색 주단 10여 필을 전두(纏頭)로 내놓자, 흥청들의 재주가 모자라 전두가 적다고 화를 내며 섬돌을 치고

부르짖었다는 기록도 있다. 이는 모두 모후의 폐위에 관여한 대비를 원망하여 벌인 일이다. 전두는 재주놀이를 펼쳤을 때 상으로 주는 물품을 말한다.

5. 23. 나랏일에 대해 시비하는 자를 처벌하게 하다

5. 24. 죄인의 족친 중 성세순 형제 등은 정배하지 말라 이르다. 또 자순대비·인수대비의 동성 4촌 친족과 중궁의 이성 5촌 친족도 귀양 보내지 말라 명하다.

5. 24. 죄인을 벌할 때, 옆에서 탄식하고 슬퍼하는 것을 금하는 법을 세우다.

5. 26. 큰 놋 목욕통 4개를 튼튼하고 두껍게 주조하여 들이라 이르다.

5. 26. 풍악을 연주한 기녀 중 곱게 단장하지 않은 자 9인을 금부에 가두다.

5. 28. 고자가 아닌 자를 양자로 삼은 후, 속여서 내관이 되게 한 최결을 베다.

5. 29. 내관 최호우가 어전에서 일어났다 하여 장 80대를 치다.

5. 30. 무오사화의 연루자인 이총을 참하고 가산을 몰수하라 명하다.

6. 1. 전 홍문관 관원 이승건과 홍한을 부관참시하다.

6. 3. 죄인 스스로 목매지 못하게 손발을 묶게 하다.

6. 4. 풍속이 크게 변했다는 승지의 말에, 10년은 살핀 뒤에야 풍속이 변함을 알 수 있다고 하다.

6. 6. 밤까지 사냥함이 온당치 못함을 아뢴 자를 벌주도록 하다

6. 7. 왕후의 족친을 위한 잔치 때 쓸 베를 준비하도록 하다

6. 9. 전향과 수근비를 능지하고 그들의 부모와 족친까지 국문하다.

• 전향과 수근비는 용모가 고와 장녹수의 시기를 받았다고 한다. 장녹수가 이들을 참소하여 벌어진 일이다.

6. 10. 장 숙용에게 노비 13구를 내리다.

6. 16. 홍귀달을 교형에 처하다.

6. 20. 이극균·윤필상·이세좌 등의 집을 못으로 만들고 돌을 세워 죄명을 기록하다. 부관참시한 곳도 돌을 세워 죄명을 기록하다.

6. 25. 대비의 생일이므로 종친들에게 잔치를 베풀고 상을 내리다.

6. 27. 은소이·정금이·어리니·두대의 집을 못으로 만들고 돌을 세워 죄를 적고 주검을 묻은 곳에도 돌을 세워 죄를 적으라 하다.

• 은소이는 엄 씨, 정금이는 정 씨로, 앞의 3월 20일 기사에 나오던 성종의 후궁들이다. 어리니는 성종의 보모, 두대는 성종 때의 전언(典言)이다.

6. 27. 이세좌가 세운 법을 모두 폐지토록 하다.

6. 28. 죄인의 집을 못으로 만드는 데 군인을 징발하다.

6. 28. 전향·수근비의 머리는 외딴섬 먼 곳에 묻되 찌를 세워 죄명을 쓰라 명하다.

7. 1. 임사홍을 예문관 제학으로 삼다.

7. 7. 왕도의 사람은 의복이 깨끗해야 한다며, 관사의 노비들 옷이 남루해지지 않게 하라 이르다.

7. 7. 기녀의 복장을 점검해 더러우면 처벌토록 하다.

7. 10. 신수근 3형제를 서용하라 이르다.

7. 10. 성균관을 원각사로 옮기게 하다.

7. 12. 타락산에 목책을 설치해 궐내를 못 보게 하다.

7. 13. 길에서 승명패를 만나면 걸어가던 사람은 모두 무릎을 꿇게 하다.

7. 13. 행차 시 큰길에 사람의 통행을 금하다.

7. 15. 젊고 예쁜 기녀를 바치게 하다.

7. 16. 내관 김처선을 하옥하다.

7. 19. 신수영이 언문으로 된 투서를 비밀히 아뢰다.

• 연산군을 비하하는 내용이다.

7. 20. 투서의 일로 언문을 배우거나 쓰지 못하

게 하다.

7. 22. 언문으로 구결을 단 책을 불사르게 하다.

7. 28. 철거한 집이 990채인데 보상을 어떻게 할 것인지 묻자, 크기에 따라 상고하여 아뢰라 하다.

7. 29. 윤필상의 집 3채를 윤우·윤후·윤구에게 나눠 주다.

8. 1. 임사홍이 청하여, 창녕대군이 임사홍의 집으로 옮기다.

• 원래 창녕대군은 김감의 집에서 자랐는데, 임사홍이 총애를 굳히기 위해 자기 집으로 옮기기를 청한 것이다.

8. 6. 이계동 등이 새 길을 답사해 정하다.

• 금표를 세워, 그 안의 인가는 철거하고 경작도 금지하게 했다.

8. 6. 정비(正批)를 폐하고 구전(口傳)을 행하기로 하다. 또한 금표에 대해 원망하는 자는 삼족을 멸하라 하다.

• 정비는 이조와 병조에서 세 사람을 추천하면 임금이 낙점하는 것을 말한다. 구전은 구두로 명하는 것이다.

8. 7. 금지 구역의 경계를 넓히도록 하다.

8. 8. 임사홍의 집으로 옮기고 대군의 병이 나았다며, 임사홍 부자와 의원 등에게 가자하다.

8. 9. 김감 등이 계유문을 지어 올리다.

8. 10. 유순 등에게 경연의 불필요함과 금표를 넓힐 것 등을 전교하다. 이에 유순 등이, 경연에는 납시는 것이 좋겠다는 뜻을 아뢰다.

8. 11. 정사를 돌보지 않아, 일본국의 사자들이 오래 머물러도 접견을 못해 실망하다.

8. 13. 금표를 확장하다.

8. 15. 익명서를 투서한 것은, 은소이·정금이·어리니·두대의 족친이 틀림없다며 족친들을 추국토록 하다.

8. 15. 학문이 이미 이루어져 경연에 나갈 필요가 없다고 하다.

8. 15. 호조판서 이계남이 각 관사의 물품이 부족하다며 더 거둘 것을 청하니 따르다.

8. 16. 금표를 더욱 넓히고 그 지형을 그려서 아뢰도록 하다.

8. 16. 경주의 옥적(玉笛)을 내고로 옮기게 하다.

8. 17. 유순 등이, 익명서를 고발하는 자에게는 상을 주고, 알면서도 고하지 않는 자는 능지처사할 것을 청하니 따르다.

8. 19. 서인(庶人)들이 활쏘기 배우는 것을 금하다.

8. 19. 강선을 능지처참하고 그 아들을 처참하라 이르다.

8. 20. 장용위 송계근이, 익명서의 필적이 김세훈의 것과 같다고 아뢰니 잡아 오게 하다.

8. 20. 평시서(平市署)가 휘순공주의 집을 압박하니, 이를 휘순공주에게 주고 평시서는 다른 곳으로 옮기게 하다.

8. 21. 내수사 종 이부와 감동의 집은 금표 안에 있으나 그대로 살게 하다.

8. 22. 김세훈을 잡아 왔으나, 관련자 심문을 통해 송계근이 그른 것을 알다.

8. 23. 타락산·목멱산 밑의 인가 중 금표를 굽어볼 수 있는 곳은 모두 철거하게 하다.

8. 23. 금표 안의 벼를 속히 거두게 하다.

8. 23. 무고가 횡행한다며, 현저한 증거가 있는 일이 아니면 고하지 못하게 하다.

• 이달 내내 익명서와 관련해 추국이 이어졌으나 성과가 없었다.

8. 29. 관사(觀射)에서 1등한 문신 윤순에게 두 자급을, 2등한 심정에게 한 자급을 더하고 그 외 설적이 좋은 이에게는 말을 하사하다.

9. 1. 기생은 국가의 공물인데 종친이나 조사들이 차지하는 것은 옳지 못하다 하다.

9. 4. 시녀들의 말안장 28부를 만들게 하고 금표 안에 나가 놀다.

9. 6. 큰 진주 30,000개를 사들이다.

9. 7. 가을 경치에 대해 어제 시를 내리고 시를 지어 올리게 하다.

9.8. 이장길을 의성현령에 임명하다.

• 상주목사 신극성, 선산부사 남경과 더불어 3맹호로 불렸다. 백성을 학대함이 지나쳤기 때문이다.

9.10. 대궐을 향해 손가락질을 하거나 모여 의논하는 것을 금하다.

9.10. 재상의 집에 출입하는 자를 고하게 하다.

9.10. 김일손 등 죽은 자들의 집은 모두 땅을 깎아 평평하게 하라 이르다.

9.11. 승명패를 보고도 엎드리지 않은 강이온을 참형에 처하고 효수하다.

• 이때부터 도둑이 "승명이 온다."라고 외치면서 달아나면 쫓지 못했을 정도라는 말이 돌 만큼 폐단이 깊었다.

9.26. 무오사화에 연루되었으나 살아남은 자를 모두 잡아 오게 하다.

9.26. 폐비의 묘를 옮기는 것이 불가하다고 했던 자를 아뢰라 하다.

10.1. 신주를 세우고 사당을 세울 때 불가하다고 한 자를 모두 국문하게 하다.

10.1. 장악원의 기생 수를 본래 숫자의 배인 300명으로 늘리도록 하다.

10.7. 김굉필을 저자에서 효수하다.

10.9. 동서 금표의 담을 4길로 하여 쌓게 하다.

10.13. 사비(私婢)로서 음률을 아는 자는 등록하게 하고, 자기 재산이라 하여 내놓지 않는 자는 사형에 처하라 명하다.

10.18. 임사홍의 집에 가서 대군을 보기 위해, 그 근방에 사는 사람들을 축출하고 군사를 배치해 잡인을 금하도록 하다.

10.18. 금표를 범한 자가 사천(私賤)이면 주인까지 가두게 하다.

10.21. 임금이 여색에 빠지는 등의 일은 범해도 나라가 망하지 않지만, 신하가 권세를 쥐고 농락하면 반드시 망한다고 말하다.

10.22. 호피 200장을 사들이다.

10.24. 무오년과 관련해 허만을 부관능지하고, 조위·표연말·정여창을 부관참시하고, 최부와 이원을 참하다.

10.25. 우찬성 이계동 등이, 금표를 범하지 못하도록 도면과 계책을 만들어 아뢰다

10.28. 임희재를 능지하다.

11.1. 모든 봉수를 폐지하라 명하다.

11.11. 산과 바다의 기이한 동물·새 등을 잡아들이게 하여 우리에 가두고 구경하거나 쏘아 죽이다.

11.11. 궁중의 일을 누설한 종친의 첩을 효수하다.

11.12. 성균관과 사학의 유생들에게, 간흉을 제거하니 조정이 맑아졌다는 시를 짓게 하다.

11.18. 죄를 지은 자의 자제 중에서 혹 익명서를 쓴 자가 있을지 모르니 빠짐없이 잡아다 국문하라 이르다.

11.18. 의금부에서, 새 옥사를 짓지 못해 죄인들을 담 밖에 내놓고 있다고 아뢰다.

11.23. 인재를 뽑을 때 시에 능한 자를 합격자로 뽑다.

12.2. 도둑이 횡행한다 하여, 도성 안에 통행패를 가진 자 외의 통행을 엄금하다.

12.9. 흥천사에 불이 나다.

12.10. 병조정랑 조계형에게 명해, 언문으로 역서를 번역하게 하다.

12.13. 도성 안 동서 금표에는 담 대신 성을 쌓도록 하고, 도성 밖 동서 금표에는 담을 쌓도록 하다.

12.15. 이극균·윤필상·한치형·이세좌 등의 시체를 파내고, 해골을 분쇄해 바람에 날리도록 하다.

12.17. 이조참판 성희안을 좌천시키다.

12.20. 의금부의 낭청을 각 도에 나눠 보내, 죄인들의 해골을 분쇄해 가루로 만들고 봉지에 싸서 그 이름을 써 오도록 하다.

12.21. 축성을 하는 일에 군대가 부족하자 민간을 동원하다.

12.22. 악명(樂名)을 어서하여 내렸는데, 홍청·

운평·광희라 하다.

12. 22. 선발한 의녀가 글은 알아도 음악을 모르
면 버리도록 하다.

12. 23. 어가 행렬 시 방상씨(方相氏)로 하여 꽹과
리와 북을 치며 방리군을 거느리게 하다.

　•방상씨는 악귀를 쫓는다는 신으로, 곰 가죽을 씌
운 큰 탈에 붉은 옷과 검은 치마를 입혀 만든다.

12. 23. 재주 우수한 기녀에게는 매달 요(料)를
주고, 가장 능한 자에게는 면포를, 그중에서 자
색이 있는 자는 홍청으로 올리게 하다. 모든 악
공은 광희라 칭하게 하다.

12. 24. 아래는 마땅히 순종해야 하니 간대일지
라도 머리를 들어서는 안 된다고 이르다.

12. 24. 홍청악은 300명, 운평은 700명을 정원
으로 하고, 광희 또한 증원하라 이르다.

12. 27. 홍문관 폐지를 명하다.

12. 30. 난언을 꾸미는 자는 팔다리의 뼈를 찢어
발기고 가슴을 베어 내며 효수하게 하다.

연산군 11년(1505)

1. 2. 홍청악이 모이는 곳을 취홍원으로 부르
게 하다.

1. 4. 금표 안을 통행하는 패 100개를 만들게
하다.

1. 4. 경연관을 진독관으로 고치다.

1. 9. 창녕대군에게 노비 100구를 내리다.

1. 11. 간택 시, 화장을 못 하게 하다.

1. 12. 금표 안의 분묘와 석물을 다 철거하게 하
다.

1. 13. 사헌부 지평과 사간원 정언을 혁파하고,
대제학 김감에게 혁파문을 짓게 하다

1. 15. 각종 악기의 소리를 평가하고, 배우는 과
정과 능한 이에 대한 대우 등을 전교하다.

1. 15. 운평악도 광희악의 수에 맞춰 1,000명으
로 하게 하다.

1. 19. 홍청이 지켜야 될 일에 대하여 어서를 내

리다.

1. 19. 연지 1,000편, 분 1,000근을 연경에 갈 때
마다 사 오게 하다.

1. 20. 종묘·사직·혜안전에, 간흉이 제거되어 종
묘사직이 다시 편안해졌다고 고하게 하다.

1. 26. 영산홍 10,000그루를 후원에 심도록 하
다.

1. 26. 어리니·홍식·강형·조지서·이극균·이세
좌·윤필상 등의 뼛가루를 강 건너에 날리라 하
다.

1. 29. 환관이 차고 있는 패를 조관들에게도 차
도록 하다.

2. 6. 경연을 정지하는 것이 불가능한지를 묻자
승지들이 윤당하다고 답하다.

2. 12. 윤필상과 연좌된 자손에게 죄를 더하게
하다.

2. 21. 장악원을 원각사에 옮기다.

2. 24. 창경궁에 가서 직접 운평(運平)을 간택하
다.

3. 9. 말을 삼가라는 시를 짓게 하여 패에 쓰게
하다

3. 12. 대제학 김감이 〈대소인원패면시(大小人員
牌面詩)〉를 지어 바치니, 신언패(愼言牌)에 새겨서
차게 하다.

3. 20. 타락산부터 남소문까지 사람들이 성 위에
오르지 못하게 하다.

4. 1. 환관 김처선과 그의 양자 이공신을 금중
(禁中)에서 죽이다.

　•김처선이 술에 취해 규간하는 말을 하자, 팔다리를
자르고 쏘아 죽였다고 한다.

4. 4. 홍청의 정원을 왜 채우지 못하는지 묻다.

　•정원이 300명인데 실홍청 45명, 가홍청 48명뿐이
었다.

4. 7. 처용의를 운평에게 입혀 창덕궁에 들이
고, 술에 취하면 처용무를 추며 노래하다.

4. 10. 평안도·함경도 관찰사에게, 스라소니·승
냥이·담비를 산 채로 잡아 바치게 하다.

4. 12. 족친과 선왕의 후궁을 모아 잔치하다. 마음에 드는 이가 있으면 누구의 아내인지 알아내게 하고 궁중에 묵게 한 후 간음하다.

4. 14. 연경에 가는 사절이 나랏일을 누설하지 못하게 하다.

4. 14. 연회 시 장막마다 어느 왕후의 족친인지 표를 세우게 하다.

4. 16. 팔도에 젊고 자색 있는 관비를 뽑아 단오까지 올려 보내게 하다.

4. 16. 흥청악·운평악·광희악의 정원을 단오까지 채우게 하다.

4. 18. 숙원 전 씨를 높여 숙용으로 삼다.

4. 20. 이후 연향 때는 쇠고기를 쓰게 하다.
• 연산군이 소의 태(胎)를 즐겨 먹었다고 한다.

4. 25. 장원서 관원과 노비들이, 후원을 가꿀 나무와 화초를 도성 안 인가에서 취하다.
• 인가에서 허둥지둥 어찌할 바를 몰라, 원노(苑奴)를 공경(公卿) 대하듯이 접대하였다고 한다.

5. 2. 밤에 미행을 좋아하여 대궐 안팎의 순작을 그만두다.

5. 5. 자순대비전에 진연하는 데 많은 비용을 쓰다.

5. 7. 후원의 신대를 경회루와 같이 지으라 명하다.

5. 16. 허침 졸. 62세.

5. 24. 한곤을 능지함은 마땅하다고 하다.
• 한곤이 그의 첩 채란선에게, 뽑히지 않도록 꾸미지 말라고 했다.

5. 28. 대비전에 진연하다. 여객(女客)이 1,000명에 이르다.

5. 28. 숭례문에서 망원정까지, 말 10마리가 나란히 달릴 수 있게 닦고 좌우에 표를 세우도록 하다.

5. 29. 금표 권역을 더욱 키우다.

6. 4. 강귀손을 우의정으로 삼다.

6. 5. 음악에 능하고 못함에 따라 운평을 상중하로 나누게 하다.

6. 7. 중궁의 어진 덕을 널리 알리게 하다.

6. 9. 옥사를 다스리는 게 더디다고 질책하며, 빠뜨린 죄인의 자제를 모두 추국하라 명하다.

6. 9. 운평을 뽑을 때 얼굴과 기예로 선택하도록 하다.
• 음악은 시름을 풀기 위한 것인데 얼굴이 추하면 시름을 일으킨다고 했다.

6. 9. 영의정 이하 대신들이 왕에게 존호, 헌천홍도경문위무를 올리다.
• 헌천홍도의 칭호는 자신에게 지나치다고 했다.

6. 13. 동서반의 정직이면 사라능단 입는 것을 허락하다.

6. 12. 월산대군 박 씨에게 면포와 곡식을 내리다.

6. 15. 이항과 이복에게 사약을 내리다.

6. 16. 김처선의 이름과 같은 이는 모두 고치게 하다.

6. 18. 금중에 방을 많이 만들어 음탕한 놀이를 하는 곳으로 삼다.

6. 20. 흥청 둘이 병든 어미를 보러 원주에 가니, 여의를 보내 구료하게 하고 차도가 있으면 모두 서울로 올라오게 하다. 또 전토와 집을 주고 형제자매의 역을 면제하라 명하다.

6. 27. 제안대군의 집에 가흥청을 두고 뇌영원이라 부르게 하다.

6. 28. 익명서를 넣은 것으로 의심되는 자들을 형신하고, 이세좌·이극균·이파 등의 자손을 모두 죽이라 하다.

6. 29. 충청도의 평택·직산·진천·아산 4현을 경기에 붙이다.

7. 3. 죄인이 많아 좌우 행랑에 따로 옥을 설치해 가두다.

7. 5. 부채에 절구를 어서(御書)하여 강혼에게 내리며, 평론하고 화답해 바치게 하다.

7. 7. 경회루에서 대비에게 진연하고, 승지 등에게 시를 지어 바치게 하다.

7. 8. 악기를 모두 침향과 순금으로 장식하게

하다.

7.9. 중궁의 덕은 금정(金鼎)에 새길 만하니 황금 1,000냥을 써서 만들라 이르다.

7.15. 존숭도감이 바친 금정이 향로 같은 모양이라며, 해·달·별·산의 모양을 갖추어 기이한 모양으로 만들게 하다.

7.19. 모든 문서에 김처선의 처(處) 자를 쓰지 못하게 하다.

7.20. 장원서·사포서로 하여금, 흙집을 쌓아 시금치 등의 채소를 겨우내 기르게 하다.

7.21. 금정에 새길 두 용은 허리를 칭칭 감고 머리를 맞댄 모양으로 하라 이르다.

7.21. 처용을 풍두로 고쳐 부르라 하다.

7.23. 제사의 뜻은 정성에 있다며, 대사례 친제 때에 익선관을 쓰는 등 제사 때의 복식을 바꾸다.

7.26. 대비를 모시고 경회루 연꽃 구경을 하다.

7.28. 흥청악 부모들을 상경하게 하고, 거처할 곳과 내려 줄 전토를 마련할 방법을 의논하게 하다.

7.29. 세자는 서연에서 학업을 받도록 하라 이르다.

• 세자 이황(李𩅠)은 성품이 침중하고 굳세며 엄숙하였다. 왕이 경회루에 거둥하여 흥청과 더불어 잔치하며 주악을 즐기다가 세자를 불러서 이르기를, "내가 죽은 뒤에 네가 이들을 잘 돌보겠느냐?" 하였는데 세자가 아무 대답을 하지 않고 묵묵히 있었다. 이때부터 연산군이 세자를 꺼렸다고 한다.

8.2. 사서인(士庶人)의 웃옷 소매도 넓게 하도록 전교하다.

8.10. 채홍준체찰사 이계동이 미녀 63명과 양마 150필을 바치자 기뻐하여 술을 내리고 노비 10구를 하사하다.

8.12. 장사치들이 흥청에 뇌물을 후히 주어 주옥(珠玉)을 납품하고 값을 높게 받아내므로 부고(府庫)가 텅 비다.

8.13. 채홍준체찰사 임숭재를 맞아 위로하게 하

다.

8.15. 뽑아 온 여자들이 음률도 모르고 자색도 없고 부끄러움을 많이 탄다며 실망을 드러내다.

8.18. 운평을 부르면 바로 달려올 수 있도록 날마다 단장하고 있도록 하다.

8.19. 뽑아 온 여자들에게 어전에서의 예도와 언어를 미리 가르치지 않았다 하여, 임숭재를 국문하게 하다.

8.22. 채홍인 중 재주도 자색도 없는 이는 돌려보내라 이르다.

8.27. 대비와 왕비의 족친은 동성 8촌, 이성 6촌까지 한 자급씩 가자하다.

9.5. 군사 30,000명을 징발하여 개성부 강무 때 대열하게 하라 이르다.

9.20. 이후 궁인이 본가로 갈 때는 면포 100필·정포 50필을 내리라 이르다.

9.20. 궁인을 가인·재인 등 130여 가지 이름으로 부르게 하다.

9.28. 궁인 여원이 죽자 몹시 슬퍼하며 창릉 곁에 묻도록 하다.

9.30. 장악원을 연방원으로 바꾸다.

10.10. 태평성대이므로, 잔치를 베풀어 마음껏 태평을 누리는 게 당연하다고 하다.

10.15. 장 숙용의 집에 같이 가서, 장 숙용의 어미를 어머니라 부르는 등 여느 부부와 같게 행동하다.

10.27. 28일에 주엽산에서 사냥을 하려 한다고 하자, 대장 박원종이 군사가 아직 강을 건너지 못했다며 하루나 이틀 늦출 것을 청한다. 이에 자신의 행동을 마음대로 정하려 한다며 박원종을 국문하다.

11.1. 임숭재 졸기.

11.3. 임숭재를 대신해 강혼을 연방원제조로 삼다.

11.6. 이후 정전은 청기와로 덮도록 하다.

11.7. 숙용의 치마를 밟은 운평을 형신하다.

11.14. 음악을 이해하는 이 중에는 자태 있는

자가 없다고 불평하다.

11. 15. 이총이 문사들과 어울린 것을 이유로 종학을 혁파하다.

11. 18. 가흥청·운평악 등이 예가 바르지 않다며 연방원제조와 해당 관원을 국문하게 하다.

11. 18. 악장을 새로 짓고 진서와 언문으로 인쇄하여, 고저를 점 찍어 연습하게 하고 틀리면 벌을 주게 하다.

11. 19. 백성들의 배 800척을 취해 부교를 만들고 내관들과 청계산에 왕래하며 사냥하다.

11. 20. 휘순공주의 두 집이 금표 안에 있으니 값으로 포 5,000필을 주게 하다.

11. 21. 형제간의 우애를 다하려 한다며 대군·제군·부마 등을 대궐 가까이 사는 재상의 집과 바꿔 살게 하다.

11. 23. 동서반 1~9품 모두 흉배를 달게 하다.

11. 24. 분수가 다르다며, 운평·가흥청·실흥청이 서로 이야기하는 것을 금하다.

11. 29. 하삼도에 명해 백지 50,000권을 바치게 하다.

12. 2. 시를 잘하는 중국 사신이 온다고 하자, 시에 능한 사람을 골라 응대하게 하다.

12. 3. 흥청악의 가족에게 궐문 출입을 허락하다.

12. 12. 풍두무 옷에 금으로 그림을 그리게 하다.

12. 19. 서총대와 인양전에 쓸 채화석 2,000장을 준비하라 하다.

12. 22. 뜻에 어긋나는 흥청이 있으면 매질하고 부모를 가두기도 하다.

12. 24. 대비를 칭송하는 어제 악장을 연방원에 가르쳐 진연에서 부르게 하다.

연산군 12년(1506)

1. 2. 10일마다 풍두무 잘 추는 자를 5인씩 간택하여 아뢰게 하다.

1. 4. 윤후·윤우를 당상관으로 삼다.

1. 4. 경복궁에서 곡연을 행하다. 흥청악 500여 인이 아상복(迓祥服)을 입고 춤추다.

1. 9. 직접 말 타고 성터를 살펴보다. 운종가 이북의 인가를 남김없이 몰아내다.

1. 12. 시집 안 간 여자를 청녀(靑女)라 부르게 하다.

1. 15. 인생의 허망함을 담은 어제 시를 내리다.

1. 15. 장 숙용 집 주위 인가를 철거하게 하다.

• 화재가 날 것을 염려한 탓이다.

1. 21. 조참 등에서, 백관은 꿇어앉게 하였으나, 악기를 가지고 있는 광희 등은 꿇어앉지 않아도 된다 하다.

1. 28. 유생들을 가관(假官)으로 차정하여 조정의 법을 알게 하라 이르다.

• 이를 통해 유생들이 분경을 일삼게 되었다.

1. 28. 종루의 기둥에 익명서가 붙다.

2. 1. 정세명의 딸을 세자빈으로 삼다.

2. 9. 경기도 관찰사 박원종이, 김포와 통진현 강가 등을 금표 안에 넣을 경우 불편이 따를 것이라 아뢰자 받아들이다.

2. 10. 금표 안에 경작할 만한 땅을 골라 올벼를 심어 내수사 등이 농사짓게 하다.

2. 10. 궁궐 수비를 강화하다.

2. 10. 연방원 관원이나 후궁 등으로 인해 비용이 많이 드니 동서반의 불필요한 관원을 도태시켜 녹을 감하라 이르다.

2. 12. 광희악 중 재주가 없는 자, 재주는 있으나 곱지 않은 자는 쫓아버리다.

2. 13. 광희악 중 재주와 기술이 있는 자는 그 자신과 어버이를 논상하고 복호하라 이르다.

2. 14. 소격서의 옛터에 이궁을 짓게 하다.

2. 14. 왕대비에게 노비 100구, 왕비에게 80구, 월산대군의 처 박 씨에게 50구를 주다.

2. 19. 연방원에 따로 운평 1,000명을 두고 계평악이라 하고, 각 도에서 새로 고른 운평이 다 올라온 후에 2,000명을 채워 대내로 들이라 하다.

2. 23. 숙용의 아우 조광준을 선전관으로, 그의 형 조광언을 동래현령으로 삼다.

2. 25. 가마 메는 인원의 복장을 새롭게 짓다.
- 복장에 흉배를 넣었고, 문신도 가마를 메게 했다.

2. 28. 문신·충철위·보려대 중 키와 힘이 비슷한 자로 가마를 메게 하다.

2. 29. 계평악 400명이 살 수 있는 집을 알아보게 하다.

2. 30. 가마를 멜 문신·대간을 아울러 뽑고 건장한 유생도 준비시키라 명하다.

3. 2. 임숭재를 추억하는 어제 시를 내리다.

3. 7. 종친·재상에게 날마다 예궐하여 문안하게 하다.

3. 7. 장의문의 새 정자가 완공되다.

3. 10. 한림시독 서목과 길시가 황제의 명을 받들고 와서 조칙을 반포하다.

3. 12. 모화관에서 전별연을 베풀다.

3. 19. 가흥청이 있는 곳은 진향원, 계평악이 있는 곳은 함방원이라 부르게 하다.

3. 20. 밤중에 환관을 거느리고 미행으로 서산에 사냥을 나가다.

4. 1. 흥청악·가흥청악·계평악·채홍인 등 중에서 화장하지 않은 자는 유배하고 부모도 죄주라 이르다.

4. 8. 경회루 못 서쪽에 만세산을 만들라 하다. 산 위에 봉래궁·일궁·월궁·예주궁·벽운궁 등을 세우고 금빛 은빛이 나는 비단으로 꾸미게 하다.
- 수백 명이 탈 수 있는 황룡주(黃龍舟)를 만들어 만세산을 왔다 갔다 했다고 한다.

4. 12. 금표 안에 사는 사람은 색 띠를 팔뚝에 묶은 후 드나들 수 있게 하다.

4. 12. 사냥 행차 시에도 앞뒤에서 북 치고 피리 불며 백관이 따르게 하다.

4. 16. 문과에 김안로 등을 뽑다.

4. 16. 이조판서 임사홍이, 중국 사신이 항상 낮은 예로 우리를 대접하기에 자신이 글로 항의했더니 상사(上使)가 칭찬했다고 아뢰다. 이에 중국 사신의 실례는 책할 수 없다고 하다.

4. 17. 중국 사신을 공경하지 않았을 뿐 아니라, 보고 없이 임의로 항의했다며, 임사홍을 국문하라 이르다.

4. 25. 사간원은 할 일이 없으니 혁파하라 명하다.

5. 1. 진독관도 혁파하다.

5. 9. 의정부·6조·대간에게 한강에 나가 놀이하도록 술과 풍악을 내리다.

5. 9. 내관의 사모는 뿔이 짧은 것을 쓰도록 하다.

5. 12. 숙화의 아비 김소부리가 나주로 내려가자 온 전라도가 그를 맞이하느라 부산을 떨다.
- 김소부리는 나주 출신의 종인데, 임금이 숙화를 총애하자 지극한 접대를 받았다.

5. 17. 운평 소진주와 간부 하옥정을 능지하다.
- 이들의 가족과 이웃까지 처벌하였는데, 유사한 사건이 많았다.

5. 19. 내정에 강아지 한 마리를 키우며 즐거워하다.

5. 19. 내관의 관복 제도가 외관과 혼동된다며, 내관이 쓸 사모를 특별히 제작해 내관과 외관의 복을 구분하게 하다.

5. 25. 조관의 사모 앞에는 '충(忠)' 자를, 뒷면에는 '성(誠)' 자를 쓰되 모두 전자(篆字)로 새기게 하다.

5. 29. 채수에게 시를 모른다고 질책하다.

6. 1. 새로 뽑혀 온 운평 등이 어전에서 쓰는 말에 실수가 있다며, 어전에서 쓰는 말을 언문으로 번역해 인쇄하게 하다.

6. 9. 대소인원이 장번내관을 만나면 당상관 이하는 모두 말에서 내리고, 승지를 만날 경우에는 재상이라도 하마토록 하다.

6. 9. 절부·효부를 장려해야 한다며 그 예로 월산대군 부인 박 씨를 거론하다. 이어 승평부인 위에 대(大) 자를 넣어 인을 새기고 책문을

짓게 하다.

6. 13. 박원종이 중책을 맡았으니 특별히 한 품계를 올리라 이르다.

6. 21. 대비의 탄일에 연주할 운평의 수를 2,000명으로 정하다.

6. 29. 후궁과 흥청을 둘로 가르다.

• 옛 혜안전의 울타리 안을 두 곳으로 나누고 담장을 세 겹으로 쌓아 군사를 시켜 지키게 했다.

7. 1. 종친과 문무관의 관복을 다르게 하다.

7. 1. 월산대군 부인 박 씨에게 면포와 정포 각 500필을 하사하다.

7. 3. 월산대군 부인 박 씨의 병세가 위중하니 북도 절도사 박원종을 머물러 간호하게 하다.

7. 7. 대비에게 드리는 잔치를 파한 뒤, 내구마 1,000필을 들이게 하여 흥청을 싣고 탕춘대로 가는 길에서 나인과 음행을 하다.

7. 10. 효도를 행한다며, 대비에게 날마다 문안하고 잔치를 베풀겠다고 하다.

• 사관은, 연산이 성종의 초빈(初殯)때 성종이 기르던 사슴을 잡아먹고, 친모의 기일에도 풍악을 듣는 등 이해하지 못할 행동을 했다고 전한다. 즉 대비를 봉양하겠다는 것은 단순히 구실일 뿐이고 자신의 욕심을 멋대로 부리기 위한 것이라고 봤다.

7. 18. 두모포로 놀이를 가는데 궁녀 1,000명이 따르다. 길가에서 음행하다.

7. 20. 월산대군의 부인 박 씨가 죽다.

• 왕의 총애를 받아 잉태하자 약을 먹고 죽었다는 소문이 돌았다.

7. 23. 김수동을 우의정으로, 신준을 좌찬성으로, 정미수를 우찬성으로 삼다.

7. 29. 영의정 유순 등이 백관을 거느리고 경서문(敬誓文)을 올리다.

8. 2. 망원정을 헐고 초가로 다시 짓다. 정자에서 보이는 집은 모두 철거하다.

8. 4. 사모 모양에 대해 전교하다.

8. 10. 이 씨와 장 씨를 숙원으로 삼다.

8. 11. 망원정을 수려정으로 개칭하다.

8. 12. 수려정에서 대비에게 잔치를 올리다. 공주와 옹주, 왕자군의 부인 및 사대부의 처 등이 참여하다.

8. 14. 《춘추》를 인용하며, 사관이 임금의 일을 기록하는 것은 옳지 못하다고 하다.

8. 15. 폐비의 기일인데, 후원에서 나인들을 거느리고 종일 희롱하며 여럿이 보는 곳에서 벗고 교합하다.

8. 17. 죄인 이장곤이 도망하자, 이장곤의 부모·동생·족친을 가두고 형 이장길은 손바닥을 꿰어 수갑을 채우고 칼을 씌워 오도록 하다.

8. 20. 흥청 100명에게 남복 차림을 하게 하고, 활과 화살을 들고 따르게 하다.

8. 23. 후원에서 잔치하며, 인생은 초로와 같아 만날 때가 많지 않을 것이라 읊고 눈물을 흘리다. 전비와 녹수가 슬피 흐느끼다.

9. 2. 왕을 폐하여 교동현에 옮기다.

중종실록

총서

- 휘는 역, 자는 낙천이다.
- 성종의 2남이고, 모비는 정현왕후다.
- 연산군이 사리에 어둡고 마음이 포악하여 종묘와 사직이 위태롭게 되자 추대를 받다.
- 39년 동안 재위하고 훙하다. 향년 57세.

중종 1년(1506)

9. 2. 익선관·곤룡포 차림으로 근정전에서 즉위하다.

• 즉위할 때는 면류관을 써야 하는데, 익선관을 쓴 것은 거사를 치르느라 미처 갖출 겨를이 없었기 때문이다.

9. 2. 연산과 연산의 치세에 대해 사관이 기록하다.

9. 2. 반정군의 청으로 숙용 장녹수, 숙용 전전비, 숙원 김귀비 등을 참형에 처하다. 폐주가 기르던 짐승들을 놓아 보내고, 매와 개는 무사들에게 나눠 주다. 동서 금표를 혁파하고 반정을 종묘와 사직에 고하다.

9. 3. 닫혔던 궁성 문을 열고 나루와 다리도 예전대로 통하게 하다. 새 관직을 혁파하고 옛 관직을 복구하였으며 응방을 혁파하고 성균관을 복구하다. 혜안전을 폐하고 신주는 묘지에 묻어 능호를 부르지 않게 하다. 갑자년 이후 죄입은 사람의 가산과 고신을 돌려주다.

9. 3. 폐주를 봉해 연산군으로 삼다.

9. 3. 박원종·성희안 등의 건의에 따라, 신 씨 집안은 연좌하고 임사홍 집안은 연좌하지 않도록 하다.

9. 4. 임사홍에 빌붙어 벼슬한 자들을 다스리다.

9. 5. 조참 시 면포단령을 입게 하다.

• 연산 때는 비단단령을 입었다.

9. 6. 나인의 족친들을 벌주다.

9. 6. 김수동을 좌의정으로, 박원종을 좌참찬으로, 성희안을 형조판서로, 홍경주를 동부승지로 삼다.

9. 7. 흥청과 운평에 대해 조치를 취하다.

• 공천은 본사에, 사천은 본 주인에게, 사족의 숙녀는 사제로 보냈다.

9. 8. 연산군에게 의복 등을 실어 보내게 하다.

9. 8. 공신을 책봉하다.

9. 9. 유순·김수동·유자광 등이, 신수근의 딸(단경왕후 신 씨)을 내칠 것을 청하여 허락받다.

9. 9. 대사간 안당 등이, 공이 크지 않은 이들은 원종공신으로 할 것을 청하자, 대신들에게 묻다. 이에 대신들이 고쳐서는 안 된다고 하다.

9. 9. 공신 칭호를 정하다.

9. 9. 초저녁에 신 씨가 교자를 타고 건춘문을 나가 하성위 정현조의 집으로 가다.

9. 10. 송일과 정광세가, 처녀를 간택해 중궁을 책봉할 것을 청하다.

9. 10. 대간이, 세조 때 정난공신은 36명인데 지금은 100명에 이른다며 다시 공신 문제를 거론하다.

9. 10. 공신들에 대한 포상 내용을 정하다.

9. 11. 흥청 20여 명에게 장을 치고 극변에 정속하다.

9. 17. 대비가, 후비의 덕은 착한 것이 제일이라며 자신이 두세 처녀를 간택해 후궁에 두었다가 행실을 보아 배필로 삼을 뜻을 밝히자 정승들이 따르다.

9. 19. 정성근에게 봉작할 것을 제안하니 정승들이 동의하다.

9. 19. 예조판서 송일을 시작으로 정승들까지 나서서 기신제를 폐할 것을 청했으나, 조종이 해오던 일이므로 폐할 수 없다며 끝내 거부하다.

9. 19. 백성의 삶을 안정되게 할 것을 8도 관찰사들에게 유시하다.

9. 24. 무오사화에 연계된 이들을 방면하다.

9. 24. 폐세자 이황과 창녕대군 이성 등을 사사하다.

9. 25. 구수영의 청에 따라, 구수영의 아들 구문경과 연산군의 딸(휘순공주)을 이혼시키다.

9. 26. 대간이 합사하여 공신 작상에 대해 아뢰었으나 불허하다.

9. 26. 의금부에서, 임사홍 부자의 부관참시를 건의하자, 하사했던 집을 속공(屬公)시키고 묘소의 석물만 철거하는 게 좋겠다고 하다.

9. 28. 박원종이, 북변을 경계할 것을 청하다. 아울러 삼포의 왜도가 번성하다며 경계할 것을 청하다.

9. 28. 대신이 공신의 가자와 관련해, 큰일이 정해진 뒤에 모인 자, 부형을 따라 한갓 심부름만 한 자, 날이 저물어서야 하례하는 반열에 참여한 자 등 단순히 옆에 끼어든 자가 100여 명이라며 이들을 삭제할 것을 청하였으나 윤허하지 않다.

10. 2. 잠저의 동리 사람들을 원종공신에 기록하게 하다.

10. 2. 연산 때 죄입은 이들의 아들들을 녹용하고 관작도 주라 이르다.

10. 3. 5일에 1번씩 윤대하기로 하다.

10. 5. 성준·이극균·정인지·정창손·한명회·심회·윤필상·어세겸·한치형 등을 예로써 장사 지내게 하다.

10. 7. 무오년에 죄입은 사람과 연좌된 사람을 석방하게 하다.

10. 8. 대간이, 영의정 유순의 해임을 청했으나 불허하다.

10. 11. 유순정을 우의정으로, 박원종을 좌의정으로, 홍경주를 도승지로, 정광필을 우승지로 삼다.

10. 19. 출궁했다가도 이르게 환궁하면 주강·석강을 하겠다고 하다.

10. 19. 대간이, 폐조를 겪으며 국용이 부족함을 아뢰고, 휘순공주·임사홍·장녹수 등의 집과 재산을 박원종·유순정·성희안·유자광에게 준 것에 대해 문제를 제기하다.

• 반정을 주동한 박원종·유순정·성희안을 3대장이라 한다.

10. 30. 대간이 구수영을 탄핵했으나 불허하다

11. 4. 참찬관 이윤이, 갑자년의 과거 합격자를 취소할 것을 청했으나, 응시자들은 글제에 따라 지은 것뿐이라며 불허하다.

• 갑자년은 연산 10년(1504)을 말한다. 그해의 과거는 전시(殿試)와 비슷한 성격을 띠었는데, 글제의 뜻도 무도하고 시 지은 사연도 심하다는 이유를 들어 다음 날 파방을 결정했다.

11. 4. 대간이 합사해, 구수영을 비롯하여 폐주에 아첨했던 강혼·민효증 등을 탄핵하다.

11. 5. 박원종이, 대간에서 탄핵한 구수영·강혼·민효증의 일이 근거 없지 않다며 직을 강등할 것을 청했으나 불허하다.

11. 7. 연산이 역질로 물도 못 마신다는 보고에 의원을 보내 치료하게 하다.

11. 8. 연산이 졸하자, 대신들과 상사 문제를 논의하다.

11. 9. 신승선의 집을 수리하여 신 씨(연산군의 비)가 거처하게 하고, 빈례(嬪禮)로 지공(支供)하게 하다.

11. 12. 무오사화 관련자들에 대해 의논하고, 연좌인들을 용서해 재주에 따라 서용키로 하다.

11. 18. 갑자년 파방 급제자 최세절 등이 소를 올리다.

11. 19. 검토관 이사균이 아룀에 따라, 어사를 파견해 외방의 수령들이 폐주 때의 공물을 여전히 독촉하는 상황을 제어하게 하다.

11. 21. 나희 구경을 금년에 한해 폐지하기로 하다.

11. 25. 형옥을 살피게 하다.

12. 1. 3대장이, 유빈·이과·김준손 등이 거사를 도모했던 것을 고하면서, 그들이 작성한 격문을 사책에 크게 쓸 것을 청하다.

12. 3. 조강에서 왜적의 일을 논의하다.

12. 4. 이행·김세필·김안국·홍언충 등을 사가독서하게 하다.

12. 9. 폐주의 일을 중국에서 물을 경우에 대비해 의논하다.

12. 11. 폐주를 후히 장사 지낼 것을 청한 유숭조를 벌하라고 대신들이 주장하자, 유숭조를 경연관에서 해임하다.

• 사신은, 연산군이 비록 도리를 잃어 폐위되었으나 마지막 보내는 일은 의리상 마땅히 후히 대해야 할 일이라고 기록했다.

12. 13. 전라도에서 격서한 사람들을 논상함이 옳은가를 묻자, 거사한 것이 아니니 상을 주는 것은 곤란하다고 답하다.

12. 17. 조강에서, 여악(女樂)을 폐지할 것과 과거에서 우선 강경(講經)을 중시할 것을 청하다.

12. 19. 각 도에 알려 구언하게 하다.

12. 26. 처용무도 폐가 된다며 정지하라 명하다.

• 재앙을 물리치는 일까지 금하면 안 된다고 말했다.

12. 27. 금혼령을 내리다.

중종 2년(1507)

1. 1. 상의원에서 신발을 올렸는데, 가장자리를 비단으로 꾸민 것을 보고 너무 사치스럽다며 앞으로는 생명주를 쓰라 이르다.

1. 5. 수령의 침탈을 단속하기 위해 경기도·황해도·충청도에 어사를 파견하다.

1. 7. 대비가, 도성 안의 사찰 중 양종(교종·선종)과 원각사·정업원은 다 조종조에서 세운 것이니 다시 세우기를 바란다고 하자, 따르겠다고 하

다. 대신 등이 반대했으나 자전과 조종의 뜻이라며 굽히지 않다.

1. 10. 사찰과 관련해 선왕의 유교를 따를 것임을 분명히 하다.

1. 15. 폐조 때 철거된 도성 안 민가에 국용 목재를 나눠 주게 하다.

윤1. 5. 서총대와 양화문을 철거하다.

윤1. 25. 공조참의 유숭조가, 김공저 등이 유자광·박원종을 제거하려 한다고 고하다. 남곤·심정도 같은 내용을 고하다.

윤1. 27. 박경과 김공저를 참형에 처하고, 이장길은 먼 지방에 정속하다. 이계맹과 유숭조는 고신추탈 후 먼 지방에 부처하고, 정미수와 김감은 고신추탈 후 외방에 부처하다.

윤1. 29. 유순·박원종·유자광 등이 죄인들에 대한 가죄를 촉구하니 따르다.

2. 2. 유자광이 김종직 잔여 세력의 중상(中傷)을 견딜 수 없다며 낙향을 청하다.

2. 3. 박원종이 사건 처리에 불만을 표하며 사직을 청했으나 불허하다.

2. 15. 중국에 갔던 사신이 돌아와, 이번 반정과 관련하여 전 왕이 병이 중해 아우에게 양위한 것으로 보고했는데, 의심을 보였다고 아뢰다.

2. 16. 주문사가 가져갈 신장(申狀)과 잡물을 마련하다.

• 신장에는 왕위 교체를 설명하는 내용을 담았다.

2. 26. 성희안이 무오사화의 일을 설명하다.

2. 28. 왕위 계승의 일을 설명하기 위해 노공필과 유순을 경사에 보내다.

3. 3. 함경북도 절도사 신윤무에게 무산보 설치를 명하다.

3. 25. 과거에서 김정 등 36인을 뽑고, 무과에서 하순 등 28인을 뽑다.

4. 10. 집의 윤은보가, 왕에게는 사소한 재물이 없는 것이라며 내수사의 폐지를 청했으나 허락하지 않다.

4. 11. 정부에서, 《연산군일기》의 수찬관은 전조

에 혐의가 없는 자로 할 것을 청하여 성희안을 총재관으로 삼다.

4. 12. 유자광이 박영문에게 들었다며, 고성과 창녕의 수령이 대간의 탄핵으로 파직된 것에 대해 현지 백성이 의아해한다고 아뢰다.

4. 13. 대간이 합사해, 유자광이 공론을 저지하고 국사를 탁란시키려 한다고 탄핵하다.

4. 16. 대간이 연일 유자광을 탄핵하자, 박원종·유순·성희안이 유자광을 변호하다.

4. 16. 유자광의 차자를 올려 자신을 변호하다.

4. 17. 대간이 합사해 유자광을 극형에 처할 것을 청하다.

• 이후 연일 대간·홍문관·예문관·승정원·성균관 등이 나서 극형을 주장하며 사직을 반복했다.

4. 22. 공론을 들어주지 않을 수 없다고 박원종이 아뢰다. 다만 유자광에게는 공이 있으니 멀리 귀양 보내 공론을 쾌하게 할 것을 청하다.

4. 23. 유순·박원종·유순정이 6조 당상을 거느리고 유자광의 처벌을 청하다. 이에 1등공신에서 강등하여 2등으로 돌리고 아들과 사위의 훈적을 삭제하고 먼 지방에 부처하다.

5. 1. 유자광을 평해로 귀양 보내고 정국공신의 호를 삭제함과 아울러 자제도 먼 지방으로 유배하다.

5. 14. 사간 김준손이, 병인년 8월 의거 약속을 어긴 이줄에 대해 기록해 올리다.

5. 15. 이줄을 잡아 국문토록 하다.

5. 17. 전 대사성 이과가, 병인녕 의거 때 이줄이 고변하려 했음을 논하는 글을 올리다.

6. 10. 예문관 봉교 김흥조와 정충량이 상소해, 성종이 조의제문을 보고도 문제 삼지 않은 것은 몰라서가 아니라며, 대신은 사국(史局)의 일을 누설할 수 없다고 하다. 따라서 간신들을 징계해야 한다고 주장하고 사관으로서 죽음을 당한 자는 봉작할 것 등을 청하다. 이에 박원종 등이 논의해, 김종직 등을 무거운 죄로 다스린 것은 마땅하나 벌이 과중하니 토지·노비 등은

돌려주는 것이 마땅하고, 당시의 추관을 1등공신에 준해 상을 준 것은 외람되니 거두어야 한다고 아뢰다. 이에 따르다.

6. 17. 박원종·유순정 등이 왕비 책봉을 촉구하자, 윤여필의 딸을 왕비로 삼도록 명하다. 박원종 등이 다시 유빈·이과·김준손 등을 정국공신 4등에 추가할 것을 청하다.

6. 17. 일기청에서, 이후 사국의 일을 누설하는 자는 변방으로 보내 종신토록 노예가 되게 하고 자손을 금고하여 사면 시에도 용서하지 말 것을 청하니 따르다.

6. 17. 병조판서 유빈과 직제학 김준손 등이 공신책록을 사양했으나 듣지 않다.

6. 17. 유빈·김준손·이과는 정국공신 4등에, 격서를 가지고 온 김개와 이징원은 원종공신 1등에 추가하라 전교하다.

6. 18. 무오년에 죄지은 김종직·김일손·권경우 등으로부터 적몰한 재산을 돌려주고, 윤필상·노사신·한치형·유자광 등에게 주었던 가사·토지·노비 등을 도로 거두어들이라 하다.

6. 22. 무오년에 사국의 일을 누설한 사람을 고찰해 아뢰도록 하다.

6. 23. 유빈·김준손·이과를 원종공신 1등에, 김개·이징원을 원종공신 2등에 봉하다.

7. 3. 대간이 합사해 내수사 혁파를 청했으나 듣지 않다.

7. 3. 폐조 때 거둔 금은·진주를 주인에게 돌려주다.

7. 4. 이장길·이계맹·유숭조·정미수·김감 등의 직첩을 되돌려 주고, 정미수·김감을 서용하라 명하다.

7. 19. 이줄의 고신 회수를 명하다.

7. 21. 박원종·유순정 등이 원종공신에 추록할 90명을 뽑아 아뢰다.

8. 1. 추문에 거짓으로 답한 유자광에게 다시 낭청을 보내 힐문하다.

• 사국의 일을 누설한 자를 물었는데 허침이라고 거

짓 변명한 것에 대한 것이다.

8.4. 근정전에 나가 중궁의 책봉례를 행하다.

8.14. 영중추부사 박숭질의 졸기.

• 폐주가 아내를 간음하고 해치려 하자, 일부러 낙마하여 정승직을 사직하였다.

8.22. 주문사 노공필·윤순 등이 권서국사 칙명을 받아 오다.

8.24. 대간이 중요하지 않은 일을 자주 간한다고 하다.

8.26. 전 우림위 노영손이 하원수 이찬 등의 역모를 고변하다. 이과·윤구수·김잠·송유·노영손을 잡아 가두게 하고 친국하겠다고 하다.

• 이과가 중심이 되어 윤구수 휘하의 내금위 무사를 거느리고 왕이 선릉에 행차하는 날에 거사하기로 했다. 왕을 폐한 후 견성군을 옹립해 정국을 일신한다는 의논을 했다.

8.27. 견성군이 궐정에 이르러, 불령한 자의 입에 오르내렸다며 죄를 청하다.

• 이과는 고문에도 계속 불복했고, 윤탕로는 이과가 여러 차례 정국공신이 될 수 있게 해 달라고 청했다고 진술했다.

8.28. 이과가, 하원수 이찬이 주도한 듯이 진술하다.

8.29. 이과·이찬·손유를 능지처사하다. 윤구수·신희철·유홍조·유영·윤천령은 장 100대에 유삼천리에 처하다.

9.1. 이과의 진술에 거명이 되었던 성희안이 대죄를 청하자, 대죄하지 말라며 위로하다.

9.1. 견성군을 강원도로 내보내다.

9.1. 추관들에게 논공하려 하자 대신들이 반대하다.

• 대신들이 반대한 이유는, 공신이 너무 많고 빠진 이들은 또 빠진 이들대로 불만이 있었기 때문이다. 그러나 왕이 고집해 수십 명을 공신에 추가했다.

9.2. 정승 등이, 자신들이 다시 공신이 된 것은 옳지 않다며 노영손만 공신으로 칭하고 나머지는 상을 논하시라 청했으나, 남이의 일과 비교

하며 재론하지 말라 명하다.

9.3. 대간이 노영손만 공적에 기록하고 나머지는 기록하지 말 것을 청했으나 듣지 않다.

9.18. 감기 기운이 있다며 경연 일시 정지를 명하다.

9.20. 대간이 합사해, 이조·병조에서 추천하지 않았는데도 특은을 입은 자, 원종공신에 추록된 자를 고칠 것을 청하다.

9.20. 특은을 베푼 일로 대간이 강력히 항의하고 직임을 거부하자, 이는 역명이라며 유의신·박상을 하옥하고 의금부에 내려 추국하라 명하다.

9.25. 모든 공신과 백관을 거느리고 북단에서 회맹제를 거행하다.

9.25. 유의신·박상을 석방하다.

9.25. 대간이 거듭 공신 개정을 요구하며 사직하자, 이미 회맹제를 거행했으므로 허락할 수 없다고 하다.

9.30. 박원종이, 충청도·황해도에서 도적이 극심한 상황을 보고하다.

10.11. 대신들이, 견성군에게 죄줄 것을 청하다.

10.15. 정부·6조·충훈부·종실까지 나서서 대의로 결단할 것을 촉구하니 따르다.

10.16. 견성군을 사사하다.

10.19. 견성군의 처자에게 해마다 봄·가을에 쌀 20석을 주기로 하다.

10.23. 충청도·황해도의 도적을 잡도록 하다.

10.28. 영사 유순정이, 초야에 묻힌 선비들을 찾아 채용할 것을 청하다.

11.1. 폐조의 입법을 빠짐없이 계하여 쓸 만한 것은 그대로 쓰도록 하라 명하다.

11.8. 장악원제조 등이, 기녀 제도의 정비를 청하다.

11.24. 대간의 끈질긴 탄핵에 따라, 공조판서 윤탕로와 도총관 남치원을 체직하다.

11.29. 《실록》을 볼 수는 없으니 대신 《승정원

일기》를 보려 한다며 괜찮은지를 묻자, 일기도 실록과 다름없으므로 볼 수 없다 아뢰다.

11. 30. 공신 남용에 대해 대간이 합사 상소를 올리다.

12. 1. 어제 상소한 뜻은 알았다며, 정국공신의 공로에 대해서는 모르지만 당시 대신이 잘 처리했을 것이라 답하다. 또 정난공신은 전례를 따른 것이라고 하다.

12. 7. 대간에서, 박원종이 이조판서·평안감사를 추천한 일을 문제 삼자 정승으로서 더불어 의논하기 때문에 그리 말한 것이라 답하다.

12. 10. 대간이 박영문의 발언을 가지고 탄핵하다.

12. 18. 함부로 형장을 가하거나 범죄를 조작하는 등, 백성들이 억울한 일이 없도록 하라 이르다.

중종 3년(1508)

1. 2. 대간이 합사하여, 토지와 노비를 공신에게 함부로 내려 준 일 등을 아뢰다.

1. 5. 주문사 통사가 습봉문서(襲封文書)를 가지고 오다.

1. 8. 대간에서, 음직의 가자와 해동청을 바치는 일은 뒷날의 폐단이 된다며 반대하다.

1. 8. 영의정 유순 등이, 상국의 청을 거절할 수 없다며 황제의 취미가 같지 않으니 만세의 폐해가 되지는 않을 것이라 아뢰다.

1. 11. 대간이 내관의 정치 관여를 비판하다.

1. 15. 일기청당상 성세명이, 유자광에 따르면 무오년 사국의 일을 누설한 이는 이극돈이라며 처벌 문제를 묻다.

1. 23. 노영손을 서반직에 임용하라 했는데, 서용되지 않았다며 병조를 추문하라 이르다.

1. 24. 대간에서, 노영손의 공로가 많다 해도 미천한 서얼의 신분이니 서용할 수 없다고 답하다.

1. 30. 수령을 고향 가까이 제수하지 말 것 등을 논하다.

• 이즈음 대간에서, 공신 자제 등의 음가(蔭加)에 대해 거의 매일 문제를 제기했다.

2. 5. 8도 관찰사에게 수령의 전최를 신중히 할 것을 유시하다.

2. 15. 대간 없이 조하를 받다.

• 음가의 일로 대간이 합사해 연일 사직장을 올리자 취한 행동이다.

2. 15 유순·유순정·박원종이, 음가의 개정을 청하다.

2. 18. 유순·박원종·성희안 등이, 음직으로 가자한 일은 선례가 없다며 개정을 청하자 약간의 단서 조항을 두고 따르다.

2. 28. 공신 책봉 문제를 둘러싸고 대간과 박원종이 논쟁을 벌이다.

3. 1. 성희안이 대간에 대해 비판적인 말을 하다.

3. 16. 좌의정 박원종이 북경에 가므로 전별연을 베풀도록 하다.

3. 17. 좌의정 박원종이, 이장곤에게 변방 일을 담당시킬 것을 청하다.

3. 30. 대간이 합사해, 원종공신을 당상관으로 가자한 일은 관례가 아니며 종친에게 가자한 일은 폐주의 난정이었다며 비판하다.

4. 2. 연산군의 분묘·사당을 소재지의 관청에서 돌보게 하다.

4. 4. 원종공신 1등으로서 당상관이 된 이와, 족친으로서 당상관에 가자된 이를 모두 써서 아뢰라 명하다.

4. 5. 원종공신으로 가자한 일 등에 대한 대간의 주장에 반대 의사를 밝히다.

4. 23. 홍경주를 병조판서 겸 지경연사로 삼다.

5. 8. 부제학 이견 등이 차자를 올려, 폐조의 어지러운 정치를 답습하고 성종의 성헌(成憲)을 생각지 않는다고 비판하다.

5. 21. 6조 당상이 원종·족친의 가자를 다 개정

할 것을 청하다.

5. 23. 유순 등이 다시 청하자, 따르겠다고 답하다.

5. 23. 재상들이, 족친의 가자를 그대로 둘 사람으로 김수동·박원종·구수영·정미수 등 18인과 종친 6인을 적어 아뢰고 개정할 사람은 69인이라 아뢰다.

5. 24. 대간에서, 원종의 가자도 개정할 것을 청하다.

• 이에 대해 성희안이 강력히 반대했다.

5. 26. 원종의 가자를 현우(賢愚)를 가려 부표해 아뢰도록 하다.

5. 26. 원종 1등의 가자를 받은 김영진 등을 개정하라 명하다.

6. 5. 이후로 격쟁상언을 하는 사람은 모두 죄로 다스리라 명하다.

6. 8. 중국 사신이 편찮은 왕(연산군)을 보고 가겠다고 하였는데, 발소리만 들어도 놀라니 볼 수 없다고 거절하다.

6. 18. 이희중 등이, 사국의 일을 누설한 이극돈의 죄를 다스릴 것을 청하다.

6. 23. 대간이, 이극돈의 관작을 추탈하고 자손을 금고에 처할 것을 청하다.

7. 11. 대간이, 이극돈의 일과 가자(加資)의 남용에 대해 아뢰다.

7. 15. 대간이, 사직장을 내고 물러가다.

7. 19. 정부와 6조 당상이, 도로 제수한 가자의 개정을 아뢰다.

7. 24. 유순정과 성희안이, 공론을 받아들여 제수한 가자를 거둘 것을 청하다. 따르겠다고 하면서도 일부만 개정하다.

• 이 때문에 대간의 사직 투쟁은 계속 이어졌고, 경연도 열 수 없게 되었다.

8. 5. 대간을 경연에 입시하게 할 방도를 정승 및 증경정승에게 묻다.

8. 7. 대간에게 일부 개정을 전교하다.

8. 8. 대간에서, 개정의 미진함을 아뢰다.

• 이후 연일 계속되었으나 사직은 하지 않았고 경연에도 참석했다.

8. 18. 모화관에서 열무하다.

8. 19. 군사의 말[馬]이 다 피폐해졌다며 병조로 하여 고찰하게 하다.

8. 21. 다시 원종 7인을 개정하고 이극돈의 고신 3등을 삭탈하라고 전교하다.

9. 5. 안처성 등이, 가자의 개정과 각 도의 효자·열부를 찾아 표창할 것을 아뢰다.

9. 22. 종기가 낫지 않아 성절 망궐례를 멈추게 하다.

10. 7. 정언 박수문이, 폐조의 여습(餘習) 때문에 성균관과 사학의 정원이 차지 않고 여항(閭巷)에도 글 읽는 사람이 없다고 아뢰다.

10. 7. 정광필의 주장과 대신들의 의논을 거쳐, 구수영의 아들과 휘순공주, 임사홍의 딸과 사위를 재결합시키다.

10. 8. 장령 서지가 견성군의 신원을 청하다.

10. 13. 어사를 8도에 보내 불법을 규찰하게 하다. 또 감사·병사의 불법을 아뢰게 하다.

11. 9. 사라능단의 착용을 억제하여 검소를 숭상토록 전교하다.

11. 26. 박원종이, 원종공신과 족친 중 가자를 빼앗긴 사람들의 원망이 주상을 향하고 있다며, 조정의 일이 매양 아랫사람에게 견제되는 문제를 지적하다. 경연이 끝난 뒤 박원종·유순정·성희안·홍경주·신윤무·박영문이, 승지와 기사관이 입회한 가운데 신복의의 역모를 아뢰다.

11. 27. 신복의를 잡아 국문하다.

11. 28. 동청례·신복의를 대질하고, 성수(聖壽)를 점친 박상좌·이옥산·이신을 추문하다.

12. 1. 영산군 이전이 와서, 이신과는 알지도 못하고 왕래한 일도 없다고 아뢰다.

12. 2. 추관이, 신복의가 부귀를 누리고자 꾸민 계책이라 아뢰다.

12. 3. 신복의·동청례를 능지처사하다. 박종선·김상좌·정양귀를 참형하다. 이유청·이신·이옥

214

산·이건·이정을 원방으로 유배하다. 박원종 이하 추관은 차등을 두어 논상하다.

12.6. 신복의 등을 복주한 사실을 종묘에 고하다.

12.9. 예조판서는 항상 승문원 제조를 겸하도록 하다.

12.7. 홍문관 부제학 이세인 등이, 이줄이 독계(獨啓)한 일을 논하고 죄를 청하다.

12.12. 이줄을 장 100대, 유삼천리에 처하다.

중종 4년(1509)

1.5. 웅천의 관리가 사람을 사서 가덕도에서 재목을 취하다가 왜적에게 피살되다. 우리말을 잘 아는 것으로 보아 삼포의 왜인으로 추정하고 두왜(頭倭)를 불러 알아내라 명하다.

1.12. 수령의 불법을 적발하지 않으면 감사까지 처벌하겠다고 하다.

1.15. 수령 선발을 신중히 하지 않으면 이조를 문책하겠다고 전교하다.

1.17. 해주 사림이 격쟁한 것을 치죄하지 말라 이르고, 행대감찰로 하여 수령의 불법한 일을 추문하라 명하다.

1.27. 변방 수령의 사치를 금단하라고, 평안도·함경도의 관찰사와 절도사에게 하유하다.

1.27. 장악원정 이원성이, 자색이 있고 기예가 성숙한 여기는 비록 속신(贖身)된 자라 할지라도 궐 안 잔치에 입역하게 할 것을 청하다. 이에 임금의 환심을 사고자 한 말이라며 의금부에 내리라 하다.

1.28. 좌의정 박원종이, 속신된 여기를 입역시키는 것은 조종조의 관례라며 이원성을 죄줄 것 없다고 아뢰다.

1.28. 좌의정의 말은 부끄러운 것이라며 비판하다.

2.4. 함경도 5진이 근래 잔폐하여 인구가 감소했다며, 이후 전가 사변에 해당하는 자는 모두 5진에 들여보내라 명하다.

2.7. 치적이 뛰어난 상주목사와 부령목사에게 가자하라고 전교하다.

2.24. 홍경주에게 청탁한 김윤문을 분경 금지의 율을 어긴 죄로 다스리다.

3.12. 면학과 검소를 유생들에게 유시하라 전교하다.

3.16. 대간이 연일 홍경주를 탄핵하자, 성희안이 홍경주를 변론하다. 이에 대간이 홍경주와 함께 성희안의 추고도 주장하다.

3.17. 박원종과 유순 등을 대마도에 보내 삼포 왜인들의 패역한 상황을 말하게 하다.

3.29. 제주에서 올라오는 공마선을 왜구가 약탈하다.

4.3. 전라도 수군절도사 이종인이 적왜(賊倭) 17급을 베어 치계하다.

4.4. 왜인들의 머리를 삼포에 효수하게 하다.

4.12. 예조에서, 대마도 경차관 윤은보가 가져갈 사목을 서계하다.

4.21. 4도에 어사를 보내 남형(濫刑)·남수(濫囚)·불법 등의 일을 살피게 하다.

4.25. 구언의 전교를 내리다.

4.29. 도체찰사 송일이 와서 복명하고, 무산·풍산을 옮겨 배설한 지도 및 구폐책을 올리다.

5.6. 연창부원군 김감의 졸기.

5.7. 사헌부가 담양부사·창원부사·순창군수의 파면을 청하다.

5.27. 창덕궁 내탕고에 도둑이 들어 자물쇠를 제거하고 금기·은기 및 채단을 훔쳐 가다.

6.3. 한재로 인해 숭례문을 폐쇄하고 숙정문을 열어 저자를 옮기다. 또한 북을 치지 못하게 하다.

6.18. 비가 흡족히 내리자 남문을 열고 저자를 환원하다. 아울러 왕과 왕비 및 대비전의 어선을 회복하다.

6.20. 중사 및 사관을 보내 형옥을 살피게 하다.

6. 21. 대간이, 기신재와 내수사 장리의 혁파를 청하다.

7. 11. 고양부원군 신준 졸.

7. 20. 박원종·유순정·6조 당상이, 기신재를 혁파해 대간이 취직하게 하자고 아뢰다.

7. 25. 황해도 관찰사 이자건이, 송화에서 강도 20여 인이 백주에 관아로 쳐들어가 군기고에서 활과 살을 꺼내 가고 옥문을 깨뜨려 동료들을 구출한 뒤 구월산으로 갔다고 치계하다.

7. 27. 홍문관이 대간의 행태가 지나치다고 했다 하여, 대간이 홍문관 응교 안처성·교리 이사균을 논박하다. 이에 홍문관은, 두 사람의 뜻이 아니라 논의의 결과라고 하다.

7. 30. 대간을 모두 서반으로 보내겠다고 하다.

8. 5. 승정원·홍문관에서, 대간을 서반으로 보내는 것은 부당하다고 아뢰다.

8. 16. 대간을 동반에 서임하다.

9. 12. 춘추관이 《연산군일기》의 찬집을 끝내다.

윤9. 2. 박원종이, 오래 강무를 폐지하여 무신이 진법을 모른다며, 병판으로 하여 때로 무사를 검열하여 진법을 모르는 자는 도태시킬 것을 청하니 따르다.

윤9. 24. 대간의 논박을 받은 영의정 유순이 사직을 청하자 허락하다.

윤9. 27. 유순을 문성부원군으로, 박원종을 영의정으로, 유순정을 좌의정 겸 병조판서로, 성희안을 우의정으로 삼다.

10. 14. 어사를 보내 남형 등을 단속케 하다.

10. 20. 도성 안에 역질이 퍼지다.

10. 28. 우의정 성희안과 운수군 이효성 등이, 이말손을 거느리고 빈청에 나아가 역모를 상변하다.

10. 28. 관련자들을 형신하다.

• 부인하는 이도 있고 형신에 못 이겨 인정하는 이도 있었다. 이말손도 초기 진술과 달리 답하기도 했다. 이석손의 아들 이흔이 불경한 말을 한 것은 사실인 듯하다.

10. 29. 신창령 이흔은 참하고, 의산령 이윤과 정종수 이석손은 유배하다.

11. 1. 이흔의 이름을 선원록에서 삭제하다.

11. 4. 수령·찰방·변장에 제수되고도 한 달 안에 부임하지 않으면 파직키로 하다.

11. 6. 백성의 청원에 따라, 물소를 나눠 주게 하다.

11. 10. 승정원에서, 성균관·사학 유생이 공부를 멀리하고 사치하는 행태를 아뢰다.

12. 17. 대간에서 연일 박영문을 탄핵하는 소를 올리다.

12. 30. 군적을 고치다.

중종 5년(1510)

1. 8. 예조에 명해 권학절목을 세우게 하다.

• 학교가 퇴폐하고 선비의 풍습이 날로 경박해지고 있다고 판단했기 때문이다.

1. 10. 대간이, 박영문을 옹호하고 대간의 행태를 비판한 박원종을 탄핵하다.

1. 27. 성균관 유생으로 쓸 만한 자를 천거하라 전교하다.

2. 1. 연회에 의녀 및 창기를 금하는 절목을 마련하게 하다.

2. 12. 경상우도 수군절도사 이종의가, 왜선 6척이 해산물을 채취하는 어부들을 살해하자 쫓아가 7명을 쏘아 죽였다고 치계하다.

3. 6. 박원종이 병으로 사직을 청하자 수락하다.

3. 12. 경상도 관찰사 윤금손이 장계를 올려, 전일 이종의가 잡은 왜적은 가짜라고 보고하다.

3. 17. 향교에 사사의 전지를 소속시키다.

3. 28. 정릉사 5층 사리각에 화재가 나다.

3. 29. 유생들이 불을 질렀을 것이라며 조사하게 하다.

4. 1. 대간에서, 사리각을 불태운 유생들의 석방을 청하였으나 듣지 않다.

4. 2. 대신이, 사리각을 불태운 유생들의 석방을 청하였으나 듣지 않다.

4. 7. 화재 관련자 윤형을 외방에 부처하고 김기·윤충좌는 정거하다.

4. 8. 대간이, 유생의 일로 사직하며 임금의 독단에 대해 아뢰다.

4. 8. 영의정과 의금부 당상이, 윤형만 중죄를 입었다 하니 정거로 바꾸다.

4. 8. 경상우도 병마절도사 김석철이 장계를 올려, 지난 4월 4일 제포의 항거왜추(恒居倭酋)들이 왜인을 거느리고 성을 포위하고 민가에 불을 질렀는데, 통사를 보내 이유를 물으니 삼포 변장들의 횡포 때문이라 답했다고 한다.

• 삼포왜란을 말한다.

4. 10. 대마도 왜관에서 동래현령 유인복에게 글을 보내 부산포 영공의 횡포를 설명하다. 이어 영공의 목을 베어 대마도로 갔다고 하다.

4. 11. 웅천이 함몰되고 김세균은 체포되다.

4. 12. 경군 400명을 파견하기로 하다.

4. 13. 유순정을 도원수로, 박영문과 정광필을 도순찰사로 삼다.

4. 14. 제포첨사 김세균이 적의 진중에 있으면서 글을 보내 왜인들의 의사를 알리다. 이에 김석철이 회답하다.

4. 14. 김세균이 다시 글을 보내, 어제 200척이 새로 오고 앞으로 얼마나 더 올지 모른다며 화친해야 할 것이라고 하다.

4. 15. 도둑질을 하고 화친을 청하는 저들의 행태를 말하며, 이를 따르면 우리를 능멸하고 토색이 한이 없을 것이라 하다. 다만 정토하는 일에 문제점도 있을 것이라 하다.

4. 15. 대신들 모두 화친을 배제하고 왜적을 칠 것을 주장하다.

4. 15. 정토를 결정하다.

4. 16. 경기도·충청도·강원도 관찰사에게 군사를 일으켜 왜적을 치라고 교시하다.

4. 17. 박원종 졸.

4. 17. 김석철이 장계하여 수륙 양공을 청하다.

4. 17. 대마도주가 예조에 글을 보내다.

• 부산포 첨사의 횡포를 열거하고, 계속될 경우 전쟁을 멈추지 않을 것이라는 내용이다.

4. 19. 경상좌도 병마절도사 황형이 왜적의 만행을 전하다.

4. 21. 예조가 대마도주의 서계에 회답하다. 변장의 횡포가 있었다 해도 사유를 갖춰 아뢰지 않고 간범한 것은 용서할 수 없다고 하다.

4. 22. 경상도 체찰사 안윤덕이 군관 최임을 보내 승전을 보고하다.

4. 24. 안윤덕이 다시 승전 계본을 보내다.

4. 29. 도원수 유순정이 부상자 수를 아뢰다.

5. 27. 유순이, 왜인이 잘못을 뉘우치고 화친을 청하면 받아들이자고 하다.

5. 30. 대신이 군공을 정해 아뢰니 따르다.

6. 9. 좌우 부승지를 보내 유순정을 제천정에서 맞이하다.

6. 30. 왜선이 다시 안골포를 습격해 전투하다.

7. 8. 절도죄를 범한 이에 대해 단근법을 폐하고 노비로 삼게 하다.

8. 6. 근정전에 나아가 유순정과 박영문 등에게 위로연을 베풀다.

8. 7. 비변사를 두고, 문무 재상 중에서 변방의 일을 잘 아는 이를 골라 변방에 대한 대책을 맡기다.

8. 8. 유순 등이, 서북 지방에 보루를 설치해 사무역을 막아 경계하자고 청하니 따르다.

8. 9. 유순이 나이가 들었음을 이유로 치사하니 궤장을 하사하다.

8. 13. 변방의 방비를 철저히 하게 하다.

• 야인이 동청례의 죽음을 의심하고 있다는 정보에 따른 것이다. 동청례는 귀화한 야인으로 신복의 역모에 연루되어 처형됐다.

8. 16. 모화관에서 병사를 검열하다.

9. 3. 《대전》에 나온 대로 도로의 원근에 따라 도와 역을 찰방·역승에 분속하다

9. 26. 숨은 인재를 천거하라 명하다.

9. 27. 어사를 보내 백성의 고통과 형옥을 살피고 곡식의 매점매석을 규찰하게 하다.

10. 10. 《대학》을 진강하다. 선비의 학습 태도와 교육 방식에 대해 논의하다.

• 이때 김식·조광조 등은 함부로 말하지 않고 종일 단정하게 앉아 학습하는 모습을 보였다.

10. 18. 이여가 정몽주의 문묘종사를 청하다.

10. 21. 여악의 폐지 여부를 의논하다. 성희안의 안을 따라, 내연에만 쓰고 정전에는 쓰지 않기로 하다.

11. 5. 대간에서, 여악의 완전 폐지를 청하다. 성희안이 반대하다.

12. 15. 동청례의 주살 사유를 무엇이라 할지 의논하다.

12. 24. 파직된 공신 구수영을 서용하게 하다.

중종 6년(1511)

1. 18. 대간이 거듭 탄핵하고 대신들까지 공론을 따를 것을 청하자, 구수영을 파직하다.

3. 6. 사인(舍人) 한효원이, 군사를 정돈하여 도둑을 추포할 것을 청하니 따르다.

4. 1. 성균관에 명해, 유생 조광조·김석홍·황택을 천거하게 하다.

4. 3. 사경 황여헌과 시강관 구지신 등이, 조광조 등 천거된 성균관 유생들이 특별한 재주와 조행(操行)이 없다고 아뢰다.

4. 7. 전교에서 열병하고 답렵(踏獵)을 행하다.

4. 11. 예조에서, 조광조·박찬·민세정을 천거하니, 이조에 명해 서용하라 이르다.

4. 11. 헌납 이헌로 등이, 조광조는 학업에 큰 뜻을 두고 있다며, 공부를 이어 나갈 수 있게 서용하지 말 것을 청하다.

4. 18. 대간과 시종이 함께, 조광조에게 특별히 포상하는 글을 내려 선비들을 정려할 것을 청하다.

4. 19. 남곤을 대사헌으로 삼다.

4. 28. 흩어진 책을 구하고, 중국에서 사 오도록 하다.

5. 11. 옥송을 오래 체류한 관리를 추문하게 하라 이르다.

5. 13. 갇힌 왜인들을 각 고을에 나누어 수용키로 하다.

5. 18. 시독관 김굉이 내수사의 장리 이식을 비판하다.

5. 21. 일본 국왕의 사신 등 16인이 오다.

6. 12. 병조참의 이세정이 이극돈을 변호하자, 대간이 강력히 반대하다.

6. 13. 유생 박유령이, 이식이 역모를 도모하고 있다고 무고했다가 참형에 처해지다.

• 이식은 종실(宗室)이다.

7. 13. 종학을 재설치하다.

7. 26. 대마도가 본국을 통해 화친을 청해 오자 처리 방안을 논의하다.

8. 12. 홍문관에서 《천하여지도》를 올리다.

9. 20. 영사 김수동 등과, 《설공찬전》을 지은 채수의 죄를 의논하다.

10. 11. 천둥 때문에 구언의 전지를 내리다.

10. 20. 《삼강행실》 2,940질을 반포하다.

11. 6. 주인을 구한 종의 정문을 세우게 하다.

12. 16. 경상도 병마절도사 유담년이 왜선 토벌을 치계하다.

중종 7년(1512)

1. 5. 병조에서, 《동국병감》을 재편찬하기를 청하다.

1. 16. 인물을 쓰되, 문신·무신을 고루 쓰도록 이조에 명하다.

1. 18. 제주의 소를 육지에 내다가 무역할 수 있게 하다.

1. 19. 가난하여 시집 못 간 노처녀들에게 보조를 주어 시집가게 하다.

1. 20. 호조판서 장순손이 저화의 재사용을 청하니 따르다.

1. 27. 좌의정 유순정이 군사들의 기강에 대해 말하다.

2. 17. 홍색에 대해 논의하다.

• 금지하는 색인데 속옷으로 많이 입고, 공복·조복은 물론 겉옷으로까지 확산되는 상황이었다. 이에 공복과 조복 이외의 겉옷은 금하게 했다.

2. 24. 특진관 최한홍이, 북쪽 변방 백성의 참담한 생활에 대해 아뢰다.

3. 14. 직제학 권민수가, 왜인을 추문하는 경차관으로 갔다 와서 보고하다.

4. 3. 8도 관찰사에게, 병기를 점검하고 양식을 비축해 환란에 대비하라 명하다.

4. 16. 정미수 졸기.

4. 21. 북도절도사가, 야인이 아군 11명을 잡아갔다는 치계를 올리다.

5. 11. 망원전에서 수전(水戰) 훈련을 보다.

윤5. 1. 일본 국왕이 대마도주에게 명해, 삼포왜란 때 난을 벌인 왜인을 베어 화친을 청하게 하다.

윤5. 7. 성희안이 북방의 상황을 들며, 대군을 출병해 대마도를 칠 수 없다면 왜의 화친을 받아 주는 게 좋겠다고 아뢰다. 반면 정언 유중익과 검토관 이효언은, 화친을 해도 방비를 늦출 수 없다며 화친을 반대하다. 이에 당장은 화친을 허락하지 않되 끝내 화친하지 않을 수는 없다고 하다.

윤5. 11. 인천 경내에 횡행하는 도적의 무리에 대해 말하고, 결탁한 아전 등에 대해 철저히 추문할 것을 명하다.

윤5. 14. 어사를 8도에 보내 군기를 단속하게 하다.

윤5. 14. 왜사 붕중이 서울에 들어오다.

윤5. 24. 인천 도둑의 무리가 청계산으로 숨었다가 다시 관악산으로 도주하다.

6. 1. 화친을 허락하는 게 옳은지 토론하다.

6. 4. 병조에서, 속고내 등이 변방을 침범하는 일을 거론하다.

6. 15. 유자광이 죽자, 공신의 예로 장사 지내게 하다.

6. 22. 대신들이 화친을 허락하자는 의견을 내자, 경솔히 허락하면 붕중의 세 치 혀에 말려드는 격이라며 경계하다. 더불어 공조로 하여 총통을 주조케 하여 양계 및 하삼도에 나눠 보내게 하다.

6. 23. 대간의 반대로 유자광의 자손들만 석방하고 공신훈권은 주지 않기로 하다.

6. 24. 화친 문제에 대해 결정하다. 포로로 잡아간 백성을 돌려보낼 것, 종성친이 와서 사죄할 것 등을 요구하기로 하다.

7. 3. 야인들이 갑산부 근처를 침범하다.

7. 7. 영의정 김수동 졸.

7. 13. 야인 2,000여 명이 침구하여 목책과 장막을 치고 주둔하다. 이에 절도사 이장곤이 변장들과 함께 기습하자 도주하다.

8. 19. 대신들이, 화친을 허락할 것을 청하자 마지못해 받아들이다.

8. 20. 예조에서 화친 절목을 아뢰다.

• 삼포 거주는 불허, 세견선은 반으로 축소 등의 절목이 있다.

8. 22. 대간에서 화친을 반대하다.

• 대간은, 죄를 끝까지 따질 것, 잡혀간 이들을 돌려보내야 할 것 등을 요구했다.

8. 27. 예조정랑이 붕중에게 화친의 뜻을 전하다.

9. 4. 함경도 순변사 황형이, 망합으로 하여금 500여 명을 거느리고 속고내를 치게 하여 잡혀갔던 우리 백성 19명을 쇄환하다.

9. 21. 경상도에 나누어 가두었던 왜적들을 목베다.

9. 26. 대간에서, 문란한 과거장 풍경을 아뢰다.

10. 7. 유순정을 영의정으로, 성희안을 좌의정으로, 송일을 우의정으로 삼다.

10. 8. 《삼강행실》 속편 편찬을 전교하다.

10. 18. 무과 초시를 파방하고, 어사를 향시에 보내 시취토록 하다.

10. 26. 양주에 사는 수호군 김검성이 밤에 장막 밖에서 자다가 범에 잡혀갔는데, 딸 김윤금이 몸을 날려 범을 치고 시체를 **빼앗아** 와 장례를 치르니 정문을 세우고 복호하다.

11. 23. 좌승지 손중돈이, 향사례를 향음주례와 아울러 거행할 것을 청하니 수락하다.

11. 22. 검토관 소세양이, 소릉 복구를 청하다.

• 소릉은 단종의 모후 현덕왕후의 능이다.

11. 26. 소릉 복구 문제를 논의하였는데, 대신들이 반대하다.

12. 4. 찬집청이, 《속삼강행실》에 환관 김처선 등의 일을 실을 것을 청하자, 김처선은 술에 취해 망령된 말을 해서 스스로 실수를 한 것뿐이라며 반대하다.

12. 10. 연산의 묘가 홍수에 침식되었다는 말을 듣고 6호(戶)를 더 두어 지키게 하다.

12. 12. 연산의 부인 신 씨가 상언하여, 연산을 양주 해촌으로 이장하기를 청하다. 허락하며 왕자군의 예로 개장토록 하라고 하다.

12. 15. 연산군 이장에 필요한 물품의 지급을 전교하다.

중종 8년(1513)

1. 7. 홍문관에서, 소릉 폐출에 관한 상소를 하다.

2. 4. 순변사 황형이 함경도 지도를 올리다.

2. 13. 야인 유오을미가, 기대했던 당상직을 받지 못하자 교지와 은대를 내던지며 성을 내다.

3. 3. 대신들 다수가 소릉 천장에 찬성으로 돌아서다.

3. 11. 관상감 제조 김응기가 소릉을 봉심(奉審)하여 보고는, 장처(葬處)와 구릉(舊陵)이 모두 풍수에서 가장 꺼리는 땅이라고 아뢰다.

3. 12. 소릉의 국기(國忌)를 회복하라 이르다.

4. 1. 친정에 대한 생각을 말하다.

• 해조(該曹)의 주의(注擬)에 의하여 낙점만 하는 것에 의문을 제기했다. 이어, 전조(銓曹)가 궐원을 뽑아 아뢰면 친히 인물을 택하여 이름을 써서 제수하는 것이 옳다고 말했다.

4. 2. 성희안을 영의정으로, 송일을 좌의정으로 삼다.

4. 15. 정광필을 우의정으로 삼다.

4. 21. 현덕왕후의 재궁을 현궁에 내리다.

5. 6. 부묘제를 행하다.

5. 29. 반정 후 공신들이 교만하여 희첩을 여러 명씩 거느렸는데 얼마 안 있어 연달아 죽다.

6. 19. 성희안이 영의정이 된 이래 병으로 업무를 보지 못하자 녹을 받지 않다.

7. 23. 예조가 대마도주에게 서계를 보내다.

7. 27. 성희안 졸.

8. 1. 황해도에 홍수가 나다.

8. 24. 경상도 연해에 태풍 피해가 있다.

10. 17. 영의정 성희안의 발인을 위해 가파른 길을 닦도록 하다.

10. 22. 의정부의 관노 정막개가 박영문·신윤무의 역모를 승정원에 상변하다.

• 정막개가 신윤무의 집에 갔다가, 사랑방에서 신윤무와 박영문이 나누는 대화를 들었다고 한다.

10. 23. 부인하던 신윤무가 먼저 자백하고 박영문도 자백하다.

10. 24. 박영문과 신윤무를 능지처참하고 박영문의 두 아들을 교형에 처하다. 정막개는 정3품직을 제수받다.

• 박영문의 재산과 노비 15구, 전지 15결도 함께 받았다.

10. 27. 송일을 영의정으로, 정광필을 좌의정으로, 김응기를 우의정으로 삼다.

10. 30. 신수근·신수겸·윤구 등의 자녀를 경기도에 옮겨 살도록 하다.

11. 6. 내관과 사관을 성균관과 사학에 보내 유

생을 점시(點視)하게 하다.

11. 8. 문신과 무신을 골고루 등용하라 하다.

11. 12. 대신들이, 유자광이 살았으면 모르되 죽었으므로 공신을 돌려주는 게 좋겠다고 아뢰자 따르다.

• 이후 3사에서 격렬히 반대했다.

12. 4. 날씨가 춥자, 승정원과 홍문관, 입직한 군사에게 술을 내리다.

12. 25. 대간에서, 정막개가 시일이 지나 늦게 고변했다며 죄를 물을 것을 청하다.

• 대신들은 과보다 공이 크다며 반대했다.

중종 9년(1514)

1. 12. 정막개의 당상 가자를 개정하다.

1. 16. 유자광은 이를 데 없는 오국간흉(誤國奸凶)이라며, 다시는 녹공(錄功)하지 말라 이르다.

1. 27. 대사헌 성세순 졸.

1. 30. 대간의 오랜 탄핵 끝에 폐조 때의 윤장·조계형·이우 등의 훈적을 삭탈하다.

• 반정이 있던 날 정원에 입직한 관리들이다. 반정 세력이 흥하자 상황을 보고 오겠다고 하고는 도망을 쳤는데 훈적에 기록되었다.

2. 9. 각 도로 하여금 승도를 추쇄하여 군액을 늘리게 하다.

2. 26. 어미를 구타한 이를 참형에 처하다.

3. 14. 궐 안 채소밭에 분뇨 쓰는 것을 금하게 하다.

4. 2. 《삼강행실》을 속찬할 때 반정 후의 일을 수록하도록 하다.

4. 10. 대간의 잦은 인사 탄핵에 대해 지적하다.

• 사관은, 임금이 당시 대간의 병통을 잘 지적했다고 평했다.

6. 1. 대간이 경연에 입시하지 않아 경연을 정지하다.

6. 27. 신용개 등이 《속삼강행실》을 찬진하다.

7. 16. 영의정 송일을 체차하다.

• 대간이 계속 탄핵했고, 송일 또한 사직을 청했다.

8. 1. 일식이 있다.

9. 8. 앞서 있었던 수재·일식 등을 들어 전교하다.

• 천인감응설이 잘 드러나 있다.

9. 25. 영의정을 천거하라 이르다.

10. 1. 유순을 영의정으로, 홍경주를 좌찬성으로 삼다.

10. 25. 호조판서 고형산 등이, 각 사가 축낸 잡물을 추징할 것을 건의하다.

11. 16. 각 도의 관찰사에게 명해, 청렴한 수령을 가려 치계토록 하다.

11. 17. 대신들이, 국가의 물건을 많이 축낸 고자(庫子)와 관원을 추문해야 한다고 아뢰다.

11. 17. 남곤을 호조판서로 삼다.

11. 23. 대간에서, 국고를 축낸 관리의 봉록 감축에 반대하자 받아들이다.

• 폐조 때, 이런저런 이유로 낭비해 국고가 텅 비었던 것인데 지금 처벌하는 것은 문제라는 이유였다.

12. 18. 대간에서, 전일 남곤이 성균관 동지를 사임하자 체직을 명했는데, 남곤은 사표가 될 만한 사람이라며 체직하지 말 것을 청하다.

12. 19. 군신 관계에 대해 사관이 평하다.

• 정치에 절실히 힘쓰는 것 같기는 하나 신하를 믿지 않는 듯하고, 신하를 대하는 것에 있어서도 친근미가 없다고 했다.

12. 21. 영의정 유순 등이 의논하여 사유(師儒)에 해당할 만한 인물을 뽑다.

• 김안국·윤탁·이행 등 28인이다.

12. 25. 좌의정 정광필, 정갑손·정창손·구치관·김종직·유빈·정성근 등을 청백리로 뽑고 그 자손을 서용하기를 청하다.

중종 10년(1515)

1. 3. 대비가 숙의를 더 둘 것을 권하다. 이에 대신들이 즉위 시 뽑은 숙의 셋 중 하나가 비었

으니 사족의 딸로 뽑을 것을 권하다. 김응기는
반대하다.

1. 4. 숙의를 간택하는 전교를 내리다.

1. 6. 한성부 참군 안처명이, 수탉으로 변한 민
가의 암탉을 가지고 와 고하다.

1. 28. 야인 망합이 무례를 범하다.

• 하사받은 물건이 마음에 안 든다고 불평하고, 아들
아질두가 당상관에 들지 못하자 통사를 구타하기도
했다.

2. 21. 풍저창주부 노섭이, 소격서 초제를 혁파
할 것을 청하다.

2. 25. 대사헌 권민수가, 의정부서사 제도를 회
복할 것을 청하자, 이는 과거 한때의 일이라며
반대하다.

2. 25. 원자가 태어나다.

2. 26. 정광필이 백관을 거느리고 근정전 뜰에서
진하하다.

3. 2. 삼경 오점에 중궁 윤 씨가 승하하다.

3. 7. 왕비의 휘호와 능호를 정하다.

3. 8. 망합 부자를 진도로 유배하다.

3. 21. 의녀 장금에 대해 논공하다.

• 출산을 도운 공에 상을 주어야 하는데 대고(大故)가
있어 그렇게 하지 못했다면서, 상은 베풀지 못하더라
도 형장을 가할 수는 없다고 했다. 중궁의 상과 관련
한 죄에 대해서는 장형을 속바치게 하는 것으로 매듭
지었다.

3. 22. 정광필이, 야인에게 위엄으로만 다스리려
는 변장들의 폐단을 아뢰다.

3. 22. 대간에서, 의녀 장금의 죄가 크다며 장형
을 속바치게 한 것에 반대하다.

4. 2. 이날, 궐내의 인원이 비로소 천담복을 입
고 근시 내관도 길복을 입다.

4. 7. 의금부 노비가 산릉에 관한 흉한 소문을
정원에 아뢰다.

윤4. 4. 대행왕비의 재궁을 현궁에 하관하다.

윤4. 5. 장경왕후의 신주를 영경전에 봉안하다.

6. 8. 안당이, 성균관이 천거한 조광조·김식·

박훈을 등용하는 것은 마땅히 문신을 등용하듯
해야 한다고 아뢰다.

6. 8. 조광조를 조지서 사지로 삼다.

7. 3. 홍문관 부제학 조원기 등이 차자를 올려,
의정부 서사가 폐지되어 정승은 지위는 있으되
직책이 없다며, 날마다 도당에 나가 국정을 논
의하게 할 것을 청하다.

7. 17. 곤장으로 죽은 자가 많자, 형벌을 신중히
하도록 형조에 전교하다.

7. 26. 정광필이, 성왕(成王)이 어렸음에도 왕위
에 세운 것은 세적(世嫡)의 장(長)을 바꿀 수 없었
기 때문이라고 하다.

• 조강에서 《예기》를 강하다가 성왕과 주공의 고사가
나오자, 적장자를 세워야 한다는 의미로 한 말이다.
이때 숙의 박 씨(경빈)의 아들 이미(복성군)가 원자(인종)
보다 나이가 많았기 때문에 훗날 일이 생기지나 않을
까 걱정한 것이다.

8. 1. 남곤이, 원자를 아직 세자로 봉하지 않았
다 해도 궁중에서 거처하게 해야 한다고 아뢰
다.

8. 7. 창화수 이장손 등이, 공정대왕만 홀로 묘
호가 없으니 대례를 빠뜨린 것이라며 상소하다.
이에 왜 묘호를 올리지 않았는지 상고하여 아뢰
라 하다.

8. 8. 담양부사 박상과 순창군수 김정이 소를
올려, 폐비 신 씨의 복위와 박원종 등의 죄를
논하다.

8. 11. 대사헌 권민수와 대사간 이행 외 대간들
이, 박상 등을 잡아다 논죄하기를 청하다.

8. 11. 유순·정광필 등이, 박상 등을 죄주는 것
이 합당하기는 하나 구언에 따른 상소를 추문
하는 것은 지나치다고 아뢰다.

8. 12. 대간이, 강력히 죄줄 것을 주장하자 박상
과 김정 등을 잡아 오게 하다.

8. 17. 예조에서, 공정대왕의 숭호(崇號) 추상은
전하게서 결정하시라고 아뢰다.

8. 22. 박상 등에 대해, 형신은 가하지 말고 자복

할 때까지 초사를 받으라 이르다.

8. 22. 문과 정시에서 장옥·조광조 등 15인을 뽑다.

8. 23. 박상·김정에 대해, 장 100대를 속바치게 하고 유배하다.

8. 26. 이조판서 안당 등이, 박상 등을 용서할 것을 청하다.

- 이후 대간에서 안당을 탄핵했다.

8. 29. 조광조를 성균관 전적으로 삼다.

9. 15. 정언 표빙이, 이번 별시 전책(殿策)에서 대신이 옳고 대간이 그르다고 한 유생이 많았다며, 이런 유생은 취하지 말아야 한다고 아뢰다.

9. 21. 경상도 관찰사 홍숙이, 지방의 과거 시험에서 부당한 행위를 한 유생들의 처벌을 건의하다.

10. 1. 경상도 경주의 무과 시험에서 작란한 자를 제어하지 못한 시관을 추고하라고 지시하다.

10. 7. 왕비의 자리가 오래 비어 있으니 처녀를 미리 가려 두지 않을 수 없다고 하다.

10. 9. 김안로가, 구언한 뒤 상소한 글로 죄준 것은 부당하다고 아뢰며 박상과 김정을 풀어 줄 것을 청하다.

10. 23. 기준이, 혼례의 예 가운데 친영례를 행할 것을 아뢰자, 지극히 마땅하다 답하다.

10. 25. 이장곤이, 박상과 김정을 용서할 것을 청하다.

10. 29. 자전이 동궁에서 친히 처녀를 간택하다.

11. 3. 넉 달 사이 수인 7명을 숨지게 한 형조좌랑 최항을 파직하다.

11. 4. 근래의 책은 세종조의 책에 비해 종이 품질이나 인쇄의 질이 떨어진다며, 홍문관에 간직된 《주문공집》·《주자어류》·《자치통감》·《호삼성주》·《구양문충공집》·《삼국지》 등의 책을 발간케 하고 갑진자·갑인자 중에서 글자가 잘못되었거나 닳은 것은 다시 주조하라 명하다.

11. 18. 간택된 처녀 4인의 팔자를 점치게 하다.

11. 20. 조광조를 사간원 정언으로 삼다.

11. 22. 조광조가, 박상·김정을 죄줄 것을 청한 대간과 같이 일을 할 수 없다며 양사를 파직해 다시 언로를 열 것을 청하다.

11. 23. 대신들이, 대간 중에 언론이 같지 않으면 한편을 갈아야 한다고 하자 양사를 교체하다.

11. 24. 이장곤을 대사헌으로, 김안국을 대사간으로 삼다.

11. 27. 이장곤 등이 대간의 논의가 동일하지 않다고 아뢰다.

11. 28. 이에 대사헌 등을 교체하다.

11. 29. 김근사와 김안로 등이 대마도와의 관계 회복에 대한 문제를 상소하다.

11. 29. 대간을 재교체하다.

- 이후 양비론을 비롯하여 조광조와 대간 관련 논란은 계속되었다.

12. 6. 다시 대간을 대거 교체하다.

중종 11년(1516)

1. 4. 대사간 김근사가, 박상 등을 용서할 것을 청하다.

1. 6. 조강에서 박상의 처리에 대한 의견들이 나오다.

- 용서하자는 주장이 확대되고 있었다.

1. 28. 시독관 이청이, 세자를 궁중에서 보양하고 가르칠 것을 주장하다.

2. 11. 논박을 당한 간원과 홍문 관원을 모두 체직하라 전교하다.

2. 26. 조강에서 김응기 등이, 소격서의 마니산 제사는 참례(僭禮)라 하다.

3. 2. 백관이 길복을 입다.

- 이날은 장경왕후의 소상이다.

3. 8. 박세희·기준 등이, 언로를 위해 박상 등을 용서할 것을 청하다.

3. 8. 양시의 문제를 질타하자, 홍언필·박세희·윤지형 등이 사직을 청하다.

• 양시의 주창자는 김안로인데 재주가 뛰어나고 임기 응변에 능해 사람들이 빠져서 쏠리듯 따랐다고 한다. 이후 양시의 일로 사직을 청하는 이들이 계속 이어졌 다.

3.19. 박세희만 교체하다.

3.28. 《고려사》〈명종기〉를 진강하다. 최충수가 태자를 협박해 비를 폐출한 대목에 이르러 한 숨을 쉬고 읽다가 여러 번 구두(句讀)를 분간하 지 못하다.

• 사관은, 신 씨를 폐출한 일을 임금이 후회한 것이 라고 판단했다.

3.28. 조광조를 수찬으로 삼다.

4.6. 유순의 사직을 허락하다.

4.9. 정광필을 영의정으로, 김응기를 좌의정으 로, 유순을 문성부원군으로 삼다.

4.20. 신용개를 우의정 겸 홍문관 대제학으로, 김전을 좌찬성으로, 박열을 우찬성으로 삼다.

4.22. 신용개가 대제학 겸임을 사양하자 정승들 과 의논해 남곤을 대제학으로 삼다.

4.24. 주강에서 시독관 박수문이 3공의 실질화 를 주장하다.

4.25. 모든 일을 3공이 통솔하는 것에 대해 대 신들과 의논하다.

4.26. 예조가, 송나라의 예를 상고하고 삼년상 뒤에 혼례를 치를 것을 청하다.

• 사관은, 삼년상 이전에 하려고 했는데 예조가 저지 했다고 평했다.

5.8. 박상과 김정의 죄를 인정하면서도 용서를 명하다.

5.19. 폐조 때의 죄인을 석방하는 문제를 대신 들과 의논하다.

• 주인을 능욕한 노비는 용서해서는 안 된다는 것이 대세였다.

5.21. 기신재와 내수사의 장리 문제를 논의하 다.

6.1. 의정부가 다시 서사하기 시작하다.

6.2. 내수사의 장리 및 기신재를 혁파하라 명

하다.

6.4. 간원이 오랫동안 일을 아뢰지 않다.

• 이행이 대사간이 되고 나서부터 대간의 행태가 달 라졌다.

6.9. 의정부에서, 유생들의 과거 응시 기준을 아뢰다.

6.16. 선왕·선후의 기신재는 중국의 예에 따라 각각 능침에서 실행하라 이르다.

6.27. 문소전 참봉 정희령이, 간밤에 도둑이 들 어 장순왕후의 신위판과 부건 등을 훔쳐 갔다 고 아뢰다.

7.13. 대간에서, 문소전의 내관 및 종친을 파직 하도록 청하다.

7.22. 문소전의 내관을 파직하다.

8.6. 남곤을 대사헌으로 삼다.

9.20. 주강에서 조광조가, 경연관이 진강만 하 고 논란하는 일이 없으니 이는 경연을 설치한 본의가 아니라 아뢰다.

10.8. 석강에서 조광조가, 《근사록》을 연구해야 한다고 아뢰다.

10.9. 일을 진퇴시키는 것이나 대간이 아뢴 말 중 긴요한 관계가 있는 일들은 환관을 통하지 말고 경연 때 승지가 직접 아뢰게 하다.

10.19. 조강에서 조광조가, 근래 성리학에 힘쓰 는 이가 없다며 위에서 좋아하는 모습을 보일 것을 청하다.

10.20. 드나들 때의 예가 너무 지나치다고 이르 다.

10.22. 노산군과 연산군의 후손을 세움이 합당 한지를 의논하다.

11.1. 노산군과 연산군의 제사는 국가에서 하 는 방식으로 결정하다.

11.5. 사라능단과 초서(貂鼠) 가죽 사용을 제한 하다.

• 일체의 공연(公宴), 융복 차림으로 시위할 때, 종재 와 장수의 겉옷, 사족 부녀자들의 겉옷 외에는 사라 능단을 쓰지 말도록 했다. 또 초서 가죽은 이엄(耳掩)

에만 허용했다.

11. 6. 예조에 전교해, 《소학》을 널리 퍼지도록 하고 학습을 권장하라 하다.

11. 13. 김정과 박상을 서용하게 하다.

11. 16. 시강관 한충이, 경연관들의 책을 바닥이 아니라 책상 위에 올려놓게 할 것을 청하니 지당하다며 따르다.

11. 18. 송 씨(노산군의 처)와 신 씨(연산군의 처)가 각기 생존해 있으니 스스로 후손을 세우게 하는 게 옳다고 하다.

11. 22. 노산군의 묘소에 관원을 보내 치제한 다음 분묘를 수축하도록 하라고 전교하다.

12. 12. 석강에서 조광조가, 학문에 힘쓸 것과 지금이 지치의 기회임을 역설하다.

12. 16. 김안국과 한효원이, 불도를 뿌리 뽑을 일과 도승법 혁파 등을 아뢰자 긍정적인 태도를 보이다.

12. 17. 조강에서 영사 정광필이, 정국공신은 논외로 쳐도 정난공신은 인심이 싫어한다며, 토지가 적은데 전지가 모두 공신의 직전이 되어서는 안 된다고 아뢰다.

12. 18. 성세창과 남곤이 정난공신의 개정에 대해 아뢰다.

12. 22. 장순왕후의 위판을 찾고 자신을 책하는 전교를 내리다.

중종 12년(1517)

1. 11. 조광조, 주강에서 지치에 힘쓸 것과 과단성을 주청하다.

2. 20. 홍언필이, 과거 외에 인재를 얻을 방법을 아뢰다.

2. 21. 초야와 성균관에 있는 인재를 추천하도록 전교하다.

3. 6. 참찬관 윤세호가, 왕비를 결정하도록 아뢰다.

3. 25. 정광필이 6조 참의 이상을 거느리고 와,

정난공신의 개정을 아뢰다.

4. 3. 정난공신의 이름은 그대로 두되, 제수했던 잡가(雜加)와 음가(蔭加)는 개정하다.

4. 4. 조광조가 소인에 대해 아뢰고 경계하다.

4. 13. 원자가 4월 10일에 들어와 알현하고 대비전에 머물다가 하성위 집으로 가다.

• 기질이 침착하고 《천자문》과 《유합》을 모두 익혀 임금의 물음에 한 자도 틀리지 않았다. 이에 계잠(戒箴)을 써 주었다.

4. 17. 달자들이 둔병한 지 오래이니, 방수하는 일에 힘을 쏟으라 명하다. 또 중국이 구원을 요청해 올 것에 대비하라 이르다.

4. 24. 조강에서 사간 김희수가, 초야에 숨은 인재의 선발을 청하다. 이에 정광필이, 천거제가 가져올 폐단에 대해 경계하는 의견을 내다.

5. 30. 유순 졸.

6. 3. 헌부가 이형간의 처 송 씨를 조옥에 내려 다스릴 것을 청했으나 허락하지 않다.

• 사신이, 여원부원군 송일의 패악스러운 딸들과 아내에 대해 평했다.

6. 9. 형조정랑 이순이 당상의 뜻으로 아뢰어, 좌랑 김식을 체직하기를 청하다.

6. 28. 서성군 이미를 복성군으로 고치다.

7. 7. 자전이 완쾌되어 제안대군에게 쌀과 면포 등을 하사하다.

• 자전이 병중일 때 제안대군 집에 나가 지냈다.

7. 12. 대비가 창덕궁으로 돌아오다.

7. 29. 이조판서 남곤이, 조광조의 경우는 이학(理學)에 뛰어나기 때문에 자급을 헤아리지 말고 궐원이 있으면 4품에 의망할 것을 청하자, 과연 그렇다며 자급에 구애되지 말라 이르다.

7. 29. 김정을 홍문관 부제학으로, 조광조를 응교로 삼다.

7. 30. 시독관 김구 등이, 지치(至治)를 구하려면 내수사를 혁파해야 한다고 하다.

8. 5. 승정원에 전교해, 어버이를 핑계로 임지를 바꾸는 것을 금지시키다.

8.7. 성균관 생원들이, 정몽주·김굉필의 문묘 종사를 청하다.

8.8. 조강에서 문묘종사 문제를 논의하다. 조광조를 비롯해 대부분 찬성했으나 정광필은 반대하다.

8.9. 정몽주·김굉필의 문묘종사에 대해 의논하다.

8.20. 《대학연의》를 강하면서 제사의 법도에 관해 조광조 등이 아뢰다.

8.22. 남곤을 우찬성으로, 한세환을 이판으로, 심정을 형판으로, 방유령을 대사헌으로, 조광조를 전한으로 삼다.

8.25. 노산군의 처 송 씨의 처소에 소찬과 시비 등을 주도록 하다.

8.26. 원자를 보양(輔養)하는 일이 시기상조임을 승정원에 명하다.

8.30. 남곤이, 경학과 사장이 모두 중요하다고 아뢰다.

9.1. 예조에서, 장녹수가 낳은 이영수에게 노비 각 15구와 전 5결을 내리고 선원록에 올릴 것을 청하니 따르다.

9.9. 승정원과 홍문관에 선온을 내리다.
• 예전부터 절일(節日)에 근신(近臣)에게 주식(酒食)과 진선(珍膳)을 내리고, 때로는 제목을 정해서 시(詩)을 짓게 하는 일이 있었는데, 조광조 등이 "임금은 시를 지어서는 안 되고, 신하에게 지어 바치게 해서도 안 됩니다."라고 한 이후로 절일에 주찬(酒饌)은 내려도 시를 짓게 하지는 않았다고 한다.

9.13. 주강에서 조광조가, 《소학》을 읽으면 사림이 고무될 것이라 아뢰다.

9.17. 정몽주를 문묘에 종사하다.

10.23. 남곤을 우찬성으로 삼다.

10.30. 홍문관 수찬 기준이 대간을 간 일을 논핵하다.
• 기준의 문학이 뛰어나 조광조에 버금가기는 했으나, 일을 논함에 있어 망설임이 없고 지나치게 격렬하여 대신들이 미워했다고 한다.

11.22. 윤세호를 대사헌으로 삼다.
• 이때 조광조 세력이 3공을 능가해 신진들이 붙좇고, 윤세호도 조광조의 뜻을 잘 따라서 대사헌에 제수됐다고 한다.

12.1. 대간에서, 원자는 기질이 특이하니 제때에 보양해야 한다며 속히 입궐하게 할 것을 청하다.

12.27. 발등이 부어 경연에 나가지 못하다.

윤12.13. 김정을 동부승지로, 조광조를 직제학으로 삼다.

윤12.19. 와병 중인 좌의정 김승기를 논박하다.
• 안당을 빨리 정승에 앉히기 위한 것이다.

윤12.21. 《소학》은 종신토록 배울 글이라 하다.

중종 13년(1518)

1.5. 김응기를 영중추부사로, 신용개를 좌의정으로, 이행을 병조참지로 삼다.

1.6. 대사간 김양진이, 전옥서와 금부의 옥에 남녀가 구별 없이 수용되어 문제가 있다며 나누어 수용할 것을 청하니 따르다.

1.6. 이자와 남곤이, 원자를 빨리 궁궐에 들여 보양할 것을 청하다.
• 대신들이 박 씨와 복성군의 존재를 염려한 것이다.

1.15. 조광조를 부제학으로 삼다.

1.18. 야대에서 조광조가, 잘 다스려지지 않는 책임을 스스로에게서 찾을 것을 아뢰다.

1.19. 원자가 궐내에 들어온 지 여러 날 되었다며, 《소학》 중에서 요긴한 말을 뽑아 가르치라 명하다. 김응기·김정·남곤·안당에게 보양을 맡기다.

1.23. 부제학 조광조·교리 김구·부교리 정응이 월과(月課)를 짓지 않았다 하여 추고당하다.

2.2. 조강에서 조광조가, 예부터 소인이 군자를 몰아낼 땐 붕당을 이유로 들었다며 참소를

경계할 것을 청하고 대신과 대간의 화합을 강조하다.

2. 28. 김정이, 세자 보양의 필요성을 아뢰다.

• 이즈음 대간들이 자주 이런 청을 올렸다.

3. 11. 왕세자의 보양 문제, 인재의 등용과 유일 천기에 대해 논의하다

3. 25. 조광조가, 예전에 자신이 성균관에 들어 갔을 때의 세태를 말하고 천거제를 옹호하다.

• 조광조는, 오늘 실행하면 내일은 고사(古事)가 될 것이라는 말로 근래에 없던 일이라는 주장을 반박했다.

4. 1. 대제학 남곤이, 악장 속 음사(淫詞)나 석가의 가르침이 있는 부분은 고쳐서 아뢰다.

4. 13. 남곤이 이조판서를 사임하자 예조판서에 제수하다.

4. 13. 안당을 이조판서로 삼다.

4. 19. 인재 천거를 전교하다.

4. 25. 정광필을 필두로 강혼·장순손·김전·남곤 등이 거듭 천거과에 대해 우려하는 의견을 올리다. 다만 안당은 옛 현량과와 방정과의 사례를 들며 좋은 일이라 아뢰다.

4. 26. 《대명회전》의 잘못된 점을 주청해 고치게 하라 이르다.

• 정조사가 중국에서 가져온 《대명회전》에, 태조가 이인임의 후예로 왕씨 4왕을 시해하고 왕위에 올랐다고 기록되어 있었다.

4. 28. 조광조가, 사습(士習)을 바로잡을 것을 아뢰다.

• 김굉필이, 문장에 치우치는 김종직을 버리고 성학에 전념했다는 사관의 기록이 남아 있다.

5. 2. 안당의 추천으로 김식을 지평으로 삼다.

5. 2. 조광조를 승정원 부승지로 삼다.

5. 5. 김정이, 승지도 경연에 출입하나 경연에 전담하는 것만 못하다며, 조광조의 경연 전임을 청하다.

5. 6. 조광조를 다시 홍문관 부제학으로 삼다.

5. 12. 정광필이, 천거된 인물들이 역마를 타고 올라오는 것에 대해 문제를 지적하다. 또한 천거

인을 바로 6품으로 올리는 것에 반대하다.

5. 15. 이조판서 안당이 정승에 합당하니 단망(單望)으로 서계하라 명하다.

5. 20. 조광조 등이 거듭하여 탄핵하자, 장순손·조계상의 고신을 빼앗고 파직하다.

5. 21. 천거로 제수된 이들을 인견하다.

6. 3. 정광필이, 천거된 이들을 6품이나 7품에 제수한 것에 대해 다시 지적하다.

6. 8. 남곤과 장옥이 사장과 이학의 중요성에 대해 논쟁하자, 이학 중시의 의견을 밝히다.

6. 9. 잘못된 기록의 수정을 요구하는 주청문을 명에 올리다.

6. 21. 대간이 소격서 혁파를 아뢰다.

6. 28. 남곤을 좌찬성으로, 이계맹을 예판으로, 이항을 대사간으로 삼다.

7. 5. 노산군 부인 송 씨가 자기 재산을 정미수의 아내에게 주기를 원하다.

• 정미수는 송 씨의 시양자(侍養子)다.

7. 11. 조광조를 동지성균관사에 제수하라는 안당의 청을 둘러싸고, 조광조는 극력 사양하고 김정은 적극 권하다.

7. 11. 김안국을 공조판서로, 조광조를 동지성균 관사로 삼다.

7. 12. 찬집청 당상 신용개·김전·남곤 등이 찬수한 《속동문선》을 올리다.

7. 22. 보은현감 박훈을 지평에 의망하다.

7. 28. 지평 박훈이 대사헌 이항을 탄핵하다.

7. 28. 김정을 대사헌으로 삼다.

8. 16. 예전에 갑산 지방에서 노략질을 한 오랑 캐 속고내를 엄습(掩襲)하여 잡기로 하다.

8. 17. 조광조가, 속고내를 잡는 일에 도적의 꾀를 내는 것은 옳지 않다고 하다. 이에 유담년이 밀어붙일 것을 청했으나 조광조의 의견을 받아들이다.

8. 17. 대사간 이하 대간들도 조광조와 의견을 같이해, 잠복했다가 속고내를 엄습하는 것은 왕자의 도가 아니라 아뢰다.

8. 17. 정광필이, 속고내를 잡는 것은 명분 없는 거사가 아니라며 애초의 결정대로 칠 것을 청했으나 받아들이지 않다.

8. 17. 원자가 하성위의 집에서 동궁으로 돌아오다.

8. 22. 대간이 소격서의 폐지를 논하며 사직하고 물러가다.

8. 26. 3공이, 소격서 폐지와 관련해 대간의 의견을 따를 것을 청하다.

8. 27. 성균관 생원들이 상소해 소격서 혁파를 논하다.

9. 1. 조광조 등이 대간의 체직 불가를 아뢰다.

9. 2. 소격서 혁파를 조광조 등이 또 아뢰다. 대간은 부름을 받고 와서 다시 사직서를 올리고 물러나다.

9. 3. 정광필 이하 대신들이, 소격서를 속히 혁파할 것을 청하다. 이에 혁파를 명하고 다만 사우(祠宇)는 헐지 말고 공해(公廨)로 쓰도록 하다.

9. 5. 참찬관 조광조가, 향약을 잘 이행할 것을 청하다. 정광필은, 좋기는 하나 자칫하면 수령의 권세가 약해질 수 있으니 살펴서 경계해야 한다고 아뢰다.

11. 1. 전라도 나주 등 34개 고을에 지진이 일다.

11. 15. 경상도 김해에 지진이 일다.

• 11월 들어 경상도·전라도·황해도 등지에 지진이 여러 차례 있었다.

11. 21. 조광조를 대사헌으로, 김정을 홍문관 부제학으로 삼다.

11. 25. 죄수가 많이 죽는다며, 남형을 삼가고 구휼에 힘쓰라 전교하다.

12. 7. 속히 천거과를 마련하라 명하다.

12. 15. 간원이, 심정·이자견·황형은 특진관에서 빼야 한다고 주장하다.

중종 14년(1519)

1. 16. 대간의 여악 폐지 주장에, 정광필이 신중론을 펴다.

1. 22. 김정을 부제학 겸 동지성균관사로 삼다.

1. 29. 사람을 보내, 송일·김응기·윤금손·유담년·홍경주 등을 문병하다.

2. 6. 정부와 예조가, 여악을 외방에서만 없애고 서울에서는 없애지 말도록 청하니, 받아들이다.

2. 7. 대간에서, 경사(京師)라고 하여 여악을 없애지 않는 것은 미편하다고 아뢰다.

2. 11. 글을 묶은 화살이 건춘문에 날아든 사건에 대해 논의하다.

3. 2. 강윤회가 와서, 김정·조광조 등과 현량과 출신들이 정국공신을 비롯한 구신들을 다 제거하려 했다고 고하다.

• 강윤회는 김우증이란 자의 말을 빌려 고한 것이다. 이에 조광조는, 김우증이 자신의 종숙부인데 본래 망령된 자라 말했다. 김우증은, 강윤회가 거짓 고변한 것이라 진술했다.

3. 5. 김우증을 경흥부로 유배하다.

3. 15. 조광조가 말에서 떨어져 다치자 의원을 보내다.

3. 15. 주청사 남곤 등이 경사에서 돌아와 《대명회전》 수정에 대해 치계하기를, 이인임의 아들이라는 항목은 고치기로 했으나 4왕을 죽였다는 부분에 대해서는 언급이 없었다고 아뢰다.

4. 5. 이장곤을 우찬성으로, 김안국을 우참찬으로 삼다.

4. 7. 4왕의 일에 대해 다시 주청하는 문제를 의논하다

4. 13. 천거한 선비를 시험하여 김식 등 28인을 뽑다.

4. 18. 특진관 신상이, 대간의 말만 따른다고 비판하다.

4. 19. 조광조가, 대간이 공의를 주도하게 된 것은 대신들이 자기 역할을 하지 않았기 때문이라고 비판하다.

4. 20. 안당의 세 아들이 모두 천거과에 급제하

다.

4. 24. 대사헌 김정이, 의금부의 서리를 태형한 일 때문에 사직하였으나 허락하지 않다

• 사신은, 조광조가 대사헌에 있을 때는 안정에 힘썼지만 김정이 맡았을 때에는 소요하는 일이 많았다고 평했다.

4. 29. 부제학 조광조가 성균관 동지를 사퇴하였으나 윤허하지 않다.

4. 29. 참찬관 김구가 과거제의 문제점을 비판하다.

5. 2. 남곤을 예조판서로, 김정을 대사헌으로 삼다.

5. 19. 신용개와 이장곤이, 경학과 사장 모두를 중시해야 한다고 아뢰다.

6. 9. 조광조가 상소해, 윤허를 지체해 결단하지 못하는 태도에 대하여 말하다.

6. 9. 김응기 졸.

6. 23. 이계맹을 좌찬성으로, 유담년을 병조판서로, 신광한을 도승지로, 김구를 좌부승지로 삼다.

6. 26. 이성동을 대사간으로, 유인숙을 부제학으로 삼다.

6. 29. 조광조가 유인숙을 탄핵하자, 김구를 다시 부제학으로 삼다.

7. 3. 윤자임이, 조광조는 시급히 임용해야 할 사람이라 아뢰다. 이희민은, 근래 한 시대를 도견(陶甄)한 공로가 다 조광조의 힘이라 아뢰다.

7. 16. 감옥 죄수를 돌보는 일 등에 대하여 논의하다.

• 사신은, 김정이 형조판서가 되고부터 옥사 처리에 신중함이 결여되었다고 평했다.

7. 18. 《여씨향약》을 지방의 유향소에 나누어 주게 하다.

7. 26. 형조판서 김정이, 죄수가 많이 죽은 것을 대죄하다.

8. 2. 서민들이 삼년상을 거행하기를 원하면 들어주어야 한다고 논의하다.

8. 10. 조광조와 이장곤을 원자 보양관으로 추가하다.

8. 10. 원자를 사정전으로 불러 책을 읽게 했는데, 《소학》을 줄줄 읽고 해석도 분명했으며 음성이 웅장해 크게 기쁜 기색을 보이다.

8. 14. 무학(武學)을 따로 설치하고 문신으로 하여금 가르치게 하다.

9. 28. 영의정 정광필이 병으로 사직하니, 인견하고 재해 구제와 변방을 안정시킬 계책을 묻다.

10. 10. 조광조가 향약에 대해, 감사가 구박해 행하니 촉박한 모습을 보인다며 덕으로 여유를 두고 백성을 교화시켜야 한다고 주장하다.

10. 24. 조광조가 대간의 직분을 아뢰다. 이장곤은 백성의 고충을 아뢰다.

10. 25. 대사헌 조광조와 대사간 이성동이 합사해 정국공신의 개정을 청하다.

10. 27. 대간이 사직하고 물러나다.

11. 2. 정광필·안당·이장곤 등이, 정국공신을 부분 개정하여 공론을 진정시킬 것을 청하다.

11. 2. 호판 고형산·이판 신상·형판 김정 이하 참의 이상 6조 관리들이, 공신 개정을 청하다.

11. 6. 정부·6조·홍문관이, 공론을 따르기를 반복해서 청하다.

11. 8. 일부 개정할 뜻을 보이다.

11. 9. 정광필 등이, 삭제할 이의 단자를 올리자, 부분 개정을 말했던 이전의 주장과 다르다며 질책하다.

11. 10. 대신들과 공이 있는지 여부를 논한 뒤, 홍경주를 불러 사실을 확인하기로 하다.

11. 11. 76명을 쾌히 개정한다는 전지를 내리다.

11. 13. 개정은 했으나, 내려 준 잡물·가산은 거두지 말라 이르다.

11. 15. 밤, 신하들을 부르고 병조참지 성운을 급히 승지로 제수한 다음 조광조 등 승지 전원을 잡아 가두게 하다.

11. 15. 정광필 등 10여 명이 입시하다. 남곤에

게 죄안(罪案)을 만들게 하다.

• 죄안 중 '위를 속이고 사정을 행사했다.'는 것은 정상에 맞지 않는다는 지적이 있자 고쳤다.

11. 16. 정광필·안당·신상이, 이번 추고전지(推考傳旨)는 폐단이 따를 것이라며 반대하다.

11. 16. 유인숙·공서린·홍언필이, 자기들만 풀려난 것은 이해할 수 없다며 도로 옥에 가두어 달라 청하다.

11. 16. 한성부 좌윤·우윤, 각조 참판, 참의 등이 임금의 뜻을 모르겠다고 아뢰다.

11. 16. 조광조·김정·김구·김식·기준·박훈·윤자임 등이 공초하다.

11. 16. 정광필이, 조광조 등을 현요(顯要)의 반열에 두고 그들이 하는 말을 다 들어주다가, 하루아침에 죄주는 건 함정에 빠트리는 격이라고 아뢰다. 안당·신상·한세환 등도 조광조 등을 변론하다.

11. 16. 김전·이장곤·홍숙이 조광조 등의 죄를 조율하여 아뢰다.

• 《대명률》의 간당조(奸黨條)에 의거 참하고 처자를 종으로 삼아야 한다는 내용이다. 하지만 이 율로 죄를 주게 되면 만세에 관계될 것이라는 의견을 덧붙이기도 했다. 조광조는 옥중에서 소를 올려 친국을 해 달라며, 뜻은 넘치는데 말은 막혀서 아뢸 바를 모르겠다고 했다.

11. 16. 조광조·김정을 사사하라고 명하자, 채세영이 붓을 가지고 물러서며 대신에게 물을 것을 청하다.

• 붓을 가지고 물러섰다는 것은 판부(判付)를 작성하지 못하도록 하기 위이다.

11. 16. 정광필·안당·김전·홍숙 등이 입대해 조광조 등에게 죄가 없다고 아뢰다.

11. 16. 성균관 유생 150여 명이 궐문을 밀고 들어와 합문 밖에서 통곡하다.

11. 16. 조광조 등 4인은 고신추탈·장 100대·원방안치에, 윤자임 등 4인은 고신추탈·장 100대속·외방부처에 처하다.

11. 16. 남곤을 이조판서로, 홍숙을 형조판서로, 신상을 예조판서로 삼다.

11. 17. 대간이 사직을 청하다.

11. 17. 도승지 김근사·기사관 권예·사관 이구 등이 그날의 절차에 대해 거듭 지적하다.

11. 17. 정광필과 안당이, 이번 일은 많은 폐단을 부를 것이라고 하다.

11. 17. 대간이 합사해, 이번 일은 간사한 무리가 은밀히 아뢴 것에서 나왔다며 취직(就職)을 거부하다.

11. 18. 대간이, 왕의 처리를 비판하고 홍경주를 사주한 것인지를 묻자 부인하다.

11. 18. 근자에 무인들이 조광조 등을 미워해 모두 죽이려 한다는 말을 홍경주로부터 들었기에, 무인들을 진정시키기 위해 조광조를 죄주었다고 말하다.

11. 20. 안당을 좌의정으로, 김전을 우의정으로, 남곤을 좌찬성 겸 이조판서로 삼다.

11. 21. 정국공신 개정을 취소하다.

12. 2. 대간이 현량과를 파할 것을 아뢰다.

12. 3. 천거 문과와 별시에 합격한 자는 현직에 서용하지 말라 명하다.

12. 9. 대간이, 추국 때 조광조의 행동을 말하며, 추국을 담당한 김전·이장곤·홍숙 등을 탄핵하다. 이에 놀라 김전·홍숙 등을 불러 묻겠다고 하다.

12. 10. 우의정 김전 등이, 당시 조광조 등이 죽을 것을 알고 밤새 술을 마셔 인사불성이었다고 하다.

12. 10. 안당을 영중추부사로, 신상을 예조판서로 삼다.

12. 14. 생원 황이옥이 소를 올려, 조광조 등을 목 벨 것을 청하다.

12. 15. 대간이, 김안국·유운·송호지·조광자 등 12인을 조광조의 무리라며 죄줄 것을 청하다.

12. 16. 대사헌 이항과 대사간 이번 등이 합사해

조광조의 일을 아뢰자, 정광필·김전 등 정승을 교체하고 조광조 등은 율문에 따라 죄를 다스려야 한다고 하다. 이어 남곤 등의 반대에도 조광조는 사사, 김정 이하 3인은 절도안치, 윤자임 등 4인은 서북지방에, 유용근 등 4인은 원방부처, 안당·유운·김안국은 파직, 이자 등 11인은 고신을 추탈하다.

12.16. 조광조를 사사하라 명하다.

• 사관은, 과거에 도타이 여기던 일과 지금 내린 사사의 명은 마치 두 임금에게서 나온 것 같다고 평했다. 이어 정광필이 가장 상심했고 남곤도 슬퍼했다고 적고 있다.

12.17. 남곤을 좌의정으로, 이유청을 우의정으로, 정광필을 영중추부사로, 김전을 판중추부사로, 이계맹을 좌찬성으로, 심정을 이조판서로, 이행을 홍문관 부제학으로 삼다.

12.29. 금부에서, 선산에 안치했던 김식이 도주했다고 아뢰다.

12.29. 이해의 호구는 754,146호, 3,745,481명이다.

12.29. 왕이 홍경주에게 내린 밀지에 대해 사신이 기록하다.

• 밀지의 내용은 대략 다음과 같았다고 한다. "임금이 신하와 함께 신하를 제거하려고 꾀하는 것은 도모(盜謀)에 가깝기는 하나, 간당(奸黨)이 이미 이루어졌고 임금은 고립되어 제재하기 어려우니, 함께 꾀하여 제거해서 종사(宗社)를 안정시키려 한다."

중종 15년(1520)

1.4. 장령 서후가, 조강에서 향약을 비판하다. 또 조광조·김식 등으로 인해 사습이 그릇되었다고 아뢰다.

1.4. 유생들이 궐정에서 소란을 피운 일로, 집의 권관이 대죄하다

1.7. 남곤 등이, 세자 책봉을 권하다.

2.4. 남곤을 겸세자사부로, 이장곤을 겸세자이사로 삼다.

2.10. 김전 등이 군정의 폐단에 대해 아뢰다.

• 허위로 숫자만 기록돼 있기도 하고, 말이나 활이 없는 곳도 있었다고 한다.

2.14. 김전을 영의정 겸세자사로 삼다.

3.5. 원자의 이름을 억에서 고로 바꾸다.

4.13. 홍경주를 좌찬성으로 삼다.

• 이날의 실록에는 기묘사화의 배경에 대한 글이 실려 있다.

4.16. 이신이란 자가 궐문에 들어와 김식의 도주와 반역 기도에 대해 말하다.

4.22. 왕세자를 책봉하다.

5.22. 김식이 거창 산골에서 목매어 자살하다.

5.27. 김식의 행장에서 심정의 잘못을 밝히기 위한 소가 나오다.

• 사신은, 김식이 도망친 것은 필부의 짓이라며, 계책이 잘못되어 처자와 친구 모두가 화를 입게 되었다고 평했다.

6.6. 김식의 일을 고한 이신에게 면포와 쌀과 콩 등을 내려 주다

6.7. 대간이 홍순복의 죄를 논하자 교형에 처하다.

6.17. 김정과 기준은 장 1백에 처하여 도로 배소에 보내고, 근일 죄받은 자는 위리안치하라 명하다.

8.5. 정부와 예조가 여악을 다시 세울 것을 아뢰었으나 허락하지 않다.

윤8.6. 세자가 감기로 편치 않자, 다음 날 새문동 본궁으로 옮기게 하고 군인 17인을 시켜 호위하게 하다.

9.13. 특진관 김세필이, 조광조를 사사한 것은 지나쳤다고 아뢰다.

9.18. 대간이 합사하여, 김세필이 시비를 어지럽혔다며 국문을 청하다.

9.21. 김세필을 도 3년에 처하다.

9.30. 남곤이, 붕당의 역사와 폐단 등에 대해 아

뢰다.

• 남곤은, 조광조에게 병폐가 있었으나 나이가 적고 경험이 적어 그랬을 뿐 간사한 마음을 가진 것은 아니라고 말했다. 사신은, 밤에 신무문을 두드린 것도 남곤이 주모한 일이고, 임금이 의지한 이도 남곤이었다고 평했다.

10. 14. 시비가 하나로 정해지면, 상하가 절로 요동되는 생각이 없어질 것이라 하다.

11. 13. 일상오위(一廂五衛)가 본래의 진법인데 지금은 일상삼위라며, 《진서》에 의해 오위를 만들어야 하는 것이 아닌지 묻다.

12. 18. 경회루 수리에 대해, 근정전처럼 청기와로 덮게 하는 게 어떤지, 비둘기가 많이 들어 더러워지는 폐단이 있는데 철망을 둘러치는 게 어떤지 당상에게 묻도록 하다.

중종 16년(1521)

1. 16. 직제학 서후가 노궁과 극적궁을 만들어 바치다. 또 편조전과 벽력포를 바치니 군기시로 하여 제조하게 하다.

3. 13. 홍경주를 이조판서로 삼다.

4. 2. 백단향·속향 각 100근과 단옥 200근을 대내로 들이다.

5. 12. 칙서에서 요구한 화자와 반찬할 유녀(幼女)를 뽑는 일로 3공이 의논을 드리다.

5. 20. 화자의 수를 정해 여러 도에 나누어 뽑게 하다.

6. 5. 노산군 부인 송 씨가 졸하다.

6. 17. 명 사신이 한강에 나가 놀다.

6. 20. 홍경주의 졸기.

8. 23. 대사헌 홍숙이 안당의 무리를 추죄하기를 청하다.

9. 28. 대간에서, 안당 등의 추죄를 거듭 주장하자, 안당·유운·유인숙·이성동·정순붕 등을 고신추탈하다.

10. 11. 관상감 판관 송사련과 학생 정상이, 안

처겸 등이 역모를 도모한다고 고변하다.

10. 14. 안당을 정원으로 불러 묻다.

10. 15. 이정숙이 자백하다.

10. 15. 권전이 형장을 맞고 죽다.

10. 16. 안처겸·이정숙 등을 처형하다.

10. 17. 대간에서, 이장곤도 조광조의 무리나 다름없다며 죄줄 것과, 기준·김정 등에게도 가죄할 것을 청하다.

10. 17. 이학년는 능지처참, 이귀는 처참, 안처겸 등의 가족은 교형에 처하다.

10. 21. 신변과 최수성을 참형에 처하다.

10. 21. 안처겸의 문건에 기록된 윤세영 등을 복주하다.

11. 3. 한충이 옥중에서 죽다.

11. 5. 김억제를 참형하다.

11. 11. 김안로를 불러 전교하다.

• 김안로의 아들이 곧 효혜공주에게 장가를 들기로 했는데, 공주가 떠받드는 속에서만 생활하여 시부모를 공경할 줄 모르더라도 이해하고 잘 가르쳐 주라는 의미다.

11. 15. 안처겸의 집을 연산군 부인 신 씨에게 주다.

• 신 씨의 집에 비가 새어 연산군의 신주를 둘 곳이 없다고 하자 준 것이다.

중종 17년(1522)

1. 22. 피병 갔던 세자가 동궁으로 돌아오다.

2. 23. 새로 만든 말과 되가 예전 것보다 작다며, 공조·호조로 하여금 치수를 정확히 하여 법도에 맞게 다시 만들라 하다.

3. 15. 삼포에 왜인을 거주하게 할 것인지 의논하다.

• 왜인들이, 삼포왜란의 주모자라며 몇 명을 잡아 와 강화를 요청해서 이루어진 일인데, 부정적인 의견이 많았다.

4. 20. 남곤이, 세자가 《소학》을 할 나이에 《논

어)을 읽고 있어 학문함이 부족하지 않다고 아뢰다.

5. 26. 추자도에서 왜적이 우리나라 사람 30여 명을 살상하다.

6. 7. 일본 사신이 자신들의 말을 들어줄 때까지 돌아가지 않겠다고 하다.

6. 11. 전라도 관찰사 신상 등이, 왜선이 신달량에 침범했다고 치계하다.

6. 11. 세견선을 허용해 달라는 일본 사신의 상소가 올라오다. 이에 대해 다른 나라 사신의 상소는 전례가 없으니 막아야 한다고 이르다.

6. 15. 왜구의 일에 대해 일본 사신이 설명하다.

6. 24. 정광필·남곤 등이 일본 사신의 요구를 들어줄 수 없다고 하다.

8. 8. 정광필·심정 등이, 전라도에서 수색한 결과 왜적이 없으므로, 비변사를 없앨 것을 청했으나 듣지 않다.

8. 9. 비변사 개혁과 관련하여, 영의정 김전·좌의정 남곤·우의정 이유청이 의견을 내다.

9. 20. 적왜가 동래 지방 염전에 침입해 약탈하고 13명에게 자상을 입혔다고, 경상절도사가 치계하다.

10. 19. 세자의 관례를 행하다.

10. 25. 세자가 입학하여, 작헌례를 의식대로 행하다.

11. 12. 남곤·이유청 등이 여연·무창의 야인을 몰아내야 한다고 아뢰다.

12. 14. 대비가 소격서의 복구를 요청하다.

12. 15. 소격서에서 하던 일은 전대로 하되 비용만 감하라 전교하다.

중종 18년(1523)

1. 25. 대간이, 소격서를 혁파할 것을 청하다.

2. 3. 김전 졸.

2. 28. 이계맹 졸.

• 사람을 지키려 애쓴 것에 대해 사관이 평했다.

4. 18. 남곤을 영의정으로, 이유청을 좌의정으로 삼다.

4. 28. 헌부에서, 왕자군들의 저택이 궁궐처럼 거대해 사치스럽다고 아뢰다.

윤4. 14. 권균을 우의정으로 삼다.

윤4. 21. 명망 있는 조사를 시골 항간에 어사로 보내 병폐와 고통을 탐문하게 하다.

5. 25. 일본국 사신이 내조하여 서계를 바치다.

6. 29. 전라도 우후 조세간이 적왜 13급을 베고 1명을 생포하다.

8. 15. 대마도의 청구는 들어줄 수 없다고 하다.

10. 3. 조강에서 이행이 세자빈을 미리 간택해 양성할 것을 청하다.

11. 19. 평안도 관찰사 김극성 등에게, 군사를 일으키는 일에 대해 하교하다.

11. 26. 비변사에서, 순변사에게 하유하는 글을 써서 아뢰다.

• 군사를 이미 일으켰으므로 중지할 수 없다는 내용이다.

12. 3. 야인을 치는 일을 중지할 수 없다고 전교하다.

• 12월 동안 비슷한 논의를 여러 차례 했다.

중종 19년(1524)

1. 19. 평안도 관찰사 김극성이 치계하다.

• 야인 100여 명의 공격을 받아 이함이 화살에 맞고, 군관 1인·갑사 2인·군사 4인이 죽었다고 치계했는데, 뒤에 피해를 축소한 것으로 밝혀졌다.

2. 4. 이함을 비롯하여 세 위장을 잡아다 추고하라 전교하다.

2. 6. 이곤이 전날 창덕궁에 입직하였다가 만두를 먹고 죽다.

• 함께 먹은 이들도 토하고 정신을 잃었는데, 이곤을 검시했더니 은비녀가 변색되었다.

2. 12. 박호의 딸을 세자빈으로 정하다.

2. 20. 평안도 절도사 이지방이 승전을 보고하

다.

• 뒤에 과장한 것이 드러났다.

3. 4. 세자의 정친례를 거행하다.

• 정친례는 납채를 뜻한다. 3월 5일에는 납징이 있었고, 3월 6일에는 세자의 가례를 종묘에 고했다. 3월 7일에는 세자가 박 씨를 친영하여 빈으로 삼았다.

4. 5. 대간의 탄핵으로 의금부에 갇힌 이지방이 상소하다.

4. 9. 이지방을 파직하다.

6. 8. 김안로를 대사헌으로 삼다.

6. 17. 이행을 이조판서로 삼다.

6. 27. 세자빈의 아비 박용 졸.

• 박용은 박호의 고친 이름이다.

7. 5. 김안로를 이조참판으로 삼다.

8. 15. 사형이 있는 날에는 정사를 보지 않기로 하다.

8. 18. 이행을 좌찬성으로 삼다.

9. 16. 살곶이에서 군사 연습을 사열하다.

11. 2. 남곤과 권균이, 김안로가 조광조처럼 붕당을 선동하는 폐단이 있다며 탄핵하다.

11. 3. 남곤 등 3공이 다시 김안로를 탄핵하다.

11. 3. 이항이, 김안로가 조정에 있으면 국가를 그르칠 것이라며 귀양을 청하다.

• 이후 대간과 홍문관 등에서 줄기차게 요구했다.

11. 7. 드러난 죄가 없다며, 김안로의 고신만 빼앗으라 하다.

11. 16. 대간이 사직까지 하며 강력히 청하자, 김안로의 귀양을 명하다.

중종 20년(1525)

1. 10. 무재 있는 문신을 함경도·평안도에 차임하라 명하다.

1. 13. 평안도 관찰사가, 여역(癘疫)으로 죽은 이의 수를 고을별로 아뢰다.

• 모두 1,000명에 육박했다고 한다.

1. 16. 8도 각 고을에 어사를 보내, 제향·학교·농상·남형 등의 일을 살피게 하다.

2. 4. 강사포 소매 밑을 꿰매도록 했으나, 해진 곳이 많아 상의원에서 다시 만들기를 청하다.

3. 14. 전 내금위 유세창과 한량 유세영 형제가 고변하다.

3. 17. 윤탕빈·윤사빙·이연 등 10여 명을 능지하고 벤 목을 3일간 걸어 놓다.

3. 19. 유세창과 유세영은 능지처참, 이수인 등 3인은 참형에 처하다.

4. 24. 세자에게, 서연에서 활발히 질문하도록 전교하다.

5. 2. 심정을 예조판서로 삼다.

5. 6. 국가 재정 부족과 왜인들의 무역 요구에 대해 미리 논의하다.

5. 16. 갓의 모양을 새로 정하게 하다.

5. 21. 수령의 폐단이나 관원의 사행 규찰을 소홀히 한 관찰사를 죄로 다스리게 하다.

5. 22. 조계 때, 밖에서 통곡하고 징을 친 백성 셋을 잡아들이다.

6. 29. 근정전에서 일본 사신을 접견하다.

7. 3. 표류되었다가 쇄환되어 온 이가, 지난번과 이번에 온 일본 사신은 원래 대마도 사람인데 사칭하고 온 것이라고 말하다.

7. 5. 19세의 천인 김광필이 거짓 고변하다.

7. 8. 김광필을 처형하다.

7. 23. 건춘문에 익명서가 묶인 화살이 꽂히자, 보지 않고 소각하게 하다.

8. 11. 분경을 엄금하라 명하다.

9. 22. 전라좌수사 방호의가 왜선 침입에 대해 장계를 올리다.

10. 8. 참찬관 이환이, 왜인이 무역으로 가져가는 면포가 많아 남는 게 얼마 없다고 아뢰다.

• 호조는 왜의 무역 요구를 다 들어줄 수 없다 하고, 예조는 들어줘야 한다며 달리 주장했다.

10. 10. 서울 안에도 도둑이 극성을 부리자, 단근법과 경면법을 부활하고 군사를 잠복시켜 잡도록 하다.

10. 10. 세자가 회강하고 나서 익위사에 음식을 내렸는데, 사용원 관원 조광원 등이 포육을 먹고 두통·구토·설사를 일으키다.

10. 10. 남은 포육을 하인들에게 먹였으나 이상이 나타나지 않다.

10. 14. 간원이, 세자궁의 포육 사건에 대해 담당 관원들을 죄줄 것을 청하다.

• 포육에 관한 일은 진상이 명확히 밝혀지지 않고 흐지부지되었다. 사신은, 제조·감선제조·내관·선부 등을 추문하여 경각심을 주어야 했는데 그러지 않았다며 아쉬워했다.

11. 24. 정광필 등이, 흉년 구제책으로 상평창의 쌀 방출에 대한 의견을 개진하다.

12. 14. 제안대군 졸.

윤12. 9. 외방의 첨사·만호·수령의 근면(勤勉) 여부 등을 치계토록 하다.

윤12. 11. 갑자년과 무오년의 사화에 대해 진상을 보고하라 명하다.

윤12. 17. 강현이 음사(淫祀)의 금단을 주창하다.

• 중궁이 창덕궁으로 이어하면서, 무당 등에 의한 음사가 요란했다고 한다.

윤12. 23. 세자가 중궁이 이어한 곳으로 문안 갈 때의 경로에 대해 하교하다.

중종 21년(1526)

1. 2. 복성군의 종이 말을 타고 도성 안을 다니다 헌부에 적발되었는데, 복성군이 나서서 도리어 헌부의 관원이 벌을 받다.

1. 18. 세자가 석강도 하고 싶다고 하여 기뻐하다.

1. 19. 시강원이 사부의 뜻으로, 세자가 석강을 할 필요는 없다고 아뢰니 따르다.

2. 14. 충청도에 여역이 발생하다

• 2월 19일에는 함경도에서도 발생했다. 4월에 경상도에서 발생한 여역으로는 1,200여 명이 죽었다.

5. 11. 관상감에서 간의와 혼상 등 천문 관측기

구를 보수하기를 청하다

5. 12. 이항을 예조판서로 삼다.

5. 21. 여역으로 전라도 140여 명, 함경도 580여 명이 죽다.

6. 2. 대간이 비변사의 문제점을 거론하고 혁파를 청했으나 듣지 않다.

6. 13. 3공이 비변사의 필요성을 설명하며 혁파할 수 없다고 아뢰다.

• 비변사는 평시에 변방의 일을 연구하고 갑작스러운 변란에 대응하기 위한 것이다.

6. 18. 살곶이 목장에 호랑이가 들어와 말들을 상하게 하다.

7. 7. 건춘문에 익명서를 매단 화살이 꽂히다.

8. 19. 왕자군·부마 등을 불러 활쏘기를 관람하고 상을 내리다.

9. 16. 우의정 권균 졸.

9. 24. 이항을 좌참찬으로, 심정을 예조판서로 삼다.

• 이항이 낙동강 강가에 사는 계모를 뵈러 가자, 감사 이하 수령들이 짐을 싸들고 벌 떼처럼 문안을 왔다고 한다.

10. 12. 천재와 관련해 구언의 전지를 내리다.

12. 8. 언로·세자·인사·사습 등에 대해 홍문관이 상소하다.

중종 22년(1527)

1. 12. 8도 관찰사에게 수령에 대한 평가를 엄정히 할 것을 당부하다.

1. 18. 이항을 우의정으로 삼다. 대간이 격렬히 반대하다.

1. 19. 대간이 격렬히 반대하자 받아들이다. 심정을 우의정으로, 이항을 우찬성으로 삼다.

1. 23. 세자에게 말타기 연습을 시키라고 전교하다.

2. 2. 남곤을 판중추부사로 삼다.

• 남곤은 병으로 계속 사직을 청하고 있는 상황이다.

2.15. 세자가 백관을 거느리고 조하하다. 세자의 거동이 자연스럽고 기상이 웅위한 것을 보고 모두 기뻐하다.

3.10. 남곤 졸.

3.22. 대신들이, 근래 세자궁에 요괴스러운 일이 있었다고 들었다며, 범인을 밝혀 명쾌히 다스릴 것을 청하다.

• 2월 25일 세자의 생일날, 사지를 찢고 불에 지진 죽은 쥐가 세자의 침실 창문 밖에 매달렸다. 3월 1일에도 경복궁 침실에 쥐 버려져 있었다.

3.22. 출입하는 궁인이 많아 누군지 알 수가 없다며 더 자세히 살피겠다고 하다.

3.23. 추문해야 한다고 아뢰자, 익명서 같은 일이라며 이로 인해 옥사를 일으키는 것은 옳지 않다고 하다.

3.23. 심정 등이, 이 일은 익명서와는 성격이 다르다며 거듭 추문을 청하자, 도승지·좌의정·의금부 당상으로 하여금 국문에 참여하라 이르다.

3.24. 시녀들이 진술하다.

3.27. 동궁 말고 다른 곳에서도 이런 일이 있었다고 하다.

4.3. 경빈 이하 후궁들이 모두 세자를 아끼고 칭찬하는 상황이라 하다.

4.3. 대전에서 쥐가 나왔을 때 이를 본 이들이 공초하다.

4.14. 자전이 전교해, 3월 1일 대전에서 쥐를 발견했을 때의 상황을 말하며 경빈을 지목하다. 이에 경빈의 시녀 범덕 등을 형신했으나 자복하지 않다. 경빈을 사저로 내보내다.

4.21. 대신의 의논에 따라, 경빈 박 씨를 폐서인하고 복성군의 작호를 삭탈하다.

4.26. 대간의 건의에 따라, 박 씨의 아비와 오라비들을 파출하다.

• 경빈 박 씨에 대한 설명이 실려 있다. 연산군 때, 채홍사에 의해 알려지고 반정 직후 추천을 받아 궁중에 들어왔는데, 공손하지 않고 교만했다고 전한다. 임금이 지나치게 총애한 소치라고 사신은 평했다.

5.6. 정광필을 좌의정으로. 이항을 이조판서로 삼다.

6.26. 요괴스러운 일로, 대비전·중궁전·세자빈과 함께 창덕궁으로 이어하다.

8.9. 포천의 사비 난덕이 아비와 간통한 뒤, 아비와 공모하여 남편을 죽이는 일이 벌어지다. 능지처사에 부대시로 조율하다.

10.11. 3경에 상궁 박 씨의 방에서 화재가 나 박 씨가 죽다.

10.21. 정광필을 영의정으로, 심정을 좌의정으로, 이행을 우의정 겸 홍문관 대제학으로 삼다.

11.2. 영의정 정광필에게 명해, 모화관에서 습진토록 하다.

12.29. 명정전 처마 밑에 나아가 나례 의식을 보았는데 세자도 입시하다. 대비전은 왼쪽 협실에다 발을 치고 있었는데 중궁과 세자빈이 모시다.

중종 23년(1528)

1.21. 연성위 김희가 아비 김안로를 방면해 달라고 청하다.

1.28. 만포첨사 심사손 등이 벌채를 하는데, 야인 100여 명이 에워싸고 난자하다.

2.8. 세자의 아침 수라 퇴선 중, 생치와 식해 등을 하인 6~7인이 먹고 구토를 하거나 복통을 일으키다.

2.8. 식해가 상했음이 확인되다.

2.8. 식해를 제공한 경기감사와 해당 수령을 추고하게 하다.

3.11. 행차 시 상언하려는 백성들이 100여 명이나 몰려들어 말이 놀라다.

4.9. 홍언필 등이, 비변사의 혁파와 경복궁 수리의 정지를 건의하다.

4.9. 영의정 정광필 등이, 중신을 보내 변방의 정세를 살핀 다음 토벌할 것을 건의하다.

4.9. 허굉을 순변사에 임명하다.

4. 10. 3공이 비변사의 폐지를 반대하다.

4. 15. 1월 28일에 있었던 만포의 변에 대해 평안도 관찰사 이세응이 보고하다.

4. 21. 무반들에게, 야인 토벌에 대한 의견을 올리게 하다.

4. 26. 무신 48명이 야인 토벌에 관하여 의견을 적어 올리다.

5. 25. 성균관과 사학의 유생을 인정전 뜰에 모아 책문을 시험 보다.

• 책문은 서정이 합당한 지를 물었다.

7. 4. 허굉을 우찬성으로, 홍숙을 이조판서로 삼다.

7. 13. 선정전에서 순변사 허굉을 만나보고, 정토하는 것에 대해 의논하다.

7. 20. 연산군의 폐비에게 중미·조미 각 20석과 관목면 100필을 보내다.

8. 14. 지평 김기 등이, 왜인들의 공무역 폐단 등을 아뢰다.

8. 19. 3공이, 갇혀 있는 야인들을 따져 본 후 놓아줄 것을 건의하다.

8. 30. 중궁이 해산하다.

9. 4. 순변사 허굉을 평안도 관찰사로 삼다.

9. 19. 신도에 사는 중국인들에 대해 평안도 경차관 임준이 계본을 올리다.

• 요동에서 60여 리 떨어진 조선 땅인데 중국인들이 들어와 농사짓고 소금을 굽는 등의 상황을 보고했다.

9. 19. 경복궁의 수리 상태를 둘러보다.

9. 24. 효혜공주를 문병하다.

• 대간에서 임금이 친히 문병하는 것을 지적했다. 임금은 쉽사리 거둥해서는 안 되고, 공주가 존속(尊屬)이 아니라는 이유였다.

10. 2. 포영사 안윤덕이, 거둥 때의 깃발과 군사의 진에 대해 건의하다.

10. 4. 조강에서, 4월에 야인을 정벌하는 문제를 의논하다.

11. 4. 석강에 나아가 탐관오리와 학교의 쇠퇴에 대해 논하다.

11. 15. 사헌부에서, 조관 남조원이 천과(天科) 벽옥과 간음하고 천과 낙양선을 첩으로 두고 있으니 추고할 것을 청하다. 조율하라 이르다.

• 천과는 연산군이 널리 뽑아 들인 시녀 중에서 특히 선별한 흥청악의 하나.

11. 23. 승정원·홍문관·예문관·시강원·독서당에 황감(黃柑)과 잣술을 내리고 시를 짓게 하다.

12. 22. 의정부·6조·한성부·중추부·비변사가 모여 야인을 꾀어 잡는 일에 관해 의논하다.

중종 24년(1529)

1. 6. 시종·대간을 잔폐한 고을의 수령으로 삼아 고을을 회복하게 하라 전교하다.

1. 13. 6조 정랑 중 문음(門蔭) 출신은 문신으로 갈고 좌랑도 차차 갈라고 이르다.

1. 23. 쪽지를 맨 화살이 형조의 대문에 꽂히다.

2. 15. 정시에 으뜸을 차지한 심사순에게 한 자급을 올려주다.

2. 16. 정광필 등 3공과 대신이 김희의 상소에 대해 의견을 올리다.

2. 20. 함경도 관찰사 성세창이 하늘에서 떨어진 주먹만 한 검은 돌덩이를 바치다.

2. 23. 병조판서 이항 등이, 북경 사행길에 야인이 출몰하는 일에 대해 의논하다.

4. 4. 제주에서 진상하는 물건을 실은 배를 거느리고 오던 배가 왜선을 만나 물건을 모두 빼앗기고 7~8명이 부상하다.

5. 24. 연성위 김희가 김안로의 사면을 구하는 상언을 올리다. 이에 의견을 묻자, 정광필 등은 상께서 결정하실 일이라 답하면서도 부정적인 입장을 보이다. 반면 이행은 찬성하다. 방면하기로 하다.

5. 26. 헌부에서 김안로의 방면을 반대하다.

8. 17. 아비의 명으로 동생이 형을 때려죽인 사건이 일어나다.

• 처음에는 능지처참에 부대시로 판부했으나 다음 날

교대시(絞隊時)로 고쳤다.

8. 23. 3공이, 변방 장수들의 밀무역을 중죄로 다스릴 것을 건의하다.

9. 9. 평안도 관찰사 허굉 졸.

9. 13. 부여에 사는 김식이, 신 씨를 폐한 죄목이 무엇인지 물으면서, 경빈 박 씨에게는 죄가 없다고 상소하다.

• 평시라면 죄를 줄 것이로되, 구언한 뒤여서 죄를 주지는 않겠다고 했다.

10. 16. 이종익이 소를 올려 김종직과 유자광의 일을 재론하고 유자광이 옳다는 입장을 보이다.

11. 4. 3공이, 신참례의 폐단을 혁파할 것을 청하니 따르다.

11. 5. 금주령 때 잡혀 오는 이들은 가난한 백성뿐이라 하다.

11. 15. 김극핍을 좌찬성으로, 김극성을 우찬성으로 삼다.

11. 26. 이항을 병조판서로 삼다.

중종 25년(1530)

1. 13. 경창의 쌀을 실농이 극심한 지역에 지급하게 하다.

1. 27. 어사를 각 도에 보내 수령들의 진휼 조처 상황을 살피게 하다.

4. 19. 한형윤을 함경도 관찰사로 삼다.

• 청렴하고 정사를 잘 돌봐 개성부 유수를 떠날 때 백성이 가로막고 떠나지 못하게 했다고 한다.

4. 23. 간원이 소격서 혁파를 청하다.

5. 18. 상의원으로 하여, 지금의 갓과 옛날 갓의 체제를 참작해 하나를 만들고, 이를 기본으로 하여 이후로는 다른 모양을 금지시킬 것을 명하다.

5. 19. 왜인과 밀무역을 하려다 적발된 자를 사형에 처하다.

5. 22. 홍문관이, 김헌윤이 총애를 뽐내려고 한 말을 들며 비판하자 이에 대해 논의하다.

• 김헌윤의 아들 김인경이 부마다.

6. 4. 김헌윤의 고신을 빼앗고 외방에 부처하다.

6. 5. 대간의 거듭된 요구에 김극핍·김극개의 고신을 빼앗다.

6. 15. 심정의 아들 심사순을 홍문관 부제학으로 삼다.

6. 19. 대간이, 내시 최침 등이 박 씨에게 붙어 동궁에게 불경했다며 변방으로 내칠 것을 청하다.

6. 21. 최침 등의 고신을 빼앗고 외방에 부처하다.

7. 17. 대간이, 녹봉을 몰래 받은 이조년의 일을 비호한 이항을 탄핵하다.

• 이항·남곤·김안로에 대한 사관의 기록이 있다.

7. 27. 대간에서, 이항을 불경죄로 다스릴 것을 청하다.

8. 12. 대간이 이항의 일로 합사하여 사직을 청하다.

8. 12. 이항을 파직하다.

• 사관은, 이항이 박 씨에게 붙고 심정과 결탁했다는 등의 내용을 적었다.

8. 22. 정현왕후 승하.

9. 7. 지중추부사 신상 졸.

10. 1. 육구국 사람들이 표류해 오다.

11. 14. 장순손을 이조판서로, 김당을 우찬성으로, 김안정을 이조참판으로 삼다.

11. 17. 성세창이 홍문관 관원들과 함께 김당·김안정에 대해 마땅치 않다고 아뢰다. 또한 이를 알면서도 논하지 않은 대간을 비판하다.

11. 21. 대사헌 김근사와 대사간 권예가 성세창·심정을 탄핵하다.

• 서로 교결하고 대간을 일망타진하려 했다는 이유다.

11. 23. 대사헌 김근사와 대사간 권예 등이, 심정을 율대로 죄줄 것을 청하다.

11. 25. 성세창의 고신을 추탈하여 먼 지방에 부

처하다.

11. 27. 심정을 먼 지방에 부처하다.

12. 3. 대간이, 조방언·조종경·박소를 권간·심정의 무리라고 탄핵하다.

12. 6. 이행을 좌의정으로 삼다.

12. 9. 이항에게 빌붙고 뇌물을 주었다는 혐의로 박원종의 서자 박운이 탄핵을 받다.

중종 26년(1531)

1. 11. 장순손을 우의정으로, 한효원을 이조판서로 삼다.

1. 12. 박운을 죄주고 이항을 추고하라고 전교하다.

1. 22. 직제학 허흡 등이, 이언적이 언관에 있을 때 남의 사주를 받아 동료를 모략했다며 탄핵하자 파직하다.

1. 22. 박운을 장 100대, 유삼천리에 처하다.

1. 28. 정광필이, 종사에 관계된 죄가 아닌데 원훈을 대우하는 뜻이 없다며 박운에게 은혜를 베풀 것을 청했으나 듣지 않다.

3. 27. 이항이 상소해, 박운에게서 뇌물을 받은 것을 부인하다.

3. 27. 부제학 권예 등이, 이항이 추고를 받고 있는 처지에서 불경을 저질렀다며 치죄를 요구하다.

4. 20. 이항을 변론한 서지를 파직하다.

4. 20. 효혜공주 졸.

5. 24. 사헌부·의정부·건춘문 등에 화살이 꽂히다.

• 오래 비가 오지 않아 백성이 살기 힘드니, 김안로 등 8인을 정죄하면 비가 내릴 것이라는 내용을 담고 있다.

6. 18. 김안로를 의흥위대호군으로 삼다.

6. 23. 윤임을 병조참판으로 삼다.

윤 6. 15. 김극성을 좌찬성으로, 윤은보를 우찬성으로, 김안로를 겸오위도총부도총관으로 삼

다.

윤.6. 27. 김안로를 한성부 판윤으로 삼다.

7. 22. 특명으로, 김근사를 이조판서에, 윤은보를 병조판서에 제수하다.

8. 29. 김안로를 예조판서로 삼다.

10. 10. 연성위 김회 졸.

10. 14. 유생 조윤박이, 조광조의 묘를 추봉할 것과 향거이선의 법(현량과)을 회복하기를 청하다.

10. 22. 3공 등이 김안로를 체직시킬 것을 청하나 윤허하지 않다.

10. 23. 김안로를 체직하도록 전교하다.

10. 25. 대간에서, 각자 면대하여 의견을 전달한 뒤 거취를 정하도록 청하다.

• 대간은, 김섬과 김만균이 "심정·이항이 찬축된 것은 사림이 안로를 위해 한 것이다."라고 말했다며, 이는 사림을 제거하기 위한 것이라고 주장했다. 이에 임금이 사정전에서 직접 대간들을 면대했다. 이 자리에서 대간들은 다시, "작서의 변 이후 조정이 양분되었는데, 심정·이항 무리의 잔존 세력이 안로를 빙자해 사림을 멸하려 한다."며 심정·이항과 김안로 중 누가 옳고 누가 그른지를 밝혀 줄 것을 청했다. 아울러 종루의 방문은 심사순의 글씨라고 주장했다.

10. 25. 김섬·김만균·홍우세·심사순을 국문하게 하다.

10. 25. 좌찬성 김극성을 의금부에 내리고 이행을 면직하다.

10. 26. 호조판서 유여림을 하옥하고 장옥을 금부에 내리다.

10. 27. 장옥을 추문하라 전교하고 심사순의 필적을 구해 방문과 대조하라 명하다.

10. 28. 조계상·유여림·김만균은 고신추탈, 김섬은 풍덕에 도배(徒配)하다.

10. 29. 홍언필을 호조판서로, 홍숙을 예조판서로, 안윤덕을 공조판서로, 이행을 판중추부사로, 김안로를 지중추부사로 삼다.

10. 30. 김극성을 고신추탈하고 원방유배하다.

11. 5. 박광영·정윤겸은 방면하고, 김구·박훈은 양이(量移)하다.

11. 17. 20여 차례 형신을 당하고도 심사순이 인정하지 않다.

11. 18. 심사순의 집을 수색했으나, 방문과 같은 글씨를 찾지 못하다.

11. 25. 장순손을 좌의정으로, 한효원을 우의정으로, 윤은보를 좌찬성으로, 김당을 호조판서로, 홍언필을 병조판서로 삼다.

11. 26. 심사순의 종 광대가 종루 북쪽 기둥에 방문을 붙였다고 진술하다.

12. 1. 심정을 사사하라 전교하다.

• 심정은 명을 받고 죽기 전, 남쪽을 향해 재배하고 '원수 김안로'라는 말을 거듭했다고 한다.

12. 4. 20여 차례 형신을 받은 홍우세가 옥사하다.

12. 24. 김안로가 체직을 청하다.

중종 27년(1532)

1. 5. 광주의 어떤 여자가 겨드랑이 사이로 사내아이를 분만하다.

1. 10. 김안로를 시강원 세자좌빈객에 제수하다.

1. 25. 김안로를 겸지경연사로, 심언광을 홍문관 부제학으로 삼다.

2. 14. 3공이 세자의 양제(良娣)를 들일 것을 청하다.

3. 1. 귀양 가 있는 생원 이종익이 상소를 올리다.

• 유자광을 죄준 것은 지나쳤다는 것과, 박운을 방면해 박원종에게 보답해야 한다는 내용이다.

3. 2. 이종익을 잡아 가두게 하다.

3. 3. 이행을 함종으로 귀양 보내고, 조계상은 홍원으로 이배하다.

3. 18. 악질에 걸렸을 때, 산 사람의 손가락과 간담을 먹으면 낫는다는 풍문이 돌다. 이에 흘려 죄를 짓는 악습을 징계토록 하다.

3. 20. 이종익이 옥중에서 억울함을 호소하는 소를 올리다.

3. 26. 이종익을 당고개에서 목 베다.

4. 9. 김안로를 예조판서로 삼다.

5. 18. 대사간 권예 등이, 왕자의 가례에 사치가 날로 더해 혼인하는 집에서 전답과 가옥을 팔아도 혼수 비용을 대기 힘든 상황이라고 아뢰다.

7. 7. 사정전 뜰에 투서가 날아들다.

7. 19. 정광필 등이, 익명서는 보여 주어서도 안되고 보고 싶지도 않다고 아뢰다.

8. 22. 대상제를 지내고 아침 상식을 올리다.

8. 26. 실농으로, 황해도·평안도·함경도의 점마를 정지하다.

9. 25. 정광필이, 국초에는 시험 삼아 변방에 봉화를 올리게 하면 5~6일 만에 서울에 이르렀는데, 지금은 한 달이 되어도 통하지 않는다며 봉수의 규율이 해이해짐을 아뢰다.

10. 8. 종1품에서 종6품의 봉록을 감한다고 전교하다.

10. 11. 면복 차림으로 부묘제를 거행하다.

11. 5. 내의 박세거가 침으로 종기를 터뜨리다.

12. 7. 건강이 좋아지다.

12. 15. 김근사를 좌찬성으로, 김안로를 이조판서로 삼다.

12. 17. 대간이, 조정에서 일을 꾸미는 이들이 김안로를 핑계 대고 있다며, 김안로에게 인사를 맡겨서는 안 된다고 아뢰다.

12. 26. 김안로를 체직하다.

12. 29. 이사균을 이조판서로, 김안로를 예조판서로 삼다.

중종 28년(1533)

2. 6. 약방제조 장순손이 임금의 종기 증세를 기록하다.

• 임금이 증상과 치유 과정에 대하여 세세한 답을 내렸다.

2. 11. 종기가 나아 약방제조와 의원들에게 상을 주다. 의녀 대장금과 계금에게도 상을 내리다.

2. 22. 헌부가, 3공·재상·대간·시종의 이름을 빗대 조롱하는 노래를 지어 부른 이장을 탄핵하다.

3. 2. 김안로를 호조판서로, 홍숙을 예조판서로 삼다.

3. 5. 의금부가 이장의 장가(長歌)를 서계하다.

3. 6. 이장의 노래를 듣고도 제지하지 않은 친구들을 장 100대에 처하다.

3. 26. 정광필이, 기묘년에 죄지은 이들의 서용을 권하다. 이에 불허하면서도 박훈·김구는 놓아주다.

4. 8. 요동의 중국인들이 금동도에 들어와 경작하다. 대신들이, 중국과 땅을 가지고 다투어서는 안 된다며 외교적으로 풀어야 한다고 하다.

5. 3. 군관과 도훈도 56명이 중국인들의 농사를 금하자, 중국인 100여 명이 몽둥이를 들고 공격하다.

5. 17. 시강원 관원들이 와서, 동궁의 빈청에서 팔다리가 없는 나무 인형을 발견했다고 아뢰다.

• 인형처럼 세자를 능지하고, 부왕을 교살하고, 중궁을 참할 것이라는 글귀가 있었다.

5. 20. 관련자들이 드러나고, 박 씨를 위해 동궁을 해치려 한 것이라는 진술이 나오다.

5. 23. 복성군을 안치하고 박 씨의 사사를 명하다.

5. 23. 목패에 관여한 수견·강손·효덕·이은석을 능지처참하다.

5. 23. 의녀 2인을 상주에 보내 사약을 내리다.

5. 26. 복성군에게는 사약을 내리고, 두 옹주는 폐서인하다.

• 정광필이 홀로 복성군 사사를 반대했다.

5. 28. 장순손을 영의정으로, 한효원을 좌의정으로, 정광필을 영중추부사로 삼다.

6. 5. 김근사를 우의정으로, 김안로를 이조판서로, 유관을 예조판서로 삼다.

6. 10. 이항이, 복성군 및 박 씨와 관련이 없다며 부인하면서 약을 먹었으나 죽지 않자 목을 매서 죽다.

6. 17. 영의정 장순손 등이 서점의 필요성을 아뢰다.

7. 20. 대간청 중문 안 헛간 벽에 동궁에서와 같은 인형과 패가 나오다.

• 지난번과 같은 글귀에 필적도 유사했는데, 조사 여부를 두고 논란이 일었다.

8. 10. 윤은보를 좌찬성으로, 윤임을 병조판서로 삼다.

8. 11. 세자가 설사를 일으키다.

8. 14. 대간청에서 정원으로 들어오는 중문 벽에 또다시 패와 인형이 놓이다.

8. 17. 김형경의 매부 정올미가 취중에 썼다고 자백하다.

8. 18. 김형경이 형신을 받은 후, 웃으며 자복하다.

9. 8. 대신들의 건의에 따라, 유자광의 익대공신 녹권을 무령군의 호칭과 함께 돌려주라 이르다.

10. 4. 《대명회전》에 관한 일을 확인하다.

12. 13. 김안국을 기용하게 하다.

12. 19. 시중에 《소학》·《근사록》 기피 현상이 만연하다.

중종 29년(1534)

윤2. 26. 위화도에 사는 중국인들의 문제에 대해 요동에 자문을 보내게 하다.

4. 14. 파산부원군 윤지임 졸기.

4. 14. 왕비의 상복 벗는 연월에 대해 논의하다.

• 본래는 13개월이나 이일역월제로 하면 13일이 된다. 13개월은 너무 길고 13일은 너무 짧다며 100일로 하도록 했다.

4. 25. 8도에 어사를 보내다.

5. 1. 어사들이 적발한 수령들을 우선 파직하

라 전교하다.

6. 28. 헌부가, 제군·부마 저택의 참람함을 아뢰며 뒷날의 폐단을 막도록 청하다.

7. 11. 김안로를 좌찬성 겸 이조판서로 삼다.

9. 12. 영의정 장순손 졸.

9. 17. 김안로와 유보가, 보루각이 오래되어 누기가 낡았다며 창덕궁에 따로 설치할 것을 청하니 따르다.

10. 2. 대간의 청에 따라, 정광필을 탄핵하다.

10. 21. 사정전에서 문신을 시험하다.

10. 29. 나세찬이 지은 대책에서 작금의 세태와 조정의 모습을 신랄히 비판하다.

11. 6. 나세찬을 형신키로 하다.

11. 11. 이행이 유배지에서 죽다.

11. 20. 한효원을 영의정으로, 김근사를 좌의정으로, 윤은보를 좌찬성으로 삼다.

12. 3. 홍언필을 우찬성으로 삼다.

12. 29. 영의정 한효원 졸.

중종 30년(1535)

1. 10. 세태를 비판한 홍섬의 발언을 허항이 아뢰고 여러 신하들이 논의하다.

1. 11. 대사헌 황사우와 대사간 허항이 사림을 분열시킨 정광필·홍언필 등을 탄핵하다.

1. 13. 홍섬이, 허항의 주요 진술을 부정하다.

1. 16. 정광필을 외방에 부처하다.

1. 25. 홍섬을 유배하다.

2. 18. 윤인경을 호조판서로, 유관을 예조판서로 삼다.

3. 1. 강원도 울진현에 여역이 치성하여 190여 명이 죽다.

3. 2. 병조판서 윤임이 병으로 사직하다.

3. 2. 김인손을 예조판서로, 유관을 병조판서로 삼다.

3. 20. 유생들이 조정을 비방하는 사건이 일어나다.

3. 23. 조정 비방 사건 관련자 처벌에 관해 전교하다.

3. 25. 진우가 친구들에게, 뒷날 과거에 급제하면 먼저 김안로를 쳐야 한다고 했다가 누설되다.

3. 26. 김근사를 영의정으로, 김안로를 좌의정으로, 윤은보를 우의정으로, 유보를 우찬성으로, 황사우를 병판으로 삼다.

4. 27. 대내에 전염병이 발생하자 종묘 제사를 섭행(攝行)하게 하다.

• 전염병으로 나인이 죽을 정도였다.

6. 1. 각 도 역승의 폐단과 대책에 대해 의논하라 이르다.

8. 11. 영의정 김근사·좌의정 김안로·6조 판서들이 사찰의 폐단에 대해 아뢰다.

9. 12. 제릉에 친제하기 위해 떠나다.

9. 12. 지중추부사 유관 등이 군국의 일을 동궁에 아뢰어 처결하다.

9. 21. 홍제원에 도착하니, 세자가 시복 차림으로 백관을 거느리고 교외에서 영접하다.

• 떠나 있는 동안 매일 사람을 보내 문안했다.

9. 26. 홍문관이, 박연 폭포에 행행한 것을 막지 못한 대간을 비판하다.

11. 5. 간관이 사학의 풍기 문란에 대해 논하다.

11. 16. 세자가 장성한데 원손이 없다며 우려하다.

11. 19. 윤은보를 우의정으로, 황사우를 우찬성으로, 윤임을 병조판서로 삼다.

12. 28. 영의정 김근사 등이 북쪽 변방 관리들의 비리와 야인의 일에 대해 의논하다.

• 여연에 거주하는 야인들의 수가 늘면서 점점 무례한 행태를 보이고 있었다. 경변사를 보내 상황을 파악한 후 대응책을 결정하기로 했다.

중종 31년(1536)

1. 6. 경변사 심언광이 야인 토벌에 대해 아뢰다.

1. 9. 심언경을 우찬성으로, 황사우를 이조판서로 삼다.

1. 24. 군장동에 나아가 답렵(踏獵)하다.

3. 1. 정세호·박운·김극개·김명윤 등의 추론을 명하다.

3. 2. 정세호는 귀양 보내고, 김명윤·김홍윤은 사적에서 삭제하다.

3. 12. 황사우가 소분(掃墳)하러 고향에 갔다가 졸하다.

3. 21. 반석평을 호조참판으로, 남세건을 승정원 도승지로, 진복창을 봉상시주부로 삼다.

• 김안로가 개고기를 좋아하는 것을 알고 이를 매일 공급한 이팽수는 봉상시 참봉에서 청현직이 되었다. 그 뒤, 진복창도 역시 매일 개고기를 공급했지만 봉상시주부에 머무르며 크게 쓰이지 못했다.

4. 9. 김안로가, 도성 안에 종소리가 들리지 않는 곳이 많다며 정릉·원각 두 폐사의 종을 흥인문과 숭례문에 달 것을 청하니 따르다.

4. 29. 무관들에게 진법에 대해 직접 물어보고 대답을 듣다.

5. 1. 어사를 보내 8도 수령의 부정을 조사하게 하다.

5. 10. 어사에게 적발된 수령에 대해 파직과 신문을 명하다.

5. 11. 모화관에서 친열하다. 여섯 가지 진을 펴보게 한 뒤, 방혁(方革)·기사·격구를 하게 하다.

5. 12. 조종조에서 본받을 것들을 추려 교화를 위한 책 간행을 명하다.

5. 15. 동지사 심언광과 영사 김근사가, 평안도에만 화살이 공급되고 내지 군사에게는 공급되지 않는 사실을 아뢰다.

5. 15. 윤개의 딸을 세자의 양제로 선정하다.

5. 16. 동교에 행행하여 방포(放炮)와 사어(射御)를 관람하고 제목을 내려 시를 짓도록 한 뒤 1등과 2등을 한 이에게 상을 주다.

• 유사한 사례가 많았다.

5. 18. 허항 등이 양제 간택에 이의를 제기하다.

• 윤개는 영춘군의 사위인데, 영춘군의 아내가 경빈 박 씨의 측근이다.

5. 18. 대신들도 동의하자, 세자 양제 선정을 파기하다.

• 사신은, 윤개가 김안로의 미움을 받았기 때문이라고 적었다.

6. 28. 보루각 도제조가, 새로 만든 보루각의 기(記)와 명(銘)을 만들어 전말을 기록하게 할 것을 청하니 허락하다.

7. 12. 대열할 때 백관들도 병기와 갑옷을 갖추라 명하다.

8. 5. 이사균의 졸기.

8. 24. 창경궁 서연청에 들러 보루각의 새 제도를 둘러보고 관련자들을 포상하다.

9. 14. 재해에 대해, 스스로 죄를 책망하는 교지를 내리다.

9. 17. 변괴가 있는 곳에 내관과 사관을 보내다.

10. 30. 동호의 김안로 정자에서 날마다 정부와 6조가 연회하다.

11. 10. 조종의 옛 법에 따라 최소 월 1회 친열을 하기로 하다.

11. 18. 사부 김근사의 건의에 따라, 세자가 대가를 수행할 경우 초록색 융복을 입게 하다.

• 이전에는 아청이었으나 초록이 동방을 상징한다 하여 바꾼 것이다.

12. 17. 좌의정 김안로가 대제학 사퇴를 청하다.

윤12. 1. 예조에서, 우리나라의 옷이 지나치게 길어 땅에 끌리는 점을 지적하다.

윤12. 28. 중국 사신에게 줄 글씨와 세자의 위차를 정하다.

중종 32년(1537)

1. 17. 대사헌과 대사간 이하 대간들이, 작서의 변에 연루된 이들을 내치도록 청하다.

• 박 씨의 심복 사비와 사비의 친척 등 다수다.

3. 5. 중국 사신의 요구에 따라 5배 3고두를 행

하게 하다.

3.10. 사신과 의논하여, 사신과 왕의 좌석 배치를 동서로 하기로 하다.

3.12. 중국 사신이, 세자가 초청하는 잔치의 좌석 배치를 문제 삼다.

• 동서로 배치했는데, 사신은 북동을 주장했다.

3.14. 집의 소봉과 장령 신거관 등이 중국 사신의 난잡한 행동에 대해 아뢰다.

4.8. 연산군 부인 신 씨가 졸하다.

4.16. 중국 사신이 우리의 토지·도로·산천 등에 대해 보고 싶어 하여 《지지》를 지어 주기로 하다. 간의대·보루각 등을 적은 것이 문제가 되지는 않을지 승정원에 묻자, 김안로에게 자문하여 실었다고 답하다.

• 김안로는, 간의대·보루각 등이 역법에 관한 것이 아니라 천문을 관찰하는 기구이므로 문제될 것이 없다고 했다.

4.23. 정언 이문건이, 장경왕후의 산릉을 쓸 때, 돌을 파낸 자리에 썼다는 말을 들었다며, 이는 잘못이라고 아뢰다.

4.23. 《승정원일기》를 상고하니, 돌이 나와서 몇 척 아래에 쓰면 어떤지 물었는데, 지리 담당자가 괜찮다 하여 왕이 허락했다고 하다.

4.25. 김안로가 강력히 문제를 제기해 옮기로 하다.

4.27. 그때의 상지관들을 조옥에 내려 다스리라 하다.

4.30. 대간이 희릉과 관계된 자들의 처벌을 청하자, 당시의 제조나 낭관은 단지 상지관에게 속은 것뿐이라 답하다.

5.4. 홍문관 직제학 정만종이, 당시 총애를 받던 박 씨에게 붙은 자들이 나쁜 땅을 장지로 썼다는 차자를 올리다. 이에 우선 천장을 하고 나서 그들의 죄를 다스리라 명하다.

5.5. 대신과 대간이 모두 천릉전에 죄를 정하라 청하자 따르다.

5.6. 의금부가, 정광필·강혼·유담년·남곤 등

의 능지처참과, 김응기·김전 등의 장 100대 유삼천리를 조율해 아뢰다.

5.6. 대신들과 의논을 거쳐, 정광필 등 3인은 고신추탈과 유삼천리, 강혼·남곤 등 4인은 고신추탈과 친자금고 등에 처하다.

5.7. 정광필을 김해에 유배하다.

• 이후 대간이, 정광필 등을 법에 따라 죄주라고 연일 청했다.

6.5. 김전의 아들을 제외하고, 전 죄인의 친자를 금고토록 하다.

8.1. 문묘에 친행하여 석전제를 거행하고, 명륜당에 나아가 유생들의 시험을 보다.

9.13. 서교에 행행하여 농사일을 시찰하고, 망원정에서 무재와 화포 쏘는 것을 보다.

10.21. 기묘년의 일을, 6경 중에는 건백(建白)하는 이가 있었는데, 3공은 모르는 척 물러나 있었다며 대신을 비판하다.

• 기묘년의 일은 조광조 등의 일을 말한다.

10.21. 대사헌 양연 등이, 윤원로·윤원형을 죄줄 것을 청하다. 이에 그들을 의심하는 것은 자신을 의심하는 것이라 답하다.

• 김안로가 죄를 거짓으로 꾸며, 권예를 통해 양연으로 하여금 아뢰게 했다.

10.23. 대신·대간 들이 거듭 아뢰자 먼 곳으로 내치겠다고 하다.

10.24. 대사헌 양연이 양사를 거느리고, 김안로와 그의 간사함을 알면서도 아뢰지 않은 영의정 김근사를 탄핵하다. 이에 김안로를 멀리 내치고 김근사를 파직하다.

10.24. 형판을 제외한 6경·찬성·우의정을 면대하다. 신하들이 김안로의 죄를 아뢰면서 동시에 왕의 지나친 총애가 초래한 일이라 하다.

10.25. 대간이 김안로의 측근인 허항·채무택·허흡·채낙·정희렴 등을 탄핵하다.

10.26. 윤은보를 좌의정으로, 유보를 우의정으로 삼다.

10.27. 선성전에 나아가 윤은보·유보·윤안인·

임백령 등과 의논하다.
  • 김안로와 그의 당여의 처리, 김안로로 인해 죄를 받았던 이들을 어떻게 처리할 것인지 등을 의논했다.
10. 27. 김안로 사사를 명하다.
10. 27. 조계상·김극성·홍섬·이기·장옥·성세창·윤개·윤원로·윤원형 등을 방면하다. 홍언필·유여림·조광원 등을 서용하다.
10. 28. 김안로가 세운 법을 혁파토록 하다.
10. 29. 허항·채무택은 사사하고 김근사는 관작 삭탈하여 문외출송하다.
10. 29. 심언경을 좌찬성으로, 소세양을 우찬성으로, 윤인경을 이조판서로, 홍언필을 호조판서로 삼다.
11. 2. 윤은보를 영의정으로, 홍언필을 우의정으로, 소세양을 우찬성으로 삼다.
11. 3. 3흉을 적은 전지를 중외에 반시하다.
  • 3흉이란, 김안로·허항·채무택을 말한다.
11. 9. 폐왕이 병으로 졸한 일을 중국에 알리는 것에 대해 의논하다.
11. 10. 정광필을 영중추부사로 삼다.
  • 정광필이 방면되어 도성으로 돌아오자, 백성들이 "우리 정 정승이 온다."라며 눈물을 흘렸다고 한다.
11. 20. 정백붕을 형조판서로, 이언적을 부교리로, 윤원형을 수찬으로 삼다.
12. 9. 홍언필을 좌의정으로 삼다.
12. 10. 윤은보와 홍언필이, 정광필을 정승에 복귀시킬 것을 청하자, 정광필에 대한 부정적 시각을 말하다.
12. 11. 성균관 진사 이충남이 조광조 등을 옹호하는 상소를 올리다.
12. 13. 이충남의 소를 본 대신들이, 상소 중에서 선비의 기개가 기묘년 이후 꺾였다는 말은 옳다는 반응을 보이다. 이에 기묘년에 관계된 이들을 빠짐없이 서계하라 이르다.
12. 14. 김안국은 서용하되 높은 직임에 서용하지 말고, 양팽손·김정국 등 8명에게는 직첩을 돌려주라 이르다.

12. 21. 김극성을 우의정으로 삼다.

중종 33년(1538)

1. 21. 조강에서 기묘년의 일을 논의하고, 조광조를 제외하고 나머지는 서용할 수 있다고 하다.
2. 1. 이언적이, 거듭된 변고는 왕이 사람을 알아보는 슬기가 밝지 못한 데 기인한다고 하다. 인정하다.
2. 20. 심언광·심언경·권예 등을 파직하다.
2. 20. 3흉에게 미움을 받아 죄입은 자를 서용하라 전교하다.
2. 25. 현량과 출신도 서용하라 명하다.
3. 12. 영의정 윤은보 등이, 이항과 김극핍의 직첩을 되돌려 줄 것을 청하자 따르다.
3. 25. 대간의 반대로, 이항의 직첩은 도로 회수하다.
4. 12. 최숙생·이장곤·이자·유운·윤자임·김구 등 22인의 직첩을 되돌려 주다.
5. 7. 세자의 융복을 초록으로 고쳤었는데, 재상들도 다 초록이어서 구분이 안 된다며 도로 아청으로 하라 명하다.
5. 7. 소세양을 좌찬성으로, 윤임을 우찬성으로, 김안국을 예조판서로 삼다.
5. 8. 세자의 상복·장복도 아청으로 하다.
6. 24. 성세창을 형조판서로, 윤개를 충청도 관찰사로 삼다.
7. 8. 특명으로, 호조참판 양연을 병조판서에 제수하다.
7. 25. 김안국을 우참찬으로, 조계상을 호조판서로, 유여림을 예조판서로 삼다.
  • 사신은, 김안국의 재능과 학문이 높다고 평했다.
7. 29. 지나친 저택은 법에 따라 헐어서 뒷날의 폐단을 막으라면서, 왕자·옹주 들의 집도 몇 칸씩 헐게 하다.
  • 성종 이후 왕자·왕녀 들의 집이 궁궐과 비슷해졌

다.

8. 19. 남쪽 오랑캐와 북쪽 오랑캐를 동일하게 대할 것을 정원에 전교하다.

9. 26. 헌부에서, 《여지승람》에 기록되지 않은 사찰을 철거할 것을 청하자 허락하다.

10. 1. 대신과 당상을 불러 선위할 뜻을 밝히자, 신하들이 극력 반대하다.

10. 2. 세자가 승언색 이승호를 시켜, 대신들이 상의 마음을 돌리게 할 것을 간곡히 이르다.

10. 2. 정광필 등이 극력 아뢰니 마침내 뜻을 거두다.

10. 2. 예조판서 유여림의 졸기.

10. 6. 시강원에 이르다. 세자와 요속(僚屬)의 관계는 군신 관계와 다르니, 학문이나 민간의 일 등을 붕우의 마음으로 깨우치도록 하다.

10. 21. 윤원형을 홍문관 교리로 삼다.

12. 6. 정광필 졸.

12. 10. 도승지를 보내 정광필의 상에 조문하다.

중종 34년(1539)

2. 2. 윤임을 좌찬성으로, 조계상을 우찬성으로, 소세양을 이조판서로 삼다.

2. 26. 중국 사신이 물을 경우, 전 왕(연산군)이 창덕궁에 있다고 답하는 게 옳은지 논의하다.

4. 21. 연이은 사신 파견으로 인한 문제점과 재변 및 양계의 피폐함을 의논하다.

5. 3. 계모와 간통한 조만령을 극형에 처하고 집을 헐어 연못으로 만들다.

5. 18. 시독관 윤원형이, 수령의 부정과 내수사의 장리 등 여러 폐단에 대해 아뢰다.

6. 3. 경기도·전라도 감사에게 하유하여, 사찰을 불법으로 창건하는 일을 적발하라 하다.

6. 4. 성균관 생원 유예선 등이, 봉은사·봉선사의 철거를 건의했으나, 도적에 기재되어 있다 하여 불허하다.

6. 9. 성균관 유생들이 사찰 폐지를 주장하며

권당하다.

7. 21. 《대명회전》의 수정을 주청하는 일을 의논하다.

윤7. 5. 한산군수 이약빙이 소를 올려, 폐위된 연산군과 노산군의 묘소를 복원하고 후사를 세울 것을 건의하다.

윤7. 6. 대간이, 이약빙을 내칠 것을 주장했으나, 구언에 따른 글이라며 거부하다. 복성군의 일을 말한 것에 대해 귀하게 여기다.

윤7. 13. 이약빙을 파직만 하고 추국하지 않기로 하다.

8. 3. 군령의 해이함을 걱정해 진법 연습을 직접 관람하기로 하다.

8. 17. 치통을 앓다.

9. 3. 일식을 잘못 계산한 관상관 관원에게 벌을 내리다.

9. 10. 사정전에서 문신들에게 이문(吏文)과 한어(漢語)를 강하게 하다.

10. 20. 전주 부윤 이언적이, 나라를 다스리는 방법에 대한 장문의 소를 올리다.

10. 26. 전라도 관찰사 윤개가 서장을 올려 전주 부윤 이언적의 다스림을 칭찬하다.

11. 16. 승정원·홍문관 등에 어제 시 10수를 내리며 시를 지어 올리게 하다.

11. 19. 주양우라는 사람이 언문을 중국인에게 가르쳐 준 일이 있었는데, 중국으로 가는 사신에게 이 일이 누설되지 않도록 당부하다.

• 중국인이 그에게 배웠다고 말했을 뿐, 주양우라는 사람이 실존 인물인지, 또 실명인지는 알 수 없다.

12. 2. 이언적을 병조참판으로 삼다.

12. 17. 대사헌 성세창의 건의를 받아들여 장순손·황사우 등 4인의 관작을 추탈하다.

12. 21. 이환을 경원대군에 봉하다.

중종 35년(1540)

1. 5. 주청사 권벌이 받아온 칙서에서, 황제가

그때의 일을 《대명회전》 속간 때 자세히 수록하겠다고 하다.

• 그때의 일은. 태조가 이인임의 후예로 왕씨 4왕을 시해하고 왕위에 올랐다는 등의 기록을 말한다.

2. 29. 전국의 고령자를 조사해 아뢰게 하다.

4. 5. 우의정 김극성 졸.

4. 10. 윤은보 등이, 중국인들이 설함평·조산평에서 농사를 짓는다고 아뢰다.

4. 16. 유관을 우찬성으로, 양연을 이조판서로, 김안국을 예조판서로, 권벌을 병조판서로 삼다.

4. 21. 윤인경을 우찬성으로. 유관을 병조판서로, 이언적을 예조참판으로 삼다.

5. 11. 가뭄으로 인해 죄수들의 죄를 점검하여 풀어 주라고 전교하다.

5. 13. 백관이 의정부에 모여 기우제를 행하다.

• 공복을 입고 향불을 피우며 하늘에 배례를 올린다음. 하루 종일 뙤약볕 아래 서 있었다.

5. 14. 양주 진 앞에서 섶을 태우다.

5. 16. 사직에서 기우제를 올리다.

5. 19. 종묘에 제사를 지내다.

5. 21. 비가 내리자, 집사 및 헌관에게 상을 내리라 전교하다.

6. 14. 전라도에 역병이 돌아 많은 사람이 사망하다.

8. 27. 윤인경을 우의정으로, 김안국을 우찬성으로, 정옥형을 예조판서로 삼다.

9. 28. 태평한 세월에도 군사 장비와 군령을 엄격히 밝히는 일을 계속하라 이르다.

10. 8. 한성판윤 권벌이, 《대명회전》과 관련하여 받은 상을 사양하다.

• 중국 측의 약속만 있었지, 아직 일이 이루어진 것은 아니라는 이유를 들었다.

10. 8. 나세찬을 부응교로 이황을 교리로 삼다.

10. 12. 화살에 매인 투서를 태워 버리라 하다.

11. 21. 김안국을 의정부 좌찬성으로, 유관을 우찬성으로, 이언적을 대사헌으로 삼다.

12. 14. 우의정 홍언필이, 관직이 빨리 바뀌는

폐단에 대해 아뢰다.

중종 36년(1541)

1. 20. 평안도에 염병이 돌아 소가 많이 죽어 모자라니, 소를 보내 주라 이르다.

2. 6. 시독관 윤현이, 여러 번 변고를 겪은 탓에 기백이 꺾여 선비들이 권한 있는 자리를 회피한다고 아뢰다.

2. 9. 헌납 이여가, 동궁의 단주를 훔친 정논손에 대해 아뢰다.

• 동궁이 어릴 때 구슬을 잃어버렸는데 주위에서 범인 색출을 청했다. 그때 동궁이 "자칫 이 일로 잘못이 없는 사람까지 죄를 입을 수 있다."라고 말하며 그대로 넘겼다. 훗날 범인이 밝혀졌는데, 이로 인해 무고한 사람들은 아무도 상하지 않았다. 사람들이 세자의 어짊과 총명에 탄복했다고 한다.

5. 20. 김정국 졸.

5. 22. 주세붕을 풍기군수로 삼다.

5. 30. 이항의 직첩을 돌려주도록 하다.

5. 30. 유관을 좌찬성으로, 양연을 우찬성으로, 성세창을 이조판서로 삼다.

6. 21. 경상우도 병사 방호의가, 제포 왜관에 머물러 있던 왜인들이 병사들을 죽인 일을 아뢰다.

6. 27. 영등포 만호 송거가 제포로 돌아오던 중 왜선 1척을 만나 겁을 먹고 도주하다. 송거는 죽음을 면했으나 29명이 실종되다.

7. 13. 통사 이우종이 은을 가지고 부경하다가 의주에서 잡힌 일에 대해 의논하다.

7. 19. 송거의 고신을 추탈하고, 장 100대·유삼천리에 처하다.

9. 27. 이언적을 우참찬으로 삼다.

11. 5. 시독관이, 왕자와 부마 들의 비행을 아뢰다.

11. 9. 세자가, 복성군의 어린 딸과 두 여동생을 선처할 것을 청하다.

11. 19. 젊은 문인들을 요동에 보내 중국 말을 배우게 하는 일에 대해 의논하다.

11. 24. 금은이나 주옥을 몰래 다른 나라에 팔지 못하도록 한 금령을 널리 알리게 하다.

12. 2. 군액이 날로 줄어드는 세태를 진단하고 양민을 증가시킬 방안을 논의하게 하다.

• 군액이 줄어드는 건, 양민의 역사가 공사천의 역사보다 수월하기 때문이다.

12. 17. 장사치들과 결탁해 불법으로 치부하는 왕자나 부마의 죄에 대해 벌할 것을 간원이 상소하다.

중종 37년(1542)

1. 1. 형조정랑 이황을 독서당에 들이면서 한직으로 바꾸라 이르다.

1. 9. 김안국을 겸세자이사로, 이언적을 겸세자좌부빈객으로 삼다.

1. 25. 이언적을 이조판서로 삼다.

2. 19. 함경도에 전염병이 돌아 사람과 소가 많이 죽다.

3. 16. 유생들에게 경서를 읽도록 했는데 통(通)을 받은 이가 한 사람도 없다.

3. 18. 시독관 이황이, 외척을 조심해야 한다고 아뢰다.

3. 19. 어사를 전라도·충청도·경상도·경기도에 파견하다.

3. 30. 흉년으로 상평창 곡식을 풀다.

윤5. 5. 풍기 군수 주세붕이 고향 집 곡식까지 가져가 백성 구황에 힘쓰다.

• 구황 실적이 도내 제일이었다고 한다.

윤5. 25. 예조에서, 왜인이 가져온 은 중 20,000냥을 살 것을 청하니 따르다.

윤5. 27. 세견선을 늘려 주는 일과 은을 사는 일에 대해 대신들이 의논하다.

6. 26. 왜의 은값을 예전 값으로 쳐주기로 하다.

• 이즈음 은의 가격이 많이 하락했다.

7. 8. 왜 사신들이 은을 더 사 달라고 청하다.

8. 6. 예조에서, 일본 사신에게 화포의 위력을 보이도록 아뢰다.

8. 13. 병조에서, 일본 사신에게 화포의 위력을 보이지 말 것을 아뢰다.

8. 18. 정승들이, 화포를 밤에 쏘아 왜인들이 배우지 못하도록 하자고 아뢰다.

8. 19. 중국 사신들과 공무역만 하게 하라고 이르다.

9. 24. 전국에 흩어져 있는 책을 모아들일 것을 명하다.

11. 17. 중국에서 황제를 시해하려다 실패한 사건이 일어나자, 이에 대해 논의하다.

11. 19. 심강의 딸로 경원대군의 부인을 삼을 것을 이르다.

12. 8. 과거 시험의 문란함을 아뢰다.

12. 15. 파방을 윤허하다.

12. 27. 이언적이, 모친의 봉양을 위해 지방관으로 가기를 청하니 윤허하다.

중종 38년(1543)

1. 4. 김안국의 졸기.

1. 7. 밤 3경에 동궁에 불이 나 세자가 대전으로 피하다.

1. 8. 헌부가, 혐의가 짙은 비자(婢子)를 추고하여 치죄할 것을 청하다.

• 불이 났을 때, 자기 물건 보호에만 급급했던 궁중 하인들, 바깥에 즉시 알리지 않은 환관들, 화재에 속수무책이었던 당상과 낭관 등도 추고하여 치죄할 것을 청했다.

1. 9. 화재로 근신하고 있다는 세자의 글을 시강원에 내리다.

• 세자가 쓴 글은, 자신의 잘못으로 하늘의 꾸지람이 있었다는 식의 내용이다.

1. 19. 이언적이 천재지변을 말하며, 복성군의 일은 즉위 이래 가장 큰 잘못이라고 하다.

2.24. 구수담이, 대윤·소윤이 각기 당여를 세웠다는 항간의 말을 아뢰다. 이에 대해 소인들이 조정을 어지럽히려는 것이라 진단하고, 동궁의 불은 한 여종이 방에 보관해 둔 목면을 살피다 실화한 것이라 설명하다.

3.3. 동궁의 화재로 거처를 창덕궁으로 옮기다.

4.13. 조계상의 졸기.

4.16. 일본이 조선을 거쳐 중국에 서찰을 바치고 싶어 하니, 해조(該曹)로 하여금 상고하게 하다.

4.21. 대사간 구수담이 차자를 올려, 종들이 주인을 배반하고 내수사에 투탁하는 실태와 전하의 검약에도 불구하고 재정이 궁핍한 이유에 대해 아뢰다.

5.1. 성절사 윤원형이 표문을 가지고 북경에 가다.

7.24. 이언적을 경상도 관찰사로 삼다.

8.20. 재상어사(災傷御史)를 평안도·함경도에 파견하다.

9.2. 황해도·충청도·강원도에 재상어사를 파견하다.

9.6. 재상어사를 경기도에 파견하다.

9.27. 문신 당상 시험에서 으뜸을 차지한 이준경에게 가자하다.

10.27. 향사·향음·향약을 다시 시행하는 문제를 3공에게 의논해 아뢰게 하다.

12.29. 이해의 호구는 836,669호, 4,162,021명이다.

중종 39년(1544)

1.1. 죄를 저지른 하삼도의 품관·서인·천인·토호·향리 들로 변방을 채우게 하다.

1.24. 윤원형을 좌부승지로 삼다.

2.9. 선위의 뜻을 밝히다.

2.10. 이황을 홍문관 교리로 삼다.

2.19. 순원위 조의정을 금부에 내리다.

• 조의정은 효정옹주의 남편으로, 옹주의 여비를 첩으로 삼고 옹주를 박대했다.

3.1. 북경에 가는 사행의 규모를 간략히 하라 전교하다.

3.27. 조강에서 참찬관 송세형이 조광조의 복직을 호소하자, 경솔히 논할 수 없다고 답하다.

4.7. 이영현·임전 등이 조광조의 일을 아뢰자, 조광조의 일은 다 알고 있으며 경솔히 논할 수 없다고 답하다.

4.7. 부제학 송세형 등이 다시 상소해 조광조의 일을 아뢰다. 당시의 결정은 부득이한 것이었다고 답하다.

• 사관은, 남곤이 심정과 더불어 홍경주와 깊이 결탁해 참언을 조작했다고 했다. 참언이란 '주초대부필(走肖大夫筆)'을 말한다.

4.17. 지난 4월 12일, 사량진 동쪽 어구에 왜선 20여 척이 돌입해 성을 포위하는 등 공격해 왔는데, 만호 유택이 왜인 1명을 쏘아 죽여 효수하니 적들이 후퇴하다.

5.1. 최보한을 예조참판으로, 신영을 병조참판으로, 서경덕을 후릉참봉으로 삼다.

• 사관은 이 당시 분경과 매관매직이 성행했다고 기록하고 있다.

5.4. 남형(濫刑)을 한 전 충청수사 남치근을 파직하다.

5.22. 일본 국왕이 보낸 사신 이외의 왜인은 모두 거절하도록 하고, 가덕도에 진을 쌓으라 명하다.

5.24. 군공을 쌓기 위해 함부로 왜인을 베지 말라고 전교하다.

6.1. 무녀가 빌어 비가 오자, 상을 내리다.

6.6. 후릉참봉 서경덕을 교체하다.

• 사관은, 서경덕이 학력과 효행이 뛰어나다고 적었다.

7.5. 유은보 졸.

8.5. 중국 배와 싸워 패한 동북현감 정거도와

법성포만호 오윤필 등을 교체하다.

8.7. 윤원형을 좌승지로, 이황을 응교로 삼다.

8.10. 복성군의 묘를 이장할 때, 예장(禮葬)하라 전교하다.

8.22. 편찮다.

9.29. 정순붕이 소를 올려 대윤·소윤의 일을 아뢰다.

• 대윤의 당이라는 자는 동궁을 부호하고, 소윤의 당이란 자는 대군에게 마음을 두고 있다는 말을 했다.

9.29. 대신들을 불러, 윤임은 외방으로 보내고 윤원형은 파면만 하겠다고 하다.

10.1. 대간·대신·홍문관이, 지친을 죄주지 말 것을 청하다.

10.2. 종기 때문에 경연을 정지하다.

10.5. 어깨에 통증이 있다.

10.6. 세자에게 서무를 맡길 뜻을 보이다.

10.24. 산증과 복통의 약을 의논하다.

10.25. 의녀 장금이, 소변은 잠시 통했으나 대변이 불통한 지 3일째라고 말하다.

10.29. 장금이 내전으로부터 나와, 하기(下氣)가 비로소 통해 기분이 좋다 하셨다고 전하다.

11.10. 창경궁으로 피접하다.

11.11. 세자가 향을 관원에게 주며, 종묘·사직·산천에 기도하게 하다.

11.14. 정승·승지·사관을 불러 전위를 명하다.

11.15. 동궁이 병간호를 지극하게 하다.

11.5. 유시에 환경전 소침에서 훙서하다.

11.15. 좌상과 우상이, 전례에 따라 병조판서 정옥형을 궐내에 숙직토록 하다.

11.15. 중전이 문정전에 빈전을 설치하라 명하다.

• 본래 빈전 설치는 대신들이 의논하는 것인데 중전이 일방적으로 결정했다.

11.16. 소렴 시, 장소가 좁아 빈전제조·승지·정승이 입시하지 못하였는데도, 중전이 들어올 것 없다고 하다.

11.16. 군신이 모두 귀가하고 숙직하는 관원만

남다.

• 사관이, 대신들이 자기들 편한 대로만 한다며, 나라를 위하는 자를 어디서 볼 수 있겠는가 한탄하다.

11.18. 신하들의 거듭된 청에 동궁이 죽을 들겠다고 하다.

인종실록

총서

- 휘는 호다.
- 중종의 맏아들이고, 모비는 장경왕후다.
- 3세에 글을 알고 6세에 세자로 책봉되다.
- 동궁에 있은 지 25년 동안 어진 덕이 널리 알려지다.
- 1년간 재위하고 수는 31세다.

인종 즉위년 기사는 원래 《중종실록》에 실려 있으나, 인종 즉위 이후의 기사여서 이곳으로 옮겨 적었다.

인종 즉위년(1544)

11. 20. 창경궁에서 즉위해 명정전 첨하에서 신하들의 하례를 받다.
- 어좌에 앉았는데 눈물이 비 오듯 했다. 의식을 끝내고 다시 상복으로 갈아입었다.

11. 20. 즉위 교서를 내리고 사면을 반포했으며 종묘에 즉위를 고하다.

12. 14. 경원대군의 창진(瘡疹)으로 삭망전을 정지하다. 대비의 뜻으로 이날부터 곡하는 의식을 정지하다.

12. 14. 사헌부에서, 대군의 창진 때문에 삭망전의 대제와 진향을 정지하고 곡하는 의식을 정지한 일, 대신들이 구차하게 대비의 뜻을 따라 내전 깊숙한 곳에 빈전을 둔 일 등을 비판하다. 이에 대해 자전의 뜻을 어기기 어려워 그리했지만, 민망하게 여긴다고 답하다.

12. 18. 대간들이 계속 같은 문제를 거론하자, 따르지 못해 비통할 따름이라 하다.

12. 20. 대간이, 이항의 직첩을 되돌려 주라는 명을 거둘 것을 청하니 따르다.

12. 30. 예조 판서 임권이, 졸곡 후 백립과 흑립 중 어떤 것을 착용할지 의논을 청하다.

인종 1년(1545)

1. 1. 삭전을 지내고 상식하다.
- 이에 앞서는 삭망전과 별제는 경원대군의 병으로 지내지 않다가 이때부터 다시 지냈다.

1. 5. 대행왕의 시호를 의논하다. 인종·효종·강종 등의 의논이 있었으나 중흥을 이룬 왕이란 의미로 중종으로 정하다. 능호는 희릉으로 하다.

1. 6. 세조의 예를 따라, 중종을 중조로 고칠 것을 제안했으나 신하들이 거듭 반대하다.

1. 7. 졸곡 후의 복제에 대해 의논하다.
- 《오례의》를 따르기로 했다.

1. 7. 우의정 윤인경 등이, 중조로 하는 것은 부당하다고 아뢰자 따르다.

1. 13. 홍언필을 영의정으로, 윤인경을 좌의정으로, 이기를 우의정으로 삼다.

1. 14. 대간이 합사해, 홍언필·이기의 체직을 청하다.

1. 15. 승정원에서, 지나치게 애통해하는 것을 말하며, 찬선을 들고 조리할 것을 청하다.

1. 17. 좌의정 윤인경 등이, 찬선을 들 것을 청하다.

1. 18. 대간이, 이기의 자급 개정을 청하다.
- 사신은, 이기가 윤원로 형제와 교제해 궁위와 교통하고 이공의 반열에 올랐다고 평했다.

1. 18. 성세창으로 하여금, 중종의 영정 제작을 감독하게 하다.

1. 19. 대간의 청을 따라, 이기를 체직하고 유관을 우의정에 제수하다.

1. 21. 좌의정 윤인경 등이, 세종의 유교를 따르고 종사의 대계를 생각해 찬선을 들 것을 청하자, 따르겠다 답하다.

1. 21. 대간이, 중종의 어진을 추상해 그릴 경우

닮지 않을 것이라며 중단할 것을 청하다.

1. 22. 윤인경이, 어용을 그리는 것은 흠모하기 위한 것으로, 선왕·선후의 영정은 없는 세대가 없다며 그만둘 수 없다고 아뢰다.

• 우선 그렸다가 닮지 않았다는 판단이 서면 다시 그리면 된다고 했다.

1. 23. 홍문관 부제학 송세형 등이, 찬선과 약을 들 것을 청하니, 들고 있다고 답하다.

1. 23. 헌부가, 혼전에 번(番)을 드는 종친 차출에 관해 아뢰다.

• 사신은, 양연·조계상·황헌 등은 탐오가 극심하고, 이언적·김정국·송인수는 청백하다고 기록했다.

1. 24. 이조참의 홍춘경이 중종대왕의 지문을 지어 올리다.

1. 24. 우부승지 최연이 중종대왕의 애책문을 지어 올리다.

1. 24. 의정부 사인 임형수가 중종대왕의 시책문을 지어 올리다.

1. 25. 좌의정 윤인경 등이, 찬선을 들 것과 발인 시 친히 거둥하지 말 것을 청하다.

1. 26. 윤인경 등이 거듭하여, 발인 시 거둥하지 말 것을 청하자, 도성문 밖에서 지송하겠다고 답하다.

윤1. 1. 성세창이 천안(天顔)을 자세히 뵌 적이 없다며 사양하자, 오래 주서로 있었던 부안현감 채무일에게 어진 제작을 지휘하게 하다.

윤1. 1. 윤인경 등이, 의원의 진찰을 받을 것과 조석전 이외의 상식은 친히 지내지 말 것을 청하다.

윤1. 2. 홍언필이, 의원의 진찰을 받고 약을 들 것을 청하다.

윤1. 3. 대간이, 진찰을 받을 것을 청하다.

윤1. 6. 윤인경을 영의정으로, 유관을 좌의정으로, 성세창을 우의정으로, 이언적을 좌찬성으로, 유인숙을 우찬성으로 삼다.

윤1. 8. 대비가, 승정원에 맥을 잘 아는 의원을 들여보내 상을 진찰하는 게 어떤가 권하다.

윤1. 9. 대신들의 거듭된 청에 곡림을 그만두다.

윤1. 9. 진찰을 받다. 심폐와 비위의 맥이 미약하고 입술이 마르고 낯빛이 수척했으며 때로 기침을 하다.

윤1. 25. 진찰을 받다. 조금 회복되었으나 찬선을 들지 않으려 해 원기가 미약하다.

윤1. 26. 발인 시 걸어서 수가하겠다고 하다.

윤1. 27. 이에 대해, 승정원·홍문관·의정부·중추부·6조 등이 거듭 불가하다는 의견을 냈지만 계속 고집하다.

• 신하들은, 예문에 발인 시 따라가는 조항이 없고, 전례에도 없으며, 옥체가 수척해진 상태라 곤란하다는 주장을 계속 폈다.

윤1. 29. 의정부와 중추부 당상관 등이 거듭 산릉 행차를 중지할 것을 청하자, 자전의 분부도 있어 마지못해 따른다고 답하다.

2. 3. 대행대왕의 재궁을 발인하다.

2. 5. 동궁으로 이어하다.

2. 7. 진찰을 받다.

• 폐와 비위의 맥 등이 모두 허약하고 혈색이 없고 수척했다. 혓바늘이 돋아 찬선을 들지 못하는 상태였으며, 쇠약·불면·두근거림 등의 증상이 있었다.

2. 11. 의정부가 백관을 거느리고, 고깃국을 드실 것을 권하다.

• 대신들이 대비에게, 대비께서 먼저 드시고 왕에게도 권할 것을 청했다. 이에 대비가, 간절히 권하였으니 왕도 이제 드실 것이라고 했다. 하지만 대비 자신은 몸에 병이 없으니 먹지 않겠다고 했다.

2. 16. 칠우제와 졸곡제를 친히 행하겠다고 전교하다.

2. 19. 신하들의 반대를 무릅쓰고 칠우제를 행하다.

2. 21. 졸곡제를 친히 행하다.

2. 21. 이성군 이관 등이 종실 200여 원을 거느리고 고기 들 것을 청하니 수락하다.

• 이관이, 자신이 직접 들어가 찬선을 살피게 해 달라고 청했으나 이는 수락하지 않았다.

2.22. 의정부·중추부·한성부에서, 졸곡도 끝났으니 고기 들 것을 왕과 대비에게 청하다. 이에 대비는 계속 거부하다가 마지못해 따르겠노라 답하다.

2.24. 신하들에게도 고기와 술을 들라고 이르다.

2.27. 중국 예부에서 조선 사신에게, 양로왕이 살아 있는지 등을 묻다. 이에 아직 살아 있고 나이는 일흔에 자녀는 없다고 답하다.

• 양로왕(養老王)은 자리를 물려주고 휴양하는 왕이라는 뜻으로, 연산군을 말한다. 중국에서 연산군을 거론한 것이 염려스럽다며, 사신이 와서 다시 물을 것에 대비하도록 했다.

2.28. 윤원형을 공조참판으로 삼다.

3.2. 대간이, 윤원형을 공조참판에서 교체할 것을 청했으나 듣지 않다.

3.3. 예문관 봉교 민사도 등이, 실록각을 열고 사초에 이름을 쓴 전례가 있는지 고증하는 것에 반대한다는 차자를 올리다.

3.6. 영의정 윤인경 등과 양로왕의 일에 관해 논의하다.

3.13. 영의정 윤인경이, 나이가 많고 산릉의 일이 끝났음을 들어 사임하기를 청하다.

3.13. 성균관 진사 박근 등이, 정몽주·길재·김숙자·김종직·김굉필·조광조로 이어지는 학통을 거론하며, 조광조의 신원을 청하는 소를 올리다.

3.17. 성균관 진사 박근 등이, 거듭 조광조의 신원을 청하는 소를 올리자, 말이 간절하고 의리가 곧다고 하면서도 시비를 정하는 것은 조정의 일이니 물러가라 명하다.

3.19. 이기를 병조판서로, 윤임을 형조판서로 삼다.

3.20. 대간이, 외척에게 권세를 맡기는 것은 도리가 아니라며 형조판서 윤임을 체직할 것을 청했으나 듣지 않다.

3.20. 구언의 전교를 내리다.

3.21. 삼공·비변사 등이 왜의 일을 의논하다.

3.24. 중종의 어진을 완성하다.

3.25. 영의정 윤인경 등이 중종의 어진을 봉심(奉審)하다.

• 공조판서 허자와 호조판서 임백령이, 어진이 중종을 닮지 않았다고 했으나, 인종은 추상하여 그린 것인데 똑같기를 바랄 수는 없다며, 말을 탄 모습이 비슷하므로 봉안(奉安)하는 것이라 했다.

4.1. 좌의정 유관이 사직을 청하다.

4.6. 중종의 폐비 신 씨의 처소를 폐비궁으로 부르고, 자수궁의 예와 같이 하라 이르다.

4.7. 조광조의 복직 등은 쉽게 고칠 수 없으니 그리 알라 이르다.

4.9. 조강에서 경연관들이, 정몽주의 예를 거론하며 사육신의 신원을 청하다.

4.17. 석강에서 천거과의 부활 여부를 논하다.

4.23. 이언적이 빈전에 달려가, 곡하지 못한 것 등을 들며 대죄하고 사직을 청하다.

4.25. 천식 기운이 있다며, 의원 박세거를 불러 진맥하게 하다.

4.27. 중국 사신 접대를 위해 경복궁으로 이어하다.

4.27. 대신들이, 이어할 때 뵈니 지치고 여위심이 극에 이르렀고 부기가 많이 있었다며 중종 면대해 병세를 살필 수 있게 해 달라고 청하다.

4.28. 모화관에 나아가 조칙을 맞이하고 하마연을 베풀다.

5.2. 우부승지 송세형이 황제의 고문(誥文)을 읽다가 중종의 이름을 휘(諱)하자, 중국 사신이 예에 어긋난다고 지적하다.

• 송세형은 공경함이 지극하여 숨이 가빠 목소리가 작아진 것이지 감히 휘한 것이 아니라 변명했다. 이에 사관은, 신하가 임금의 이름을 차마 읽지 못하는 것은 신하의 정으로 마땅한 것인데도 중국 사신이 이를 힐문하려 한 것은 예를 안다 할 수 없다고 평했다.

5.2. 제물 중에 쓰지 않게 된 새끼 노루를 산으로 돌려보내 살 길을 열어 주라 명하다.

5.3. 태평관에 거둥해 위로연을 열다.

5.4. 경회루에 중국 사신을 청해 잔치를 베풀다.

5.5. 모화관에 나아가 전별연을 베풀다.

5.9. 호송하는 군인들에게 매를 치는 등 중국 사신의 패악이 심해 죽은 자가 여럿 발생하다.

5.11. 대사면의 교서를 반포하다.

5.19. 부제학 나숙 등이 조광조의 신원을 청하자, 논한 것은 마땅하나 중종이 조광조에 은혜를 내리지 않은 것에는 그럴 만한 이유가 있어서일 것이라며 거부하다.

6.20. 연산의 생몰 여부에 대해, 이전에 이미 죽은 것으로 하자는 방침을 이언적이 건의하다.

6.25. 미령하다.

6.26. 의정부와 6조에서 문안하다.

• 눈동자가 술 취한 사람 같고, 손바닥이 매우 뜨거웠다고 한다.

6.26. 증세가 매우 위급해지다.

• 갑자기 헛소리를 하기도 하고 정신을 잃었다. 조리를 위해 청연루로 옮겼는데, 대비가 들어가 살피겠다는 뜻을 밝히자 신하들이 인심을 놀라게 한다며 반대했다.

6.27. 형조판서 윤임이 대궐에서 여러 날 약시중을 들며 대비의 거둥을 반대하다.

6.27. 사시에 벼락이 쳐 경회루의 기둥이 부서지고 서쪽의 한 기둥도 부러지다.

6.27. 대비가 종묘사직과 산천에 기도할 것을 권하자 대신들이 응하다.

6.27. 열이 심하고 헛소리를 하다. 약을 올려도 물리치고 들려 하지 않다.

6.27. 대신이 들어와 보는 것을 완강히 거부하다가 마침내 면대를 허락하다.

• 왕이 백립과 백포 차림으로 베개에 기대어 앉아 신하들을 맞았다. 말은 많이 했으나 분명치가 않았고 눈동자는 누렇고 붉었다.

6.29. 열은 내려갔으나 맥이 더욱 잦아들다. 약도 미음도 넘기지 못하다.

6.29. 대비가 의혜공주의 집으로 이어할 뜻을 비쳤으나, 대신과 대간이 모두 반대하자 물러서다.

6.29. 윤임 등을 돌아보며, 조광조의 복직과 현량과의 부활은 늘 잊지 않고 있었으나 결단하지 못해 한이 남는다고 이르다.

6.29. 대사면의 뜻을 밝히고, 조광조를 신원할 것과 현량과를 부활할 것을 명하다.

6.29. 혼절했다가 다시 깨어나다.

• 중전이 나랏일에 대해 하교할 것을 청하자, 병세가 더하기만 하고 줄지 않아 일어나지 못할 것이라며 경원대군에게 전위한다고 했다.

7.1. 청연루 소침 아래에서 훙하다.

7.1. 대비가 경복궁으로 이어하고, 유시에 대군이 광화문으로 들어오다.

7.1. 대군이 어리니 공사는 원상이 함께 의논해 처리하라고 전교하다.

7.4. 중전이 대행왕의 유교를 언문으로 써서 내리다.

• 산릉은 부왕과 모후 두 능의 근처로 쓰되, 백성의 폐해를 덜도록 힘쓰고, 상장의 모든 일은 되도록 소박하게 할 것 등이다.

7.5. 대신들이 대군에게, 왕위를 전해 받은 이는 비록 아들이 아니어도 아들의 도리가 있다며 대행왕에게 도리를 다할 것을 청하다.

• 아울러 왕비도 어머니로 섬겨 효도해야 한다는 내용의 서계를 전했다.

7.6. 유생들이 광화문 밖에서 곡림하다.

• 승하한 날 유생들은 궐하에서 통곡했고, 백성들도 거리를 메우고 슬퍼했다고 한다. 사관은 인종의 덕이 깊어 그랬다고 평했다.

명종실록

총서

- 휘는 환, 자는 대양이다.
- 중종의 2남이고, 모비는 성렬대비다.
- 어린 나이에 왕위에 올라 모비가 청정하다.
- 재위 23년에 수는 34세다.

명종 즉위년(1545)

7.6. 근정문에서 즉위하다.

7.7. 영의정 윤인경과 좌의정 유관이 대왕대비전을 문안하자, 대왕대비가 기왕의 낭설은 다 탕척하려 하니 이 뜻을 따라 인심을 진정시킬 것을 주문하다.

• 좌의정 유관이 대윤과 소윤을 모두 다스려 국난을 풀려 하지 않고, 윤원로를 다스리는 데에만 급급했다. 즉 대윤은 방조하고 소윤만 공격하는 모양새를 취해 대비가 진노했다. 윤원로는 대비의 오라비다.

7.7. 윤인경 등이, 윤원로를 치죄할 것을 청하다.

• 윤인경은, 윤원로가 동궁(인종)이 대군(명종)을 해하려 한다며 이간질을 하는 등 종사를 위태롭게 했으므로 멀리 귀양을 보내야 한다며, 비록 대왕대비의 지친이지만 사정(私情)을 둘 수 없다고 주장했다. 이에 대왕대비는 먼저 말의 뿌리를 캐어 사실 여부를 확인한 뒤 죄를 줌이 옳다는 입장을 거듭 피력했다.

7.7. 홍문관 부제학 나숙 등이 윤원로를 죄줄 것을 청하자, 윤원로가 말한 것을 듣지 못하였기 때문에 굳이 죄를 가하지는 못하겠다고 하다.

7.7. 대사헌 민제인과 대사간 구수담이 윤원로의 귀양을 청하자, 언근을 모르고 그 사람을 죄줄 수는 없다고 답하다.

7.9. 영의정 윤인경과 좌의정 유관이 대왕대비전에 아뢰어, 작은 일은 원상(院相)이 승전내관을 시켜 출납케 하고, 큰일은 대왕대비가 대전에 임어한 다음 승지가 입계할 것을 청하다.

7.9. 의정부·6조·한성부·돈녕부·중추부·3사가 거듭 윤원로의 처리를 청하자, 조정이 여러 날 아뢰는 것에는 이유가 있다며, 윤원로를 파직해 반성케 하겠다고 답하다.

7.9. 조정이 파직에 만족하지 못하고 계속 윤원로의 처벌을 청하자 자원부처하게 하다.

• 사신은, 윤원로의 패악스러운 언행 등을 들며 형륙을 가해도 모자랄 지경인데 부처에 그치고 말았으니 한탄스럽다고 평했다.

7.10. 윤원로를 자원에 따라 해남에 부처하다.

7.12. 묘호·시호·능호 등을 정하다.

• 묘호는 인을 베풀고 의를 행했다 하여 인종으로, 시호는 헌문의무장숙흠효로 정했다.

7.14. 윤인경과 유관이, 원상이 자신들과 홍언필 3인뿐이라며, 좌우찬성을 원상으로 추가할 것을 청하다.

7.18. 창덕궁 선정전을 혼전으로 정하다.

7.20. 원상들이, 사후 5개월을 따르면 날이 너무 추워 땅이 얼겠기에 10월 27일로 장례일을 앞당겼다고 아뢰다.

7.24. 원상들이, 인종의 어용을 그릴 것을 청했으나, 그리지 말라고 한 유교를 따라 그리지 않기로 하다.

7.25. 윤인경 등이, 10개 조항의 경계문을 대전과 대비전에 올리다.

7.26. 전라도 흥양에서, 조난당한 중국인들을 왜적으로 오인해 참획하다.

7.26. 우참찬 신광한이, 일본과 강화할 필요에 대해 아뢰니, 대신들에게 의논하게 하라 이르다.

7. 27. 원상 이언적이 왜와의 강화에 동의하다.

7. 27. 윤인경 외 대신들이 강화에 반대하다.

7. 27. 홍문관 전한 이황이, 강화를 지지하고 병란에 대비할 것을 청하는 소를 올리다.

7. 28. 전라도 흥양에서 횡액을 당한 중국인을 위해 제사 지내게 하다.

7. 30. 이언적이 경연 사목을 써서 올리다.

• 졸곡 전에 영경연(領經筵)이 입시할 시에는 최복을. 그 외에는 포의·포관·마대를 입는 등 의복과 방식을 두루 포함하고 있다.

7. 30. 윤인경과 유관의 아룀에 따라 상기를 더 앞당겨 10월 15일에 하현궁하기로 하다.

8. 1. 나숙 등이, 장례일을 예문에 따라 다시 정할 것을 청했으나 따르지 않다.

8. 3. 반대가 이어지자 장례일을 처음 날짜로 되돌리다.

8. 9. 처음으로 경연에 나아가 충순당에서 《소학》을 강하다.

8. 15. 대왕대비가 주상의 건강을 거론하며, 경연과 곡림을 기후를 살펴 할 것이라 말하다.

8. 18. 윤인경 등과 대왕대비가 육선을 권하다.

8. 22. 병조판서 이기·지중추부사 정순붕·공조판서 허자·호조판서 임백령 등이, 국가에 큰일이 있으니 수상 및 양사의 장관을 불러 면대할 것을 청하자, 명패를 보내게 하다.

• 이는 이기·임백령 등이 몰래 윤원형과 결탁하고 대비가 밀지를 내려 행한 일이다. 대왕대비가 왕과 함께 충순당에서 신하들과 면대했다. 병조판서 이기가 형조판서 윤임·좌의정 유관·이조판서 유인숙을 외방에 내칠 것을 청했다. 이에 윤임은 절도안치, 유인숙은 파직, 유관은 체직을 명했다.

8. 22. 부제학 나숙 등이, 내간에서 밀지를 승정원이 아닌 재상가에 내린 일을 지적하다.

8. 23. 성세창을 좌의정으로, 이기를 우의정으로, 임백령을 이조판서로, 허자를 호조판서로, 권벌을 병조판서로, 정옥형을 형조판서로, 허자를 호조판서로 삼다.

8. 23. 헌납 백인걸이, 윤임을 죄준 것은 옳으나 방법이 틀렸다며, 윤원형과 민제인을 탄핵하는 소를 올리다.

• 백인걸은 예궐하기 전 모와 처에게, 지금 가면 필시 의금부에 하옥되어 유배될 것이니 놀라지 말라고 미리 일러두었다고 한다.

8. 24. 나숙 등이 백인걸의 석방을 거듭 청하자, 역적의 무리를 도운 자를 위해 여러 번 아뢰는 이유를 알 수 없다고 대왕대비가 답하다.

8. 24. 윤임은 해남에, 유관은 서천에, 유인숙은 무장에, 윤흥인은 낙안에 각각 안치하다.

8. 25. 윤인경·이기·이언적·신광한·임백령·권벌·정옥형·윤개·윤사익이 서계하여, '우리 모자가 위에 고립되어 있다.'고 한 것에 대해 지적하고 유관을 변호하다. 이에 대해 대왕대비가, 유관이 윤임과 손을 잡은 점 등을 말하며, 그런데도 밑에서 논계하는 이 없어 고립되었다는 표현을 쓴 것이라 답하다.

8. 26. 병조판서 권벌이, 큰 비바람을 거론하며 대신을 유배한 탓에 이런 일이 벌어지는 것이 아니겠느냐는 소를 올리다. 이에 대왕대비가, 재변이 나타난 것은 오래되었으니 자신은 간인 때문이라 생각한다고 일축하다.

• 이날 권벌의 소 초안은 대왕대비를 일개 부인이라 표현하고 윤임을 옹호하는 내용을 담고 있었는데, 이원적이 원상으로 있다가 그 내용을 보고는 설득하여 지우게 했다.

8. 26. 윤인경 등이 유관에게 죄주는 것이 부당하다고 아뢰다.

8. 28. 대신들이, 유관·유인숙·윤임을 죄주는 것에 대해 말하다.

8. 28. 윤임 등의 치죄에 대한 교서를 반포하다.

8. 29. 공신의 서열을 정해 빈청에 내리다.

• 정순붕·이기·임백령·허자를 1등으로 지목했다.

8. 30. 홍언필·윤인경이, 이기에게 병판을 겸하게 할 것을 청하니 따르다.

9. 1. 경기도 관찰사 김명윤이 계림군 이유의

불궤를 고변하며, 봉성군 이완까지 아울러 처치할 것을 청하다.

 • 이유는 이미 도주한 상태였다.

9. 5. 이학령이 공초하다.

9. 6. 안세우가 공초하다.

9. 6. 옥매향이, 윤임이 이유에게 즉위해야 한다고 했다고 진술하다.

 • 옥매향은 윤임의 첩이다.

9. 6. 이덕응이, 윤임이 봉성군을 세워야 한다고 했다고 진술하다.

 • 이덕응은 윤임의 사위다.

9. 6. 윤흥의가, 윤임이 봉성군을 세울 뜻을 유관·유인숙과 의논했다고 진술하다.

9. 7. 황돈인이, 윤임이 서간을 왕대비전에 올렸고 봉성군이 문안 오면 그대로 세우면 된다고 했다고 진술하다.

 • 이에 대왕대비가, 끝까지 신문하면 왕대비가 난처한 지경에 이른다며, 더 이상 황돈인을 힐문하지 말라고 했다.

9. 7. 이덕응이, 윤임의 흉모는 봉성군으로 하여 궐내에 들어가 주상을 모시게 하다가 승하하면 바로 물려받도록 하는 것이라고 진술하다.

 • 이덕응의 형 이문응이 임백령에게 아우가 살아날 방도를 묻자, 흉모를 자세히 말하면 면할 수 있을 것이라 답했다. 이에 교묘히 꾸며 거짓 진술한 것이다.

9. 11. 이휘·이덕응은 능지처사, 이시·이형·이후·윤흥례·금이·유희민·윤흥인·유광찬은 교형에 처하다.

9. 11. 홍연필·윤인경·이기·이언적·신광한 등이 윤임을 변호했던 것에 대해 대죄하다. 이에 대왕대비가, 저간의 사정을 말하고 그들의 잘못을 몰랐기 때문에 그랬던 것이라며 문제 삼지 않다.

9. 11. 홍언필 등이, 황돈인을 내쫓을 것과 봉성군을 귀양 보낼 것을 청하자, 황돈인은 받아들이고 봉성군은 허락하지 않다.

9. 11. 윤임·유관·유인숙을 추참(追斬)하고 3일간 효수하다. 이휘·이덕응도 3일간 효수하다.

 • 사관은, 이기·임백령·정순붕·최보한 등이 윤원형과 결탁해 중종을 동요시키고 세자를 바꾸려 했다고 썼다.

9. 14. 양사가, 봉성군의 폐금(閉禁)과 어미 홍빈을 궐 밖으로 내보낼 것을 청하였으나 허락하지 않다.

9. 15. 공신들에게 포상하다.

9. 15 원종공신을 3등으로 구분하여 하서하다.

9. 16. 공신을 제수하다.

9. 28. 안산부사가, 금강산 자락 바위 밑에서 계림군 이유를 체포했다고 서계하다.

10. 5. 이유가, 압슬을 가해도 부인하다가 낙형을 가하자 인정하다. 이날 밤에 군기시 앞에서 능지하고 3일간 효수한 뒤 손발은 사방에 조리돌리다.

10. 10. 이기가, 현량과 복구는 윤임의 술책이지 인종의 본뜻이 아닐 것이라며 혁파를 청하자 따르다. 또한 이황·이천계·권물·이담 등의 파직을 청하니 삭탈관작하다.

10. 10. 이기를 좌의정으로, 정순붕을 우의정으로 삼다.

10. 22. 이기가 자신이 잘못 판단했다며, 이황의 죄 없음을 아뢰고 서용할 것을 청하며 대죄하다.

10. 28. 이황을 사복시정 겸 승문원 참교로 삼다.

11. 8. 표류한 중국인으로부터 화포 제작법을 전수받아 만들어 보았으나, 우리가 만든 것만 못하다.

11. 26. 윤인서를 홍문관 교리로 삼다.

 • 윤인서는 통천군수로 있으면서 경원대군을 세제로 삼을 것을 청하는 소를 올려 소윤의 신임을 얻었다. 사관은 윤원형에게 빌붙어 권세를 크게 부린 소인이라고 평했다.

12. 27. 왕대비가 미령하여 창덕궁 동궁으로 이어하다.

명종 1년(1546)

1.6. 정토사에서 독서한 유생들을 정거케 하다.

• 정토사는 조종조로부터 공주를 위해 창립하여 제사 지낼 장소로 삼은 절이다.

1.17. 윤원형을 대사헌으로 삼다.

1.18. 대신과 대간이 여러 번 청하자, 유생 정거의 일을 취하하다.

1.26. 윤원형을 공조 참판으로 삼다.

1.29. 모화관에서 부사 왕학을 전별하다.

2.14. 대왕대비가, 재변이 발생한 것은 불궤한 생각을 품은 자가 있기 때문이라는 뜻으로 말하다.

2.21. 이언적이, 형옥을 법대로 행할 것과 도적의 횡행을 가져오는 시장을 없앨 것을 청하다.

2.23. 3공이 이언적의 건의를 의논해, 형장은 조종의 관례를 따르고 시장은 한 달에 두세 번씩 정기적으로 같은 날에 서도록 할 것을 청하니 따르다.

• 같은 날에 장이 서도록 한 것은, 날이 다르면 옮겨 다니며 팔게 되고 이 때문에 도적이 창궐한다는 이유였다.

2.30. 병조좌랑 윤춘년이 소를 올려 윤원로의 여러 가지 죄를 말하다.

• 사관은, 형 윤원로와 틀어진 아우 윤원형이 윤춘년에게 시킨 일이라고 판단했다.

3.1. 윤원로가 망령된 말을 한다며 파직하고 반성하게 하라 명하다.

• 윤원로는 윤임을 쫓아낸 것은 자기 공로인데도 훈척에 참여하지 못했다며 분노를 표출하고는 했다.

4.1. 각 도에 체납된 관채(官債)에 대해 감면과 면제를 명했는데 호조가 반대하다. 이에 납입할 수 있었다면 50년이나 체납했을 리 없다며 뜻을 굽히지 않다.

4.23. 박원종·유순정·성희안·정광필을 중종 배향공신으로 정하다.

5.4. 대마도주가, 조선으로 향하던 왜적 11급

을 베어 왔다고 하다.

7.26. 인수궁과 정업원의 수리에 대해 전교하다.

7.28. 유진동 등이, 정업원을 선왕 후궁들의 거처로 삼는 것은 부당하다고 아뢰다.

8.5. 대사헌 윤원형 등이, 잔당들이 아직도 군상을 능멸하는 마음으로 붕당을 선동한다며, 이임·한숙·나숙·정원 등을 죄줄 것을 청하다. 이에 대왕대비가, 이임은 사사하고 한숙·나숙·정원 등은 변방안치, 성세창은 외방찬출 등의 처벌을 명하다.

8.10. 전 중추부사 권벌을 삭탈관직하다.

8.11. 유관을 옹호하는 발언을 한 성우가 형장을 맞아 죽다.

8.13. 대전·대비전의 팔자를 보았다는 혐의로 정흥종을 참하다.

8.16. 신광한을 예조판서로, 이황을 교서관 교리로 삼다.

9.3. 정옥형을 좌찬성으로, 최보한을 우찬성으로, 허자를 판중추부사로, 민제인을 이조판서로 삼다.

9.5. 이기가 허자·봉성군·이언적 등을 탄핵하다. 검토관 윤춘년은 윤원로를 법대로 할 것을 청하다.

9.5. 대사헌 윤원형과 대사간 권응정 이하 대간들이, 봉성군을 중벌로 다스릴 것, 이언적의 관직을 삭탈할 것, 윤여필을 외지로 추방할 것 등을 청하다. 이에 대왕대비가, 이언적의 일만 받아들이다.

• 이후 양사를 비롯해 대신들까지 나서서 줄기차게 봉성군과 윤여필의 일을 청했다.

9.10. 윤여필을 용인현에 부처하다.

9.12. 봉성군 이완을 귀양 보내다.

10.24. 나세찬이, 황제가 도교에 빠져 정사를 보지 않는다고 아뢰다.

11.5. 의정부 등이, 6진의 백성이 오랑캐 땅으로 귀화하는 것을 막을 것 등을 아뢰다.

11.15. 대왕대비가 친히 제문을 짓고 내관을 보

내 정릉에 제사하다.

12. 9. 간원이 하삼도 토호들의 폐단을 아뢰다.

• 수령을 멸시하고, 고을 권한을 장악하고, 토지를 강탈하고, 부역을 거부했다는 것 등이다.

12. 17. 우찬성 최보한 졸.

12. 22. 3정승이 윤원형의 승진 임용을 청하니 따르다.

12. 29. 윤원형을 자헌대부 서원군으로 삼다.

명종 2년(1547)

1. 12. 중종과 장경왕후의 신주를 부묘하다.

1. 26. 대왕대비에게 성렬(聖烈)이란 존호를 올리고 진하하다.

2. 27. 유배된 남편을 만나러 가는 봉성군 이완의 처에게 숙식을 제공하고 가마꾼도 붙이라 하다.

• 간원이 거듭 반대하자 이튿날 취소했다.

3. 13. 대간들이, 국적(國賊)을 제거한 뒤에도 목숨을 보전하고 있는 이가 많다며, 이중열·성자택·김저 등을 중죄로 다스릴 것을 청하니 따르다.

4. 10. 의주목사 송맹경이, 진헌사 이기가 칙서와 자문을 도둑맞았다고 보고하다.

4. 28. 윤원형을 예조판서로 삼다.

5. 15. 좌의정 이기가, 겸임한 병조판서의 해직을 세 번 청하니 허락하다.

5. 22. 양사에서, 인종을 연은전에 별부하지 말 것을 청했으나 불허하다.

• 인종을 문소전에 모실 경우 세조를 옮겨야 하는데, 이는 세조에게 미안한 일이라며 세조를 그대로 두고 인종을 연은전에 모실 것을 명한 것이다.

5. 27. 성균관 진사 정거가 소를 올려, 세조를 옮기고 인종을 문소전에 모시는 게 당연하다고 아뢰다.

5. 28. 대신들과 인종을 연은전에 별부하는 문제를 논의하였는데, 대신들이 대개 대왕대비의 뜻을 따르다.

7. 4. 대왕대비가 재신(宰臣)을 불러, 재변이 자주 일어나는 것이 자신의 박덕함 때문은 아닌지 모르겠다며 이를 없앨 방도를 묻다. 이에 이기가, 재변을 내리는 것도 도가 있는 임금에게 그러는 것이라며 걸주 시대 같은 때에는 재이도 보여 주지 않았다고 아뢰다.

8. 3. 대신들이 거듭 청해 대왕대비전에 인명이라는 존호를 올리다.

8. 13. 사간원에서 방납의 폐단에 대해 거론하다.

8. 25. 이황을 홍문관 부응교로 삼다.

9. 10. 각 도의 환과고독을 조사하고 각별히 구휼할 것을 전교하다.

9. 15. 재상어사를 파견해 황해도·강원도·충청도의 민정을 보고하게 하다.

9. 17. 인종을 연은전에 부묘하다.

9. 18. 부제학 정언각이 양재역 벽에 붙은 익명서를 가지고 오자, 관련자 처벌을 논의하다.

• 벽서에는, 여주(女主)가 위에서 정권을 잡고 간신 이기 등이 아래에서 농간을 부리고 있다는 내용이 담겨 있다.

9. 19. 정언각이 이완·심영·임형수의 처형을 주장하다.

윤9. 16. 양사에서 봉성군 이완의 처형을 청하며 사직하자, 위리안치하여 자진케 하라 명하다.

10. 1. 봉성군 이완 졸.

10. 2. 봉성군 이완을 복직시키고 장사에 소용되는 제수를 내리도록 하다.

10. 18. 윤임의 역모 전말을 충훈부에서 수찬토록 하다.

11. 4. 이완을 왕자의 예로 장사 지내지 말라는 요구를 받아들이다.

11. 26. 형신을 맞고 김승보가 졸하다.

• 명종에게 전위한다는 교서를 중간에서 폐기한 혐의다.

12. 2. 진시인데, 해에 빛이 없고 해처럼 생긴 둥

근 형상이 해의 위아래에 나타나다.

12.18. 양사에서 윤원로의 처벌을 청하다.

12.26. 대왕대비가 윤원로의 사사를 명하다.

명종 3년(1548)

1.7. 승정원에 명해 내관들에게 문자를 부지런히 가르치도록 전교하다.

1.8. 봉성군 이완의 묘지를 정하고 안장하다.

1.21. 진휼사 민제인의 건의로 동서 진제장(賑濟場)과 상평창을 열게 하다.

1.23. 윤원형을 이조판서로 삼다.

2.8. 성 밖에 버려진 시체가 많다며 거두어 묻게 하다.

2.12. 《속무정보감》 찬집청 당상이 모여, 을사년·병오년 시정기의 초사 중 문제가 되는 부분을 발췌하여 보고하다.

• 권벌·이언적 등을 칭찬하고 이기 등을 비판한 내용이다.

2.13. 사초를 쓴 손홍적을 정주에 유배하다.

2.13. 시정기 가운데 역적의 초사를 개정하라 전교하다.

2.14. 사관 안명세를 참하다. 또한 처자를 종으로 만들고 가산을 적몰하다.

• 사관은, 안명세가 춘추 시대 진나라의 사관 동호처럼 훌륭한 사람이었다고 평했다.

2.18. 사관 조박을 장 100대, 유삼천리에 처하다.

3.21. 대왕대비가 각 도 감사에게, 진제장에서 규휼하다 죽은 백성을 장사하라 전교하다.

3.25. 영의정 윤인경에게, 구황을 제대로 못한 수령을 장벌로 다스리도록 하다.

4.19. 대사헌 구수담·대사간 진복창 등이 면대해 좌의정 이기의 전횡을 말하며 파직을 청하다.

4.21. 전라도에 역질이 창궐하다.

• 이즈음 역질로 사망하는 이가 속출했다. 경상도

1,600여 명을 비롯해 황해도·충청도 등에서도 수백 명씩 죽는 일이 많았다.

5.2. 홍언필을 좌의정으로, 이기를 풍성부원군으로 삼다.

5.7. 하지에 해시계의 태양 행도를 측후하였는데, 두 곳 모두에서 주영(晝影)에 오차가 나다.

5.17. 홍언필을 영의정으로, 윤인경을 좌의정으로 삼다.

6.28. 좌의정 윤인경 이하 대신들이 좌찬성 민제인의 체직을 청하다.

7.15. 황헌을 우의정으로 삼다.

7.19. 좌의정 윤인경 졸.

7.25. 황헌이, 이조판서 윤원형에게 정승을 겸하게 할 것을 청하다.

10.7. 서얼 신분을 속이고 과거에 응시한 자의 합격을 삭거하고 치죄토록 하다.

10.8. 대마도주가, 세견선을 늘려 줄 것과 새로운 관작 제수를 청했으나 거절하다.

10.21. 이황을 풍기군수로 삼다.

12.28. 황헌을 좌의정으로, 심연원을 우의정으로 삼다.

명종 4년(1549)

1.2. 함경남도에서 봉진하는 독수리 깃털을 견감(蠲減)하라 명하다.

1.13. 이기·황헌·심연원이, 사초에 성명을 기입토록 할 것을 청하니 따르다.

1.28. 홍언필 졸.

4.18. 사인 정유길과 교리 원호변이, 이약빙의 아들 이홍윤이 반역을 꾀한다고 고변하다.

4.21. 이홍윤은, 형인 이홍남의 무고라며 항변하였으나 형신을 받고 시인하다.

4.27. 추관 등이 추국에 대해 아뢰고 이홍윤의 모의책 내용을 적어 입계하다.

• 이홍윤의 모의책은 100조목에 이르렀는데, 이홍윤이 밝힌 공모자들은 평소 그가 싫어하던 사람들이었

다. 더구나 이 모의책이 발견되지 않은 것을 보면 실제로는 존재하지 않았을 가능성이 높다. 즉 모함에서 벗어날 수 없다고 판단한 이홍윤이 자신이 미워하던 사람들을 끌어들인 것이다.

4. 29. 중종·인종·금상 등의 팔자를 기록해 갖고 있던 김의순이 공초하다.

• 김의순은, 이홍남이 팔자를 가지고 왔는데, 금상의 팔자인 줄 모르고 사주를 보았던 것뿐이라고 답했다.

5. 1. 이홍윤·배광의·최대관·이휘·이무정을 능지처사하다.

5. 3. 이정랑은 장하(杖下)에서 죽고, 최순학·이인정·이규·정춘령은 옥사하다.

5. 4. 강유선·이이·이언성·손수검 등이 옥사하고, 유정은 궐정에서 죽다.

5. 5. 홍현과 홍윤 등을 국문했으나 승복하지 않다.

5. 10. 홍현이 옥사하다.

5. 18. 이유정이 옥사하다.

5. 18. 이정랑·이언성·이유성·이수성·김의순·손수검을 율대로 능지처사하다.

• 대역죄의 경우, 이미 죽은 자도 따로 능지처사했다.

5. 18. 이후정·이복기·손수공·지칠동·지억년 등을 능지처사하다.

• 처음에는 난언율로 가볍게 치죄하려 했으나, 정언 각이 문제 제기를 하여 일이 커졌다.

5. 21. 충청도를 청홍도로, 충주를 유신현으로 강등하다.

• 역모의 고장이라 하여 그런 것이다.

7. 2. 주세붕을 황해도 관찰사로 삼다.

7. 10. 용인현에 부처한 윤여필을 방면할 것을 명하다.

• 윤여필은 장경왕후의 아버지다.

9. 6. 윤원형의 공을 갚는 의미라며, 윤원형의 양첩(良妾) 자녀를 적(嫡)으로 만들어 허통(許通)하게 할 것을 명하다.

10. 8. 모든 송사를 기한 내에 처리하라고 이르다.

11. 8. 대사헌 구수담 등이, 정업원 자리에 인수궁을 짓는 것은 부당하다 아뢰다.

11. 24. 동지에 동구와 혜정교에 있는 앙부일구를 측후하였는데, 태양 행도가 모두 동지의 획에 어긋나다.

12. 18. 사헌부가, 능침사 이외의 절에는 유생의 출입을 막지 말 것을 청하다.

명종 5년(1550)

1. 5. 성균관 생원 안사준 등이, 요승 보우를 죽이고 정업원을 수리하지 말라는 소를 올리다.

1. 21. 병조에서, 숭례문 수직 군사가 살해된 일을 아뢰다.

• 숭례문 수문장과 군사들이 교대하여 식사할 때, 한 군사만이 수직하고 있다가 결박을 당한 후 칼에 찔렸다.

2. 5. 사간원이, 근래의 사치 풍조와 불가의 폐단을 혁파할 것을 청하다.

2. 11. 이황이 풍기군수를 떠나며, 백운동서원에 편액과 서적·토지·노비 등을 내려 줄 것을 청하다. 대신들이 논의하여, 편액과 약간의 서적은 내리기로 하다.

2. 26. 북방 5진의 무너진 성을 수축하기 위한 방법 등을 논의하다.

3. 11. 임전이, 보우는 간사한 자라고 비판하다. 이에 대왕대비가, 남의 말에 현혹된 것이라 답하다.

3. 18. 박공량 등을 각 도에 보내 수령의 불법을 살피게 하다.

5. 1. 조강에서 이사필이, 사천의 신분을 가진 자가 내수사에 투탁(投托)하는 폐단을 말하다.

5. 3. 유학 홍인이 상소해, 진천군 옥정 등이 역심을 품어 왔다고 고변하다.

5. 4. 홍인이 올린 상소가 무고임이 드러나다. 홍인을 참수하다.

5. 5. 사헌부에서, 진천군의 처신이 바르지 않

아 간세한 무리가 구실로 삼았다며 삭출할 것을 청하니 따르다.

5. 15. 사간 이무강이, 구수담·허자·송순·이준경 등을 역적에 우호적이라며 탄핵하다.

5. 18. 구수담은 구성에, 허자는 낙안에 유배하다.

5. 22. 대간이 진복창의 치죄를 청하다.

7. 13. 정언각이 졸하다.

• 정언각은 '염라대왕의 사자'라는 별칭으로 불릴 만큼 악독했는데, 타고 다니던 말에 차여 죽자 사람들이 그 말을 의마(義馬)라 불렀다고 한다.

7. 14. 이기 등이 구수담을 탄핵하다.

7. 28. 주세붕을 성균관 대사성으로 삼다.

8. 23. 조강에서 윤원형이, 기강이 해이해졌다고 질타하다.

9. 6. 사정전에서 문신들에게 강시(講試)를 치렀는데, 이기가 기절하여 중단하다.

10. 17. 관악사의 중 계은이 예궐하여 호피를 바치니 상을 주게 하다.

10. 21. 병조에서, 도성 출입이 금지돼 있는 중이 예궐한 일은 큰 변괴라며 통렬히 다스릴 것을 청하다. 이에 계은을 하옥하고 받은 호피를 돌려주게 하다.

12. 15. 대왕대비가 비망기를 내려, 《대전》에 따라 봉은사와 봉선사를 선종과 교종의 본산으로 삼고 대선취재조(大禪取才條) 및 중이 될 수 있는 조건을 정해 거행하라 이르다.

12. 16. 사헌부에서, 양종과 선과를 실시하는 것에 반대하는 뜻을 아뢰다. 이후 3사·성균관 등이 줄기차게 상소하다.

명종 6년(1551)

1. 13. 좌의정 심연원이 대신을 거느리고 양종과 선과의 폐지를 청하다.

1. 21. 성균관 유생들이 성균관을 떠나겠다고 상소하다.

• 이후 거의 매일, 대신·대간·홍문관·성균관 등이 같은 청을 올렸다.

1. 26. 유생들을 비난하는 전교를 내리다.

2. 2. 양사에서 양종의 폐단을 논하다.

2. 4. 윤원형이 상소해, 처 김 씨의 악행을 진달하며 버리게 해 달라고 청하니 허락하다.

2. 12. 조강에서 강현이, 중 보우를 내쫓으면 유생들도 돌아올 것이고 하늘의 재변도 사라질 것이라 아뢰다.

3. 9. 북도병사로 있을 때, 명을 어기고 모피를 징수한 남치근을 의금부에 하옥하다.

4. 14. 함경어사 왕희걸이, 보우가 예전에 역적 이유를 숨겨 주고 기도까지 했다고 아뢰다.

4. 17. 허자가 유배지에서 졸하다.

5. 2. 양사가 보우를 처벌할 것을 주장하며 사직하고 물러가다.

5. 3. 대왕대비가, 이유가 체포되었을 당시 보우는 다른 곳에 있었다며 보우를 변호하다.

5. 26. 사헌부의 건의로, 서적을 파는 점포 세우는 일을 대신에게 논의하게 하다.

5. 28. 원자가 탄생하다.

6. 12. 사헌부의 건의에 따라, 무관은 내지 수령으로 천거하지 못하게 하다.

6. 16. 예조에 재촉해 양종의 주지에게 직첩을 주도록 하다.

6. 25. 보우를 판선종사도대선사 봉은사 주지로, 수진을 판교종사도대사 봉선사 주지로 삼다.

7. 13. 부민이 수령을 고소하는 법을 시행하려다, 대신들의 논의로 정지하다.

7. 17. 보우와 수진이 광화문 밖에서 숙배하다.

8. 2. 사헌부에서, 전라도 감사 정언각을 파직하고 추고할 것을 청하니 따르다.

8. 18. 제천정에 나아가 수전(水戰)을 관람하고 동교에서 관가(觀稼)하다.

8. 23. 이기를 풍성부원군으로, 심연원을 영의정으로, 상진을 좌의정으로 삼다.

8. 27. 윤원형을 병조판서로 삼다.

9.15. 윤원형을 우의정으로 삼다.

9.18. 윤원형이 소를 올려 우의정 체직을 청하자, 체직하여 이상(二相)으로 삼다. 이에 대신들은 물론 사헌부까지 윤원형을 정승으로 삼을 것을 청하다.

• 이상(二相)은 좌우찬성이다.

9.29. 윤원형을 좌찬성으로, 신광한을 우찬성으로 삼다.

10.15. 조강에서 시강관 왕희걸이, 구언하기보다 구언을 용납할 것을 청하다.

• 이날 수렴 안에서 흐느끼고 탄식하는 소리가 들려 신하들이 어찌할 바를 몰랐다고 한다.

10.24. 참찬관 조사수 등이, 선상대포(選上代布)의 징수와 방납(方納)의 폐단을 말하다.

10.24. 부제학 이하 홍문관원들이 차자를 올려 현실 문제를 말하다.

• 이기를 비판한 것이다.

11.10. 탄핵이 계속 이어지자 이기를 파직하다.

11.11. 허자와 이준경의 직첩을 돌려주고 송순을 석방하라 명하다.

• 이기가 사감으로 죄에 빠뜨린 사람들이다.

11.17. 절의 주지를 폭행한 조응규에게 장 80대를 치고 다시 추고토록 하다.

• 이에 대간과 유생들이 조응규를 추고하지 말 것을 연일 주장했다.

12.30. 여러 종실과 권신의 집을 드나들고, 남자 역할로 이기의 첩과 내통한 요무(妖巫) 감덕을 장살하다.

• 이기의 권세가 쇠퇴한 것과도 관련이 있다.

명종 7년(1552)

1.10. 사헌부에서 승도의 수가 많음과 그로 인한 폐단을 아뢰다.

1.24. 경연에서 일을 아뢸 때는 머리를 들고 크고 분명하게 아뢰도록 하라 이르다.

1.29. 경상도 산음현에서, 아들이 봉족(奉足)으로 정해지자 목을 졸라 죽이려 한 일이 벌어지다.

• 사관은, 기근에 시달린 백성이 괴로움을 견디지 못하여 끝내는 윤리를 멸절함에 이르렀어도 구휼하지 않은 때문이라 평했다.

2.14. 예조 낭관을 보내, 양종 승과 시험을 시취하여 도첩을 발급토록 하라 명하다.

3.26. 3공이 도승의 수를 한정할 것을 청했으나 듣지 않다.

4.4. 이황을 교리로 삼다.

4.12. 봉은사와 봉선사에서 시경(試經)하여 선종 21명, 교종 12명을 뽑았는데, 뽑은 숫자가 너무 적다고 질책하다.

• 대왕대비는 경을 잘 외우는 승려가 더 많았을 텐데 일부러 뽑지 않은 것이라 판단한 것이다. 사관은 요승 보우 때문이라며 통탄스러워했다.

4.25. 이준경을 지중추부사로 삼다.

• 이 기사에는, 이무강이 이준경을 죽이고자 했을 때 윤원형이 살려 준 이야기가 실려 있다. 대윤·소윤의 설이 처음 돌았을 때, 이준경이 소윤의 편을 들었는데 윤원형이 이를 고마워했기 때문이다.

4.28. 이기 졸.

5.7. 사간원에서 근래의 시폐에 대해 아뢰다.

• 세력가에 의한 토지 강탈, 내수사의 폐단 등이다.

5.30. 제주 정의현에서 왜변이 일어나다.

7.2. 예조에서, 제주 변란의 책임을 왜의 사신에게 물을 것을 청하다.

7.11. 이황을 성균관 대사성 지제교로 삼다.

8.6. 6조 당상이, 도승(度僧)하는 일은 성세에 누가 되며, 또한 백성을 모두 불교로 몰아넣고 있다고 비판하다.

8.10. 대왕대비가 도승에 대해 강력히 옹호하다.

9.25. 영경연사 심연원이 방납의 폐단과 원인을 아뢰다.

9.30. 장단과 적성을 무대로 활개 친 도적 한종의 무리를 섬멸하다.

12. 6. 각 도 각 사찰은 법에 의해 중들을 수호하고, 예조도 사목에 따라 잡역을 면제하라 명하다.

명종 8년(1553)

1. 6. 승려들에게 속히 도첩을 발급하도록 명하다.

3. 5. 사간원이 내시들의 행패에 대해 아뢰다.

3. 14. 윤원형의 공이 막대한데 2등에 책록한 것은 잘못이라 하다. 1등의 예에 따라 노비와 전답을 더 줄 것이고 첩에게도 직첩을 만들어 주겠다고 하다.

3. 15. 사간원이, 전조의 당상들이 재상에 아첨하고 재상의 비위 맞추기에만 급급하다며, 이조의 당상·낭청을 파직할 것을 청하니 따르다.

3. 22. 검토관 이언충이 환관들의 행태에 대해 고하다.

• 환관들이 역마를 타고 횡행하며 수령을 능멸하기도 했다.

윤3. 1. 정언 김귀영이 외방 중들의 행패를 말하다.

4. 24. 이황을 통정대부 성균관 대사성으로 삼다.

6. 3. 사헌부에서, 보우를 잡아들여 죄줄 것을 청하다.

6. 23. 호패와 도첩을 받은 승려는 군역을 면제토록 하다.

7. 12. 대왕대비가 사정전에 나와 대신들을 인견한 자리에서 수렴을 거둘 것을 밝히다.

9. 8. 첨정 남조원의 적자 문제를 《대전》에 준행하여 처리케 하다.

9. 14. 강녕전·사정전·흠경각이 불타자, 3일 동안 조회와 시장을 정지하다.

10. 7. 서얼의 허통에 대해, 심연원·윤원형 등이 허용하자는 의견을 내다.

• 이에 대부분의 신하들이 반대했으나, 왕은 국가가 인재를 아끼는 뜻에서 볼 때 변통하지 않을 수 없다며, 예조로 하여금 상세한 절목(節目)을 마련하라고 명했다.

10. 11. 사간원에서 서얼 금지는 수백 년이 된 법이라며 반대하자, 법이 세조 때 집성되어 성종 때 반포되었으니 겨우 70년이 지났을 뿐인데 수백 년을 행해 왔다고 하는 것은 어디에 근거한 것이냐며 힐난하다.

11. 2. 사노들이 주인을 배반하고 내수사에 투탁하는 풍조가 자리 잡다.

11. 12. 서얼 허통에 대해 논의하고 부분적으로 수정하다.

11. 30. 이언적의 졸기.

12. 1. 흉년이므로, 납속책을 실시하기로 하다.

명종 9년(1554)

2. 1. 이준경을 이조판서로, 윤원형을 병조판서로 삼다.

2. 8. 사간원에서, 비변사의 혁파를 청했으나 받아들이지 않다.

2. 12. 경복궁을 중창하는 데 두세 살 난 아이를 산 채로 주춧돌 밑에 묻으려 한다는 참언이 떠돌다.

• 이런 말이 돌 만큼 인심이 흉흉했다.

3. 30. 사헌부에서, 덕흥군과 정세호가 남의 노비를 빼앗았다며 추고할 것을 청하다.

• 노비들이 내수사뿐만 아니라 권세가에 투탁하는 일이 잦았다. 또 권세가들이 다른 사람의 노비를 빼앗는 일도 많았다.

4. 27. 안동의 생원 이포가 상소하면서 백성이 고생하는 내용의 그림을 함께 올리다. 이에 놀라 수령 고소법이 폐지된 일에 대해 상고해 아뢰라 이르다.

6. 1. 이황을 병조참의로 삼다.

6. 3. 사헌부에서 부민고소법의 개정에 대해 논하다.

7.2. 해야 할 일을 적은 봉서를 어사에게 주고 4도에 파견하다.

7.2. 주세붕 졸기.

8.19. 대왕대비가, 흠경각 중수를 감독했던 관원들을 대궐 뜰에서 공궤하다.

9.15. 홍언필·김안국을 인종의 묘정에 배향하다.

9.18. 경복궁 중수가 마무리되다.

10.9. 중 선기가 보우의 죄상을 적은 소장을 들고 성균관으로 가다. 이에 의금부에 내려 추고하게 하다.

12.14. 이황에게 경복궁 중수기를 쓰도록 하다.

12.19. 왜인이 제주를 침략하려 한다고 하니 미리 조처하라고 비변사에 이르다.

12.28. 중국인 민진이 불법으로 왕래하면서 상거래를 하다가 체포되다.

명종 10년(1555)

1.11. 윤원형을 겸영경연사로 삼다.

1.28. 윤원형이, 중들이 극성을 부리고 있는 여러 상황을 들며, 경연에서 아뢴 말들을 자전께도 간할 것을 청하다.
 • 사관은, 윤원형이 중들의 폐단에 대해 진달하기는 했지만, 사실은 그 자신이 부처에게 아첨하며 복을 바라는 자라고 했다. 대비가 부처를 존숭하는 것 역시 윤원형의 권유에 따른 것이라고 봤다.

2.18. 이황을 상호군으로 삼다.

2.25. 수양서원에도 편액과 서적을 내리도록 하다.

3.21. 시독관 신여종이 야대에서, 이황이 병으로 내려간 지 한 달이라며 그의 사람됨과 청렴함에 대해 말하면서 높이 장려하여 부를 것을 청하다.

3.22. 이황을 첨지중추부사로 삼다.

4.23. 봉은사에서 작폐를 부린 유생 조인을 체포하라 명하다.

5.7. 이황이 첨지중추부사의 직을 사양하다.

5.16. 전라도 관찰사 김주가, 왜선 70여 척이 이진포·달량포에 상륙해 민가를 불태우고 성을 포위했다고 치계하다.

5.16. 이준경을 전라도 도순찰사로, 조광원을 경상도 도순찰사로 삼다.

5.21. 해남현감 변협이 패전 상황을 보고하다.

5.22 3공 등이, 서울의 방비와 비변사 당상의 숙직에 대해 아뢰다.

5.26. 병영 가장(假將) 등이 성을 버리고 도망가자, 왜적이 성으로 들어와 병기·잡물·쌀 등을 가져가다.

5.28. 강진현의 가장 이희손이 수천의 군사를 거느리고도 성을 버리고 도망쳐 왜적이 군량을 가져가다.

6.1. 전주부윤 이윤경이 군사 3,000명을 이끌고 영암에 진을 치다. 성을 포위한 적들에 결연히 맞서 적의 기세를 꺾다.

6.9. 가리포의 첨사가 성을 버리고 산에 올라가 진을 치자, 왜적이 성에 들어와 군기·군량 창고·대청 등을 불태우다.

6.12. 왜선 28척이 금당도로 물러나 정박했을 때, 남치근이 60척을 이끌고 추격하자 왜선이 도주하다.

6.19. 윤여필 졸.
 • 장경왕후와 인종을 위해 직첩을 돌려주고 예로써 장사를 지내게 했다.

7.6. 제주 목사 김수문이 장계를 올려, 왜적 1,000여 명이 상륙했는데 적극적인 공격으로 물리쳤다고 하다.

8.19. 사정전에 나아가 도순찰사 이준경을 인견하고 자세한 정황을 듣다.

8.28. 비변사에서, 축성과 조선(造船) 작업 때 승군을 쓴 것을 아뢰다.

10.11. 남치근을 전라도 병마절도사로 삼다.

11.19. 조식이 단성현감을 사양하며 소를 올리다.

• 표현에 대해 불쾌해하면서도, 스스로를 일사(逸士)라 하므로 죄를 묻지 않겠다고 했다.

윤11.2. 신광환 졸.

윤11.21. 정원에 《소학》 읽기를 권면하는 전교를 내리다.

12.12. 대왕대비가 창덕궁의 동궁으로 이어했는데, 상이 광화문 안에서 전송하다.

명종 11년(1556)

1.2. 역관 한희수가 밀무역을 담당하는 수검어사에게 검은 비단 70필을 빼앗겼는데 의혜공주의 집에서 주문받은 거라고 진술하다. 대간들이, 심문하고 비단도 몰수할 것을 청했으나 듣지 않다.

1.14. 사헌부에서, 황주·봉산·재령 등지의 주민들에게 내수사가 점유한 갈대밭을 돌려줄 것을 청했으나 듣지 않다.

1.15. 3공이, 비변사를 혁파하고 병조로 하여금 관장케 할 것을 청했으나 듣지 않다.

2.11. 비변사가 내수사의 수교에 대해 불가함을 아뢰다.

3.7. 성균관 생원 안사준 등 500여 명이 상소해, 조식의 상소를 거절한 것을 비판하다.

5.11. 유생 안서순이 을사년 사건에 대해 상소하니, 그를 신문하다.

5.15. 영경연사 상진 등이, 이황을 불러 쓸 것을 청하다. 이에 속히 올라올 것을 하문하는 글을 내리다.

6.1. 경상좌도병사가 울산에 정박한 왜인 35명을 참수하였다고 계본을 올렸는데, 변장들이 사실을 감추거나 거짓을 아뢰는 일이 많다며 사실대로 치계하라 이르다.

6.14. 제주에서 왜선 4척을 붙잡아 불태우고 100급 가까이 참수하다.

7.8. 전라도에서 승전 계본을 올렸는데, 우리 측 손실이 전혀 없는 것이 이상하다며 사실대로

치계하라 명하다. 또 왜선이 잇달아 나타나니 방비에 힘쓰라 이르다.

8.23. 정언각 졸.

10.2. 사헌부에서 황해도의 폐단을 아뢰다.

10.22. 원자의 피우소에 행행했다가 경복궁으로 돌아오다.

• 사관은, 아들이 아버지에게 정성(定省)하는 예는 있어도, 아버지가 아들을 찾아가 보는 예는 없는 것이라며 비난했다. 또 갑자기 전교를 내려 대간이 논박하지 못하게 한 점도 잘못이라고 지적했다.

12.21. 지금까지 일본에서 사들인 철이 60,000근에 이르고 소비한 쌀이 7,000석을 상회하다. 내년의 일을 알 수 없으므로 철을 사들이는 일을 당분간 보류하기로 하다.

명종 12년(1557)

1.20. 대신들과 통신사 파견 문제를 논의한 끝에 3월 안으로 차견(差遣)하도록 하다.

2.4. 왜 사신이 서계를 거절하며 세견선을 복구해 줄 것 등을 요구하다.

2.29. 역사를 면해 주라는 명을 거둘 것을 간언이 오래 아뢰자, 결국 따르다.

• 사관은, 내수사의 행태에 식자들이 근심하고 있다고 했다.

3.28. 송사가 지체되는 폐단을 없게 하고, 전옥을 수리하라 전교하다.

4.20. 종계 개정을 위해 주청사 조사수를 파견하다.

• 《대명회전》의 수정을 위한 것이다.

4.21. 수군을 정상화할 방책에 대해 논의하다.

4.29. 모화관에 행행하여 친열(親閱)하다.

5.7. 단양군수 황준량이, 재목·종이·야장·보병 등 고을이 맡아야 하는 10가지 민폐에 대해 올리다.

5.14. 제방을 수축하고 두둑을 정비해 가뭄에 대비하라 전교하다.

7. 22. 도첩과 호패를 받은 중을 역사시키지 말라 전교하다.

8. 17. 사정전에 나아가 세자를 책봉하다.

8. 19. 백관을 가자할 때 환관 7명도 같이 가자하라 명하다.

11. 19. 요동 도사가 곡식을 대여해 달라고 청한 일에 대해 의논하였는데 거절하기로 하다.

12. 7. 폐비 신 씨가 졸하자 관곽을 내리고 부의하다.

• 중종반정 직후 폐위되었다. 자신에게는 아무 잘못이 없었지만, 아버지가 반정에 반대했던 신수근이었기 때문이다. 영조 때 단경이라는 시호를 얻고 복위되었다.

명종 13년(1558)

1. 11. 간원이, 방종한 내관 박세겸을 금부에 내려 추고할 것을 청하다.

2. 4. 중국 사신의 왕래로 피해가 큰 평안·황해·경기·개성부 등의 조세를 적당한 선에서 면제하라 이르다.

5. 18. 영의정 심연원이 병으로 사직하다.

5. 29. 상진을 영의정으로, 윤개를 좌의정으로, 윤원형을 우의정으로 삼다.

6. 9. 이황을 간절히 부른다는 뜻을 감사에게 하유해 상경하게 하라 이르다.

6. 19. 심연원 졸.

8. 5. 이황이 강력한 사직 상소를 올리다.

9. 20. 제주에서 왜인들을 잡을 때, 왜인들이 제주 사람을 살상한 일은 알리지 않았다 하여 제주목사 민응서를 잡아다 추문하라 명하다.

10. 7. 윤원형을 영중추부사로, 이황을 대사성으로 삼다.

10. 9. 이황에게 학교를 진흥시키고 사습을 바로잡으라 전교하다.

10. 24. 안현을 우의정으로 삼다.

11. 5. 고경명을 호조좌랑으로 삼다.

11. 23. 안현을 좌의정으로, 이준경을 우의정으로 삼다.

12. 7. 이황을 공조참판으로 삼았으나, 다시 사직하다.

명종 14년(1559)

1. 3. 내관들이 멋대로 금란서리를 잡아다 추고하자, 병조판서 권철 등이 아뢰다.

• 이 사건은 내관들의 힘을 보여 준 것으로, 왕도 내관들의 말만 듣고 판단한 잘못이 컸다고 사관은 평했다.

3. 13. 황해도의 도적을 체포하고 백성을 안정시킬 대책을 논의하다.

• 황해도 도적은 임꺽정 무리를 말한다.

3. 27. 개성부 도사를 무신으로 뽑아 도적을 잡을 방도를 논의하다.

4. 12. 선원전에서 선왕·선후의 영정을 봉심하다.

4. 23. 정릉의 자리가 불길하다 하여 옮기지 않을 수 없다고 하다.

• 문정왕후가, 중종이 장경왕후와 같은 원침에 있는 것을 꺼려 급히 옮기도록 하고, 죽은 다음에 같은 무덤에 묻힐 생각을 한 것이다.

6. 23. 이량을 동부승지로 삼다.

• 이량은 왕비의 외숙이다. 임금이 윤원형을 견제하기 위한 것이다.

7. 14. 거듭 올라오라 하였는데도 이황이 또 사직을 청하다. 마지못해 들어주며 본도 감사로 하여금 음식물을 보내게 하다.

7. 20. 이황을 동지중추부사로 삼다.

• 녹봉을 주기 위한 배려다.

10. 12. 세자빈 선택과 관련하여 전교하다.

11. 1. 이조가, 8도 관찰사로 하여 선비를 찾아 천거하게 할 것을 청하다.

11. 28. 이량을 부제학으로 삼다.

12. 2. 정원이 조광조의 일을 아뢰다.

명종 15년(1560)

1. 16. 김인후 졸.

1. 17. 심통원을 이조판서로, 안위를 형조참판으로 삼다.

1. 19. 이량이, 조광조는 사심이 없고 나라와 임금을 사랑한 자인데 추종자들이 일을 그르쳤다고 아뢰자 동의하다.

3. 9. 환시의 임무는 문을 지키고 명을 전하며 청소나 하는 것뿐이라며, 조관에게 시비까지 하는 장번내관을 치죄하라 명하다.

3. 9. 좌의정 안현 졸.

4. 2. 중에게 포악한 짓을 한 임천군수 조보를 치죄하라 명하다.

4. 10. 성균관 유생들이 조보의 일로 상소하다.

4. 21. 아비를 거의 죽을 만큼 곤장 쳤다 하여 주인을 죽인 사노 김의를 능지처참하다.

6. 11. 심통원을 우의정으로. 이량을 도승지로 삼다.

7. 20. 전 참봉 황대임의 딸을 세자빈으로 삼다.

8. 19. 이량을 예조참판으로 삼다.

8. 20. 장통방에 모인 임꺽정을 습격했으나 처자와 몇 사람만 잡고 임꺽정은 놓치다.

9. 12. 세자가 학궁에 들어가 문묘에 작헌례를 행하다.

10. 4. 이량을 이조참판으로 삼다.

11. 6. 이량을 동지성균관사로 삼다.

12. 2. 황해도·강원도에 순경사를 보내기로 하다.

12. 28. 황해도 순경사 이사증이 임꺽정을 잡았다는 장계를 올리다.

명종 16년(1561)

1. 3. 서림에게 대질시키자, 서림이 임꺽정의 형 가도치라고 말하다.

• 서림은 임꺽정 일당이다.

1. 7. 가도치를 임꺽정이라고 진술하도록 한 추

관 강여와 순경사 이사증을 추고토록 하다.

3. 7. 이중경을 부제학으로 삼다.

4. 20. 인정전에서 세자빈의 책봉례를 행하다.

5. 24. 3공·윤원형·예조당상을 불러, 병이 많은 세자빈을 낮추어 양제로 삼고 새로 빈을 간택할 뜻을 보이다.

6. 12. 정응두를 우찬성으로, 기대항을 대사헌으로, 이언중을 대사간으로 삼다.

• 모두 이량 계열이다.

7. 21. 호군 윤옥의 딸을 세자빈으로 삼다.

8. 4. 풍양천의 은구어를 사사로이 잡는 것을 엄금하지 못한 양주 목사를 추고하도록 하다.

9. 7. 평안도 관찰사 이량이, 의주 목사 이수철이 임꺽정과 한온을 붙잡았다는 계본을 올리다.

9. 21. 잡아 온 이들이 임꺽정과 한온이 아니어서 이의 처리에 대해 의논하다.

10. 8. 토포사 남치근과 순검사 백유검에게, 황해도 도적들을 모두 잡을 것을 명하다.

10. 21. 세자빈의 책봉례를 행하다.

10. 29. 도적의 기습을 우려해, 도성 경비에 대한 6조목을 내려 시행하게 하다.

10. 30. 두 대궐의 수문장을 늘려 더 세밀하게 조사할 것을 전교하다.

12. 15. 황해도 백성이 곤궁하므로, 5~6년 동안 내지 못한 세금을 견감해 주도록 명하다.

12. 22. 3공·영부사·병조·형조에서, 군사가 오래 머물러 백성이 고달프다며 토포사를 올라오게 할 것을 청하다.

명종 17년(1562)

1. 3. 황해도 토포사 남치근이, 군관 곽군수와 홍언성 등이 임꺽정을 사로잡았다고 보고하다.

1. 8. 남치근·곽순수·홍언성 등에게 한 자급씩을 더해 주다.

1. 9. 간원이, 군민에게 포악한 행위를 하고 임꺽정을 잡을 때도 세운 공이 없다며 남치근의

파직을 청했으나 가자만 회수하다.
• 사관은, 남치근이 호남에서 왜구를 막을 때 실패한 적이 있는데도 죄를 주지 않았고, 해서 지방에서 도적을 토포할 때는 아무런 공적이 없음에도 벼슬과 상을 주었다며, 상벌이 멋대로인데 군령이 어그러지지 않기를 바라는 것은 잘못이라고 평했다.

1. 12. 산릉도감에서, 천장한 뒤에도 호칭은 정릉을 그대로 쓰고 왕후의 능은 다시 희릉으로 할 것을 청하다.

1. 13. 서림의 처리 문제를 의논하다.
• 서림은 임꺽정의 일당이었다가 붙잡혀 왔는데, 임꺽정 체포에 도움을 주고 있었다.

2. 6. 박순을 한산군수로 삼다.

4. 3. 이감을 도승지로 삼다.
• 사관은, 이감이 이양에게 아부하였기에 도승지가 되었다고 평했다.

4. 25. 이량을 예조판서로 삼다.

5. 15. 후원 취군정에 나아가, 입시한 신하들에게 시제를 내리며 시를 지어 바치게 하다.
• 명종은 평소 시와 문장을 좋아했다.

7. 14. 이량을 우참찬으로 삼다.

8. 13. 이윤경 졸.

9. 4. 중종의 능을 천장하다.

9. 21. 윤근수와 허엽이, 조광조·허자·구수담의 억울함을 아뢰다.

11. 30. 전 좌찬성 소세양 졸.

12. 16. 승정원이 고변 봉서를 입계하니 금부 당상을 부르라 하다.

명종 18년(1563)

1. 17. 윤원형을 영의정으로, 상진을 영중추부사로 삼다.

2. 4. 내관의 실수로 침상에 불이 나다.

3. 17. 서연 때, 세자가 읽기를 거부하고 서연관을 나가라고 하다. 이에 제대로 보도하지 못한 책임을 물어 세자궁의 내관들을 추고할 것을

명하다.

4. 24. 의혜공주의 집에 병문안을 가겠다고 이르자, 승정원에서 군신의 예가 분명하고 내외의 구분이 지엄하다며 행행하지 말 것을 청하다.

4. 29. 대간의 반대에도 의혜공주의 집에 행행하다.

5. 21. 윤백원을 지평으로 삼다.
• 윤백원은 윤원로의 아들로, 윤원형에게 분개해 이량의 편을 들고 있었다.

7. 16. 이량을 이조판서로, 이정빈을 정언으로, 심의겸을 홍문관 부수찬으로 삼다.
• 이정빈은 이량의 아들이다.

8. 18. 교만 방자한 내관 강억천을 귀양 보내라 명하다.
• 명종은 강억천이 파와 마늘을 먹고 그 냄새를 풍겨 불경스럽기 때문이라고 했지만, 강억천이 직언을 했다가 쫓겨났다는 말이 돌았다.

8. 19. 홍문관 부제학 기대항 이하 관원들이 상차해 이량을 탄핵하자 삭출하다.

8. 20. 양사에서 이량·이감 등의 귀양을 청하다.

9. 4. 양사에서 이량과 교결한 이들에 대해 치죄를 청하다. 이에 경기감사 이언충과 판중추부사 정사룡은 삭탈관작, 병조참지 김백균·호조참의 고맹영·이조참판 이중경은 체직하다.

9. 15. 영의정 윤원형·우의정 심통원 등이 이량의 모함을 당한 기대승 등을 재서용할 것을 청하다.

9. 17. 편찮은 세자를 승정원으로 옮기도록 하다.

9. 20. 왕세자 이부 졸.

9. 23. 세자의 시호를 순회로 정하다.

9. 27. 김주 졸.

10. 4. 북방에 유배된 진복창이 갖은 행패를 부려 위리안치하다.

10. 9. 양사에서, 이량 등에게 중벌을 내릴 것을 청하다.

10. 15. 이량·이감·윤백원 등을 극변으로 유배

하다.

12. 11. 종계 개정을 종묘에 고한 우의정 심통원 등에게 상을 주다.

12. 26. 성수침 졸기.

명종 19년(1564)

1. 5. 심의겸을 병조정랑으로 삼다.

1. 18. 격쟁의 감소를 위해 송사를 잘못 판결한 관리의 치죄를 청하다.

3. 25. 창경궁으로 이어하다.

• 이즈음 용안은 수척하고 말은 느리고 약했다. 과음하여 대취하고 실성하기도 했다. 세자를 잃어 국본이 없어진 탓이다.

4. 17. 심통원을 좌의정으로, 이명을 우의정으로 삼다.

7. 13. 한성판윤 기대항 졸.

8. 18. 내수사의 형벌 집행에 대해 대사헌 오상 등이 상차하다.

8. 30. 이이를 호조좌랑으로 삼다.

• 이이는 한 해에 사마시와 문과에서 모두 장원을 했다.

9. 10. 유생을 구타한 신광사 주지승 도정을 잡아 오도록 명하다.

10. 13. 내관 강억천·이세량의 귀양을 명하다.

• 내시를 위하다가도 조금만 과실이 있으면 용서가 없었다고 한다.

12. 21. 내의(內醫) 손사균·양예수 등을 승진시켜 관직을 제수하다.

명종 20년(1565)

1. 6. 양사에서 이량 등의 죄가 약하다고 다시 거론하다.

3. 14. 헌부에서, 광흥사와 봉정사 중들이 유생을 구타한 일에 대해 아뢰다.

3. 15. 부제학 김귀영 등이, 중들의 횡포와 내수사의 폐단에 대해 차자를 올리다.

3. 28. 대왕대비의 병환이 계속되다. 보우의 말에 따라 회암사에서 여러 날 법회를 베풀고 목욕하다 바람에 상했다고 사람들이 웅성거리다.

4. 1. 자전의 병환 치료를 위해 명산과 대천에 기도하라 명하다.

4. 6. 대왕대비가, 승도들을 보존할 것 등을 적은 언문 유교를 내리다.

4. 6. 대왕대비가 창덕궁 소덕당에서 승하하다.

4. 12. 시호를 문정으로 하다.

4. 19. 동지중추부사 이황이 사직 서장에 따라 체차하다.

• 이황은 후학들이 학문에 대해 물으면 밤새워 논란을 할 정도였지만, 시폐는 논하지 않았다고 한다.

4. 25. 헌부와 간원이 보우의 죄를 청하다.

5. 13. 영의정 윤원형·좌의정 심통원·우의정 이명이 보우의 치죄를 청하다. 이에 보우의 승적을 삭탈하여 서울 근처의 사찰에 발을 붙이지 못하게 하다.

5. 26. 양주 생원 이사연 등이 상소해 보우를 죽이기를 청하다.

5. 29. 성균관 유생들이 보우의 일로 권당하다.

6. 4. 능호를 태릉으로 정하다.

6. 25. 보우를 제주로 귀양 보내다.

7. 2. 유생들이 복귀하다.

7. 29. 기대승을 이조정랑으로 삼다.

8. 3. 대사헌 이탁·대사간 박순 등이 윤원형의 죄를 논하고 유배 보낼 것을 청하다.

8. 8. 윤원형을 체직하여 스스로 근신하라 명하다.

8. 26. 영의정 이준경이 백관을 거느리고 윤원형의 귀양을 청하다.

9. 8. 고 현감 김안수의 처 강 씨가 소장을 올려, 윤원형의 첩 정난정이 정처인 딸 김 씨를 독살했다고 고하다.

11. 13. 정난정이 독약 먹고 죽다.

11. 18. 윤원형 졸기.

12. 2. 노수신·유희춘 등을 신원하다.

12. 26. 이황을 부르다.

명종 21년(1566)

1. 11. 비변사에서, 서해평을 정벌해야 마땅하니 정병으로 기습할 것을 청하다.

1. 12. 이명을 좌의정으로, 권철을 우의정으로 삼다.

1. 15. 왕비가 본궁에 들러 아비 심강을 보고 해가 저물어 환궁하다.

1. 24. 개성부의 유생들이 사당을 소각한 것을 추고하도록 하다.

1. 25. 소각된 개성 풍덕의 기도처를 모두 복구하게 하다.

1. 28. 개성부 유생 280여 명이, 음사를 수리하지 말 것을 상소하다.

2. 6. 이황이 신병을 이유로 사직하니 내의를 보내 문병하다.

2. 20. 이황이 사장을 올려 사직하다.

2. 23. 이황을 겸예문관 제학으로 삼다.

2. 28. 백인걸을 사도시 첨정으로 삼다.

3. 2. 서로(西虜) 정복 시기를 의논하고 우선 보류하여 힘을 기르도록 하다.

3. 13. 왜 통사 김세형 등에게, 왜인으로부터 취련법(吹鍊法)을 배우게 하다.

3. 16. 이황을 겸예문관 대제학으로, 정철을 헌납으로 삼다.

3. 24. 이이를 정언으로 삼다.

4. 11. 간원이 양종 선과의 혁파를 아뢰다.

4. 16. 과거 양종 선과를 혁파한 조정과 연유를 상고해 아뢰도록 하다.

4. 20. 양종 선과의 혁파를 받아들이다.

 • 보우가 제주에 유배되었다가 목사 변협에게 주살되었다.

5. 22. 화공에게 명해, 이황이 살고 있는 도산의 경치를 그려 오게 하다.

5. 27. 형옥에 지체된 죄인들을 속히 처결하고 의심스러운 옥사 등을 살피게 하다.

7. 19. 이조판서 민기 등이 유일의 추천과 관련해 아뢰다.

 • 과거 유일로 천거되었던 성수침·이희안·조식·성제원·조욱에 대한 사관의 평이 실려 있다.

8. 8. 음식·서책·수종을 거느리고 과장에 들어가거나 대필까지 하는 등, 과장이 문란해지다.

8. 13. 진사시 입장 때 좋은 자리를 차지하기 위해 앞을 다투어 들어가다 한 유생이 밟혀 죽다.

8. 19. 사간원이, 양정 부족을 이유로 중을 추쇄할 것을 청하니, 소요스러운 것은 아름다운 일이 아니라며 반대하다.

8. 26. 사부가 될 만한 자를 가려, 하원군 이정·하릉군 이인·하성군 이균 등을 가르치게 하다.

8. 28. 조식에게 약제 등을 내려보내고, 조리하여 속히 올라오게 하다.

8. 28. 사헌부와 사간원이, 과거의 문란을 아뢰고 시관 등을 파직할 것을 청하다.

8. 29. 3정승이 과거의 폐단을 말하고, 파방과 시관 파직을 청하니 따르다.

9. 4. 이전인이, 부친 이언적이 찬한 진수 8규를 올리다.

9. 6. 강원도·청홍도·황해도에 재상어사를 나누어 보내다.

10. 7. 사정전에서, 상서원 판관 조식과 옥과 현감 김범을 인견하다.

 • 조식이 올라오자, 사대부들이 앞을 다투어 찾아가 이것저것 물었으나 조식은 답하지 않거나 해학으로 희롱했다. 이항에게도 많은 이가 찾아가 물었는데, 이항은 성실히 답변하여 대조를 이뤘다.

윤10. 17. 영의정 이준경이 소를 올려 후사를 세울 것을 청했으나 난색을 보이다.

12. 2. 조식과 성운을 체직하다.

 • 조식은 체득을 중시하고 실행 없이 읽기만 하는 것에는 가치를 두지 않고 은거했지만, 시사를 걱정하는 마음은 잊지 않았다고 한다.

명종 22년(1567)

1.20. 심강 졸.

1.28. 서경덕을 6품에, 성수침을 3품에 추증하다.

• 학식에 있어서는 서경덕을 훨씬 높게 평가했다.

3.9. 공의왕대비(인성왕후)를 위로하는 뜻에서, 인묘(인종)의 족친 중 노비로 적몰된 이는 면천하라 이르다.

• 인묘의 외족으로 연좌되어 죄받은 사람이 40여 인이었다.

3.12. 대비가, 자신의 장례를 간소히 하고 성자 탄생을 바라는 등의 교지를 내리다.

3.13. 승정원이 안순왕비 등의 상례를 상고해 아뢰다.

3.14. 헌부가 비례를 저지른 예조 당상들과 승지들의 파직을 청하자 체직하다.

• 왕대비가 생존해 있는데도 상례를 상고한 책임을 물은 것이다.

4.7. 문덕전에 나아가 대상제를 지내다.

4.15. 박순을 대사헌으로 삼다.

• 영명하고 마음이 단단하나 체력이 약했다고 한다.

5.28. 김효원을 호조좌랑으로 삼다.

6.9. 약방제조 심통원이 문안하니 자신의 증세를 말하다.

6.9. 영의정 이준경·영중추 심통원·좌의정 이명이 옥후 불편을 들어 친제 중단을 청하다.

6.10. 숭문당에서 재숙(齋宿)하다.

6.11. 종묘에서 재숙하다.

6.12. 부묘제를 친행하다.

6.24. 병의 증세를 말하다.

6.26. 3공 등이 문안하였는데, 증세가 마찬가지라며 문안하지 말라 이르다.

6.27. 중궁이, 죄수를 사면하고 산천에 기도할 것과 시약청의 설치를 명하다.

6.28. 3경에 중전이, 약방제조와 정승 등을 부르다. 영부사 심통원·병조판서 원혼·도승지 이양원과 사관 등이 입시하다. 상이 침상에 누워 신음하며 몹시 괴로워하다. 영의정 이준경이 들어와 전교를 청하였으나 상이 말을 하지 못하다. 중전이, 을축년에 하서한 일이 있음을 전하다.

• 을축년은 명종 20년이다. 이때 하서하여 덕흥군의 3남 이균을 후사로 삼았다.

6.28. 축시에 경복궁 양심당에서 훙서하다.

6.28. 이준경 등이, 사자(嗣者)가 어리고 사저에서 자라 정사를 모른다며 수렴청정을 청하다.

6.28. 진시에 사자가 상차(喪次)에 입거하다.

6.28. 궐하에 모여 분곡(奔哭)한 이가 수천 명에 이르다.

선조실록

총서

- 선종소경정륜입극성덕홍렬지성대의격천희운 현문의무성예달효대왕의 휘는 연(昖)이다.
- 덕흥대원군 이초의 3남이고, 모친은 하동부 부인 정 씨다.
- 명종 7년 사제에서 탄생하다.
- 재위 41년, 향년 57세다.

《선조실록》은 임진왜란으로 사료가 소실되어, 조보·사대부 문집 등에서 수집한 자료를 통해 겨우 편찬되었다. 임진왜란 이후의 기록이 대부분이고, 그 이전의 분량은 상대적으로 적다. 기사가 아예 없는 달도 있다.

선조 즉위년(1567)

7.4. 이황 등에게 명종의 행장을 수찬하게 하다.

7.6. 이황 예조판서 겸 동지경연춘추관사.

8.1. 이황이 병으로 사임하고 돌아가다.

9.1. 좌의정 이명이, 을축년에 귀양 간 사람들의 석방을 요구하다.

10.1. 이황에게 경연을 맡기기 위해 불렀으나, 이황이 사양의 글을 올리다.

10.12. 유희춘·노수신·김난상 등을 방면·서용하다.

10.15. 을사년 이후 적몰당한 이들을 신원하라 전교하다.

10.16. 허엽이, 이황을 스승으로 모시라고 청하자 부르다.

10.23. 기대승이, 사화와 사림에 대해 말하고 조광조와 이언적을 추증하여 인심을 흥기시킬 것을 청하다.

10.30. 민기 우의정, 박충원 예조판서, 유희춘 홍문관 교리.

11.4. 이황이 《소학》을 강조하며, 조광조를 정승에 추숭할 것 등을 청하다.

11.4. 영의정과 좌의정이 예궐해 원상을 파할 것을 청하니 따르다.

11.5. 조강에서 대비가 수렴을 치고 앉아, 을사년 사림의 신원은 주상의 성학이 고명해지기를 기다린 후 청하라 이르다.

11.17. 경연에서 이황과 기대승이 진강하다.

11.22. 현인들의 정치 참여를 촉구하는 교지를 내리다.

선조 1년(1568)

- 11월 기록 없음.

1.27. 조식과 성운을 부르다.

1.28. 이황이 상소해 사직을 청하니, 특별히 찬성에 제수해 올라오게 하다.

2.14. 기대승 동부승지.

2.25. 을사년·기유년에 죄인의 처자로 된 자와, 연관되어 귀양 간 이들을 방면하라 명하다.

2.25. 수렴청정을 거두는 자전의 교명을 받았다며, 더욱 삼가고 힘쓰겠다는 뜻을 보이다.

2.26. 적몰된 것을 돌려줄 때 빠졌던 인물들을 추가하다.

4.4. 사간원에서, 조광조의 관직 복구와 문묘 종사를 청하다.

4.17. 조광조를 영의정에 추증하다.

5.10. 유일(遺逸)을 천거하라는 전교에 전라도 감사가 김천일·나사침을 아뢰다.

5.19. 이이가 서장관으로 천추사를 따라가다.

5.26. 조식이 상소하여 서리의 폐단을 말하다.

6.15. 경회루에서 중국 사신을 만나는 일을 예행하다.

7. 24. 판중추부사 이황이 서울에 와 숙배하다.

7. 27. 유생들이 정업원 혁파를 청하였으나 불허하다.

8. 6. 이황 대제학.

8. 7. 이황이 6조목의 상소를 올리자, 천고의 격언이라 칭찬하다.

8. 24. 이황이 사직을 청하니 체직을 명하다.

8. 26. 박순 대제학.

9. 21. 석강에서 조광조와 남곤에 대한 처리를 묻다. 이황이, 조광조는 포상·추증하고 남곤은 추죄한다면 시비가 분명해질 것이라고 답하다.

9. 21. 《중종실록》에 누락된 이야기를 싣다.

• 남곤이 조광조를 해치기 위해 나뭇잎에 감즙으로 주초위왕(走肖爲王)을 써서 벌레가 갉아 먹게 한 뒤 고변하여 화를 조성했다는 내용을 싣고 있다.

선조 2년(1569)

3. 4. 야대에서 이황을 인견해 학문을 아는 자를 묻자, 기대승을 추천하다.

4. 5. 명종의 부묘와 관련하여 논란하다.

6. 20. 《삼국지》의 한 대목에 대해 묻자, 기대승이 답하다.

• 이즈음 경연은 기대승의 독무대라고 할 수 있다.

윤6. 7. 《논어》를 강하고 기대승이 예악과 교화, 전대의 인물 등에 대해 아뢰다.

• 전대의 인물이란, 정몽주에서 길재·김숙자·김종직·김굉필·조광조로 이어지는 계통을 말한다.

윤6. 16. 윤개·심연원·이언적을 명종 배향공신으로 정하다.

8. 16. 부묘제를 행하다.

8. 16. 교리 이이가 《맹자》를 진강하고 나서, 정치를 하려면 먼저 시대를 인식해야 한다며, 권간이나 전쟁이 없는 지금이야말로 다스리는 일을 성취할 수 있을 때라고 아뢰다.

8. 29. 경복궁에 행행하여 공의왕대비를 문안하다.

9. 12. 조강에서 교리 이이가, 신래(新來)들을 괴롭히는 풍조를 진달하자, 통렬히 금하도록 하겠다고 하다.

• 신래란, 새로 급제한 이들을 말한다.

9. 13. 신래를 괴롭히는 구습을 금하는 전교를 내리다.

9. 25. 이이가, 을사년의 위훈을 속히 삭제할 것을 강력히 청하였는데, 이준경은 갑자기 고칠 수 없다고 아뢰다.

선조 3년(1570)

• 1·2·3·6·9·10·11월 기록 없음.

4. 23. 성균관 유생들이, 김굉필·정여창·조광조·이언적의 문묘종사를 청하다.

4. 24. 부제학 유희춘이, 소대에서 기묘년의 현인들을 언급하며 이자를 빠뜨렸다고 아뢰다.

• 이자는 이색의 후손이다.

5. 6. 조광조에게 문정, 이언적에게 문원, 권벌에게 충정의 시호를 내리다.

5. 9. 3공이, 을사년·기묘년 일의 신원과 조광조 등의 문묘종사를 청하다.

5. 15. 3공과 찬성이, 정미년·기유년의 억울한 사람들을 풀어 주고, 이기·정언각의 관작을 추탈할 것을 청했으나, 논할 것 없다고 답하다.

5. 16. 양사에서, 이기·정순붕·임백령·정언각 등의 관작추탈을 합계하자, 이에 대한 시비는 자신이 알 수 없으니 논하지 말라 답하다.

5. 17. 명종 생전에는 아뢰지 않다가 자신이 즉위한 다음에 논란한다며 힐책하다.

7. 14. 양사에서 위훈삭탈을 청하다.

7. 18. 신하들이 연일 아뢰었으나, 선왕 때의 일이므로 고칠 수 없다고 답하다.

8. 1. 좌상 권철이, 기대승이 이준경을 비난한 일을 해명하다.

12. 19. 이황에게 영의정을 추증하다.

선조 4년(1571)

2. 11. 김귀영 병조판서, 오상 이조판서.

4. 28. 기대승 부제학.

5. 15. 조식이 사직소를 올리며 당시의 폐단을 진술하다.

5. 20. 오겸 우의정.

5. 28. 이준경이 거듭 사직을 청하니 윤허하다.

6. 9. 오겸을 3사의 체직 요구에 따라 체직하다.

6. 14. 이탁 우의정.

6. 17. 박순 이조판서.

6. 18. 유희춘이 이황의 《심경》을 읽고, 동방에는 정몽주 위에 오직 한 사람이 있을 뿐이라고 아뢰다.

10. 27. 사형수를 처리하는 문제에서 명백한 판단을 보여 주어 사람들이 탄복하다.

11. 29. 유희춘이 전라도 수군들의 조운(漕運) 폐단을 아뢰다.

선조 5년(1572)

• 1·3·4·6·8월 기록 없음.

2. 8. 조식 졸기. 향년 72세.

7. 7. 이준경 졸기. 향년 74세.

• 붕당의 사론을 없애야 한다는 내용 등을 담은 유차(遺箚)를 남겼다.

9. 10. 허엽 대사성.

9. 28. 사내아이들이 귀걸이를 하는 풍습을 고치라 전교하다.

10. 25. 종계변무와 관련해, 주청사를 보내기로 하고 사신에게 서정(書呈)할 필요는 없다고 하다.

11. 8. 기대승 졸.

12. 7. 이이 응교.

12. 26. 종계변무를 위해 주청사 이영원과 부사 윤근수를 보내다.

선조 6년(1573)

1. 13. 유성룡 정언.

1. 14. 대신들이, 이황이 지은 《심경》의 인쇄를 청하니 들어주다.

2. 20. 대사간 심의겸.

2. 25. 박순 좌의정, 노수신 우의정.

3. 17. 조강에서 왕양명에 대해 논란하다.

4. 21. 율학에 능한 자는 동반 6품에 서용하여 율학을 권장하게 하다.

4. 29. 경회루에서 문무 신하를 시험하고 상을 주다.

5. 4. 공의대비가 언문으로 유교를 내려, 장사를 간략히 할 것과 주상이 소식하지 말게 할 것 등을 권하다.

6. 2. 병세가 좋아져 공의전에 하례하다.

6. 2. 김성일 예조 좌랑.

6. 3. 3공과 이조가 의논하여 초야의 선비들을 추천하다.

• 조목·이지함·정인홍·최영경·김천일을 초계했다.

6. 17. 이산해 대사간.

6. 25. 유성룡 이조좌랑.

7. 12. 이지함, 최영경이 사직하다.

7. 14. 병으로 쉬고 있는 이이를 다시 부르다.

7. 22. 직제학 이이에게, 병이 있더라도 조리해 취직하라며 사직을 허락하지 않다.

• 이이가 7월 17일에 사직소를 올렸다.

7. 26. 이이가, 한 시대를 구제하려면 구습을 통렬히 개혁해야 한다고 상소하다.

8. 12. 주청사가 종계변무 상황에 대해 서장을 올렸는데, 종계의 개정에는 응답했으나 악명(惡名)의 변무에는 가부가 없었다고 하다.

• 태조가 이인임의 아들이라는 부분을 개정하는 것은 허락하였으나, 왕씨 4명을 시해(弒害)한 것에 관해서는 말이 없었다는 뜻이다.

8. 22. 향약이 절실하니 책을 펴내 중외에 알리라 전교하다.

8. 29. 유생들이 오현종사를 청하다.

8. 29. 대사헌에 제수된 심의겸이, 외척임을 들어 사직을 청하다.

9. 10. 공의전의 중병이 완쾌한 것을 기념하여 연회를 갖다.

9. 24. 이황의 저서는 한 마디 한 글자까지 모두 후세에 전할 만한 것이라며, 인출하도록 하다.

9. 27. 예조에서, 향약을 시행함에 앞서 미리 폐단을 없앨 것을 청하다.

10. 12. 이이와 문답하다.

• 위로부터 바로잡고 기강을 세울 것과 세종대왕의 정치를 본받을 것 등이다.

11. 26. 이이가 이황에 대해, 학문에 있어서는 비견할 사람이 없지만 자품과 정신이 옛사람에 미치지 못한다는 의견을 내다. 이에 김성일이 발끈하다.

11. 30. 조식은 어떻게 사람을 가르쳤는지를 묻다. 이에 김우옹이, 조식의 박문(博文)과 궁리(窮理)가 이황만은 못해도 정신과 기개를 가르쳤으므로 흥기된 이가 많다며, 최영경·정인홍 같은 이를 예로 들다.

12. 22. 주강에서 김우옹이 정구에 대해 아뢰다.

• 정구는 이황을 따라 글을 배웠고, 조식의 문하에 왕래하였다.

선조 7년(1574)

1. 27. 자신의 천품에 대해 묻다.

• 왕이 자신 같은 사람도 큰일을 할 수 있겠는지 물었는데, 이이가 "덕을 지킴이 구준하여 큰일을 할 자품이 있으십니다. 만일 힘을 더 쓰신다면 어찌 일을 하지 못하겠습니까." 하고 답하였다. 사관은, 이이의 말이 과감하나 소루하여 계옥(啓沃)하는 말이 절실하지 않다고 평했다.

2. 1. 이이가, 백성을 먼저 구제하고 폐단을 개혁한 다음 향약을 실시할 것을 주장하며, 폐단이 큰 옛 법을 경장할 것을 아뢰다.

2. 4. 유희춘이, 서화에 마음을 두지 말 것을

청하다.

2. 5. 유희춘의 해박한 역사 강의에 탄복하다.

2. 7. 향약은 민생이 안정된 뒤에 시행하라고 전교하다.

2. 12. 성균관 유생들이, 오현종사·정업원 혁파, 유관과 유인숙의 신원을 청하는 상소를 올리다.

2. 23. 유희춘이 진강하고, 서경덕의 학문 등을 아뢰다.

2. 29. 경연에서 이이가, 나라를 잘 다스리지 못하는 것은 자질이 부족해서가 아니라 하지 않기 때문이라고 아뢰다.

3. 6. 부제학 유희춘이, 이이의 만언소(萬言疏)를 따라 병폐를 바로잡을 것을 청하다.

3. 15. 이이 대사간.

4. 11. 홍섬 영의정, 이탁 좌의정.

5. 20. 유희춘이, 자신이 제주·종성·은진으로 옮기며 20년 넘게 유배 생활을 했다는 이야기를 하다.

• 유희춘이 북쪽 변방에 귀양 가 있던 때의 이야기를 하다가 나온 말이다.

6. 4. 김성일 부수찬.

7. 8. 박순 좌의정, 이이 대사간, 허엽 부제학.

7. 21. 이이가, 해주에서 사장을 올려 대사간에서 체직되다.

8. 3. 김효원 이조정랑.

9. 20. 이이 황해감사, 이산해 대사간.

11. 3. 달자(㺚子) 기병 20만이 중국을 침범했는데 변장(邊將)이 물리쳤다 하다.

12. 2. 《강목》 목판에 틀린 것이 많으므로, 《훈의》에 의거해 교정토록 하다.

선조 8년(1575)

• 4·8월 기록 없음.

1. 2. 인순왕후가 통명전에서 훙서하다.

2. 18. 의관이 입진하여, 위맥과 심장이 좋지 않

다고 진단하다.

2. 20. 마침내 권제(權制)를 따르겠다고 하다.

• 신하들이 연일 권제를 따를 것을 청하고 있었다.

2. 29. 공의전이 미령하다.

3. 11. 이이 대사헌, 조헌 예조좌랑.

5. ??. 인순왕후를 강릉에 합장하다. 상이 백포 의관으로 시사를 보다.

• ??으로 표시된 것은 정확한 날짜를 알 수 없는 경우이다. 이하 같다.

5. ??. 서경덕을 우의정에 추증하다.

6. 24. 이이에게, 어떤 책을 보았고 가장 좋아하는 책이 무엇인지를 묻다. 이에 과거 공부 때 본 것은 보지 않은 것과 같다며, 학문에 뜻을 둔 이후로는 《소학》·《대학》·《논어》·《맹자》까지 보았고 《중용》은 아직 보지 못했다고 답하다. 어렸을 적에는 불경을 두루 본 일도 있다고 아뢰다.

6. 24. 이이가, 성군과 인망 있는 대신이 있는 지금이 천재일우의 기회라며 경장을 거듭 청하다.

9. 27. 집의 신점이, 장수를 미리 골라 북방의 침입에 대비할 것을 청하자, 조정에는 큰소리치는 자들이 많으니 그들로 하여금 막게 하겠다고 하다. 이에 이이가 비판하다.

• 이이가 "상께서 말씀하신 큰소리를 치는 사람이란 어떤 사람입니까? 만약 실속 없이 큰소리만 치는 자를 가리키신 것이라면 그가 어찌 적을 막을 수 있겠습니까? 만약 옛것을 좋아하고 성인을 사모하는 사람을 가리키신 것이라면 상의 전교는 매우 온당치 않습니다."라고 말했다.

9. 27. 이이가 《성학집요》를 올리다.

10. 24. 요즘의 민생이 과거에 비해 어떠한지를 묻다. 이에 이이가, 권간(權奸)이 국정을 담당할 때에 비해 가렴주구는 줄었으나, 공부(貢賦)와 요역(徭役)의 법이 사리에 어긋나 백성이 피해를 입고 있다며 고쳐야 한다고 아뢰다.

10. 25. 김효원 삼척부사.

11. 28. 이이가 성수침의 추증을 청하자, 서경덕

의 증직도 과한 듯하다고 답하다.

12. 6. 기년 뒤의 주상의 복식에 대해, 좌상 박순·우상 노수신 등은 3년 동안 백관을 써야 한다고 주장하다. 반면 영부사 권철은 세종이 정한 대로 《오례의》를 따라 익선관에 오서대를 주장하다.

12. 10. 다수의 주장에 따라 《오례의》을 따르기로 하다.

선조 9년(1576)

• 12월 기록 없음.

2. 15. 박순이 시골로 돌아가려는 이이를 만류할 것을 청하자, 그는 교격(矯激)스럽고 자신을 섬기려 하지 않는다며 불쾌해하다. 이에 박순과 김우옹이 이이를 변호하다.

3. 3. 김효원과 심의겸이 당을 나누어 다투다.

4. 4. 관학 유생이 오현종사를 청하는 상소를 올리다.

• 상소에서, 이황의 저술들을 소개하고 그 의의에 대해 말하며 이황을 동방의 주자로 표현했다.

5. 4. 가뭄이 극심하여 숭례문을 닫고 숙정문을 열다.

6. 10. 고려 태조의 진영을 숭의전에 안치하고 이안제를 지내라고 명하다

6. 26. 낭설로 사람들이 죽자 체포령을 내리다.

• 간담이 창질에 효과가 있다는 낭설이 퍼져 사람의 배를 갈라 꺼내 가는 일이 횡행했다.

8. 18. 권철 영의정.

9. 9. 《서경》과 《시경》을 《논어》·《맹자》 등에 견주어 묻다.

선조 10년(1577)

• 9·10월 기록 없음.

2. 15. 정인홍 지평.

4. 4. 평안감사가, 여역으로 6,000여 명이 사망

했다고 보고하다.

5. 15. 유희춘 졸.

5. 27. 공빈 김 씨 졸.

5. 27. 이이가, 김효원과 심의겸을 모두 외직으로 보낼 것을 청하다.

• 동서 붕당 문제로 인한 것이다.

5. 27. 이이를 대사간의 관직으로 부르자, 이이가 사직하며 만여언(萬餘言)이 넘는 상소를 올려 진언하다.

6. 26. 병환 중인 공의전이, 윤임·이유·유관·유인숙의 직첩 환급을 원하다.

• 대신들이 동의했는데, 우선 유관과 유인숙의 직첩만 환급토록 했다.

6. 26. 사헌부에서 당상 이하를 거느리고, 윤임과 이유의 역명(逆名)을 제거하고 위훈 삭제를 청했으나 듣지 않다.

• 7월 18일에는 양사가, 8월 15일에는 3공이 청했다.

11. 28. 공의전이 언서로 전교하기를, 대전과 조정은 졸곡을 지낸 뒤에는 오사모와 흑각대를 사용하라 하다. 또 자신이 죽은 뒤에 의원과 의녀를 추문하지 말라 이르다.

11. 29. 공의전이 신시에 승하하다.

11. 29. 논란 끝에 자최 3년복으로 정하다.

12. 6. 대행대비의 시호를 인성, 휘호를 효순으로 정하다.

12. 8. 위훈을 삭제하고 신원시킨다는 교서를 반포하다.

선조 11년(1578)

• 8·9·10·11·12월 기록 없음.

2. 27. 졸곡제를 행하고 오사모·흑각대를 착용하다.

4. 15. 백인걸이, 조광조를 문묘에 종사할 것을 청하다.

4. 23. 유생들이 오현종사를 청했으나, 경솔히 의논할 일이 아니라고 답하다.

5. 5. 사헌부가, 지난번 천거된 신하들을 외직으로 제수한 데 대해 사림들이 실망하고 있다며, 아산현감 이지함과 임실현감 김천일을 상당한 직에 제수할 것을 청하다. 이에 어진 이의 등용은 백성을 다스리기 위함이라며 일축하다.

5. 28. 파주에서 이이가 시폐 상소를 올리자, 그의 충직함을 칭찬하다.

7. 24. 이지함 졸.

선조 12년(1579)

• 1·2·8·9·10·11월 기록 없음.

3. 25. 김우옹이 동서 분당의 일을 논하다.

• 조정이 화평하지 못한 이유는 심의겸과 김효원이 서로 배척하기 때문이라고 했다.

5. 22. 대사간 벼슬로 이이를 불렀으나, 이이는 병을 핑계로 사양하며 동서 분당에 대해 논하다.

• 이이가 동서의 당을 타파하라는 상소를 올렸는데, 시사에 맞지 않는다는 이유로 체직했다.

6. 8. 이이의 상소를 둘러싸고 논란이 일다.

• 홍혼과 유성룡은 이이에 대해 비판적이었고, 김우옹은 옹호하는 입장이었다.

6. 28. 사간원 정원 송응형이, 일전에 백인걸이 올린 시폐 상소 중 한 대목은 이이가 대신 쓴 것이라 주장하다.

7. 1. 이이가 남을 시켜 상소했다며, 놀랍고 해괴한 일이라 하다.

7. 2. 백인걸이, 이이에게 윤색을 청했을 뿐, 자신의 뜻이 아닌 것을 남이 시킨 대로 한 게 아니라는 해명소를 올리다. 이에 안심하라 답하다.

7. 2. 이원익·김성일 장령, 성혼 지평.

선조 13년(1580)

• 1·2월 기록 없음.

4. 28. 숙의를 간택해 올리라 전교하다.

7.1. 동서 분당의 상황에 대한 기록.

12.18. 오랜만에 이이를 인견해 시사를 논하다.

선조 14년(1581)

• 9월 기록 없음.

1.3. 사간원에서, 삼성교좌(三省交坐)를 하게 되면 밤낮으로 형신을 가하고 조금도 쉬지 않아 국문을 받는 이가 승복하지 않을 시 반드시 죽게 된다며 고칠 것을 청하였으나 따르지 않다.

1.6. 강원감사 정철이, 노산군의 묘를 수개하고 석물을 세울 것을 청하다.

1.20. 함경감사 심의겸이 병으로 사직하니 따르다.

1.21. 강원감사 정철이 병으로 사직하니 따르다.

1.26. 정인홍이, 민생의 곤궁함의 원인은 방납에 있다고 아뢰다.

1.26. 김우옹이, 조정이 화합되지 못하는 이유와 그 극복 방안에 대해 의견을 내다.

2.26. 이이가, 작금의 상황은 관원의 기강이 해이하고 군사력이 허약하다며, 전쟁이 일어나면 토붕와해될 것이니 본원을 맑고 투철하게 할 것을 청하다.

4.11. 이산해 대사헌.

5.24. 영상 박순이, 동서의 설은 잡담이니 조정에서 거론하지 말 것을 청하다.

• 또 박순은, 김효원을 쓰지 않으면 다들 동서의 문제로 볼 것이므로 써야 한다는 주장을 폈다. 이이와 유성룡 등도 김효원의 재능이 쓸 만하다며 등용할 것을 주청했다. 하지만 선조는 끝까지 석연치 않게 생각했다.

7.??. 양사가 심의겸의 죄를 논하여 파직시키다.

7.??. 정인홍 등이 심의겸을 논할 때 이이도 동의했는데 정철까지 탄핵하자 의견이 갈라지다. 이에 정언 윤승훈이 이이를 탄핵하니 윤승훈을 신창현감으로 내보내다.

7,??. 대사헌 이이가, 나라가 중엽에 이르면 쇠약해지기 마련이라며, 현명한 임금이 일어나 진작하고 분발하여야 한다고 아뢰다.

10.16. 이이가, 구언만 하고 어느 계책을 쓰겠다는 말이 없다며, 왕의 태도가 의례적이라고 비판하다.

선조 15년(1582)

• 2·3·5월 기록 없음.

9.13. 이이 우찬성, 정철 도승지.

• 헌부에서, 정철은 술주정이 심하고 광망하다며 체직을 청했으나 불허했다.

10.7. 정철이 사직장을 올리고 올라오지 않자, 체직하고 유성룡을 도승지로 삼다.

12.8. 유성룡 대사헌, 이발 부제학.

선조 16년(1583)

2.9. 경원부와 안원보가 함락되다.

2.10. 자원하여 6진 방어에 임한 서얼에게는 과거 응시를 허용하는 등의 사목이 있는데, 양사가 거행하지 말 것을 청하였으나 윤허하다.

2.14. 북변에서 공을 세운 신립·장의현·신상절 등을 가자하라고 전교하다.

2.15. 병조판서 이이가, 관리의 잦은 교체 문제, 양병(養兵)·재정·변방·전마·교화 등에 대해 상소하다.

2.23. 이이가 올린 6조항의 상소를 비변사에 내리고 청탁을 금하라 전교하다.

3.12. 소나무를 벤 자를 경원으로 보낸다는 유언비어가 퍼지다. 이에 소나무로 울타리를 한 자, 집을 새로 지은 자들이 부수고 태우는 등 소란이 일다.

3.29. 정철 예조판서.

4.7. 승정원 문에, '황공대죄 승정원', '상교윤당

비변사라는 문구가 붙다.

• 승정원은 일을 제때에 살피지 않고 있다가 언제나 황공하다며 대죄나 하고, 비변사는 제대로 조치를 하지 못하다가 상교가 있고서야 윤당하다는 말만 되풀이하는 것을 풍자한 것이다. 누가 붙인 것인지는 밝혀지지 않았다.

4. 14. 이이가 시폐에 대해 상소하자, 군적 문제·주현 합병 등에 대해 긍정적인 답을 내리다.

4. 17. 경안령 이요가, 조정이 동서로 갈렸다며 유성룡·이발·김효원 등이 동변 괴수라 지목하다.

6. 11. 비변사가, 각 도의 군사를 뽑아 북변에 대비할 것을 아뢰다.

6. 11. 양사에서, 이이가 군정을 마음대로 하고 상교를 기다리지 않는 죄를 지었다며 탄핵하다.

6. 19. 양사에서, 이이가 군정을 보고하지 않고 행한 점을 들어 파직을 청하다.

6. 19. 옥당이 이이를 탄핵하며 오국소인(誤國小人)이라 표현하다.

6. 20. 이이에 대한 3사의 탄핵을 비판하면서, 오국소인이라 한다면 죄를 분명히 밝혀야 할 것이고, 그러지 못하면 공격하는 자가 소인이라고 하다.

7. 15. 성혼이 소를 올려 이이를 옹호하자, 크게 격려하다.

7. 16. 대사간 송응개가 이이를 폄하하는 소를 올리다.

• '이이는 본래 중이었다. 출신 후엔 심의겸과 심복 관계를 맺었다, 향리에 있을 때 뇌물을 받았다, 매국의 간물이다.' 등등의 내용이다. 선조는 이에 대해, 말이 옳다 해도 이제 와서 말한 것은 불충이라며 오히려 송응개를 장흥부사로 좌천해 버렸다.

7. 19. 양사가, 이이·심의겸·박순·성혼 등을 비판하다.

7. 19. 대사성 김우옹이 조정하는 소를 올리다.

• 김우옹은, 이이가 뜻은 크나 재주가 소략하고 편협해 공론을 모아 전하를 위한 일을 해내지 못한다고

평했다. 그러나 딴 뜻은 없고 조정을 안정시키려는 것뿐이라고 했다.

7. 21. 양사가, 영상 박순이 사당을 만들기에 급급했다며 파직을 청하다.

8. 5. 성균관 유생들이, 이이·성혼이 어질다고 상소하다.

8. 10. 성균관 유생 이정우 등이, 전일의 상소는 유생들의 공론이 아니었다고 하다.

8. 13. 병중의 우상 정지연이, 박순이 논핵당하는 것은 부당하다고 아뢰다.

8. 15. 우상 정지연 졸.

8. 18. 3사가 이이·박순을 논하며 심의겸과 결탁했다고 비판하자, 의견을 달리하는 명신·현사들을 함정에 몰아넣어 성토하는 격이라며 질책하다.

8. 19. 3사가 사직하다.

8. 20. 이양원을 대사헌에, 김우옹을 대사간에 제수하는 등 대간을 대거 교체하다.

8. 28. 송응개·박근원·허봉을 극변으로 유배하다.

8. 29. 정유길 좌의정.

9. 1. 사간원이 이이를 비판하며 송응개·박근원·허봉 등을 귀양 보낸 것은 지나치다고 아뢰자, 송응개 등을 3간(奸)이라 칭하며 단호히 반대하다.

9. 3. 이조좌랑 김홍민이, 이이·성혼 등이 경솔히 당을 만들었다고 비판하자, 자신도 이이·성혼의 당이라며 이이·성혼을 헐뜯는 자들을 용서하지 않겠다고 답하다.

9. 5. 이이가 파주에서 사직 상소를 올리자, 때를 얻지 못함을 한탄하며 속히 올라오라 답하다.

9. 8. 이이 이조판서.

9. 9. 사간원이 동서가 대립하게 된 원인을 극론하고 정철을 비판하다.

9. 16. 서총대에서 무신의 활쏘기를 보고 유생들에게 정시를 보이다.

10. 22. 이조판서 이이를 인견하다. 이 자리에서 이이·정여립·정구·성혼·김우옹 등에 대해 평하다.

10. 30. 이산해 이조판서.

선조 17년(1584)

• 10·12월 기록 없음.

1. 4. 북쪽 오랑캐를 대비할 것을 전교하다.

1. 16. 이조판서 이이 졸.

• 졸기는《수정실록》에 실려 있다.

8. 18. 양사가, 심의겸이 박순·정철·이이·박응남·김계휘·윤두수·윤근수·박점·이해수·신응시 등과 붕당을 지었다고 논박하다.

선조18년(1585)

• 7·10·11월 기록 없음.

1. ??. 김우옹이 정철을 비판하다.

4. 16. 간원이, 이산보가 정철과 심의겸의 일을 숨겼다며 체직을 청하자, 대사헌의 직책만 체직하다.

4. 26. 박순이 사직했으나 허락하지 않다.

• 사신은, 박순이 추솔하고 강퍅하며 행실도 교활하다고 평했다.

5. 28. 서익이 정여립의 처신을 비판하다.

6. 4. 사간 이양중 등이, 서익의 상소가 천총을 흐린다고 논박하다.

6. 16. 이이의 조카 이경진이 상소해 정여립을 비판하며, 예전 정여립의 편지를 공개하다.

8. 28. 홍문관이 심의겸의 파직을 청하다.

9. 2. 심의겸을 파직하라 전교하다.

선조 19년(1586)

• 1·3·4·7월 기록 없음.

8. 24. 이항복 홍문관 수찬.

10. 20. 조헌이, 이이·성혼의 학술의 바름과 충성심을 진술하다.

10. 27. 이판 이산해가, 조헌의 상소에서 배척을 받았다며 사직을 청하자 출사하라 이르다.

선조 20년(1587)

2. 26. 전라감사가, 왜선 18척이 흥양에 침범했는데 녹도권관 이대원이 전사했다고 치계하다. 이에 신립을 방어사로 삼아 군관 30명을 거느리고 그날로 나가게 하다.

3. 7. 유생 조광현과 이귀 등이, 스승 이이가 무고를 받은 일을 극론하다.

5. 6. 가뭄이 심해 숭례문을 폐쇄하고 숙정문을 열다.

9. 7. 심의겸 졸.

• 졸기는《수정실록》에 있다.

10. 16. 비변사가, 이경록과 이순신을 잡아 올 것을 청하자, 장형을 집행하고 백의종군토록 하라 명하다.

11. 15. 북병사가, 경흥부의 적호를 소탕해 33급을 올려 보낸다고 치계하다.

12. 26. 북병사 이일이, 녹둔도가 함락되었다고 치계하다.

선조 21년(1588)

1. 3. 별좌 이명생이, 일본 사신을 구류할 것과 명나라에 알려 정벌할 것을 청하다.

1. 27. 북병사가, 녹둔도에서 변을 일으킨 오랑캐를 분탕했다고 보고하다.

3. 26. 남방에 왜변이 있을 것을 염려해, 죄인 중에서 무재가 있는 자를 서용하기로 하다.

4. 3. 전 제독관 조헌이 상소해 박순·심의겸 등의 현명함을 진술하다.

5. 2. 종계가 변무된 일로, 승문원 도제조 이하에게 상을 내리다.

5. 11. 노수신을 다시 영의정으로 삼다.

윤6. 7. 태학생 유준인 등이 오현종사를 청하다.

9. 1. 송응개 졸.

10. 15. 남도병사 신립이, 수졸이 보장을 모욕했다며 참형하고 보고하다. 이에 대간이, 전시가 아닌 상황에서 참형을 행할 수는 없다며 파직을 청하자 따르다.

11. 17. 전라좌수영 진무 김개동과 이언세가 왜적에게 잡혀 남번국에 팔렸다가 중국으로 도망쳤는데, 사은사가 돌아올 때 함께 돌아오다.

11. 20. 이산해 우의정.

12. 9. 유성룡 대제학.

12. 26. 유전 좌의정.

선조 22년(1589)

2. 1. 정언신 우의정, 유성룡 병판.

3. 28. 예조에서, 기공(妓工)들이 소소한 술자리에 끌려 다녀 피로하다며, 대소 조관들의 부모를 위한 헌수를 제외하고는 기공을 보내지 말 것을 청하니 따르다.

5. 2. 양사가 조헌을 탄핵하다.

5. 5. 조헌을 길주에 유배하다.

7. 12. 평안도 병사가 건주위의 오랑캐 상황을 보고하고 변방 대책을 세우자고 아뢰다.

7. 12. 비변사에서, 중국 사람들이 인삼을 캐러 국경을 넘는다며 그 처리를 의논하다.

7. 22. 박순 졸.

• 졸기는 《수정실록》에 있다.

8. 1. 북변과 왜적 대비에 대해 논하다.

8. 4. 대신과 비변사 제조에게, 일본과의 교린책에 대해 의논하라 전교하다.

8. 11. 일본 통신에 대해 정2품 이상의 의견을 모으다.

8. 28. 일본 사신을 접견하고 술을 내리다.

9. 21. 일본에 통신사를 보내기로 하다.

10. 2. 황해감사가 비밀 서장을 보내 입계하다.

• 정여립의 모반에 대한 것이다.

10. 7. 정여립이 도주하다.

10. 8. 황해도 죄인을 서울로 압송해 3공들로 하여 국문하게 하다.

10. 11. 정철이 숙배한 뒤 비밀 차자를 올려, 역적을 체포하고 경외를 계엄할 것을 청하다.

10. 15. 죄인 이기·이광수 등이 정여립과 반역을 공모한 사실을 시인하자, 당고개에서 교수하다.

10. 17. 진안 죽도에서 포위된 정여립이 같이 있던 동료들을 죽이고 아들을 찌르고 자살하다.

10. 28. 생원 양천회가 상소를 올리다.

11. 3. 생원 양천회의 상소에서, 정여립과 절친한 조신들은 모모(某某)라고 표현한 이들은, 이발·이길·김우옹·백유양·정언신·최영경 등이다.

11. 3. 조헌을 석방하라 전교하다.

11. 7. 양사가, 우상 정언신과 이조참판 정언지가 역적과 두터이 사귀었다고 탄핵하다.

11. 8. 정철 우의정, 성혼 이조참판, 최황 대사헌, 백유함 헌납.

11. 12. 정여립의 조카 정즙의 초사에 거론된, 정언지·홍종록·이발·백유양·이길을 원찬(遠竄)하다.

11. 18. 황윤길과 김성일을 일본 통신의 상사와 부사로 삼고 허성을 서장관으로 삼다.

11. 22. 성절사 윤근수가 《대명회전》 전질과 칙서를 받아 가지고 오다.

12. 7. 이산해에게 신뢰를 보이다.

12. 8. 유성룡이, 자신의 이름이 백유양의 초사에 나왔다고 스스로 진술하자, 여전한 신뢰를 보이며 개의치 말라 답하다.

12. 12. 낙안교생 선홍복의 집에서 정여립과 통한 문서가 나왔는데, 선홍복을 심문하자 이발·이길·백유양 등을 끌어들이다. 이발·이길·백유양 등이 장사(杖死)하다.

• 이 일은 정철이 선홍복을 회유해 이발 등을 끌어들이도록 꾸민 것이다.

12. 14. 유생 정암수 등이 상소해, 이산해·정언신·정인홍·정개청 등을 정여립과 교결한 자로 몰고, 윤기신·남언경·이언길·조대중 등을 역적과 심계(心契)가 가장 친밀한 자라고 주장하다. 또 유성룡은 역모에 가담한 것은 아니지만 태양 아래 낯을 들고 살 수는 없다 하다.

• 오히려 선조는, 정암수가 간인의 사주를 받은 자라며 잡아들여 추국하라 명하고, 이산해와 유성룡을 인견하여 위유했다.

12. 14. 정철의 문객 심희수가, 정암수의 소가 정철에게서 나왔다고 발언하다.

12. 15. 조헌이 방면되어 돌아오는 중에 소를 올려 재신들을 공격하자, 조헌은 간귀(奸鬼)라며 앞으로 다시 마천령을 넘게 될 것이라 하다.

• 마천령을 다시 넘게 된다는 것은 또 유배를 가게 될 것이라는 뜻이다.

12. 19. 헌부가, 유생 정암수 등의 국문을 거두기를 청하다.

12. 27. 양사가, 정암수 등의 나국(拿鞫)에 대한 명을 거두기를 청하니 따르다.

선조 23년(1590)

• 6·7·8·9·10·11월 기록 없음.

1. 23. 태묘에서 불이나 휘장 등이 타다.

2. 11. 종계변무의 성사와 관련해, 대전·중전의 존호를 올리다.

3. 6. 일본 통신사 황윤길 등이 출발하다.

3. 18. 김우옹·이발·백유양·정여립을 추천한 노수신을 처치하라 명하다.

3. 19. 좌상 정철과 우상 심수경이, 노수신을 용서할 것을 청하다.

3. 28. 문정전에 도둑이 들어 어좌의 일월경과 휘장 등을 훔쳐가다.

4. 7. 노수신 졸.

• 학문이 매우 정밀해 한때 유림의 촉망이 이황보다 앞섰으나, 오랜 해도의 유배 생활 과정에 주자의 견해

에 이론을 제기하여 이황으로부터 그르다는 비판을 받았다.

5. 19. 유생 양형이, 역모를 고변하는 자는 베겠다고 정언신이 말한 것은 사실이라고 상소하다.

5. 29. 유성룡 우의정.

12. 25. 허준이 왕자의 병을 치료하자 가자하다.

선조 24년(1591)

1. 29. 유성룡에게 이조판서를 겸하게 하다.

2. 4. 간원이, 수령으로 있을 때의 성적이 바닥이었다며 전라좌수사 원균의 체차를 청하자 받아들이다.

2. 6. 병조가, 이후부터 출번하는 군사들에게 군기시제조와 함께 철환 쏘는 연습을 하게 할 것을 청하니 받아들이다.

2. 12. 이천·이억기·양응지·이순신을 남쪽 요해지에 보내 공을 세우게 하라 명하다.

2. 16. 간원이, 전라좌수사에 초수된 이순신의 체차를 청했으나, 상규에 구애될 수 없다며 받아들이지 않다.

윤3. 14. 양사가, 정철이 조정의 기강을 마음대로 하여 위세가 세상을 덮었다며 파직을 청하자 따르다.

윤3. 16. 조당(朝堂)에 방을 붙여 정철의 파직 이유를 알게 하라고 전교하다.

4. 4. 송상현 동래부사.

6. 23. 이원익 대사헌.

6. 25. 양사가 합계해, 우찬성 윤근수와 판중추부사 홍성민 등이 정철의 무리라며 삭탈관직을 청하자 따르다.

7. 2. 양사가 합계해, 우승지 황혁·좌승지 유근·호판 윤두수 등이 정철에 붙어 사람을 해쳤다며 처벌을 청하자 윤두수 등 일부를 제외하고는 받아들이다.

7. 6. 특지(特旨)로, 한응인을 예판에, 이원익을 호판에, 홍여순을 대사헌에, 이덕형을 대사간에

제수하다.

7. 17. 간신 정철에게 모함을 받아 배척받은 사람을 모두 발탁 등용하라 이르다.

7. 20. 정철을 압송했던 이태수가, 정철이 병에 걸려 기일 안에 완수하지 못했다 하자, 이태수를 잡아다 추국케 하고 정철은 위리안치하다.

8. 13. 최영경을 무고한 양천경·양천회·강견·김극관 등을 삼성교좌로 국문하자, 정철의 지시를 받아 무고했다고 진술하다.

• 양천경·강견 등은 장독으로 죽었다.

10. 21. 헌부가, 사대부의 집에 드나들며 시비를 논하고 사림을 분란시킨 사노 송부필·송익필·송한필의 죄를 청하다.

선조 25년(1592)

• 1·2·3월 기록 없음.

4. 13. 왜란이 발발하다. 왜선을 보고도 조공하러 오는 것이라 착각한 정발이 전사하다. 이튿날에는 동래부사 송상현이 전사하고 동래성이 함락되다.

4. 17. 변보가 서울에 도착하다. 이일을 순변사로 보냈으나 패배하다.

4. 17. 신립을 삼도 순변사로 삼다.

4. 17. 신립이 충주에서 패배하다. 신립이 임금의 얼굴을 볼 낯이 없다며 강에 빠져 죽다.

4. 17. 유성룡 도체찰사.

4. 28. 충주의 패전 보고가 이르자 파천을 의논하다. 모두 눈물로 반대하자 얼굴빛이 변해 내전으로 들어가다.

4. 28. 대신 이하 모두가 파천의 부당함을 주장했는데, 이산해만 홀로 울다가 나와서 예전에도 파천한 사례가 있다고 말하다. 이에 양사에서 이산해를 탄핵하다.

4. 28. 이원익을 평안도로, 최홍원을 황해도로 보내 민심을 수습케 하다. 광해군을 세자로 세우기로 하다.

4. 29. 광해군을 세자로 세우다.

4. 29. 김명원 도원수, 신각 부원수, 변언수 유도대장.

4. 29. 해풍군 이기 등 수십 명이 합문을 두드리며 통곡하다.

• 파천 논의가 결정되었기 때문이다. 이날 밤, 호위하는 군사들이 모두 달아나고 궁문엔 자물쇠가 채워지지 않았으며 금루는 시간을 알리지 않았다.

4. 30. 새벽에 서울을 뜨다. 벽제관에서 점심을 먹었는데 왕과 비의 반찬은 겨우 준비했으나 동궁의 반찬은 준비하지 못하다.

4. 30. 저녁에 임진강 나루에 이르고 밤 깊어 동파에 이르다. 배를 가라앉히고 나루를 끊고 가까운 곳의 인가도 철거토록 하다.

5. 1. 저녁에 개성에 도착하다.

5. 2. 함경남도 병사 신길이, 수하의 병력을 거느리고 들어와 호위하다.

• 임금이 개성의 남대문에 나아가 군민들을 불러 사수(死守)한다고 효유했다.

5. 2. 양사를 중심으로, 파천의 잘못은 이산해로부터 나왔다며 이산해를 죽여야 한다고 요구하다. 이에 파천을 말리지 못한 것은 영상이나 유성룡이나 매한가지인데 왜 영상만 논하고 유성룡은 언급하지 않는지 물으며, 군사의 일을 완만히 한 죄는 유성룡이 더 무겁다고 답하다. 윤두수를 대장으로 삼고 유성룡을 파직하다.

5. 3. 유홍·이항복을 시켜 왕자 신성군과 정원군을 모시고 평안도로 가게 하다.

5. 3. 황해도에서 6,000여 명을 징병하다.

5. 3. 자신의 실국(失國)은, 명나라에 충절을 다하느라 미친 왜적에게 노여움을 산 때문이라고 하다.

5. 3. 왜적이 서울에 무혈입성하다.

5. 3. 양사에서, 이산해가 맨 먼저 파천을 주장했다며 파직을 청하자 이산해를 삭직하다.

5. 3. 최홍원 좌의정, 윤두수 우의정.

5. 3. 경성이 함락되었다는 보고에 서둘러 개성

을 떠나기로 하다.

5.3. 3사에서 김공량의 효시를 청하자, 왜변이 어찌 그 때문에 일어났겠느냐고 힐난하면서도 우선 가두도록 하다.

5.3. 개성을 떠나 금교역에 이르다.

5.6. 황주에 이르다.

5.7. 평양에 이르다.

5.8. 서얼 출신 금군을 허통시켜 내금위에 제수하다.

5.8. 적이 이르지도 않았는데 군사를 해산한 강원감사 유영길을 추고토록 하다.

5.9. 양사에서, 이 모든 일이 기필코 지켜야겠다는 확고한 뜻이 없었던 때문이라고 하자, 충의를 알겠다며 통렬히 자책하다.

5.10. 선전관 민종신 등을 인견하고 징병 상황과 적의 형세 등을 묻자, 원균이 적선 30여 척을 격파했다고 아뢰다.

5.12. 양사가 파천을 주장한 이산해의 중벌을 청하다.

5.18. 부원수 신각이 한강 싸움에서 도주하자 군법에 회부하다.

5.23. 임진강 방어선이 무너지고, 유극량·신길이 전사하다.

5.23. 전라수사 이순신이 적선 40여 척을 격파하자, 가자하라 명하다.

5.29. 조선이 일본과 짜고 길 안내자가 되었다는 소문이 퍼지다. 이에 명의 병부상서 석성이 사람을 보내 실상을 알아보도록 하다.

6.2. 의주로 갈 것인지, 강계로 갈 것인지, 영변으로 갈 것인지를 두고 논란을 벌이다.

6.2. 부로(父老)들을 모아놓고 성을 지키겠다고 유시하다.

6.5. 명나라의 최세신·임세록이 적정 탐지를 이유로 평양에 도착해 왕을 만나다.

6.8. 왜적 선봉대가 대동강에 진주하다.

6.9. 왜적이 강화를 제의하다. 이덕형이 적장을 만나 협상했으나 결렬되다.

6.10. 평양 민심이 흉흉해지다. 관찰사 송언신이 난의 주동자를 처형하자 진정되다. 유성룡이, 왜적과 강화가 이루어지면 돌아가겠다고 했으니 평양에 머무르자고 건의하자, 기자헌이 비판하다.

6.11. 평양을 떠나 영변으로 가다.

6.11. 중전이 함흥에 먼저 가서 기다리기로 하다.

6.11. 윤두수가, 당분간 영변에서 형세를 관망하다가 위급해지면 중국과 가까운 용만으로 가서 원병을 청해야 한다고 하니 따르다.

6.12. 안주에 유숙하다.

6.13. 세자는 영변에 머물고 대가는 정주로 갈 것이라 전교하다.

6.13. 신하들이 강계나 함흥에 머물 것을 이야기하다. 왕은 압록강을 건너겠다는 확고한 뜻을 보이다. 이덕형·이항복·한준 등이, 대가는 의주로 가고 세자는 북도로 가서 원병을 청할 것을 주장하자 왕이 동조하다.

6.13. 오늘 이후로, 세자가 국사를 임시로 다스리라 명하며, 내선(內禪)을 하지 않을 수 없다고 하다.

6.14. 영의정 등이 내선을 가벼이 반대하다.

6.14. 중국으로 들어가기 위해 자문을 보내도록 명하다.

6.14. 박천에 도착하다. 세자와 헤어지다.

6.14. 명군이 강을 건너와 은 20,000냥을 내리다. 유성룡에게 명군을 영접하라 명하다.

6.15. 왜적 일부가 대동강 얕은 곳을 건너다.

6.15. 박천에서 가산으로 옮기다.

• 출발할 때 마을 도적들이 조신들의 짐바리를 훔치는 일이 벌어졌다.

6.16. 정주에 도착하다.

6.17. 예판 윤근수가, 명 군사 1,000여 명이 20일 전에 평양에 다다르겠다며 도강했다고 치계하다.

6.18. 정주를 떠나 곽산을 거쳐 선천에 이르다.

6.18. 정철과 유성룡이 양사와 더불어, 대위를 일찍이 세자로 정할 것을 아뢰려고 알현했으나 말하지 못하다.

6.18. 명 군대가 도착하자 왕이 맞이하고 지휘권을 넘기다.

6.18. 요동 순안어사 이시자가 송국신을 통해, 조선이 불궤를 도모한다는 의심을 담은 자문을 보내다.

• 실제로 요동에서는 조선이 배반해 가짜 왕을 내세워 일본의 선봉대가 되었다는 소문이 파다했다. 이 때문에 예전에 사신으로 와서 선조의 얼굴을 알고 있는 송국신이 자문 전달을 핑계로 와서 실제 선조가 맞는지를 확인한 것이다. 이후 명의 의심이 조금 풀어졌다.

6.18. 순검사 한응인이, 왜적이 도강하자 장수와 병졸이 일시에 흩어졌다고 보고하다.

6.21. 경상도·충청도·전라도 관찰사가 6만을 거느리고 수원에 진을 쳤다며 지휘를 요청하다.

6.21. 영의정 최흥원이, 세자를 모시고 희천으로 떠난다며 치계하다.

• 호종 상황에 대한 기록이 있다. 왕을 호종하는 이는 문무관을 통틀어 수십 명이고, 세자를 따라간 이도 10여 명에 불과했다고 한다.

6.21. 원균과 이순신의 승전 보고를 접하고 상하가 뛸 듯이 기뻐하다.

• 옥포해전·당포해전뿐 아니라, 이후의 승전인 한산해전 등의 기록도 남아 있다.

6.22. 용천을 떠나 의주에 도착하다. 명군이 성을 약탈하자 백성들이 산골짜기로 피난해 성안이 텅 비다.

6.23. 요동으로 건너가는 일을 충분히 예비토록 하라 이르다. 윤근수·유성룡 등이 눈물로 반대하다.

• 이때 명나라 장수는, 피난하는 사람들이 마음대로 강을 건널 것을 염려해 배를 모두 건너편에 두었는데, 선조가 그 배의 반을 이쪽으로 옮겨 정박하게 할 것을 요청하라고 명했다.

6.24. 요동으로 갈지 여부를 속히 정하라고 이르자, 대신들이 한목소리로 반대하다.

6.24. 황제가 하사한 은 20,000냥이 도착하다.

6.24. 대가를 수행한 재상 및 시종에게 은 한 덩이씩을, 군사·나인·하인 들에게도 조금씩 나누어 주라 이르다. 대신들이, 간직해 두었다가 공을 세운 군사에게 상으로 줄 것을 청하자, 호종한 이들에게 주고도 여분이 있다고 답하다.

6.26. 송언신이, 평양성 함락 상황을 치계하다.

6.26. 무과를 설치하니, 무인들이 많이 몰려들어 성안이 든든해지다.

6.26. 왕이 올 경우, 관전보의 빈 관아에 왕을 거처하게 하려 한다는 소식이 전해지자, 비로소 의주에 오래 머물 생각을 하다.

6.26. 명나라 예부에서, 조선을 구원해 울타리를 튼튼하게 해야 한다는 의견을 황제에게 내다.

6.28. 유중립이란 사람이 왜군의 상황을 도원수 김명원에게 전하다.

• 유중립은 환속하기 전 중흥사의 중이었다. 그가 왜군이 주둔하고 있는 평양성을 염탐하였는데, 군영을 개조하느라 토목공사를 하는 등 장기간 머무를 것 같다는 정보를 가지고 왔다.

6.28. 경상우도 초유사 김성일이, 의병이 일어난 일과 경상 지역의 상황을 상세히 보고하다.

• 의병장 곽재우가 백성들에게 관곡을 나눠 주며 의병을 이끌고 있었다. 전쟁 초기, 도주에 급급했던 좌수사 박홍·좌병사 이각·우병사 조대곤·우수사 원균의 행태 등이 기록되어 있다.

6.28. 김수가, 성주 사각의 사궤(史樻)가 다 타버렸다고 치계하다.

6.28. 충청감사 윤선각이 광교산 전투의 패전에 대해 보고하다.

6.29. 호종한 이들을 가자하라 명하다.

6.29. 의주에 저장된 면포를 호종한 상하인원에게 나눠 주다.

6.29. 명의 병부상서 석성이, 왜적의 기세가 의

외로 강성하자 비밀리에 심유경을 파견해 강화를 도모하다.

6. 29. 비변사가 의병장들에게 관직을 제수하자고 청하자 따르다.

7. 1. 왕세자는 맹산에 머물다.

7. 1. 왜가 이덕형에게 보낸 문서를 명나라 인사들이 보고, 조선에 대한 의심을 거두다.

7. 1. 윤근수가 중국 차관 황응양에게 일본의 침략 목적이 정명가도(征明假道)에 있음을 설명하다.

7. 2. 중국의 차관들과 만나 구원을 청하다.
• 선조는 군량을 댈 형편이 되지 못한다며 군량까지 갖추고 응원 와 줄 것을 청했다.

7. 2. 왜적이 이미 철령으로 향하다.

7. 3. 상은 의주에, 세자는 맹산에 있다.

7. 3. 청원사 이덕형이 돌아오다. 이때 요동으로 올 경우, 호위를 간략히 하고 오라는 황제의 말이 전해지다.

7. 4. 세자를 시위하던 김우고와 이시언을 의주로 오라고 전교하다.

7. 4. 요동으로 올 경우, 아주 가까운 권속과 심복만을 데리고 오라는 요동도지휘사의 자문이 오다.

7. 5. 상은 의주에, 세자는 곡산에 있다.

7. 7. 중국 군사가 한꺼번에 도착한다고 아뢰다.

7. 9. 상은 의주에, 세자는 이천에 있다.

7. 9. 비변사가 이억기·이순신·원균의 승전보를 전하다.

7. 11. 피난 올 경우 100명을 넘기지 말라는 병부의 자문이 오다.

7. 12. 명 군사가 빗속에 잇달아 들어오다.

7. 18. 빈청이, 곽재우·정인홍의 포장을 청하였는데, 정인홍은 드러난 공이 별로 없으니 후일을 기다리라 이르다.

7. 19. 고경명·김천일·박광옥·박희수 등에게 관직을 제수하다.

7. 20. 부총병 조승훈이 평양으로 진격했는데, 장수들이 탄환을 맞고 전사해 철수하다.

7. 26. 김시민을 진주목사로 삼다.

7. 28. 상은 의주에, 세자는 이천에 있다.

7. 29. 삼도체찰사 정철을 인견해, 평양성의 왜적과 요동 망명 등을 논의하다. 이 자리에서 적이 평양을 차지하고 나오지 않는 이유를 모르겠다고 하다.

8. 1. 간원이, 세자에게 교서와 인장을 내릴 것을 청하니 따르다.

8. 5. 교리 이상의가 동궁의 처소가 있는 이천에서 와서, 백성이 동궁의 행차를 듣고 안심해 예전처럼 흩어지지 않는다고 아뢰다.

8. 7. 윤두수를 인견하다. 곽재우와 김수의 갈등, 왜적의 동향 등을 논의하다.
• 곽재우와 김수가 갈등을 일으킨 것은, 김수가 패전한 것을 두고 곽재우가 처형해야 한다고 주장하면서부터다. 김수도 곽재우가 역심을 품었다고 공방을 벌였다. 이때 윤두수가 김성일을 시켜 화합하도록 하는 것이 좋겠다는 의견을 냈다.

8. 7. 김경노·안세희를 접견하고, 동래 전투, 조헌의 군대, 고경명의 군대, 각 도의 민심과 적의 동향에 대해 논의하다.

8. 8. 유대건이, 세자가 성천에 그대로 있으면서, 이시언을 장수로 삼아 황해도의 적을 토벌하려 한다고 하다.
• 이때 세자는 이천에서 성천으로 옮겨 왔다.

8. 16. 비변사가, 곽재우에게 5품직을 제수할 것을 청하니 따르다.

8. 16. 비변사가, 당항포에서 대첩을 거두었다며 이보다 큰 전공이 없다고 아뢰자, 이순신 이하 휘하 장수들까지 가자하다.

8. 17. 심유경 등 3인이 황제가 하사한 은을 가지고 오다.

8. 18. 곽재우 형조정랑.

8. 24. 행궁 동헌에 나아가 좌의정 윤두수 등과 논의하다. 조헌이 청주를 탈환하다.

• 조헌의 군대에는 중 영규가 모은 승군 800여 명이 있었다.

9. 1. 원균과 이억기는 이순신과 공이 같은 사람들이라며 품계를 높여 주고 글을 내리라 이르다.

9. 2. 정병 10만 명을 보낸다는 황제의 칙서가 오다.

9. 4. 임해군·순화군 및 재신 5~6명이 사로잡혔다는 소문이 돌다.

9. 4. 심유경이 왜적과 50일 휴전을 약속하다.

9. 5. 최홍원 등을 인견하여, 왕자가 포로로 잡힌 사실 여부와 함경도 상황을 묻다.

9. 8. 비변사가, 휴전 기간에 왜적을 베었다고 심유경이 화를 낸 일을 아뢰다.

9. 9. 경기감사가, 왜적이 태릉을 파헤쳤다고 보고하다.

9. 15. 함경도 순찰사 이의득이 아뢰기를, 왕이 평양에서 떠났다는 소식에 명천·길주의 백성이 왕자가 가는 곳을 일일이 써 붙여 걸어 놓았고 토병들이 주장을 살해하기도 하였다고 하다.

9. 17. 조헌과 영규가 금산에서 전사하다.

• 건주여진이 파병할 뜻을 명 병부에 밝혔는데, 조선은 그들의 행태와 두목 이만주를 죽인 이래 조선에 대해 가졌던 울분 등을 들어 반대했다.

9. 19. 이정암이 의병 500명을 이끌고 적병 3,000명을 상대로 승리하다.

9. 23. 군사를 청한 일로 수고한 윤근수를 가자하다.

9. 27. 왕세자가, 이헌국을 행재소로 보내 왕자들이 사로잡힌 일과 정릉이 파헤쳐진 일을 묻다.

10. 2. 안변에서 비밀문서가 오다.

• 왕자와 같이 잡혀간 김귀영 등이, 금은 등을 보내 주면 탈출을 꾀하겠다는 내용이다.

10. 3. 비변사가, 안변으로 보낼 물품을 준비하였다고 아뢰다. 뇌물을 주고 데려온다는 것이 사리에 맞는 것인지 모르겠다며 재고하라 하다.

• 임금의 말을 듣고 신하들이 대의를 생각지 못했다고 하자, 단지 소견을 말했을 뿐이라며 크게 해롭지 않으면 흠이 될 것이 없으니 다시 의논하라고 하기도 했다.

10. 03. 비변사가 다시, 은을 주어 인질을 돌아올 수 있게 도모하자고 청하다.

10. 14. 왜적에게 뇌물을 주어 왕자를 구출하는 일은 이용만 당할 수 있다며 재론토록 하다.

10. 19. 나라를 망친 군주는 다시 보위에 나아갈 수 없다며, 좌상에게 동궁 밑에 가서 벼슬하라 이르다. 이에 좌상 윤두수 등이 만류하다.

10. 19. 경성판관 이홍업이 오랫동안 적에게 잡혀 있다가, 적장 가토 기요마사의 편지를 가지고 성천에 도착하다.

• 가토의 편지는, 일본에 협력한다면 나라의 고을을 나누어 주어 부자가 함께 살도록 해 주겠다는 내용을 담고 있다.

10. 20. 군국의 사무를 모두 동궁에게 맡기라는 상소들이 있는데, 자신의 뜻도 같다며 선위의 뜻을 보이다.

10. 21. 비변사의 건의에 따라, 싸우다 죽은 남정유·김제갑·조헌·영규에게 포장하고 증직하다.

10. 23. 곽재우를 당상관으로 올리다.

10. 23. 한응인이, 명군이 내일 부교를 만든다고 보고하다.

10. 26. 비변사가, 명군에 소요될 군량을 계산하여 아뢰며 부족할 것을 걱정하다.

11. 3. 세자가 용강으로 옮기다.

11. 5. 신성군 졸.

11. 7. 남이순·송희록이 상소해 백성의 뜻에 따라 동궁에게 선위할 것을 청하다. 이에 자기 뜻도 같지만 처리해야 할 일 때문에 적을 섬멸한 다음 행할 것이라 답하다.

11. 8. 신하들이, 선위의 뜻을 거둘 것을 강력히 청하니 우선 후일을 기다리겠다고 답하다.

11. 11. 비변사와 명군 장수가 왜적의 군세 및

조선의 군세에 대해 문답하다.

11. 15. 명군 경략 송응창이 격문을 보내다.

11. 19. 직접 청병하러 요동으로 갈 뜻을 보이자, 신하들이 강력히 반대하다.

• 명의 대군이 오지 않고 있어서 끊임없이 구원을 청하는 글을 보내고 있는 형편이었다.

11. 23. 상소를 받고, 채용·상벌·제도의 지휘 등을 동궁에게 일임하는 것이 어떤지를 묻다.

11. 24. 비변사가, 동궁에게 일임한다는 전교를 거둘 것을 청하다.

11. 25. 유영길과 김수를 인견하다. 이 자리에서 김수가 곽재우를 높게 평가하다.

12. 3. 윤근수가 심유경을 만나 왜적을 만난 일을 물어보고 보고하다.

• 이때 고니시 유키나가는 평안도는 자신이 관장해서 돌려줄 수 있지만 다른 지역은 각기 다른 장관이 있어 자신이 관여할 수 없다고 했다.

12. 5. 김성일이, 경상도 지역의 전투 상황에 대해 장계를 올리다.

• 1차 진주성 싸움에 대한 것이다.

12. 8. 진주사 정곤수가 귀환하자, 중국 조정의 분위기에 대해 묻다.

• 앞서 명 조정에서는, 조선을 구원해야 한다는 주장 외에도, '국경만 지키자', '두 오랑캐의 싸움이니 구원할 필요가 없다'는 등 의견이 분분했는데, 조총병(鳥銃兵)이 패하자 왜적을 어렵게 생각하게 되었다.

12. 13. 자신의 존호를 삭제하라 명하다.

12. 13. 유격 왕필적과 유격 서대유가 군사를 거느리고 강을 건너오다.

12. 19. 이여송이 요동에 도착하자, 심희수를 보내 영접하게 하다.

12. 22. 일부 해이해진 의병들이 약탈 행위를 벌이다.

12. 25. 용만관에서 이여송을 영접하고 평양 수복에 대해 의논하다.

선조 26년(1593)

1. 1. 상은 의주에, 세자는 영변에 있다.

1. 6. 용만관에서 만난 유황상이, 일본이 중국을 치려 했으면 조선을 경유하지 않고 바로 절강을 쳤을 것이라며, 명나라의 구원은 순수한 것이니 조선은 다만 은혜에 감격하라 하다.

1. 9. 평양에서 승리했다는 소식이 전해지다.

1. 10. 이여송이 사람을 보내, 평양의 왜적을 모두 물리쳤으니 국왕은 안심하라고 전하다.

1. 11. 평양을 수복하였더라도 북방의 왜적을 가벼이 보아서는 안 된다고 이르다.

1. 13. 동궁에 전위하고 안주로 가겠다고 하다.

1. 18. 의주를 출발하다.

1. 20. 세자가 대가를 정주 교외에서 영접하다.

1. 25. 모든 정사를 동궁에게 품해 처리하라고 전교하다.

1. 29. 왜적이 물러가면 선위하기로 하다.

• 신하들이 거듭 청하고 세자도 끼니를 거른 채 엎드려 호소하자, 왜적이 물러갈 때까지는 억지로 왕위에 있겠다고 했다.

2. 5. 이여송이 파주에 진주했다가 대패하다.

• 1월에 있었던 전투에 대한 기록이다. 이후 가토 기요마사까지 경성에 합류하자 재차 군사를 일으킬 생각을 하지 못하게 되었다.

2. 7. 동궁은 배신을 거느리고 전진하여 책응하라 전교하다.

2. 7. 유성룡이, 이여송이 개성으로 퇴각하려 한다고 치계하다.

2. 8. 비변사가, 동궁을 전진시키라는 분부를 거둘 것을 청하자 따르다.

2. 10. 명나라 사람이 조총과 화약 제조법을 가르쳐 준다고 하자, 유능한 장인을 불러 비밀리에 전습받게 하라고 전교하다.

2. 12. 왜적은 경성에, 명군은 개성에 머물다.

2. 13. 영의정 최흥원 및 이항복·성혼 등이 평양으로 이어할 것을 청하다.

2. 16. 함경도 평사 정문부가 길주성 전투에 대

해 치계하다.

2. 17. 대가가 가산에 머물다.

2. 17. 상이 정주를 출발해 동궁이 전송하다.

• 문밖을 나왔을 때 어가를 멈추게 하고, 인민들에게 이 뒤로는 세공을 덜어 주고 폐단을 개혁하겠다며 명군을 지원하라 효유했다.

2. 17. 이항복을 인견해, 이여송이 평양으로 물러난 일 등을 논의하다.

2. 18. 대가가 청천강을 건너다.

2. 18. 경상좌도 관찰사 한효순이, 왜적이 부산 등지에서 성을 쌓고 있다고 치계하다.

2. 19. 윤근수가 역관 남호정을 시켜, 이여송 측에 전진할 계책을 세울 것을 주문한 일과 이에 대한 이여송의 답변을 전하다.

• 이여송은 군량과 마초가 부족한 데다가, 함경도에도 적이 있어 곤란하다고 했다.

2. 19. 유성룡이, 적들이 권율의 진을 에워싸고 공격했으나 실패했다고 치계하다.

2. 20. 이덕형과 이원익 등을 인견하고, 이여송과 심유경의 갈등, 남군과 북군의 갈등 등을 논의하다.

2. 21. 위관이, 왜적에 협력했던 김덕회 등의 공초한 내용을 아뢰다.

2. 23. 함경감사 윤탁연과 정문부가, 길주성의 적이 도주해 현재 함흥 이북엔 적이 없다는 첩보를 보내다.

2. 24. 전라관찰사 겸 순찰사 권율이 신경희를 보내 승첩을 보고하다.

2. 24. 행주대첩에 대한 상세한 기록.

2. 25. 윤근수를 보내 이여송에게 진군하기를 청하다.

2. 25. 유성룡이, 서울의 포위 상황을 아뢰며 왜적이 합세하기 전에 토벌할 것을 청하다.

2. 27. 윤두수를 인견한 자리에서, 적이 양호(兩湖)로 들어가지 않은 데는 저의가 있을 것이라 말하고, 적중에 잠입해 양곡을 태우는 일도 못하는 것을 한탄하다.

3. 2. 비변사가, 송응창이 강화할 뜻을 보이고 제독도 동의하지만 이전에 심유경에게 속았던 왜가 듣지 않을 것이라고 하다.

3. 4. 숙천으로 거둥하다.

3. 7. 이여송이 의주로 온다는 소식을 듣고 숙령 관아로 거둥하다. 이여송을 만나 황제를 향해 오배삼고두를 하고 제독에게 진격을 청하다.

3. 9. 유성룡이, 서울에 적세가 많이 늘었다고 보고하다.

3. 11. 조총의 제도는 다 배워 익혔는데, 염초 굽는 법을 익히지 못했다며 생포해 온 왜인에게 배우도록 하다.

3. 15. 윤두수가 의주에서 돌아오자 만나, 송응창의 인품과 문답 내용 등을 듣다.

3. 16. 유성룡에게, 과거 왜의 염려스러운 낌새를 말했는데도 듣지 않은 일을 말하고 강화를 말하는 자는 먼저 베어 효수한 뒤 보고하라 이르다.

3. 18. 각 처의 관병과 의병을 명에 연합시키도록 하다.

3. 20. 권율을 도원수로, 조호익을 순찰사로 삼고자 하였는데, 싸움에 임해 장수를 바꾸는 것은 적절하지 않다는 의견이 있자 수용하다.

3. 22. 명나라 병부에서 권율에게 상을 내리다.

3. 24. 평양에서 이여송을 만나 진병을 재촉했지만, 송응창과 병부의 뜻과 다르다며 난색을 표하다.

3. 25. 평양을 떠나 영유현으로 돌아오다.

3. 25. 명이 강화하겠다는 뜻을 밝히면, 원수를 갚고 토벌하여야 함을 논변하라 이르다.

3. 27. 염초 굽는 법을 배워 온 역관에게 가자하다.

3. 27. 승장 유정에게 선교종 판사를 제수하여 호령할 수 있는 권병을 주게 하다. 적을 참한 중에게도 선과를 제수하여 포장하는 뜻을 보이게 하다.

3. 27. 강화한다는 말을 듣고도 유성룡이 항변

을 하지 않고 당연하게 여기는 듯하다며, 끝내는 일을 실패시킬 것 같다고 하다.

3. 28. 비변사가, 강화의 논의를 이간시키는 일을 경솔히 할 수 없다고 아뢰다.

3. 28. 송응창, 왜적을 함부로 죽이지 말라는 패문을 보냈는데, 이 패문을 권율에게 보내지 않기로 하다.

4. 1. 좌승지 홍진이 송응창을 만나 듣고 온 얘기를 아뢰다.

• 왜가 왕자들을 돌려보내고 그들 나라로 돌아가기로 했다는 것, 일본 관백의 항서를 천자에게 아뢰고 관백을 일본 왕에 책봉할 것 등의 이야기였다.

4. 1. 심희수와 심충겸을 보내, 강화를 주동하는 심유경을 설득하다.

4. 2. 윤근수가, 심유경이 사용재와 서일관을 일본에 보냈다고 치계하다.

4. 4. 윤근수가, 중국은 모두를 평등하게 본다며 양국의 일은 강화를 제일로 삼는다는 명 측 인사의 말을 전하다.

4. 6. 사헌부에서, 승려들의 충성에 대한 보답으로 선과를 설치하라는 명을 거두기를 청하자 따르다.

4. 6. 평안감사 이원익이, 송응창이 왜적과 교전하지 말라고 했다고 치계하다.

4. 13. 경기좌도 관찰사 성영이, 왜적이 선릉과 정릉을 파헤쳤다고 치계하다.

4. 14. 경상 우병사 김면이 병으로 죽다.

4. 16. 능침의 변고를 담은 자문을 송응창에게 보내다.

4. 17. 무과에서 353명을 뽑다.

4. 20. 왕자들을 적에게 묶어 넘긴 반적 이언우·함인수·정석수를 처형하다.

4. 20. 송응창이, 적에게 보복을 가하는 자는 참형에 처하겠다고 하다.

4. 21. 이여송이 군대를 쓰고 공을 논할 때, 북군을 우선하여 남군과 북군 사이에 갈등이 확대되다.

4. 24. 조선 각처의 관병과 의병이 부모형제의 원수를 갚는 것을 막을 수는 없다고 이여송 군대에게 말하자, 명의 대군이 철수해도 알아서 할 것이냐는 힐책을 듣다.

4. 26. 왜적이 서울을 떠났다는 말을 듣고 진병해서 적을 칠 것을 명하다.

• 아직 왕자들을 석방하지 않았다는 것이 이유였다.

4. 26. 대신이 서울로 진주할 것을 청하다.

4. 29. 김성일 졸.

5. 1. 경략 송응창이 왜적을 추격하는 일에 대해 조선에 자문을 보냈는데, 이를 보고 고무되다.

5. 2. 경성을 수복한 것을 종묘와 사직에 고하다.

• 이때 이여송이, 적을 추격하려고 강을 건너는 우리 장수들을 구속하기도 했다.

5. 8. 대신들이, 사은사가 가는 길에 고명·면복을 청하고, 세자를 책봉한 것을 아뢰자고 하다.

5. 20. 명군이 적을 추격하지 않는다며, 경략에게 품첩(稟帖)할 것을 비변사에 논의하게 하다.

5. 21. 비변사가, 경상도 왜적이 장기 거주할 준비를 하고 있다고 아뢰다.

5. 23. 명군의 동향과 상관없이 왜적을 추격하라고 전교하다.

5. 24. 양사가 서울로 이어할 것을 청하다.

5. 27. 송응창이 서울로 진주하라고 자문을 보내자, 택일할 것을 전교하다.

5. 27. 윤근수를 인견해, 이여송의 철군, 경략과 제독의 갈등, 왜적 추격 등을 논의하다.

6. 5. 경략 송응창을 접견하다. 이 자리에서 경략이 왜적 섬멸의 의지를 보이다.

6. 5. 왜적에게 침탈당한 도와 침탈당하지 않은 도에 대해 기록하다.

6. 6. 유성룡이 장계를 올려 나라를 보호하고 적을 방어하는 계책을 진달하다. 유성룡이 도요토미 히데요시는 염려할 바 아니라고 하였는데, 이 건의를 보니 웃음이 나온다고 하면서도

계책을 실행하라 이르다.

6.6. 경상병사 권응수가, 대구의 적은 물러났고 청도의 적을 추격 중이라고 치계하다.

6.7. 권율 도원수, 이정암 전라도 관찰사.

6.9. 궁사라는 자가 임해군을 사칭해 적중에서 나왔는데, 의복과 음식을 가져다주는 백성이 많았다고 한다.

6.10. 양사가 거듭 경성으로 진주하기를 청하다.

6.16. 생포한 왜인에게서 염초와 조총 제조법을 알아내라고 전교하다.

6.17. 묘사를 먼저 경영하고, 궁궐을 재건하라고 전교하다.

6.17. 예조가 조정의 복색을 갖추는 일을 아뢰다.

6.17. 우리의 문폐를 말하다. 이후 생원·진사를 뽑을 때는 무예도 아울러 시험하라 이르다.

6.19. 대가가 평양을 출발하다.

6.21. 비변사가, 어리석어 왜적에게 붙었던 자들은 불문에 붙이자고 아뢰다.

6.29. 적의 수급을 벤 승려들에게 즉시 선과를 주도록 전교하다.

6.29. 경략 접반사 윤근수가, 경략이 말한 왜적의 토벌 방침을 치계하다.

7.1. 자객의 습격을 당한 유정에게 선전관을 보내 문안하고 위로하다.

7.4. 좌의정 윤두수가, 행재소에 대신이 1명밖에 없어 논의가 고루하고 체모가 손상된다며 유성룡에게 올라오게 할 것을 청하니 따르다.

7.9. 왜적의 호남 침공 소식에, 호남의 태조 어진과 《실록》을 옮기도록 하다.

7.10. 최경회가, 왜적의 진주 공격을 알리는 심유경의 전첩 내용을 보고하다.

7.10. 김천일이, 수합된 군사가 3,000여 명에 불과하다고 보고하다.

7.11. 좌도의 군사와 명군을 동원하여 왜적의 소굴을 공격하는 일을 논의하다.

7.11. 사관이, 권율이 중임을 맡고부터는 속수무책이었다고 평하다.

7.12. 권율이, 적이 진주에 이르러 7일째 접전 중이라는 장계를 올리다.

7.13. 권율에게 진주를 구원하라 명하다.

7.15. 영의정 최흥원이 서울 환도를 재촉하는 장계를 올리다.

7.15. 원균이, 군량 부족 등 수군의 상황을 보고하다.

7.16. 6월 29일에 함락된 진주성 싸움을 기록하다.

7.18. 황진으로 하여금, 화의의 문제점, 심유경의 잘못 등을 명 조정에 알리도록 하다.

7.20. 정곤수 등이, 병들고 분열되어 진격을 꺼리는 명군의 상황을 보고하다.

7.20. 선종과 교종의 판사를 차출하고 선과 지급 등을 통해 승군을 모으다.

7.22. 판중추부사 윤근수가, 진격 여부에 대한 경략과 제독의 갈등을 보고하다.

7.26. 진주에 선전관을 보내, 형편을 살피고 시체를 매장하고 치제하게 하다.

8.2. 유성룡이, 경상도의 적세와 명군의 관망 자세 등을 보고하다.

8.3. 유성룡이, 심유경이 가진 왜적의 주본을 입수해 보고하다.

8.6. 선전관을 보내, 적진에서 나오는 왕자를 호위해 오게 하다.

8.6. 비변사가, 돌아가는 중국 군사들이 경성의 여인들을 남장시켜 몰래 데리고 가고 있다며, 경략에게 이자해 금지시킬 것을 청하다.

8.6. 명의 차관 사용재·서일관이 왕자를 모시고 적중에서 나오다.

8.7. 승군을 주관할 사람의 호칭을 판사에서 총섭으로 바꾸다.

8.7. 임진년 이래 명에서 받아 쓴 양곡이 13만 5천 석에 이르다.

8.7. 김천일·황진·최경회·이종인 등에게 관직

을 추증하다.

8.9. 비변사에 명해, 왜적의 경주 침범 소문에 대응하라 전교하다.

8.10. 형조판서 이덕형이, 왕자가 적진에서 나왔다고 보고하다.

8.10. 송응창이, 유병 20,000명을 경상도와 전라도 방어를 위해 남기겠다고 하면서 주둔 비용 문제를 거론하다.

8.12. 사람을 보내, 요동으로 돌아가는 송응창을 위문하다.

8.12. 송응창에게 자문을 보내, 적을 섬멸해 주기를 청하다.

8.13. 유성룡이 경주의 위급한 상황을 보고하다.

8.14. 황주에서 이여송을 만나 문답하다.

8.16. 경략이 자문을 보내, 하삼도 지역의 군무를 광해군에게 맡길 것을 권고하다.

8.19. 훈련도감의 설치를 의논하라 명하다.

8.20. 왕세자가 해주에 묵다.

8.20. 중전과 동궁을 맞이하다.

8.25. 군공 및 납속자 포상, 환자 감면, 경기 지역의 권농책을 전교하다.

8.26. 경략이, 남은 명군에 대한 공급은 거의 명에서 담당할 테니, 조선은 옷과 신발, 호상(犒賞)에 필요한 것만 부담하라고 하다.

8.27. 제때 군량이 공급되지 않은 것에 화가 난 경략이, 호남·영남의 관량관을 잡아가다.

8.28. 양사에서 속히 환도할 것을 청하다.

8.30. 세자에게 선위하겠다고 하다.

• 이후 세자와 신하들이 연일 반대했다.

9.1. 세자가 땅에 엎드려 선위의 명을 거둘 것을 청하다.

9.6. 황해도 순찰사 유영경이, 명군의 극심한 횡포에 대해 아뢰다.

9.7. 정원이, 선위하지 말기를 청하다.

• 사관은, 자질이 뛰어난 세자에게 선위하는 것이 더 좋은 선택임에도 대신들이 이런저런 핑계를 대며 만

류하는 것을 비판했다.

9.8. 좌의정 윤두수가 백관을 인솔하고 재차 아뢰니, 억지로 따르겠다며 선위의 뜻을 거두다.

9.19. 서울로 돌아가기로 한 날 천둥이 치고 벼락을 맞아 죽은 이까지 생겼다며, 다시 선위를 거론하다.

9.19. 총병 유정이, 속히 광해군을 내려보낼 것을 요구하는 자문을 보내오다.

10.1. 모화관에 이르러 배례하고 종묘에 이르러 곡림하다.

10.2. 능에 참배한 다음 도성을 시찰하겠다며, 각 해사로 하여 미리 도로를 살피고 해골을 거두어 묻도록 하다.

10.2. 해골을 묻을 인력이 없음을 고려하여, 중들 중에서 이를 행하면 선과나 도첩을 주기로 하다.

10.2. 왜어의 사용을 엄금하다.

10.15. 선릉과 정릉에 나아가 제사하다.

10.16. 경략 송응창이 중국 조정을 속이는 일에 관하여 전교하다.

10.25. 경복궁 후원에 임시 궁궐을 지을 준비를 하라고 전교하다.

10.27. 유성룡 영의정.

10.29. 왜적과 더불어 능침을 발굴한 백성들을 삼성교좌하여 추국토록하다.

10.30. 세자가 병으로 남으로 내려가지 못하자, 자신이 대신 내려가고 싶다고 하다.

11.12. 유성룡에게, 총을 고안하여 시험해 보라고 전교하다.

11.12. 경주 안강현에 적병이 침입해 명군 220명이 죽다.

11.16. 송응창이 서장을 보내오다.

• 병마의 훈련과 요해지의 수축, 군기 제조와 군량 저축을 요구하다. 조선의 군신이 부귀만 누리며 백성 애호와 적군 방어를 생각지 않으면 남은 군사들도 철수할 것이라고 협박했다. 더불어 자신은 천자의 명을 받

들고 있으므로 국왕도 처벌할 수 있는데, 하물며 신하를 처벌할 수 없겠느냐는 내용을 담았다. 이에 임금이, 지극히 무례하다며 불쾌한 기색을 드러냈다.

11. 16. 선위의 뜻을 담은 봉서를 도승지 심희수에게 내리다.

• 송응창의 서장에 대해 불쾌함을 드러낸 것이다.

11. 16. 유성룡이 임금이 내린 봉서를 도로 바치다.

11. 18. 남별궁에 나아가 총병 척금을 접견하다. 고니시 유키나가가 군사를 모두 철수한 다음에 도요토미 히데요시의 책봉을 허락할 것이라고 하다.

11. 19. 무사들의 옷소매를 줄이라 전교하다.

11. 21. 심수경·이항복·유성룡 등을 인견하다. 이 자리에서 유성룡이, 인심이 잘못되어 명군만 믿고 있을 뿐 떨쳐 일어나려는 기색이 없다고 아뢰다.

11. 25. 윤근수가 돌아와, 군량이 떨어진 것을 이유로 송응창이 자신에게 곤장을 치려고까지 했다고 아뢰다.

• 송응창은 조선이 황제에게 직보하는 것을 방해하고 있었다.

윤11. 2. 영상에게, 경략의 음모에 대처하라고 승정원에 명하다.

윤11. 2. 임금이 편전에 나아가 영의정 유성룡을 인견하여 정세를 논의하다.

• 이 자리에서 유성룡이, 적이 내년 봄에 군사를 크게 일으켜 호남에 웅거한다면 명의 10만 군사로도 어찌할 수 없을 것이라며, 좋은 장수를 얻어 수만의 군사를 훈련하면 우리 군사가 명 군사보다 나을 것이라 말했다. 이에 임금은 우리 장수와 군사에 대해 심한 불신을 드러냈다.

윤11. 4. 유근수가, 고니시 유키나가가 심유경에게 보낸 서찰을 입계하다.

• 평양 강화 이래 명군이 어긴 7가지를 적시하고 있다.

윤11. 6. 도원수 권율이, 네댓 척의 적선이 출몰

하는 것을 방치한다며 통제사 이순신 이하 수사들을 모두 추고할 것을 청하다.

윤11. 8. 왕세자가 경성에 돌아오다.

윤11. 10. 시어소에서 심유경을 접견하다.

• 왕이 사배를 제안했으나 심유경이 사양하여 서로 읍하고 자리에 앉았다.

윤11. 14. 이덕형 세자좌빈객, 이항복 세자우빈객.

윤11. 16. 세자가 남으로 가기 전에 빨리 선위의 일을 거행하라고 하다. 유성룡이 비밀리에 반대하자 행하지 않으면 자결하겠다고 하다.

11. 17. 세자가 불가함을 아뢰다.

• 이에 앞서 심수경·유성룡·윤두수가 다섯 차례에 걸쳐 선위 불가를 말하기도 했다.

윤11. 19. 세자가 호남으로 떠나 과천에 머물다.

윤11. 19. 남별궁에서 중국 사신 전별연을 베풀다. 이 자리에서 사신이, 왕의 기상을 칭찬하고 세자는 몇 년 더 익혀야 한다며 선위를 반대하다.

윤11. 24. 선위를 일각도 늦출 수 없다며 거행하라 명하자, 대신·대간이 거듭 반대하다.

12. 1. 세자가 공주에 도착하다.

12. 1. 세자가 환궁하면 거행하겠다고 하다.

12. 1. 도원수 권율에게 육군과 수군을 모두 관장하게 하다.

• 이순신이 진주 등 4~5개의 고을 수령들을 하해(下海)하였는데, 권율이 육전을 중히 여겨야 한다는 뜻으로 장계를 올리자 내린 명이다.

12. 2. 동궁의 행차에 배행하는 재신을 무군사로 명명하다.

12. 3. 문관 1인을 차출하여, 동궁의 모든 명령 출납, 무군사의 책응에 관한 제반 일을 날마다 기록하여 아뢰게 하다.

12. 11. 중국 조정이 경략과 제독에 대해 의구심을 품다.

12. 18. 비변사에서, 명군이 참여하지 않더라도 단독으로 병사를 조발하여 적을 공격할 것을

건의하다.

12. 19. 분병조판서 이항복이, 비밀 서장으로 단독 공격을 반대하다.

12. 19. 갑자기 거사하려 한 데 대해 의문을 제기하자, 유성룡이 자신도 이렇게 결정된 사유를 모르겠다고 답하다.

12. 20. 무군사에서, 그동안의 일정에 대해 보고하다.

• 12월 7일 윤두수가 내려온 뒤에 무군사가 설치되었다.

12. 20. 도승지와 좌승지의 계책에 따라, 가표문과 진표문을 따로 만들어 가기로 하다.

• 전에 경략에게 저지당했던 적정(賊情) 내용을 가본에서는 뺐다.

12. 20. 비변사에서, 가표문을 경략에게 보이고 진표문을 주달하는 위험에 대해 아뢰다.

12. 21. 인성부원군 정철 졸기.

12. 27. 전라순찰사 이정암이 무군사에 건의하여, 명군이 철병하려 하니 우리의 힘으로 왜적을 공격하자고 하다.

12. 29. 이덕형이 김덕령을 높게 쓰자고 청했으나, 아직 세운 공이 없으니 신중을 기해야 한다고 답하다.

• 김덕령은 교생(校生)이었는데 장재가 뛰어나 따르는 사람이 많아서 전부터 조정에서 눈여겨보고 있었다. 이즈음에 김덕령이 3,000여 군사를 거느리게 되자 나온 논의다.

선조 27년(1594)

1. 1. 상은 행궁에, 세자는 공주에 있다.

1. 1. 김덕령의 군대에 군호만 내리고 기치를 내리는 일은 보류키로 하다.

1. 2. 윤두수가, 철병하려는 명군의 동태를 보고하고 왜적을 공격할 뜻을 펴다.

1. 4. 선위 전교를 내리다.

1. 5. 비변사의 건의에 따라 김덕령을 선전관에

제수하다.

1. 7. 비변사에서, 경성과 외방에 적치되어 있는 시체를 처리할 것을 청하다.

1. 8. 창검술과 화기의 제조, 염초 굽는 방법을 배울 것을 전교하다.

1. 9. 청량사 허욱이, 곡식을 보내 달라는 내용의 자문을 가지고 중국으로 떠나다.

1. 10. 명의 대군이 온다는 소문을 내어 적을 기만할 것을 명했으나 비변사에서 반대하다.

• 적을 허세로 물리칠 수는 없고, 남방 백성이 명군에게 시달린 것이 너무 심해 명의 대군이 온다는 말을 들으면 백성이 동요할 것이라는 이유를 들었다.

1. 11. 충청도 조도어사 강첨이, 송유진 역모의 상황에 대해 보고하다.

1. 17. 사헌부에서, 사람 고기를 먹는 세태를 금할 것을 청하다.

1. 17. 송유진 역모의 괴수로 이산겸을 지목하고 체포를 명하다.

1. 19. 왜적이 물러가지 않았으므로 다시 군사를 보내 줄 것을 청하는 편지를 병부상서 석성에게 보내다.

1. 25. 송유진을 국문하다.

2. 2. 독화살 사용법을 배우도록 명하다.

2. 5. 추국청 위관 유성룡이, 송유진 역옥(逆獄)을 핑계로 아무 사람이나 잡아들이는 것은 민심을 소요스럽게 한다며 자제할 것을 청하다.

2. 6. 이산겸을 친국하다.

• 이산겸은 조헌의 의병군에 가담한 이후 활동을 진술하며 연관성을 부인했다. 왕과 신하들도 믿는 모습을 보였다.

2. 8. 심유경이 이덕형에게, 4도 할양 소문에 대해 완강히 부인하다.

2. 11. 왜인이 심유경에게 보낸 항복 표문 등서 초본(謄書草本)을 입계하다.

• 임금은 이 문서가 우리의 문법을 따른 것 같다고 말했다. 정원도 왜의 것은 아닌 듯한데 우리의 문법인지 중국의 문법인지는 알 수 없다고 판단했다. 가짜임

을 의심한 것이다.

2. 12. 추국청에서, 충청도 도적의 처리를 빨리 매듭지을 것을 청했으나, 초사 가운데 나온 자를 함부로 놓아 보낼 수는 없다며 반대하다.

2. 14. 충청도 도적 관련자들을 친국하다. 유성룡이 단서가 없어 다루기가 어렵다고 아뢰자, 이산겸의 무관함을 인정하면서도, 적의 초사에서 나왔으니 죽어야 할 따름이라고 하다.

2. 17. 왜적 포로를 달래 그들이 가진 기술을 전수받도록 명하다.

2. 23. 세자가 홍주에 도착하다.

2. 23. 좌시랑 고양겸이 패문을 보내오다.

• '일본이 항복을 애원함이 진실하다. 대병을 이끌고 가 물리치고 싶으나 조선에서 군량을 댈 수 없어 곤란하다'는 등의 내용이 담겨 있다.

3. 2. 김덕령이, 군량이 부족해 귀농해 농사를 짓게 하고 500명만 남겨 둘 계획이라 보고하다.

3. 4. 어소 담장 밖에 목책을 설치하지 않는 이유를 물으며 질책하다.

3. 10. 허진이 명의 상황을 보고하다.

• 송응창이 병부상서 석성과 같은 시각을 갖고 있다고 했다.

3. 20. 흉년으로 식인을 하는 세태가 퍼진 문제, 진주성 패전의 이유 등을 논하다.

3. 20. 무군사에서, 군사 징발 및 훈련 방법을 아뢰다.

• 양호의 물력이 고갈되어 군사를 모집할 수 없고, 포술을 익힌 자도 소수, 창검술을 교련할 만한 자도 없다고 보고했다.

3. 29. 유성룡이, 제승방략 체제를 비판하며 진관 체제로 복구할 것을 청하니 따르다.

4. 2. 추국청이, 변하복·김응천·강진 등의 역모 사건에 대해 아뢰다.

4. 4. 빈청 대신들에게 선위의 뜻을 말하다.

4. 4. 함경도 관찰사 윤탁연이, 적호의 침입으로 감파보가 함락되었음을 아뢰다.

4. 5. 빈청 대신이 2품 이상을 거느리고, 선위하

지 말 것을 아뢰니 따르다.

4. 6. 사헌부에서, 경복궁·창덕궁·창경궁의 역사를 정지할 것을 아뢰니 따르다.

4. 7. 비변사에서, 군량이 모자라다며 납속책을 주장하다.

4. 7. 추국청에서, 황해도 변하복의 형추에 대해 아뢰다.

4. 17. 대신과 비변사 당상이, 봉공에 대한 중국 조정의 논의, 왜노 조총의 위력, 납속자 채용 등의 일을 아뢰다.

4. 23. 원균이 조총 70여 자루를 올리니, 전공을 알 수 있다며 칭찬하다.

4. 25. 사간원이 역변이 일어난 황해도의 인심을 진정시킬 것을 아뢰다.

• 변하복 관련 체포자만 400여 명이었다고 한다.

4. 25. 유 총부가, 승장(僧將) 유정 등을 적장 가토 기요마사의 영으로 들여보내다.

5. 1. 역적 송유진을 추국한 대신들을 논상하다.

5. 6. 권율이, 도총섭 유정이 가토 기요마사의 소굴에 다녀온 일을 아뢰다.

5. 8. 군공청에서, 설령 군공이 있다 해도 공사천이 높은 관직에 오르는 것은 외람되다고 아뢰었으나 따르지 않다.

• 참수 1급이면 면천, 2급이면 우림위, 3급이면 허통, 10~20급이면 동반의 정직에 오를 수 있었다. 이로 인해 재인·백정·장인 등이 높은 관직을 받는 일이 있었다.

5. 17. 송응창과 이여송이 모두 탄핵을 받고 파직되다.

5. 19. 최영경의 추증을 명하다.

5. 22. 전라감사 이정암이 치계하다.

• 이정암은, 왜구가 남쪽으로 물러간 것은 병력이 부족해서도, 중국이 두려워서도 아니라 선한 마음이 다시 싹텄기 때문이라며, 3포를 다시 열고 세견선을 보내는 등의 내용으로 강화할 것 주장했다. 이에 실성한 것이라는 반응을 보였다.

5. 25. 이정암을 체차하다.

5. 27. 퇴위할 것을 알리고 중국에 선위를 주청하라 하다.

5. 28. 사간원이 정철의 추탈을 청하다.

6. 3. 지진으로 물러날 뜻을 보이다.

6. 27. 항복한 왜인들의 처리 문제를 의논하다.

7. 3. 이정암을 전주부윤으로 삼다.

7. 9. 선위의 뜻을 전교하다.

7. 22. 유공신과 정엽이, 왕수인의 학(學)을 칭찬한 이요를 비판하다.

7. 27. 불법어사란 이름으로 수령의 불법을 규핵하는 어사를 수시로 내려보내기로 하다.

7. 29. 투항 왜인으로 하여금, 총검을 주조하거나 검술을 가르치거나 염초를 달이게 하라 이르다.

8. 3. 세자 책봉의 주문에, 적자가 없다는 뜻을 넣으라 전교하다.

8. 6. 세자가 공주로 가다.

8. 11. 일본에 화친을 구한 변몽룡을 육진에 충군하도록 하다.

8. 14. 영릉의 재물을 토적에게 빼앗기다.

8. 19. 사헌부에서, 항복한 왜인들이 부리는 난동에 대해 아뢰다.

• 항복한 왜인들이, 음식이 조금만 입에 맞지 않으면 난동을 부리고, 심지어 고을의 군관을 묶고 곤장을 치는 등 행패를 부렸다.

8. 22. 비변사에서, 정기룡을 토포사로 삼아 경상도의 토적을 소탕할 것을 아뢰다.

8. 23. 항복해 오는 왜인들을 요동으로 보내도록 전교하다.

8. 25. 왕세자가 서울로 돌아오다.

8. 28. 전위 의사를 보이다.

9. 4. 비변사가 왜적을 이간시킬 계획을 아뢰다.

9. 14. 항왜들 중 재주 있는 자는 남기고 나머지는 한산도 등에 보내게 하다.

9. 15. 유성룡이, 승지들의 무례를 문책하고 조정에 예절을 세울 것을 아뢰다.

9. 18. 경상 좌병사 고언백이, 지난 8월 10일에 유정 등이 가토 기요마사와 만나 나누었던 이야기를 치계하다.

9. 18. 섭정을 명하자 신하들이 반대하다.

9. 19. 비변사가, 수군으로 하여 거제의 왜적을 공격토록 할 것을 건의하자 따르다.

9. 20. 섭정 명을 거두다.

9. 22. 도성의 항왜가 칼을 차고 다니지 못하게 하다.

9. 27. 겸삼도도체찰사 윤두수가 왜적을 공격할 것을 청하다. 비변사가, 필승의 형세를 기대하기 어렵다면서도 선전관을 보내 실수가 없도록 하유할 것을 건의하다.

10. 2. 유 총병이 평양전위사 박동량에게 조선의 행태를 비판하다.

10. 6. 장령 이경함이, 정철이 최영경을 죽였다는 데 동의할 수 없다며 사직을 청하다.

10. 7. 사간원에서, 정철이 무고한 사람을 죽여 공론에 죄를 얻은 것은 사실이라며 이경함 등을 체차할 것을 청하니 따르다.

10. 8. 원균이 장계를 올려, 장문포를 공격했던 일을 아뢰다.

10. 9. 비변사에서, 왕자가 가토 기요마사에게 보내는 편지 초안을 마련해 올리다.

10. 13. 권율이 전황에 대해 치계하다.

• 육군의 무장 상태가 허술해 곽재우로 하여금 수군과 함께 기회를 보아 상륙토록 했는데도 해산해 버린 것을 비판했다. 이에 유성룡은, 만일 육전을 했더라면 대패했을 것이라고 진단했다.

10. 20. 사헌부에서 윤두수를 탄핵했으나 받아들이지 않다.

10. 24. 비망기로 중국에 봉공을 요청한 일에 대하여 알리다

10. 24. 이에 대해 부끄러워하는 비망기를 비변사에 내리다.

10. 27. 정철의 아들 정진명이 아비를 옹호하다.

• 이에 조목조목 반박하며 정진명의 추국을 명했다.

11. 1. 윤두수 판중추부사.

11. 4. 호조가 납속의 길을 넓힐 것을 청하다.

11. 6. 양사가 정철의 관작추탈을 청하다.

11. 6. 사간원에서, 도원수 권율의 추고 등을 청했으나 허락하지 않다.

11. 6. 유홍 좌의정, 김응남 우의정.

11. 8. 권율이 치계하여, 고니시 유키나가의 서신과 이빈의 답서를 보고하다.

11. 12. 김수가, 원균과 이순신이 서로 다투는 것이 염려된다고 말하다.

11. 13. 양사가 합사해 정철의 관작추탈을 청하니 따르다.

11. 18. 권율이, 김응서와 왜장이 만난 일을 치계하다.

11. 19. 비변사가, 경기에 둔전을 설치하여 군사 훈련을 할 것을 청하다.

11. 19. 경상도 관찰사가 치계하여 거제에서 패전한 일 등을 아뢰다. 이에 이를 숨긴 도체찰사와 도원수를 무겁게 다스려 임금을 속이는 버릇을 다스리겠다고 하다.

11. 22. 사헌부에서, 권율과 이순신의 나국 및 윤두수의 파직을 청했으나 따르지 않다.

11. 23. 양사가 거듭 요구하니 통제사와 도원수를 추고하도록 하다.

11. 28. 비변사에서, 이순신과 원균의 불화에 대해 아뢰자, 이순신이 대장으로서 하는 짓이 잘못된 것이라는 반응을 보이다.

12. 1. 비변사에서, 원균과 선거이를 바꾸는 것을 제안하자, 이순신의 죄가 더 크다고 생각한다고 말하다.
   • 결국 원균과 선거이를 바꾸기로 결정했다.

12. 7. 권율이, 김응서와 고니시 유키나가의 회담을 치계하다.

12. 12. 원균 휘하의 장수들을 논상하다.

12. 19. 사간원이, 원균에게 그대로 수사의 일을 맡길 것을 청하면서 원균과 이순신의 공이 같은데 상이 달라서 원균이 불만이 있다고 아뢰다.

12. 22. 사간원이 수사 원균의 유임을 청하다.

12. 29. 곽재우 진주목사.

선조 28년(1595)

1. 8. 적의 수급을 베어 벼슬한 자, 승진한 자가 허다하다며, 수급을 벤 것으로 계산하면 왜적이 다 없어져야 했을 것이라며 한탄하다.

1. 10. 정탁이, 기축옥사와 관련하여 노수신·정언신을 변호하고 이산해의 사면도 청하다.

1. 11. 이산해를 방송하고 직첩도 돌려주라 이르다.

1. 15. 빈청의 대신이, 세자 책봉을 인가받지 못한 일에 대해 아뢰다.

1. 18. 비망기로 선위를 전교하니, 우의정 김응남, 좌찬성 정곤수 등이 만류하다.

1. 22. 경연에서 정구가, 도원수가 직무를 제대로 못한다는 말이 떠돌고 있다고 하다. 또 유성룡도 권율이 겁쟁이 같다고 말하다. 이에 겁쟁이가 어떻게 행주에서 크게 이길 수 있었겠느냐며, 오늘 도원수에 대해 논의한 일은 소문내지 말라 이르다.

1. 24. 이산해 영돈녕 부사.

2. 1. 정탁 우의정.

2. 2. 접반관 이시발이, 진 유격을 따라 왜의 진영엔 가서 진 유격과 고니시 유키나가 사이에 오간 대화를 치계하다.

2. 10. 이시발이, 진 유격과 고니시 유키나가의 접촉에 대해 서계하다.

2. 11. 남별궁에 나아가 진 유격을 접견하자 진 유격이 조선이 주문하여 사신을 청할 것을 요구하다.

2. 14. 행궁 앞에 목책을 설치하는 일을 세자가 옳지 않다고 한 것에 대해, 직접 아뢰지 않고 시강원에 영을 내린 것은 온당치 못하다고 하다.

2. 15. 춘추관이, 병화로 손실된 일기를 기억력이 좋은 이들을 이용해 추록토록 하는 게 어떨

지를 묻자, 기억으로 추록하면 사실을 기록하지 못하는 폐단이 있을 것이라 답하다.

2. 16. 무사의 넓은 소매, 서인의 갓 등 중국의 웃음거리가 되고 있는 복식에 대해 단호히 금할 것을 전교하다.

2. 17. 화약의 제조와 독약을 화살에 바르는 방법을 배울 것을 전교하다.

2. 20. 도원수 교체에 대해 논의하다.

2. 23. 승문원에서, 책봉 주청이 준허되지 못했다며 주청사가 돌아오면 다시 주문을 작성해야 할 것이라 하다.

2. 26. 고니시 유키나가가 예조에 서신을 보내다.
• 자신은 3년 동안 약속을 어기지 않았다며, 중국 병부에 글을 올려 중국 사신이 들어오도록 주선해 달라 하다.

2. 29. 가토 기요마사를 암살하는 계책에 대해 논의했으나, 부정적인 결론을 내다.
• 이 계책은 항왜들이 제안한 것이다.

2. 30. 권율이, 적의 실정에 대해 치계하다.

3. 1. 권율이 장계를 올려, 점령지 백성의 실태에 대해 보고하다.
• 점령지 인근의 조선인들이 왜인들에 동화되어, 농사를 지어 조세를 바치기도 하고, 그들의 풍습을 따라 머리를 깎거나 이를 물들이기도 했다고 한다.

3. 7. 이항복 이조판서, 이덕형 병조판서.

3. 7. 예조에서, 칙서를 받을 때의 동궁 복식을 오사모와 흑포로 정하다.

3. 27. 칙서를 받다.
• 경상·전라 지방의 군무를 총독하여 부왕의 실패를 만회하라는 등의 내용이다.

3. 27. 금후로 군무는 세자에게 품하여 재결하라 전교하다.

3. 27. 좌의정 김응남이, 세자에게 군무를 재결케 하는 것은 부당하다 아뢰다.

3. 29. 세자가 명을 거둘 것을 청하고 신하들도 거듭 청하다. 이에 죄인이 신민 위에 있을 수 없고 황제의 명이 지엄하니 다시 군정의 서무를

볼 수 없다고 버티다.

4. 4. 군무를 세자에게 재결토록 하라는 명을 거두다.

4. 28. 봉왜명사(封倭明使)를 맞다.

5. 1. 적장을 사사로이 만나 서신을 교환한 경상우병사 김응서를 압송해 추국할 것을 의논하라 이르다.

5. 19. 비변사가 한산도의 수군 상황에 대해 보고하다.
• 병이 들면 물에 던져 버리고, 굶주리면 산기슭에 버리는 등 주장(主將)이 사졸을 돌보지 않았다고 한다.

6. 14. 비변사에서 둔전의 필요성을 거듭 아뢰다.

6. 21. 아동대(兒童隊)를 뽑아 훈련키로 하였는데 50명 중에서 19명이 입격하다.

6. 30. 접대도감이, 고니시 유키나가가 일본에 갔다가 곧 도착할 것이라고 아뢰다.
• 이에, 모두 동쪽만 바라보며 고니시 유키나가가 오기를 칙사 기다리듯 한다고 힐난했다.

7. 14. 권율이, 김응서가 자신을 능멸한 죄를 치계하다. 도원수로 하여금 곤장을 치고 군율을 엄히 하도록 하다.

7. 15. 비변사에서, 공사천의 과거 허용에 대해 우려되는 바를 아뢰자, 우선 공천에게 먼저 과거를 시행하도록 하다.

7. 17. 아동대를 훈련시킨 항왜를 포상하다.
• 사관은, 백세에 걸쳐 복수해야 할 빚이 있는데 작은 공로를 인정해 상을 주었다며 비판했다.

8. 15. 사헌부에서, 충청병사 원균의 파직을 청했으나 윤허하지 않다.
• 당시 원균은 탐욕·포학하여 원망이 도내에 가득했다고 한다. 하지만 임금은 이런 시기에 명장을 해칠 수 없다는 이유로 파직을 허락하지 않았다.

9. 4. 숭례문 밖에서 봉왜명사의 전별 잔치를 베풀다.

9. 20. 유성룡이, 민심 안정을 위해 해주에 있는 중전의 환도를 청했으나 불허하다.

9.29. 사은겸주청사 한준이, 세자 책봉에 대한 제독의 견해와 예부의 견해를 치계하다.

9.30. 빈청에 전교해, 급히 가서 긴박한 사정을 호소해 세자 책봉을 허락받도록 하라 이르다.

10.4. 이산해에게 대제학을 겸임하게 하고, 사대문서를 작성하게 하다.

10.17. 남방과 서북쪽의 변고에 대해 비변사 당상들의 의견을 듣다.

10.20. 사간원이 중전의 환도를 청하자, 날씨가 따뜻해지면 절로 올라오게 될 것이라며 수락하지 않다.

10.24. 해주에 있는 《실록》을 배로 싣고 와 강화에 두기로 하다.

10.25. 사섬시 황신이, 가토 기요마사와 고니시 유키나가의 동태에 대해 보고하다.

11.1. 청주의 곽희정 등이 이성남·강효남·신영옥 등의 모반을 고하다.

11.9. 이성남 등이 공초하다.

11.22. 4도체찰사 유성룡이, 의주 방어책 및 오랑캐 방어를 위한 화기 사용 등에 대해 아뢰다.

12.1. 이성남은 의금부에서 추국하고 나머지는 풀어 주다.

12.16. 세자 책봉을 청하는 문서 중에서 임해군의 일은 너무 노골적이라며 고쳐 쓰게 하다.

• 임해군이 매와 개를 좋아하고 재물을 탐한다는 부분이다.

12.28. 경연이 끝나고 윤근수에게, 김덕령과 곽재우에 대해 묻다. 이에, 김덕령은 따르는 이가 많지 않으나 곽재우는 모두 칭찬한다고 답하다.

12.29. 왜영에 들어간 심유경이 자문을 보내다.

선조 29년(1596)

1.8. 김덕령을 우선 방면해 충성케 하고, 서서히 의논하여 조처하는 것이 좋겠다고 하다.

1.12. 사헌부에서, 충청병사 원균의 추고와 최덕순의 종사관 칭호를 박탈하도록 청하다.

1.13. 사헌부에서, 김덕령의 처벌을 청하다.

1.15. 사헌부에서, 김덕령을 나국하고 율에 의해 정죄할 것을 청하자 따르다.

1.18. 황신이 심유경의 발언을 치계하다.

• 왜인들이 처음에는 땅의 할양 등을 요구했지만, 지금은 다만 봉왕·조공 두 가지와 조선의 배신을 함께 보낼 것을 요구한다고 했다.

1.22. 고니시 유키나가가 심유경에게 서신을 보내고, 7가지 약조를 하다.

1.29. 권응수가, 왜에게 납치되어 4년을 보낸 변사순의 편지를 등서하여 올리다.

• 변사순은 화의보다 단호히 물리칠 것을 주장했다.

2.28. 황신이, 심유경이 떠난 이유 등에 대해 답하다.

3.25. 김수가, 관백이 가토 기요마사를 대마도로 철수시킨 후 명 사신이 바다를 건너도록 명했다고 보고하다.

4.8. 접대도감에서, 심유경이 왜에게 잡혔다는 소식을 듣고 정사(正使)가 왜영을 탈출했다고 아뢰다.

4.9. 접대도감에서, 정사 휘하의 이서가 용절·인신·칙서를 가지고 왜영을 빠져나온 경위를 보고하다.

4.10. 정사의 접반사 김수와 남호정을 인견하여 정사의 탈출 연유에 대해 묻다.

4.10. 김수가, 남호정이 보고한 정사의 탈출 과정을 보고하다.

4.13. 호군 황신이, 영천에서 정사를 맞이한 일을 보고하다.

4.13. 경상좌병사 고언백이 정사의 탈출 과정과, 이에 대해 가토 기요마사가 기뻐했다는 소식을 보고하다.

4.14. 비변사가, 임진년 변란 때 조신 중 가족과 재물을 피신시킨 자들을 색출할 것을 청하니 따르다.

4.14. 호군 황신이, 정사의 탈출 뒤 부사 양방형이 상황을 수습했다고 보고하다.

4. 21. 병조에서, 군사를 훈련시키는 일을 지시하였지만 백성을 괴롭힌다는 소문만 들린다고 아뢰다.

5. 1. 접반사 황신이, 고니시 유키나가와 부천사가 나눈 이야기를 치계하다.

5. 4. 접반사 황신이 부사와 나눈 얘기를 치계하다.

5. 18. 황신이 가토 기요마사가 철수했다는 등의 내용을 치계하다.

5. 28. 황신이, 왜가 통신사를 요구하는 등의 내용을 치계하다.

6. 12. 병조판서 이덕형이, 곽재우를 써 볼 것을 청하였으나 경솔히 맡길 수 없다고 하다.

6. 26. 김응남에게 이순신에 대해 묻고, 불신을 드러내다.

7. 9. 도원수로 하여금, 전라도의 군사를 거느리고 충청도와 협공하여 홍산의 도적들을 소탕하라 명하다.

7. 9. 원균 전라병사.

7. 13. 홍산을 비롯해 5읍을 함락하였던 반란군을 토벌하다.

7. 18. 충청도 순찰사의 종사관 신경행이 서장을 보내, 역적들이 김덕령을 여러 차례 언급했다고 하다.

7. 19. 병판 이덕형이, 역적들의 공초에 자신의 이름이 거론된 일로 상소하다.

7. 22. 이몽학 효수.

7. 27. 역적 한현의 아들 한의연을 교수형에 처하다. 이몽학의 숙부 이익 등은 유배하다.

7. 27. 야나가와 시게노부가, 서폐만 허락하고 중신을 보내지 않는 것에 대해 불평하다.

8. 1. 김덕령을 체포해 진주에 가두었다가 서울로 압송하다.

8. 4. 김덕령을 친국하다.

8. 11. 원균이 배사하니 글을 내리고 내구마 1필을 하사하다.

8. 21. 김덕령이 6차 형문에도 자복하지 않다.

8. 23. 김덕령이 형장을 받다 죽다.

8. 27. 병으로 정무를 보기 어려우니 세자로 하여 섭정토록 하다.

8. 27. 세자가 명을 거두어 줄 것을 간곡히 청하다.

9. 15. 주문사 노직이, 왜적이 재침하면 중국이 구원을 올 것이라는 서장을 보내오다.

10. 21. 원균을 크게 칭찬하다. 이에 대해 이원익이 원균을 비판하다.

11. 6. 황신의 군관 조덕수와 박정호에게 통신사의 동태에 대해 아뢰게 하다.

• 도요토미 히데요시가 통신사를 죽이려 했던 일, 명 사신을 홀대한 일 등을 말했다. 또 조선의 왕자를 잡아 올 것을 요구하자 가토 기요마사가 분부대로 하겠다고 답했다고 한다.

11. 7. 재침 가능성에 대해 대책을 논의하다.

11. 7. 원균과 이순신에 대해 묻다. 이원익이 일관되게 원균을 경계하고 이순신의 입장을 지지하다.

11. 9. 윤근수가 차자를 올려, 원균을 다시 경상우수사로 삼을 것을 청하다. 또한 이순신과의 불화를 우려해 원균을 경상도 통제사로 할 것을 건의하다.

11. 13. 재침 시 강화로 갈 것인지 해주로 갈 것인지에 대해 논란하다. 이원익은 경성을 지켜야 한다는 입장을 보이다.

12. 21. 통신사 황신이 돌아와 인견하다.

• 조선 사신을 만나지 않겠다고 한 도요토미 히데요시의 발언을 비롯해, 경주 등지에 무기를 갖춰 가토 기요마사를 제어할 것을 요구하는 고니시 유키나가의 발언, 재침 때는 수군을 먼저 칠 것이라는 야나가와 시게노부의 발언 등을 아뢰다.

선조 30년(1597)

1. 1. 이순신이 장계를 올려, 휘하 장수들이 부산 적들의 거주지에 잠입해 불을 놓아 화약 창

고·군기·군량·배 등을 불태웠다고 보고하다.

1. 2. 이순신의 장계가 잘못된 것으로 드러나다.

• 이원익이 정희연에게 명해 행한 일이었는데, 이를 본 이순신의 부하가 자기의 공으로 거짓 보고한 것을, 이순신이 모르고 장계로 올린 것이다.

1. 6. 병으로 친정할 수 없다며, 세자로 하여금 잡무를 재결토록 하라고 전교하다.

1. 19. 김응서가 장계를 올려, 고니시 유키나가가 가토 기요마사의 기도를 파탄 낼 수 있는 방책을 알려 주었다고 보고하다.

1. 21. 4도체찰사 우의정 이원익이 서장을 올려, 13일에 가토 기요마사가 200여 척을 이끌고 다대포에 도착했다고 보고하다.

1. 22. 원균이 서장을 올려, 수백 명의 수군으로 가덕도에 주둔하며 위세를 떨치면 가토 기요마사가 겁을 먹고 돌아갈 것이라고 아뢰다.

1. 23. 왜추가 손바닥 보듯이 가르쳐 주었는데 유성룡 등이 경계하다가 일을 망쳤다고 비난하고, 한산도의 장수는 편안히 누워서 어떻게 하면 좋을지 모르고 있다고 하다.

• 왜추는 고니시 유키나가를, 한산도 장수는 이순신을 말한다.

1. 27. 윤두수·정탁·유성룡·김응남·이산해 등이 이순신을 비난하고, 원균을 칭찬하며 원균을 써야 한다고 하다.

1. 27. 원균 경상우도 수군절도사.

1. 27. 윤두수가 이순신의 체직을 청하다. 유성룡도 이순신의 죄를 논하다. 이정형 홀로 이순신의 처치가 합당함을 주장하다.

1. 28. 원균을 경상우도수군 절도사 겸 경상도 통제사로 삼으면서, 이순신이 죄가 있지만 우선은 함심해 적을 섬멸하라고 이르다.

2. 4. 사헌부가 이순신을 잡아다 죄줄 것을 청하다.

2. 6. 이순신을 잡아 오도록 하다.

2. 25. 권율이 도체찰사와 의논조차 하지 않으려

해서 문제가 되다.

3. 13. 이순신을 죽여 마땅하다는 뜻을 보이다.

3. 20. 원균이 장계를 올려, 지난 부산포 앞바다 진퇴 시 이순신이 탄 배가 좌초되어 우수가 달려가 업어 구원했다며 군졸들이 바다에 가득 죽어 왜적들의 비웃음만 샀다고 고하다.

3. 25. 원균이 적선 3척을 포획하고 수급 47급을 바치니 논상하게 하다.

4. 13. 유정이 소를 올려, 군사를 모아 남진하여 치고 수군은 원병의 길을 차단케 하자고 청하다.

4. 19. 원균이, 수륙 양군이 동시에 출병할 것을 청하다.

4. 22. 비변사가, 원균의 안은 무리라고 아뢰다.

5. 8. 모화관에 거둥하여, 군사를 이끌고 온 총병 양원을 위로하고 방어에 대해 논하다.

5. 9. 조선의 원수 이하 모두가 양 총병의 지휘에 따르게 하다.

5. 18. 요시라가, 일본이 대병을 출동시켜 전라도를 유린할 것이라고 말하다.

• 관백이, 고니시 유키나가에게는 공을 세워 속죄하라며 선봉장으로 삼아 의령·진주를 치게 하고, 가토 기요마사에게는 경주·대구를 거쳐 전라도 지방을 짓밟은 뒤 화평을 요구하도록 했다는 말도 했다.

5. 21. 양 총병이 남원으로 가다.

5. 25. 양 군무가 고니시 유키나가에게 격문을 보내다.

6. 9. 고니시 유키나가가 심유경에게 품첩을 보내다.

6. 10. 도체찰사 이원익이 전투 계획에 대해 보고하다.

• 현재 역량으로는 적의 요새를 치기 어렵다는 것과, 수륙 병진을 한다고 해도 저들이 바다로 나오지 않으면 수군은 소용이 없다는 것 등이다.

6. 11. 원균은, 육군이 먼저 안골포·가덕도의 적을 공격할 것을, 도체찰사와 도원수는 해양 요격에 주안점을 두다.

6. 14. 경상우도 병사 김응서가, 일본이 동병하여 전라·제주를 유린할 것이라는 내용의 비밀 장계를 올리다.

6. 22. 세자에게 기무를 재결하게 하자, 대신들이 철회를 청하다.

6. 28. 해상 작전을 하려 하지 않던 원균이 마침내 가덕도로 출항하다.

6. 29. 이원익이 전황을 보고하다.

7. 4. 도독 마귀를 만나 방책을 묻다.

7. 5. 심유경이 체포되어 압송되다.

7. 10. 원균에게, 전처럼 후퇴하여 적을 놓아 준다면 용서치 않겠다고 하다.

7. 11. 사간원이 《실록》의 복사를 청하니 받아들이다.

7. 14. 이원익이 치계하여, 왜선 600척이 일본에서 건너와 부산 앞바다에 정박하자 우도 주사가 공격해 10여 척을 포획했다고 보고하다.

7. 21. 이원익이, 적의 대군이 이미 건너왔다며 응원군을 청하다.

7. 22. 선전관 김식이, 우리 배가 모두 전소하고 원균의 생사도 알 수 없다고 급보하다.

7. 22. 이순신을 전라좌도수군 절도사 겸 삼도수군 통제사로 삼다.

7. 25. 권율이 치계하여, 원균 부하 장수들의 항명이 있었다고 보고하다.

8. 5. 도체찰사 이원익이, 원균 이하 적극적으로 싸우지 않은 장수들의 치죄를 청하다

8. 8. 적이 진주에 입성하다.

8. 10. 나인들과 어린 왕자를 먼저 피하게 함이 마땅하다고 전교하다.

8. 12. 적이 의령에 진입하다.

8. 14. 3사가 후궁·왕자 들의 피난을 중지시킬 것을 청하다.

• 노한 백성으로 인해 후궁들은 물론 옥체까지도 보존하기 어려울 것이라고 주장했다.

8. 16. 사헌부가, 가족을 피난하게 한 관원들의 징계를 청하다.

8. 18. 남원성이 함락되다. 부총 양원은 탄환 2발을 맞은 채 수하 몇과 함께 겨우 살아 돌아오다.

8. 24. 남대문 밖에서 부총 양원을 만나 눈물로 위로하다.

9. 1. 형 군문(형개)이 자문을 보내 비판하자, 분개하다. 이어 세자에게 왕위를 물려주는 일을 속히 시행하라 이르다.

9. 1. 황석산성이 함락되다.

9. 3. 선위의 뜻을 주달해 달라는 글을 직접 작성하다.

9. 6. 경리 양호가 사퇴를 만류하는 회답을 보내다.

9. 6. 예조에서, 중국식으로 복제를 바꾸자고 건의하자, 100리만 가도 풍속이 다른 법이라며 반대하다.

9. 11. 적이 들이닥쳤다는 소식에, 경기방어사 유염이 무한산성의 창고·기계를 불사르고 도주하다.

9. 11. 적이 뗏목을 이용해 도강하지 못하게 한강 연안의 나무를 벌채하다.

9. 12. 양호가 동작진으로 행차해 서울 고수의 의지를 보이다.

9. 13. 권율을 인견해 적의 형세 등을 논의하다. 권율이, 군사는 흩어지고 의병이 모이지 않는다고 아뢰다.

9. 14. 왜적이 안성을 노략질하고 죽산을 침범하다.

9. 14. 병부상서 형개가, 조선이 스스로 싸우려 하지 않고 명군에게만 맡기려 한다며 질책하는 자문을 보내오다.

9. 15. 왜군이 충청 이남으로 철수를 시작하자 이유를 몰라 당황하다.

10. 2. 사로잡은 왜에게 철수 이유를 묻자, 관백이 급히 일본으로 철수하라고 했다고 답하다.

10. 2. 명군 장수들이, 사로잡은 왜적을 활쏘기의 표적으로 삼아 죽이다.

10. 3. 사로잡은 왜로부터 여러 정황을 듣다.

• 관백이, 서울은 치지 말고 닥치는 대로 죽이며 10월 안으로 남해안 성으로 돌아오라고 했다고 한다.

10. 7. 세자가 서울로 돌아오다.

10. 8. 자신을 허물하는 교서를 전라·충청의 백성에게 내리다.

10. 11. 한산도 패전 때, 관곡과 처자를 배에 싣고 도망친 이몽구를 처단키로 하다.

10. 3. 관아를 버리고 달아난 수령들을 처벌키로 하다.

10. 24. 조선 측의 태도를 질책하는 황제의 칙서가 오다.

11. 10. 적군의 동태와 대비책, 우리 장수의 전과를 제독 총병부에 알리다.

• 이순신의 진도 벽파정 승리와, 그로 인해 적봉이 좌절되어 적선이 서해로 진입하지 못할 것이라는 내용도 함께 전했다.

11. 15. 경리의 접반사가, 명군 남하 때 국왕도 같이 가는지 경리가 물었다고 아뢰다.

11. 19. 홍제원에서 형 군문을 접견하다

12. 10. 비변사에서, 왕의 남하 시 세자의 대리 통치 등 제반 문제를 아뢰다.

12. 14. 군문의 저지로, 남하를 이행하지 못한다는 뜻을 전라도 관찰사와 병사에게 알리게 하다.

12. 28. 명군이 울산에 있는 적과 싸워 500여 명을 베고 왜장 1명을 생포하다.

선조 31년(1898)

1. 6. 이덕형·권율이 울산 전투 상황을 보고하다.

1. 14. 제독접반사 장운익이 울산 상황을 보고하다.

1. 16. 이시언·성윤문이 전투 상황과 후퇴 사실을 알리다.

1. 16. 접반사 이덕열이, 후퇴 중 입은 피해와 백성의 비참한 실상을 보고하다.

1. 20. 유격 양만금이 전사하다.

1. 21. 부제학 신식이, 전라도의 관군과 의병의 실태를 아뢰고 백성 안정책을 건의하다.

1. 24. 대구·상주 등지에 둔전을 설치하고 장기전에 대비하다.

1. 27. 비변사에서, 의복을 정비해 위엄과 체모를 갖추게 해야 한다고 아뢰다.

2. 2. 이덕형이, 명군이 벌이고 있는 노략질과 겁간 등의 행태를 아뢰다.

2. 8. 전라절도사 이광악이, 적의 기세가 꺾여 있으므로 적극적으로 치면 이길 수 있는데 명 측이 강화를 논하며 행하려 하지 않는다고 치계하다.

2. 24. 도요토미 히데요시가 죽었다는 보고를 받고 사실 여부를 따지다.

2. 25. 비망기를 통해, 병 때문에 선위하겠다는 뜻을 대신에게 알리다.

2. 28. 건주의 달자가 병력을 조달하여 왜를 치겠다고 제의하다. 이에 형 군문이 허락하려 했는데 양 포정이 반대하여 중지하다.

3. 9. 마 제독이 조선 사람의 글씨를 구하자, 한호에게 쓰도록 하다.

3. 9. 건주의 달자가 왜적과 싸우기를 청하자, 형 군문이 이원익에게 의향을 묻다. 이원익이 저들 역시 왜와 마찬가지라며 강력히 반대하다.

3. 18. 이순신이, 왜적의 동태와 아군의 준비 상황을 보고하다.

3. 29. 도요토미 히데요시의 죽음을 조사하게 하다.

4. 2. 비변사에서, 한산 싸움 패배의 죄는 모두 주장에게 있다고 아뢰자, 원균 한 사람에게만 핑계 대지 말라 이르다.

4. 2. 경리 양호가 화폐를 유통시켜 보라고 말하다.

4. 6. 동작강에서 명군의 진법 연습을 관람하다.

4. 10. 왜군 철수의 진위에 대해 이야기하다.

4. 12. 경리에게 화살에 바르는 독약에 대해 물었으나 알려주지 않다.

4. 12. 명 장수들이 군량 확보에 등한한 조선을 비방한다고 이덕형이 아뢰다.

4. 12. 마 제독이 장운익에게, 사직 이유는 문무의 의견 차와 병 때문이라고 하다.

4. 14. 힘을 다해 적을 죽이고 있는 이순신에게 상을 내려 사기를 고무해야 할 것이라고 경리가 말했다고 하자, 하나의 적진도 섬멸하지 못했고 한 명의 적장도 참획한 일이 없는데 무엇이 공로인지 모르겠다는 반응을 보이다.

4. 20. 부총 이영이 함양에서 이동 중 적탄을 맞고 졸하다.

4. 22. 이원익 좌의정, 이덕형 우의정.

4. 27. 부름을 받고도 술에 취해 있었다며 임해군을 파직하라 명하다.

5. 7. 야나가와 시게노부가 예판에게 서신을 보내 화의를 청하다.

5. 14. 관왕묘에 친제하다.

5. 24. 이여송의 화상을 평양에 모시고 제사하다.

6. 1. 비망기에서 중국과 왜적이 강화하는 것을 경계하다.

6. 3. 양 포정과 서 주사가 일본 측과 강화를 논의했는데, 명 장수들이 고압적인 자세로 일관하다.

6. 7. 성혼 졸.

6. 24. 비변사에서, 이순신이 피란하는 사람들을 수습해 군병으로 만들고 황폐한 곳에 주둔하면서 가까스로 자급하고 있다고 보고하다.

6. 26. 동작강 언덕에서 도독 진인을 전별했는데, 진인이 조선 수군에 대해서 직접 통솔하겠다고 하다.

• 이튿날 비변사가 이에 대해 우려하는 의견을 말했다.

7. 7. 유 제독(유정)이, 동행대신으로 유성룡 대

신 이덕형을 요구하다.

7. 10. 오유충 등이, 정응태가 경리 무신 양호를 참소한 것을 상주(上奏)하다.

7. 11. 유 제독이 승장 유정을 불러 만나다.

7. 14. 가토 기요마사가 고언백에게 글을 보내다.

• 오유충을 만나 강화를 도모하고 싶다는 고압적인 내용이다.

7. 25. 훈련도감이, 이전에는 활쏘기만 익혔을 뿐 창도·낭선·등패·요파·조총 등은 전혀 배운 적이 없었다면서, 명군으로부터 다양한 무술을 배울 것을 건의하다.

8. 1. 유 제독 접반사 김수가 치계해, 전라도 지방에 다다른 명군이 머리카락 없는 자들을 닥치는 대로 끌고 가고 있다고 아뢰다.

8. 3. 홍제원에서 형 군문을 격려하고 양 경리의 억울함을 이야기하다.

8. 13. 이순신이 보고해, 적을 무찌르고 70여 급을 베었는데 진 도독(진인)에게 40여 급을 나눠 주었다고 하다.

8. 17. 왕참정의 관소에 가서 접견하니, 도요토미 히데요시가 죽었다는 소식을 전해 주다.

8. 18. 마 제독·동 제독·유 제독을 남문 밖 삼거리에서 전송하다.

8. 20. 경상좌병사 성윤문이, 관백의 병이 위중해 적들이 돌아가려 한다는 정보를 보고하다.

8. 20. 이순신이 일본에서 도망한 자의 말을 빌려, 7월 초에 도요토미 히데요시가 죽었고, 이 때문에 왜병이 돌아가려 한다고 보고하다.

8. 27. 권율이, 서생포 적이 부산으로 철수하고 관백이 죽었다는 이야기도 있다고 보고하다.

9. 10. 이순신이 치계해, 기회를 틈타 바다로 나가 왜적을 치려 해도 매번 도독에게 정지당해 걱정스럽다고 보고하다.

9. 24. 명의 견책을 받아 물러나기를 청하다. 이에 명의 오해를 풀기 위해 사신을 보내기로 하고 의논이 유성룡에게로 모아졌는데 유성룡이 쇠약한 몸을 들어 사양하다. 이에 유성룡에 대

한 비판이 일다.

10. 8. 이원익 영의정, 이덕형 좌의정, 이항복 우의정.

10. 10. 권율이 치계해, 전투 중 명의 배 23척이 얕은 곳에 걸리자 왜적이 불을 질러 많은 명군이 잡혀갔다고 하다.

10. 10. 경상도 관찰사 정경세가 치계하여, 동 제독이 성을 공격할 때 진중 화약에 불이 나 적의 격습을 받고 7,000여 명이 죽었다고 보고하다.

10. 10. 중군의 패전 소식을 들은 마 제독이 경주로 물러나다.

10. 12. 10만에 이르는 3군의 군사가 모두 패전해 무너지자 다시 인심이 흉흉해지다.

10. 13. 이순신이 치계해, 수군이 합동 작전에 참여했는데 육군이 구경만 하자 적의 예봉이 수군 쪽으로 돌려져 아군 29명과 명군 5명이 전사했다고 아뢰다.

10. 27. 권율에 대해 사관이 혹평하다.

11. 16. 사간원이 유성룡을 탄핵하다.
• 남북의 분당은 그가 시초이며, 맨 먼저 화친 주장을 했고, 재침 때도 화의를 주장했다는 등의 이유였다.

11. 19. 유성룡을 파직하다.

11. 23. 좌의정 이덕형이 치계해, 유 제독이 성으로 달려가 보니 성안이 텅 비어 있고 바다에서 대포 소리가 요란했다고 하다.

11. 24. 이산해·정탁·윤두수 등이, 왜적이 일시에 도망했다고 아뢰다.

11. 24. 이순신이 전사하자, 후임을 정하는 문제를 정원에서 아뢰다.

11. 27. 좌의정 이덕형이, 이순신의 활약상에 대해 아뢰다.
• 이순신의 사람됨과 공적, 그의 죽음에 호남이 통곡했다는 사관의 논평 등이 남아 있다.

11. 28. 가토 기요마사가 철수하며 명나라 장수에게 고하는 글을 남기다.

11. 29. 해상에서의 승리는 왜적의 간담을 서늘하게 만들었다며, 조금의 위안이 된다고 하다.

11. 30. 이순신을 증직하고 장사를 도우라 하다.

12. 1. 비변사가 이순신의 사당을 세울 것을 청하다.

12. 4. 군문도감에서, 고니시 유키나가가 강화를 청하며 유 제독과 진 도독에게 갖은 선물 공세를 폈으나 이순신이 반대했다고 보고하다.

12. 5. 원손 탄생.

12. 7. 이덕형이 장계를 올려, 이순신과 이순신에 대한 주변의 평을 전하고 이처럼 사람을 감복시킬 수 있는 것은 우연한 일이 아니라고 아뢰다.

12. 10. 비망기로 군문에게 세자 책봉 문제를 간청할 것을 정원에 전교하다.

12. 16. 예조에서, 과거 시험의 거행을 청하다.

12. 16. 예조에서, 중전의 경성 환도를 청하다.

12. 18. 권율이 치계해, 해전에서 적의 머리를 벤 것이 적은 이유는, 이순신이 군사들에게 적의 머리를 베는 데 집중하면 적을 많이 죽일 수 없다고 경계했기 때문이라고 아뢰다.

12. 21. 진 도독이 노량 승전을 모두 자기 공인 것처럼 하다.

선조 32년(1599)

1. 18. 유성룡의 화의 주장에 동조한 이가 누구인지를 찾도록 전교하다.

1. 18. 홍문관에서, 유성룡을 앞세워 남북 당쟁의 실마리를 열고 화의를 주장한 이는 윤국형이라고 아뢰다.

3. 6. 배설을 참수하다.

4. 20. 모화관에서 유 제독 전별연을 베풀다.

윤4. 4. 모화관에서 만 경리 전별연을 베풀다.

윤4. 17. 이항복에게 비망기로 정응태 사건에 대해 전교하다.
• 정응태가 황제에게 조선을 비방하는 글을 올려, 황제로 하여금 임금을 질책하게 한 사건이다.

5. 7. 홍문관이 차자를 올려, 유성룡을 비호한 이원익을 극력 비판하다.

5. 15. 사헌부가 차자를 올려, 화의를 주장한 유성룡과 이원익을 논박하다.

5. 22. 병조에서, 포수·살수를 선발하는 문제에 대해 아뢰다.

5. 24. 군대 일부를 남겨, 왕을 위해 방어하게 하겠다는 황제의 칙서가 오다.

5. 26. 이원익이 18번째 사직서를 올리니 체차하기로 하다.

5. 29. 경리를 모화관에서 만났는데, 황제가 정응태의 간교한 정상을 통촉해 조선의 원통함을 씻어 주었다고 하다.

6. 13. 옥당(玉堂)이 차자를 올려 홍여순·홍식·구의강을 처단할 것을 아뢰다.

6. 13. 옥당이 화의에 찬동한 자가 누구냐는 물음에 구체적인 대답을 못하다.

6. 26. 사간원에서, 유성룡과 윤국형을 극력하게 탄핵하다.

7. 7. 권율에게 부의를 내리도록 하다.

7. 7. 비변사가 윤승훈의 계책을 따라 북벌을 청하니 수락하다.

7. 12. 권율을 추증하게 하다.

7. 14. 왜가 글과 함께 포로 수십 명을 보내면서, 억류한 사신의 송환을 요구하다.

7. 19. 정유년에 적이 남원을 쳤을 때 잡혀 포로가 된 강항이, 중국 관원을 통해 소를 보내오다.

7. 24. 윤두수 영의정.

7. 25. 사헌부가 영의정의 체차와 북벌의 중지를 청하다.

7. 29. 북벌에 대해 이덕형이 의견을 말하다.

8. 9. 세자가 책봉을 받지 못하는데, 조신들이 신경을 쓰지 않는다고 질책하다.

8. 17. 좌의정 이덕형이 사직하니 윤허하다.

8. 21. 우의정 이헌국 등이 경리 만세덕에게, 세자 책봉을 위해 중국 조정에 아뢰어 줄 것을 청

하다.

9. 7. 곽재우 경상좌 병사.

7. 12. 이항복 좌의정.

9. 22. 이원익 영의정.

10. 23. 이덕형 좌의정.

11. 30. 중국에서는 화의를 주창한 병부 상서 석성과 심유경이 주륙을 당했다며, 유성룡·남이공·김신국·이필형 등에게 엄벌을 내릴 것을 사헌부에서 청하다.

12. 19. 경창(京娼)을 데리고 살면서 무뢰배들까지 거느리고 와 폐단을 일으킨 황해도사 허균을 파직하다.

12. 27. 정인홍 형조참의.

선조 33년(1600)

1. 3. 비변사에서, 북도의 거사를 위해 군사를 동원하는 데 따른 문제점을 아뢰다.

1. 21. 이산해 영의정.

2. 15. 병으로 올라오지 않은 형조참의 정인홍을 체차하다.

2. 19. 정탁 좌의정.

2. 20. 곽재우가 소를 올려 의견을 개진하고 사직을 청하다.

2. 29. 사간원에서, 화친을 주장하고 집으로 가버린 일을 문제 삼아 곽재우를 추국할 것을 청하니 따르다.

3. 30. 왕세자가 문안하였으나 엄하게 대하다.

• 이즈음 세자를 대하는 것이 매우 엄하고 인견하는 것이 드물었다. 이에 세자가 외문에 이르렀다가 물러가곤 했다.

4. 5. 이원익 좌의정.

4. 14. 중국으로부터 목봉과 권법을 배워 익히도록 당부하다.

4. 14. 경리어사 만세덕이 왜적 문제를 보고하다.

4. 19. 이원익이 4차례 사직을 청하니 체차하다.

4. 22. 이헌국 우의정.

4. 23. 이조좌랑 구의강이, 자신을 뺀 6조 낭청이 홍여순을 탄핵하는 소를 올렸다며 사직을 청하다.

4. 28. 이산해가 홍여순의 일로 사직을 청하자 체직하다.

• 홍여순이 정승에 의망되었으나 이산해가 저지했다. 이산해 무리와 홍여순 무리가 충돌한 것이다.

5. 3. 양사가 합사해 전 병판 홍여순과 그 당여들을 탄핵하다.

5. 16. 유학 이해가 이산해와 그의 일당을 논죄하는 소를 올리다.

5. 19. 대신들을 불러 의견을 구하자, 우의정 이헌국이 이산해와 홍여순을 같이 비판하다. 이에 이산해를 파직하고 아들 이경전과 이이첨을 삭출하다. 양사는 체직하다.

6. 9. 전좌랑 강항이 일본에서 도망쳐 와, 일본의 정세를 비밀리에 서계하다.

6. 15. 비변사에서, 일본 사신의 동태와 일본에 답서를 보내는 일로 아뢰다.

6. 17. 이항복 영의정, 이헌국 좌의정, 김명원 우의정.

6. 27. 중전이 훙서하다.

7. 16. 여러 차례 살인하고 빈전 곁 여막에서 제 어미의 종을 겁간한 순화군에 대해 경악하면서 유사로 하여 처벌하게 하다.

7. 21. 순화군을 수원에 정배하다.

8. 9. 세자의 건강을 염려하여 개소(開素)를 권하다.

8. 20. 토지와 관련하여 여러 양상이 나타나다.

• 주인한테 땅을 돌려주지 않거나, 땅 주인과 함께 민전을 관전에 배속시키고 세금은 사사로이 써 버리는 등의 일이 벌어졌다.

8. 24. 명군 1,000명은 머무르게 해야 한다며 비망기를 내리다.

9. 1. 윤인백의 상소에 따라, 황정욱 부자의 신원 문제를 논의하다.

9. 22. 글씨를 써 달라는 제독 이승훈의 부탁에 대해 전교하다.

• 임금이 곡예를 다른 사람에게 보이는 것은 옳지 않고, 자칫 웃음거리가 될 수 있다며 배신을 시켜 올리도록 했다.

9. 24. 이승훈에게 친히 적선당이란 글씨를 써 주다.

• 마음이 바뀌었는지 직접 글씨를 써서 주었다. 선조가 자신의 필적에 자신감을 가지고 있었던 듯하다. 제독이 연월일과 조선국왕어휘 문구를 쓰고 어보를 찍어 줄 것을 요청하자 그대로 따르기도 했다.

9. 26. 명 군사들이 물러나게 된 상황에 맞춰 비변사에서 시무책을 올리다.

• 경기 지방에 시장이 많이 생겼는데, 개성을 제외하고는 금지할 것을 청하는 내용도 있다.

9. 27. 난리가 난 후 새로 정한 구차스러운 법령들 중, 훈련도감과 관련이 있는 것 이외에는 모두 혁파하라 명하다.

10. 3. 남아 있는 공명고신첩·허통첩·면역첩 등을 가져다 불태우게 하다.

10. 8. 수원에 정배 중이던 순화군이 고을의 형틀을 가져다가 향리 둘에게 형장을 가해 거의 죽게 되다.

10. 28. 중국인 섭정국이 짧은 기일 안에 군사를 조련해 주겠다고 하다.

11. 25. 정배 중인 순화군 이보의 작폐에 대한 대책과 역군 문제를 논의하다.

• 순화군 처리 과정에서 사관이 세간의 일을 적었다. 예전에 순화군이 임해군에게 "나는 비록 경망하여 사람을 구타하지만, 형이 남의 전택이나 노비를 빼앗는 것보다는 낫다."라고 말했다. 사람들이 이 말만은 옳게 여겼다고 한다.

11. 29. 섭정국의 말이 거짓인 것으로 드러나다.

12. 22. 의인왕후를 장사 지내다.

선조 34년(1601)

1. 3. 행패를 부리는 명나라 도망병을 잡아들이

게 하다.

1. 9. 헌부에서 《실록》의 영구 보존을 건의하다.

2. 1. 경기관찰사 남이신이 치계하여, 순화군의 잔혹한 행패를 보고하다.

2. 5. 사간원이, 순화군을 하옥하여 나국할 것을 건의하였으나 불허하다.

3. 10. 순화군을 서울로 데려오게 하다.

3. 14. 비변사에서, 호종 신하와 역전 장사의 녹훈을 별도로 훈록함이 마땅하다고 아뢰자, 왜란을 평정한 것은 오로지 명 군대의 힘이었고, 우리나라 장수는 뒤만 따르다 요행히 잔적의 머리를 얻었을 뿐 공이 없다고 하다.

3. 16. 도망 노비들과 신역을 도피한 무리가 임해군에 투탁한다며, 임해군을 파직할 것을 청했으나 듣지 않다.

3. 17. 한호에 대해, 액자는 잘 쓰지만 초서·예서는 그의 장기가 아니라고 말하다.

3. 17. 이항복이, 장수들의 논공도 적지 않은데 호종공신의 말석에 겨우 얹으면 장수들의 불만이 따를 것이라 아뢰자, 거듭 우리나라 사람은 한 일이 없고 강토를 회복한 것은 오로지 명의 공이라 답하다.

4. 3. 고니시 유키나가가 죽었다는 소식이 들어오다.

4. 7. 윤두수 졸.

5. 1. 이항복이, 원훈 포상에서 자신을 으뜸으로 한 성명을 거두어 줄 것을 청했으나 듣지 않다.

5. 6. 김명원 좌의정, 윤승훈 우의정.

6. 8. 예조가 복색의 일로 아뢰다.
• 상복 단령의 경우 천홍색으로 하여 임금과 구별이 되도록 했다.

6. 28. 사도체찰사 이덕형이, 왜인 10명이 일본국의 강화 문서를 가지고 왔다고 알리다.

7. 18. 역모를 꾀하던 길운절이 스스로 역모를 고변하다.

8. 3. 길운절을 능지처사하다.

8. 7. 길운절 무리 11명을 능지처사하고 교서를 반포하다.

10. 23. 건주위 추장 노을가적이 서울에 와서 직첩 받기를 청하다.

11. 10. 예조에서, 왕비 간택에 대한 예를 아뢰다.

12. 23. 헌부에서, 최영경의 옥사와 관련해 성혼의 무죄를 아뢰다.

12. 30. 대사헌 기자헌이 최영경의 일을 말하며 성혼의 관련성을 논하다.

선조 35년(1602)

1. 12. 유영경 이조판서.

2. 3. 헌부에서, 최영경을 옥사에 이르게 한 대신들을 파직하기를 청하다.

2. 7. 최영경의 일을 상고해 아뢰라 이르다.

2. 15. 정인홍에게 대사헌을 제수하며, 속히 올라오라 이르다.

윤2. 3. 이덕형 영의정.

윤2. 7. 유생 한효상 등이, 성혼을 구제하는 소를 올리자 싸늘한 반응을 보이다.

윤2. 13. 기자헌 부제학.

윤2. 20. 정인홍이 올라와 나이와 병 등을 이유로 사직을 청했으나 듣지 않다.

3. 21. 유영경 우의정.

4. 14. 세자 책봉을 주청할 것을 청하자, 그럴 경우 사신이 오게 되어 백성의 고통이 크다며 기다리는 게 마땅하다고 하다.

4. 16. 정인홍이 헌부 관원들과 마찰을 일으키자 체차하다.

5. 13. 정인홍에게 떠나지 말라고 간곡히 당부하다.

6. 11. 순화군이 또 사람을 잡아다가 심하게 매질하다.
• 순화군뿐만 아니라, 임해군과 정원군이 일으키는 폐단도 끝이 없었다고 한다.

7. 2. 정인홍이 사람들과 화합하지 못하는 까

닭을 묻자, 대신들이 그의 과격함과 대북 중심의 사고 때문이라고 답하다.

7. 4. 간원이, 백주에 궁궐 지척에서 사람을 때려죽인 임해군을 법에 따라 조사할 것을 청하니 수락하다.

7. 13. 별전에서 왕비 책봉례를 갖다.

7. 22. 황정욱과 홍여순을 석방하다.

8. 2. 성균진사 최극겸이 오현종사를 주청하다.

8. 19. 춘추관에서, 영변의 《실록》을 등사할 것을 청하다.

8. 21. 정인홍이 병으로 출사할 수 없다고 아뢰었으나 올라오게 하다.

8. 30. 호조에서, 문무과 급제자에게 홍패 및 어사화 외의 관복은 각자 준비하게 할 것을 청하니 따르다.

• 그동안에는 나라에서 지급했으나 국고 고갈로 인해 각자 준비하게 한 것이다.

9. 13. 정원군의 궁노들이 하원군(선조의 형)의 궁노들과 다툰 후, 몽둥이를 들고 찾아가 가산을 부수고 하원군 부인을 잡다 가두는 일이 벌어지다. 간원이, 정원군은 파직불서(罷職不敍)하고, 궁노들은 나국하여 죄를 주라 청하다.

9. 22. 왕세자가 문안하다.

• 이때도 역시 왕세자를 대우함이 엄격하여 인견하는 경우가 드물었다. 문안할 때마다 외문까지 갔다가 물러나오곤 했다.

10. 15. 기로배신 이산해 등 12인, 문직배신 이덕형 등 368인, 무직배신 변양걸 등 245인이 연명으로 세자 책봉을 청하다.

12. 10. 김명원 졸.

선조 36년(1603)

2. 5. 공신도감이 호종공신과 정대공신을 취품하여 아뢰다.

2. 6. 윤승훈 좌의정.

2. 13. 좌우 포도대장에게 명해 창덕궁 숲에서 사람을 문 호랑이를 잡도록 하다.

3. 9. 인성군 이공이 호화로운 혼례를 올리다.

3. 27. 식량 조달을 위해 설치했던 둔전의 폐단을 혁파하게 하다.

4. 27. 왕비 김 씨를 책봉하는 고문을 받다.

4. 28. 공신도감에서 공신 등급을 정한 일에 대해 아뢰다.

5. 3. 춘추관에서 《실록》의 등서 작업을 행할 것을 아뢰자 따르다.

5. 11. 고경명의 사당에 편액을 하사하고 제사하는 일에 대해, 이순신과 같이 논할 수 없다며 반대하다.

5. 16. 춘추관에서 《실록》의 현황에 대해 아뢰다. 등서할 경우 현실적으로 3년에 1질이 어렵지만 인쇄할 경우 5년 안에 3질이 가능하다고 하다.

5. 16. 책봉 주청사가 명나라 예부의 자문을 가지고 돌아오다.

• 2~3년 더 기다렸다가 세자 책봉을 청하라고 했다.

5. 19. 서울에 담당국을 설치해 《실록》 인출 작업을 진행하기로 하다.

5. 23. 호조에서 화폐 사용을 건의하자 윤허하다.

6. 7. 궁궐 안의 하수구가 넘쳐 홍문관의 서적이 떠내려가다.

6. 24. 화폐 사용에 대해 논의 끝에 없던 일로 하기로 하다.

6. 26. 원균의 공을 강조하며 2등에 둔 것에 이의를 제기하자, 신하들이 이순신과 같은 1등에 넣겠다고 하다.

8. 16. 경기방어사 겸 수원도호부사 변응성이, 화적 발생에 대한 장계를 올리다.

8. 22. 유성군 유희서가 소분하러 포천에 갔다가 화적 떼에게 피살되었다고, 경기관찰사 강신이 치계하다.

9. 27. 사람을 잡아다 함부로 형신해 죽인 순화군의 잘못을 조사하게 하다.

10. 6. 훈련도감의 보고에 따라, 도감의 군사 중 궁가로 도망한 자는 엄하게 다스리도록 하다.

10. 23. 형조에서, 민란 이후 문란해진 주종 관계를 안정시킬 방법에 대해 묻다.

10. 26. 비변사에서, 종묘 중건은 내년 농사 결과를 지켜보고 하자고 건의하자 따르다.

11. 12. 왕세자의 둘째 아들이 마마로 죽다.

선조 37년(1604)

2. 13. 비변사가, 곽재우를 불러다 장려하고 수시로 기용할 것을 건의하다.

2. 16. 경기감사 김수가 방납의 폐해를 고칠 것을 청하다.

2. 16. 비변사가, 곽재우를 그대로 있게 하여 원수의 지휘 아래 제장을 감독하게 하라고 건의하자 따르다.

2. 18. 곽재우를 찰리사로 삼다.

2. 24. 비변사에서, 유정을 시켜 왜의 사신을 접응하게 하고, 형세를 보아 대마도에 가서 적정을 정탐하게 할 것을 건의하다.

3. 12. 부산에 유정을 보내 왜 사신을 만나도록 조처하라고 명하다.

3. 19. 성균관 생원들이 오현의 문묘배향을 청하다. 이에 이언적 같은 이가 끼어 있어 괴이하게 생각한다며 뒷날의 정론을 기다리라 하다.

3. 23. 정원이, 이언적의 일에 대한 비답을 우려하며 이언적을 변호하자, 을사사화 때 제현을 국문하는 데 참여하여 공신에 책봉된 일, 봉성군을 죽일 때 따라간 일 등을 거론하다.

4. 18. 이항복 영의정.

4. 19. 기자헌 이조판서.

4. 25. 별전에서 침을 맞는데 왕세자가 입시하다.

5. 15. 이항복이 여섯 번째 사직 끝에 체직되다.

5. 22. 윤승훈 영의정, 유영경 좌의정, 기자헌 우의정.

5. 25. 순화군 이보가 두 여인을 죽이다.

6. 8. 유정을 일본에 보내기로 하다.

6. 22. 유정이 대마도로 가게 되어 배사하다.

6. 25. 호성공신 86명, 선무공신 18명, 청난공신 5명을 정하다.

6. 29. 헌부가 순화군의 난동을 보고하자, 조정의 결정에 따르겠다고 하다.

8. 5. 대신들이 임진년의 공로를 들며, 존호를 올릴 것을 청하다.

• 임금은 천지와 신민을 버린 것이 부끄럽다며 사양했으나, 8월 내내 존호를 더할 것을 청하는 일이 이어졌다.

9. 7. 종묘를 복원하기 전에는 논하지 말라고 하다.

9. 7. 신하들은 종묘를 세우기 전에 책훈되었다며 쾌히 청을 따라 줄 것을 청하자 따르다.

9. 23. 편두통 발작으로 침을 맞다.

윤9. 9. 중전의 산실을 설치하다.

윤9. 13. 백관이 존호를 알리는 전문을 올리다.

윤9. 26. 광해군을 세자로 세우는 주문을 명에서 거부하다.

• 장자가 우선이라는 논리를 계속 폈다.

10. 3. 순화군을 사복시정 이수준의 집에 안치하다.

10. 19. 사시에 존호를 올리는 예를 거행하다.

11. 17. 중전이 사산하다.

12. 6. 유영경 영의정, 기자헌 좌의정, 심희수 우의정.

12. 8. 예조가, 과거장에서의 폐단을 처결할 것을 청하다.

선조 38년(1605)

3. 23. 곽재우 우윤, 이언영 병조좌랑.

4. 16. 선무원종공신 9,060명, 호성원종공신 2,475명, 청난원종공신 995명을 계하다.

4. 20. 우리나라에 맞는 병서 편찬을 독려하다.

4. 22. 춘추관이 태묘 및 궁궐 건축서에 관해 아뢰다.

5. 19. 서성이 적을 무찌르지 못하고도 허위로 보고하다.

5. 12. 대마 태수가 조선과 일본의 강화를 주선하다.

5. 22. 함경도 안문어사 이징험이 서성의 패배 실상을 전하다.

5. 24. 대마도에서 강화의 허락을 받고 포로를 보내다.

6. 7. 임금의 명령인 유서나 교서를 적을 때, 졸필로 갈겨쓰지 말라고 이르다.

7. 6. 홀적이 군대를 나누어 온성 경내에 침략해 들어오다.

7. 8. 망령되이 군사를 일으켜 위엄을 손상시키고, 여기에 거짓 보고까지 한 서성을 파직하다.

7. 24. 성균관 유생 정호성 등이 8도 제읍의 향교 및 서원에 서찰을 보내, 정인홍이 지은 《발남명집설》을 비방하다.

• 이황을 비판하고 남명을 옹호하는 내용이 있다. 사관은, 퇴계와 남명 모두 도의군자에 어긋나지 않았는데 양가의 문도들이 둘의 학문의 깊이는 모른 채 행적만 가지고 서로 비방하는 현실을 비판했다.

7. 27. 고산찰방 김응련이, 북방의 허술한 무기 상태를 보고하다.

8. 1. 3년 만에 쾌유하여 경연을 열게 되었으니, 세자는 군신을 거느리고 하례하여야 한다고 비망기로 이르다.

8. 4. 왕세자가 백관을 거느리고 대전에 전문을 올려 진하례를 행하다.

선조 39년(1606)

3. 6. 예조에서, 대군의 탄생에 진하를 건의하다.

4. 5. 일본에 사신을 보내는 문제에 대해 2품 이상에게 수의하다.

4. 16. 원임 영의정 이항복 등이 중국 사신에게 세자의 책봉 주선을 청하다.

4. 28. 실록인출청에서, 《실록》 인출이 마무리되고, 태백산·묘향산·오대산 등지의 사각도 공사가 끝나 가고 있다고 보고하다.

5. 13. 비변사에서, 도쿠가와 이에야스에게 능침 발굴범을 압송해 달라는 요청을 하자고 아뢰다.

5. 21. 도감의 포수들이 궁가에 투탁하는 것을 엄금하라고 정원에 전교하다.

6. 4. 성균관 성묘의 동무(東廡)에 익명의 글이 붙다.

6. 15. 영창대군에게 토지와 노비를 내려 주다.

7. 26. 성균관 벽서 사건 연루자들에 대한 조사를 엄히 하라고 이르다.

8. 23. 임해군에게 노비 등 재산을 빼앗긴 사람은 모두 정소하여 돌려주게 하고, 데리고 사는 양계의 관기는 돌려보내도록 하다.

9. 3. 비변사에서, 도쿠가와 이에야스가 화친을 청하니 제왕이 오랑캐를 대우하는 도리로 끝내 거절하기 어렵다고 아뢰다.

11. 17. 범능자로 지목받은 두 왜인이, 한 명은 서울에 오지 않았다고 하고, 다른 한 명은 조선 땅이 처음이라고 진술하다.

12. 20. 자백하지는 않았으나 두 왜인을 처참하게 하다.

12. 23. 두 왜인의 불복을 왜에 알리고 후일의 임기응변을 도모하게 하다.

선조 40년(1607)

1. 4. 왜적이 잡아간 포로를 쇄환할 것과, 조총을 사 오는 일을 의논하여 시행하라 전교하다.

3. 6. 곽재우 경주부윤.

5. 4. 헌부에서, 난리 이후 불교가 번성하는 등의 상황을 아뢰면서 불경을 외고 부처에 절하는 허균과 벽곡을 하는 곽재우 등의 처벌을 청하였으나 듣지 않다.

5. 7. 사람의 쓸개를 빼어 간다는 소문이 흉흉하다.

5. 13. 유성룡 졸기.

5. 15. 정인홍이 기축옥사 연루자에 관해 상소하다.

6. 11. 전라도 유생 최홍우가, 기축옥 연루자 정개청·이발 등의 설원을 청하다.

7. 19. 회답사로 갔던 여우길 등이 일본에서 돌아오다.

9. 5. 대간이, 사신이 가져온 서신에 패려한 표현이 많은데 고치지 못한 채 가져왔다며 탄핵하자, 따질 일이 아니라고 하다.

10. 9. 아침에 일어나 방 밖으로 나가다 쓰러지다.

10. 11. 세자에게 전위할 것을, 전위가 어렵다면 세자로 하여 섭정하게 할 것을 명하다.

10. 11. 영의정 유영경 등 3공이 전섭 명을 거둘 것을 청하다.

10. 11. 중전이 언문으로 전섭 명을 따르라는 내지를 내리다.

10. 12. 세자가 대궐 호위를 엄히 할 것을 명하다.

11. 12. 세자가 동궁으로 돌아가다.

선조 41년(1608)

1. 18. 정인홍이 유영경을 공격하는 소를 올리다.

1. 21. 유영경이 소를 올려 변명하다.

1. 22. 정인홍의 상소로, 좌의정 허욱과 우의정 한응인이 대죄하자, 정인홍의 말은 실성한 사람의 말과 같다며 대죄하지 말라 이르다.

1. 22. 비망기로 정인홍의 불충을 말하고, 세자가 천자의 책명을 받지 못했다 하다.

1. 25. 정인홍의 상소로 세자가 비통한 심정을 아뢰자, 세자와의 사이에 조금의 틈이 없다는 것은 하늘이 아는 바라며 안심하라 답하다.

1. 26. 정언 구혜가, 정인홍·이경전·이이첨의 귀양을 청하자 따르다.

1. 26. 생원 하성이, 정인홍을 옹호하고 유영경을 공격하는 소를 올리다.

1. 28. 진사 정온 등이 상소해 정인홍을 옹호하고 유영경을 공격하다.

2. 1. 어의가 왕세자에게 일이 이미 어쩔 수 없게 되었다고 고하다.

2. 1. 내전에서 대신과 원임대신을 부르라 명하다.

2. 1. 훙하다.

2. 1. 형제를 사랑하고 참소를 듣지 말라는 유서를 남기다.

2. 1. 휘호를 현문의무성경달효로, 묘호는 선종, 능호는 목릉으로 하다.

《선조수정실록》

선조 2년(1569)

6월 당파의 형색이 노당·소당으로 나뉘다.

선조 3년(1570)

12월 이황 졸기.
• 조광조와 비교하여 서술했다.

선조 5년(1572)

7월 이준경 졸기.
• 조식과 이황이 올라 왔을 때의 일, 윤원로를 죽이는 데 반대한 일 등을 서술했다.

10월 기대승 졸기.
• 기대승은 이황을 스승으로 섬기었는데, 이황은 그를 제자로 대하지 않고 존중했다.

선조 6년(1573)

5월 이지함·최영경·정인홍에 대해 서술하다.

9월 이이와 김우옹이 임금의 천품과 실덕에 대

해 아뢰다.
• 이이가 일을 아뢸 때는 어조가 지나치게 명쾌하고 곧아 왕이 좋아하지 않았다고 한다.

선조 7년(1574)
2월 향약을 둘러싸고 이이와 허엽이 논쟁하다.
• 이이는 백성이 곤궁하다 하여 시행을 반대했고, 허엽은 어진 이가 많은 때이므로 즉각 시행할 것을 주장했다.

선조8년(1575)
5월 이이가 서경덕의 학문을 비판하자 허엽이 분개하다.
6월 노수신이 이이와 허엽을 추천하자, 이이는 언론에 과격하고 허엽은 오활하다고 답하다.
10월 이이가, 심의겸·김효원 모두 외직에 보내야 한다고 주장하다.

선조9년(1576)
1월 이원익을 정언으로 삼다.
• 이이가 황해감사 시절, 도사 이원익의 일솜씨를 보고 추천했다.
11월 서경덕의 문하로 우정이 돈독했던 박순과 허엽에 대해 서술하다.

선조 10년(1577)
5월 공빈 김 씨 졸. 이후 김 소용이 총애를 얻고 그 뒤에는 인빈이 총애를 얻다.

선조 11년(1578)
7월 이지함 졸기.
11월 대사헌에 제수된 정철이 시론에 분개해 사양하고 낙향하려 하자, 이이가 만류하여 취임하다.

선조 12년(1579)
2월 경연에서 김우옹이 붕당을 화해시키는 일

을 아뢰다.
4월 이수·장세량의 일로 김우굉을 파직하고, 송응개 등을 체직하라고 명하다.
7월 백인걸의 소를 둘러싸고 논란이 일다.

선조 13년(1580)
2월 허엽 졸기.
4월 유성룡이 상주목사로 가다.
10월 이산해 형조판서.
12월 이이가 대사간을 맡아 조정에 머무르자 박순이 크게 기뻐하다.

선조 14년(1581)
5월 김계휘를 변무주청사로, 고경명을 서장관으로 삼다. 당초 조정의 의논이 이이로 모아졌으나 이이가 조정을 떠나면 안 된다는 박순과 이산해의 주장에 따라 김계휘로 정하다.
7월 이이와 김우옹 등이 당쟁을 보합시키려 애쓰다.
8월 정인홍이 계를 올리며, 사류를 끌어들여 성세를 돕게 했다는 표현을 넣었는데, 이이가 이를 문제 삼고 정철을 옹호하다. 이후 이이와 윤승훈이 갈등하다. 정철이 관직을 버리고 향리로 떠나고 정인홍도 해직되어 향리로 돌아가다.

선조 15년(1582)
4월 예조판서 김계휘 졸.
9월 이이가 시폐의 개정에 관한 소를 올리자, 이에 대해 유성룡이 반대하다.
• 경장은 옳으나 그의 재주로는 해낼 수 없다고 했다. 또 이이가 10만 양병을 주장했으나, 유성룡은 군사를 양성하는 것은 화단을 키우는 것이라며 반대했다.

선조 16년(1583)
1월 관리들이 이이의 일솜씨에 대해 탄복하다.
2월 적호를 온성부사 신립이 제압하다.
• 무예가 뛰어난 데다가, 부하들을 정예화시켜 육박

전에 능했다고 한다.

4월 병판 이이가 행한 일들에 대해 서술하다.

5월 적호 율보기가 10,000명을 이끌고 종성에 들어오니 온성부사 신립이 구원하다.

6월 양사가 이이의 파직을 청하고, 이이는 여섯 번 사직을 청하다.

선조 18년 (1585)

9월 생원 이기가 소를 올려, 이이와 성혼이 심의겸의 당여와 무관하다고 아뢰다.

선조 19년 (1586)

7월 전 영의정 박순이 영평의 산중으로 물러가다.

선조 20년(1587)

3월 성균진사 조광현·이귀가 스승 이이 등이 무함을 당한 정상을 논한 소를 올리다.
• 상소에서 서인의 변천사가 드러난다.

선조 21년(1588)

10월 유성룡을 형조판서 겸 대제학으로 삼다.

선조 22년(1589)

2월 조헌이 궐문 앞에 거적을 깔고, 백성을 구제할 것과 이산해·유성룡 등을 극력 탄핵하는 지부 상소를 올리다. 이로 인해 유배되다.

10월 성절사 공조참판 윤근수가 황제의 칙서와 《회전》을 가지고 오다. 이에 《회전》 반사를 종묘에 고하고 윤근수의 품계를 올려 주다.

11월 양천회가 상소를 올려, 이발·이길·백유양·정언신 등이 정여립과 교결했다고 공격하다. 정언신이 이발과 서찰을 통한 적 없다고 했다가 나중에 서찰이 발견되어 왕의 분노를 사다. 이발이 옥중에서 이정란에게 조헌의 말을 듣지 않아 이 지경이 되었다고 말하다.

12월 송익필 형제의 추문을 전교하다. 정인홍이 송익필과 교류했다며 이이가 성혼을 비판하다.

—호남 유생 정암수 등이 정여립과 관련된 대신들에게 죄줄 것을 상소하다.

—김우옹을 북변으로 유배하다.

—이순신 정읍현감.

선조 23년(1590)

2월 종묘에 친제하다.

—전 현감 정개청을 하옥하여 국문한 뒤 유배시키도록 하다

3월 황윤길·김성일 등이 왜사와 함께 서울을 출발하다.

—전라감사 이광에게 군기가 발견되지 않은 까닭과 정팔룡·길삼봉 등이 끝내 잡히지 않은 까닭을 묻다.

—전 도사 조대중이 창기와 이별하며 눈물을 흘렸는데, 적을 위해 울었다고 잘못 알려져 잡혀와 형신당하다 옥사하다.

—조사 김빙이 정여립을 추형할 때 날씨가 추워 눈물을 흘렸다가 국문을 받아 죽다.

4월 성혼이 백성의 피폐함과 붕당의 폐해에 대해 올린 소에서, 정여립과 관련한 민심에 대해 전하다. 노수신 졸기.

6월 전 지평 최영경을 하옥하다.

8월 광국공신 19인, 평난공신 22인을 정하다.
• 종계변무에 대한 공로다.

선조 24년(1591)

2월 이순신을 전라좌도수사로 삼다.
• 이때 이순신의 명성이 드러나기 시작하여 칭찬과 천거가 이어져 정읍에서 진도군수로 이배되어 부임하기도 전에 가리포첨사에 제수되었다가 얼마 안 되어 수사로 발탁되었다. 임명장의 먹이 마르기도 전에 승진했다는 말이 있을 정도였다.

3월 통신사가 왜 사신 야나가와 시게노부 등과 함께 돌아오다.

— 통신사들의 행보와 귀국 후 황윤길과 김성일

의 의견이 서로 갈리다.

- 조헌이 왜적의 침략을 극력 주장하다.
- 유성룡이 김성일에게 우려를 보이자 온 나라가 혼란에 빠질까 두려워 그렇게 의견을 냈다고 답하다.
- 김성일이 왜의 답서가 거만하다고 항의하다.
- 왜인들이 김성일의 행동을 높게 평가하다.
- 옥천에 있던 조헌이 일본의 서계에 분개해 침략에 대비할 것을 청하다.

4월 중국에 주문할지 여부를 의논하다.

5월 이발의 어머니 윤 씨와 그의 아들들이 고문으로 죽다. 이발의 아우 이급과 이급의 아들들도 장형을 받고 죽다.

- 3년간 옥사가 계속되자 인심이 원망하다. 20여 개월 사이 죽은 자가 수백이고 조신 중에 죽은 이도 10여 명에 이르다.
- 홍여순·조인득 등이 합계해, 정철·백유함 등이 붕당을 지어 유생들에게 상소를 사주해 이름 있는 재상 등을 역당으로 몰아 죽이려 했다며 처벌을 청하자 받아들여 극변으로 유배하다.
- 왜인들이 하나둘 떠나 임진년 봄에는 왜관이 텅 비다.

7월 간신 정철의 모함에 얽혀 배척받은 사람이 있으면 모두 발탁·서용하라고 전교하다.

- 비변사에서, 왜는 수전에는 강하나 육전에는 약하다며 육지 방어에 힘쓰기를 청해 영호남의 성읍을 수축하다.

10월 한응인을 파견해, 왜가 조선을 위협하고 명에 쳐들어가려는 사정을 진주하다.

- 유성룡이 진관법 부활을 청했으나, 경상감사 김수가 반대해 받아들이지 않다.

11월 부제학 김성일이 차자를 올려 시폐 10조를 논하다. 또 성지 수복과 병정 선발로 민심이 소란하다며 중지를 청하고 이순신의 발탁을 비판하다.

선조 25년(1592)

2월 대장 신립과 이일을 각 도에 보내 병비를 순시하게 하다.

3월 김성일이, 왜노는 침략해 오지 않을 것이며 온다 해도 걱정할 필요가 없다고 하다.

4월 순변사 이일의 상주 패배 전말.

- 이덕형을 적진에 사신으로 보내다.
- 김성일을 처벌하려다 유성룡의 말을 듣고 초유사로 삼다.
- 해도의 주사를 없애고 장사들은 육지에 올라와 전투하라 명했는데, 이순신이 수륙의 전투와 수비 중 어느 하나도 없애서는 안 된다고 급계해 호남의 주사는 남게 되다.
- 백관에게 융복을 입도록 하다.
- 유성룡에게 서울을 방어하게 했으나, 이항복이 주장해 거가를 호종하게 되다.
  • 국경에 이르게 되면 중국과 교섭해야 하는데 이를 맡기에는 유성룡만 한 이가 없다며 호종하게 한 것이다.

5월. 왜적이 종묘를 불태우다.

- 이순신이 옥포 해전을 승리로 이끌다. 이때 어깨에 탄환이 박혔는데 전투가 끝나고 나서야 빼내게 했다.

6월 원균이 연명으로 장계를 올리려 했으나 이순신이 독자 장계를 올리다.
  • 처음에 원균이 이순신에게 구원을 청하여 적을 물리치고 연명으로 장계를 올리려 하였다. 이에 이순신이 천천히 하자고 하고는 밤에 스스로 연유를 갖춰 장계를 올리면서, 원균이 군사를 잃어 의지할 데가 없었던 것과 적을 공격함에 있어 공로가 없다는 상황을 모두 진술하였다. 이를 원균이 듣고 대단히 유감스럽게 여겼다. 그 후 각각 장계를 올려 공을 아뢰었는데 두 사람의 틈이 생긴 것은 이때부터였다.

- 가토 기요마사와 고니시 유키나가가 제비를 뽑아 행로를 결정하다. 가토는 관북으로, 고니시는 관서로 가기로 하다.
- 북도행 논의에 이항복이 강력히 반대하다.

- 각지의 의병이 봉기했는데 관군과 마찰을 빚기도 하다. 영남의 경우 김성일이 요령 있게 잘 조화하다.
- 곽재우와 김수가 갈등하다. 김성일이 곽재우를 타이르고 상황을 정리하다.

7월 전라절제사 권율이 웅치에서 왜적을 물리치다.
- 동복현감 황진이 이치에서 적을 물리치다.
- 이순신이 한산에서 큰 승리를 거두다.

8월 조헌과 영규가 청주성을 회복하다.
- 조헌과 영규가 금산성 전투를 벌이다.
- 박진이 경주를 수복하다.
- 연안성 전투에서 승리하다.
- 정문부가 경성을 수복하다.

10월 부산 등지의 적이 진주를 포위하다. 김성일이 곽재우를 보내 진주를 구원하게 하다.

11월 주청사 정곤수가 명에서 돌아와 명이 대병을 출병키로 했다고 아뢰다.
- 이산겸이 조헌의 남은 군사를 거두어 적을 토벌하다.

12월 황제가 대병을 파견하다.
- 윤근수를 경략접반사로, 이덕형을 제독접반사로 삼다.

선조 26년(1593)

1월 이여송이 평양에서 승리하다.
- 고니시 유키나가 등이 평양 패배의 분풀이로 경성 백성을 마구 학살하고 인근 산과 들을 불태우다.

4월 경성의 왜장들이 군대를 이끌고 남쪽으로 가다.
- 김성일 졸기.

6월 한효순이, 곽재우에게 진주로 달려가 지킬 것을 요구했으나 곽재우가 반대하다.
- 김천일 졸기.

8월 이순신이 군영을 한산도로 옮길 것을 청하다.

윤11월 송응창이 탄핵을 받아 명으로 돌아가고, 병부시랑 고양겸이 대신하게 되었는데, 요동에 이르러 압록강을 건너지 않다.
• 이때 중국 조정에서는 조선 분할 논의가 있었다.

12월 정철 졸기. 강화에 우거하다 술병으로 죽다.

선조 27년(1594)

1월 역모를 꾀한 송유진 외 8인을 능지처참하다. 이산겸이 역적의 무고로 죽다.

2월 훈련도감을 설치하고 유성룡을 도제조로 삼다.

4월 각 도의 의병장을 혁파하고 김덕령에게 소속시키다.

8월 고 경략이 탄핵되어 돌아가고, 병부 우시랑 손광이 대신하다.

선조 28년(1595)

3월 손응창이 폐물(幣物)을 가토 기요마사에게 보내 철수를 청하자, 고니시 유키나가와 심유경이 하는 일은 간교한 속임수라 하다. 평양 전투 패배 후 관백이 고니시 유키나가를 죽이려 했는데, 유키나가가 다섯 가지를 약속해 용서했다고 하다. 더불어 유키나가가 요구한 세 가지는 관백의 요구가 아니라고 했는데 석성은 심유경에게 속아 화의의 일을 계속 추진하다.
• 다섯 가지 약속이란, 명나라와 일본의 혼인, 조선의 4개도를 일본에 복속, 조선의 왕자를 일본에 보낼 것, 조선의 대신을 일본에 볼모로 보낼 것, 공동 서약이다.

7월 문폐의 심화를 거론하며 긴요하지 않은 서원의 혁파를 명하다.

선조 29년(1596)

1월 심유경과 고니시 유키나가가 일본에 들어가다.

4월 봉왜정사 이종성이 도망쳐 오다.

5월 가토 기요마사가 바다를 건너가다. 봉왜부사 양방형이 정사로, 심유경이 부사로 하여 들어가다.
7월 이몽학의 난이 일다. 6개 고을을 함락하고 김덕령·곽재우·홍계남이 연합해 도우며 병판 이덕형이 호응한다고 선전하다. 이몽학이 부하에게 살해되고 무리가 해산되다.
8월 김덕령 옥사하다.
• 그가 죽자 남도에 용력 있는 자는 모두 숨어 버리고 다시는 의병을 일으키지 않았다고 한다.
9월. 이원익, 이르는 곳마다 백성의 고충을 살펴 과중한 부역을 경감시킬 것을 계청하는 등 백성들을 위한 일에 전념하다.
12월. 명 사신과 황신이 돌아오다.
• 사관은, 첩자를 보내 이순신을 제거하고 원균을 패하게 만든 것을 볼 때 가토 기요마사와 고니시 유키나가는 표리 관계라면서, 일부에서 고니시가 다른 왜장과는 다르다는 시각을 비판했다. 황신도 고니시와 가토는 다른 점이 없다고 말하다.

선조 30년(1597)
1월 이순신의 부하가 공을 가로채다.
2월 이순신을 하옥시키라 명하고 원균으로 대신하게 하다.
• 왜가 재침을 준비하면서 이순신을 꺼렸다. 이순신을 제거하기 위해 고니시 유키나가가 김응서와 통해 함정을 판 것이다.
– 명이 양호(경리)·형개(군문)·마귀(제독)를 보내 구원하게 하다.
12월 《실록》에 기록된 황신·유성룡·이이첨에 대해 사관이 재평가하다.
• 황신과 유성룡을 긍정적으로 묘사하고, 이이첨을 공격했다.

선조 31년(1598)
6월 성혼 졸기.
8월 이순신이 고금도에서 승전하다.

선조 39년(1606)
1월 사관이, 《실록》에 있는 이덕형과 이항복의 기록에 대해 비판하고, 이덕형·이항복을 옹호하다.

광해군일기

총서

《광해군일기》는 총서가 없다.

광해군 즉위년(1608)

2.2. 이원익·이덕형 등이 거애한 뒤 즉위식을 가질 것을 청하자, 내전(인목왕후)이 이에 응하다.

2.2. 대신들이 거듭 즉위를 청했으나 망극하다며 따를 수 없다 답하다.

2.2. 내전이 겉봉에 일곱 신하의 이름이 적힌 대행왕의 유교를 내리다.

• 일곱 신하는 유영경·한응인·박동량·서성·신흠·허성·한준겸이다. 이들은 모두 왕자·부마의 인속들이었기 때문에 이 유교가 있었던 것인데, 이 일곱 신하의 화(禍)는 이로부터 시작된 것이다.

2.2. 대신·승정원·옥당이 다섯 번 청하니 마침내 면복 차림으로 정릉동 행궁 서청에서 즉위하다.

2.2. 경시에 동기 사랑·외적 대비·지성 사대 등을 담은 대행왕의 유교를 받다.

2.3. 대궐의 문과 담장 밖에 잡인이 범접하지 못하도록 호위를 엄히 하라고 병조에 이르다.

2.7. 대비전이, 선왕의 원릉을 정한 곳에 자신의 장지를 정하라고 하다.

2.7. 유영경이 사직서를 올렸으나 받아들이지 않다.

2.8. 대신들이, 나라를 빛내고 난을 다스린 전고에 없던 큰 공이 있으니 '조'라 일컫는 것이 마땅하다는 의견을 올리다.

2.10. 정언 이사경이, 송나라 고종의 예를 들어 '종'이 합당하다고 아뢰다.

2.11. 병조에서 궁성 호위를 파할 것을 청하니, 받아들이면서도 평시보다는 강화된 궁정 수비를 지시하다.

2.12. 정언 이사경이, 색승지·내관 민희건·영의정 유영경의 파직을 청했으나 선조의 구신을 경솔히 논할 수 없다면서 불허하다.

2.12. 완산군 이축이, 유영경의 9가지 죄를 열거하며 벨 것을 청하다.

2.13. 행대사헌 김신원 등 사헌부가 합계해 청하기를, 안으로는 궁금(宮禁)과 체결하고 사당(私黨)을 심어 권병을 마음대로 휘두른 죄를 거론하며 유영경과 그 심복들의 삭출을 청하다.

2.13. 홍문관 부제학 송응순이 유영경의 삭출을 청했으나, 부왕의 신하를 갑자기 죄주는 것은 차마 못하겠다고 답하다.

2.13. 함흥판관 이귀가 4가지 건의를 했는데, 그중 언로를 열어야 한다며 말로 죄받은 정인홍의 사면을 청하다.

2.14. 양사가 합계해 유영경 등의 삭출을 청하자, 유영경을 체차하다.

2.14. 장령 윤양·지평 민덕남 등이, 임해군이 다른 마음을 품고 사사로이 군기를 저장하고 몰래 사사(死士)를 양성했으며 역당들을 모으는 등 불궤를 도모했다고 고하다. 홍문관 부제학 송응순은 여기에 더해, 임해군이 철퇴·환도를 다수 반입했다고 고하다. 이에 대신들에게 문의해 조처하라 명하다.

2.14. 임해군 이진을 선처할 수 있는 방법을 강구하라 지시하다.

2.14. 임해군 이진의 집을 엄히 지키고 출입하는 사람을 엄금케 하다.

2.14. 지평 민덕남·정언 이사경 등이, 무장 고언백·박명현 등이 다른 마음을 품고 있으니 급히 잡아다 추국하라 청하자 따르다.

2.14. 임해군 이진이 여장하고 얼굴을 가린 채

업혀 나가는 것을 잡아 비변사에 연금했다고 병
조가 아뢰다.

2. 14. 임해군의 역모 혐의를 열거하며 절도안치
를 명하다.

2. 14. 임해군에게 병이 있다고 하자 아직 떠나
지 말게 하고 병을 보살피라 명하다.

2. 14. 이원익 영의정.

2. 15. 장령 윤양·헌납 윤효선 등이 합사해, 유
영경·이효원의 삭출을 청하다.

2. 15. 임해군의 유배처에 대해, 이산해·이덕형·
이항복이 의견을 말하다.

2. 16. 사간원에서 정인홍·이이첨 등의 석방을
청하다.

2. 16. 대행왕이 승하한 지 10여 일 만에 대각이
입장을 돌변해, 임해군을 대역으로 무함하고 유
영경을 파출시키고 정인홍 복귀를 청하는 것에
대해 사관이 비판하다.

2. 17. 예조에서, 대행왕의 묘호에 대해 대부분
의 대신들이 '조'가 온당치 않다는 뜻을 보였다
고 아뢰다.

2. 18. 군기시에 추국청을 설치해 대신들과 함께
추국하다.

2. 18. 임해군의 종들을 국문했는데 한결같이 임
해군의 혐의를 부인하다. 이에 대해 거짓이라며
반드시 실정을 알아내라고 명하다.

• 체포 때 상황은 왕이 밖에 나가 조리하라 하여 업
혀 나가던 중이었고, 철퇴와 환도를 안에 들였다면 반
드시 본 사람이 있을 것이라며 혐의를 완강히 부인했
다.

2. 18. 옥당이 유영경의 삭출과 정인홍의 석방을
청했으나, 선왕이 승하한 지 20일도 되지 않은
상황을 들며 받아들이지 않다.

2. 19. 고언백 등을 잡아 가두고 임해군의 종들
을 엄히 국문하라 이르다.

2. 19. 고언백 등이 혐의를 부인하다. 이에 매우
흉사스럽다며 먼저 종들에게 압슬형을 가해 신
문하라 지시하다.

2. 19. 옥당이 유영경의 삭출과 정인홍 등의 석
방을 청하다.

• 사관은, 이때의 3사들은 유영경의 잔당이었는데,
입장을 바꿔 유영경 공격에 나섰다며 비판했다.

2. 19. 임해군의 종들이 한결같이 임해군의 혐의
를 부인하다.

2. 20. 임해군 이진을 강화로 옮겨 안치하고 담
장을 높게 쌓아 출입을 금하며 군인으로 하여
지키게 하라고 전교하다.

2. 20. 유영경의 삭출을 명하다.

2. 20. 임해군의 종들이 자복하지 않자 낙형을
가하도록 명하다.

2. 21. 형을 더해 자복을 받아 낼 것과, 홍산군
이득·수산군 이철·당성군 이효일·청림부령 이
언형 등을 잡아 오라 명하다.

• 사관은, 증거라고 할 만한 문서도 없이 잡아다 국
문하라는 특명만 있다며 애석해했다.

2. 21. 양사가 거듭 유영경의 삭출을 청하자, 억
지로 따른다며 수용하다.

2. 21. 잡혀 온 종친들이 임해군과 특별한 관계
가 아니라고 진술하다.

2. 21. 대신들이, 선왕의 묘호는 '종'으로 부르는
것이 당연하다고 아뢰다.

2. 23. 병을 이유로 정인홍의 석방을 명하다.

2. 23. 예조에서, 대행왕의 묘호를 '종'으로 함이
의당하다고 아뢰자 따르다.

2. 23. 임해군의 종들에게 낙형·압슬형을 가하
라 명하다.

2. 24. 이이첨을 석방하라 명하다.

2. 25. 비망기를 내려, 당파에 구애받지 말고 오
직 인재만을 천거해 시대의 어려움을 극복해 나
가게 하라 이르다.

2. 25. 선조의 휘호를 소문의무성경달효대왕으
로, 묘호는 선종으로, 능호는 숙릉으로 정하다.

2. 26. 고문에 못 이긴 임해군의 일부 종들이 조
총·환도 등을 땅에 묻었다고 진술했으나 막상
파 보면 없자, 이미 시간이 많이 지나 파내지 않

앉을 리 없다는 반응을 보이다.

2.26. 무인 김위가 소장을 올려, 수문장 남궁연이 철퇴와 칼을 들여가는 것을 보았다고 말했다고 주장하다. 이에 남궁연은 그런 말을 한 적이 없다고 부인하다.

2.30. 지평 임연과 정언 김치가, 박승종의 파직을 청하자 체직을 명하다.

3.1. 정인홍의 관작을 회복하고 서용하라 명하다.

3.2. 대신들에게, 백성의 어려움을 줄이도록 하라 이르다.

3.2. 양사에서 유영경의 변방 안치를 청하다.

• 안으로는 궁금과 교결하고 밖으로는 사당을 심어 권병을 마음대로 휘두르고 성총을 흐렸으며, 인척과 자제 들을 요직에 앉힌 죄와, 책봉 사신을 7년이나 보내지 않은 것, 그리고 원임대신을 축출한 것 등의 죄를 거론했다.

3.2. 양사가, 유영경을 종처럼 섬겼다며 좌의정 허욱의 삭탈관직을 청하다.

3.2. 임해군을 교동으로 이배해 안치하다.

3.2. 사헌부의 요청에 따라 박승종을 파직하다.

3.4. 허욱을 체직하다.

3.4. 이이첨 병조정랑, 정구 대사헌.

3.6. 기자헌 좌의정, 심희수 우의정.

3.9. 판윤 정인홍이 소장을 올려 사직을 청했으나 윤허하지 않다.

3.10. 유영경의 중도부처를 명하다.

3.15. 유영경의 원방유배를 명하다.

3.17. 유영경의 위리안치를 명하다.

3.17. 신하들의 거듭된 청에 의관 허준을 삭출하다.

3.18. 유영경을 경흥으로 정배하다.

3.21. 왕세자 책봉 교서를 반포하다.

3.21. 사직을 거듭하던 영의정 이원익이 추국에 대한 의견을 올려, 부당하게 죄에 걸리는 사람이 있을까 걱정하다.

• 이원익은 철퇴·칼을 대궐에 들여갈 때 문을 지킨 이를 추국할 것을 청했으나, 왕이 따르지 않자 병을 핑계로 출사하지 않다가 이때에 이르러 이 차자를 올렸다.

3.22. 허준의 중도부처를 명하다.

3.26. 대사헌 정구가 소를 올려, 성상의 동기 중 동복형제는 임해군뿐이라며 은혜를 받을 수 있게 해 달라고 청하다.

3.27. 승정원에 비망기를 내려 은혜를 청하는 사헌부의 태도를 비판하다.

3.28. 대사헌 정구가 신병을 이유로 사직을 청하다.

3.29. 정인홍이 차자를 올려 사직을 청하자 받아들이다. 이어 정인홍이 병든 몸을 이끌고 돌아가니, 의약·음식·구호의 일에 전력하라고 경상감사에게 하유하다.

4.1. 이덕형이 장문의 소를 올려, 계속되는 임해군 옥사에 인심이 막혔다며, 잡혀 온 이는 속히 처리할 것과 편당의 습관을 고칠 것 등을 청하다.

4.10. 교리 최기남이 상소해 시폐를 논하고 성혼의 신원을 요구하다.

4.14. 변경윤이 재차 상소해 이산해를 탄핵하다.

4.15. 임해군의 종 몰로가 형신을 견디다 못해 자백하다.

• 임해군이 자신이 장자이니 왕위에 서고 싶다는 뜻을 말하자, 서흥군과 박명현 등이 호응했다고 진술했다.

4.16. 집의 최유원이 이덕형의 잘못을 아뢰다.

• 임해군이 이심을 품은 일을 이덕형이 알면서도, 대신들과 의논해 죄주기를 청하는 대신, 외척을 불러 의논하는 등 온당치 못한 태도를 취했다는 이유다.

4.16. 지평 이민성·정언 김치가, 김대래·이유홍 등이 원흉 유영경의 심복이라며 탄핵하다.

4.19. 최유원 대사간.

4.22. 김대래 등을 중도부처에 처하다.

4. 24. 정인홍을 다시 부르는 글을 보내다.

4. 24. 세자 보양관 정구를 부르다.

4. 27. 여전히 자복하지 않는 혐의자들에 대해, 형장을 더하고 낙형하여 끝까지 캐묻도록 하라 명하다.

5. 1. 하대겸을 사형에 처하다.

5. 2. 양사가 홍식·최천건·기자헌 등의 처벌을 청하다.

5. 2. 대구부사 정경세가 장문의 상소를 올리다.

5. 4. 이항복 좌의정.

5. 5. 김천우와 몰로를 사형에 처하다.

5. 7. 영의정 이원익의 건의에 따라 선혜청을 설치하다.

5. 7. 우의정 심희수가 차자를 올려, 옥사로 죽어 가는 이들 중 억울하게 죽은 이도 있을 것이라 하다.

5. 10. 선왕의 실덕과 잘못된 정사를 거론한 정경세를 잡아다 국문하라 명하다.

5. 11. 대신들이, 정경세를 치죄하는 것에 반대하다.

5. 13. 정경세를 먼 지역으로 쫓아 버리라 명하다.

5. 14. 이에 대해서도 대신들이 반대하자, 정경세를 사판에서 삭제만 하라 이르다.

5. 20. 이호민 등이, 임해군이 자리를 잇지 않은 이유를 중국에서 논변했는데, 임해군 이진이 중풍에 걸려 저위를 감당할 수 없었다고 둘러대자, 명 예부낭중이 임해군의 사양하는 글을 가지고 오라 요구하다.

5. 21. 양사에서, 고부주청사가 사신의 임무를 제대로 수행하지 못했다며 다스릴 것을 청하다.

5. 23. 정인홍 대사헌.

5. 23. 임해군의 종들 중 5인을 귀양 보내다.

• 처음 자복하는 자는 사형을 면해 준다고 하자, 앞을 다퉈 이런저런 얘기를 했으나 횡설수설에 불과했다.

5. 27. 추국청에서, 임해군 일당의 역모가 드러났으니 중외에 교서를 반포하고 종묘사직과 빈전에 고하지 않을 수 없다고 아뢰다.

5. 28. 대사헌 정인홍을 부르는 간절한 글을 보내다.

5. 28. 대사간 정협 등이 임해군을 사형시켜야 한다고 청하다.

6. 1. 홍문관에서 임해군의 처형을 청하자, 임해군은 흉악한 자들에게 속은 것뿐이라며 차마 은혜를 끊을 수 없다고 답하다.

6. 4. 정인홍의 사직에 안타까움을 토로하다.

6. 11. 대행대왕의 재궁이 발인하다.

6. 15. 명에서 차관 엄일괴·만애민을 파견해, 임해군이 병으로 후사가 되기에 적합하지 않았는지 여부를 조사한다 하다.

6. 16. 임해군을 데려오게 하다. 또 사람을 보내 임해군에게 명 관리를 만나 답할 말을 일러두게 하다. 이때 임해군이 자신은 아무 죄가 없다며 통곡하다.

6. 17. 정인홍이 차자를 올려, 차관과 임해군을 대면시키면 안 된다고 하다.

6. 18. 3사가 연일 임해군의 처벌을 청하다.

6. 20. 엄일괴 등이 임해군을 만나다. 이 자리에서 임해군은 일찍이 왜적에 붙잡힌 적이 있어 정신을 잃고 못된 행동을 했으며 중풍에 걸려 손발을 움직일 수 없다고 답하다. 이어 반역 여부에 대해서는 부인하고, 다만 노복들이 그런 뜻을 가진 것 같았으나 자신은 몰랐다고 답하다.

• 엄일괴 등이 다 사실로 믿지는 않았지만, 수만 냥의 은을 받고는 평이하게 조사한 뒤에 돌아갔다.

6. 25. 졸곡제.

6. 26. 종실인 순령군 이경검이 임해군의 처벌을 청하자, 대의가 비록 엄하나 천륜 역시 중한 것이라며 거부하다.

7. 2. 경상도 유생 이전 등이 상소해 오현을 문묘에 종사할 것을 청하자, 가상하다고 하다.

7. 7. 대사헌 정인홍이 차자를 올려, 임해군을 용서할 수 없다면서, 은혜를 온전히 해야 한다는 주장을 강력히 성토하다.

· 광해군은 이에 대해, 충직한 의논이 해와 달과 더불어 빛을 다투는 것 같다며 끝까지 머물러 있으면서 보필해 달라고 했다.

7. 7. 정인홍을 우찬성에 제수하다.

7. 14. 이산해 등이, 이진의 죄를 다스릴 것을 청했으나 듣지 않다.

7. 24. 영상 이하 정승들이 거듭 사직소를 올리다.

7. 24. 정인홍이 차자를 남기고 고향으로 떠나자, 신뢰와 안타까움을 토로하다.

7. 29. 의금부에서, 이진을 제외한 나머지들에 대해 율대로 시행할 것을 청하니 따르다.

7. 29. 명나라 광녕총병 이성량이, 조선이 형제간에 서로 다투고 있으니 군사를 일으켜 정벌한 뒤 군현으로 삼자고 주장했으나, 병부가 반대 주장을 펴고 이성량의 병권을 빼앗다.

7. 30. 종부시가, 이진의 이름을 선원록에서 삭제할 것을 청하니 따르다.

8. 6. 선왕의 홍서를 틈타 불궤를 도모한 일로 관련자들을 처벌하고, 이진은 폐서인하여 경기의 고을에 안치해 목숨을 보전했다는 교서를 반포하다.

8. 11. 대사헌 정사호 등이, 유영경·기자헌 등의 죄를 논하고 율에 따라 처벌할 것을 청하다.

8. 13. 윤근수가 차자를 올려 왜와 북변의 위험을 논하고, 곽재우를 불러 서변을 막게 할 것을 청하다.

· 곽재우가 벽곡(辟穀)하여 솔잎만 먹고 있는데 이는 도인이 되려는 것이 아니라, 김덕령의 예를 보고 두려워 세상을 도피하는 것이라고 했다.

8. 17. 이호민이, 명나라 측에서 노추(奴酋)가 조선을 치려 한다는 정보를 전하더라는 장계를 올리다.

· 여기서 노추는 누르하치를 가리킨다.

8. 25. 이산해·이원익·이항복 등이 공론에 답할 것을 청하다.

· 유영경을 어떻게 처리할 것인지에 대한 공론이다.

8. 30. 비변사에서, 노추의 흉계에 대해 하세국 등을 보내 정탐할 것을 청하니 따르다.

9. 1. 거듭된 제기에 유영경을 유배지에서 자진하게 하다.

9. 14. 승정원에서, 곽재우에게 의복과 말을 제공할 것을 청하니 따르다.

9. 14. 대제학 유근이 대신들과 의논해, 독서당을 설치할 것을 청하니 따르다.

9. 15. 독서당 설치에 대해 대신들과 의논한 결과, 경비 문제로 서울 부근 사찰을 이용하자는 우의정 심희수의 의견을 따르다.

9. 18. 곽재우가 상소해 사직했으나, 속히 올라오라 답하다.

10. 8. 양사가 합계해 유영경의 삭훈을 청하니 윤허하다.

10. 12. 충훈부가 유영경의 영정을 불사를 것을 청하니 윤허하다.

10. 14. 유생들이 상소해 오현의 문묘종사를 청하다.

11. 1. 날씨가 춥다며, 수직하는 군사들과 죄수들에게 빈 가마니를 주어 얼어 죽지 않게 하라 이르다.

11. 8. 고언백·박명현이 자복하지 않고 죽었으나, 역적 무리의 심복 장수라며 훈적에서 삭제하라 명하다.

11. 15. 곽재우가 상소해 이진을 처단할 것을 주장하다.

12. 17. 진주사 이덕형이 연경에서 들어와 책봉이 인준되었음을 아뢰다.

광해군 1년(1609)

1. 5. 진주사 이덕형 등에게 토지와 노비 등을 내리도록 하다.

1.9. 경외의 옥송 중 억울한 자를 너그럽게 처리토록 하다.

1.9. 이원익이 차자를 올려 붕당 폐단을 비판하다.

1.18. 북쪽 변방의 방어 대책을 엄밀히 세우라고 전교하다.

1.25. 비변사에서, 병조가 건의한 중국식 상비군을 시험 삼아 운영해 볼 것을 청하니 따르다.

1.27. 군산포 만호가 해적에게 살해되다.

2.5. 지평 한찬남 등이 기축옥사에 걸린 이발·이길·백유양·정개청 등의 신원을 청하다.

2.10. 홍여순이 유배지에서 졸하다.
 • 궁금과 내통해 대전과 동궁(광해)사이의 불화를 도모했었다.

2.23. 북쪽 변방에 대한 방비책을 강구하라고 비변사에 전교하다.

2.28. 사간원에서, 방납하는 이들의 교란으로 선혜청의 일이 중도에 폐지될 형편이라 보고하다.

2.29. 관학 유생들이 오현종사를 청하자, 뜻은 가상하다면서도 후일을 기다리라고 답하다.

3.4. 도제조로 하여금 훈련도감의 군정을 습진하여 검찰하라고 전교하다.

3.5. 대동법에 대해 대신들이 논의하다. 이원익 등은 시행해 봐야 한다고 주장하다.

3.10. 사간원이 복호의 폐단을 개정할 것을 건의하다.

4.5. 중국 사람과 간음한 유녀와 그 주인 등을 엄히 다스리라 전교하다

4.12. 가뭄이 심해, 국내 산천·성황 등에서 기우제를 행하게 하다.

4.15. 명의 사신을 접견할 때 대답할 병조의 경외 제읍 군사의 총 수를 알리다.

4.25. 명 사신이 영조문에 도착하니 맞이하다.

4.26. 귤을 내려 명 사신에게 보내라 이르다.

4.29. 임해군 졸. 수장 이정표가 핍박해 독을 마시게 했으나 거부하자 새끼줄로 목을 졸라 죽이다.

5.3. 임해군 사망 소식을 듣다. 낭관을 보내 후히 염빈하라 명하다.

5.7. 흉년이니 상선을 줄이고 심리하는 등의 일을 전례를 상고해 거행하라 전교하다.

5.14. 월과에서 잇달아 세 차례 수석한 허균에게 가자하다.

6.2. 명 사신이 연조문에 도착하다. 책봉 조서를 맞이하다.

6.5. 영접도감에서, 명 사신 일행 중 상공들이 예물을 더 요구하는 상황을 아뢰다.

6.6. 비망기를 내려 명 사신이 요구하는 예물을 주도록 지시하다.

6.28. 예조에서, 대마도주에게 보낼 세견선의 등급을 정할 것을 청하다.

6.29. 의자는 물론 탁자까지 설치한 화려한 가마를 타는 행태, 한량에 이르기까지 견마잡이를 쓰는 등의 사치풍조에 대해 사헌부가 아뢰자, 무장에 대해서는 교자를 타지 못하게 하라 명하다.

7.4, 7.12. 거듭해서 사직소를 올리는 이원익에게, 경에게 나라의 안위가 달려 있어 비록 질병이 있다 해도 허락할 수 없다고 비답하다.

8.13. 이원익이, 스물세 번째 사직 끝에 마침내 체직을 허락받다.

8.13. 유희분 병조참판, 이이첨 의주부윤.
 • 유희분과 이이첨의 알력에 대해 사관이 평했다.

8.23. 이산해 졸.

8.25. 선천군에 불덩어리가 떨어지다.

8.27. 거둥 때 벼와 곡식을 밟는 자는 무겁게 다스리겠다고 말해 경계토록 하다.

9.6. 이덕형 영의정, 허균 형조참의.

9.21. 남병사 이윤룡이 노추의 패전 사실을 급보하다.

9.24. 국상과 두 번의 사신 행차, 흉년을 이유로 궁궐 공사의 중지를 요구하는 사헌부의 건의에, 거의 끝나 간다며 듣지 않는다.

9. 25. 강원감사 이형욱이 치계해, 강원도 각지에서 보고된 괴이한 비행물체에 대해 아뢰다.

10. 13. 노추의 동정에 대해 평안감사 이시발이 보고하다.

10. 16. 북방 오랑캐에 대해 철저히 대응할 것을 전교하다.

· 척후·봉수·정탐·기율·군병 훈련·양곡 비축 등이다.

10. 17. 영의정 이덕형이 출사하자 기쁨을 표하다.

10. 22. 훈련도감에서, 처음 설치할 때는 군기가 엄정했는데, 지금은 온갖 수단으로 빠져나가려 한다며, 다른 곳으로의 이속을 허용치 말 것을 청하자 수용하다.

10. 24. 강홍립 함경남도 병마절도사.

10. 26. 정인홍이 장문의 상소를 올리다.

· 이이첨을 우회적으로 지지하는 내용을 포함하고 있다.

10. 28. 유정의 병에 약을 보내라 전교하다.

11. 8. 사헌부에서, 서원·향교의 정비 및 국고를 엄격히 관리할 것을 건의하다.

11. 9. 훈련도감에서, 화약 제조에 필요한 함토의 채취에 대해 건의하다.

11. 13. 처부 이산해의 장례 문제로, 영의정 이덕형이 휴가를 청하다.

11. 22. 허준을 석방하라 명하다.

11. 30. 수령과 변장을 선발할 때, 청탁이나 세력에 흔들리지 말고 오직 재능에 따라 선발하라고 전교하다.

11. 30. 예조에서, 사학의 재건립과 노산군·연산군의 분묘 문제에 대해 건의하다.

12. 10. 은을 캐어 돈으로 활용하는 문제에 대해, 다시 대신들로 하여금 상의해 계책을 세우고 시행하게 하라 명하다.

12. 19. 함경감사 장만이 치계하여, 노추의 군사가 반드시 출병할 날이 있을 것이므로 방비할 계책을 마련해야 한다고 보고하다.

· 우리의 군대는 훈련되지 않았고, 백성들의 원망은 높았다. 또 성은 허술하고 병기도 마땅치 않았다. 이에 비변사에서, 서변에 화약·화기 등과 방어군을 보낼 것을 건의하자 받아들였다.

12. 23. 정철의 아들 정종명이 소를 올려 아버지를 변론하다.

· 기축옥사에 대한 일이다.

12. 30. 좌의정 이항복이 친제와 망궐례의 중복에 대해 건의하다

· 사관은, 이항복이 체격이 크고 풍모와 기국이 재상감이어서 병판 중 제일이라고 평했다. 또 지나치게 너그럽고 실없는 농담을 잘하며 지혜를 감추는 편이라는 평도 했다.

광해군 2년(1610)

1. 7. 사간원과 사헌부에서, 궁궐을 더 축조하라는 명을 거두어 백성의 고단함을 덜어 줄 것을 청하다. 이에 대해 자전이 거처하는 궁이 아직 수리되지 못한 곳이 많아 중도에 그치기 어렵다고 답하다.

1. 13. 함경도에 활과 화살을 내리다. 또 군기시와 훈련도감으로 하여금 무기를 비축했다가 위급할 때 쓸 수 있게 하라고 전교하다.

1. 16. 중국으로부터 염초를 많이 무역해 오라고 이르다.

2. 1. 영모전에서 대상제를 거행하다.

2. 3. 장단 지방의 유학 심준 등이 상소해, 선혜의 영 혁파에 대해 반대하다.

· 선혜의 영이란 대동법을 말한다.

2. 5. 선혜청에서, 대동법 반대자들의 방해와 계속 실시할 필요성에 대해 아뢰다.

· 이때 왕은 법의 혁파에 상당히 기울었다.

2. 11. 명나라가 우리나라와 힘을 합쳐 노추의 소굴을 친다는 풍문이 변방에 퍼지다.

· 명나라 측에서 퍼트린 소문인 듯하다.

2. 11. 호조에서, 동전 사용을 신중히 할 것과

영건청의 혁파 등을 건의하다.

2. 13. 영건청 혁파가 불가함을 밝히다.

2. 15. 장만이 치계하여, 북방 오랑캐 노추의 동정에 대해 보고하다.

2. 18. 공빈의 추숭과 관련한 기록을 홍문관이 상고해 봉입하다.

3. 1. 예조에서, 세자의 관복 착용에 대해 상고해 보고하다.

3. 1. 성균관 유생들의 오현종사 상소에 대해, 조정의 처치를 기다리라 답하다.

3. 3. 생모의 호칭에 대해, 예조가 빈을 비로 올리는 것은 동의하나 왕후 칭호는 불가하다 하자 불쾌해하며 왕후의 칭호를 추상토록 하라고 전교하다.

3. 7. 대신과 6조가 모여 배향공신을 의논한 뒤, 1안으로 이준경과 이황을, 2안으로 노수신과 유성룡을 올리자, 이준경과 이황만 배향함이 옳다고 답하다.

3. 8. 사간원에서, 생모 추숭에 반대 의견을 올리다.

3. 10. 사간원이 오랫동안 경연을 폐하고 있는 사정을 지적하고, 때로 대신을 만나 아뢰는 말을 겸허히 받아들일 것을 청하다.

3. 15. 의주부윤 이이첨이 병을 이유로 체직을 청하니 허가하다.

3. 19. 곽재우에게 말을 보내 올라오게 하다.

3. 20. 임진년 이후의 효자·충신·열녀에 대해 정표하고 도서를 만들도록 하다.

3. 21. 사관이 정인홍에 대해 설명하고 평하다.
　• 서인의 입장에서 본 평이다.

3. 23. 예조가 생모 추숭을 반대했으나 불허하다.

3. 24. 조강·주강·석강의 시각을 아뢰라 전교하자, 조강은 날이 밝을 때이고 주강은 정오이며 석강은 일정치 않다고 승정원에서 답하다.

3. 26. 경연에 나아가 《서전》〈무일편〉을 강하고 현안을 논의하다.

　• 이후 얼마간은 경연에 성실히 나갔다.

3. 27. 전라도 유학 김인우가 기축년 옥사에 대한 신원을 청하다.

3. 29. 생모 공빈 김 씨를 자숙단인공성왕후로 추숭하다.

윤3. 19. 노산군의 묘에 관원을 보내 제사할 것, 동학과 남학을 설치할 것 등을 전교하다.

윤3. 22. 《용비어천가》와 《내훈》을 인쇄토록 교서관에 전교하다.

윤3. 24. 곽재우를 부르다.

윤3. 24. 청탁은 법을 망치는 빌미가 된다며, 적발되면 엄하게 다스리라 전교하다.

윤3. 25. 염초를 많이 사 온 동지사 정경세 일행을 포상하다.

윤3. 28. 사직영건청을 설치해 무너진 단문과 유문을 보수하게 하다.

윤3. 30. 《후한서》·《남북사》·《요사》·《금사》·《원사》·《태평어람》·《역대명신주의》 등의 책을 천추사를 통해 구해 오게 하다.

4. 8. 진상해야 할 먹을 진상하지 않은 평안감사에게 경고하라 하다.

4. 11. 친히 선종대왕(선조)과 의인왕후의 부묘제를 거행하다.

4. 11. 중국에서 세자 책봉을 승인하다.

4. 22. 중전의 책례를 거행하다.

4. 24. 양사에서, 기축옥사의 이발·이길·백유양·정개청 등의 신원을 청하자, 논한 바가 너무 성급하다고 답하다.

4. 26. 허균이 병을 이유로 천추사를 피하려 누차 상소하자, 신하로서 의리가 없다며 다른 사람을 보내라 하다.

5. 5. 이항복이 서북 지방의 수령 선발권을 사양했으나 불허하다.

5. 7. 곽재우가 상소해 중흥의 계책을 올리자 올라오라 이르다.

5. 11. 세자 책례를 행하다.

5. 11. 양사에서, 오현종사와 기축년 옥사자의

신원을 청했으나 불허하다.

5.22. 이발·이길·정개청의 적몰 재산 환급을 의논토록 하다.

5.24. 중국 사신에 대비해, 비밀에 관계되는 일은 조심하게 하다.

6.6. 공성왕후를 부묘하는 일에 대해 추숭도감에 이르게 하다.

6.7. 대신들이 부묘 반대를 청했으나 불허하다.

6.7. 날씨가 더우니, 옥의 죄수들을 잘 보호해 병으로 죽는 일이 없도록 하라 이르다.

6.9. 죽을죄 이하는 속히 판결해 석방하라 명하다.

7.1. 명 사신이 뇌물을 요구하자, 대신들과 의논해 주기로 하다.

7.4. 대신 이하가 부묘 반대를 청하자, 칙사의 도착 임박을 들어 우선 따르겠다고 답하다.

7.8. 명 사신들이, 예물 단자가 도에 차지 않는다며 분개하다.

7.9. 명 사신들이 삼전에 예물을 보내다.

7.11. 이에 대한 답례로 은 3,000냥을 보냈는데 적다고 성을 내다.

7.11. 이 문제로 이항복·이덕형 등 대신들과 의논하다.

7.14. 친히 책사의 관소에 나아갔으나, 책사가 병을 이유로 만나기를 끝내 거부하다.

7.16. 예조에서, 대신들과 논의한 결과 모두 오현종사를 찬성한다고 아뢰니 허가하다.

7.18. 명 사신이 은 대신 삼을 요구하니, 주도록 하다.

7.28. 곽재우에게 옷감과 말 1필을 하사하다.

8.6. 《동의보감》을 지어 올린 허준을 치하하며 숙마 1필을 내리도록 하다. 책은 내의원으로 하여금 속히 인출해 널리 배포하라 이르다.

8.9. 곽재우를 함경감사에 제수하다.

8.21. 곽재우가 돌아가자 급히 올라오게 하라 이르다.

8.26. 외방의 처녀를 집결시키게 하고 도착한 수를 예조에 문의하게 하다.

8.28. 명 사신 접대로 곤욕을 치렀다며, 평안도·황해도·경기도 백성에게 요역 면제 등의 방책을 강구하라 명하다.

9.5. 오현종사와 관련해 교서를 내리다.

9.6. 비변사에서, 내년부터 호패법을 실시할 뜻을 고하니 알았다고 답하다.

9.10. 북병사에서, 솜씨 좋은 포수 수백 명을 뽑아 맹장 한 사람과 함께 보내 주기를 청하다.

9.14. 비변사에서, 곽재우가 올린 상소 내용을 논하다.

• 요역 경감·부세 경감·토목공사 경계·은의 폐단·선혜의 법 확대 실시 등이다.

9.16. 목릉·유릉에 친제하고 융복 차림으로 말을 타고 환궁하다.

9.19. 각 도감의 등록을 상세히 등서해서, 실록을 봉안한 곳에 나누어 보관토록 이르다.

9.22. 박승종 형조판서.

9.25. 융복 차림으로 교외에 나가 습진하다.

9.26. 훈련도감의 훈련 상태에 대해 질책하다.

9.28. 유정의 죽음에 슬픔을 표하고, 장례에 필요한 물품을 지급하라 이르다.

10.2. 호조에서, 전결 수를 숨긴 자에 대한 처리를 논하니 아뢴 대로 하라고 하다

10.3. 인천의 유학 변취정이, 이이의 선조 묘 배향과 성혼의 신원을 청하다.

10.4. 개성부 유생들이, 서경덕의 문묘종사를 청하다.

10.5. 곽재우가 해인사에 머물며 소를 올린 뒤, 산꼭대기 빈 암자에 올라가 곡기를 끊다.

10.15. 서총대에 나아가 관무재(觀武才)하고 유생을 시험하다.

11.3. 선조의 신위를 태묘에 모신 뒤 별시를 실시해 19인을 뽑다.

• 이 중에 시관인 박승종의 아들, 조탁의 동생, 허균 형의 아들과 사위, 이이첨의 사돈과 이웃이 포함돼

있어 비난을 샀다.

11. 8. 장만이 오랑캐 지역의 지도를 그려 보내다.

11. 13. 유희분 대사헌.

11. 16. 사헌부에서, 허균이 사정(私情)을 행한 자취가 뚜렷하다며 사판 삭제를 청하다.

11. 19. 사간원이 연계해, 과거 합격자를 취소하고 사관과 승지를 파직시킬 것을 청하다.

11. 21. 경상감사가 올린 표피가 궤에 넣지도 않은 채였고 꼬리가 잘려 있었다며, 경상감사를 추고해 경계토록 하라 이르다.

11. 22. 강원감사 홍서봉이, 선혜청의 법을 강원도에도 실시하여 산골 백성들도 혜택을 받을 수 있게 해 달라고 청했으나, 반대의 뜻을 분명히 하다.

11. 27. 내시와 사관을 보내 감옥 시설을 살피게 한 뒤, 억울한 경우도 있을 것이므로 조속히 판결해 풀어 주라 이르다. 또 전옥 관리를 제대로 못한 형조의 당상·낭청 및 전옥서의 관리를 추고하라 이르다.

12. 1. 허보·변헌을 과방에서 삭제토록 하다.

12. 11. 《고려사》를 정밀하게 인쇄하라고 교서관에 분부하다.

12. 16. 호패청에서 호패의 면에 새기는 내용 등에 대하여 고하다.

12. 25. 사간원이, 호패를 중지하여 백성의 고통을 덜어 줄 것을 청하자, 대신들과 의논하라 이르다.

12. 25. 선혜청에서, 강원도의 공물도 경기도처럼 쌀로 할 것을 청했으나 단호히 불허하다.

• 이에 대해 사관은, 대동법으로 이익을 잃게 된 무리들이 연줄을 대어 임금의 귀를 현혹시킨 때문이라고 진단했다.

12. 29. 허균이 과방에서의 잘못을 시인하고 귀양 가다.

광해군 3년(1611)

1. 10. 사간원이 호패법 중지를 청하자, 대신들에게 물으라 하다.

• 대신들의 대체적인 의견은, 비록 소요가 있기는 하나 진행하는 편이 좋겠다는 쪽이었다.

2. 9. 서쪽 변방의 일을 평안감사 장만에게 모두 위임한다고 하다.

2. 15. 사간원에서, 낙안군수 정종염이 정철의 아들임을 들어 사판 삭제를 청하자 체차하다.

2. 17. 이항복이 출사하자 기쁨을 표하다.

3. 17. 임숙영의 책문이 방자하다며 방목에서 삭제토록 하다.

3. 18. 승정원에서, 임숙영의 용서를 청했으나 들어주지 않다.

3. 26. 정인홍이 이언적과 이황을 비방하고 문묘 종사가 부당함을 극론하다.

4. 8. 승정원에서 정인홍을 탄핵하다.

4. 10. 성균관 유생 이무 등이, 정인홍을 배척할 것을 청했으나 정인홍을 옹호하다.

4. 10. 이무 등이, 정인홍의 이름을 청금록에서 삭제하다.

• 청금록은 유생의 이름을 적은 명부다.

4. 12. 양사가 차자를 올려, 정인홍의 소를 통렬히 비판하며 시비를 바로 할 것을 청하다.

4. 13. 정인홍의 유적 삭제를 주동한 유생을 유적에서 삭제하고 종신토록 금고하라 명하다.

4. 13. 이항복이 차자를 올려, 성균관 유생을 조사하고 임숙영을 삭과시킨 것은 옳지 않다고 아뢰다.

4. 14. 이정구·정창연·신흠이 같은 일로 아뢰자, 삭적·금고의 일은 당분간 행하지 말라 하면서도 대사성을 체차하다.

4. 14. 성균관 유생 50여 명이 성균관을 떠나다.

4. 18. 영의정 이덕형이, 지금의 소란은 정인홍이 선현을 비방한 것에 원인이 있다고 하다.

4. 20. 성균관 대사성의 체직 명을 철회하면서도, 선비·대각·묘당의 태도에 대해 코웃음이 난

다고 하다.

4. 26. 형옥이 지체되어 원통함을 품는 일이 없도록 하라 전교하다.

4. 26. 성균관 유생 조희진 등이, 정인홍의 차자를 불살라 사벽한 설을 배척할 것을 청하다.

4. 26. 광주 유생 임경달 등이, 회재와 퇴계를 위해 정인홍을 배척하는 소를 올리다.

4. 30. 합천 유생 박건갑이, 대간과 유생이 임금을 협박해 사심을 이루려 한다고 공격하다.

5. 4. 성균관 유생들이 재차 관을 비우고 떠나다.

5. 10. 호패청에서, 호패법 실시를 기한에 행하지 않은 것에 대해 문제를 제기하다.

5. 12. 이천의 생원 오문 등이 상소해, 정인홍의 차자를 불태울 것을 청하다.

6. 3. 유생 박건갑이 소를 올려, 영의정 이덕형이 조식과 정인홍을 무함했다고 비판하다.

6. 4. 유생 김봉조가, 선현을 무함한 정인홍을 다스릴 것을 청하다.

• 이후 경상도·전라도·강원도 등 각 도 유생들이 계속해서 정인홍을 공격하는 소를 올렸다.

6. 10. 영상과 좌상이, 임숙영 삭과의 명을 거두어 달라 청하니 따르다.

6. 19. 의령 사람 이종욱이 소를 올려, 조식·정인홍을 옹호하다.

6. 22. 성균관 유생들이, 박건갑의 상소를 배척해 시비를 바로 할 것을 청하다.

7. 13. 박승종 병판.

8. 2. 박승종의 아들 박자흥의 딸을 세자빈으로 정하고 교서를 반포하다.

8. 8. 호조판서 황신이, 재정의 고갈을 아뢰고 적절한 조치를 취해 대비할 것을 청하다.

8. 24. 이원익 영의정, 이덕형 좌의정, 이항복 우의정.

9. 16. 강릉·태릉을 배알한 후 환궁하다.

9. 25. 사간원에서, 호패법을 엄히 시행할 것을 청하다.

10. 4. 창덕궁으로 이어하다.

10. 14. 경연에서 신하들과 덕치·형옥·공정·상벌·호패법 등을 논의하다.

• 영상 이원익이 호패법을 시행해야 한다면서 단계적 방법을 제시했다.

10. 16. 호패청에서, 시차를 두고 호패법을 시행할 것을 건의하자, 영상이 아뢴 취지에 따라 살펴 거행하라 이르다.

10. 20. 사헌부에서, 충청도 식년 문과 초시에 불법이 있었음을 아뢰다.

10. 25. 왕세자가 세자빈을 맞이하는 예가 끝나자 교서를 반포하고 사면하다.

11. 7. 경운궁으로 갔다가, 연말에 창덕궁으로 돌아오겠다고 하다.

• 이후 연일, 경운궁으로 옮기지 말라는 청이 이어졌다.

11. 23. 비변사에서, 3공의 유고로 직무가 원활하지 못하다고 아뢰다.

• 3공 모두 거듭 사직소를 올리며 나오지 않는 상황이었다.

11. 24. 경상감사 송영구를 인견하고, 일본 사신의 접대와 수군의 일에 대해 유시하다.

11. 24. 3사가 거듭 아뢰고, 또 영의정 이원익이 나서서 경운궁으로 이어함이 마땅치 않다고 아뢰었으나, 겨울을 난 뒤 돌아오겠다고 하다.

12. 5. 서북도의 수졸들에게 옷을 나누어 주고 위로하라 전교하다.

12. 9. 호패청에서, 호패 차는 시점에 대해 아뢰다.

12. 11. 옥사 처리에 지체됨이 없도록 하라 이르다.

12. 15. 병조에서, 변방의 장수를 사족의 무리에서 뽑을 것을 청하니 따르다.

12. 20. 경운궁으로 돌아오다.

12. 26. 이의를 영창대군으로 삼다.

• 이의는 인목왕후의 소생으로 선조의 적자다. 이때 여섯 살이었다.

광해군 4년(1612)

1.4. 호패법을 이미 실시했으니, 양인이 세도가로 들어가는 것을 엄금하고 범한 자는 엄히 다스리라 전교하다.

1.9. 이항복이 열세 번째 사직소를 올리자, 서쪽 변방이 염려스럽다며 출사하라고 답하다

1.9. 승정원에서, 이항복에게 내린 비답과 관련해 대신을 대우하는 도리가 아니라 아뢰었으나, 진심에서 나온 것으로 미안할 것 없다고 답하며 거듭 서운함을 피력하다.

1.15. 이조에서, 훈도를 자청해 군역을 피하려는 자들을 엄단할 것을 청하며, 생원이나 진사가 아닌 이는 군액에 충정할 것을 건의하다. 이에 대해 폐단이 심할 것이라며 소극적 반응을 보이다.

1.21. 사간원이 차자를 올려, 언로를 열 것과 경연 재개를 청하다.

• 3공이 충성을 다해 건의하고 있지만 시행되지 않는 것에 대해 말했다.

2.6. 이항복이 출사하니 맞이하고 국정 전반에 대해 오래도록 논의하다.

• 이항복이, 오랑캐들이 날로 강성해져 반드시 침략해 올 것이고, 허점을 타 곧바로 들이닥친다면 온 나라가 화를 입을 것이라며 우려했다. 방어에 있어서는 들판보다는 성을 지키는 쪽이 낫다는 입장을 보였다. 이에 왕이, 적들이 성을 놔두고 군사를 휘몰아 직행할 가능성에 대해 우려를 표했는데, 이항복이 동감하면서도 적들이 후환을 고려하지 않을 수 없을 것이라고 답했다.

2.13. 황해병사 유공량이, 봉산군수 신율의 첩보에 의거해 반역 사건을 고하다.

• 김제세라는 이가 중이 되었다가 환속하자 군역에 소속되었다. 이에 군역을 면제받아 보려고 훈도의 직첩을 위조했다가 오히려 심문을 받게 되자 역모 사건을 진술했다.

2.16. 추국청을 설치하다.

2.17. 황해감사 윤훤이, 역적의 공초가 매우 의심스럽다고 아뢰다.

• 윤훤은 위조한 어보와 인장 등이 치졸한 것 등으로 볼 때 치밀하게 준비한 역모로 보기는 어렵다는 의견을 밝힌 것이다.

2.17. 포도대장과 도감대장에게 군사를 준비해 대기토록 하고, 궁궐 수비에 만전을 기하라고 전교하다.

2.18. 역적 처벌에 엄격하지 않는 것은 역적을 용인하려는 마음이 있는 것이라며, 황해감사 윤훤을 추고하라 명하다.

2.18. 서청에 나아가 죄인을 친국하다.

2.21. 고문에 못 이긴 황보신이, 김직재와 그 자제들이 실제로 음모한 정상이 있다고 진술하고 김백함도 곤장을 맞고는 50여 명을 끌어들이다.

2.22. 김직재·김백함·황보신을 거열형에 처하고 김효재·송상인을 국문하다.

2.27. 사간원이 호패법 혁파를 청하다.

3.20. 지평 강익문이 스승 정인홍의 무고를 아뢰자, 정인홍에 대해서는 의심이 없다고 답하다.

3.24. 황혁·황상 등 19명을 잡아 가두다.

3.27. 정경세의 공초를 받다. 이항복 등의 청에 따라 아들 정학은 보방하다.

• 정학은 열두 살로, 어린아이를 심문할 수는 없다는 이유였다.

4.1. 유팽석의 아내와 딸·사위가, 유팽석이 신율의 사주를 받아 허위 진술을 했다고 진술하다.

4.2. 이시발을 친국하다.

4.2. 권필을 친국하다.

• 이덕형과 이항복의 만류로 경원부 귀양에 그쳤으나, 이때 맞은 장독으로 인해 도성 문을 나서고는 죽었다.

4.2. 정경세와 이시발의 관작을 삭탈하다.

4.3. 황혁의 노비들에게 형벌을 가했으나 자복하지 않다.

• 형신을 받다가 죽은 자가 반이 넘었는데도 달리 말

하는 사람은 하나도 없었다.

4. 10. 곤장이 커서 죄인이 죽는 일이 빈번해지자, 곤장의 규격을 낮추다.

4. 13. 황혁이 3차례에 걸쳐 형신을 받고 죽다.

4. 16. 각 도의 방백에게 일러, 잡지 못한 죄인을 서둘러 체포하라 명하다.

4. 17. 역적의 아내와 첩에게 형신을 가하여 국문하였던 전례를 따라 심문하도록 하다.

• 추국청이 역적의 아내와 첩을 형신하는 것은 단서를 알아내지 못하였을 경우라고 회계하였다. 이번 역적의 옥사로 체포된 이는 340여 명에 이르렀다.

5. 2. 영천 사람 이평이 상소하다.

• 이평은 이잠의 형이다. 이평이 올린 상소는, 유영경을 추형할 것, 존호를 올릴 것 등으로 아첨하는 말로 임금의 비위를 맞추었다.

5. 3. 대사헌·대사간 등이, 유영경 등 역적을 엄히 다스리지 못한 죄로 파척을 청하다.

5. 4. 부제학 이하 홍문관이 같은 일로 대죄하다.

5. 7. 양사가 합사해, 유영경을 소급해서 전형하길 청하다.

5. 11. 빈청이 존호를 올리도록 청하다.

5. 15. 대신 이하가 존호 올리는 일을 거듭 아뢰다.

• 이후 연일, 하루에도 몇 차례씩 대신·종친·3사 등이 같은 사안을 계속 주청했다. 유영경의 추형 청도 간간이 이어졌다.

6. 6. 유영경의 추형을 받아들이다.

6. 6. 이덕형이, 존호를 주청하는 정청(庭請)의 청이 65차례나 된다며 받아들일 것을 청하자, 군국의 기무와 역적 징벌의 큰일이 도외시되고 있다며 통탄의 뜻을 보이다.

6. 7. 대사헌 이이첨이, 유영경의 심복인 김대래 등도 추형할 것을 청하다.

6. 9. 죄인의 처첩을 국문할 때마다 좌우에서 완화할 것을 청했으나, 조종조의 예를 들며 듣지 않다.

6. 10. 진천 유생 이몽길이 상소해, 이항복이 병권을 잡아 견제하기 어려운 형세가 있다고 공격하다.

6. 13. 양사에서, 김대래·이홍로의 추형을 청하자 수락하다.

6. 18. 추국청에서, 은옥 등이 이미 수차례 압슬형을 받았다고 아뢰자, 내일은 단근질로 끝까지 국문하라 이르다.

• 은옥은 여자였기 때문에 따로 아뢴 것이다.

6. 19. 사헌부에서, 죄인의 처첩에 대해 형신을 하는 것은 옥사의 체면을 손상하는 것이라 아뢰다. 이에 역적의 처첩은 국문해도 된다며 번거롭게 논하지 말라 이르다.

6. 22. 도피 중인 역당을 급히 체포할 것을 8도에 신칙하라 명하다.

6. 23. 의금부에서 유영경·김대래·이홍로 등을 추형했다고 아뢰다.

• 능지처참·가산적몰·연좌제 등이다.

6. 25. 기자헌이 상소해, 역적 이홍로와 지친이라며 사직을 청했으나 만류하다.

6. 26. 역적의 처첩들에 대해 고문하다.

• 정여립 때보다 훨씬 심했다.

7. 17. 김제세를 처형하다.

7. 19. 사간원에서 경연을 열 것을 아뢰니, 옥사가 끝난 후 시행하겠다고 하다.

8. 4. 개성유수 이시언이, 김덕겸의 집에 던져진 익명서를 올리다.

8. 5. 익명서에 들어 있는 자들에 대해 체포를 명하다.

8. 5. 추국청이 익명서에 대해 우려하자, 익명서라도 중대한 일과 관련이 있으면 조사해야 한다며, 기록된 자들은 모두 급히 체포하라 명하다.

8. 5. 추국청이 익명서에 대해 아뢰다.

• 추국받은 자와 이미 사형에 처해진 자 등이 익명서 첫머리에 들어 있다며 조작일 것이라는 의문을 제기한 것이다.

8. 17. 빈청에서, 익명서를 불태워 없애고 사람

들을 속히 풀어 줄 것을 청하자, 김이관·최유해를 제외한 나머지는 석방하라 명하다.

9. 3. 서청에 나아가 친국하다.

9. 3. 봉산옥사가 마침내 끝나다.

• 무고한 자들의 말이 서로 달라 모두들 사실이 아님을 알고 있었지만, 누구 하나 날조라고 말하지 못했다. 형신을 받은 자는 모두 사형을 당하였고, 파멸에 이른 집안도 헤아리기 힘들 정도였다.

9. 4. 양사에서, 이시언을 잡아다 국문할 것을 청했으나 조금도 죄줄 일이 없다며 거부하다.

9. 5. 정인홍 우의정.

9. 29. 시사청에 나아가 정인홍을 인견하고 시사에 관해 의논하다.

10. 6. 어의와 어의녀가 모두 늙었다며, 충분히 정선하여 별도로 교육시키라 전교하다.

10. 10. 김직재·김백함 등의 처첩과 자녀를 속히 절도에 정배하라 하교하다.

10. 19. 이덕형 등이 백관을 거느리고 체천흥운 준덕홍공이란 존호를 올리다.

10. 27. 서청에 나아가 김강재를 친국하다.

10. 28. 김강재를 낙형하고, 여종·처첩 등도 국문할 것을 명하다.

11. 1. 서청에서 정인홍을 인견하다. 이 자리에서 정인홍이, 곽재우를 등용할 것과 속오군의 폐단을 아뢰다.

11. 2. 머물러 있으라고 하였으나, 정인홍이 그대로 낙향하겠다고 하자 알았다고 하다.

11. 8. 이항복이 차자를 올려, 자신의 병권이 너무 중하다는 말이 돌고 있다며 사직을 청하자 믿음을 보이다.

• 이항복은 좌의정으로 훈련도감 도제조와 체찰사를 겸하고 있었다.

11. 12. 조천종이 만든 화포를 대량으로 제작하여 비치하게 하다.

11. 15. 예조판서 이정구가, 새 도성 건설을 청하는 술관 이의신의 상소에 대해 반박하다.

윤11. 5. 교하로 도읍을 옮기는 일에 대해 2품 이상에게 논의하게 하였는데, 대부분 반대하고 박홍구만 찬성하다. 이로 인해 총애를 얻다.

윤11. 10. 이항복이 거듭 사직서를 올리자 짜증 섞인 반응을 보이다.

윤11. 30. 이이첨의 정운공신 녹훈에 대해 사관이 평하다.

12. 16. 활인서를 설치하고, 전염병 구제를 위해 기도하게 하다.

12. 16. 사간원이 허균의 체차를 청하자 윤허하다.

• 전날 허균을 진주사로 삼았다.

광해군 5년(1613)

1. 3. 비밀리에 비변사에 전교해, 교하 지역을 살피고 형세를 그려 오게 하다.

1. 5. 거듭된 좌의정 이항복의 사직 차자에, 걱정하는 바가 지나치다고 답하다.

1. 9. 양사가 합사해, 교하를 살피고 오는 일과 공신 추가 녹훈을 정지할 것을 청하다.

2. 23. 양사가 합계해, 천도를 주장한 이의신을 벌주고 교하의 명을 거두기를 청하다.

2. 30. 함경북도병사 이시언이, 여진족 노추가 홀자온을 함락한 일을 보고하다.

3. 1. 김제 사람 안위가, 진사 조덕홍 등이 역모를 하였다고 상소하다.

3. 12. 목욕재계하고 백악 아래에서 공신들과 회맹하다.

3. 12. 위성공신·익사공신·정운공신·형난공신을 녹훈하다.

• 이이첨은 세 종류 공신에 녹훈되었다. 한편 옛 공신 중에도 겹쳐서 참여된 자가 있었는데, 이산해는 4공신에, 이항복은 5공신에 참여하였다. 이이첨은 광창부원군에, 유희분은 문창부원군에, 박승종은 밀창부원군에 봉해져서 이들을 3창이라 불렀다.

3. 14. 안위·조극신 등을 정국하다.

3. 14. 안위가 역모를 고변하게 된 과정이 드러

나다.

• 안위가 조극신을 꼬드겨 허위로 고변키로 한 다음 먼저 고변한 것이다.

3. 27. 안위·조극신을 의금부로 하여금 정죄케 하고 나머지는 방면하다.

4. 16. 곽재우를 전라병사에 제수했으나 사양하다.

4. 25. 좌변포도대장 한희길이, 서얼 박응서 일당의 강도 사건에 대해 아뢰다.

4. 25. 박응서가 역모를 고변하니, 의금부로 옮겨 국문하게 하다.

4. 25. 서청에 나아가 친국하다.

• 박응서가, 7년 전부터 여주 강변에 모여 살며 도모했고, 자금 확보를 위해 수차례 도적질 등을 했다고 진술했다.

4. 25. 박승종이, 지난번 김백함이 사형당할 때 나라가 자신에게 속았다고 말했던 점을 들며, 이번 옥사는 신중히 살필 것을 청하다.

4. 27. 친국하다. 심우영이 박응서의 진술은 죽을죄를 모면해 보려고 한 것이라고 진술하다.

4. 27. 박응서와 대질한 심우영이 조목조목 반박하다.

4. 28. 서양갑이 박응서의 진술에 반박하다.

4. 29. 허홍인의 처가 네 번째 형장을 맞고, 남편이 서양갑 등과 해 온 일이 매우 수상했다며 필시 역모였을 것이라 진술하다.

4. 29. 서양갑이 박응서와 대질한 자리에서 부인하다.

5. 2. 서양갑의 누이 경신의 공초를 받고 형추했으나 승복하지 않다.

• 사관은, 이덕형이 임금의 뜻에 영합할 목적으로 처자까지 국문할 것을 청했다고 비판했다.

5. 2. 서인갑·박치인·예종·예이 등이 모두 승복하지 않다.

5. 3. 의금부에서, 안위와 조극신의 원방유배를 청하자 안위는 시골로 돌려보내라 이르다.

5. 4. 심우영의 아들 심섭이 승복하다.

• 심섭은 열네 살이다.

5. 4. 심우영·박종인이 승복하다. 형을 집행하다.

5. 4. 사간원이, 역적의 입에서 이름이 나온 연흥부원군 김제남의 삭직을 청하자 파직하다.

• 김제남은 인목대비의 아버지다.

5. 4. 지평 정호관이, 역적들의 입에 거론된 영창대군 이의를 궁중에 편히 둘 수 없다고 주장하다.

5. 5. 양사가 합계하여, 역모에 연루된 영창대군을 법대로 처리할 것을 청하다.

5. 6. 서양갑이 압슬과 화형을 당하고 승복하다. 승복하며 맨 처음 창도한 이는 부원군 김제남이고 자전(인목대비)이 관여했다고 진술하다. 이에 박응서에게 김제남의 연루를 밝히지 않은 이유를 묻자, 자신을 엮어 넣으려는 수작이라고 답하다.

5. 6. 서양갑의 공초를 듣고 놀라, 궁성을 밤낮으로 방위하게 하다.

5. 6. 서양갑을 저자에서 환형에 처하다.

5. 6. 양사가 합사해 영창대군을 율대로 처리하도록 청하다.

5. 7. 사간원이, 고명을 받은 일곱 대신을 사판에서 삭제할 것을 청하니 따르다.

• 영창대군을 보호하라는 선조의 고명이 있었는데, 유활 등이 앞장을 서서 사리에 맞지 않는다고 주장한 것에 따른 것이다.

5. 8. 서인갑·박치인·이경준·사경이 죽다.

5. 12. 대신과 2품 이상이 영창대군의 처단을 청하다.

5. 15. 정협이 압슬을 받고 자복하다.

5. 16. 여러 차례 진술을 번복한 정협을 정형에 청하다.

5. 16. 전 우의정 한응인이 역모 혐의를 부인하다.

• 박동량(의인왕후의 조카)은 대군 궁방의 사람들이 무당들과 함께 유릉에 가서 저주했다고 진술했다.

5. 17. 종실이 영창대군 처벌을 청하다.

5. 17. 이정구·김상용·황신을 방면하다.

5. 21. 김제남이, 잡혀 온 뒤로 물 한 모금 마시지 않아 위중해지다.

5. 22. 진사 이위경 등이 상소해 대비를 비판하며, 어미의 도리가 끊어졌다고 아뢰다.

• 영창대군을 처단하라는 논의는 유희분·박승종 등이 주도했는데, 이이첨 쪽이 폐모론을 들고 나와 논의를 압도했다.

5. 24. 궁인 응희를 사사하다.

5. 25. 한성부 거주 백성들이 소를 올려 영창대군 이의와 김제남의 죄를 청하다.

5. 26. 태종조 방석의 변 때, 신덕왕후를 처치했던 절목을 상고해 서계하라 명하다.

5. 26. 겸사복·내금위·내관 등이 모두 상소해, 영창대군 이의와 김제남의 복주를 청하다.

5. 28. 김제남 사사를 명하다.

5. 29. 이의를 폐서인하다.

6. 1. 김제남을 궐정으로 끌고 와 죄상을 적은 전지를 읽어 선포하자, 할 말이 있다 했으나, 재촉해 내보내 서소문 안에서 죽게 하다.

• 이날 그의 부인 노 씨가 대비전 담장 밖에서 대비의 어릴 적 이름을 부르며 어째서 아비를 구해 주지 않느냐며 울부짖었다.

6. 1. 김제남의 세 아들과 사위가 곤장 아래 죽다.

6. 3. 이방석과 신덕왕후의 고사를 상고하라고 재차 전교하다.

6. 4. 대비가 이날에야 아비의 죽음 소식을 접하다.

6. 6. 신덕왕후와 방석 때의 일을 상고해 아뢰다.

6. 9. 오윤남의 어린 아들 오강에게 압슬형을 가하다.

6. 9. 오강이 압슬형을 받고, 대군이 팔자가 좋다는 말을 여러 점쟁이에게서 들었다는 등의 진술을 하다.

6. 10. 대군의 집에 왕래하는 무녀를 체포하게 하다.

6. 13. 무녀·시녀 등이 거듭된 형신에도 자복하지 않다.

6. 15. 양사가 합계하여, 정협을 천거한 일로 연일 이항복을 탄핵하자 체차하다.

6. 17. 김응벽이 자복하다. 여러 저주 행각을 진술하고 서쪽 사람들은 모두 김제남의 무리라며 이덕형과 이경전까지 거론하다.

6. 17. 박승종이, 이덕형·이경전이 서인이 아니라는 것은 상계서도 아는 일이라며, 이런 식으로 끌어들이면 온 나라 사람이 하나도 남지 않게 된다고 아뢰다.

6. 17. 김응벽이, 목릉 앞, 대궐 안 등에 저주하는 물건을 묻은 일 등을 상세히 진술하다.

6. 18. 능에 저주한 일에 대해, 가서 서둘러 파내도록 하다.

6. 19. 능을 파 보니 아무것도 나오지 않다. 저주한 것이 거짓임이 드러나다.

6. 19. 전 우의정 정인홍이 상소해, 역적을 너무 관대하게 다스린다며 통렬히 다스릴 것을 청하다.

6. 20. 김응벽을 성 밖에서 수레로 찢다.

6. 21. 전라병사 곽재우가 상소해 이의의 치죄에 반대하다.

6. 21. 이의를 내보내는 날, 대비가 부둥켜안고 떠나보내지 못하여 액문 안에까지 안고 와서 울부짖으며 작별하다.

6. 21. 동학 유생 조경기 등이 상소해, 모후를 비난한 이위경·정조·윤인 등을 목 벨 것을 청하다.

6. 22. 양사가 합계해, 이의를 법에 따라 처리할 것을 아뢰다.

6. 22. 진사 정창언이 상소해, 이위경·정조·윤인을 공격하는 자들은 유영경·김제남의 잔당들이며 대비와 이의의 신하들이라고 하다.

7. 4. 추국청이, 유릉에 저주를 행한 무녀를 찾

기가 어렵다고 아뢰다.

7. 23. 궁궐 담장 밖을 호위하고 순라 도는 일을 엄밀히 하도록 전교하다.

7. 26. 영창대군을 안치할 지역에 대해 의논해 강화로 정하다.

8. 2. 이의를 강화에 위리안치하다.

8. 10. 양사가, 영의정을 삭탈관직하여 문외출송 할 것을 청했으나 따르지 않다.

8. 16. 양사가, 성상을 현혹시켰다며 이덕형의 처벌을 청하다.

8. 23. 이덕형 파직.

9. 20. 이덕형 삭탈관작.

9. 25. 정인홍 우의정.

10. 9. 이덕형 졸.

10. 10. 이덕형이 졸했다는 소식에 관작을 회복 하여 주다.

10. 25. 돌림병에 대한 대책으로, 허준으로 하여 금 처방을 책으로 펴내게 하다

10. 29. 인빈 김 씨 졸.

• 인빈 김 씨는 선조의 후궁이다. 광해군이 동궁에 있을 때 자주 선조의 뜻을 잃자, 대비 이하 여러 후궁들이 동궁을 대할 때 불경한 경우가 많았다. 그러나 인빈만은 유독 동궁을 후하게 섬겼다.

11. 1. 병판 박승종이 분군(分軍)의 폐단을 아뢰다.

12. 21. 노호(老胡)의 세력이 커지자, 비변사에서 변방 수비를 건의하다.

• 노호는 누르하치를 말한다.

광해군 6년(1614)

1. 10. 영부사 기자헌을 올라오게 하다.

1. 19. 기자헌 영의정, 정인홍 좌의정, 정창연 우의정.

2. 10. 강화부사 정항이 영창대군을 살해하다.

• 이날의 기록에는 정항이 방에 불을 심하게 때서 죽였다고 되어 있지만, 광해군 5년 8월 2일의 일기에는

이정표가 정항과 함께 죽인 것으로 되어 있다.

2. 10. 강화 별장 이정표가 이의의 죽음을 치계 하다. 이에 장례를 대군의 예로 치르게 하다.

2. 21. 부사직 정온이 소를 올려, 정항을 참시할 것을 청하다.

2. 23. 대사헌 박건 등이, 정온을 죄주기를 청하 다.

3. 3. 정온 하옥.

3. 23. 전 우의정 한응인 졸기.

3. 28. 황정욱 졸기.

4. 24. 사헌부가 상소해, 모든 옥사를 마무리하 기를 청하다.

5. 5. 장령 배대유가, 역옥을 친국하는 폐단에 대해 진달하다.

• 배대유는, 역적 고변을 죽음을 피하는 방편으로 삼 는 세태와 사례를 들었다. 이에 임금은 자신을 견제하 여 죄인을 국문하지 못하게 한다며 불쾌한 반응을 보 였다.

5. 5. 배대유와, 그를 추천한 이조의 관원을 추 고하라 명하다.

5. 6. 대사헌 송순이 배대유를 옹호하다.

5. 9. 국청이, 김덕룡·김언춘의 옥사에 관련된 사람들의 무고를 밝히고 석방을 청하다.

5. 23. 서북 지방의 변환에 대비해 경계하기를 명하다.

6. 24. 정온을 친국하다.

7. 4. 정온을 유배하다.

7. 5. 대궐 안과 남쪽 담장 밖에서 곤장 치는 일을 삼가게 하다.

• 세자빈의 산실을 설치했기 때문이다.

7. 8. 이이첨이 상소하여, 유희분이 자신을 모 함한 연유를 변명하다.

7. 8. 명에 원병을 보내는 문제에 대해 토론하 다.

7. 24. 호남 유생 송홍주 등이 대궐에 나아가, 정온을 옹호하는 소를 올리다.

8. 3. 요사하고 흉측한 일을 벌였다며, 선왕의

시녀였던 열이를 사사하라 명하다.

8. 8. 양사에서, 송흥주·이의신 등에게 죄줄 것을 연일 청하다.

9. 2. 호조에서, 명 사신의 접대 비용과 관련해 은자의 폐단을 아뢰다.

9. 14. 흠경각 건설도감이 천지호(天池壺)의 완성을 아뢰다.

10. 13. 양사에서, 이의신의 일을 연계했으나 따르지 않다.

12. 15. 조식에게 영의정을 추증하고 시호를 내리다.

12. 28. 선조를 섬겼던 대비전의 나인 의일을 처형하다.

광해군 7년(1615)

1. 17. 조덕겸이, 정온·송흥주를 공격하는 상소를 올리다.

2. 5. 완평부원군 이원익이 차자를 올려, 장차 대비에게 화가 미칠 것이라는 항간의 말을 전하자, 자신보다 항간의 말을 더 믿느냐며 힐난하다.

2. 18. 이원익의 차자에 대해 배후가 있을 것이라는 의미의 말을 하다.

2. 19. 양사에서, 이원익의 삭출과 남이공의 귀양을 청했으나 듣지 않다.

2. 22. 박자흥이 소를 올려, 남이공의 무죄를 주장하다.

2. 22. 유희분이, 이원익과 남이공을 변호하다.

2. 23. 홍문관에서, 이원익과 남이공의 불충을 아뢰니 이원익의 파직을 명하다.

3. 21. 이원익 삭출.

3. 27. 이원익의 죄는 협군호역(脅君護逆)만으로도 반드시 죽여야 할 죄라고 말하면서도, 이미 삭출했으니 멀리 귀양 보내는 것은 불가하다고 하다.

4. 19. 양사가 합계해, 양궁 수리의 명을 거둘 것

을 청하자, 대단한 일이 아닌데도 합계까지 하여 임금의 손발을 묶는다며 불쾌해하다.

5. 16. 헌부의 집의 이하 관원은 윤번으로 경운궁 홍문관 근처에 입직하여, 모든 일을 규찰·검속하라 명하다.

5. 16. 사간원에서, 헌부는 오직 논집과 규찰만 한다며, 궁금 숙위는 병조와 도총부가 있으니, 명을 거두어 체면을 존중해 줄 것을 청하다.

5. 16. 정언 이익이, 직숙의 명을 받들고 언론의 임무를 수행하지 못한 죄를 청하다. 또 즉위한 이래 경연을 한 번도 열지 않은 점 등을 비판하다.

5. 22. 허균 동부승지.

5. 23. 이익과, 이익을 부추긴 자를 국문하여 실상을 밝히라 전교하다.

6. 22. 유학 조직이, 자전을 봉양하는 것에 대해 상소하다.

6. 30. 정인홍 좌의정.

6. 30. 조직의 상소를 정원에 내리고, 사주한 간흉이 있을 것이라고 하다.

7. 4. 조직이 뜻을 굽히지 않고 회계하다.

7. 7. 조직을 잡아다 금부에서 취조해 입계하니, 삼성추국을 명하다.

7. 11. 선수도감에서, 새 궁터에 대해 김일룡이 한 상소는 이치에 맞지 않는다고 아뢰다.

8. 7. 대비전에 약방, 2품 이상의 6조, 양사 장관이 문안하다.

• 대비가 병들었다는 말이 민간에 떠돌았으므로 문안한 것이다.

8. 9. 김덕룡·김언춘을 제주에 정배하다.

8. 10. 남이공을 평산현에 부처하다.

8. 13. 사은 전문을 쓴 김상헌·이민성 등을 삭직하다.

• 풍자의 말을 썼다는 이유다.

8. 20. 착하지 못한 사람이 우리 임금이 되었다고 상소한 이창록을 당고개에서 참수하다.

윤8. 5. 문신 정시에서 1등한 허균에게 가자하

다.

윤8. 14. 신경희·양시우·김정익 등을 잡아 가두게 하다.

9. 4. 신경희 졸.

9. 5. 김덕룡 졸.

9. 6. 김언춘 졸.

9. 28. 양사에서 역모에 연루된 자들을 속히 처리할 것을 아뢰자 따르다.

11. 9. 중국 사신 맞이에 대비해 은 수천 냥을 준비토록 하다.

11. 10. 능창군 이전을 교동에 위리안치하다.

11. 12. 정인홍을 인견하다. 이 자리에서 정인홍이, 충심으로 나라를 위하는 자는 이이첨만 한 이가 없다고 아뢰다.

11. 17. 능창군 이전이 위리안치된 곳에서 졸하다.

• 수장이 이전을 찬 돌방에서 자게 하고, 모래와 흙이 섞인 밥을 주었다고 한다. 부모에게 보내는 글을 남기고 목을 맸다.

12. 5. 하향하는 정인홍에게 궤장을 주다.

광해군 8년(1616)

1. 6. 동지사 민형남·허균 등이 변무한 것을 북경에서 아뢰다.

2. 23. 함경감사와 북병사가, 종성에서 누르하치의 많은 정병이 나왔다고 아뢰다.

2. 28. 숨겨야 할 일들은 〈조보(朝報)〉에 내지 말라 이르다.

4. 3. 정인홍의 손자 정릉을 산은현감에 제수하여 정인홍을 봉양하게 하다.

5. 7. 황해감사 윤조원의 장계로 해주옥사가 시작되다.

• 해주목사 최기가 감사에게 보고도 하지 않고 형장을 함부로 사용하였다고 하자, 이를 자세히 조사하라 이르면서 일이 커졌다.

5. 11. 최기가 공초하다.

• 마을사람 25명이 연명으로 박이빈·박희일 등이 작당하여 불을 지르고 도적질을 했다고 고발했다. 이에 최기가 박이빈 등을 조사하니, 조정에 고변할 일이 있다며 재신들과 명사들의 이름을 적은 흉서를 보였다. 처음에는 단순한 장난으로 보아 형장을 쳤는데, 이후 무고의 죄에 빠질까 염려되어 그들로 하여금 직접 고변하게끔 석방했을 뿐이라고 공초했다.

5. 11. 허균 형조판서, 한찬남 도승지.

5. 16. 3사가 존호 올리기를 청하다.

5. 16. 영의정 기자헌과 2품 이상이 존호 올리기를 청하다.

6. 1. 해주 옥에 갔던 정충남이 옥중에서 박이빈에게 들은 말이라며 자세히 공초하다.

• 조정 대신들은 전혀 언급되지 않았다.

6. 2. 안성옥사에 관계된 죄인들의 공초를 받게 하다.

6. 7. 백관·종실·양사·옥당이 존호 올리기를 청하자, 옥사를 다 마친 뒤에 따르겠다고 하다.

6. 19. 최기를 형추할 것인지를 의논하게 하다.

6. 28. 최기 졸.

7. 12. 선왕의 공이 우뚝하고 찬란하니, '조'라는 칭호를 올려야 마땅하다고 하다.

7. 15. 이귀를 이천에 중도부처하다.

7. 25. 양사가 김제남의 추형과 존호 올리는 일을 아뢰다.

8. 4. 김제남과 최기를 추형하는 절차를 살피라고 해조에 전교하다.

8. 17. 윤근수 졸기.

8. 17. 세조조의 교사(郊祀) 때 사용한 옥폐(玉幣)가 무슨 옥폐인지를 묻고, 원구단을 옛 전례에 의거하여 설치하는 것이 마땅하다며 어디에 설치할 것인지 묻다.

8. 20. 기자헌과 양사가 남교 친제를 반대하다.

8. 25. 진하하는 날이므로 추국을 정지하다. 사면을 반포하고 백관들에게 가자하다.

8. 26. 양사가 남교에 친제한다는 명을 거둘 것을 합계하다.

9. 25. 영의정이 차자를 올려, 궐정 추국의 체모를 갖출 것을 아뢰다.

10. 5. 한효순 우의정.

10. 10. 김제남을 추형한 일로 가상존호를 받고 교서를 반포하다.

11. 11. 불법 벌목을 방치한 수령을 파직하겠다고 전교하다.

11. 12. 양사가 합사하여, 옥사를 속히 결단할 것을 촉구하다.

12. 11. 정충남을 위리안치하다.

12. 21. 진사 윤선도가, 이이첨의 전횡을 성토하는 상소를 올리다. 윤선도를 외딴섬에 안치할 것을 명하다.

광해군 9년(1617)

1. 4. 유학 이형이, 윤선도를 옹호하고 이이첨을 비판하는 소를 올리다.

1. 4. 구천군 이수·금산군 이성윤 등 종실 19명이 이이첨을 탄핵하는 소를 올리다.

1. 5. 중사(中使)를 보내 대비를 문안하다.

1. 8. 해주옥사의 죄인 윤승선·김동지의 국문을 명하다.

1. 17. 허균이 시 '경운궁을 생각한다'에 대해 해명하는 소를 올리다.

• 경운궁은 광해군이 인목대비를 유폐시키다시피 한 곳이다.

1. 20. 분병조가 내약방에 있던 격문을 봉해 올리다.

• 격문에는 "서자가 외람되이 왕위에 올랐으며 아비를 죽이고 형을 죽였다."라는 내용과, "산(山)과 천(川)은 이미 끝났고 원해가 장차 이루어질 것이다."라는 구절이 있었는데, 산(山)은 금산군(錦山君) 이성윤을 가리키고, 천(川)은 구천군(龜川君) 이수를 가리키며, 원해(原海)라는 글자는 종실인 원해군(原海君)을 뜻하는 것이다.

1. 27. 양사가 합계하여, 격문에 이름이 오른 구

천군과 금산군의 역적 단죄를 재촉하다.

2. 1. 도적이 강화 사고에 불을 지르다.

2. 1. 민인길이 상소하여, 격문을 지은 것은 이재영이라 들었다고 아뢰다.

2. 2. 부사직 허균이 자신은 무관함을 주장하는 소를 올리다.

2. 3. 이재영이 자신은 무관하다고 소를 올리다.

2. 3. 유충립이, 이정원이 지었다는 비밀 상소를 올리다.

2. 3. 이사성이, 민인길의 상소는 근거가 없다고 하다.

• 왕은 이때, 허균이 폐론(廢論)을 주장하기 위해 이 모의를 한 것을 알고, 이 일을 폐기하고는 상소를 내리지 않았다고 한다. 이로 인해 사림이 보전될 수 있었다.

2. 11. 장표가 없는 자의 대궐 출입을 금지하고, 위사로 하여금 활과 칼을 차게 하다.

3. 9. 이이첨·박승종·유희분이 장원서에서 모여 향을 피우고 시를 지어 맹세하니, 중사를 보내 궁중의 술을 하사하고 장려하다.

• 이이첨이 박승종과 유희분을 꾀어 동맹을 맺고, 각 당파를 균등하게 등용하기로 약속했다.

3. 20. 정원에서, 영정을 다시 종묘에 봉사할 것을 아뢰다.

• 왜란으로 태조와 세조의 영정, 그리고 문종의 영정 중 얼굴 부분만 남고 나머지는 모두 손상되었다.

3. 20. 선혜청에서, 수령들의 폐단을 적발하여 파출할 것을 청하니 따르다.

3. 25. 이궁의 각 아문을 지을 만한 곳을 그림으로 그려 들이게 하다.

4. 3. 왕이 자주 점치기를 좋아하다.

• 점쟁이들의 출입이 잦고, 사소한 일도 점을 친 후 결정했다고 한다.

4. 9. 이천에 사는 이계명이란 자가 흉서에 대해 고변하다.

4. 27. 곽재우 졸기.

4. 28. 곽재우의 장례 물품을 제급하고 예관으로 하여금 제사 지내도록 하다.

5. 11. 인왕산 아래 짓는 궁궐을 신궐로 이름하게 하다.

5. 15. 인왕산 아래 담장을 쌓을 때, 수목을 훼손시키지 말 것을 전교하다.

6. 11. 새문동에 다시 새 궁궐을 건립하는 것을 의논하다.

• 정원군의 옛집으로, 왕기가 있다는 이야기를 듣고 빼앗은 것이다.

6. 12. 영건도감에서, 신궁의 이름을 경녕궁으로, 이어하기 전에는 서별궁으로 칭하게 할 것을 청하다.

6. 21. 담장을 견고하고 높게 쌓으라고 전교하다.

6. 27. 영건도감에서, 청기와 만드는 일에 필요한 염초의 구입을 청하니, 동지사 편에 사 오게 하다.

6. 28. 영건도감에서, 도성 내에 궁궐이 많음을 지적하다.

7. 1. 기자헌이, 양궁의 역사를 한꺼번에 하는 게 어렵다며, 한곳에만 힘을 기울이고 후원 등은 이어한 다음에 천천히 할 것을 청하다.

7. 1. 8월부터 서별궁의 역사를 시작하라 이르다.

7. 13. 인왕산 아래의 신궁은 시문용과 성지의 말에 따라 짓고, 서별궁은 김일룡이 말한 바에 따라 지으라고 도감에 명하다.

7. 16. 한성부로 하여금, 1~2년간 집 짓는 것을 금지시키라 전교하다.

7. 23. 경기감사 유희량이, 여주목사 김용이 고변한 것에 대해 비밀리에 치계하다.

7. 29. 서별궁의 이름을 경덕궁으로 정하라고 명하다.

8. 3. 인경궁의 광정전과 홍정전을 빨리 축조하라 전교하다.

8. 12. 궁궐에 자신의 집터를 바친 이들을 가자하고 제수하다.

8. 15. 집터를 바친 심희수 등을 석방하라 전교하다.

8. 16. 박승종 우찬성, 유희분 병조판서.

8. 25. 사헌부에서, 서장관으로 중국에 갈 때 교자를 타고 간 정홍원과 신의립을 탄핵하다.

• 사신들은 교자를, 서장관은 말을 타는 게 정식이다.

8. 30. 경덕궁에 거둥해 건축 현장을 살펴보고 환궁하다.

9. 4. 생원 이덕무가 조식의 문묘종사를 청하다.

9. 9. 경덕궁의 공사를 인경궁의 공사보다 빨리 끝내도록 하다.

9. 25. 홍문관이 조식의 문묘배향을 청하다.

10. 8. 궁중 의식 예행연습에 불참한 관기와, 숨겨 두고 내보내지 않은 이들을 추고하라 명하다.

10. 30. 존호를 올리는 대례를 거행하고 전국에 교서를 반포하다.

• 그동안 8자씩 존호를 받은 것이 모두 여섯 번이다.

11. 5. 유학 한보길·박몽준 등이 폐모를 청하는 소를 올리다.

11. 7. 유학 윤유겸이 폐모 서출을 논하는 소를 올리다.

11. 17. 진사 정흡이, 대비는 나라의 적이자 신하들의 원수라는 소를 올리다.

• 이후 유사한 소가 이어졌다.

11. 24. 유생들이, 폐비 문제를 대신들과 결정할 것을 청하는 소를 올리다.

11. 24. 대사헌 이병 등이, 유생들의 상소를 대신들과 의논해 처리할 것을 아뢰다.

11. 24. 이항복이 폐비를 반대하는 소를 올리다.

11. 24. 정인홍이, 대비에 대한 예를 폐하고 외부와의 접촉은 막되, 대내에서처럼 대하여 모자 간의 명분은 지킬 것을 청하는 소를 올리다.

11. 25. 관학 유생 100여 명이 서궁의 존호를 강등시키고 분조를 철거하라고 청하다. 또 시위·

공물·조회는 일체 중지하고 음식만을 제공할 것을 청하다. 이에 나라를 위한 정성을 알 것 같다고 답하다.

11. 25. 폐비 문제에 대한 백관들의 의견을 수의하다.

• 대부분 묘당이 충분히 고려하여 처리할 것을 말했다.

11. 26. 양사가 합계해 기자헌을 탄핵하니 체차하다.

• 기자헌이 폐비 문제에 소극적이었다.

11. 26. 유생들이 소를 올려, 기자헌의 참형과 정창연의 귀양을 청하다.

11. 27. 기자헌을 관직삭탈하고 문외출송하다.

11. 30. 생원·진사·유학 등이, 이항복 등 서궁을 옹호하는 이들을 처벌할 것을 청하는 소를 올리다.

• 이때 관학 유생이 올린 소는 이이첨이 주관했고, 관학 외 유생의 소는 허균이 주도했다. 사관은, 이이첨이 허균으로 하여금 유생들을 모아 날마다 6~7편의 소를 지어 올리게 했다고 기술했다.

12. 3. 기로 이숭수 등 시민(市民)들이 화근의 제거를 청하는 소를 올리다.

• 이후 훈련도감 군인·율학 교수·우림위·혜민서·역관·참봉·의원 등의 유사소가 이어졌다.

12. 11. 박몽준이 소를 올려, 폐비 문제와 남인·서인 등의 숙청에 대해 고하다.

12. 11. 칠원현감 권성오가, 흉서를 위조한 노극함을 체포했다는 첩보를 올리다.

12. 17. 기자헌을 정평에, 이항복을 용강에 유배하다.

• 이후 두 사람을 여러 차례 다른 곳으로 옮겼다.

12. 19. 통제사 서목이, 노극함이 갖고 있던 흉서를 올려 보내며, 제대로 보고하지 않은 현감 권성오를 비판하다.

12. 24. 예조좌랑 기준격이, 역모의 주모자로 허균을 지목하여 탄핵하다.

12. 26. 기준격이 두 번째 소를 올리다.

12. 26. 허균이 비밀리에 상소하다.

• 상소 내용은 유실되어 기록에 없다.

12. 27. 양사가, 기자헌·기준격·허균을 국문할 것을 청하다.

광해군 10년(1618)

1. 4. 합사하여, 서궁 존호 삭감·공헌 폐지·분조 철폐·조알 정지 등을 청하다.

• 이후 옥당·예문관·양사·관학·승정원·백관이 거듭 청했다.

1. 7. 허균이 소를 올려, 자객이 자신을 해치려 했다는 것과 기자헌의 발언 등을 아뢰다.

1. 9. 전 훈도 김대하가 상소해, 서궁을 곧장 죽일 것을 청하다.

1. 16. 우의정 한효순 등이 2품 이상을 이끌고, 기준격·허균을 조사해 처치하기를 청하다.

1. 18. 정인홍 영의정, 한효순 좌의정, 민몽룡 우의정.

1. 28. 이후로 서궁으로만 칭하고 대비의 호칭은 없애도록 하다.

1. 29. 유학 이훤 등이, 서궁을 본가에 돌려보내고 지공(支供)을 없애기를 청하다.

1. 30. 좌의정 이하 15명이, 서궁을 폄손(貶損)하는 절목을 의논해 아뢰다.

• 왕은 절목이 마음에 들지 않아 계하하지 않았다.

2. 4. 양사가 합계해, 김제남의 처를 처벌할 것과 정청에 참여하지 않은 자들의 논죄 등을 청하다.

2. 6. 유학 박신이, 서궁을 폐출하도록 연계하지 않은 3공·백관의 논죄를 청하다.

2. 26. 유학 김형이 상소해, 서궁을 폐출해 위리안치하는 일 등을 청하다.

2. 28. 양궁 영건(營建) 공사를 속히 끝내라고 전교하다.

3. 16. 분병조가 경운궁 안에서 얻은 언서와 진서를 입계하자, 대신·금부당상·양사 장관을 명

초(命招)하다.

3. 17. 유학 김대립이 상소하여, 대국을 속히 마무리 지을 것을 청하다

3. 24. 금호문 문틈으로 흉서가 투입되다.

•내용은 유실되었다.

4. 8. 소요스러운 민심을 안정시키는 일로 전교하다.

•궁궐 공사와 관련하여, 주자동 근처에 또 궁궐을 짓는다는 등 여러 소문이 돌았다.

4. 18. 양사에서, 서궁에 대한 절목을 계하하고 폐전(廢典)을 마무리 짓기를 청하다.

4. 23. 영건도감에서, 황와를 구워 내는 일, 재목의 벌채와 운반 등에 대해 아뢰다.

4. 26. 청와와 황와를 옛날 빛깔에 따라 자세히 살펴 정밀하게 만들도록 하라 이르다.

4. 29. 경기감사 유희량이, 박의립의 고변 사건에 대해 아뢰다.

윤4. 5. 비변사에서, 누르하치가 청하 지방을 침범하였고, 명군이 요동으로 급히 진출했다는 것 등을 아뢰다.

윤4. 6. 풍기의 진사 곽영이, 이이첨·허균 등을 논핵하는 소를 올리다.

윤4. 7. 이이첨·허균이 상소해, 곽영과 함께 신문받게 해 달라고 청하다.

윤4. 8. 곽영을 국문하여, 밀지에 대한 것과 허균이 흉격을 지은 것에 대해 묻자, 소명국으로부터 들었다고 답하다.

윤4. 8. 소명국을 국문하다.

윤4. 9. 이이첨이 차자를 올려, 소명국이 신경희의 일로 자신을 죽이려 했다고 아뢰다.

윤4. 9. 한찬남이, 소명국·김중신·박희룡이 곽영을 사주했다고 아뢰다.

윤4. 9. 김중신과 박희룡이, 소명국이 곽영을 사주했다고 자복하다.

윤4. 9. 소명국이 인정하다.

윤4. 12. 누르하치가 사하보 등을 침범해 요동 총병이 전사하다.

윤4. 12. 무원에서 누르하치의 일로 자문이 오다.

•누르하치를 소탕할 날이 되면 병력을 연합해 정벌하자는 내용이다.

윤4. 14. 추국청에서, 소명국·곽영의 공초로 기준격의 소를 내려 주기를 청하다.

윤4. 14. 전에 봉입했던 기준격·허균·곽영의 소를 추국청에 내리다.

윤4. 15. 비변사에서, 무원이 보낸 자문과 관련해 병력 조발·자강책 등의 일을 아뢰다. 경솔히 정벌하지 말고 헤아려 만전을 기해야 할 것이라 답하도록 이르다.

•만전을 기하라는 말은 그저 소회를 말한 것일 뿐, 중국의 군무에 간여하겠다는 뜻이 아니라고 말했다. 다만 중국과 우리는 한집안과 같은 면이 있는데 소회를 개진한다고 해서 무슨 상관이 있겠느냐며 다소 불편한 심기를 드러내기도 했다.

윤4. 16. 비변사에서, 우리 측의 사리로 말하면 그저 그들의 지휘를 받아 진퇴하기만 하면 될 뿐이라 아뢰다.

윤4. 17. 지사 심돈이, 병력 조발·군량 마련을 말하며 궁궐 공사 정지를 청하다. 이에 반이나 추진했는데 갑자기 중지할 수 없다고 답하다.

윤4. 17. 경덕궁 공사를 독촉하여 먼저 완성하라 전교하다.

윤4. 23. 징병 문제와 관련해, 군문의 자문이나 칙유가 도착할 때까지 기다렸다가 처치하는 것이 옳다고 이르다.

윤4. 23. 강홍립 도원수, 김경서 평안병사.

윤4. 24. 박홍구·유희분·이이첨 등이 미리 군병을 뽑아 두었다가 작전 일자를 듣는 대로 출동하는 게 좋겠다고 헌의하다.

윤4. 25. 참장 구탄이, 군병을 미리 훈련시켜 두었다가 시기를 그르치지 말라는 표문을 보내오다.

윤4. 26. 징병하는 일의 편부에 대해, 2품 이상에게 헌의하여 봉해 들이라 하다.

윤4. 27. 명의 경략 왕가수가 징병과 관련해 글

을 보내오다.

윤4. 29. 양사가 합사해, 허균 등을 국문하고 서궁에 대한 폄손 절목을 속히 내리기를 청하다.

5. 2. 요동 무원의 군문에 회답하는 자문을 보내다.

5. 3. 기준격의 무함하는 상소에 대해, 허균이 변명의 상소를 올리다.

5. 13. 이항복 북청에서 졸.

5. 18. 이항복의 관작을 회복시켜 주고 관례대로 예장케 하다.

5. 19. 남병사 현즙이 이항복의 죽음을 졸서(卒逝)라고 표현하자, 도승지 한찬남이 현즙을 추고할 것을 청하다.

5. 29. 경덕궁에 거둥해 공사를 살펴보다.

6. 4. 비변사에서, 양 경략(양호)이 산해관에 도착했다고 아뢰다.

6. 7. 징병에 관한 일을 〈조보〉에 싣지 말도록 전교하다.

6. 7. 성절사 윤휘를 인견하고, 징병의 일과 방비책 등에 대해 의논하다.

6. 8. 군기에 관한 일체의 사항이 절대 누설되지 않도록 하고, 변경을 엄히 기찰토록 하다.

6. 8. 박승종을 기복(起復)시켜 우의정 겸 도체찰사로 삼다.

6. 14. 중국에 우리나라의 일이 누설되지 않도록 하다.

6. 19. 재자관 이잠이 장계를 올려, 찰원 아문에서 경략과 문답한 일을 아뢰다.

6. 20. 양 경략이 자문을 보내다.

• 조선의 관망하는 듯한 태도를 비판하고, 정병 1만을 뽑아 국경에 대기시킬 것 등을 요구했다.

6. 20. 양사가 합사해, 양 경략의 질책에 부끄러움을 아뢰다.

6. 20. 칙서가 있어야 군병을 들여보낸다는 뜻을 밝히며, 청천·대동·임진을 수어할 절목을 강구하라 이르다.

6. 22. 대론(폐모론)이나 영건(궁궐 공사) 등의 일은 〈조보〉에 싣지 말라 이르다.

6. 26. 진주사 박정길이 장계를 올려, 구 참장과 면대한 일을 아뢰다.

• 명나라 측은, 조선이 소극적으로 나오면 200년 의리가 없어지게 될 것이라고 했다. 또 임진년의 일에 보답하는 성의도 부족하다고 말했다.

6. 27. 변방의 일로 동요하는 백성들을 진정시키라고 전교하다.

6. 29. 경덕궁 공사를 속히 진행시키라 전교하다.

7. 1. 군기시·훈련도감으로 하여, 대장군전·진천뢰 등을 많이 만들게 하다.

7. 3. 양사에서, 서궁 폐출의 절목을 속히 내리기를 청하다.

7. 4. 양 경략에게 회자하다.

• 전례를 따라, 칙서를 받은 후 출전하겠다는 내용이다.

7. 4. 토역(討逆)의 일로 자문을 보내다.

• 도원수 강홍립 이하, 군대 구성에 대한 것이다.

7. 10. 궁궐 역사를 착실히 거행할 일로 전교하다.

7. 13. 말 700필을 진헌하는 일로 이경전에게 하유하다.

• 요구가 없었는데도 미리 준비한 것이다.

7. 14. 중국 아문에서 자문을 보내오다.

• 임란 때의 공을 말하며 정병을 준비할 것을 요구했다.

7. 16. 양 경략이 정병을 추가로 요청하다.

7. 19. 정병 추가 요구에 대해 불가하다며, 자세히 의논하여 결정하라고 비변사에 이르다.

7. 23. 양 경략이, 지난 은혜를 잊었느냐며 질책하는 자문을 보내오다.

8. 5. 의주부윤이, 누르하치가 청하보를 함락시켰다고 치계하다.

8. 5. 박승종 좌의정, 박홍구 우의정, 이이첨 판의금부사.

8. 10. 장령 한명욱이 비밀리에, 남대문 밖에 걸

린 흉서 사건을 입계하다.

8. 12. 변방의 일로 도망가는 도성민들의 일에 대해 전교하다.

8. 17. 허균과 기준격을 의금부에 내리라 명하여 잡아 가두다.

8. 18. 허균과 기준격이 공초하다.

8. 19. 민인길이 남대문 괘방 사건에 대해 상소하다.

8. 21. 중사와 선전관이 전교를 듣고 나가서, 허균의 처첩의 집에서 문서를 수색해 오다.

8. 21. 허균과 기준격을 대질 신문하다.

8. 22. 허균이 하옥될 때, 칼과 족쇄를 풀어 주게 한 김개와, 옥문을 깨뜨려 허균을 빼내겠다고 한 원종을 국문하라 전교하다.

8. 23. 김윤황이 형신을 받고, 지난해 정월에 허균이 준 흉격(凶檄)을 경운궁 안에 두었다고 진술하다.

8. 23. 하인준이 올해 정월의 흉서도 허균이 만든 것이라고 진술하다.

• 사관은, 하인준·황정필 등이 대체로 공초에 자복했으나, 또한 서로 미루어 옥사의 실정을 다 캐내지 못했다고 했다. 또 국청이 허균을 죽이라고 청했는데 이는 대개 이이첨의 뜻이라고 보았다.

8. 24. 합사하여, 속히 형벌을 시행할 것을 청하다.

8. 24. 급급하게 형을 시행할 것을 청하는 것에 대해 비판하고, 제대로 국문하여 실상을 정확히 알아야 한다고 이르다.

8. 24. 인정문에 나아가 친국하다. 현응민이 전후의 흉서는 모두 자신이 한 것으로 허균은 모르는 일이라 했으나, 이이첨 등이 즉각적인 정형을 요구하자 마침내 따르다.

• 신문을 더하게 되면, 전후 흉모가 드러날 것으로 생각한 이이첨 등이 거짓으로 허균을 안심시킨 뒤 급히 사형을 청한 것이다. 뒤늦게 일이 틀어진 것을 안 허균이 할 말이 있다고 했으나 모든 사람이 모른 척을 해서 왕도 그들이 하는 대로 맡겨 둘 뿐이었다.

8. 24. 허균·하인준·현응민·우경방·김윤황을 저자에서 정형하다.

8. 26. 유희분 등이, 허균 등을 서둘러 처형한 것에 대해 의문을 제기하며, 국청의 대신들과 대간들을 비판하다.

8. 26. 황정필의 죽은 시체를 저자에서 정형하다.

• 다시 국문하라는 명이 있자, 이이첨 무리가 몰래 죽여 입을 막았다고 한다.

8. 28. 이이첨이 국청의 일로 상소하다.

9. 1. 병조판서 유희분이, 이이첨이 심복으로 삼았던 이가 신경희·허균·김개의 무리라며, 이이첨을 거듭 비판하다.

9. 8. 기준격에게 장을 치고 횡성에 유배하다.

9. 21. 이국량·종남·이국헌을 형신했는데 모두 죽다.

• 종남은 허균의 종이다.

9. 24. 의창군 이광을 기읍에 위리안치하다.

• 가산을 모두 바쳐 죽음을 모면했다.

9. 29. 백관이 존호를 올리자, 사면 교서를 반포하다.

10. 5. 대사헌 등이 합사해 서궁 폐출을 청했으나 따르지 않다.

10. 13. 경덕궁 공사의 빠른 마무리를 지시하다.

11. 1. 합사해, 서궁 폄손 절목과 이광의 율 적용을 아뢰었으나 모두 따르지 않다.

12. 16. 저주한 물건을 파내고 기도를 한 복동이 왕의 총애를 받다.

• 복동이 처음에는 저주한 것 때문에 국문을 당했는데, 저주한 물건을 다 파낼 수 있고 중전의 병도 회복시킬 수 있다고 큰소리를 쳐 후한 대우를 받았다.

광해군 11년(1619)

1. 8. 좌도독 유정의 자문에 대해 회자하다.

1. 13. 서궁과 저주에 관한 일은 〈조보〉에 내지 말라 이르다.

1. 22. 풍해군 이호가, 역옥에 관해 비밀 소를 올리다.

2. 1. 유 도독이 포수 5,000명을 독촉하였다고, 강홍립이 치계하다.

2. 8. 우의정이 차자를 올려, 양궁 중 한 궁만 짓고 나머지 경비는 군량에 보탤 것을 청했으나 듣지 않다.

2. 13. 사은사 신식이 황제의 칙서를 가지고 오다.

• 군사 1만 이상과 말 700필을 바친 것에 대해 치하하고, 말값과 염초를 지급한다고 했다.

2. 18. 도원수 강홍립이, 군사의 이동 및 배치 상황을 치계하다.

2. 21. 강홍립과 부원수 김경서가, 병마를 거느리고 강을 건너 중국 장수와 함께 행군하다.

2. 26. 도원수가, 도독의 명으로 전진하고 주둔한 일, 명군의 상황 등을 치계하다.

• 명군은 군사의 수도 적고, 군량도 부족하고, 병기도 허술하여 조선군만 믿고 있는 듯하다고 했다.

2. 28. 강홍립의 군대가 우모령을 넘은 후 치계하여, 군대 이동 상황과 식량 부족 등을 아뢰다.

3. 1. 강홍립의 군대가 울랑산성에 진을 치고 군량 공급을 바라는 치계를 올리다.

3. 3. 궁궐 공사를 중지할 것을 청하는 일이 이어지는 것에 대해 비판하다.

3. 8. 원수와 감사에게 변방의 보고를 날마다 하도록 이르다.

3. 12. 평안감사가, 지난 4일 명군과 아군이 심하에서 크게 졌다고 치계하다.

• 김응하는 전사하고, 강홍립과 김경서는 항복했다.

3. 13. 비변사에서, 유공량을 체찰사로, 장만을 부체찰사로 삼아 변방에 파견하길 청하자 따르다.

3. 13. 박승종 영의정, 박홍구 좌의정, 조정 우의정.

3. 19. 김응하를 증직하고, 전사한 장수와 군사를 위해 사제(賜祭)하여 영혼을 위로하라 전교하다.

3. 23. 영건도감에 전교해, 경덕궁 공사를 연내에 완공하라 명하다.

3. 25. 평안감사 박엽이, 탈출한 포수 장부기 등의 진술에 의거해 적황과 도원수 등이 구류된 상황을 치계하다.

4. 2. 호차(胡差)가 국경에 와서 누르하치의 서신을 바치다. 포로로 잡혔던 정응정 등이 함께 왔는데 강홍립의 장계를 동봉하다.

• 강홍립의 투항은 미리 예정한 것이다.

4. 3. 양 경략이, 속국의 의리를 지킨 조선에 치하하는 계첩을 보내다.

4. 5. 대신으로 하여금, 차관을 접견하고 아군의 병약함을 이르게 하다.

4. 8. 비변사에서, 강홍립 등이 투항한 것에 대해 비판하고 그들의 처자를 감금할 것을 청했으나, 강홍립의 죄는 논할 때가 있을 것이라며 부박한 논변은 멈추라 하다.

4. 9. 누르하치의 서신이 오다.

• 자기를 도와주면 화친을 맺고 전쟁을 그치겠다는 내용이다. 이에 대해 이이첨·유희분 등이 대국의 원수와 사사로이 화친을 맺는 것은 불가하다고 했다.

4. 11. 대의만 내세우다가는 위망에 처한다며 신하들을 비판하다.

4. 11. 비변사에 누르하치에 보낼 회답을 재촉하다.

4. 17. 고상한 의견으로 망극한 재앙을 재촉하고 있다며, 답신 내용을 수정하도록 하다.

4. 21. 도성에 큰불이 나서 1,000여 호를 태우고 사망자가 다수 발생하다.

4. 21. 누르하치에 답서를 보내다.

4. 27. 영건도감이 두 궁궐의 역사중 하나는 정지할 것을 청했으나 허락지 않다.

5. 1. 양사가, 서궁 폐출과 역적 이광의 정배 등을 청하다.

5. 6. 김응하의 순국을 치하하는 사당을 세우

도록 명하다.

6. 6. 양사가 합계해, 강홍립 등의 가속 구금을
아뢰었으나 허락지 않다.

6. 21. 심한 안질로, 급한 계사가 아니면 아뢰지
말라고 이르다.

7. 14. 양간이, 양자택일을 주장하는 누르하치의
글과, 투항한 것이 아님을 분명히 밝히는 강홍
립의 장계를 가지고 오다.

7. 15. 비변사에 명하여, 속히 회답하는 답신을
결정하도록 하다.

7. 23. 비변사가, 회답을 하는 것은 명에 죄를 짓
는 것이라 아뢰다.

7. 28. 회답을 결정하지 못하는 대신들의 태도에
한탄하며, 자신에게 묻지 말고 알아서 처리하라
이르다.

8. 5.   명에서 칙서가 오다.

• 사상자를 위문하는 데 쓰라며 은 1만 냥을 내리고,
더욱 정예한 군사를 선발할 것을 요구했다.

8. 8.   영의정 박승종이, 호서(胡書)에 답하는 것
은 불가하다고 상소하다.

8. 10. 남별궁에서 두 차관을 접견했는데, 화수
1,000명·잡군 500명을 청하다. 수를 미리 정하
기는 곤란하다며 칙서가 오면 움직이겠다고 답
하다.

8. 16. 호인(胡人)의 사자가 또 오다.

8. 20. 비변사에 호인에 대한 답서를 재촉하다.

8. 24. 경덕궁을 돌아보다.

8. 28. 인경궁을 돌아보다.

9. 4.   남별전에 태조와 세조의 영전을 봉안하고
친제하다.

9. 5.   왕과 세자가 경복궁 옛터를 찾자 민심이
동요하다.

9. 7.   철을 상납한 송경영을 수령으로 제수하게
하다.

9. 10. 궁궐 역사에 재목·돌 등을 상납한 자들
에게 보상하다.

9. 24. 양사와 대신이 존호 올리기를 청하다.

• 10월에도 연일 청했다.

9. 26. 큰소리나 쳐서는 종묘사직을 위망에서 구
할 수 없다며, 급히 회답을 쓸 것을 명하다.

10. 4. 대신들이 합계하여, 오랑캐에게 답서를
보내지 말 것, 강홍립 등 항복한 자들의 가족을
처벌할 것, 중국을 섬기는 대의를 밝힐 것 등을
청하다.

10. 13. 황제가 하사한 은 1만 냥 중 2,000냥은
전사한 가족들에게 나눠 주고 나머지는 곡식을
사 군량으로 보급하라 지시하다.

11. 5. 비변사에서, 명에 우리와 오랑캐의 일을
고해야 한다고 아뢰다.

11. 8. 널리 무사를 뽑되 1만여 명을 뽑으라 이
르다.

11. 20. 경상감사가 비밀스러운 일로 치계하다.

12. 15. 왕비의 쾌유를 기뻐하다.

12. 16. 진주사의 행차 시 채색사를 사 올 것을 명
하다.

12. 19. 비변사에게, 적이 쳐들어오면 말로 물리
치겠는가, 붓으로 공격하겠는가라고 힐난하다.

12. 20. 각 진의 남는 군량은 영건의 재용에 충당
하게 하다.

12. 22. 기미책을 써서 국방을 대비하자고 전교
하다.

12. 29. 정원군의 졸기.

12. 30. 좌상 박홍구와 우상 조정이 영건의 폐단
을 진달하다.

광해군 12년(1620)

1. 5.   전 대사헌 정구 졸기.

2. 3.   영건의 감독을 소홀히 하지 말도록 하다.

3. 4.   체찰부사 장만이 치계하여, 호차가 호서
와 강홍립의 장계를 가지고 왔다고 보고하다.

3. 8.   하서국이 호서를 가지고 입경하다.

3. 16. 인경궁의 각 아문을 지을 곳을 그려 내게
하다.

3. 16. 요양의 상황을 탐문하라 명하다.

3. 22. 경덕궁에 거둥하다.

3. 27. 인경궁에 거둥하다.

3. 28. 비변사에서, 만일 강홍립이 풀려나면 차꼬를 채워 명나라로 보내야 한다고 아뢰다.

3. 29. 노적의 움직임에 대비할 것을 명하다.

4. 9. 허균을 토벌한 일로 존호에 예철장경장헌순정의 8자를 더하다.

4. 9. 안질이 심해, 급하지 않은 일은 알리지 말라 하다.

4. 18. 오랑캐 사신을 잘 대접하라 명하다.

5. 9. 중국 황제의 부고가 전해지다.

5. 11. 농민의 피해를 줄이는 병농 분리 방법을 논하게 하다.

5. 20. 오랑캐에게 잡혔다 탈주한 김웅택의 진술을 듣다.

5. 22. 부체찰사 장만이 차자를 올려, 현재의 폐단을 진달하고 토목 공사를 하는 잘못을 아뢰다.

6. 5. 적의 형세를 탐지하게 하다.

6. 7. 재목·쌀·베를 얻기 위해 공명첩·면향첩·허통첩 등을 발행하다.

• 13일에는 요포 마련을 위해 부인첩을 판매했다.

7. 9. 흉년으로, 어사화·홍패지를 합격한 이들에게 마련토록 하다.

8. 13. 황제의 부고와 칙서를 받다.

8. 29. 기자헌의 방면을 명하다.

9. 4. 김만일이 말 500필을 바치자, 초자하여 실직을 제수하고 아들과 손자도 제수하다.

9. 26. 평안감사, 새 황제가 또 붕서했다고 보고하다.

10. 5. 각 도에 정배된 자 중에서 도망친 자들을 조사해 위리안치할 것을 명하다.

10. 6. 직무에 소홀한 영건도감의 제조·낭청 등을 엄히 다스릴 것을 명하다.

10. 13. 인정전에서 만력황제 거림례, 태창황제 성복례를 행하다.

10. 27. 고급사 홍명원이 돌아오자 모화관에서 조서를 맞이하다.

10. 30. 양 경략이 군형을 받고, 웅 경략도 갈려 떠났다는 소식이 전해지다.

11. 12. 이후 모든 계사는 아침 일찍 하도록 하다.

11. 21. 진주사 이정구가 칙서를 갖고 돌아오다.

12. 21. 영은문에서 애조(哀詔)를 맞이하고, 조서를 선포한 후 거애하다.

광해군 13년(1621)

1. 12. 전염병이 멈추도록 명산대천 등에 기도할 것을 명하다.

2. 1. 인경궁 공사를 위해 각 도 승도 1,500명을 추가로 배정하다.

2. 9. 병을 이유로, 중국과 관련된 공사 이외에는 들이지 말도록 명하다.

2. 23. 원접사 이이첨을 찬성의 직함으로 중국에 보낼 것을 명하다.

윤2. 8. 유학 신지익이, 이이첨의 교활한 정상을 논핵하는 소를 올리다.

• 이즈음 임취정 등이 득세하여 이이첨과 알력이 있었다. 신지익은 임취정의 사람으로, 신지익의 상소는 이 때문에 나온 것이다.

윤2. 13. 기준격 병조좌랑.

3. 21. 도성 사방의 산들이 민둥산이 돼 버렸다며, 소나무 벌채를 엄히 단속하라 명하다.

3. 23. 전염병을 막기 위한 기도를 올리고, 병자들을 치료하라 명하다.

3. 28. 의주부윤 정준이, 후금이 심양과 요양을 차례로 함락했음을 치계하다.

4. 2. 의주부윤 정준이, 웅 경략의 20만 부대가 산해관을 넘었다고 치계하다.

4. 12. 왕이 음양설에 구애되다.

• 이 때문에 칙서를 맞이하는 날을 여러 번 미루는 일이 다반사였다.

4. 29. 원접사 이이첨을 인견하다.

5. 11. 유학 최익 등이 상소해, 이이첨의 죄를 다스릴 것과 이이첨을 논하지 않는 대간들을 탄핵하다.

5. 15. 친제 후 환궁 때 길거리에서 수레를 멈추고 광대놀이를 관람하다. 유생·노인·기생 들이 모두 축시를 올려 칭송하다.

5. 20. 양사에서, 이이첨의 처벌과 이위경·한찬남 등의 일을 아뢰다.

• 이후 이이첨·한찬남 등의 처벌을 청하는 주장이 계속 빗발쳤다.

5. 29. 좌의정 박홍구가, 변방 대책은 강을 건너 협공하는 형세를 취해야 한다고 아뢰다.

5. 29. 풍랑으로 표류한 진위사의 행방을 수소문할 것을 전교하다.

6. 1. 변경의 성 위에 불을 놓아, 밤낮으로 오랑캐를 경계할 것을 명하다.

6. 6. 오랑캐와 관련하여, 부질없이 큰소리치지 말고, 미봉책을 써서라도 칼날을 피하는 것이 옳다고 하다.

6. 6. 무장들이 결전을 벌이자고 말하는 것은 가상하나 부질없는 것이라 하다.

6. 9. 차관을 들여보내는 문제, 호서에 회답하는 문제, 서쪽 변경의 방비 문제 등 긴급한 사안들에 대한 회계(回啓)를 볼 수 없다며, 비변사를 질책하다.

6. 9. 병농의 구분을 지시한 지 여러 해가 되었는데도 처리하지 않는 이유를 묻다.

6. 11. 호적들은 왜적들과 달리 성을 함락하지 않고도 곧장 서울로 올 수 있다며, 중도에서 적을 막을 계책을 마련하라 이르다.

6. 23. 중국 사신 등이 탄 배가 여순항에서 파선된 경위를 조사하라 명하다.

7. 7. 병조판서 장만의 사직 차자를 받아들이지 않다.

7. 13. 비변사에서, 장만의 병을 이유로 체차를 청하자, 지금 시기에 병판은 이 사람이 아니면 안 된다며 거부하다.

7. 25. 모문룡이 진강에서 사건을 일으키자, 비변사 당상들에게 의논하게 하다.

8. 12. 생원 김시추가, 이이첨을 죄줄 것을 청하며 상소하다.

8. 13. 사헌부에서, 김시추의 상소를 유도한 호조좌랑 유성증의 죄를 청하자 따르다.

8. 14. 김시추가, 사헌부의 모함이 억울하다며 소를 올리다.

8. 17. 대간의 치죄를 청한 김시추의 소, 김시추의 소장을 없애고 역적 처벌을 청한 송락의 소, 이이첨의 처벌과 대관의 치죄를 청한 김시추의 소, 김시추의 소장을 없애고 역적의 계략을 막을 것을 청한 송락의 소가 이어지다.

8. 28. 비변사에서, 정충신을 여진의 처소에 보내 회유할 계책을 내다.

• 장자 귀영개는 화친을 주장한다고 하고, 셋째 홍태주는 싸울 것을 주장한다고 했다. 이 둘 사이를 이간질하자는 것이다.

9. 3. 조선 사신이 포로가 된 사건을 알아내라 명하다.

9. 10. 만포첨사 정충신이, 후금 진영에서 문답한 상황과 살펴본 상황을 보고하다.

9. 11. 비변사가 여진에 국서 보내는 일을 반대하다.

• 임금은 국서를 보내지 않으면 나중에 탈이 날 것이라고 하며, 본사가 일마다 막으니 자신의 맘대로 할 수 없다고 하면서도 거듭 상의하여 충분히 선처하라 주문했다.

9. 19. 궁궐 공사를 독려하다.

9. 24. 널리 무사를 얻기 위해, 대거정시(對擧庭試)를 거행해 박안제 등 11인을 뽑다.

10. 22. 순국한 김응하 가족에게 월봉을 넉넉히 주라고 전교하다.

11. 28. 칙서를 받는 행사의 날짜를 예관과 논의해 연기할 것을 명하다.

12. 9. 여진의 편지 회답을 논의해 처리할 것을

명하다.

12. 18. 찬획사가, 여진이 모문룡의 군사를 습격한 것을 보고하다.

12. 22. 여진이 모 총병을 압송할 것을 요구하다.

12. 23. 비변사에서, 군사를 정비하는 한편 적의 죄를 밝혀 토벌해야 한다는 뜻을 서쪽 장수들에게 하유할 것을 청하다.

• 이이첨이 강경론을 주도했다.

광해군 14년(1622)

1. 4. 평안감사 박엽에게, 모 도독을 해도로 숨도록 타이를 것을 명하다.

1. 5. 평안감사 박엽이, 피살된 한인 남녀 570여 명을 매장했다고 보고하다.

1. 14. 패초에 응하지 않는 당상관은 모두 파직하라 명하다.

1. 18. 경덕궁으로 이어할 길일을 정하라 명하다.

2. 16. 직무를 포기하는 것을 고상한 풍치로 여기니, 무슨 일을 할 수 있겠는가 묻다.

2. 30. 도원수 한준겸이 치계하여, 하서국 등이 죽임을 당했다고 하다.

3. 12. 남근 대사헌, 유대건 대사간.

• 둘은 임 귀인의 숙부 임취정과 결탁해 세력을 형성하고 이이첨을 제거하려 했다.

3. 15. 장령 박광선이, 남근·유대건의 파직을 청했다가 체직되다.

4. 1. 감군접반사 이정구에게, 중국 장수를 해도에 피해 있게 하라고 이르다.

4. 4. 중국 피난민 문제에 대해 의논하라 명하다.

4. 7. 모문룡의 경망스러운 행동을 염려하다.

4. 9. 진위사 강욱과 서장관 정응두가 익사하니, 도 군문이 배를 내보내 시신을 실어 보내다.

4. 10. 일처리에 태만한 비변사를 질책하다.

4. 11. 감군이 청병 문제를 들고 나올 경우를 대비하라 전교하자, 비변사가 2품 이상과 외방에 있는 대신들에게 물어 처리할 것을 아뢰다.

• 감군은 양지원을 말한다.

4. 18. 양 감군이 서울에 들어오니 모화관에서 칙서를 맞고 인정전에서 접견하다.

• 황제가 그의 편에 칙서를 내려 조선의 의분을 장려하고 은 3만 냥을 내렸다.

4. 20. 감군이 많은 물건을 요구하다.

• 감군은 탐욕스럽고 욕심이 많아 중국인들도 그를 욕하는 사람이 많았다고 한다.

4. 23. 비변사에 감군과 군사에 대한 일을 의논하게 하다.

4. 24. 위기가 닥쳤는데도 나오지 않는 대신을 꾸짖다.

4. 25. 나라의 저축이 부족해, 봄의 녹봉을 여름까지 지급하지 못하다.

5. 9. 감군이 왔지만 군대를 움직일 기미가 없고, 우리나라 군대도 출동하는 일이 없을 것이라고, 오랑캐에게 회답하게 하다.

5. 12. 모문룡의 차관을 인정전에서 영접하다.

5. 13. 오랑캐에게 감군이 곧 돌아갈 것과 군사를 일으킬 기미가 없다고 답신을 보내다.

5. 17. 심희수 졸기.

5. 18. 양 감군이, 성의 없는 조선의 태도를 질책하고 속히 군사를 징발할 것을 요구하다.

5. 24. 양 감군이 군사와 군량에 대한 확답을 재촉하다.

6. 10. 양 감군이 중국으로 돌아가자 모화관에서 전송하다.

• 군사와 식량 원조의 일은 끝내 결말을 내지 않았다.

6. 11. 정부 낭청이 급하게 추국해야 할 일에 관한 비밀 비망기를 가지고 3공에게 전유하였는데, 좌상과 우상은 받아들였으나 영상 박승종은 문을 닫고 열지 않았기 때문에 전유하지 못하고 돌아오다.

6. 12. 왕을 모욕한 익명서를 낸 유사웅·유여인

등을 정국하다.

6. 16. 1만여 중국인이 피난해 들어오다.

6. 21. 경덕궁에 행행해 전각을 살펴보다.

6. 22. 조우인을 친국하다.

• 분승지로 경운궁에 직숙할 때 지은 시가 문제가 되었다.

6. 27. 비변사가, 백성을 침략하고 도적질하는 가달(假㺚)의 문제에 대해 아뢰다.

6. 29. 장만이 사직하며, 양궁 역사가 원망을 일으키고 있다고 아뢰다.

7. 9. 인경궁 정문과 협문에 벼락이 치고 공장한 사람이 죽다.

7. 22. 비변사에서, 이순신이 했던 것처럼 수군으로 하여 거북선을 만들고 기계 갖추기를 청하자 허락하다.

7. 26. 감군이, 왕의 미덕을 찬양하는 소를 황제에게 올리겠다는 계첩을 보내오다.

7. 28. 병을 이유로 나오지 않는 영상에 대해 불쾌감을 표현하다.

8. 8. 후금에게 보낼 글의 인장을 교린이신지인(交隣以信之印)으로 하기로 하다.

9. 1. 누르하치가 차관에게 글을 주어 화친을 요구하자, 왕이 문회연을 보내 회답하다.

9. 7. 조우인을 석방하다.

9. 13. 구경록 옥사에 이이첨 부자의 관련설이 낭자하게 나왔으나 불문에 부치다.

9. 18. 감군 양지원이 40여 일을 서울에서 머물렀는데, 은 6만 냥·배 70척을 징수하여 피난 온 요동 백성에게 팔다.

10. 4. 비변사에게 변방의 일을 의논해 처리하라 이르다.

11. 11. 철산부사가, 모문룡이 가도로 들어갔다고 치계하다.

• 이후 요동 백성이 모두 들어가 가도가 하나의 도시처럼 변모했다고 한다.

11. 29. 모문룡이 은자 1만 냥을 내어 쌀과 교환하려고 하다.

12. 3. 인경궁 못을 판 곳에 누대를 지어 신하를 접견하고 무사들의 시험 장소로 쓰게 하다.

12. 23. 이시정·한정국·정담 등이, 역적의 음모가 있는 이귀를 파직에 머물게 한 남근을 비난하다.

12. 24. 양사가 합계해, 이귀·김자점을 잡아 가두고 끝까지 추궁하여 사실을 밝힐 것을 청했으나 풍문을 가지고 옥사를 일으킬 수 없다며 허락하지 않다.

12. 27. 유대건이, 이귀·김자점의 음모와 자신이 무관함을 아뢰다.

광해군 15년(1623)

1. 4. 전 평산부사 이귀가 상소해 변명하다.

1. 4. 임건·이시정 등이, 무고를 주장한 이귀를 비난하다.

1. 5. 이원여와 민심이, 이귀의 역적 음모를 논하게 된 경위를 아뢰다

• 이귀, 김자점의 계획에 대해 왕이 말의 출처를 끝까지 규명하지 않은 것은 하늘이 도운 때문이라고 사관은 평했다. 즉 이로써 반정이 성공할 수 있었다는 의미다. 광해군도 말년에는 옥사가 대부분 사실이 아님을 알았기 때문에 이귀 등의 일도 무심히 넘긴 것이다.

3. 12. 이이반이, 길에서 친구 이후원을 만났는데 그가 오늘밤 반정이 일어날 것이라 했다고 상변하다.

3. 12. 반정이 일어나자 도망하여 의관 안국신의 집에 숨다.

• 훈련도감 대장 이흥립이 나와 반정군을 맞이하고 재신들은 모두 도망갔다. 광해군은 후원 소나무 숲을 거쳐 궁 밖으로 도주하여 안국신의 집에 숨고 세자는 장의동 민가에 숨었다.

3. 12. 상(인조)이 이귀를 보내 경운궁에 문안하다.

3. 12. 군사가 횃불을 잘못 버려 인정전만 남고

모두 타다.

3.13. 상궁 김개시를 찾아 목 베다.

• 김개시는 광해군의 총애를 받아 이이첨과 쌍벽을 이룰 정도의 권력을 휘둘렀다.

3.13. 정담수가 왕이 숨어 있는 곳을 아뢰자, 상이 이중로 등을 보내 데려오게 하여 도총부 직방에 머물게 하다.

3.13. 상이 경운궁에 나아가 대왕대비전에 문안 드리고 어보를 올리다.

3.13. 대비가 어보를 상에게 돌려주다.

3.13. 평안감사 박엽과 의주부윤 정준을 베다.

• 박엽은 탐학한 짓으로 재물을 모았고, 정준은 제일 먼저 폐모론을 주장했던 이다.

3.14. 대왕대비가 왕을 폐하여 광해군으로 삼고, 상으로 하여금 왕위를 계승하게 하다.

3.14. 승지 정립 등을 제주에 보내 대비의 어미 노 씨를 맞아 오게 하다.

3.14. 광해군의 궁인 정 소용이 자살하고 윤 씨는 사형에 처해지다. 그 외 대비가 저주 행위를 했다고 거짓으로 말한 갑이·은덕 등을 형신해 참수하다.

3.14. 박승종과 아들 박자흥이 자살하다.

3.14. 이이첨·한찬남·백대형·정조·윤인 등을 참형에 처하다.

• 폐모론을 상소한 이들과, 토목 공사에 책임이 있는 자들 중에서 죄가 중한 자는 참형에 처했다.

3.14. 대비가 교지를 내어 광해군의 죄 36조항 을 말하다.

3.23. 광해군과 아들 이지를 강화에 옮겨 안치 하다.

인조실록

총서

- 인조헌문열무명순효대왕의 휘는 종, 자는 화백이다.
- 재위 27년, 향년 55세다.
- 장릉에 장례하다.

인조 1년(1623)

3. 13. 의병을 일으켜 즉위하다. 영건도감·나례도감·화기도감 등 12개 도감을 폐지하고, 의금부와 전옥서의 문을 열어 죄인을 모두 방면하다.

3. 14. 광해군 시절 죄를 받아 폐고(廢錮)된 사람들을 석방토록 명하다.

3. 14. 양주목사 박안례, 수원부사 조유도가 군사를 일으켰다가 반정 소식을 듣고 흩어지다.

- 박안례와 조유도를 체포했는데, 병란 소식을 듣고 수령이 군사를 일으키는 것은 직분에 충실했던 것이므로 사면함이 옳다는 의견이 있자 받아들였다.

3. 14. 왕대비가, 인조의 즉위와 광해군의 폐위에 대해 교서를 내리다.

3. 14. 이광정 이조판서, 이귀 이조참판, 김류 병조참판, 최명길 이조좌랑.

3. 14. 김류 등이, 박승종과 유희분 등은 이이첨과 비교하면 차이가 있다며 공로도 생각해야 한다고 아뢰었으나 받아들이지 않다.

3. 15. 폐군·폐중궁·폐동궁·폐빈에 대한 공궤를 부족함이 없이 하라 명하다.

3. 15. 윤방 우참찬, 신흠 이조판서.

3. 15. 김류·이귀 등이, 거듭 유희분·박승종의 구원을 청하다. 김류가, 이괄을 북병사에 제수한 데 대해 문제를 제기하며 가까이 두어 의지할 것을 청했으나, 북방은 이 사람이 아니면 수습할 수 없다며 거부하다.

3. 16. 복식을 회복하다.

- 이때까지 왕과 신하들 모두 융복 차림이었다.

3. 16. 이원익 영의정, 이정구 예조판서, 한준겸 영돈녕부사, 서성 형조판서, 정경세 부제학, 김장생 장령.

- 이원익은 5년간 홍천에 유배되었는데 돌아올 때 백성이 머리를 숙여 맞이하였다고 한다.

3. 16. 임취정 등을 체직하다.

3. 16. 대장 이서가, 박승종의 시신을 거둘 것을 청하자 동의하다.

3. 17. 영창대군 이의와 연흥부원군 김제남을 예장하도록 명하고, 김제남을 영의정에 추증하다.

3. 17. 복동이 도망치다 잡혀 죽다.

3. 17. 이괄·이서·심기원·김자점·심명세를 인견해 민간에 많은 폐해를 주고 있는 모병의 처리와 진(陣)의 폐단 등에 대해 논의하다.

- 진은 권문세가 농소(農所)의 칭호로, 도망친 종이나 부역을 피한 양민 등 도피자들의 소굴이 되었다.

3. 17. 자전이, 내인 생이와 무당 수란개 등이 폐군을 끼고 요망을 부렸다며 조처할 것을 요구하다.

3. 17. 이서 호조판서.

- 김류·이귀 등과 함께 의거를 공모할 때, 장단의 임지에서 군사를 거느리고 왔다.

3. 18. 의금부에 하교하여, 원통한 일이 없도록 할 것과 백관의 융복 착용 중지를 명하다.

3. 18. 평안감사 김신국을 인견하고 북도 백성의 진상을 없애도록 하다.

3. 18. 김류 병조판서.

3. 18. 이조가 무신년 이후의 위훈 삭제를 청하니 따르다.

3. 19. 광해군이 총애했던 환관 조귀수를 복주

하다.

3.19. 이이첨·정조·유인 등을 복주하다. 이대엽은 위리안치하다.

3.19. 박응서와 한희길을 주살하다.

3.22. 모문룡의 차관인 수비 응시태를 접견하다.

3.23. 장령 김장생이, 노병으로 사양하면서 이귀·김류·장유·최명길에게 서신을 보내 임금을 보좌할 것 등 8조목을 당부하다.

3.24. 정창연 좌의정.

3.25. 성혼의 관작을 회복하고 장만을 원수로 임명하다.

3.25. 반정에 공이 있는 유생 심기원·김자점·송영망·김원량·심명세에게 6품직을 제수하다.

3.27. 조강에서 이이의 문묘종사에 대해 논의하다.

3.29. 어사 8인을 각 도에 보내 선유하다.

4.2. 장만과 만나, 적이 쳐들어올 경우에 대해 논의하다.

4.2. 이원익 등 대신을 불러 죄인들의 등급을 분류하다.

4.3. 다시 죄인들의 처리를 논의하다. 이이첨·정인홍·정조·유인·이위경·한찬남을 제외하고 나머지는 연좌를 적용하지 말게 하다.

4.3. 정인홍 등 14명을 주살하다.

4.4. 호조에서 대동법 확대 실시를 청하자, 대신과 의논하겠다고 답하다.

4.4. 유희분 등 5명을 주살하다.

4.11. 대비가 대신들에게 하교해 광해군의 36가지 죄목을 나열하다.

4.11. 이강·정결을 복주하다.

4.13. 장현광·박지계를 불러 오라 하교하다.

4.13. 윤삼빙·안홍지를 주살하다.

• 광해군 때 무고를 하던 자들이다.

4.14. 이원익 등이 왕과 의논한 뒤 자전 합문 밖에 나아가, 예로부터 폐위된 임금의 죄가 아무리 커도 목숨을 보전해 주지 않을 경우 만세

토록 비판을 받았다며, 죽일 수 없다는 뜻을 아뢰니 대비가 받아들이다.

4.20. 양사가 이대엽의 일로 연계하고 왕도 비로소 따랐는데 이대엽은 옥중에서 자살하다.

4.23. 윤방 우의정.

4.24. 모화관에 거둥해 도원수 장만을 전송하다.

• 왕은 융복, 장만은 투구 갑옷 차림이었다.

4.25. 정영국을 주살하다.

4.25. 석강에서 호패법의 실시 여부와 군량 마련 등의 문제를 논의하다.

4.29. 양사의 합계에 따라 폐모론에 관계된 수십 명을 유배하고 삭탈관직하다.

5.3. 예조에서, 할아버지(선조)의 대를 이은 것으로 아버지의 자리가 비어 있다고 아뢰다.

5.3. 김장생이 상소해, 제왕의 가문에서는 계통을 잇는 것을 위주로 한다며 아버지가 비어 있는 것이 문제가 될 수 없다고 아뢰다.

• 숙부가 조카의 뒤를 이어도 부자 관계가 성립한다는 논리를 폈다.

5.4. 병사와 수사가 거느린 군졸을 감사가 빼앗아 포미(布米)를 거두고 있는 사태를 논하고 근절하게 하라 이르다.

5.4. 원종을 복주하다.

• 원종은 허균·김개와 결탁하여 모후를 모해하려 했었다.

5.7. 호패법·인경궁 처리 등을 논의하다.

5.7. 자전이 이홍립·이서·신경진·최명길·장유·김자점 등을 불러 술과 상을 내리다.

5.7. 예조판서 이정구가, 선묘의 아들이 되면 정원대원군과 형제가 되는 문제를 아뢰다.

• 선묘는 선조를 이르는 말로 인조의 할아버지이고, 정원대원군은 인조의 아버지다.

5.12. 호조에서, 광해군 때 영건 비용으로 거둔 미포의 군수 전환과 미납분의 탕감을 청하자 따르다.

5.17. 정영국 등 4인을 주살하다.

5.22. 폐세자 이지가 땅굴을 파고 도망가다 붙잡히고 폐빈은 자결하다.

6.1. 중국 손 군문이 자문을 보내, 기미책을 쓸 생각이니 원조하라 하자 비변사가 수락하는 답을 보내다.

6.12. 내수사 노비 일부를 속오군에 편재하여, 위급한 일이 있을 때 징용할 자원으로 삼도록 하라 이르다.

6.25. 폐세자 이지에게 죽음을 내리다.

7.3. 여러 신하를 면대해 관서의 방비책 등에 대해 의논하다. 특히 이괄에게 어떻게 대처할지를 상세히 묻고 의견도 내다.

7.7. 도원수 장만이 양식·기계·군병 등이 준비되지 않은 상태라고 치계하다.

7.8. 대사헌 이귀가, 논쟁하던 상대를 왕의 면전에서 꾸짖고 욕하다.

7.15. 자원병 혁파를 명하다.

7.20. 이귀 우찬성, 이시발 형조판서.

7.25. 승정원에 하교해 영의정에게 궤장을 내리고 사직을 만류하다.

7.29. 신흠 우의정.

8.7. 신대지·허직·유약·이광유 등이 형장을 맞아 죽고, 기자헌은 중도부처, 이광호는 원방 유배에 처하다. 구속된 32명은 석방하다.

8.16. 중전의 책봉례를 행하다.

8.17. 부원수 이괄을 인견하고 군정 등에 대해 논의하다.

8.18. 이수광이, 《선조실록》은 적신의 괴수에 의해 편찬되어 욕됨이 심하니 고쳐 찬술해야 한다고 아뢰자 이정구가 거들다.
• 이이첨 등이 정권을 잡은 후 초고를 없앴던 것을 지적한 것이다.

8.20. 조강을 마치고 《선조실록》의 문제점에 대해 논의하다.

9.12. 주강이 끝나고 대동법의 일을 논한 다음 암행어사를 파견하다.
• 서성이, 경기 선혜청에도 이미 폐단이 생기고 있다

며, 4도에서 모두 대동법을 시행하면 문제가 될 수 있으니, 먼저 충청도에 시험해 볼 것을 청했다.

9.14. 호패법과 폐주의 후궁들 처리에 대해 의논하다.
• 다른 후궁들은 죽임을 당하거나 중도부처되었는데, 후궁 임 씨만은 이귀와 김자점을 변호해 준 공으로 죽음을 면하고 위리안치된 곳에서 폐주를 모셨다.

9.14. 적지를 정탐하고 온 이들을 논상하다.

9.23. 삼도에 대동청을 설치하고 낭청 4인을 두어 관장하게 하다.

10.1. 이시언이 소장을 올려 고변하다.

10.8. 폐비가 강화도에서 죽다.

10.27. 우찬성 이귀가 차자를 올려, 인성군 이공이 폐모를 건의했다며 탄핵하자, 그러지 않았다면 목숨을 보전하지 못했을 것이라며, 이후 이런 소는 받지 말라 이르다.

10.28. 10인을 선발해 독서당에서 사가독서하도록 하다.

10.29. 서쪽으로 부방(赴防)하는 군졸 2,200명에게 호궤(犒饋)하여 보내다.
• 이와 유사한 기사가 여러 번 나온다.

윤10.16. 이귀가 군정에 대해 아뢰다. 남한산성을 미리 수축해 급박할 때 보수(保守)할 수 있는 기지로 삼을 것을 청하니 따르다.

윤10.18. 김류·이귀를 불러 공신을 감정토록 하여, 1등공신 10명 등 53명의 공신을 정하다.

윤10.19. 김류·이귀 등을 불러 녹훈의 타당 여부를 논의하다.

윤10.25. 광해군 때의, 붕당의 일과 변경의 형세 등을 논의하다. 이정구가, 모문룡은 중국에도 이롭지 못하고 우리에게도 깊은 걱정거리가 될 것이라고 하다.

윤10.28. 이귀가 자청하여, 변방에 달려가 형세를 살피고 군병을 모으고 백성을 효유하겠다고 했으나 허락지 않다.

11.2. 최명길 이조참판.
• 영특하고 민첩하며 재주가 있어 경장에 깊은 관심

을 가졌으나 그릇이 작았다는 평이 있다.

11.5. 최명길이 김류와 이귀의 장단점을 논하고, 3공도 인망은 있지만 국사를 담당할 이들이 되지 못한다고 평하다.

12.7. 자전의 나인들에게 상을 내리도록 전교하다.

인조 2년(1624)

1.3. 이서 경기감사, 이귀 개성유수 겸 우찬성.

1.17. 한흔 등이, 이괄·정충신·기자헌 등이 역모를 꾀한다며 고하다.

1.21. 이귀가 이괄의 국문을 청하다.

1.22. 정방열 자살하다.

1.24. 이괄이 금부도사 고덕률 등을 죽이고 군사를 일으키다.

1.24. 이괄을 베는 자는 공사천을 막론하고 1등에 녹공하고 1품에 제수하겠다고 하다.

1.25. 기자헌에게 사약을 내리고 성철·이시언 등 37인을 참하다.

1.25. 도원수에게 안주목사 정충신을 용서하겠다는 뜻을 전하게 하다.

1.27. 정문부를 기복시키라 명하다.

1.28. 이괄의 친족을 가두라 명하다.

1.28. 이귀가, 인성군이 역적의 공초에 나온 점과 대간이 이를 언급하지 않은 것을 거론하자, 이는 나라를 망칠 말이라며 폐조가 망한 것은 오직 동기를 살해한 데서 비롯된 것이라고 말하다.

2.4. 정충신·남이흥이 황주에서 대패하고 선봉장 박영서가 죽다.

2.7. 관군이 마탄에서 대패하고 이중로·이성부가 죽다.

2.7. 신주 및 자전·중전의 피난과 대가의 호위 등에 대해 의논하다.

2.8. 흥안군 이제를 남방에 안치시킬 것을 비국이 청하자 대가를 호종케 하다.

2.8. 반군이 임진강을 건너다.

2.8. 김원량을 참수하다. 미처 다른 이들은 처형하지 못했는데, 김극전·김극명·이광호 등 10여 명은 옥을 부수고 탈출하다.

2.8. 피난길에 오르다.

2.9. 영상·좌상·간원이 세자 책봉을 청했으나 수락하지 않다.

2.9. 대가가 수원부에 이르다.

2.10. 이경직을 청왜사로 삼아 구원을 청하려다가 그만두다.

• 이원익이 반대했다.

2.11. 대가가 천안에 이르다.

2.11. 관군이 안현에서 크게 이기다.

2.12. 승첩이 이르러 대가가 천안에 멈추다.

2.12. 체찰부사 이시발과 총독부사 최명길이 치계하여, 이괄이 남은 군사를 거느리고 도망쳤다고 아뢰다.

2.14. 대가가 공주에 머무르다.

2.14. 양사가 거듭 장만의 백의종군을 청하자 따르다.

2.15. 적장 이수백·기익헌 등이 이괄·한명련 등을 베어 행재소에 와서 바치다.

2.16. 흥안군 이제가 복주되다.

2.18. 대가가 공주를 뜨다.

2.21. 이괄의 아우와 조카를 죽이다.

2.22. 양재역에 머물렀을 때, 장만이 백의로 엎드려 대죄하니 백의를 벗고 대가를 따르도록 하다.

2.25. 한명련의 어미와 처첩·아들들 그리고 이괄의 군관 등을 효시하다.

2.30. 이전의 장인 이익 등 10여 명을 효시하다.

3.5. 이괄의 군관 안유훈 등을 효시하다.

3.8. 진무공신을 정하다.

3.15. 주문사 기경전 등이 북경에서 책봉이 승인된 일을 치계하다.

3.16. 우선 강화 정비에 집중하고, 남한산성은 내년에 쌓기로 하다.

3.18. 이괄의 종형과 그의 아들을 처형하다.

3.21. 유언비어에 홀려 도성을 떠나는 백성을 효유할 것을 청하다.

3.21. 이귀가 대간을 없애는 것이 좋다고 주장하다.

4.2. 모 도독이 쌀과 콩 무역을 청하는 자문을 보내오다.

4.6. 광해군에게 내의를 보내 간병하게 하다.
 • 이런 사례가 여러 번 있었다.

4.9. 헌부가 여러 번 아뢰자 융복을 벗기로 하다.

4.21. 중국으로부터 책봉받은 일로 백관의 하례를 받고 교서를 반포하다.

4.28. 모문룡이 사람을 보내 역적을 평정한 일을 축하하다.

5.21. 황해도와 평안도로 하여 메밀 300석을 모문룡의 군문에 보내게 하다.

5.24. 각궁 500장, 장전 1,500부를 서쪽 변방에 보내다.

5.29. 주강에서 최명길이, 호패법을 실시해 조사·생원·진사 이외에는 재상의 자제일지라도 군포를 거두어 국용에 보태야 한다고 청하다.

5.29. 김상용 병조판서.

5.29. 정철의 두 아들이 상소함에 따라, 정승들의 의견을 물은 뒤 정철의 관작을 복구해 주다.

6.6. 인경궁의 재목과 기와를 정명공주에게 주라고 이르다.

6.15. 모 도독이 자문을 보내 화총 1,000병(柄)을 요구하였는데, 100병을 보내 주기로 하다.

7.2. 훈련도감의 요청에 따라, 중국에 가는 사신에게 염초 2,000근을 더 사 오게 하다.

7.3. 기축옥사에 관련된 정개청·이발 등에게 직첩을 돌려주다.

7.7. 평안감사 이상길이, 지난 이괄의 난으로 병기가 다 없어졌다며 타도에 비축된 병기를 보내 줄 것을 청하다.

7.8. 도원수 이홍주가, 모 도독 병사가 청천강 이북 지역을 침탈해 피폐해졌다고 아뢰자, 어쩔 수 없는 일이라면서 민심을 잘 어루만지도록 하다.

7.24. 이조참판 최명길이 양전을 다시 할 것을 청하는 차자를 올리다.

8.8. 자전에게 명렬이란 시호를 올리다.

8.9. 주강에서 붕당의 발생과 이후 과정을 논하다. 정엽이, 이이첨에 아첨하던 무리를 써서는 안 된다고 아뢰다.

8.12. 떠나는 도원수 이홍주를 인견하고 상방검을 내리다.

8.25. 군관 이덕남이, 김대윤·주덕원 등이 반역을 꾀한다고 아뢰다.

9.13. 참봉 이의길이 대원군을 추숭하자는 소를 올리자, 승정원이 물리치고 그에 대해 비판적으로 아뢰다.

10.22. 호조참판 유순익이 전관(銓官)에게 글을 보내 자제의 벼슬을 청했다 하여 국문하라 이르다.
 • 유순익이 최명길에게 여러 차례 글을 보내자, 최명길이 임금에게 아뢴 것이다.

11.2. 이괄의 난에 참여한 역적의 재산을 공신들에게 주다.

11.3. 최명길·서성 등이 대동법 운영의 문제점 등을 논하다.

11.8. 의관 이이, 무관 김인·심일민 등이 박홍구 등의 역모를 고변하다.
 • 박홍주는, 폐주를 태상왕으로 삼고 인성군에게 전위한 다음, 다시 폐주로 하여금 중국에 주문(奏聞)할 것을 계획했다. 정문부는 형장 아래 죽었고, 박홍구는 자진케 했다.

11.16. 박정·권확 등이 인성군을 위리안치할 것을 건의하다.

11.22. 적정을 정탐하고 돌아온 노낭향 등 3인에게 면천 등의 상을 내리다.

11.27. 철산·사포에 거류하는 중국인들이 부지기수인데, 각 고을에 흩어져 약탈을 행하자 접

반사를 통해 모문룡에게 단속을 청하다.

12. 6. 윤방·신흠·이귀·김류 등이, 인성군을 처리할 것을 주장하고 대동법의 혁파를 청하다.

12. 17. 좌의정 윤방과 우의정 신흠이 대동법을 강력히 반대하다.

12. 22. 장만·남이홍 등을 인견하고, 서쪽 방비 문제, 모문룡의 패악질 등에 대해 논의하다.

12. 23. 신흠이 이귀에게 모욕당했다는 이유로 체직을 청하다.

• 공석에서, 이귀가 신흠을 베어 버리고 싶다고 말했기 때문인데, 신흠만이 인성군 처리에 다른 의견을 내자 이귀가 망발을 부린 것이다. 이에 대해 좌의정 윤방이 이귀의 태도를 지적했는데, 이귀는 나라를 걱정하는 병을 대신들에게 점염시키면 나라가 다행하게 될 것이라 답했다고 한다.

인조 3년(1625)

1. 3. 철원 유생들이 대동법을 혁파하지 말 것을 청하다.

1. 6. 호조판서 심열이, 훈신들은 물론 여러 재신들까지 군관을 거느리고 있는 실정이라고 아뢰자, 영상과 좌상 그리고 한준겸이 보유한 군관은 없애도록 하다.

• 이시발도 군관을 보유하고 있었으나, 부찰사를 겸하고 있다는 이유로 제외했다.

1. 9. 김류 이조판서.

1. 12. 승지 조익이 진계하여 대동법의 혁파를 반대했으나, 이미 결론이 났다며 따르지 않다.

1. 18. 관향사 남이웅과 평안감사 이상길이 미곡 26,600석 이상을 모 도독에게 보내다.

1. 20. 대사헌 박동선 등이, 이귀의 대신 모욕죄을 들어 고신박탈할 것을 아뢰자, 파직만 하라 이르다.

1. 27. 원자 이조의 세자 책봉례를 행하다.

2. 7. 이원익이 대동법 혁파를 건의하다. 심열이, 강원도만은 제외할 것을 청하니, 강원도는

혁파하지 말되 선혜청이 아닌 호조에서 관장하게 하다.

2. 12. 평안감사 이상길이 중국인들이 패악에 대해 아뢰다.

2. 18. 대신들 이하 여러 조신들이 거듭 인성군의 위리안치를 청하자, 직명만 삭제토록 하다.

2. 21. 영의정 이원익이 21차례 사직 끝에 해직되다.

2. 23. 대신과 3사가 거듭 청함에 따라 인성군을 중도(中道)에 안치하다.

• 다시 정원이, 중도에 안치하는 것은 불가하므로 간성이나 서산으로 결정하자고 건의하니, 다수의 의논에 따라 정하라고 했다.

2. 27. 의주부윤 이완이, 모영의 장관 주발시 등을 곤장을 쳐서 다스리자 이완을 한 등급 강등하다.

3. 3. 인징·족징의 폐해에 대해 헌부가 아뢰다.

3. 14. 부제학 최명길이 개혁안을 올리다.

3. 19. 평안감사 이상길이 모 도독에게, 이완이 중국인을 때려죽인 문제로 자급이 깎였다고 설명하자 마음이 풀린 모 도독이 이완을 두둔하다.

3. 21. 능원군 이보가 살인을 저지르다.

3. 24. 이완이, 백성이 유리되는 문제와 도독부가 양식을 독촉하는 문제를 치계하다.

3. 25. 특진관 이귀가 학문하는 사람들을 불러들이는 문제를 건의하다

• 이귀는 임금을 친애하고 국사를 근심하는 일에서는 뭇사람의 비방을 피하지 않았다. 생각이 있으면 반드시 진달하였는데, 충분(忠憤) 한 가지만은 그와 비교할 만한 이가 드물었기 때문에 사람들은 그를 잡군자(雜君子)라고 불렀다.

4. 11. 정엽 졸기.

4. 12. 모 도독 휘하 장수들이, 인근 고을을 돌며 수령들을 협박해 미곡을 침탈하는 등 행패를 부리다.

5. 12. 이정구가, 모문룡의 행태에 대해 아뢰다.

• 교전도 하지 않았으면서 여러 차례 승전했다고 보고한 것 등이다.

6. 3. 중국 사신이 가지고 온 조칙을 받다.

6. 16. 세자궁의 종들이 이원익의 집에서 난동을 부리자, 포도청이 치죄를 청하다.

6. 19. 군영에 흥격서(兇激書)가 투입되고, 여염에 상시가(傷時歌) 한 편이 떠돌다.

6. 22. 중국 사신이 돌아가는 중에 은을 요구했는데, 들어주지 않으면 폭행을 행사하기도 하다.

6. 23. 이서의 계책에 따라, 남한산성에 행궁을 짓게 하다.

6. 28. 김상용이, 모문룡의 거짓되고 믿기 어려운 정상을 고하다.

7. 6. 호패법·양전·군적 시행에 대해 여러 주장이 나오다.

• 왕이 대신들에게 재결토록 하였으나 대신들은 왕에게 미뤘다.

7. 12. 조강에서 이귀가 김류를 격렬히 비판하다.

7. 12. 이귀의 파직을 명하다.

7. 21. 모문룡이, 책봉을 경하하며 예단을 바치다.

7. 26. 모문룡에게, 책봉을 주선한 것에 대해 감사하다는 답을 하다.

7. 28. 김자점 등이, 윤의립의 딸을 동궁의 정비로 간택함은 부당하다고 주장하자, 왕이 이에 성내다.

8. 7. 이원익 영의정, 김상헌 대사헌.

8. 8. 호패청에서 호패법 시행 항목을 제안해 올리니 따르다.

8. 27. 동궁의 빈 책봉과 관련해 김자점을 삭출하고 심명세를 중도부처하다.

9. 3. 신축한 평양 성곽이 비로 무너져 감사 이상길을 파직하다.

9. 8. 문회·박종일·박응성 등이 고변하다.

9. 27. 이귀를 연평부원군으로 삼다.

10. 12. 붕당에 대해 단호한 입장을 보이다.

11. 13. 서얼 허통을 논의하게 하다. 이에 대해 비변사가 서얼 금고의 유래를 설명하며, 양출은 손자에 이르러 허락하고 천출은 증손에 이르러 허락할 것을 건의하다.

11. 21. 이괄의 서제(庶弟) 이해·이후 등이 붙잡혀 처형되다.

• 이해 등은 호패를 차지 않고 충주 지역을 돌아다녔는데, 본도(本道)에서 붙잡아 보고한 것이다.

11. 24. 간원이, 여러 궁가와 아문이 독점하고 있는 어염(魚鹽)등을 조사해 국가에 환속시킬 것을 청했으나 선조 때 하사한 것이라 빼앗을 수 없다고 답하다.

12. 19. 호패청이, 어사를 파견해 호패 시행의 잘못을 바로잡을 것을 청하니 따르다.

인조 4년(1626)

1. 1. 이시발 졸기.

1. 3. 각 아문과 궁가에서 어염을 불법으로 점유하는 문제를 조사하게 하다.

1. 14. 계운궁 졸서.

• 왕의 생모다.

1. 24. 병조판서 이귀가, 상례와 관련해 3년복을 입겠다는 왕의 입장을 옹호하고 이원익이 잘못 판단했다는 차자를 올리다.

• 왕은 진달한 내용이 옳다고 하면서도 몇 가지 부분을 지적했다. 또 원로이자 영상인 이원익을 비판한 것도 질책했다.

1. 25. 부제학 최명길이 이귀의 차자를 반박하다.

• 최명길의 서신에 김장생이 장문의 회답을 보냈다.

2. 25. 이귀가, 공의의 비난에 책임을 지고 사직을 청하다.

3. 15. 김포 산소의 이름을 육경원으로 정하다.

• 왕의 생모인 인헌왕후의 묘다.

3. 21. 이원익이, 나이를 들어 간절히 사직의 뜻

을 올리다.

3. 25. 김장생이, 상례에 있어 정도를 따를 것을 건의하는 소를 올리다.

3. 26. 비변사가, 모문룡 군영의 행패와 식량 부족 상황에 대해 아뢰다.

3. 27. 비변사에서, 여러 궁가의 어전(漁箭) 점유의 폐단에 대해 아뢰다.

4. 9. 여러 간원들이, 묘소를 원으로 칭하는 것의 부당함을 아뢰다.

5. 13. 발인 때 왕의 교외 행차는 부당하다고 세 정승이 아뢰다.

5. 18. 원소에 하관할 때 망곡례를 행하다.

• 신하들의 거듭된 반대에도, 우제·졸곡제·재우제·삼우제 등을 직접 행했다.

6. 5. 호패청이 남정(男丁)의 인원을 고하다.

6. 13. 중국 사신과 조칙을 맞이하는 복제에 대해 이야기하다.

6. 22. 사헌부가 서리의 오래된 폐단에 대해 아뢰다.

6. 25. 후금에서 도망쳐 온 김진이 김경서 등의 근황을 알리다.

• 김경서는 병사했고, 강홍립은 아직 머리를 깎지 않았으며, 한윤은 귀화했다고 했다.

윤6. 7. 호패법 시행과 관련하여 이원익이 의견을 내다.

• 이 시기 호패법 실시의 의의·목적·현실에 대해 잘 설명하고 있다.

윤6. 11. 모문룡의 반란 계획을 폭로한 예여청의 밀계.

윤6. 12. 대신·비국당상·3사 장관을 인견하고, 모문룡의 모반 계획에 대한 대응책을 논의하다.

윤6. 17. 모문룡이 자신을 의심하는 조선에 항의하는 글을 보내오다.

윤6. 18. 호조가 화폐 사용에 대해 아뢰다.

윤6. 20. 반송사 김류가 중국 사신에게, 모문룡이 조선을 비방하는 것은 터무니없는 것임을 전하다.

7. 9. 접반사 정두원이, 모문룡과 후금의 서신 왕래 사실을 치계하다.

7. 22. 남한산성이 완성되어 논상하다.

8. 1. 양사에서, 궁가의 어염에 대한 면세를 철회할 것을 청했으나 듣지 않다.

8. 9. 호패청에서, 호적에 누락되었는데도 자수하지 않는 자는 왕법으로 처벌할 것을 청하니 따르다.

8. 13. 모문룡의 군사 행동에 대한 대책을 논의하다.

8. 17. 비국당상과 양사의 장관을 인견하고, 모문룡의 정황과 변란에 대한 대책을 논의하다.

9. 2. 누르하치가 지난 8월 11일 죽었다고 안경심이 치계하다.

• 도독이 알려 주었다고 한다.

9. 4. 김포 육경원에 행행하여 친제하다.

9. 13. 헌부가, 내수사의 옥을 혁파할 것을 청했으나, 백성에게 해를 끼치는 일이 없다며 허락하지 않다.

10. 14. 모문룡이 군량을 독촉하다.

10. 24. 누르하치가 죽은 후 넷째 흑환발렬이 계승하였는데, 먼저 조선을 치겠다고 했다는 중국 장수의 말을 평안감사 윤훤이 치계하다.

11. 13. 의주부윤 이완, 중국인이 민가를 약탈한 일을 고하다.

12. 10. 이원익 영중추부사.

12. 21. 덕흥대원군의 휘자 사용을 금지하도록 종부시에 하교하다.

인조 5년(1627)

1. 17. 금나라가 침입하자 대책을 논의하다.

1. 18. 윤방 영의정, 신흠 좌의정.

1. 18. 내일부터 백관은 융복, 왕은 무늬 없는 검은색을 입기로 하다.

1. 19. 임진강의 수비와 분조, 강화도의 수비 등에 대해 논의하다.

• 분조에 대해서는 세자가 어리다며 반대했다.

1.19. 강화도 파천을 주 내용으로 하는 애통 교서를 반포하다. 호패법도 파기하다.

1.20. 광해군을 교동으로 옮기다.

• 뒤에 다시 정포로 옮겼다.

1.21. 능한산성이 함락되자 분조할 준비를 하다.

1.22. 윤훤이 호장(胡將)의 서한을 베껴 보내다. 이에 답서를 보낼지, 누구 명의로 보낼지 등을 논란하다.

1.22. 윤훤이, 함락된 능한산성을 정탐한 후 치계하다.

• 세 고을의 군병은 다 죽고 백성은 머리를 깎았다.

1.23. 대간들이, 근왕병을 모아 친히 정벌에 나설 것 등을 청했으나, 현실성이 없다고 답하다.

1.24. 세자가 출발하다.

1.24. 윤방이, 평양이 이미 함락되었다고 아뢰다.

1.25. 안주가 함락되자, 남이흥이 몇몇 제장을 거느리고 화약으로 분신하다.

1.26. 융복으로 갈아입고 노량에 행차하다.

1.26. 장만이 치계하여, 적의 선봉대가 황주에 도착했으며, 신경원의 군대는 놀라서 흩어졌다고 아뢰다.

1.26. 저녁에 강을 건너다.

1.27. 김포를 경유해 육경원에 참배하고 통진에 행차하다.

1.28. 장만이 치계하여, 호차(胡差) 3인이 호서를 갖고 경성으로 향했으며 강홍립의 서신은 비변사에 올렸다고 고하다.

1.29. 강을 건너 행궁에 도착하다.

2.1. 비국이, 강홍립·박난영에게 지난 허물은 없는 것으로 하고 상을 줄 뜻을 전하게 할 것을 청하니 따르다.

2.2. 금나라의 사신이 갑곶에 이르러 명나라를 섬기지 말고 금나라와 형제의 관계를 맺자는 서한을 보내다.

2.3. 태학생 윤명은 등이, 금나라 사신과 박난영의 머리를 베고 금나라와 싸울 것을 상소하다.

2.5. 진창군 강인에게 형조판서의 직함을 임시로 주어 적 진영에 보내다.

• 명을 섬긴 지 오래여서 배신할 수 없지만, 금과 화친을 맺을 수 있다는 내용의 답서를 가지고 갔다.

2.7. 강숙과 박립이 금나라의 답서를 가지고 오다.

• 조선이 각처에서 병사를 훈련시키고 있고, 여전히 명나라 연호를 쓴 것을 문제 삼았다. 이어 이번 일이 마무리되지 않으면 왕경에 주둔하겠다고 협박했다.

2.8. 진창군 강인이 치계하여, 금나라와 화친할 것인지 결정해야 한다고 보고했다.

• 이에 앞서 인조는, 명나라 연호는 차마 버릴 수 없다는 말을 했다.

2.9. 강홍립·박난영이 금나라 부장 유해와 함께 적중에서 나오자, 직접 만나 볼 것인지를 의논한다.

2.10. 세자가 전주에 이르다.

2.10. 양사가, 강홍립 등을 참수할 것을 청하다.

2.10. 유해의 교만함에 신하들이 분개하다. 최명길이, 고려 때부터 금나라와 송나라를 아울러 섬겼다며 현실론을 펴다.

2.10. 강홍립과 박난영을 불러 보고, 청의 정황에 대해 묻다.

2.10. 옥당이, 유해를 접대하지 말고 강홍립과 박난영을 참수할 것을 청하다.

2.10. 사간 윤황이, 화친론을 펴는 이귀와 최명길의 죄를 청하다.

2.11. 화친을 종용하는 유해의 계첩을 받다.

2.11. 유해가 이르자 상이 접견했는데, 유해가 읍하려 할 적에 상이 바로 손을 들지 않자 성내고 나가 버린다.

2.11. 적병이 임진강을 건넜다는 소식을 듣고 유도대장 김상용이 성을 버리고 도주하다. 도성이 크게 혼란하여 선혜청과 호조가 도적이 지른

불에 타 버리다.

2. 12. 이계선의 아들을 왕제로 삼고 수성군으로 봉호하다.

2. 13. 양사가 화의론을 편 최명길의 찬출을 청하다.

2. 13. 원창부령 이구를 원창군으로 삼아 은시·은저 등을 하사하고 보내다.

2. 14. 접대재신이, 명과 단절하지 않아도 좋다는 저들의 뜻을 전하다.

2. 15. 요구한 재물을 다 못 보낸다는 국서와 함께 원창군 이구를 인질로 보내다.

2. 15. 목면·면주·호피·녹비 등의 물품을 보내다.

2. 15. 유해가 연미정에서 조선과 화친했음을 서약하다.

2. 15. 윤황이, 오늘의 화친은 이름만 화친이지 항복이라며 화친하지 말 것을 상소하다.

2. 15. 비국이, 저들이 강을 건널 때 앞뒤로 공격할 것을 청하다.

2. 17. 강화에서 과거를 실시해 본부의 유생들을 위로하다.

2. 18. 윤황을 삭탈관직하고 중도부처라 명했다가, 정원이 반대하자 체직만 하도록 하다.

2. 21. 국서를 받은 이왕자가, 국서에 명나라 연호를 쓴 일 등을 들며 유해가 뇌물을 받고 자신의 명을 따르지 않았다며 분개하다. 이에 유해가 속죄할 기회를 달라고 청해 허락받다.

2. 21. 명나라 연호를 쓰지 말라는 금의 서신이 오다.

2. 22. 연호와 관련하여 토론하다.

2. 23. 평산의 금나라 군대가 서봉·독부·우암으로 나누어 출발하다.

2. 23. 다시 화친을 말하고, 연호를 쓰지 않아도 되는 계첩의 서식을 따라 새로 국서를 보내다.

2. 23. 도승지 홍서봉이, 화의를 단절하고 적을 공격할 것을 청하다.

2. 28. 화친하고 싶다면, 속히 맹세하여 두 나라

의 전쟁을 종식시키라는 이왕자의 서신이 오다.

2. 30. 유해가, 백마와 흑우를 잡아 천지 제사를 지낼 것을 요구하다.

2. 30. 맹약을 둘러싸고 의논하다.

3. 1. 유해의 청에 대해, 장유가 희생(犧牲)을 잡지 말 것을 청하다.

3. 2. 유해가, 왕은 상중이므로 향불만 피우고 대신으로 하여금 희생을 잡으라는 제안을 하다.

3. 2. 왕이 분향의 예를 행하기로 결정하다.

3. 2. 양사에서, 분향하지 말도록 청하며 사직을 아뢰다.

3. 3. 유해와 함께 회맹을 하고 화친을 맹세를 하다.

• 이날 밤, 왕이 익선관에 흑포 차림으로 향을 피웠다. 맹세문은 좌부승지 이명한이 읽었다.

3. 3. 사로잡은 백성을 풀어 줄 것 등을 요구하는 계첩을 이왕자에게 보내다.

3. 3. 접대재신들이 유해를 성 밖에서 전송하다.

3. 3. 육경원 직막(直幕)에서 불이 나다.

3. 5. 경상도·충청도의 군병을 돌려보내다.

3. 6. 해서 백성들에게 곡식을 지급하고 분조를 소환토록 하다.

3. 7. 장만이 치계하여, 적병이 해주를 침략했다고 고하다.

3. 9. 선전관을 보내, 침략하고 살육한 것에 대해 지적하고 포로를 돌려보낼 것을 요청하다.

3. 13. 금 장수가 평양 주변에서 조선군의 공격을 받고 있다는 글을 보내오자, 봉강(封疆)을 지키자던 맹약을 준수하라는 답을 하다.

3. 13. 평산·서흥·봉산·우봉·신계·수안·재령·해주·신천·문화 등의 읍이 적의 침해를 받아 텅 비다.

3. 17. 정충신이 치계하여, 이왕자가 청천강을 건너갔다는 사실과 조선 측이 맹약을 어겼다는 이왕자의 글에 대해 고하다.

3. 20. 비국이, 용골산성을 굳게 지킨 정봉수·장

사준 등에게 관직 제수를 청하다.

3. 23. 왕세자가 전주에서 돌아오다.

3. 25. 강홍립과 박난영이 끝까지 머리를 깎지 않은 뜻이 가상하다며 관작 회복의 뜻을 보이다.

4. 1. 금나라와 화친하게 된 연유를 상세히 적어 명나라에 고하다.

4. 3. 정충신이 치계하여, 몽고병이 재차 용골성으로 진격했으나 성의 남녀들이 물리쳤다고 고하다.

4. 5. 용골성의 의병장 정봉수에게 부사 겸 조방장을 제수하다.

4. 10. 대가가 행궁을 출발하다.

4. 12. 경덕궁으로 돌아오다.

4. 19. 모문룡의 병선 5척이 안융창에 정박한 후, 민가를 불태우고 인민을 살해하여 시체가 들판에 즐비하게 되다.

4. 22. 김기종이, 안주성 함락 때 장렬히 싸우다 죽은 이들에 대해 아뢰다.

5. 1. 부제학 정경세를 필두로 홍문관 관원들이 군사력 증대책을 올리다.

• 군사 훈련·조총 무역 등을 실시하고, 무과에서 조총 부문을 신설하자는 의견을 냈다. 또 내수사를 혁파하고 그 수입을 군수로 활용할 것과, 대신 이하 선비에 이르기까지 병사가 되지 않는 자에게는 베 한 필을 부과할 것 등의 쇄신안도 제시했다.

5. 8. 용골성에서 힘껏 싸운 용사들에게 관직을 제수하다.

5. 10. 비국에서, 금에게 붙었던 의주의 백성들을 죽이지 말고 개유하길 청하다.

5. 13. 중국 도적들이 영변·가산 등지를 약탈하다.

5. 16. 파천 때 호종한 무사와 백성에게 상 줄 것을 하교하다.

5. 18. 김상헌과 김지수를 불러 명나라 사정을 묻다.

5. 23. 유해가 쪽지를 보내, 자신의 마음은 명나라에 있다며 왕과 은밀히 상의하고 싶다고 하다.

5. 25. 김기종이, 용골성 주변과 의주 부근의 상황과 도망쳐 돌아오는 우리나라 사람들이 번번이 한인(漢人)에게 살해되고 있다는 것을 고하다.

5. 28. 원창군 이구 등을 인견하고 금의 태도에 대해 묻다. 의주를 떠나지 않는 이유는 모문룡을 대비하기 위한 것이라 하더라고 이구가 답하다.

5. 29. 유해가 따로 상의하고 싶다고 비밀스러운 계첩을 보내다.

5. 29. 유해와 용골대를 맞이하다.

5. 30. 화친과 우호를 다지자는 호한(胡汗)의 글을 받다.

• 호한은 칸을 일컫는다.

6. 16. 모문룡이 의주로 갔다가 20여 기의 금군을 만나자 모두 도주하다.

6. 24. 용골성의 군사가 무너져 흩어졌다고 비국이 아뢰다.

7. 1. 접반사 이홍주가, 모문룡이 보낸 패문을 등사해 보냈는데 거짓 군공으로 가득하다.

7. 2. 평안감사 김기종 등이, 용골성이 무너진 사유를 치계하다.

7. 13. 강홍립이 부렸던 한인 6명은 그들의 소원대로 강홍립과 함께 살게 해 주다.

7. 17. 영돈녕부사 서평부원군 한준겸 졸기.

7. 18. 당상이 거느리는 군관의 수가 1,000명을 넘지 않도록 하라 이르다.

7. 27. 강홍립 졸기.

8. 2. 곡식을 빼앗기 위해 한인들이 선천을 침입하다.

8. 5. 의주에 머물렀던 적군이 철수하다.

8. 9. 안주에 축성을 했는데, 이를 본 호차가 맹약을 깨뜨리는 행위라고 항의하다.

8. 13. 유해가 소를 올려, 조선이 화친하는 방법을 건의하다.

8. 14. 금에서 국서를 보내, 모문룡의 군대를 상륙시키지 말 것과 머리를 깎은 조선인들을 쇄환할 것을 요구하다.

8. 19. 달병이 철수하면서 의주의 백성을 잡아가다.

9. 4. 호차가, 모문룡 군대가 상륙해 경작하는 것을 문제 삼다.

9. 29. 승지 강석기의 딸을 세자빈으로 정하다.

10. 1. 이인거의 역모가 드러나다.

• 사관은 이인거의 무리가 20명도 되지 못했다며 한 번의 웃음거리도 안 된다고 평했다. 그런데도 역모의 형세를 장황하게 치계하고 이어 소탕했다는 말로 임금을 속인다며 한탄했다.

10. 4. 휘하 병사들의 폐단을 엄금할 것을 모문룡에게 요구하다.

10. 22. 이인거와 그 당여를 처벌하다.

10. 25. 김기종이, 천계황제가 승하하고 아우 숭정제가 16세로 즉위했다고 치계하다.

• 천계황제는 명 희종을 말한다.

11. 5. 김기종이 평안도 상황을 고하다.

11. 10. 모문룡이 역서를 보내 줄 것을 요구하자, 관상감으로 하여 찍어 보내 주게 하다.

12. 4. 세자빈 책봉례를 행하다.

12. 14. 금에서 도망쳐 나온 노국남 등이, 조선이 약속을 어기면 금이 재침할 것이라 하다.

12. 22. 금에 사신을 보내 포로 쇄환 문제와 개시(開市)의 일을 교섭하다.

인조 6년(1628)

1. 3. 죽산에 사는 김진성 등이 역모를 꾀하다 누설된 것을 알고 먼저 고변하다. 무기를 가지고 도하에 집결해 있던 적당들이 모두 체포되고 50여 인이 신문 끝에 처형되다.

• 광해군을 복위하려 했고 연락도 취했다는 것이 밝혀졌다. 인성군을 옹립하려 했다는 진술도 나왔다. 김극빈 등은 자복하지 않고 형을 받다 죽었다.

1. 5. 금나라가, 교역에 보낼 곡식의 양을 정확히 해 줄 것을 요구하다.

1. 7. 개시하는 날짜와 곡식을 마련하는 문제 등을 금나라와 논의하다.

1. 12. 허유 등의 역변과 관련해 교서를 반포하다.

1. 20. 대비전이 대신과 육경에게 전교하여, 인성군 처벌을 윤허받으라 하다.

1. 21. 인성군의 안치를 명하다.

1. 25. 도망쳐 온 호인 2명을 심양으로 쇄환하다.

2. 11. 광해군을 가엾게 여겨 옛 궁녀 1인을 내려보내다.

2. 21. 이이첨·이위경 등의 형제 자손과, 유희분·박승종 등과 관계되어 처형된 자의 자손은 나이가 어리더라도 외딴섬에 위리안치하라 명하다.

2. 17. 광해군과 내통한 죄인들을 추국케 하다.

2. 21. 대비가 대신과 국청에 언서로 하교하다.

• 주상의 마음을 돌려 인성군을 죄주게 하라는 것이다.

2. 22. 금이 중강에 이어 회령에서도 개시할 것을 요구하다.

2. 28. 회답사 이란 등이 의주에서 돌아와, 사신 왕래·개시·쇄환 문제 등을 아뢰다.

2. 29. 대비전 나인들이 몰래 궐을 넘어 도망치니 잡아다 추국토록 하다.

3. 4. 유학 임지후가 불궤를 도모하는 무리와 교분하다가 발각되려 하자 상변하다.

3. 7. 이이첨의 손자 이정식이 자수하자 정배하다.

3. 8. 이귀가 별도의 예묘(禰廟)를 세우자고 건의하다.

• 별도의 예묘를 세우자는 것은 원종(인조의 아버지)의 묘 지위를 높이자는 말이다.

3. 10. 윤방 및 3공이 이귀와 다른 의견을 올리다.

3. 12. 세자와 함께 사묘(私廟)에 부제(祔祭)하는

것을 친행하다.

3. 18. 임경업의 파직과 관련하여 김류가 사직을 청하다

3. 21. 모문룡이, 금에 화친을 청하는 사신을 보내다.

3. 30. 모문룡이 쌀 운반선 10여 척을 포획하고 반환을 거부하다.

4. 9. 청천강 이북 지역의 백성을 진구하기 위해 결성 창고의 곡식 1,000여 석을 보내게 하다.

5. 14. 대신 이하가 연일 인성군의 처형을 청하니, 마침내 따르다.

5. 22. 대원군을 추숭하라는 변인길의 상소를 정원이 물리치다.

5. 28. 인성군의 예장을 명하다.

5. 29. 인성군을 후히 장사 지내되, 예장이라 이름하지 않도록 하다.

6. 23. 서울에 온 금나라 사신이 탈출한 포로의 쇄환을 강력히 요구하다.

6. 29. 영의정 신흠 졸기.

7. 18. 김류 좌의정, 이정구 우의정.

8. 20. 호조에 명하여, 의복 및 목면을 무역하여 서변의 수졸들에게 하사하라 하다.

9. 6. 백성의 궁핍을 구제하라는 전교를 내리다.

　• 사관은, 내수사에 비축된 물량만으로도 백성을 살릴 수 있다며, 내수사의 혁파 청을 따르지 않는 것을 비판하고 있다.

9. 27. 정문익·박난영 등이 심양에 간 일을 말하고 호서를 등서해 오다.

10. 9. 이귀가 군사 상황을 말하다. 또 정군과 속오군 등에 대해 설명하고 그 폐단을 아뢰다.

10. 15. 회답사 정문익·박난영이 금의 상황을 아뢰다. 명과 하루아침에 단절할 필요는 없다는 금나라의 뜻과 유해가 화형에 처해졌다는 정보 등을 고하다.

10. 20. 진휼청에서, 면강첩과 허통첩 각 200장, 귀화인에 대한 직첩 각 100장을 경상도에 더 보

낼 것을 청하니 따르다.

11. 17. 훈련도감 대장 신경진이, 낭청 서필문이 감독하여 조총 1,669자루, 창 1,370자루를 제조하였다 하니 상을 내리다.

11. 21. 오윤겸 영의정.

11. 22. 모문룡이 동지사 송극인 일행의 은과 인삼을 빼앗아 가다.

11. 24. 호차 용골대 등과 박중남이 군사 80인, 말 120필을 거느리고 오다.

12. 4. 숭정전에 나아가 용골대 등을 접견하고 그들의 국서를 받다.

12. 4. 어영군을 설치하다.

인조 7년(1629)

1. 3. 용골대 등이 돌아갈 때, 쇄마를 빼앗아 가다.

2. 6. 김경현이 거짓 편지로 김호원·윤우구·유인창 등이 역모한다고 고변하다.

2. 9. 이귀가 김류를 공박하다.

2. 23. 호차 만월개·아지호 등이 서울에 오다.

3. 7. 기사관 박일성이 사건을 기록하다 붓을 떨어뜨려 어포를 더럽히다.

3. 9. 금의 칸이 호차 동사 등을 보내, 모문룡의 군대가 상륙해 농사짓고 있다며 약속 위반을 경고하다.

3. 16. 중국인이 청천강 이서 지역에서 백성을 해치고 재물을 약취하다.

4. 11. 호역 김희삼이, 약속 위반 사례들을 지적하는 칸의 서한을 가지고 오다.

4. 27. 모문룡이 병선 40척을 인솔하고 원 군문 (원숭환)을 만나러 등주로 향하다

윤4. 19. 임경사 등이 반란을 음모하다 복주되다.

5. 23. 옥당이 궁가의 면세 문제로 차자를 올리다.

6. 30. 김시양이 치계하여, 원 경략(원숭환)이 전

별연을 열어 모문룡을 접대하다가 갑자기 끌고 나가 목을 베었다고 고하다.

7. 2. 원 경략이 부총을 보내 섬 안의 무리를 위안하고 군병을 점검하다.

7. 12. 편당의 혐의로 나만갑을 유배하고 김육을 나국하라 명하다.

7. 21. 대제학 장유를 나주목사로 좌천하다.

7. 28. 원 경략이 서신을 보내 모문룡의 죄를 설명하고, 잘 준비했다가 협공해 치자고 하다.

8. 4. 근래 누기(漏器)가 정밀하지 못해 시각이 착오가 난다며, 해당 관원을 추고하라고 이르다.

8. 18. 장령 신달도가, 김류를 무례하게 비판한 병판 이귀의 방자함을 아뢰다.

9. 6. 원 독수(원숭환)에게 회첩하다.

10. 3. 최명길이 소를 올려, 나만갑을 귀양 보낸 것과 장유·박정을 외직으로 보낸 잘못을 말하고, 그들을 편당으로 지목한 김류를 탄핵하다.

10. 9. 대사간 이식이 붕당에 관한 차자를 올리자, 당파에 대해 강한 경계심을 보이다.

11. 2. 대사헌 김상헌이, 전일 최명길이 차자에서 자신을 비방했다며 사직을 청하다.

11. 15. 옥성부원군 장만의 졸기.

11. 20. 북도에 이배된 죄인 장세철·진명생 등을 압송하는 도중, 진명생이 도사에게 언서로 된 서찰을 몰래 바쳐 양경홍이 금에 투항한 양계현과 더불어 역모를 꾀한다고 고하다. 정운백·한회·신상연·이극규·양경홍·최배선 등은 승복하고 복주되고, 정운서·임길후·한옥 등은 곤장을 맞고 죽다.

12. 26. 3남 이요를 인평대군으로 삼다.

인조 8년(1630)

1. 26. 비국이 속오군에 대해 아뢰다.

3. 9. 호차 박중남이 평양에 들어와 인삼 1,700근을 요구하며 협박하다.

3. 26. 사헌부에서, 명과의 의리를 말하며 명을 도와 죽기 살기로 나서야 한다고 아뢰다.

4. 10. 전라감사 송상인이 치계하여, 남원 지방의 살인계(殺人契)에 대해 고하다.

4. 19. 독부도사 유흥치가 난을 일으켜, 부총병 진계성과 흠차통판 유응학 등을 살해하고 무리를 거느리다.

4. 21. 이서를 대장으로 삼아 유흥치를 토벌하기로 하다. 이귀·최명길·심기원 등이 상소해 불가함을 주장하다.

4. 25. 대신들과 유흥치의 일을 논의하다. 이귀가 토벌을 반대하자 불쾌한 기색을 드러내다.

4. 27. 유흥치가 보낸 차관이 오다.

4. 30. 이귀가 다시 반대론을 펴자, 이귀를 병조판서에서 파직하다.

5. 5. 도체찰사 김류가 강상에서 군대를 사열하다.

5. 19. 평안감사 김시양과 총융사 이서의 치계를 보고 대신들과 논의해 명을 내리다.

5. 21. 공빈 김 씨의 묘소에 있는 석물 중 법에 어긋나는 것을 허물도록 하다.

5. 24. 유흥치의 관하인 도사 한상진의 항복을 받다.

6. 14. 총융사 이서에게 밀지를 내려 단호히 토벌하라 이르다.

6. 28. 부원수 정충신이 군사를 파할 것을 청하다.

7. 8. 이귀가 차자를 올려 속히 주사(舟師)를 혁파할 것을 청하다.

7. 23. 서정군을 해체하다.

8. 23. 주강에서 붕당에 대해 동지경연 김기종과 논란하다.

8. 24. 이귀가 차자를 올려 추숭의 예를 거행할 것을 청하자 이귀의 식견을 칭찬하다.

9. 3. 유흥치가 차관 이현을 통해 글을 보내오다.

9. 15. 유흥치가 차관을 보내 식량 무역을 허락

해 줄 것을 청하다.

10. 28. 이귀가 차자를 올려 대원군을 종묘에 모실 것을 아뢰다.

12. 22. 영의정 오윤겸이 추숭을 반대하며 사직소를 올리다.

12. 25. 예판 김상헌이 추숭 반대의 차자를 올리다.

인조 9년(1631)

1. 11. 승지를 이원익에게 보내, 안부를 묻고 생활 형편을 알아 오게 했는데, 극도로 쇠약한 데다 몇 칸 초옥에 토지와 노비도 거의 없고 온 식구가 월봉으로 풀칠한다고 아뢰다. 이에 집을 지어 주고 이부자리와 노비를 내리도록 하다.

1. 22. 원옥(冤獄)을 심리하게 한 뒤 김육 등을 석방하다.

1. 28. 장유가, 추숭을 반대하는 장문의 차자를 올리다.

1. 29. 장유를 체차하다.

3. 5. 금의 칸이 예물을 받지 않고 돌려보내다.

3. 10. 간원이, 죄를 지은 자들이 오랑캐에 투항하면서 나라의 정세를 적들에게 알리고 있다며, 이를 단속하지 못한 함경도·평안도 병사를 추고하기를 청하다.

4. 4. 대군의 집 규모에 대해 논의하다.

• 규정은 60칸인데 168칸으로 지으려 해 신하들이 문제 삼았다.

4. 4. 흥정당에서 이원익을 인견하다.

4. 14. 이원익이 녹봉을 받지 않자, 창고의 관리로 하여 실어 보내게 하다.

4. 20. 대신들을 불러 추숭에 대한 의견을 구했는데 모두 반대하자 중국에 주청할 뜻을 보이다. 이마저도 신하들이 반대하자 기어코 거행하겠다는 뜻을 나타내다.

4. 21. 양사가 합계해 주청을 반대하다.

4. 21. 응교 이행원 등이 추숭을 반대하는 차자

를 올리다.

4. 24. 이행원 등의 관작을 삭탈하고 멀리 유배하라 명하다.

4. 25. 장유를 예조판서로 삼았는데, 추숭과 관련해 뜻이 다름을 말하며 체직을 청하자 따르다.

4. 29. 이홍주를 예조판서로 삼았는데, 또한 추숭에 대해 반대 의견을 내며 체직을 청하자 따르다.

4. 30. 김류를 면직하다.

5. 8. 부제학 최명길도 추숭을 반대하며 사직을 청하다.

5. 11. 태학생들이 성균관을 비우니 승지를 보내 타일러 돌아오게 하다.

6. 4. 장현광이, 추숭의 의논을 거두고 또한 중국에 의논하지 말기를 청하니, 정지시켰다고 답하다.

6. 17. 비국에서, 금나라가 식량을 요청하는 문제에 대해 대책을 아뢰다.

6. 28. 금나라 군대가 철수해 돌아가다.

7. 3. 과거 등주군문 손원화가 사람을 보내 은화를 가지고 와서 전선의 매입을 요구했는데 이때에 이르러 40척을 보내다.

7. 4. 이원익이 올라왔다가 돌아가며, 적이 물러간 뒤의 일에 대해 아뢰다.

7. 12. 진주사 정두원이 명나라 서울에서 돌아와, 천리경·서포·자명종·염초화·자목화 등을 바치다.

7. 22. 봉림대군의 집을 영건하다.

8. 3. 강화유수 이시백 등과 강화의 양식·병기에 대해 논의하다.

8. 5. 대사헌 박동선이, 쉽게 감정을 드러내고 억제하지 못하는 병통을 지적하다.

8. 9. 김장생 졸기. 84세.

9. 10. 3남에 어사를 파견해 무재를 시험하다.

9. 15. 윤방 영의정.

9. 27. 이귀가, 자신에게 이조판서를 겸하게 하면

이론을 제기하는 자들을 물리치고 이 논의를 결정짓겠다고 하다.

10. 16. 박지계를 삭적한 것으로 몇 사람이 정거 조치를 당하자 태학 유생이 공관하다.

10. 25. 금 차사 중남이 도성에 들어오자, 임 도사가 한강의 교외로 몸을 피하다.

11. 4. 가도의 도독 황룡이 탐욕을 부려 군병이 반란을 일으키다.

11. 5. 보급로를 끊고 섬 안에 격문을 보내 난리를 꾀한 자들의 죄를 성토하자는, 정충신·임경업·이완의 건의를 받아들이다.

11. 25. 이귀 이조판서.

• 이귀는 아뢸 때마다 오랫동안 얘기하고 임금의 옷과 띠를 잡아당기기까지 했다고 한다.

11. 28. 도독 황룡이 탐학하고 비루해 장관 왕응원이 난을 일으켜 감금하다. 이에 조선이 격문을 보내 문죄하자, 양곡이 끊길 것을 우려한 대중들이 왕응원 등 10여 명을 참수하고 황룡을 구하다.

윤11. 2. 헌부가, 정홍원·강익문 등은 정인홍의 앞잡이로 폐모론에 부화뇌동한 자들이라며 사판 삭제를 청하자 따르다.

윤11. 11. 지평 오전이, 이귀가 자천한 일을 비판하다.

윤11. 22. 숭정전에서 금차(金差)를 인견하다. 가도에 대한 태도 등 조선이 잘못한 일을 지적하는 칸의 서신을 받다.

윤11. 24. 재신 및 금부 당상이 금차가 보는 가운데 국경을 넘어 삼을 캔 두 사람을 목 베다.

12. 17. 추숭의 일을 정원에 하교하다.

12. 18. 추숭의 일을 하교했는데 거행하지 않는 승지 김상·정세구를 파직해 추고하게 하다.

12. 19. 호역 박인범이, 의주에서 1년에 두 번 시장을 열기로 한 문제를 거론한 칸의 편지를 올리다.

12. 23. 영의정 윤방이 추숭 반대 의견을 올리다.

인조 10년(1632)

1. 19. 김상용 우의정.

1. 24. 맹인 이후성이 승정원을 찾아 급변을 고하다. 이후성이 진술한 유응형은 불복하다 죽고 이후성도 무고죄를 면하다.

2. 14. 3상이 추숭의 불가함을 아뢰자, 추숭 반대론자들을 일일이 열거하며 꾸짖다.

2. 17. 집의 정홍명이 상소해, 추숭 반대론자들을 꾸짖은 것을 비판하다.

2. 22. 추숭을 둘러싸고 이귀와 박정이 논쟁하다.

2. 24. 영상 윤방을 추숭도감 도제조로, 이귀·김신국·최명길·박동선을 제조로 삼다.

2. 25. 의정 윤방이 노병으로 도제조를 사직하니 우의정 김상용으로 대신하다.

3. 9. 정원군의 추숭 신주를 의논하고 행장을 써서 중국에 보내기로 하다.

3. 11. 대원군과 대원군 부인의 시호를 올리다. 능호는 장릉으로 하다.

3. 12. 사묘에 친제하고 인빈을 제사하다.

4. 30. 감사에게 전교해, 추숭론을 찬성한 박지계에게 말을 지급하다.

5. 2. 추존하고 책보를 올리는 예를 거행하다.

5. 4. 능원군·능창군을 대군으로 봉하다.

5. 11. 추숭 때의 모든 집사·도감·도제조 이하에게 상을 주다.

5. 14. 이귀가 거듭 종호(宗號)를 올릴 것을 청하니 예조로 내려보내다.

5. 19. 종호를 의논해 올릴 것을 명하니, 예조가 불가 의견을 내고 대신도 불가 의견을 내다.

• 임금이 끝내 듣지 않고 종호를 '원'이라고 정했다.

5. 20. 양사가, 종묘에 들이지 않고 종호를 부른 예가 없다며 종호 추존의 명을 거둘 것을 청하다.

5. 26. 대왕의 영정을 숭은전에 보관하다.

5. 27. 양사에서, 종호를 올리는 논의를 취소할 것을 청하다.

6.22. 예조 참의 이준이, 언로를 열 것과 김류의 유배를 풀 것을 상소하다.

6.26. 영중추부사 이원익이 자전의 위독함을 듣고 입궐하여 대비전을 문안하다.

6.28. 인목대비가 훙서하다.

7.1. 예조에서, 복제를 정할 것을 청하다.

7.7. 대비의 능호를 혜릉으로 정하다.

9.13. 이귀가 상차하여 이이를 높이다.

9.13. 이서의 아들 이인백이, 부모의 만류에도 불구하고 이서의 종 둘을 몽둥이로 때려죽게 하자 국문하게 하다.

9.17. 칸이 서신을 보내, 명과 더불어 자신들을 친 것은 조선이었다며 성을 수축하는 문제도 지적하다.

9.20. 이귀가 수차 문병을 명목으로 독대를 청한 끝에 인견하다.
• 방이 좁아 승지와 사관은 문밖에서 들었다고 한다.

10.23. 저주 사건으로 국청이 열리다. 귀희·옥지·덕개가 처형되고, 그 외 여러 내인·여종 등이 곤장 맞고 죽다.

12.24. 칸이 글을 보내, 갈수록 예물이 박하다며 이후로도 그럴 거면 보내지 말라고 하다.

인조 11년(1633)

1.1. 가도에 군량 수송이 단절되어 군민이 굶주림에 처하다.

1.1. 가도에 곡식을 주기로 하다.

1.23. 춘추관이 묘향산의 실록을 적상산성으로 옮기기를 청하니 따르다.

1.25. 심양으로 간 사신이 예물을 전하지 못하다. 아울러 예물이 갈수록 줄고 성의 없음을 질책하는 서한만 받아 오다.

2.2. 회답사 김대건이 국서를 가지고 가다.
• 국교 단절을 각오한 듯 강경한 입장을 담고 있다.

2.3. 김류를 좌의정으로 삼다.

2.11. 도원수 김시양, 부원수 정충신이 국서를 수정할 것을 청하자, 국서를 수정하는 것은 받아들이는 한편 두 장수는 잡아 오게 하다.

2.12. 김자점 도원수, 윤숙 부원수.

2.14. 비국에 임전의 자세를 당부하다.

2.15. 이귀 졸기.

2.19. 이귀를 영의정에 추숭하다.

2.23. 옥당이 이형익의 손에 치료를 맡기지 말 것을 청하다.

3.2. 평안감사 민성휘가 치계하여, 서로의 선비들이 왕의 친정 소식을 접하고 군사를 모아 군대를 구성했다고 하다.

3.2. 임석간의 고변으로 추국청을 설치하다.
• 임석간이 이시열 등에게 접근해 일부러 역모를 상의한 다음 고변했다. 이에 임석간을 반좌율로 다스려야 한다는 의논이 일자 도주했다가 망명죄로 처형당했다.

3.6. 김대건이 금의 답서를 가지고 오다.
• 조선이 맹약을 어기고 있다며 사례를 열거하고 경고하는 내용이다.

3.17. 금에 보낼 예물을 상정하다.

4.28. 금의 사신 용골대와 녹지가 서울로 오다.

6.16. 금의 서한을 받다.
• 명을 대하는 것과는 사뭇 다른 태도에 대해 거론했다. 의주에 시장을 열 것 등의 내용도 있다.

6.21. 도원수 김자점의 건의에 따라 백마산성을 수축키로 하다.

6.28. 정경세 졸기.

7.11. 찬수청을 설치해 《광해군일기》를 수정하기로 하다.

8.3. 도원수 김자점이 황주의 정방산성을 쌓을 때 공사를 시작하고서야 보고했었는데, 지난번 백마산성을 쌓을 때도 그랬다며, 무겁게 추고하라 이르다.

8.5. 공유덕이 황룡을 살해하다.

8.10. 밀실 벽 속에서 이이첨의 비밀 서찰이 나오다.

9.4. 암행어사를 함경도·평안도·강원도에 파

견하다.

9. 19. 오윤겸 좌의정, 김류 우의정.

10. 15. 이조에서, 서얼의 관직 진출과 서북민의 등용에 대해 청하니 따르다.

10. 15. 화폐의 제작과 유통에 다시 힘쓰기로 하다.

10. 22. 황해감사 오숙이, 이번 호차가 지나갈 때 횡포를 부리게끔 부추긴 통역 정명수의 추고를 청하다. 이에 비국에서, 정명수가 조선인이긴 하나 용골대가 데리고 왔기 때문에 벌을 주기 어렵다고 아뢰다.

11. 18. 중국인들이 최유해를 집단으로 구타하자, 백성들이 달려들어 싸워 사망자가 생기다.

11. 30. 칸의 편지를 받다.

• 많이 누그러졌다.

11. 30. 개성유수 정두원이, 대동법 폐지를 건의하니 따르다.

• 개성은 상업 중심 지역이다.

12. 25. 찬수청의 건의에 따라, 《광해군일기》를 인쇄가 아니라 정서하기로 하다.

인조 12년(1634)

1. 12. 광해군을 딴 곳으로 옮기는 일을 의논하다.

1. 29. 이원익 졸기. 87세.

2. 16. 개기월식 때 징을 울리지 않은 한성부의 해당 관원을 추고하다.

2. 20. 상평창에서, 돈의 원활한 유통 방안에 대해 아뢰다.

2. 23. 선혜청에서 거두는 곡식의 10분의 1을 돈으로 바치게 하다.

3. 8. 상평창이, 돈의 가치를 쌀이 아닌 면포로 정한 것은 쌀은 풍흉에 따라 값이 수시로 변동하기 때문이라고 아뢰다.

3. 15. 춘신사가 칸의 글을 가져오다.

4. 3. 호차 용골대·마부달 등이 칸의 글을 가지

고 서울에 오다.

4. 5. 금나라 차인을 명정전에서 접견하고 답서를 보내다.

4. 24. 호차 용골대가 한인 34인을 잡아 삭발시키고 두 손을 묶어서 용천으로 내몰다.

5. 17. 찬수청에서 《광해군 일기》의 완성을 아뢰다.

6. 6. 시각 알리는 일을 태만히 한다 하여 금루관을 추고하게 하다.

6. 20. 교외에서 칙서를 맞이하고 오배삼고두의 예를 행하다.

7. 27. 원종대왕을 태묘에 들이는 것에 대해 논의하다. 예조는 찬성하고, 좌의정 오윤겸·우의정 김류·승정원·대간은 모두 반대하다.

윤8. 9. 인목왕후의 부묘제를 행하다.

윤8. 13. 부묘에 반대한 김류를 호위대장에서 체차시키다.

9. 6. 감군 황손무·태감 이문성·총병 채유 등이 군사 2만을 대동하고 왔고, 황비가 군사 1만과 배 45척을 거느리고 와서 가도에 정박하다.

9. 25. 의주부윤 임경업이 산성수비의 긴급함을 아뢰다.

9. 29. 주강에서 화폐와 음사에 대해 최명길과 논의하다.

10. 16. 주강에서 벼슬하는 연령 등을 논하다.

11. 30. 추신사 나덕헌과 용골대가 찾아와, 가도에 있는 병력이 조선과 손잡고 금을 치려 한다는 정보가 사실인지를 다그치다.

12. 21. 최명길이 왕과의 직접 대면을 청하니, 내일 들어오라 하다.

12. 22. 최명길을 면대하다.

인조 13년(1635)

1. 3. 간원이, 혼자 왕을 대면한 최명길의 추고를 청하다.

1. 8. 최명길이 체직을 청하니 허락하다.

2.24. 전라 생원 이기안이 친구들과 농으로, 능안군을 믿을 수 없다는 등의 말을 했다가 처형되다.

3.14. 비바람으로 목릉·혜릉이 무너지다.

3.19. 원종대왕의 부묘례를 행하다. 모든 관원에게 가자하고 상을 내리다.

4.14. 목릉을 개수하다.

4.29. 전 좌의정 이정구 졸.

5.2. 금차 마부달이 상인 160명과 입경하다.

5.11. 관학 유생들이 성혼·이이의 문묘종사를 청하다.

6.6. 진사 권적이 이이·성혼을 비판하다.

7.13. 헌부가 변장들의 패악 사례를 아뢰다.

7.14. 상평청에서, 고려조처럼 종묘에 화폐 사용을 고해 신의를 보일 것을 청하다.

7.22. 박지계 졸.

8.17. 양전의 완결을 위해 전라감사를 비롯해 3남의 수령들을 재임하다.

8.20. 도독 심세괴가 사냥을 핑계로 철산에 오다.

8.26. 태풍으로 인해 3남의 전선이 거의 파괴되다.

9.3. 도독 심세괴가 미두 3만 석의 교역을 청하자, 비변사가 2,000~3,000석만 허락하라고 건의하다.

9.15. 화폐 사용의 확대를 위해 사사로운 주조를 막지 말자는 최명길의 청에 반대하다.

10.11. 사헌부에서, 급제한 사람들의 사치스러운 잔치 풍속을 단속할 것을 청하자 따르다.

10.15. 함경감사 민성휘가, 각 관아에서 삼을 독촉하는 바람에 죽음을 무릅쓰고 국경을 넘어 캐다가 포로가 되는 실정을 아뢰다.

10.28. 헌부에서, 훈척·권세가의 집이 날로 참람해지고 있다며 단호히 처벌할 것을 청하다.

11.1. 경상감사 유백증이 성산현감 윤선도의 탐욕을 보고하니 파직토록 하다.

11.4. 금의 칸이 매년 홍시 3만 개를 요구하니다. 주도록 명하다.

11.12. 박노가 심양에서 돌아와 칸이 몽고 여러 나라를 격파하고 옥새를 얻었다고 아뢰다.

11.17. 헌부에서, 박노가 사신으로 갈 때 조정에서 이미 데리고 갈 상인의 수를 정해 주었는데, 의주 부윤 임경업이 몰래 상인을 따라 들어가게 하고 박노는 이를 용납했다며 둘의 처벌을 청하다.

11.21. 대신들을 거느리고 문정전에서 사형수들을 심의하다.

11.27. 문정전에 나아가 사형수를 재복(再覆)하다.

12.9. 중전이 산실청에서 승하하니 대신들과 상례를 의논한다.

12.15. 상중의 복식에 대해 의논하다.

12.26. 최복을 벗다.

12.30. 금차 마부대가 가져온 국서에 답서를 보내다.

인조 14년(1636)

1.10. 대구에서 황새 떼가 패싸움을 하다.

1.19. 좌의정 오윤겸 졸.

2.4. 금나라에 세폐를 더 보내다.

2.5. 도원수 김자점이 의주부윤 임경업의 용서를 청하니 따르다.

2.16. 용골대·마부대 등이 서달의 대장 47인, 차장 30인, 종호(從胡) 98인을 거느리고 오다.

· 서달이 조선과 더불어 의논해 칸에게 대호를 올리려 한다는 이유다.

2.21. 홍익한이 상소하여, 칸을 황제라 칭하는 것을 배척하고 사신의 목을 베 명분을 세울 것을 아뢰다.

2.24. 용골대 일행이 서울에 오다.

· 칸의 글 3장과 금국 집정 8대신 및 몽고 왕자의 글을 가지고 왔는데, 인신(人臣)의 이름으로 다른 나라 왕에게 글을 올리는 건 받을 수 없다며 칸의 글이 아

닌 것은 거부했다.

2.25. 태학생 김수홍과 유학 이기형 등이, 금나라 사신을 참하고 그 글을 불살라 대의를 밝힐 것을 청하다.

2.26. 용호 등을 접견하는 문제로 의견이 대립되자, 용호가 성이 나서 돌아가다.

• 용골대 등이 돌아가는 길에 아이들이 기와 조각이나 돌을 던지며 욕을 했다고 한다.

3.1. 8도에 하유해 결연한 의지를 밝히고, 다 함께 어려운 난국을 구제하자고 호소하다.

3.3. 회답사를 보내 회답하다.

3.4. 화약·장전 등 군기를 의주에 보내게 하다.

3.6. 평안도 대동강에서 오리 떼가 10여 일에 걸쳐 밤마다 떼로 싸우다 죽다.

3.7. 예판 김상헌이, 자모성·철옹성·안주성을 중심으로 하여 공격에 대비할 것 등 국방책을 올리다.

3.10. 철갑 30령·철주 30정·별조궁 200장·장전 700부·편전 1,000부·조총 50병 등을 원수에게 보내 서쪽 변방의 군사에게 나누어 주게 하다.

3.20. 김류에게 상사도(上四道) 도체찰사를 겸하게 하다.

3.22. 신경진 병조판서.

3.24. 신경진 겸훈련도감 대장.

3.25. 원손이 탄생하다.

3.26. 호위대장 이시백을 겸남한산성 수어사로 삼다.

4.1. 청파의 돌다리 아래 많은 개구리가 서로 싸워 죽다.

4.8. 발인하는 날에 서울에 변이 있을 것이라는 풍설이 돌다. 성안 사람들이 일시에 대문을 닫고 재상가의 집에서도 세간을 옮기는 등 소동이 일다.

4.11. 현궁을 내리다.

4.20. 전판서 김시양이, 방납·사천 제도 등 5가

지의 폐단을 가지고 상소를 올리다.

4.26. 금나라의 참호 문제로 춘신사·평안감사·비변사 등의 의견이 대립하다.

• 춘신사 나덕헌 등이 국서를 받았는데, 그들은 스스로를 대청국 황제라 칭하고 조선을 너희 나라[爾國]라 불렀다.

4.29. 최명길 병조판서.

5.4. 정충신 졸기.

6.8. 김상헌·이안눌 등 5인을 청백리로 뽑고 가자하다.

6.13. 최명길이 강도에 이어하기를 청했으나, 묘당이 불가하다 하여 시행되지 않다.

6.17. 금나라에 우리의 입장을 단호히 밝힌 국서를 보내다.

• 이후 청나라라고 표기한다.

7.14. 김류 영의정.

8.14. 의주부윤 임경업이, 노적(청군)이 중국 창평현을 침범했다고 치계하다.

9.3. 감군 황손무가, 오랑캐 토벌의 협조를 바라는 계첩을 보내다.

9.5. 최명길이 차자를 올려, 화친을 할 게 아니면 체신·수신 모두 평안도로 가 결전의 의지를 다져야 할 것이라고 아뢰다.

9.10. 노장(虜將) 마부대가 인삼값을 가지고 와서 임경업이 만나 보다. 국서를 전하자 가지고 갈 수 없다며 꼭 보내고 싶으면 따로 보내라고 하다.

9.27. 사간원이 최명길을 탄핵하니, 나무라며 최명길을 옹호하다.

10.1. 오달제가 최명길을 논박하는 소를 올리자, 파직하다.

10.29. 의주부윤 임경업이 치계하여, 청이 명을 침범했다가 패하고 6왕자 중 1명이 전사했다고 고하다.

11.4. 접반사 이필영이 치계하여, 겨울에 고려로 가려고 말을 먹이고 있다는 도주 한인들의 말을 고하다.

11. 8. 부교리 윤집이, 최명길의 죄를 논하는 소를 올리다.

11. 13. 비국에서, 정례적인 사신은 아니더라도 박난영을 별사로 삼아 들여보내 저들의 정황을 탐색하는 한편, 절교하지 않았다는 뜻을 보일 것을 청하니 따르다.

11. 15. 최명길이 소를 올려, 근래 우리가 먼저 도리를 잃은 것이 많았다며 문관 당상을 정사로 삼고 박난영을 부사로 삼아 보낼 것을 청하다.

11. 21. 이조참판 정온이, 사신을 보내는 것은 불가하다고 차자를 올리다.

12. 13. 도원수 김자점이 치계해, 적병이 이미 안주에 이르렀다고 고하다.

12. 14. 개성유수가 치계해, 적이 이미 송도를 지났다고 고하다. 이에 파천을 의논하고 예방승지 한홍일에게 종묘사직의 신주와 빈궁을 받들고 먼저 강화로 들어가게 하다.

12. 14. 심기원 유도대장.

12. 14. 저물 무렵 대가가 출발해 숭례문에 도착했을 때, 적이 이미 양철평까지 왔다는 소식이 들어오다. 최명길이 자청하여 적진으로 들어가고 대가는 남한산성으로 향하다.

12. 15. 대가가 강화로 가려다 눈보라가 심해 돌아오다.

12. 15. 양사에서, 어느 한 곳도 막아 낸 곳이 없다며 도원수 김자점·부원수 신경원·평안병사 유림·의주부윤 임경업 등을 모두 율대로 죄주라 청했으나 듣지 않다.

12. 15. 최명길이 적진에서 돌아와, 적이 왕제와 대신을 인질로 삼길 요구한다고 하다.

12. 15. 강화도로 간다는 소식에 성안 사람들이 동요하자 수성의 뜻을 밝히다.

12. 15. 최명길·윤휘·한여직이 다시 적진으로 가다.

12. 16. 각 고을 수령 중 병사를 거느리고 온 자는 모두 기록해 훗날 상벌의 자료로 삼도록 하다.

12. 16. 가짜 왕제와 대신을 보낸 것이 탄로나 박난영이 오랑캐에게 죽임을 당하다.

12. 16. 각 도의 군사를 부르고 도원수와 부원수에게 진군해 들어와 구원하라 이르다.

12. 17. 김류 등이 훈구 10여 명과 함께, 영남이나 호남으로 갈 것을 청했으나 거부하다. 다시 강화를 요청하지 않을 수 없고 정묘년보다 몇 배 더 굴복해야 할 것임을 아뢰자 수긍하는 모습을 보이다. 홍서봉, 김신국이 노영으로 가다.

12. 17. 예판 김상헌이 청대해 화의의 부당함을 극언하다.

12. 18. 행궁 남문에 거동해 싸움만이 있을 뿐이라며 투쟁 의지를 고무하다.

12. 19. 적병이 남문에 육박하자 화포로 공격해 물리치다.

12. 20. 적 사신 3명이 성 밖에 도착하다. 김류가, 최명길을 보내 물어볼 것을 청했는데, 최명길은 갈 때마다 속는다며 김신국과 이경직을 보내라 명하다. 호차가, 황제가 이미 송경에 도착했다고 전하다. 이에 다시 납서(蠟書)를 도원수 이하에게 보내 진격해 들어와 구원하라 유시하고, 각 도의 감사와 병사 및 열읍(列邑)에게도 군대를 선발해 적을 치도록 명하다.

12. 21. 충청도 원병이 헌릉 안에 도착해 화전(火箭)으로 서로 응하다.

12. 22. 오늘 하루 결전하라 명하다.

12. 23. 자모군(自募軍) 등이 출전해 적병 50여 명을 죽이다. 소여를 타고 북성에서 서성까지 순시하고 군사들을 호궤하다.

12. 24. 진눈깨비가 그치지 않자, 후원에서 향을 사르고 사배하며 통곡하다.

12. 26. 3공과 비국당상이 의논해, 적진에 술과 소를 보내기로 하다.
　•강화의 뜻을 담은 것이었지만, 이를 숨기고 세시의 선물이라고 하기로 했다. 적들은 이를 받지 않았다.

12. 27. 공청감사 정세규가 험천에 진을 쳤으나, 습격을 받아 전군이 패몰하다.

12. 29. 유도대장 심기원이 화공으로 승리했다며 전공을 과장하다.

• 과장이었지만 이로 인해 성안의 사기는 올라갔다.

12. 30. 강화도의 서리 한여종이 장계를 가지고 들어와, 도원수와 부원수는 아직 해서산성에 있고, 경상병사는 어영군 8천과 본도 군사를 거느리고 23일 충주에 도착했다고 전하다.

인조 15년(1637)

1. 1. 청국 황제가 군사를 모아 탄천에 진을 쳤는데 병력이 30만 명에 달한다고 하다.

1. 1. 비국낭청 위산보가 소고기·술을 가지고 적 진영에 갔으나 청 장수가 받지 않아 그대로 돌아오다. 최명길이, 화친하는 뜻으로 사신을 보내 저들의 실정을 탐지할 것을 청하자 제신들이 모두 반대했지만, 김신국·이경직을 보내 화친을 청하게 하다.

1. 2. 들고 갈 문서에 대해 의논하다. 최명길은 굴복의 말을 피할 수 없다고 했으나 김상헌 등은 완강히 반대하다.

1. 2. 홍성봉·김신국·이경직을 파견했는데, 황제의 글을 받아 돌아오다.

• 이에 대한 대처를 둘러싸고 홍서봉·김류·최명길 등은 회답해야 주장하고, 김상헌은 이글을 3군에 보내 사기를 격려시킬 것을 주장했다.

1. 2. 이서 졸.

1. 3. 홍서봉 등이 오랑캐 진영에 국서를 들고 가다.

1. 4. 사간 이명웅·교리 윤집 등 4인이 청대해 오직 싸움만이 있을 뿐이라며 최명길의 죄를 다스려 군사들의 마음을 진정시킬 것을 청하다.

1. 5. 전라병사 김준룡이, 군사를 거느리고 구원하러 들어와 광교산에 주둔하며 전투에 이기고 전진하는 상황을 치계하다.

1. 6. 강원감사 조정호가, 전투 상황을 전하는 장계를 올리다.

1. 6. 함경감사 민성휘가, 군대를 이끌고 강화도 금화현에 도착했다고 장계를 올리다.

1. 7. 성안에 사는 서흔남과 승려 두청이 모집에 응해 나갔다가, 도원수 김자점·황해병사 이석달·전라감사 이시방의 장계를 가지고 오다.

1. 8. 대신을 인견한 자리에서, 화친보다 굳게 지키려는 뜻을 보이다.

1. 9. 김류·홍서봉·최명길이 청대해 국서를 보낼 것을 청해 허락받다.

1. 11. 김류·홍서봉·최명길 등이 청대해 국서를 수정하다.

1. 11. 우의정 이홍주·호판 김신국·예판 김상헌 등은 국서 없이 용골대에게 가서 말로 물어보는 게 순서라고 하다.

1. 13. 은 1천 냥은 정명수에게, 3천냥은 용골대와 마부대에게 각기 주도록 하다.

• 뇌물의 성격을 띤 것으로, 혹시라도 강화를 할 수 있을지 모른다는 희망에서 준 것이다.

1. 13. 홍서봉·최명길·윤휘가 국서를 들고 용골대를 만나니, 용골대가 황제에게 품해 즉시 회보하겠다고 하다.

1. 15. 도원수 심기원의 군관 지기룡이 장계를 가지고 들어오다.

• 장계에는, 남병사 서우신과 함경감사 민성휘가 군사 약 2만 3천 명이 양근의 미원에 진을 쳤고, 경상좌병사·우병사·충청감사는 패전해 죽거나 생사를 모른다는 내용이 있었다.

1. 17. 살고 싶으면 성에서 나와 귀순하고, 싸우고 싶으면 속히 일전을 벌이라는 황제의 글이 오다.

1. 18. 이에 최명길이 답서를 적었는데, 김상헌이 들어와 통곡하며 찢어 버리고 눈물을 흘리자 입시한 이들 모두 울다.

1. 18. 3사에서, 문자에 타당하지 않은 곳이 많다며 국서를 내일 보낼 것을 청하자, 최명길이 질책하다.

1. 18. 국서를 가져갔으나, 용골대·마부대가 자

리에 없다는 핑계로 받지 않다.

• 저들이 받지 않은 것은 청의 황제를 폐하라고 칭하지 않았기 때문이다. 결국 두 글자를 더할 수밖에 없었다.

1. 19. 적이 성안에 대포를 쏘았는데, 크기가 거위알만 하고 더러 맞아 죽는 이도 있어 모두 놀라고 두려워하다.

1. 19. 이조참판 정온이, 최명길이 나라를 팔아먹었다며 규탄하는 차자를 올리다.

1. 20. 대사헌 김수현 등이, 신(臣)이라는 글자를 쓰는 것에 대해 문제 삼다.

1. 20. 이홍주 등이, 왕에게 성을 나와 대면하라는 명을 내는 이유와 화친을 배격한 신하를 묶어 보내라는 답서를 받아오다.

1. 21. 이홍주 등을 보내 신하를 묶어 보내기 어렵다고 답하다.

1. 21. 용골대가, 황제가 이미 온 이상 국왕이 성에서 나오지 않을 수 없다고 하다.

1. 22. 사간 이명웅이 자신을 묶어 보낼 것을 청하다.

1. 22. 화친을 배척한 자에게 자수하도록 하다.

1. 22. 세자가 봉서를 비국에 내려 자신이 성을 나가겠다는 뜻을 보이다.

1. 22. 정온이 자신을 묶어 보낼 것을 청하다.

1. 22. 형세가 급박해지자, 김상용과 홍명형이 화약 속에 뛰어들어 생을 마감하다.

1. 23. 예조판서 김상헌이 짚을 깔고 엎드리며, 적진에 나가 죽게 해 줄 것을 청하다.

1. 23. 세자가 인마를 갖추고 적 진영에 나가겠다는 영을 내렸으나, 신하로서 차마 듣지 못할 일이라며 묘당이 수행하지 않다.

1. 23. 수원의 장수들이 화친을 배격한 신하들을 내보낼 것을 청하다.

1. 23. 밤중에 서성과 동성을 습격한 적들을 수어사 이시백이 힘을 다해 싸워 물리치다.

1. 23. 전교리 윤집과 전수찬 오달제가 상소해, 적진에 가서 칼을 맞겠다고 아뢰다.

1. 23. 국서를 보냈으나, 용골대·마부대가 황제의 진소에 가 있다는 핑계로 받지 않다.

1. 24. 적이 발사한 포탄이 행궁으로 날아와 떨어지다. 적병이 남성에 육박했으나 물리치다.

1. 25. 성첩이 탄환에 맞아 모두 허물어지자 군사들 마음이 흉흉해지다.

1. 25. 용골대·마부대가 사신을 요청하여 이덕형·최명길·이성구가 가다. 황제가 내일 돌아갈 예정이라며 국왕이 나오지 않을 것이라면 사신을 보내지 말라며 그동안의 국서를 모두 돌려주다.

1. 26. 훈련도감과 어영청 장졸들이 화친을 배척한 신하를 내보낼 것을 청하다.

1. 26. 홍서봉·최명길·김신국이, 세자가 나온다는 뜻을 알렸으나 용골대가 거부하다.

1. 27. 안전을 보장받기 위해 황제에게 국서를 보내다.

1. 28. 용골대가 칸의 글을 가지고 오다

1. 28. 이조참판 정온이 시를 남기고 자결을 시도했으나 중상만 입고 죽지 않다. 김상헌도 여러 날 금식하다 목을 매었는데 자손들이 구해 죽지 않다.

1. 28. 최후까지 적과 싸우다 죽은 평안감사 홍명구의 졸기.

1. 29. 최명길·이영달이 국서를 갖고, 윤집·오달제를 잡아 적진으로 가다.

1. 30. 삼전도에서 삼배구고두례를 행하다. 인정(人定) 때가 되어서야 창경궁으로 돌아오다.

2. 1. 여염은 불타고 죽은 시체가 곳곳에 널리다.

2. 1. 용골대와 마부대를 양화당에서 인견하고, 도성 안에서 몽고인들이 살육과 약탈을 벌이고 있다며 막아 줄 것을 요구하다.

2. 2. 돌아가는 황제를 전송하다.

2. 2. 청나라가 가도를 습격하기 위해 경중명·공유덕 등 항복한 명 장수들에게 배를 수선하게 하고, 조선으로 하여 주사(舟師)를 조발토록

하다.

2.3. 호조에서 경성 백성을 구휼하기 위한 방안을 내다.

• 10세 미만 아이는 길러 노비로 삼게 하고 늙은이는 진휼하게 했다.

2.4. 영중추부사 윤방이 강화도에서 신주를 받들고 오다. 인견하고 같이 울다.

2.5. 예조에서, 심하게 손상된 성묘와 선묘만 고쳐 만들 것을 청하니 따르다.

2.7. 세 차례 근신을 보내, 강화도에서 사로잡힌 사람들의 쇄환을 요구하니, 황제가 남녀 1,600여 명을 보내오다.

2.8. 구왕이 철군하며 왕세자와 빈궁, 봉림대군과 부인을 데려가자 전송하다.

2.9. 가도에 대한 정벌 정보를 미리 알려줄지를 묻자, 김류 등이 반대하다.

2.10. 임금을 버린 채 달려오지 않은 죄를 들어, 서로도원수 김자점·제도 도원수 심기원·부원수 윤숙·강원감사 조정호 및 3남의 감사와 병사를 추문하라 이르다.

2.12. 아들을 인질로 보내지 않으려고 김신국이 병을 핑계로 체직했다며 삭탈케 하다.

2.12. 한성부에서, 버려진 아이를 키우는 이에게 본주 및 부모로 하여금 도로 찾아가지 못하게 할 것을 청하니 따르다.

2.15. 잃어버렸던 세조의 영정을 찾아 시민당에 봉안하다.

2.15. 김자점은 절도에, 신경원 등은 원방에 유배하다.

2.18. 강화도 함락 때, 원손이 당진으로 탈출했던 사실을 처음 알다.

2.19. 중앙과 지방의 군사 및 백성에게 교유하는 글을 내리다.

2.19. 영의정 김류·좌의정 홍서봉·우의정 이성구 등이 회의하여, 나라를 그르친 사람들의 죄를 경중을 나누어 서계하다. 윤황·유황·홍연·유계는 정배, 조경·김수익·신상은 문외출송하

2.22. 양사의 합계로 김경징·장신 등이 복주되다.

2.23. 몽고군의 약탈이 극심해 우리 군사와 교전중이라는 보고가 올라오다.

2.27. 관원을 파견해 실록과 시정기를 수습케 하다.

2.28. 비국이 모든 문서에 숭덕 연호를 쓸 것을 청하니 따르다.

2.29. 백성 구휼과 호종한 자의 포상에 대해 논하다.

3.3. 죽음으로 절개를 지킨 자에게 장례 물품을 주도록 하다.

3.5. 홍익한의 졸기.

3.11. 패하여 도망간 군사에게 물건을 바쳐 속죄하게 하다.

3.23. 인성군의 관작을 회복케 하고, 그의 여러 아들에게 직위를 제수하라 명하다.

3.27. 대신이, 계비를 취할 것을 청하자, 예로부터 계비는 해독은 있으나 유익함이 없었다며 재취하지 않기로 결심했다고 하다.

4.9. 최명길 우의정.

4.14. 가도를 함락하다.

4.19. 윤집이, 오달제의 심양에서의 모습과 최후에 대해 전하다.

4.21. 포로를 쇄환함에 있어, 부자·권세가 등이 거금을 불러 값이 급등하다. 이에 최명길이 100냥을 넘게 부르지 못하게 할 것을 청하다.

윤4.4. 호종한 신하에게 한 자급씩 더하다.

5.1. 연로하거나 병이 있는 자 외에 호종하지 않은 재신은 모두 삭탈관직하다.

5.6. 열성 신주를 태묘에 봉안하고 친례를 행하다.

5.15. 최명길이 장문의 차자를 올려, 군주는 사직과 함께 죽어야 한다는 설을 비판하고 정묘년 이후 대간들의 과격론도 비판하다.

5.28. 김상헌이 호종한 일로 표창을 받자, 자신

의 죄를 논하여 상소하다.

6.1. 북경에서 돌아온 동지사 김육과 서장관 이만영을 소견하다.

6.3. 동지사 편에 들어온 진 도독의 요청에 대해 의논하고 답서를 보내라 이르다.

6.8. 심양에 배종한 재신이 치계하여, 윤집·오달제·홍익한의 죽음을 고하다.

6.18. 사은사 이성구 등이 칙서를 가지고 심양에서 돌아와 의주에 이르자, 의주부윤 임경업 등이 마중을 나가 명나라 때의 전례와 같이 예를 행하다.

6.29. 우의정 최명길이 사은사로 가기로 하다.

7.3. 사은사 이성구 등이 청나라 답서를 가지고 돌아오다.

7.7. 양사에서, 아들을 속할 때 1,500금이나 주어 속가를 급등시켰다며 이성구를 탄핵하다.

7.7. 최명길을 불러 보다.

7.11. 장유 우의정.

7.23. 달아나 돌아온 사람을 속환해 주도록 하교하다.

8.9. 역서의 규식(規式)을 고치다. 양계와 황해도 경기도에서는 청 연호를, 왜관 등은 예전 그대로 쓰기로 하다.

8.12. 대사헌 김영조가, 민심과 사대부의 벼슬 기피 풍조를 아뢰다.

9.3. 이홍주 영의정.

9.6. 최명길을 면대해 김상헌의 행적과 태도를 함께 비판하다.

9.10. 좌의정 최명길이, 근래 신하들이 벼슬하려 하지 않는 풍조를 비판하며 추고할 것을 청하다.

9.15. 장현광 졸기.

9.21. 적이 갑곶진을 건너올 때, 늙은 어미를 두고 도망한 김류의 아들 김경징을 사사하다.

10.28. 화약 속에 뛰어들었다는 김상용의 죽음과 관련해, 담배를 피우다 실화했다는 얘기가 있는 등 대부분 믿고 있지 않았는데, 김상용의 두 아들이 소를 올려 상황을 설명하고 다른 이들도 증언하다.

11.7. 신경진 우의정.

11.8. 청의 사신과 정명수가 각 고을에서 기생 바치기를 요구하자, 기생들이 죽음으로 항거하다.

11.20. 청 사신이 서울로 들어와, 인조를 왕으로 봉한다는 칙서를 내리고 인신과 고명을 내리다.

11.22. 청 사신들이, 향화인을 쇄환하고 한인을 잡아 보낼 것 등 5개 항목을 요구하다. 또 재상의 자녀가 청 황실과 결혼하는 일과 시녀를 뽑아 보내는 일을 빨리 결정하라 요구하다.

11.24. 대신과 비국당상을 인견해, 결혼과 시녀 문제 등을 논의하다.

• 시녀는 각 고을 관비 중 재색이 있는 이로 각 도에서 1명씩을, 결혼은 재상 반열에 있는 자의 서녀나 하인의 딸을 양녀로 삼게 한 뒤 5명 정도 뽑기로 했다.

11.25. 장유·이경전·조희일·이경석에게 삼전도비의 글을 지어 바치게 하다. 이에 조희일은 일부러 거칠게 짓고 이경전은 병을 핑계로 짓지 않아 이경석의 글을 채택하다.

11.27. 비국이, 결혼할 여자 6인을 아뢰다.

11.29. 최명길은 병으로 심양에 남고, 부사 등이 속환인 780명을 데리고 칙서를 받아 돌아오다.

12.15. 좌의정 최명길의 병이 심하므로 심양에 어의를 보내게 하다.

12.19. 최명길이 의주에서 돌아와 치계하다.

인조 16년(1638)

1.4. 남한산성과 강화도에 대해 논하고, 남한산성에 대포가 조치되어 있지 못한 것이 큰 흠이었다고 하다.

1.5. 이시백 병조판서.

1.10. 주강을 마치고 왕비 간택 문제를 논의하

다.

1.22. 차왜(差倭)가 와서 7조목의 일을 요구하다.

2.8. 장유와 이경석이 지은 삼전도비 전문을 청나라에 보내다. 이에 청 측에서 장유의 인용은 온당함을 잃었고 이경석의 글은 쓸 만하나 중간에 첨가할 내용이 있다며 고쳐 짓게 하다.

2.10. 돌아온 최명길을 인견하다.

2.12. 심양으로 도망 온 선천의 백성을 청나라에서 잡아 돌려보내다.

3.11. 장유가, 포로로 잡혀갔다가 돌아온 부녀자들의 이혼 문제에 대해 아뢰다.

• 이에 대해 최명길이 반대하고 왕도 동의했으나, 사대부 집에서는 모두 새로 장가를 들고 합하지 않았다. 사관은 최명길의 생각을 비판했다.

3.16. 중전의 자리가 빈 지 오래되어 간택을 명했는데, 사대부 집에서 응하는 자가 없자 노하다.

3.17. 장유 졸.

4.1. 양사가 김류의 일을 거듭 아뢰니, 삭탈관직하고 문외출송하다.

4.8. 윤방을 삭탈관직하다.

5.20. 세자가 병이 들었으므로 선전관을 보내 문병하다.

5.21. 특진관 조문수가, 포로로 잡혀갔던 여자들은 남편의 집안과 대의가 끊어진 것이라며, 억지로 합하게 해서는 안 된다고 아뢰다.

6.9. 비국낭청 성익이 소를 무역하는 일로 몽고에 들어가 180여 두를 사 오다.

6.12. 의주부윤 임경업이, 심양에 은밀히 인마를 보내 무역하려고 내관 한여기와 모의했다가 발각되다. 모두 정배하다.

6.13. 포로로 잡혀갔던 부인들 처리 문제를 논의하다.

6.16. 최명길이, 앞으로도 재상가의 딸과 혼인하고 싶다는 요구가 그치지 않을 듯하다며, 각기 양녀를 두었다가 뒷날의 요구에 응하는 게 좋겠다고 아뢰다.

6.18. 세자가 빈객 박노를 조정에 보내 아뢰다.

• 징병·시녀·향화인·주회인(走回人) 등의 문제에 대해 아직도 거행한다는 보고가 없다며, 용골대·마부대가 세자를 찾아와 질책했다고 한다.

7.8. 여종 10여 명을 가려 심양으로 들여보내다.

7.14. 영의정 이홍주 졸.

7.24. 진주사 홍보가 의주로 들어와, 징병 요구에 부응하지 않는 데 대해 강하게 질책하는 청황제의 서찰을 등사해 보내다.

7.25. 대신들이 다시 사신을 보낼 것을 청하자, 좌의정이 아니면 불가하다고 하다.

7.29. 청나라가 귀화한 사람들을 돌려보낼 것을 독촉하다.

7.29. 장령 박계영·유석이 김상헌을 탄핵하다.

8.1. 지평 이해창이 김상헌을 옹호하는 소를 올리자 화를 내다.

8.1. 부제학 이목 등이 김상헌을 옹호하고 유석 등을 배척하자, 김상헌에 대한 불신을 드러내다.

8.1. 대사헌 김영조가 김상헌을 옹호하다.

8.3. 최명길이 김상헌의 잘한 일과 그렇지 못한 일에 대해 아뢰다.

• 이후로도 김상헌을 둘러싼 탄핵과 옹호가 이어졌다.

8.4. 우리나라 사람이 담배를 몰래 심양에 들여보냈다가 발각되어 힐책을 당하다.

• 이 기사에서 담배의 유래와 현황에 대한 사관의 설명이 이어진다.

8.10. 5,000명에 달하는 군사가 먹을 군량을 마련하는 일도 어렵고 운송 장비도 부족하다는 주문을 청나라에 보내다.

8.13. 청나라가 세자에게 군사의 도착을 재촉하다.

8.14. 임경업의 죄를 용서하고 기복시켜 조방장이라 칭하게 하다. 이어 심양으로 가 군사 동원 상황을 설명하게 하다.

8.21. 귀화한 자손 36명을 심양에 압송하다.

8.23. 조방장 임경업이 군사 300명을 거느리고 구련성에 도착하다.

8.23. 명나라에 사람을 몰래 보내, 우리나라가 부득이하게 파병함을 알리게 하다.

9.15. 심열 우의정.

9.18. 이시영·유림·임경업이 치계하여, 마부달의 힐책을 고하다.

9.18. 최명길 등을 심양에 보내다.

10.16. 정원에서, 벼슬을 회피하는 풍습에 대해 아뢰다.

11.3. 헌부에서, 김상헌의 일로 연계하니 삭탈관직하라 답하다.

11.11. 선조가 압록강에서 지은 시를 소개하며, 붕당의 피해는 재해나 전쟁보다 심하다고 하다.

11.20. 충청감사 김육이 대동법 시행에 대해 치계하다.

11.22. 최명길이 심양에서 돌아오니 인견하다.

12.4. 가례를 행하고 대사면을 행하다.

12.17. 김류·조익 등을 석방하다.

12.21. 윤방 영중추부사, 김류 승평부원군, 이성구 판중추부사.

인조 17년(1639)

1.1. 명나라를 위해 명정전에서 망궐례를 행하다.

2.6. 심양의 재신 신득연·박노 등이, 정뇌경이 정명수와 김돌시를 모해한 일에 대해 밀계하다. 청 측에서 세자에게 정뇌경의 형을 집행하라고 요구하다.

2.7. 정뇌경의 처지가 안타까워 눈물을 쏟다.

2.9. 무신 이응징을 보내 정뇌경을 교살하게 하다.

2.21. 중국을 잊지 않는 뜻으로 벼슬하지 않으려 하는 풍조를 말하며, 국가를 생각하고 난 뒤에 중국을 생각해야 한다고 하다.

3.21. 호란 때의 일로 윤방을 삭탈관직하다.

3.29. 심양에서 보내 온 내관의 장계는 열어 보지 말라고 명하다.

• 이때 심양에 봉사(奉使)한 내관의 장계에는 비밀히 계달한 일이 많이 있어 외정(外廷)이 알지 못하게 하려고 한 것이다.

5.1. 청에서 정뇌경을 교살했다고, 박노 등이 치계하다.

5.25. 특진관 이명이 방납의 폐단을 아뢰다.

6.10. 납약·저포·신·부채 등을 광해군이 위리안치된 곳에 보내다.

7.1. 역관 정명수가, 매부의 군역을 면제해 달라고 청하니 들어주다.

7.2. 청 사신들이, 향화인의 쇄환 문제와 관련해 국왕이 입조해 설명하면 황제의 오해가 풀릴 것이라 말하다.

7.11. 8도에 암행어사를 파견하다.

7.12. 윤방·김자점을 향리로 돌려보내다.

7.18. 서도 백성들의 처지가 애처롭다며, 세자와 대군이 예전에 황제에게 받은 은·비단을 보내다.

7.20. 평안감사가 칙사의 횡포에 대해 고하다.

7.28. 삼전도 비문을 탁본해 청나라에 보내다.

8.22. 임경업이 치계하여, 한선(漢船)이 출몰한다고 고하다.

8.28. 관직을 사양하는 자들을 중률로 다스리기로 하다.

8.29. 저주하는 물건을 궁중 곳곳에 묻은 자를 잡게 하다.

9.2. 왕을 저주한 일로 옥사를 다스리다. 기옥·소아·서향 등이 압슬·낙형을 받고도 자복하지 않은 채 죽다.

9.13. 창덕궁으로 이어하다.

10.21. 청나라에서 병문안 온 것에 대해, 최명길을 사은사로 보내다.

10.29. 경상감사 이명웅이, 대동법을 시험 삼아 시행해 볼 것을 청하니 허락하다.

11. 16. 귀화한 호인을 압송해 보내다.

11. 25. 청 황제가 칙서를 보내, 수군 6,000명을 2월까지 안주 등지에 모이게 하라고 요구하다.

12. 2. 역관 정명수가 병조좌랑 변호길을 폭행하다.

12. 2. 정명수가 칙사의 말이라며, 문관을 상장으로 삼고 임경업을 부장으로 삼아 오게 하다. 이어 임경업은 전장으로 보내고, 문관은 황제가 있는 곳에 와서 분부를 들으라 전하다.

12. 4. 김상헌 행부호군.

12. 5. 삼전도비의 일을 마무리하고 감역관 이하에게 상을 주었다.

• 사관은, 상을 받은 이가 사대부의 마음을 지녔다면 수치로 여길 것이라고 평했다.

12. 6. 청사(淸使)가 삼전도비와 남한산성을 살펴본 후, 남한산성이 수리된 것을 보고 노하여 허물 것을 요구하다.

12. 9. 구봉서 등이 마부달을 만나 산성의 수리는 왜를 방지하기 위한 것이라고 하다. 잘 설득하여 새로 설치한 포루만 허물겠다고 청하여 허락받다.

12. 10. 호조가 녹계하여, 3남의 전결이 모두 514,976결이라 고하다.

12. 16. 양서에 선전관 2인을 나누어 파견해 도환인을 색출한 뒤, 청사가 가는 길에 내어 주게 하다.

12. 26. 원병을 반대하고 청나라에 대응할 것을 청하는 김상헌의 소에 답하지 않다.

인조 18년(1640)

1. 7. 장령 유석이, 김상헌의 소에 반박하는 소를 올리다.

1. 9. 대사헌 박황이 유석을 비난하고 김상헌을 옹호하자, 김상헌을 폄하하는 발언을 하다.

1. 15. 홍서봉 영의정.

1. 17. 사은부사 이경헌이 왕의 위독함을 들어 세자를 대군과 교대케 해 줄 것을 용골대에게 청하다.

1. 18. 세자를 보낼 테니, 대군과 세자의 아들을 출발시키라는 청 황제의 칙서가 오다.

윤1. 5. 경상도 유생 채이항이, 청나라와 대적할 것을 상소하다.

윤1. 6. 이경헌과 신익전을 심문한 뒤 곤장을 쳐서 유배하다.

• 멋대로 세자를 돌려보낼 것을 청하여, 원손을 심양으로 들여보내게 했다는 죄목이다.

윤1. 9. 원손과 대군이 북으로 떠나자 도성의 시민들이 눈물을 흘리다.

윤1. 10. 비국이, 세자가 돌아올 때 관원을 속히 보내 배종해 올 것을 청했으나, 따르지 않다.

윤1. 20. 강석기 우의정.

2. 2. 김자점·심기원을 호위대장으로 삼아 예전에 거느렸던 군관을 다시 거느리게 하다.

2. 2. 청나라 장수 마부달이 죽자, 부물을 보내고 형 만월개를 위문하다.

2. 8. 이시백이, 주사를 보내는 것을 명에게 미리 통보할 것을 비밀 차자로 올렸으나, 정원에 머물러 두고 내리지 않다.

2. 11. 한도가 넘는 찬물(饌物)을 세자에게 보낸 평안감사 민성휘의 추고를 명하다.

2. 13. 이시백의 비밀 차자를 대신들과 논의하다.

• 왕은 부정적 입장을 취했다.

2. 23. 시강원의 관원들이, 세자를 맞이하길 청했으나 따르지 않다.

2. 24. 간원이, 세자를 맞는 예가 백성을 아껴 폐단을 제거하고자 하는 뜻에서 나온 것이기는 하나 너무 간략하다며, 해사의 건의를 시행할 것을 청했으나 따르지 않다.

3. 3. 역관을 심양에 보내, 서쪽에 갈 배가 난파된 상황을 알리다.

3. 7. 세자가 서울에 들어오자, 벽제에서 궐문에 이르기까지 백성이 나와 흐느끼다. 세자가

부복해 흐느끼자 어루만지며 눈물 흘리다. 신하들도 울다.

3.7. 평안병사 임경업이, 단기로 심양에 가서 수군이 빠져 죽은 상황을 말하겠다고 청하니 허락하다.

3.8. 볼모로 보낸 대신의 아들들이 서출이거나 양자 또는 먼 친척인 것을 청에서 알고 있는 게 드러나다.

3.9. 비국이, 거짓으로 인질을 보낸 자들을 조사해 아뢰다. 최명길과 이경석은 파직하고, 이시백과 홍보 등은 중도부처하다.

3.25. 배가 난파되었다고 하는 것은 자신을 속이기 위한 이야기라는 황제의 칙서가 오다.
• 아울러 남한산성과 평양성을 수리하는 것도 못된 생각을 가지고 한 것임을 알겠다는 협박을 했다.

4.2. 세자가 청나라로 돌아가다.

4.19. 빈객 이행원이, 담배 밀무역을 하는 자들을 엄벌할 것을 건의하니 따르다.

4.24. 세자가 강을 건너다.

4.26. 원손이 심양에 도착하다.

5.9. 사간 조경이, 청나라에 대적하자는 상소를 올리다.

5.12. 판서에 부임하지 않은 민형남을 극변에 정배키로 했다가, 고령임을 감안해 황해도로 이배하다.

5.17. 세자가 심양에 도착해 용골대로부터 주사·쇄환·원손의 일에 관한 질문을 받다.

6.3. 최명길 완성부원군.

7.7. 이괄의 잔당 김개를 최명길의 아우 최만길의 집에서 체포하다. 김개를 사형에 처하고 최만길은 신문 후 종성에 유배하다.

7.18. 남이공 졸.

8.4. 원손이 심양에서 돌아오다.

8.8. 윤방 졸. 윤두수의 아들.

9.6. 보성군수 조빈이, 청나라에 대적할 것을 청하다.

10.24 용골대가 중강에 도착해 머물며, 영의

정·이조판서·도승지·박황을 모두 만나 의논할 일이 있으니 급히 들어올 것을 요구하다.

11.1. 이보다 앞서, 용골대가 세자에게 횡의(橫議)를 하는 자가 누구냐고 위협적으로 물은 적이 있었는데 세자가 단호히 질책하다. 용골대가 웃으며 사과하다.

11.7. 용골대를 만나고 있는 홍서봉 등이, 국서를 남조에 보내는 일 등에 대한 용골대의 질책을 치계하다.

11.8. 용골대 등이 김상헌을 보내라 요구하다.

11.14. 역관 정명수가, 팔도 감사와 병사를 모두 잡아오라고 하다.

11.15. 귀화인과 도망 온 자들을 심양으로 압송하다.

11.17. 청나라의 지시를 이행하지 않은 책임자를 속히 불러 오라고 정명수가 말하다

11.19. 전일 심득연이 겁을 내어 묻지 않은 것까지 지레짐작하여 횡설수설했다고, 홍서봉·이경증이 치계하다.

12.1. 8도 군마의 수효, 각 도의 호적 수, 각 도의 조세의 수를 기록하다.

12.6. 김상헌이 서울에 오다.

12.7. 정명수를 동지중추부사에 제수하고, 월료는 그의 어미에게 지급하게 하다.

12.9. 김상헌의 하직 상소.

12.15. 은 1천 냥을 정명수에게 뇌물로 주고, 내구마와 역마를 세 장수에게 나누어 주다.

12.19. 김상헌이 의주에 도착해 용골대를 만나다.

12.20 용골대가 조한영·채이항 등을 만나 신문한 뒤 심양으로 옮기게 하다.

인조 19년(1641)

1.4. 강원·함경에서 쇄환될 사람 70여 명을 심양으로 보내다.

1.10. 홍서봉·이현영·이경증 등이 의주에서 돌

아오다.

1. 20. 김상헌·조한영·채이항 등이 심양에 도착해 문초를 받다.

· 목에는 철쇄를 두르고, 두 손은 결박당한 상태였다.

2. 12. 이식이 상차해 《실록》 개수를 청하다.

4. 6. 《실록》 개수를 이식으로 하여금 전담하게 하다.

4. 26. 낙동강 물이 마르다.

4. 26. 정명수가, 길이 너무 멀어 폐단이 있겠다며 구혼의 일을 정지키로 했다는 것과 등록된 처자들은 본국에서 처치하도록 하다.

5. 4. 금주위 전투 때, 김득평은 대포를 쏘아 맞히지 못했고 이사룡은 포탄을 제거한 뒤 공포탄만을 쏘다. 이를 안 감호(監胡)가 이사룡은 참하고 김득평은 장형에 청하다.

6. 21. 정온 졸.

6. 23. 경상도 함양 백성이 금덩이 130냥을 얻다. 돌고 돌아 진상하니 이를 청에 보냈는데 정성을 알겠다며 돌려주다.

7. 5. 정명수의 어미에게 정부인을 추증하다.

7. 10. 광해군 졸.

8. 23. 한선(漢船) 출몰에 대하여 평안감사 정태화가 치계하니, 감사와 병사에게 신칙해 해안에 가까이 오지 못하게 하다.

8. 25. 이보다 앞서, 조정이 승려 독보를 몰래 중국에 보내 청국의 통제를 받고 있는 사정을 설명하고 칙서를 받아 돌아오다.

· 칙서는, 이전의 허물은 묻지 않을 것이니 협공하자는 내용이다.

9. 1. 한선이 가도 등지에 왕래한 일을 심양에 고하다.

9. 1. 군량을 금주로 수송하다.

9. 9. 추위를 막을 도구와 일상 잡물을 세자의 행궁에 보내라 명하다.

9. 10. 한선 처리 문제를 의논하여, 상륙은 하지 못하게 하되 식량은 제공하게 하다.

9. 17. 각종 찬물(饌物)을 광해군 딸에게 주어 제수를 갖추게 하다.

9. 17. 한인 8명이 청국 땅에서 도망 와 머물기를 청했으나, 후환이 두려워 심양으로 보내다.

9. 18. 금주에서 전사한 군인들에 대해 휼전을 거행하게 하다. 또 시신을 의주로 실어 와 가족들로 하여금 장사 지내게 하다.

10. 2. 도승지 한형길을 보내 광해군에게 치제하다.

10. 10. 이성구 영의정.

11. 25. 소 169마리를 이용해 해주의 식량을 금주로 보내다.

12. 22. 용골대가 세자에게, 땅을 마련해 줄 테니 스스로 농사지어 자급자족할 것과 지금 와 있는 군사를 정예병으로 교체할 것을 요구하다.

12. 29. 비국이 납속 사목을 건의하다.

· 양첩 아들 쌀 2석, 천첩 아들 3석, 잡범 죄인으로 참에 해당하는 자는 12석 등이다.

인조 20년(1642)

1. 6. 심양에 있는 재신들이, 청 조정에서 김상헌 등을 처리한 것에 대해 치계하다.

1. 10. 정명수를 정헌대부에 가자하다.

3. 18. 금주의 조대수가 원병과 군량이 끊겨 마침내 항복했다고, 심양의 재신이 치계하다.

6. 7. 후원에서 놀면서, 시녀에게 가마를 메고 가게 하다가 넘어져 다치다.

· 임금이 이 사실을 숨겼으나, 내국(內局)에서 알고 침약을 시술할 것을 청하였다.

8. 3. 거듭된 사직으로 이성구를 해직하고, 최명길을 영의정으로 삼다.

9. 7. 청국이, 연해의 고을에서 한선과 비밀리에 교역한다고 문제 삼자 정치화를 사문사(査問使)로 삼아 파견하다.

9. 12. 청 측에서 한선과의 교역을 이유로, 감사·병사·의주부윤·선천부사 등을 잡아 데려올

것을 요구한다고, 의주부윤 허적이 치계하다.

10. 12. 심양의 재신 한형길이, 최명길·이현영·이식 및 비국의 해당 당상 등을 잡아오고 현직 평안감사와 의주부윤도 들어오라 했다는 용골대의 말을 치계하다.

10. 13. 심기원 우의정.

10. 13. 영의정 최명길·이조판서 이현영·예조참판 이식·대사헌 서경우·대사간 이후원 등이 청국으로 떠나다.

10. 16. 용골대가 황제의 명을 내세워 세자를 구박하다.

10. 18. 용골대와 세자가 함께 봉황성에 당도하여, 선천부사 이계를 심문하다.

10. 19. 용골대가, 고충원이 끌어 댄 임경업을 포박해 오게 하다.

10. 20. 봉성에서 평안 감사 구봉서 등을 신문한 용골대가, 선천부사 민응건과 김여기 및 잡상인 등 의심스러운 자들을 모두 묶어 보내라고 요구하다.

10. 29. 구봉서가 치계해, 역적과 장사꾼들이 계속 허망한 말을 만들어 내어 그 영향이 대신에게 미친다고 아뢰다.

11. 3. 능성부원군 구굉의 졸기.

11. 6. 임경업이 금교에 왔다가 도주했다고, 황해 병사가 고하다.

11. 7. 임경업의 형 광주중군 임승업과 아우 희천군수 임준업도 도주하다.

11. 12. 이계가 사실을 고하긴 했으나, 나라를 팔아 제 목숨을 살리려 했다며 왕에게 처분권을 넘긴다는 황제의 명이 내려오다. 이에 금부도사를 보내 이계를 용만에서 효시하고 삼족을 멸하는 법을 가해 창생들의 분노를 풀어 주라 명하다.

11. 13. 임경업과 최명길에 대해 실망을 드러내다.

11. 17. 최명길의 관작삭탈을 명하다.

11. 20. 최명길이 비밀 장계를 구봉서를 통해 올리다.

11. 20. 임경업의 아우 임흥업을 서울로 압송하다.

11. 22. 금부도사 정석문이 이계를 참수하다.

윤11. 4. 청국이 첩자를 우리나라에 보내다.

윤11. 25. 임경업과 이계의 죄상에 대해 청나라에 차자문을 올리다.

12. 12. 청 사신이 비국당상을 불러 모으고, 5신을 끌어다 기둥 바깥쪽에 꿇어앉혀 심문하다.

12. 14. 5신에게 각각 백금 300냥씩 주어 비용으로 쓰게 하고, 동양위 신익성에게는 황금 10냥을 더 주다.

12. 26. 전 이조판서 이현영이 구금되었다가 돌아오던 중 평양에 이르러 죽다.

인조 21년(1643)

1. 14. 정명수가, 갇혀 있는 김상헌을 가는 노끈으로 묶고 방안의 서책을 불태웠으며 철쇄를 목에다 채워 두고서 압송사를 기다리게 했다고, 의주부윤 홍전이 치계하다.

1. 23. 최명길이, 심양에 구금되어 있으면서 비밀리에 치계하다.

• 중을 보낸 것은 간첩으로 보낸 것이고, 이는 왕 몰래 자신과 임경업이 행한 일이라고 했다.

2. 11. 이경여 등 5신이 심양에 당도하니, 용골대 등이 심문하다. 세자가 적극 변호하고 직접 황제의 처소로 가서 글을 올리자 신익성과 신익전은 풀어 주다. 이경여·이명한·허계·김상헌은 동관에, 최명길·심천민·이지룡은 북관에 구금하다.

• 얼마 뒤 심천민과 이지룡은 석방했다.

2. 19. 청 측에서 김상헌은 북관으로 옮기고, 이경여·이명한은 은 1,000냥, 허계는 600냥을 준비해 바치도록 하다.

3. 6. 신경진 영의정, 심열 좌의정.

3. 11. 영의정 신경진의 졸기.

3.26. 이경여·이명한·허계가 심양에서 돌아오다.

3.28. 정명수의 요구에 따라 형조판서 원두표를 파직하다.

4.6. 청에서 황제의 풍증을 고칠 명의를 요구하자, 침의 유달과 약의 박군을 보내다.

4.7. 이정해가 청사에게 본국의 사정을 몰래 투서하며 따라가게 해 달라고 했는데, 정명수가 잡아다 원접사에게 인도하다. 국문 후 참수하다.

4.15. 심양의 재신이, 용골대가 김상헌·최명길을 불러 세우고 석방을 명했다며 당시의 상황을 치계하다. 박황·신득연·조한영·채이항 등도 석방하다.

4.17. 양사가 합계해, 저주 옥사의 괴수를 처단할 것을 청하다.

• 후궁 이 씨가 조 귀인의 총애를 질투해 벌인 일이라고 정리되었지만, 조 귀인의 자작극이라는 설도 있었다.

4.18. 광주 사람 권이평이, 청사가 돌아갈 때 투서하여 귀의하려 했으나, 정명수가 반송사에게 잡아 보내다. 이에 참수하다.

5.6. 심열 영의정, 심기원 좌의정, 김자점 우의정.

5.19. 비국이 김자점을 어영청 도제조로 삼을 것을 청하니 따르다.

5.22. 이조판서 이경증이 《선조실록》 개수를 청하다.

5.25. 우부빈객 이소한이, 청나라 군사가 산해관에 쳐들어간 사실을 치계하다.

6.13. 강석기 졸기.

7.16. 금부도사를 보내 궁녀 진이와 정민 등을 사사하다.

8.12. 번침(燔針)을 맞다.

8.16. 빈객 이소한이 심양에서 돌아와, 승전했다는 칙서를 전하다.

9.1. 문학 이진이, 황제가 갑자기 죽고 구왕이 장자 호구왕을 폐하고 셋째 아들을 세웠다고 치계하다.

9.3. 청국의 어사개 등이 고애사(告哀使)로 오다.

9.19. 원손이 《십구사략》을 배우다.

10.8. 청사 천타마 등이 즉위 조서를 갖고 서울로 오다.

• 세폐를 줄이고, 김상헌·최명길·임경업의 족속을 다 석방한다는 내용이다.

10.11. 정명수가, 세자를 돌려보낸다는 말을 거론했는데, 극도의 의심을 보이다.

11.12. 빈객 임광이 치계하여, 심양의 제왕(諸王)이 20일분의 식량을 가지고 가면서 세자·봉림대군·인평대군을 모두 따라가게 했다고 고하다.

12.3. 세자가 사냥터에서 돌아오자, 청 측에서 세자에게 고국으로 돌아가게 됐다고 하다. 이에 세자가 세자빈이 부친상을 당했는데도 가 보지 못했다며 같이 가게 해 달라고 청하다. 이에 원손과 제손(諸孫) 및 인평대군의 부인과 교환하자고 하다.

12.4. 이조의 청에 따라, 김육으로 하여 원손을 모시고 가게 하다.

12.5. 이경여 우의정.

12.7. 원손·제손·인평대군의 부인이 떠나다.

12.18. 제문 등에 청국의 연호를 쓰라고 전교하다.

인조 22년(1644)

1.6. 봉황성에서 세자와 빈궁 일행이 원손·제손과 만나 부둥켜안고 손을 놓지 못해 울자 청국인들도 눈물을 흘리다.

1.15. 김자점 등이 심양에서 돌아오다.

1.16. 세자를 보내 준 것에 대해, 우의정 이경여를 사은사로 삼아 사례하게 하다.

1.20. 세자가 서울에 다다르자, 도성 안의 조

사·유생·기로·군민이 모두 나와 마중하여 길거리가 인파로 가득하다.

1. 25. 황해도 신천군에 별이 떨어져 돌이 되었는데, 떨어지는 소리가 천둥 같았다고 하다.

2. 3. 영중추부사 이성구 졸기.

2. 9. 대신들이, 세자빈으로 하여 친정을 찾아곡하고 모친을 살펴보게 할 것을 청했으나 불허하다.

2. 19. 세자와 빈이 심양으로 떠나다. 떠나는 날에도 군민이 거리를 가득 메우다.

3. 6. 김자점 낙흥부원군.

3. 12. 홍서봉 영의정.

3. 21. 청원부원군 심기원 등이 모반하여 회은군 이덕인을 추대하려 했다고, 부사직 황익과 별장 이원로 등이 상변하다.

3. 21. 황익이 공초하다.

• 매우 상세하고 정황이 그럴듯하다.

3. 21. 심기원이 공초하다.

• 오히려 황익이 늘 분심이 가득하고, 회은군 운운하며 청류들을 다 죽인다고 했다고 했다.

3. 21. 이덕인이 공초하다.

• 심기원과 친하지만 흉모에 대해서는 모른다고 했다.

3. 21. 황익과 대질한 자리에서 심기원이, 주상을 상왕으로 모시고 세자에게 전위하고자 했던 생각은 인정하면서도 회은군 운운은 황익의 말이라고 하다.

3. 21. 권억이 대부분 시인하다. 권억·이지룡·정형 등 20여 명을 정형하고 적몰·연좌하다. 그 외 형장에서 죽은 자, 자살한 자 등도 수십에 이르다.

4. 2. 심기원, 권억 등의 재산을 황익·이원로 등에게 내려 주라 이르다.

4. 14. 심양의 재신 임광 등이 치계하여, 호구왕을 옹립하려던 이들이 모두 사형에 처해졌다고 고하다.

5. 3. 이경전 졸기.

5. 7. 봉림대군이 심양에서 돌아오다.

5. 7. 문학 이래가, 세자 일행이 구왕을 따라 행차하고 있다며 이동 상황을 치계하다.

5. 17. 구인후·김류·황헌·이원로를 영국공신 1등으로 삼다.

• 황헌은 황익이 개명한 것이다.

5. 23. 세자가 금군 홍계립을 보내, 구왕이 이끄는 청군이 북경을 점령하는 과정을 수서(手書)로 치계하다.

6. 2. 세자 일행에게 은과 인삼을 보내 노자와 양식에 대비하게 하다.

6. 11. 심기원의 도당인 나영록·나계생 등이 붙잡혀 복주되다.

6. 13. 원손 보양관 김육이 치계해, 세자와 대군의 집도 모두 정해 놓은 상황이라며 조만간 북경으로 옮기는 일에 필요한 인마 및 여러 도구를 청하다.

6. 27. 원손은 곧 돌려보낼 것이나, 제손들은 세자와 함께 데리고 오라고 구왕이 말하다.

7. 2. 심열 우의정.

7. 9. 청의 천도 송축을 위해 이시백을 진하사로 삼다.

7. 16. 후원에 나가 놀다가 다쳐 침을 맞다.

7. 29. 금부도사를 보내 제주의 배소에 있는 이덕인을 사사하다.

8. 2. 동양위 신익성 졸.

8. 4. 경상감사 김담이 서원의 폐단을 치계하다.

8. 6. 사은사 김자점의 치계로, 이시백의 진하사 행차를 우선 정지하다.

8. 23. 대신과 비국당상 및 심양에서 온 이래를 인견해, 심양과 청국의 상황을 듣다.

8. 29. 평양의 진사 김연 등 13인이, 세자가 봄에 돌아가는 길에 평양에서 문무 제생들을 시험했는데 합격한 자에게 급제를 내려 줄 것을 청했으나, 정원이 물리치다.

9. 1. 김육이 상소해, 수레·돈의 유통·점포 설

치 등을 청하다.

9. 6. 빈객 임광이 북경 천도에 대해 치계하다. 이경여·김상헌·최명길은 그대로 관소에 유치하다.

10. 15. 평안감사 김세렴이 김육의 상소 내용을 시행해 보겠다고 하다.

12. 4. 좌부빈객 임광 졸.

12. 4. 보덕 서상리 등이 임경업의 행보에 대해 치계하다.

• 중국으로 건너가 평로장군에 임명되었다가 청의 초유를 받고 귀순하기까지의 내용이다.

12. 10. 심열 좌의정.

인조 23년(1645)

1. 26. 구왕이, 장차 중원이 통일될 형세여서 의심할 일이 없다며 대군의 본국행도 허락하다.

2. 3. 김류 영의정, 홍서봉 좌의정, 심열 우의정.

2. 18. 세자도 돌아오고 칙사도 함께 오다.

2. 19. 세자가 돌아온 일로 대제학이 지은 교서를 반포하다.

2. 23. 최명길·이경여·김상헌이 돌아오다. 최명길의 시에 김상헌이 답하다.

• 최명길의 시는 실려 있지 않다.

2. 27. 최명길의 직첩을 돌려주다.

3. 8. 김상헌이 상소하고 오랫동안 성문 밖에 머물며 비답을 기다리다, 교외로 물러가다.

3. 21. 도승지 유백증이, 김상헌의 절의를 대우해 줄 것을 청하다.

4. 1. 날마다 이형익에게 침을 맞다.

4. 23. 세자가 병을 얻었는데, 학질로 진찰하자 침을 놓아 열을 내리게 하다.

4. 26. 세자가 환경당에서 졸하다.

• 세자의 심양 생활에 대해 비판적인 졸기가 기록되어 있다.

4. 26. 사흘 만에 입관토록 하다.

4. 26. 7일간 최복을 입는 것으로 하다.

4. 27. 양사에서, 의원 이형익을 비롯해 여러 의원들을 죄줄 것을 청했으나, 허락하지 않다.

4. 28. 옥당이, 3개월 제도가 미흡하다며 기년복 제도를 단행할 것을 청했으나, 이미 결정하였다며 듣지 않다.

5. 6. 필선 안시현이 상소해, 세손의 자리를 정할 것을 청하자 불쾌감을 드러내다.

5. 14. 봉림대군이 귀국하다.

5. 16. 시호를 소현으로 하다.

5. 16. 예장도감이, 이미 정한 산소를 다시 의논해 온전한 길지로 잡을 것을 청하자, 술관 장진한을 국문하게 하다.

5. 16. 세자빈의 동생 강문명이, 장사 지내는 날이 원손에게 불리하다고 하자 강문명으로 하여 날을 잡게 하라고 하다. 놀란 강문명이 김자점의 가마 앞에 나아가 살려 달라 청하다.

5. 20. 지평 송준길이 소를 올려, 원손의 보도를 잘할 것을 청하고 7일 최복을 비판하다.

5. 25. 예조가 복제를 아뢰다.

• 성복일로부터 만 30일, 이후로는 길복을 입기로 했다. 단 상사에 관계되는 날엔 익선관에 백포·오서대·백피화 차림을 하기로 했다.

6. 3. 예조에서, 세자의 지석에 새기기 위해 원손의 이름자를 묻자 아직 지은 이름이 없다고 답하다.

6. 10. 대제학 이식이 소현세자 지문을 짓다.

6. 19. 세자를 장사 지내다.

6. 27. 세자의 졸곡제를 행하다.

• 세자의 시신에 대한 묘사가 자세하다. 약물에 중독된 것 같다는 의심을 밝히고 있다.

윤6. 1 정원에 소장을 들일 때 청나라의 연호를 썼는지를 자세히 살피라 하다.

• 청나라 섬기기를 부끄러워하는 신하들을 항상 미워했다.

윤6. 2. 대신 이하를 인견한 자리에서, 자신의 병을 들어 어린 원손이 아니라 대군들 가운데서 후사를 선택하고 싶다고 하다. 신하들이 모두 반대했으나 결국 봉림대군을 세자로 세우기로 하다.

윤6. 4. 봉림대군이 소를 올려 사양하다.

윤6. 4. 조제의 건으로 서울에 온 청나라 사신을 접견하다. 세자의 갑작스러운 죽음을 애도하는 황제의 칙서를 받다.

7. 22. 소현세자가 귀국 때 데려온 명나라 환관 5인과 명나라 궁녀들을 사신이 돌아가는 편에 돌려보내다.

7. 22. 궁인 애란을 무당과 통한 이유로 국문하고 귀양 보내다.

7. 29. 이덕형 졸기.

8. 20. 궁중에서 저주 건이 발각되어 강빈의 궁녀 둘이 고문을 받고 죽다.

8. 20. 김자점을 청국에 보내 세자 책봉을 주청하게 하다.

8. 25. 대신들을 인견한 자리에서 강씨들을 멀리 내칠 뜻을 보이다.

• 소현세자빈의 친족들을 가리킨다.

8. 26. 특명으로, 강문성의 4형제들을 먼 고을에 정배하다.

9. 9. 봉림대군의 부인 장 씨가 사저에서 분만하다.

9. 10. 소현세자빈의 궁녀들인 계향·계환을 저주의 일로 국문하였으나 자복 않고 죽다.

9. 14. 운미선 102척이 53,872석을 실었는데, 배가 부서져 17,725석을 손실하고, 36,147석만 납부했다고, 평안감사 김세렴이 치계하다.

9. 17. 비국이 방납의 폐단을 혁파할 것을 청하다.

9. 27. 봉림대군을 왕세자로, 부인 장 씨를 세자빈으로 책봉하다.

9. 27. 날씨는 추우나 아직 가을인데, 입시한 관원이 모두 이엄을 착용했다며, 늙고 병든 사람을 제외하고는 모두 추고하라 명하다.

10. 2. 숙원 조 씨를 소의로 삼다.

• 중전이나 장 숙의는 사랑을 받지 못하고 조 소의만 사랑을 독차지했다.

10. 9. 내전을 경덕궁으로 옮길 거라며 택일하게 하다.

10. 9. 글을 내려 전 승지 김집과 전지평 송시열을 부르다.

10. 10. 영의정 김류와 우의정 이경석이, 내전을 별궁으로 옮기는 것에 대해 의혹을 풀어 달라 청하자, 질병으로 인한 것이라 답하다.

10. 13. 최명길 완성부원군 겸 어영도제조.

11. 2. 중전이 경덕궁으로 옮기자 세자가 돈화문 밖에서 전송하다.

11. 3. 세자의 감기가 낫지 않아 이형익에게 진맥하게 하자, 이형익이 사질(邪疾)이라며 침 맞기를 권하다. 세자는 감기라며 극구 반대하다.

11. 12. 송시열 지평.

11. 15. 김자점이 사은사로 북경으로 가던 중, 청 측에서 미납된 5만 석의 추가 납입을 독촉한다는 것과 남경이 함락되고 이자성은 섬서로 패주했다고 치계하다.

12. 11. 김자점이, 임경업의 처리를 청하게 할 것을 정명수가 제안했다고 치계하다.

12. 18. 관상감 제조 김육이, 일관 한두 명을 보내 탕약망(아담 샬)이 낸 책력을 공부해 오도록 할 것을 청하다.

12. 18. 관상감이, 산술에 능한 자를 북경에 보내 책력의 법을 배워 올 것을 아뢰다.

12. 28. 청사 기충격·정명수 등이 세자 책봉의 칙서를 가지고 오다.

• 왕이 임경업을 내보내 줄 것을 청했다.

인조 24년(1646)

1. 1. 왕세자의 병이 나아 비로소 경덕궁에 문안하다.

1. 3. 전복 구이를 먹다 독이 있자, 강빈을 의심해 그 궁인과 나인을 하옥하고 신문하다.

• 이때 강 씨는 궁중 사람들과 소통이 끊긴 상태로, 독을 넣는 것이 불가능한데도 이런 명이 있자, 사람들은 조 씨가 모함한 것으로 의심했다.

1. 3. 정렬·유덕·계일 등 강 씨 측 시녀들이 고문 속에도 자복 않고 죽자 국청을 파하다.

2. 3. 비망기를 내려, 강빈이 시역을 도모했다며 율문을 상고해 품의하라 명하다.

2. 4. 영의정 김류 등이, 은혜를 베풀 것을 청하니 노하다.

2. 5. 대신들이 강빈을 비호하자, 경계 강화를 명하고 병판 구인후를 불러 금중에 머물며 뜻밖의 사태에 대비하라 명하다.

2. 5. 성묘조 때, 신하들은 폐비 윤 씨가 큰 죄가 없는데도 후환을 염려하여 사사를 청했다며, 신하의 나라 걱정은 이와 같아야 한다고 하다.

2. 5. 강문성·강문명을 잡다 엄히 국문하라 명하다.

2. 6. 대사헌 이하, 강빈의 죽음을 면해 주고 폐출할 것을 청하다.

2. 6. 부제학 이하 차자를 올려, 강빈의 목숨만은 살려 줄 것을 청하다.

2. 7. 김자점을 인견했는데, 김자점이 왕의 뜻에 영합하는 발언을 하다.

2. 8. 심로·강호 등이 강빈의 일을 대신들과 처리할 것을 청하다.

• 임금이 "당 태종은 성인이 아니고, 강빈은 내 자식이 아니다."라고 하자, 신하들이 소현세자의 배필이었으므로 전하의 자식이라며 선처할 것을 요구했다.

2. 9. 정원에게, 엄한 분부에 대해 모욕하는 의도가 무엇인가 살펴 아뢰라고 하다.

• "개새끼 같은 것을 임금의 자식이라 하니 이것이 모욕이 아니고 무엇인가?"라는 말을 할 정도로 분개했다.

2. 12. 강 씨를 폐출하고 사사의 뜻을 양사에 말하라 이르다.

2. 18. 김자점 좌의정.

• 김자점은 소현세자를 아첨으로 섬겼는데. 상의 뜻에 거슬려 어찌할 바를 모르다가 이때에 이르러 영합에 성공했다는 평을 받았다. 강 씨를 사사하는 것에 대해 옳다고 한 자는 김자점 한 사람뿐이어서, 임금이 마음을 기울여 의지했다고 한다.

2. 20. 최명길이 차자를 올려, 강 씨를 폐출할 것만 청했으나 답하지 않다.

2. 21. 김자점을 불러, 최명길 등 대신들이 강 씨를 두려워해서 옹호한다고 하고, 강 씨를 대궐 안에서 처형하겠다고 하다. 이에 김자점이 대신들을 옹호하고 강 씨의 처리도 먼저 본가에 폐출했다가 시행할 것을 청하다.

2. 28. 간원이, 강 씨 사사의 명을 거둘 것을 연이어 아뢰었으나 듣지 않다.

2. 29. 강문성·강문명이 곤장을 맞아 죽다.

3. 13. 김자점 이하 비국당상들과 3사의 장관을 면대하여, 강 씨에 대한 확고한 의지를 밝히다.

3. 15. 대사간 민응형이 순천에서 급거 귀경해 강 씨 사사를 반대하다.

3. 15. 강 씨를 폐출해 옛집에서 사사하다.

3. 17. 예조의 판단에 따라, 강 씨를 소현의 묘소 곁이 아니라 강 씨 집안 산에 장사 지내기로 하다.

3. 22. 이즈음 조회는 거의 폐지되다.

• 백관과의 대화는 거의 글로 대신하고 있었다. 후원에도 자주 일을 벌여 대나무로 정자를 짓는 등 공사가 쉬는 날이 없었다.

3. 23. 대신과 비국당상을 인견해 도성의 인심을 묻다. 또 강빈이 죽을 때 남긴 유언에 대해 말하다.

3. 27. 김상헌을 좌의정에 제수하다.

• 강빈 사사에 대해 김상헌이 지지한다는 이야기를 들은 직후다.

3. 28. 공청감사 임담이 비밀리에 치계해, 유탁이 서울의 진사 권대용과 공모해 거사하려 한다고 고하다.

4. 2. 김상헌이 체직을 청하는 소를 올리다.

4. 4. 잡혀 오는 적도들이 줄을 잇다.

• 아무것도 모르는 농사꾼들이 대부분이었다. 이 옥사로 사형을 받은 자, 장형을 받다 죽은 자가 거의 100명에 이르렀다.

4. 6. 대궐에 들어와 호위하던 호위청의 군관을 파하다.

4. 17. 내옥의 죄인 의정·향이 등이 정형에 처해지다.

• 소현세자의 궁인이 전후에 많이 죽었는데 이때에 이르러 끝이 났다.

5. 23. 서산 사람 조시응이 정원에 나아가 유학 국성유 등의 역모를 상변하다.

5. 28. 무고로 드러나 조시응을 참수하다.

6. 3. 청나라 사람이, 사은사의 행차에 임경업 등을 붙여 보내며 칙서를 내리다.

• 이경석이, 《시헌력》을 구하지는 못했으나, 일관 이응림의 아들이 그곳에 있어 탕약망에게 역법을 배우도록 했다고 보고하다.

6. 14. 김상헌이 34번째 사직서를 올리자 체직하다. 김상헌이 바로 양주로 떠나다.

6. 17. 사민당에 나아가 임경업을 신문하다. 국문 과정에서 죽다.

7. 13. 호조참판 이시방이 공물 제도의 변통에 대해 차자를 올리다. 호조판서와 호조참의 모두 대동법을 지지하다.

7. 19. 최명길이 차자를 올려 대동법을 반대하다.

11. 5. 고열로 귀가 막히는 증세를 보이다.

인조 25년(1647)

1. 1. 김자점의 건의로 관복을 회복하다.

• 이때까지도 백관이 융복으로 출사해 상하의 구분이 없었다.

2. 2. 도살 금지령에도 도살꾼들이 인평대군·능원대군 집에 투숙해 멋대로 도살하자, 형조판서 민성휘가 그중 일부를 전가사변할 것을 청하

니 따르다.

4. 25. 강빈 옥사 때, 여종이었던 신생이 가장 먼저 고발해 죽음을 면했는데 이때에 이르러 곳곳에서 궁궐 안 이곳저곳에 저주물을 묻었음을 고하다.

• 이어 애순과 예옥 등이 당시 여러 저주물과 독약 등에 대해 진술했다. 이로 인해 애순 등 14인이 사형을 받았다.

5. 13. 소현세자의 세 아들을 유배하다.

5. 17. 최명길 졸기.

6. 9. 세자익선 송시열을 두 번 불렀으나 오지 않다.

6. 13. 이식 졸.

• 이식은 《선조수정실록》을 건의하고 주도했다.

6. 15. 창덕궁을 수리하게 하다.

6. 30. 나라에 저축이 없어 백관의 녹봉을 감하다.

8. 16. 세자가 거처하는 곳에 흉물이 많이 묻혀 있다 하여 동궁의 저승전·평선당을 새로 짓다.

• 저주물에 대해 사관은 의심을 품고 있다.

8. 16. 조 소의의 딸인 효명옹주를 김세룡에게 시집보내다.

8. 19. 흉물을 발굴한 공이 있는 맹인 한충건과 신생의 지아비인 역관 황덕일을 당상에 올리다.

9. 2. 강화에 소장한 《실록》이 병란으로 300권이나 소실되었으므로 등서할 시기를 논하다.

인조 26년(1648)

2. 24. 청에서 홍제원에 참을 설치하니 백성의 곤폐가 심해지다.

2. 25. 청인이 평양에 왔을 때 누군가 익명서를 보냈는데, 정명수가 두어 줄 읽다가 태워 버리다.

2. 27. 사은사 홍주원이 《시헌력》을 가지고 오다.

3. 4. 소현의 세 아들을 죄준 것에 대해 정명수

가 의문을 제기하자, 김자점 등이 설명하면서 두 아이는 마마를 앓다 죽었다고 거짓말을 하다.

3. 7. 용골대가 소현의 큰아이를 데려가고 싶다 하자, 비국당상을 인견하고 논의하다.

3. 25. 수리도감이 저승전 처마 밑 등에서 저주물을 파내다.

• 신생에 대해 사관이 의혹을 제기했다.

3. 27. 미령함을 이유로 여러 해 동안 조정에 나가지 않다.

• 후원에서 소여(小輿)를 타고 다녔는데 궁녀들에게 끌게 했다. 빈어와 세자가 수종하여 놀았는데 외인들은 아무도 몰랐다.

3. 28. 신생이 저주물을 계속 발견하다.

3. 28. 헌부에서, 신생의 국문을 청했으나 반대하다.

윤3. 5. 김류의 졸기.

윤3. 7. 예조에서, 청의 역서와 우리의 역서가 서로 다르다고 아뢰다.

윤3. 21. 창경궁 경춘전에 행행하여 숭선군 이징을 위해 처녀를 간택하다.

4. 2. 저승전과 추경원에서 저주물을 또 발견했다고 수리도감이 아뢰다.

4. 16. 우의정 이행원이 사명을 받고 북경으로 가다가 관서에 이르러 졸하다.

5. 13. 이경석 좌의정.

7. 18. 우의정 남이웅 졸기.

8. 2. 원손 책봉 때의 장복에 대하여 의정하게 하다.

9. 18. 소현세자 큰아들 이석철의 졸기.

• 사관은, 어린 손자를 제주도에 유배해 죽게 만들었다며 임금을 탓했다.

9. 20. 일관 송인룡을 청에 보내 시헌력의 산법을 배워 오게 하다.

11. 6. 비국이 건의해, 팔도에 형장의 남용을 금하게 하다.

• 난리 이후 옛 제도가 무너져 아무 데서나 곤장을 쳤다.

12. 23. 소현세자 아들 이석린의 졸기.

• 큰아들 이석철에 이어 이석린까지 죽자, 제주 배소(配所)의 나인을 국문하게 했다. 나인 옥진은 토질 탓이지 보양을 하지 않았기 때문이 아니라고 답변했지만 국문을 받다가 죽었다.

인조 27년(1649)

1. 11. 정태화 우의정.

1. 20. 청사를 희정당에서 접견할 때, 왜정이 의심스럽다며 뜻밖의 변이 있을 시 구원을 청하자 쾌히 응낙하는 말을 하다.

1. 27. 정명수의 인척인 장계우를 도강첨사로, 김전을 방산 만호로 삼다.

2. 11. 소의 조 씨를 귀인으로 삼다.

2. 18. 인정전에 나아가 원손을 왕세손에 책봉하다.

2. 19. 세손 각하라 칭하기로 하고, 신하들이 스스로를 부를 땐 소인이라 하기로 하다.

2. 25. 이에 앞서, 왜인들이 첨사 조광원을 구타한 일이 있었는데, 조광원 등 해당 관리들을 파면하고 개시를 정파하라 명하자, 대마도에서 사람을 보내 사과하다.

3. 16. 김자점과 이시백을 예우하라고 세자에게 당부하다.

3. 21. 각 도에서 바치는 말을 능원대군이 중간에서 구매해 이득을 보다.

4. 4. 공조참의 김집과 지평 송시열이 사직하고 오지 않다.

5. 1. 약방도제조 김자점이 병세의 차도를 여쭙다.

5. 3. 이형익의 말에 따라 침을 맞다.

5. 7. 위독하다.

• 근밀한 신하들도 위독해짐을 몰랐다.

5. 8. 창덕궁 대조전에서 승하하다.

9. 20. 장릉에 장사 지내다.

효종실록

총서

■ 효종선문장무신성현인대왕, 재위 10년, 수(壽) 41세다.

효종 즉위년(1649)

5.8. 인조 승하 후 5일 뒤에 즉위하다.

5.13. 성복(成服)하다.

5.13. 즉위하다.

5.14. 대신의 청에 따라 김집·송준길·송시열·권시·이유태·최온을 부르다.

5.14. 국상을 치를 때의 의복에 대하여 예조가 아뢰다.

5.15. 대행대왕의 시호를 올려 헌문정무인명순효라 하고 묘호를 열조로, 능호를 장릉으로 하다.

5.23. 묘호를 인조로 고치고 시호를 헌문열무명숙으로 고치다.

6.4. 호조판서 원두표가 붕당의 폐해와 이의 시정을 요구하는 소를 올리자, 호피를 주어 장려의 뜻을 보이다.

6.8. 졸곡 이후의 왕과 세자의 복식.

6.9. 김집 예조참판.

6.10. 김집이 네 번 소를 올려 사직을 청하니 허락하다.

6.16. 송준길·송시열을 시강원 진선으로 삼다.

6.22. 소현의 3남을 남해현으로 옮겨 안치하게 하였다가 다시 함양군으로 옮기게 하였다.

• 앞의 두 아이가 제주에서 잇달아 죽었기 때문이다.

6.22. 양사에서 연계해 김자점의 파직을 청하였으나, 따르지 않다가 이듬해 봄에야 홍천에 부처하다.

6.23. 양사에서 이형익의 처형을 청하자, 경원

부에 부처하다.

6.24. 헌부에서 누차 원두표의 파직을 청하자 따르다.

6.25. 김상헌을 극진히 대접하고 사직하지 말 것을 간곡히 부탁하다.

6.26. 왕이 누차 만류했으나 송시열이 사직하고 내려가다.

7.11. 김상헌의 건의에 따라, 선혜법을 경상·전라·충청에 마저 시험하는 것을 거상 뒤로 미루다.

7.13. 부교리 조복양이 상소해, 원당·낙당은 붕당의 근거가 없다고 아뢰다.

7.17. 사간원이, 진향할 때 사치하는 풍습을 억제할 것을 청하다.

7.25. 장령 송시열이 옥천에서 현도상소(縣道上訴)하자, 은혜로운 비답으로 불허하다.

8.4. 이경석 영의정, 김상헌 좌의정.

8.5. 이경석이, 김상헌보다 자신의 자리가 높음을 들어 사직을 청하다.

8.12. 김상헌이 병을 이유로 사직을 청하였으나 윤허치 않다.

8.17. 김상헌이 재차 상소하니 따르다.

8.20. 정태화 좌의정, 조익 우의정.

8.23. 응교 조빈이 소를 올려, 선왕의 뜻을 유념하고 청 연호를 쓰지 말 것을 청하다.

9.1. 김육 우의정, 조익 좌의정.

9.1. 부사직 하진이, 이경여 등 원로대신의 석방과 소현의 아들을 불러들일 것을 청하다.

9.1. 전 좌랑 이회보가, 이형익 처벌과 신생의 국문을 청하자 매우 분개하다.

9.13. 집의 송준길이, 김자점과 친분 있는 자들을 추고할 것을 간하다.

9.20. 인조의 장례를 치르다.

10. 3. 졸곡제.

10. 6. 송시열을 불러 보다.

10. 11. 송시열 장령.

10. 29. 염전·상선·사찰에 붙는 세금의 폐단을 금하도록 하다.

11. 4. 갑산 부사 유심이 사조(辭朝)하는 자리에서, 병이 있어 가면 돌아오지 못할 듯하다고 아뢰자, 기피하는 빛이 뚜렷하다며 추고하라 명하다.

11. 5. 우의정 김육이, 호서·호남 지방의 대동법 시행을 건의해 대신들과 의논하다.

11. 7, 11. 8, 11. 9. 암행어사들에게 봉서를 주어 보내다.

11. 10. 김집이 고향으로 돌아가려는 것을, 김상헌·이경석 등이 반대하고 왕도 적극 만류해 정지시키다.

11. 10. 송시열이 돌아가길 청하며 방납의 폐단을 지적하다.

11. 17. 사간원이, 시장·염분·어전의 독점 혁파를 간했으나 따르지 않다.

11. 21. 헌부에서, 변란 시 실절(失節)한 부녀를 다시 데리고 살라는 법을 시행하지 말 것을 청하니 따르다.

11. 23. 승지 심지원의 건의에 따라, 관상감을 청에 보내 서양의 역법을 전수받도록 명하다.

11. 23. 태학생들이 이이와 성혼의 종사를 청했으나 듣지 않다.

12. 3. 우의정 김육이, 대동법의 조례를 올렸으니 행할 것과 서양 역법을 참고해 역법을 바꿔야 한다고 아뢰다.

12. 7. 송시열 집의, 송준길 진선.

12. 13. 대동법의 실시와 민폐 해결 방법을 논의하다. 영의정 이경석은 단계적으로 시행할 것을, 김육과 좌의정 조익은 즉각 실시를 주장하다.

효종 1년(1650)

1. 4. 김상헌이 인사를 드리고 돌아가다.

1. 12. 이경석·이시백 등의 청에 따라, 이경여 등을 석방하고 소현의 아들을 가까운 곳으로 옮기라 하다.

1. 13. 대동법 등을 둘러싸고 김육과 김집이 불화하다.

1. 21. 김집이 돌아가다.

1. 22. 송시열이 김육의 상소를 비판하고 물러가기를 청하다.

1. 25. 김육이 상소해 면직을 청하니 허락하다.

2. 6. 소현의 삼남을 강화로 옮기고 병이 나자 약을 보내다.

2. 22. 경상도 진사 9명이 성혼·이이의 종사를 반대하는 소를 올리다.

3. 1. 사은사 인흥군 이영과 부사 이시방이 청과 나눈 얘기를 보고하다.

• 주로 축성하는 것을 문제 삼고 김자점 등 선왕의 구신을 물리친 일을 거론하며 주도자들을 잡아와 처리하겠다고 했다. 특히 논의의 주도자로 김상헌·조경·김집을 지적했다.

3. 2. 정태화 좌의정, 조익 우의정.

3. 4. 영의정 이경석이 칙사를 만나보고 서로에서 돌아오다.

• 이때 뜬소문이 파다했는데, 모두들 김자점 부자가 우리의 일을 청에 누설한 것으로 의심해서 김자점의 두 아들을 외직으로 보냈다.

3. 5. 중사 나업이 와서, 구왕이 국왕의 딸과 혼인하려 한다는 것과 구신을 내쫓은 주창자가 누구인지 물었다고 아뢰다.

3. 7. 청 사신에게 뇌물을 주기로 하다. 또 나업을 보내 혼인 허가의 뜻을 전하자 청사들이 크게 기뻐하다.

• 왕의 딸은 어려서 종실 중에서 고르기로 했다.

3. 7. 인정전에서 청사를 접견하고 섭정왕(구왕)의 글을 받다.

3. 8. 청 사신이 대신·육경·양사·승지 등을 불

러 힐문했는데, 생각보다 구신이 많이 남아 있다는 것을 확인하다. 이경석이 성지 수축 등은 자신의 책임이라며 홀로 떠안다. 표문 작성 책임은 당시 예판 조경이 지다.

3. 9. 청 사신을 접견하고, 이경석과 조경의 죄를 감해 달라고 하다.

3. 11. 이경여 영의정.

3. 13. 이경석과 조경을 백마산성에 유배하다.

3. 16. 청사들이, 김자점은 불의한 일을 많이 해서 죄를 얻었다 하자, 수긍하고 김상헌 등은 물러가고 없으므로 죄를 묻지 않다.

3. 18. 서교에 행행해 칙사를 전송하다.

3. 20. 청 사신이 다시 와, 혼인할 여자와 함께 갈 뜻을 전하다. 내전으로 들어가 여자들을 보고는 금림군 이개윤의 딸로 정하고 행장을 꾸리도록 하다.

4. 3. 조익이 유계를 이조전랑에 천거했으나, 번번이 낙점하지 않았는데 인조의 묘호가 합당치 않다고 극력 주장했기 때문이다.

4. 4. 선왕을 비방했다며, 유계는 극변에 유배하고 심대부는 중도부처라 명하다.

4. 16. 유계와 심대부의 석방을 명하다.

4. 20. 원두표를 의순공주(금림군의 딸) 호행사로 삼다.

4. 22. 서교에 행행해 의순공주를 전송하다. 시녀 16인·의녀·유모 등이 따라가다.

5. 1. 경상도 진사 신석형 등이, 이이·성혼을 옹호하고 유직을 비판하는 소를 올리자, 서로 배척하고 분란을 조성하는 것이 까마귀가 자웅을 겨루는 것으로 보인다며 힐난하다.

5. 10. 홍청도 회덕현에 청색·백색·흑색 두꺼비 떼가 며칠 동안 서로 싸우다.

5. 19. 우변 포도청이, 야금을 어긴 형조 낭관을 추고할 것을 청하니 따르다.

5. 19. 이에 형조가, 속사(포도청)가 상사(형조)의 추고를 청하는 것은 문제라며 이의를 제기했으나 듣지 않다.

5. 20. 이이와 성혼을 종사하자는 의논을 비난했던 이상진이 유적에서 삭제되다. 이에 경상도 유생들이, 이이와 성혼을 옹호한 유생들의 집을 허물고 도에서 내쫓다.

6. 25. 김육이, 평양·의주에 시범적으로 화폐를 유통시키자고 청하니 따르다.

7. 3. 성균관 동지사 윤순지와 대사성 이후원이 태학에 나가 권당을 풀기를 권유하다.

7. 4. 소현의 삼남을 교동에 옮기고 치료하게 하다.

7. 5. 송시열·송준길을 불렀으나 모두 사양하고 오지 않다.

7. 7. 사간 장응일이 상소해, 산림의 고사(高士)들까지도 색목(色目)속에 걸려 있고 천하의 대로(大老)도 붕비(朋比)의 논의를 주장하고 있으니, 나머지는 말할 것도 없다는 뜻을 아뢰다.

7. 11. 옥당이, 장응일이 김상헌을 비방했다며 파직을 청하니 따르다.

7. 22. 우의정 조익이 상소해, 이이·성혼의 덕을 바로 알 것을 청하였으나, 나랏일을 시끄럽게 떠들고 있는 자들의 창도(倡導)가 되지 말라며 질책하다.

8. 3. 비변사에서, 권세가의 노복들이 진휼미의 6~7할을 차지하고 심지어 사부들까지 거짓 이름을 적어 놓고 쌀을 실어 간다고 아뢰자, 조사를 명하다.

8. 4. 학문을 닦아 선정을 펴라는 송시열의 상소에, 속히 올라오라 답하다.

8. 27. 호행사 원두표가 돌아와, 공주와 시녀가 못생겼다며 구왕이 힐책했다 아뢰다. 또한 왜를 핑계 대고 성을 쌓는 등 상하가 다른 마음을 가지고 있다고 질책했다고 아뢰다.

8. 27. 청 사신이, 왜를 핑계 대고 군사를 늘린다며 질책하는 칙서를 갖고 오다.

8. 29. 조익 좌의정, 이시백 우의정. 이시백을 진주사로 삼다.

9. 8. 청사들이, 이번 행사의 목적은 오직 시녀

에 있다며 미녀를 뽑아 보내면 황부왕(구왕)의 마음이 풀리겠지만 그러지 못하면 진주사를 수십 번 보내도 소용없을 것이라 말하다.

9.9. 각지에서 미녀를 찾게 하자 삭발하는 자가 속출하고 7~8세에도 혼인하는 일이 허다하다.

9.15. 함경도 유생들이 와서 이이·성혼의 문묘종사를 청하자, 남의 사주를 받아 임금의 동향을 살피려 했다며 질책하다.

10.28. 유계를 잡아 먼 지방으로 유배하라 명하다.

10.28. 유계를 잡아들이지 않은 판의금 원두표와 도사 이용을 금부에 하옥하다.

10.28. 유계를 온성부에 정배하다.

10.28. 원두표와 이용을 파직하다.

10.29. 이경여가, 유계의 일로 죄를 입은 신하들을 용서하라며 노여움을 다스리는 일에 문제가 있다고 지적하다.

11.4. 영중추 김육이, 유계의 일로 신하들을 죄주지 말 것을 상소하다.

11.11. 경상도 진사 이상일 등이 상소하다.

11.13. 김상헌·김집이 대동법을 불가하다고 하고, 이경석 등도 실행이 어렵다고 하자, 김육이 떠나려 하다.

11.22. 유학 남회가 영남 유생의 그릇됨을 알리는 소를 올리다.

윤11.24. 왕대비의 병세가 악화되자 시약청을 설치하다.

12.9. 의주부윤 소동도가 치계하여, 섭정왕이 지난 11월 9일에 병사한 것과, 추가로 보낸 시녀도 중도에서 돌려보냈다는 것을 고하다.

효종 2년(1651)

1.9. 장령 강여재가, 신하들을 너그러이 대할 것을 상소하다.

1.11. 김육 영의정, 이시백 좌의정, 한흥일 우의정.

1.25. 소현의 삼남이 함양에서 병이 나니 내의를 보내 치료하도록 하다.

1.26. 왕대비의 증세가 다시 위독해지자 침의 이형익의 석방을 명하다.

1.27. 진주사가 가져간 표문이 문제를 일으켰다며, 진향사의 표문에는 문제가 없도록 살피라 이르다.

2.18. 섭정왕의 제위 찬탈 음모가 드러나 존호가 삭탈되는 등 처벌을 받다. 여인들도 제왕들에게 분배되었는데, 의순공주는 백양왕의 아들에게 귀속되었다고 하다.

2.21. 지경연 이기조가 북경의 분위기를 전하다. 명조 출신 대신들이 조선인들도 머리를 깎게 하자는 주장을 하기도 한다고 하다.

3.5. 청이 세폐로 진공하는 것 중 면포는 600필, 면주는 100필을 감면하다.

3.14. 조익이 지은 해창군 윤방의 시장(諡狀)에 역적 강 씨를 빈궁이라 표현한 부분이 있다며, 승지에게 그 의도를 살펴 아뢰라고 이르다.

3.14. 윤신지가 상소해, 윤방의 시장을 처음에 대제학 이식에게 부탁했는데 나라에 일이 많아 시호를 정하지 못하던 차에 조익에게 다시 청했고, 조익은 문장이 뛰어난 이식이 쓴 것이니 고쳐 지을 것이 없다 하여 그런 실수가 생긴 것이라고 해명하다.

• 윤신지는 왕실의 지친이니 별다른 뜻은 없을 것이라며 파직하는 것에 그치다.

3.17. 청사를 인정전에서 접견하고, 섭정왕의 모반 내용이 있는 칙서를 받다.

3.18. 조익이 대죄하며, 이식의 글에 대한 믿음으로 대강 살폈노라 해명 상소를 올리다.

3.19. 대사간 조석윤이, 신하들을 너그럽게 대하라 청했으나 따르지 않다.

3.21. 전 교리 조복양이 시장 문제로 대죄하니 장형을 가하다.

• 조복양이 장형을 당한 것은 그의 아버지 조익이 시

장을 지은 것에 좌죄(坐罪)된 것이다.

4. 13. 대신들이 인조 배향공신으로 이원익·신흠·김류·이귀를 청하다.

5. 11. 조익을 삭탈관직하여 문외출송하다.

5. 13. 전폐(錢幣)의 유통·토적·소현의 아들 문제 등을 의논하다.

5. 29. 청차(淸差)가 함경도에 이르러, 소 150두·소금 1,000석·백지 1만 권, 냄비 2,500개 등을 사가지고 가다.

6. 4. 소현의 아들을 서울로 데려오는 문제를 의논하다.

6. 7. 왕대비의 존호를 자의로 하다.

6. 14. 묘정 배향공신으로 신경준과 이서를 추가하다.

6. 17. 좌의정 이시백이, 최명길도 배향공신에 넣자고 아뢰었으나 김육의 반대로 따르지 않다.

6. 19. 병판 구인후에게 무예에 무관심한 세태를 거론하고, 평소 기예를 익히지 않는 무사는 벌을 주어 깨우치게 하라고 지시하다.

6. 26. 회령에서 개시(開市)해 무역하다.

7. 1. 배향 시 이귀와 신경진 중 누구를 앞에 넣을 것인가를 의논하여 이귀를 앞에 두기로 하다.

7. 9. 양서에 화폐 사용, 사사로이 돈 주조를 허락할 것인지 여부를 논의하여 허락하기로 하다. 대동법 문제는 호서에 삼두미법을 시행토록 했으니 그 이해를 살펴보고 다른 도에도 시행하기로 하다.

7. 13. 삼두미법과 관련하여 논의하다. 허적은 대동법만 못하다고 주장하다.

7. 27. 김우명의 딸을 세자빈으로 삼는 것에 대해 하문하였는데, 대신들이 기꺼이 동의하다.

8. 3. 김육이, 호조판서 원두표가 자신과 대동법에 대해 의논한 적이 없다며 탄핵하다.

8. 4. 이완을 특별히 서용하여 어영대장에 임명하다.

8. 24. 끝없는 논의 끝에 호서에 대동법을 행하기로 하다.

10. 20. 이완이 법을 어기며 웅대하게 집을 짓고 여염까지 확장하다.

10. 29. 다음 달부터 서울에서도 돈을 유통시키기로 하다.

11. 21. 인정전에 나아가 세자빈을 책봉하다.

11. 23. 조 귀인이 왕대비를 저주한 사건이 드러나다.

12. 1. 양사에서, 조 귀인에게 법을 적용할 것을 청했으나 불허하다.

12. 3. 양사에서, 효명옹주의 처벌과 남편 김세룡의 국문을 청하자, 김세룡의 국문만 허용하다.

12. 7. 해원 부령 이영과 진사 신호가, 조인필과 김자점이 서로 통해 역모를 꾀하는 정상이 있다고 상변하다.

12. 13. 김식이 형신을 받고 승복하다.

12. 14. 조 귀인 모녀를 율에 따라 처벌할 것을 백관이 거듭 청하자, 조 씨는 자진케 했으나 옹주에 대해서는 따르지 않다.

12. 14. 조인필의 아들 조성노가 자백하다.

12. 16. 김세룡을 정형에 처하고 김자점은 국문케 하다.

12. 16. 김정이 공초하기를, 처음에 김식이 경인년 봄에 거사하려 했는데 김식이 곡성에 보임되고 아비가 배소에 가면서 실행하지 못했다고 하다.

12. 17. 김자점이 승복하다. 김자점을 정형에 처하다. 김세창이 승복하며 김식을 추대하려 했다고 하다.

12. 18. 숭선군 처리에 대해 논의하다.

12. 21. 효명옹주를 통천군에 정배하다.

효종 3년(1652)

1. 2. 김자점과 친밀했던 군관 이순민이 옥사해 검시해 보니 상해를 입은 흔적이 낭자하다. 이

에 관련 의관·형리·나장·수직인을 국문하게 하다.

1.3. 귀거(龜車)가 전투용으로 적합하지 않다는 비변사의 건의에 따라 제작을 중지하다.

1.6. 숭선군 이징과 낙선군 이숙의 유배를 명하다.

1.15. 선원록에서 이징·이숙의 작호를 삭제하고 이름만 기록하게 하다.

1.18. 고변을 한 이들에게 역적의 가옥과 전민(田民)을 나누어 주라 명하다.

1.18. 윤선도는 처음 배울 때의 사부라며 서용하고 올라오라 이르다.

2.1. 화폐 사용 확대와 관련해 논의하다.
• 대동미를 화폐로 징수하자는 의견도 있었다.

2.2. 김자점 역옥 때, 국청에 참여한 이들에게 상을 내리다.

2.3. 송시열이 소를 올려, 이징·이숙 등을 관대하게 처리할 것을 청하다.

2.11. 헌부에서, 조 귀인이 복주되고 관련 무당 앵무가 거열형을 당했는데, 같은 일을 행한 신생은 목숨을 보전하고 있다며 죄악을 분명히 밝힐 것을 청하자 불쾌해하다.

2.14. 김세룡의 처를 통천에 위리안치하다.

2.19. 창경궁 수리 때, 저주 물건을 수없이 발굴하다.

3.2. 이형장을 복주하다.
• 이형장은 정명수를 만나 김자점이 실각한 일로 군대를 청하고 청사들이 항의하러 오게 만들었다.

3.4. 사예 윤선도를 불러 보다.

3.11. 천문학관 김상범이 연경에서 시헌 역법을 배워 왔다고, 관상감이 보고하다.

3.21. 이형장의 처남 정사준을 처형하다.

3.27. 윤선도를 승지에 제수하다.

4.1. 정언 이만웅이 소를 올려, 화폐 유통과 대동법을 비판하다.

4.3. 윤선도를 비난하는 소가 이어졌으나 윤선도를 옹호하다.

4.4. 윤선도가 여러 번 상소해 면직을 청하니 허락하다.

4.8. 김집 이조판서.

5.5. 보루각의 누기를 개수하다.

5.12. 특진관 윤강이 늦게 나오자 크게 노해 조강을 파하다.

5.12. 대간이 윤강을 논핵하지 않는다며, 오전에 나와 있던 사간 심노와 장령 박수문을 추고할 것과 특진관 윤강을 잡아다 추문하라 명하다.

5.12. 정원이, 논핵하지 않았다는 것을 이유로 대관을 파직·추고하는 것은 대간을 대우하는 도리가 아니라 아뢰자, 도승지를 체직하고 추고하라 명하다.

5.13. 특진하는 신하들이 책임을 싫어하니, 근시들과 소대나 하겠다며 경연을 폐하다.

5.13. 대신들이, 경연을 폐한 것을 들어 지나치게 노여워한다고 지적하다.

5.13. 주강에 나아가 혈기에 치우치는 것이 자신의 흠이라며, 신하들이 옳다고 하다.

5.13. 윤강의 고신을 빼앗고 곤장을 쳐서 석방토록 하다.

5.15. 우리 장수와 군사의 행태를 청국과 비교하며 비판하다.

5.21. 강빈의 옥사에 대해 말하며, 지금 역강(逆姜)을 구하려는 자들은 반역을 꾀하는 것과 동일하다고 하자, 모두 겁을 먹고 대답을 하지 못하다.

6.1. 송시열 집의.

6.3. 다시 강빈에 대해 몇 가지를 거론하며 이후 역강의 일을 아뢰는 자가 있다면 역당으로 다스리겠다고 하다.

6.25. 김상헌 졸기.

6.29. 어영군을 증치하다.

7.20. 왕대비가 인경궁에서 목욕하려 하자, 도감대장을 시켜 인경궁 숲을 뒤져 금수가 갑자기 나타나지 않도록 하라 명하다.

7. 25. 왕대비가 인경궁에서 목욕하다. 상도 따라갔다가 저녁에 환궁하다.

8. 3. 모화관에 거둥해 관무재하다.

8. 10. 왕대비가 인경궁에서 목욕하고 환궁하다.

8. 19. 세자가 된 후부터는 술을 가까이하지 않다 보니, 이제는 마시고 싶은 마음이 없어졌다며 술을 경계토록 하다.

9. 2. 수어사 이시방에게, 수어청의 아병(牙兵)은 활과 포를 반반 섞어 대오를 만들게 하다.

9. 3. 금중에 입직한 좌우 금군별장을 불러 금군 조련에 대해 묻고, 우리 군대의 여러 문제점을 지적하다.

9. 4. 관상감에서, 월식을 측후할 때 수성·목성을 아울러 측후했더니 구법에는 어그러지고 신법에는 맞았다며 내년부터는 시헌력을 쓰겠다고 아뢰다.

9. 6. 전남 장수현 사람이 범에 물렸는데, 아내가 격투하여 남편이 죽지 않았다고 한다.

9. 16. 홍처대·민정중을 암행어사로 삼아 호서로 보내다. 그들로 하여금 대동법의 편리 여부를 알아오게 하다.

9. 17. 이징과 이숙을 교동에 보내 소현의 3남과 한집에 살게 하다.

10. 22. 송시열·송준길에게 먹을 것을 넉넉히 주어 자신의 뜻을 보이게 하라 이르다.

11. 7. 윤선도가 원두표를 비방하며, 외방에 보내라는 소를 올리다.

11. 12. 의논 끝에 윤선도를 삭탈관직해 문외출송하다.

효종 4년(1653)

1. 1. 청사가 3공·6경·대사헌 등을 불러, 압록강을 넘어 삼을 캔 자와 금단하지 못한 수령·변장을 잡아다 대기시키라고 요구하다.

2. 7. 왜인들이 제기·악기·심의·갑주 구입을 청하니 허락하다.

3. 11. 청인이 회령에 개시(開市)할 것을 청하니 허락하다.

3. 15. 흥인문에 불이 난 책임을 물어 숙직한 장졸들을 잡아 가두다.

6. 3. 정명수가 죄를 받고 폐기되었다는 소식에 신하들과 함께 다행이라는 반응을 보이다.

6. 26. 실록청에서 실록 편찬이 끝났다고 하자 시정기들을 창고에 보관하게 하다.

7. 1. 《인조대왕실록》이 완성되다.

7. 3. 정명수의 부탁으로, 면천됐던 노비들을 모두 천역으로 되돌리다.

7. 15. 평안감사 허적이 정명수의 친당(親黨) 수십 인을 열거해 죄의 경중을 적어 바치니, 처벌을 논의하다.

윤7. 18. 노산군과 연산군 두 군의 묘에 제사하라 이르다.

8. 6. 제주목사 이원진이, 일본에 가던 서양 배가 전복돼 38명이 표류했다고 아뢰자, 모두 서울로 올려 보내라 이르다. 전에 온 남만인 박연이 보고 나서 금군에 편입시키다.

10. 11. 사천(史薦)에서 분란을 일으켜 사국(史局)이 텅 비게 한 조복양·이단상의 관직을 삭탈하다.

10. 20. 구인후 우의정.

11. 11. 청사에게 잔치하는 자리에서, 정명수가 처벌을 받은 데 대해 기쁨을 표시하며, 다만 뒷날 다시 쓰일까 두렵다고 하다. 이에 청사가 그의 죄가 커서 다시 쓰일 리 없을 것이라 답하다.

효종 5년(1654)

1. 22. 장령 심총이, 양호에 대동법을 실시할 것과 사대부의 자제로 부역이 없는 사람에게 베 1필씩 징수할 것을 청하다.

2. 2. 청차 한거원이 서울로 와서 예부의 자문을 전하다.

• 조창(鳥槍)을 잘 쏘는 사람 100명을 선발해 나선 정

벌에 나서게 할 것을 요구하는 내용이다. 이에 영의정 정태화의 추천으로 변급을 영장으로 삼다.

2.9. 심총이 상소한 대동법에 대해 논란하다.

2.24. 소현의 3남이 병이 나자 어의를 보내다.

2.26. 금은을 박아 넣은 어갑주·백우대전·각궁통을 이완에게 하사하다.

3.2. 승지 이원진과 훈련대장 이완을 보내 노량에서 진법을 연습하게 하다.

3.4. 노량에 거둥해 열무하다.

3.5. 열무 때, 마병을 제대로 통제하지 못한 마병별장과 금군별장을 나추(拿推)하게 하다.

3.26. 시독관 김수항이, 서도의 각 읍 백성들은 돈을 50전씩 허리에 차고 다닌다며 행전별장(行錢別將)의 폐단을 아뢰다.

3.27. 주강에서 6진의 형세를 묻다.

4.3. 송시열 승지.

4.8. 경상도 천성 등 3진의 토병이 굴을 따 먹고 50여 명이 죽다.

4.9. 좌의정 김육이, 김수항이 말한 행전별장의 폐단을 치유할 방책과 평안도 황해도의 예에 따라 세미 1두를 돈으로 대신 징수하게 할 것을 청하니 따르다.

4.18. 동부승지 송시열이 상소해 사직을 청하다.

4.19. 주강 후 지경연 심지원이, 선왕이 대제학 이식으로 하여 《선조실록》을 고쳐 편찬하게 하였는데 끝내지 못하고 죽었으니 계속해서 완성해야 한다고 아뢰다.

6.14. 이시백 좌의정.

6.17. 부수찬 홍우원이 섬에 유배된 세 왕자의 석방을 청하자, 유념하겠다고 답하다.

7.2. 심지원 우의정.

7.2. 변급이 청병과 함께 나선을 격파하고 영고탑으로 돌아오다.

7.3. 비변사의 청에 따라, 변급과 군사에게 상을 내리다.

7.7. 황해감사 김홍욱이 역적 강의 일에 의심스러운 점이 많다는 소를 올리자, 금부도사를 보내 잡아 오게 하다.

• 김홍욱이 말한 것은, 흉물의 발굴 지점, 묻었을 시점, 어선의 독, 두 아이의 죽음 등이다.

7.13. 인정문에 나아가 김홍욱을 친국하다.

7.16. 청사가, 조선이 보낸 자문에 이경여·이경석·조경이 마치 무함을 당한 것처럼 쓰여 있어서 황제가 대신을 파견해 조사하게 했다고 하다.

7.17. 김홍욱이 곤장을 맞다가 죽다. 삭탈관직하고 자제·친속은 대대로 조정 반열에 서지 못하게 하다.

9.6. 이시백 영의정, 구인후 좌의정.

10.2. 춘당대에 거둥해 열무(閱武)하다.

10.7. 우의정 심지원이, 김집·송준길·송시열 등을 불러 성덕을 돕게 할 것을 청하자, 김집 등은 늙고 병들었으며 송준길 등은 자신의 조정에서 벼슬을 하려 하지 않으니 개탄스럽다고 답하다.

12.12. 연소한 무신들을 뽑아 《무경칠서》를 강하다.

12.15. 청 사신이 오게 되자, 이경여·이경석 등을 당분간 외방에 나가 있게 하다.

효종 6년(1655)

1.3. 수어사 이시방의 건의에 따라, 남한산성에 충분한 양곡을 비축해 두게 하다.

1.17. 강화에서의 경험을 살려, 강화 연안에 보루와 진을 설치할 것을 제기하고 의논하다.

• 이즈음 왕은 성지(城池)를 수리하고 군사를 단련하여 스스로 강해지는 방책으로 삼으려 하였다.

1.25. 태학생 김수홍 등이 소를 올려, 문묘의 축사에 오랑캐의 연호를 쓰지 말 것을 청하다.

1.27. 대신·비국의 신하들과 강화에 진을 설치하는 문제·노비 추쇄 등에 대해 논의하다.

1.29. 심지원을 추쇄도감 도제조로, 예판 이후

원과 호판 이시방을 제조로 삼다.

2.8. 목겸선·정인경 등 10명을 각 도 추쇄어사로 삼다.

2.9. 영돈녕부사 김육이, 노비를 추쇄하는 일에 법을 너무 엄하게 하지 말 것을 청하는 차자를 올리다.

2.9. 호판 이시방 등이, 어사 파견보다는 수령에 맡겨 조용히 추쇄할 것을 청했으나 단호히 반대하다.

2.18. 추쇄와 관련하여 처리 기준을 하교하다.

2.23. 전라도 함평의 선비 조경회가 추쇄를 비판하는 소를 올리자, 가두어 다스리고 그 족파(族派)를 조사하라 이르다.

2.23. 조경회의 근본이 선비라고 형조에서 아뢰자, 형신하여 실정을 알아내라고 명하다.

3.1. 일본이 새 임금을 세웠으므로 통신사를 보낸다고, 청국에 보고하기로 하다.

3.8. 심지원이 허목·윤휴를 천거하다.

3.8. 예판 이후원이, 《악학궤범》을 여러 권 인쇄해 사고에 나누어 보관할 것을 청하니 따르다.

4.1. 열무할 때 영을 어기고 부정 출발을 거듭한 초군을 효시하여 군법의 엄함을 알리도록 하다.

4.3. 신하들이 초군 효시의 명을 거둘 것을 청하니, 서생이어서 군법을 모른다고 힐난하다.

4.23. 무신 변급이 나선 정벌의 자초지종을 아뢰다.

4.25. 남만인 30여 인을 훈련도감에 나누어 예속하였는데, 청사가 왔을 때 남북산이란 자가 길에서 하소연하여 고국으로 보내 주길 청하다. 이에 가두었는데 남북산이 애가 타서 먹지 않고 죽다.

5.3. 제주도에 큰 눈이 내려 국마 900여 필이 얼어 죽다.

6.5. 순천의 영장 백홍성과 유생들이 다투다.

6.8. 병조에서, 백홍성과 유생 정석·김기추의 형량을 정하여 아뢰다.

6.10. 대사헌 홍명하 등이 위 사건과 관련하여 선비들을 구원하자, 영남의 선비들은 미워해 대악의 죄처럼 처리하더니, 호남의 선비들에게는 사랑을 베풀어 구원한다며 당색을 비판하다.

6.10. 위리안치된 김세룡의 아내를 좋은 곳으로 이배하고, 더운 여름에는 얼음과 제철 과일을 들여보내도록 하다.

6.21. 계속되는 신하들의 호남 유생 구원에 대해 비난하며, 대간도 왕의 은혜가 아니라 문벌의 힘에 의지해 청반에 이른 것에 지나지 않는다고 말하다.

7.10. 정언 강유후가 소를 올려, 간언을 거절하고 싫은 말을 하면 쫓아낸다며 왕의 행태를 직설적으로 비판하다.

7.14. 김육 영의정.

7.24. 김육이 다섯 번째 차자를 올려 면직을 청하니 허락하다.

8.12. 김수항·남용익 등 6인을 선발해 호당(湖堂)에서 독서하게 하다.

10.8. 독서당 관원들로 하여 한 달에 10일은 직무, 10일은 독서, 10일은 제술하게 하다.

10.18. 김세룡의 처를 교동으로 이배해 이징·이숙과 함께 거주하게 하다.

10.27. 송준길 승지.

11.5. 소현의 장녀가 병으로 죽으니 애통해하다.

11.16. 비변사에서, 벽란과 강서에 진을 설치할 것을 청하니 따르다.

효종 7년(1656)

1.1. 능원대군 이보 졸.

1.28. 병조에 명해 금위장사가 좁은 소매에 짧은 옷을 입게 하다.

• 당시 왕이 전쟁에 마음을 두어 위졸의 의복을 선명하고 화려하게 하면서 비단옷도 허락했다.

2.2. 김육이, 황해도·평안도에서 추쇄를 정지할 것을 청하다. 원두표도 동조하자 따르다.

2.27. 이조정랑 김수항이 상소해 8조목의 폐단을 아뢰었는데, 너그러이 받아들이는 뜻을 보이고 꾸짖지 않자 사람들이 근래에 보기 드문 일이라 하다.

4.12. 정문호·이승훈이 재화를 잘 증식한다 하여 김육이 동전 70관과 백금 2,000냥을 주어 장사해서 이문을 내게 하면서 서로(西路)에 돈을 통행하게 하다.

• 이 일로 경기감사가 정문호 등이 폐단을 일으킨다며 죄를 다스릴 것을 청하자, 김육이 상차하여 억울함을 진달하며 책임을 지고 면직을 청했다. 이에 왕이 위로하고 정문호 등의 죄를 묻지 않았다.

4.26. 의순공주가 청나라에서 돌아오다.

5.9. 호조에 명해, 의순공주에게 매달 쌀을 지급해 평생을 마치도록 하다.

5.12. 천안군수 서변이, 오정일·허적·이완·원두표 등이 역적모의를 했다고 무고하다.

5.14. 서변이 곤장을 맞다 죽다.

5.25. 대사간 유철이, 인평대군 앞에서 실수한 다음 소신이라 말한 유도삼의 파직을 청하자, 기어코 일을 동생 인평대군에게 미치려 한다며 유철을 국문하라 이르다.

5.27. 유철을 진도에 위리안치하다.

윤5.13. 김집 졸기.

윤5.14. 대신들과 의논한 뒤, 소현의 삼남과 이징·이숙·김세룡의 처 등을 서울로 불러오게 하다.

윤5.19. 호조에 명해, 소현의 삼남과 이징·이숙에게 다달이 봉급을 주게 하다.

윤5.23. 좌의정 심지원이 단비가 내린 것을 축하한 뒤, 기뻐하고 성내는 것을 경솔하지 말 것을 청했으나 답하지 않다.

6.4. 진선 권시가 강론 뒤, 시골에 있으면서 성상께서 북쪽을 정벌하고자 하는 뜻을 잊지 않고 있다고 들었다며, 그렇다면 밤낮으로 게을리하지 말 것과 시종 중단함이 없어야 한다고 아뢰다.

6.20. 이징·이숙 등의 작호를 회복하라 명하다.

6.23. 서울 민가에서 한 여인이 한 번에 딸 다섯을 낳다.

7.18. 표류해 온 만인(네덜란드인)에게서 얻은 조총을 모방해 새 조총을 만들다.

9.11. 광릉에 갔다가 환궁하는 길에 열무하다.

9.25. 이시방을 불러 대동법과 화폐 사용에 대해 묻다. 이에 이시방이, 바닷가 고을은 대동법을 편하게 생각하나 산골은 불편하게 여기는 자도 있으며 화폐 사용의 어려움은 김육도 깨닫고 있다고 답하다.

10.3. 김육이 차자를 올려 서로에서 화폐가 자리 잡아 가고 있다고 주장하다.

10.3. 신하들이 돈 사용이 어렵다고 아뢰자, 보탬은 없고 해로움만 있다며 동조하다.

10.14. 암행어사 4인에게 봉서를 주어 파견하다.

11.11. 사조하는 수령을 불러 보다.

12.20. 사사로움에 따라 판결한 경상도 추쇄어사 이연년을 도배하다.

12.30. 심지원 좌의정, 원두표 우의정.

효종 8년(1657)

1.3. 《선조실록》 개수를 대제학 채유후에게 주관하게 하고 영돈녕부사 김육으로 하여 감수하게 하다.

1.10. 대신들과 의복 제도를 논의하다.

1.23. 훈련대장 이완에게 도감의 군사가 얼마나 되는지 묻자, 이완이 5,650여 명이라 답하다. 이에 도감은 1만 명을, 어영은 2만 명을 한도로 삼으라 이르다.

1.26. 사헌부가, 지나치게 엄격하여 소란을 일으키고 있는 추쇄의 문제점을 아뢰다.

2.27. 신하의 간언을 받아들이길 청한 부수찬

민정중의 상소에, 정성을 가상히 여기고 유념하겠다고 답하다.

3. 21. 종부시에서, 장령 오두인과 지평 민유중이 종실인 낭선군 이우를 모욕했다며 추고를 청하다.

3. 22. 오두인이 해명하다.

3. 22. 헌부에서 오두인과 민유중을 옹호하고 낭선군 우를 추고할 것을 청하자, 전도됨이 매우 심하다며 오두인과 민유중을 체직하다.

3. 28. 인평대군이 사신으로 갔다가 돌아오는 길에, 수행하던 일행이 화약을 몰래 사 가지고 오다가 탄로 나다. 이에 죄를 정할 것을 요구하는 칙서가 오다.

• 인평대군은 자주 사신으로 중국에 갔다.

4. 2. 염초를 사매(私賣)한 일에 대해 청사가 조사하다. 이에 김추립 등 5인은 참형, 인평대군은 벌금 2,000냥 등으로 정해 결재를 청하다.

5. 7. 유계를 석방하다.

5. 21. 송시열에게 교지를 기초하도록 하유했으나 병을 핑계로 오지 않다.

6. 6. 금군에게 갑주를 나눠 주게 하다.

6. 7. 대사헌 민응형이 소를 올려, 고쳐야 할 폐단과 임금의 실정 등을 아뢰다.

6. 24. 추쇄도감 도제조 좌의정 심지원 등에게 가자하고 상을 내리다.

7. 8. 홍문관이, 서원에 대한 규정의 개정이 부당함을 아뢰니, 대신들에게 의논케 하다.

7. 11. 사간원이 송사의 폐단·궁노의 횡포 등을 아뢰다.

7. 11. 영돈녕부사 김육이 차자를 올려 대동법의 시행을 강력히 청하자, 묘당으로 하여 의논하겠다고 답하다.

7. 23. 대동법과 관련하여 논의하다.

8. 8. 이경여 졸. 남긴 소와 졸기.

8. 16. 찬선 송시열이 상소해 사직하며 책자를 별첨해 올리다.

8. 19. 송준길을 인견해 건의를 듣다.

8. 24. 주강에서 송준길이 임금의 실정을 지적하다.

9. 2. 이후원 우의정.

9. 11. 효릉에 참배했다가 소현의 묘소에 거둥해 망묘례를 행하다.

9. 12. 송준길이 상소해 낙향을 청하다.

9. 20. 호남의 대동법 시행에 대해 신하들이 찬반 의견을 내다. 우의정 이후원·호판 정유성·병판 허적 등 대체로 반대하다.

10. 18. 김홍욱의 자제·족속에게 내렸던 금고령을 해제하다.

10. 28. 격식을 어긴 왜인의 서계를 논란 끝에 받아 주기로 하다.

11. 6. 대사간 김수항 등이, 궁가 하인들의 폐단을 중지시켜 줄 것을 청하다.

11. 8. 영돈녕부사 김육이, 대동법 시행과 관련해 호남의 수령들도 지지하는 이가 많다는 것을 직접 조사해 올리다.

11. 17. 송준길이 소를 올려, 새로운 정치를 도모할 것을 청하다.

11. 22. 재변을 경계하고 선으로 돌아갈 것을 청하는 송시열의 소에, 기꺼이 수용하겠다는 답을 하다.

12. 23. 여든이 넘은 노인에게 술과 음식을 내리게 하다.

효종 9년(1658)

1. 3. 송준길이 선영에 귀성할 것을 청하자 말을 내어 주다.

1. 15. 첨지 정두경이 천명론 한 편을 지어 올리다.

2. 4. 송시열이 올라오지 않아 울적하다며, 속히 올라오라고 하유하다.

2. 11. 송시열 이조참의.

2. 20. 송준길이 결국 하직하고 돌아가자 초피 갖옷을 한 벌 주다.

2. 28. 어사를 파견해 모든 도를 순시하게 하다.

3. 3. 청차 이일선이 나선 정벌을 지원해 줄 것을 요구하니 응하기로 하다.

3. 15. 윤선도 공조참의.

3. 25. 송시열 예조참판.

4. 3. 윤선도가 소를 올려 자신의 제수에 뒷말이 있다며 사직을 청하다. 이 소를 정원이 누차 물리치자 또 다른 소를 올려 정원이 소를 막고 있다고 아뢰자 앞의 소까지 들이게 하다.

4. 6. 윤선도가, 승정원이 언로를 막은 사례들을 조목조목 들어 비판하다.

4. 9. 임금의 허물은 말하면서도 인신의 허물은 말하지 않는 경향을 비판하다.

4. 13. 연양부원군 이시백이, 호남 연해의 고을들에 대동법을 실시할 것을 극력 청하니 좋게 받아들이다.

4. 16. 헌부에서 윤선도의 파직을 청하자, 윤선도를 옹호하고 헌부를 비판하다.

4. 27. 사학 유생 이홍우 등이 소를 올려 윤선도의 치죄를 청하다.

5. 13. 인평대군 이요의 병세가 위독해 거가를 재촉했으나 이미 죽다. 하루 머무르고 환궁하다.

5. 15. 비를 무릅쓰고 인평대군 초상에 친림하다.

5. 18. 효명옹주를 도성 안으로 방환하라 명하다.

6. 1. 강무를 준비했다가 가을을 기다려 시행하라 이르다.

6. 2. 옥당이, 강무한다는 전교를 거둘 것을 청하다.

6. 16. 영의정 정태화가 병으로 면직을 청하니 허락하다.

6. 29. 효명옹주를 방면하여 공해(公廨)에 두고 내관이 지키도록 하다.

7. 8. 심지원 영의정, 이후원 우의정.

7. 12. 행호군 송시열이 조정에 들어오니 곧바로 불러 보다. 호서의 대동법에 대한 백성의 생각을 물으니 편리하게 여기는 사람이 많다며 좋은 법이라고 송시열이 답하다.

7. 26. 부호군 송준길이 조정에 돌아오다.

8. 23. 훈련도감의 포수를 증원하라는 명에 대해, 대사헌 김남중이 반대하다.

9. 1. 송시열과 송준길을 불러 시사를 논의하다.

9. 5. 김육이 졸하다. 남긴 상소와 졸기.

9. 9. 양송을 인견한 자리에서, 훈련도감의 군사를 더 뽑아 5,000명을 채울 것이라 하다. 이에 송준길이, 군사를 기르는 것보다 구황이 먼저라고 아뢰고 유계와 이유태를 추천하다.

9. 12. 유계를 문학으로 삼다.

• 유계는 인조의 시호를 논할 때 '인'은 불가하다고 했다가 유배 생활을 했다.

9. 18. 송시열 이조판서, 송준길 대사헌.

10. 9. 송준길 이조참판.

10. 16. 전날 밤 하사한 초모에 대해, 송시열이 사양하는 차자를 올리다.

10. 21. 김장생·김집의 서원에 액호를 내리다.

11. 2. 이조참판 송준길이 사직을 청하니 허락하다.

11. 13. 오가작통법의 시행을 논했는데 정태화·송시열이 모두 찬성하다. 내년에 흉년이 들지 않으면 시행하기로 하다.

11. 16. 예조에서, 병세가 회복된 것을 종묘에 고할 것을 청하다.

12. 3. 전 좌의정 구인후 졸기.

12. 10. 송시열의 옷이 매우 얇은 것을 보고, 초구(貂裘)를 내려 주라 이르다.

12. 27. 옥당의 간관을 소대한 자리에서, 자신의 격한 기질을 말하고 근래에는 화가 풀린 다음에 일을 처리하니 과오가 줄어들었다고 말하자 송시열이 칭찬하다.

효종 10년(1659)

1. 16. 이징·이숙의 관작 회복을 논의하다.

2. 9. 이징·이숙 등의 관작 회복을 명하다.

2. 11. 병조참지 유계가 군역의 여러 폐단을 진달하고, 군역의 경감과 문벌의 자제들도 군포를 내게 할 것을 청하다.

2. 13. 유계의 상소에 대해 논의하다. 영상 심지원을 비롯해 대부분이 사대부에게 군포를 부과하는 것에 반대하다.

2. 19. 군포에 대해 다시 논의해, 죽은 이와 어린 이에게 군포를 거두는 폐단을 개혁하기로 하다.

3. 8. 송준길 병조판서.

3. 11. 승지 등을 보내고 송시열과 독대하다.

3. 18. 《용비어천가》를 간행하다.

3. 19. 소를 바치는 공천에게 양민이 되는 것을 허락하다.

3. 25. 정태화 영의정, 심지원 좌의정, 원두표 우의정, 유계 대사간, 이유태 장령.

3. 28. 해인사의 불경·불상이 3일 동안 땀을 흘리다.

윤3. 3. 재변을 논의하는 자리에서, 소현세자와의 우애의 정을 말하고 눈물을 쏟다.

윤3. 4. 소현의 장남을 경선군으로 추증하고 3남 이회는 경안군에 봉하다. 세 딸들도 각기 군주에 추증하거나 봉하다.

윤3. 4. 구봉장을 능산부위, 박태정을 금창부위, 변광보를 황창부위에 봉하다.

• 모두 소현의 사위들이다.

윤3. 11. 영상 정태화가 바닷물이 언 변괴에 대해 말하다.

윤3. 19. 간원이, 궁가의 면세전이 무분별하게 확대되었다며 법전에 따라 절급하고 규정 외의 전지는 거두어 세금을 부과할 것을 청하니 따르다.

윤3. 21. 병조판서 송준길이 병으로 면직을 청하니 따르다.

윤3. 26. 거사를 자처하는 한 도인이 돈화문 밖에 엎드려, 5월에 나라에 재화(災禍)가 있게 될 것이니 경복궁 옛터에 초옥을 짓고 즉시 이어해 재화를 물리치는 굿을 할 것을 청하다.

윤3. 28. 남해 이순신의 격전지에 이순신 비를 세우다.

4. 8. 헌납 민유중이, 김육을 장사 지낼 때 참람한 예법을 썼다며 개장할 것을 청하다.

4. 16. 송시열이 잦은 인사에 대해 지적하다. 김좌명의 처벌과 김육의 묘 개장을 요청하는 이익의 청에, 김좌명은 삭탈관직하되 개장은 하지 말라 이르다.

4. 27. 머리 위에 작은 종기가 나다. 이때 왕세자도 병세가 중해 상이 이를 걱정하느라 종기를 돌보지 않다.

4. 28. 약방이 들어와 진찰했는데 종기의 독이 얼굴에 두루 퍼져 눈을 뜰 수가 없다.

5. 1. 부기가 점점 심해져 산침을 놓다.

5. 4. 신가귀에게 침을 놓게 해 정신이 들었으나 피가 멎지 않아 대조전에서 승하하다.

5. 4. 이완이 도감군병을 거느리고 궁성을 호위하다.

5. 4. 윤후성·신가귀 등 입시했던 의관 5인의 국문을 청하니 세자가 따르다.

5. 4. 영의정 정태화와 좌의정 심지원이 원상으로 승정원에서 숙직하다.

5. 9. 묘호·시호·능호 등을 올리다.

현종실록

《개》는 《현종개수실록》의 기사

총서

- 휘는 연, 자는 경직이다.
- 효종의 맏아들이고, 어머니는 효숙경렬명헌인 선왕후다.
- 인조 22년에 본국으로 돌아왔고, 을유년에 원손이 되다.
- 신묘년에 관례를 거행하고, 이어 왕세자 책봉례를 거행하다.
- 기해년 5월에 왕위에 오르다.

현종 즉위년(1659)

5. 5. 예조에서, 왕대비가 대행대왕을 위해 입을 복제가 《오례의》에 기록돼 있지 않다고 아뢰자, 세자가 두 찬선(양송)에게 문의하라 이르다. 대신들이 1년복이 맞는 것 같다고 하자 이판 송시열과 우참찬 송준길이 동의하다. 이때 윤휴가 차장자로 참최 3년복을 입어야 한다고 주장하여 우의정 정태화가 송시열에게 의논했는데, 송시열이 사종지설 중 체이부정을 거론하자 놀란 정태화가 국제(國制)에 따른 1년복을 말하고 송시열도 동의하다.

• '양송'은 송시열과 송준길을 이르는 말이다. 사종지설(四種之說)은 왕위를 계승했어도 삼년상을 할 수 없는 경우를 말하고, 체이부정(體而不正)은 적자이지만 장자가 아닌 경우를 말한다.

5. 6. 재궁의 너비·길이가 모두 부족해 부판(附板) 쓰기를 청하자, 세자가 노여워하면서도 마지못해 허락하다.

• 특히 옻칠을 여러 번 할 것을 당부했다.

5. 9. 즉위식을 거행하다. 평천관에 검정 곤룡포를 입고 규(圭)를 받들다.

5. 11. 재궁에 25회 옻칠을 하였는데, 옻칠을 할

때마다 도감 당상이 부복하고 승지·사관 모두가 입시하다.

5. 17. 어의 신가귀의 목을 베는 것을 허락하다.

6. 2. 신가귀의 지난 공로를 생각해 참(斬)이 아닌 교(絞)로 처결케 하다.

6. 5. 정유성 우의정.

6. 10. 신가귀를 교형에 처하다.

6. 11. 정태화·심지원에게 원상 일을 그만두라 명하다.

6. 29. 예조판서 윤강 등이 장지를 보고 돌아와 자리가 좋지 않다고 아뢰자, 수원에 쓰라 답하다.

7. 11. 송준길 등이 수원에 쓰지 말자는 데는 이유가 있다며 화복의 설을 들어 아뢰니, 받아들이다.

8. 7. 송시열에게, 선왕의 위대함을 명백히 지어 후세에 전하라고 하교하다.

8. 7. 《개》 이경석이 대행대왕의 행장을 지어 올리다.

8. 28. 신하들이, 어의 유후성과 조징규의 죄가 중하나 정배를 늦춰 상을 진찰하고 구료하게 할 것을 청하니 따르다.

8. 30. 송시열이 소를 올려, 유후성은 수의(首醫)라며 죄를 청하다.

8. 30. 《개》 윤선도의 추고를 합사하다.

9. 3. 좌참찬 송시열이 지문을 지어 올리다.

9. 4. 영의정 정태화가, 유후성을 머물러 있도록 할 것을 청하니 따르다.

9. 5. 호남 산간의 대동법 시행 여부를 의논하다.

9. 20. 《개》 외재궁에 70번 옻칠을 하다.

10. 6. 청이 내린 시호와 관련해 대신들이 의논하다.

10.29. 영릉에 제사 지내다.

11. 1. 이조판서 송준길이 청대하자 인견하다. 송준길이, 송시열은 자신과는 다르다며 물러감을 허락하지 말 것을 청하다. 또 정병 30만이 있으면 대의를 천하에 펼 수 있다고 했던 선왕의 말을 소개하다.

•《개수실록》에는 정병 10만으로 되어 있다.

11. 4. 송시열이 사의를 표하다.

•사관은, 송시열이 전조(銓曹)에 있을 때 현우(賢愚)를 묻지 않고 자기 당류만 존중했다고 평했다.

12. 2.《개》 송시열이 소를 올려 물러나기를 청하려 하자, 옥당이 상차해 만류하기를 청하다.

12. 4.《개》 송시열이 자신에 대한 비난을 열거하며 사직을 청하다.

12. 5.《개》 부제학 유계 등이 상차해 이이와 성혼의 문묘종사를 청하다.

12. 10.《개》 송시열이 성 밖으로 나가 소장을 올리고 돌아가기를 청하자, 거듭 불러 보고 만류하다.

12. 17.《개》 송시열이 죽산 땅에 이르러 소를 올리다.

12. 19.《개》 이판 송준길과 이시백 등을 불러 송시열이 떠난 것과 관련해 이야기하다.

•앞서 홍이룡이 소를 올려 발인 시 참석한 이들을 이조가 명을 받고 적어 아뢰었는데, 영남인을 누락했다며 송시열을 비판했다.

12. 20.《개》 홍이룡을 잡아다 엄히 조사할 것을 명하다.

현종 1년(1660)

1. 11. 예조의 건의에 따라, 서자와 얼자는 허통된 뒤에야 과거에 응시할 수 있는 법을 밝혀 허통 없이 응시하는 세태를 바로잡기로 하다.

1. 16. 연성군 이시방 졸기.

1. 19. 이조판서 송준길이 4차례에 걸쳐 사직소를 올리자 체직하다.

1. 25. 재령 사람 김두영이 상변해 70여 명을 끌어들였는데, 조사해 보니 실체가 드러나지 않다. 이에 갇힌 자들을 식량을 주어 방면하고, 그들을 잡아올 때 의금부 하인들이 약탈한 물건도 모두 찾아 돌려주라 이르다.

2. 4. 우의정 이후원 졸기.

2. 8. 이즈음 안질을 앓다.

2. 8.《개》 사신에게 명해 안질 약을 구해 오게 하다.

2. 12. 침을 맞고 안질이 조금 나은 것 같다고 말하다. 약방 부제조 조형이 상의 편찮음에 대해, 송시열이 멀리 있지만 상을 생각하는 마음이 다른 이들보다 갑절로 클 것이라며 올라오라는 유지를 내릴 것을 청하자 따르다.

3. 6. 송시열 우찬성. 송준길 우참찬.

3. 7. 송준길이 안질의 완쾌를 종묘에 고할 것을 청하다.

3. 16. 장령 허목이 상소해 기년복제를 비판하고 복제를 바로잡을 것을 청하다.

3. 21. 송준길이 소를 올려 기년설을 옹호하다.

4. 10. 장령 허목이 소를 올려 송준길을 비판하다.

4. 10.《개》 허목이 〈상복도(喪服圖)〉를 올리다.

4. 13. 심지원 좌의정, 원두표 우의정.

4. 16. 봉교 송창이 예종과 인종 때 대비의 복제를 상고해 올리다.

4. 16. 예조가, 영의정 정태화·판중추 원두표·우찬성 송시열 등 대신들의 논의를 아뢰다.

4. 18. 윤선도가 상소해 송시열의 주장을 조목조목 비판하다.

4. 19. 송준길이 윤선도의 상소 소식을 듣고 성 밖으로 나가다.

4. 20. 대사헌 이경억 등이 윤선도의 처벌을 청하다.

4. 23. 대신들을 인견해 복제를 의논했는데, 대부분 조종의 예를 따르는 게 좋겠다고 하다.

4. 24. 우윤 권시가 소를 올려, 윤선도의 죄가

크나 용서할 것을 청하면서도 3년복이 옳다는 입장을 개진하다.

4. 24. 신하들의 청에 따라 윤선도의 상소를 불태우다.

4. 25. 권시가 자신의 상소로 논란이 일자 시골로 내려가다.

• 왕은 돌아오라는 유지를 전하라 했으나 승정원에서 명을 전하지 않았다. 이에 승지를 국문하라 명했다.

4. 27. 승지 박세성을 잡아들여 국문할 것을 명했는데 어째서 아직도 명이 집행되고 있지 않는지를 묻다.

4. 27. 정언 권격이, 박세성에 대한 명을 거두고 윤선도를 처벌할 것을 청하자 임금의 명을 모른체한다며 질책하다.

4. 30. 윤선도를 함경도 삼수군에 안치하다.

5. 1. 3공이, 박세성을 잡아들이라는 전지 중 모군역명지적(侮君逆命之賊) 여섯 글자는 지나치다고 아뢰자 역명적 세 글자는 삭제하게 하다.

5. 1. 원두표가 소를 올려, 3년복 주장에 동의하고 송시열의 불이참(不二斬) 설명에 대해 해석을 달리하다.

5. 1. 윤휴가 허목에게 복제에 관해 서신을 보내다.

5. 2. 이시백 졸기.

• 《개수실록》에는 5월 3일로 되어 있다.

5. 3. 대신들의 의논을 거쳐 국제에 의거 기년복으로 정하다.

5. 11. 부제학 유계 등이 상차해 윤선도와 권시에 대해 말하고, 윤선도에 대해 기치를 세우는 사람들은 종통이란 말로 세상을 협박하고 있다고 고하다.

6. 3. 궁가가 시장(柴場)을 떼어 받는 폐단에 대해 신하들이 거듭 혁파를 아뢰었으나, 공주들이 자전에게 눈물로 호소해 혁파하지 못하게 하다.

6. 9. 엄지발가락 등에 부스럼이 나서 침을 맞다.

6. 16. 가을 대동법 시행에 대해 의논하다.

6. 25. 머리 오른쪽에 종기가 나서 뜸을 뜨다.

6. 30. 발 부위의 가려움증이 심하다.

7. 11. 호남 산골에도 대동법을 시행하다.

7. 18. 《개》 흥정당에 나아가 의관만 입진하게 하여 산침을 맞다.

• 이때 신하들은 한 달째 왕의 얼굴을 보지 못했다.

7. 23. 우의정 원두표가 영릉을 봉심한 후 차자를 올려 대죄하다.

• 영릉의 석물이 꺼졌거나 틈이 생긴 곳이 있었고, 정자각에 바른 석회도 벗어졌고, 기와도 색이 붉어지거나 깨졌다.

7. 25. 산릉제조 병판 정치화·형판 홍중보 등 11인을 하옥하다.

8. 10. 《개》 맑은 눈물이 흘러내리는 증세로 인해 뜸을 뜨다.

8. 24. 병판 송시열이 회덕에 있으면서 소를 올려 사직하다.

8. 27. 영릉에 거둥해 능의 개축·보수에 관해 의논하다.

9. 1. 《개》 서경덕을 모신 송도 화곡 서원 현판이 송도 유생들 간의 갈등으로 깨지는 사건이 발생하다.

9. 4. 왕흡 등 12인이, 자신들은 조종조로부터 후의를 입어 숭의전을 세워 향사를 할 수 있었으며, 군역에 편입되지 않고 호역을 면제받았는데, 작금에 이르러 금역 내에서 농사를 짓는 사람도 있고, 수호하는 사람을 군에 편입하는 등 그 예가 흐트러지고 있다며 상소하다. 이에 논의를 거쳐 경작과 투장을 금하고 군역을 면제토록 하다.

• 왕흡 등은 고려 왕조의 후예다.

10. 7. 숭의전 근처에 몰래 쓴 묘를 파악하여, 능묘에 가까운 것은 모두 파내고 나머지는 평토로 만들게 하다. 이후로는 엄히 금하도록 하다.

10. 11. 《개》 이침이라는 자가 목조 황고의 능을 찾았다고 했는데 거짓으로 판명되다.

• 목조는 태조 이성계의 고조부다.

11. 15. 《개》 청나라가, 연례로 요구해 오던 매 공납을 면제해 주다.

12. 4. 송준길이 상소해, 경연을 빠뜨리지 말 것을 청하다.

12. 9. 영릉의 석물이 또 허물어지다.

12. 26. 인조 시절 강빈의 폐서인 교서를 지었던 채유후가 졸하다.

• 교서를 지은 후 채유후는 《사륙전서》를 불태웠다고 하는데, 이는 후회함을 뜻하는 행동이었다.

현종 2년(1661)

2. 18. 예조가 《실록》을 봉안할 때의 규례에 대해 아뢰다.

4. 10. 홍정당에서 원옥(冤獄)을 심리하다 윤선도에 이르러 논란하다. 송준길이, 윤선도가 고령 등임을 감안해 삼수에서 다른 곳으로 옮길 것을 청하자, 이배하라 명하다.

4. 17. 윤선도에 대한 논란 끝에 북청으로 이배하기로 하다.

4. 21. 부사직 조경이 소를 올려, 윤선도는 종통과 적통에 대해 효묘(孝廟)를 위한 자신의 의견을 표시한 것밖에 없다며, 설령 윤선도를 물리치더라도 윤선도가 바친 종통과 적통의 설을 치지도외해서는 안 될 것이라 아뢰다.

• 효묘는 효종을 말한다.

4. 23. 집의 곽지흠이 전 판중추 조경을 삭탈관직하고 문외출송할 것을 청하니 파직만 명하다.

5. 4. 대상제를 행하다.

5. 5. 대사헌 조수익이 권시·조경을 변호하다.

5. 13. 조경의 상소로 비롯된 논란들에 대해 논의하던 중, 윤선도의 상소는 구절구절 잘못되었다는 입장을 밝히다.

5. 15. 부제학 유계·교리 이민서가 윤선도와 조경의 죄를 바로잡아야 한다고 아뢰다.

5. 16. 윤선도를 다시 삼수로 이배하다.

5. 21. 김좌명이 호남 안찰사로 가게 해 달라고 청했으나 들어주지 않다.

• 김좌명이 외방으로 나가려고 한 것은, 송시열과 원한 관계에 있었고 윤선도·조경의 의논을 지지한 일 등으로 동료들과 사이가 좋지 않았기 때문이다.

5. 26. 송시열을 불러 윤선도와 조경에 대한 배척의 뜻을 분명히 밝히다. 송시열은 선왕에 대한 자신의 충성이 의심받는 것에 대해 억울함을 말하다.

5. 28. 송시열이 소장을 올리고 돌아가다.

6. 2. 《개》 윤선도·조경의 상소에 대해 송시열이 상소문을 올리다.

6. 2. 송시열과 같은 죄를 짓고 혼자 조정에 남아있을 수 없다는 상소문을 송준길이 올리다.

6. 13. 유배 중인 윤선도가 예설(禮說)이라는 글을 지어 거듭 자신의 주장을 펴고 송시열을 공격했다고 하자, 삼수에 위리안치시키다.

7. 7. 효종대왕을 종묘에 부묘하고 김상헌·김집을 배향하다.

7. 13. 소현세자의 3남 결혼식에 물자를 지원하기로 하다.

7. 19. 영부사 이경석이 상차해, 송준길을 간곡히 만류하고 송시열을 소환할 것을 청하다.

7. 27. 자의대왕대비에게 존호를 더하다.

7. 29. 왕비를 책봉하다.

윤7. 3. 오랜만에 경연을 열어 모두 기뻐했으나 안질로 이내 중단하다.

윤7. 17. 다래끼가 나서 인경궁 초정에 가 씻기로 하다.

윤7. 22. 영의정 정태화가 20차례 사직소를 올린 끝에 허락받다.

• 정태화는 인조 말년에 처음 정승이 되어 세 조정을 차례로 섬겼는데, 벼슬살이 잘하는 사람을 칭할 때 세간에서 정태화를 으뜸으로 뽑았다고 한다.

8. 15. 원자가 태어나다.

8. 20. 《효종대왕실록》 태백산과 오대산에 봉안하다.

8. 26. 광주 무등산에 눈이 내리다.

9. 18. 용천 백성 3인이 압록강을 넘어가 삼을 캐다 붙잡혀 의주로 압송되어 오다. 예부가 우리나라 자체로 처리하라 하자, 국경에서 효시하고 담당 부사와 첨사 등은 도배하다.

10. 14. 조복양·유계 등이, 나라의 비축량이 떨어졌다며 관작을 팔아 곡식을 모집할 것을 청하니 따르다.

12. 8. 영릉의 석물에 또 틈이 벌어져 좌의정 심지원을 보내 봉심하게 하다.

12. 13. 정태화 영의정.

현종 3년(1662)

1. 1. 청나라가 연호를 강희로 고치다.

1. 11. 중외에 버려진 아이들을 거두어 기르도록 유시하다.

1. 28. 좌상 심지원 졸기.

2. 19. 경상감사가 전염병으로 인한 피해 상황을 보고하다.

3. 23. 각 도에서 전염병으로 1,300여 명이 사망하다.

3. 28. 윤선도의 배소에 위리를 철거하다.

4. 11. 청군이 소운남에 들어가 영력 황제를 체포함으로써 명의 대통이 끊기다.

• 영력 황제는 명나라의 마지막 황제 영명왕을 가리킨다.

4. 13. 제궁가(諸宮家)의 시장 불법 점유 문제를 논의하다.

4. 24. 원두표 좌의정, 정유성 우의정.

5. 12. 병판 허적이 명을 받고 올라오다가 병이 악화되자 소장을 올려 사직하니, 어의를 보내 간병케 하다.

5. 16. 청사가, 의주부의 백성이 몰래 강을 건너 벌목 등을 행하는 데 의주부윤 이시술이 첩문(출입 허가증)을 발급해 주었다고 주장하다. 이시술은 물론 월경인들도 이시술이 첩문을 발급해

주었다는 것을 부인하다.

5. 19. 이시술을 구제할 방안에 대해 논의하다.

5. 23. 청에 보낼 문서의 내용을 뇌물을 써서 바꾸다.

5. 26. 호남어사 이숙이 상소하다.

5. 28. 지평 원만리가, 이숙의 비축곡에 대한 치계를 보고 전 부사 이원정과 전 감사 김시진의 파직을 아뢰다.

6. 1. 해마다 흉년이 들어 백성이 초근목피로 연명하고 굶주려 죽은 시체들이 길에 가득하다.

6. 17. 황해 감사 홍처윤이 치계하여, 문서를 위조해 민전을 궁가에 팔아넘긴 사례, 백성들이 하루아침에 땅을 탈취당한 사례 등을 아뢰다.

6. 20. 희정당에서 승지·옥당 관원을 인견하다. 부제학 조복양이, 널리 구언하는 것보다 양송(송시열·송준길)이나 윤문거 형제, 이유태 같은 이들의 의견을 듣는 게 낫다고 아뢰자, 사관을 보내 유지를 전하게 하다.

6. 21. 양송에게 빨리 올라오라 이르는 글을 보내다.

6. 25. 원두표가 상소하여, 아들 원만리가 도당록에 참여한 것은 사정(私情)에 의한 것이 아니라고 고하다.

• 사관은, 원두표를 김자점과 비슷한 인물이라 악평했다. 《개수실록》의 사관도 같은 입장을 취했다.

7. 13. 궁가의 민전 탈취 등에 대해 의논하다 짜증 내는 기색을 드러내다.

7. 13. 1개 궁가의 면세전이 많게는 1,400결에 이르는 상황으로, 이는 중읍(中邑)의 결에 해당한다.

7. 20. 우참찬 민응형이 85세로 졸하다.

7. 20. 박세당이 자신을 비판한 것에 대해 원두표가 파직을 청하다.

• 원두표가, 박세당은 친구의 아들이라며 세태를 개탄하자, 임금 역시 오늘날의 세도(世道)가 한심스럽다며 원두표를 위로했다.

7. 24. 호남 산간의 대동법 실시 문제, 양서 지방

의 양전 문제, 궁가의 전결 지급 문제 등을 논의하다. 왕은 600결을, 신하들은 그것도 많다는 의견을 내다.

8. 5. 희정당에서 대신과 비국의 신하들을 인견하고, 양전 문제와 호남 산간의 대동법 문제를 논의하다. 양전 문제는 기읍에서 시작하기로 하고 호남 산간의 대동법과 관련해서는 미곡 13두를 면포 2필로 환산하기로 하다.

8. 6. 안질로 인해 희정당에서 침을 맞았는데, 공간이 좁아 도제조 이하는 합호(閤戶) 밖에 엎드리다. 이후 이렇게 하는 것이 상례가 되다.

8. 13. 습창으로 인해 온정에 가서 목욕하고 싶다는 뜻을 말하다.

8. 20. 이달 27일 노량에서 열무할 것이라며, 병조로 하여금 준비하라 명하다.

8. 29. 대사간 민정중 등이 청대하였는데, 몸이 좋지 않다며 의견이 있으면 서계하라 이르다. 이에 민정중 등이 인피(引避)하다.

8. 29. 《개》 민정중 등이 피혐하는 계사를 두 번이나 봉입한 것은 대관에게 아첨하는 것이라며 승지 이은상·조윤석을 무겁게 추고하라 명하다.

8. 30. 민정중 등이 연명하여 피혐한 것에 대해 냉소적으로 답하다.

9. 5. 궁가의 면세전 등을 논의하다.
• 대군과 공주는 500결, 왕자와 옹주는 350결을 한도로 정했다.

9. 12. 노량 백사장에서 열무하다.

9. 17. 양자를 들인 후에 친자를 낳을 경우 적자 문제를 논의하다.

10. 2. 춘당대에서 열무재(閱武才)하고 문신 정시를 행하다

10. 4. 이민적이 청대해 시장(柴場)·화전(火田) 문제에 대해 아뢰다.

10. 23. 이시술이 혁직(革職)에 그치고, 의주부 백성도 모두 죽음을 면하게 되다.
• 첩문 문제가 해결된 것이다.

11. 12. 강원 생원이 상소해 이이·성혼의 문묘종사를 청하자 번거롭게 말라 답하다.

12. 7. 청사가 삼전도 비각을 살피고 돌아오다.

12. 18. 《개》 장령 과제화가 시폐를 진달하고 사직을 청하니 체직하다.

12. 24. 《개》 승지가 곽제화의 외직 보임에 반대하고, 곽제화도 사조(辭朝)하지 않자 승지들을 질책하다. 이에 승지들이 논계 중인 사안은 배사하지 않는 게 관례라고 답하다.

12. 25. 《개》 곽제화를 당장 떠나게 하라 이르다.

12. 30. 《개》 정태화가 나서서, 대간이 논계하고 있는 동안은 거행할 수 없는 것이 관례라며 마음을 가라앉힐 것을 청하자, 곽제화를 우선 기다리게 하라 이르다.

현종 4년(1663)

1. 4. 헌납 이익이 소를 올려, 간언 듣기를 싫어하는 것에 대해 지적하다.

1. 15. 군역의 가혹함으로 인해 친척을 죽이는 일이 벌어지다.

2. 10. 응교 남구만이 상차해 궁가의 폐단을 진달하고, 인심과 공론을 따르는 결단을 내릴 것을 청하다.

2. 13. 《개》 소현세자 묘의 전사청이 화재로 불타다.

2. 13. 《개》 양심합에 나가 대신과 비국 재신을 인견하다.
• 이 자리에서, 처음 이이가 제안한 것부터 김육의 계청 등 대동법의 실태에 대해 논했다.

2. 19. 《개》 경기좌우도 양전 사업 담당자를 불러 진행 상황을 묻다.

3. 7. 《개》 형판 허적과 호판 정치화가, 은화의 유출 금지를 청하자 따르다.

3. 12. 《개》 호남에 대동법을 설행하다.
• 1결당 가을에 쌀 7말, 봄에 6말을 봉납하되, 올 10월부터 신결(新結)에서 수확한 쌀을 봉납하여 내년 9

월까지로 하였다.

3. 26. 《개》 부응교 남구만·부교리 이유상을 면대하고 잘못된 시정을 듣다.

3. 26. 경상감사 이상진의 건의에 따라, 내수사가 각 읍에 직접 관문을 보내는 것과 감사에 직접 신보(申報)하는 것을 금하다.

4. 2. 대사헌 송준길이 중국 학자 이통의 문묘 종사를 청했으나 따르지 않다.

4. 3. 헌부가 누차 고해, 제궁가와 제아문에서 신설한 장토(庄土)를 혁파할 것을 청하니 이때에 와서 따르다.

4. 11. 사간원이 상차해, 우율 종사 청을 받아들일 것을 아뢰었으나 허락하지 않다.

• 우율은 우계와 율곡, 곧 성혼과 이이를 가리키는 말이다.

4. 13. 신하들의 거듭된 제기에, 궁가의 토지 소유 한도를 대군과 공주는 4백결, 왕자와 공주는 250결로 낮추다.

4. 19. 홍우원이 윤선도의 예설을 옹호하는 상소를 올리자, 서필원이 반론하다.

4. 23. 사간 김만균 등이 홍우원의 처벌을 청하였으나 수락하지 않다.

4. 28. 응교 이민적과 수찬 이익이 소를 올려, 홍우원의 처벌을 수락하지 않으면서 한 말을 문제삼자 은연중에 자신을 조롱한다며 힐난하다.

5. 20. 진사 남중유 등이 우율 종사를 반대하는 소를 올리다.

6. 3. 곤장의 크기·형태·재질을 바꾸다.

6. 10. 우율 종사를 반대하는 경상도 생원 김강 등이 상소하다.

6. 20. 《개》 김강 등의 소에 대해 응교 이민적 등이 반대 상소를 올리다.

7. 1. 헌부가 홍우원의 삭출을 청하니, 파직만 하라 이르다.

7. 6. 희정당에 나아가 원옥을 심리하다.

• 여러 신하들의 반대로 윤선도는 석방하지 않았다. 또 서필원이, 김수항이 젊은 나이에 이판이 되는 건

문제라고 지적하자, 민유중이 반론을 냈다.

7. 11. 유학 권대시가 상소해, 김강의 소는 동인의 이야기만 듣고 양현을 비방한 것이라 비판하자, 감히 편을 갈라 방자하게 거론한다며 나국하라 명하다.

7. 29. 양사가 홍우원을 삭출하라는 논의를 정지하다.

• 이 날짜 기사에 예송의 시말에 관한 사론이 실려 있다.

8. 7. 《개》 대사헌 김수항 등이, 경기도 내 산기슭·바닷가·황무지 등 오래 경작하지 못한 땅들을 이번 양안 때 고을 호족들이 자기들 이름으로 등록하고 있다며 조사해 엄금할 것을 청하니 따르다.

8. 17. 여인의 시체에 음행한 자를 복주하다.

9. 11. 집의 남구만과 정언 이광직이 함께 청대해, 궁가·내사부 등의 일을 오래도록 간하다.

• 왕이 노여워했다.

9. 11. 송시열이 소를 올려, 종통·적통의 설과 관련해 자신의 죄를 다스려 줄 것을 청하자, 어서 올라오기를 권하다.

9. 30. 송준길이 소를 올려, 송시열과 훼예·영욕을 함께할 것이라며 먼저 자신의 죄를 다스려 줄 것을 청하다.

10. 17. 훈련도감과 형조의 금리가 충돌하다.

10. 19. 훈련도감에서, 형조 금리와의 충돌에 대해 전말을 아뢰다.

11. 6. 사간 민유중이, 산해를 절수(折受)해 준 폐단과 궁장(宮庄)을 비호하는 일 등에 대해 아뢰다.

11. 14. 《개》 훈련도감·어영청·총융청·수어청·정초군 등에 대한 연혁과 상황을 기록하다.

11. 28. 정언 이광직이 절수 문제를 강력히 거론하며 인피하다.

11. 29. 사간 민유중이 산해 절수 문제로 인피하다.

12. 3. 대동미·궁가·진휼 등의 문제를 의논하

다.

12. 13. 강화도에 우역(牛疫)이 돌아 1,770여 두가 죽다.

12. 21. 대사헌 이경억이, 강도와 남한산성에 비축된 군량이 조사해 보니 과반수가 허위로 기재된 것이라 아뢰다.

12. 26. 시장 절수에 대해 개선책을 의논하다.

12. 26. 경기 양전 사업이 끝나다.

현종 5년(1664)

1. 16. 양전이 끝나 균전청을 폐지하다.

1. 20. 송시열이 김만균을 파직한 것은 부당하다고 아뢰다.

2. 3. 함경감사 서필원이 소를 올려, 김만균을 옹호한 송시열을 비판하다.

2. 26. 이조참판 유계 졸기.

• 《개수실록》에는 2월 25일에 실려 있고 더 상세하다.

3. 3. 서원은 한 군데면 족하지 겹으로 설립하는 것은 옳지 못하다고 하다.

3. 16. 안질로 인해 침을 맞다.

3. 19. 전라감사 정만화가 호남의 풍습·기질 등을 부정적으로 아뢰다.

3. 27. 제주의 종자마를 가져다 강화의 목장에 방목하다.

4. 18. 당색을 두둔한다며, 이조의 당상과 낭청을 모두 파직하고 추고하라 이르다.

4. 20. 정태화가 면대해 전관(銓官)의 처벌 완화를 청하자, 체직하고 추고만 하라 명하다.

4. 21. 정언 맹주서가 전관과 대간에 대한 명을 거두기를 청하자, 당류만 두둔하고 임금은 업신여긴다고 질책하다.

4. 22. 성균 생원 윤헌 등이 상소해 서필원을 공격하자, 주동자와 소두(疏頭)를 모두 부황(付黃)하라 명하다.

4. 23. 정원이 유생 부황의 전지를 받지 않다.

4. 23. 도제조 정태화·도승지 남용익 등이 입시

해, 유생 부황의 명은 너무 과중한 벌이라고 하자 부황은 거두고 정거를 하겠다고 하다. 이에 신하들이 이구동성으로 반대하다.

5. 1. 김좌명·정태화의 건의를 받아들여 정거를 풀다.

5. 3. 함경도의 아사자가 1만을 넘다.

5. 10. 송준길이 상소하여, 당초 김만균부터 서필원의 소, 송시열의 소에 대해 아뢰고, 서필원을 비판함과 동시에 근래의 유생 처벌 등에 대해 지적하자, 오랫동안 답하지 않다.

5. 11. 함경감사 서필원이 소를 올려 공론에 따라 자신을 물리칠 것을 청하자, 안심하라 이르다.

5. 11. 송시열이 소를 올려 분란에 대한 책임을 지고 사직하겠다고 청하자, 여러 날 지나서야 안심하고 사직하지 말라 답하다.

5. 12. 집의 민유중이 서필원의 주장을 비판하고 파직을 청하자, 국가가 미워하는 것은 당론이라며 민유중을 체차하라 명하다.

6. 5. 함경감사 서필원이 연이어 소장을 올려 체직을 빌자, 비국의 의견을 물어 체직하다.

6. 6. 송준길이 5월 10일에 올린 상소에 답하다.

6. 13. 희정당에서 진주사로 다녀온 홍명하 등과 인견하다. 홍명하가, 어린 황제(강희제)의 정치로 재용이 넘치고 나라가 안정되었다는 것, 우리의 비밀스러운 일들을 청 측에서 모르는 것이 없다는 것 등을 아뢰다.

6. 24. 원두표 졸기.

윤6. 3. 함경감사 민정중이 서필원의 직임을 이어받은 것을 불안히 여겨 사직했는데, 들어주지 않다.

윤6. 3. 왜인이 《퇴계집》·《고사촬요》를 구입하고자 했으나 불허하다.

윤6. 12. 장령 정찬도 등이 서필원에 대한 논계를 정지하다.

• 이 기사에, 서필원의 상소를 둘러싼 사건의 전개에

대한 상세한 설명과, 서필원에 대한 공격을 놓고 준론과 완론으로 나뉜 상황이 나타나 있다.

7. 10. 목 뒤의 부스럼으로 양심합에 나아가 침을 맞다.

8. 12. 병자년에 몽고병에게 잡혀갔던 안추원이 심양에서 도망쳐 오다.

9. 3. 허적 우의정.

9. 16. 광릉에 갔다 돌아오는 길에 군사들을 훈련하다.

10. 28. 집의 이단상이, 힘써 공부하고 송시열 등을 예우하라 아뢰다.

11. 8. 이단상이 상소하여 자신들을 비판한 것과 관련해 김좌명·김우명이 상소하다.

11. 11. 송준길이 소를 올려 경연 문제, 상소에 대한 비답을 제때 하지 않는 문제, 싫은 소리에 노기를 드러내는 문제, 궁가의 폐단을 방조하는 문제, 말에 대해 죄를 가하는 문제 등을 지적하자, 속히 올라오라 답하다.

11. 23. 훈련도감의 둔전 등 각 아문의 둔전에서 민전을 제멋대로 소속시켜 조세를 징수하는 것을 혁파키로 하다.

12. 1. 이자봉이란 사람이 아비의 복수를 참혹하게 하였으나, 곤장 60대만 치고 석방하다.

12. 10. 삼복을 행해 사형수 13인을 결단하다.

12. 11. 황해감사 서필원이 이단상의 상소를 논박하는 소를 올리다.

현종 6년(1665)

1. 21. 전 장령 이무가 상소해 우상 허적을 비방하다.

1. 23. 무를 삭출하다.

1. 23. 당론의 버릇을 단호히 징계하겠다며, 이무를 비롯해 전 집의 송시철과 전 장령 권격 등을 변방에 귀양 보내라 이르다.

1. 26. 귀양 명을 거둘 것을 청한 승지들을 영원히 서용치 말게 하다.

1. 26. 의금부에서, 송시철은 선천에, 권격은 정주에, 어진익은 영해에, 이무는 길주에 정배하는 단자를 입계하니, 그곳들이 무슨 변방이냐며 진노하고, 의주·강계·부령·회령으로 유배지를 바꾸다.

1. 26. 우의정 허적이 상차해, 진노를 풀고 신하들의 죄를 사면할 것과 자신의 직을 갈 것을 청하다.

1. 27. 하명을 거두어 줄 것을 영의정 정태화와 좌의정 홍명하가 상차하였으나, 이무 등의 일은 곧 당론이며 용서할 수 없다는 뜻을 분명히 하다.

1. 28. 《개》 정태화·홍명하·이경석이 다시 하명 철회를 청하자, 죄를 감해 송시철 등 3인은 삭탈관직하고 승지들은 파직만 하라 이르다.

2. 2. 우의정 허적이 상차해 이무의 석방을 청하다.

2. 27. 윤선도를 광양으로 이배하다.

3. 14. 약방의 의원들에게 눈병과 부스럼에 온천욕이 효험이 있는지를 묻다. 여러 의관들이 모두 효험이 있다 답했는데, 유후성만 부작용이 있을 수 있다고 하다.

3. 14. 충청감사 김시진이 장계해 인징·족징의 폐단을 아뢰다.

3. 15. 온천행에 대해 대신들에게 묻자 모두 어렵게 여기다.

3. 15. 희정당에서 여러 의원들에게 진맥하게 하고 병이 심각함을 말하며 거듭 온천 치료에 대해 말하다. 대신들은 여전히 반대하다.

• 이때 왕은 눈병으로 침을 40여 차례나 맞았는데도 효과가 없다며 실명할지도 모름을 걱정했는데, 대신들은 계속되는 천재지변과 역병으로 온천에 거둥하는 것은 곤란하다는 입장을 밝혔다.

4. 6. 가슴·등·머리에 새로 부스럼이 생기다.

4. 7. 약방에서 온천욕이 불가피하다고 아뢰다.

4. 7. 도제조 허적 등과 의논하여 온천 행행을 결정하다

4. 9. 병판 홍중보·도제조 허적을 인견하고 호위 등의 문제를 검토하다.

4. 11. 형조판서 김좌명을 정리사로 삼아 온양에 먼저 보내다.

4. 15. 훈련도감에서, 어가를 호위할 마병이 470명이라 아뢰다.

4. 15. 어영대장 유혁연으로 하여금 군대를 지휘하게 하다.

4. 17. 온양 온천으로 거둥하다.
• 수행인들과 호위 군대의 규모 등이 상세히 나타나 있다.

4. 17. 좌의정 홍명하에게 도성 수비와 궁성 호위를 명하다.

4. 17. 오시에 과천 숙소에 이르다.

4. 18. 미시에 수원 숙소에 이르다.

4. 19. 온천에서 김좌명이 마중 나오다.

4. 19. 송준길이 부름을 받고 올라오다. 도중에서 병이 심해 나아갈 수 없다며 상소해 하직하다.

4. 20. 충청 군대의 대열을 보고 칭찬하다.

4. 21. 오시에 온천에 도착하다. 십 리쯤 길 양쪽으로 인파가 가득하였는데, 가끔 어가를 멈추고 위문하기도 하다.

4. 21. 온천에서 손을 씻다.

4. 22. 온천에서 머리를 감고 목욕하다.

4. 23. 오래 머물게 될 것이니, 병이 조금 나아지면 송시열과 송준길에게 와서 보라 이르게 하다.

4. 24. 송시열이 행궁에 오다. 소를 올려 직임을 사양하다.

4. 25. 백관에게 북쪽 탕에서 목욕하게 하다.

4. 26. 호위 군사들에게 음식을 베풀어 위로하게 하다.

4. 28. 행궁 밖에서 문무과 정시를 행하다.

5. 1. 예관을 보내 김장생·조헌·송상현·이순신에게 제사 지내게 하다.

5. 1. 송준길이 알현해 쾌차를 하례하다.

5. 5. 무과 합격자를 발표하고 금군에 배속하다.

5. 6. 온천 근처의 백성들과 피해를 입은 자들에게 쌀과 콩을 주다.

5. 7. 송시열이 와서 알현하다.

5. 8. 이유태가 와서 알현하다.

5. 8. 강화도에 불랑기 50위(位), 정철자포 200문 등을 보내다.

5. 10. 윤선거가, 하사한 음식물을 사양하는 소를 올리고 물러가다.

5. 11. 충청도와 경기도의 여든 살 이상 노인들 300여 명에게 당상첩을 내려 주다.

5. 12. 온천 행궁을 출발하다.

5. 14. 도강 전후 군대의 위용을 보이게 하다.

5. 14. 저녁에 환궁하다.

5. 15. 온천욕으로 하여 시력이 거의 회복되고 습창도 거의 아물다.

5. 20. 대사헌 송준길이 성문 밖에 이르러 소를 올려 사직을 청하자, 본직의 체직은 들어주되 떠나지 말고 머물러 있으라 하유하다.

5. 22. 송준길 좌찬성

5. 27. 송시열이 수원에 이르렀는데 병을 칭탁해 사직서를 올리고 돌아가다.

6. 17. 송시열·송준길·김수항·김좌명을 원자 보양관으로 삼다.

6. 19. 안질이 회복된 것을 종묘에 고하고, 사면령을 내리다.

6. 21. 사간 김만기가, 윤선도가 이배할 때 함경도 수령이 40명의 노비와 20필의 말을 제공했다며 처벌을 청하다.

6. 29. 원자 보양관의 아문 명을 강학청으로 하다.

7. 8. 송준길을 불러 원자 보양직을 맡을 것을 하유했으나, 송시열이 오지 않는 상황에서 자신만 머물러 있는 것이 나라에 도움이 되지 못한다고 사양하다.

7. 23. 함경감사 민정중이 주관해 함경도의 양전

을 실시하다.

8. 16. 예조가 원자 보양관에 대한 전례를 정하여 올리다.

• 원자와 보양관의 상견례를 비롯해 각 상황에서의 복식과 절차 등에 대해 기록했다.

8. 18. 《통감》을 강하고 강학청에 대한 절목들을 논의하다.

8. 23. 다리에 통증이 있어 침을 맞고, 자전의 병 치료를 위해 온천에 모시고 가고 싶다는 뜻을 밝히다.

9. 3. 원자가 보양관 송준길과 상견례를 가졌는데, 다섯 살 어린 나이임에도 행동이 모두 예에 맞아 다들 탄복하다.

• 원자가 동계(童髻)·옥잠(玉簪)·아청단령(鴉靑團領)·흉배(胸褙)·옥대(玉帶)를 갖췄다고 기록했다.

9. 4. 원자가 좌상 홍명하·우상 허적과 상견례를 갖다.

9. 5. 원자가 보양관 김좌명·김수항과 상견례를 갖다.

9. 7. 원자에게 《효경》을 강하기 시작하다.

9. 18. 소현세자의 아들 경안군 이회가 졸하다.

10. 4. 좌참찬 송준길이 떠나다.

10. 5. 관학 유생이 상소해, 송준길이 떠나는 것을 만류할 것을 청하다.

10. 5. 장령 김익렴이 소를 올려, 유현으로 물러나 있는 자가 나오기를 어렵게 여기고 이미 나온 사람마저 물러가는 것은 전하의 성례가 부족한 소치라 아뢰다.

10. 6. 송준길에게 비망기를 내려 아쉬움을 표하다.

10. 24. 원자가 영부사 이경석·영의정 정태화와 상견례를 갖다.

11. 2. 대사간 윤문거와 집의 윤선거가 병을 핑계로 사퇴하고 오지 않다.

12. 25. 8도에 우역(牛疫)이 치성하다.

12. 27. 호남 산군의 대동미 설행을 파기하라 명하다.

• 부호들이 불편하게 여겼는데, 조정이 그들의 말만 믿고 파기를 주장했다.

현종 7년(1666)

1. 15. 안추원이 고향에 돌아와 보니, 부모형제가 모두 죽고 장차 살길이 없어 도로 청국으로 갔다가 봉성의 수장에게 붙잡히다.

• 이 일이 심양에 보고가 되어, 조정에서 걱정을 했다.

1. 22. 안질이 재발하여 진찰하고 침을 맞다.

2. 21. 김수흥이 복제에 대한 글을 올렸다가 간원들의 청으로 사판에서 삭제되고, 같은 종당과 친인척들은 의리를 끊고 왕래도 끊다.

김수흥의 글은, 윤선도의 생각에 가깝고 송시열을 조목조목 비판하는 내용이었다.

3. 10. 《개》 원자의 이름을 화(火) 자를 변으로 하는 글자로 택하라 하여 정명단자를 들이자 광(爌) 자로 낙점하다.

3. 13. 침을 맞은 뒤 대신 및 비국의 여러 신하들을 인견하고, 온천 행행 시의 호위·의장 등을 논의하다.

3. 22. 《개》 유세철 등 영남 유생들 1,000여 명이 복제에 대해 집단으로 상소했는데, 좌의정 홍명하·이판 김수항·승지 김만기 등이 한목소리로 통렬히 다스려야 한다고 아뢰다.

3. 23. 영남 유생들의 상소를 비판하는 발언을 하다.

3. 25. 대사헌 조복양·대사간 정만화 등 양사의 관원들이, 소두 유세철이 예를 의논한다는 명목을 빌려 군자를 미워하고 사림에게 화를 부과하려 했다며 죄줄 것을 청하다.

3. 25. 대신과 비국 대신들을 불러 영남 유생의 일을 의논하고, 당초 복제를 모두 《오례의》에 따라 행했으니 이제 와서 바꿀 수 없다며, 이후로 예를 논한다는 것을 빙자해 소요를 일으키면 형벌을 시행하라 이르다.

3. 25. 《개》 대사헌 조복양이 원자 이름에 대해 이의를 제기하자, 원자의 이름을 순(焞)자로 고치다.

3. 26. 자전을 모시고 온양의 탕천에 거둥하다.

3. 26. 총융사 구인기가 수원 군병을 이끌고 모래밭에서 결진하다.

3. 28. 청호 앞 들녘에 도착해 수원 군병에게 진법 훈련을 행하게 한 뒤, 작년보다 나아졌다고 칭찬하다.

3. 29. 별장들을 불러 각 부대를 지휘하게 하고 진법 훈련을 실시하다.

3. 30. 온양에 도착하다.

4. 1. 송시열 등을 행궁으로 부르다.

4. 7. 송시열·송준길이, 유세철의 상소에 대해 자신을 탓하고 부름에 응하지 않다.

4. 8. 대사헌 조복양·장령 어진익이, 안동부사 이성징이 고을의 불량한 무리와 일을 모의하고 예를 논한다는 핑계로 자제들을 꾀어 유세철의 소 같은 일 등을 초래했다며 그들을 사판에서 삭제할 것을 청하자 따르다.

4. 21. 송준길을 인견하다.

4. 26. 송준길의 진달에 따라, 즉위 이후 제 궁가가 개간하여 떼어 받은 곳은 모두 본래 주인에게 줄 것을 명하다.

4. 26. 송시열을 인견하다.

4. 27. 행궁을 출발하다.

4. 29. 송시열이 상소해 물러가니 사관을 보내 전유하다.

5. 16. 전라 유생 안음 등이 상소해 예를 논하다.

6. 22. 용천·철산·선천 등지에 해일이 일어, 사람이 휩쓸려 죽고 민가가 떠내려가기까지 하다.

6. 29. 상주 유생 성신승 등이 상소해, 유세철의 죄를 다스릴 것을 청하다.

7. 9. 대신과 비국의 신하들을 인견하여 청사에게 줄 금의 수량을 논의하다.

7. 17. 칙사들과 함께 도망한 조선인을 조선에서 숨겨 준 일을 논의하다. 청사들이 담당 대신을 사죄(死罪)로 다스릴 것을 주장하자, 왕이 북쪽을 향해 엎드려 자신의 죄를 청하여 죄의 등급을 감하게 하다.

• 앞서 도망 왔던 안추원에 대한 논의다. 사관은, 왕이 땅에 엎드려 죄를 청한 것은 남한산성 아래에서의 굴욕보다 작은 일이 아니라고 평했다.

8. 27. 어사를 각 도에 파견하다.

9. 3. 연경으로 가는 우상 허적의 병세가 심해 염려된다며, 내의원 1명을 뽑아 보내라 이르다.

10. 10. 다리에 난 종기 때문에 침을 맞다.

10. 22. 전라도 암행어사 신명규가 산읍의 대동법을 혁파했지만, 가난한 집은 모두 시행하기를 원한다고 서계하다.

10. 26. 《개》 호남 산읍의 대동법과 관련해, 정태화·홍명하·민유중 등이 자신들의 판단이 잘못되었다고 인정해 재실시하기로 하다.

11. 4. 어린아이를 군역에 충정할 경우 무거운 율로 다스리기로 하다.

11. 30. 각 도 암행어사의 서계에 의거해, 각 수령들에게 차등 있게 논상하라 이르다.

12. 11. 청나라가 새 역법을 버리고 다시 명나라 역법을 쓰다. 이에 대통력을 쓰기로 하다.

12. 22. 찬선 이유태가 상소해, 청사들 앞에서 취한 왕의 태도는 스스로를 욕되게 하는 것이라며 자중할 것을 아뢰다.

12. 26. 허물이 왕에게 미친 일로 하여 정태화가 체직을 청하다.

현종 8년(1667)

1. 22. 원자를 책봉해 세자로 삼다. 거동이 모두 예에 맞고 영특한 자태가 엄연해 신하들이 모두 탄복하다.

• 《개수실록》에는 1월 21일로 되어 있다.

1. 29. 집의 이숙·장령 박중휘 등 7인이, 정태화·홍명하·허적을 파직할 것을 합계하다.

• 지난번 안추원의 일을 문제 삼은 것이다.

1. 29. 밤 2경에 편전에 나아가 궁궐에 햇불을 환히 밝히게 하고, 이숙 이하 6명의 변방 유배를 명하다.

1. 30. 대사헌 박장원이, 여러 신하들을 찬축한 것에 대해 이의를 제기하자 체차를 명하다. 이에 정언 이단석이 나서서, 찬축의 명과 체차의 명을 모두 거둘 것을 청하니 또한 체차하다.

2. 6. 박장원을 다시 대사헌으로 삼다.

2. 9. 사간 이후가 3공의 죄를 다시 청하다.

2. 10. 이후를 극변에 유배하라 명하다.

2. 11. 집의 김익렴 등이 《정원일기》를 고증해, 영상의 말과 허적의 말을 들어 잘못을 지적하다.

2. 11. 김익렴 등을 인견하고 논란하다.

2. 22. 왕세자가 첫 서연을 갖다. 《동몽선습》을 강하다.

2. 26. 관학 유생들이 상소해 이숙 등을 변호하고 허적 등을 공격하자, 생원 이희택·홍천서의 정거를 명하다.

2. 26. 유학 황연이 소를 올려 양송을 비판하고, 그와 논의가 어긋나면 모두 버림받았다며 조복양·김만기·민유중을 함께 공격하자, 의도한 바가 분명히 드러난다며 소를 물리치고 황연을 정거토록 하다.

2. 29. 성균관에서, 관학 유생들의 권당에 대한 대책을 아뢰다.

3. 4. 유생들의 정거를 풀자 관학 유생들이 들어가 재(齋)를 지키다.

3. 12. 관학 유생 조상우가 상소해 황연·허목·조경 등을 공격하다.

3. 19. 정태화의 동생 정치화를 우의정으로 삼다.

4. 5. 예조에서, 온천 거둥시 서울에 남아 지키는 관원들은 모두 융복을 입게 할 것을 아뢰자 따르다.

4. 11. 온천에 거둥하다.

4. 15. 행궁에 도착하다.

4. 21. 승지를 보내 허적·양송을 부르다.

윤4. 4. 송시열·송준길·이유태·윤선거가 사직하며 달려오지 않다.

윤4. 12. 허적을 인견하다.

윤4. 13. 서빙고 너머 모래사장에서 군사 훈련을 관람한 뒤 초저녁에 환궁하다.

윤4. 27. 홍명하 영의정, 허적 좌의정.

5. 11. 유학 이석복이 상소해, 지난번 공관한 유생들과 그 배후를 공박하고 윤선도를 옹호하다.

5. 20. 형부와 간통해 아이를 낳은 왕대비전의 궁녀 귀열을 복주하다.

5. 26. 이석복의 상소에 대해, 죄를 주자니 구언의 교지를 막 내린 상황이고 주지 않자니 마음이 유쾌하지 않다며, 상소를 물리치도록 하다.

6. 23. 표류해 온 중국인들의 처리를 비국과 논의하다.

6. 28. 《개》 표류인들을 청에 압송하려 한다는 주장에, 전 정언 권격이 통탄스럽다고 상소하다.

7. 4. 영녕전 중건 공사를 마치다.

7. 8. 함경감사 민정중이 도내 전결을 측량해 보고하다.

7. 10. 유학 성지선 등 8인이, 표류인의 청국 소환에 반대하는 상소를 올리다.

• 이후로도 종종 유사 상소가 이어졌다.

7. 13. 김좌명이 소를 올려 민유중·김만기를 지척하다.

7. 21. 윤선도를 석방하다.

• 나이가 많기 때문이라는 단서를 달았다.

8. 1. 눈병으로 침을 맞다.

8. 7. 대통력에 따라 왕세자의 탄신일을 9월 15일로 하다.

• 시헌력으로는 8월 15일이다.

8. 7. 《개》 포로로 잡혀간 것과 개가한 것은 똑같은 허물이니 자식을 벼슬길에 허통시킬 수 없다 한 대간의 의견에 대해 대신들의 의견을 구하다. 대부분 오십보백보라는 의견이었으나 이

경석은 임진년·병자년 뒤에도 별도로 법을 세워 금고한 일이 없다며 대간이 논한 바는 과격하다 답하다. 이경석의 의견을 따르다.

9. 20. 집의 최관이 최선의 일로 인피하다. 이에 대해 사관이 전말을 기록하고 꽉 막힌 논평을 하다.

• 최관의 계모였던 권 씨가 병자년에 잡혀갔다가 돌아왔는데 시부모가 받아들이자 어미로 모시고 죽었을 때는 3년복을 입었다. 그런데 관을 묻는 날에야 최관의 숙부인 최계웅이 권 씨의 신주를 가묘에 들일 수 없다고 했고, 이에 신주를 권 씨의 친자인 최선의 집으로 넘겼다. 이에 대해 사관은, 최관이 관여하지 않았다고 하더라도 어지러운 집안의 자식임을 면치 못할 것이라는 등의 말을 했다.

9. 22. 표류 중국인을 탐라에서 압송해 와 상륙시키다.

10. 2. 표류 중국인을 홍제원으로 압송하다.

10. 3. 표류 중국인 95명을 북경으로 압송하다.

• 중국인들이, 일본으로 보내 주거나 배 한 척을 내주면 스스로 본국으로 돌아가겠다고 청했으나 불허했다.

12. 27. 영의정 홍명하 졸기.

현종 9년(1668)

1. 2. 정태화 영의정.

1. 19. 거제에서 구리가 산출되다.

2. 9. 양송과 허적에게 올라올 것을 유시하다.

2. 22. 대사간 이태연 등이, 복창군 이정·복선군 이남·복평군 이연이 경기 지방의 산골에 사냥을 가 폐를 끼친다며 금할 것을 청하니 따르다.

2. 24. 정치화 좌의정, 송시열 우의정.

2. 29. 정치화가 북경에서 돌아와 형이 영의정임을 들어 사직하다.

3. 3. 좌의정 정치화를 면직하다.

3. 4. 정치화를 인견해 청의 사정을 듣다. 13성(省)의 포정사는 모두 청인이 차지하고, 오직 정경 혼자만이 섬 하나를 차지해 청인의 공격을 물리치는 형편이라고 하다.

3. 28. 허적 좌의정.

4. 3. 과거에 비해 붕당이 쇠해지고 있다고 조복양이 아뢰자, 면전에서 상을 속이는 발언이라고 김좌명이 비판하다.

5. 5. 숙정공주 졸.

• 현종은 여동생인 숙정공주를 무척 아꼈다고 하는데, 공주가 죽자 사흘간 조시를 정지하였다.

5. 8. 함경도에서만 우역·마역으로 18,000여 두가 죽다.

5. 20. 궁중에 천연두가 돌다.

6. 23. 평안·황해·경상·충청·전라 등 전국에서 지진과 해일이 일다.

7. 2. 눈병으로 의관을 불렀으나 모두 병을 칭탁하고 한사람도 와서 대기하지 않다.

• 약방(藥房)이 다시 사람을 보내어 불렀으나, 끝내 오지 않았다. 비로소 추고하기를 계청하였는데, 들은 자들이 놀라 해괴하게 여기지 않는 사람이 없었다고 한다.

7. 27. 풍기군수 어상준이 소를 올려, 척화를 주장했던 세 신하의 사당을 세울 것을 청하다.

• 사당을 세우는 것은 소문이 날 수 있으므로, 자손을 녹용하는 정도가 알맞다는 등의 의논을 했다. 소문이 난다는 것은 청의 눈치를 볼 수 있다는 뜻이다. 한편 허적은 당신의 척화론이 분위기에 휩쓸린 명분이었을 뿐이라고 말하기도 했는데, 이에 대해 사관은 당시 신하들이 비록 형세를 헤아리지는 못하였으나, 바른 길을 지킨 것이라며 허적의 말을 비판했다.

8. 7. 형조의 금령, 한성부의 금령이 이루어지다.

8. 16. 온천에 거둥하다. 비로 인해 진을 치지 않고 말 타고 바로 출발하다.

• 우립·망룡홍색융의 차림이었다.

8. 20. 온천에 이르다.

9. 4. 송시열을 인견하고 직을 면해 주다.

9. 6. 환궁하다.

9. 12. 세자의 병이 위독하다는 소식을 듣고 송준길이 올라오자, 쌀과 고기를 내려 주라 이르다.

9. 14. 집의 윤선도가 병으로 올라오지 않고 사직하다.

9. 19. 함경도의 마소 2만여 두가 죽다.

10. 6. 양송을 인견하다.

10. 7. 천식으로 뜸을 뜨다.

10. 13. 대사간 정지화가, 송시열 등을 자주 인견할 것을 청하다.

10. 21. 송준길이 경연에서, 송시열이 경연에 참여할 직책이 없다고 아뢰다.

10. 22. 송시열 영경연.

10. 25. 송준길이 박세채를 경연관으로 추천하다.

10. 26. 우리나라의 일은 청이 작은 일까지도 모르는 것이 없는데, 우리는 저들의 일을 한 가지도 알 수 없으니 개탄스럽다고 하다.

11. 4 . 경연에서 송준길이 계지술사(繼志述事)의 일을 아뢰다.

• 계지술사는 선대의 뜻을 이어 일을 계속할 것을 가리키는 말이다.

11. 4. 송준길이, 선왕처럼 송시열에게 나랏일을 위임하다시피 할 것을 청하다.

11. 18. 송시열이 상소해, 계술의 일을 진달하고 복수의 뜻을 은밀히 드러내다. 또한 궁가의 폐단을 통렬히 개혁할 것을 청하다.

11. 23. 송시열·민정중 등의 주장을 좇아 황해도에 양전을 명하다.

11. 24. 송시열이 소를 올려 돌아가다.

11. 26. 송시열 우의정.

11. 27. 영중추부사 이경석에게 궤장·선교·선온 등을 내리다.

11. 27. 이경석에게 내린 은전을 송시열이 기롱하다.

11. 29. 송시열에게 도승지 남용익을 보내 떠난 이유를 묻다.

• 윤선도의 상소 중에 "천하에 위엄을 부린다."라는 구절이 있는데, 이것이 뒷날의 화근이 될까 염려했기 때문이라고 송시열이 답했다.

12. 4. 송시열이 우상을 맡을 수 없다는 뜻을 보이자 체직하고, 판중추부사 겸 영경연세자부로 삼다.

12. 14. 송시열이 상소해 복수의 뜻을 은밀히 아뢰다.

12. 17. 송시열이 올라오다.

12. 28. 윤문거·윤선거·윤원거·이상·신석번·윤증·박세채·송기후를 부르다.

• 병으로 사양하거나, 상소로 진달하고는 모두 오지 않았다.

12. 29. 송시열이 소를 올려, 성덕을 쌓아 재앙에 응하라고 아뢰다.

현종 10년(1669)

1. 4. 송시열이 신덕왕후 능을 보수하고 태묘에 배향할 것과 동성(同姓) 간 혼인 금지 등을 청하다.

1. 5. 송시열이, 을사년에 억울하게 죽은 이들을 증직할 것과, 단종을 장사 지낸 엄흥도의 자손을 증직할 것 등을 청하자 따르다.

1. 21. 송시열이, 윤집·오달재·홍익한 등이 아직도 포상의 은전을 입지 못한 것에 대해 개탄스럽다고 아뢰다.

1. 23. 송시열의 훈련도감 변통 주장에 이완이 강력히 반대하다.

2. 5. 이완의 반대에도, 허적·유혁연이 적극 찬성해 훈련별대를 모집키로 하다.

2. 5. 행부호군 조경의 졸기.

2. 6. 형조판서 서필원이, 송시열이 주장한 태안의 창고 설치에 반대하다.

2. 10. 송시열이 돌아가기를 청하니 사관을 보내 타이르다.

2. 18. 사간 이유 등이 서필원의 삭탈관직과 문

외출송을 청하다.

2.23.《경국대전》100권을 인쇄해 중외에 반사하다.

3.3. 병판 홍중보와 허적이 철곶·덕포·정포의 3진을 다시 설치할 것을 청하니 따르다.

3.4. 춘당대에서 관무재하다.

3.11. 사신이 가져온 은자 1,000냥을 고스란히 딸 명선공주에게 하사하자, 송준길이 지적하며 호조에 보낼 것을 아뢰다.

3.15. 왕대비를 모시고 온양 온천으로 행차하다. 중궁과 네 공주가 따르다.

3.20. 삼전이 목욕하다.

4.3. 영부사 이경석이 상차하여, 행궁에 와서 문안하는 신하들이 없다는 것을 지적하다.

4.14. 송시열이 차자를 올리고 오지 않다.

• 이경석의 소가 자신을 비방한 것으로 이해하고 이경석을 은근히 비꼰 것이다.

4.18. 환궁하다.

4.21. 윤선거 졸기.

5.15. 송준길의 귀향을 허락하자 김만중이 반대하다.

5.21. 영부사 이경석이 세 번째 상소해 사직하다.

• 송시열에게 배척당한 일 때문이다.

5.25. 정언 윤경교 등이, 여러 공주의 집을 해조로 하여금 지어 주게 한 것에 대해 지적하다.

6.12. 3남의 감사는 임기를 2년으로 하고 가족을 데리고 가는 것을 허락하다.

7.23. 논의를 거쳐 새 부대의 이름을 훈련별대로 하다.

7.24. 영중추 이경석·영의정 정태화·좌의정 허적 등이 2품 이상을 거느리고 신덕왕후의 부묘를 청하다.

8.5. 영중추부사 이경석·영의정 정태화 등이 백관을 거느리고 거듭 신덕왕후의 부묘를 아뢰자 따르다.

8.20. 신덕왕후의 시호를 정하다.

8.25. 왕세자가 문묘에 작헌례를 올리고 입학례를 거행하다.

• 이때 왕세자의 나이 9세로, 기질이 청명하고 행동이 의젓하며 강독 소리가 낭랑하여 구경하는 사람들 모두가 감탄하며 기뻐하였다.

10.1. 신덕왕후를 부묘하고 사면령을 내리고 가자를 베풀다.

10.14. 홍문관에서, 이민철이 만든 혼천의와 송이영이 만든 자명종을 올리다.

11.16.《개》오른쪽 턱 아래 응어리가 생겨 의원들에게 의견을 묻다.

• 약의들은 침으로 건드리면 안 된다고 하고, 침의 중 어떤 의원은 따야 한다는 등 의견이 엇갈렸는데 허적이 딸 것을 주장했다.

11.17. 논란 끝에 종기를 침으로 따자 고름이 거의 한 되가량 나오다.

11.25. 턱밑을 다시 따다.

12.13. 약방 도제조 이하가 입시한 가운데 종기가 난 곳을 침으로 따다.

12.19. 침으로 고름을 따다.

12.22. 헌부에서, 중에게 도첩을 발급할 것을 아뢰다.

12.27.《개》홍중보 우의정.

12.29. 이 해 전국의 호수는 134만여 호이고, 인구는 약 516만 명이다.

현종 11년(1670)

2.1. 동빙고와 내빙고에 얼음을 저장하다.

윤2.26. 남별전에 있는 세종대왕의 영정을 보수하다.

3.5. 좌참찬 송준길이 올라와 인견하다. 이 자리에서 호화 잔치를 연 전라감사 김징을 송준길이 적극 변호하다.

•《개수실록》에 김징을 변호하는 글이 있다.

4.10. 김징의 처리를 둘러싸고 이경석·정태화·송준길·허적 등이 의논하다.

4. 24. 신하들과 흠뻑 마시다.

5. 27. 죄인 김징과 내통했다며 이단하를 하옥하다.

5. 28. 김징과 이단하 간에 서신을 연결한 이경억을 금부에 내리다.

6. 3. 신하들의 거듭된 청에 이경억을 석방하다.

7. 8. 《개》 여러 군문에 대한 사관이 설명하다.

7. 11. 제주목사 노정이, 한인 수십 명이 제주 경내에 표류했다고 비밀리 치계하다.

7. 16. 김징을 금곡역에 도배하다.

8. 19. 홍수가 났을 때, 두 아들을 버리고 시어미를 구한 사비 향춘의 집에 정문을 세우다.

8. 28. 황해도에서 한 달간 소 8,000여 두가 전염병으로 죽다.

9. 2. 경상도 곳곳에 명화적이 들끓자, 토포사를 신칙시켜 더욱 기찰하라 명하다.

9. 17. 전라도에 지진이 났는데, 길 가던 사람이 엎어지고 담장이 무너지고 기와가 떨어지다.

11. 12. 연석 때 예의 바르지 못한 지사 유혁연을 추고하다.

• 왕이 대신과 얘기하는 중에 뒷줄에서 사사로이 이야기하기도 하고, 왕의 분부가 끝나기도 전에 신하가 끼어들기도 했다고 한다.

12. 3. 김좌명이 화폐 사용을 청하니 허락하다.

12. 26. 김만기의 딸을 세자빈으로 정하다.

현종 12년(1671)

1. 1. 조정의 관리와 사인(士人)들에게 검은 옷을 입게 하고 흰옷을 입지 못하게 하다.

1. 10. 예판 조복양의 졸기.

• 《실록》 사관은 당론만 좋아했다고 쓰고 있고, 《개수실록》 사관은 동료들에게 중망을 얻었다고 쓰고 있다.

1. 16. 선혜청·한성부·훈련원 세 곳에서 죽을 장만해 굶주린 백성에게 먹이다.

1. 22. 전처와 후처 소생이 간통했는데 발각되자 둘 다 목매어 죽다.

2. 3. 제주에 대설이 내려, 열매를 주우러 갔다가 눈에 막혀 돌아오지 못한 자가 90여 명에 이르다.

2. 6. 중외의 기근이 매우 심해 노직·증직·영직 등의 첩문을 만들어 각 도에 보내 곡식을 모으게 하다.

2. 10. 서울의 기근이 날로 심하여 쌀값이 폭등하다. 이에 진휼청에서 쌀 8,300여 석을 풀어 조처하다. 또 쌀 12,000여 석을 백성에게 대여하여 굶주리는 자를 구제하다.

2. 20. 동지사 복선군 이남과 부사 정익이 돌아오는 도중에 치계하다.

• 황제가 복선군을 불러, 조선의 백성이 다 굶어 죽게 되었는데 이는 신하가 강한 때문이라며 왕에게 전하라고 했다. 이에 복선군이 신하 때문이 아니라 연이은 흉년 때문이라고 답하자, 황제가 빙긋 웃으며 정사(正使)가 국왕의 가까운 친척이므로 가벼이 말한 것뿐이라고 했다.

2. 21. 대신들과 동지사의 장계를 의논하다.

2. 29. 8도에 기아·여역·마마로 죽는 이가 속출하다.

• 참혹한 죽음이 임진년 병화보다 더 심하다고 했을 정도다.

3. 8. 김좌명 졸기.

3. 18. 도성에 전염병이 돌아 사망자가 속출하다. 진휼청 설치로 주린 자가 모여 밤에는 길에서 잤는데 이로 인해 더 전염되다.

3. 21. 충청 감사 이홍연이 한 여비가 자식들을 먹은 일로 치계하다.

• 굶주림 때문에 죽은 아이를 먹었다고 한다.

3. 22. 세자빈을 책봉하다.

4. 3. 전라감사 오시수가 치계하여, 아이를 버리거나 산에다 묶어 두는 등 참혹한 실상을 아뢰다.

4. 6. 경상감사 민시중이 기아의 참상을 보고하

다.

• 어린 아들이 도둑질을 했다고 물에 빠뜨려 죽이고, 서너 살 먹은 아이를 길에 버리는 등 기아로 인한 참상이 많았다.

4. 20. 우의정 홍종보 졸기.

4. 29. 이달에 죽은 자가 보고된 것만 여 명에 이르다.

5. 13. 허적 영의정, 정치화 좌의정, 송시열 우의정.

5. 20. 도성 안에 전염병이 번져 사망자가 속출하다.

• 쌓인 주검이 언덕을 이루고 냇물에 떠내려가기도 했다고 한다.

5. 29. 이달의 아사자와 병사자 수가 서울에만 3,120명에 달하다.

6. 1. 서필원이 청나라에 곡식 원조를 청하자고 제안했는데, 허적 등이 반대하여 행해지지 않다.

6. 4. 허적이 남한산성·강화도·경창의 쌀을 진휼에 쓸 것을 청했는데, 정치화가 군향을 구휼에 쓸 수는 없다며 일부만 대여해 줄 것을 말하다. 정치화의 의견을 따르다.

6. 14. 서필원 졸기.

6. 18. 소 도살 금지령을 완화하다.

6. 30. 이달 전국의 아사자와 병사자 수가 17,000여 명에 달하다.

6. 30. 《개》 윤선도가 죽다.

8. 8. 세자의 탄일을 다시 8월로 고치다.

• 경술년(현종 11년)부터 다시 시헌력(時憲曆)을 썼기 때문이다.

8. 10. 경상도에서 우역으로 소 6,800여 두가 죽다.

8. 27. 차왜(差倭)가 관문을 함부로 나와 동래에 오는 무례를 범하다.

9. 13. 진휼을 잘한 수령들에게 상을 주다.

9. 14. 암행어사들을 내보내 진휼을 잘못한 곳은 없는지 살피게 하다.

9. 23. 이경석 졸기.

9. 30. 도성 근처에 버려진 주검을 묻게 하다.

10. 3. 차왜의 무례에 대해 논하다.

11. 1. 수령들의 진휼 결과를 상벌하다.

11. 25. 왜관에 불이 나자 구호품으로 쌀 200석 등을 내리다.

11. 26. 아산현에 해일이 일어 민가 100여 호가 가라앉다.

12. 2. 관서의 쌀 3만 석을 가져다 서울의 진휼에 쓰게 하다.

12. 4. 청사가 회령·경원에다 개시하여, 소 120두·소금 920석·가마솥·보습 등을 사 가다.

12. 5. 헌납 윤경교가 상소하여 현재 정사의 잘잘못을 말하니 노하다.

12. 6. 윤경교를 의령 현감에 제수하고 오늘 안으로 보내라 명하다.

12. 8. 승지를 보내 사직을 청한 허적에게 전유하게 하였는데, 전유의 글 중 한 구절을 들어 승지들이 하교를 돌려보내다. 이에 승지를 추고하라 명하다.

12. 8. 말썽을 부리던 차왜가 병이나 동래부에서 죽다.

현종 13년(1672)

1. 12. 월경한 자 중 앞장을 선 자는 처참하고 따른 자는 형신하다.

1. 24. 권시 졸기.

2. 6. 두꺼비가 도로를 메우다.

2. 9. 영천군에 운석이 떨어지다.

3. 3. 허적이 경술년(현종11)과 신해년(현종12)의 기근과 돌림병은 옛날에 없던 일이라며 백성의 어려움을 아뢰자 신역과 군역을 탕감하게 하다.

4. 11. 서울의 연고 없는 시체를 10리 밖으로 옮겨 매장하게 하다.

4. 17. 송준길이, 신하를 대하는 태도, 말하는 방식, 마음을 잘 다스리지 못하는 점 등을 비판

하는 소를 올렸으나, 답을 내리지 않다.

4.27. 지평 오정창이 소를 올려, 송준길의 상소에 대해 시비를 가릴 것을 청했으나, 답하지 않다.

4.28. 《개》 좌승지 이연년 등이 송준길을 옹호하고 오정창을 비판하다.

5.6. 정태화 영의정.

5.7. 정치화가 상피를 이유로 면직을 청하니 허락하다.

5.11. 집의 이상이 소를 올려 송준길을 극찬하고 허적을 역적에 비유하였으나, 비답하지 않다.

5.16. 송시열 좌의정, 김수항 우의정.

5.19. 당론만 일삼고 있다며 이상을 삭탈관직하다.

5.20. 대사헌 장선징 등이 이상을 변호하다.

5.20. 이상의 죄는 삭탈관직만으로 충분하지 않다며, 대사헌 이하 사헌부 관원들을 체차하고 이 모든 것은 윤경교의 벌이 가벼워서라며 윤경교를 갑산에 안치하다.

6.9. 송시열이 소를 올려 허적을 옹호하는 척하며 비난하다.

• 상소 전문은 《개수실록》에 있다.

6.16. 정태화·김수항의 거듭된 청에 따라 윤경교를 안치에서 삭탈관직·문외출송으로 감하다.

6.23. 민정중이 세자의 문리가 진보하였다며, 별도로 책을 가지고 강론케 하기를 청하자 따르다.

• 세자는 총명하며 의젓했고 문리를 익히는 것도 빨랐다고 한다.

6.29. 이민적이 소를 올려 이상과 송준길을 옹호하다.

7.2. 도승지 이은상·우의정 김수항이 거듭 송준길의 위독함을 아뢰었으나 답하지 않다.

7.8. 대사성 이민적을 안동부사로 삼고 당일로 출발하게 하다.

7.11. 지평 조창기가 소를 올려 6조목의 시사를 논했는데, 그중 한 조목에서 당파에 대해 진단하고 대책을 아뢰다.

7.20. 송시열의 소에 비꼬는 듯한 비답을 내리다.

7.24. 호남 순천의 말 25두가 호랑이에 물려 죽다.

9.19. 이단하가 치계하여, 현재 세입 12만석 중 군병 양성에만 8만 석이 소비된다며 군병 감축에 대해 아뢰다.

10.1. 정태화가 윤경교에 대해 은전을 베풀 것을 청하니 따르다.

10.3. 《개》 한성부에서 각 도별 호 수와 인구 수를 보고하다.

10.4. 《개》 수어청이 전 수어사 김좌명 시절 주조한 구리 글자를 입계하다.

10.28. 윤문거 졸기.

11.1. 홍주원의 제문 내용을 들어 이단하를 중히 추고하라 명하다.

11.23. 이단하의 일을 말하며, 오늘 날 조정에 당론이 있는지를 명백히 답하라고 큰소리로 말하다.

11.27. 호판 김수흥이 송준길의 병세가 위독함을 말하며 위로해 줄 것을 청하자, 어의를 보내 구료하게 하다.

11.30. 김수항 좌의정, 이경억 우의정.

12.4. 화폐가 송도 인근 몇 고을에만 통용되는 현실을 감안해, 사적으로 주조를 한 자에 대해 사형을 감해 주다.

12.5. 송준길이 죽었다는 소식에 슬픔의 뜻을 표하다.

12.5. 《개》 송준길 졸기.

12.25. 《개》 금림군 이개윤 졸.

• 딸 의순공주가 청에 들어갈 때 구왕이 6만의 군대를 거느리고 요동에서 맞이했다.

12.30. 왜관의 이전 문제에 대한 논의하다.

12.30. 《개》 이완이 수어사의 체직을 청했으나 허락하지 않다.

현종 14년(1673)

2.11. 복창군 이정·복선군 이남·복평군 이연이 상소해, 《황명통기》 등에 인조반정에 대해 잘못된 기록들이 있다며, 마침 《명사》 찬수관을 설치하고 있다고 하므로 사신을 보내 바로잡을 것을 청하다.

2.13. 복창군 등의 상소에 대해 변무를 청할 것인지를 논의했는데, 변무하지 않기로 하다.

2.24. 허적이 상소해, 삼학사에 대해 기롱하는 마음이 없었다고 변명하다.

3.24. 《개》이익수가 소를 올려, 지난 15년간 영릉을 보수하지 않은 해가 없었다며 근본적인 대책이 필요하다고 역설하다.

4.10. 《개》세자가 《대학》을 마치니 《논어》를 강하기로 하다.

4.15. 턱 밑에 고름 봉오리가 생겨 침으로 터뜨리다.

4.18. 영릉의 일로, 당해 당상과 낭청을 국문하라고 전교하다.

4.27. 명혜공주가 졸했는데, 혼례를 치르기 전이어서 부마의 위호를 거두고 다시 혼인할 수 있게 하다.

5.1. 《개》신해년에 영릉을 봉심했던 정치화를 삭출하고 김수항은 관작만 깎도록 하다.

5.5. 우의정 김수홍 등이 영릉에 대해 천장 외의 다른 계책이 없겠다고 아뢰자 결정하다.

5.26. 산릉도감 당상 조형·민유중이 돌아와 홍제동이 가장 좋다고 아뢰다.

7.10. 예조에서 천릉 시 절차를 아뢰자 송시열에게 의논하게 하다.

7.15. 《개》안질로 침을 맞다.

7.26. 《개》허적 영의정, 송시열 좌의정.

7.30. 이경억 졸.

8.14. 이숙 등이, 도승지 정익과 판의금 조형을 체차할 것을 청하자 당색을 질타하다.

8.15. 이숙이 인피하니, 거듭 당론에만 힘쓰는 괴이하고 독한 무리라며 질타하다.

9.9. 천릉 때의 복식 등에 대해 의논하다.

9.12. 김만중이 허적을 탄핵하니, 필시 다른 이의 사주를 받았을 것이라며 신문하게 하다.

9.14. 우의정 김수홍을 불러, 사주한 자를 밝혀내지 못하면 도리어 사체를 손상시킨다며 김만중을 먼 곳으로 유배하고 배후로 의심되는 이숙도 멀리 유배하라 이르다. 김수홍이 이의를 제기하자 김만중은 정배, 이숙은 삭출하다.

10.7. 《개》하현궁하다.

10.8. 정태화 졸기.

10.10. 천릉도감 김휘와 우승지 심재가, 구릉 철거 때 구릉의 상황에 대해 치계하다.

10.12. 송시열이 상소해 천릉에 대해 반대 의사를 말하고, 김만중의 상소와 관련해 자신을 배후로 지목한 듯한 왕의 발언에 대해 항변하자 상소 내용이 불평 아닌 것이 없다고 답하다.

10.19. 왜관을 다대포나 초량으로 이전해 달라고 요구하자 허락하다.

11.2. 정치화의 사형을 감해 안치하다.

11.2. 산릉의 일을 잘못한 신명규·이정기를 사형에 처하도록 하다.

11.16. 충청 생원 김민도 등이 대동법을 혁파하지 말 것을 청하자 따르다.

12.3. 호판 김휘가 당론에 의한 관리 임명의 폐단에 대해 상소하다.

12.18. 《개》복창군·복선군·복평군이, 신익상이 자신들을 배척했다며 상소하다.

현종 15년(1674)

1.2. 교관 민업이 죽었는데, 아들 민세익이 광증이 있어 박세채의 의견에 따라 손자가 아비를 대신해 복을 입다. 이에 아들을 죽은 사람 취급했다는 비판이 일면서 왕이 조사해 밝히라 명하다.

1.24. 영남 영해부에서 땅에서 불이 나오다.
• 흙과 돌이 달구어져 손발을 댈 수 없었다고 한다.

2.19. 관학 유생 250명이 소를 올려 우율 종사를 청하다.

2.23. 왕대비 장 씨 졸.

2.27. 예조에서 대왕대비의 복을 기년복으로 올려 재가를 받았는데, 기해년 복식을 고려해 보면 대공복이 맞을 것 같다며 대공복으로 고치는 표지를 붙여 올리다.

2.27. 예조 당상·낭청을 모두 잡아다 신문하게 하다.

2.27. 《개》 부제학 이단하가 《의례》·《오례의》에 의거 기년복이 옳다고 하다.

2.28. 《개》 예조가 처음엔 기년복을 올렸다가, 그럴 경우 송시열의 의논과 크게 어긋난다며 중자부(衆子婦)복을 입어야 한다는 박세당의 글을 받아보고 부리나케 대공복으로 개정해 올린 것이다.

3.2. 사은사 김수항이 통역관 김시징을 먼저 보내 오삼계가 반기를 든 중국 사정을 보고하다.

3.7. 《개》 약방 도제조 허적과 제조 강백년 등이 입진을 거듭 청해 인견하다. 눈과 얼굴이 까맣고 목이 잠긴 증세를 보이다.

3.20. 다리의 습창으로 침을 맞다.

3.20. 허적이 영상직 체임을 요청하자, 원임으로 서울에 있으면서 부족한 점을 도와 달라 하다.

3.21. 허적 영중추.

4.1. 허적의 요청에 따라 김만중을 석방하다.

4.26. 김수흥 영의정, 정지화 좌의정, 이완 우의정.

6.4. 인선왕후를 영릉에 장사 지내다.

6.13. 김석주 승지.

6.14. 우의정 이완 졸기.

• 이완이 상소를 남겼는데, 사관이 매우 긍정적으로 평했다.

7.1. 윤휴가 밀소를 올려 북벌을 청하다.

• 《개수실록》에는 사관의 윤휴에 대한 논평이 실려 있다.

7.4. 허적이 윤경교의 서용을 청하고 정지화가 윤휴의 밀소와 관련해 앞으로 이런 소는 받지 말라고 해야 한다고 아뢰다.

7.6. 대구의 유생 도신징이 소를 올려, 기년복에서 대공복으로 고친 데 대해 이의를 제기하다.

7.10. 허적이 떠나자 연거푸 사람을 보내 돌아올 것을 청했으나 떠나다.

7.11. 홍문관에서 천하지도를 올리다.

7.13. 대사헌 강백년이, 유생에게 베를 걷는 일에 대해 반대하는 소를 올리다.

7.13. 김수흥·민유중·조형·김석주 등과 대왕대비의 상복에 대해 논란하고 육경이 오늘 안으로 모여 의논토록 하다.

7.13. 김수항, 김수흥 등이 기해년 복제 시의 의논 등을 아뢰자, 기년복과 대공복 중 무엇인지 분명히 할 것을 요구하다.

7.14. 신하들이 분명한 입장을 밝히지 않고 있는 것과 논의의 허점을 지적하다.

7.14. 영의정 김수흥 등을 불러 거듭 논란하고, 대공복을 고집하는 데 대해 질타하다.

7.15. 영의정 이하가 빈청에 모여 의논하고 사종지설 등을 들며 아뢰자, 조목조목 반론하고 선왕을 정체가 아니라 한 것에 대해 비판하며 기년복의 제도로 정하라 명하다.

7.15. 기년복으로 올렸다가 개정한 예조판서 조형 등 예조의 관원들을 하옥하다.

7.16. 영의정 김수흥을 춘천에 부처하다.

7.16. 김수흥 등을 신구한 이광적과 유지발을 관작삭탈하고 문외출송하라 명하다.

7.25. 김수흥 측 입장을 적극 옹호한 대사간 남이성을 진도로 유배하다.

7.26. 부교리 조근이 다시 신하들의 입장을 옹호하며 왕의 태도를 비판하자 강서현령으로 내보내다.

7.26. 허적 영의정, 김수항 좌의정, 정지화 우의정.

8. 1. 허적이 충주에서 사직소를 올리다.

8. 4. 해남의 윤이후가 윤선도의 이전 상소와 예설 두 편을 올렸으나 기각하다.

8. 7. 몹시 힘들어 몸을 가누지도 못하자, 재신 인견을 취소하다.

8. 8. 고열로 밤새 괴로워하다.

8. 10. 《개》 헛배 부르고 자주 설사하다.

8. 13. 좌승지 이합을 불러 허적에게 자신의 증세를 말하고 빨리 올라오게 하라 이르다.

8. 15. 약방제조 이하가 하루 사이 6~7 차례나 들어가 진찰하다.

8. 16. 영상 허적을 기다리다.

8. 17. 허적과 이합이 올라오자 불러들이다.

8. 17. 의관을 갖추고 허적을 맞이하다. 허적이 관복을 입지 말고 누어서 인접할 것과 좌상도 부를 것을 청하다.

8. 18. 승하하다.

숙종실록

《보》는 《숙종실록》 보궐정오

총서

《숙종실록》은 총서가 없다.

숙종 즉위년(1674)

8. 19. 허적 이하 3정승이 원상이 되다.

8. 19. 예조에서 복식을 상고해 올리다.

8. 21. 송시열이 올라오자 원상들이 송시열도 원상으로 삼을 것을 청해 허락받았으나, 송시열이 사양하다.

8. 23. 인정문에서 즉위하다.

8. 23. 어의 4인을 유배하다.

8. 23. 양사가 김수흥 등의 중도부처 명을 중지할 것을 청하니 따르다.

8. 24. 시호·묘호·능호 등을 정하다.

8. 27. 8도에 승군을 징발해 산릉에 부역토록 하다.

9. 2. 수원에서 능지를 찬술하라는 명을 송시열이 사양하다.

9. 13. 산릉은 건원릉 안의 혈을 사용하기로 결정하다.

9. 25. 진주 유생 곽세건이 상소해, 예법을 무너뜨리고 통서를 어지럽힌 송시열의 치죄를 청하자 알았다고 답하다.

9. 25. 김석주가 곽세건의 소를 비판하니 알았다고 답하다.

9. 26. 좌의정 김수항이 곽세건의 소를 들어 대죄하자 안심하라 답하다.

9. 27. 영의정 허적·영중추부사 정치화·좌의정 김수항·도승지 김석주가 곽세건을 비판하며 치죄를 청하니 정거토록 하다.

10. 2. 관학 유생 180여 명이 상소해, 곽세건을 논척하고 송시열의 원통함을 아뢰다.

10. 5. 신하들이 곽세건을 죄주라는 주장이 이어지고, 옥당도 같은 주장을 하자, 정거도 지나치지만 대신이 강청해서 마지못해 따르는 것이라고 답하다.

10. 6. 송시열이 소를 올려 대죄하고 지문 짓는 것을 사양하자, 김만기를 불러 지어 올리게 하다.

10. 7. 소를 올려 곽세건을 비판하고 송시열을 변호하는 이수언·김광진·강석창을 파직하고 서용하지 말라 명하다. 이후로 다시 소장을 바쳐 의례를 논하고 선왕에 대해 말하는 자는 중률로 다스리겠다고 하다.

10. 6. 김수항이, 김만기도 의례에 동참했던 이라며 송시열을 대신하게 한 데 대해 문제를 제기하자 김석주에게 짓게 하다.

10. 10. 애책문에 복제를 개정한 조항을 거론하지 않은 것을 질책하다.

10. 15. 민업·민세익·민신의 일을 재론하다. 조사해 보니 민세익이 광증이 있었던 것이 사실로 드러났으나 윤기(倫紀)가 없는 일이라 하다. 이에 민신 및 복상을 권한 문장(門長)과 조객(弔客)을 모두 죄주려 하다가 허적 등이 적극 만류해 거두다.

10. 20. 옥에 계류된 자가 많다며 정체되는 일이 없도록 하라고 이르다.

10. 25. 대간이 조곡과 대동미의 견감을 청하자 따르다. 이에 허적이 민역이나 변통의 일은 선왕처럼 묘당으로 하여 처리하게 할 것을 청하자, 알았다고 하면서도 그럴 경우 대간은 가벼워지고 대신은 무거워지는 폐단이 있을 수 있다고 하다.

10. 28. 경기 유생 이필익 등이 상소해 윤선도와 곽세건을 비판하고 송시열을 좌우에 둘 것을 청

하다. 이에 허적의 반대에도 불구하고 소두를 정배하다.

10. 29. 상소한 유생 이필익을 경원에 정배하면서 배소의 도정과 도착 날짜를 보고하라 명하다.

11. 1. 이단하가 지은 대행왕의 행장 중 복제와 관련된 내용을 거듭 고치도록 하다.

11. 2. 정치화 좌의정, 김수항 우의정.

11. 11. 관학 유생 90여 명이 소를 올려 곽세건을 비판하고 이필익을 옹호하자 곽세건의 정거를 풀어 주다.

11. 11. 성균관 유생들이 공관하여 대책을 논하는 와중에, 유현의 의례가 어긋나 선왕께서 그에게 속임을 당하다가 바로잡고 시비가 바로 정해졌는데, 지금 또 스승을 변무한다며 분개하다.

11. 13. 비국의 신하를 인견해 청의 청병 요구가 있을 시 대응에 대해 의논하다.

11. 23. 진위사·진향사·부사 등을 불러 중국의 정세를 논하다.

11. 29. 허목을 인견하고 양식·반찬 등을 주도록 하고 초모와 낙죽을 하사하다.

11. 29. 진사 박봉상이 상소해, 행장에서 '남의 말을 따랐다'고만 하고 분명히 적시하지 않은 것을 지적하자 받아들이다.

11. 29. 민신을 유삼천리 형에 처하다.

11. 30. 이단하를 불러 논란한 후 행장을 고치도록 하자, 송시열이 잘못 인도했다는 구절을 넣어 고치다.

12. 1. 장령 윤가 밀봉한 책자를 올려 복수설치(復讎雪恥)의 뜻을 아뢰자 부정적인 반응을 보이다.

12. 5. 김석주 도승지.

12. 10. 엄한 하교를 듣고 송시열이 진천 땅에 나아가 대죄하고 있다는 치계가 있었으나 답하지 않다.

12. 18. 이단하가 소를 올려, 행장을 고쳐 스승

송시열을 욕되게 한 데 대해 자책하자 스승만 알고 군명(君命)이 있음은 모른다며 파직하다.

12. 18. 장령 남천한·지평 이옥·헌납 이우정·정언 목창명이 합계해 송시열의 잘못을 논하고 파직을 청하자 따르다.

12. 23. 송시열을 옹호하고 세태를 비판한 사간 이헌을 파직하다.

12. 25. 사학의 유생 이세필 등이 상소해 송시열을 옹호하자, 소두는 변방으로 정배하고 나머지는 모두 정거하다.

12. 26. 장령 남천한 등이 송시열의 삭출을 청하는 소를 올리자 따르다.

숙종 1년(1675)

1. 1. 양사에서 연계해, 빈청에서 의례를 의논한 신하들을 파직하고 서용하지 말기를 청했으나 따르지 않다.

1. 2. 장령 남천한과 정언 이수경이, 붕당을 만들고 예론을 잘못 펴 효종을 서자로 폄하한 송시열을 극변으로 유배할 것과, 송준길의 관작추탈, 이유태의 삭출을 청했으나 따르지 않다.

1. 6. 대사헌 남구만이, 송시열을 스승으로 섬긴 사람으로서 어진 이를 미워하는 무리와 함께 할 수 없다며 사직을 청하다.

1. 8. 허적이 소를 올려 송시열의 잘못을 논하다. 그러나 폄강했다는 주장은 억측이라며 송준길과 이유태는 죄줄 것 없다고 아뢰다.

1. 10. 옥당관을 불러 윤휴가 현종 말년에 올린 북벌소를 강론하다.

1. 11. 주강에서 윤휴가 올린 소본을 강론하다.

1. 12. 양사에서 송시열의 귀양을 청하니, 멀리 유배하라 명하다.

1. 13. 김석주가 거듭 송시열에 대한 처벌의 완화를 청했으나 따르지 않다.

1. 13. 송시열을 덕원부에 유배하다.

1. 15. 집의 윤증이 소를 올려, 송시열은 자신이

섬긴 스승이라며 자신도 중한 죄를 지었다고 사
퇴하자, 사퇴하지 말고 올라오라고 답하다.

1. 15. 이점 등 100여 인이 상소해 스승 송시열
의 억울함을 호소하다.

1. 18. 김만기를 총융사에 제수하다.

1. 18. 윤휴가 과거제의 폐지를 청했으나 허적이
반대하다.

1. 18. 전 교관 황세정이 송시열을 변호하는 소
를 올리자 진도로 귀양 보내다.

1. 23. 대신 비국 당상을 인견해 윤휴가 소에서
제기한 9가지 안을 토론하다. 이에 대해 허적이
대부분 반대하고 김석주도 허적의 의논에 동조
하다.

1. 24. 비국을 인견한 자리에서 윤휴의 주장에
대해 논란하였는데, 유혁연·허적 등이 반대하
다.

2. 1. 승지 정유악이 상소해, 바깥에서 전하는
말이라며 인사와 상벌 등을 환관 조 씨에게 물
어 한다고 하자 파직하다.

2. 1. 훈련도감 별무사 정진헌이 전복·전립·장
검·궁시 차림으로 금호문으로부터 정원에 곧
장 들어와 나라에 관계되는 일이라며 직접 고하
겠다고 소란피우다. 유혁연이 궐정에 함부로 들
어왔으니 군율을 내려야 한다고 하자, 정진헌이
자신의 죄는 죽어 마땅하나 궐문에 돌입할 때까
지 누구 한 사람도 제지하지 않았다며 나라의
사정을 알 만하다고 하다.

2. 7. 윤선도를 의정으로 증직하라 하자 허적이
반대하여 정경으로 증직하다.

2. 8. 내부의 갑주 657부를 각 군문에 내리다.

2. 11. 좌의정 정치화를 해면하다.

2. 13. 전주의 진사 정상룡 등 70여 인이 송시열
의 억울함을 상소하자, 소두를 변경에 정배하고
그 아래 10인을 정거하다.

2. 17. 김수항에게 빨리 조정에 나오도록 승지
윤휴를 보내 하유했는데 올라갈 수 없는 이유
를 글로 올리다. 이에 윤휴가 김수항을 공격하

자 허적이 김수항을 옹호하고 윤휴의 추고를 청
하다.

2. 18. 김수항 좌의정, 권대운 우의정.

2. 20. 김석주 병판.

2. 29. 이조판서 이정영을 체차하다.

2. 30. 대신과 비국 재상을 인견한 자리에서 윤
휴가 허적·권대운과 충돌했는데 거의 싸움과
같다.

3. 3. 모화관에서 길복 차림으로 청사를 맞이
하다. 원접사 오시수를 청대해 저들이 두 번 치
제한 이유를 묻자, 황제가 선왕이 강신에게 견
제를 받아 일마다 자유롭지 못하다가 갑자기 승
하해 갑절이나 측연해서 그렇다고 답하다.

3. 9. 이에 앞서 유학 조감이 복제를 바로잡은
일을 종묘에 고할 것을 청하는 소를 올렸는데
허적이 반대하다.

3. 9. 부임하는 전라도 순무사 이세화에게 응행
절목을 내리다.

• 전선·장수들·둔전 등에 대한 구체적인 점검 사항
을 적시했다.

3. 12. 허적·오정위가 청대하자, 복평군 형제의
잘못을 고한 청풍부원군 김우명의 차자를 보이
다. 이에 허적이 나문해 처치할 것을 청하다.

3. 13. 복창군 이정·복평군 이연이 궁중에 출입
하면서 나인과 교통해 자식까지 갖게 되었다며
나문해 처치하라 명하다.

3. 13. 이정·이연·귀례 등이 모두 승복하지 않
자 금부에서 형신을 청하다. 이에 남의 말을 듣
고 골육지친을 헤아릴 수 없는 처지에 빠지게
했다며 모두 방면하라 명하다.

3. 14. 대신·비국을 인견한 자리에서, 대비가 방
안에서 울고 나서 복창군 형제의 일을 분부하
다.

3. 15. 복창군 이정·복평군 이연·김상업·귀례
를 각각 영암·무안·삼수·갑산에 정배하다.

3. 17. 윤휴가, 대비가 조정에 분부를 내리지 않
고 친림한 것에 대해 지적하다.

과 자전 등을 비판하다. 또 복창군 형제의 석방 등에 대해 논하자 승지로 하여금 비망기를 받아 적게 한 다음 구술하여 조목조목 반박하고 분노를 표하다.

7. 15. 김수항의 중도부처를 명하다.

8. 10. 윤휴의 주장에 따라 대왕대비의 복을 3년 참최로 하다.

8. 13. 대왕대비의 복제·병거의 일 등을 둘러싸고 논란하다. 병거와 관련하여 윤휴와 유혁연이 큰 소리를 내며 다투다.

9. 26. 비변사에서 오가작통 사목 21조를 마련하다.

10. 5. 주강에서 윤휴가 외바퀴 수레를 만들 것을 청하다.

10. 22. 우부승지 이동규가 균용을 갖추고 청에 복수할 것을 청하자, 시세가 좋지 않음을 탄식한다고 답하다.

• 이외에도 윤휴의 주장을 따른 북벌 소가 상당히 있었다.

11. 8. 허목에게 궤장을 하사하다.

12. 1. 우승지 이세화가 상소해 윤휴를 편애하는 문제를 말하다.

12. 13. 허적이 윤휴의 인사에 대해 문제점을 지적하자, 윤휴가 자기 입장을 말하며 논쟁하다.

12. 25. 허적을 5도체찰사에 제수하다.

12. 28. 오가통·지패법·축성·병거 제작과 관련해 논란하다. 허적이 오가통·지패법·수레를 지지한 반면 김석주는 수레에 대해 강력히 반대하다.

숙종 2년(1676)

1. 7. 허적이, 자신은 비밀리에 준비하며 때를 기다리자는 것이나 윤휴는 바로 중원으로 쳐들어가자는 것이라며 시세로 보아 불가하다고 아뢰자, 호응하다.

1. 8. 윤휴를 인견하고 윤휴의 북벌론에 대해,

충성에는 감탄하나 현실적이지 않음을 지적하다.

1. 21. 허적이 병거에 반대한 이우정·최문식 등을 의망하지 않은 일로 윤휴를 비난하다.

1. 28. 빈청에서 인조 때의 일이 《명사》에 잘못 기록된 문제를 수의하고 변무사를 보내기로 하다.

2. 10. 비망기를 내려 천하의 혼란에 대비해 수륙의 방비를 더 힘쓸 것을 하교하다.

2. 12. 허적이, 윤휴가 이판에 있으면서 대간을 겸하고 있다며 문제를 지적하다.

3. 4. 8도에서 18,251명이 무과에 통과하다.

3. 5. 윤선도의 상소를 불태우기를 청한 사람과 안율을 정한 대간을 조사해 아뢰라 하다.

3. 6. 진하사 겸 동지사로 갔던 권대운이 돌아오자 중국의 정세를 묻다. 이에 오삼계가 모퉁이에 웅거하고 전진하려 하지 않는다며 큰 뜻이 없는 듯하다고 답하다.

3. 20. 민정중 등 22인을 서용하고 김만중 등 4인의 직첩을 되돌려 주다.

4. 2. 허적에게 도체찰사의 임무를 별도로 유시하다.

4. 12. 종신 영평정 이사가 윤휴·허목을 배척하는 글을 올리다. 이에 허적의 의견을 듣고 파면하다.

4. 13. 대신과 비국의 여러 신하를 인견해 군제 변통에 대해 의논하다.

4. 25. 대흥산성 축성을 마치다.

5. 11. 유학 이후평이 상소해 조사기·이수경을 변호하고 허적·권대운을 배척하자 엄한 비답을 내리고 유적에서 삭제하라 명하다.

5. 20. 검토관 이담명이, 체부를 설치한 이상 내외병(內外兵)을 모두 구관(句管)하기를 청하다. 이에 김석주가 도체찰사의 권세가 이미 무거운데 양국을 모두 소속시킬 수 없다며 밑에 있는 자에게 병권을 너무 중하게 주어서는 안 된다고 아뢰다. 이에 김석주의 말을 따르다.

6. 15. 병조에서 계달한 양정(良丁)사핵 절목 10
조.

6. 21. 윤휴가 소를 올리다.

7. 2. 대왕대비의 존호를 휘헌으로, 왕대비의
존호를 현열로 정해 올리다.

7. 2. 허적이 최명길·김육을 배향공신으로 추
배할 것을 청하다.

7. 5. 윤휴가 자신의 소로 조정이 동요하자 대
사헌직을 갈아 줄 것을 청하다. 이에 체직하다.

7. 8. 허적을 인견해 최명길·김육이 배향되지
못한 까닭을 묻자 당시의 사류에 영합하지 못하
였기 때문이라고 답하다. 이에 추가 배향 전례
를 상고하라 이르다.

7. 17. 묘정에 배향할 공신으로 정태화·조경·김
좌명 3인을 의논해 올리다.

7. 27. 김수항 등을 석방하라 명하다.

8. 2. 사관이 상고하여 이제가 태조의 배향공
신으로 추배된 사실을 아뢰자, 최명길·김육의
추배를 의논하라 이르다.

8. 6. 인조반정과 관련한 일을 변무하러 이남이
변무사로 가다.

8. 20. 허적이, 통영의 어채하는 곳을 숙휘공주
가 절수했다며 통영에 환급할 것과, 공천·사천
이 모두 속오군에 편입되었는데 내사가 개입하
여 속오군 편재를 막고 있다며 시정할 것을 아
뢰자 모두 받아들이다.

9. 5. 사간원에서 연계해 최명길·정태화의 묘정
배향이 불가함을 아뢰자, 최명길의 일만을 윤허
하다.

10. 1. 경술년과 신해년 대흉년 때 감한 녹봉을
복구하다.

10. 10. 대사간 권대재 등이 김수항 석방 명을
거둘 것을 연계하니 중도부처로 감하다.

11. 1. 요승 처경을 복주하다.

12. 23. 영의정 허적을 사은사 겸 진주변무사로
삼다.

숙종 3년(1677)

1. 7. 서울은 3월부터, 지방은 5월부터 호패를
차게 하다.

1. 19. 도망 노비 추쇄는 백성을 요란케 한다는
건의에 따라 정지하다.

1. 22. 승지들의 반대에도 불구하고 민유중을 풀
어 주다.

2. 23. 문과 회시에 부정이 많아 징계하고 초시·
회시를 파하다.

2. 28. 선왕의 능 사초가 무너지자 관련자들을
벌하고 권대운을 시켜 보수하게 하다.

3. 1. 호패법을 시행하다.

3. 5. 허적의 병이 갑자기 심해져 복창군 이정
이 사은사 겸 진주사로 가기로 하다.

3. 18. 사신 오정위가 돌아와 청나라 사정을 전
하다. 청나라가 만과의 실시, 성지 수축 등을 비
롯한 조선의 사정에 훤할 뿐만 아니라 일각에선
조선을 의심하고 있다고 아뢰다.

4. 2. 북도에서 유생들에게 군사 훈련을 시키는
것을 혁파하게 하다.

5. 17. 10세 이상을 기병·보병으로 충당하는 것은
타당하지 못하다며 15세 이상으로 충당케 하다.

5. 21. 허목의 건의에 따라 정개청의 사당을 세
우게 하다.

5. 25. 유생 이잠 등이 상소해 고묘를 청하지 않
은 대간의 잘못을 지적하다. 이에 너무 지나치
다는 반응을 보이다.

5. 28. 대사헌 목내선이 불가 의견을 내면서 고
묘 논의가 정지되다.

5. 28. 허적이 병으로 나오지 못하자, 좌의정·우
찬성·병조판서·호조판서·훈련대장·어영대장
등을 허적의 집으로 보내 제신들이 빈청에서 의
결할 일을 의논해 처리케 하다.

• 빈청에서 의논한 일은, 체찰부 혁파, 무과 출신들
을 각 도 병사에 나누어 소속하는 일, 현종 13년 이후
설치한 각 아문의 둔전 혁파 등이다.

6. 4. 양사의 반대를 무릅쓰고 김수흥을 서용

하다.

6.4. 체찰부 혁파의 일로 윤휴가 사직을 청했으나 허락지 않다.

6.16. 권환과 김총이 고묘를 청했으나 듣지 않다.

6.17. 고묘의 일로 허적·권대운·허목·김석주를 인견하다. 허적이, 고묘할 경우 가율의 논이 나올 것이라며, 비록 송시열의 죄가 사율로 처치해도 과하지 않으나 선비를 죽이는 것은 옳지 않다고 아뢰다.

• 허목은 고묘에 찬성하고, 김석주는 반대했다.

6.17. 판중추 정지화가 소를 올려, 역적을 토멸하는 것 외에 신하의 죄로 고묘하는 일은 없으며 고묘한다 해도 보존될 리가 없다고 아뢰다.

6.19. 송시열의 억울함을 논한 생원 윤헌 등의 소.

6.20. 대사간 유명찬의 고묘 상소.

6.22. 송시열을 찬양한 윤헌을 강계로 유배하다.

7.26. 유학 윤헌경이 송시열을 옹호하고 윤휴 등을 배척하다.

8.10. 유생 이석징 등이 고묘를 청하는 소를 올리자 정거 조치하다.

8.11. 권대운이 이석징에 대한 정거 조치의 해제를 강력히 청하자 받아들이다.

9.11. 《현종실록》이 완성되다.

9.16. 진주사 이정·권대재 등이 돌아와 정세를 보고하고 황제에 대해 부정적인 보고를 하다.

9.29. 영중추 정치화 졸.

10.9. 증광 별시가 두 번 연이어 파방되면서 시관의 처벌에 대해 논의하다.

10.22. 대신과 비변사를 인견하고 시관의 죄를 의논한 뒤 박태보를 선천에 유배하는 등 처벌을 가하다.

11.21. 윤휴가 부세·상평법·진휼 등에 대해 의견을 아뢰다.

12.3. 사간원이 충청도 유생 박회장의 원방유배

를 청하자 받아들이다.

12.5. 윤휴가 도고(逃故)·아약(兒弱)에게 포 거두는 일을 중지시킬 것과 호포법의 실시를 청하다.

12.11. 윤휴가 호포법의 시행을 강력 주장했으나, 허적·오시수·김석주 등이 반대하다. 또한 윤휴가 환곡의 폐지와 상평법의 실시를 다시 주장했는데 허적이 반대하다.

12.14. 허목이 소를 올려 호포법 시행을 반대하다.

12.19. 윤휴가 다시, 선비가 포를 내는 것과 백골·아약이 포를 내는 것 중 어느 것이 나으며, 어느 것이 백성의 원망이 되겠느냐며 호포법을 주장하다.

12.25. 부제학 이당규가, 물고(物故)·아약에게서 거두는 포보다 한가로이 노는 자에게서 거두게 될 포가 몇 배나 된다며 호포법을 지지하는 소를 올리다.

숙종 4년(1678)

1.23. 허적·권대운 등 대신들이 건의하고 제신들이 동의해 상평통보를 주조하게 하다.

3.13. 임금의 병이 나아 고묘·진하하다.

윤3.8. 교리 최석정이 상소해 송시열·김수항·김수흥 등을 변호하자, 3사가 일제히 탄핵하다. 이에 삭탈관직·문외출송하다.

윤3.16. 허적이 김수흥의 서용에 반대하다. 김익훈을 어영대장에 제수하자 사람들이 놀랐는데 대신들의 반대로 체직하다.

윤3.24. 민희 우의정.

4.2. 김수흥에 대한 서용 명을 거두다.

5.11. 대사헌 윤휴가 밀소를 올리다.

5.22. 아약·백골에게 징포하는 일을 속히 조사해 변통하라 이르다.

6.12. 판중추 민정중이 소를 올려, 자신의 죄가 송시열·박세채와 다를 바 없는데 자신만 서용

된 것은 법을 잘못 쓴 것이라며 윤휴를 공격하다. 이에 당만을 생각한다며 개탄스럽다는 비답을 내리다.

6. 20. 가뭄의 원인은 고묘하지 않았기 때문이라고 조사기가 상소하다.

6. 29. 진사 이동형이 송시열을 옹호하고 조사기를 비판하는 소를 올리다.

7. 2. 사간원의 청으로 이동형을 귀양 보내다.

7. 2. 경상도 생원 채하징이 상소해 송시열을 옹호하다.

7. 3. 대신·비국을 인견해 채하징을 변방에 정배하고, 다시 이런 소를 올리는 자는 중률로 논하라 명하다.

8. 2. 윤이석이 조부 윤선도에게 보낸 효종의 어찰 5폭과 조부의 예설 2편을 바치니 특별히 6품으로 올려 이산현감에 제수하다.

8. 20. 진위사 이하진이 돌아와 정세를 보고하기를, 오삼계가 황제를 칭하며 국호를 대주로 정했고 청 황제는 황음무도하다고 하다.

9. 15. 대사헌 이원정이 소를 올려 체찰부 복구를 청하다.

11. 4. 정개청의 사우에 사액을 허락하다.

11. 10. 승지에게 병해 전옥의 경죄수를 방면하다.

11. 10. 하직하는 수령을 인견해 다스림에 힘쓸 것을 신칙해 보내다.

숙종 5년(1679)

1. 19. 대내에 저장한 구리 100근을 진휼청에 보내 화폐를 계속 주조하게 하다.

2. 3. 호조판서 이원정이, 내년은 대내를 수리할 차례라 아뢰자 흉년임을 들어 해를 물려 거행하라 이르다.

2. 10. 좌윤 남구만이 소를 올려, 허적의 서자 허견이 청풍부원군의 첩을 때린 일과 대사헌 윤휴가 서도의 금송 수천 그루를 베어 집을 짓고

있는 일을 아뢰다. 이에 허적이 상소해 해명하고 사실무근이라 아뢰자 따뜻한 말로 비답하다.

2. 13. 직강 김정태가 소를 올려, 남구만의 소에 대한 조사를 거론하며 허적·윤휴에 대하여 지나치다고 아뢰자, 조사한 뒤 분변하겠다고 답하다.

2. 16. 판윤 김우형·좌윤 신정이 상소해, 소나무 수백 그루가 윤휴의 집으로 간 것이 사실이라며 조사하지 말라는 전교를 거두어 줄 것을 청하다.

2. 18. 대사간 유하익이, 윤휴에 대한 조사를 엉터리로 했다며 판윤 김우형과 좌윤 신정을 파직할 것을 거듭 청하자 윤허하다.

2. 27. 윤휴에게 사관을 보내 올라오라 이르다.

2. 30. 허적의 서자 허견이 서억만의 아내 차옥을 납치한 일에 대해 남구만 등이 상소하다.

3. 4. 특진관 오정창이, 유신의 집을 적간(摘奸)하고 대신의 집을 사찰한 것에 대해 지적하자 자신의 허물이라고 답하다.

3. 10. 허적의 당이 서억만을 위협해, 서억만의 아내가 납치된 적이 없다고 격쟁하게 하다. 이에 조사가 중단되다.

3. 12. 회덕의 생원 송상민이 장문의 소를 올려 스승 송시열을 신구하고 윤휴·허목·권대운 등을 공격하자 송상민의 구류를 명하다.

3. 12. 병판 김석주가, 어떤 이가 이우에게 투서하고 이우가 자신에게 보낸 흉서를 올리다.

3. 13. 민유중·이단하의 서용을 환수하다.

3. 13. 송상민을 역률로 논해 국법을 바로잡으라 명하다.

3. 15. 7차례의 형신 끝에 송상민이, 소책은 자신이 직접 만들었고 교정은 신계징과 이담이 했으며 베낀 이는 박세징이라고 공초하다.

3. 17. 송상민·박세징이 옥사하다.

3. 19. 허적이, 아들 허견이 남의 아내를 빼앗은 일을 부인하고 포도청의 사찰 대상이 된 것을 들어 사직을 청하자, 이미 알고 있다며 남구만

의 유배를 명하다.

3. 19. 흉서를 국청에 내려 제장들에게 보내다.
• 흉서는, 소현세자의 손자가 적통이며 종통을 바로 잡고 붕당을 제거해야 한다는 내용이다.

3. 24. 송상민과 관련해, 조근을 극변에 정배하고 이담·신계징을 변방에 정배하다.

3. 25. 대사간 권대재 등이, 송시열의 절도 위리안치를 청하자 거제도에 위리안치하다.

4. 3. 낙형 등 여러 차례의 형신 끝에 강화 축성장 이우가 옥사하다.

4. 8. 좌의정 권대운 등이 또 다른 흉서에 관해 아뢰다.

4. 26. 흉서와 관련해, 양주의 이유정이란 이의 행적이 의심스럽다는 고발이 있자 추문하다.

4. 27. 이유정이 흉서에 대해 자백하다.

4. 29. 이유정이 복주되다.

5. 12. 대사간 최문식이, 지난번 투서는 송시열을 하는 자들로부터 나왔다며 송시열의 안율(按律)을 청하다.

5. 15. 역적을 토벌하였다고 종묘에 고하다.
• 고묘문은 권해가 지어 올렸는데, 지난 기해년부터 죄신(罪臣)이 왕통을 어지럽혔다는 말로 시작하여 지금 이유정은 곧 그 우익(羽翼)이라는 말로 끝을 맺었다.

5. 25. 허적·권대운·민희가 판서 이하 제신을 이끌고, 송시열의 안율을 해가 기울도록 청하다.

6. 13. 대사간 권대재가 민정중 등 5인의 원방유배를 청하고 허적·민희 등이 거드니 수용하다. 이날 허적이 청남·탁남에 대해 말하다.

6. 13. 허목이 차자를 올려 허적을 극력 탄핵하자, 허목을 크게 질책하며 누구의 사주를 받았는지 자수하라 하다.

6. 14. 민정중 등을 유배하다.

6. 14. 허적이 강가로 나가니 도승지를 보내 개유하게 하다.

6. 14. 도승지 민암이, 허목에게 자수하도록 하는 것은 지나치다고 하면서도 그 배후가 권대재

일 것이라고 아뢰다.

6. 15. 우의정 민희가, 조정의 분열은 권대재 부자와 이옥으로 말미암은 것이라고 아뢰자 권대재 부자와 이옥 등을 유배하다.

6. 16. 좌참찬 윤휴가, 허목이 허적을 경솔히 비판한 것은 잘못이나 비답이 지나쳤다며 회오의 뜻을 보일 것을 청하다.

6. 18. 허목을 타이르고 그리워하는 뜻을 보이다.

6. 29. 오시수 우의정.

7. 11. 허적이 관직을 띠고 서울에 들어오는 것은 감히 할 수 없다고 하자, 해직을 허가하고 영중추부사에 제수하다.

7. 13. 오시수가 송시열과 절교한 이유태의 석방을 청하다.

7. 14. 유학 이후평이 상소해 허적·민암 등의 죄를 논하다.

7. 18. 홍우원이, 허적이 수상으로서 치적이 없다며 비판하는 소를 올리자 노하여 파직하다.

8. 3. 윤휴가 소를 올려 허목·홍우원에 대한 처리에 개탄하다.

8. 30. 허적이 허목·홍우원·권대재 등에 대해 아뢰자 홍우원의 직첩을 도로 내주다.

9. 11. 노량에서 대규모 열무를 행하고 화차 시범을 보다.

9. 25. 주강에서 윤휴가 또 북벌의 뜻을 밝히다.

10. 6. 허적 영의정.

10. 9. 정지화 영중추부사, 허목 판중추부사.

11. 3. 대신·비변사 등을 인견하고, 윤휴가 파할 것을 청한 둔전에 대해 의논하다.

12. 9. 날씨가 춥다며, 얇은 옷을 입은 군사에게는 유의(襦衣)를 주고, 가벼운 죄를 짓고 옥에 갇힌 죄수들의 석방을 명하다.

12. 12. 북병사 유비연이, 청 측이 백두산과 관련해 이상한 움직임을 보인다고 보고하다.

숙종 6년(1680)

1.9. 대신·비변사 제신을 인견하여 붕당을 경계할 것과 공평한 인사를 당부하다. 영의정에게 안석과 궤장을 내리기로 하다.

2.3. 허적이, 어영청의 베를 풀어 돈으로 바꿔 저장할 것과 지방의 화폐 주조를 금할 것을 건의하다.

• 화폐 가치 하락을 방지하기 위한 것이다.

2.22. 청사가 서울에 들어오다. 원접사 민암이 먼저 들어와 백두산과 관련해 아뢰다.

3.2. 허적이 정태화의 공을 말하고 시호 내리기를 청하니 따르다.

3.12. 윤휴가 정태화를 배척하는 소를 올리자 정태화를 옹호하다.

3.19. 허적에게 안석과 지팡이를 내려 주라 명하고 또한 일등 음악을 내려 주다.

3.28. 김만기를 훈련대장에, 신여철을 총융사에 제수하며 곧바로 공무를 집행하라고 명하다.

3.29. 김수항을 용서하고, 편당 인사를 이유로 이조판서 이원정을 삭출하다.

3.30. 과거 김수항의 소는, 윤휴의 자성(慈聖)을 조관(照管)하라 한 말을 타파한 것인데 그때는 어려서 기만당했다며 김수항을 서용하라 이르다. 아울러 영의정 허적을 비판하다.

3.30. 좌의정 민희와 우의정 오시수가 사직을 청하니 모두 체직하다.

3.30. 남구만·구일·이인하의 서용을 명하다.

4.1. 허적이 소를 올려 죄를 자책하자, 뜬 의논에 흔들렸다며 개탄하는 비답을 내리다.

4.1. 대사헌 민암이 소를 올려 비망기의 내용에 대해 물으며 체차를 청하니 체차하다. 헌부 관원들이 인피하니 체차하다.

4.2. 장령 심유가 자성(慈聖)을 조관하라고 한 윤휴를 극변으로 귀양 보낼 것과 민암의 삭출을 청하니 따르다. 대사간 유상운 등이 오정위의 원방유배, 허견의 절도안치를 청하니 따르다.

4.2. 예판 오정창과 이조참의 목창명이 소를 올려 해면을 청하니 허락하다.

4.3. 김석주로 하여금 도체부를 맡아 대흥산성 등의 일을 주관하게 하다.

4.3. 김수항 영의정, 정지화 좌의정, 남구만 도승지.

4.4. 대사간 유상운 등이, 복창군 이정·복선군 이남·복평군 이연의 절도안치를 청하니 따르다.

4.5. 정원로·강만철이, 허견·이태서·복선군이 역모를 꾀해 왔다고 상변하다.

4.5. 훈련대장 김만기와 어영대장 김석주에게 궁성호위를 명하다.

4.6. 김석주가, 군관 이원길이 군관 이광한에게 한 수상한 말을 듣고 체포해 국청으로 이송하겠다고 하자 따르다.

4.6. 이남이 정원로와 대질하고 나서 부분 승복하다.

4.8. 이언강과 박태손이, 전라감사 유명현과 경기수사 강석빈은 허견의 압객(狎客)이라며 사판 삭제를 청하니 따르다.

4.8. 대사헌 이익상 등이, 충청감사 오시대와 원주목사 오시익이 이남의 친속이라며 파직할 것을 청하니 따르다.

4.9. 김수항을 불러 지난 조치에 대해 사과하다.

4.9. 허견이 상당 부분 승복하자 허적을 나포해 오다.

4.10. 허적이 지난날 자신의 행적을 들어 충성을 설명하고, 다만 나쁜 자식을 낳은 죄를 말하다.

4.11. 허견의 처남 강만철이 형장 15대를 맞고 승복하다.

• 주상에게 자식이 없어서 변고가 생길 경우, 김석주·김만기 등은 이혼 또는 이업으로 후사를 삼으려 한다고 하는데 당연히 이남이 되어야 한다는 것을 논의했다. 이를 위한 대책으로 체부를 다시 설치하고 훈국과 어영청을 거느리게 할 것을 추진했다.

4. 12. 허적의 벼슬을 깎고 백성의 신분으로 돌아가게 하다. 그 외 오정창과 윤휴는 위리안치, 이원정은 안치를 명하다.

4. 12. 복선군 이남을 교수형에 처하라고 명하다.

4. 12. 정원로가 체부를 다시 설치할 때 권좌상·민우상이 허적의 집에 모여 종일 의논했는데, 허적이 임금의 환우가 위급해짐을 걱정하자 우상 민희가 복선군이 있다고 말했다는 걸 허견으로부터 들었다고 하다.

4. 12. 허견을 군기시 앞에서 능지처사하다. 이남은 교수형에 처하다.

4. 13. 양사가 허적을 법에 의해 처단할 것을 청하다. 이어 차율로 처리할 것을 청한 대사헌 이익상과 대사간 김만중의 체차를 청하다.

4. 14. 민희가 체부 설립 시 재설립을 반대했으며 허적과 따로 만난 적도 없다고 진술하고, 정원로는 허견에게서 들은 것으로 진위는 모른다고 답하다.

4. 16. 대간이, 허적의 충견 노릇을 했다며 평안감사 유하익과 강릉부사 오시복을 사판에서 삭제할 것을 청하니 따르다.

4. 16. 유혁연이 형신을 받고도 승복하지 않다.

4. 17. 강만철이, 왕이 위중해지면 병판 김석주가 세 공자를 죽일 것이니 대비하고, 이남을 궐안에 들어가 숨어 있게 했다가 옹립해야 한다고 했다는 허견의 말을 진술하다.

4. 20. 강만철을 율에 따라 정배하다.

4. 21. 유혁연을 유배하다.

4. 26. 이연을 원방에 위리안치하다.

4. 26. 이정을 사사하다.

4. 27. 비망기를 내려 역모를 평정한 공신들을 추서하게 하다.

4. 28. 공훈을 감정할 때는 병판 김석주를 원훈으로 삼게 하라 이르다.

4. 29. 민정중 우의정.

5. 5. 포도청에서 차옥의 옥사를 추핵하여 옥안을 갖추다. 차옥을 노비로 삼고 주선한 허견의 외삼촌 박찬영은 교형에, 당시 허견을 비호한 오시수는 원방유배에, 이의를 제기하지 않은 목내선·이하진은 파직하다.

5. 5. 사헌부가 거듭 아뢰자 허적을 사사하라 명하다.

5. 11. 목내선과 이하진은 삭출하고 사판에서 삭제하다.

5. 12. 이유태가 소를 올려, 자신이 견해를 바꾸고 친구를 배반했다는 등의 이야기는 모두 사실이 아니라고 아뢰다.

5. 12. 송시열의 위리안치를 풀고 중도부처하라 명하다.

5. 12. 윤휴를 잡아 와 정국을 설치하다.

5. 12. 서인 재상을 모함하고자 하는 익명서를 올린 이환에 대해 국문을 명하다. 이환의 익명서 전문.

5. 13. 이환이 이태서와 모의해서 서인 재상을 죽이려 했다고 공초하다.

5. 14. 윤휴가 한 차례 형신에도 승복하지 않자 배소로 돌려보내 위리안치하게 하다.

5. 14. 판의금부사 이상진이 작년 4월 이환의 익명서와 관련해, 윤휴가 비밀 소를 올려 익명서에 기재된 이들을 국문하라 청하며 큰 옥사를 일으키려 했다고 아뢰자, 윤휴를 도로 잡아오게 하다.

5. 14. 이환을 추문했으나 윤휴의 참여에 대해 모른다고 답하다.

5. 14. 당시 윤휴의 비밀 차자.
• 익명서라 하여 가벼이 취급하지 말고 엄중히 대처할 것을 청하는 내용이 주를 이루고 있다.

5. 15. 윤휴의 사사를 명하다. 김수항은 지나치다며 반대했으나 민정중·오두인은 찬성하다.

5. 15. 윤휴를 사사하라는 전지를 내리다.

5. 16. 별군직 이입신, 충장장 남두북·박빈 등을 녹훈에 참여시키라 명하다.

5. 16. 정원로를 가선대부로 승진시키고 군으로

봉하라 명하다.

5.18. 영의정 김수항과 우의정 민정중을 인견하고 선비 추천을 명하자, 윤증·박세채를 추천하다.

5.18. 모두 6명의 공신을 책봉하다.

5.19. 이정·이남·허적·허견·이태서 등의 가산을 공신들에게 나눠 주다.

5.20. 윤휴 사사.

5.21. 사간원이 유혁연의 사사를 청하다.

5.24. 김수항·민정중이 거듭 송시열의 억울함을 아뢰자 송시열의 방면을 명하다.

5.25. 김수흥이 지패법의 폐지를 청하니, 오가작통·지패·호패 등을 모두 폐지하라 명하다.

5.26. 박순을 승지로, 김우형을 판윤으로, 박세채를 사업으로 삼다.

5.26. 권대운과 민희를 중도부처하다.

5.26. 정원로가 김익훈과의 관계와 고변하게 된 전말을 아뢰다.

6.3. 김석주의 건의에 따라 지패법은 혁파를 미루고 형세를 보아가며 변통하기로 하다.

6.6. 숙종 원년에 오시수가 들었다는 신하가 강성하다는 발언은 정황상 중간에서 만들어 낸 말일 것이라고 김수항 등이 아뢰고 왕도 동의하다.

6.19. 윤증이 사직 상소를 올리다.

7.3. 유혁연을 위리안치하다.

7.11. 김석주의 건의에 따라, 이정·이남과 사사로이 사귄, 조희맹·육후립·정태주 등 셋을 유배하다.

7.11. 박세채를 집의로, 윤증을 사업으로 삼다.

7.13. 판교 정면이 상소해, 《현종실록》의 개정과 조경을 배향공신에서 축출할 것을 건의하다.

7.15. 대신과 비국의 제신을 인견해 실록 개수의 일과 조경의 일을 의논하다.

7.17. 조경을 선왕의 묘정에 계속 배향할 것을 명하다.

7.27. 김수항이 실록 개찬의 일을 진술하고 신

덕왕후 부묘에 상응해 방번·방석도 대군의 작위를 내려야 한다고 아뢰자, 신하들의 가부를 물어 무안대군, 의안대군으로 추증하다.

8.3. 영릉의 천릉과 관련해, 김수흥·김수항·민유중 등이 당시 허적 등이 송시열에게 죄를 씌우기 위해 거짓으로 무함한 정황을 아뢰다.

8.10. 이원성이, 정원로가 오정창과 역모를 꾀했으나 뒤에 굳이 숨겨 오정창·이원길 등으로 하여 죽음을 면하게 했다고 고하다.

8.17. 정원로가 처음에 고발을 하지 않은 것은 신범화의 사주를 받았기 때문이라며, 신범화가 오시복과 친해 김익훈의 대장직 체직을 도모했다는 등의 진술을 하다. 이에 김석주가 궐문 밖에서 석고대죄를 하다.

• 김석주가, 신범화를 지시한 이는 자신이라며 허적의 의심을 사서 할 수 없이 허적 측이 원하는 이를 어영대장으로 추천해야 했던 사정과 신범화를 시켜 정원로에게 공작토록 한 사실을 진술했다.

8.17. 김석주가, 정원로의 죽음만은 면해 주자고 청하면서도 신범화를 끌어들인 것은 무고라고 주장하다.

8.29. 김수항·민정중 등과 경복궁의 중건에 대해 의논하다.

8.30. 회맹제를 거행하다.

윤8.1. 죽은 소가 매우 많다고 각 도 감사들이 장계하다.

윤8.3. 정원로가, 오정창이 이태서와 함께 허견을 방문해 체부를 설치하고 양국을 겸하여 총괄하게 할 것 등을 의논했다고 진술하다. 오정창이 일체 부인하자 엄한 형벌을 더해 국문하라 명하다. 이에 9차례나 신장을 더하니 비로소 자복하다.

윤8.4. 오정창이 복주(伏誅)되다.

윤8.7. 거짓으로 김석주와 절친한 체하며 왕래했던 조정시가 복주되다.

윤8.7. 이원길이 형장을 맞다 죽다.

윤8.8. 이남을 군주의 관상이라 한 최만열이 복

주되다.

윤8. 9. 유혁연이 한신이라 불렀던 한여신이 형장 아래 죽다.

윤8. 10. 윤선도의 관작과 추증된 시호를 박탈하다.

윤8. 10. 정원로가 복주되다.

• 허견 등과 역모를 수창(首倡)했다가 탄로 나게 되자 고변했는데 전모를 밝히지 않았다.

윤8. 11. 강만철을 복주하지 않고 유배소로 도로 보내다.

윤8. 11. 유혁연은 내통한 흔적이 덜 명백한 듯하다며 위리안치하다.

윤8. 19. 경술년(현종 11년)과 을묘년(숙종 원년)의 일을 탐문하라 명하다.

• 이것은 선왕이 강신에게 제압당해 일찍 죽어 치제를 두 번 하라는 황제의 말을 일컫는다. 이에 이일선이, 황제가 당시 이남에게 말한 것은 "그대 나라 신하들이 착하지 못해 백성을 못살게 군다."라는 내용이었다고 답하다.

윤8. 21. 오시수·박정신을 엄히 국문하게 하다.

윤8. 21. 이원정이 자복하지 않고 장하에서 죽다.

윤8. 24. 정개청의 사원을 다시 헐다.

윤8. 28. 유혁연을 결국 사사하기로 하다.

9. 5. 김석주가 상소해 신범화·김익훈·조태상의 공을 아뢰다.

9. 5. 유혁연을 사사하다.

9. 10. 오시수를 붙잡아 오다. 차비 역관 박정신이 '신하가 강해 임금이 제재를 받는다'는 말을 들은 바 없다고 진술하자, 오시수가 억울하다며 역관이 말을 바꾸었다고 주장하다.

9. 12. 오시수가 지어 낸 게 틀림없다는 뜻을 밝히고, 오시수는 민희를 끌어들이다.

9. 30. 박정신을 정배하다.

10. 2. 송시열의 서용을 명하다.

10. 8. 정지화가 여러 차례 사직 끝에 좌의정 체직을 허락받다.

10. 12. 민정중 좌의정, 이상진 우의정, 김석주 이조판서.

10. 12. 송시열이 올라와 알현하면서 천안을 쳐다볼 수 있게 해 달라 청하니 들어주다.

10. 23. 송시열이 소를 올리고 도성을 떠나다.

10. 25. 승지를 보내 송시열을 최고의 예우로 다독이고 고생하도록 만든 것에 대해 반성의 뜻을 보이다.

10. 26. 2경에 중궁(인경왕후)이 경덕궁에서 승하하다.

11. 3. 이방간의 자손을 《선원록》에 기록하라 명하다.

11. 11. 자전의 권고를 받아들여 오시수를 사형에서 위리안치로 바꾸다.

11. 14. 최복을 벗다.

11. 16. 호조참의 윤이도가 호포법 반대 상소를 올리다.

11. 21. 목내선·이우정·오시복 등을 서용하라 명하다.

11. 22. 김석주의 의견을 받아들여 김익훈·조태상·신범화·이광한·이원성을 공신에 추록하다.

11. 24. 대사헌 여성제가 공신 추가 등록의 부당함을 아뢰다.

11. 26. 대행왕비의 복을 벗다.

12. 23. 왕대비가 언문으로 글을 내려 송시열에게 떠나지 말 것을 청하니, 송시열이 황공해 돌아오다.

12. 25. 영의정 김수항이, 법규에 구애되지 말고 송시열을 자주 만나 크고 작은 일을 막론하고 자문을 받을 것을 청하다.

숙종 7년(1681)

1. 3. 송시열이 북벌 차자를 올리다.

1. 13. 송시열이 대동법의 폐단에 대해 아뢰다.

• 원래 정해 놓은 기준 대신, 갈수록 더 길고 촘촘하게 짠 베를 걷고 있어 백성의 원망이 크다는 내용이

다.

1. 16. 송시열이 훈련별대의 폐단을 아뢰며 경포수의 수를 줄일 것을 청하다.

• 봉료가 조신은 4만 석인데, 훈국 포수의 경우는 8만 석이었다.

2. 20. 송시열이 나이를 이유로 사직하며 부세·병제의 변통 등을 아뢰다.

2. 22. 인경왕후를 익릉에 장사 지내다.

2. 23. 승지와 형판을 보내 만류했으나 송시열이 끝내 떠나다.

3. 26. 대내에서 삼간택을 행하여 민유중의 딸을 선택하다.

3. 29. 민유중의 유임 여부를 논의하다.

• 자전이 체면하지 말 것을 청했으나, 신하들은 국구가 병판을 맡을 수는 없다며 체직을 요구했다.

5. 14. 대혼례를 치르고 사면하다.

5. 22. 《현종개수실록》 담당관을 임명하다.

5. 26. 위병의 축소, 군수의 절용에 대해 이단하·이사명과 함께 논의하다. 대체로 효종 때 양성했지만 형세가 달라져 헛되이 양성하는 격이라며 축소에 동의하다.

6. 2. 김만중이 서원의 중첩 설치 폐단에 대해 말하다.

6. 12. 오시수를 사사하다.

6. 17. 조경을 현종의 묘정에서 출향하다.

6. 23. 군제 혁폐·호포법·충순위·충찬위의 법 등에 대해 논의하다.

6. 27. 개경의 보인 허협이 찢어진 한 장의 언문을 가지고 와, 전 평안병사 이간과 당시 감사 유하익 등이 이남과 통모해 반역을 꾀했다고 고하다.

7. 6. 무고를 한 허협을 참하다.

7. 21. 노산군을 노산대군으로 일컫도록 명하고 승지를 보내 묘에 치제하다.

7. 26. 부마가 다시 장가들 수 없게 하는 법을 정하다.

8. 1. 송시열·박세채·이상·윤증을 불렀으나 모두 사양하다.

8. 8. 이단하가 군액 축소를 거듭 아뢰다.

9. 14. 공정대왕의 묘호 추가에 대한 의견을 듣고는, 해조로 하여금 묘호 추가를 즉시 거행하라고 지시하다.

9. 18. 공정대왕의 묘호를 정종으로 결정하다.

9. 19. 관학 유생들이 재차 소를 올려 문묘종사를 청하자 긍정적으로 답하며 대신에게 묻게 하다.

9. 27. 유생 박성의 등 60여 명이 상소해 이이·성혼의 문묘종사를 반대하자, 소두 박성의를 정거토록 하다.

10. 8. 박성의를 해남으로 정배하다.

10. 29. 유생 조신건 등이 이이·성혼을 비방하는 소를 올리자, 조신건을 멀리 유배하라 명하다.

11. 17. 사헌부에서, 양호의 대동법이 변질되어 백성의 원망이 크다며 양도의 감사로 하여 수령들 중에 과외로 부정하게 거둬들이는 자는 중죄로 논하게 할 것을 청하니 따르다.

12. 4. 공정대왕과 정안왕후의 옥책금보를 별전에 봉안하다.

12. 16. 《보》 병조참판 이사명이 양서에서의 호포 시험과 군자 별창의 설치를 청하다.

12. 9. 김수항이 호포법의 시행을 청하다.

12. 15. 병조참판 이사명이 소를 올려 호포법의 실시를 강력 주장하고, 군사 확보와 훈련 방안 등을 아뢰다.

12. 17. 동부승지 송광연 등이 소를 올려 호포법의 실시를 반대하다.

숙종 8년(1682)

1. 2. 영의정 김수항이 호포 시행에 관한 이견을 이유로 사직을 청하다.

1. 4. 판중추 김수흥이 호포 관련한 의논의 중지를 청하다.

1. 22. 평안병사 이세화가 호포법 시행을 청하는 소를 올리다.

2. 6. 호포법과 군적 시행에 관한 논의 끝에, 호포법 절목을 세우되 풍년을 기다려 행하고 거행 시엔 서울 먼저 시행토록 하라 이르다.

2. 19. 영의정 김수항의 추천으로 여영대장 김석주를 훈련대장으로, 신여철은 어영대장으로 삼다.

2. 21. 청사를 맞다. 오삼계를 토벌했다는 조서를 받다.

4. 3. 대신을 인견해 군제 변통을 의논하다.

4. 27. 허목 졸.

5. 6. 생원 이경화 등이 김장생·송준길의 문묘 종사를 청하다.

5. 16. 강만철이 복주되다.

5. 18. 김석주 우의정.

5. 20. 송나라 3현과 이이·성혼을 종사하다.

6. 10. 헌납 김세정이 상소해, 궁가와 내수사에 대한 임금의 치우침을 지적하다.

8. 7. 우의정 김석주를 호위대장으로 삼다.

8. 7. 《보》 김석주를 재상에 임명했으니 수하에 군사가 없자, 영의정 김수항이 호위대장 1원을 더 설치해 김석주에게 겸하게 할 것을 청하다. 이에 호위대장을 겸하게 하다.

8. 23. 《보》 남구만 병조판서로 삼다.

• 남구만은 직분을 다해 맡는 일마다 대단한 성과를 내었는데, 병조도 맡자마자 1년도 안 돼 여분의 베가 15만 필이나 쌓였다고 한다.

9. 21. 박세채를 인견하여 서울에 머물며 경연에 참석할 것을 당부했으나 이튿날 소를 올려 돌아가다.

10. 21. 전병사 김환·출신 이회·기패관 한수만이 대궐에 나와 허새가 역모를 꾀했다고 상변하다. 형신 끝에 허새가 자복하였으나, 민암·오정위·권대운 등이 동참했다는 말은 세력을 끌어들이기 위해 허위로 말한 것이고 사실이 아니라 하다. 허새·허영 등을 법에 따라 사형에 처하고

가산을 적몰하다.

10. 25. 《보》 김환 등의 상변은 김익훈의 사주에 의한 것으로, 김수항 등이 옥사를 처리하며 공의를 어기고 김환 등에 대한 논공도 지나치게 하여 청의를 불러일으키다.

• 이것이 노소의 분기점이 되었다.

10. 27. 어영대장 김익훈이 승정원에 나와 밀계하여, 전익대를 잡아 가두고 있는데 김환이 이에 대해 말하지 않는 것에 대해 신문해야 한다고 아뢰다.

11. 4. 호군 이익이, 전익대의 자백을 받고 형벌을 내릴 것을 청하다.

11. 10. 승지 조지겸이, 어영대장 김익훈이 전익대의 말을 듣고서 스스로 고발하게 하지 않고 직접 나와 밀계한 것은 전도된 것이라며, 추고하여 시비를 밝힐 것을 청하다.

11. 20. 허새를 토벌한 것을 고묘하고 교서를 반포하다.

11. 20. 영부사 송시열이 소를 올리고 여주로 내려가자 조지겸을 보내 함께 오도록 하다.

11. 20. 김수항이, 정성을 다해 송시열을 부를 것과 김익훈이 승정원에 가서 밀계하게 된 사정과 관련해 아뢰다.

11. 30. 지평 유득일이 김익훈을 파직하고 서용하지 말 것을 청하다.

11. 30. 이달 각 도에서 죽은 소가 1만여 마리에 이르다.

12. 22. 집의 한태동 등이 김익훈을 강력히 탄핵하다.

숙종 9년(1683)

1. 3. 《보》 영의정 김수항이 김익훈을 천거해 어영대장으로 삼고, 전익대 등의 죄를 가볍게 하자 공론이 더욱 격렬해지다. 좌의정 민정중도 김수항과 의논이 맞지 않아 사이가 멀어지다.

1. 15. 송시열이 대궐로 나오다.

1.22. 《보》 전익대를 잡아 와 국청을 설치하다. 민정중이 소를 올려 김익훈·전익대의 죄를 말하다. 또 대신은 훈척 때문에 말을 못하고 왕은 대신의 뜻을 어기기 어려워 공평함을 잃었다는 등의 주장을 펴다.

1.25. 민암·유명현·오시복·권대재 등을 사면하다.

1.26. 영의정 김수항이 김환·전익대를 형신하라는 주장에 반대하다.

1.28. 송시열이 수어사 혁파를 건의하자 받아들이고, 광주부윤을 유수로 바꿔 수어청까지 관할하게 하다.

1.29. 전익대가 주형(誅刑)을 받다.

2.2. 지평 박태유와 유득일이 김익훈의 원방유배를 청하자 박태유 등을 체직하다.

2.2. 《보》 지평 박태유·유득일 등이 김익훈을 귀양 보내도록 발의하다.

• 사관은, 전익대의 자백으로 김수항도 구원할 수 없게 된 일, 처음에 대간을 옳다고 하던 송시열이 견해를 바꿔 젊은 무리들이 김익훈을 죽이려 한다며 유득일을 배척한 일, 송시열의 태도 변화에 노론과 소론의 당목이 생긴 일 등을 서술하고 노론과 소론의 주요 인물들에 대해 소개했다.

2.4. 《보》 행사직 박세채가 조정에 나와 3가지 조목을 차자로 아뢰다.

2.6. 송시열이 치사의 뜻을 거듭 밝히다.

2.13. 김익훈을 파직하며 김익훈에 대한 과격한 논핵을 금하다.

2.21. 송시열이 효종대왕을 높여 불천지묘(不遷之廟)로 삼을 것을 청하자, 대신들의 논의를 거쳐 수락하다.

3.2. 《보》 김익훈을 삭출하다.

• 송시열에 대한 비판적인 사론이 실려 있다. 노론의 소론 비난에 대해서도 비판했다.

3.4. 형조판서 김덕원이 소를 올려 인조대왕도 불천지묘로 삼을 것을 청하자, 대신들의 의견을 물어 수용하다.

3.5. 송시열이 치사(致仕)하니 봉조하로 삼다.

3.11. 《현종개수실록》이 완성되다.

4.16. 영상 김수항이 대간의 공격에 대해 면직을 청하며, 김환을 국문하는 것에 반대하다.

4.17. 대사간 유상운 등이 민정중이 인용한 송시열의 말로 인피하다.

• 조지겸의 무리가 송시열을 배척하며 스스로를 소론이라 칭하고 박세채를 종주로 받들었다는 사론이 실려 있다.

4.19. 박세채가 경연에서 시호를 올리는 일을 아뢰다.

4.29. 청에서 돌아온 우의정 김석주가, 명나라 관리의 후손들이 고위직에 오르는 등 명은 잊힌 지 오래라고 아뢰다.

5.5. 윤증이 과천에 이르러 소를 올려 사양하고 돌아가다.

• 이때 박세채가 찾아가자 나아갈 수 없는 3가지 이유를 말하고, 박세채에게 송시열과 맞서 줄 것을 요구하다.

5.15. 김익훈의 문외출송을 풀어 주라 명하니 집의 신양과 부제학 조지겸 등이 반대하다. 이에 김석주가 당시 상황을 설명하며 김익훈을 변호하다.

5.15. 《보》 김익훈에 대해, 김익훈이 김석주의 응견이 되어 김환을 통해 일을 만든 경위를 설명하다.

5.21. 간원에서, 김익훈의 문외출송을 방송하라는 명을 환수할 것을 말하다.

6.1. 김석주가 다시 소를 올려 김익훈의 일을 논하다.

6.2. 김수항이 대론이 격렬한 것을 일삼아 송시열을 머무르지 못하게 한다고 아뢰다.

6.8. 공조참판 박세채·호조참의 이상이, 김환과 김중하를 법대로 처결하고 김익훈 석방 명을 거둘 것을 청하고 돌아가다.

6.12. 《보》 태조와 태종의 휘호를 추상하다.

• 사관은, 송시열이 조정에 나와 척리를 부추기고 사

론(士論)을 억누르며 번잡한 글을 숭상하고 종묘에 아첨했다고 비판했다.

6. 29. 송시열이 《주자대전차의》를 올리다.

윤6. 26. 김석주가 청대해, 조지겸·오도일·한태동 등을 파직하고 유배할 것을 청하니 따르다.

• 이 자리에서 김석주가 유배지까지 지정하는 등 무례를 보였다.

윤6. 28. 송시열의 문인 한성보 등이 상소해 대로(大老)를 배척한 박태유·오도일·유득일 등의 죄를 말하다.

7. 6. 대사헌 박세채가 상소해 조지겸·박태유 등을 신구하다.

7. 8. 윤증을 특별히 우윤에 제수하다.

7. 10. 김석주가 차자를 올려 박세채를 강력히 배척하다.

7. 17. 김홍복이 소를 올려 지난달 김석주가 어전에서 행한 무례를 공격하다.

7. 27. 태학생 황위 등 30여 명이 박세채를 변호하고 김석주의 죄상을 극력 논하다. 이에 소두 황위를 극변유배하고 유생들을 정거하라 명하자, 민정중 등이 힘써 청하고 태학생들이 공관하자 풀어 주다.

8. 1. 《보》 대교 김홍복의 관작을 삭탈하고 문외 출송시키라고 명하다.

• 김석주가 관안(官案)의 일을 변명하였기 때문이다. 김석주의 집안은 수도(隧道)의 일로 송시열을 깊이 원망했고 이후 남인과 구분되지 않을 정도였다.

10. 18. 두질을 앓다.

11. 5. 환우가 낫자 시약청을 혁파하다.

11. 10. 송시열이 돌아가자, 승지를 보내 효유해 불렀으나 오지 않다.

• 송시열이 고양에 있을 때, 박세채·이단하와 함께 나눈 이야기에 대한 기록이 있다. 주로 허새의 옥사에 대한 시각 등을 둘러싸고 양측의 주장을 담고 있다. 이 기록은 송시열의 손자 송주석이 《향동문답》에 기록한 것이다.

12. 5. 왕대비 김 씨가 홍서하다.

12. 5. 왕대비가 언문으로 유교를 남기다.

12. 11. 대행 왕대비의 시호를 명성, 휘호를 정헌문덕으로 하다.

12. 15. 박세채가 무당 막례를 다스릴 것을 청하다.

• 왕이 두질을 앓았을 때, 대비로 하여 매일 샘물로 목욕하게 하고 궁인들을 꾀어 재물을 취하는 등의 죄를 지었다.

12. 28. 친히 왕대비의 행록을 찬하다.

12. 28. 김석주 왕대비의 행장을 찬하다.

숙종 10년(1684)

1. 12. 남구만 우의정.

1. 15. 봉조하 송시열이 왕대비의 지문을 올리다.

2. 14. 수찬 김만채가 상소해 아버지 김익훈의 억울함을 아뢰다.

2. 21. 무당 막례의 사형을 감해 도배하다.

3. 12. 2월 25일, 공홍도 서천군 백사산 아래의 평평한 논이 갑자기 불쑥 일어나 둘레 156척, 높이 3척 6촌의 둔덕이 되다.

3. 27. 집의 한태동이 소를 올려 김익훈을 공격하자 엄히 꾸짖고 삭출하다. 이에 3사가 간하고 3정승이 명을 거두기를 청하자 파면으로 낮추다.

• 김환의 처리에 대한 영의정 김수항·우의정 남구만·좌의정 민정중의 의견이 실려 있다.

4. 5. 왕대비를 하현궁하다.

4. 17. 졸곡제를 거행한 후 최복을 벗고, 소익선관·백포·포과대로 갈아입고 환궁하다.

4. 29. 사용 직장 최신이, 윤증이 송시열을 비방했다고 상소하다.

• 윤선거·송시열·윤휴의 관계와, 윤선거 사후 아들 윤증이 묘문을 송시열에게 청한 일 등이다.

5. 13. 박세채가 최신의 상소를 배척하는 소를 올리자, 윤증과 송시열에 대해 민정중·김수항

등이 아뢴 이야기를 듣고 염려하다.

• 윤선거와 윤증이 송시열과 틀어진 일에 대한 기록이 실려 있다.

7.3. 김수항이 청대해 탕평의 길을 넓힐 것과 조곡의 감면 등에 대해 아뢰다.

7.17. 전참판 이유태 졸기.

• 말년에 송시열과 불화를 겪었다.

7.20. 경기 이천 땅에 운석이 떨어지다.

7.23. 옥천의 유생 김엽이 윤증을 공격하는 소를 올리다.

8.6. 김수항이, 국상 시 3년이 되지 않았을 때는 과장(科場) 안에서 선비들이 백의·백립을 착용해야 하는데 근래 흑건을 쓰고 있다며 이는 옳지 않다고 아뢰니, 백건을 쓰도록 하다.

8.21. 윤증과 송시열의 일에 관해 유생 조정만 등이 상소하다.

• 송시열이 윤증에게 보낸 글과 이에 대한 윤증의 답신, 이후 두 사람 사이에 오간 다수의 편지들에 대한 것이다.

9.3. 청성부원군 김석주에게 병조판서를 겸하게 했는데 김수항이 찬성하다.

9.20. 김석주 졸기.

10.23. 김환에게 죄를 더해야 한다고 주장이 일자, 정배에서 원방유배로 바꾸다.

11.4. 김환을 삼수군에 정배하다.

• 허새를 고발한 공이 크나 전익대를 위협한 죄 또한 크다고 했다.

11.17. 정지화 좌의정.

11.22. 이혼과 이엽을 방면하다.

12.16. 무신들이 조총을 학습하지 않고, 지위가 높아지면 무예를 익히지 않는 세태를 지적하며 무예 연마를 독려하다.

숙종 11년(1685)

1.9. 종각에 불이 나다. 3일 안에 고쳐 세우라 명하다.

1.11. 종각을 개수하다.

2.4. 유학 이진안이 소를 올려, 윤증이 강화도에서의 일로 부친 윤선거를 비방하는 것은 절에 들어갔던 것을 가지고 이이를 공격하는 것과 다름이 없다고 했는데, 이는 이이를 무함한 것이라며 윤증을 공격하다.

2.4. 《보》 윤증이 이이와 관련한 말은 실언한 것이어서 당인에게 구실을 주었는데, 이런 말이 없었더라도 공격을 면하기는 어려웠을 것이라며 사관이 송시열을 비판하다.

2.6. 김수항이 이진안의 일을 말하며 이진안의 상소를 옳지 않다고 한 부제학 최석정을 비판하다.

• 이후 대간이 연일 김수항을 탄핵했다.

4.9. 공홍도 유생 채지함 등이 윤증을 비판하다.

5.6. 좌의정 정지화가 20여 차례 사직을 청한 끝에 윤허를 받다.

5.18. 남구만 좌의정, 정재숭 우의정.

5.26. 홍수주가 상소해 이이가 산에 들어갔던 일을 변호하다.

6.3. 좌의정 남구만과 이조판서 여성제가 최석정의 서용을 청했으나 듣지 않다.

7.3. 서북인 등용에 대해 논의하다.

7.4. 김수항이 27차례 사직 끝에 체차되다.

7.19. 조지겸 졸기.

8.11. 김수항 다시 영의정에.

8.15. 소의 무역을 금지한 일로, 청이 왕에게 은 1만 냥의 벌금을 부과하다.

9.30. 봉조하 송시열이 김장생의 유교를 진헌하고, 이어 홍수주의 말이 결과적으로 이이·김장생을 모두 모욕했다고 아뢰다.

10.8. 집의 이굉과 장령 유명일이 홍수주를 탄핵하자 극변유배를 명하다.

11.21. 병 때문에 희정당 안에서 칙사를 접견하다.

12.1. 남별궁에 행차해 한득완 등 국경을 넘은

이들의 죄를 조사하고 처벌을 정하다.
12. 16. 송시열이 소를 올려 홍수주의 벌이 과중하다고 아뢰다.

숙종 12년(1686)

1. 8. 비변사에서 절목을 정해 월경해 삼을 캐는 것을 금하다.
2. 27. 예조에 명해 빈어(嬪御)를 간택할 것을 명하다.
3. 7. 동지사 겸 진주사 낭원군 간 등이 먼저 역관을 보내, 산삼을 캐느라 관역을 살해한 일로 조선 국왕에게 벌금 2만 냥을 물린다는 예부의 자문을 치주(馳奏)하다.
3. 28. 김창국의 딸을 숙의로 삼고 노비 150명을 내려 주다.
윤4. 23. 무신을 경시하는 폐습 등을 논하다.
윤4. 29. 진주사 정재숭이 벌금을 내라는 것에 대해 예부에 정문하자, 예부에서 국왕에게 아뢰지도 않고 정문부터 올렸다며 정문의 내용을 하나하나 질책하고, 이어 이것이 다 신하가 강한 데 연유한다며 정재숭을 잡아 보내 국왕으로 하여금 치죄토록 하겠다고 하다.
5. 3. 청의 질책과 관련해 일각에서 자강의 계책을 말하고 있는 것에 대해, 좌의정 남구만과 좌참판 조사석 등이 현실의 군사력을 들며 긴요하지 않은 서울의 군문을 혁파하고 외병을 강화할 것을 청하다.
5. 27. 숙의 김 씨를 소의로 삼다.
7. 6. 부교리 이징명이 소를 올려, 이정·이남에게 붙었던 역관 장현의 근족이 은총을 받고 있는 것이 앞으로 걱정이 될 것이라며 장 씨를 내쫓을 것을 청하다. 이에 분노해 이징명을 삭출하다.
8. 1. 평안도 영유현에 무후의 사당을 중건하고 비를 세우다.
• 무후는 제갈량의 봉호다.

8. 9. 춘당대에 나아가 마상재와 언월도·기추 등 각종 기예를 시험 보이다.
9. 13. 대사헌 김창협이 치국에 있어 새로운 각오로 분발하라는 상소를 올리다.
• 이징명의 상소에 대해 말하며, 미색에 빠져서는 안 된다는 뜻도 아뢰었다.
11. 5. 소의 김 씨를 귀인으로 삼다.
12. 10. 장 씨를 숙원으로 삼다.
• 장 희빈이 총애를 얻기까지의 과정과 인현왕후와의 관계 등에 대한 설명이 있다.
12. 14. 정언 한성우가, 장 씨를 숙원으로 삼은 것을 염려하는 소를 올리다.

숙종 13년(1687)

2. 3. 옥당과 야대해 명나라가 무너짐을 한탄하다.
2. 4. 송시열이 상소해, 명나라의 은혜를 말하고 백성을 보호하고 힘을 길러 때를 대비할 것을 청하다. 또한 윤증과 관련한 전말과 자신의 입장을 개진하다.
3. 13. 영의정 김수항과 우의정 이단하가 송시열의 소로 인해 윤선거의 문인들이 스승을 변명하는 소를 올릴 움직임이라며 받지 말 것을 청하다. 이에 부제학 최석정은 바치지도 않은 상소를 받지 말라는 명을 내리는 것이 합당한지 이의를 제기하다.
3. 15. 광성부원군 김만기 졸기.
3. 17. 나양좌의 소를 승정원이 물리치자, 지평 유집일이 올리지도 않은 상소를 앞질러 받지 말 것을 청한 일을 문제 삼다. 이에 영의정 김수항과 우의정 이단하가 나양좌의 소를 받아들여 처분할 것을 청하다.
3. 17. 나양좌가 소를 올리다.
• 스승을 변무하기 위해 대로를 배척했다면, 소두 나양좌를 원방유배하고 상소에 참여한 이들은 사판에서 삭제하라 명했다. 또한 승지 오도일이 윤선거와 나

양좌를 옹호하자 파직했다.

3.21. 지평 윤집일 등이 나양좌에 대한 명을 거두기를 청하자 관작삭탈하고 문외출송하다.

4.6. 민희가 유배지에서 죽다.

5.1. 조사석 우의정.

6.29. 민유중 졸.

7.24. 김수항과 조사석이 거듭 정소해 체직하다.

7.25. 남구만 영의정, 이숙 우의정.

7.27. 홍우원이 적소에서 죽다.

8.27. 강릉(康陵)에 행행해 전알례(展謁禮)를 행하고 돌아오다가, 훈련원·어영청·금위영·총융청으로 하여 진을 치도록 하고 열병하다.

9.11. 귀인 장 씨가 동평군 이항과 결탁하여 조대비를 아첨하다.

• 김만중이, 조사석이 장 씨의 집에 연줄을 댔다고 아뢰자 분노해 김만중을 하옥했다.

9.12. 김만중을 산청으로 귀양 보내다.

9.13. 김만중의 배후로 숙명공주·숙안공주를 의심하는 발언을 하다.

11.17. 오도일·유집일·이익수 등의 서용을 명하다.

숙종 14년(1688)

1.9. 송시열의 상소에 의거 나양좌를 석방하다.

1.20. 조사석 좌의정.

2.1. 《보》 조사석에 대한 평.

2.9. 지평 윤세희가 병판 이사명을 탄핵하는 소를 올리자 칭찬하다. 이에 이사명이 도성을 나가다.

• 사관은, 이사명이 김석주를 본받아 조사석·이항을 규찰하자 이런 소가 나왔다고 설명했다.

2.29. 남한산성 서장대에 올라 지세를 높이 평가하다. 남구만의 요청에 따라 삼학사의 사당을 세우게 하다.

3.9. 판중추부사 이상진이 윤선거와 윤증을 신구하자 긍정적인 답을 하다.

3.18. 윤증의 일로 서로 배척하는 상소를 하지 말라 이르다.

3.23. 판중추부사 정지화 졸기.

5.1. 태조 영정 초본이 완성되다.

5.19. 여성제 우의정, 박세채 이조판서.

7.13. 박세채가 올라오자 인견하다. 이 자리에서 박세채가 차자를 올려, 동평군 이항에 대한 지나친 총애를 지적하고 대비의 병에 의녀의 구전만 믿지 말고 맥에 능통한 이에게 진찰하게 할 것 등을 청하다.

7.14. 종척 사이에 시기하고 질투하는 것이 많다며 종친부로 하여 조사해 적발하라 명하자, 종친들이 벌벌 떨다.

7.14. 영의정 남구만과 우의정 여성제가 청대해 동평군 이항을 특별히 대하는 문제를 지적하며 박세채를 머물게 할 것을 아뢰자, 남구만·여성제를 귀양 보낼 것을 명하고 빈청에서 그들과 오래 이야기한 최석정을 잡아와 다스리라 명하다.

7.14. 김수흥 영의정.

7.14. 3사가 청대하자, 남구만을 변호한다며 모두 체임하다.

7.15. 남구만과 여성제를 위리안치하다.

7.15. 헌납 홍수원이, 박세채 체임, 남구만 천극, 간관들 체임, 최석정 관작삭탈 등을 거둘 것을 청하자 북청으로 유배하다.

7.16. 김수흥이 들어와 남구만을 구원하다.

7.20. 조사석이 들어와 남구만을 구원하다.

7.21. 최석정 삭직의 명을 거두다.

7.23. 사헌부 관원들 파직의 명을 거두다.

8.1. 요승 여환 등 11인이 불궤를 꾀하다 복주되다.

8.25. 궁인 가을헌과 귀례를 정배하라는 교서를 내리다.

8.26. 대왕대비가 창경궁 내반원에서 승하하다.

9.2. 대왕대비의 시호를 장렬이라 정하다.

9.27. 전라감사에 제수된 임영이 박세채를 옹호하는 소를 올리며 사직을 청하자 파직하다.

10.15. 동평군 이항이 시책을 서사하는 임무와 혜민서 제조를 사직하니, 혜민서 제조의 체직을 허락하다.

10.22. 영의정 김수홍 등이 남구만·여성제·박세채를 신구하니, 무함하는 말을 도리어 바른말이라 한다며 싸늘한 답변을 하다.

10.27. 소의 장 씨가 왕자를 낳다.

11.12. 장 소의의 어미가 옥교를 타고 들어오자 지평 이익수가 금리를 보내 그 종을 잡아다 죄를 다스리고 상소하다. 이에 분개하여 사헌부 금리와 조례를 잡아 감옥에 내리다.

11.13. 좌의정 조사석이, 사헌부의 금리와 조례를 석방하고 교자를 불태워 공법을 신장할 것을 청하다.

11.13. 옥당이 차자를 올려, 교자를 불태우고 명분을 바로잡을 것을 청하다.

11.15. 조사석이 옥교 관련한 처리를 잘못했다고 계속 아뢰자, 다시 생각해 보니 하리(下吏)는 죄지은 게 없다고 답하다.

11.16. 죽은 금리들이 불쌍하다며 휼전을 거행하라 이르다.

11.20. 박세채가 상소해 해임을 청하니 체직을 허락하면서 지극히 위로하고 개유하다.

12.3. 해조로 하여금 궁가에 값을 주어 전장을 사게 하다. 대군과 공주에게는 4,000냥, 왕자와 옹주에게는 3,000냥을 주다.

12.16. 장렬 왕후를 휘릉에 장사 지내다.

숙종 15년(1689)

1.10. 시임·원임대신·6경·판윤·3사 장관을 불러 왕자의 명호를 정하려는 뜻을 보이다. 이에 신하들이 신중할 것을 청하다.

1.11. 왕자의 명호를 원자로 정하라 명하다.

1.14. 유학 유위한이 상소해 명호를 정함은 지극히 당연하다며 찬성하지 않은 대신들을 비판하고, 권대운·이옥·정유악 등에게 은총이 미치지 않아 애석하다고 하자, 은연중에 화를 전가하려 한다며 유적에서 삭제하다.

1.15. 원자의 정호를 종묘사직에 고하다.

1.15. 장 씨를 희빈에 봉하다.

1.16. 여성제 우의정.

1.16. 남구만 판중추부사.

1.23. 김수홍이, 송시열의 처소에 있는 효종의 어찰을 송시열이 올리려 했는데 아직 못했다며, 가져오라 명하여 사관에게 줄 것을 청하니 따르다.

2.1. 송시열이 2본의 상소를 올리다. 그중 송나라 신종이 왕자의 나이가 10세인 데도 태자로 삼지 않았던 일을 지적한 내용에 대해 분노를 표하다. 송시열을 삭직하고 이후 송시열을 구원하는 자는 용서치 않겠다고 하다.

2.2. 송시열을 삭출하라는 전지를 오랫동안 봉입하지 않은 도승지 이세백 이하 승지들을 파직하다.

2.2. 영의정 김수홍을 파직하다.

2.2. 송시열의 토벌을 청하지 않은 대간을 대거 체차하다.

2.2. 여성제 영의정, 목내선 좌의정, 김덕원 우의정, 심재 이조판서, 이관징 예판, 이항 대사간. 원자의 외가 3대에 의정을 증직하다.

2.3. 권대제 홍문제학, 민종도 이조참판, 민암 대사헌.

2.3. 대사간 이항과 정언 목임일이, 당여를 세우고 인심을 혹란한 송시열의 극변안치와 광주유수 이익·광남군 김익훈·양주목사 이이순 등을 극변에 유배할 것을 청하니 송시열을 원찬하고 이익 등을 삭출하다.

2.3. 훈련대장 신여철을 체차하고 이집으로 대신하게 하다.

2.4. 송시열을 제주에 위리안치하고 천극(栫棘)을 더하라 명하다.

2.5. 홍치상을 위리안치하고, 이시만과 이익은 원찬(遠竄), 이사명은 절도에 위리안치하다.

2.7. 김만중을 극변에 위리안치하다.

2.9. 영의정 여성제가 3차례 사직을 청하니 허락하다.

2.10. 권대운 영의정, 민종도 대사헌.

2.10. 주강에서 목내선·김덕원이 입시해 오시수·홍우원의 억울함을 고하자, 관작복직을 명하다.

2.10. 복평군 이연의 위리를 걷을 것과 김수항의 파직을 명하다.

2.10. 대사간 정박 등이 합사해 김수항·김수흥의 삭출을 청하니 따르다.

2.13. 허목·목내선·김덕원·윤선도를 신원하다. 대사헌 민종도가 김익훈의 국문을 청하자 따르다.

2.28. 대사헌 민종도 등이 김만중의 죄상을 상소하다. 이에 관련자들을 국문하고 홍치상을 안치하다. 김만중은 형신을 받고서도 불복하다.
• 김만중의 죄는, 과거 조사석이 장 씨 쪽에 줄을 댔다는 주장이다.

2.28. 형조참의 이담명이 상소해 아비 이원정의 억울함을 고하다.
• 체찰사의 재설치 주장은 사실 김석주에게서 나왔고, 김석주의 편지도 있다고 고했다.

3.3. 민희·윤휴·유혁연 등을 복직하고 제사를 내려 주다.

3.11. 김익훈·이회·김환·김중하 등을 추국하다. 김익훈은 여러 차례의 형신을 받고도 불복하여 죽고, 이광환·이회·김환·김중하는 참형에 처해지다.

3.13. 김익훈을 훈적에서 삭제하고 김익훈의 아들을 절도에 안치하다.

3.14. 대사간 권해와 헌납 이현조가 우율 출향을 아뢰다.

3.17. 영부사 이상진이 이이·성혼의 출향을 아뢰다.

3.18. 문성공 이이, 문간공 성혼을 문묘종향(文廟從享)에서 출향하다.

3.18. 판돈녕 조사석이 출향 불가를 아뢰다.

3.19. 시강관 이봉징이 이이·성혼의 출향에 관해 상소하다.

3.27. 대사헌 유명천 등이 김석주의 죄를 논하다.

3.28. 대사헌 유명천 등이 거듭 김석주의 추죄를 청하니 따르다.

윤3.1. 이사명이 옥에 갇혀 자복하지 않자, 민암 등이 철저히 심문할 것을 청하다.

윤3.2. 홍치상·이사명이 동평군 이항과 장희재 등을 무함했다고 박정영이 진술하다. 홍치상도 국문하게 하고 김석주를 소급해 죄주자는 주장이 정대하다고 하다.

윤3.6. 《보》 이사명에 대한 비판적 졸기.

윤3.7. 이사명·홍치상·박정영·장희재 등이 공초하다.
• 이사명은 복주, 홍치상은 절도에 위리안치, 박정영은 절도정배했다.

윤3.7. 김만중을 절도에 위리안치하다.

윤3.12. 대사헌 권해 등이 합계해 송시열을 국문하고 정형할 것을 청하다.

윤3.12. 이사명 사사설(詐死說)이 퍼져 무덤을 파헤쳐 시체를 검사하다.

윤3.13. 역관 장현에 대해.

윤3.20. 대간들이 김수항의 정형을 청하는 소를 올리다.

윤3.28. 예판 민암·이판 심재·병판 민종도 등이 송시열·김수항의 죄를 상소하다. 김수항이 진도 귀양지에서 사사되다.

윤3.28. 《보》 김수항에 대한 비판적인 졸기.

4.13. 남구만을 삭출하다.

4.18. 남구만을 중도부처하다.

4.21. 대사헌 목창명 등이 송시열의 죄를 논하고 엄히 국문해 형전을 바룰 것 등을 청하자, 자신도 들은 것이 있다며 중전이 덕풍이 없고

선왕·선후의 말까지 끌어들이며 투기하고 귀인
김 씨는 김수항과 교통하며 임금의 동정을 살폈
다고 하다.

4. 22. 홍치상을 교형에 처하라 명하다.

4. 22. 귀인 김 씨를 작호삭탈하고 폐출하다.

4. 23. 중전의 잘못을 거듭 말하며 폐할 뜻을 보
이다.

4. 24. 김 씨를 폐출한 것에 대한 비망기를 내리
다.

4. 24. 영의정 이하 24명이 청대해 중전 폐출에
반대하다.

4. 25. 좌의정 목내선·우의정 김덕원이 백관을
거느리고 정청하다.

4. 25. 오두인 등 86인이 상소해 폐출에 반대하
자, 인정전에 형구를 설치하여 친국하다. 오두
인·박태보가 가혹한 형신에도 꼿꼿한 태도로
답하다.

4. 26. 박태보를 절도에 위리안치, 오두인은 극변
에 안치하라 명하다.

4. 26. 부호군 이후정·유학 성규헌 등 태학생들
이 각기 상소를 올려 폐비에 대해 간했으나 승
지들이 받지 않다.

5. 2. 민 씨를 폐서인하다.

5. 2. 중궁이 소교(素轎)를 타고 친정으로 돌아
가다.

5. 2. 영의정 권대운이 차자를 올려, 중궁을 별
궁에 두어 뉘우치고 깨닫게 할 것을 청했으나,
이미 처분이 끝났다며 이 같은 소장을 다시 들
이지 말라 이르다.

5. 3. 영부사 이상진이 폐출을 비판하는 차자
를 올리자, 극변에 위리안치하라 명하고 이후 같
은 일을 제기하는 자는 역률로 논하겠다고 하
다.

5. 4. 민비를 폐해 서인으로 삼는다는 교서를
반포하다.

5. 4. 박태보가 과천에 이르러 죽다.

5. 6. 희빈 장 씨를 중전으로 삼겠다며 예관으

로 하여 즉각 거행하라 명하다.

5. 7. 오두인이 파주에 이르러 죽다.

5. 9. 민진후·민진원을 방면하다.

5. 13. 장 씨의 명호를 비로 삼고, 종묘·사직·효
사전에 고하다.

5. 22. 김덕원 우의정.

5. 23. 윤휴의 억울함을 씻게 하다.

5. 30. 전 별검 이기주·유학 이탁 등이 상소해,
송시열의 억울함을 아뢰자 극변에 유배하다.

6. 3. 권대운이, 송시열의 나이를 들어 국문할
필요가 없다며 참작해 처리할 것을 청하다. 이
에 금부도사를 보내 만나는 곳에서 사사하라
명하다.

• 송시열이 올라오다 유소(遺疏) 두 본을 손자 송주석
에게 주어 다른 날을 기다려 올리게 했다. 또 권상하
의 손을 잡고, 학문은 주자를, 사업은 효묘를 주로 삼
을 것을 부탁했다.

6. 3. 《보》 송시열에 대한 비판적인 졸기.

7. 11. 사간 권기가 소를 올려, 정원로가 죽음에
이르러, 모든 것은 청성(김석주)과 광성(김만기)의
허락 하에 사람을 무고한 것이라 했다고 아뢰
다.

7. 18. 경신년 옥사의 신원을 논하다.

7. 19. 민정중을 극변에 위리안치하다.

7. 25. 보사공신 혁파를 명하다.

8. 5. 권대운에게 궤장을 내려 주게 하다.

9. 27. 이입신·이원성을 국문하였는데, 이입신은
형장 아래 죽고 이원성은 참하다.

10. 27. 국청을 설치하고 신범화를 잡아와 국문
하다. 경신년 옥사 당시의 상황을 진술하다.

11. 1. 유혁연에게 영의정을 증직하다.

11. 3. 이원정에게 영의정을 추증하다.

숙종 16년(1690)

1. 6. 숭선군 이징 졸.

1. 21. 청사가 장 씨의 고명을 내리니 인정전에서

접견하다.

2. 25. 사학 유생들이 허목을 위해 서원을 세우고 증시하기를 청하니 따르다.

3. 3. 명성왕후와 인경왕후의 지문을 고쳐 짓게 하다.

4. 13. 영의정 권대운과 좌의정 목내선 등이 동궁의 위호를 일찍 정할 것을 청하니, 책봉의 예를 거행하라 이르다.

6. 16. 왕세자를 책봉하다.

6. 17. 충청도 공주 토포영에 갇혔던 적인 36명이 옥문을 부수고 달아나다.

6. 22. 전 우의정 이상진 졸.

8. 10. 남소문과 관련된 이야기가 돌다.

• 문을 열면 남인이 더욱 창궐한다는 설이 있었다.

8. 17. 복평군 이연의 집에서 내간에 독약을 바친 일이 있다는 소문이 있어 3정승이 청대해 아뢰다. 이에 관련자들을 조사한 뒤 오정위를 관직삭탈하고 정중만 부부를 정배하다.

9. 15. 정언 송정규가 소를 올려 폐비의 열악한 상황을 아뢰고 별궁에 거두어 은혜를 베풀 것을 청하다.

9. 16. 새로 낳은 왕자가 열흘 만에 죽다.

10. 2. 윤증이 상소하였는데, 이이·성혼의 출향에 대해 비판한 구절로 삭직되다.

10. 12. 김수홍이 배소에서 졸하다.

10. 22. 희빈 장 씨를 정식으로 왕비에 책봉하다.

11. 20. 경기도·강원도·전라도에 죽은 소가 많다.

숙종 17년(1691)

1. 3. 김덕원이 사치의 폐단을 말하며 검약할 것을 아뢰다.

• 이때 김덕원이 내관 강의충의 말을 빌려 현종 때의 일을 전했다. 인조나 효종과 달리 현종은 절약함이 앞선 두 조정만 못했다는 이야기였는데, 이에 노한 숙종이 김덕원을 파직하고, 이미 죽은 강의충의 이름을 내시안(內侍案)에서 지웠다.

1. 11. 민암 우의정. 민종도 병조판서.

• 민종도는 민암의 조카다.

1. 28. 정시한의 상소를 보고, 폐비에 대한 말이 있다 하여 삭직하다.

2. 27. 근래의 갓 모양은 모가 짧고 대가 좁아 예전과 다르다며 예전 제도를 따르게 하다.

3. 14. 모화관에 가서 열무하고 기사에 힘쓰라는 비망기를 내리다.

4. 4. 국경 넘어 삼을 캔 사람을 추궁하는 칙서가 오다.

4. 10. 청사가 조총 2,000~3,000자루를 만들어 바치면 황제가 기뻐할 것이라 하였는데, 여러 이유를 들어 거절하다.

• 하지만 청사가 노해 협박하자, 결국 들어줄 수밖에 없었다.

윤7. 11. 붕당을 비판하는 율시를 지어 승정원에 내리다.

윤7. 17. 대사헌 권유 등이 합계하여 조사석을 탄핵하자 파직을 명하다.

윤7. 23. 조사석을 극변으로 유배하다.

8. 14. 행판중추부사 여성제 졸.

9. 2. 사육신의 무덤과 노산대군의 묘에 제사하게 하다.

10. 2. 이조좌랑 권중경을 보내 장형의 시호를 내리며 모두 잔치에 참여하라 명하고, 가지 않는 자는 살펴 파직하라 하다.

11. 16. 대신과 비국 재신을 인견해 황제의 명을 보이고 의논하다.

• 황제의 명은, 다섯 사신을 백두산에 보내려고 하니, 그 지방을 잘 아는 사람을 시켜 길을 인도하게 하라는 것이다.

11. 25. 한양은 기력이 다하고 전읍(奠邑)이 일어날 것이라 한 애진 등을 참형에 처하다.

12. 3. 이사명·정원로·이원성 등을 절도에 정배하다.

12. 3. 대사헌 민취도의 청에 따라, 김석주·이사명의 아내를 정배하다.
12. 6. 사육신을 복작하고 민절이란 사당의 편액을 내리다.

숙종 18년(1692)

1. 18. 찬선 이현일이 청대해 청의 요구에 대한 대응책을 제시하다.
2. 25. 다섯 사신이 오지 않게 되었다 하자 기뻐하여 자문을 가지고 온 김익한 등에게 가자하다.
2. 27. 사하리에 이르러 열무하다. 훈련도감 군졸 중 총탄을 오발한 이를 곤장 치다.
2. 28. 이우정이 청나라에 사신으로 갔다가 졸하다.
4. 16. 대사헌 이담명이 민정중을 죽일 것을 청하다.
• 이담명의 아비 이원정이 경신역옥에서 죽었는데 그때의 위관이 민정중이다.
4. 30. 김만중이 남해의 적소에서 졸하다.
5. 25. 대사헌 강현이 소를 올려 폐비에 대한 예우를 논하고 왕세자를 보양하는 방법에 대해 아뢰다.
6. 25. 민정중이 적소에서 졸하다.
6. 25. 《보》 민정중 졸기.
• 경신년 이후 송시열과 갈라져 후배 사류들과 합류하려 했으나, 아우 민유중이 국구가 되어 사류의 배척을 받자 도로 송시열과 합했다.
8. 9. 친림하여 무재를 관람하고 나흘 만에 파하다.
8. 27. 옥당의 관원들을 야대하여 시를 짓게 하고 선온하다.
10. 29. 범에 물려 가는 남편을 구하기 위해 범을 공격했다가 물려 죽은 여인을 정려하다.
12. 13. 도둑 괴수 장길산을 놓친 양덕현감을 죄주다.

숙종 19년(1693)

1. 13. 민종도 졸기.
3. 15. 왕세자가 앓다가 낫다.
4. 26. 최 씨를 숙원으로 삼도록 명하다.
6. 2. 사간 이동표가 상소하여, 정권이 바뀔 때마다 주살이 빈번히 행해지고 신하를 의심하여 참소와 이간을 부른다고 비판하다.
8. 6. 연최적이 올린 장문의 소에 분노해 국청 설치를 명하다.
8. 13. 국청 죄인 연최적이 물고되다.
8. 30. 후릉에 작헌례를 행하고 제릉에도 전알하다.
9. 8. 어제 시 3수를 내려, 목판에 새겨 송도의 남문루에 걸도록 명하다.
10. 1. 장법(贓法)을 엄히 세워 수령의 탐욕을 다스리고 백성을 보호하라 명하다.
10. 6. 소의 최 씨가 왕자를 낳다.
10. 8. 수차 병조에 제수했으나, 숙배하지 않은 정태제의 관직을 삭탈하고 변방으로 유배하다.
12. 13. 새로 태어난 왕자가 졸하다.
12. 24. 조사석이 귀양지에서 졸하다.

숙종 20년(1694)

1. 17. 친히 서문을 지어 《소학》의 책머리에 쓰도록 하다. 또 경계 10잠을 지어 세자에게 내리다.
1. 25. 《보》 한중혁·김춘택·이시도 등에 대해.
2. 3. 부제학 이봉징이, 각 도 둔전을 여러 궁가에서 절수한 폐단을 진술하고 혁파를 청하였으나, 경솔히 의논하기 어렵다고 답하다.
2. 23. 왜인에게 보냈던 서계를 다시 찾아오게 하다.
2. 26. 도감·금위영·어영청의 군사를 한 영으로 만들어 진법 훈련을 행하다.
3. 9. 왕세자가 서연을 시작하다.
3. 23. 민암이 함이완의 말을 빌려, 한중혁·김춘택·유복기 등이 비용을 내어 당여를 기르고,

환관·폐인(嬖人)과 척가(戚家)에게 뇌물을 써서 풍문을 만들어 인심을 불안하게 한다며 조사를 청하니 따르다.

• 척가는 장 희빈의 오빠 장희재를 일컫는다.

3. 29. 해 뜰 무렵, 김인·박귀근·박의길 등이 차비문으로 들어와 장희재가 최 숙원을 독살하려 한다며 고변하다.

• 신천군수 윤희 등이 참여하고 있고, 민암·오시복 등과도 연결돼 있다고 고변했다.

4. 1. 국청을 열다.

– 한중혁의 공초: 이시도가 자신을 무함한다고 했다. 오상유·오상백이 이혁을 가리키며 자신들이 의지하는 사람이라 했다.

– 이시도의 공초: 큰일을 꾀하는데. 노·소 두 당이 각자 하므로 오히려 성취하지 못한다는 한구의 말을 전했다. 또 서인이 조정을 담당하고 폐비가 복위되면 중궁은 절로 폐위된다는 한주혁의 말을 옮겼다.

– 강만태의 공초: 정진인이라는 자가 오면 병기를 미리 갖추었다가 따를 것이라 했다는 한구의 말을 전했다. 이어 장희재와 동평군 그리고 환시에게 뇌물을 썼다는 이야기를 했다.

– 이시회의 공초: 한중혁의 지휘를 받아 장희재를 꾀고 서인을 끌어들인 뒤 폐비를 복위시키려 했다.

밤 2고에 비망기를 내려, 민암이 함이완을 만나 수작한 것이 의심스러웠다며 국청에 참여한 대신 이하를 모두 삭출하고 민암과 금부당상을 절도에 안치하라 명하다. 비망기를 내렸는데 전지가 올라오지 않는다며, 입직한 승지와 옥당은 물론 집에 있는 승지와 3사도 모두 파직하라 명하다.

4. 1. 김두명·이동욱을 승지로, 신여철을 훈련대장으로, 강릉부사 서문종을 병판으로, 유상운을 이판으로 삼다.

4. 1. 국본을 동요하는 자는 물론이고, 폐비·홍치상·이사명을 신구하는 자도 모두 역률로 논할 것이라 이르다. 한중혁·이시도·강만태·최격 등은 변원에 정배하고, 이시회·이담·김춘택 등

은 석방하다. 함이완은 다섯 차례 형신한 뒤 절도에 정배하라 이르다.

4. 2. 윤지선 도승지, 이규령 대사헌 등 3사의 대부분을 전조(銓曹)의 주의(注擬)에 의하지 않고 임명하다.

4. 2. 남구만 호위대장, 신여철 총찰어영금위 양군사.

4. 3. 박세채 우찬성.

4. 3. 남용익·김석주·김익훈 등을 복관하다.

• 이들 외에도 유배·삭직되었던 서인들에 대한 대대적인 사면·서용 조치가 이어졌다.

4. 5. 이현일을 삭출하고 김덕원을 삭직하라 명하다.

4. 6. 송시열에 대해 말하고 복관을 명하다.

4. 7. 함이완이, 자신이 고한 것은 민암과 민장도가 억지로 시켜 한 것이라 하다.

4. 9. 폐비를 별궁에 옮기고 늠료를 주도록 하다.

4. 10. 김만중의 관작 회복을 명하다.

4. 11. 이시도에게 사사로이 형벌을 쓴 장희재를 멀리 귀양 보내다.

4. 12. 폐비를 신구하는 자는 역률로 논한다는 전일의 분부를 없애라 명하다.

4. 12. 여러 차례 편지가 오고간 끝에, 폐비가 마침내 의장을 갖춘 채 옥교를 타고 경복당으로 오자 맞이하다. 희빈은 별당으로 물러가 있게 하다.

4. 12. 예조를 시켜 길일을 가려 복위의 예를 행하게 하고 귀인 김 씨의 작호를 회복하다.

4. 12. 장 씨의 왕후새수(王后璽綬)를 거두고, 옛 작호 희빈을 내려 주다. 세자가 조석으로 문안하는 예는 폐하지 않게 하다.

4. 16. 김수항을 무함한 이관징·오시복 등을 삭출 혹은 유배하다.

4. 17. 남구만이 배명하니, 인견하고 위유하다.

4. 17. 나인 정숙을 형신하고 절도에 정배하라 명하다.

4. 17. 장희재를 하옥하고 엄히 심문하라 명하다.

4. 21. 중궁의 복위를 태묘에 고하다.

4. 22. 사간원이, 송시열을 해친 자를 분류해 보고하다.

4. 25. 대사헌 이규령 등 대간이 합사해, 기사년 폐출 때 쟁집하지 않은 대신·대간을 죄줄 것을 청하다.

4. 25. 《보》 양사의 합계로, 권대운·목내선을 절도에 안치하고 민암에게 천극을 더하라 한 것에 대해, 기사년의 일은 민암 등이 빚어낸 일이니 처형받아 마땅하나 권대운·목내선을 그런 식으로 모는 것은 옳지 않다는 사론이 있다.

4. 26. 남구만이, 네 번에 걸친 정권 교체와 그때마다 있었던 주륙을 말하며 기사년의 일은 신하들의 허물이 아니라 자신의 허물이라며 너그러이 죄를 줄일 것을 청하니, 아름답게 받아들이다.

4. 27. 박세채 좌의정, 윤지완 우의정.

5. 11. 조사기의 목을 베고 가산을 몰수하다.

5. 11. 장령 안세징이, 중전을 무욕한 이현일을 심문할 것을 청하니 따르다.

5. 20. 장희재를 심문한 뒤, 국모를 모해하고 군부를 기만해 무옥을 일으키려 했다며 형률을 적용하라 명하자, 세자의 외성 친척은 장희재 한 사람뿐이니 은전을 베풀 것을 남구만이 청하다. 이에 사형을 감해 절도에 안치하고 천극을 가하도록 하다.

5. 28. 주강에 나아가 기사년 사건으로 박탈된 훈신의 복훈을 명하다.

윤5. 2. 김해성·김해성의 처·민암·이의징·장희재·최선·함이완·최산해·민장도·이시도·한중혁·이현일 등의 공초.

• 남구만이, 다시 장희재를 신문하면 희빈이 불안하고 그럴 경우 세자 또한 편안하지 않을 것이니 희빈을 돌보지 않을 수 없다고 했다.

윤5. 11. 송시열의 상소문 3벌과 어찰 3벌, 명성

왕후의 언문 편지.

윤5. 11. 양주 유학 박상경이 영숙·정숙 및 장희재의 엄벌을 청하는 소를 올리자 정거를 명하다.

윤5. 18. 3사가 청대해, 장희재를 국문해 법을 바루어야 한다고 아뢰었으나, 본래 말을 지어낸 이는 민암 부자이고, 말을 정한 사람은 장희재이니 민암과는 차이가 있을 듯하다고 답하다.

윤5. 21. 김석주·김만기·이입신·남두북·박빈의 관작을 회복해 주다.

윤5. 22. 장희재의 진술을 받고 감사(減死)해 위리안치하라 명하다.

• 장희재는, 은화를 모아 환국을 꾀하는 자들이 있는데, 폐비와 귀인도 은화를 냈다는 항간의 소문을 희빈에게 전하기는 했지만, 조심을 시킨 것뿐이고 실제로 침핍(侵逼)하지는 않았다고 변명했다.

윤5. 26. 이의징과 민암이 끝내 자복하지 않다. 민암에 대해서 한때 대신이었음을 고려해 사사의 명을 내리다.

윤5. 29. 우의정 윤지완이 입궐해, 언론과 세자의 공부 등에 대해 아뢰다. 또 조정의 변화 때마다 이쪽저쪽을 많이 죽였다며, 형벌을 남용하는 일이 없도록 청하니, 옳다고 답하다.

윤5. 29. 부제학 김창협이, 부친의 유언을 들어 사직소를 올리고는 다시 나오지 않다.

• 아우 김창흡·김창업·김창즙도 모두 벼슬을 않고 선비로 세상을 마쳤다.

윤5. 30. 송기태가 부친 송시열이 독대했을 때의 설화를 정서하여 바치다.

6. 2. 숙원 최 씨를 숙의로 삼다.

6. 3. 장희재와 민암이 공초하다. 민장도는 자복하지 않고 죽다.

6. 4. 《보》 박세채가 별단 4본을 진달하다.

• 박세채의 문도 몇몇은 장희재를 구원한 남구만을 나무랐는데, 남구만·박세채가 모르는 사이 양측 간에 분열이 생겼다.

6. 16. 영의정 남구만이 용인으로 떠나다.

6. 21. 박세채가 입궐해, 대간은 국모를 위해 토죄를 청한 것이고 대신은 세자를 위해 염려한 것이라고 하다.

6. 23. 이이·성혼을 문묘에 종향하고 반교문을 내리다.

7. 4. 남구만이 입궐해, 김인의 말이 앞뒤가 달라 믿기 어렵다며, 민암·이의징의 죄는 죽어 마땅하나 역모를 했다고 하기에는 무리이고, 이현일도 흉모에 참여하지 않은 듯하다고 아뢰다. 함이완은 서인 진신을 죽이려 한 것이고 김인은 남인 진신을 죽이려 한 것이라고도 하다. 더불어 함이완의 무리를 엄히 다스릴 것을 청하는 소를 꺼내 읽자 따르다.

• 이에 대해 사관은, 남구만이 민암·이의징의 무리에 대해서는 덮으려고 하고, 한중혁·김춘택에 대해서는 처벌을 주장한다고 비판했다.

7. 5. 국옥을 논의해 이현일은 변방에 위리안치, 이의징은 절도에 위리안치, 함이완은 민암과 같은 죄로, 김인은 무고로 다스리기로 하다.

7. 8. 민암을 사사하다.

7. 13. 이시도를 정형하고 가산을 적몰하다. 김인과 함이완이 옥사하다.

7. 20. 박세채가 지은 붕당에 대한 교서를 반포하다.

8. 6. 좌의정 박세채가 해서 지방의 대동법 시행을 건의하다.

8. 14. 지난번 우리의 답서에 울릉도란 표현을 쓴 것을 지워 달라고 요구하는 대마도주의 서계를 가지고 온 왜차를 꾸짖다. 이어 남구만이 울릉도의 역사를 말하고 귀국 사람들이 다시는 울릉도에서 사단을 일으키는 일이 없게 해 달라고 전일의 회서를 수정하다.

8. 20. 수찬 정시신이 권대운·목내선·이현일을 옹호하자 삭출하다.

9. 11. 강만태를 난언과 무고죄로 참하다.

9. 20. 숙의 최 씨가 왕자를 낳다.

9. 21. 금부에서 한중혁·최격·이시회 등을 국문

했는데 모두 자복하지 않다.

9. 27. 부사직 김세익이 영남 궁가들의 절수 상황을 보고하자, 규식을 벗어난 절수는 금하다.

10. 1. 영의정 남구만이 한중혁·한구 부자의 처벌을 청하자, 한중혁을 엄히 국문하고 한구를 변방으로 유배하라 명하다.

10. 3. 당초 남구만이 조정에 나가게 될 적에 김창협의 철저한 토죄를 요청한 편지. 남구만은 들으려 하지 않고, '복위는 기쁘지만 강위는 슬프다.' 하여 박세채가 등지다.

10. 27. 관학 유생들이 상소해 김장생의 문묘종사를 청하다.

11. 21. 관학 유생 이현석 등이 장희재를 국법으로 처리하기를 상소하다.

11. 24. 좌의정 박세채가 자신과 모친의 병을 이유로 사직소를 올리고 파주로 가다.

12. 20. 우의정 윤지완이 79차례 인책을 고하니 윤허하다.

숙종 21년(1695)

1. 12. 유상운 우의정.

1. 23. 이의징을 서소문 밖에서 사사하다.

2. 5. 박세채 졸기.

2. 5. 《보》박세채를 송시열·윤증과 비교하며 설명한 졸기.

2. 12. 유상운 좌의정, 신익상 우의정,

4. 3. 영의정 남구만이 명을 받들어 출사하다.

4. 10. 부제학 김창협에게 유지를 내려 올라오게 했으나, 부친의 유계를 들어 나오지 않다.

4. 14. 청사가 서울까지 낙타를 타고 왔다가 너무 여위었다며 두고 가다.

4. 26. 동궁이 외롭고 위태롭다며, 장희재가 의지가 될 수 있다고 한 박명창을 처형하다.

6. 5. 무신 이홍술이 북로군병의 조총 사용을 허락할 것을 청했으나 허락지 않다.

• 월경의 위험 때문에 조총을 관부에 거두어 두고 사

용할 수 없게 하니, 조총 사용법을 모르는 형편이었다.

6.6. 삼공·비국·당상·3사를 불러 논의하여 안치한 죄인 목임일, 원방유배 죄인 황징·안여익 등, 문외출송 죄인 정유징 등을 모두 석방하다.

6.20. 차왜 귤진중이 제2의 회답을 요구하자 남구만이 끝내 허락지 않다.

• 6월 15일. 귤진중이 돌아가며 4가지 조항에 대해 힐문하자, 그에 대해 조선 측이 답을 했다. 이때 귤진중은 반드시 요구를 관철하려 하면서 공급하는 물품도 거부하고 해진 옷을 입고 그간 받은 백미도 모두 반납했다.

7.2. 수차 사직소를 올린 남구만의 체직을 허용하다.

8.22. 우의정 신익상이 칭병 사직소에서 시사를 논하다. 이와 관련해 정사에 임하는 왕의 태도에 대한 사론.

9.4. 원독이 뼈에 사무친 희빈이 양전에 기거(起居)의 예를 한 번도 행하지 않다.

• 세자가 찾아가면 손을 잡고 울었는데, 세자는 한 마디도 못 하고 물러나기 일쑤였다고 한다.

9.9. 강세귀가 시골에 있으면서 진소하여 시무를 논하면서, 후정의 놀이와 내총(內寵)의 성함이 성명을 기르는 도리에 어긋남이 있다고 하자 삭출하다.

10.2. 남구만을 다시 영의정에 제수하다.

10.19. 영의정 남구만이 한중혁을 주륙할 것 등을 청하며 자신의 직을 걸자, 한중혁 등 세 사람을 안법(按法)하라 명하다.

11.22. 유학 강민저가 응지하여 상소하였는데, 천토(天討)를 행하고 간사한 신하 남구만을 물리칠 것을 청하다.

12.2. 강민저를 절도에 정배하다.

12.13. 승지 윤덕준이 서원 첩설의 폐단을 극언하고 금단을 청하다. 좌의정 유상운도 동조하다. 교리 정호가 반대했으나 이후로는 첩설하는 곳은 청액하는 소를 봉입하지 말라 이르다.

숙종 22년(1696)

1.10. 송시열을 도봉서원에 향사하고 이에 반대하는 소를 올린 이제억 등을 변방에 정배하다.

1.14. 남구만이 묘약(廟樂)에 대해 차자를 올리다.

1.15. 명혜공주방의 궁인이 대내의 분부를 받아 소를 잡고 제수를 장만하여 이틀 동안 신사를 베풀었다며 이세제가 상소해 비판하다. 이에 무녀를 정배하고 궁임(宮任)을 무겁게 과죄(科罪)하라 명하다.

• 사관은, 내간에서 음사(淫祀)를 지휘한 일이 있으면 분명히 밝혀야 하는데 그러지 못했다며 비판했다.

1.19. 관학 유생 140여 명이 상소해, 송시열 합향의 옳음을 말하고 반대한 이들을 공격하다.

1.22. 생원 강유 등 100여 명이 송시열의 합향에 반대하는 소를 올리다.

2.7. 관학 유생 100여 명이 강유 등의 소를 비판하는 소를 올리다.

2.28. 이정직의 죄를 가리는 과정이 잘못되어 해조의 당상을 벌하다.

3.1. 영의정 남구만과 우의정 신익상이 3월에 눈이 내렸다며 면직을 청하니, 따뜻하게 비답하다.

3.4. 헌부가 무덤과 관련해 풍수설에 따른 여러 폐단을 아뢰다.

3.12. 부정하게 돈을 주조한 이경증의 손부(孫婦)인 박 씨를 잡아 가두다.

3.15. 경기 백성의 파종을 돕기 위해 진청의 조 1만 석과 광주의 군저(軍儲) 1,000석을 경기 고을에 나누어 주다.

3.20. 《보》 윤증을 송시열·박세채와 비교해 설명하다.

• 다만 송시열을 논한 글을 박세채에게 보낸 것에 대해서는 옳지 않다고 평가했다.

3. 23. 강도의 쌀 2,000석을 덜어내 용천·철산 등 네 고을에 나누어 주다.

4. 8. 왕세자 빈을 삼간택하여 유학 심호의 딸로 정하다.

4. 8. 심호를 참봉에, 심봉서를 금부도사에 제수하다.

4. 11. 대사헌 최석정 등 3사가 장희재의 처벌을 청하다.

4. 25. 숙휘공주의 집에 거둥하다.

4. 29. 생원 강오장이, 장 희빈의 선롱(先壟)이 훼손되었음을 상소하다.

4. 29. 형조에서 장희재의 가비인 무일과 업동을 불러 물었는데, 업동이 무덤에서 호패와 함께 목도·목인을 발견했다고 하다.

4. 29. 호패는 병판 신여철의 종 응선의 것이었는데, 응선은 호패를 잃어버린 적이 없다며 호패를 보이다.

4. 30. 명정문에 나아가 친국하다.

5. 4. 응선이 형신을 받다 자복 않고 죽다.

5. 10. 의주에서 범월한 죄인 5인을 효시하고 파수대장 등은 정배하는 등의 처벌을 하다.

5. 12. 국청대신 이하가 청대해 따로 물을 게 없다고 아뢰자 모두 놓아 보내다.

5. 19. 왕세자의 가례를 행하다.

6. 1. 박일봉이, 사건 전에 업동으로부터 변고가 있을 것이란 이야기를 들었다고 하다.

6. 2. 판의금 이세화를 비롯해 업동의 국문을 청했으나 남구만이 강력히 반대하다.

6. 11. 관학 유생 이세기 등 97인이, 국문을 맡은 신하가 국적(國賊)을 감쌌다며 상소하자 이세기를 정거시키다.

6. 12. 이세기가 정거당한 일로 관학 유생들이 공관하다.

6. 18. 이세기의 정거를 풀어 주니 유생들이 들어가다.

6. 27. 윤지선을 특배해 우의정으로 삼다.

7. 11. 3사가 청대해 업동의 국문을 청하니 받아

들이다.

7. 24. 업동을 국문하니, 장희재의 처조카인 김시관과 방찬, 이의징의 아들 이홍발 등 관련자들과 일의 전모가 드러나다. 이에 관련자 일곱을 군기시에서 능지처사하다.

7. 29. 업동을 유삼천리에 처하다.

8. 9. 창릉·경릉·익릉 등에 전알하고 친제하다.

8. 11. 유상운 영의정, 윤지선 좌의정, 서문중 우의정.

8. 29. 동래 사람 안용복 등이 배를 타고 울릉도를 거쳐 백기주로 들어가 왜인과 송사한 뒤 양양현 지경으로 돌아오자, 강원감사 심평이 가두다.

9. 25. 비변사에서 안용복을 조사하다.

9. 27. 남구만 이하 대부분이, 안용복의 죄를 용서할 수 없으며 대마도주에게 알린 후 처벌함이 마땅하다고 하다.

10. 13. 영돈녕 윤지완이, 안용복을 죽이면 대마도에서 기뻐할 것이라며 반대하다. 영부사 남구만도 안용복으로 인해 대마도 측의 농간이 드러났다며 하나의 쾌사라고 아뢰다.

12. 12. 강오장 등 3인을 절도에 정배하다.

숙종 23년(1697)

1. 10. 반역 모의에 관련된 이절·유선기 등은 복주하고 이익화·장영우 등은 유배하다. 10년 동안 잡지 못하고 있는 장길산의 무리를 군사를 정발해 체포할 것을 의논하라 이르다.

3. 12. 최석정 우의정.

3. 15. 금부에서 한중혁 등의 결안을 바치려 했으나 승복하지 않다. 뒤에 한중혁·이시회·최격 등이 모두 자복하지 않고 죽다.

3. 27. 대마도에서, 다시는 울릉도에 왜인을 왕래하지 못하게 하겠다고 하니, 이는 안용복의 공이라는 인식이 퍼져 안용복을 감사(減死)하여

정배토록 명하다.

윤3. 16. 금성의 굶주린 백성이 가매장한 시신을 파내 그 살을 먹다.

4. 6. 광주 백성 수백 명이 대궐 아래 이르러 대신의 길을 막고 호소하다. 또 수어사 이세화의 집으로 쫓아가 새벽까지 농성하고 이세화에게 욕설을 하기도 하다.

4. 22. 임금이 직접 사직단에 기도하는데 진작관(進爵官) 오도일이 술에 취해 음복주를 엎지르다.

4. 26. 오도일이 취하지 않았다고 항변했으나 삼가지 않은 잘못을 들어 파직하다.

4. 29. 용천부 양녀 금춘·예합 등이 양녀 기생을 죽이고 살을 먹다.

5. 2. 장죄를 엄히 다스리겠다고 밝히다.

5. 18. 영중추부사 남구만이 〈성경도(盛京圖)〉를 지어 바치고, 만주 지역을 지배한 우리의 역사를 아뢰다.

7. 5. 비망기를 내려 굶주려 죽은 백성을 잘 묻어 줄 것을 당부하다.

8. 14. 평안도 용천에서 두 여자가 한 여자를 죽이고 살을 먹다.

9. 21. 서쪽의 변방에 무역장을 설치하는 문제를 논의하다.

10. 11. 필선 유신일이 오도일의 무리를 비난하는 소를 올리다.

11. 3. 행판중추 신익상이 졸하다.

12. 9. 임경업의 손자 임중번이 조부의 원통함을 호소하자, 논의 끝에 관직을 회복하다.

12. 20. 숭릉에 실화하여 왕후의 능 윗부분이 불타다.

숙종 24년(1698)

1. 19. 재능 있는 이를 천거해 탕평하는 방도를 다하기를 당부하다.

2. 5. 우의정 최석정이 왜관에 머무르는 왜인의 수가 증가하는 현상에 대해 아뢰다.

2. 25. 청에서 교역미 2만 석 외에 1만 석은 무상으로 준다고 하다.

2. 26. 오시복·윤이제 등을 서용하다.

3. 13. 유상운 영의정.

4. 18. 동지경연 이여가, 오시복 등을 서용한 일의 부당함을 아뢰니 따르다.

• 오시복 등의 서용은 최석정의 주장이었다. 김창협이 최석정에게 절교 편지를 보냈다.

4. 26. 청사가 중강에 도착하니 우의정 최석정이 맞이하다. 크고 작은 배 110척에 3만 석의 쌀을 싣고 오자 최석정이 장관·백성을 이끌고 청 대궐을 향해 고두사은(叩頭謝恩)하다.

4. 29. 집의 정호가 차자를 올려 서곡(西穀)을 받는 게 옳지 않다고 아뢰다.

• 서곡은 청에서 보낸 곡식을 말한다.

5. 20. 청나라 해운미(海運米) 가격에 대해 오래 다툰 끝에 1곡당 5냥 7전으로 정하다.

6. 20. 양사에서, 개시와 관련해 청 측의 요구를 잘못 들어주고 치욕스러운 말까지 듣게 만든 최석정의 삭출을 청했으나 들어주지 않다.

6. 22. 김계희 등이 몰래 왜인과 물화를 거래하자 관문효시하고, 동래부사와 첨사를 무겁게 추고하다.

7. 8. 이세백 우의정.

7. 20. 최석정을 삭출하라는 논계를 따르다.

8. 2. 궁인 유 씨를 봉해 숙원으로 삼다.

9. 30. 전현감 신규가 소를 올려 노산군의 왕호를 추복할 것을 청하다.

10. 23. 종친과 문무백관을 대정에 모아, 노산군과 중종 비 신비의 위호를 추복하는 일을 논의하다.

10. 24. 노산군의 왕호는 추복하고 신비는 추복하지 않기로 하다.

11. 1. 청에서, 황제가 아끼는 내대신의 병 치료를 위해, 동지사가 올 때 침 잘 놓는 의관을 보내 달라 하다.

11. 6. 노산군의 시호를 단종으로, 능호를 장릉으로 정하다.

11. 3. 《보》 송시열과 윤증의 다툼에 대한 양비론적 시각.

11. 22. 3경에 승휘전에 불이 나다.

12. 19. 청국의 부원수가 황제의 명을 받고 종성·온성·경원 세 읍의 산천과 백성을 살펴보러 왔다고 하다. 자문도 없고 조정의 명도 없어서 불가하다 했지만 막무가내로 들어와 회령과 경원의 진보, 산천과 성지를 그려 가지고 떠나다. 이를 저지하지 못한 죄로 회령부사 이후성·온성부사 이석관·북병사 이우항을 나문하여 정죄하기로 하다.

12. 23. 좌의정 윤지선이 병을 이유로 정거를 청하니 허락하다.

12. 25. 단종대왕과 정순왕후의 시호를 올리는 예를 행하다.

12. 28. 정순왕후의 아비 송현수의 복관을 명하다.

12. 28. 이때 8도에서 사망한 이가 21,546명에 이르다.

숙종 25년(1699)

1. 11. 성 밖 근처의 시체들을 묻어 주게 하다.

1. 14. 왕세자가 두진을 앓다.

2. 1. 왕세자의 두진이 나아 의약청 도제조 이하에게 상전을 베풀다.

2. 4. 대신과 금부당상·3사에서 입시하여 의논한 뒤, 권대운·정유악·업동·이이명 등을 방송하고 찬배한 죄인 유명천·유명현·목내선·이현일 등은 방귀전리하다.

2. 11. 숙명공주의 병이 위중하니 친림하여 위문하다.

3. 1. 장릉을 봉하고 노역의 피폐가 큰 영월 등에 부세를 감면하다.

3. 13. 최석정 좌의정.

3. 16. 숙안공주 궁방의 차인 허무일이 유 숙원 궁방의 도장 박세시와 부동(符同)하여 단양으로 내려가 세금을 거둔다며 백성을 침학해 사욕을 채우다. 이에 묘당에서 통렬히 징계할 것을 청했으나 사면하다.

4. 26. 최석정이 차자를 올려, 비변사의 개혁 등을 아뢰다.

5. 25. 검토관 송징은이 전정·군제의 폐단과 임금의 사치함을 아뢰다.

6. 25. 부수찬 이사상이 소명을 받고 상경할 적에 평산부에 이르렀는데, 접대가 부실하다고 하리들에게 난형을 가하자, 부사 조이중이 벼슬을 버리고 돌아가 방백에게 사장을 올려 상황을 고하다. 이에 논의 끝에 조이중의 고신을 빼앗고 이사상은 3년 정배하다.

6. 27. 유상운 영의정, 서문중 좌의정.

윤7. 8. 유신일이 과거 보러 오는 유생 이우백을 곤장 쳐 죽이다. 유신일이 형신을 받다 옥중에서 죽다.

윤7. 29. 병 치료를 위해 시체의 살을 베어 먹은 평안도 곽산 사람 김사현을 처형하라 명하다.

10. 23. 귀인 최 씨를 숙빈으로 삼다.

10. 24. 권대운 졸.

11. 16. 호구 장적을 비로소 완성하다.

• 숙종 22년에 시작했다. 1,293,083호에 5,772,300명으로 숙종 19년에 비해 253,391호, 1,416,274명이 감소했는데 숙종 21년 이후의 기근과 여역 때문이다.

11. 23. 최회저에게 상궁의 교지를 내리고 의식(衣食)을 넉넉히 지급하라 명하다.

• 인조 22년에 고국 명나라를 떠나 이방에 몸을 기탁한 여인이다.

12. 1. 왕세자의 눈병으로 서연을 중지하고 수시로 소대하게 하다.

12. 24. 왕자 이금을 연잉군으로 삼다.

12. 30. 여역이 창궐해 이해에만 각 도의 사망자가 250,700명에 이르다.

숙종 26년(1700)

1. 3. 문과 복시 때의 시관들을 논핵하여 오도일을 파직하고 모든 시관은 종중 추고하게 하다.

1. 5. 좌의정 서문중이, 오도일·윤홍리를 잡아다 심문할 것을 청하자 따르다.

1. 10. 의금부에서, 오도일·윤홍리의 무죄를 상주하자 모두 방면하다.

1. 16. 민진장 우의정, 서문중 영의정, 이세백 좌의정.

1. 16. 종성 사람이 처자를 거느리고 월경해 살다가 발각돼 북경으로 보내졌는데, 황제가 용서해 주어 조선으로 돌아오다.

1. 20. 과거 부정을 실토한 정순억·이도징·김시홍이 계획부터 실행까지 상세하게 공초하다.

2. 17. 과옥(科獄) 죄인들에 대해 대신들의 논의하다.

3. 16. 우의정 민진장의 졸기.

4. 1. 장령 임원성이 과옥을 속히 처리할 것을 상소하다.

4. 29. 함부로 형벌을 기하는 자, 법장(法杖)을 쓰지 않는 자는 즉시 보고하라 명하다.

5. 12. 중전의 허리 밑이 곪아 침으로 종기를 따다.

5. 16. 서문중 영의정, 신완 우의정.

6. 13. 사간원에서, 통제사 민함이 연잉군에게 부채를 선물한 혐의로 파직을 청했으나 듣지 않다.

6. 23. 권시경·윤이도 등이 과옥죄인의 진술이 적힌 등사지에 대해 상소하다.

6. 29. 헌납 유중무가, 과옥에 대한 등사지가 나온 곳을 캐어서 문자를 조작해 낸 자를 명백히 할 것을 청하니 따르다.

7. 3. 과옥죄인 오석하·정순억·조대수·민진후 등이 공초하다.

7. 22. 공조판서 신여철이, 통영 욕지도에서 왕자궁의 절수를 허하지 말 것을 청하다.

7. 29. 장령 어사휘가 상소해, 변명·비호하는 무리들이 과옥의 지연을 도모한다며 유중무·이사상 등을 비판하자 동감을 표하다.

8. 6. 왜인과 인삼을 밀매한 자를 관문 밖에 효시하게 하다.

8. 10. 흉년 등으로 실시하지 못했던 관무재의 시행을 명하다.

9. 9. 의금부가, 김전이 그의 집에서 밀통한 언서 3장을 등서해 아뢰다.

10. 8. 부수찬 이만성이 소를 올려, 이미 증거가 다 나왔는데 형신하지도 않는 상황을 논하고 오도일을 비판하다.

10. 13. 과옥에 관련된 조상우·임도관·맹만택 등이 공초하다.

10. 17. 과옥죄인 유세기와 조대수가 공초하다.

10. 22. 사간 유명웅이 과옥과 관련된 문제점·의혹점 등을 아뢰다.

10. 25. 약방의 일을 소홀히 한다며 수의 최성임을 신문해 죄를 정하게 하고 나머지도 모두 파직하라 명하다.

• 이즈음 배와 가슴 사이의 통증으로 일곱 달 동안에 세 번 발작했다.

11. 1. 동의금 이돈이 과옥과 관련해 정순억·김전 등을 비호하고 오도일을 옹호하는 차자를 올리다.

• 유명웅의 진계에 대한 반론이다.

11. 22. 내전의 병이 위중해 의약청을 설치하고 도제조 서문중을 출사토록 하다.

숙종 27년(1701)

1. 17. 김전이 공초하다.

2. 19. 충청도 진사 이희정 등이 상소해, 김장생 종사를 의논해 처리하라는 명을 환수할 것을 청하고 이이·성혼을 비난하자 유배하다.

2. 19. 공판 신여철이 졸하다.

3. 22. 지평 권수가 상소해, 당론의 고질화 등과

궁가의 면세전 폐단을 아뢰다.

3. 27. 영의정 서문중이 병을 핑계로 사직함이 45번째 이르니 마침내 허락하다.

4. 13. 과옥죄인 조대수와 정순억이 공초하다. 김전·이시하·홍기남·정순억 등을 한자리에서 면질시키자 서로 다투고 힐난하다.

5. 13. 의금부에 친림해 과옥죄인들을 신문하여 각각 판결하다.

5. 18. 교리 이탄이 절수를 혁파할 것과, 왕실의 사치 등을 아뢰다.

5. 21. 대신·금부·형조·3사의 제신을 인견해 소결을 거행했는데, 대부분 목내선의 석방에 대해서는 반대하고 이현일은 석방을 결정하다.

5. 21. 부교리 이만성과 부수찬 이관명이 차자를 올려, 사치의 피해가 천재보다 심하다며 역관이 사사로이 사들인 물건을 후정으로 들이는 일과 제궁가의 호화 저택 등에 대해 아뢰다.

6. 19. 최석정 영의정.

7. 19. 관상감에서, 동지사나 성절사가 갈 때 본원의 관원 중 총명한 이를 데려가게 하여 역법을 배워 오고 방서(方書)도 사 가지고 오게 할 것을 청하다.

8. 4. 중궁의 환후가 깊어지다.

8. 7. 함평 유생 이인화가 소를 올려, 국모를 모해한 장희재를 왕법으로 바로잡을 것을 청하다.

8. 14. 중전이 창경궁 경춘전에서 승하하다.

8. 14. 대신들이 복식을 의논해 아뢰다.

8. 16. 예조가 올린 임금의 복제. 13일간 재최복.

8. 20. 시호를 인현, 능호를 명릉으로 하다.

8. 23. 어의 최성임 등 4인을 삭직하고 11인을 파직하다.

9. 2. 내전에서 최복을 벗다.

9. 3. 공제(公除)가 이미 지났으니 대신과 늙고 병든 신하들은 소식하지 말라 이르다.

9. 14. 백포, 포대의 복제를 벗다.

9. 23. 대행왕비가 병에 걸린 2년 동안, 희빈 장 씨가 한 번도 문안하지 않았을 뿐 아니라 몰래

신당을 차려 놓고 기도했다며, 제주에 유배 중인 장희재를 우선 처형하라 명하다.

• 이에 앞서, 대행왕비가 희빈의 여러 행태를 민진후 형제에게 말한 바 있고, 숙빈 최 씨도 희빈의 행동을 몰래 아뢰었다는 사관의 설명이 있다.

9. 25. 장 씨로 하여 자진토록 하라고 명하다.

9. 25. 내수사에 갇힌 축생·설향·시영·숙영·철생 등을 금부로 잡아 오게 하여 친국하겠다고 밝히다.

9. 25. 승지들이 청대해, 장 씨를 자진하라고 한 비망기에 대해 반대 의견을 올리다.

9. 26. 인정문에 나아가 궁녀 축생 등을 친국하다. 신당을 설치한 이유가 인경왕후와 세자를 위한 것이라고 답하다.

9. 27. 최석정이, 세자를 보호하자는 취지의 소를 올리고, 대신들도 같은 의견을 보이다. 김창집은 옥사를 끝까지 밝힌 후 참작하여 처분할 것을 청하다. 오례·무녀 태자방의 아들 이수장 등이 대행왕비를 저주하고 희빈의 복귀를 기원하는 기도를 한 사실을 인정하다.

9. 29. 판부사 윤지선과 영의정 최석정이 소를 올려 희빈을 용서해 세자를 보호할 것을 청하다.

10. 1. 최석정이 다시 차자를 올려, 무녀와 계집종을 친국하는 것은 임금의 체통이 아니라며 희빈을 용서할 것을 청하자, 역적을 비호하는 것도 역적이라며 중도부처를 명하다.

10. 2. 왕명을 받들어 좌의정 이세백·우의정 신완·판의금 이여 등이 정국을 내병조에 설치하고 숙정·숙영 등을 신문하다. 숙정·숙영 등이 저주물을 묻은 것, 중전의 승하를 빈 것 등을 실토하다.

10. 3. 숙정·숙영·축생·오례·철생 등을 처형하다.

10. 7. 이후 빈어가 후비의 자리에 오를 수 없게 하라 이르다.

10. 8. 희빈의 죄를 거론하고 전일의 비망기에 의

해 자진하게 하라 명하다.

10. 8. 판중추 서문중·우의정 신완 등이 청대하여, 춘궁을 생각해 참작해 달라고 오열했으나 후일의 염려를 없애기 위해서라며 듣지 않다.

10. 10. 장 씨가 이미 자진했으니, 해조로 하여금 상장의 제수를 참작해 거행토록 하라 이르다.

10. 12. 업동이 지난번 인형 등을 무덤가에 묻고 나서 발견해 고한 일은 여자 상전의 지시에 의한 것이라고 진술하다.

• 여자 상전은 장희재의 처를 일컫는다.

10. 13. 자근아기[者斤阿只]가 업동의 진술을 부인하다.

• 자근아기도 장희재의 처를 일컫는다.

10. 16. 자근아기가, 장희재의 첩인 숙정이 주도하여 있었던 그동안의 일을 상세히 진술하며 남인 인사들을 다양하게 거론하고 동평군 이항을 끌어들이다.

10. 18. 이항이 자근아기의 진술을 부정하다.

10. 2. 장희재가 상당 부분 인정하다.

10. 29. 이항을 감사해 절도에 위리안치하다. 장희재를 군기시 앞길에서 복주하다.

11. 2. 양사가 합계해, 장희재의 보전을 주장했던 영중추 남구만과 판중추 유상운의 파직을 청하다.

11. 6. 우의정 신완·판의금 이여 등이 이항의 처형을 거듭 청하자 사사하다.

11. 6. 이항을 사사하고, 유상운·남구만을 파직하다.

11. 9. 이항의 처첩을 종으로 삼고 가산을 적몰하다.

11. 9. 윤증이 소를 올려 세자의 보호를 청하다.

11. 12. 자근아기가 물고되다.

11. 18. 자근아기의 시체를 한성부로 하여 검험케 했는데, 이항의 집 노복 등이 달려들어 난도질해 남은 몸둥이가 없게 되다. 이에 관련자들을 체포해 단죄하라 이르다.

11. 23. 유명천·유명현·유명견을 각각 나주·남해·부안에 안치하다.

11. 28. 민암의 서자 민유도를 당고개에서 교형에 처하다.

12. 1. 민언량을 당고개에서 참하다.

12. 9. 인현왕후를 명릉에 장사 지내다.

12. 23. 이해 강원도에서만 호랑이에게 물려 죽은 이가 300명에 이른다.

숙종 28년(1702)

1. 5. 최석정의 방송을 명하다.

1. 24. 서문중 영의정.

1. 29. 세자가 장 씨 상에 친림하다.

2. 10. 꿈에 김수항을 보고 지은 시를 김창집에게 내린 것에 대해, 동돈녕 김창협이 사직소에서 감사를 표하다.

4. 19. 전좌랑 김보택이 형 김춘택의 억울함을 상소하니 방송하다.

4. 28. 과옥 관련자들을 감사해 절도에 유배하라 명하다.

5. 18. 서울 근교에 송충이가 성해 서울에서 방민(坊民)을 뽑아 3일간 잡게 했는데 약 3,970석에 이른다.

5. 28. 삼척 영장 이준명과 왜역 최재홍이 울릉도에서 돌아와, 그곳의 지도와 청죽·어피 등을 바치다.

6. 2. 송충이가 성함을 이유로 기양제를 행하다.

윤6. 24. 북병사 이홍술이 사조하여 포수들에게 총을 내 줄 것을 청하다.

9. 3. 삼간택을 거행해 순안현령 김주신의 딸을 결정하다.

10. 18. 귀인 김 씨를 영빈으로, 귀인 박 씨를 명빈으로, 숙의 유 씨를 소의로 삼다.

11. 20. 서북면의 총을 포수들에게 내 주되 5일마다 점고토록 하다.

11. 23. 남구만·유상운을 방귀전리하라 명하다.

12. 2. 최석정의 서용을 명하다.

숙종 29년(1703)

1. 10. 비국 대신들을 인견해 호포제와 군문 축소 등을 의논하다. 금위영의 폐지를 명하다.

1. 20. 금위영 폐지와 관련해 논란하다. 이어 비상시 방어책으로 강도와 남한산성만 믿을 수는 없다며 도성을 지킬 것인지, 홍복산성을 축조할 것인지 등을 논하다.

2. 8. 금위영 혁파에 대해 신중론이 우세해 보류하다.

2. 11. 최석정 영의정.

2. 14. 오도일이 장성 배소에서 죽다.

2. 14. 《보》 오도일 졸기.

2. 19. 일본 도해선이 침몰해 역관 한천석 등 110여 명이 익사하다.

2. 19. 사간원이, 김해 경내의 숙안공주방, 왕자궁의 가혹한 징수로 폐단이 크다고 아뢰다.

3. 5. 오도일이 죽어 추핵할 길이 없으니, 이미 죄상이 드러난 것과 드러나지 않은 것을 헤아려 품결하라 명하다.

3. 15. 이판 김구가, 북한산성을 축성해 도성과 안팎으로 의지가 되게 해야 한다고 주장하자, 뜻이 정해졌다며 여러 군문으로 하여 경리하도록 하라 명하다.

3. 30. 판부사 서문중, 예판 김진귀 등이 북한산성 축성에 반대하다.

4. 5. 행사직 이인엽이 북한산성의 역사를 신중히 해야 한다고 상소하다.

4. 9. 좌의정 이세백 졸.

4. 17. 관학 유생 홍계정 등 180명이, 주자의 저술을 많이 고치고 이경석의 비문을 지으며 송시열을 비판했다며 박세당을 배척하는 소를 올리다. 이에 박세당을 삭출하고 유신으로 하여 조목마다 변파(辯破)한 뒤 비문·책자를 한꺼번에 불에 던져 버리라 명하다.

4. 28. 사헌부가, 박세당과 박세당을 옹호하는 소를 올린 진사 이익명의 정배를 청하니 따르다.

4. 28. 행사직 이인엽이 상소해, 박세당의 나이가 많음과 아들 박태보의 절의를 들어 신구하자 찬배의 명을 정지시키다.

5. 21. 현령 이하성 등이 조부 이경석을 변론하고 송시열을 비판하는 소를 올리자, 소를 도로 주게 하다.

7. 12. 사헌부에서 이하성의 사판 삭제를 청하자 따르다.

7. 15. 명빈 박 씨가 졸하다.

8. 3. 왕세자와 함께 창릉·경릉·익릉·명릉에 전알하다.

8. 6. 신완 영의정, 이어 좌의정, 김구 우의정.

8. 13. 갑자기 가슴이 치받듯이 아파 의관들을 부르자 대궐이 어수선하다.

9. 3. 명빈 박 씨의 아들 이헌을 연령군으로 삼다.

9. 25. 서북 지방의 인재 수용을 명하다.

10. 12. 과옥이 마무리되다. 송성·이성휘·정순억·이수철 등이 절도에 정배되다.

11. 26. 한양 근교에 호환이 극심하다.

12. 7. 옥당관을 불러 《동국통감》의 안시성 싸움을 강하고, 이경석의 삼전도 비에 대해 말하면서 송시열의 비난이 마땅하다고 하다.

숙종 30년(1704)

1. 5. 해마다 신포 3필씩 바치고 있는 수군 칠반천역의 신포를 1포를 감해 2포씩 받도록 하다.

• 칠반천역은 천한 계급이 종사하는 일곱 가지 천역(賤役)이라는 뜻으로, 관아의 조례·의금부의 나장·지방청의 일수·조운창의 조군·수영의 수군·봉화대의 봉군·역참의 역졸을 일컫는 말이다.

1. 10. 대신·비국 제신을 인견해 명 신종 황제의

사우(祠宇) 건립을 의논하다.

1. 12. 삼척 사람 이세열이 태백산에 목조의 능이 있다고 계를 올렸으나, 조사해 보니 실체가 없어 죄주다.

2. 15. 훈련대장 이기하와 어영대장 윤취상이 도성 둘레의 그림을 그려 올리다.

2. 21. 연잉군이 진사 서종제의 딸과 혼인하다.

3. 7. 숭정 황제의 제사를 올리겠다는 뜻을 피력하다.

3. 19. 숭정 황제의 제사를 지내다.

3. 24. 도성의 수축에 앞서 삼각산에서 고유제를 지내다.

4. 10. 비장한 비망기를 내려 신종 황제 묘의 건립을 해조에서 상량토록 하다. 판부사 윤지선이 반대하다.

5. 3. 유상운·남구만의 방송을 명하다.

5. 14. 지평 이동언이 상소해 북로의 폐단을 아뢰다.

5. 30. 적성 사람 이상격이 상소해 경복궁을 수리해 이어하기를 청하다.

6. 25. 연소한 대간이 자주 일어났다 앉았다 하거나 바로 쳐다보는 것은 존경하고 삼가는 뜻이 없는 것이라 이르다.

7. 8. 이유 우의정.

8. 5. 걱정할 만한 글이 아니라는 의견에 따라, 《사변록》을 불태우라는 명을 취하다. 《노산군일기》를 《단종실록》이라 고쳐 쓰고 부록을 짓도록 하다.

8. 19. 숭릉에 전알하고 휘릉·건원릉·목릉·현릉에 전알하다.

9. 16. 도성 축성 문제와 신종 황제의 묘우 건립 문제를 논의하다.

9. 26. 신완을 다시 영의정으로 삼다.

10. 14. 예조참판 김진규가 황단의 높이·너비·의식 등을 아뢰다.

10. 16. 방귀전리 중인 목내선 졸. 88세.

11. 3. 방귀전리 중인 이현일 졸. 78세.

11. 28. 방귀전리 중인 김덕원 졸. 71세.

11. 29. 《단종실록》이라 개서하고 부록을 찬진하다.

12. 9. 윤지선 졸.

12. 18. 김구 졸.

12. 21. 대보단이 준공되다.

12. 25. 연잉군의 배리(陪吏)가 사간원의 아전에게 욕을 당한 일로 엄지(嚴旨)를 내리다.

12. 28. 이정청에서 오군문의 군제를 고치고 수군을 변통하는 절목을 올리다.

• 총융청은 다소 증가했고, 훈련도감은 그대로, 수어청·어영청·근위영은 축소하여 총 36,000여 명을 감소시켰다.

숙종 31년(1705)

1. 15. 도성 수축에 대해 청조에 미리 자문하는 것의 가부를 묻다.

2. 5. 영의정 신완의 정사가 42차례에 이르니 체임을 허락하다.

2. 6. 익산 유학 소덕기가 상소해 즉위 30년을 진하하고 존호를 올릴 것을 청하다.

2. 12. 왕세자가 상소하여, 존호를 올리는 것을 허락해 줄 것을 청하다.

2. 13. 이유가 왕세자의 청을 윤허할 것을 청하다.

• 이후 종친·대신·왕세자의 거듭된 청이 이어졌다.

2. 18. 호판 김진규가 소를 올려, 존호를 올리고 진하하는 것에 반대하다.

2. 21. 대신과 여러 신하들이 진하와 더불어 진연을 허락할 것을 청하니, 억지로 윤허하다.

2. 30. 김진규가 다시 상소해, 존호를 올리고 진연하는 것은 옳지 않다고 주장하다.

3. 7. 경기·황해·충청에 눈이 오다.

3. 8. 계춘(季春)에 눈이 온 것을 이유로 진연을 가을로 연기하다.

3. 9. 대보단에 나아가 신종 황제에게 제사하

다.

4. 13. 최석정을 다시 영의정으로 제수하다.

윤4. 1. 대사헌 이돈이 소를 올려 남구만 유상운을 신구하니 삭출하다.

5. 1. 김 씨를 숙원으로 삼다.

5. 30. 중국 여인 최 씨가 졸하니 상수(喪需)를 넉넉히 마련하라 명하다.

6. 7. 영의정 최석정이 사직소에서 남구만을 변명하다.

• 남구만은 최석정의 스승이다.

8. 3. 중부 참봉 조광한이 상소해 진연을 멈추기를 청하자, 자신의 뜻에 맞는다며 멈추게 하라 명하다.

8. 21. 수어청에서 동편의 도성 120보를 개축하다.

8. 23. 김수항의 3남 김창흡에 대한 소개.

8. 30. 어영청에서 서편의 도성 75보를 개축하다.

8. 30. 방귀전리 죄인 유명천 졸.

9. 1. 이후로는 존호 추상과 진연을 청하는 소를 받지 말라 이르다.

10. 1. 이해 전국의 호구는 1,371,890호, 6,138,640명이다.

10. 29. 약방에서 문안하고 입진을 청했으나 거부하다. 묵은 뿌리나 썩은 풀로 힘을 얻을 수 있는 것이 아니므로 한가하게 조양해야 할 것이라고 답하다.

10. 29. 이후로 공사를 정원에 머물러 두라 이르다.

10. 29. 예관으로 하여 절목을 갖춰 선위를 거행하라 명하다.

10. 29. 판부사 서문중·최석정 등이 빈청에 와서 선위에 반대하다.

10. 30. 대신이 백관을 거느리고 약방에 내린 명의 환수를 청하다.

10. 30. 왕세자가 상소해 명의 환수를 청하다.

11. 2. 3사를 인견한 자리에서 논란 끝에 철회의사를 비치다.

11. 3. 왕세자가 백관을 거느리고 와서 진하하다.

11. 8. 우의정 이유에게 명해 복상(卜相)하게 했는데, 추천된 이들을 평하고 퇴짜를 놓으며 가복(加卜)하라 하다.

• 이러한 왕의 태도에 대해 사관은 옳지 않다며 비판했다.

11. 29. 서종태를 특배하여 우의정으로 삼다.

12. 10. 왕세자가 백관을 거느리고 와서 쾌차한 것을 진하하다.

12. 23. 흉격이 걸리고 아파 뜸을 뜨다.

숙종 32년(1706)

1. 24. 최석정 영의정.

1. 25. 종기 때문에 침을 맞다.

2. 3. 서종태 좌의정, 김창집 우의정.

2. 29. 종기가 자주 발생하므로 초정에 목욕하려 했으나, 여러 의원들이 불가하다 하여 중지하다.

3. 3. 사학 유생 송무원 등이 상소해, 영의정 최석정은 화의를 주창했던 최명길의 손자이므로 황단의 제사를 행하게 할 수 없다고 아뢰자, 송무원을 변방으로 정배하다.

3. 9. 영의정 최석정이 장문의 상소를 올려 조부 최명길에 대해 아뢰다.

3. 25. 승지를 보내 유지를 전하니 최석정이 출사하다.

• 이에 앞서, 좌의정 서종태·우의정 김창집이 송무원의 변방정배는 지나치다는 의견을 올리자 최석정이 노해 사직했었다.

4. 20. 최석정이 남구만·유상운의 용서를 청하다. 서종태도 동조하니 서용하라 명하다.

5. 20. 황해도 암행어사 송정명이 복명해 대동법 설행의 편리함을 아뢰다.

5. 29. 충청 유생 임부가, 음사한 무리가 신사년(숙종 27년)에 동궁을 모해한다는 말이 윤순명의 공초에서 나왔는데, 그때의 국청에서 '동궁모해'

네 글자를 빼 버리고 아뢰지 않았다며 흉악한 것을 조사해 제거해야 한다고 상소하다. 이에 임부를 정배하다.

6. 2. 지평 정식이 임부의 국문을 청하니 따르다.

6. 7. 임부가 전 참봉 변동규에게서 들었다며, 장희재가 귀양 중에 김춘택이 곧 동궁을 모해하고 장씨들을 다 죽일 것이라 했다고 공초하다.

6. 8. 관련하여 강이상과 여필중 등이 공초하다.

6. 23. 임부가, 모해라는 말이 국청에서 나왔다는 말을 박태춘에게서 들었다고 공초하다.

6. 26. 박태춘이 부인하다.

6. 27. 임부·임완·강이상이 공초하다.

6. 26. 박태춘이 모해란 두 글자를 들은 바 없다고 공초하다.

7. 18. 임부·강이상의 공초.

7. 20. 박태춘이 승복하다. 형벌을 시행하려 하자 강이상도 승복하다.

7. 24. 여필중이 승복하다.

7. 25. 임완과 박태춘을 석방하다.

8. 1. 국청에서 대신들과 옥사의 처리를 논의한 뒤, 여필중은 변원정배, 강이상은 정배, 이성조·유언명은 삭직, 임부는 그대로 가둬 두게 하다. 그 외 김춘택을 나문하고 좌의정 이세백·우의정 신완·판의금 이여·지의금 김창집 등을 대거 파직하다.

8. 16. 김춘택이 혐의를 전면 부인하다.

8. 19. 임부가 형장을 맞고, 진신에게 화를 넘기려고 상소했다고 답하다.

8. 22. 김춘택은 제주에, 임부는 절도에 정배하다.

8. 27. 인정전에서 진연하다. 아홉 번 술잔을 돌리고 파하다.

• 자리 배치까지 나올 정도로 행사 과정이 상세하게 기록되어 있다.

8. 28. 통명전에서 내연을 열다.

9. 17. 이잠이 소를 올려, 김춘택을 죽이고 이이명을 귀양 보내야 한다고 하자 이잠을 친국하겠다고 하다.

9. 18. 사주한 자가 있을 것이라며 이잠을 친국했으나 승복하지 않다.

10. 8. 임부를 잡아 와 가두다.

10. 13. 이이명을 우의정으로 특배하다.

10. 19. 좌의정 서종태가 19번째 사직을 청하니 허락하다.

10. 28. 영의정 최석정의 사직소가 16번째 올라오니 허락하다.

12. 10. 저작 김동필의 딸을 연령군의 아내로 삼다.

숙종 33년(1707)

1. 3. 임부에게 7차례의 형신을 가했음에도 불복하다.

1. 4. 강이징 2차례, 강이상 1차례의 형신에도 불복하다. 임부 죽다.

1. 10. 박태춘은 변원에 정배하고 여필중은 다시 배소로 보내다.

1. 12. 최석정을 영의정으로, 김창집을 좌의정으로 삼다.

1. 15. 장령 이유민이 다시, 존호를 올릴 것을 상소하다.

1. 16. 수찬 조태억이 이유민의 아첨을 배척하는 소를 올리다.

2. 6. 《개》 영의정 최석정이, 김창집이 상소에서 자신이 옥사를 덮으려 했다고 한 것에 대해 변명하면서 사직소를 올리다.

2. 9. 판부사 서종태가 김창집의 소에 대해 비판하다.

2. 25. 좌의정 김창집이 영의정 최석정의 소에 대해 반론하다.

3. 2. 최석정이 다시 김창집의 소 때문에 상소해 자신을 변명하다.

4. 21. 우상 이이명이 김창집을 변호하고 병판 이인엽도 김창집에게 다른 뜻이 없었다고 아뢰자, 엄한 하교를 내리다.

4. 26. 평안도에서 홍역이 창궐하다.

5. 7. 영의정 최석정이 누차 상소해 사직하고 나오지 않으니 잠시 체직을 허락하다.

5. 23. 좌의정 김창집이 사직하니 즉시 체직을 명하다.

7. 13. 최석정 영의정.

7. 14. 이조 부응교, 김시환 지평, 남구만 봉조하.

8. 19. 장령 이익한이, 여러 수령들이 사사로이 여결(餘結)을 팔거나 대동미를 파는 폐단에 대해 엄격히 과조를 세워 장률로 다스릴 것을 청하다.

8. 19. 박의량이, 김춘택이 위를 범하는 모의를 했다고 고변해 관련자들이 끌려와 조사받았는데 무고로 확인되다.

8. 29. 연잉군이 장성해 출합(出閤)해야 하는데 제택이 없다며 사 주도록 하다.

8. 29. 헌부가 서원의 폐단을 아뢰면서, 각 고을에 있는 서원을 한곳에 합쳐 향사하게 할 것과 첩설의 금령을 거듭 밝힐 것을 청하니 따르다.

8. 30. 서원을 한곳으로 합쳐 향사하는 문제에 대해 조태채·최석정이 반대하자, 의견을 따르다.

9. 10. 우의정 이이명이 40여 차례 사직 끝에 면직되다.

10. 1. 영사 최석정이 《증보여지승람》의 시문을 뽑아 넣고, 《동문선》에 명종·선조 이후의 시문이 없으므로 새로 간행하게 할 것을 청하자 따르다.

10. 11. 수찬 김세흠이, 이잠이 전하를 위해 말하고 동궁을 위해 죽었다며 충신이라고 상소하자 삭출(削黜)하다.

10. 12. 이유 좌의정, 서종태 우의정.

10. 22. 지평 권두기가 상소해 이잠과 김세흠을

옹호하자, 권두기를 극변에 원찬하고 이후로 이잠을 신구하는 소를 받지 말라 이르다.

12. 4. 《보》 유상운 졸기.

12. 20. 최석정이, 민암의 죄는 무거우나 정법과는 차이가 있다며 연좌하지 말 것을 청하자, 민암의 죄는 사사한 것도 다행이라며 가벼이 용서할 수 없다고 답하다.

숙종 34년(1708)

2. 12. 암행어사를 여러 도에 파견하다.

3. 3. 홍역·여역으로 죽은 이가 서울과 지방을 합해 수만 명에 이르다.

4. 11. 김창협 졸기.

4. 19. 영의정 최석정을 면직하다.
• 민암과 관련한 발언으로 비판을 받아 왔다.

4. 25. 역적 민암의 일을 논하는 자는 중죄로 다스리겠다는 명을 내리다.

5. 2. 우의정 서종태 면직.

7. 14. 정언 구만리가 궁가의 절수로 인한 폐단에 대해 상소하다.

7. 29. 최석정을 다시 영의정으로.

9. 25. 영의정 최석정이 강원도에 양전을 신실할 것을 청하자, 영동 9군은 금년에 행하도록 하다.

10. 28. 연령군의 제택을 사 주도록 하다.

11. 20. 강화도의 축성에 대해 논의하다.

숙종 35년(1709)

1. 16. 이이명 좌의정, 윤증 우의정.

2. 1. 우의정 윤증이 상소해 사직하니, 겸양을 고집하지 말라고 비답하다.

2. 24. 좌의정 이이명이 14차례 사직을 청하니 윤허하다.

3. 6. 대보단에 친제하다.

3. 12. 사학 유생 40여 명이 《예기유편》의 판각

을 부숴 버릴 것을 청하자, 소두를 정거하다.

4.6. 도승지 남치훈을 보내 우의정 윤증을 돈 유하다.

4.18. 서종태 좌의정.

5.12. 《예기유편》과 관련해 전라 유생 1천여 명이 소를 올려 최석정을 공격하고 경기 유생 70명도 그의 죄상은 박세당보다 더하고 윤휴와 같다고 아뢰다. 이에 대해 간행한 지 10년이 넘었는데 이제 와 비판이 나오는 것은 대신을 이기려는 것이며 또한 사람을 두고 죄를 찾아낸 것이라 답하다.

6.3. 영의정 최석정이 비판에 대한 의견을 밝힌 책자를 올리다.

6.29. 최석정이 수십 차례 사직을 청하니 윤허하다.

8.27. 경릉·익릉·명릉을 전알하다.

10.11. 5도의 유생 기정명 등이 상소해 최석정의 《예기유편》을 논하자, 승지를 종중추고(從重推考)하고 소는 도로 내주라 이르다.

10.24. 최석정 영의정.

숙종 36년(1710)

1.10. 어제 수라를 든 것이 그저께만 못했는데 약방제조들이 걱정도 하지 않는다며 체임을 명하다. 정원에서 명을 거두기를 청하자, 다시 비망기를 내려 세 제조를 삭출하고 승지들은 모두 나국해 정죄(定罪)하라 명하다. 이어 최석정을 대신해 이이명을 도제조로 삼고 민진후를 제조로 삼다.

1.12. 좌의정 서종태가 약원의 신하들을 위해 아뢰자, 삭출은 지나쳤다며 도로 거두다.

1.20. 숙의 김 씨를 귀인으로 삼다.

2.15. 임금의 환후와 세자의 학질이 낫다. 두 경사를 종묘에 고하고 반교(頒敎)·반사(頒赦)하다.

2.16. 방귀전리의 죄인인 이운징·이현기·인현일·목내선의 방송을 명하다.

3.13. 지평 이방언·정언 이교악이 최석정의 삭출을 청하니 따르다.

3.13. 정언 이교악이 《예기유편》의 판본을 헐어 버릴 것 등을 청하자 따르다.

3.15. 지난해 최석정이 바쳤던 《예기유편》 15권과 신료들에게 반사했던 것을 모두 거두어 불태우게 하다.

3.26. 이여 영의정, 김창집 우의정.

4.13. 대사간 정호가 최석정의 죄상을 열거하는 소를 올리다.

4.27. 사헌부 관리들이 최석정의 원찬을 청하다.

6.12. 박세당의 아들이 3년간 상식하지 않았다 하여 가두다. 아버지의 뜻이라 공초하다.

7.11. 박세당의 손자 박필기가 등문고를 두드려 숙부 박태한과 함께 항변하자 박필기를 정배하다.

7.27. 곽경두 등 경상·충청의 유생들이 소를 올려, 최석정의 정배와 박필기의 죄를 바로 잡을 것을 청하고 윤증을 배척하다. 이에 엄한 비답을 내려 물리치다.

윤7.1. 처를 장사 지낼 때, 훈련도감 군사 1백 명을 데리고 가 역사를 돕게 한 천총 민임중에게 장 30대를 친 후 변방에 충군하다.

윤7.4. 부교리 홍우서·수찬 이택 등이 곽경두 등의 소에 비답하면서 국가에 무익하다고 한 것에 대해 지적하자, 당론한다며 삭출을 명하다. 이에 승지 김흥경이 명을 거둘 것을 청하자 승지들을 파직하고 홍우서 등은 원찬을 명하다.

윤7.5. 대관이 나서서 명을 거둘 것을 청하자 당론만 일삼는다며 파직하다.

윤7.5. 박필기의 방송을 명하다.

윤7.5. 생원 이태우 등이 상소해, 곽경두 등을 정호가 몰래 사주했다고 하자, 정호를 극변에 원찬하다.

윤7.17. 영의정 이여의 사면을 허락하고 판중추부사에 제수하다.

9. 30. 서종태 좌의정.

10. 11. 무인 신석백이, 도성을 증수해 굳게 지키는 계책을 삼고 북한산성을 쌓아 안팎으로 서로 응하는 형세를 삼도록 청하다.

10. 13. 훈련대장 이기하가 홍복산·북한산의 성지를 보고 와 아뢰다.

10. 16. 도성 수비의 일과 홍복산·북한산의 축성에 대해 논의하고 대신이 가서 살펴보게 하다.

10. 19. 남편이 살해되자 기회를 엿보다 딸과 함께 보복 살해한 여인에게 급복(給復)하다.

10. 20. 효녀·절부·효자에게 정려하다.

• 어머니가 호랑이에게 물렸는데 딸이 어미의 허리를 잡고 놓지 않자 호랑이가 가 버린 일, 남편을 문 호랑이에게 덤벼들다 대신 죽은 아내의 일, 어미를 구하기 위해 불이 붙은 집에 뛰어들었다가 죽은 아들의 일 등이다.

11. 9. 위원군의 백성 9명이 월경해 청인 5명을 죽이고 삼을 약탈하다.

12. 10. 이이명과 비국 당상에게 명해 성을 쌓을 곳을 살펴보게 하다.

12. 27. 위원군의 범월죄인을 모두 체포하다.

12. 28. 북한산 축성의 일을 논의하다.

숙종 37년(1711)

1. 10. 삼척의 사노 후일이 호랑이에게 잡아먹힐 때, 처 응옥이 맨손으로 싸워 시신을 빼앗자 정려했는데, 재가하자 환수하다.

2. 5. 북한산성 축성에 대해 의논하다. 여전히 신중론이 상당했지만 단호한 뜻을 보이다.

2. 18. 지평 홍치중이, 북한산 축성의 일을 대신들과 다시 의논할 것을 청했으나 따르지 않다.

2. 24. 약방 도제조 이이명이 아이가 생기지 않는 일로 왕세자를 진맥하고 약을 의논하기를 청하다.

3. 5. 청국에서 조선인에 의한 월경 살인 사건을 조사하기 위해 조사관을 파견하면서 조선국 관원 1명도 같이 조사할 것을 요구하다.

3. 17. 남구만 졸기.

3. 17. 《보》남구만 졸기.

• 다스리는 재능은 이원익·최명길에 견줄 만하다고 평했다.

3. 20. 병조판서 최석항이 상소해 북한산 축성의 문제점을 아뢰다.

4. 19. 서종태 영의정, 김창집 좌의정, 조상우 우의정.

4. 22. 월경 살인 사건 조사차 간 참핵사 송정명이 보고하다.

4. 23. 행판중추 이유가 차자를 올려, 청국 조사관이 국경을 넘어오는 것을 결코 허락할 수 없다고 청하다.

4. 30. 연은문 괘서 사건이 발생하다.

5. 3. 참핵사 송정명이, 명을 받은 대로 입국은 어렵다는 뜻을 전하자 청국 조사관들이 황제의 명령서를 보이며 분개했다고 보고하다. 이에 유집일을 문위 겸 접반사로 삼아 급히 파견하다.

6. 6. 접반사 유집일·평안감사 이제·참핵사 송정명이 위원의 사관 일로 봉계(封啓)하다.

6. 18. 위원 사건의 일로 형조참판 조태동을 참핵사로 뽑아 보내다.

7. 5. 양역을 변통하는 문제에 대해, 서종태 등 제신이 호포를 제일의 안으로 아뢰었는데 예판 조태구는 반대하다.

7. 24. 총융사 김중기가 청대해, 북한산의 축성과 개문(開門)·통도(通道) 등의 형세를 상세히 지적해 진달하다.

7. 30. 함경관찰사 이선부가, 삼을 캐러 국경을 넘어온 청인 9명을 체포·구금했다고 보고하다.

8. 2. 범월죄인들을 중국에 이자해 압송토록 하다.

8. 3. 영동·영남에서 인삼을 변조하여 진상하자, 죄를 논하다.

• 인삼을 붙여 만들거나, 너무 삶아 문드러진 부분에

도라지를 입히는 등 가짜 인삼을 진상하는 일이 있었다.

8. 16. 김우항·이언강을 북한행궁영건당상으로 삼다.

8. 17. 판중추 이이명이 차자를 올려 호포법에 대해 우려하고 구전(口錢)의 법을 주장하다. 우의정 조상우는 호포법이든 구전법이든 새 법을 만들면 시끄러워질 것이라고 하다.

8. 18. 참핵사 조태동이 치계하여, 위원 사건이 대강 마무리되었다고 보고하다.

10. 19. 북한산성 역사를 6개월 만에 마치다.

11. 1. 청 상선과 상인 40여 명이 백령도에 표류하자, 배를 수리해 주고 양식을 주어 보내다.

12. 3. 환후가 심해지다.

12. 26. 비변사에서 양역(良役) 변통 절목을 만들다.

• 죽은 자와 도망한 자를 즉시 신고하게 해 대장에 반영하고 하리들의 농간을 방지하는 등의 내용이다.

12. 30. 통신사 조태억이 일본 측 답서에 무례함이 있다고 지적하자, 조선에서 먼저 휘(諱)를 범했다며 조선이 먼저 고쳐 보내기 전에는 자신들도 고칠 수 없다고 하다. 이에 대책을 논의하다.

숙종 38년(1712)

1. 15. 좌의정 김창집이 19번째 사직하니 허락하다.

2. 7. 행판중추 김창집이 상소해 통신사의 죄를 논하자, 나문하여 정죄하라 이르다.

2. 12. 왕자 연잉군을 비로소 사제로 내보내다.

2. 24. 청나라 예부에서, 조사관을 뽑아 의주로부터 강을 거슬러 올라가 토문강으로 가서 답사하려 한다는 자문을 보내오다.

2. 26. 청 차사 목극 등이 백두산을 조사하고자 의주로 오다.

3. 3. 유득일 졸기.

3. 23. 접반사 박권 등이 청대해 중국과의 경계

를 정하는 일을 논의하다.

3. 24. 접반사 박권이, 청국의 《성경지》에 '백두산의 남쪽은 조선의 지경이다.'라고 명백히 실려 있으니 이를 가지고 가서 근거로 삼을 것을 청하자 따르다. 그 뒤 그들이 《성경지》의 출처를 물을 경우 곤란하다며 내보이지 않기로 하다.

4. 10. 북한산성에 행행하고 여러 신하들과 북한산성의 형편을 논하다.

4. 19. 서종태 영의정, 김창집 좌의정.

4. 28. 혜빈 양 씨와 그 아들 영풍군 이전의 관작과 봉호를 회복하다.

5. 3. 총융청에서 북한산성에 중성(重城)을 쌓기 시작하다.

5. 5. 접반사 박권 등이 청 차관을 만나 경계에 대해 문답하고, 백두산 남쪽을 우리의 영토라고 한 것에 대해 따지는 거조는 없었다고 봉계하다.

5. 15. 접반사 박권이, 압록강 상부에 이르러 길이 험해 강 건너 그들의 지경을 따라갔다고 치계하다. 함경감사 이선부는, 혜산첨사로 하여 두만강의 근원을 살피게 했는데 백두산 산마루 중간에서 시작되어 80~90리가량 흐름이 끊겼다가 감토봉 밑에 이르러 땅에서 물이 솟아 나와 세 갈래로 두만강이 된다고 치계하다.

5. 23. 청나라 총관이 백두산 마루에 올라 살펴본 후, 천지의 물이 동서로 흘러 두 강이 되었으니 분수령으로 일컫는 게 좋겠다고 하며 비석을 세울 뜻을 보였다고 접반사 박권이 치계하다.

5. 29. 행부제학 이건명이 과거의 문란함에 대해 아뢰다.

6. 3. 접반사 박권이 백두산 정계의 일에 대해 치계하다. 아울러 청나라 총관이 폐단을 줄여 주었을 뿐만 아니라 음식까지 제공하는 등 호의를 베풀었다고 보고하다.

6. 4. 무너진 신라와 고려의 왕릉을 보수하다.

6. 9. 사헌부에서, 박권과 이선부가 연로함을 이유로 편비(偏裨)를 대신 보내고 총관과 함께 가지 않는 등 직무에 태만했다며 파직을 청하다.

6.10. 접반사 박권이 정계의 일을 치계하다. 청나라 총관이 백두산 지도 1본을 주고 압록강과 토문강 두 강이 모두 백두산으로부터 발원하여 강 남쪽이 조선의 경계가 되었다며 피차의 경계를 명백히 논단해 주었다고 보고하다.

6.20. 대사간 이의현이 과거의 일을 극론하다.

6.25. 시관 이돈과 급제한 이헌영·이헌장 형제를 나포하다.

8.1. 과거 부정에 대해 논의하다.

8.1. 소 한 마리가 선인문으로 해서 내사복까지 달려왔다가 문졸에게 잡히다.

8.13. 정배된 죄인 이천재가 가짜어사 행각을 하다가 탄로 나다.

8.28. 돼지 한 마리가 내사복 수구문으로 해서 숙장문까지 달려들어 왔다가 잡히다.

9.26. 복상을 명했으나 영의정 서종태·좌의정 김창집이 모두 나오지 않자, 이유를 영의정으로 삼고 서종태를 좌의정, 김창집을 우의정으로 강등하다.

10.8. 어영청이 주관하는 북한산성의 성랑(城廊)·창고·문루·우물 만드는 역사가 완료되다.

11.10. 《보》과옥에 대해 터무니없다고 설명하다.

12.2. 이돈을 아산현에 부처하고 오수원을 양재역에 도배(徒配)하다.
• 이돈이 주도한 과거 부정 의혹에 대해 사관이 상세한 설명을 붙였다.

12.2. 《보》과옥의 여러 날조들을 설명하다.
• 이돈이 평소 과격한 말로 미움을 사 아무도 구해주는 이가 없었다고 한다.

12.7. 홍치중이 상소해, 정계비를 세운 곳의 물줄기는 두만강에 합류되지 않는다며 백두산 정계가 잘못되었다고 아뢰다.

숙종 39년(1713)

1.5. 대신들이, 즉위 40년을 경축해 칭경과 존호를 올릴 것을 청하니 칭경만 윤허하다.

1.9. 판부사 조상우와 대사간 김홍경이 상소해, 겸손·자중하여 휘호를 받지 말 것을 청하다.

1.10. 영의정 이하 대신들이 빈청에 모여 존호를 올릴 것을 청하다.

1.11. 연잉군·연령군이 종친을 이끌고 존호받기를 청하다.

1.11. 공판 윤덕준·호군 김진규 등이 존호를 받지 말 것을 청하다.

1.13. 영의정과 세자가 각각 백관을 이끌고 존호를 받기를 청하다.

1.17. 백관들이 정청하고 왕자·종친 들이 청하니 윤허하다.

1.21. 대신과 2품 이상의 관원이 존호를 의정하다.

1.26. 《보》 이돈 졸기.

3.9. 숭정전에 나아가 존호를 받다. 왕세자가 영의정 이유 등을 이끌고 하례를 베풀다.

3.16. 이이명 좌의정.

3.25. 시장한 듯 하면서 시장하지 않고 손발이 마비되는 등의 증상을 보이다.

3.30. 이이명이, 장녕전의 어용(御容)을 다시 그릴 것을 청하니 따르다.

4.11. 을해년(숙종 21년)에 조세걸이 그린 어용에 대해서는 신하들이 모두 미진하다는 평을 했었는데, 진재해가 초본을 완성하자 전보다 낫다는 평을 얻어 채색케 하다.

4.27. 김진규의 청에 따라, 어용 한 벌은 원유관·강사포 차림으로 그리게 하다.
• 다른 한 벌은 익선관·곤룡포 차림이다.

4.27. 부제학 정호가 효종의 세실에 송시열을 추배할 것을 청하다.

4.27. 유정기와 처 신태영의 이혼 문제에 대해, 아내가 남편을 구타하는 것은 이혼 사유가 되나 욕설을 한 경우이므로 이혼을 허락하지 않기로 하다.

• 유정기가 아내의 욕설을 이유로 이혼을 요청했다가 죽어 버린 상황이었다.

5. 3. 김창즙 졸.

5. 5. 어용 정본에 채색이 끝나자 도제조 이이명이 황명의 연호를 쓸 것을 청하다. 이에 마땅히 숭정 기원 후 몇 년이라 써야 한다고 하다.

• 숭정은 명나라 의종의 연호다.

5. 28. 이이의 자운서원에 합향했던 박세채를 배향으로 강등하다.

윤5. 27. 칙사가 이르러 황제의 명이라며, 백두산의 물줄기·산맥에 대한 지도를 요청했는데, 의논을 거쳐 외떨어진 곳이라 지도를 둔 적이 없다고 답하다.

6. 2. 칙사들이 전국 지도를 보고 싶다 하자 이에 대해 의논하다.

6. 5. 송시열의 추배에 대해 논의하다. 이이명을 제외한 대부분의 대신들이 어렵게 여기다.

7. 12. 지난달에 넘어진 뒤로 점차 아파져서 약방에서 입진하다.

7. 16. 생우황(生牛黃)을 들이라는 명에 따라 수일 동안 수백 마리의 소가 도살되다. 이에 부교리 홍우서가 도살을 멈출 것을 간하자 반성의 뜻을 보이다.

• 우황은 소의 담낭에 있는 담석을 말하는데 병에 걸린 소에만 있기 때문에 구하기가 매우 어렵다. 그래서 수백 마리씩이나 도살을 한 것이다. 홍우서가 간한 말 중에 "우황이 있음을 곁에서는 알지 못하므로 급히 구하려 해도 얻기가 어렵다."라고 한 것도 같은 맥락이다.

8. 9. 판부사 김창집과 예판 민진후 등이 어진을 받들고 강화도로 가다. 왕세자가 백관을 거느리고 궐외에서 전송하다.

8. 29. 김창집 좌의정.

11. 1. 환후가 심해지다.

숙종 40년(1714)

1. 1. 해창위 오태주에게 어제 오언절구 3수를 지어 주다.

1. 30. 《보》 윤증 졸기.

3. 24. 제주에서 역질로 1,000여 명이 죽다.

6. 4. 환후가 낫다.

8. 9. 송나라 6현을 문묘 대성전 안에 승배(陞配)하다.

• 송나라 6현은 주돈이·정호·정이·소옹·장재·주희를 일컫는다.

8. 12. 최석정이 윤증의 제문을 지으면서 송시열을 침척한 것에 대해 관학 유생 황상로 등이 글을 올려 비판하다.

8. 16. 제주에서 여역으로 5,000여 명이 죽다.

9. 19. 숭정전에 나아가 진연례를 행하다.

9. 21. 인족보다 심한 폐단은 없다며, 호포든 구전이든 잘 논의해 괴로움을 풀어 주라 이르다.

• 인족은 인징(隣徵)과 족징(族徵)을 이르는 말이다.

11. 5. 성균관 유생들이 삼일제에서 수석을 차지한 이광보에게 유벌(儒罰)을 내려 전시에 나가지 못하게 하다.

• 이광보가 송시열을 침욕했다는 이유 때문이었는데, 벌을 풀어 직부하도록 허락하고 이후로 급제자에게는 유벌을 내리지 못하게 했다.

11. 6. 종기 난 곳에 침을 맞다.

11. 9. 침을 맞자 고름이 나오다.

11. 11. 성균관 재임 한배두가, 이광보가 선정을 침욕한 죄상을 극력 논하면서 벌을 풀지 않자, 한배두를 정거하다.

12. 14. 성주 사람 김상현을 역률로 처단하다.

12. 23. 국경 부근에 청인이 집을 짓고 전지를 개간하는 일이 벌어지다. 이에 청국에 역관을 보내다.

숙종 41년(1715)

3. 4. 대사헌 권상하가, 송시열을 비난한 최석

정에 대한 탄핵이 받아들여지지 않은 것에 대해
상소하다.

4. 10. 《보》 우의정 김우항이 이돈의 과옥에 대
해 상소하다.

5. 4 병조판서 박권 졸.

11. 1. 어떤 사람이 궐문에 괘서해 윤지인·최석
항·윤덕준을 무고하다.

11. 5. 《가례원류》와 관련하여 분쟁이 일다. 유
상기가 간행 뒤 책을 올리자 정호의 발문을 문
제 삼고 정호를 파직함과 동시에 발문은 쓰지
말라 이르다.

• 이 책은 원래 유계가 짓고, 윤증에게 수식과 윤색
을 부탁했다. 유계가 죽기에 임박해 윤증에게 완성하
라 면려했는데 윤증은 이 책이 아버지 윤선거가 쓴
책이라 여겨 미루고 있었다. 이에 화가 난 유계의 손
자 유상기가 조부의 초본을 가지고 책을 간행하면서
발문을 정호에게 부탁했는데, 정호가 이런 사정에 대
해 유계가 잘못한 일이라고 발문에 쓴 것이다.

11. 10. 전라도 유생 유규 등이 상소해 《가례원
류》와 관련해 유상기를 비판하다.

• 책을 집필하는 과정에서 윤선거와 윤증의 역할이
더 컸음을 이유로 들었다.

11. 11. 최석정이 졸하다.

11. 11. 《보》 최석정 졸기. 정치를 논함에 있어
남구만처럼 독실하고 정확하지 못했다고.

11. 16. 수찬 어유귀가 상소해 유상기 측을 옹호
하다.

11. 26. 윤지술이 상소해 유계 측을 옹호하였으
나, 이 책은 두 집안이 함께 수정하고 같이 편집
한 것이 명백하다고 답하다.

12. 11. 《가례원류》와 관련된 소를 받아들이지
말라 이르다.

숙종 42년(1716)

1. 25. 대사헌 권상하가 상소해, 《가례원류》와
관련해 윤증을 비판하다.

2. 3. 《가례원류》 사건과 관련해 송시열을 옹호
하는 정언 조상건의 상소에 싸늘하게 답하다.

2. 6. 조상건을 삭출하고 복역한 승지는 파직하
라 명하다.

2. 23. 교리 이진유가 상소해, 권상하의 처벌을
청하고 이이명·조태채를 탄핵하다.

2. 23. 이진유를 불러 유상기의 일을 자세히 묻
고 유상기를 정배할 것을 명하다. 또한 조상건
의 상소도 사주한 이가 있을 것이라 말하다.

2. 26. 좌의정 김창집이, 송시열을 능멸하는 것
에는 무관심하고 윤증에게만 유독 후하다고 상
소하자 냉정한 비답을 내리다. 이에 김창집이 불
안해 성 밖으로 나가다.

2. 26. 대사간 이만견이 이진유의 처벌을 청했다
가 엄한 비답을 받고 인피하다.

2. 28. 이여가 차자를 올려, 윤증이 송시열과 의
리를 끊은 일의 전말을 아뢰며 윤증을 비판하
자 의리가 명백하여 매우 감탄한다고 비답하다.

3. 3. 태학 유생 김순행 등이, 《가례원류》의 서
문을 지은 권상하를 처벌한 것은 부당하다고
상소하다.

3. 3. 윤증의 문인 최석문 등이 상소해, 송시열
과 윤증이 절연하게 된 과정을 상술하고 윤증
을 옹호하다.

3. 7. 사헌부에서 정호와 조상건을 유배할 것을
청하니 정호를 삭출하다.

3. 10. 사간원에서 민진원의 삭출을 청하니 따르
다.

3. 16. 김창집이 11차례 사직을 청하니 체직하
다.

3. 16. 유봉휘가 차자를 올려 권상하의 파직을
청하니 따르다.

3. 16. 교리 홍계적이 상소해, 송시열을 옹호하고
권상하의 파직은 부당하다고 하자 꾸짖다.

3. 20. 판중추 이여가 최석문 등의 소에서 배척
당한 것에 대해 변명하면서, 〈신유의서〉를 보니
윤증이 스승을 대하는 태도에 문제가 있다고

아뢰다.

• 〈신유의서〉는 윤증이 송시열에게 보내려고 했던 서찰이다.

3. 26. 사헌부에서 권상하의 죄를 탄핵하지 않은 황이장·박희진의 체차를 청하니 따르다.

윤3. 9. 굶어 죽은 제주 백성에게 친히 제문을 지어 제사를 내리다.

윤3. 15. 관학 유생 이시정 등이 소를 올려, 송시열과 윤증의 절연에 대해 송시열을 옹호하다.

4. 3. 판중추 김우항이 차자를 올려, 송시열과 윤증의 일로 사론이 갈라짐을 우려하고 치우친 처신을 지적하다.

6. 3. 김진규 졸.

7. 2. 신유년의 의서와 송시열이 지은 윤선거의 묘문을 같이 들이라고 명하다.

7. 6. 의서를 상세히 보니, 판부사 이여가 차자로 논한 것이 옳다고 하다.

7. 6. 《가례원류》를 정원에 내리고 권상하의 서문과 정호의 발문을 다시 새겨 넣으라 명하다.

7. 6. 정호·민진원·조상건 등을 석방하다.

7. 9. 유상기를 석방하다.

7. 10. 송시열이 지은 묘문에는 윤선거에게 욕이 미친 일이 없다고 하다.

7. 11. 판중추 김창집을 불러 위유하고 뉘우치는 뜻을 보이다.

7. 13. 이진유를 삭출하고 최석문을 원방유배하다.

7. 17. 윤증에 대한 시비가 바뀐 것을 비판한 관학 유생 오명윤 등의 상소에 대해, 예전의 분부는 의서와 묘문을 보기 전이었고 오늘의 처분은 본 뒤의 일이라며 오명윤을 정거하다.

7. 22. 호판 조태구가 상소해, 의서와 묘문도 이미 보았을 터인데 들이라고 명한 뒤 증거로 삼아 입장을 바꾼 데 대해 의혹한다고 아뢰다.

8. 8. 진사 이홍제 등 200여 인이 상소해 신구의 소를 배척하다.

8. 24. 김창집이 소를 올려, 시비가 끊이지 않는

윤선거 문집의 판본을 헐어 버릴 것을 청하자 따르고 이홍제를 정배하다.

8. 28. 이홍제가 상소할 때 소하(訴下)였던 유생 임상극 등이 상소해, 이홍제와 같이 죄받기를 청하며 김창집을 탄핵하다.

9. 2. 임상극을 정배하다.

9. 6. 이홍제·임상극이 상소할 때 소하였던 권필형·조태징 등이 상소하자, 봉입을 허락하지 않다.

9. 8. 《보》서종태가 상차해 김창집을 공박하고 윤선거를 옹호하다.

9. 9. 문학 여필희가 상소해 김창집을 배척하고 이홍제·엄경수를 죄준 것이 부당하다고 논하자 파직하다.

9. 9. 정언 조상경이 상소해 여필희의 귀양을 청하자 여필희를 삭출하다.

9. 10. 윤선거 문집의 판본을 빨리 헐 것을 명하다.

9. 10. 대사간 이세면이 판본을 허는 일은 거행할 수 없다고 상소하자 체직하다.

9. 12. 병판 이대성이 윤선건 문집 판본을 허는 것은 부당하다고 아뢰다.

9. 16. 소두 권필형과 함께한 유생들이 옥문을 밀치고 들어가 함께 갇히기를 청하다.

9. 24. 권필형이 공초받을 때 수십 명이 뒷문으로 들어와 방해하다. 이에 모두 극변에 정배하라 명하다.

10. 10. 권필형을 정배하다.

10. 14. 장령 조영복·지평 조성복 등이 잇달아 상소해 윤선거를 선정(先正)이라 부르는 것을 금하게 할 것을 청하니 따르다.

12. 6. 유구국에 표류했다가 청국을 거쳐 돌아온 진도군의 백성 9명을 문초하다.

12. 17. 돈의 주조 및 사용 등을 반대하는 것에 대해, 우의정 이이명이 차자를 올려 강력히 비판하다.

12. 29. 태학생 김치후 등 80명이 상소해 윤증에

대해 선정이라는 칭호를 금할 것을 청하자 따르다.

숙종 43년(1717)

1. 3. 예조참의 조태억이, 선정이란 칭호는 주고 빼앗고 할 수 있는 것이 아닌데 전에는 그렇게 부르다가 오늘날엔 참칭이라 하여 엄금하는 것은 문제라고 아뢰다. 이튿날 윤증에게 증시(贈諡)하란 명을 거두고 조태억을 체차하다.

1. 11. 윤증을 위해 홍주에 서원을 세우는 것을 폐지하라 명하다.

1. 12. 이후 윤증을 유현(儒賢)이라 부르지 말도록 하다.

1. 27. 의관이 건의한 임금의 온천욕에 대해 대신들이 의논하다.

2. 29. 조겸빈 등이 상소해 김장생의 문묘종사를 청하자 허락하다.

3. 3. 온양으로 거둥하다.

3. 5. 우의정 이이명의 청에 따라 수원에 있는 송시열의 무덤에 유제하다.

3. 8. 온천에 도착하다.

3. 12. 승지를 보내 김장생·김집·송준길의 무덤에 유제하다.

3. 23. 목욕을 정지하고 환도한다고 하교하다.

3. 23. 한기가 갑자기 들고 다리가 심하게 저리고 가슴이 막히고 어지러운 증세에 시달리다. 신음 소리가 문밖까지 들리다.

4. 17. 진사 조선 등이 상소해 윤선거 부자를 신구하고 송시열을 비난하다.

5. 12. 김창집 영의정, 이이명 좌의정, 권상하 우의정.

5. 20. 김장생을 문묘에 종사하다.

5. 29. 동부승지 김보택의 상소에 따라 윤선거 부자의 관작삭탈을 명하다.

7. 12. 대궐 안에서 술을 빚어 사사로이 판 혜정 등을 유형에 처하다.

7. 17. 눈병이 있으므로, 긴급한 공사 외에는 승정원에 보류토록 하다.

7. 19. 눈병에 대한 대책을 묻자, 이이명이 음독이 분명한 사람으로 하여 읽게 하고 세자로 하여 곁에서 정무를 익히게 할 것을 청하다.

7. 19. 이이명을 독대하다.

7. 19. 영의정·좌의정 등을 접견하여 국사를 논의하다.

• 이 연석(筵席)의 자리에서 태자에게 청정하게 할 뜻을 비치기도 했으나, 일이 뜻과 같지 않다는 모호한 말을 했다.

7. 19. 안질로, 국사를 세자에게 청정케 하다.

7. 21. 부제학 이의현 이하 옥당의 관원들이 대리청정의 명에 대해 환영하면서, 그날 연석의 하교 가운데 세자에게 관계된 것은 모두 환수하여 일기에 기록되지 말게 할 것을 청하니 따르다.

7. 23. 박성로·조명겸 등이 독대에 대해 비판하는 소를 올리다.

7. 24. 좌의정 이이명이 상소해 변명하다.

7. 24. 도승지 이관명 이하 승지들이, 《일기》에 기록하지 않는 것은 오히려 의혹을 살 것이라며 뉘우치고 있음을 보이는 게 옳다고 아뢰다.

7. 25. 전날의 분부는 다른 뜻이 없다고 밝히다.

7. 25. 이이명·민진후가 청대해 청정 절목을 논의하다.

7. 26. 왕세자가 상소해 청정의 명을 거두어 줄 것을 청하다.

7. 28. 영중추부사 윤지완이 소를 올려 세자에 대해 미안한 말을 한 것, 독대를 한 것 등에 대해 아뢰다.

8. 1. 왕세자가 청정을 시작하다.

8. 1. 윤지완에 대해 통분하고 개탄스럽다고 하자, 윤지완이 성 밖으로 나가다.

8. 2. 이대성·김연 등이 소를 올려 독대 시 이이명과 나눈 이야기를 명백히 밝힐 것과 통렬히 뉘우칠 것을 청하다.

8.9. 경상좌우도 감시(監試)의 초시가 파장되다.

· 연석에서 내려진 분부가 비상했다는 말을 듣고 태연히 과거에 응시할 수 없다는 이유였다.

8.18. 영남 초시에 대한 소식을 듣고 통분하다.

9.15. 이이명이 25차례나 사직을 청하니 왕세자가 승지를 시켜 돈유하게 하다.

9.20. 왕세자가 대신·비국 신하를 인접하고 국사에 대해 논의하다. 김창집이, 소대에서 강의만 듣고 하문하거나 토론하지 않는 것에 대해 지적하자 유의하겠다고 답하다.

9.23. 이이명이 32번째 사직을 청하니 면직하다.

10.3. 왕세자의 청정을 종묘사직에 고하고 팔방에 교서를 반포하다.

10.4. 조태채 우의정, 권상하 좌의정.

10.27. 청사가 오자 세자가 서교에 나아가 맞이하다.

11.14. 한성부에서 이해의 각 도별 호구 수를 올리다.

· 《실록》에는 547,709호로 되어 있지만, 실제 지역별 호를 합산하면 1,557,709호다. 또 합산 인구도 실록의 기록과 차이가 난다. 합산한 것이 더 정확할 것이다.

11.17. 이후로 문묘에 종사된 대현일지라도 서원을 첩설하지 말라 명하다.

11.25. 민진후의 건의에 따라, 향화인도 장정 1인당 베 1필씩을 받도록 하다.

12.2. 내의원 도제조 김창집이 병으로 사직을 청하니 이이명으로 대신하게 하다.

12.2. 부수찬 홍만우가 소를 올려, 윤지완의 충성을 말하고 그를 박대한 것을 비판하자 홍만우를 파직하다.

숙종 44년(1718)

1.4. 관서 지방의 노비에게, 미곡을 바치고 속량하도록 허락하여 진제(賑濟)할 밑천을 보충케

하다.

· 15~30세는 미곡 50석, 31~40세는 40석 등 나이별로 차등을 두었다.

1.22. 이여가 졸하다.

2.7. 빈 심 씨가 흥하다.

2.10. 예조에서 바친 복제 단자.

2.20. 세자의 청을 좇아 희빈 장 씨의 묘를 천장하게 하다.

3.9. 정호가, 윤선거가 독향(獨享)된 곳은 그 서원을 철거하고 배향된 곳은 위판만 철거할 것을 청하니 세자가 따르다.

3.9. 숙빈 최 씨 졸.

3.17. 예조참판 오명준이 윤선거의 서원 철거를 정지하라 청하다.

3.24. 조태채가 윤선거의 서원 철폐 명은 너무 심하다며 관에서 제향하던 것만 혁파하면 된다고 아뢰니 따르다. 강석기의 증손 강봉서가 격쟁해, 김자점이 옥사를 심하게 해 고통을 참지 못해 거짓 자복했다고 아뢰다.

3.25. 강빈옥사에 항상 측은하게 여겼다고 답하다.

3.25. '소현세자의 사당을 바라보며', '소현세자의 자손들을 기린다'는 시를 내리다.

3.28. 대신·2품 이상·3사를 빈청에 모이게 해 강빈의 신원을 의논하다.

4.8. 세자빈 강 씨의 위패와 시호를 회복하게 하다.

4.9. 영의정 김창집을 보내 세자빈에게 단의라는 시호를 내렸다고 태묘에 고하다.

4.11. 고 상신 강석기의 부인 신 씨를 복작시키고 강문명 등을 복관시키다.

4.18. 단의 빈 장례.

5.1. 정언 이명의가 소를 올려 김창집을 공격하자 이명의를 밀양에 유배하다.

5.9. 병이 깊어진다며 사람을 형벌하는 공사도 모두 세자에게 계달하도록 하다.

5.25. 가뭄 대비책을 널리 구하는 왕세자의 영

지를 중외에 포고하다.

6. 7. 세자빈을 간택하는 일을 즉시 예관으로 하여 품지해 시행케 하라 명하다.

6. 30. 조상우 졸.

7. 1. 약방에서 입진해, 역병으로 인해 도성의 거리에 시체가 즐비하다고 아뢰다.

8. 8. 처녀 초간택.

8. 8. 영의정 김창집이 38차례 면직을 청하니 세자가 허락하다.

8. 9. 이건명 우의정.

윤8. 1. 삼간택을 행하다.

윤8. 5. 판중추부사 이유가, 거의 완성된 역사를 포기하면 대단한 실책이 될 것이라며 계속하여 완성할 것을 청하다.

윤8. 6. 영중추부사 윤지완의 졸기.

윤8. 6. 《보》윤지완 졸기.

윤8. 23. 북한산성의 역사에 대한 사관의 비판적인 설명.

9. 16. 왕세자빈 어 씨를 친영하여 대궐로 돌아와 동뢰례를 행하다.

9. 17. 눈병으로 세자빈의 얼굴을 볼 수 없다며 한탄하다.

10. 28. 귀향하던 거자(擧子) 80여 인이 한강을 건너다 배가 뒤집혀 모두 죽다.

• 거자는 과거에 응시한 선비를 말한다.

11. 23. 왕세자가 경현당에서 사형수의 삼복을 행하다.

12. 19. 예판 민진후가 상서해 북한산성을 지키지 못한다고 극력 아뢰다.

숙종 45년(1719)

1. 4. 김창집 영의정

1. 10. 전 직장 이집이 상서해, 즉위 45년이고 명년이면 육순이라며 대조께 아뢰어 기로소에 들어가게 할 것을 청하자 거행하게 하라 이르다.

1. 26. 연잉군 이금, 연령군 이훤이 여러 종신들

을 거느리고 기로소(耆老所)에 들어가기를 청하니 거행하게 하라 이르다.

2. 2. 대신들의 논의에 따라 탕춘대에 축성하는 것을 중지하다.

• 북한산성·도성·탕춘대의 연관성 등에 대해 사관이 설명하고 비판했다.

2. 11. 기로소 당상 영의정 김창집이 어첩을 배진하니 흥정당에 나아가 이를 받다.

2. 21. 서종태 졸.

2. 23. 약방 도제조 이이명이 동궁께 경사가 없다며, 의관을 거느리고 입진해 약을 의논하게 할 것을 청하다.

2. 24. 약방에서 동궁에 입진해, 여러 의관들과 의논해 약물을 바치겠다고 청하다.

2. 30. 청사에서 우리나라의 화약 합제(合劑)하는 법을 알고자 하니 기록해서 보내 주게 하다.

3. 24. 이날 희빈의 묘를 판다 하자, 세자가 빈궁과 함께 대궐 안에서 망곡례를 거행하다.

4. 7. 진해촌에서 희빈의 관을 하관하다.

• 진해촌은 희빈을 옮겨 장사한 신산(新山)이다.

4. 18. 경현당에 나아가 여러 기로신들에게 잔치를 내려 주다.

4. 30. 김종서·황보인에 대해 복관을 명하다.

6. 1. 세자가 승지를 보내 가벼운 죄를 지은 죄수들을 석방하게 하다.

6. 11. 승지가 입대하자, 세자가 여섯 승지들을 모두 나문하고 사관도 물러나라고 소리쳤다가 잠시 후 모두 입대하게 하다.

• 신하들이 이유를 물었으나 답하지 않았다.

6. 14. 비망기를 내려 세자의 행동이 지나친 거조였다고 하다.

6. 14. 부수찬 남일명이 상소해, 동궁이 화를 낸 것에는 나름의 이유가 있었고 또 곧 다시 입대하게 한 것에서 허물을 고치는 일에 주저하지 않는 아름다움을 보여 주었다며, 세자의 행동에 대해 지나친 일이라고 전교하고 이를 조지(朝紙)에 내려 전파한 것은 애석하다고 아뢰다.

6.15. 비망기의 본뜻은 세자를 사랑하는 데서 나왔다며, 남일명의 소에 대해 서운함을 보이다.

6.15. 사간 이봉익이 소를 올려, 비망기가 조용히 훈계하는 뜻이 없었다며 비지를 도로 거둘 것을 청하자 비망기를 환수하다.

6.16. 비망기를 환수한 것은 남일명·이봉익의 말이 옳다고 여겨서가 아니라며 불쾌감을 보이다.

6.17. 약방에서 동궁에 입진해, 그날의 태도를 비판하자 유의하겠다고 답하다.

6.25. 세자가 대신·비국 재신을 인접했는데, 이건명이 승지를 책망해 물리친 일을 거론하고, 신료가 진달할 때 응답하는 일이 드물어 신료들이 생각한 바를 말하기 어려워한다고 아뢰다.

7.29. 이달부터 여역이 가라앉기 시작해 연말 즈음에 완전히 없어지다.

8.29. 세자와 대신이 양역·양전에 대해 논의하다.

9.2. 수어청·금위영의 혁파 여부를 논의하다.

9.5. 삼남은 좌도 균전사·우도 균전사로 나누어 다스리게 하다.
• 감사가 좌도와 우도 중 한 곳을 맡고 다른 한 곳은 새로 파견키로 했다.

9.24. 형판 권성이 상서해 침묵만 지킨다고 지적하자 유의하겠다고 답하다.

10.2. 연령군 이훤 졸.

10.2. 이이명 등이, 연령군 집에 친림하려는 것을 만류하자, 두 눈이 보이지 않지만 가서 시신이라도 어루만져 보려는 것이라며 눈물을 흘리다.

10.6. 세자가, 영남균전사 이재와 호서균전사 홍석보로 하여금 내일 사조하도록 하다.

10.8. 세자가, 이런저런 핑계로 끝내 사조하지 않는 이재와 홍석보를 파직하라 명하다.

10.11. 연령군의 상차에 거둥하자 세자가 따르다.

10.18. 감군(監軍) 및 밀부(密符)·유서(諭書)·표신(標信) 등 계청하는 문서 외의 병조의 공사는 동궁에게 입달(入達)하도록 하다.

10.20. 우의정 이건명이 세자에게, 아랫사람에게 묻는 걸 부끄러워하지 말 것을 청하다.

11.27. 사학 유생 황상중 등이 상서해, 문정공 송시열을 효정의 묘정에 추배하고 윤선거의 서원을 허물 것을 청했으나, 세자가 허락하지 않으며 윤선거에 대한 말은 지나치다고 답하다.

숙종 46년(1720)

1.2. 양전 시행에 관해 전라균전사 김재로와 충청균전사 김운택이, 균전사가 체류하며 모두 수정하려 하면 민폐가 된다며 균전청을 설치해 수정함이 좋겠다고 아뢰다.

1.5. 양전과 관련한 균전사들의 건의에 대해 논의하다.

1.5. 청정과 관련해, 세자가 너무 침묵을 지키고 분명함이 결여되어 신하들이 답답하게 여긴다고 김창집이 아뢰자 유의하겠다고 답하다. 이에 응교 김상옥이, 매번 유의하겠다고만 하는 것에 대해 지적하자 또한 유의하겠다고 답하다.

2.26. 세자가 홍진을 앓아 의약청을 설치하다.

3.15. 세자의 홍진이 회복되어 종묘에 고하고 사면령을 내리다.

4.24. 복부가 팽창하는 등 병이 심해 시약청을 설치하다.

사위(嗣位)하는 날 청나라 국새를 써서 마음에 항상 미안했다며, 황조(皇朝)가 하사한 사본(賜本)을 얻어 이를 모각해 금보를 만들어 두었으니 이를 사용하라 이르다.
• 여기서 황조는 명나라를 말한다.

5.7. 복부가 날로 팽창해 배꼽이 돌출되다.

5.13. 《보》민진후 졸기.
• 당동벌이(黨同伐異)했지만 동궁에 대한 적심만은 변하지 않아 그가 살아 있었으면 이이명·김창집 무리가

제멋대로 하지 못했을 것이라고 평했다.

6.3. 복부가 더욱 팽창하고 구역질이 일다. 신하들이 아뢰는 말에 답하지 못하다.

6.8. 승하하다. 내시 두 사람이 강사곤룡포를 함에 담아 지붕 위로 올라가 세 번 주상의 존호를 부르다. 세자 이하가 거애하는데 비가 쏟아지다.

6.8. 호위궁성 훈련대장 이홍술이 흥화문을 경비하고, 병조판서 이만성이 개양문을 경비하다.

6.8. 세자 이하의 복제.

6.8. 영의정 김창집이 원상이 되어 승정원에 앉아 크고 작은 일을 품의해 시행하게 하다.

6.9. 김창집이 우상도 원상으로 함께 일을 의논하게 할 것을 청하니 따르다.

6.13. 세자가 숭정문에서 사위하다.

경종실록

《수》는 《경종수정실록》의 기사

총서

《경종실록》은 총서가 없다.

경종 즉위년(1720)

6. 13. 경덕궁에서 즉위하다.

6. 30. 전옥에 갇혀 있던 명화적 16명이 이졸들에게 뇌물을 주어 죄수를 늦추게 하고는 옥문을 깨서 도망가다.

7. 21. 조중우가 생모의 작호를 바로잡을 것을 청한 데 대해, 비망기를 내려 변방에 정배케 하고 소는 도로 내 주라 이르다.

7. 24. 헌부에서 조중우의 형신을 거듭 청하자 따르다. 조중우가 배소로 가다 물고되다.

9. 1. 정언 김용경이 상소해, 사리분별이 부족하고 지나치게 너그러우며 과단성이 모자라고 신하들이 진달해도 듣는 둥 마는 둥 하다고 지적하다.

9. 7. 장의 윤지술이, 판부사 이이명이 지어 올린 지문에 신사년의 일을 숨기어 쓰지 않았고 병신년의 일은 은밀하게 표현되어 시비가 뒤섞여 있다며, 신사년과 병신년의 일을 기록할 것을 청하자 변방 정배를 명하다.

• 신사년의 일이란 희빈이 사약을 받은 것을 말하고, 병신년의 일이란 소론을 배척한 병신처분을 말한다.

9. 7. 《수》 윤지술의 소 전문.

9. 11. 헌부가 윤지술의 변방정배 명을 거둘 것을 청하다.

9. 11. 성균관 유생들이 윤지술의 변방정배에 항의해 권당하다.

9. 20. 권당을 풀지 않자 마침내 윤지술을 풀어 주다.

9. 21. 《수》 요인 6현을 장살하다.

10. 6. 하삼도의 전지 개량을 마치다.

• 경상도 262,000결, 전라 245,500결, 충청 160,300결이다.

10. 12. 조태구 우의정.

10. 21. 숙종을 명릉에 제사 지내다.

11. 8. 선왕의 후궁 영빈 김 씨의 집 개조를 명하다.

11. 28. 청사가 집요하게 왕제를 만나 보기를 청하다. 전례 없는 일이라 응하지 않자 왕제에 대한 세세한 정보를 요구하다.

• 왕제는 연잉군(영조)을 말한다.

11. 29. 청사를 접견해 다례를 베풀자, 선왕의 아들이 몇인지 만나 보기를 청한다며 황제의 뜻이라고 하다.

12. 2. 우의정 조태구가 사신의 요구가 칙서에 없음을 아뢰고 묘당으로 하여금 잘 처리하게 할 것을 청하다.

12. 4. 청사가 서울을 출발할 때, 임금이 신병이 있어 교외에 나가 전송할 수 없다고 하자 불손할 말을 하다.

12. 11. 청사가 왕제를 만나 보기를 청하였을 때 칙서에 없는 일이라며 단호히 거절하지 않은 일에 대해 우의정 조태구가 소를 올려 비판하다.

12. 28. 동부승지 이진검이 상소해 조중우·윤지술 등을 탄핵하다.

12. 30. 이해의 호구는 1,563,808호, 인구는 6,800,808명이다.

경종 1년(1721)

2. 11. 청사가 책봉 조서를 가지고 오다.

• 이때의 칙사들이 매우 탐욕스러워 요구가 끝이 없었다.

5. 11. 경상감사 조태억이 소를 올려 영남의 인재를 쓸 것을 청하자, 전조와 예조로 하여 즉시 거행케 하라 이르다.

7. 20. 민진원이, 사복(嗣服)하신 처음에 안색의 슬픔이나 곡읍의 서러움으로 신하들을 감동시킨 적도 없고 대소 제향을 친히 행한 적도 없으며 경연도 열지 않고 소대도 몇 번 하더니 곧 중지했다며, 무엇으로 신민들에게 보일 것이며 무엇으로 정치를 하겠는가를 묻다.

7. 29. 영중추부사 이유 졸.

8. 4. 좌의정 이건명이, 군역으로 인한 양민의 고통을 말하며 선왕의 뜻을 이어 결포의 법이라도 한두 고을에 시험해 볼 것을 청하다.

8. 20. 정언 이정소가 소를 올려 저사(儲嗣)를 세우는 일을 자성께 상품하고 대신들에게 의논케 할 것을 청하다. 영의정 김창집과 좌의정 이건명이 빈청에 나가 원임·6경·판윤·3사 장관 등을 불러 회의했는데, 판중추 김우항·예판 송상기·이판 최석항이 나오지 않다. 시민당에서 김창집 이하를 인견하자 신하들이 한목소리로 속히 대계를 정할 것을 청하니 이에 따르다. 이에 신하들이 자전의 수필이 있어야 한다고 하여 대비전으로 들어가 수찰을 받아오다. 하여 연잉군을 저사로 삼다.

• 이에 대해 사관은, 명이 내려지자 온 나라가 기뻐했다고 하면서도, 이날 신하들이 취한 행동에 대해 비판했다.

8. 21. 왕세제가 소를 올려 명을 거둘 것을 청하다.

8. 21. 예조의 건의에 따라 연잉군을 궐내에 들어와 거처하게 하고 위호는 왕세제로 정하다.

8. 23. 행사직 유봉휘가 소를 올려, 저사를 세우는 중대한 일을 광명정대하게 행하지 않은 것, 주상이 아직 젊고 새로 맞이한 중전이 15살이면 의약을 신경 써야 함이 올바르다는 것, 그 외 신하로서 예의가 없었던 점 등을 지적하다. 이에 밤이 돼서야 자신에게 사속(嗣續)할 희망이

없고 이미 저사가 정해졌다며, 유봉휘에 대한 처리를 의논해 아뢰라 명하다. 이에 김창집 등이 유봉휘의 국문을 청하다.

8. 24. 우의정 조태구가 유봉휘에 대한 국문 명을 거둘 것을 청하자, 국청을 설치한 잘못을 알겠다고 답하다.

8. 25. 김창집이 유봉휘를 비호하는 말에 꺾이지 말 것을 청하자, 유봉휘의 말은 단지 광망할 뿐이니 국문할 일은 없다고 답하다.

8. 25. 세제가 유봉휘의 말을 들어, 세제 임명의 명을 거둬 줄 것을 청하다.

8. 25. 대신 이하가 유봉휘의 국문을 청하다.

8. 26. 대신·2품 이하가 다시 청하자, 이럴 경우 동궁만 불안해진다며 번거롭게 말라 이르다.

8. 30. 세제가, 유봉휘로 하여 큰 죄과에 이르지 않게 해 달라고 상소하다.

9. 2. 권상하의 졸기.

9. 6. 왕세제와 빈궁이 입궁하다.

9. 6. 정언 유복명이, 이건명이 주창한 결포제를 강력히 비판하다.

9. 26. 면복을 입고 인정전에 나아가 왕세제의 책봉례를 행하다.

10. 2. 좌의정 이건명이, 은화 7만 냥을 사행 때 가지고 가서 행뢰(行賂)하는 비용에 대비하게 할 것을 청하니 따르다.

10. 10. 집의 조성복이, 정무 시에 항상 세제를 불러 곁에 두고 참여하게 할 것을 청하자, 대소의 국사를 모두 세제로 하여 재단하게 하라는 비망기를 내리다. 승지들이 반대하고 좌참찬 최석항이 청대해 눈물을 흘리고 승지들도 재삼 만류하니 명을 거두다.

10. 11. 호조참판 조태억이, 시임(時任) 대신과 3사의 여러 신하 중 한 사람도 반대하지 않았다며 벌을 가할 것을 청하다. 이에 대해 도승지 홍계적이 반론하며 서로 다투다.

10. 11. 좌의정 이건명이, 최석항이 깊은 밤중에 청대한 것은 뒷날의 폐단을 부를 수 있다며 해

당 승지를 추고할 것을 청하다.

10. 11. 대간에서, 조성복의 절도 위리안치와 조태억의 파직을 청하다.

10. 11. 사직 이광좌가, 성상을 위해 한마디 말을 하는 자가 없다며 대신과 3사의 죄를 다스릴 것을 청하다.

10. 12. 행사직 홍만조 등 43인이 밖에서 돌아가고 극진한 말을 한 신하에게 죄를 돌린 대신은 조성복과 같은 심장이라고 공격하다. 행사직 박태항 등 28인도 김창집·이건명과 3사에 견벌을 내릴 것을 청하다. 행사과 한세량은, 조성복이 감히 천위를 옮길 계책을 품은 것이라고 공격하다.

10. 12. 대간이 합사해, 한세량을 절도에 위리안치할 것을 청했으나 듣지 않다.

10. 12. 조성복을 진도에 안치하다.

10. 12. 예조참판 이집이 상소해, 최석항의 청대를 아뢴 승지를 죄준 것은 부당하다고 아뢰다.

10. 13. 사관을 보내어 조태구를 효유하여 함께 오도록 하다. 도승지 홍계적이, 대간이 조태구의 죄를 논해 삭출을 청하기에 이르렀으니 선유하여 돈소하는 일은 있을 수 없다고 하다.

10. 13. 홍계적의 청에 따라 한세량을 절도에 안치하라 명하다.

10. 13. 시임·원임·2품 이상·3사를 빈청에 불러 그저께의 비망기에 따라 일을 거행할 것을 다시 비망기로 내리다. 김창집 이하 신하들이 한목소리로 거듭 반대했으나 고집하다.

10. 13. 왕세제가 소를 올려 명을 거두어 줄 것을 청하자 사양 말라 이르다.

10. 14. 왕세제가 다시 청하자, 우애를 생각해 자신으로 하여금 수양하고 보신할 수 있게 하라 이르다.

10. 16. 세제·대신·백관·종친·무관 등이 거듭해서 청했으나 듣지 않다. 대신 김창집·이건명·이이명·조태채가 비답을 듣고 논의한 뒤 2품 이상·3사를 불러 정청(庭請)의 정지를 권하자

대부분 승낙하다. 좌참찬 최석항과 사직 이강좌 등 몇 명은 불가를 주장하다.

10. 17. 김창집·이이명·조태채·이건명이 연명으로 차자를 올려, 지난번의 비망기 중 대소의 국사를 세제가 재결케 하라는 명은 받들 수 없다며, 다만 정유년의 절목에 의해 거행 할 것을 청하고 정청을 그만두다. 이에 최석항이 대신들을 비판하는 소를 올리려 했으나 승지 홍계적이 물리치고 올리려 하지 않다. 우의정 조태구가 청대했으나 홍계적이 물리치다. 양사 관원이 조태구의 원찬을 청했는데 계달하기 전에 조태구를 인견하겠다는 전교가 내려오다. 대궐 안팎이 진동해 김창집 이하가 입대를 청하자 진수당에 나아가 인견하다. 조태구가 앞장서 명을 거둘 것을 청하자 김창집 이하도 반복해서 청하다. 홍석보가, 승정원에서는 우상의 계품을 허락하지 않았는데 어디서 우상이 들어온 것을 알 수 있었는지를 따져 묻다. 이어 조태구의 귀양과, 대신의 입궐을 몰래 알린 승전색과 사알(司謁)을 나문할 것을 청하다.

10. 17. 《수》 이날의 상세한 기록과 김창집·이이명 등을 옹호하고 조태구 등을 비판하는 사론.

10. 18. 3사에서 조태구를 벌할 것 등을 거듭 아뢰었으나 듣지 않다.

10. 28. 좌의정 이건명을 청국에 보내 세제 책봉을 청하게 하다.

11. 2. 이정신 도승지.

11. 2. 황해감사 이집이 소를 올려, 최석항·조태구가 도리어 배척되는 세태를 논하고 공공연히 소를 받지 않은 승정원을 비판하자 가상히 여긴다고 답하다.

11. 9. 도승지 이정신이 상소해, 인주(人主)의 형세는 위에서 외롭고 당여는 밑에서 이루어졌으며 승정원은 막고 가리기에 여념이 없고 대간은 오직 공격해 내쫓기에 힘쓰고 있다며, 전후 승지들을 모두 견책할 것 등을 청하다.

11. 17. 부제학 홍계적이 소를 올려 이정신을 배

척하다.

12. 6. 사직 김일경·박필몽 등이 상소해, 지금은 대리청정이 있을 수 없는 때라며 적신 조성복과 4흉을 3척(三尺)의 법으로 다스리고 승정원과 3사도 다스릴 것을 청하자 깊이 가납한다고 답하다. 이어 김일경의 소를 물리칠 것을 청한 승지들을 파직하고 3사 이하를 모두 삭출하라 명하였으며 서소위장 심필기를 가승지에 차임하다.

12. 6. 훈련대장 이홍술을 문외출송하다.

12. 6. 3사와 승정원을 대거 새로 제수하다.

12. 6. 최석항 병판, 이광좌 예판.

12. 7. 총융사 윤각은 문외출송하고 부제학 홍계적을 흑산도에 안치하라 명하다.

12. 9. 우의정 조태구가 출사하자 우의정 홀로 어질다고 말하고, 영의정·좌의정을 갈라고 하교하다.

12. 13. 윤지술이 결안취초(決案取招)에 거역하고 이름을 쓰려 하지 않자 엄히 형신하게 하다.

12. 16. 윤지술이 형신에도 끝내 결안을 거부하자 정형을 명하다.

12. 19. 조태구 영의정, 최규서 좌의정, 최석항 우의정.

12. 20. 조중우에 연좌된 이들과 이몽인의 상소 아래 연좌된 이들을 석방하다.

12. 22. 내관 장세상·고봉헌·송상욱 등을 먼 땅에 정배하라 명하다.

12. 22. 왕세제가, 자신을 제거하려 한 환관들에 대해 아뢰었는데, 처음에는 나추를 명했다가 도로 거두고 다시 아뢰자 듣지 못할 하교를 내렸다며, 거적을 깔고 대죄하고 세자의 자리를 내놓겠다고 하다. 이에 신하들이 극구 만류하다.

12. 23. 영의정 조태구 이하 신하들이, 세제가 거론한 환관들을 엄히 조사하여 치죄할 것을 거듭 청하자 따르다.

12. 23. 대비가 환관과 궁인이 교구하여 성총을 가리고 있다며 석렬·필정 두 궁인의 이름을 써서 조태구에게 주다.

12. 24. 석렬이 자결하다. 필정이 결안하려 하지 않아 엄한 형신을 가하기로 하다.

12. 25. 양사가 합사해, 김창집·이이명·이건명의 안율 처단과 조태채의 제주 위리안치를 청하다.

12. 25. 필정도 자살하다. 이에 입직한 금부도사와 이졸을 나문해 과죄하게 하다.

12. 25. 영의정 조태구 등이 박상검·문유도의 국문을 청했으나 따르지 않다.

12. 29. 문유도·박상검을 국문하다.

경종 2년(1722)

1. 3. 박상검이 나인과 체결했다는 혐의를 부인하다.

1. 4. 문유도가 4차례 형신을 받고 죽다.

1. 5. 박상검이 5차례 형신 끝에 자복하다.

1. 6. 박상검을 복주하고 처자를 연좌하다.

•《경종수정실록》에서 사관은, 박상검이 반역하려는 뜻이 있었다기보다는 일찍이 동궁에 죄를 얻은 적이 있어 후환이 두려워 제거할 마음을 가졌을 거라고 평했다.

1. 10. 이조참판 김일경과 우의정 최석항이 사친인 장 희빈을 추보(推報)할 것을 청하다.

1. 14. 정국이 바뀐 뒤 며칠 동안 장주·상소에 대한 수답(酬答)이 물 흐르듯 했는데 이때에 이르러 다시 적체가 시작되다.

1. 15. 영의정 조태구가 세제를 우애할 것을 청하다.

1. 18. 우의정 최석항·이조참판 김일경 등이 사친 추보에 대해 의견을 올리다.

1. 22. 김일경 등의 준론과 조태구 등의 완론이 나뉘게 된 사정에 대한 기록.

2. 5. 영남 사람 노세재가 소를 올려 서명균을 공격하고 조태구를 배척했는데 장령 정운주도 조태구 공격에 합세하다. 이에 우의정 최석항이 이들을 배척하고 영의정을 안심시킬 것을 청하다.

2. 11. 종각 서쪽 행랑 65칸이 불타다.

2. 21. 김창흡 졸기.

2. 25. 궁중에 보류해 둔 채 답하지 않은 장소(章訴)가 50여 본에 이르다.

2. 27. 정언 신필회가 권업·서명균의 변방유배와 이판 이조의 파직을 청하다.

3. 11. 영의정 조태구가 수차 물러가기를 청하다.
• 이때 조태구가 약방 도제조로 참석했다가 울면서 형제의 우애를 청했으나 임금은 끝내 답하지 않았다.

3. 12. 정제두를 대사헌으로 삼다.
• 숙종 말년부터 여러 번 천거되었으나 끝내 나가지 않았다. 왕양명을 종주로 삼은 탓에 세상에서 이단이라 하여 허물로 여겼다.

3. 13. 청천강 남북의 아홉 영을 다섯 영으로 통폐합하다.

3. 15. 이때 세제는 학문에 단단히 뜻을 두다.

3. 17. 화열이 갑자기 오르고 심기가 폭발하다.

3. 26. 주청사 좌의정 이건명이 세제의 책봉이 승인되었다고 보고하다.

3. 27. 목호룡이, 정인중·김용택·이기지·이희지·심상길·백망 등이 역모를 꾀했다고 고변하다.

3. 27. 《수》 목호룡은 남인의 천얼로 백망과 체결해 김용택·이천기 등의 사이를 기웃거리며 모의에 참여하다가 김일경·박상검과 투합해 동궁을 위태롭게 할 계책을 모의했다는 사관의 설명.

3. 27. 《수》 정인중·김용택(김만중의 손자이자 이이명의 사위)·이기지(이이명의 아들)· 김성행(김창집의 손자)·서덕수(서종제의 손자)·홍의인·이홍술·김창도(김창집의 서종 형제)·김성절·백망(잠저 때의 겸속)·장세상(잠저 때의 차지 중관) 등 60여 명에 대한 설명.

3. 28. 백망이 목호룡을 역으로 고발하는 진술을 하다.

3. 29. 세제가 사위하려 하다.

3. 29. 세제가 사위 소를 올리지 말 것을 청하는 조태구의 청을 받아들이다.

3. 29. 백망이, 동궁을 제거하려는 세 갈래의 세력을 말하며 조태구·최석항 등을 거명하다.

3. 29. 《수》 삼수의 역은 대신을 무함하고 동궁을 해치기 위한 것이라며 주요 진술의 모순점 등을 상세히 서술.

4. 9. 조태구가, 효우의 마음을 갖고 안심하고 서연을 열라는 뜻으로 간곡하게 세제에게 개유할 것을 청하니 따르다. 이어 조태구가 동궁에 청대하여 내일부터 궁료를 소대할 것을 청하니 세제가 따르다.

4. 12. 정인중이 난신적자인 김용택·이천기 등과 교유하며 정절(情節)을 알고서도 고하지 않았다고 인정하다.

4. 13. 백망이 목호룡을 반박하며 끝까지 인정하지 않고 죽다.

4. 13. 김용택도 부인하다 물고되다.

4. 13. 이천기가 물고되다.

4. 14. 심상길이 이천기의 요구에 따라 은자 100냥과 부채를 제공했는데, 부채는 지 상궁의 집으로 보내졌다고 들었다고 진술하다. 복주되다.

4. 14. 백망의 육시를 명하다.

4. 14. 의금부에서 조성복을 잡아 가두다.

4. 14. 홍의인과 환관 장세상을 잡아 가두다.

4. 15. 심상길의 아들 심재를 교형에 처하다.

4. 17. 대사간 이사상 등 대간들이 입시해 이이명·김창집·이건명·조태채의 안율을 청하자 이이명·김창집에 대해서는 허락하다.

4. 18. 영의정 조태구·우의정 최석항이 김창집과 이이명을 나국한 뒤 법에 따라 처리해야 한다고 하자 명을 환수하다.

4. 18. 《수》 김창집·최석항에 대한 소개.

4. 20. 국청에서, 조흡이 발고한 사람들을 모두 잡아 오고 석렬과 교대한 궁인을 국청에 출부하도록 명할 것을 계청하니 따르다.

4. 21. 환관 장세상이 목호룡과의 대질 신문에서도 부인하다. 4차례 형신을 받은 후에야 이희지가 언문 가사를 지어 성궁(聖躬)을 무훼하고 또

거짓 조서를 초(草)해 지 상궁과 열이 그리고 자신으로 하여금 국상에 임해 내리게 했다고 진술하다. 또한 서덕수·김창도·이정식·정우관의 무리가 독약 계책을 모의했다고 진술하다. 이에 육시를 명하다.

4. 22. 논란 끝에 이이명·김창집의 정법을 명하다.

4. 23. 홍의인이 물고되다.

4. 23. 이이명·김창집에 대해 정법의 명을 환수하고 사사하게 하다.

4. 25. 이이명·김창집에 대한 사사의 명을 환수하고 감사하여 위리안치하라 이르다.

4. 26. 김창집·이이명 등에 대한 감사의 명을 환수하다

4. 30. 이이명이 사사되다.

5. 2. 도사가 김창집 사사를 행했다고 보고하다.

5. 3. 궁녀 이영이, 백망이 자신에게 2,000냥을 주어 궁녀 이 씨와 백 씨 그리고 지 상궁에게 전해 독약을 쓰도록 했다고 진술하다.

5. 4. 조성복을 안치하다.

5. 5. 이기지가 7차례 형신에도 자복 않고 물고되다.

5. 6. 숙종 묘 배향공신으로 남구만·윤지완·박세채·최석정을 정하다.

5. 7. 심진·정우관이, 최홍·박재원 등이 남인을 불러들인 뒤 동궁을 해치려 했다고 진술하다.

5. 7. 《수》 이홍술에 대해.

5. 8. 최홍·박재원 등이 혐의를 부정하다.

5. 8. 영의정 조태구 우의정 최석항 등이, 정우관을 무함의 죄로 다스릴 것을 청하니 따르다.

5. 12. 이정식이 김창도·장세상 등과 함께 독약과 관련해 도모했던 내용들을 자복하고 복주되다.

5. 13. 김창도가 부인하다 형신을 받고 자복하다. 독약 쓰는 일은 서덕수가 정우관과 교결하

고, 은은 조흡에게서 구했으며, 진행되는 일의 대강을 김창집·이이명이 알고 있었다고 진술하다.

5. 14. 서덕수가, 지난해 5월 장세상과 함께 소훈을 독살한 일과 그 후의 일 등을 진술하고 복주되다.

5. 14. 최석항이, 친족을 연좌시키지 말고 서덕수만 죽일 것을 청하니 따르다.
- 서덕수는 빈궁과 숙질 사이다.

5. 15. 정우관이 복주되다.

5. 17. 김일관이 복주되다.

5. 17. 이홍술이 물고되다.
- 이후로도 물고되고 복주된 이가 여럿이다.

5. 25. 이즈음 청사가 오게 되어 옥사를 대략 수습하다.

5. 27. 청이 사신을 보내 왕세제를 책봉하다.

6. 2. 지평 김홍석이, 이이명 등의 처참 명에 정상을 캐낸 뒤 처리할 것을 청한 것 등을 이유로 조태구를 공격하는 소를 올리다.

6. 8. 영의정 조태구가 차자를 올리고 도성을 나가다.

6. 9. 조태구에게 승지와 사관을 보내 전유하고 올라오게 하다.

6. 23. 회령부사 유정장이, 형 유취장이 국청의 초사에 나오자 자결하다.

6. 24. 3사가 청대한 자리가 오래 이어지자, 여선장이 침묵이 지나치다고 아뢰다.

6. 26. 3사가 청대하여 수천 마디 말로 간쟁하며 오시가 넘자, 천둥 같은 목소리로 군부를 벙어리로 아느냐며 나추·체차를 명했다가 모두 거두다.
- 이날 신하들은 얼굴색이 변할 만큼 놀라면서도 한편으로는 기뻐했다.

7. 21. 유취장이 복주되다.
- 유취장은, 이홍술이 노론이 위험하다며 군병에게 궐문을 수직하게 하고 노론에게 해로운 환시들을 죽인 다음 다시 청정을 아뢸 것이라고 했다는 등의 진

술을 했다.

8.2. 양사에서 합사하여, 이건명은 정형하고 조태채는 안율하고 김창집 등은 수노적산(收孥籍産)할 것을 청하다.

8.7. 윤선거·윤증의 관작과 시호를 회복하다.

8.13. 우의정 최석항 이하 6조·3사·6승지가 입시하여 4흉의 일을 제기하니 번거롭게 하지 말라고 하다가 마침내 허락하다.

• 조태채는 제외했다.

8.16. 이헌이 9차례 형신 끝에 공초하다. 이이명은 동궁(경종)을 폐하려는 마음을 품은 지 오래되었는데 즉위하자 독약을 가지고 와서 한 갈래는 서덕수에게, 다른 한 갈래는 이기지·이천기 무리에게 주었는데 이들이 먼저 시험하여 이소훈의 초상이 있게 되었다고 진술하다. 이어 복주되다.

8.17. 양익표가 유취장의 공초를 확인하는 진술을 하다. 양익표와 이명좌가 복주되다.

8.17. 이명좌가 공초하다.

8.18. 영의정 조태구가, 즉위년 때 수라를 들고 토한 일을 조사하면 김성절의 초사(招辭)에 나온 '성궁에 독약을 시험했다'는 진술을 확인할 수 있을 것이라고 아뢰다.

• 약방의 계사를 상고하니, 즉위년 12월 15일에 "어제 황수(黃水)를 토했는데, 거의 한 되 정도에 이르렀다."라는 기록이 있었다.

8.26. 김성절이 공초하다.

－ 장성의 역관이 독약을 사 왔고 김 씨 궁인이 성궁께 시험했다. 하지만 김씨 성을 가진 궁인은 너무 많고, 정유년(숙종 43년) 부경 역관 중 장씨 성을 가진 자는 없었다.

－ 약은 정우관－장세상－수라간 차지 김 상궁을 통해 전해졌고, 한 차례 성궁에게 시험했는데 곧바로 토해냈다.

－ 이에 이기지 등이, 약이 맹독이 아니니 다른 약을 사 와야 한다고 했다.

9.9. 우홍채가, 지난해 김성행의 권고로 장세상을 만났고 장세상은 후일 훈련도감과 어영청의 대장을 모두 우리 사람으로 삼아야 한다고 했다는 등의 진술을 하다. 복주되다.

9.14. 3사에서 조태채를 형률에 의거해 다스릴 것을 거듭 청하니 노하다.

9.14. 백시구가 물고되다.

• 이후 12월까지 오서종·홍계적·형의빈·홍순택·이덕준·김운택 등 물고된 사례가 계속 나온다.

9.21. 태묘에 역적을 토벌한 사실을 고하다.

10.3. 대사헌 김일경이 조태채의 안율을 청하다.

10.19. 국청에서, 독약을 쓴 김씨 성의 궁인을 찾아내 추핵할 것을 청하다.

10.27. 김일경 등이, 조태채의 안율과 김창집·이이명의 육시를 청하다.

10.28. 우의정 최석항이 조태채를 변호하다.

10.28. 김일경 이하가 최석항을 반박하다.

10.29. 위리안치 죄인 조태채를 진도에서 사사하다.

11.3. 강원도 이천부의 신덕윤이 주먹으로 곰을 때려죽이고 아비를 구하다.

11.26. 대사간 김동필이 소를 올려 김일경을 논핵하다.

12.14. 한 달째 이어 오던 임금의 병이 평복되다.

12.19. 청 황제(강희제)의 성복을 거행하다. 칙사가, 새 황제가 들으면 가상히 여길 것이라고 하다.

12.22. 청 황제의 상복을 벗다.

경종 3년(1723)

1.1. 나라와 백성의 현실을 거론하고 자강의 계책을 펼쳐 보이라는 비망기를 내리자, 모두 깜짝 놀라며 새로운 정치를 보리라는 희망을 갖다.

1.8. 김춘택의 정배를 명하다.

1. 10. 김춘택의 여러 아우와 자질(子姪)을 전라도 여러 섬에 나누어 정배하다.

1. 17. 조흡을 경흥부로 정배하다.

• 여러 적들을 발고하여 죽음을 용서받았다.

2. 4. 간원이 김씨 성의 궁인을 잡아 추문할 것을 청하나 따르지 않다.

2. 19. 정언 유수원이 영의정 조태구를 배척하다.

2. 22. 우의정 최석항이 조태구를 옹호하다.

3. 4. 김우항 졸기.

3. 12. 목호룡을 단록(單錄)으로 3등 공신에 녹훈하다.

3. 16. 토역 정시를 행해 문과 13인과 무과 478인을 뽑다.

4. 8. 영상에게 특교를 내려 조정으로 돌아오도록 개유하다.

4. 10. 반송사 오명준이, 적이 건너올 수 있는 압록강의 얕은 여울을 깊게 팔 것을 청하니 허락하다.

• 이에 대해 사관은, 쉽게 파 낼 수 있는 것이라면, 쉽게 메울 수도 있을 것이라며 어리석은 소견이라고 비판했다.

4. 14. 김일경이 사직소를 올리다.

4. 25. 김씨 성의 궁녀를 찾아 안핵하는 사안을 윤허하다.

4. 28. 김씨 성의 궁녀를 찾지 못하다.

4. 28. 조성복이 옥중에서 음독자살하다.

• 형 조성집이 뇌물을 써서 독약을 건넸다.

6. 1. 김일경 도승지.

6. 4. 환후.

6. 6. 영의정 조태구 졸기.

6. 6. 《수》 조태구 졸기. 흉도의 거괴로 영조 31년에 가산이 적몰되고 처자는 노비로 떨어졌다고.

6. 11. 목호룡이 소를 올려, 이중환이 자신에게 계획을 가르쳐 주었다며 공훈을 인정해 줄 것을 청하려 하자, 간원이 목호룡을 나문해 조사할

것을 청하고 이에 따르다.

6. 19. 유의(儒醫) 이공윤의 말에 따라 도인승기탕을 복용하다.

• 사관은. 승기탕은 준열(峻烈)한 약제이므로 시험 삼아 쓰는 것은 경솔했다고 비판했다.

6. 24. 왼쪽 어깨 밑 팔꿈치 바깥쪽에 단단한 멍울이 생기다.

6. 26. 정우관의 아들 정재흥이 복주되다.

• 숙부 정우굉과 함께 성명을 바꾸고 깊은 골짜기에 숨었다가 잡혔다.

7. 11. 청사가 재물을 요구하지 않고 돌아가다.

7. 20. 3남에 홍수가 일어 익사자가 수천 명에 이르다.

8. 20. 이광좌 우의정.

8. 29. 환후가 회복되어 왕세제가 백관을 거느리고 진하하다.

9. 2. 춘당대에 거둥해 닷새 동안 관무재하다.

9. 10. 비국의 청에 따라 호판 이태좌와 이판 유봉휘에게 양역 변통을 전담케 하다.

9. 20. 좌의정 최석항을 나국해 엄히 처단하라 명하다. 승지 양정호 등이 좌상의 충성스러움을 말하고 도승지 이진검도 계속 아뢰자, 최석항을 극변에 유배하고 이진검을 삭출하라 명하다. 이광좌가 힘껏 말하니 명을 거두다.

10. 9. 서양의 문신종(問辰鍾)을 관상감에 내려 새로 만들게 하다.

• 문신종은 서양 시계다. 진하사 밀창군 이직이 돌아올 때 청 황제가 조선에 보낸 것이다.

11. 12. 며칠 전에 왔던 청사가 돌아가다. 폐단을 없애고 규정 밖의 물건을 찾지 않다.

12. 17. 조태채의 세 아들을 절도에 정배하다.

12. 22. 좌의정 최석항 등이 궁인 김 씨 문제를 계속 제기하자, 조사해 보니 어선을 맡은 궁인 중에 비슷한 자가 없었다고 답하다.

12. 30. 이해의 호구는 1,576,138호, 6,846,639명이다.

경종 4년(1724)

1.11. 훈련대장 윤취상을 체직하고 어영대장 김중기를 대신 임명하다.

• 윤취상은 김일경·박필몽의 당여로 동궁을 위태롭게 한다는 의심을 받아왔다. 이에 정언 이광세가 윤취상의 조카가 역옥에 연루된 것을 이유로 탄핵하여 체직시켰다.

1.29. 수찬 권두경이, 우의정 이광좌가 역적 토벌을 늦춘다고 배척하다.

2.5. 완론과 준론의 대립에 대해.

2.24. 좌의정 최석항의 졸기.

2.24. 《수》최석항 졸기. 영조 이후 관작 추탈과 복관을 거듭하다 정조 1년에 추탈되었다고.

4.10. 우의정 이광좌 등이 연해의 어세(漁稅) 개혁 등을 청하다.

4.24. 소장을 회답 없이 가지고 있다가, 시일이 지나서야 승정원에 내리고는 하다.

윤4.1. 장희재의 아들과 며느리를 방면하다.

윤4.2. 3사가 김씨 성 궁인에 대한 논계를 거의 날마다 하다.

윤4.8. 지나치게 침묵하고 음성도 낮아서 사관이 잘못 듣고 기사를 잘못 쓰기도 하다.

5.18. 김일경 등이 역적 토벌을 자신의 공으로 내세워 오다가 역옥이 마무리되자, 김씨 성 궁인의 일로 논의를 주도하다.

5.21. 김씨 성 궁인에 대해 조사할 길이 없다고 답하다.

7.25, 7.28. 약방이 입진하다.

8.2. 병이 여러 날 낫지 않아 수라도 꺼리다.

• 동궁 시절부터 걱정과 두려움이 쌓여 형용키 어려운 병이 되고 고질이 되었다고 한다. 이공윤이 도인승기탕 등 강한 약을 너무 많이 썼으나 효험이 없었다. 왕의 외형은 왕성하나 비위 등 내장이 허하고 음식을 싫어하는 날이 오래되어 한열(寒熱)이 생겼다.

8.8. 한열이 그치지 않아 시호백호탕을 올리고, 세 제조가 처음으로 본원에서 직숙하다.

8.11. 한열로 수라를 거부하자 복약을 정지토록 청하다.

8.20. 밤에 가슴과 배가 조이듯이 아프다.

8.21. 약방이 입진해, 어제 게장을 진어하고 이어서 생감을 진어한 것은 의가에서 매우 꺼리는 일이라며 두시탕 및 곽향정기산을 진어하기를 청하다.

8.22. 복통이 있고 설사를 하다.

8.23. 설사가 지속되고 혼미하자 탕약을 정지하고 인삼과 좁쌀죽을 올리다.

8.24. 이공윤이 삼다(蔘茶)를 써서는 안 된다며 계지마황탕을 권하여 복용했는데 더욱 위급해지다. 세제가 인삼과 부자(附子)를 쓸 것을 명하자 이광좌가 삼다를 올려 두 번 복용하다.

8.25. 축각에 환취정에서 승하하다.

9.3. 시호를 덕문익무순인선효로, 묘호를 경종으로, 능호를 의릉으로 정하다.

영조실록

총서

- 휘는 금, 자는 광숙이다.
- 숙종의 아들이고, 어머니는 육상궁 숙빈 최 씨다.
- 숙종 20년 창덕궁 보경당에서 탄생하다.
- 숙종 25년 연잉군에 봉해지고, 경종 원년 왕 세제로 책봉되다.
- 왕위 52년이고 수명은 83세다.

영조 즉위년(1724)

8. 30. 인정문에서 즉위하다.

8. 30. 왕과 왕대비 이하의 상복.

8. 30. 사간원에서, 약을 잘못 쓴 어의와 이공윤 을 국문해 처벌할 것을 청하자 따르다.

9. 3. 대행대왕의 시호·묘호·능호를 올리다.

9. 11. 3사가 청대해 김씨 성 궁인에 대한 조사 를 거듭 청하다.

9. 21. 유봉휘 우의정, 이광좌 좌의정.

9. 22. 왕비의 아비 서종제를 우의정·달성부원군 으로 추증하다.

9. 22. 좨주 정제두가 상소해, 지금의 조신들은 성복한 날부터 최질을 쓰지 않고 즉시 공복으로 바꿔 입는 등 포모·포대 차림으로 조당에 나와 있으니 《오례의》의 뜻에 맞지 않는다고 아뢰다.

9. 24. 대사간 이명의가, 어선(御膳)을 관장했던 자들을 물리쳐 화근을 없애야 할 것이라고 아 뢰다.

9. 26. 이명의와 윤회가, 김창집·이이명을 사사 에 그친 것은 큰 실형(失刑)이라며 참시하여 전 형을 바로잡을 것을 청하다. 이에 대해 자신은 관대한 법을 쓴 선왕의 뜻을 계승코자 한다며 거부하다.

9. 26. 변방의 긴급한 보고는 시간에 구애받지 말도록 하라 이르다.

9. 29. 밤에 소대하여 《강목》을 강하고 참찬관 박필몽, 시덕관 성덕윤이 김씨 성 궁인의 일을 극력 진달하자 선왕의 말을 들어 답하다. 지켜 보던 사관 박문수가 성상의 하교가 정녕한데 논 란을 중지하지 않으니 답답하다고 아뢴다. 이에 승지 조원명이 박문수의 말은 옳으나 위치를 벗 어나 일을 말하는 것은 옳지 않다며 추고를 청 하자 따르다.

10. 3. 이광좌 영의정, 유봉휘 좌의정, 조태억 우 의정.

10. 8. 특명으로 민진원을 석방케 하다.

10. 9. 야대에서 승지 김동필이 양역 변통에 대 해 아뢰고 수어청·총융청 혁파 문제도 아뢰다.

10. 13. 민진원 석방 문제를 거듭 아뢴 집의 윤 회를 삭직하다.

10. 16. 판윤 심단이, 사부(士夫)이지만 집이 없 어 세를 들어 사는 이가 있는데, 그중에는 상민 의 집을 빼앗아 놓고는 허위로 세 든 문서를 작 성해 죄를 면하려는 자가 있다고 하자 처벌을 명하다.

10. 20. 영의정 이광좌가, 호속목(虎贖木)의 법이 백성을 침해하고 있다고 하자 혁파를 명하다.

10. 25. 대신과 승지 간에 예에 관한 일이 일어 나다.

- 전통적으로 승지들이 조정의 반열에 배열해 있을 때는 대신이 들어와도 일어나지 않고 간략히 예만 표 해 왔는데, 영의정 이광좌가 승정원 원리의 행동이 예 에 어긋난다며 가두는 일이 일어났다. 이에 임금이 대 신은 체통을 지키려 했고, 승지는 전통을 지키려 했다 며 모두 옳다고 했다.

11. 6. 유생 이의연이 상소해, 선왕의 신총을 가

리고 교목세가를 주륙한 무리에게 죄줄 것을 청하다. 이에 이의연의 소는 오로지 당을 비호하는 것이라며 소를 되돌려 주라 이르다.

11.6. 교리 이거원이 이의연의 소에 대해 조모조목 반박하며 죄줄 것을 청하자, 광망한 이야기이나 죄주는 것은 옳지 않다고 답하다.

11.7. 영의정 이광좌가 이의연을 죄주기를 청하며 사직하다.

11.8. 청주 유학 송재후가 상소해, 송시열의 원사(院祀)를 복향(復享)할 것과 권상하의 직첩을 되돌려 줄 것 그리고 유배된 신하들의 방면을 청하자, 소를 되돌려 주라 이르다.

11.8. 우의정 조태억의 청에 따라, 이의연을 절도에 정배하다.

11.9. 동학 훈도 이봉명이, 조태구·유봉휘 등의 죄를 말하고 김일경 등의 토죄를 청하며 숙종의 강단을 계승할 것을 상소하다. 이에 소를 되돌려 줄 것과 이후로 당론에 관계되는 소는 받지 말라 이르다.

11.9. 이의연을 절도에 정배한 일과 김일경을 삭출한 것은 붕당 타파와 강상을 중히 여기기 때문이라고 하다.

11.9. 승지들이, 김일경이 소장에 사용한 문자를 가지고 죄주는 것은 아름다운 일이 아니라며 명을 거둘 것을 청하자, 당을 구하는 습관이 해괴하다고 답하다.
• 김일경이 썼다는 문자는 접혈금정(蹀血禁庭)과 회인종무(懷刃鍾巫)다. 둘 다 동생이 형을 죽이고 왕위를 차지한다는 뜻을 갖고 있다.

11.10. 호군 김상옥 등이 상소해 김일경을 비호하는 신하들을 찬출할 것을 청하다

11.11. 김일경을 절도에 안치하고 그날 복역한 승지들을 삭출하다.

11.11. 승정원에서 승지들에 대한 삭출 명을 환수할 것을 청하니 따르다.

11.12. 최보가, 김일경을 효수하고 비호하는 무리들을 처벌할 것을 청하다.

11.12. 승지들이 청대해, 최보의 상소는 하나의 급서(急書)라며 이봉명도 징치해야 한다고 하다. 이에 최보를 절도에 정배하고 이봉명을 먼 곳에 정배하라 이르다.

11.17. 김일경의 배소에 가극(加棘)의 명을 내리다.

11.19. 광성부원군은 선후의 지친이자 선조의 원훈이라며 연좌에 들지 않은 자는 방면하고 팔아 버린 집도 지급토록 하다.

11.19. 이광좌가 이의연의 국문을 청하자 허락하며, 이의연의 예에 따라 김일경도 엄히 국문하라 명하다.

11.19. 김일경의 일을 하교했는데도 신하들이 말이 없다며 3사를 파직토록 하다.

11.29. 이의연을 비호하고 대신을 무욕하는 상소를 올린 유생 박지혁을 극변에 유배하다.

12.4. 김일경이 공초하다.
• 일관되게 자신의 정당성을 주장하자 형신케 했다.

12.5. 이의연 옥사

12.8. 김일경·목호룡을 친국하였으나, 둘 모두 끝내 혐의를 인정하지 않다.

12.8. 목호룡의 머리에 씌운 보자기를 열어 보았더니 이미 죽어 있다.

12.8. 목호룡·김일경을 당고개에서 참하다.

12.10. 정택하가, 김일경·목효룡에게 역률을 적용할 것을 청하자 목호룡에게만 적용하다.

12.16. 경종을 의릉에 장사 지내다.

12.18. 대사헌 오명준이 이광좌를 비난하는 소를 올리자 삭출하다.

12.27. 성균관 사예 백시광이 김일경을 비호한 이들을 탄핵하길 청하다.

영조 1년(1725)

1.2. 전도사 유응환이 김일경의 옥사를 재조사할 것을 청하다. 이에 유응환을 불러 조태

구·유봉휘가 두 마음을 품었다고 한 이유, 김일경의 당은 어디인지 등을 묻고 당색의 습성을 벗어나지 못했다며 유응환을 삭직하고 소는 돌려주다.

1. 2. 김일경을 목호룡의 예에 따라 거행하라 명하고, 신축년 김일경의 소에 연명한 이진유·박필몽·이명의 등을 삭출하다.

1. 3. 붕당의 폐해에 대해 말하고 귀양 간 이들을 석방해 탕평하게 거두어 쓰라 이르다.

1. 4. 허석이 상소해, 조태구·유봉휘·박상검·목호룡·김일경 등의 죄를 논하고 김일경의 신축년 소에 연명한 이들을 국문할 것을 청하다.

1. 5. 유응환의 소 때문에 좌의정 유봉휘가 현옥에서 명을 기다리고, 우의정 조태억은 허석의 소로 인해 고향으로 가자 사관을 보내 위로하다.

1. 7. 전 사정 임술이 당론 타파의 의사에 대해, 붕당을 미워하여 제거하려다 나라를 망친 임금이 있다는 주자의 말을 거론하며 비판하고, 사문의 일은 숙종의 처분이 명백하니 따를 것을 청하다.

1. 8. 유학 우덕삼·이최일·유수가 상소해, 원악 (元惡)인 유봉휘·조태구가 법망에서 빠졌다고 하자 소를 돌려주라 이르다.

1. 8. 조지별제 방만규가 김일경 옥사와 연관된 자의 엄한 징토를 청하자, 사판에서 삭제하고 소를 도로 내주라고 하다.

1. 11. 승지 윤봉조가 선왕의 유교를 영원한 정식으로 삼아야 한다며, 숙종 때의 일이 신축년과 임인년 이후에 변혁되지 않은 것이 없다고 아뢰다.

• 신축년은 경종 1년, 임인년은 경종 2년이다.

1. 11. 김일경에게 율을 가하자는 말이 대신이나 중신에게서는 나왔는데, 3사는 묵묵부답으로 관망했다며 전후의 3사를 파직하다.

1. 11. 직강 안세갑이 상소해 김일경의 잔여 세력을 탄핵하다.

1. 11. 경상 유학 740여 명이 상소해 송시열·권상하의 복권을 청하자 허락하다.

1. 12. 민진원·김재로·김조택·정호·조영복 등 25명을 서용하다.

1. 13. 소대한 자리에서 사간 이봉익과 지평 유복명이 유봉휘·조태억 등을 공격하다.

1. 14. 관학 유생 이복령 등이 방만규의 참형을 청하다.

1. 17. 방만규를 국문한 뒤 참형에 처하다.

• 김일경 일당을 공격하는 소에서, 말이 대비전에 이른 것이 문제가 되었다.

1. 18. 율문에 없는 압슬형을 영원히 없애라 명하다.

1. 21. 탕평하는 것은 공(公)이요 당에 물드는 것은 사(私)라며, 당색에 대해 경고하는 비망기를 내리다.

1. 27. 윤봉조 등이 처벌받지 않는 것에 항의하여 태학생 유취기 등이 권당하고 소를 올리다.

1. 29. 좌의정 유봉휘의 사직을 허락하다.

2. 2. 정호를 우의정에 특배하다.

2. 2. 대사간 김재로가, 탕평이 선악을 구분하지 않고 고식으로 흐를 우려가 있다며 김일경 세력을 비판하다.

2. 13. 대간들이, 훈련도정 남태징·전병사 박찬신 등을 김일경의 조아(爪牙)라며 탄핵하다.

2. 16. 금부당상 민진원 등이 백망의 공초에 든 5인을 엄히 형신할 것을 청하다.

2. 21. 양사가 합계해 백망과 연루된 환관의 국문을 청하다.

2. 25. 세자 책봉을 미루다가 밤 4경에 신하를 불러 왕자 경의군을 왕세자로 삼다.

• 이때 경의군의 나이 7세다.

2. 27. 소원 이 씨를 정빈에 추증하다.

2. 29. 민진원이 수차를 올려 신축년·임인년 일의 전모를 상술하며, 조태구·박상검·목호룡과 김일경·유봉휘 등을 종사의 죄인으로 다스릴 것을 청하다.

3. 1. 우의정 정호가, 4대신과 이만성·홍계적·김운택·조성복 등의 신원을 청하자, 4대신의 원통함에 동감한다고 말하며 국안을 상세히 열람한 뒤 품처(稟處)하라 이르다.

3. 2. 국안 열람 뒤 민진원이, 선왕이 토한 것은 이이명이 사신으로 돌아오기 전이며 동궁의 주방 나인이 이소훈을 독살했다지만 당시에는 주상이 사제에 있었던 때라고 아뢰다. 또 국안의 문제점을 지적하고 김창집이 죽으며 동궁이 보전되지 못할 것을 걱정했다고 전하다.

• 이에 임금은, 사건이 자신과 연계되어 그동안 말을 못 했다며 한참동안 눈물을 흘렸다. 이어 4대신의 관작을 회복하고 치제할 것과 시호를 내릴 것을 명했다.

3. 3. 민진원 우의정.

3. 4. 양사에서 합계해, 이광좌와 조태억의 가율 및 6적의 처벌을 청하다.

3. 7. 우의정 민진원이 상소해 시비의 분별을 청하다.

3. 20. 3사에서, 유봉휘의 국문과 이광좌·조태억의 위리안치를 청하다.

3. 25. 김일경과 목호룡의 역절에 대해 중앙과 지방에 반포하게 하다.

3. 25. 민진원이 3수(手)에 대해 자세히 아뢰며 목호룡의 초사를 조목조목 비판하다. 이에 대행왕의 은혜가 아니었다면 자신도 보전되지 못했을 것이라며 목호룡·김일경·박상검 등에 대해 말하다. 이어 심상길·김민택·이천기·지열·이영 등을 석방하라 명하다.

• 삼수는 대급수·소급수·평지수를 말한다.

3. 26. 윤지술을 신원하다.

3. 27. 이정신 외 40여 명을 귀양 보내거나 삭출하다.

3. 28. 우의정 민진원이 대신의 반열에 있는 국적의 처단을 청하다.

4. 2. 민진원·이휘진·정호 등이 의리를 분명히 밝힐 것을 청하다.

4. 4. 김수항·이건명·조태채·권상하·이이명·

김창집에게 시호를 내리다.

4. 10. 전교하여 시비를 분명히 알고 있음을 말하고 탕평을 논하다.

4. 13. 민진원 등이 시비 구분이 모호한 탕평을 비판하다.

4. 21. 숙종의 어용을 그렸던 진재해가 훈부 당상의 핍박에도 불구하고 목호룡의 화상 그리기를 거부했다 하여 조용(調用)하다.

4. 23. 정호 영의정, 민진원 좌의정, 이관명 우의정.

4. 26. 3사에서 조태구·유봉휘·최석항 등을 탄핵하다.

5. 2. 장령 이의청이 상소해, 이이명을 잡아 올 때 선전관 이창수가 수행하는 사람까지 결박해 물도 못 마시게 하고 호송 군졸들은 활과 칼날을 겨누기도 했으며 형 집행 후 부관은 즉시 검시에 오지 않아 반나절이 넘게 시신이 강 언덕에 방치되었다고 아뢰다. 이에 이창수를 사판 삭제하고 부관은 먼 곳에 유배하다.

5. 9. 이이명의 손자 대신 죽은 가동에게 포상하다.

5. 11. 3사가 조태구의 처자를 노예로 삼고 가산을 적몰하라고 아뢰자, 조태구의 관작추탈을 명하다.

5. 13. 유봉휘는 삭출, 이광좌와 조태억은 파직, 최석항은 관작추탈하다.

5. 13. 임주국이 상소하여 진언하다.

• 사관은, 목호룡의 변서는 오직 동궁을 모해하기 위한 것이었고, 최석항이 동궁에 관계된다는 이유로 옥에 넣지 말 것을 청한 것은 그대로 조보에 기록되어 전파됨으로써 마치 무함할 만한 단서가 있는 듯이 받아들여졌다고 설명했다. 이때 무함을 우선하지 않고 4대신 신원을 우선한 것에 대해 비판했다.

5. 28. 유생 김수명 등이 상소해, 유봉휘·이광좌·조태억·이사상·이명언·권익관과 김일경의 소하(疏下)인 6적의 처참을 청하다. 이에, 토역하기를 청하는 의리에 대해서는 칭찬하면서도 윤

허하지 않는 데에는 뜻이 있다고 답하다.

6. 1. 화당·낙당·파론 등의 갈래에 대한 설명.

6. 3. 정호가 사직하며 역적의 토죄를 청하다.

• 이후 토역을 청하는 상소가 계속 이어졌다.

6. 17. 좌의정 민진원 등이 재신을 이끌고 빈청에 나아가 역적 토죄를 세 번 아뢰다.

6. 19. 민진원 등이 2품 이상을 인솔하고 청대하니 인견하다.

• 이 자리에서, '이광좌는 소인이기는 하나 간흉이라 하는 것은 불가하다. 조태억의 말이 괴이하기는 하나 망령된 말이라 하여 죄를 줄 수는 없다. 최석항은 이미 추탈을 시행했으니 또 다른 형벌을 적용할 필요는 없다.'는 등의 말을 했다.

6. 25. 지사 심수현이 소를 올려 이광좌 등을 변호하다.

6. 25. 사헌부에서 심수현의 절도안치를 청하다.

6. 27. 좌의정 민진원·우의정 이관명 등이 백관을 거느리고 유봉휘의 토죄를 청하자, 결단코 역적이 아니라 생각한다고 답하다.

7. 1. 좌의정 민진원과 우의정 이관명이 백관을 거느리고 정청(庭請)하며 5적 토죄를 세 번 청했으나, 따르지 않다.

7. 4. 이관명이 백관을 거느리고 정청하자, 유봉휘를 귀양 보내고 이광좌·조태억을 삭출하다.

7. 4. 대간에서 유봉휘·이사상의 사형을 간하자, 유봉휘는 변방에 안치하고 이사상은 교형에 처하라 명하다.

7. 6. 민진원·이관명이 다시 백관을 거느리고 정청하자, 신하들에게 믿음을 주지 못했다며 임금의 자리에 앉아 백관을 다스리는 것이 부끄럽다고 답하다.

7. 9. 민진원이 유봉휘의 복주를 청하다.

7. 17. 영의정 정호가 소를 올려 역적의 토죄를 독촉하다.

7. 20. 민진원을 인견해 사직을 말리자, 민진원이 토적의 의리를 또 아뢰다.

7. 27. 참찬관 유복명의 건의에 따라, 수령을 지내고 물정에 익숙한 자를 암행어사로 뽑도록 하다.

8. 16. 김창집·이이명·조태채·이건명 등의 서원 건립을 허락하다.

8. 25. 경소전에서 친히 연제(練祭)를 행하다.

8. 27. 의릉을 전알하고, 경기감사·광주부윤·양주목사 등을 불러 고을의 폐단과 백성의 고통을 묻다.

9. 5. 민진원 등이 거듭 토적을 청하자, 아직도 자신의 마음을 알지 못하고 있다고 답하다.

9. 25. 세자가 칙사를 맞이하는 규례에 대해 의논하다.

10. 15. 동부승지 조문명이 상소해 붕당 타파의 의견을 아뢰다.

10. 17. 민진원이 조문명의 상소와 관련해 아뢰면서, 소인들이 붕당 타파를 가지고 이간한다면 지난날의 화가 재발할 수도 있다며 경계할 것을 청하다. 이에 탕평은 좋은 것이라면서도 조문명의 상소에 대해서는 오활하다고 여긴다고 답하다. 또한 이광좌가 나라를 배반할 사람은 아니라고 하다.

11. 14. 민진원을 실록총재관으로 삼다.

11. 19. 경창의 쌀 4,000석을 운반해 제주도를 진휼하라 명하다.

11. 23. 김일경의 아들을 주륙할 것을 3사에서 청하자 따르다.

12. 3. 민진원 등이 5적 주살을 간하다.

12. 17. 좌의정 민진원이, 토역하지 않음을 개탄하며 사직을 청하는 차자를 올리다.

12. 18. 우의정 이관명이, 토역하지 않음을 개탄하며 사직을 청하는 차자를 올리다.

12. 23. 숙빈의 사당이 이루어지다.

영조 2년(1726)

1. 1. 좌의정 민진원이, 탕평 1년이 성과가 없었

다며 이유를 진단하고 시비를 분변할 것과 토역을 주장하다.

1.4. 민진원이 정고를 19차례나 하자 여러 번 승지를 보내 수서(手書)를 전해 타일렀으나 받지 않자 체임하다.

1.6. 형판 홍치중을 우의정으로 삼다.

1.6. 장령 성진령이 대신의 면직을 허락한 일에 대해 비판하는 소를 올리다.

1.6. 성진령을 폄천하여 산음 현감에 임명하다. 이에 승지들이 반대하자 성진령을 편든다며 질책하다. 옥당이 청대해 성진령의 소에 다른 뜻이 없고 대관(臺官)이 말로 죄를 얻는 것은 아름다운 일이 아니라 하자, 성진령의 소 중에서 새로 뽑힌 정승이 어질다면 역시 토역의 의리를 저버리지 않을 것이라는 구절을 들며 거친 소리로 질책하다.

1.9. 성진령에 대한 명을 거두다.

1.13. 익선관·흑단령포·옥대·흑화를 갖추고 태묘에 나아가다.

2.15. 임징하가 장문의 소를 올려 근본을 세울 것, 궁금을 엄숙히 할 것, 천토(天討)를 행해 국시를 바로 잡을 것 등을 청하다.

2.18. 전 주부 권부가, 임징하의 소는 선왕을 욕하는 것이라고 탄핵하다.

2.18. 승정원이, 권부가 임징하를 모함했다고 공격하자 권부를 극변에 원찬하다.

2.22. 억울하게 죽은 심진 등의 관작을 회복하고 정인중·김용택·이천기 등에게 휼전을 거행하다.

2.22. 이선행·전수찬·강박·오광운 등이 소를 올려 임징하를 탄핵하다.

2.22. 유학 이순흠이 소를 올려 임징하의 머리를 베어 후세의 귀감으로 삼을 것을 청하다.

2.22. 용강현령 조현명도 소를 올려 임징하의 소를 비판하다.

2.22. 임징하의 말이 망령되기는 하다면서도, 이를 빌미로 역시 망령된 말을 한다고 질타하다.

2.22. 이선행을 극변에 원찬하고, 이순흠은 원지에 정배, 임징하는 원찬하다.

3.20. 영의정 정호가 소를 올려 임징하를 옹호하다.

3.24. 우의정 홍치중이 조태구 등에 대해 3사의 논계를 받아들일 것을 청하자, 옳고 그름을 몰라서가 아니라 너그러움으로 사나움을 건지려는 뜻에서 나온 것이라 답하다.

3.27. 장령 박필정이 송시열·송준길의 효종 묘정 추배와 숙종 묘정에 배향한 남구만·최석정·윤지완의 출향을 청하다.

4.25. 팔도 유생 조선 등이 연이어 소를 올려 토역을 청하자, 이를 가지고 올린 소장은 일체 받아들이지 말라 이르다.

5.3. 팔도 유생 이수 등이 소를 올려 역적 토벌을 청하자 질책하다.

5.3. 좌의정 이관명이 토역의 의리가 펴지지 못한 것을 들어 사면을 청하니, 허락하고 판중추부사로 삼다.

5.8. 우변 포도대장 장붕익이 청대해, 함우신이란 자가 언문 서간 2장을 갖고 있는데 그 내용에 대전과 중궁전에 약을 쓰려 한다는 등 내용이 흉패하다며 국청 설치를 청하자 국문할 필요가 없다며 거리에서 바로 효시하라 이르다.

5.13. 홍치중 좌의정, 조도빈 우의정.

6.18. 판부사 이관명이 임징하의 일을 아뢰다.

7.19. 사헌부에서 좨주 정제두가 정주보다 육왕을 앞세운다며 탄핵하였으나 받아들이지 않다.
• 정주는 정자와 주자, 육왕은 육상산과 왕양명을 일컫는다.

8.27. 지평 이세진이 상소해, 토역을 계속하는 이들은 당론을 타파하지 못했기 때문이라고 비판하고 임징하의 주벌을 주장하며 '파붕당'의 뜻을 덧붙이자, 망령되다며 체직하다.

8.27. 이세진을 삼수부에 귀양 보내다.

9.6. 대신들이 토역의 의리를 진달하는 연명소

를 올리자, 이기기를 좋아하는 풍습을 씻어 버리고 공정하게 하기를 권하다.

9. 25. 3사에서 합계한 일을 거듭 아뢰니 시급히 정지하라 답하다.

10. 13. 부묘한 다음 작헌례를 행하다. 이어 붕당·사치·음주에 대해 경계하는 말을 하다. 이에 홍치중이, 성상이 성심으로 붕당을 제거하려 한다면 어찌 받들지 않을 수 있겠느냐고 답하다.

10. 27. 대왕대비에게 존호를 올리다.

10. 28. 왕대비전에 존호를 올리다.

11. 11. 정호가 대신들을 논핵하는 상소를 올리자 질책하다.

11. 17. 홍치중이 정호의 상소를 들어 피혐하다.

12. 16. 정호가 다시 소를 올려, 토역이 안 되었는데도 몸을 사려 나서지 않는 세태를 논하다. 이에 개탄스럽게 여긴다고 답하다.

12. 16. 야대에서 시독관이, 영상에 대한 전후 비답 중 미안스러운 부분을 거두기를 청하였으나 받아들이지 않다.

12. 18. 홍치중을 인견해 정호의 과격함을 말하고, 손을 잡고서 거듭 타이르자 명을 받들겠다고 하다.

12. 20. 이중환을 사형을 감해 절도에 정배하다.

12. 30. 이해 호구는 1,581,851호, 6,806,803명이다.

영조 3년(1727)

1. 4. 교자를 타지 않고 걸어가 기곡제를 행하다.

2. 16. 영의정 정호가 상소해 면직을 청했으나 윤허하지 않다.

2. 19. 예조참의 김조택이 두 대신을 탄핵하는 소를 올리자 삭출을 명하다.

2. 19. 승정원에서 김조택 삭출 명을 정지할 것을 청하니, 복역(覆逆)한 승지를 종중추고하게

하다.

2. 19. 좌의정 홍치중과 우의정 조도빈이 김조택의 상소로 떠나 버리다.

2. 26. 판중추 이관명이 사직하고 고향으로 돌아가며, 토복(討腹)하지 못한 것을 자책하는 소를 올리다.

3. 13. 세자의 혼인을 위해 각 도에 금혼령을 내리다.

• 혼인을 허락하는 허혼 6조도 같이 내렸는데, 국성(國姓), 부모가 모두 생존해 있지 않은 사람 등이었다.

3. 14. 의금부에 명해 탐오의 법을 엄히 하라 하다.

3. 17. 검토관이 사치의 폐단에 대해 아뢰자, 이를 받아 사치에 대한 생각을 밝히다.

3. 19. 왕세자 입학례와 절차.

3. 20. 늑장(勒葬)·유장(誘葬)·투장(偸葬) 등을 엄금하다.

윤3. 1. 홍치중이 극력 사직하므로 따르다.

윤3. 1. 민진원이 휴가를 청해 휴양하러 가다.

• 민진원의 토역 행보에 대해 여러 불평들이 있었다.

윤3. 15. 홍주 유학 이일장이 화폐의 5가지 폐단을 아뢰다.

• 이일장이 말한 5가지 폐단은 농민 실업·도둑 극성·수령 탐오·인심 혼탁·풍속 퇴폐다.

윤3. 18. 우의정 조도빈이 인혐해 반년 동안 출사 않고 거듭 사직하자 면직하다.

4. 1. 홍치중을 다시 좌의정으로 삼다.

4. 14. 영의정 정호가 면직되다.

4. 20. 경원부에 위리안치된 유봉휘 졸.

4. 24. 3사에서, 죽은 유봉휘의 처자를 노비로 만들고 가산을 적몰할 것을 청하다.

5. 2. 이의현 우의정.

5. 5. 홍치중이 돈을 더 주조할 것을 청했으나, 돈이 귀한 때의 폐단보다 더 주조했을 때의 폐단이 더 크다고 답하다.

5. 12. 3사에서 이진유·박필몽 등 5적의 처형을 청하다.

6.10. 여러 신하들이 5적의 죄를 청하자, 서안을 치며 질책하다.

6.29. 3사가 거듭 청하자, 김일경 소하의 사람 중 1인을 한 등급 낮은 형벌을 적용토록 하라 명하다. 이에 신하들이 논란하고 홍치중·이의현도 반대하다.

7.1. 3사가 소하 4적을 나라의 형벌로 바로잡기를 청하니, 어째서 5적이 아니고 4적이라 하느냐며 대사헌 이교악 이하 15인을 삭출하다. 이를 만류한 승지 경성회를 파직하고 우세준은 사판에서 삭제하라 명하다.

7.1. 3사의 청대가 매우 간사한데 태연히 입계했다며, 도승지 유복명과 우부승지 임주국을 파면하다.

7.1. 어제 입시한 신하들을 모두 갈라고 하면서도, 홍치중은 파직하지 말라고 덧붙이다.

7.1. 근일 3사의 여러 신하를 모두 파직하라 명하다.

7.1. 무인이면서 당습을 달갑게 여긴다며 훈련대장 장붕익을 파직하다.

7.1. 영부사 정호를 파직하다.

7.1. 조태억을 방면해 서용하라 명하다.

7.1. 경기감사 유숭의 상소가 붕당을 옹호한다며 파출삭직하다.

7.1. 조태억 좌의정, 홍치중 우의정.

7.3. 소하 다섯 사람 외에는 전후에 귀양 간 사람을 모두 방면하라 이르다. 승지 송인명의 건의로 임징하도 제외하다.

7.3. 사복시정 이응이, 실록을 찬수하던 신하들이 배척받아 파면되니 숙종의 《실록》이 장차 다른 이에게 맡겨질 것이기에 통곡한다고 하자, 붕당을 감싼다며 파직하다.

7.3. 특지로 유봉휘의 관직을 추복하다.

7.3. 조태구·최석항의 직첩을 돌려주다.

7.3. 장령 이정응이, 이진유는 김일경과 틀어졌다며 차율로 결단하라는 일전의 명을 거둘 것을 청하니 따르다. 이에 대해 승지 송인명이, 역

적을 성까지 갖춰 불렀다고 비판하자 승지의 말이 옳다고 하다.

7.4. 정호의 관작을 삭탈하고 문외출송하다.

7.4. 《가례원류》가 나온 이후 극심해진 붕당의 폐해를 말하고, 나라의 계책을 세우는 것은 곧 나라의 공(公)을 위한 것이지 한 사람의 사(私)를 위한 것이 아니라는 입장을 밝히다.

7.5. 전후에 청대하고 정청한 영부사 민진원·판부사 이관명·우의정 이의현 등 101명을 파면하다.

7.5. 안치되었던 이현장 등 62인을 석방하다.

7.6. 홍치중이 상소하여 다른 신하들과 함께 죄받기를 청하나 듣지 않다.

7.7. 호조참의 이병태가 탕평을 배척하는 소를 올리자 관직삭탈하다.

7.7. 세상 사람 반에게 악명을 붙이려 드는 버릇을 통렬히 금하라 명하다.

• '세상 사람 반에게 악명을 붙인다'는 말은 억지로 반역죄에 연좌시키고 있다는 뜻이다.

7.10. 이광좌를 실록총재관으로 삼다.

7.11. 삭출한 정호를 원로대신이라 부른 병조참지 조명봉을 파직하다.

7.12. 조태구 등 5적에 대한 태도가 바뀐 것에 대해 검열 윤득화가 상소하자 파면하다.

7.13. 이판 오명항의 소에 따라 조태구·유봉휘에게 사제(賜祭)하라 명하다.

7.15. 승지를 보내 이광좌·조태억에게 별유(別諭)하고 함께 올라오라 이르다.

7.18. 조현명이 소를 올려 12조목의 일을 아뢰었는데, 이 중 붕당 조항을 논하며 공평한 마음으로 정사를 행해야 할 것인데, 한편을 등용하고 한편을 물리치는 상투적인 방법을 쓰고 있다고 비판하다.

7.25. 예조참판 김유경이 소를 올려, 충역과 시비를 분변하지 않고 탕평만을 주장하면 장차 윤상이 없어지고 의리가 어두워질 것이라 하자, 말이 도리에 어그러진다며 본직을 갈라 이르다.

8.1. 홍치중이 나아갈 수 없는 이유 3가지를 들며 사직을 청하자, 각별한 비답을 내리며 올라오라 이르다.

8.5. 영돈녕 어유귀가 민진원과 뜻을 같이했다며 사직을 청하나 듣지 않다.

8.5. 대사간 송인명이 상소하여 사직하니, 자신의 뜻을 받아 과격한 것을 진정하라 비답하다.

8.5. 예판 이집을 영의정 이광좌에게 보내 함께 올라오라 이르다.

8.9. 세자빈 초간택(初揀擇)을 행하다.

8.20. 장령 홍상용이, 삼수의 적은 전례가 없던 흉역인데 목호룡이 처형된 후 죄를 씻어 주고 관작을 추증했다며 비판하다. 이어 국안(鞫案)에 따라 율을 시행할 것을 청하자, 대신이 조정에 나온 후 처분하겠다고 답하다.

8.21. 이광좌가 어유귀의 상소 내용을 들어 자신의 죄를 감정해 달라고 상소하다.

8.23. 이광좌가 정승은 결코 맡을 수 없다고 하여 영중추로 바꾸다.

8.24. 영부사 이광좌를 불러 보다.

8.24. 이광좌가, 국가의 기강을 세우고 충신과 역적을 구분할 것을 청하다. 이어 역적이 아닌데도 역적이라 했다면 옥사를 지휘한 자가 죄받는 것이 당연하다며 이 일이 처분되기 전에는 입궐할 수 없다고 아뢰다.

8.25. 조태억이 궐하에 이르러 정승직을 갈아 주기를 청하니 판부사로 삼다.

8.28. 조문명의 딸을 세자빈으로 삼다.

9.1. 송인명을 실록청 당상으로 삼다.

• 《숙종실록》이 거의 다 끝나 가는데 환국이 되어 개수를 위한 것이다.

9.6. 조태억을 다시 좌의정으로 삼다.

9.14. 부응교 조지빈이 상소해, 경서에 밝은 영남 사람을 등용할 것을 청하다.

9.17. 함경감사 조상경이 민진원·정호를 옹호하는 소를 올리자 파직하다.

9.18. 《숙종실록》 개수와 관련해 의논하고, 이미 완성된 책은 결코 개수할 수 없으니 편말에 부록으로 붙이게 하라 이르다.

9.18. 이광좌·송인명 등이 이희지·홍계적 등의 죄상을 아뢰다.

9.25. 윤득징·김약로 등이, 실록을 보궐하려는 무리들의 사심을 비판하자 정배하다.

9.25. 이태좌가 호남의 흉년에 대해 진달하다. 조태억이 박문수를 어사로 추천하니 허락하다.

9.27. 인정전에 나아가 왕세자 책빈례를 행하다.

10.1. 왕세자 가례에 백관의 하례를 받다.

10.6. 국안을 가져다 보고 국안에 오른 한 사람 한 사람을 지목해 논한 다음 처분하다.

10.6. 김창집·이이명·이건명의 관작을 추탈하고, 시호를 환수하고, 서원을 철훼(撤毁)토록 하다.

10.6. 이진유·박필몽·소하(疏下) 6인을 감등해 육지로 나오게 하다.

• 연명(聯名)으로 올리는 소장에서 맨 먼저 이름을 적은 주동이 되는 사람을 소두(疏頭)라 하는데, 이 소두 밑에 이름을 적은 사람을 소하라고 한다.

10.7. 이광좌 영의정, 심수현 우의정.

10.8. 이같이 처분한 뒤에도 당습을 일삼는 자는 역적을 두호하는 형률로 다스리겠다고 하다.

10.13. 대사헌 송인명의 청에 따라, 박세채의 문집을 간행하라 명하다.

10.24. 양사의 합계에 따라, 민진원의 관작을 뺏고 정호를 근처에 부처하다.

10.26. 부사직 김유경이 소를 올려, 김일경 일당이 조정에 가득하고 김일경의 뜻이 행해지고 있다고 하자, 김유경을 대정현에 안치하다.

11.4. 충청병사 이봉상이, 영의정 이광좌와 좌의정 조태억에게 찾아가 작별 인사를 하지 않고 곧장 조정에서 하직하자, 이광좌가 차자를 올려 나문하기를 청하니 따르다.

11.5. 상참을 행하고 나서, 양역 폐단의 구제 방

도·전화(錢貨) 혁파 여부·군문 혁파 문제 등을 논의하다.

11. 10. 탕평을 이루도록 서로 힘쓰라고 하교하다.

11. 11 대신·비변사 당상과 양역·전화(錢貨)의 폐단 등에 대해 논의하다. 병조참판 조문명이 전화의 폐단 개혁을 위해서 더 주조할 것을 주장하고 이광좌가 이자의 한도를 정할 것을 청하다.

11. 17. 왕세자빈이 홍역을 앓으니 각사의 형장·태장을 금하다.

12. 3. 영의정 이광좌와 우의정 심수현이 좌의정 조태억을 위해 성안 민간의 집을 빌리기를 청하다. 이에 금령은 대신부터 지켜야 법이 선다며 허락하지 않다.

• 시임대신은 성 밖으로 나갈 수 없었다. 그런데 이광좌와 심수현이 이런 청을 올린 것은 조태억이 병이 있어 조섭하게끔 하기 위함이었다.

12. 10. 별시무과 초시액수(初試額數)를 800명으로 정하고 지역별로 배정하다.

• 서울 220명, 영남·호남 각 80명 등이었다.

12. 11. 서원에 대한 첩설 금령이 내려진 후에 첩설한 서원들을 훼철하라고 명하다.

영조 4년(1728)

1. 17. 지경연사 김동필이 서소문 괘서와 전주·남원의 괘서에 대해 아뢰니, 상금을 걸어 공공연히 잡을 경우 폐단이 따르고 나라의 체통에 해가 된다며 좌우포청으로 하여 비밀리 살피도록 하다.

1. 20. 이광좌가 민진원의 절도안치를 거듭 청하자, 눈물을 흘리며 설득하다.

1. 23. 정호를 영천군, 민진원을 순안현으로 원찬하다.

1. 26. 잡비를 일체 혁파하다.

2. 17. 이광좌가 다시 괘서 사건의 범인을 체포

해야 한다고 아뢰자 따르다.

2. 18. 시독관 조현명이, 탕평책으로 인심이 나아졌다며 시국의 진정을 위해 파직·폐출했던 이들을 다시 불러 외읍의 수령부터 시험하고 점차 조정으로 불러들일 것을 청하다.

2. 25. 이광좌가 절수를 하지 않으면 국가에 유익할 뿐만 아니라 그 궁가에도 복이 있을 것이라 말하다. 가상히 여겨 받아들이다.

2. 27. 송인명의 요청에 따라, 수정 실록을 보궐정오라 이름하다.

2. 27. 국가의 경비가 탕갈되어 매사에 절약해야 한다며, 옹주궁에 내리는 은자와 곡물, 사여물 등을 줄이려 한다고 하다.

3. 5. 호조참의 송인명, 교리 조현명은 노론에 대해 한 등급을 감해 현실을 구제해야 한다고 주장한 반면, 이광좌는 그중 한두 사람에게는 기강을 엄히 세울 것을 주장하다. 이에 이광좌를 설득하다.

3. 10. 부교리 박문수가 영남의 절수를 파할 것을 청하다.

3. 11. 영변현감이 재상에게 전화(錢貨)를 보내자 재상이 놀라 물리치다. 영변현감을 파직하다.

3. 14. 봉조하 최규서가 역모와 관련된 급변을 고하다.

3. 14. 박필용과 심유현의 역모로 인심이 놀라고 두려워하다.

3. 15. 용인 유생 정관빈이 수원부사 송진명에게 급변을 고하다.

3. 15. 이인좌가 청주성을 점령하다. 절도사 이봉상과 토포사 남연년이 죽다.

3. 16. 송인명이, 적신 민암·윤휴·이의징·민종도의 자손을 잡아 가둘 것을 청하니 따르다.

3. 16. 김중만의 진술을 듣고 적정을 파악하다.

3. 16. 목시룡과 김일경의 아들 김영해를 죽이라 명하다.

3. 17. 순토사 김중기가 머뭇거리자 추고를 명하다.

3.17. 안익태의 진술.

3.17. 오명항을 4도 도순무사로 삼다.

3.17. 영의정 이광좌에게 영병조사를 겸하게 하다.

3.18. 청주성 함락 소식에 대궐 안팎이 놀라다.

3.19. 민관효가 불복하자 신광원과 대질시켰는데 그래도 불복하다. 남태징·신광원·민관효·이세징을 참하다.

3.20. 역모에 이름이 오르내린 밀풍군 탄의 나문을 울며 명하다.

3.20. 도순무 오명항이 진위로 행군하여 들판에 진을 치다. 밤중에 자객들이 침투했는데 잡다.

3.23. 오명항이 안성에서 적군과 싸워 크게 이기다.

3.24. 도순무사 오명항이 적을 격파하고 이인좌 등을 함거에 실어 서울로 보내다.

3.25. 태산현감 박필현이 거병했다가 전주 삼천에 이르러 궤멸되고 도주하다. 전라감사 정사효가 함께 모의했으나 문을 열어 주지 않다.

3.25. 정사효를 나문하게 하고 이광덕으로 대신하게 하다.

3.25. 이사성이 붙잡혀 오자 친국하다. 이사성이, 먼저 적당에 들어가 탐지한 뒤 고변하려 했다고 답하다.

3.25. 이유익의 진술.

3.25. 8도에 박필현을 현상수배하다.

3.25. 이번 역모의 원인은 당색에 있다고 말하다.

3.26. 백관을 군기시 앞에 세우고 이사성·이유익을 죽이다.

3.26. 오명항에게 공을 치하하는 글을 내리다.

3.26. 이인좌가 역모의 전말을 순순히 진술하다.

3.26. 박필몽이, 박필현이 패했다는 말을 듣고 도주하다. 김일경의 소하 중에서 적이 2명 나왔다며 나머지 4명도 국문하라 명하다.

3.26. 경상도 상주 촌가에 숨어 있던 박필현이

붙잡히다. 영장 한속이 박필현과 그의 아들을 목 베어 서울로 보내다.

3.27. 백관의 도열 아래 군기시 앞에서 이인좌를 참하다.

3.27. 반란군이 거창을 함락하다.

3.27. 이배·이인엽이 복주되다.

3.27. 청주성을 수복하다. 신천영과 이기좌 등을 참하여 수급을 올려 보내다.

• 이기좌는 이인좌의 동생이다.

3.28. 목함경·권서봉·이일좌가 복주되다.

3.29. 정사효가 박필몽을 잡았다고 장계하다.

4.1. 적이 군사를 둘로 나누어 이웅보는 지례로, 정희량은 무주로 나아가려 했으나, 관군이 고갯길을 먼저 점거해 실패하다.

• 이웅보는 이인좌의 동생 이웅좌의 변명(變名)이다.

4.2. 서산부사 박필건 등이 거창의 도적을 격파하고 정희량·이웅보를 목 베다.

4.4. 심유현이 물고되다.

4.4. 양명하가 칼로 목을 찔러 자결하다.

4.5. 박필몽을 낙형까지 가하며 친국했으나 승복 않다. 이에 압슬형을 청하자 폐지한 법을 다시 행할 수 없다며 불허하다.

4.6. 박필몽을 군기시 앞길에서 베어 능지하고 6일간 효시하다. 이후 수급을 소금에 담아 도순무영으로 보내 진중에 효시하고 지체(肢體)는 8도에 조리돌리다.

4.7. 나숭대를 참하다.

4.8. 박문수가 거창·안음·함양 일대를 단기로 돌아다니며 민심을 진정시키다.

4.9. 이인좌 아내 자정이 공초하다.

• 윤휴의 손녀.

4.9. 박필현의 아우 박필충·박필호를 효시하다. 이인좌의 처는 교형에 처하고 아들은 나이가 어려 사형을 감해 절도에 정배하다.

• 이후로도 6월까지 국문과 처형이 계속 이어졌다.

4.10. 충청병사가 이만구를 효시하였음을 장계하다.

4. 14. 이인좌·이웅보·박필현·이사성·정희량· 박필몽·남태징·민관효·이유익·심유현 등 10인을 역괴로 정하다.

4. 14. 영남어사 박문수를 영남감사로 삼다.

4. 15. 난역이 평정되어 군사를 귀농시키다.

4. 15. 고변자인 김중만과 정관빈을 놓아 주다.

4. 19. 오명항이 돌아오니 숭례문 문루에 올라 영접하다. 이웅보·정희량·나숭곤의 수급을 장대에 매달아 헌괵례를 행하다. 오명항을 불러 손을 잡고 칭찬하다.

• 헌괵례는 적의 귀나 머리를 임금에게 바치는 예식이다.

4. 20. 오명항을 원훈으로 삼다.

4. 22. 10월에 토역 정시를 설행(設行)하라 명하다.

4. 26. 오명항을 1등으로, 박찬신·박문수·조문명 등을 2등으로, 조현명 등을 3등으로 하는 공신 책봉을 내리다.

5. 7. 피차 역(逆) 자를 서로 씌워 감히 반역할 꾀를 일으키는 것은 당론의 탓이라고 하자, 이유민·홍석보 등이 시비를 가리지 않고 탕평하는 것은 옳지 않다고 아뢰다.

6. 10. 홍치중 좌의정, 오명항 우의정.

6. 11. 홍치중에게 글을 내려 다시 정승으로 뽑은 것은 탕평을 위해서라고 하다.

6. 17. 홍치중이 상소해 사직하면서 4대신의 억울함 등을 아뢰다.

• 4대신은 세제의 책봉을 주장했던 노론의 김창집·이이명·이건명·조태채를 말한다.

7. 2. 이조참판 김재로가 4대신의 충성을 논하고, 자신이 토죄하기를 청한 이들이 등용되었다며 사직을 청하자 파출하다.

7. 3. 함경감사 유척기가 글을 올려, 자신과 죄가 같은 이가 아직도 죄적에 있다며 자신도 해면해 줄 것을 청하자, 붕당을 보호하려 한다며 삭출하다.

7. 13. 오명항의 건의를 받아들여, 이웃과 일가

에게 침징(侵徵)하는 폐단이 있으면 어사를 보내 조사할 것이고 발각되면 중률로 다스리겠다고 하다.

8. 9. 우의정 오명항이, 작년에 이진유의 일을 잘못 아뢴 죄를 거론하며 사의를 밝히다.

8. 15. 지평 조상명이, 이진유 등의 처형은 신중히 할 것을 청하다.

9. 10. 우의정 오명항이 졸하다.

9. 24. 좌의정 홍치중을 불러 보다. 홍치중이 4대신을 옹호하는 등 발언을 이어 나가자 앞으로 불러 손을 잡고 탕평의 뜻을 간곡히 밝히다.

10. 4. 조태억 졸기.

11. 11. 약방의 여러 신하를 인견해 동궁의 증후를 논의하다.

11. 16. 왕세자가 창경궁에서 훙서하다.

11. 18. 5일간 조시(朝市)를 정지하다.

11. 18. 예조가 복제를 아뢰다.

12. 11. 이태좌 우의정.

영조 5년(1729)

1. 5. 전화의 폐단에 대해 혁파와 주전을 더하는 것 중 어느 쪽이 나은지를 묻다.

1. 13. 효장세자의 시호를 내리다.

1. 26. 효장세자를 장사 지내다.

2. 28. 부수찬 이양신이 소를 올려 이광좌를 강력히 탄핵하자, 불러 문답한 뒤 먼 변방으로 귀양 보내되 당일로 압송하라 명하다.

2. 28. 이광좌에게 별유를 내리고 사관을 보내 함께 오도록 하다.

2. 28. 황소가 상소해 종반(宗班) 가운데 빨리 저사(儲嗣)를 정할 것을 청하자 국문을 명하다. 국문 중에 황소와 황찬이 물고되고 황옥현과 황위는 유배되다.

2. 29. 3사에서 합사해 밀풍군 이탄의 국문과 처단을 청하다.

3. 6. 동지사 송인명이, 건저·대리는 광명정대

한 일이었다며 이건명·조태채는 역적으로 돌리는 게 억울하다고 아뢰다.

3.15. 이광좌가 소를 올려, 김일경의 일에 능히 직분을 다하지 못한 죄, 흉적을 육지로 나오게 한 죄, 남태징·이사성을 바로보지 못한 죄를 자인하니 우악(優渥)한 비답을 내리다.

3.28. 죄인 이탄을 자진케 하다.

4.12. 무신 이행검이, 지난 역변 때 봉화가 모두 평시와 같았다며 각 도에 신칙해 법문을 강화하고 교습시키게 할 것을 청하니 허락하다.

4.25. 무신년의 역적들에 대해 법 밖의 율은 쓰지 못하도록 하다. 또한 서원의 폐단을 말하고 새로 건립한 서원의 편액을 철거하라 명하다.

4.30. 정호의 석방을 명하다.

5.13. 전 우의정 심수현의 서용을 명하다.

5.18. 이광좌가 잇달아 소장을 올려 사직하니 허락하다.

5.20. 역적들로부터 적몰한 전답 278결 중 원훈에게는 25결, 2등에게는 20결, 3등에게는 15결씩을 내리다.

6.6. 홍치중 영의정, 이태좌 좌의정, 이집 우의정.

7.16. 좌의정 이태좌와 우의정 이집이, 국청 죄인에게 낙형을 가하란 명에 대해 법외의 형벌이라며 이의를 제기하다.

7.16. 참찬관 서종옥이 대신들의 논집이 옳다며 낙형(烙刑)정지를 청하자, 마땅히 하교하겠다고 답하다.

윤7.1. 왕대비전에서 복을 벗다.

윤7.24. 부수찬 정형상이 소를 올려, 물리친 신하의 말은 충성스럽고 정직해도 당류를 비호하는 것으로 듣고, 요로에 있는 이의 말은 괴패해도 아름답게 받아들인다며 이처럼 치우친 마음으로 탕평을 이루려 함은 연목구어와 다를 바 없다고 비판하다. 이에 정배를 명하다.

8.1. 허옥이 상소해, 지금의 탕평은 이름만 탕평이라며 심성희·정홍상의 상소에 대한 처리가 지나치다고 아뢰다.

8.8. 지평 정익하가 상소하여 조정에 김일경의 잔당이 남아있다고 하자, 소를 도로 내주다.

8.9. 붕당의 폐습을 개탄하며, 개유하기 전에는 신료를 대할 뜻이 없다고 하다.

8.18. 희정당에서 대신들을 인견해, 탕평·4대신의 처리 등에 대해 의논하다. 이어 을사년의 처분은 지나쳤고 정미년의 처분은 잘못되었다며 이이명·조태채의 관작을 복구하고, 김창집·이이명은 그들의 이름 및 아들과 손자가 역적의 공초에 자세히 나왔으므로 앞서 추탈한 대로 두도록 명하다.

8.26. 영의정 홍치중이, 지난해 자복하지 않은 역적들에게도 시행하지 않은 연좌의 법을 이이명·김창집에게 가하는 것은 옳지 않다고 상소하다.

8.29. 지평 유최기가 소를 올려, 이이명·김창집을 신설할 것을 청하다.

9.1. 홍치중이 거듭 4대신에게 죄가 있다면 모두에게 있고, 없다면 모두에게 없는 것이라며 연좌는 옳지 않다고 간하다. 탕평을 하더라도 건저·대리의 의리를 통쾌히 밝힌 연후에 해야 한다고 아뢰다. 이에 대해 김창집·이이명이 당시 연명해 차자를 올렸다가 다시 환수를 청하는 등 지조 있게 행동하지 못한 점을 들었지만 아직은 두 사람을 그대로 두고 뒤에 조정해 바로잡겠다고 하다. 더불어 이천기 등이 중관과 결탁해 행한 것은 나라를 위해서가 아니라 자신의 이익을 위해서라고 하다.

9.2. 이광좌를 인견하다. 이광좌가, 김일경이 자신을 꺼렸고 자신이 실패해 물러났다면 김일경을 억제하지 못했을 것이라고 하다. 그에 동의하며 영상과 함께 탕평할 것을 당부하다.

9.2. 정호에게 직첩을 주고 민진원을 서용하라 이르다.

9.4. 수찬 유겸명이 이광좌의 죄상을 논하고 그를 축출할 것을 청하자, 이광좌가 도성을 나

가다. 유겸명을 불러 따지자, 이광좌는 소인이라며 노론 측 의견을 일관되게 주장하다. 이에 소를 태워 버리다.

9. 20. 제주 유생 고한준 등이 소를 올려 탐라의 역사를 아뢰다. 이어 사당을 세워 고·양·부 3성과 성주 고후·왕자 고청 등과 문충세를 배향하겠다며 사액(賜額)을 청하다. 그러자 마치 고국(古國)을 잊지 않으려는 것처럼 한다며 소를 도로 내주라 이르다.

10. 9. 《경종실록》의 시급한 완성을 명하다.

10. 19. 여러 차례 신칙해도, 나와서 사은하지 않은 함경감사 유척기를 파직하고 서용하지 말 것을 명하다.

10. 23. 대사간 이현록이 이진유의 처단을 청하다.

12. 7. 판중추 민진원이 상소해 토역을 청하자, 서로 공경하고 합심할 생각을 하라 이르다.

12. 29. 이해의 호구는 1,630,873호, 6,945, 248명이다.

영조 6년(1730)

1. 12. 나학천이 상소해 시비를 분별하는 것이 탕평의 길이라 아뢰다.

2. 25. 신하들의 반대를 물리치고 여주 영릉에 행행하다.

3. 2. 민진원을 인견하다. 이 자리에서 민진원이 경종이 13세 때 쓴 어제와 어필을 바치고 인현왕후가 한 말 등을 아뢰다.

3. 9. 세자·옹주 들을 저주하고 독약을 투여한 혐의가 있는 궁인들을 인정문에서 친국하다.

3. 12. 무녀 논업을 국문하니, 순정이 왕실의 아기를 다 죽이려 했다고 진술하다.

3. 24. 도승지 조현명이 옥사의 배후를 의심하다.

4. 16. 궁방의 화약을 훔치려 한 죄인 최필웅을 친국하다.

4. 17. 최필웅에게 낙형을 가하고 능지처참을 명하다.

4. 18. 이태건·백세빈이 최필웅을 시켜 방화하게 한 뒤 남인·노론·소론을 모두 죽이고 도성을 제주로 옮기려 했다고 진술하다.

4. 19. 박도창을 독살한 중삼과 박창휘를 참하다.

4. 19. 최필웅과 결탁한 박세만·주노미를 참하다.

4. 21. 이동혁·박도창이 음행을 좋아해 순정과 결탁하려 했고, 순정은 박도창의 재물을 탐냈다고 진술하다. 최필웅과 함께 궁궐을 방화하려 한 일로 정수명·이태건을 참하다.

4. 21. 죄인 정사공이 음독자살하다.

4. 22. 박도창과 세정 사이에서 심부름을 하고 역모에 동참한 준업을 능지처사하다.

4. 23. 이동혁을 참하다.,

• 이 외에도 며칠 사이에 백세빈·귀익·노몽서·정도룡·송지락·이만익 등을 참했다.

5. 1. 창경궁에 화재가 나서 49칸이 소실되다.

5. 3. 지난번 서로 손을 잡게 했음에도 화해하지 않고 적대하는 민진원·이광좌를 개탄하다.

5. 4. 정사효가 물고되다.

5. 5. 이진유를 국문하다.

5. 6. 수어청에 명해 평총 900자루, 장총 100자루를 제조케 하다.

5. 17. 백관이 연속 청하자, 이해·이기를 교형에 처하다.

5. 28. 역적 토벌 후 하교하고, 모반의 경과를 언급한 다음 모반의 근원을 붕당에 두다.

6. 12. 아들 나계태를 잡아 올 때 압수한 나홍원의 책자 중 문제되는 글이 있어, 나홍언을 잡아와 친국하고 박필몽의 예에 의거해 형을 거행하라 명하다.

• 문제되는 글이란, 김일경·목호룡이 신이라 일컫지 않고 나라라 일컬었다는 등의 내용이다.

6. 21. 김남복이, 정사효의 처조카인 나계태가

선창하고 장우규·배세익이 괴수라고 진술하다. 임징하가 8차례 형신 끝에 물고되다.

6. 29. 경순왕대비가 승하하다.

7. 22. 나홍언을 참형에 처하고 처자를 교형에 처하다.

8. 16. 조문명 우의정.

8. 18. 이집 좌의정.

9. 2. 대사간 김치후가 소를 올려, 목호룡 이래 무함당한 사례를 열거하고 이는 토적을 엄히 하지 않았기 때문이라고 하다. 이어 을사년 초기에 주살을 통쾌히 실행하지 않아 무신년의 변고가 있었고 무신년에 역적들을 엄히 다스리지 않아 오늘날의 근심이 이어졌다고 하다. 개탄하고 소를 돌려주다.

9. 16. 이광좌가 김치후의 상소에 대해 반박하자, 우비(優批)를 내리다.

9. 22. 영흥의 명화적 24명이 밖의 무리들과 결탁해 옥을 부수고 탈옥하다.

10. 19. 선의왕후를 장사 지내다.

12. 8. 참찬관 박문수가, 인족의 폐단을 개혁하고 탐오의 관리를 단속하려 하나 효과가 없는 것은 모두가 국사에 전념 않고 당론만 일삼기 때문이라고 아뢰자, 크게 칭찬하다.

12. 19. 《경국대전》이 오래되어 해이해졌다며 새로 닦으려는 뜻을 밝히다.

12. 29. 비변사에서, 아교로 이어 붙여 인삼을 만든 이들을 논죄할 것을 청하자 따르다.

영조 7년(1731)

1. 2. 역대 왕조의 시조 및 고려의 네 능에 대해 나무를 베거나 입장(入葬)하는 것을 금하다.

1. 5. 수령들에게 황구첨정과 인족의 침징 등의 폐단을 없앨 것을 전교하다.

3. 16. 능침 사이에 뱀이 똬리를 틀고 있는 변이 가끔 보인다는 이유로 파주 장릉의 천장 문제를 의논하다.

3. 23. 우의정 조문명이 장릉을 봉심하고 돌아와, 이틀 사이에 눈으로 본 뱀만 9마리라고 아뢰다.

3. 25. 남자는 부역(父役)을 따르고 여자는 모역을 따르는 공사천의 법을 정하라 명하다.

4. 10. 양사가 합계해, 유봉휘가 김일경·박상검 등의 효시라며 관작삭탈을 청하자 삭출을 명하다. 승지 심준이 유봉휘에게 다른 뜻이 없었다고 아뢰자 경솔하다며 파직을 명하다.

5. 14. 삼각산·목면산·한강에 기우제를 행하다.

• 이후 6월 10일까지 계속 기우제를 벌였다.

5. 14. 새 능을 교하로 정하고 준비를 명하다.

5. 18. 민진원이 천릉을 반대하는 등의 상소를 올리다.

6. 6. 납을 은으로 속여 돈을 바꾼 자를 유배하다.

6. 9. 《숙종실록》이 완성되어 세초를 결정하다.

8. 2. 병판 김재로가, 내관 정중명이 자신과 마주쳤는데 스치고 지나갔다며 견책을 청하니 파직시키다.

8. 16. 백립·소철릭·백화를 갖춰 장릉에 거둥하다.

10. 19. 성상을 무함했던 흉적을 발본색원해야 한다는 대사헌 조관빈의 상소를 돌려주라 이르다.

10. 26. 조관빈이 다시 상소해, 이광좌·이삼을 무신년의 역괴로 논하자 조관빈을 대정현에 귀양 보내다.

12. 8. 박문수가 명을 받아 남쪽으로 가기 전에 불러 보다. 박문수가 왕자 탄강(誕降)을 소망한다고 아뢰다.

영조 8년(1732)

1. 6. 판중추 민진원을 불러 보자, 민진원이 후사를 걱정하다.

2. 10. 관상감의 이세징이 청에서 개정한 만년력

을 구해 오다.

3. 25. 북관 6진의 군사에게 조총 연습을 시키게 하다.

4. 12. 3남에 전염병이 크게 번지다.

5. 10. 선혜청의 곡식을 경기에, 3남의 대동미를 3남에 풀어 진휼케 하다.

5. 25. 서명균 우의정, 조문명 좌의정.

윤5. 20. 교리 이도원과 부교리 심성희가 김창집·이이명의 신설을 청하는 소를 올리다.

윤5. 22. 국경을 넘어 무역한 잠상죄인(潛商罪人) 최만중 등 3인을 강변에서 주벌하다.

6. 6. 부응교 황재가 상소해 4대신 모두를 신설할 것을 청하다. 부수찬 김상석과 수찬 이도원도 같은 소를 올리다.

6. 23. 영의정 홍치중 졸기.

8. 8. 유척기가 도승지에 제수되고도 버티며 출사하지 않자 파직하고, 조석명을 도승지로 삼다.

9. 6. 관상감에서 절행(節行)때 관상감 관원을 보내기를 청하다.

· 시헌력이 점점 차이가 나는 이유와 대통의 신수법(新修法)을 배우기 위한 것이다.

10. 6. 버려진 아이를 거두어 기르면 부릴 수 있게 한다는 명을 반포하게 하다.

· 이때 길에 버려져 죽는 아이가 많았다.

10. 6. 조문명이 병이 심해 정승직에서 해임해 줄 것을 청하다.

10. 9. 조문명 졸기.

11. 6. 공명첩을 각 도에 내려보내 곡식을 사서 진구(賑救)에 보태게 하다.

12. 18. 도성 문밖에서 걸식하다 얼어 죽은 이가 100명이 넘고, 궐내에서 수직하던 향군 중에서도 얼어 죽는 이가 생기자, 병조당상을 종중추고하고 경조(京兆) 낭청을 나처(拿處)하라 명하다.

12. 18. 수찬 한현모·지평 유최기 등이 상소해 박문수를 공격하다.

· 앞서 박문수가, 대신들이 당로자(當路者)에게 아첨

해 섬기는 것은 노예처럼 하면서도, 아사자가 속출하고 있는 상황에는 침묵만 지킨다고 비판한 적이 있었다.

12. 21. 사간원에서, 말을 안 가리고 한 박문수를 종중추고할 것을 청하니 따르다.

12. 26. 심수현 영의정 겸 공조판서. 서명균 좌의정, 김흥경 우의정.

12. 29. 이해 전국 호구는 1,678,081호, 7,065,713명이다.

영조 9년(1733)

1. 5. 정언 심명열이 상소해, 재능을 고려하지 않고 양쪽을 균등하게 등용하는 탕평은 실효가 없다는 것, 성상의 검소는 한 몸에만 행해질 뿐 성상을 모시는 사람들에게는 미치지 못하고 있다는 것 등 10가지 조목을 아뢰다.

1. 10. 쌀값이 등귀하자 금주령을 내리다.

1. 14. 지평 권영이 소를 올려, 이거원 등을 국문할 것, 4대신을 신원할 것 등을 청하다. 이에 크게 노해 권영을 불러 논란한 후 유배를 명하다.

1. 17. 약원에서 입진을 청하자, 자신의 병은 시상(時象)에 시달려서 생긴 것이라며 다시는 약을 의논하지 말라 명하고, 대신들이 시골에 있으면서 올라오지 않는 것에 대해 엄한 하교를 내리다.

1. 18. 민진원·이의현이 서울에 들어와 의약을 청하니 허락하다.

1. 19. 이광좌와 민진원을 함께 들어오게 한 뒤, 지난날 노론과 소론의 잘못을 이야기하며 옛 버릇을 잊고 한마음을 가지라 이르다.

· 이튿날 전날의 하교 내용을 써서 사관에게 주며 편수할 때 참고하라고 했는데, 대교 김한철이 자신이 적은 사초와 차이가 없고 또한 군주가 글을 써서 사관에게 주어 편수를 지휘하게 되면 후일의 폐단이 될 것이라며 돌려보내자 사관의 말이 옳다고 답했다.

1. 25. 우의정 김흥경이, 영성군 박문수가 언성

을 높이고 임금의 얼굴을 쳐다보았다며 추고할 것을 청하다. 이에 박문수가, 고사를 보니 경연석에서 대신(臺臣)은 꿇어앉고 재신은 손을 잡고 반만 구부리게 되어 있다며 요즘 신하들이 모두 코가 땅에 닿을 정도로 엎드리는 것은 문제가 있다는 입장을 밝히다. 김흥경이 거듭 추고를 청하니 따르다.

2. 16. 미역 600동과 장 20통을 두 군데 진휼소에 보내다. 또 쌀 5섬과 장 5통을 병조에 하사해 문을 지키는 기병(騎兵)에게 나누어 주게 하다.

2. 25. 영남 사람 김오응 등이 상소해, 영남의 인재 등용을 편견 없이 해 줄 것을 청하다.

3. 1. 봉조하 민진원이 청대해, 여러 당마다 난역이 있다는 임금의 말에 반박하는 차자를 올리자 크게 노하다.

3. 8. 영빈 이 씨가 다섯째 여아를 낳다.

3. 21. 의금부에 명해 죄인 이제동과 그 무리를 추국하게 하다.

3. 25. 도적질을 하여 자금이 많이 모이면 무신년처럼 하려 했다는 진술이 나오다.

4. 15. 좌의정 서명균이 청대해 남원 산사 석불에 흉서가 걸렸다고 아뢰다.

4. 18. 이제동이 사람을 악역으로 무함했다고 복주되다.

5. 1. 형판 정형익이, 모든 당에 역도가 있다고 한 하교에 대해 상소하다.

5. 2. 지난 19일(1월 19일)의 하교는 10년 동안 정밀히 관찰해 온 것이고 참아 왔던 것을 발표한 것으로 해와 달처럼 분명한데 여러 신하들이 깨닫지 못한다며 한탄하다.

5. 11. 훈련대장 장붕익의 집에 자객이 들다.
  • 장붕익이 병권을 오래 쥐고 있자 이를 시기한 이가 벌인 일이다.

5. 12. 장붕익에게 자객의 일을 묻다.

5. 15. 75세에 등과한 81살의 첨지 이진기에게 동지중추부사를 제수하다.

5. 19. 인정전에 나아가 호남 괘서 사건의 죄인을 추국하다.

5. 23. 전라도에서 여역으로 사망한 이가 1,000여 명에 이르다.

6. 1. 이례가 물고되다.

6. 2. 황유진이 물고되다.

6. 9. 부교리 김약로가 상소해, 탕평으로 인해 기강이 무너진 예들을 열거하자 파직하다.

6. 12. 모역에 참여하고 다른 사람을 끌어들여 무함한 신필대를 군기시 앞에서 처참하다.

7. 1. 민진원이 왕자 탄생의 경사가 없음을 걱정하는 말을 아뢰다.

7. 5. 범 꼬리를 붙잡고 남편 대신 물려 죽은 여인 신양금에게 정문하다.

7. 15. 민형수가, 이광좌·조태억이 경종의 병을 숨긴 죄를 성토하는 소를 올리자 갑산으로 유배하라 명하다.
  • 민형수는 민진원의 아들이다.

7. 16. 당색을 멈추지 않을 뿐 아니라 지난번 후사를 정해야 한다는 발언을 한 민진원에 대해 개탄스럽다는 말을 서명균에게 하다.

7. 16. 봉조하 민진원이 의금부에 나아가 대명하였으나, 명을 기다리지 말라 하다.

7. 16. 이광좌가 양주로 떠난다는 소식을 듣고 들어오라고 전교하다.

7. 16. 민형수에게 천극을 더하라 전교하고, 이 뒤에 민형수를 구호하는 자는 근본을 다스려 군신의 의리를 엄격히 하겠다고 하다.

7. 20. 관상감의 관원 안중태가 청에서 역법을 배우고 자비로 역서를 사 오니 가자하다.

7. 24. 이후로 네 신하의 일을 다시 말하는 자는 친국하겠다고 하다.

7. 25. 전라도에서 역질로 2,000여 명이 죽다.

7. 29. 남원현감이, 괘서한 죄인 김영건 부자 4인을 염탐해 체포하다.

8. 6. 김영건·김원팔·김원하·김원택·최봉희를 잡아 오다.

8.7. 남원 괘서 사건의 죄인들을 친국하다. 최봉희가 윤징상과 중 태진 등을 끌어들이다.

8.13. 김원팔이 대역률로 복주되고, 김영건은 연좌율로 교형에 처해지다.

8.20. 사사로이 돈을 주조한 이들을 복주하다.

8.22. 을사년에 압슬형을 제거했고 작년에 전도주뢰(주리를 트는 형)를 제거했으니 이제 남은 것은 낙형뿐이라며 낙형도 영구히 제거하라 명하다.

8.23. 흉서죄인 곽처웅을 압송하고 신익세와 조영하를 조사하게 하다.

8.26. 《남사고》에 대해 묻다.

9.3. 곽처웅이 물고되다.

11.4. 한림 조영국이, 《문종실록》 11편이 본관·적상산·태백산 사고에 누락돼 있다며 오대산 사고에서 전서(傳書)하여 여러 사고에 나누어 보관하게 할 것을 청하다.

11.5. 종친의 역할 범위에 대해 논하다.

• 2품인 해릉군 강이 빈청에 와서 대신의 자리에 앉자, 서명균이 하리(下吏)가 잘못 인도했다며 종친부 서리를 잡아 가두었다. 그러자 이번에는 강의 아우 해춘군이 정부 서리를 잡아 가두는 일이 벌어졌다. 신하들이 대신에 소속된 서리를 잡아 가두는 일은 있을 수 없다며 이의를 제기했다. 이에 자신이 왕자로 들어와 보위를 이었다고 가벼이 여겨서 종친부를 멸시한다며 진노했다.

12.3. 홍경보와 오원이 탕평에 대해, 전혀 효과가 없다고 할 수는 없으나 폐단 또한 크고 미봉에 지나지 않는다고 아뢰다.

12.7. 소대에서 시독관 오원이, 수령이 함부로 사람을 죽이는 폐단을 말하자, 원장(園杖)이나 난장(亂杖)을 사용하는 것을 엄히 신칙하도록 하다.

12.19. 이후로는 여러 궁가에서 절수하지 말도록 하다.

12.20. 대신들과 양역 변통을 의논하며 의지를 보이다.

12.26. 대신들과 양역 변통을 의논하다. 영의정 심수현이 강력히 개혁안을 주장하니 따르다.

• 심수현의 개혁안은 사실상 균역법의 토대가 되었다.

영조 10년(1734)

1.6. 봉조하 민진원에게 양역 변통의 방법에 대해 묻자, 비국의 군관이나 교생으로 호칭하는 자들을 시험해 우수한 자는 면제하고 불통한 자는 1필씩 거둘 것을 건의하다.

1.7. 인정문에 나아가 영남의 괘서죄인 서무필을 친국하다.

1.9. 서무필이 자복하여 복주되다.

1.10. 이후 모든 익명서는 태워 버리거나 물에 던져 버리라 명하다.

1.15. 김흥경 우의정.

1.22. 병판 윤유와 박문수가 어전에서 다투다.

2.25. 무고죄인 김세진이 복주되다.

3.15. 국청죄인 민원귀가 물고되다.

3.20. 정제두 우찬성.

3.26. 무고죄인 남극이 복주되다.

3.26. 윤정현을 사형을 감해 섬으로 귀양 보내다.

• 이때 연이어 있었던 국옥에 대해 사관이 평했다. 초봄의 심건이·이양제의 흉언으로 인한 옥사, 서무필의 괘서로 인한 옥사, 김세진의 부지군에 대한 옥사, 윤정현·남격의 옥사, 남극·민원귀의 옥사 등이 이어졌다. 남극·민원귀의 옥사에 연루된 이만 100여 명에 이르렀는데 모두가 남인의 대가이고 역얼(逆孽)의 폐족이었으므로 임금이 특별히 관전(寬典)을 써서 사람들을 안정시켰다. 이때에 이르러 옥사가 끝이 났다.

5.3. 어보를 위조하고 다른 이를 역적으로 무함한 죄인 서진적이 복주되다.

5.11. 특진관 박문수와 시독관 김약로가 말다툼을 벌이니 파직하다.

8.20. 내년부터 8도의 대동 및 군포를 목면으로

만 내게 하다.

10. 8. 춘당대에서 검사(劍士)를 시험했는데 승지들이 어좌와의 거리가 가깝다며 물릴 것을 청하다. 이에 선조 때부터 행해 온 것인데 지금 물린다면 의심하고 두려운 마음을 품을 것이라며 두 승지를 파직해 장사들에게 사과의 뜻을 보이다.

11. 13. 파주와 교하 사이에 화적이 횡행했는데 마치 군대와 같다.

11. 29. 동지사 행차가 비로소 압록강을 건너다. 정사 윤유가 여색에 빠져 지체하다 급박하게 눈보라를 무릅쓰고 달리는 바람에 역졸들의 수족이 얼어 터지고 사망자가 10여 명이나 발생하다.

영조 11년(1735)

1. 1. 최규서 졸.

1. 21. 영빈 이 씨가 원자를 집복헌에서 낳다. 대신 이하의 청에 따라 중전의 양자로 삼고 원자의 명호를 정해 종묘사직에 고하고 8도에 반사하라 명하다.

1. 24. 원자궁의 공상을 세자궁의 예에 의해 거행하라 명하다.

1. 27. 약방 도제조 김흥경이 김창집·이이명을 신원해 줄 것을 청하다.

2. 2. 김흥경과 판부사 이의현 등이 거듭 김창집·이이명의 신원을 청하자 지난 19일의 하교를 거론하며 흔들리지 않겠다고 답하다.

• 19일의 하교는 영조 9년(1733) 1월 19일의 하교를 가리킨다. 이후 나오는 19일의 하교 역시 마찬가지다.

2. 9. 지사 신사철 등 54인이 김창집·이이명의 신원을 청하다.

2. 10. 신하들의 신원 요구가 이어지다. 서덕수와 관련된 이야기들을 중전과 연계된 듯이 하자 김흥경 등이 귀로 들을 수 없는 말이라며 이날의 하교를 사관이 쓰지 못하게 할 것을 청하니 따르다.

2. 21. 융복 차림으로 말을 타고 노량에 거둥해하루 종일 무사들을 사열하다.

2. 22. 2월 10일 소대에서 있었던 일과 관련하여 이의현이 상소하다.

2. 28. 영의정 이의현을 삭직하다.

2. 28. 좌의정 서명균 등이, 이의현의 상소는 귀가 어두워 잘못 들은 것에 불과하니 삭직 명을 거두어 줄 것을 청하자, 귀가 어두워서가 아니라 김창집의 일로 울분한 것이라 답하다.

2. 28. 신축년 세제 책봉 시 공을 바란 자도, 이이명을 시기해 없애 버리려 한 자도 김창집이었다고 하다.

3. 16. 효장세자빈 조 씨를 책봉해 현빈으로 삼다.

4. 6. 원자가 수두를 앓다.

4. 12. 원자가 회복 단계에 들어서다. 원자를 안고 있었는데 충실하고 커서 신하들이 기뻐하다.

4. 22. 이의현 판부사.

4. 25. 이태중이 소를 올려 4대신 등에 대해 아뢰다.

4. 25. 이태중을 흑산도에 위리안치하되 빨리 호송케 하다. 또 그를 구호하는 자는 반역자를 보호한 형률로 다스리고, 이를 가지고 논쟁하는 이도 용서하지 않겠다고 하다.

5. 25. 화평옹주를 위해 이현궁의 제택을 수리하였는데, 경복궁의 소나무를 베어 쓰도록 하다. 이에 서명균이 문제 삼자 죽은 나무·쓰러진 나무라고 변명하다.

• 영조는 화평옹주를 특별히 총애했다고 한다.

5. 29. 8도에 호환이 심했는데 특히 영동 지방이 심해 죽은 이가 40여 명에 이르다.

6. 28. 죄인 박해정이 김중기와 함께 옥문의 벽을 뚫고 왕래하다 발각되다.

7. 28. 세조의 어진이 흐려졌기 때문에 다시 모사하기 위해 모사도감을 설치하다.

8. 12. 어전의 영기(令旗)와 촉롱(燭籠)은 모두 홍색을 사용하고 세자궁은 청색을 사용하게 하다.

• 예전엔 모두 청색이었다. 의논하는 자들이, 임금이 진에 임하면 적들이 임금 있는 곳을 알 것이므로 깃발의 색을 구별하는 것은 슬기롭지 못하다고 했다.

8. 27. 영희전에 나아가 작헌례를 행하고 세조의 영정을 받들어 경덕궁 광명전에 옮겨 봉안하게 한 다음 장득만과 이태에게 모사하게 하다. 다음날 모사본이 완성되자 봉심하고 창덕궁으로 돌아오다.

10. 27. 대동법의 세금을 전과 포 반반으로 거둬들이다가 이종성의 건의에 따라 순포(純布)로 받았는데 서울에서 전황(錢荒) 현상이 일어나 도성의 백성이 생업을 잃었다고 서명균이 아뢰다.

11. 12. 청사가 와서 건륭제가 등극한 조서를 반포하자 곤룡포를 입고 모화관에서 맞이하다.

11. 20. 김흥경 영의정, 김재로 좌의정, 송인명 우의정.

12. 9. 윤순과 유척기를 원자 보양관으로 삼다.

12. 30. 이해의 호구는 1,584,336호, 6,792,042명이다.

영조 12년(1736)

3. 15. 원자를 책봉하여 왕세자로 삼다.
• 왕세자의 복식과 책봉 절차에 대한 기록.

3. 19. 기로소의 신하 민진원·이태좌 등을 희정당에서 인견하고, 두 대신은 물론 두 아들 민형수·이종성에게도 화해를 권하다.

4. 12. 넷째 옹주가 홍역을 앓다 죽다.

6. 24. 해이함 없이 끊임없이 공부할 것을 다짐하다.

8. 11. 우찬성 세자이사 정제두 졸기.

9. 25. 대신들과 약방제조를 동궁의 경선당에서 인견하다. 세자가 글씨를 쓰고 그림을 그리다.

10. 15. 정호 졸기.

10. 28. 심수현 졸기.

11. 17. 주강에서 소인을 언급한 《주역》의 구절이 지금의 세태에 적중한 말이라 하다. 이판 윤

유가 선조(先祖) 때에는 한쪽 사람이 나오면 한쪽 사람은 물러갔는데 지금은 아울러 임용하기 때문에 사람은 많고 벼슬자리는 적다고 아뢰다.

11. 28. 민진원 졸기. 민진원에 대한 소론의 사론과 이에 대한 노론의 사론.

12. 29. 송인명 등이 연소한 이들의 의논이 과격해지고 있다고 아뢰다.

영조 13년(1737)

1. 2. 승지에게 《경국대전》을 가지고 입시하라 하다. 농정의 급무와 민간의 질고들을 상의하다.

1. 9. 첩문(帖文)을 위조한 도둑과 중 현기를 국문하게 하다.

1. 27. 청 예부에서, 중강 개시에 내지의 상인들로 하여금 무역하게 하겠다는 황제의 뜻을 이자(移咨)하자 곤란하다고 회자(回咨)하다.

2. 8. 중 현기와 법훈을 대질시키자 현기가 무함했다고 자복하다.

2. 11. 중강 개시를 할 때 내지의 상인과 교역함은 곤란하다는 회자를 다시 보내다.

2. 14. 세자가 큰 붓을 잡고 천지왕춘(天地王春)이라고 쓰자 신하들이 다투어 갖고 싶다고 하다. 이에 세자더러 주라고 했더니 김흥경에게 주다.

2. 21. 왕세자가 병을 앓자 2품 이상과 6조에서 문안하다.

3. 26. 앞서, 이현필이 대책(對策)에서 서두부터 임금의 과실을 말하며 말에 패만한 것이 많았으나 급제로 뽑다. 이와 관련해 좌의정 김재로와 우의정 송인명과 이야기를 나누면서, 자신은 성품이 조급해 사실이 아닌 비판을 들으면 견디지 못한다며, 임금 노릇 하기가 참으로 어렵다고 하다.

4. 24. 홍성제가 이현필을 토죄하는 글을 올리면서 시관을 함께 비판하자, 이름을 얻으려 한다며 정배 조치하다.

4. 29. 광주부윤 황재가 명을 받고도 오랫동안 극력 사양하자 그곳에 편배(編配)하다.

5. 8. 정언 유최기가 이현필을 과방에서 삭제·추방하고 시관도 죄주자고 청하다.

5. 16. 양사에서 우상 송인명의 파직을 청하다

5. 16. 모든 대신(臺臣)을 삭직토록 하다.

5. 22. 이현일의 신구를 청한 김성탁을 국문하라 하다.

5. 30. 송인명 판중추.

6. 2. 김성탁을 절도에 안치하다.

6. 12. 송인명을 다시 우의정에 제수하다.

7. 1. 좌의정 김재로가 영남 사람을 차별하지 말 것을 청하자 동감을 보이다.

7. 15. 관서 지방에 얼음과 우박이 번갈아 내려 사람과 동물이 맞아 죽다.

7. 15. 조현명이 상소해, 김성탁의 망언은 죽어 마땅하나 그 근본은 이현일에 있다며 근본인 이현일은 집에서 편히 죽는데 지엽인 김성탁이 형장에서 죽어서는 안 된다고 아뢰다. 이에 소를 돌려주고 삭직하다.

7. 18. 김재로가 차자를 올려 조현명을 거듭 공격하자 질책하다.

• 이후 조현명을 옹호하는 소와 비판하는 소가 번갈아 이어졌다.

8. 5. 좌의정 김재로가, 19일의 하교가 분명하지 않다며 김창집·이이명의 일을 재론하자 독대 후 이이명을 제거하려 한 이가 김창집이었다는 등의 말을 하다.

8. 8. 시상이 순조롭지 못한 것은 자신의 부덕 탓이라 하다. 떨어진 기강을 가다듬어야겠다며 감선(減膳)하게 하라 이르다.

8. 8. 승지의 입시를 명하자, 김응복·신만이 감선 하교를 거둘 것을 힘껏 청하다. 이에 임금은 하나인데 신하는 노론·소론도 부족해 청·탁·완·준의 구별이 있고 또 영남인을 이끌어 당으로 삼는 데에 이르렀다며 두 승지를 체차하고 강일규·이익정으로 대신하게 하다.

8. 9. 약방이 입진을 계청하고 승지들도 청대했으나 모두 물리치고 건양문 폐쇄를 명하다.

8. 9. 약방에서 입진을 청하였으나, 약도 진맥도 입진도 문안도 말라 이르다.

8. 9. 신하들에게 속임을 당하고 모욕을 당한 것이 기유년 폐합(閉閤) 때, 19일 하교 때, 야반 통유 때 등이었다고 하다. 지금부터 편전에 거처하면서 자신을 통렬히 칙려하겠다고 하다.

8. 9. 여러 신하들이 대명하고 있는데, 유독 윤급·한익모만은 대명하지 않고 있다 하니 방자하다고 하다.

8. 10. 김재로·송인명 등이 입시하자 조정에 가득한 신하들이 모두 임금을 배반하고 당에 힘쓰는 무리라고 질책하다. 윤급·한익모를 해남에 위리안치하라 이르다.

8. 10. 조현명 등의 관직을 삭탈하고 문외출송하다. 신하들이 어서 들기를 청하다

8. 11. 좌의정 김재로와 우의정 송인명의 파직을 명하다.

8. 11. 당습에 젖은 이병상·윤순을 파직하다. 김취로를 중도부처하고 이종성을 삭출하다.

8. 11. 이광좌를 영의정에 제수했는데, 명을 들은 이광좌가 돈화문 밖에 와서 관을 벗고 석고대죄하다.

8. 11. 영의정 이광좌가 사은 후 청대하고 영부사 이의현·김흥경이 입시하다. 이광좌 등이 밤늦게까지 뜰에 엎드려 수라 들기를 청하자 억지로 따르겠다고 하다.

8. 12. 김재로 좌의정, 송인명 우의정.

8. 13. 사간 조태언이 정언 민택수의 출사를 청하며 올린 글에 분개하고 당습을 버리지 못한다며 돈화문 밖에서 팽형(烹刑)에 처하라 이르다.

8. 13. 이광좌가 만류하자 조태언을 흑산도에 위리안치하고, 그를 대간에 추천한 이들을 모두 파직하라 명하다.

8. 14. 좌의정 김재로에 대해 혐의가 없는지를 이광좌에게 묻자, 이광좌가 성상이 화합에 힘쓰

는 때에 어찌 사사로운 감정에 빠지겠는가라고 답하다.

8. 16. 좌의정 김재로가 이광좌와 같은 반열에 있을 수 없다는 뜻을 보이다.

8. 28. 인정문에서 조참한 뒤, 지난 습성을 버리고 다 같이 공경하고 협력할 것을 유시하다. 모두들 당심을 품지 않겠다는 뜻을 표하고 김재로도 구습을 씻겠다고 하다. 하지만 도저히 뜻을 따를 수 없다며 해임을 청하다.

9. 9. 왕세자가 사·부사와 상견례를 행했는데 예에 어긋남이 없었다.

윤9. 3. 박문수 도승지.

윤9. 5. 박문수에게 자품은 좋은데 학문이 모자라다며, 자신 또한 그런 병통이 있으니 군신이 함께 힘쓰자고 하다. 이에 박문수가, 학문은 한갓 문식(文飾)으로 돌아가고 있다며 하지 않는 것만 못하고 오직 충성되고 간사한 것만 분별하려 한다고 답하다. 또 자신은 10년 동안 권세가의 집에 가 본 적이 없어 벼슬이 오르지 않았다고 하다.

윤9. 20. 박문수 병조판서.

윤9. 22. 양성합에 나아가 세자와 함께 대신들을 만나보다.

• 대신들이 세자를 안아 보았는데 크고 묵직했다고 한다. 세자가 쓴 글씨를 대신들이 나눠 가졌다.

10. 1. 비단과 면포 중 사치한 것이 어느 것인가를 세자에게 묻자, 비단을 가리킨 일에 대해 말하며 자신이 뜻이 세자에게서 이루어지리라는 것을 알았다고 하다.

10. 18. 우상 송인명을 비난한 권집을 귀양 보내다.

12. 6. 좌상 김재로가 사직의 뜻을 밝히기를 100번을 채웠으나, 거듭 마음 놓고 조섭하라는 비답을 내리다.

12. 27. 좌의정 김재로가 차자를 올려 영상과 같이 봉작할 수 없다고 아뢰다.

영조 14년(1738)

1. 2. 영의정 이광좌가 김재로의 소장으로 인해 또한 사직소를 올리다.

1. 4. 좌의정 김재로의 사직을 허락하다.

1. 11. 전광도를 다시 전라도로, 강춘도를 다시 강원도로 되돌리다.

• 대개 역적이 태어난 곳이라 하여 명칭을 낮추었던 것인데, 이미 10년의 시한을 채웠기 때문이다.

1. 21. 양정합에서 이광좌와 이의현을 세자와 함께 보고 세자에게 글씨를 쓰게 하여 나누어 주다.

3. 22. 경복궁 문에 익명서가 붙다. 수어사 조현명·병판 박문수·총융사 박찬신의 이름이 들어 있어 돈화문 밖에서 대명하다. 이광좌도 대명하다.

3. 22. 희정당에서 조현명 등이 사모를 벗고 뜰 아래 꿇어 엎드리자 흉서에 대해 묻다. 내용은 차마 아뢸 수 없다고 하자 아뢸 필요 없다며 기록도 하지 말라 이르다.

4. 19. 대사간 김치후가 상소해, 윤급·한익모를 국문한 일과 조태언을 도배한 일로 모두 입을 다물고 있다며 언로가 막혔다고 아뢰다.

5. 2. 김치후 등을 해도에 찬배하다.

6. 23. 김상헌 서원을 첩설할 것을 수창한 유생을 유배하다.

7. 1. 양시박이 양취도의 역절을 고변하다.

7. 5. 양취도 등이 자복하니 그대로 결안하고 양시박을 가자하다.

8. 9. 병판 박문수가 안동에서 서원을 허문 일로 상소하며, 호서·호남·영남 사람의 특징 등을 서술했는데 장황하다고 책망하며 도로 내주라 이르다.

8. 16. 박문수를 체직하자 소를 올리고 낙향하다.

10. 9. 주강에서 부수찬 오수채가, 방백이나 수령들이 지나치게 형장을 써 사람을 죽이는 경우가 많고 남형·혹형을 가하고 있다고 아뢰자 공

감하다. 이에 신장의 표본을 8도에 보내고 어사
는 남형한 자를 논계하라 이르다.

12. 9. 중전의 사친 잠성부부인 이 씨 졸.

12. 10. 서덕수는 사람됨이 어리석어 속임을 당
한 것에 지나지 않는다며 신설을 거행하라 명하
다. 송인명과 조현명도 동의하다.

12. 29. 이해의 호구는 1,626,643호, 6,846,048
명이다.

영조 15년(1739)

1. 11. 정원에 비망기를 내려, 즉위한 지 15년이
지났는데 이룬 게 없고 세자도 다섯 살이 되었
다며 전위할 뜻을 밝히다. 이광좌가 들어와 이
판 조현명 등과 함께 관을 벗고 머리를 땅에 두
드리며 대죄하자, 위로 자성을 근심시키고 아래
로 원량을 괴롭힌다며 명을 거두다.

1. 15. 이판 조현명이 소를 올려 거조가 잘못 되
었음을 논하다.

2. 10. 춘당대에 나아가 시사(試射)하다. 우의정
송인명이 서얼로 출신한 자도 소통하여 구제해
야 한다고 아뢰자 서얼 무인도 수문장이 될 수
있게 하다. 이판 조현명과 병판 조상경에게 총
을 쏘게 하다.

2. 13. 문신인 재상에게 총포를 쏘게 한 것은 잘
못이라고 정언 신사건이 아뢰자 가소롭다고 답
하다.

2. 22. 부사직 민형수·교리 민통수 형제가 상소
해 이광좌의 일을 논했으나 답하지 않고 도로
내주다.

2. 22. 민형수 형제의 소에 대해 아직도 고쳐지
지 않았다며 매우 그르다고 하다.

2. 22. 영의정 이광좌가 과천의 현옥에서 대명하
자 사관을 보내 위로하다.

3. 11. 유학 김태남이 상소해, 중종의 원비 신 씨
를 복위시킬 것을 청하니 기뻐하며 의견을 물어
처리하겠다고 답하다.

3. 17. 우의정 송인명의 건의에 따라, 백두산정
계비를 순시하게 하다.

3. 25. 봉조하 이태좌 졸기.

3. 28. 대신들과 참판 이상이 모여 의논케 한 다
음 중종의 원비 신 씨의 시호는 단경왕후로, 능
호는 온릉으로 정하다.

4. 18. 궁인 58명에게 차등을 주어 여관(女官)을
제수하라 명하다.

5. 6. 단경왕후를 부묘하다.

5. 15. 우의정 송인명이, 민형수의 소는 하나의
변서라며 그의 말이 옳다면 영상은 역이요 영상
이 역이 아니라면 그 말이 남을 무함한 것이라
아뢰다. 이에 도승지를 보내 이광좌를 전유하고
민형수는 해남으로 귀양 보내다.

5. 19. 이광좌가 소를 올려 민형수의 비판에 대
해 해명하다.

7. 20. 이판 조현명이 청대해 심악·민통수를 전
랑에 통의하려 했으나 논의가 들쭉날쭉해 주의
하기 어렵다고 아뢰자, 이런 일을 위에 미루면
임금이 신하의 직무를 행하는 것이라며 질책하
다.

7. 21. 우의정 송인명과 이판 조현명 등 이조의
관원들을 불러 특별히 민통수를 광주부윤, 심
악을 수원부사로 삼고 수백 마디의 말로 서로
당습하는 잘못을 꾸짖다.

7. 24. 광주부윤 민통수가 상소해 이광좌의 소
에 대해 반박하다.

8. 2. 이광좌가 민통수의 소에 대해 반박하다.

8. 30. 유척기 우의정.

9. 1. 부부인을 위로해야겠다며 민형수를 석방
하라 명하다.

9. 1. 좌의정 송인명을 면직하고 특지로 김재로
를 좌의정에 제수하다.

9. 2. 조현명을 이판에서 체직하고 조상경을 이
판에 제수하다.

9. 7. 비국당상을 불러 보다. 난전을 금하고 야
금(夜禁)을 엄히 할 것을 명하다.

9. 11. 금상문에 나아가 호서의 죄인을 친국하다. 노광석은 복주되다.

9. 19. 호서의 죄인 4인을 참하다.

9. 22. 집의 김상신이 상소해, 호서·호남의 요역(妖逆)을 말하고 이천해·유봉휘·목호룡·김일경 등이 여러 역적의 근저가 되고 있다며 결단하여 근원을 밝힐 것을 청하자, 기회를 타서 무함한다며 삭출하다.

9. 25. 금상문에 나아가 양안귀와 수인들을 국문하다.

10. 5. 사간 김유경이 상소해, 지금 수인의 흉악한 말은 무신년에서 말미암고 무신년의 대란은 신축년과 임인년에서 말미암은 것이라며 근본을 다스릴 것을 청하자, 비답을 내리지 않고 소를 돌려주다.

10. 11. 정언 성유열이 소를 올려, 화란이 잇따르고 있는 것은 징토가 엄하지 않아서라고 아뢰다. 내일 팽형에 처하겠다고 하니 신하들이 모두 반대하다. 이에 음식을 바치지 말라 하자 신하들이 섬돌 아래로 가 관을 벗고 대죄하다. 성유열을 엄히 가두고 형신하라 이르다.

10. 14. 체포된 자가 많았기 때문에, 이이장을 어사로 삼아 호남에 가서 위유하게 하다.

10. 22. 좌의정 김재로가 쫓겨나고 파직된 유신들에 대해 아뢰니 모두 서용하라 하다. 이에 민통수 등이 서용되다.

11. 7. 좌의정 김재로가, 이광좌와 같이 할 수 없다며 병을 이유로 면직을 청하다.

11. 11. 민통수가 장문의 소를 올려 이광좌의 소를 비판하자, 소를 돌려주라 이르다.

11. 21. 영의정 이광좌가 상소해 민통수의 소에 대해 반박하다.

11. 23. 우의정 유척기가 소를 올려 김창집·이이명의 신설을 청하다.

11. 24. 대신·비국당상을 불러 유척기의 소에 대해 의논한 뒤, 어찌 신원할 때가 없겠느냐며 뭇신하가 번거롭게 하니 도리어 이루어질 수 없다고 하다.

12. 12. 민통수가 상소해 이광좌를 배척하다.

영조 16년(1740)

1. 10. 대리를 연차한 일에 대해 누가 시비를 다툴 수 있겠느냐며, 김창집·이이명의 신원을 명하다. 이에 송인명·조현명이, 처분을 고치려면 다시 상고해 그들의 아들·손자의 죄를 용서해야 가능하다고 아뢰자, 당초에 아들과 손자에 관해 하교한 것이 구차했다며 물리치다.

1. 11. 오늘의 하교를 듣고도 말하는 자가 있으면 역률로 다스리겠다고 하다.

1. 11. 지평 남태기가 복관한 하교가 잘못되었다고 지적하자, 엄한 하교를 내리고 체차하다.

1. 11. 영의정 이광좌가 상소해, 김창집을 복관한 것은 잘못이라고 지적하다.

1. 17. 호남의 도신이 양찬규의 여당을 잡아 보내자 인정문에 나아가 친국하다.

2. 3. 호판 조현명이, 지난 10년간 탕평이 성과를 내지 못한 것을 자책하며 명소를 반납하고 소를 올리자, 우악한 비답을 내려 위유하고 들어오라 이르다.

3. 2. 좌의정 김재로·우의정 유척기·판의금 이병상 등이 한목소리로 임인년의 옥사는 목호룡·김일경의 무고로 말미암은 것이라며 억울함을 주장하자 반안(反案)은 뒷날을 기다려야 한다고 답하다.

4. 10. 유척기가 임인년의 무옥 신설을 청하니, 큰 처분이므로 천천히 의논해야 한다고 답하다.

4. 17. 《속대전》이 찬수되다. 자자(刺字)의 율을 영구히 없애라 명하다.

5. 7. 소대에서 역대의 형벌을 논하고 자자하는 기구를 가져다 불사르게 하다.

5. 19. 3사에서 합계하여, 유봉휘와 조태구의 관작삭탈과, 이광좌의 파직을 청하니 3사 전원을 파직하고 유척기를 체차하다.

5. 19. 밤 삼경에, 좌의정 김재로·판부사 송인명·판의금 조현명 등을 불러 삼수역안(三手逆案)을 없애려 한 지 오래라고 말하다.

5. 23. 인정문에서 호서의 죄인 박동준을 친국하다.

5. 25. 판부사 송인명을 특배하여 우의정으로 삼다.

5. 25. 큰비가 쏟아지는 데, 숙묘(肅廟)의 진전(眞殿) 문밖에서 자리를 깔고 엎드리고는 시상을 조제하지 못하는 것을 이유로 석위(釋位)한다는 뜻을 밝혔다가 동조(東朝)의 수찰을 받고 거두다.

5. 26. 이광좌 졸기.

6. 5. 대신 등을 인견하다. 원경하가 김용택·이천기 등이 목호룡의 고변 때문에 거짓으로 승복해 죽어 억울하다고 아뢰자 동의를 보이며, 서덕수가 이미 신설되었으니 김용택도 신설되어야 한다고 하다. 또 경종에게 후사가 없었는데 저사를 세우는 것을 그르게 생각하는 자는 역적이라고 하다.

6. 11. 원경하가 소를 올려, 나라를 다스리는 것은 곧 조정을 화합시키는 것이라고 아뢰다.

6. 13. 조현명이 이천기·김용택 등이 무뢰한 자들과 체결하고 음흉한 짓을 한 것은 분명하며 더구나 이는 기해년(숙종 45년)·경자년(숙종 46년)의 일이므로 모역이라고 아뢰다. 이에 이름만 삼수역안을 임인국안(壬寅鞫案)으로 바꾸다.

• 기해년은 숙종 45년, 경자년는 숙종 46년을 말한다.

7. 20. 좌의정 김재로가 백관을 인솔해 존호를 봉상하고 대비전·중궁전에도 존호를 올리다.

8. 30. 성혼의 묘와 이이의 화석정 옛터를 보고 저녁에 송도에 이르다.

9. 1. 부조현(不朝峴)의 유래를 묻고 듣다.

• 이회원이, "태종께서 과거를 설행했는데, 본도의 대족(大族) 50여 가에서 과거에 응하려고 하지 않았기 때문에 이 이름이 생긴 것입니다. 그리고 문을 닫고 나오지 않았으므로, 그 동리를 두문동(杜門洞)이라고 했습니다."라고 아뢰었다. 고려 충신들에 대한 이야기다.

9. 2. 만월대에서 문무를 시험 보아 문과 3인·무과 10인을 뽑다.

9. 3. 선죽교에 이르러, 포은을 기리는 열네 자를 써서 비석을 세우게 하다.

9. 28. 영의정 김재로, 좌의정 송인명, 우의정 조현명.

10. 25. 송인명·조현명·민형수가 청대하니 불러 보다. 조현명이 김용택 등에 대해, 경자년 이전은 경종이 저위에 계실 때이므로 그가 한 일이 무엇이었는지 의심이 든다고 하자, 민형수가 선조께서 7신에게 부탁한 일과 같은 하교가 있었다고 하고, 또 선조가 남긴 시가 있다 하여 이의 확인을 청하다. 이에 대해 동의하지 않고 출처를 조사하니 김용택의 아들 김원재가 퍼뜨린 이야기여서 잡아와 국문하다. 시는 위시(僞詩)로 드러나다.

11. 5. 위시를 불사르고 김원재를 국문하다.

• 이에 대해 사관은, 이이명이 독대했을 때 숙종이 선조가 7신에게 부탁한 것처럼 한 것이 맞고, 이에 4대신이 의존해 건의한 것이라고 했다. 그런데 조현명이 이를 알면서도 민형수에게서 듣고 송인명과 의논해 민형수와 함께 가서 아뢰고 김원재를 죽여 김용택의 죄를 실증하고 민형수까지 벌하려 했는데, 왕이 이를 알고 김원재를 죽이지 않았다고 평했다.

11. 5. 김복택 옥사.

• 4대신이 건저 의논 시, 김복택이 서덕수 등과 의논에 참여했고 잠저에서 영조를 만났다. 김용택과 일족의 형제 사이여서 모의를 알고 있으리라 여겨 국문했는데 불쌍한 마음에 눈도 마주치지 않았다고 한다.

영조 17년(1741)

1. 26. 평안도 유학 최성의 등이 4군 재설치를 청하는 소를 올리다. 대신들이 어렵게 여겨 받아

들이지 않다.

2. 14. 밀창군 이직과 우의정 조현명이 말을 나란히 했는데, 의정부 관속이 종신은 대신과 나란히 할 수 없다고 하다. 이에 밀창군이 발끈하고 이후 둘 다 이 일을 상소하다.

3. 18. 친히 유생의 강독을 시험하는데, 한 유생이 강석에 들어와 스스로 불통(不通)이라 쓰고 물러나다. 이 뜻을 헤아려, 시골 유생들이 급제하고도 쓰이지 못하고 있는 현실과 탕평 인사 등에 대해 논의하다.

3. 29. 김재로·송인명·조현명에게 명해 목호룡 무고안 중 임금을 핍박하는 내용을 모두 삭제케 하다. 이에 모두 삭제하거나 아예 태워 버리자는 의논으로 발전하다.

4. 8. 관학 유생의 복색을 홍단령을 쓰도록 하다.

• 《지봉유설》에는, 애초 홍단령이었는데 명종 말년에 연달아 국상을 당해 흰옷을 입는 것이 습관이 되어 풍속을 이루었다는 기록이 있다.

4. 22. 영의정 김재로·좌의정 송인명·우의정 조현명·이판 민응수·참판 성우량이 의논해 이조 낭관 선발과 관련한 9조목을 만들다.

4. 22. 한림 추천 관련 10조목.

5. 20. 헌부 이광의가 김복택의 수노적산(收奴籍産)을 청하다.

5. 21. 이광의에게, 논계한 이유가 김복택이 자신을 추대한 때문인지를 묻자, 이광의가 죽을죄를 지었다고 거듭 변명하다.

5. 22. 소론이 이광의를 시킨 것이라고 의심하다. 이광의를 정형에 처할 것인지 국문할 것인지를 묻자, 대신들이 지나치다며 만류하다.

5. 23. 특지로 김시형을 판의금, 정우량을 동의금부사로 삼고 이광의를 친국하다. 원경하가 눈물을 흘리며 언관을 죽이는 것은 실책이라며 만류하자, 감사해 이광의를 흑산도에 천극(栫棘)하다.

6. 5. 참찬관 조명리가 금령을 무릅쓰고, 서원

이나 사원을 설치한 것은 죄가 되나 주자서원을 설립했다가 훼철하면 미안하지 않겠는가고 아뢰자, 주자서원을 금하지 않으면 공자서원도 있어야 할 것이라며 받아들이지 않다.

6. 5. 《속오례의》를 찬술하라 명하다.

6. 13. 송인명이 이광의를 변명하고 구원한 실수를 진달하다. 또 이광의의 형 이광덕이 상소해 조현명을 끌어들이자 조현명을 불러 묻고 조현명은 조카 조재호·이광의의 아우 이광문·송인명의 조카 송익휘 등을 끌어들여 상황을 설명하다.

6. 16. 송익휘·이민효·이광문을 친국하다.

6. 18. 감사하여 송익휘를 정의현에 유배하다.

6. 22. 세자가 승지와 옥당 관원들 앞에서 《동몽선습》을 읽었는데 목소리가 청량하고 구두가 분명하다.

7. 1. 숙종 40년 이후, 금법을 무릅쓰고 사사로이 서원을 세운 것에 대해 당시 도신(道臣)을 파직하고 수령을 나처하라 명하다.

7. 23. 김재로가 이광덕을 신문해 언론을 진정시킬 것을 청하니 따르다.

• 노론계에서 이광의의 추벌과 이광덕의 신문을 거듭 주장한 때문이다.

7. 24. 세자에게 《동몽선습》을 읽을 것을 명하고 글씨를 쓰게 하니, 세자가 군신부자(君臣父子) 네 글자와 충효(忠孝) 두 글자를 써 올리다.

• 이 자리에서, 김재로가 한 폭을 제조 조관빈에게 나누어 줄 것을 청하니 허락했는데, 조관빈이 충효 두 글자를 취하니 의미가 있는 것 같다며 웃었다.

8. 1. 행도승지 권적이 박문수의 종중추고를 청하니 따르다.

• 박문수가 예에 어긋나는 행동을 하자 하리(下吏)가 예에 의거해 고하는데도 성을 내고 심지어 원리(院吏)의 어미를 가두는 등 행패를 부렸다.

8. 2. 금상문에 나아가 이광덕을 친국하고 해남으로 귀양 보내다.

8. 11. 서원을 사사로이 세울 때, 도백(道伯)이면

서도 금지시키지 못한 조현명·유척기·민응수·박문수를 파직하다.

8. 20. 조현명 우의정.

9. 1. 오광운이 상소해 이광의를 신백한 것과 관련해, 교리 김한철이 원경하·오광운 등이 새 당을 이루었다고 아뢰다.

9. 14. 3대신을 인견한 자리에서 김용택의 무리 4~5인 외 나머지는 일체 탕척하라 명하다. 이에 김재로는 김용택의 무리를 그대로 악역에 두는 것에 반대하고, 조현명은 별도의 안을 두어서라도 그 죄를 드러내야 한다고 주장하다.

9. 19. 특진관 이보혁이 10년 새 새로 생긴 점포의 혁파를 청하자 비국으로 하여 처리하게 하다. 비국이 한성부로 하여 몇 가지 기준에 따라 처리토록 하다.

9. 23. 목호룡이 무고한 옥안을 불살라 버리는 문제를 의논하던 중에, 서덕수가 그 무엇을 아는 것이 있겠으며 김용택의 무리가 추대한 것이 누구이겠느냐며 이들을 옹호하는 듯한 발언을 하다. 이에 조현명·박문수·오광운 등이 반대 의사를 분명히 하다.

9. 24. 논의 끝에 결국 김용택·이천기·이희지 등을 역적으로 단안하는 대훈을 쓰게 하다.

9. 25. 의금부에 명해 목호룡이 무고한 옥안을 불사르게 하다.

9. 26. 박문수·이종성이 청대해 김용택·이천기의 무리를 역적으로 단정함에 있어서 경종의 신하를 자처하지 않은 것이 경자년 이전임을 첨가할 것을 청하자 따르다.

　• 경자년은 경종 즉위년이다.

9. 27. 영의정 김재로가 청대해 박문수와 이종성을 논척하다.

10. 30. 헌납 이천보가 상소해 《경종실록》의 개보를 청하다.

11. 17. 집의 홍상한이 상소해, 목호룡을 책훈할 것을 청한 이들을 조사해 형벌을 시행할 것을 청하다.

12. 3. 함경감사 민형수 졸.

12. 29. 이해의 호구는 1,540,069호, 6,483,348명이다.

영조 18년(1742)

1. 2. 찬선 박필주가 삼성사(기자·공자·주자)의 사당을 훼철하지 말 것을 청하자, 이미 거행한 것 외엔 그리하라 명하다. 다만 이후로는 다시 짓는 자가 있으면 나문하여 처리하고 수령도 정배하라 명하다.

1. 6. 조현명이 돈의 주조를 통해 국용(國用)을 넉넉히 할 것을 청하니, 돈의 폐단을 알고 있다고 하면서도 허락하다.

1. 27. 민창수가, 동생 민형수가 죽기 전에 써둔 소를 올려 논란이 일자, 당습에서 나온 것임을 인정하면서도 대악은 아니라며 감선하고 무거운 짐을 벗겠다고 하다.

1. 29. 무거운 짐을 벗겠다고 한 것에 대해 신하들과 논쟁하고, 송인명·조현명의 요구를 따라 민창수를 친국하다. 민창수가 당습을 가지고 국시를 현란시키려 했다고 인정하자 감사해 대정현에 정배하다.

2. 28. 민창수에 대한 처리를 놓고 계속 항의하는 소가 올라오는 것에 대해 불평하다. 경자년 이전이라도 3종의 혈맥을 위해서였다면 충정이고, 경자년 이후라도 당심이 있었다면 불령이라 여긴다고 하다.

3. 14. 대훈을 내렸는데도 조정의 분위기가 조정되지 않는다며 대유(大諭)를 내리다.

3. 14. 대리의 명을 내리니 도제조 김재로가 거두기를 청하다. 이에 우상이 대유를 듣고도 대명하지 않고 오히려 인혐하고 들어가니 신하의 분의가 없다고 하다.

3. 26. 반수교 위에 비를 세우게 하고 친히 비문을 쓰다.

4. 23. 박문수가 돈이 귀한 폐단을 아뢰고, 청나

라 돈을 수입해 올 것과 유기를 거두어 주조할 것을 청하다.

6. 23. 조현명이 수십 차례 사직의 뜻을 밝히니, 조금도 당습을 의심하지 않는다며 자신의 마음을 몰라 고집하고 있다고 답하다.

8. 2. 임진년 이후 악기가 많이 망가져 없어지다.

8. 7. 《악학궤범》 서문을 짓다.

8. 8. 이선태가 상소해 이정보 형제가 사당(私黨)하고 있다고 아뢰다.

• 사관이 원경하·이천보에 대해 논했다.

8. 23. 소대에서 병판 박문수와 훈련대장 구성임이 서로 자기의 견해를 세우며 언성을 높이자 화해시키다.

8. 23. 이 또한 당심(黨心)이라며 박문수·구성임을 군율로 효시하겠다고 했다가, 대신·대간이 모두 만류하자 삭직에 그치다.

9. 15. 주강에서, 자신은 일기 변화에 따른 백성의 생활을 지나치게 염려하는 병통이 있다고 하다.

10. 10. 조현명이, 지난번 박문수와 구성임의 처리에 있어서 병판은 군문의 대장이니 체통이 다르다며 그에 걸맞게 처리했어야 했다고 아뢰다.

12. 30. 이달에 전국에서 여역으로 죽은 이가 수만 명에 이르다.

영조 19년(1743)

1. 25. 자신은 아직도 자성을 대할 때면 신하들이 자신 앞에서 하듯이 부복한다며, 자신의 마음을 알아주는 이는 자성뿐이라고 하다.

1. 28. 강계 백성 20여 명이 호랑이에게 물려 죽자 휼전을 베풀다.

2. 5. 홍계희의 상소·옥당 한억증의 박문수 비판 발언 등을 둘러싸고 논의했는데 송인명이 당습이 관련되어 있다고 하다.

2. 6. 당습 문제로 탕제와 입진을 그만두게 하

다. 홍계희·박문수 논란이 계속되고 박문수가 재상들에게 말을 선물한 일도 논란이 되다.

2. 15. 조현명이 박문수에게서 얻어 사용한 말에 대해 해명하면서, 탐장의 죄는 자신에게 있다고 하다.

2. 22. 동궁에게 《소학》을 강하게 하다.

3. 17. 세자의 관례를 시민당에서 거행하다.

3. 20. 박문수를 석방하고, 홍계희를 삭직하다.

윤4. 23. 김재로가 태묘의 악장에 대해 아뢰다.

윤4. 26. 사직단에 나아가 장악원정 이연덕을 불러 사직단의 음악에 대해 묻다.

6. 3. 대신·비국당상을 인견하고 종묘 악장의 이정(釐正)에 대해 의논하다.

7. 17. 신하들이 오순 잔치를 권했으나 따르지 않다가 대비의 권하는 글을 받고 나서 따르다.

• 신하들이 대비전에 아뢰었다.

9. 5. 세자빈을 간택하려 함에 있어, 세자가 용모가 아닌 숙덕을 취하려 한다 하여 기특하다고 하다.

9. 29. 친히 세자빈 초간택을 행하다.

11. 13. 삼간택의 예를 거행해 홍봉한의 딸을 선택하다.

11. 28. 정언 조중회가 상소해, 조금이라도 뜻에 거스르면 당론으로 의심하니 언로가 막힌다고 하다. 또 제도를 벗어나 사묘(私廟)를 찾을 때가 많은가 하면 사묘행을 갑작스럽게 행해 유사가 미처 준비하지 못해 당혹해 한다고 아뢰다.

12. 3. 숙빈 묘에 거둥하고 이어 화평옹주의 집에 거둥하다.

12. 8. 조중회의 일로 몹시 노해 신하들을 접견하지 않다. 대신 이하 3사에 이르기까지 합문 밖에 엎드려 청대한 지 4일이 되었으나 여전히 허락하지 않다가, 한익모·김상적 등이 물러나지 않고 내전의 문밖에 엎드리니 비로소 불러 보다.

12. 9. 조중회를 논죄하지 않은 대간을 삭직하고 조중회는 삭직 후 사판삭제하다.

12. 29. 이해에 전염병으로 사망한 자가 수만 명에 이르다.

영조 20년(1744)

1. 11. 왕세자의 가례를 행하다.

2. 12. 급제 민백상이 상소해 자기 아버지 민형수의 억울함을 아뢰고 조현명을 공격하자, 좌의정 송인명을 불러 상소를 보인 뒤 민백상을 정배하다.

3. 5. 세자로 하여금 읽게 했는데 구두가 분명하고 목소리가 낭랑해 크게 기뻐하며 춘방의 관원들을 불러 어제 시를 내리다.

3. 8. 숙빈의 기일이어서 육상묘(毓祥廟)에 거둥해 친제하고 다음 날 환궁하다.

4. 8. 종묘의 하향대제를 행한 다음 육상궁에 거둥했다가 환궁하다.

5. 2. 약원의 신하들을 사옹원으로 옮겨 숙직하도록 명하고 검소한 생활을 하다.

• 임금이 목면으로 된 침의(寢衣)를 입고 소자모(小紫帽)를 썼으며, 이불 하나 요 하나가 모두 명주로 만든 것이었으며, 병장(屛障)도 진설하지 않았다고 한다. 여러 신하들이 임금의 검소한 덕에 찬탄했다.

6. 24. 대신과 비국당상을 인견하니, 사소한 일에는 지나치게 관여하지 말 것을 청하다.

6. 25. 관상감에서 밤의 시각을 측정할 수 있는 새로운 방법을 도입할 것을 청하다.

7. 14. 벽돌을 구워 강화도의 옛 토성을 증축하는 공사가 끝나다.

8. 5. 백관들의 공복을 옛 제도를 따라 《속대전》에 기록하라 이르다.

• 과거에는 2품 이상은 비색, 정3품은 홍색, 종3품 이하는 청색, 7품 이하는 녹색이었는데 이즈음에 뒤섞여 있었다.

8. 27. 《속오례의》가 완성되다.

9. 11. 주강에 세자가 모시고 곁에 앉으니, 친히 권학문을 지어 세자빈객 김약로로 하여 설명하게 하다.

10. 11. 옥당관을 소대한 자리에서 독서와 연락(宴樂) 중 어떤 쪽이 좋은지를 동궁에게 묻게 하다. 다음 날 수찬 어석윤이 세자가 모두 좋다며 그 이유를 설명했다고 답하다.

• 세자가 시를 지었는데, 사람들은 중국 송나라 태조가 지은 전간시(田間詩)의 기상이 있다고 일컬었다.

10. 11. 찬집청 당상관에게, 《속대전》 중에서 형전을 고쳐 바로잡는 것이 어떤지를 묻고 백성에게 이롭게 고칠 것을 하유하다.

10. 13. 밤에 인정문에서 불이 나다. 인정문 좌우 행각과 연영문까지 타고 열성조(列聖朝)의 《승정원일기》도 모두 불타다.

10. 14. 전 정언 이언세가 친인척의 등용·매관매직·언로 차단 등의 혐의로 3정승을 공격하는 소를 올리자, 불러 일일이 물은 다음 소인배라며 경성으로 유배하다.

10. 17. 이언세에 대한 명을 환수할 것을 청한 장령 윤광천을 친국하고 흑산도에 천극하라 명하다.

10. 20. 조성도감의 당상·낭청을 차출해 악기를 제조하게 하다.

• 인정문 화재 때 악기 등도 모두 불타 버렸기 때문이다.

11. 4. 세자에게 글 읽는 것이 싫은지 좋은지를 묻자 세자가 싫을 때가 많다고 답하다. 이에 대답이 진실하니 기쁘다고 하다.

12. 2. 송인명이 사가의 일기초·조보·3사에서 내려오는 난보(爛報) 등을 수합해 《승정원일기》를 찬수할 것을 청하자 선조 임진년 이후부터 하라고 명하다.

12. 9. 대사헌 김유경이 이언세·윤광천을 신구하자 노하여 삭탈하다.

영조 21년(1745)

2. 12. 좌의정 송인명과 우의정 조현명이 송인명

의 종제인 송창명과 청대해 인견한 자리에서, 송창명이 이경중이란 이에게서 들은 얘기를 아뢰다.

2.13. 송창명의 고변과 관련해 친국하다. 이득중과 조징이 진술하다.

2.14. 이득중·조징을 흑산도로 정배하라 명하다.

2.20. 좌의정 송인명·승지 서명형을 보내 어진을 강화부 만녕전에 봉안하게 하다. 이를 위한 이송과 봉안 관련 절목들을 마련하다.

2.27. 신하들의 의견을 물어 이득중을 다시 국문하기로 하다.

2.30. 숙장문에서 이득중과 조징을 친국하고 나서, 이후 모든 형신은 하루 한 차례를 넘기지 말고 추국 역시 두 차례를 넘기지 않도록 하라 명하다. 또 이를 《속대전》에 싣게 하다.

2.30. 이득중이 정형하기 전에 죽고 조징도 죽다.

3.16. 육상묘에 나아가 전배하고 효장묘를 거쳐 환궁하다.

3.17. 인정문이 중건되다.

5.6. 범월한 자들을 참나무 곤장으로 친다는 말을 듣고, 누가 중곤(重棍)으로 나의 백성들을 상하게 하느냐며 없애도록 하라 명하다.

5.12. 비국당상을 인견하다. 김재로가, 관상감이 연경에서 무역해 온 책자·측후기·천리경·지도 등을 올렸는데 책자는 반질만 내려 보내고 천리경 등은 내려보내지 않았다고 아뢰다. 이에 이들 물건이 위를 엿보는 기상이 될 수 있다며 깨뜨려 버리고 책과 지도는 세초해버렸다고 답하자 신하들이 찬탄하다.

5.15. 대사헌 김상로가, 명현은 영남에서 많이 나오고 충절은 호남에서 많이 나오는데, 지금은 소년에 등과해도 머리가 셀 때까지 벼슬하지 못하는 이가 십중팔구가 된다며 지방 인재가 등용되지 못하는 현실을 아뢰다.

6.14. 양정합에 나아가 동궁의 시좌(侍坐)를 명

하고 어제 《상훈》을 강독한 다음 애민의 도리 등을 묻다. 세자가 조목조목 대답을 잘하자 신하들이 칭찬하고 임금도 기뻐하다.

• 《상훈(常訓)》은 영조가 친히 지은 책자다.

6.14. 장령 김이만이 상소해, 풍속의 사치와 수령들의 탐오가 백성의 곤궁과 재물 고갈의 이유라고 아뢰다.

7.4. 이조판서 이주진이 문무의 적체와 서얼 등용 문제를 아뢰다.

9.11. 《상훈》에 존주가 존왕으로 표현된 것에 대해 유생으로부터 지적이 있었는데, 이를 빌미로 선위의 뜻을 밝혔다가 다음 날 거두다.

9.26. 김약로가, 한억증의 집에 누가 찾아와 품속의 글을 꺼내 고변 운운했다고 아뢰다.

10.8. 숙장문에 나아가 친국하다.

10.10. 이색이 물고되다.

12.13. 인정문에 나아가 이광흡을 친국하다. 이광흡이, 이색이 무리를 모아 무신년과 같은 일을 하겠다고 하자 따르려 했다고 진술하니 능지처참하다.

12.14. 역모 가담이 확인된 이유필을 능지처참하다.

12.25. 목광원·양민태·김덕재·이자득 등 10명이 물고되다.

영조 22년(1746)

1.12. 이조행을 친국하고 정법하다.

3.2. 저승전 월랑에 화재가 발생하다.

3.21. 주강과 석강에 세자가 시좌하다. 세자에게 전국시대의 영준한 선비들을 열거하라 이르자 대답을 잘해 신하들과 함께 칭찬하다.

윤3.18. 김복택의 아들 김교재가 격고(擊鼓)하여 송원(訟寃)하다. 대신들의 의견을 물은 뒤 김복택의 관직을 회복하다.

윤3.27. 조현명의 면직을 허락하고 영돈녕에 제수하다.

4. 11. 《속대전》 인쇄본이 완성되다.

4. 24. 우참찬 원경하가 폐4군의 재설치를 청했으나 윤허하지 않다.

5. 20. 조현명 우의정.

5. 24. 이판 박필주가 차자를 올려 신임 의리를 말하고 관련자들을 처분할 것을 청하자, 고심하고 있다며 공감을 표하다.

5. 25. 대신들과 비국당상을 인견해 박필주의 차자를 의논하니, 김재로·원경하 등은 물론 송인명·조현명도 동의하다.

5. 27. 박필주가 상소해 신임사화의 시비를 분명히 밝힐 것을 청하다. 김재로가 더불어 유봉휘·조태구·이광좌를 공격하다.

5. 29. 조현명이 상소해 대훈 수정을 반대하고 조태구를 옹호하다.

6. 1. 박필주가 우상의 상소를 이유로 고향에 돌아가다.

6. 1. 부제학 이덕중이 상소해 시비를 분명히 할 것을 청하면서, 조현명을 비판하고 조태구를 공격하다.

6. 2. 원경하가 이건명의 충절을 아뢰고 백망·장세상의 신설을 청하다.

6. 3. 박문수가 상소해 대훈에 첨입을 주장한 박태주를 비판하다.

6. 3. 지중추 윤양래가 진신 60여 인을 이끌고 연명 상소해 박필주를 옹호하다.

6. 4. 윤양래와 박문수를 삭직하다.

6. 5. 지경연 원경하의 의견을 따라 4대신에게 사제(賜祭)를 명하다.

6. 8. 박필주가 돌아가며 상소해 조현명을 공격하다.

7. 5. 박필주가 소를 올려 시비를 가르는 처분을 내려 줄 것을 청하다.

7. 12. 준론·완론에 대해 묻자 승지 조재호가 답하다.

8. 11. 좌의정 송인명 졸기.

9. 2. 3사에서 합계해 조태구·유봉휘·이광좌·조태억·최석항 등의 관작추탈을 청하다.

9. 4. 조태구·최석항의 일을 가지고 조현명·원경하 등의 의견을 물은 뒤 조태구·최석항의 관직삭탈을 명하다.

9. 6. 조태구의 일과 이천기·김용택 등에 대해 원경하와 조현명이 논쟁하다. 조현명이 면직을 청하니 윤허하다.

9. 6. 정석오 우의정.

10. 18. 밤에 승지와 유신을 불러 황형(皇兄)의 우애를 말하며 목메어 울다.

• 황형은 경종을 말한다.

10. 23. 영돈녕 조현명을 호위대장으로 삼다.

11. 9. 서로 비율을 맞추는 정사 역시 색목의 심리에서 나온 것이라 하다.

11. 30. 정석오 좌의정, 민응수 우의정.

12. 29. 부교리 김문행이 종조 김창집의 충성과 건저의 당위를 말하고 삼변(三變)의 설을 해명하니 깊이 알고 있다고 답하다.

• 삼변은 경종 1년(1721)에 세제의 대리청정 문제를 둘러싸고 생긴 말이다. 처음에 노론 측에서 대리청정의 하교를 거두어 달라는 정청(庭請)을 했으나 경종이 뜻을 굽히지 않자, 대리절목(代理節目)을 정하여 연명으로 차자[聯箚]를 올리고, 소론의 조태구가 경종을 알현하자 이를 따라 들어가 대리청정의 하교를 환수할 것[反汗]을 청하였는데, 소론 측에서 이러한 정청·연차·반한을 삼변(三變)이라 하여 노론의 죄목으로 삼았다.

영조 23년(1747)

2. 8. 세자가 오래 앉아 있는 것을 힘들어해 세자와 하던 주강을 중단하다.

3. 22. 부수찬 김양택이 상소해 원경하·박문수 등을 공격하자, 당습을 한다며 외직으로 전보시키다.

4. 22. 소대 시 세자를 시좌하게 하고 《통감》을 읽게 한 다음 시황제 이전의 성군이 누구인지

등을 묻다.

4. 24. 세자에게 쉬지 않는 학습을 권고하다.

5. 8. 세자에게 훈계의 글을 내려 주다.

6. 11. 장령 강봉휴가 언로에 관해 상소하니, 당습이라며 사판에서 삭제하다.

6. 22. 약방이 입진하자 대리청정의 뜻을 밝히다.

7. 13. 《자치통감》을 강한 후 세자에게 덕을 닦기를 게을리하지 말라 이르다.

7. 18. 태묘에 전알하고 돌아올 때 금군별장 조덕중을 잡아들여 곤장을 쳤는데 착용한 갑옷이 남달랐기 때문이다.

8. 16. 3사에서 김일경의 역절에 관계된 사람으로 이광좌·조태억을 논핵하자 당습으로 여기다.

8. 21. 어사 원경하를 보내 호남을 양전하게 하다.

8. 27. 좌의정 정석오의 면직을 허락하다.

8. 27. 우의정 민응수를 파직하고 영의정 조현명을 좌의정으로 삼다.

9. 26. 안평대군의 관직을 회복하다.

10. 1. 탕춘대에 거둥해 장교와 군병이 총 쏘는 것을 몸소 시험하고 차등 있게 시상하다.

10. 3. 동궁에게 시강을 명하니 글 읽는 소리가 점점 작아지다. 이에 보덕 김상철이 서연에서의 글 읽는 소리는 홍대(弘大)하다고 아뢰다. 책 읽기를 좋아하는 마음이 12시 중 어느 정도인지 묻자, 세자가 1~2시라고 답했는데 정직하다고 하다.

10. 9. 김재로가, 자신은 당론을 잊은 지 오래되었고 자질(子姪)들도 당심이 없다고 하다.
• 이에 임금이, 자신도 원량의 심정을 모르는데 어찌 자질들의 심정을 아느냐고 묻다.

11. 5. 평안도에 나타난 괴수를 병사가 잡아 그 가죽을 올리다.
• 앞발은 호랑이 발톱, 뒷발은 곰의 발바닥, 머리는 말과 같고 코는 산돼지 같으며 털은 산양 같았다고 한다.

11. 11. 주강에서 세자가 시좌하다. 《소학》과 한나라에서 어느 제왕이 우수했는지 등을 묻다.

11. 18. 불에 타다 남은 《승정원일기》의 개수가 끝나다.

12. 21. 연산군과 광해군의 묘를 보수하게 하고 수묘군을 보충하게 하다.

12. 28. 이 해의 호구는 1,725,538호, 7,340,318명이다.

영조 24년(1748)

1. 17. 어용의 모사와 이봉(移封)에 관한 어제 수후문(垂後文).

1. 20. 어용을 모사하도록 명하다. 화원 장경주로 하여 주관하게 하고, 장득만·진응회 등이 동참하게 하였으며, 유생 가운데 그림이 능한 조영석·윤덕희·심사정에게도 감동(監董)하라 명하다.

1. 25. 사직 원경하가 상소해, 심사정은 심익창의 손자이니 이런 역사에 참여하는 것은 부당하다고 아뢰자, 도감으로 하여 발거하게 하다.

1. 29. 신라 경순왕의 능에도 고려 왕릉의 예에 따라 수총군 5인을 두도록 하다.

2. 4. 조영석에게 모사를 하교했으나, 도화서를 설치한 이유가 이런 일을 하게 하기 위해서가 아니냐며 사양하다.

2. 13. 어진의 개본(改本)이 완성되어 선정전에 봉안하다.

2. 25. 영희전으로 나아가 태조·세조·원종의 어용을 제1실·제2실·제3실에 봉안하고 숙종의 어용을 제4실에 봉안하다.

2. 25. 선정전의 영정을 영희전으로 옮길 때의 의식 등에 대한 기록.

3. 18. 어떤 이가 문틈으로 수졸을 불러 궐문 안으로 투서하다.

4. 5. 금상문에 임어하여 궐문에 투서한 죄인을 국문하다.

5.18. 앞서 동궁이 지은 시에 어버이의 마음을 어기지 않았다거나 글 읽는 것이 가장 즐겁다는 구절이 있었는데, 믿지 못하는 기색을 드러내며 세자에게 묻다. 세자의 답변서를 받아보고 만족해하다.

5.19. 세자를 불러 한고조와 무제, 문제와 무제 중 누가 더 훌륭한지를 묻다. 이에 세자가 고조와 문제라고 답하자 자신을 속이는 것이라며 세자가 지은 시의 구절을 들어 기가 크게 승하다는 판단을 보이다.

• 임금이 거론한 것은 '호랑이가 깊은 산에서 울부짖으니 큰 바람이 분다[虎嘯深山大風吹].'라는 구절이다. 이에 시독관 이이장이, 세자의 기가 승한 것 같지만 안중(安重)하다고 평했다.

5.21. 금오랑을 보내 호서의 요적 이지서 등을 체포하게 하다.

5.25. 서울의 투서는 이지양의 아우 이지억이 했고, 문의의 괘서는 이지양과 박민추가 했다고, 이지서가 이지양의 말을 빌려 공초하다.

5.25. 이지억과 이지양이 이지서의 말을 부인하다. 이에 다시 이지서를 신문하니 이지서가 자신이 무고했음을 자복하다.

5.25. 이지서가 물고되다.

6.24. 화평옹주가 위독하여 옹주 집에 행행하다. 이날 옹주가 졸하자, 통곡하면서 슬퍼하다.

6.26. 대신이 간쟁하였으나 듣지 않고 화평옹주 집에 또 행행하다.

7.6. 옹주의 집과 가까운 창덕궁으로 이어하다.

윤7.1. 관소(館所)에 행행하여 청나라 사신에게 연향을 베풀고 환궁(還宮)하는 길에 옹주집에 가서 통곡하다.

윤7.3. 호조에 명해 사인(士人) 윤득성의 가산(家山)을 사들이게 하고 민가 100여 호를 사들여 헐다.

• 화평옹주의 묘를 위한 것으로, 윤득성의 장전(莊田) 뒤가 길지였기 때문이다. 이에 사관은 남의 집안에 대대로 내려오는 땅을 빼앗고, 민가 수백 호를 헌 것을 비판했다. 옹주는 훌륭한 부덕을 지니고 있었으므로 그 뜻을 따라야 했다고 보았다.

윤7.9. 우찬성 박필주 졸기.

윤7.29. 화평옹주의 집으로 행행하다. 전후로 곡림한 것이 다섯 차례에 이르다.

윤7.30. 통신사 홍계희 일행이 일본에서 돌아오다.

• 500여 명에 이르는 일행을 제대로 통제하지 않아 이르는 곳마다 민폐를 끼쳤고 대마도에 이르렀을 때는 예폐 등이 배 위에서 타 버려서 다시 보내기도 했다.

윤7.30. 통신사 일행이 일본 강호에서 기록한 견문.

8.2. 화평옹주를 장사 지냈는데, 의물의 성대함이 국장에 버금갈 정도로 성대하다.

8.5. 통신사 홍계희 등을 소견해 왜국의 사정에 대해 상세히 묻다.

8.10. 명릉에 행행했다가 돌아오는 길에 화평옹주의 집에 들르다.

8.13. 좌의정 조현명이 차자를 올려 옹주의 집에 지나치게 행행함을 지적하다.

9.9. 《무원록》을 중간(重刊)하여 팔도에 반포하다.

9.21. 왕세자에게 《중용》의 서문을 읽게 하고 그 뜻을 물은 다음 전보다 많이 나아졌다고 하다.

10.12. 부수찬 이세사가, 한편이 나오면 한편이 물러갈 때보다도 못하다며 탕평의 폐해를 상소하자, 도산서원으로 돌아가 글을 읽으라 답하다.

10.23. 세자에게 한·당·송 가운데 어느 나라가 가장 낫고 또 어느 나라가 가장 못한가를 묻자, 한이 제일 낫고 당이 가장 못한데 당이 뒤처지는 이유는 제가를 잘하지 못했기 때문이라고 답하다. 칭찬하고 기뻐하다.

12.1. 한림(翰林)에 피권(被圈)된 이들을 불러 시

험을 보아 채제공 등 6인을 뽑다.

12. 18. 세자에게 색욕의 경계를 말하다.

영조 25년(1749)

1. 22. 세자 나이 열다섯이 되었다며 선위의 뜻을 밝히다.

1. 23. 시임대신·원임대신·비변사의 재신·승지·옥당·양사를 환경전에서 인견하고는 선위하는 다섯 가지 이유를 말하다. 신하들이 반대하고 세자도 폭우 속에 엎드려 울며 간하자 대리청정으로 후퇴하다.

1. 23. 대리청정 절목.

1. 25. 밤에 원경하·조명리를 불러 〈정훈〉을 불러 쓰도록 하다.

• 정치의 요체를 훈계하는 내용이다.

1. 27. 왕세자의 대리청정을 태묘에 고하고 팔도에 전교를 반포하다.

1. 27. 종친·문무 2품 이상이 시민당의 뜰로 들어와 세자에게 재배하다.

1. 27. 유신에게 명해 세자 앞에서 〈정훈〉을 읽게 한 뒤 당부의 말을 하다. 이어 비답을 쓰게 하라고 명하고 동궁이 행하다.

1. 28. 세자가 시민당에 앉아 대신과 비국당상을 인접하고 정사를 보다.

• 신하들이 모두 움츠리고 엎드려 대조에 입시할 때보다 더욱 공손하였는데 이는 세자가 과묵하고 위엄이 있어서였다.

1. 29. 세자가 없는 자리에서, 세자의 정사와 신하들의 발언을 자세히 묻고 일일이 지적하다.

2. 16. 세자의 일 처리 과정을 직접 지켜본 뒤 충고의 말을 하다.

2. 17. 세자에게 일러, 의심스럽고 어려운 일이 있으면 반드시 자신에게 물어 시행하라 하다.

2. 20. 조현명이, 세자가 대조에게 여쭙는 경향이 있다며 스스로 결정할 것은 스스로 결정해야 한다고 아뢰다.

3. 4. 화완옹주가 이판 정우량의 아들 정치달과 혼인하다.

3. 10. 육상궁에 나아갔다가 화순옹주 제택에 머무르다.

3. 29. 이후 경장할 사항과 변방의 일, 그리고 형벌이 일률에 해당하는 것 등을 제외한 나머지는 세자에게 입달토록 하라 이르다.

4. 1. 세자가 시좌하는 차대(次對)에 비국당상들이 대부분 참석하지 않고 건의하는 바도 없자 월 2회에서 월 1회로 줄이라고 명하다. 이에 박문수가 눈물로 극력 간쟁하자 거둬들이다.

4. 5. 김재로·조현명이 매사를 대조께 아뢰어 재결할 것을 청하니, 왕세자가 명심하겠다고 답하다.

4. 5. 세자와 대신들을 불러 백성의 고통과 백성을 사랑해야 함에 대해 이르다.

4. 11. 대보단에서 명나라 세 황제(태조·신종·의종)에게 제사를 올리다.

5. 23. 동궁이 매사 자신에게 품의하는 것에 대해 지적하고, 좌상 조현명이 그렇게 할 것을 권하는 것은 잘못 가르치는 것이라고 이르다.

6. 9. 홍봉한 도승지.

7. 23. 구례에도 없고 대리하는 뜻도 아니라며, 한 달에 두 번 하는 시좌 차대를 파하라 명하다.

7. 30. 정언 박사눌이, 연묵(淵默)함이 지나쳐서 연대(筵對)하는 것이 형식화되고 있다고 아뢰자, 세자가 깊이 유념하겠다고 답하다.

8. 10. 권상일을 이조참의에 제수했는데, 이판 정우량과 병판 김상로가 영남 사람이 이조참의가 되었으니 실로 탕평의 공이라고 아뢰다.

8. 15. 정언 송형중이 왕자(王者)의 법도에 대해 상소하며, 임금 앞에서 세자를 논했다고 조현명을 공격하다.

8. 18. 조현명이 도성 밖으로 나가 차자를 올리다.

8. 20. 왕세자가 수서(手書)를 내려 조현명에게 돌

아오라 하다.

8. 21. 송형중의 관작을 삭탈하고 방귀전리하다.

8. 21. 세자에게 조현명이 들어오지 않으면 나타나지 말라 명하자, 세자가 조현명에게 글을 내려 들어올 것을 재촉하며 저녁밥도 들지 않다. 이에 조현명이 들어오자 세자와 함께 인견하다.

8. 24. 김약로 우의정.

9. 2. 조현명의 면직을 허락하다.

9. 5. 영의정 김재로가 사직을 청하자 허락하다.

• 김재로가 사직을 청한 것은 자신의 종제 김약로가 정승이 되었기 때문이다.

9. 23. 신하들과, 부인들의 머리 모양에 대해 논하다.

10. 5. 장령 구윤명이, 당하의 조신부터 환시 및 액례까지 복색이 모두 붉은 것을 지적하며, 황조 대전의 법을 따라 당하관은 청록포를 입게 하고 부인의 머리 쪽 또한 명나라의 예를 따라 관식(冠飾)으로 대체할 것을 청하다. 이에 2품 이상은 임금과 가까이 있어서 복색을 붉게 하지 않고 담홍을 쓴 반면, 당하관의 붉은 복색은 행한 지 이미 오래되어 변경하는 어려움이 클 것이고 화관 또한 사치를 낳을 것이라 답하다.

10. 29. 가려움증이 심해져 신하들이 온양 온천 물을 길어다가 훈세(薰洗)할 것을 청하니 허락하다.

• 민폐가 염려되어 임금이 온천 물 길어 오는 것을 어렵게 여겼다. 신하들이 강력히 청한 후에야 겨우 허락했다.

11. 7. 모든 군문의 대장들에게 명해 《속병장도설》을 편찬케 하다.

12. 4. 여역으로 50~60만 명이 사망하니, 근신을 경성과 각 도에 보내 여제(癘祭)를 베풀 것을 명하다.

12. 13. 김약로 좌의정, 정우량 우의정.

12. 17. 김성행·백망·장세상 등에게 관직 추증을 명하다.

12. 26. 정우량이 이천보·조재호를 추천하자, 조재호에 대해 마뜩지 않다는 반응을 보이다.

영조 26년(1750)

1. 5. 세자에게 지난번에 내린 〈상훈〉에 대해 말하고 잘 체득했는지를 묻다.

• 위 〈상훈〉은 신하를 쓰는 법에 대한 어제다.

1. 28. 이달도 역질이 치성해 만 명 넘는 이가 죽다.

2. 29. 이달의 역질 사망자 6,200여 명.

3. 11. 조현명 영의정.

3. 23. 김약로가, 훈련대장 김성응이 출입할 때 철릭을 입지 않은 것을 비판하자, 이후로 무신이 직령을 입는 것을 엄금하고 어긴 자는 병판과 대장이 곤장을 치도록 하라 이르다.

3. 23. 이때에 여역으로 인한 사망자가 10여만 명에 이르자 8도에 여제를 행하다.

3. 26. 전라감사에 부임하지 않은 이태중을 진도 군수로 좌천하다.

3. 29. 이달의 역질 사망자 37,581명.

4. 29. 이달의 역질 사망자 25,547명.

5. 19. 홍화문에 나아가 사서인(士庶人)을 불러 양역의 폐단에 대해 묻다.

5. 19. 비국당상을 인견해 균역의 일을 의논하다.

5. 29. 이달의 역질 사망자 19,849명.

6. 28. 이달의 역질 사망자 30,300명.

7. 2. 양역 절목을 가져다 보다. 백성에게 혜택이 있으면 그 공을 신하들과 나눌 것이고 원망이 있게 되면 혼자 듣겠다고 하다.

7. 3. 홍화문에 나아가 유생들을 불러 양역에 대한 의견을 듣다.

7. 3. 양역 변통에 대해 결국 감필(減疋)에 그치고 말았다며, 중지할 경우 백성뿐 아니라 자신도 속이는 것이라 하다.

7. 9. 신하들에게 1필을 감할 경우의 대책을 강

구하라 명하다.

7.11. 전의감에 청을 만들어 균역청이라 명하고, 예판 신만·이판 김상로·사직 조영국 등을 당상으로 삼다.

7.30. 이달의 역질 사망자 22,261명.

8.5. 3정승이 연명 차자를 올려 양역의 절목 및 별단 등을 바치다.

8.27. 왕세자빈이 원손을 낳다.

8.29. 왕세자가 시민당에 나아가 백관의 하례를 받다.

8.29. 이달의 역질 사망자 2,200여 명.

9.3. 궁녀 45명을 내보내다.

9.12. 온천을 가기 위해 거둥하여 과천에 묵다.

9.17. 온궁에 나아가다.

9.28. 환궁.

9.30. 이달의 역질 사망자 6~7만.

10.23. 조현명이 상소해 임금의 독단을 지적하자, 조현명에게 늙었어도 글은 젊은 날과 같다며 질책하다.

• 조현명이 상소 첫 부분에서 천둥이 울고 번개가 친 이유를 아는지 물었는데, 재이(災異)나 역병 같은 같은 일은 임금의 부덕 탓이라는 인식이 있기 때문이다.

10.25. 조현명이 금오에서 명을 기다리다.

10.29. 영의정 조현명의 면직을 허락하다.

12.14. 원손의 의장에 대하여 논의하다.

12.19. 예조에서 왕세손의 의장에 대해 아뢰다.

12.24. 왕세손의 오장 복색 등을 논의하다.

12.29. 이해의 호구는 1,644,808호, 6,611,136명이다.

영조 27년(1751)

1.5. 균역청 당상과 유신을 불러 보다.

1.23. 왕세손의 명령은 의지(懿旨), 신하의 주어(奏語)는 백(白) 자, 전문(箋文)은 찰(察) 자를 쓰기로 하다.

2.3. 환관 김처선에게 정문을 세울 것을 명하

다.

• 김처선은 연산 때의 환관으로, 연산에게 규간하다가 죽임을 당했다.

2.9. 균세사 박문수와 선세(船稅) 등에 대해 의논하다.

2.21. 균역청 당상 및 균세사를 소견해 어염세 등을 논의하다.

2.27. 대왕대비전의 존호를 올리다.

3.2. 대사간 이존중이 상서해 임인년의 일을 말하다. 시민당에 나아가 동궁이 시좌한 가운데 이존중을 불러 묻고 당심이 가득 찼다며 거제에 유배하라 명하다.

3.7. 대사간 서명신 등이 상서하여 이존중을 신구하고 성명을 거두기를 청하니, 세자가 성상의 참소를 미워하는 하교가 엄정하다며 장주를 돌려주고 이후 이런 장주를 받지 말라 이르다.

3.25. 김재로를 다시 영의정에 제수하다.

4.10. 5도 유생이 상서해 양송의 문묘종사를 청했으나 세자가 따르지 않다.

4.19. 좌의정 김약로가 사직하니 허락하고, 조현명을 다시 좌의정에 제수하다.

4.20. 영의정 김재로·병판 홍계희 등을 소견하고 균역의 일에 관해 묻자, 김재로가 호전(戶錢)이나 결포(結布)만 못하다는 의견을 내다.

4.28. 충청감사 이익보가 상서해 어염선세, 선무군관의 폐단을 아뢰다.

5.1. 좌의정 조현명이 상소해 균역법의 계속 시행을 청하다.

5.2. 병판 홍계희가 상서해 균역법의 이로움을 아뢰다.

5.6. 영의정 김재로가 상차해 균역법으로 인한 지방 재정의 어려움을 아뢰다.

5.12. 좌의정 조현명이, 균역에 관한 12조항의 문답을 책으로 엮어 올리며 반대론자들의 주장을 반박했다고 아뢰다.

5.13. 명정전에 나아가 원손 이정을 왕세손으로 삼다.

윤5.18. 정언 오찬이 상서해 징토를 엄히 하고 시비를 분명히 할 것을 청하자 세자가 자신은 다만 성상의 뜻을 따를 뿐이라며 한심하다고 답하다.

윤5.29. 대사헌 정형복 등이 상달해 이광좌, 조태억 등의 관작추탈을 청하다.

6.2. 병판 홍계희가 상소해 균역 변통 절목에 대해 상세히 아뢰다.

6.9. 호서 암행어사 한광조를 소견했는데, 한광조가 백성이 포 감면을 크게 환영한다고 아뢰다.

6.12. 김재로가 상차해, 세자가 대리의 일을 잘 하고는 있으나 매양 지나치게 책망한다는 등의 일을 아뢰다.

6.17. 좌의정 조현명이, 균역법에 대한 소란에 대해 별것 아니라고 아뢰다.

6.23. 대사간 민백상이 상서해 신임옥사 등에 대해 아뢰다. 상소가 들어간 뒤로 6일 만에 정원에 명하여 이를 불태우게 하다.

6.28. 민백상을 하옥시켜 국문한 뒤 거제부에 도배시켜 영원히 금고하라 명하다.

8.14. 병을 이유로 좌의정 조현명을 면직시키고 영돈녕으로 삼다.

9.27. 두문동 72인에게 제사토록 하고 후예를 조용(調用)하라 이르다.

10.12. 민백상의 군무미설(君誣未雪)을 놓고, 한 쪽에서 의심할 것이라며 탕제를 거부하다.

11.14. 현빈이 건극당에서 홍하다.
• 현빈은 효장세자의 빈이다.

영조 28년(1752)

1.2. 호랑이가 경복궁 후원에 들어오다.

1.11. 현빈에게 효순이란 시호를 내리다.

1.13. 병판 홍계희가 왕세자에게 균역에 관한 책자를 올리다.

1.14. 균역청 당상과 박문수를 소견해 선무군관의 폐단에 대해 논의하다.

1.22. 효순현빈을 효장의 묘소에 부장하다.

1.29. 시내[川]가 막혀 준설하는 문제를 논의하다.

2.17. 영의정 김재로가 존호를 정하는 일을 청하다.

2.20. 영의정 김재로 등이 백관을 거느리고 정청(庭請)하면서, 존호 올리는 일을 수락할 것을 청하다.

2.27. 명정전에 나아가 친림하여 황단의 서계를 읽고 나서 무신년의 일과 군무미설 등을 말하며, 삼황은 자신의 마음을 알 것이라며 엎드려 일어나려 하지 않다. 신하들이 극력 만류하고 세자가 만류하고 다시 대비전에 아뢰어 두 차례에 걸쳐 만류하는 언서를 내리게 하자 일어나며 자전께 존호 올리는 일을 먼저 거행하라며 존호 받기를 수락하다.

3.4. 세손이 통명전에서 홍서하다.

3.7. 세손의 상례와 관련한 대전 이하의 복제.

3.9. 유모 계영을 삼수부에 정배하다.

4.1. 현빈궁의 복제를 벗다.

4.17. 이증·이학의 일을 투서한 이양제를 잡아 내사복에서 친국하다.

4.22. 이양제가 물고되다.

4.23. 익명으로 된 시가 나돌아 대책을 의논하다.

4.26. 조현명의 졸기.

5.12. 의소세손을 장사 지내다.

5.29. 홍계희를 김육에 비하며 균역을 성사시킨 공로를 칭찬하다.

6.11. 이종성 좌의정, 이천보 우의정.

6.28. 승지 이익보가, 세손궁의 경우 상서(上書)를 상장(上狀)으로 저하를 각하로 부르는 것이 좋겠다고 아뢰자, 지금은 세손이 없지만 절목을 만들어 후세에 전한다면 명료할 것이라며 따르다.

6.29. 균역 사목의 내용.

7.1. 새 돈을 주조하다.

7.20. 의금부가, 대정현에 도배된 김시욱의 아비가 상을 당했다며 법전에 의거해 돌아와 상을 치르게 할 것을 청하자 허락하고 장례 뒤에 배소로 가게 하다.

7.21. 신종 황제의 기일이어서 익선관에 흉배 없는 흑원령포를 갖추고 영화당 뜰에 나아가 망배례를 행하다.

7.24. 현빈의 대공복을 기년의 복제로 고치라 명하다.

8.3. 김포군의 명화적 수백 명이 말을 타고 곳곳에서 도둑질을 하다.

8.24. 천지 사이에 무함을 씻는다는 말이 없게 된 후에야 무함을 씻었다고 할 수 있다며 노론과 소론에게 불만을 표하다.

8.25. 의릉에 행행해 무함을 씻은 뒤에 일어나겠다고 하여 신하들과 실랑이하다.

8.28. 이판 조재호가 이광좌에게 세 가지 큰 죄가 있다 하자, 참으로 자신의 뜻과 같다고 하면서도 이광좌의 공로는 죄를 속할 만하다고 하다.

9.2. 우의정 이천보에게 대명하지 말라 하다.

9.3. 김상로를 우의정으로 삼다.

9.22. 왕손이 태어나다.

9.23. 영의정 김재로가 면직을 청하니 허락하다.

10.17. 이종성 영의정.

10.22. 당(黨)만 있고 나라는 없으며 신하만 있고 임금은 없다면서, 한 당은 임금이 무함당한 일을 씻어 주는 일을 돌아보지 않으며, 한 당은 자기들과 관계가 전혀 없는 일처럼 본다고 질책하다.

10.29. 세자가 성상의 노하심을 걱정하고 성상이 약을 물리치기에 이르렀다며 자신도 약을 물리치다.

11.2. 탕약을 거부하자 약방 도제조 김약로 등이 상서해 죄를 청하다.

11.2. 계속 탕약 들기를 거부하다가 승지 이지억이 울며 청하니 겨우 들다. 이어 삼척(三尺)은 당인들의 보복을 위한 것이 아니라며 문제점을 지적하다.

11.14. 조재호에게, 효순이 살아 있을 때 누차 오라비 조재호에게 전형의 임무를 맡기지 말라고 했던 것이 귀에 쟁쟁하다고 말하다.

11.25. 화협옹주의 집에 거둥하려 하자 채제공이 거듭 차자를 올려 간하다. 듣지 않고 옹주의 집에 갔다가 동이 틀 무렵에야 어가를 돌리다.

11.27. 화협옹주가 죽다. 거둥했다가 돌아오다.

12.1. 의소세손의 상복을 벗다.

12.8. 눈보라가 치는데 선화문에 나아가 대신·비국당상·약방·정원·옥당의 관원을 부르고는 대소 공무를 모두 동궁으로 들여보내라 명하다.

12.9. 승정원에서 모든 공무를 입계하니 도로 내리다.

12.14. 약방·정원·대신 등이 청대하고 영의정 이종성도 올라와 입시하다. 밤 3경에 자신이 시를 읽는 동안 세자가 눈물을 흘리면 효성이 있는 것으로 여겨 전교를 거두겠다고 하였는데 시 읽기를 마치기 전에 세자가 눈물을 흘리다. 신하들이 거듭 전교의 회수를 청하자 3정승 및 입시한 대신·경재·승지·유신을 모두 해도에 안치하라 명했다가, 대신은 중도부처, 재신은 멀리 유배, 승지와 유신은 변방유배를 명하다.

12.15. 육상궁에 전배하고 효장묘에 들른 다음 다시 선위 의사를 밝히니, 왕세자가 달려와 명을 거두어 줄 것을 청하다.

12.16. 신하들이 거듭 전교를 거두어 줄 것을 청하다.

12.17. 왕세자가 합문 밖 뜰에 앉아 대명하다.

12.17. 대비전에서 만류하다. 이에 눈 속에 서 있다가 환궁하고 전일 대신 이하에게 중도부처 등의 명을 취소하다.

12.19. 제조 박문수가 동궁의 효성이 지극함을 아뢰다.

• 박문수가, 동궁이 돈화문 밖에서 거적자리를 깔고 엎드려 대죄하였으며, 추운 곳에서 음식도 들지 않고 선처할 수 있는 계책을 경재들에게 묻곤 했다고 하자, 임금이 눈물을 흘리며 감격했다.

영조 29년(1753)

1. 27. 노루가 임금 앞으로 뛰어 달아나자, 영남에서 봉진한 노루인데 동궁이 살아 있는 동물을 차마 죽일 수 없다 하여 후원에 놓아준 것이라 설명하다. 신하들이 완물상지를 경계하자 동궁에게 전하라 이르다.

2. 8. 궁인 문 씨를 소원으로 삼다.

2. 22. 화협옹주방이 각전에 외상을 진 것이 매우 많다 하여 갚아 주게 하다.

2. 26. 호서어사 채제공이 복명하니, 균역에 대한 백성의 반응에 대해 묻다.

4. 21. 전통제사 정찬술이 통영에서 올라올 때 교자를 탔다고 직산현에 정배하다.

4. 28. 우의정 김상로가 4대신의 자손 서용을 청하니 윤허하다.

5. 2. 대사헌 유복명이 상서해, 대조께 여쭈어 최석항을 복관시키라고 한 명을 거두게 할 것을 청하자, 세자가 지난겨울의 처분은 정당한 것이었다며 듣지 않다.

5. 21. 세자가 《소학》을 마치고 《대학》 강독을 시작하다.

6. 17. 세자가 내국(內局)의 여러 신하들을 소견했는데, 내시가 원손을 안고 나오자 도제조 유척기가 우러러 쳐다보고 동방의 끝없는 경사라고 아뢰다.

6. 25. 대신과 예조판서를 입시케 하고는 사친에게 존호를 올리고 싶다고 하자, 신하들이 봉승하겠다고 하다.

6. 25. 숙빈 최 씨에게 화경이라 추시(追諡)하고, 묘(廟)는 궁(宮), 묘(墓)는 원(園)이라 하다.

7. 27. 사친의 시호를 지어 올리는 의식에 관해 죽책(竹冊)과 은인(銀印)이 있어야 한다고 하다.

7. 29. 대제학 조관빈이 상서하여 죽책문은 비빈이 아닌 경우 올린 예가 없다고 하다.

7. 29. 내사복에 나아가 조관빈을 친국하고 삼수부에 위리안치하다.

8. 6. 조관빈의 위리를 철거하고 단천부로 이배하다.

9. 1. 궁과 원에 거둥했을 때 배종한 신하들 중, 절하지 않은 신하들을 모두 파직하라 명하다.

9. 3. 김재로 영의정.

9. 4. 화경 숙빈에게 시호를 올리고 태묘에 봉원(封苑)한 일을 고하다.

9. 4. 이천보를 다시 좌의정으로 삼다.

9. 10. 판부사 김약로 졸.

9. 28. 좌의정 이천보가 조관빈의 석방을 청하니 승낙하다.

10. 15. 홍봉한이, 내년은 성상의 주갑(周甲)으로 태조 이후 처음 맞는 경사이자 임어한 지 30년이 되는 해라며, 고묘(告廟)하고 진하(陳賀)하지 않을 수 없다고 아뢰다. 이에 선조에서 행하지 않은 예를 받을 수 없다며 거절하다.

10. 27. 세자를 입시케 하고는, 대소를 막론하고 대훈 이전의 일을 제기하는 자는 신하도 아니라고 이르다. 이에 세자가 마음에 새기고 가슴에 지니겠다고 답하다.

11. 20. 좌의정 이천보가 세자에게, 근래에 서연이 중간에 끊기고 형식화되었다고 지적하자 유념하겠다고 답하다.

11. 29. 세자가 삼복해 사형 18인을 결단하다.

12. 30. 이해의 호구는 1,737,796호, 7,114,533명이다.

영조 30년(1754)

1. 7. 전 판부사 정우량 졸기.

1. 21. 조재호를 특배하여 우의정으로 삼다.

2. 5. 호남 이정사 이성중과 영남 이정사 민백

상을 소견하다.

3. 6. 승지를 보내 온조왕의 묘(廟)를 봉심하게 하다.

3. 22. 명정문에서 조참한 뒤 오부의 방민(坊民)을 불러 개천을 파는 것이 이로운지를 묻다. 모두 이롭다고 할 때 홀로 해롭다고 한 이가 있었는데, 자기의 소견을 지키는 것은 귀하게 여길 만하다며 상을 내리다.

3. 22. 이천보를 다시 좌의정으로 삼다.

4. 14. 세자가 시좌했는데 《논어》를 외라 명하다. 외기를 마치자 이것저것 물어 본 뒤 대답을 잘하자 칭찬하다.

4. 29. 호남 이정사 이성중이 여러 폐단을 아뢰던 중 환곡의 문제점도 지적하다.

윤4. 12. 육상궁에 나아가 전배하고 효장묘와 의소묘에 들렀다가 밤에 환궁하다.

윤4. 14. 필선 권기언이 상서해 서연을 자주 열기를 청하다.

윤4. 28. 세자에게 죽이기를 좋아하면 안 된다는 것을 이르고 토목 일을 경계시키다.

5. 9. 숭문당에서 소대하여 《시경》을 강하게 한 뒤, 춘방관에게 세자의 강학이 진취가 있는지를 묻다.

5. 10. 호랑이가 경덕궁으로 들어오다.

5. 13. 세자를 시좌케 하여 《소학》을 강하고, 그 근본을 물어 답하니 웃으며 칭찬하다.

5. 14. 이천보 영의정, 김상로 좌의정.

6. 5. 왕세자가 이잠의 일을 묻자 영의정 이천보가 답하다.

7. 10. 원손이 탄생하다.

8. 22. 우의정 조재호가, 이광좌·조태구의 죄가 같은데 이광좌는 탈이 없고 조태구만 죄를 받은 것은 고르지 않다고 아뢰다.

8. 26. 원손의 보양관을 뽑도록 하다.

10. 14. 좌의정 김상로, 병판이 금위대장을 거느리는 제도를 폐지할 것을 청하다. 이에 병판은 대중군이 되어 용호영만 거느리게 하다.

10. 29. 새로 만든 병조의 절목을 아뢰게 하다.

10. 30. 각 영에서는 첩정(牒呈)하고, 병조에서는 행관(行關)하라 명하다.

11. 27. 옹주의 상일(祥日)을 맞아 화협옹주 집에 거둥했다가 밤이 깊어 환궁하다.

11. 27. 부수찬 조영순과 사간 이민곤이 상서해 대신을 공격하다. 이에 세자가, 공도를 저버리고 붕당을 위해 힘쓰는 무리는 서울에 둘 수 없다며 귀양 보내라 명하다.

11. 28. 왕세자가 시민당에서 삼복하다.

12. 1. 대사간 신위가 상서해, 대조께 아뢰어 귀양 간 신하들을 풀어 주게 하여 언로를 열 것을 청하자, 세자가 꾸짖다.

12. 2. 신위의 상서를 가져다 보았는데, '지극히 공평하고 크게 중정(中正)해야 한다.'는 구절에 이르러 이는 자신을 공정하지 않다고 한 것이라며 신위를 불러 꾸짖고 종성으로 귀양 보내다. 이어 문자를 자세히 살피지 않았다며 세자를 크게 꾸짖자, 세자가 뜰에 내려가 관을 벗고 석고대죄하다. 이어 세자의 의견을 물어 신위에게 천극을 더하다.

12. 5. 전 대사헌 남태제·장령 정광운·지평 임희교를 거제에 정배하라 명하다. 좌의정 김상로가 신위에 대한 처분이 지나치다 아뢰니 천극을 감면하게 하다. 이어 세자에게 명해 세 대신을 도배하라는 영을 거두고 삭직만 하게 하다.

12. 30. 궁가·아문·사대부가에서 사사로이 어전(漁箭)·염분(鹽盆)을 사는 폐단이 있다며 엄금하라 명하다.

영조 31년(1755)

1. 4. 함흥 유생 조동빈의 상서에 따라, 태조 탄생지에 비석을 세우라 명하고 비의 음기(陰記)는 직접 짓겠다고 하다.

1. 11. 왕손 이인이 태어나다.

1. 28. 양주와 풍양에 있는 태조의 구궐유지(舊闕

遺地)에 비를 세우라 명하다.

2.4. 전라감사 조운규가 나주 객사에 걸린 흉서를 보고하자, 좌포장·우포장·본도감사에 명해 기찰하고 체포하도록 하다.

2.7. 균역청 당상관 홍봉한을 불러 사노비의 공포(貢布) 감면 문제 등을 논의하다.

2.8. 칠릉의 비를 세우는 역사와 능에 거둥하는 일 등이 폐단을 끼치지는 않는지 백성들에게 물었는데 모두들 없다고 대답하다. 이에 진실되지 못하다고 책망하다.

• 사관은, 이런 일이 있으면 경기감영·한성부 등에서 임금이 기쁘게 들을 말을 미리 백성에게 가르쳤다고 비판했다.

2.11. 금부도사를 나주로 내려보내 흉서를 건 윤지 등 역적들을 체포하게 하다.

2.20. 동룡문에 나아가 윤지 등을 친국하다.

2.21. 윤지가 모의를 주도해 왔다고 임천대가 진술하다.

2.23. 김일경이 절개가 있다고 한 이하징이 복주되다.

2.25. 윤지가 물고되다.

2.27. 사노비의 감포 절목을 확정하고 하교하다.

2.28. 김준이 물고되다.

2.29. 임징원이 물고되다.

2.29. 형신을 받은 것이 몇 차례 안 되는데도 차례로 물고되었다며 검험하게 하고, 한성부의 해당 낭청을 나처(拿處)하라 명하다.

3.2. 역적을 제대로 다스리지 않아 난역이 이어진다고 장령 이길보·정언 송문재·교리 남태회·수찬 채제공 등이 아뢰다. 이에 여러 신하들에게 묻자, 모두가 조태구·유봉휘가 앞에서 인도하고 김일경·박필몽 등이 뒤에서 계승한 것이라며, 이광좌·최석항의 추죄를 거론하다.

• 임금이, 소론들인데도 징토를 잘한다며, 세자에게 "너의 다른 날 일을 제거해 주는 것이 마땅하므로 조처하겠다."라고 했다.

3.2. 이제야 지난날의 형정이 너무 너그러웠음을 알았다며, 유봉휘·조태구·윤취상·이사상, 그리고 김일경 소하의 이진유·이명의·정해·윤성시·서종하에게 역률을 추가하도록 하고 이광좌·조태구·최석항의 직첩을 도로 거두게 하다.

3.7. 나침이 물고되다.

3.8. 세자를 데리고 숭례문에 나아가 백관·백성이 지켜보는 가운데 윤광철(윤지의 아들)을 참하고 그 수급과 지각은 전시하라 이르다.

3.12. 이만강이 물고되다.

3.14. 김주천을 신문하다. 그의 서롱(書籠) 속에 김호의 일기가 있었는데 그 내용을 들어 김호를 대역률로 다스리다.

3.15. 윤광철이 경중(京中)을 왕래하며 김윤·박찬신·조동하·민후기·민효달·김주천·이시희·이명조 등과 체결(締結)했다고 윤상백이 진술하다.

3.16. 김두행이 복주되다.

3.17. 이종성을 삭직하고 문외출송하다.

3.18. 윤상백이 물고되다.

3.18. 윤상백이 약물에 의해 죽은 것을 알아내고 사실을 조사하도록 하다.

3.19. 이효식이 복주되다.

3.20. 김일경·목호룡·이인좌·정희량의 아들들과 여얼들도 정법키로 하다.

3.21. 임국훈·김주천·박혁초·이정하가 복주되다.

3.25. 이사상의 손자 이수범이 형신을 받고 물고되다.

3.26. 윤상백을 독살한 충훈부 아전 김진응을 신문하였는데 물고되다.

3.30. 친국을 파하다. 남은 자들은 의금부로 하여 추국하게 하다.

4.18. 의금부의 추국을 파하다. 허계·조동하가 물고되고 박천우에게는 역률이 시행되다.

4.24. 북도 별견시관 조영국이 복명해 경원 개시(開市)의 폐단을 아뢰다.

4.28. 약방이 입진하다. 도제조 이천보가, 동궁이 근래 가슴이 막히고 뛰는 증후가 있는데 발자국 소리만 들어도 이런 증세가 일어난다고 아뢰다.

5.2. 친림하여 시사하다. 한 시권에 깨알 같은 글씨로 난언패설이 가득했는데 무신년에 정법한 죄인 심성연의 동생 심정연의 시권이다.

5.3. 심정연을 친국했는데 과장에 들어오기 전에 미리 써 둔 것이라 진술하다.

5.4. 심정연이, 윤지의 일족 윤혜와 김일경의 종손 김도성과 함께 모의하여 쓴 글이라고 진술하다. 선인문 밖에 나가 동궁에게 시좌케 한 다음 심정연을 정형하다.

5.6. 백관을 차례대로 서도록 한 다음 훈련대장 김성응으로 하여금 윤혜를 효수하고 헌괵(獻馘)하게 하다. 이에 판부사 이종성이 이런 일은 유사의 일인데 어찌 친히 하시느냐고 만류하다. 이에 노해 이종성을 충주목에 부처하라 명하다. 또한 즉시 헌괵하지 않았다고 김성응을 곤장 치고 면천군에 부처하다.

5.8. 내사복에 나아가 친국하고 강몽협 등을 정형에 처하다.

5.11. 김도성을 복주하다.

5.12. 좌의정 김상로의 진달에 따라 이종성·김성응을 석방하다.

5.14. 김일경·윤지·윤혜·심정연의 종자는 촌수와 나이를 막론하고 모두 역적 민암의 예에 따라 제주에 나누어 정배하라 명하다.

5.16. 친국 뒤 이준에게 대명률을 시행하라 명하다.

5.18. 김일경의 종손 김요덕이 물고되다. 이때 김일경의 종자·종손 11명이 정형에 처해지거나 물고되었다.

5.20. 김일경의 종자 김창규를 여러 차례 형신하니, 김창규가 어서 죽이라고 소리치다.

5.20. 신치운이, 자신은 갑진년(영조 즉위년)부터 게장을 먹지 않았다며 심정연의 흉서 역시 자신

이 한 것이라고 진술하자 분해서 눈물 흘리다.
• 경종 4년(영조의 즉위년)에, 경종이 수라를 잘 들지 못하자 어주(御廚)에서 게장을 진어한 일이 있었다.

5.21. 신치운에게 형을 가하고 복주하다.
• 경종이 게장을 먹은 일의 전후와, 그 이후 이유익·박필현 등의 무리가 말을 만들어 내고 전파된 것에 대한 설명이 있다.

5.21. 여선여·송주악을 복주하고 여선여의 아비 여광학과 조윤·이용 등이 물고되다.

5.25. 윤수원과 김성이 복주되다.

5.26. 심악을 친국하고 복주하다.

5.27. 자신의 조부가, 김일경은 역적이 아니고 윤광찬·윤광소·이하집·박문수 등이 마음이 같은 자라고 말했다고 김정관이 진술하다. 박문수·윤광소는 잡아 왔다가 풀어 주고 김정관은 정형에 처한 뒤 법대로 노적(孥籍)하다.

6.1. 이정보·김재로·이천보·조재호를 《천의소감》 찬수청 도제조로 삼다.

6.2. 여선군 이학이 복주되다.

6.4. 대사간 유언민과 집의 서응명의 차자에 따라 밀풍군 이탄을 노륙(孥戮)하다.

6.10. 사간 심발이 상서해, 이광좌를 조태구·유봉휘처럼 역률로 처단하고 조태억에게 추탈의 법을 시행해야 한다고 대조께 아뢸 것을 청하였으나, 세자가 따르지 않다.

6.13. 왕세자가 좌의정 김상로에게 토역의 일을 물으니, 이광좌의 죄가 추탈에만 그쳐서는 안 된다는 뜻으로 답하다.

7.9. 내사복에 나아가 이거원을 친국하고 효시하다.

8.1. 이후 익명서를 발견하면 즉시 태워 버리라 명하다.

9.10. 세자에게, 이후 매월 1일에 쓰기 시작하여 그믐날에 이르기까지 소대·차대·서연·정무·읽은 책 등을 기록해 자신이 볼 수 있게 하라 명하다.

9.18. 《천의소감》 서문을 지으며 김재로가 남구

만·유상운의 일까지 언급하자, 원경하가 무신년의 일을 기사년까지 소급한 것에 대해 지적하다. 원경하를 찬수 당상으로 삼다.

9.20. 홍계희가 상소해 찬수하지 말 것을 청하자, 김재로와 홍계희가 서로 이끌어 당습을 하려 한다며 분개하다.

9.20. 김재로가 상소를 올리자, 하얀 머리로 오늘의 하교를 듣고도 노론의 영수가 되려는 것이냐며 상소를 돌려주라 이르다.

9.21. 찬수청을 혁파하라 명하고, 유독 노론만이 고집한다고 질책하다.

9.21. 새벽에 진전(眞殿)에 고하고 대처분이 있을 것이니 백관 이하는 홍화문 밖에 모이라 명하다.

• 오늘의 세태를 보니 영수(領袖)만 알고 군부(君父)는 알지 못한다며, 60세 늘그막에 태아검이 손에 있다고 말한 뒤에 내린 명령이다. 태아검은 중국 고대의 명검이다.

9.21. 영의정 이천보 이하 백관이 당론하지 않겠다고 상소했는데 모두 노론이다.

9.22. 금년에만 정법을 당한 자가 200명에 이른다며, 오늘 노론이 상소해 죄를 털어 놓았으니 붕당을 타파할 좋은 기회라고 하다. 이후 다시 지난 일을 말하는 자는 역률로 다스리겠다고 반교하며, 자신은 비록 늙었으나 태아검은 무디지 않음을 명심하라 이르다.

10.9. 《천의소감》 찬수자들을 인견하고 경종의 죽음에 대해, 게장이 동조(대비전)에서 보낸 것이 아니라 어주(御廚)에서 공진된 것임을 알았다며, 황형도 저승에서 송구해하실 것이라고 하다.

10.14. 찬집당상을 불러 보고, 조영국이 지은 총론 중 이광좌의 일은 고칠 것을 주장하다.

10.27. 내사복에 나아가 권소·이성·이원하 등을 친국하고 복주하다.

11.7. 병판 홍봉한이, 선박의 장표·어장·세금 등에 대해 미비한 점과 개선할 점을 아뢰니 옳게 받아들이다.

11.9. 박문수가 여름 이후 죄인을 자처하며 문을 닫아걸고 세수도 않고 빗질도 않는 생활을 이어 갔는데, 총관에 제수되자 사직단자를 올리다.

11.12. 박문수를 소견하다. 박문수가 무고를 입은 전말을 아뢰자 의심하는 마음이 추호도 없다며 위로하다.

11.26. 《천의소감》이 완성되자 당상·낭청 들에게 상을 내리다.

11.26. 이제 자성을 받들고 황형을 뵈올 면목이 있게 되었다고 소감을 밝히다.

12.6. 판중추 이종성과 영의정 이천보 등이 백관을 거느리고 존호 추상을 청하다.

12.8. 자전의 하교로 존호 올리기를 윤허하다.

12.14. 좌의정 김상로가 4대신을 위해 사충사의 복설을 청하고 병판 홍봉한도 거드니 사우(祠宇) 복설을 명하다.

영조 32년(1756)

1.1. 대왕대비전·육상궁·임금 등이 존호를 받다.

1.16. 사족의 부녀자들의 가체를 금하고 족두리로 대신하도록 명하다.

1.29. 유신을 불러 《심양일기》를 읽히고, 소현세자를 배종한 후손을 녹용하라 명하다.

2.1. 성균생원 안종철 등이 양송의 문묘종사를 청하자 받아들이다.

2.12. 정언 김상도가 상소해 3가지 시폐를 논하다.

2.15. 양송을 종향(從享)하고 반포한 고문.

2.16. 영의정 이천보가, 김상도의 상소 중 대관요로는 사람을 신중히 써야 한다는 구절을 이유로 피혐하다.

2.16. 세자가 김상도에게 속임을 당해 자신에게 알리지 않은 채 상소에 온화한 비답을 했다며, 이후로는 세자가 비답하더라도 반포하지 말고

하루 기다렸다가 승지가 가지고 와서 아뢰도록 하라 명하다. 김상도를 대정현에 정배하다.

2. 18. 영의정 이천보가 김상도 유배 명을 거두기를 청하다.

2. 18. 김상도의 상소와 관련해 당습을 한다며 영의정 이천보와 좌의정 김상로를 삭출하다.

2. 18. 4경에 진전 동쪽 뜰에 나아가, 다시는 신하들이 붕당하지 않을 것이라고 진전에 고했는데 선조의 혼령을 속였기에 사과한다며 엎드리자 승지들이 허둥대다.

3. 2. 이천보 영의정, 김상로 좌의정.

3. 17. 우의정 조재호가 백 번이 넘는 사직 끝에 허락받다.

3. 24. 의소묘에 거둥했다가 환궁하는 길에 고양·부평의 백성을 만나 민원을 듣고 처리해 주다.

4. 17. 부교리 홍자와 부수찬 홍준해가 동궁에 차자를 올려 서연을 계속 미루는 이유를 묻다.

4. 20. 세자가 낙선당에 앉아 승지들에게 공사(公事)를 가지고 들어오게 하자 승지들이 기뻐하다.

4. 24. 박문수 졸기.

5. 1. 낙선당의 양정합에서 불이 나다.

• 낙선당은 왕세자가 있는 정당(正堂)이다.

5. 8. 왕세자가 차대를 행하다. 원임대신 김재로·유척기·이종성이 함께 들어왔는데 반성하고 개과천선하겠다는 하령(下令)을 쓰게 하다.

5. 8. 대소신공들은 원량의 뜻을 본받아 지성으로 보도하라 명하다.

6. 2. 내시에게 명해 원손을 안아 오게 했는데, 원손이 종이에 천(天)과 부(父) 두 글자를 쓰니 모두들 칭찬하다.

6. 16. 경기 등 5도의 여역 사망자가 18,000여 명에 이르다.

8. 1. 명릉을 거쳐 익릉·경릉·창릉·순회묘를 두루 배알하다. 왕세자가 수가하다.

8. 3. 해산할 때에 이르러 화완옹주 집에 거둥하다.

8. 19. 사충사에 치제하다.

9. 20. 왕세자가 덕성합에 앉으니 여러 승지들이 공사를 가지고 와 입대했는데 임금의 하교로 인한 것이다.

윤9. 1. 지평 이휘중이 상서해 서연을 게을리하는 것에 대해 비판하자 세자가 가납하다.

• 임금이 이 소식을 듣고, 적막한 세상에서 쟁쟁하게 울리는 쇳소리 같다고 칭찬하며 이휘중에게 말을 하사했다.

윤9. 5. 비와 이슬은 땅을 가려 내리지 않는다며, 경화(京華)의 문벌만이 아니라 먼 지방 출신이라도 재주가 있으면 구애받지 말고 쓰라 이르자, 남태제·정휘량이 완곡하게 반대 의견을 올리다.

10. 9. 원손 보양관을 선발하고 왕손교부를 의정(議定)하라 명하다.

11. 25. 왕세자가 계속 편찮아 상하가 근심했는데, 이때 와서 낫자 기뻐하며 글을 내리다.

12. 1. 경강 사람 고정엽이 전주의 점사(店舍)에 이르렀다가, 송시택의 부도한 말을 듣고는 결박해 감사에게 고하다.

12. 11. 송시택에게 역률을 적용하다.

12. 17. 이운징을 능지처사하다.

12. 19. 송시잠, 백수채, 이연우, 이지환 등이 복주되다.

12. 22. 신치엽, 김시억을 정법하다.

12. 22. 이흥효·신근을 효시하다.

12. 25. 이장원이 복주되다.

12. 28. 내사복에 갔다가 국문이 끝나자 흉장(凶杖)등 여러 기구들을 불태우라 이르다.

12. 28. 이해의 호구는 1,733,242호, 7120,907명이다.

영조 33년(1757)

1. 23. 화완옹주의 두 살 난 딸이 죽자 옹주의 집에 거둥하다.

2. 15. 신시에 중궁전 서 씨가 관리합에서 승하하다.

2. 15. 일성위 정치달이 죽다. 보련을 타고 연영문으로 나가려 하니 3사 신하들이 극력 만류하다. 만류하는 승지와 3사를 체차하다.

2. 20. 진시에 성복하다.

• 왕과 세자의 성복 의주는 물론이고, 종친과 문무백관부터 녹사와 서리, 생원과 진사, 갑사와 정병, 서인 여자의 상복까지 자세한 내용을 기록하고 있다.

2. 21. 대행왕비의 시호는 정성, 전호는 휘령, 능호는 홍릉으로 정하다.

3. 12. 친히 대행왕비의 행장을 짓다.

3. 26. 대왕대비 김 씨가 영모당에서 승하하다.

3. 26. 친히 대왕대비의 행록을 짓다.

4. 1. 복식.

4. 2. 대행대왕대비의 시호는 인원, 전호는 효소, 능호는 명릉으로 정하다.

5. 16. 광희문 밖에서 대낮에 총을 쓰고 도적질한 자를 효시하라 명하다.

6. 1. 정성왕후의 명정과 대행대왕대비의 재궁 위에 친히 글씨를 쓰다.

6. 4. 정성왕후를 홍릉에 장사 지내다.

6. 27. 세자의 책들 중 보지 못한 책들이 많았다고 하자, 보덕 윤동승이 세자가 박학하여 국한됨이 없다고 답하다.

7. 12. 인원왕후를 명릉에 장사 지내다.

9. 23. 원손의 기질이 처음엔 호매(豪邁)했는데 지금은 딴사람이 되었다며, 이는 빈궁이 잘 깨우친 공이라 칭찬하고 독서하는 소리를 들으니 자신을 닮았다고 하다.

10. 19. 원손을 불러 배운 것을 시험하고 원손사부 남유용에게 호피를 하사하다.

11. 1. 다리[髢髢]의 풍습을 금하기 위한 논의를 하다.

• 다리는 가발인데, 혼례용 다리를 사기 위해 가산을 탕진하는 경우도 있었다고 한다.

11. 8. 좌상과 우상에게 동궁이 7월 이후 진현한 일이 없다고 하다.

11. 9. 김상로와 신만이 세자에게 아뢰자, 세자가 눈물을 흘리며 자책하다.

11. 11. 왕세자가 정원에 하령해 자책하고 조정의 신료들에게 바로잡아 달라 부탁하자, 기특하다며 원량을 불러 하유할 일이 있다며 신임·원임 대신 및 유신·간원 들을 입시케 하다.

11. 11. 세자가 제대로 반성하지 않고 남의 이목을 가린 데 불과하다며 최복을 입고 엎드려 곡을 하면서 전위하겠다고 하자 신하들이 세자를 위해 변명하다. 세자는 물러나오다 까무러쳤다가 청심환을 복용하고서 의식이 돌아오다.

11. 13. 동궁이 넘어진 것은 중관이 삼가지 못한 탓이라며 중관 유인식 등과 승전색 홍석해는 멀리 정배하고 나인 득혜는 흑산도로 압송하라 명하다.

11. 24. 좌의정 김상로가 약원제조로서 의관을 거느리고 동궁을 입진한 뒤에 침하에 나아가 엎드려 나직이 아뢴 바가 있는데 사관이 듣지 못하다.

12. 3. 병이 심했으나 왕세자가 관의합에 나아가 삼복을 행하다. 신하들이 물러간 뒤 김상로가 나아가 엎드려 낮은 목소리로 아뢰고는 사관에게 쓰지 말라고 하다.

12. 10. 11월 이후로 조신 중에 한 사람도 진계하는 이가 없다고 질책하다. 이때의 신하들은 상서하면 임금이 가져다 보고 권장하거나 배척하곤 했는데 동궁에게 허물이 돌아가고 대조에게 칭찬받는 것을 두려워해 말을 숨기게 되다.

12. 16. 사족의 부녀들이 다리를 착용하는 것을 금하고 쪽으로 대신하게 하다. 또한 당하관의 시복으로 홍포를 금하고 구제대로 녹포를 착용하게 하다.

12. 21. 이후로 직물에 무늬를 금하는 것을 중외에 알리도록 하라 이르다.

12. 25. 동궁이 족부에 병이 있어 오랫동안 신료들을 인접하지 못하다.

12. 28. 원손에게 《동몽선습》을 외우게 하다. 원손이 행동거지를 바로 하고 우렁차게 외다.

영조 34년(1758)

1. 8. 화순옹주방에 거둥하다.

1. 17. 화순옹주 졸기.

2. 7. 춘방 관원을 나무라다.

2. 26. 혈변을 보았는데 이것은 대개 마음을 써서 그런 것이라 하다. 이 뜻을 동궁에게 전해 입대를 청하게 하다.

2. 26. 세자가 뜰 밑에 와서 관을 벗고 엎드리자 들어오게 한 뒤 칭찬하다.

2. 27. 주서 정창순에게 차대의 조목들에 대해 묻고 홍양한 등을 파직시키다.

2. 28. 김상로 등이 면유(勉諭)의 어제(御製)와 구주(口奏)를 진달하니, 왕세자가 울먹이며 반성하는 말을 하다.

3. 15. 세자가 휘령전에서 망제를 친행하다.

3. 19. 화순옹주방에 거둥하자 세자가 돈화문 밖에서 공경히 전송하다.

3. 29. 함인정에 나아가 조강을 하다. 원손에게 명해 《동몽선습》 서문을 강하게 했는데, 읽는 소리가 맑고 깨끗했으며 대답함이 분명해 모두 기뻐하다.

4. 9. 함인정에 나아가 친히 향을 올리고 효소전 재실로 가다. 왕세자가 공경히 맞이하다.

• 이즈음 세자가 제사와 소대에 성실히 임했다.

5. 26. 함인정에 나아가 농민을 소견하고 농사 형편을 묻다.

6. 1. 효소전에서 삭제를 지내다. 왕세자가 대조를 공경히 맞이한 뒤 효소전 삭제에 참여하고 휘령전에 나아가 삭제를 지내다. 환궁 시에도 공경히 맞이하다.

7. 5. 남유용·김양택을 원손의 사부로 삼다.

7. 8. 도승지 남태회가 울며, 항상 위엄으로 세자를 대하므로 세자가 지나치게 두려워한다고

아뢰다.

7. 8. 우의정 신만이 세자에게, 두려워도 진현할 것을 권하다.

8. 1. 명릉에 나아갔는데 도중에 소나기가 내리다. 세자의 예후가 편치 않자 돌아가 조리하라 이르다.

8. 15. 신만 좌의정, 이후 우의정.

8. 20. 좌의정 신만이 청대해, 차대·경연을 공공연히 정지하는 이유를 묻자 세자가 뉘우치다.

8. 20. 세자가 승지들로 하여 자신을 꾸짖는 글을 쓰도록 하다.

8. 23. 세자가 병이 많아 걱정이라고 하다.

8. 30. 지금부터 세자가 열흘 동안 하루에 세 번 서연하고 공사를 입대하는 따위의 일을 빠뜨리지 않으면 경연과 차대를 행할 것이라고 이르다. 이어 근일에 입직한 춘방 관리들에게 불서용의 벌을 내리자 세자가 시민당 뜰에서 석고대죄하다.

8. 30. 세자가 대신들을 인견해 자신의 불효를 자책하며, 열흘이 아니라 한 달이라도 봉행할 것이라 하고는 석고대죄하다.

9. 8. 석강을 행하다. 원손을 불러 《소학》을 외우게 하다.

12. 17. 원손이 입시하여 《소학》을 읽었는데 구절이 분명하고 성운이 낭랑하여 기뻐하다.

영조 35년(1759)

1. 12. 영중추 이종성 졸기.

1. 21. 김상로 좌의정, 신만 우의정.

2. 2. 창의궁에 갔다가 환궁하는 길에 연을 멈추고 백성을 불러 하유하다.

2. 12. 원손을 세손으로 삼고 책봉하는 예를 거행하라 명하다.

2. 12. 홍봉한 세손사.

3. 18. 영의정 유척기가 세 번 사직을 청하니 허락하다.

3. 18. 이천보 영의정.

5. 1. 춘당대에 나아가 향민을 불러 농사 형편을 묻다.

5. 7. 김상로 영의정, 신만 좌의정, 이후 우의정.

6. 9. 삼간택을 행해 김한구의 딸을 배필로 정하다.

6. 22. 어의궁에 나아가 친영례를 행하다.

윤6.22. 명정전에서 세손을 책봉하다.

8. 15. 명릉을 배알하고 익릉·휘릉·경릉을 배알하자 왕세자가 융복을 갖춰 입고 인정문 밖에서 지송하다.

8. 19. 각 도 유생이 상서해 조헌과 김집의 종향을 청하다.

9. 5. 채제공 도승지.

10. 1. 왕세자가 익선관과 흑삼포 차림으로 시민당에 앉아 상참을 했는데, 동서 반열에 있는 이 중 한 사람도 당에 올라 아뢰는 이가 없자 승지가 추고를 청하니 따르다.

10. 15. 봉조하 김재로가 죽다.

11. 6. 육상궁에 나아가 전배례를 행하다. 환궁하는 길에 김재로의 집을 바라보며 친히 제문을 지어 예관을 보내 치제케 하다.

12. 1. 김한구 금위대장.

12. 29. 민백상 우의정.

12. 30. 이해의 호구는 1,654,248호, 6,796,690명이다.

영조 36년(1760)

1. 11. 주강에 세손을 불러 '쇄소'의 뜻을 묻자 잘 답하다.

1. 16. 어떻게 칙사의 영접에 먼저 무릎을 굽힐 수 있겠느냐며, 먼저 황단에 전배례를 행한 다음 칙사를 영접하다.

2. 5. 희정당에서 안복준의 글에 대한 세자의 하답을 읽게 하고는 칭찬하다.

2. 6. 어사 이담이 탐욕한 회령부사 정익량을 나포하여 병영으로 압송하다. 이에 정익량을 유배하면서도, 임금이 임명한 관리를 욕보이는 것은 문제라며 이담의 관직을 파하다.

3. 16. 준천(濬川)한 사실을 기록해 작은 책자를 만들게 하다.

• 사관은, 준천의 역사에는 수많은 역민이 동원되고 비용도 많이 든다며 비판했다.

4. 6. 안면도와 장산곶의 금송을 베어 낸 전 수사 장지풍과 수사 이관상 등을 처벌하다.

6. 5. 동궁의 비답에 대해 칭찬하다.

7. 10. 약방의 세 제조를 인견하고 세자의 환후를 묻다.

• 종기가 심했다.

7. 11. 세자가 온천에 행차할 때의 행렬에 대해 하교하다.

7. 18. 세자가 온양으로 떠나다.

7. 20. 세손이 경희궁에 나아가 진현하다.

7. 21. 세자가 직산에서 유숙하면서, 구경하는 사람을 내쫓지 말고 전곡을 손상함이 없도록 하라 명하다.

7. 22. 유신에게 어제 세손과 문답한 것을 진달하게 하다.

7. 25. 대사성 서지수에게 일러, 세손의 의젓함은 성인과 같다며 보도하는 방법에 더욱 뜻을 더하라 하다.

7. 25. 군마가 탈출해 전곡을 많이 해치자, 왕세자가 병조로 하여금 마주를 결곤하고 밭 주인에게 쌀 한 섬을 내리도록 하다.

8. 4. 세자가 환궁하다.

8. 4. 온천에 배종한 분승지 이심원을 불러 왕세자의 행리의 여러 가지 일을 묻고, 배종한 장교와 군병을 불러 노고를 묻다.

8. 10. 세자가 시민당에 나아가 대신과 비국당상을 인접하다.

8. 20. 융복 차림으로 말을 타고 북한산에 거둥하다.

9. 1.　도제조 이후가 세자에게 13일에 진현의 예를 행할 것을 청하다.

9. 10.　시강원에서 13일이 대전의 탄일이니 세자가 진현하겠다는 영이 있었다고 아뢰자, 문후하는 중이니 하지 말게 하라 이르다.

9. 10.　강서원에서 왕세손이 진현하겠다는 뜻을 아뢰자, 본지 오래 되었다며 일후(日候)를 보아 부를 것이라 하다.

9. 21.　응교 정광한 등이 세자에게, 진현하지 말고 병 치료에 힘쓰라는 상의 하교가 있었다 해도 진현할 것을 청하다.

10. 5.　대사간 이최중이 동궁에 입대해, 상참과 차대를 행하라고 진달하다.

10. 14.　재이(災異)가 있으므로 6일 감선하고 동궁도 따르게 하다.

11. 22.　왕세자가 덕성합에 앉았는데 약방이 입진하다.

12. 15.　좌의정 이후·우의정 민백상이 해가 바뀌기 전에 진현의 예를 행할 것을 청하자 세자가 해를 넘기지 않겠다고 답하다.

영조 37년(1761)

1. 5.　경현당에서 주강을 갖고 세손과 문답하고는 삼백년 명목이 오직 세손에게 달려 있다고 하다.

1. 5.　영중추 이천보 졸기.

2. 15.　우의정 민백상 졸기.

3. 4.　좌의정 이후 졸기.

3. 8.　《자서록》을 어제하다.

3. 10.　어제인 《열천편》과 《자서록》을 《열천자서합록》이라 명하고 언해서를 만들어 바치게 하다.

3. 10.　왕세손 입학례를 갖다.

3. 27.　분제조(分提調) 김상익과 박사눌 등이 세자를 만나 안부를 묻고 진현을 청하다. 세자가 누워서 가겠다고 하자 오지 못하게 하다.

4. 20.　경현당에서 비국당상을 인견하다. 홍계희가, 동궁에서 진현하지 못한 지 여러 달이라며 진현하는 길을 어째서 열어 주지 않느냐고 아뢰자, 이는 자신에게 아뢸 일이 아니라고 답하다.

4. 22.　관학 유생들이 세자에게 유람을 경계하는 상서를 올리다. 근거가 없는 말일지라도 항간의 소문을 없애는 길은 날마다 강관을 인접하고 비국 재신을 접견하는 일이라 춘방 엄인이 아뢰다.

4. 28.　장령 이보관이 상서해, 자주 세자궁을 떠난다는 말들이 떠돈다고 아뢰자, 세자가 경계하고 반성하겠다고 하다.

4. 28.　사학 유생 황만석 등이 상서해, 지난번 성상의 환후에 자식이 약을 맛보는 예를 빠뜨렸고 회복되어서는 하례를 드리는 의식을 빠뜨렸다고 지적하자, 세자가 마음에 새겨 두겠다고 하다.

5. 2.　유선 서지수가 소조(小朝)에 구대(求對)해 관서행에 대해 지적하다.

5. 8.　대사성 서명응이 상서해 세자의 관서행을 질책하다. 관서 행차 때 세자를 종용하고 부추긴 자, 세자 대신 비답을 한 내시를 유사에 회부해 죄를 밝힐 것을 청하다.

5. 8.　세자가, 이미 뉘우치고 있는데 서명응이 그런 글을 올렸다며 섭섭해하다. 김종정·이진형 등이 종용한 이들을 엄중 배척할 것, 강연을 부지런히 하고 빈대를 자주 행하고 진현의 예를 거행할 것 등을 청하다.

5. 15.　장령 윤재겸이 관서행을 부추긴 자를 처벌할 것을 청하자, 세자가 유념하겠다고 답하다.

5. 17.　세자가 태묘에 나아가 전알(展謁)하고 경희궁에 나아가 진현례를 행하고 창덕궁으로 돌아오다.

5. 18.　홍봉한이, 어제 세자가 진현했을 때 보시기에 어땠느냐고 묻자 작년과는 조금 달랐으며 살이 쪘더라고 답하다.

5. 19.　빈궁과 왕세손이 경희궁에 나아가 진현하고 창덕궁으로 돌아가다.

5. 20. 세자가 시민당에서 비국당상을 인접하고 이후의 진현례와 상견례에 대해 의논하다.

5. 23. 응교 심이지가 상서해, 저하의 병 중에서 가장 큰 것은 동정(動靜)을 대조가 모르게 하려는 것이라 하다.

5. 27. 원경하의 졸기.

6. 13. 안국동 인현왕후의 사제에 들러 침실을 감고당이라 이름 짓고 어필을 내려 편액을 새겨 걸게 하다.

6. 26. 대사헌 윤봉오가 세자에게 권면하는 상소를 올려, 모든 것은 알려지는 법이니 숨기지 않는 것을 충성으로 여기라고 아뢰자, 불쾌감과 불안감을 드러내다.

8. 18. 시전 수백 칸이 소실되다.

8. 22. 흥화문에 나아가 시전 백성들을 위로하고 해당 순장·포장·순라포교 등을 벌하다.

8. 24. 의릉에 거둥하다. 아청 융복 차림으로 말을 타고 종가를 지나다 시장 사람들에게 3년간 신역을 면제하다.

8. 25. 정자각에서 강서원 문안관을 불러 보고, 세손에게 할아비의 마음을 알고 도와주겠는지를 물어보게 하다.

8. 26. 홍봉한 좌의정, 정휘량 우의정, 정광충 대사헌.

8. 26. 왕의 물음에 세손이 답하기를, 침선을 예로써 살피고 대조께 근심을 끼쳐 드리지 않는다면 부응할 것 같다고 하자 기특하다며 기뻐하다.

9. 5. 지평 이진항의 상서에 대한 세자의 비답을 보고는 대답을 잘했다며 매사 이처럼만 하면 마음을 풀겠다고 하다.

9. 16. 경현당에서 주강을 했는데 세손이 시좌하여 문답하다.

9. 21. 지난 5월에 올린 서명응의 글을 보고 세자의 관서행을 알게 되다. 이어 5월의 《일기》를 가져다 보다가 동교에 집을 지은 사실을 알게 되다. 이에 여러 가지 일을 묻자, 집은 중관 박

문흥을 위해 지었는데 곧 훼철했고, 서행은 4월 2일에 떠났다가 22일에 돌아왔으며, 대궐에 머물렀던 중관은 유인식이고 따라 간 중관은 박문흥·김우장이라 답하다. 이에 홍봉한을 면직하고 글을 숨겨 둔 죄를 물어 승지 이정철·송영중을 파직하고 당시 입직했던 춘방 관원들에게 형전을 시행하는 한편 중관들을 벌하다.

9. 21. 일이 마무리가 되었다며, 다시 이 일을 제기하지 말 것과 관련한 상소 등을 받지 말라 이르다.

9. 25. 승지 이익원이, 동궁이 시민당 앞뜰에서 대죄하고 있다고 아뢰다.

9. 27. 홍봉한 영의정, 윤동도 우의정.

9. 29. 홍봉한이, 세자가 철선(撤膳)하고 시민당 앞뜰에 앉아 있다며 철선을 감선(減膳)으로 바꾸게 할 것 등을 청하니 당연하다고 답하다.

9. 29. 홍봉한이 2품 이상을 데리고 동궁에 청대해 복선과 환내(還內)를 청하자, 영항(永巷)에서 대죄하고 감선하는 것으로 거행하겠다고 하다.

10. 9. 세자가 흑립·도포 차림으로 경희궁으로 가 진현하다.

10. 9. 세자가 익선관·곤룡포 차림으로 환궁하다. 성상이 온화하셨다고 세자가 말하자 홍봉한이 성상의 마음이 풀렸으니 복선하고 당에 거처할 것을 청하다.

10. 15. 왕세자가 휘령전에서 망제를 섭행했는데, 왕세자의 동정이 온화하고 조용하다고 말하다.

10. 21. 세손빈 간택에 대해 하교를 내리다.

10. 22. 자전의 명은 자교, 내전은 내교, 빈궁은 내령, 세손빈은 내음이라 정하다.

12. 22. 세손빈을 김시묵의 딸로 정하려 한다고 이르다.

12. 22. 세자와 세자빈이 경희궁으로 나아가 삼간택의 예를 행하다.

영조 38년(1762)

2.2. 왕세자와 세자빈이 창덕궁에 와서 조현하다. 신시에 명광전에서 가례를 갖다.

3.29. 세손과 회강에 참여해 임금은 《대학》을, 세손은 《소학》을 강하다. 세손에게 수신제가 등을 묻자 세손이 답하다.

3.30. 요 임금과 걸 임금의 차이, 수신의 길 등에 대해 세손과 문답하다.

4.2. 세손과 문답하다.

4.10. 태묘에 친제한 후 창덕궁에 나아가 진전에 전배하고 세손을 데리고 육상궁에 나아가 전배한 후 환궁하다.

4.25. 세손과 문답한 후, 사부인 박성원을 공경할 것과 민심을 중시할 것 등을 이르다.

5.22. 나경언이 고변하자 친국하다. 친국 자리에서 나경언이 동궁의 허물 10여 가지를 쓴 글을 올리자 신하들 중 이런 일을 아뢴 자가 하나도 없으니 신하들 모두가 죄인이라 말하다. 나경언의 글은 홍봉한의 청에 따라 태워 버리다. 세자가 홍화문에 나아가 엎드려 대죄하다. 세자에게, 왕손의 어미를 때려죽이고 여승을 궁으로 들였으며 서로에 행역하고 북성으로 나가 유람한 일 등을 들며 질책하자, 세자가 처음에는 나경언과 대질을 요구했다가 울면서 본래 있던 화증이라 답하다. 신하들이 거듭 동궁 모해의 죄를 들어 나경언의 처벌을 청하자 부대시참을 명하다.

5.23. 세자가 밤새 대명하다.

5.24. 세자가 시민당 뜰에서 대명하다.

5.24. 홍화문에 나아가 각전의 상인들을 불러 세자가 진 빚을 묻고 모두 갚아 주게 하다.

윤5.1. 세자가 시민당 뜰에서 대명하면서 중관을 보내 문안했으나, 답하지 않다.

윤5.1. 신하들이 동궁을 옹호했으나, 여망(餘望)이 전혀 없다고 답하다.

윤5.2. 영의정 홍봉한·우의정 윤동도를 파직하고 신만을 영의정에 제수하다.

윤5.6. 옥당 김종정·박사해 등이 연명 차자하여 나경언을 노적하기를 청하자, 김종정·박사해를 파직 유배하고 받아들인 승지들도 파직하다. 이어 신하들의 치우친 논의가 부당(父黨)·자당(子黨)이 되었으니 조정의 신하가 모두 역적이라며 수없이 가슴을 치다.

윤5.7. 홍봉한 좌의정, 윤동도 우의정.

윤5.13. 나경언이 고변한 후부터 세자를 폐하고 싶었으나 차마 말을 꺼내지 못하고 있었는데 갑자기 유언비어가 안에서 일다. 궐문을 4~5겹으로 굳게 막고 세자에게 자결을 명하다. 세손이 들어와 관과 포를 벗고 세자 뒤에 엎드리니 임금이 안아다가 시강원으로 보내고는 거듭 세자의 자결을 명했으나 춘방 관원들이 말리다. 세자의 폐서인을 명했는데 홍봉한 등이 감히 간하지 못하다. 세자가 땅에 엎드려 곡하면서 개과천선의 기회를 청하였으나, 영빈이 고한 바를 말하면서 마침내 세자를 깊이 가두라 명하다.

• 안에서 유언비어가 일었다는 것은 세자의 친모 영빈 이 씨의 밀고를 뜻한다.

윤5.14. 내관 박필수와 여승 가선, 서읍의 기녀 다섯 명을 참하다.

윤5.14. 좌의정 홍봉한 등이, 한림 윤숙이 어제 자신들을 꾸짖고 울부짖으며 거조를 잃었으니 처벌해야 한다고 아뢰자, 윤숙을 해남에 찬배하다.

• 윤숙이 세자를 살려야 한다고 여러 대신들을 책망한 일을 말한다.

윤5.17. 엄홍복이 조재호의 불령한 말을 듣고 이미에게 전하고, 이미는 홍봉한에게, 홍봉한은 임금에게 전했는데 엄홍복을 친국하다.

윤5.18. 엄홍복을 수구문 밖에서 참하다.

윤5.18. 사간 박기채·장령 조태상 등의 청에 따라, 조재호를 단천부에 안치하다.

윤5.21. 폐세자가 훙서하자 호를 회복하고 시호를 사도로 하게 하다.

윤5.25. 왕세손이 강서원 관원을 보내 문안하니, 청구(靑丘)에 너와 나 둘뿐이라며 위로하다.

• 청구는 중국에서 우리나라를 이르던 말이다.

윤5. 28. 홍봉한이 이번 일에서 보여 준 왕의 결단력을 칭송하다.

윤5. 29. 대사헌 이규채 이하 3사가 조재호를 처단할 것을 청하니, 대체를 얻은 것이라 답하다.

6. 5. 중관 한채 때의 일로, 그때의 영상 김상로를 파직하고, 말하지 않은 대신(臺臣)들도 멀리 찬배하라 명하다.

• 영조와의 불화로 세자의 상태가 점점 나빠지고 있었는데, 이때 세자가 내시 김한채를 밀고자로 의심하여 그를 죽인 일이 있었다. '한채 때의 일'이란 이 사건을 말하는 것이다.

6. 22. 태복시에 나아가 유채·남경용을 친국했는데, 조태호가 자신은 항상 동궁을 보호한다고 말했다고 진술하다.

6. 22. 조재호의 사사를 명하다.

6. 23. 유채·남경용을 정법하다.

7. 12. 헌부에서 민간의 다리를 금할 것을 청하니 따르다.

7. 23. 사도세자의 장례를 치르다. 묘에 거둥해 정자각에 들어가 곡림하고 백관도 곡에 참여하라 명하다.

7. 24. 세손을 동궁이라 칭하게 하다.

8. 1. 건명문에 나아가 동궁의 위호를 정해 반교하고 백관의 진하를 받다.

8. 2. 동궁의 의장은 자신이 세제 때 썼던 것을 쓰도록 하다.

8. 10. 박치륭이 상소해, 동궁과 대전 사이를 왕래하며 하는 말마다 감추고 비밀로 한 승지와 헌부를 비판하자, 조정을 일망타진하려 한다며 흑산도에 천극하다.

8. 12. 홍봉한이 조재호의 일을 《천의소감》처럼 책으로 만들 것을 청하자 허락하다.

8. 12. 홍봉한을 다시 좌의정으로 삼다.

8. 26. 홍봉한이 글을 올려, 그날 성상이 한 말을 기록하고 그날의 처분이 부득이한 데서 나온

것임을 설명하여 뒷날의 참소를 막기 위해 자신의 차자를 사관에 맡겨 천고의 징표로 삼을 것을 청한다. 이에 13일의 일은 의로써 은혜를 절제한 것이라며 13일의 하교와 홍봉한의 차자 및 비답을 사각(史閣)에 간직해 소인들의 참언을 막고 후세의 의리를 엄하게 하겠다고 답하다.

8. 27. 동궁에게 문의(文意)를 물었는데, 대답을 듣고 기뻐하다.

9. 3. 동궁에게 명나라를 존중하는 마음을 가지라고 하다.

10. 22. 정휘량 졸기.

11. 27. 말안장에 오색 구슬을 다는 것을 영구히 폐지하라 명하다.

12. 9. 창덕궁에 나아가 사도세자의 혼궁(魂宮)에 곡림하다.

12. 15. 이조에 명해, 대신·국구가 아니면 영중추를 맡기지 말고, 품계가 있어도 총재(이조판서)·종백(예조판서)·사마(병조판서)를 거치지 않은 자는 판중추에 차임하지 말라 이르다.

12. 30. 이해의 호구는 1,651,114호, 6,797,816명이다.

영조 39년(1763)

2. 18. 주강에서 동궁과 문답한 후 칭찬하다. 신하들도 탄복하다.

4. 19. 연산군·광해군 묘를 수축하라 명하다.

4. 22. 고려 왕조의 옛 능과, 단군·기자·신라·고구려·백제의 시조의 능을 수축하라 명하다.

5. 12. 고려 왕의 능에 투장(偸葬)하는 사람을 벌하라 명하다.

7. 4. 김상복 우의정.

7. 21. 부민(府民)이 금주령을 어겼다고 경기감사 홍명한을 파직시키고 광주부윤 김응순을 잡아다 신문케 하다.

8. 5. 장령 구수국이, 근래 위노(威怒)가 너무 급작스럽고 중도에 어긋나 경재부터 시종에 이

르기까지 찬축(竄逐)되거나 삭파(削罷)된 사람이 수백 명에 이른다는 등의 일을 아뢰자, 숨김없이 말했다며 우악한 비답을 내리다.

8.27. 태복사에 나아가 역적모의를 한 심내복 등을 국문하다. 심정연의 조카인 심내복이 연좌 죄인들과 교결해 군대를 모집하고 반역하려 했다고 진술하자 역률로 다스리다.

9.2. 세손과 문답하고 나서 칭찬하고, 아는 것보다 실행이 어려우니 힘쓰라고 이르다.

9.22. 세손과 문답하고 칭찬하다.

9.28. 태복사에 나아가 심내복의 공초에 나온 이들을 친국했는데, 대부분 심내복의 진술을 부인하다.

10.2. 권유가 물고되고 심지복을 교형에 처하다.

10.3. 이능효·윤몽정·신정관 등 7명을 역률로 다스리다.

10.26. 이훈이 물고되다.

11.2. 김귀주 정언.

11.9. 다리를 폐하고 족두리를 채택했는데 역시 사치로 이어지자, 가체만 폐하고 옛 체계를 복구하다.

11.20. 태복사에 나아가 조태구의 손자 조영집·조영철 등을 친국하다.

11.20. 조영집·조영철·심양섭이 물고되다.

12.2. 호남의 우역으로 소 1만 두가 죽다.

영조 40년(1764)

1.2. 삭직되었던 여러 신하들을 서용하다. 이때에 이르러 서용한 자가 120여 명에 이른다.

2.3. 아비가 호랑이에게 물려 죽자, 호랑이를 쫓아 산속으로 들어가 싸워 죽이고 살을 잘라 아비의 제사에 올린 효자 오태붕의 정려를 명하다.

2.16. 비국당상을 인견하다.

• 빨지도 않은 옷을 입고 몹시 낡은 가죽신을 신은 모습이었다고 한다.

2.20. 선원전에서 아뢴 글을 신하들에게 보여주다. 세손을 효장세자를 이어 장통을 순승(順承)하게 하는 것이 의리에 당연하다는 내용이었는데, 신하들과 세손이 동의하다.

• 효장세자는 정빈 이 씨의 소생으로 영조의 맏아들이자 사도세자의 이복형이다. 영조 4년(1728)에 어린 나이로 죽었다.

2.23. 왕세손에게 효장묘의 제문을 읽어 보도록 하다.

세손을 효장의 후사로 삼았으며, 생부인 사도세자에게는 위호를 회복하고 묘우를 세워 주었으니 곡진하게 한 것이며, 이후로 이 일을 들추는 이가 있으면 역신이란 등의 내용이다.

5.2. 윤동도 좌의정.

5.28. 박세채를 문묘에 종사하다.

7.26. 영빈 이 씨가 연서(捐逝)하다.

9.3. 영빈을 위해 《표의록》을 짓다.

영조 41년(1765)

1.8. 세손이 상소문을 지어 춘추가 망팔(望八)에 이르렀다며 진연을 청하자, 뜻을 칭찬하면서도 따르지 않다.

1.9. 신하들이 거듭 하례를 청했으나 듣지 않다가, 세손이 네 끼를 들지 않자 따르며 세손의 성효를 칭찬하다.

윤2.2. 정후겸이 과거 초장·중장에 모두 합격하다.

3.30. 영부사 신만 졸.

4.7. 《해동악장》 구상을 말하고 믿을 만한 이를 묻다. 홍봉한이 홍계희·서명응·구상을 추천하자 허락하다.

5.21. 사도세자의 기일을 맞아 친히 제문을 지어 승지 홍낙인에게 가서 제사하게 하다.

7.2. 김치인 우의정.

8.1. 세손과 함께 명릉에 행차하고서, 세손이

행차에 수행한 것은 4백년 만에 처음 있는 일이라며 기뻐하다.

10. 1. 황희의 봉사손(奉祀孫)이 있는지를 묻고 녹용하라 명하다.

10. 4. 세손이 여러 날 진연을 청했으나 허락하지 않다가, 여러 날 식사를 끊자 허락하다.

10. 11. 경현당에 나아가 몸소 술잔을 받다.

11. 10. 중궁전의 탄신일이므로 왕세손이 하례하고 2품 이상이 문안하다.

11. 28. 김종서의 옛집을 속환하여 그 자손에게 주다.

12. 8. 예판 심수의 청에 따라, 구월산 삼성묘의 위판을 개조하라 명하다. 부제학 서명응이 삼성은 환인·환웅·단군이며 역사에서 말하는 아사달은 지금의 구월산이라 아뢰다.

12. 29. 약방제조들이 옥색은 화창하고 수염과 머리카락이 조금도 쇠하지 않았다고 아뢰자, 인삼의 정기라며 1년간 진어한 것이 얼마나 되는지를 물었는데 거의 20근이라 답하다.

12. 29. 이해의 호구는 1,635,923호, 6,780,008명이다.

영조 42년(1766)ㅈ

3. 6. 검은 머리가 다시 나서 두어 치가량 되었다고 하다.

4. 15. 교리 정이환이 송명흠·홍계능 등을 사면할 것을 청하는 소를 올렸는데, 중관이 열흘이나 감히 아뢰지 못하다. 이때에 이르러 비로소 알고는 정이환을 대정현에 유배하고 소를 받은 승지 이상지를 해남현에 유배하다.

4. 26. 영의정 홍봉한·좌의정 김상복·우의정 김치인을 파직하다.

4. 19. 전 영의정 홍봉한·전 좌의정 김상복·영중추부사 윤동도를 삭직하고 김치인을 우의정으로 삼다.

4. 26. 홍봉한·윤동도·김상복의 직첩을 돌려주

고 서용하기를 명하다.

6. 30. 좌의정 김치인의 사직을 허락하고 윤동도를 좌의정에 제수하다.

7. 27. 김치인 우의정.

9. 1. 모화관에서 방포를 시험하다.

9. 12. 김치인 좌의정.

10. 11. 그동안 인삼을 복용한 것이 얼마나 되는가를 묻자, 의관 이이해가 임신년(영조 28년)부터 이때까지 100근이 넘는다고 답하다.

10. 21. 윤동도 영의정.

10. 25. 행사직 김양택을 우의정에 제수하다.

10. 26. 백망·서덕수가 이미 신설되었으니 김용택도 신설되는게 옳다고 하자, 신하들도 동의하다.

10. 27. 김치인 등이, 김용택뿐만 아니라 이희지·심상길도 신설하는 게 옳다고 아뢰자 논란 끝에 받아들이고 전의 대훈을 거둬들이다.

11. 24. 윤동도를 다시 영의정으로 삼다.

12. 5. 위시(僞詩)도 그가 지어낸 것이 아니라면 관계없다는 주장이 나오자, 대훈을 가지고 물러가라며 대훈을 말하는 자는 모두 역적이라 이르다.

12. 7. 반복해 생각해 보니 위시를 삭제해 버리는 것이 마땅함을 깨달았다며, 이밖에도 삭제할 만한 것은 삭제하고 고칠 만한 것은 고칠 것이라 하다.

12. 9. 세 대신의 삭직을 명하고, 서지수를 영의정, 한익모를 좌의정, 김상철을 우의정에 제수하다.

12. 20. 비국당상을 인견하고, 이미 서덕수를 신설한 마당에 김용택을 신설하지 않으면 이는 자성을 저버리는 것이라 이르면서, 민익수·김성행도 어질다고 할 만한 이들이라고 하다.

영조 43년(1767)

1. 13. 수찬 정후겸이 상소해, 태묘에 술을 쓸 것

과 죄입은 대신에게 은혜를 내릴 것을 청하자, 소를 돌려주고 영원히 서용하지 말라 이르다. 이에 교리 서유량 등이 구원하니, 이 무리들이 어린아이에게 이렇게 하도록 권한 것이라며 사판 삭제를 명하다.

1. 15. 여러 신하들에게 묻고 태묘에 술을 쓰게 하는 한편, 정후겸 등의 처분도 분간(分揀)하라 명하다.

2. 28. 남단에 행행해 농민을 불러 보고 애로 사항을 묻다. 세손에게 밭두렁에 가서 살펴보라 하자 세손도 농민을 불러 절기와 농사의 노고를 묻다.

3. 19. 김치인·한익모·김상철을 다시 3공에 제수하다.

6. 14. 영의정 김치인·좌의정 한익모·우의정 김상철의 사임을 허락하다.

6. 19. 호남의 곡물 운반선이 대거 침몰해 무려 2만여 석이 유실되다.

6. 27. 김치인 영의정, 한익모 좌의정, 김상철 우의정.

7. 14. 세손이 잔치를 열 것을 청하는 상소를 올리다.

10. 6. 융무당에 나아가 서북의 무사들을 시험하고 상을 내리다.

10. 6. 집경당에 나아가 서북의 유생들을 시험보이다.

10. 30. 봉조하 유척기 졸.

11. 6. 육상궁에 나아갔는데, 좌의정 한익모가 날이 추우니 예를 행한 뒤 즉시 환궁할 것을 청하자, 추모하는 마음을 모르느냐며 차마 들을 수 없는 하교를 내리고 좌상을 파면하다.

11. 8. 한익모를 다시 좌의정에.

영조 44년(1768)

1. 2. 대신들이 입시해 용안이 좋아졌다고 아뢰다. 또 차례로 나아가 팔을 어루만지고는 피부

가 청년 시절과 다름이 없다고 아뢰다.

1. 5. 헌납 강지환이 상소해, 연석에서 중신과 재신을 묵상(墨商)·사두(篩頭)로 표현한 일 등에 대해 지적하자, 강지환을 사판에서 삭제한 다음 시골로 내쫓으라 이르다.

1. 6. 강지환을 논핵하지 않았다고 대사간 이시건을 사판에서 삭제하고 장령 이정열을 시골로 내쫓으라 명하다. 이어 태아검이 손에 있다며 강지환을 대정현으로 유배하고 강지환을 추천한 전관(銓官)을 파직하라 명하다.

1. 6. 내일 절제 때, 강지환과 가까운 친척들 모두 과거를 보지 못하게 하다.

1. 10. 내국(內局)이 입시하자 이마의 검은 머리털을 보게 하다.

4. 3. 내국제조 이창수의 관직 삭제를 명했는데 따르지 않은 이판 조돈을 제천현에 부처하고 이창수·조돈을 구원한 장령 박규수와 사간 이현조를 삭직하다.

4. 5. 방백과 수령에게 자기 임무에 힘쓸 것을 하교하다.

4. 12. 김귀주 승지.

4. 20. 평안감사 정실이 강계부의 인삼과 환곡의 폐단에 대해 아뢰다.

4. 24. 좌의정 한익모가, 과거에는 한음(漢音)을 모두 《홍무정운》에 따라 정리했는데, 근래에는 속음으로 고쳐 간행했다며, 본음으로 강습하게 하고 옆에다 속음을 기록해 참고하게 할 것을 청하자, 판단하여 편리한 방법으로 하도록 하라 이르다.

5. 10. 박세채를 박정승이라 칭한 정언 김약행의 소를 보고 사판 삭제를 명하다.

5. 12. 김약행을 흑산도에 정배하다.

6. 6. 정후겸을 발탁해 승지에 제수하다.

6. 8. 육상궁에 나아가 전배하고 여경방에 두루 들르다. 어가를 되돌릴 때 용호영의 장교가 즉시 대령하지 않자 중관을 잡아들이라 명하고 병판 조문규도 잡아들이라 한 뒤 해임하다. 환

궁했을 때 교리 이득신 등이 구대(求對)하니 모두 해임하여 의금부에 회부하고 영상 김치인이 유신의 구대는 문제가 없다고 아뢰자 김치인도 해임하다. 도승지 송영중이 영상의 말이 제대로 전달되지 못했다고 아뢰니 변명한다고 해임하고 채제공을 도승지에 앉혔는데 채제공이 일찍이 대간의 탄핵을 입었다는 이유로 사임하니 삼수부사에 제수하다.

6. 10. 정언 김용이 상소해, 근래 죄준 여러 사례를 지적하며 기쁨이나 노여움이 일 때는 더욱 화평의 도리를 생각하여 후회하지 말 것을 청하자 갑산으로 정배하다.

6. 14. 영의정 서지수가 상소해 사직하니 중도부처를 명하다. 김치인을 다시 영의정에 제수하다.

6. 20. 채제공 삼수부사 외보(外補) 명을 취소하다.

8. 1. 판중추 서지수 졸.

8. 7. 채제공 도승지.

8. 18. 이광좌가 아니면 오늘의 자신이 없다며 이광좌를 재평가하자, 수찬 민홍렬이 의리가 이미 정해졌는데 가벼이 변경할 수 없다고 아뢰다. 이에 민씨가는 증조 때부터 치웠다며 민홍렬을 영남 해변으로 귀양 보내다.

10. 17. 승정원에서, 작은 것은 살피고 큰 것은 빠뜨리며, 실상이 적고 형식이 많으며, 은상이 과람하고 위엄과 노여움이 치우친다는 등의 일을 아뢰자, 부덕·무능·노쇠의 소치라며 맹성(猛省)하겠다고 하다.

11. 3. 홍봉한 영의정.

11. 8. 김양택 좌의정, 김상철 우의정.

11. 8. 철악(撤樂)의 정지를 신하들이 수차 청했는데 듣지 않다가, 동궁이 글을 올려 진달하니 받아들이고 오직 동궁만 믿는다고 하다.

12. 11. 홍인한 이판.

12. 13. 홍인한이, 형이 상상(上相)에 있는데 동생이 장전(長銓)에 있을 수 없다며 사직을 청하니 허락하다.

12. 30. 이해의 호구는 1,641,095호, 6,817,364명이다.

영조 45년(1769)

1. 25. 홍낙인 승지.

2. 11. 창덕궁에 나아갔다가 화완옹주 집에 들르다.

3. 14. 건명문에 나아가 상인들을 소견하고 채폐(債弊)에 대해 물으니 외상이라 답하다. 조사해 보니 모두 임금의 인척들이어서 그들을 가두고 상환 후에 풀어 주도록 명했는데 이때에 이르러 다시 물으니 모두 상환했다고 답했지만 의심하다.

3. 22 유생 심의지 등이 상소해 박세채의 종향은 잘못이라 아뢰니, 정거시키고 청금록에서 삭제하다.

4. 20. 며칠 전 기생을 데리고 사는 사부들을 찾아내라 명했는데 자수한 10여 인은 놔두고 자수하지 않은 이들을 조리돌림·곤장·절도에 충군 등 엄벌하다. 대사간 이의로는 늦게 자수했다 하여 대정현에 정배하다. 징토하지 않은 홍봉한 등 대신들은 파직했다가 명을 거두다.

6. 9. 백발이 검어지고 빠진 이가 다시 난다며 기이하다고 하다.

7. 1. 하직하는 수령들을 소견하다. 귀성부사 이정묵이 흉년을 면했다고 하자 모두들 풍년이 들었다고 하는데 대답하는 것이 무상하다며 불서용을 명하다.

• 사관은, 이즈음 아첨하여 기쁘게 아뢰는 것이 풍습을 이루어, 수해·한재 등에 대해서는 고하는 이가 없었다고 평했다.

8. 19. 황해도 유생 이봉원 등이 박세채의 종향을 출방하기를 청하자, 소장을 찢어 버리고 소두 이하 여럿을 유배하다. 이어 태학·사학에서 해서 사람으로 거재(居齋)하는 자를 쫓아내고 일찍이 박세채의 출향을 상소했던 영남·호남 두

도의 유생들을 정거하다. 또한 해서· 호남·영
남의 문관들을 사판에서 삭제하고 대신할 자를
보충하게 하다.

8. 21. 예조로 하여 박세채를 치제할 때 참여하
지 않은 이를 조사하게 하다. 좌상 김양택이 들
어 있자 파직하고 김상복으로 대신하게 하다.

9. 1. 삼도 유생과 문관에게 내린 벌을 풀어 주
다.

9. 23. 홍인한 호조판서.

• 사관은, 홍인한은 정후겸을 붙좇아 총우가 두터웠
다고 설명하고 있다.

9. 24. 연화문에서 공인(貢人) 등을 소견하고 각
군문에서 빌린 돈 수만 냥을 탕감토록 명하다.

9. 25. 채제공 도승지.

10. 12. 김귀주 승지.

10. 14. 영의정 홍봉한이, 울릉도의 일을 널리
고증해 책자로 만들 것을 청하니 따르다.

11. 5. 김한구 졸.

11. 9. 영의정 홍봉한이, 김귀주·김한기의 자급
을 올려 장임을 맡길 것을 청하자, 지난번 김귀
주를 주사(籌司)의 부제거로 삼자 중전이 근심하
고 두려워하는 빛을 띠었다며 중전이 참으로 어
질다고 하다.

• 김귀주는 정순왕후 김 씨의 오빠다.

11. 9. 귀 안에 긴 털이 나서 신하들에게 보이자
모두 장수의 징조라 아뢰다.

12. 21. 세손에게, 사전(祀典)을 공경하고, 구신을
예우하고, 사국(史局) 중요하게 여기라는 글을
지어 주며 벽 위에 걸게 하다.

12. 21. 홍봉한이, 빙고에 들어가는 재목이 허비
되는 게 많다며 내빙고부터 석빙고를 만들 것을
청하니 따르다.

12. 24. 《동국문헌비고》를 간행하게 하다.

• 범례는 《문헌통고》를 따르되, 우리나라의 일만 수
집하게 했다.

영조 46년(1770)

1. 10. 홍봉한이 주천(奏薦)할 때마다 좋지 않게
생각해 오다 이때에 이르러 파면하고 김치인을
영의정에, 한익모를 좌의정에 제수하다.

1. 12. 세손에게 시강을 명해 문답을 하고는 학
문이 숙성함을 칭찬하다.

• 이즈음, 세손의 학문이 날로 진보하고, 강하는 음
성은 맑고, 견해는 정밀해 임금의 질문에 명쾌히 답하
자 신하들이 기뻐했다.

3. 22. 금부도사 한유가 상소해 홍봉한·홍인한·
홍낙인을 비판하자, 한유를 유적에서 삭제하고
흑산도에 정배하다.

3. 22. 영부사 홍봉한의 치사(致仕)를 명하면서,
이는 곡진하게 보호하려는 뜻이라 이르다.

3. 24. 홍봉한을 불러, 혜빈을 위해 치사토록 한
것이며 곡진히 보호하려는 뜻에서 나온 것이라
하유하자, 홍봉한이 눈물을 흘리며 물러나다.

• 혜빈은 정조의 생모를 말한다.

3. 27. 거제에서 30여 인이 어패류를 먹고 죽다.
이에 통제사 이국현이 말린 전복을 봉진할 수
없다고 장계를 올리다.

3. 30. 심의지를 친국한 후 위리안치하다.

5. 1. 측우기를 만들어 창덕궁·경희궁에 설치
하고, 8도에도 설치해 강우의 다소를 기록해 치
계하라 명하다.

5. 29. 호패법을 다시 엄히 밝히도록 하다. 호패
가 없는 경우는 금고하고, 호패가 없는 선비는
과거를 정지시키도록 하다.

6. 18. 난장형을 금하고, 이 하교를 《문헌비고》에
기재하라 명하다

7. 4. 좌의정 한익모의 청에 따라, 정몽주의 손
자를 서용하여 승륙하라 명하다.

9. 1. 수레를 타고 명릉으로 나아갔는데 세손이
수가(隨駕)하다. 친제를 마치고 익릉과 경릉을
배알하였는데, 그때마다 세손에게 능 위와 정자
각을 봉심토록 하다.

10. 20. 영의정 김치인이, 병조참판 정후겸의 이

력과 재주가 갖춰졌으므로 비국당상으로 차정할 것을 청하다.

11. 21. 영의정 김치인을 면직하다.

12. 5. 김치인 영의정, 한익모 좌의정.

12. 20. 정후겸 공조참판.

12. 27. 세손과 함께 육상궁에서 하룻밤을 보내다.

영조 47년(1771)

1. 4. 봉조하 김상익이 졸하다.

2. 1. 형신할 때 결박하는 법을 없애라고 하교하다.

2. 3. 왕손이 방자한데도 말하는 자가 없으니 누구를 믿겠느냐며 일갈하다. 홍봉한이 양인 출신을 얻어 은신군의 보모로 삼게 하였다며 불서용하라 명하고, 은언군 이인·은신군 이진을 귀양 보내다.

2. 5. 김한기 어영대장.

2. 5. 호위대장에게 군사를 모으게 하고는 대궐·육상궁·구저(舊邸)를 호위하게 하다. 이어 용동궁의 임장(任掌)과, 전 양제(良娣) 집안과, 이인·이진 집안의 잡류도 또한 잡아 오게 하다.

• 양제는 사도세자의 첩이었던 임 씨를 말한다. 이인과 이진의 어머니다. 한때 작호가 깎이기도 했으나 정조 즉위 후 복작되었다.

2. 5. 홍봉한·김시묵을 삭출하고 홍낙성을 삭직하다.

2. 6. 전 양제의 아비 문명을 대정현에 충군하다.

2. 8. 홍봉한을 공격했던 한유·심의지를 석방하다.

2. 9. 대간이 합사해 홍봉한의 중도부처를 청하자, 비로소 대각이 있는 것을 알았다며 따르다.

2. 9. 홍봉한은 청주목에, 이인과 이진은 대정현에 유배하다.

2. 11. 혜빈을 위해서라며 홍봉한 부처 명을 거두다.

2. 23. 양제의 집을 열도록 명하다.

3. 16. 홍봉한 삭출 명을 씻어 주다.

3. 24. 어사 조준을 파견해, 기전의 황구충정(黃口充定)·인족침징(隣族侵徵)을 염찰하게 하다.

4. 12. 은신군 이진이 제주에서 졸하다. 이진의 처에게 휼전을 베풀게 하고, 은언군 이인을 석방하다.

4. 27. 김상철 우의정.

4. 28. 김치인 영의정, 한익모 좌의정.

5. 6. 황구첨정(黃口簽丁)·인족침징이 사라지지 않고 있다며, 균역청으로 하여금 제도에 신칙토록 하라 명하다.

6. 5. 역관 50여 인을 잡아다 곤장을 치다. 고세양이 《황명통기》를 계덕해의 집에서 얻어다 보았다고 공초하다.

6. 10. 내사복시에 나가 책을 산 사람들을 친국하다.

6. 11. 무사(誣史)의 일로 전후에 사형을 당한 이가 거의 10명에 이른다.

• 사관은, 글을 모르는 자, 단순히 책 이름을 외운 자 등일 뿐인데 형장이 지나쳤다고 설명하고 있다.

6. 21. 《황명통기》를 사다가 여러 해 동안 간직한 계덕해, 빌려다 준 선천부사 이응혁 등은 무사하다.

6. 21. 《황명통기》의 세초를 명하다.

8. 2. 한유가 역적 홍봉한을 참하라는 소를 올렸다고 하자, 불러다 입을 곤장 치게 하고 소장은 뜯지 말고 불태우게 하다.

8. 3. 심의지에게 역률을 시행하다. 이도찬은 몽두(蒙頭)를 씌워 형신한 뒤 흑산도에 찬배하다.

8. 8. 홍봉한을 삭출하다.

8. 28. 정업원 옛터에 비각을 세우고 정업원구기(淨業院舊基) 다섯 자를 내리다.

• 정업원은 단종의 비 정순왕후 송 씨가 단종의 명복을 빌며 일생을 거처한 곳이다.

9.10. 정후겸을 경기 감찰사로 삼았으나 사양하다.

10.13. 봉조하 홍계희 졸.

11.23. 창덕궁 진선문과 시어소 건명문 남쪽에 신문고를 다시 설치하라 명하다.

12.18. 김시묵 어영대장.

12.30. 이해의 호구는 1,650,549호, 6,820,151명이다.

영조 48년(1772)

1.5. 이순신·조헌·송상현·고경명의 봉사손을 서용케 하다.

1.12. 혜빈을 위로하기 위해 홍봉한 삭직을 탕척하다.

1.25. 강계부사 정언충이 강계 인삼의 폐단에 대해 아뢰다.

• 진상해야 하는 양이 점점 늘자, 이를 감당하지 못해 강계를 떠나는 이가 많았다고 한다.

2.5. 예관을 보내 고 통제사 이순신에게 치제하게 하다.

2.21. 김귀주 승지.

3.11. 탕제를 물리친 지 나흘이 되다. 세손이 몸소 탕제를 받들고 나아가니 기뻐하며 비로소 진어하고 사책에 쓰라 명하다.

3.21. 당습을 한다는 이유로 김치인을 해남현에 원찬하다.

3.24. 김치인을 정의현에 천극하다.

3.24. 김상복·한익모·김상철을 서용하지 말라 이르다.

4.8. 김상복 영의정.

5.29. 이은 우의정.

6.28. 신회 좌의정.

7.4. 탕평이 무너졌다고 하교하다.

7.21. 수찬 김관주가 상소해, 홍봉한이 불충한 사례를 열거하고 나아가 동궁을 요동시킨다고 공격하다.

7.21. 공조참판 김귀주가 상소해, 홍봉한이 사도세자를 추숭해 종묘에 들이자는 의논을 창출했는가 하면, 세손을 위협하고 자신을 해치려는 자는 동궁을 불리하게 하는 것이라고 했다는 것 등을 거론한다.

7.21. 김귀주의 소를 돌려주게 하고 현임을 면직하고 요직에 등용하지 말라 이르다.

7.21. 김귀주 소의 구절을 웃음거리로 치부하며, 김귀주를 사판 삭제하고 총융사 김시묵을 특체하다.

7.22. 김한기를 소견하였는데, 김한기가 눈물로 사죄하다. 이후 척신인 자는 이조의 삼망과 병판, 오군문의 대장, 3사의 장관, 국자장(國子長)의 망(望)을 금하라 명하다.

7.23. 두 집안의 형세가 양립할 수 없어 홍씨 집안을 폐하는 것에 감심(甘心)하려 할 것이니 어찌 음덕이 되겠느냐며 질책하다. 자신이 믿는 것은 곤전(중전)과 충자(세손)인데 이런 거조를 당해 내전의 심사가 어떻겠느냐며, 김귀주에게 육단부형하고 금오문 밖에서 석고대죄하라 명하다.

7.23. 김치인이 김관주를 불러 모으고 김귀주를 유인하여 상소를 짓게 했다며, 이후 당론하는 신하는 절하지 말고 가라고 이르다.

7.24. 양 대에 걸쳐 의지한 원보(元輔)가 이 지경에 이르고, 훈척의 자손이 명예를 탐내 역시 그 당에 투신했으니 참으로 한심하다고 하다.

7.29. 김귀주를 삭탈관직하고, 김관주를 갑산부에 유배하다.

7.29. 김시묵 졸.

8.1. 탕평과를 설행하라 명해 임종주 등 3인을 뽑다.

8.2. 신회 영의정, 이은 좌의정, 이사관 우의정.

8.11. 창의문에 나아가 조찬하고, 50년 한결같은 마음이 바로 탕평이라며, 김치인·구상의 일을 말하고 탕평과의 의미를 반교하다.

8.17. 의약청 설치를 청하지 않은 죄를 이광좌에게 돌리는 것은 잘못이라 이르다.

8.20. 원인손 우의정.

8.20. 동색(同色)끼리 혼인을 금한다는 패를 각 가정의 문미(門楣)에 걸라 명하다.

9.3. 김상복 영의정, 김상철 좌의정.

10.5. 3상을 면직하고, 한익모를 영의정으로, 이창의를 좌의정으로, 이사관을 우의정으로 삼다.

10.22. 영의정 한익모를 파직하고 김상복을 영의정으로 삼다.

11.18. 김치인·구상·정존겸 등을 방면하다.

11.19. 조영순이, 최석항·이광좌의 관작을 회복시킨 일에 대해 상소하자 소를 불태우고 조영순을 사판에서 지우라 명하다. 이어 받아들인 승지도 사판에서 삭제하다.

11.20. 금부로 하여 조영순을 국문해 불충·불효하여 큰 죄에 빠졌다는 진술을 받아내고 서인으로 삼게 하다.

11.20. 대사헌 심발 등이 극변안치를 청하자, 경흥부 정배를 명하면서도 안치만을 청했다며 대각을 아울러 삭직하다. 또한 조영순을 청토하지 않았다며 합문을 지키는 시임·원임 대신을 파직하다.

11.22. 신회 영의정, 이은 좌의정, 윤인손 우의정.

영조 49년(1773)

1.10. 임어 50년, 나이 여든이 되어 숭정전에 나아가 백관의 하례를 받다.

1.13. 응제(應製)에 수석을 차지한 정후겸을 비롯해, 안겸제 등에게 차등을 두어 상을 내리다.

1.22. 영정 작업이 끝나 왕세손 이하 2품 이상을 불러 보게 하다. 세손이 천세를 부르니 일제히 천세를 부르다.

1.28. 한익모 영의정, 김상철 좌의정, 원인손 우

의정.

2.2. 김상복 영의정.

2.6. 김귀주·홍낙인을 패초했는데, 홍낙인은 응했으나 김귀주는 숙배하지 않고 대명하며, 자신이 말한 홍봉한의 일은 전하를 위해서라고 아뢰다.

2.8. 홍낙인을 체개하다.

2.26. 홍봉한을 불러 보다.

3.19. 의종황제 순절일이어서, 새벽에 익선관·흑단령포 차림으로 숭정전 월대의 판 위에 나아가 4배례를 행하다. 명나라의 자손들과 호란 때 충신들의 자손들을 불러 보다.

3.26. 김치인을 불러 보다. 김치인이 울며 자신의 죄를 말하니 위유하다.

윤3.13. 전일 경연에서, 조영순의 조부인 조태채에 대해 말하고 그의 시를 외워 아뢰었다고 해서 영의정 김상복의 관작을 삭탈하다. 좌의정 김상철, 우의정 원인손도 같은 벌을 받기를 청하니 면직하다. 한익모를 영의정, 이은을 좌의정, 이사관을 우의정에 제수하다.

4.14. 김상철 좌의정, 원인손 우의정.

4.16. 김상복 영의정.

5.11. 남교에 행차해 농사 형편을 살피다. 왕세손이 수가하고 당상이 배종하다.

5.20. 황승원을 정언으로 삼았는데, 늙은 어미가 있다고 패초를 어기자 흑산도에 충군하고 어미와 아우도 정배하다.

5.21. 대사헌 송형중과 대사간 이명식 등이, 조영순의 안율(按律)과 황승원의 의율(依律)처단을 청하니, 도사 2인을 보내 법을 집행하게 하다.

5.21. 조영순·황승원에 대한 안율의 명을 거두다.

6.17. 황승원의 노모에 대한 처분을 거두다.

6.27. 하천을 준설한 것은 자신의 사업이었지만 이후의 일은 알 수 없다고 하자, 채제공이 준설 외에도 다른 공업(功業)이 있다 하다. 이에 탕평도 자신의 일이었으나 뒤에는 다른 이름이 붙

여지고 필경엔 후세의 부끄러움이 될 것이라 하다.

7. 20. 융복을 문관에게 빌려 줬다고 금위대장 구선복을 파직하고, 어영대장 장지항을 사판에서 삭제하다.

7. 23. 상신(相臣)에게 말하기를, 손자가 여색에 담연하여 가까이 않고 아침저녁으로 자신을 모시는 것만 알며 돌아가서는 글만 읽을 뿐이라고 하다.

11. 13. 대사헌에 제수된 심이지가 패초를 어기니 파직·불서용을 명하고, 이판 한광회를 대사헌에 제수하다.

11. 20. 시임·원임 대신들을 불러 오늘날 탕평이 이루어졌는지를 묻자, 좌의정 김상철이 고질적 폐단이 사라졌다고 아뢰다.

12. 1. 강릉부사 이형달이 상소해 환곡의 폐단 등을 아뢰다.

12. 20. 즉위한 지 50년에 양역과 준천 사업은 조금 이루었다 할 만한데, 탕평은 어찌 이루었다 할 수 있겠느냐고 하다.

영조 50년(1774)

1. 6. 건명문에 나아가 5부의 백성을 불러 보고 품고 있는 바를 묻다.

2. 3. 세손이 백관을 이끌고 하례하다.

5. 7. 가뭄으로 죄인을 소결하다. 특별히 조영순을 방면하다.

6. 21. 한익모 영의정, 이은 좌의정.

6. 28. 신회 영의정, 이사관 우의정.

7. 16. 정후겸 공조참판.

• 정후겸에 대해 사관은, 대문을 열어 놓고 권세 있는 자들을 불러들여 세도가 세상을 기울였다고 평했다.

8. 15. 육상궁에 가려고 송현에 이르렀을 때 곽란을 일으키다. 세손이 뛰어가 부축하며 성의를 다해 간호하고 환궁을 청하니 모두 감탄하다.

10. 23. 판중추 원인손 졸.

11. 25. 빠졌던 자리에서 이가 새로 나다.

12. 7. 홍인한 우의정.

12. 29. 이해의 호구는 1,664,499호, 6,900,883명이다.

영조 51년(1775)

1. 8. 장령 이규위가 상소해, 훈련도감이 수년간 습진을 행하지 않는 것과, 1냥의 이자가 매월 2전을 넘는 사채의 폐단에 대해 아뢰다.

1. 19. 영의정 신회가 정후겸의 비국당상 차출을 청하며, 이 사람은 전하의 외손이지 척리가 아니라고 아뢰자, 외손인데 척리가 아니라면 무엇이라 하겠느냐고 반문하다.

5. 1. 신문고를 함부로 치는 것을 금하게 하다.

5. 2. 조재호의 딸이 신문고를 쳐서 아비의 억울함을 호소하자, 조재호의 억울함을 씻어 주고 벼슬을 회복시켜 주라 하다.

• 효부를 위로하고, 풍릉과 풍원으로 하여 자신의 뜻을 알게 하라는 말도 함께 했는데, 효부는 진종(효장세자)의 비, 풍릉은 조문명, 풍원은 조현명을 가리킨다.

6. 1. 태학 유생 중 70세 이상인 자 15명을 불러 보다. 시취(試取)하도록 한 다음 모두 급제를 내려 주다.

7. 7. 한익모 영의정, 홍인한 좌의정.

8. 26. 연화문에 나아가 5부의 방민 수천 명을 불러 보다.

9. 5. 연화문에서 양주·고양·광주 백성을 불러 보고 농사 형편을 묻다.

10. 10. 〈팔순곤유록〉을 짓고 세손에게 충효·탕평 등을 하교하다.

윤10. 19. 홍지해를 평안감사로 삼다.

• 이즈음 임금이 자주 잊어버리는 증상을 보였는데, 홍인한이 자신과 친한 홍지해를 자주 칭찬해 임금으로 하여금 기억하게 했다.

윤10. 20. 집경당에 나아가 문신 전강을 행하다.

수석을 한 오재소와 홍국영에게 숙마를 내리다.

11. 20. 집경당에서 시임·원임 대신을 불러, 세손이 노론·소론을 알겠으며 누가 병판으로 합당한지 이판으로 합당한지를 알겠느냐며 세손에게 국사를 알게 하고 싶다고 말하다. 이에 홍인한 등 여러 대신들이 대리청정에 반대하다.

11. 30. 자신의 기력을 쇠함을 말하며 대리청정 의사를 밝히자 3정승이 반대하다. 이에 분노하며 질타하고 승지를 나오게 해 대리청정의 전교를 쓰도록 하였는데, 홍인한이 가로막고 쓰지 못하게 하다. 동궁이 서너 자라도 문적(文跡)이 있어야 사양하는 글을 올릴 수 있다며 승지가 전교를 쓰게 해 줄 것을 요청했으나 홍인한이 응답 않고 승지에게 손을 저어 중지하게 하다.

11. 30. 순감군은 동궁이 수점(受點)하고, 이비(吏批)나 병비(兵批)는 중관이 대전에 품달한 뒤에 동궁에서 수점하도록 명하다.

11. 30. 다시 대신을 부르다. 홍인한·김양택·한익모 등이, 동궁이 순감군을 수점하는 것에 대해 이의를 제기하자, 이는 3백년 된 고사라고 이르다. 고례를 확인하고는 대신들도 수긍하다. 동궁이 홍인한에게, 대보와 계자(啟字)도 동궁에게 보관해 두라는 하교가 있었다며 이를 받들기 어려우니 좋은 말로 주청해 달라고 요청했는데, 홍인한이 모르는 척하면서 궐내의 일을 신 등이 어찌 알겠느냐고 답하다.

• 당시 청정의 의논이 있자 정후겸과 홍인한이 결탁해, 동궁이 미행(微行)을 즐긴다거나 음주를 좋아한다거나 하는 등의 소문을 만들며 청정을 저지하려 했다. 화완옹주 또한 사람을 시켜 동궁을 정탐하기도 했는데, 동궁이 혹 궁료(宮僚)들을 불러 만나는 것은 아닌지 두려워했기 때문이다. 정후겸의 방자함도 하늘 높은 줄 몰랐다. 동궁 앞에서 신을 끄는 소리를 내는가 하면 노골적으로 협박을 하는 등 두려워하는 기색이 전혀 없었다. 동궁이 청정을 한 뒤에도 화완옹주가 청정을 고사할 것을 권유하는가 하면, 정후겸 역시 한 번의 소(疏)로 승명(承命)하는 것은 너무 앞질

러 받는다는 혐의가 있다는 등의 말로 동궁을 압박했다.

12. 3. 서명선이 소를 올려 홍인한을 비판하다.

12. 3. 서명선을 불러 묻고 입시한 대신들에게 하문하다. 대신들은 물론 대간들까지 서명응의 소에 대해 옳고 그름을 말하지 않고 홍인한을 옹호하는 입장을 보이다. 이에 이은·김상복을 불서용하고, 한익모·홍인한은 사판삭제, 대사헌 송현중은 삭직하다.

12. 4. 김상철 영의정, 이사관 좌의정.

12. 7. 세손이 청정의 명을 거두어 줄 것을 거듭 청하다.

12. 7. 옥당이 구대했는데, 청정의 명을 따르지 않으면 전위를 하교하겠다고 하다.

12. 7. 대리청정의 절차를 밟게 하다.

12. 8. 청정 절목.

12. 10. 왕세손이 청정하례를 받다.

12. 10. 한익모·홍인한·김상복·이은에게 직첩을 주어 서용케 하다.

12. 16. 크고 작은 정사를 세손에게 처결하도록 하다.

12. 18. 청정 추가 절목.

12. 21. 부사직 심상운의 붕당·외척 등 8조목에 대한 상소.

12. 21. 대신들과 함께 심상운의 소에 대해 의논하고 대조께 아뢰기로 하다.

12. 22. 심상운을 흑산도에 천극케 하다.

12. 22. 세손이, 양사의 제신으로 청정 조참에 참여한 자가 한사람도 없었던 것은 논하지 않을 수 없다며, 잡아다 문초해 처리하라 명하다.

12. 23. 집의 신응현이, 홍인한과 그와 결탁한 대신·승지 들을 죄줄 것을 청하였으나, 세손이 거부하다.

12. 23. 심상운·심익운 형제에게 자결하라 하다.

12. 24. 심상운이 불충·불효의 죄를 자복했다고 하자, 어미와 팔순 조모가 있음을 들어 엄형한 후 배소로 보내게 하다.

12. 25. 세손이, 부응교 홍국영의 상서에 감탄하는 비답을 내리다.

12. 26. 세손이 홍봉한을 불러 보다. 홍봉한이 동생의 죄를 들어 황공해하자 실언일 뿐이라며 위로하다.

12. 29. 서명선 병판.

영조 52년(1776)

1. 10. 집경당에서 비국당상을 인견하다. 영의정 김상철이 정후겸을 비국당상으로 차출할 것을 청하였으나, 급(急)하다고 답하다.

1. 13. 세손이 김하재의 상서에 하답하다.

• 상서를 본 홍국영이, 상서 내용 중 영기(英氣)가 너무 드러난다는 등의 몇 구절은 저하의 병통에 맞는 약이니 깊이 생각하시라 청했다.

1. 15. 이은 좌의정, 이사관 우의정.

1. 27. 효장세자를 효장승통세자로, 효순은 효순승통세자빈으로 하여 옥인과 죽책을 만들어주라 이르다.

2. 4. 세손이 수은묘에 전배한 뒤 대신을 불러 눈물을 흘리며, 모년(某年)의 일기를 그대로 두고 어떻게 백료를 대할 수 있겠느냐고 묻다. 이어 상소를 올려 일기를 없앨 것을 청하다.

• 모년이란 사도세자가 죽은 임오년을 말한다.

2. 4. 《정원일기》는 사람들의 이목을 더럽히고, 사도가 알면 눈물을 머금을 것이라며 세초하게 하다.

2. 6. 세손의 상소를 도승지로 하여 읽게 하고 어질다고 칭찬하다.

2. 9. 세손에게 은인과 어제 유서(諭書)를 내리다.

2. 13. 김한기 어영대장.

2. 16. 세손이, 문체는 세도에 관계되니 그 격식을 일신해야겠다며 책문 첫머리를 헛되이 장황하게 꾸미는 문제를 지적하다.

2. 16. 우의정 이사관 졸.

2. 19. 채제공 호조판서.

2. 25. 서명선 이판. 홍국영 훈련정.

2. 27. 세손이, 김상익이 한 번도 차대에 들어오지 않는다며 무례하다 질책하고 나처하게 하다.

2. 28. 채제공 홍문제학.

3. 3. 가래가 많고 어지럽고 손발이 차다. 세손이 눈물을 흘리며 잠시도 떠나지 않고 성체를 주무르다. 대보를 왕세손에게 전하라 이르다.

3. 5. 묘시에 경희궁 집경당에서 승하하다.

3. 9. 신시에 재궁을 내리다.

3. 10. 시호를 익문선무희경현효, 묘호를 영종, 전호를 효명, 능호를 원릉으로 올리다.

정조실록

총서

- 휘는 산, 자는 형운이다.
- 장헌세자의 아들이고, 어머니는 혜빈 홍 씨다.
- 영종대왕이 명하여 진종대왕의 아들이 되었으니, 모비는 효순왕후 조 씨다.

정조 즉위년(1776)

3. 10. 경희궁 숭정문에서 즉위하다.

3. 10. 왕비를 왕대비로, 혜빈을 혜경궁으로, 빈궁을 왕비로 봉하다.

3. 10. 빈전 문밖에서 대신들을 소견하고 윤음을 내리기를, 자신은 사도세자의 아들이라면서도 추숭을 의논할 경우 논죄하겠다고 이르다.

3. 13. 홍국영을 동부승지에 제수하다.

3. 19. 효장세자를 진종으로 추숭하고 효순현빈을 효순왕후로 추숭하다.

3. 19. 김양택 영의정, 김상철을 좌의정.

3. 20. 사도세자를 장헌세자로, 수은묘는 영우원으로, 사당은 경모궁으로 높이다.

3. 25. 대사헌 이계·승정원·대신·3사가 정후겸의 처벌을 청하다. 이에 정후겸을 멀리 유배하라 이르다.

3. 27. 하찮은 정후겸에 대해서는 토죄를 청하면서 기세가 하늘에 닿아 있는 사람에 대해서는 입을 다물고 있다며 3사의 여러 신하들을 삭출하다.

- 기세가 하늘에 닿아 있는 사람은 대리청정을 방해한 홍인한을 일컫는 것이다.

3. 27. 정이환이 상소하여 홍봉한의 죄상을 조목조목 논하자 비답을 내리다. 홍봉한의 죄가 용서할 수 없는 것이라 해도 그는 자궁의 어버이이고 자신은 자궁의 아들이라며 완곡히 물리치다.

3. 28. 김상철의 해직을 허락하고 정존겸을 좌의정으로 삼다.

3. 30. 대행왕이 일찍이 임오년의 조짐을 양성한 것은 김상로라고 했었다며 관작추탈을 명하다.

- 임오년은 영조 38년으로, 사도세자가 죽은 해다.

3. 30. 마음에 새기며 뼈를 썩혀 온 것이 김상로 하나만이 아니라 문성국도 있다고 하다.

3. 30. 김상로의 아들·조카 들을 절도에 안치하다.

4. 1. 이덕사·박상로·조재한·이일화·최재홍·유한신·이동양을 복주하다.

4. 2. 김한기 어영대장.

4. 3. 영의정 김양택 등이 백관을 거느리고 정청하여, 김상로·문녀·홍인한·정후겸 모자를 토죄하다.

- 문녀는 숙의 문 씨를 말한다.

4. 4. 김상로의 일은 따르겠다고 하면서도 문녀의 목숨은 살려주겠다고 하다.

4. 7. 홍인한의 죄에 대해 하교하고 귀양 보내다.

4. 10. 온빈·안빈·명선공주·명혜옹주·영빈 등의 궁방 전결을 모두 호조에 소속시키다.

4. 11. 김상철 좌의정, 정존겸 우의정.

4. 16. 비빈·대군·공주의 각처의 묘와 묘에서의 제향을 간소하게 하라 명하다.

4. 17. 영종(영조)의 어진을 경현당에 봉안하다.

4. 26. 역적 가문에 연좌되는 부녀를 포도청에 구류하는 법, 귀양 가는 죄인을 배도(倍道)하여 압송하는 법을 폐지하다.

4. 29. 홍봉한이 왕의 돈유에 답해 자신에게 가해진 혐의들에 대해 해명하다.

5.5. 정후겸에게 가극하다.

5.13. 윤음을 내려 문성국과 문녀의 죄를 포고하다.

5.14. 문녀의 토죄를 청하는 대신과 3사의 신하를 불러 보다.

5.14. 김상복 등이 백관을 거느리고 문녀의 처벌을 청하자 도성 밖 안치를 명하다.

5.16. 대사헌 홍억이 상소해, 문녀를 법대로 처벌할 것을 청하다. 또 정후겸 및 그 어미와 결탁한 신회·신광수·윤광소 등의 처벌을 청하자, 신회는 삭직, 윤광소는 변방안치를 명하다.

5.16. 송형중을 변방에 유배하고 성윤겸을 삭직하다.

5.22. 윤선거 부자를 삭직하라 명하다. 또 문집은 훼손하고 사액은 철거하게 하다.

5.22. 무당을 금지하여 도성 밖으로 내쫓다.

5.23. 대사간 홍억이 정후겸의 죄를 말하고 난신적자로 징계할 것을 청하자 칭찬하다.

5.24. 사학 유생의 상소에 따라 송시열을 효묘에 추배하다.

5.25. 신회를 중도부처하다.

5.28. 과거에 대해 말하고 경장해 나갈 방법에 대해 의견을 올리라 이르다.

6.1. 홍국영 이조참의.

6.7. 중관 손효충·신덕룡, 의관 정윤덕을 정배하다.

6.22. 채제공 병판.

6.23. 홍인한의 무리가 윤약연을 뽑아 상소케 했는데, 정후겸 모자를 정법하고 홍인한은 도배하고 신회는 원찬할 것 등을 청하는 내용이다. 이에 불러 홍인한에게 도배만을 요구한 이유를 묻고 역적을 비호하는 것도 역적이라며 친국하다. 친국하자, 홍국영을 제거하려 했고 함께한 이는 홍상간·홍찬해·이성운 등이라 답하다. 국문 중 홍국영에 대한 절대적인 신임을 보이고 홍인한은 차마 죽이지 못하고 있을 뿐 홍인한의 죄상을 모르는 사람은 이미 역적의 도당이라고 이르다. 윤약연·이경빈·홍지해·홍찬해·이복해·이성운 등을 절도정배 등에 처하고 홍인한은 고금도에 천극하다.

6.25. 역적 처벌을 청하지 않는 영중추 김상복·영의정 김양택·판중추 이은·우의정 정존겸을 삭직하고 전 좌의정 김상철을 파직하다.

6.25. 역적 토죄가 더디다며 대사헌 이해중을 파직하고 단천부에 유배하다.

6.25. 한익모를 삭출하다.

6.26. 정존겸 우의정.

7.3. 제적(諸賊)들의 반역한 정절(情節)을 반시(頒示)하는 윤음(綸音)을 중외에 내리다.

• 홍인한·정후겸과, 그들 무리에 결탁한 이들의 행적·발언 등을 들어가며 그들이 지난날 자신을 위협했던 상황을 상세히 묘사했다.

7.5. 김양택 영의정, 김상철 좌의정.

7.5. 자궁의 양해를 얻었다며, 홍인한과 정후겸의 사사를 명하다.

7.6. 홍국영 도승지.

7.22. 심상운을 친국하다. 심상운이 서명선의 상소 이후 정후겸·심상운·홍낙임 등이 했던 말들을 진술하다.

8.6. 영남 유생 이응원이 소를 올려 사도세자를 옹호하고, 나경언과 수수방관한 신하들을 비판하다.

8.6. 동궁 시절에 이상준이 했던 말 등을 거론하며, 이응원의 무리를 썩은 쥐새끼로 여긴다고 하다.

8.22. 성균관 유생들이 역적 홍봉한을 죽여야 한다고 상소하자, 자궁께서 요즘 수라를 들지 않고 있다며 거부하다.

8.23. 좌부승지 김종수를 보내 송시열의 화양서원에 치제하게 하고, 어필로 내린 만동묘 액자 등을 같이 가져가게 하다.

8.24. 토역 교문을 반포하다. 홍인한·정후겸·심상운·윤약연·이상로·홍지해·심상운 등의 죄를 열거하고 임오년의 일을 제기하는 자는 선왕의

역적이자 경모궁의 역적이고 나의 역적이라며 이덕사·이응원 등의 죄를 서술하다.

8. 24. 《명의록》을 찬술하다.

8. 24. 성균관 유생들이 홍봉한의 처벌을 요구하며 권당하다.

9. 1. 궁방에서 직접 궁차를 통해 조세를 징수하는 것을 혁파하다.

9. 1. 결안되지 않았는데 역률을 적용하는 것이나, 이미 죽었는데 노적을 추시하는 것 등을 모두 없애다.

9. 1. 진주정사 김치인 등이 금주 지경에서 관향을 1,000냥 도둑맞았는데, 황제가 배상해 주어 받아 오다. 이에 대국에 수치를 끼쳤다며 김치인 등을 파직하다.

9. 1. 교리 김관주가, 삼제를 막은 것과 저군을 공동한 것 등을 들어 홍봉한을 역적으로 다스릴 것을 청하다.

9. 3. 한성우윤 김귀주가 임진년의 소를 다시 거론하며 홍봉한의 일을 꺼내자, 말한 바가 지나치다고 답하다.

9. 9. 김귀주를 흑산도로 귀양 보내다. 홍씨와 김씨는 모두 자전과 자궁의 사친이니 어찌 한쪽을 억누르고 한쪽을 부추기겠느냐며, 자궁께서 이미 홍인한에게 은혜를 끊었으니 자전께서도 김귀주에게 은혜를 끊을 것이라고 하다.

9. 10. 예문관 제학 정이환을 삭출하다.

9. 10. 김종수가 정이환 삭출은 지나치다고 아뢰다.

9. 11. 김종수를 소견한 자리에서, 신묘년(영조 47년)의 궁성 호위는 실로 김한기가 한 일에서 연유한 것이라며 어영대장 김한기를 삭직하다.

9. 12. 척리에 대한 문제의식을 밝히다. 신묘년의 일은 김귀주가 정후겸과 결탁해 벌인 일이라고 하다.

9. 12. 3사에서 김귀주의 처단을 청하다.

9. 19. 김한기를 문외출송하다.

9. 20. 한익모를 연안부에, 김상복을 공주목에

유배하다.

9. 22. 색목의 폐단을 논하다. 색목의 분쟁을 금할 것과 옛 습관을 버리고 대동(大同)의 지경으로 나오라고 하교하다.

9. 23. 탕평에 대한 잘못된 이해와 적용을 지적하다. 춘궁에 있을 때부터 선악을 혼합하고 시비를 하는 것이 탕평의 결과가 될 수 없다고 여겨 왔다며, 노론과 소론을 막론하고 모두 대도(大道)에 나오라 이르다.

9. 25. 규장각을 세우고 제학·직제학·직각·대교 등의 관원을 두다.

• 규장각의 역사와 이때의 공사 규모와 구성.

9. 30. 경모궁을 개건하다.

10. 13. 사관의 천거 방식을 둘러싸고 논의하다.

11. 12. 상소문에서 역적들을 논할 때, 척리만 언급하고 민항렬·홍상간 등은 언급하지 않은 김재순을 체직하다.

11. 14. 김재순을 해남현에 정배하다.

11. 15. 거제에 천극시킨 윤양후를 잡아 오게 하다.

11. 16. 윤양후의 천극을 엄히 하지 않은 거제부사 윤향렬을 나문하게 하고, 정후겸·홍인한·민항렬 등과 관계되어 찬배된 자들을 철저히 살피라 명하다.

11. 16. 역적과 관련된 홍윤중을 거제부사로 의망한 이판 이중호를 파직하다.

11. 19. 지금의 국세는 맡길 수 있는 심복(心腹)의 신하에게 위호하는 직임을 맡기지 않을 수 없다며, 홍국영에게 병부를 주도록 하다.

11. 20. 헌납 김동연이 상참을 자주 열 것을 청하자, 비변사가 나오면서 6조가 6조의 직무를 잘 행할 수 없게 되어 차대를 중히 여기고 상참을 가볍게 여기게 되었다고 답하다.

11. 20. 홍국영·김종수를 비변사 제조에 차임하다.

11. 21. 정언 한후익이, 김귀주를 찬배시킨 일 등에 대해 상소하다.

11. 22. 장령 윤재순이, 한후익이 김귀주를 두둔했다며 정배를 청하다. 비답하기를 한후익이 김귀주의 사당(死黨)인 것은 맞으나 어제의 상소는 자신의 잘못을 간곡히 진달한 것이라며 윤허하지 않다.

12. 2. 금상문에 나아가 윤양후를 친국하다.

12. 3. 서명선을 불러, 한 장의 소로 수만의 적군을 물리친 것 같은 공을 세웠다고 치하하다.

12. 10. 홍국영 선혜청 제조.

12. 26. 〈존현각일기〉를 《명의록》 찬집청에 내리다.

정조 1년(1777)

1. 1. 선조의 구신이며 연로한 것을 들어 한익모·김상복을 석방하다.

1. 6. 어가가 지나갈 때 유진대장 이한응이 부복하다. 이에 갑옷 입은 장수는 절하지 않는다는 뜻을 하교한 바 있다며 해당 대장을 추고하라 명하다.

1. 10. 참찬관 홍국영이, 언로를 열어 간언을 나오게 하는 방법에 대해서 아뢰다.

1. 27. 신하들과 《대학》에 대해 장시간 논의하다.

2. 1. 시독관에게 당나라 군대의 연패 이유를 묻고 자신의 의견을 말하다.

2. 4. 공판 홍낙순을 소견해, 자신이 당한 것은 신축년(경종 1년)·임인년(경종 2년)보다 심한데 처분은 자신이 스스로 결단했을 뿐 조신 가운데 한 사람도 힘을 다하는 이가 없었다며 개탄하다.

2. 5. 야대에서 임금의 질문에 옥당이 상세히 대답하지 못해 황공해하자, 그럴 것 없다며 오히려 긍(矜)이란 한 글자가 학문하는 데 큰 병통이라고 이르다.

2. 8. 육선공의 주의(奏議)를 강하다가 중(中)의 의미에 대해서 논하다.

3. 16. 어의이면서 어약을 모르고 통사이면서 통역을 모르는 지경이라며, 잡과도 공정·엄정하게 관리해 우수한 자를 뽑으라 하명하다.

3. 21. 양전(兩銓)에 명해 서류(庶流)들을 소통시킬 방도를 강구해 절목을 마련하라 명하다.

3. 29. 《명의록》이 완성되다. 총재대신 김치인 등이 차자를 올려, 내려 주신 일기로 인해 을미년(영조 51년)에서 병신년(영조 52년) 사이에 있었던 전하의 위태로움을 알았다며 《명의록》 편찬 원칙 등을 아뢰다. 이에 답하면서 홍국영·정민시·서명선의 공을 언급하다. 《명의록》을 규장각과 다섯 곳의 사고에 나누어 저장하게 하다.

• 홍국영이 소를 올려 자신의 이름이 지나치게 주인공처럼 나온다며 난색을 표하자. 경이 있어 오늘의 자신이 있는 것이라고 답했다.

4. 8. 홍계능을 대정현에 안치하다.

4. 16. 양사의 건의에 따라, 송형중을 신지도에 안치하고, 김상익을 지도에 정배하다.

4. 28. 부수찬 박우원의 소에 따라 심이지를 위원군으로 유배하다.

5. 5. 이후로, 기우제를 행할 때 술만 금하고 담배는 허락하도록 하다.

5. 6. 대사헌 정일상 등이, 홍상간의 시신을 거둔 김방행의 처벌을 청하다.

5. 10. 햇수가 오래된 시신을 파내어 검험할 경우에는 반드시 계문한 뒤에 거행토록 하다.

5. 16. 자경당을 완성하다.

5. 27. 홍국영을 총융사로 삼았다가 금위대장으로 바꾸다.

5. 28. 김상철 영의정, 정존겸 좌의정. 서명선 우의정.

5. 30. 숙종조 이후에는 세입이 그 이전보다 많아졌는데도 항상 부족한 이유를 묻다.

6. 5. 홍계능·홍찬해 등의 천극을 엄히 가하고, 이들을 잘 검칙하지 못한 관리를 다스리라 명하다.

6. 19. 전 참판 홍낙인 졸.

• 여러 외숙 중에서 이 사람을 가장 가상히 여겼다고 하다.

7. 1. 노성중을 장기현에 유배하고, 서유신·박종갑·이의준은 향리로 보내다.

7. 22. 훈련대장 장지항을 소견해, 금군의 실태를 개탄하고 변통의 뜻을 밝히다.

7. 25. 을미년(영조 51년) 문과 정시의 원방을 파방하다.

7. 25. 금군이 훈국의 마병과 금위영의 기사만도 못하다며 문제점을 지적하고 개혁 방안을 만들어 보고하라 명하다. 이에 병조에서 선천(宣薦) 내금위 사목을 올리다.

7. 27. 훈련대장 장지항·선전관 이응혁 등을 소견하고, 선전관의 위상과 중요성을 설명하는 자리에서, 선전관은 문관의 한림·주서·옥당 같은 것이라며 기예·진법·문자를 잘 알아야 한다고 이르다.

7. 28. 존현각에서 공부할 때 발자국 소리, 기와 던지는 소리가 들리다.

• 밝은 뒤 옥상을 조사해 보니 수십 닢의 돈이 흩어져 있었다.

7. 30. 대신들을 소견하다. 김상철이, 시어소는 난입이 쉽다며 이어를 청하고, 좌우의 포도장을 엄중 추고하고 범인을 잡아야 한다고 아뢰다.

8. 3. 평양감영에서 갑인자를 본으로 하여 15만 자를 더 주조하였는데 이때 완성되다.

• 정유자(丁酉字)다.

8. 4. 이어할 때, 마병은 갑주 차림, 금군은 흰 군복을 입도록 하다.

8. 6. 창덕궁으로 이어하다.

8. 11. 존현각을 침투했던 전흥문·강용휘가 다시 궐 담장을 넘으려다 붙잡다. 주모자인 홍상범(홍술해의 아들)·효임(홍술해의 처)·홍계능·홍상길·홍신해·이택수 등을 친국하다. 주상을 범하고 이찬을 세우려 했다는 진술이 나오자, 신하들이 이찬을 정법할 것을 청하고 마침내 눈물로 사사를 허락하다. 효임·감정·홍지해·홍술해·홍찬해·전흥문·강용휘·홍상범·홍상길·홍상격·김홍조·최세복을 대역부도로 정법하다. 그 외 이택수·김홍복·홍신덕이 정법되고, 박해근·강계창·홍계능·안국래·홍이해·홍신해가 승복하고 앞질러 죽는 등 21명이 죽고 다수가 유배되다.

8. 19. 관학 유생 김이익 등이 토역소를 올렸는데, 끝부분 홍봉한 토죄에 대한 글이 김귀주의 상소 어구와 같아 흑산도에 가극한 죄인 김귀주의 사사를 명하다.

8. 19. 김귀주를 국문해 정법하라는 3사의 청을 받아들였다가 철회하다.

8. 23. 홍계희의 관작을 추탈하다.

9. 6. 인정전 뜰에 품계석을 세우다.

9. 19. 호랑이가 궐 담장 밖 병졸을 물어 가다.

9. 24. 역적 토죄를 반교하다.

10. 29. 대사간 유당이, 화완옹주를 국법대로 처리할 것, 홍낙임을 국문할 것, 김귀주를 왕법대로 처리할 것, 홍계능·홍지해 등을 노적할 것 등을 청했으나 듣지 않다.

10. 29. 《경종실록》을 개수하다.

11. 15. 홍국영을 숙위대장으로 삼다.

11. 17. 금군도감, 각문 수문장, 궐 밖 삼영에서 입직한 순라들 등 숙위와 관련된 일체의 일은 숙위대장이 지휘하게 하다.

11. 20. 동짓날의 폭죽은 궁중의 고사(故事)이기는 하나, 공인(貢人)들의 허비가 있다고 하므로 제외하라 명하다.

11. 26. 정민시 홍문관 부제학.

11. 29. 대사간 유당이, 일을 아뢸 적엔 자리를 옮겨 탑전으로 나아가도록 하여 조정의 체통을 엄격히 할 것을 청하니 따르다.

12. 3. 서명선·홍국영·정민시를 소견하고 옛일을 치하하다.

12. 21. 서명응에게 규장각 절목을 만들게 하다.

12. 29. 이해의 호구는 1,715,371호, 7,238,523명이다.

정조 2년(1778)

1. 12. 흠휼전칙이 이루어지다.

• 지난여름, 죄에 따라 적당한 형벌을 정하도록 하교하였는데, 《대명률》·《경국대전》·《속대전》등을 참고해 편찬토록 한 것으로, 형구·곤제도 등을 상세히 규정하고 있다.

2. 1. 영빈의 묘를 봉원함이 합당한지를 의논하게 했는데 대부분 반대하다.

2. 5. 이즈음 주조되는 돈이 얇아지는 추세였는데 옛 돈의 모양대로 주조하게 하다.

2. 5. 호위 삼청을 하나의 청으로 하고, 우의정 서명선을 호위대장으로 삼다.

2. 6. 실록청을 설치하다.

2. 6. 추쇄관을 혁파하다. 비변사에서 올린 혁파 절목.

2. 12. 친림한 문신 제술에서 수석한 이가환을 6품으로 승진시키다.

2. 14. 승문원 정자 이가환을 불러 여러 경서의 내용을 물었는데, 이가환이 능숙하게 답변해 박식함과 총명함을 보이다.

2. 21. 혜경궁을 설득해 동의를 얻고 홍낙임을 친국하다. 홍낙임의 대답을 듣고 석방을 명하고 이어 홍봉한을 들어오게 하여 눈물로 위로하다.

2. 27. 《속명의록》이 이루어지다.

3. 15. 자전과 자궁께 존호를 올리다.

3. 15. 홍국영 훈련대장.

4. 4. 액례의 복색을 홍의 한 가지로 간소화하다.

4. 8. 장지항이 훈련대장으로 있으면서 유용한 것이 거만(鉅萬)에 이르니, 국문하고 장 100대에 유삼천리에 처하다.

5. 2. 대비가, 중전이 병약한 것을 들어 후사를 위해 빈어(嬪御)를 간택할 것을 명하다.

5. 4. 조신들이 백화를 신고 궐에 들어오는 풍습을 금하다.

6. 4. 산업·민폐·인재·재용 등에 대해 진단하고 경장해야 함을 선포하다.

6. 11. 서명선 좌의정. 정홍순 우의정.

6. 20. 홍낙춘의 딸을 빈으로 삼다.

• 원빈이다.

6. 27. 원빈의 가례를 행하다.

윤6. 13. 궁녀와 중관의 기강을 단속하게 하다.

윤6. 17. 화완옹주를 토죄할 것을 청이 이어졌으나, 불윤함은 선대왕이 깊이 자애했기 때문이라 답하다.

윤6. 21. 정치달 처의 직호를 삭탈하고 사형을 감해 교동부에 안치하라 명하다.

• 정치달의 처란 화완옹주를 일컫는다. 이후 '정치달의 처' 혹은 '정처'라는 표현으로 등장한다.

윤6. 24. 수어청과 총융청을 합치는 문제에 대해 대신들이 여러 의논을 내다.

7. 10. 장지항 어영대장.

7. 11. 영종의 어진을 영희전 제5실에 봉안하다.

7. 18. 서유린이 밀계하여 서명완이 고변한 사정을 말하다. 맹명원·윤범성 등을 신문했는데 자복하고 한후익·홍양해가 와굴(窩窟)이라고 답하다. 한후익·홍양해·심혁 등이 역모를 꾀했음을 자복하자 정법을 명하다.

7. 21. 대사헌 이연상 등이, 홍양해·한후익의 와굴인 김귀주를 엄중 국문해 왕법을 흔쾌히 바룰 것을 청하였으나 따르지 않다.

8. 1. 하삼도 유생 3,272명이 소를 올려, 작년 가을에 '각 고을의 향교·서원은 등록된 서얼들의 이름을 베어 내고 발붙이지 못하게 하라'는 반궁의 통문이 돌아 삭제되고 쫓겨났다며 호소하다.

8. 13. 병조에 명해, 5위법을 회복하고 5영 제도를 개혁할 뜻을 피력하다.

8. 24. 귀양 시 불궤를 도모한 혐의로 장지항을 국문했는데 자복하지 않은 채 경폐되다.

8. 26. 옥당이 역적 처벌과 《명의록》의 속집 간행에 대해 소를 올리다.

9. 1. 대열(大閱)을 행하고자 홍국영을 중영대장으로 삼다.

9.2. 노량에서 대열(大閱)을 행하다.

9.21. 작년에 형벌을 신중히 심의하라는 전칙을 반교했는데도 이를 제대로 지키지 않은 경상도 전 관찰사 이성원, 전 동래부사 임제원을 파직하고, 대구·상주·충주의 영장을 삭직하다.

9.27. 전날 밤 죄수를 검열해 보라 했는데, 관리 상태가 엉망이어서 형조참의 이진규를 삭직하고 낭청 유환덕을 파직하고 옥관은 의금부에 내리다.

9.30. 청학(淸學)과 한학(漢學)에 대해 논의하다.

9.30. 영의정 김상철이, 제주 사람은 육지에 나가 살 수 없고 육지 사람은 제주에 가서 살수 없게 금법이 정해져 있는데 잘 지켜지지 않는다고 아뢰다.

10.5. 궁궐의 비용 절약을 명하다.

10.18. 경모궁에 전배한 후, 이찬의 일을 가슴 아파하며, 이찬의 아내를 방송할 것을 명하다.

10.23. 백골·황구 징포가 여전한 것을 개탄하며, 도신은 수령을 신칙하고 수령은 향리를 검속해 죄를 범하지 말게 하라 이르다. 또 어사를 보내 범한 것이 드러나면 엄벌할 것을 경고하다.

11.3. 고례이나 경비가 많이 든다며, 특교가 있는 경우를 제외하고는 폭죽을 쓰지 말라 명하다.

11.29. 장악원 제조들을 소견하고, 악공·악생에게 연주시킨 뒤 다양한 질문을 하다. 이어 악기·연주·악공·악생이 모두 모양을 이루고 있지 못하다며 음률을 아는 이를 오래 구임시키면 옛 악을 수복할 수 있을 것이라 하다.

• 악공·학생 등이 한 답변을 통해 당시 장악원의 규모와 편재 등을 알 수 있다.

12.4. 홍봉한 졸기.

12.12. 좨주 송덕상이 연석에 나오다.

12.15. 송덕상에게 성안에 들어와 살도록 하고 하다.

12.15. 《논어》를 강하다.

• 해박한 지식과 논리로 논의를 주도하는 모습을 보

였다.

12.22. 은언군 이인의 집에서 소를 밀도살하자 부끄럽다고 하면서도, 이에 대한 속전을 내사로 하여 납부하게 하고 왕손의 집에서 거두지 말라 이르다.

정조 3년(1779)

1.6. 결안을 받던 사형수가 대낮에 스스로 목을 찔러 자살하다. 이에 강화유수 이복원을 파직하다.

1.15. 각 영이 전년도 회계 장부를 올리다. 호조·양향청·선혜청·상진청·균역청·병조·훈련도감·금위영·어영청·수어청·총융청의 황금이 120냥·은 45만 냥·돈 139만 냥, 면포 4,430동·저포 7동·포 912동· 쌀 22만 석 등이다.

• 위 수치는 대략적인 것이다.

1.18. 송덕상이 차자에서, 정치달의 처와 김귀주는 난역의 뿌리라며 결단을 청하다.

2.25. 문무관이 길에서 만났을 때 회피하는 예를, 영조 시절에 정한 법식에 따라 준행의 근거로 삼게 하다.

3.8. 대신들의 의견을 물어 통어영을 강화부에 합치다.

3.27. 내각에 처음으로 검서관 4인을 두다.

4.22. 숙위의 설치를 다시 하교하고 금위대장 홍국영을 훈련대장에, 훈련대장 구선복은 금위대장에 제수하다.

5.7. 후궁 원빈 홍 씨 졸.

5.24. 홍국영이 소를 올려 도승지에서 물러나기를 청하니 허락하다.

6.14. 영남 암행어사 황승원이 복명해, 전좌도 병사 백동준 이하 20여 명을 논핵하다.

7.3. 원빈을 장사 지내다.

7.28. 《경종실록》 구전·신전을 모두 남기기로 하다.

8.3. 영릉에 전배하기 위해 행차하여 남한산성

행궁에 이르다.

• 이르기까지의 차림·행렬,·행보 등과, 수어청의 5영 제도와 둔전에 대해서도 상세히 정리되어 있다.

8. 5. 영릉에 전배하다.

8. 7. 다시 남한산성에 이르다.

8. 8. 남한산성 연병관에서 시험을 보고 문사 3 인 무사 15인을 뽑다.

8. 10. 돈화문으로 환궁하다.

9. 1. 홍국영 홍문관 제학.

9. 20. 홍낙순 우의정.

9. 26. 홍국영이 물러날 뜻을 아뢴 후 훈련도장 의 명소패를 풀어 바치고 나가다.

9. 27. 좌의정 서명선을 파직하다.

9. 28. 홍국영을 봉조하로 삼다.

9. 28. 홍국영에게 선마(宣麻)하고 작별하다.

9. 28. 홍국영의 말을 좇아 서명선을 위로하고 다시 좌상에 제수하다.

9. 29. 영의정 김상철의 해면을 허락하다.

9. 29. 서명선 영의정, 홍낙순 좌의정.

10. 6. 이판 송덕상이 홍국영의 사직은 부당하다고 아뢰고, 말리지 않은 승정원·3사·재상 들을 비판하다.

10. 8. 숙위소를 폐지하다.

10. 11. 대사간 등이, 홍국영에게 물러가게 한 명을 도로 거둘 것을 청하다.

11. 25. 영조 어진을 선원전으로 옮겨 봉안하다.

11. 28. 곡산부사 이규의가, 홍국영에게 다시 관직을 제수할 것을 청하다.

12. 3. 영의정 서명선, 봉조하 홍국영, 부사직 정 민시를 소견하다.

12. 22. 옥당 심환지가, 전 부사 이성모는 역적 홍계능과 친한 자라며 내칠 것을 청하자, 풍문에 속하는 것을 가벼이 윤허하기 어렵다고 답하다.

12. 27. 대사헌 이보행이, 서명응이 역적 홍계능과 붙어 지냈고 지휘를 받았다며 유배를 청하다. 이에 역적 홍계능의 역적질은 중신의 아우

(서명선)가 상소한 뒤에 있었으니 어찌 원수의 집이 되어도 원수의 당여가 될 리 있겠느냐고 답하다.

정조 4년(1780)

1. 3. 장령 윤필병 등이 서명응의 처벌을 청하다.?

1. 5. 서명응의 아들인 함경감사 서호수를 체차하다.

1. 5. 서명선의 면직을 허락하다.

1. 8. 좌의정 홍낙순을 성토하고 삭출하다.

1. 8. 김상철 영의정, 이은 좌의정.

1. 10. 서명응이 홍계능과 친한 것은 병신년(영조 52년) 이전이고, 그 아들이 배송한 것은 역모의 정상이 다 드러나지 않았을 때이니, 의리에 크게 어그러지지 않는다고 하다.

2. 14. 이휘지 우의정.

2. 21. 왕대비가 언서로, 대신들에게 곤전의 환후를 생각해 저사를 넓힐 방도를 구하라고 하교하다. 이에 대신들이 예조 당상을 거느리고 청대해 빈 간택을 청하니 자전의 하교를 들어 받아들이다.

2. 21. 훈련대장 구선복이 소를 올려 노역의 폐단 등을 아뢰다.

• 사노들의 경우 한 해 동안 주인에게 사역되고도, 쌀을 바치고 조련에 나가는 등 양군보다 힘든 생활을 했다.

2. 26. 이판 김종수가 홍국영을 귀양 보낼 것을 청하다.

2. 26. 홍국영을 전리로 돌려보내 군신의 종시(終始)를 보전하게 하라 명하다.

3. 7. 정언 유협기가, 구윤옥·이의익이 정후겸·홍인한에게 붙어 아첨하다가 홍국영에게 재물을 바치고 종처럼 섬겼다며 처벌을 청하다. 구윤옥을 유배하고 이의익을 삭출하다.

3. 7. 근일 파란의 출발이라며 심환지를 삭직하

다.

3. 10. 판관 윤창윤의 딸을 화빈으로 책봉하다.

4. 19. 동지사 황인점과 부사 홍검을 소견하다. 홍검이 고하기를, 역관이 중국인들과 하는 말을 들으니 《홍무정운》과 다른 것이 많다고 하다. 책자와 간행(刊行)만큼은 정음(正音)을 취해야 할 것이라 아뢰다.

4. 23. 경모궁 외장 쌓기 공사에 백성들이 자청하였는데, 베푼 은혜도 없이 노고하게 하는 것은 옳지 않다며 허락하지 말라 이르다.

5. 6. 헌납 윤장렬이 전옥서의 이례가 죄수를 침학하는 것이 한두 가지가 아니라 아뢰자, 조사해 형신하라 명하고 아울러 같은 폐단을 일으킬 경우에는 정형에 처할 것임을 경고하다.

5. 15. 서명선 좌의정.

6. 5. 과장에서 죄를 범한 자 중에 생원과 조사는 변방에 충군하고, 유학(幼學)은 수군에 충정했다가 초시에 입격하면 역을 면해 주도록 하다.

7. 20. 생일 품목을 여러 군에서 징수하고 안면도 금송을 벌채하는 등의 문제를 일으킨 이병정을 단천부에 귀양 보내다.

7. 20. 세곡을 실은 조운선이 자주 파손되자, 관련자들을 도백이 직접 신문할 것을 명하며 엄중히 처리토록 하다.

7. 25. 속전을 가로채고 환곡 이자를 사적으로 사용하는 등의 문제를 일으킨 홍낙빈을 잡아오게 하다.

7. 26. 좌의정 서명선이 홍낙빈의 갖가지 침탈 행위에 대해 아뢰다.

7. 30. 홍낙빈을 갑산에 유배하다.

8. 15. 우의정 이휘지가, 완풍군 이준의 작호를 고칠 것을 청하니 허락하다.
- 이준은 이인의 아들 이담의 본명이다.

9. 2. 영릉에 나아갔다가 고양에 머무르다.
- 영릉은 진종, 곧 효장세자의 묘다.

9. 4. 환궁 전에 고을 부로(父老)들을 불러 고충과 농사에 대해 묻다.

9. 24. 활인서의 혁파를 논의하다.
- 애초 무녀들의 신포를 재정으로 출발했는데, 무녀들이 외방으로 쫓겨난 터라 재정 출원이 막혔다.

9. 29. 언관들에게 정사의 득실에 대해 크든 작든 말하라 하교하다.

10. 10. 규장각에서 명을 받아 편수한 《송사전》을 올리다.

10. 24. 향교를 세운다고 하고 돈을 횡령한 전곡산부사 이규서를 구례현에 유배하다.

12. 7. 대흑산도에 이국의 선박이 표류하다. 그들의 희망대로 돌아가게 허락하고 자문을 지어 북경의 예부로 보내다.

12. 12. 정언 홍문영이, 정후겸·홍인한과 어울린 이계의 논죄를 청하였는데, 현재의 급선무는 오염된 풍속을 개혁하는 데 있다고 답하다.

12. 21. 영남 암행어사 이시수가 복명해, 관찰사 조시준을 비롯해 도내의 수령·변장 들을 논핵하자 대거 잡아다 문초하게 하다.
- 대구영의 돈놀이, 김해 영중의 소금 무역 폐단 등을 상세히 기록하고 있고, 환곡·시노(寺奴)의 폐단 등에 대해서도 설명하고 있다.

정조 5년(1781)

1. 6. 영의정 김상철이 거듭 해면을 청하니 허락하고 서명선을 영의정으로 삼다.

1. 17. 화빈 윤 씨가 임신하자 산실청을 설치하다.

1. 27. 원릉·건원릉·목릉·휘릉·숭릉·혜릉에 차례대로 전배하고 환궁하다.

1. 27. 김성행·서덕수를 추중하다.

1. 28. 건원릉 등에 전배할 때 동반·서반에서 참여하지 않은 사람들을 파직하다.

2. 9. 손수 초록한 《어정성학집략》을 완성하다.

2. 10. 영의정 서명선이, 사도세자의 비극과 노성중·구상·이덕사·조재한의 상소 등에 대해 말

하면서, 자신의 소를 중외에 반시해 인심이 흔들리지 않게 할 것을 청하다. 이때에 이르러 비답하기를, 신하는 차마 말할 수 없는 것을 말하였고 자신은 차마 들을 수 없는 것을 들었다며, 차자로 말미암아 애통하고 박절한 마음만 가중되었으니, 차자는 금궤에 보관해 두었다가 선포할 수 있을 때를 기다리겠다고 하다.

2.12. 어의궁 궁노의 아들 이명전이 종판의 후손이라 칭하면서 각 도의 저인(邸人)을 강압해 전화를 바치도록 요구하다 발각되다. 절도에 가두고 다시 노예로 삼다.

2.13. 규장각의 각규(閣規)가 제대로 갖추어지다.

2.17. 앞서 문풍의 진기를 위해 문신의 참상·참하 가운데 초계(抄啓)하라 명했는데, 이때에 이르러 의정부에서 강제문신(講製文臣) 20명을 초계하다.

2.18. 무신이 강시에 친림하는 의절을 정하다.

2.21. 평안도 암행어사 유의의 서계에 따라 해당 수령들을 논죄하다.

2.29. 수령·변장 들의 부정과 폐단이 계속 이어지고 있음을 지적하고, 이후 불시에 살펴 적발되면 수령과 변장은 물론 계칙하지 않은 간사·병사·수사를 중률로 다스려 용서하지 않겠다고 하교하다.

3.13. 내각의 신하들에게 조정의 모범이 될 것을 신칙하다.

3.18. 이문원에 행차해 내각의 신하들을 불러 《근사록》을 강하게 하다.

3.18. 규장각 설치에 공이 있는 신하들에게 상을 내리다.

3.21. 임금의 전교·비지·판부를, 《일기》의 수정을 기다리지 말고 승지들이 직접 알아서 만들어 내게 하다.

4.1. 서명선이, 경상감사 이문원의 장계에 의거, 방채곡·환곡·시노비 사면·해호(海戶)·소금 전매 등에 대해 아뢰고 이에 답하다.

4.5. 홍국영이 강릉에서 죽다. 소식을 듣고 싸늘한 반응을 보이다.

4.14. 무관이 내관과 내통해 말을 전하는 일이 없도록 신칙하다.

4.18. 여염집을 빼앗아 들어간 김약행을 수원에 정배하다.

4.22. 초계문신에게 시험 보이고 시상하다.

4.28. 서명선이, 홍국영의 역모를 도운 송덕상의 논죄를 청하였으나, 선정의 자손이라 하여 어렵게 여기다. 신하들이 계속 청하니 송덕상의 관작을 삭탈하다.

5.2. 3사에서 홍낙순·송덕상의 논죄를 청하였으나 허락하지 않다.

5.22. 시급한 공사, 민사의 회계·장계를 지금까지 300여 통이나 덮어 두어 살릴 수 있는 사람을 살릴 수 없게 하고 석방해야 할 사람을 석방하지 않았다며 승지들을 파직하다.

윤5.8. 덕산 백성 김성옥이, 궁감 김응두가 폐단을 부린 일 때문에 격쟁하다. 이에 궁임을 잡아다 엄중히 조사토록 하고, 이후 또 궁차가 폐단을 일으키면 해당 지방관은 즉시 순영(巡營)에 보고하고 순영은 위에 보고하라 명하다.

윤5.22. 부수찬 심낙수가 김귀주의 죄상을 논하다.

윤5.23. 마병 혁파를 논의하다.

윤5.27. 초계문신 중 강의가 뛰어난 이조승을 칭찬하다.

윤5.29. 김귀주의 죄상과 관련해 사류를 비난한 수찬 심낙수를 사판에서 삭제하다.

6.9. 홍봉한의 봉사손 홍수영을 서용하게 하다.

6.13. 《어정팔자백선》을 완성하자 중외에 배포토록 하다.

6.15. 제주에 안치된 죄인 홍대섭이 섬 안을 돌아다니며 사인들과 사귄다는 보고를 받고 잡아 가두게 하다. 이어 해당 현감도 잡아 가두다.

6.16. 역적의 아내를 돌보고 비호한 전 제주목

사 김영수를 즉시 가두고, 현 제주목사 김시구를 체포하라 명하다.

6.17. 비변사에서 제주 어사가 가지고 갈 사목을 올리다.

6.22. 영남은 추로(鄒魯)의 고장으로, 과거와 음직을 거쳐 통사한 사람이 수백 명에 이르고 있는데 한 사람도 추천되거나 쓰이지 못하고 있는 것은 조정의 수치라고 하다. 이어 다시는 이런 일이 반복되지 않게 하라 명하다.

6.22. 영남 사람 이승선을 품질을 올려 돌려보내고, 승지 이헌욱은 2품의 자리에 의망하라 이르다.

6.29. 규장각 총목이 완성되다. 총 3만여 권으로, 서호수에게 명해 서목을 찬술케 했는데 경서류·사서류·자서류 등으로 분류해 규장총목이라 하다.

7.2. 사폐하는 곤수·수령 들을 소견해 경계시키다.

7.6. 《영종대왕실록》이 완성되다. 《경종대왕실록》 개수가 완성되다.

7.7. 시험장의 불법이 적발되면 승지 등 관리를 엄벌하겠다고 이르다.

7.10. 대신 등을 불러 보고 《국조보감》의 실태를 설명한 후, 비어 있는 임금들의 보감을 아울러 편집해 전서의 이름을 《국조보감》으로 할 것을 제안하니 신하들이 동의하다. 채제공과 조준에게 찬집을 책임지게 하다.
• 태조·태종·세종·문종·선조·숙종만 있었다.

7.20. 대사헌 김문순이 채제공을 극렬 탄핵했다가 삭직되다.

7.21. 사간 이현영이 김문순을 옹호하고 채제공을 탄핵하는 소를 올리다.

7.25. 채제공이 사직소를 올려 자신을 변명하다.

8.4. 채제공 예판.

8.5. 경모궁 추향 때 악공이 성원에 차지 않자 장악원 제조 정상순을 파직하다.

8.5. 국조보감을 찬집하는 신하들에게 술과 어제 시를 내리다.

8.7. 유생들에게 강경과 제술을 모두 시험 보일 것을 이르다.

8.19. 하루를 돌아보기 위해 항상 자기 전에 일기를 써 왔다며 후세에 전할 방안을 묻다.

8.20. 승지를 보내 노론 사대신의 사판(祠版)에 치제하다.

8.24. 각 도의 무사를 뽑아 올리라는 명에 따라 뽑힌 이들을 서용하라 명하다.

8.26. 금년부터 어진을 매 10년마다 1본씩 모사하게 하겠다고 하다. 이어 화사 한종유·신한평·김홍도에게 각 1본씩 모사하라 명하다.
• 영조 때 대략 10년마다 어진을 모사한 예를 따른 것이다.

8.27. 진신(搢紳) 중에서 그림을 아는 강세황·조윤형을 어용 모사 시 입참케 하다.

8.28. 강세황으로 하여 어용을 모사하는 일을 지휘하게 하다.

9.3. 희우정에서 승지·각신을 소견하고, 익선관·곤룡포 차림으로 김홍도에게 어용의 초본을 그리라 명하다.

9.3. 김수항·김창집·김창협·김창흡의 화상에 찬(贊)을 지어 내리다.

9.6. 당상과 낭청에게 보감을 나누어 찬집·교정하게 하다.

9.11. 하교의 글자를 잘못 써서 내린 승지를 종중추고하라 하다. 자신은 일찍이 말로 명을 전한 적이 없고 항상 종이에다 초(草)하여 승지에게 전하게 한다며 이는 간사스러운 폐단을 방지하고 사체를 중히 하려는 의도 때문이라 하다.

9.14. 호서 유생 연덕윤이, 송덕상을 위해 4도에 통문을 보내 서로 선동하였으므로 홍충감사 이승호가 간범한 자를 체포하고 밀계하다. 송덕상은 삼수부에 안치하다.

9.16. 서향각에 나아가 대신 등을 소견해 어진의 표제를 쓰게 하다. 서사관 윤동섬이 '춘추

30세어진즉조5년신축9월일도사[春秋三十歲眞卿? 五年辛丑九月日圖寫]'라고 쓰다. 어진을 어좌에 전봉하니 신하들이 4배례를 행하다.

9. 24. 강민(江民)들에게, 관리들의 주구에 대해 엄한 법으로 통렬히 단죄하고 있으니, 고의로 배를 부수는 등의 구습을 버리고 배를 수리해 공곡(公穀)을 운반해 나온 이익으로 부모처자를 부양하라고 전교하다. 이 전교를 모두가 알게 하라고 이르다.

9. 29. 응교 이현영이 상소해 채제공을 비난하다.

10. 3. 각 신은 전·현직을 막론하고, 형신을 청하지 말고 칼을 씌우지 말고 잡아 가두지 말 것 등을 명하다.

10. 9. 양사에서 송덕상·송환억을 국문하다.

11. 2. 무가 천시되고 문약으로 기운 현실을 거론하며, 서북의 무변을 수용할 방도를 강구토록 하다.

11. 2. 북도 사람 한광제를 경상수사에, 관서 사람 정성곡을 수령에 제수하다.

11. 11. 서북의 무변을 등용할 방도에 대해 서명선이 아뢰자 따르다.

11. 12. 형조참의 서정수가, 큰 폐단이 되고 있는 총청의 환곡에 대해 아뢰다. 이에 농간을 부린 자들을 처벌하고 재발하지 않도록 하라 이르다.

12. 6. 비변사에서, 제도 마병의 도시(都試)에 대한 절목을 올리다.

12. 7. 각신 심염조·병조참판 정창성이 《일성록》을 교정하다.

12. 9. 이휘지 우의정.

12. 28. 경상감사 조시준이 도내 10가지 폐단을 아뢰다.

정조 6년(1782)

1. 5. 명정문에서 조참을 갖다. 영의정 서명선

과 우의정 이휘지가 병조판서 채제공을 탄핵하다.

1. 5. 이조참판 김문순의 채제공 논척 소와 채제공의 반론 소.

1. 7. 이판 김종수도 체제공 비판소를 올리다.

1. 7. 채제공이, 이미 죽은 홍국영을 가지고 자신을 의혹시킬 자료로 쓰고 있다는 반론 소를 올리다.

1. 17. 채제공과 관련한 차자들을 거론하며, 홍국영의 친지라는 것으로 죄과에 몰아넣는다면 조정이 텅 비고 말 것이라고 하다.

1. 21. 우의정 이휘지의 면직 청을 허락하다.

1. 22. 홍낙성 좌의정, 이복원 우의정.

1. 23. 전라감사 박우원이 도내 폐단 6가지를 아뢰다.

1. 30. 좌의정 홍낙성이 채제공의 죄를 논하자, 탕평의 정치를 위해 사람을 쓰고 버림에 색목은 마음에 두고 있지 않다고 이르다.

2. 13. 정언 이택징이, 화완옹주·김귀주·홍국영·송덕상 등을 삼척의 법으로 다스릴 것을 청하다.

2. 14. 강화유수 김익이 외규장각이 완성되었음을 아뢰다.

3. 15. 영의정 서명선·좌의정 홍낙성·우의정 이복원이 연석에서의 하교가 엄했다는 말을 듣고 금오에 나아가 대죄하다. 이에 연석에서의 이야기가 누설된 것에 대해 분개하자 이복원이 차자를 올려 아들 이시수가 연석에서 물러나와 전했고, 일전에 올린 차자에 대한 언급이 있어 정승들에게 전해 대죄한 것이라 설명하다.

3. 24. 규장각 제학 김종수가 직접 편집한 《역대명신주의요략》 8권을 올리다.

3. 28. 신형하 등이 적신 송덕상을 칭송하는 글을 지어 송시열의 영당에 고유하자 체포하다.

4. 4. 포청에서 백천식·김훈·문인방·김광렬의 공초를 가지고 아뢰다.

4. 5. 신형하를 먼 곳에 정배하다.

4. 19. 김시습·남효온에게 이조판서를 추증하다.

4. 22. 서해·남양을 막론하고 이국의 배가 표류해 올 때 제대로 대처하지 못한다며, 법제를 만들고 이에 의거해 준용토록 하라 명하다.

4. 30. 영의정 서명선이, 쌀값이 오르는 것은 도고들이 독점하여 이익을 차지하려는 계교로 보인다며 도고 부류의 엄금을 청하자 따르다.

5. 8. 이시수가 초계문신 과시에서 세 번 연속 장원하자 통정대부를 가자하다.

5. 10. 통천 사람 박선엽의 아내 김 씨가 재화를 희사해 민역에 대신하게 하자 숙부인의 첩지를 내리다.

5. 26. 공조참의 이택징이 소를 올려 몇 가지를 아뢰다. 상소에서 규장각의 등대(登對)는 승정원을 거치지 않고 조지(朝紙)에도 반포되지 않은 것을 거론하며, 이것이 법규로 굳어질 경우 규장각은 전하의 사각(私閣)이 되고 말 것이라 하다.

5. 29. 대신들에게 내각을 설치한 뜻을 자세히 일러 주다.

6. 8. 검시 보고서가 각 도마다 다르게 작성되고 있다며, 통일된 법식을 세워 이를 준용케 하라 이르다.

6. 24. 대사헌 이재협이, 이택징이 역적을 비호하였다며 죄로 논할 것을 청하다.

6. 24. 흉소를 올린 이유백을 절도에 천극하라 명하다.

6. 28. 금상문에 임어해 이유백과 이택징을 국문하다.

6. 29. 이유백 흉소 사건을 마무리 지은 후 윤음을 반포하다.

6. 30. 3사에서, 이유백을 대역부도로 결안할 것을 청하다.

7. 3. 이택징이 흉측한 말을 끝없이 한다며 사지를 찢는 형을 집행할 것을 대신들이 청하다.

7. 5. 이유백이 물고되다.

7. 10. 이택징 상소 후 그가 묵고 있는 곳을 찾아가 손을 붙잡고 칭찬한 임관주를 흑산도에 유배하다.

7. 20. 시임·원임·3사·비국당상·좌우포도대장을 불러 도신의 장계와 전홍징의 소를 보여 주며 흉악한 격서라 칭하다.

7. 22. 이택징이 물고되다.

7. 24. 권홍징이 국청에서 흉언하자 친국하겠다며 낙형 준비를 명하다.

7. 24. 박서집이 송덕상을 신원하려고 말을 퍼뜨리고 인심을 선동한다 하여, 심이지를 해서 안문사로 보내다.

7. 26. 권홍징을 복주하다.

• 그의 소는 소각되어 전하지 않는다.

8. 3. 이복원 좌의정, 김익 우의정.

8. 14. 이택징, 이유백의 옥사에 관련된 이들을 처리하다.

8. 14. 해서 죄인 박서집 등을 절도에 유배하다.

9. 7. 왕자가 탄생하다. 궁인 성 씨를 소용으로 삼고, 비로소 아비라는 호칭을 듣게 되어 다행스럽다고 하다.

9. 12. 규장각 제학 유언호가 각신(閣臣)을 부를 때 말고는 뵐 길이 없어 편찬 교정의 일이 늦춰지기도 한다고 아뢰자, 이후로 소대·야대에도 각신 1인이 참석토록 하다.

10. 22. 관서의 도과시관(道科試官)에게 명하여, 평양의 전경 그림과 도내 지도를 각기 병풍으로 만들어 올리라 하다.

10. 24. 평양 문무과의 합격자들을 불러 보다.

11. 2. 홍충도 유생 2,600여 명, 황해도 유생 2,400여 명, 평산 유생 1,000여 명이 송덕상·홍국영의 죄를 성토하고 정형을 바로 시행할 것을 청했으나, 부드러운 비답을 내리고 따르지 않다.

11. 19. 귀양지에서 장차 군사를 일으켜 서울을 칠 것이라는 문인방의 말을 듣고 박서집이 배소관에 고변하다. 금위영에서 백천식·박서집·신형하 등을 친국하다.

11. 20. 문인방을 친국하다.

11. 21. 문인방이 복주되다.

11. 24. 《국조보감》이 완성되다.

• 조준·정창성·서유린·민종현·김익·이명식이 참여
했다. 서문은 임금이, 발문은 대제학 김종수가 썼다.

11. 26. 종묘와 영녕전에 보감을 올리다.

11. 27. 원자의 명호를 정하다.

12. 3. 대사면령을 내리다. 장지항·한익모의 죄
명을 지우고 윤선거·윤증의 관작도 회복하다.

12. 13. 전시를 보고 문과 5인, 무과 2,692명을
뽑다.

12. 24. 국청죄인 박서집이 목매고 죽자, 판의금
한광회 등의 관직을 삭탈하다.

12. 26. 이경래를 친국한 뒤 복주하다.

12. 27. 송덕상의 처벌을 하교하다.

12. 27. 이침·신형하·백천식을 대역부도로 결안
하다.

12. 28. 성 씨를 소용으로 삼다.

• 이날 영의정 서명선이 또 건의하자, 윤허한 것이다.

정조 7년(1783)

1. 7. 송덕상이 1년 넘게 옥에 갇혀 있다가 이
때 죽다.

1. 19. 서명선이 8차례 사직소를 올리니 윤허하
다.

2. 6. 화순귀주의 마을에 정문을 세우고 열녀
문이라 명명하게 하다. 정문을 세우는 날, 치제
하고 제문은 직접 짓겠다고 하다.

2. 19. 소용 성 씨에게 의빈의 칭호를 내리다.

3. 8. 대신에게 비국당상을 거느리고 등대하라
명하다. 울먹이며 사도세자에게 존호를 올릴 뜻
을 피력하다.

3. 8. 홍낙성 좌의정.

3. 27. 왕대비에게 존호를 올리다.

3. 27. 혜경궁의 의장을 정하다.

4. 1. 장헌세자와 혜빈에게 존호를 올리다.

4. 24. 의정부에서 강제문신 17명을 뽑다.

4. 25. 제주도의 중요함이 의주나 동래에 다름없
다며, 제주목사도 의정부에서 추천하여 임명하
게 하라 명하다.

4. 30. 잡과 합격자들을 불러 보고 강경·제술 시
험을 보다.

5. 23. 1월부터 이때까지 지속된 진휼에 대해 논
공행상을 하다. 곡물을 내어 굶주린 백성을 구
제한 이계갑·이경윤 등을 실직의 첨지에 임명하
도록 하다.

6. 2. 정존겸을 영의정에, 이복원을 좌의정에
제수하다.

6. 8. 영남어사 심기태가 고위 관리를 두려워
않고 논핵했다며 근래의 어사 중에 최고라고 칭
찬하다.

• 앞서 심기태를 어사로 보내며 봉서에 15가지 과제
를 상세히 적어 임무를 수행토록 했는데 이때 와서 복
명했다.

6. 23. 승진 지체 현상에 대해 논하다.

7. 12. 신문고 및 격쟁에 대해 논의하다.

7. 18. 대사헌 홍양호가 수레 및 벽돌 사용 등
중국 문물의 수용에 대해 상소하다.

8. 12. 지평 이수가, 과장에서 지나치게 몸수
색을 하는 문제 등에 대해 아뢰다.

• 협책(挾冊)을 금한다는 명목으로 지나치게 몸을 더
듬고 옷과 버선을 벗기는 등 문제가 있었다.

9. 18. 문과 전시에서 5인, 무과 전시에서 119인
을 뽑다.

9. 22. 8도의 규휼에 대한 윤음을 내리다.

• 11개의 항목으로 매우 자세하고 구체적이다.

10. 17. 강화유수 김노진이, 경기도를 구휼하기
위해 곡식을 옮기는 것에 반대하는 글을 올리
자, 중요한 진을 버리게 될지언정 경기의 수만
생명이 죽는 것은 볼 수 없다며 들어주지 않다.

10. 20. 공명첩 1,000개를 관북에 보내 진제 물
자 보충에 쓰도록 하다.

10. 21. 조정의 기강에 대해 불만을 토로하며 도

승지 정창순과 논란하다.

10.23. 문무과 전시에서 문과 33인, 무과 47인을 뽑다.

10.29. 관북 민인(民人)들에게 윤음을 내리다.

10.29. 비변사에서 올린 경기어사·호남어사·해서어사·관북어사 절목.

11.5. 자휼전칙(字恤典則)을 중외에 반포하고 윤음을 내리다.

11.18. 부사직 이재간의 상소에 따라 세자 책봉을 의논하다. 대신들이 시급히 책봉할 것을 청하자, 아직 강보(襁褓) 속에 있으므로 예식을 거행하기 어려우니 1~2년 정도 기다리는 것이 어떤지를 묻다.

11.18. 이복원·김익을 원자보양관으로 삼다.

11.19. 대간에서 신만·정휘량의 일을 발계(發啓)하려 하였는데, 이를 듣고 3사의 제신을 불러 눈물로 반대 의사를 표하자 신하들이 거두기로 하다.

11.22. 승지들을 불러 본 자리에 원자가 시좌하다. 승지 서유방이 원자의 목면 차림에 경탄하다.

11.29. 전황(錢荒)으로 인해 돈 주조 문제를 의논하다.

11.29. 수어사 정민시가, 남한산성 비축분 상당부분을 호조가 해마다 빌려가서 남은 게 얼마 없다고 아뢰다. 강화유수 정지검도 호조·선혜청 등 각 군문에서 빌려간 것이 많다고 아뢰다.

12.29. 이해의 각 지역별 호구는 1,733,757호, 7,316,924명.

정조 8년(1784)

1.1. 대신·예조·당상이 세자 책봉을 아뢰다.

1.9. 김익 우의정, 이복원 좌의정.

1.15. 원자와 보양관이 상견례를 갖다.

1.25. 판중추 정홍순 졸기.

2.14. 전황의 폐단을 말하고 상평청으로 하여금 빨리 돈을 사게 하다.

2.25. 전 평안도 관찰사 이성원이, 금을 캔다며 남의 산지를 침범하거나 하는 등의 광산 폐단을 아뢰다.

3.11. 지평 이익진이 궁방 도서(圖署)의 폐단을 아뢰자, 궁방의 도서와 패자(牌子)가 있는 까닭을 말하고, 규정 외에 제 궁방에서 전토와 토지를 타량(打量)하거나 어세를 침탈하는 등의 일을 행할 경우 해당 궁방의 수임(首任)을 엄중 처벌하라 이르다.

3.12. 살옥(殺獄)을 성안(成案)하는 일에 대한 태만과 적당주의를 꾸짖다.

3.20. 민간에 돈을 빌려주되 이식을 없애고 구전(口錢)을 금지시켜, 백성이 넉넉하게 살 수 있는 방도로 삼게 하라 이르다.

윤3.1. 사역원에서, 3학(몽학·왜학·여진학) 당하관이 10년마다 연경으로 가고 있는데, 5년에 한 번씩 가서 언어를 더 잘 익힐 수 있게 할 것을 청하니 따르다.

윤3.6. 사간 이복휘와 이조참판 심풍지가 서로 상소해 다투다.

윤3.6. 이복휘에 분노하면서, 그동안은 조제보합(調劑保合) 네 글자에 뜻을 두어 관망해 왔는데 앞으로는 호오(好惡)를 분명히 보이겠다고 하다.

4.4. 김상철과 서명선을 불러 화해하고 서로 의심하지 말 것을 당부하다.

4.20. 경기의 진휼이 마무리되다.

4.21. 당하 무신들의 적체를 말하며, 앞으로 도정(都政)에서는 좋은 곳의 자리에 내삼청(내금위·겸사복·우림위) 및 각 영의 장교들을 섞어서 수용하라 이르다.

4.30. 영남, 호남의 진휼이 마무리되다.

• 이어 5월에는 관동·호서의 진휼도 마무리되었다.

6.1. 《규장각지》가 이루어져 서문을 친제하다.

6.5. 김문순이 채제공 배척 상소를 올리자, 대신들을 불러 확증 없이 공격하는 세태를 질타

하다.

6.5. 김문순을 파직하고 불서용을 명하다.

6.5. 윤득부가 소를 올려 서명선을 공격하다.

6.6. 대신·비변사 제조를 불러 윤득부의 유죄 여부를 묻자, 정존겸·홍낙성·김익이 한목소리로 윤득부의 죄를 논하며 그 뿌리는 채제공이라고 아뢰다.

6.6. 윤득부를 절도에 유배하다.

6.8. 판부사 서명선의 상소에 비답하다.

6.9. 시임·원임 대신이 연명으로 차자를 올려 임금의 태도를 비판하고 채제공을 공격하다.

6.10. 정언 이상도가 소를 올려, 채제공을 도배하고 윤득부를 나국해 둘이 연계된 실정을 알아내야 한다고 아뢰다.

6.20. 병신년 이후 9년이 지났는데 지금에야 그때 일을 가지고 말하느냐며 대신들을 힐난하고, 채제공을 결코 죄줄 수 없다는 뜻을 분명히 하다.

6.28. 3상이 거듭 체직을 청했으나 허락하지 않다.

7.2. 원자를 세자로 삼다.

7.7. 영종·정성왕후·장헌세자·경모궁·혜경궁에 존호를 더하는 문제를 의논하라 명하다.

7.11. 동궁이 어린 것을 고려해 책봉 의식을 간략히 할 것을 명하다.

7.28. 명희전 고유제에서 헌관으로 나섰던 김하재가 임금을 욕하는 말로 가득한 쪽지를 승지에게 건넸다가 잡혀와 국문을 받다. 올해가 김일경이 죽은 갑진년이어서 김일경처럼 악명을 만대에 남기려 그랬다고 답하자 복주하다.

8.2. 왕세자 책봉식을 행하다.

8.3. 김귀주의 죄는 《명의록》과는 관계없고, 다만 홍 봉조하를 모해하려 한 것과 신사년(영조 37년)에 올린 글이 죄안이라고 하다.

8.3. 홍봉한은 홍인한의 죄와는 관계없다며, 시호 내리는 은전을 거행하지 않을 수 없다고 하다.

8.3. 김귀주의 죄 네 가지와, 따로 자신이 생각했던 한 가지에 대해 설명하다. 이어 자신에게 오늘이 있기까지는 자전의 은덕이 있었다며 자전을 위로하는 뜻으로 흑산도에 위리안치 중인 김귀주에게 울타리를 걷고 육지로 나오게 하라 명하다.

8.4. 3사가 김귀주·한익모·홍봉한에 대한 명의 정지를 청하다.

8.17. 영릉(永陵)·공릉·순릉에 전배하고 고양군에 묵다.

8.24. 홍봉한에게 시호를 내리다.

9.17. 왕대비·장헌세자·혜경궁에게 존호를 올리다.

9.26. 춘당대에 나아가 전시를 행하고 문과 18명, 무과 2,692명을 뽑다.

10.2. 춘당대에 나아가 문무과 합격자를 발표하고 백관의 하례를 받다. 문과 전원과 무과 을과 이상에게 선온(宣?)하다.

10.4. 명정전에서 다섯 가지 경사를 합한 정시와 대과 전시를 행하고 춘당대에 나아가 무과전시를 행하여 문과 8명, 무과 164명을 뽑다.

10.8. 영의정 정존겸과 좌의정 이복원의 면직을 허락하다.

10.9. 중국에 보내는 문서와 우리 사신의 장계·서계 등을 모아 책자로 만들고 각 아문에 나누어 주라 이르다.

10.11. 서명선 영의정, 홍낙성 좌의정.

10.23. 비변사에서 각 도 감사의 의견을 올리며 시노비 관련 폐단을 아뢰다. 시노비의 폐단을 시정하라 명하다.

11.2. 양사에서 차자를 올려, 정치달의 처와 김귀주에 대해 실수했다고 지적하다.

11.25. 심환지가 상소해 서명선을 논핵하자, 서명선이 차자를 올려 해명하다. 서명선의 차자에 비답하다.

11.29. 이노춘이 소를 올리다. 소 중에, 시의(時議)를 주장하는 사람들은 온 세상을 침묵시키

며, 좋아하고 미워하는 것을 사적으로 처리한다는 등의 표현이 있다.

12. 1. 대사헌 이형규가 소를 올려 김종수와 심낙수의 관계를 거론하다. 이판 김종수를 교체하다.

12. 3. 대사헌 심이지가 소를 올려, 시(時)라는 한 글자는 역적 김하재의 상소에서 처음 나왔고, 윤득부의 글에서도 나왔는데, 이노춘이 이를 또 꺼내 나라를 위하는 사람들을 제거하는 방도로 삼고 있다며, 이노춘의 절도유배를 청하다.

12. 3. 김종수를 소견한 자리에서, 어째서 경들이 이조에 자리 잡은 뒤부터 조정이 소란스러워지고 의리가 어두워지느냐며, 심환지의 상소도 경들이 시킨 것이 아니냐고 힐난하다.

12. 8. 대신·승지·3사를 소견했는데, 김하재에 대한 처벌이 당사자에게만 그친 것을 문제 삼자 이제 와서 거론한다며 3사를 모두 내쫓다. 이어 의리를 밝히는 것을 급선무로 삼아 영상에게 위임하고 김종수를 등용해 태평성대의 성과를 기대했는데, 김종수가 자신의 뜻을 모르고 어긋나게 행동한다며 질책하다. 이어 이노춘이 말한 시의에 대해 이야기하며 시의에 들어간 자는 마땅히 나라 편이 되어야 할 것이고 시의와 등진 자는 마땅히 역적 편이 되어야 할 것이라 이르다. 이에 신하들이 김하재의 가형(加刑)과 김종수의 처벌, 이노춘의 국문을 청하다.

12. 8. 이노춘을 절도에 정배하고 심이지를 유배하다.

12. 9. 김하재의 자식들이 나이가 차면 교형에 처하기로 하다.

12. 10. 이노춘의 상소를 보고도 아무 말 않다가, 혹시 남에게 뒤질세라 이제야 상소하고 계달한다며 3사의 관원들을 모두 사판에서 삭제하라 명하다.

12. 12. 김종수가 소를 올리자. 비답하다.
• "내가 어찌 경을 버리겠는가? 경이 나를 버리고 있다."라고 했다.

12. 12. 김종수에게 바란 것은 화기를 보존하고 조정을 단합시키는 것이었는데, 평지풍파가 일지 않은 날이 없었다며 김종수를 삭출할 것을 명하다.

정조 9년(1785)

1. 21. 비변사에서, 양호 지방의 선대(船隊)를 조직하는 절목을 올리다.

2. 3. 이판 이명식이 송시열의 후손을 의망하다. 이에 조윤대가, 역적 송덕상의 7촌이라며 극구 반대하자, 송덕상 한 사람 때문에 선정신(先正臣)의 가문은 벼슬을 할 수 없다는 말이냐며 조윤대를 삭직하다.

2. 10. 강릉·태릉을 전배하고 실전 같은 군사 훈련을 행하다.

2. 17. 서류(庶類)를 벼슬길에 소통시키라 했는데 지켜지지 않고 있다며, 명확히 실시하도록 하라 이르다.

2. 17. 제주 삼성묘에 사액하다.

2. 21. 춘당대에 나아가 서총대 시사(試射)를 행하다.

2. 23.《대전통편》을 인쇄하려 한다고 하자 자세함이 좋다는 입장을 보이다. 이판·예판·호판·병판·판의금 등이 각기 원본과 각사에서 시행하는 제도를 대조해 차이가 없는 것을 확인한 다음 아뢰도록 하라 이르다.

2. 27. 춘당대에 나아가 초계문신의 과강(課講)과 원점 유생의 제술, 강경을 친히 시험 보이다.

2. 29. 전 판서 김이용이 위급한 변란을 보고하니, 훈련대장 구선복이 청대해 아뢰다. 김종수를 판의금에 제수하다.

3. 1. 숙장문에서 역모 관련자 김이용·이율을 친국하다.

3. 7. 전 집의 이복휘가 소를 올려 서명응의 아들 서형수를 탄핵하자, 이복휘를 사판에서 삭제

하다.

3. 9. 영의정 서명선의 형편을 고려해 해임하다.

3. 25. 주형채를 효시하다.

3. 29. 문양해를 사형에 처하다.

3. 29. 홍복영을 사형에 처하다.

4. 1. 김두공(김하재의 조카)을 사형에 처하다.

4. 9. 장령 유하원이 소를 올려, 백성을 속이고 세상을 현혹하는 서학을 금지할 것을 청하자, 옳다며 아뢴 대로 시행해야 한다고 답하다.

4. 14. 역적 토벌을 하례하며, 김두공·이율·문양해·주형채·양형·홍복영 등의 죄에 대해 이르다.

5. 3. 지제교 57인을 선발하다.

5. 4. 김한기가 소를 올려, 김하재는 정후겸·홍인한의 혈당이고, 김두공·이율 등이 이를 이어받았다며, 병신년 대리청정 전후의 일을 자세히 기록해 영원히 전할 수 있는 책으로 만들어 반포할 것을 청하다.

5. 5. 김한기의 소에 대해 논의하다.

5. 11. 당상 선전관 서유방이 명을 받아 선전관청의 절목을 편찬해 올리다.

5. 22. 《일성록》을 편집하는 뜻을 말하다.

5. 22. 대사헌 홍수보가 소를 올려, 김한기의 죄를 밝혀 형법을 명정하게 할 것과 역적 처벌이 관대함을 지적하다.

5. 24. 역적 김하재의 일을 다시 제기하지 못하게 하다.

6. 22. 함경도 유생에게 친시를 행하고 하교하다.

6. 24. 도목정사를 행하고 이황·이이·김장생·송시열의 자손을 녹용하도록 명하다.

7. 2. 수어청·총융청에 병부를 발급하다.

• 수어청과 총융청 두 군영에는 발병부가 없어 전령으로 신표를 삼았었다.

7. 2. 또 전토(田土)를 고발하는 자에게 4분의 1을 주는 법을 폐지하다.

• 노비를 추쇄한 자에게 **4명당 1명**을 상으로 지급하

던 것에서 인용한 전례로 원래는 없던 법이다. 근래 무뢰배들의 강탈 수단으로 전락했기 때문에 혁파한 것이다.

7. 2. 《대전통편》을 보고, 무예 출신은 명정전 서쪽 월랑에 입직하는데 아직 고유의 칭호가 없다며 하나의 칭호를 선정해 《대전통편》 간행 이전에 지정하는 게 좋겠다고 하다. 논의를 거쳐 장용위를 명하다.

7. 13. 태학생 원유가 청주 화양동 만동묘를 중수하면서 상주의 승도를 징발해 부리자, 상주목사가 민정을 부당하게 징발했다며 경상도 관찰사에게 보고하다. 이에 경상도 관찰사가 홍충도 관찰사에게 관문을 보내 태학생들을 구금하게 하다. 이 일로 유생들이 권당하자 홍충도 관찰사의 추고를 명하다.

7. 30. 《일성록》을 편성하게 하다.

• 임금이 춘저(春邸)에 있을 때 언동과 한 일을 기록한 것이 〈존현각일기〉다. 이를 근간으로 정조 말년까지 계속 편찬되었는데 총 675책에 달한다.

8. 10. 과장을 엄히 단속할 것을 명하다.

8. 27. 유생 민치겸 등이 상소해 권상하를 고암서원에 배향해 줄 것을 청하자, 기꺼이 받아들이다.

9. 5. 김덕령에게 시호를 내리라 하고 형과 아우도 증직하다.

9. 5. 전라 유생 김상추 등의 상언에 따라, 문익점의 서원에 사액하고 치제하다.

9. 11. 《대전통편》을 반포하다.

• 김치인에게 명해 원전과 속전 및 지금까지의 수교(受敎)를 모아 한 책으로 만들게 했고, 부문과 항목을 나눔은 원전에 따랐다.

9. 11. 《기효신서》를 모방하여 《병학통》을 이루다.

9. 12. 명년 정월부터 《대전통편》을 준용하게 하다.

10. 6. 판중추 이휘지가 졸하다.

10. 14. 춘당대에 나아가 선전관의 시강을 몸소

행하다.

• 내시사·문무정시·초계문신 친시·선전관 시강·장용영 시사 등등 춘당대를 찾은 횟수가 다른 임금들의 몇 배에 달했다.

10. 14. 비변사에서 주전물력(鑄錢物力)을 마련하여 아뢰자, 일처리가 거칠고 엉성하다고 질책하다.

10. 21. 《갱장록》은 선조에서 집록한 열성조의 치법이라며 속록을 편찬토록 하다.

11. 5. 어가가 거둥 시에, 각신 1원·검서관·영첨 각 1원이 위내(衛內)를 배종하는 것을 규식으로 삼도록 하다.

12. 19. 이노춘을 흑산도에 안치하다.

정조 10년(1786)

1. 1. 일식이 있어, 구언하고 수랏상의 반찬 가짓수를 줄이도록 하교하다.

1. 8. 새해 들어 두 번이나 거둥했는데, 훈련대장 구선복이 여러 번 다른 장신으로 하여 영솔케 하자, 호위하는 의리가 중대함을 생각하지 않는다며 불서용을 명하다.

2. 11. 이태수와 유한경을 처형하고 추국을 파하다.

• 처음에 유한경이 그의 조카 설운동의 행낭에다 흉서를 넣어 두었다가 발각되었다. 지난해 12월부터 국청을 설치해 우덕하·손효충 이하 갇힌 자만 수십 명에 이르렀다. 이때에 우덕하·손효충이 모두 죽어 단서가 끊어졌는데 이태수·유한경이 사실을 자백했다. 이태수·유한경·이인택·최광수·이문목을 사형에 처했다.

2. 13. 정존겸을 다시 영의정에 제수하다.

2. 21. 금군장 이수붕이 합격자의 방을 내걸 때, 인정전 뜰에서 횡죽(橫竹)했다 하여 곤장을 쳐 유배하다.

• 횡죽은 담배를 피웠다는 말이다.

2. 23. 정처가 병이 났다 하자, 안치된 파주의 시골집으로 중사를 보내 문병하다.

2. 26. 전날의 사열 때 대오가 엉망이었다는 이유로 금위대장 서유대를 파직하다.

3. 6. 변방의 국경을 넘나드는 사람들의 처리에 대해 논의하다.

3. 15. 지돈녕부사 윤광소가 소를 올려, 숙종의 시를 들어 윤증을 옹호하다.

3. 17. 김익이 소를 올려, 병신년(숙종 42년)의 처분에 근거해 윤광소를 비판하다.

3. 17. 교리 윤광보가 소를 올려, 윤증·윤광소에 대한 모함을 변론하다. 소를 받아들인 해당 승지를 파직하고 윤광보의 관작을 삭제하다.

3. 20. 영의정 정존겸이, 윤광소가 윤증을 선정(先正)이라 표현했다며 엄한 처분을 내릴 것을 청하다. 이에 윤광소의 일은 지금에 와서 제기할 필요가 없다고 하다.

4. 10. 충청 유생 윤건후가 권상하의 화양서원 배향을 청하자, 이 사당은 오직 선정 한 사람의 것이라며 허용하지 않다.

4. 20. 가난한 자들의 홍역 치료를 도우라는 명에 따라, 의사(醫司)에서 홍진 치료 절목을 올리다.

5. 6. 동궁의 홍진이 낫자 의약청에 상을 내리다.

5. 10. 세자의 환후가 갑자기 심해져 의약청을 재설치하다.

5. 11. 세자가 훙서하다.

5. 11. 약방이 대죄하였는데, 장수와 요절은 하늘에 달렸다며 대죄하지 말라 이르다.

5. 12. 세자의 상과 관련한 복제.

5. 13. 임금의 상복을 재최 기년복으로 하다.

5. 14. 왕세자의 시호를 온효로 하다.

5. 22. 왕세자의 시호를 문효로 고치다.

6. 2. 묘소의 역사에 백성을 동원하지 말라 명하다.

6. 3. 대사간 이동형이 상소해 이병정을 하적(夏賊)의 일당이라며 공격하자, 이동형을 삭직하라

명하다.

6. 29. 이때에 이르러 홍진의 기세가 가라앉다. 문효의 상에 슬퍼할 겨를도 없이 구료를 독려하고 5일마다 구료한 숫자를 보고하게 하다.

7. 10. 이덕사와 조재한의 무리는 김상로에게 처분을 내린 틈을 타 출현했다며, 그들의 말은 박상로나 김하재보다 백배나 심하다고 하다.

7. 16. 도감의 당상·낭청을 불러 보고, 편중의 폐단은 외척으로 쏠리든 권신으로 쏠리든 다를 것이 없다고 하다. 이어 내수사를 혁파하려면 경비를 호조에서 감당해야 하는데 문제가 많다며 반대하다.

7. 17. 이동형을 기장현에 귀양 보내다.

7. 17. 이동형의 소를 보고도 별생각이 없었다며 영의정 정존겸을 파직하다.

7. 20. 정존겸을 다시 영의정에 제수하다.

7. 26. 판돈녕 김종수가 청대해 의관을 처벌할 것과 유모의 처신에 대해 아뢰다.

윤7. 4. 제주 백성 30여 명이 와서 묘소 쓰는 일에 자원하자, 특별히 하루 일하게 하고 술과 식량을 지급해 보내게 하다.

윤7. 16. 대신들이 의관을 처벌할 것을 청하였으나, 국운이 불행해 그런 것이지 인사(人事)의 잘못이 아니라며 허락하지 않다.

윤7. 19. 문효세자를 효장묘에 장사 지내다.

윤7. 22. 전라감사 심이지가 김귀주의 물고를 보고하다. 이에 그의 죄명을 도류안(徒流案)에서 지우고 후히 염습해 본가에 내주라 이르다.

• 자전의 마음을 위로하기 위한 것이다.

윤7. 28. 김귀주의 이름을 도류안에서 즉시 지우지 않았다며 의금부 당상을 체차하다.

8. 9. 단군의 묘소를 수리하고 무덤을 수호할 호구를 두다. 서형수가, 자신이 강동에서 벼슬할 때 둘레 410척의 무덤이 있었는데 노인들이 단군묘라 하고 유형원의 《여지지》에도 기록돼 있는데 진위 여부는 분별하기 어렵다고 아뢰다.

8. 23. 김귀주의 처자식을 분산시켜 귀양 보내자

는 것을 중지한다면, 김귀주를 도류안에서 지우란 명을 취소하겠다고 하다.

9. 7. 특명으로 채제공을 평안도 병마절도사에 제수하다.

9. 7. 좌의정 이복원이, 채제공의 죄는 역적 내시와 체결해 조재한의 와주가 되고 흉악한 말을 멋대로 지어내 박상로의 효시가 되었다며 병마절도사 제수에 반대하다.

9. 10. 대신들을 불러, 이런다고 채제공이 역적이 되겠느냐며 이일로 면직되었던 지난날을 본받지 말라 이르다. 이에 옆에서 김이소·이성원이 자신들도 같은 생각이라고 거들자 파직하다.

9. 11. 판부사 서명선이, 채제공과는 한 하늘 아래 살 수 없다며 강력히 성토하는 차자를 올리다.

9. 12. 채제공이 내시와 내통하고 임금을 욕했다는 차자를 좌의정과 우의정이 올리다.

9. 12. 채제공의 죄로 거론되고 있는 것은, 병신년 옥사·흉언·홍국영 집안사람의 말 세 가지라며, 각각에 대해 근거가 없다고 하다. 이에 서호수가, 병신년 옥사 때 채제공이 모면할 수 있었던 것은 홍국영이 옹호했기 때문이라며, 홍국영이 죽고 나서 성토했으나 윤허를 얻지 못해 사람들이 울분하고 있다고 아뢰다.

9. 20. 병판 이명식과 우의정 김익이 채제공의 일로 물러가다.

9. 20. 안북현감 신사운이, 의리상 채제공과 같이 영읍에 있을 수 없다며 인수(印綬)를 버리고 돌아오자 그곳에 정배하다.

9. 25. 호판 정일상이, 3남의 전세를 돈으로 받으라는 명을 거두고 전처럼 면포로 내게 할 것을 청하다. 이에 백성의 신의를 잃을 수 없다며 허락지 않다.

9. 29. 기장·사천 등은 귀양 간 이의 수효가 많아 백성이 시달림을 받을 수 있다며, 이후 정배 수효가 10명이 차면 공문을 보내 정배지를 옮기는 것을 규식으로 삼으라 하다.

10. 4. 채제공의 일을 논한 옥당 관원을 사판에서 삭제하다.

10. 11. 대사간 김우진이 동료 관원과 귀엣말을 주고받자, 대간의 체통을 잃었다며 의금부에 회부해 추고하라 명하다.

10. 11. 전 정랑 김복인이 체제공을 옹호하는 소를 올리자 우악한 비답을 내리다. 하지만 세도가 분열될 수 있다며 김복인을 삭직하다.

10. 12. 수탈한 것이 드러난 전 경성판관 민경세를 신지도로 귀양 보내다

10. 13. 평안감사 조준이 채제공 논핵소를 올리자, 받아들인 승지 홍의영을 평양부에 유배하고 소는 돌려주다.

10. 14. 지평에 제수했으나, 시골에 있다고 거짓말을 하고 숨어 있던 윤제동을 함흥에 정배하다.

10. 21. 김치인 영의정.

10. 27. 세도를 진정시킬 방도를 김치인과 의논하다.

11. 3. 노비추쇄를 쇄관에 맡기지 않고 영읍에 넘긴 것은 즉위할 때 내린 법령이라며, 폐단이 일지 않게 엄히 신칙하라 이르다.

11. 20. 상계군 이담이 졸하다. 갑자기 죽자 은언군 이인이 독살했다는 소문이 일다.

• 이담은 이인의 아들이다.

12. 1. 왕대비가 빈청에 언문 하교를 내리다.

• 홍국영이 상계군 이담을 완풍군으로 삼아 가(假)동궁이라 일컬었다며, 임금의 원수와 역적을 토벌하는 자가 있으면 자신의 병이 나을 것이라는 내용이다.

12. 1. 영의정 김치인 등이 대비전에게 수라와 속미음을 들 것을 청하다. 이에 대비가, 지금의 상황을 신하들이 예사로 여기고 있다고 답하다.

12. 2. 영의정 김치인 등이, 홍국영·송덕상에게 해당한 법을 시행하고, 이담에게 사적인 정을 끊고 국법을 행해야 하며, 이인과 이인의 자식들을 외딴섬에 안치해야 한다고 청하자 계사를 불태우게 하다.

12. 4. 약원에서 대비에게 탕약을 들 것을 청하자, 조정에서 하는 일이 한심스럽다며 무슨 마음으로 탕약과 수라를 들겠느냐고 하다.

12. 5. 이담의 외조부인 송낙휴가 이담이 갑작스럽게 죽어 의심스럽다고 하다.

12. 6. 추국청을 설치하다.

12. 7. 도제조 홍낙성이 왕대비에게 탕약을 들 것을 청하자, 죄인으로부터 진상을 밝혀내면 탕약을 들겠다고 답하다.

12. 9. 구명겸을 조리돌린 다음 효수하라 명하다.

12. 9. 구선복을 능지처사하다.

12. 9. 구선복·구명겸의 처자를 종으로 삼고 재산을 몰수하게 하다.

12. 10. 3사에서, 송덕상의 처자를 종으로 삼고 재산을 몰수할 것, 김상철을 처단할 것, 이담을 역적의 법으로 처단할 것 등을 청하다.

12. 11. 관학 유생들이 소를 올려 은언군을 토벌할 것을 청했으나 모두 태워 버리다.

12. 11. 영의정 김치인이 백관을 거느리고, 이인의 처단, 이담의 관작삭탈 등을 청하다.

12. 12. 대신들이 2품 이상의 관원을 거느리고, 왕대비에게 성상의 마음을 돌릴 것을 청하다.

12. 12. 합문에 나온 대신·경재·승지·3사 등을 모두 파직하다.

12. 14. 김치인 등이 주장을 완화해, 이인의 제주 위리안치 등을 청하자 따르다.

12. 15. 지방의 전최(殿最)를 보았는데, 평안 절도영의 치적 평가만 빠져 있었다. 감사 조준이 채제공을 인정하지 않은 결과서 조준을 안북현에 유배하고 채제공의 관직을 삭제하다.

12. 17. 판돈녕 김종수가, 역적 처벌 완화에 이의를 제기하는 소를 올리다.

12. 22. 역적 토벌과 관련해 하례를 행하고 교서를 반포하다.

12. 22. 영의정 김치인 등이, 대의를 훤히 드러나게 한 자전의 덕을 찬양할 것을 청하자 흔쾌히

동의하다.

12.25. 빈청에서 왕대비전의 존호(明宜)를 의논해 올리다.

12.28. 이인을 강화에 유배하자 신하들이 강력 반대하다.

12.30. 이해의 호구는 1,740,592호, 7,330,965명이다.

정조 11년(1787)

1.5. 채제공을 불러 보다.

1.8. 왕대비에게 존호를 올리다.

1.11. 3사에서 이인을 해당 율로 죄줄 것을 청하니 소를 불태우라 명하다.

1.15. 조경 우의정.

1.24. 판의금 김종정이 자신의 척속인 용인 유생 이광운이 저위(儲位)를 일찍 정할 것을 청하는 소를 올리려 했다고 아뢰자, 이광운을 잡아다 친국하다.

1.25. 이광운을 사형에 처하다.

2.8. 삼간택을 행해 주부 박준원의 처자를 빈으로 정하라 명하다.

2.11. 빈호를 수빈으로 정하다.

2.12. 수빈의 가례를 행하다.

2.25. 이재협 좌의정, 유언호 우의정.

2.27. 경기 유생 유현복 등이 제거(提擧)의 죄를 청했는데, 유생이 낭묘(廊廟)와 대각(臺閣)의 일을 행하고 있다며, 소두 유현복을 정거하고 태학의 재임(齋任)에게 벌을 내리다.

4.16. 양서 암행어사 이곤수가 복명하여, 정주목사 이가환 등을 잡아다 감죄했다고 아뢰다.

5.11. 문효세자 소상제를 행하다.

5.26. 사직 이병정이 이인과 구선복 등의 토역을 청하는 소를 올리자 불태우다.

6.14. 병조판서 김이소가 청대해 역모를 고하자 국청을 열어 국문하다. 김동익·김동철·김성옥은 제천에서, 정무중은 횡성에서, 정진성·유득

겸은 원주에서 효시하다. 정현중과 정진혁은 형을 집행하기 전에 죽은 것으로 결안하다.

7.6. 곤전이 태기를 보이자, 영의정 김치인 등이 산실청 설치를 건의하다.

7.21. 영상과 좌상에게 이판을 추천하라 명했는데 서로 의견이 달라 결정이 안 된다며, 영의정 김치인을 해임하자 좌상도 물러가다.

8.3. 김치인 영의정, 이재협 좌의정.

9.21. 산실청을 설치하고 제도에서 형을 멈추다.

9.26. 충청감사를 의망하지 않자 이조판서 오재순과 이조참판·이조참의를 갈다.

10.10. 비변사에서 사행재거(使行齎去) 사목 12조를 올리다.

12.20. 사소한 일로 서로 상소해 다툰 병판 정창순과 수어사 김종수를 종중추고하고 모두 패초하라 명하다.

정조 12년(1788)

1.13. 조운선을 10년 만에 새로 건조하고 5년마다 수리하게 하다.

1.19. 정원의 하례가 술에 취해 교졸을 구타하다. 이에 훈련대장 이경무가 하례를 잡아다 치죄하자, 주서 김효건이 장신에게 멸시당했다며 상소하고 승지 심풍지 등도 상소하다. 이에 거조가 쩨쩨하다며 김효건을 옥에 내리고 심풍지 등을 추고하게 하고 이경무는 교체하다.

1.19. 헌납 유광천이 관제(官制)를 변통할 것을 주장하니, 영의정 김치인이 채택할 만하다 하여 논의하다.

• 무신과 음관이 수령을 하는 비중이 훨씬 높았는데, 이들의 자리를 줄여서 문신에게 주자는 내용이다.

2.7. 좌의정 이재협을 파직하다.

2.8. 이성원 우의정.

2.11. 어필로 채제공을 임명해 우의정으로 삼고 이성원을 좌의정에 제수하다.

2. 11. 입직승지 조윤대·홍인호가 임명한 전교를 되돌리고는 합문에 나아가 입대하니 의금부에 내려 추고케 하고 삭직하다. 도승지 심풍지·우승지 윤행원·동부승지 남학문이 입대를 청하자 모두 파직하다. 교리 신대윤·부교리 이우진 등이 입대를 청하자 체직하다. 이후 금령을 어기고 채제공 탄핵을 진소하는 자는 임금의 말을 믿지 않는 율로 논죄하고 그 소를 받아들인 승지도 같은 율로 논죄하겠다고 이르다.

2. 12. 채제공이 사은숙배하자 위로해 달래고, 죄준 이들도 용서하다.

2. 15. 채제공과 관련해 다시 시비를 이야기한다면 무고로 다스리겠다고 하다.

2. 27. 목화 흉년이 심한 영남 고을에 세납 목면을 돈으로 대납케 하다.

3. 1. 무신년의 충신과 공신을 추록하고 자손의 서용과 치제를 명하다.

3. 2. 무신 충훈의 자손들을 불러 보다.

3. 8. 작년 소에서 채제공과 한 하늘 아래 살 수 없다고 한 서명선을 불러 달래다.

3. 10. 영의정 김치인이 동료 정승들과 논의한 후, 이노춘·윤득부의 죄가 크지 않다고 아뢰다.

3. 10. 《일성록》 중 이노춘을 처분한 일을 김치인에게 보여 주라 명하다. 이어 김종수를 불러, 이노춘이 시(時)자를 쓴 것은 불측하다고 이를 만하다며, 이노춘이 역신이 아니라면 김하재도 죄가 없다는 뜻이 되는 게 아니냐고 묻다. 이에 김종수가 당숙(김치인)이 정신이 혼미해 망언을 한 것이라며 해명할 기회를 줄 것을 청하다. 영의정 김치인이 사직을 청하니 만류하다.

3. 12. 옥당이 연명 차자로 김치인을 탄핵하자, 생각 없이 나오는 대로 한 말일 것이라며 김치인을 변호하다. 이어 오늘날의 계책으로는 모두 시(時)자로 돌아가 대도에 이르기를 바랄 뿐이라 이르다. 옥당이 김치인을 계속 공격하자 모두 유배하라 명하고 반대하는 승지들은 체차하다.

3. 13. 김치인 면직.

3. 25. 응교 한광근 등이 연차해 김치인을 비판하고, 옥당에 대한 귀양 명을 거둘 것을 청하다. 또 소를 불태운 일을 비판하자 한광근 등을 사판에서 삭제하다.

4. 6. 이억기·이종성·김여물·김덕령·서명응 등에게 시호를 내리다.

4. 23. 교리 정만시가 상소에서 시(時) 자, 벽(僻) 자 두 글자를 말하다. 경자년 이후 분당의 조짐이 있었는데 이명식·서유린 등은 시파, 김종수·심환지 등은 벽파가 되다.

5. 29. 호위하는 반열에 나오지 않은 병조판서 정호인을 파직하다.

6. 1. 야간 순찰 때, 각처 군보(軍堡)의 군사들이 대답한 군호가 하나같이 잘못되었다 하여 병조판서 이갑을 함사중추(緘辭重推)하고 포장 조심태를 파직하다.

6. 4. 호남의 여러 고을에 역병이 있는데도 즉시 보고하지 않은 관찰사 심이지를 종중추고하게 하다.

6. 9. 포군 1명당 꿩 10마리씩 바쳐야 했던 엽치군(獵雉軍)을 혁파하다.

6. 27. 사나운 말을 아이에게 맡겼다가, 날뛰는 말로 인해 아이를 죽게 한 이에 대한 처벌을 논의하다.

7. 5. 호판 서유린의 건의에 따라, 서산대사의 사당을 세우는 것을 허락하고 편액을 내리기도 하다.

7. 11. 《속전》에 금하는 조문이 실려 있는데도 횡행하는 차지(次知)의 폐단을 엄히 신칙하다.

• 차지는, 남편 대신 아내를 가두거나, 아들이나 동생 대신 아비나 형을 가두는 것을 말한다.

7. 27. 김종수를 소견해, 영상 김치인을 기용한 뜻은 그에게 김재로의 일을 맡겨 탕평을 이루려 함이라며 서로를 역적이라 하고 서로의 벼슬길을 막으려 하는 세태를 통탄하다. 이어 이후의 일을 영상에게 맡겨 관장토록 하겠다며 김종수에게 영상을 도우라 이르다.

8. 2. 이경명이, 서학이 번지는 세태를 아뢰면서 방백과 수령으로 하여 단속할 것을 청하니 묘당으로 하여금 자세히 상고하고 잘 헤아려 품처토록 하다.

8. 3. 서학 유포 상황을 논의하다. 우리의 도와 정학을 천명하면 이런 사설은 저절로 없어질 것이라는 의견을 보이다. 더불어 근래 문체가 난잡해지며 소설을 탐독하는 폐단이 있다면서 이 점이 바로 서학에 빠져드는 원인이라고 하다. 사기(士氣)를 배양해 폐습을 변화시킬 것과 서울과 지방의 유사 신하들에게 맡겨 서학을 금지토록 할 것을 명하다.

8. 6. 서학 책을 가지고 있는 사람들은 물과 불에 넣어 없애도록 하고, 명을 어기는 자는 조사해 처리하게 하다.

8. 18. 과거에 오른 지 40~50년 이상 된 자, 산관(散官)이 된지 14년 이상 된 자, 나이 70 이상인 자들을 우선 수용토록 하다.

8. 18. 판중추 김익과 채제공을 화해시키다.

9. 27. 《동문휘고》가 인쇄되어 정부와 각 관청에 배포되다.

• 정조 8년에 승문원에 명해 편찬하게 했던 외교 관련 자료집이다.

10. 3. 다리[髢髻]를 없는 폐단에 대해 논의하다. 다리에 대한 금령 철폐는 선왕의 뜻이 아니라 홍인한 등에 의한 것이라 하다.

10. 3. 선왕이 새로 만든 법 중 위대한 것이 감필·준천·금주·호혼·거체인데, 뒤의 세 가지는 행해지다 이미 중지되었는데 이는 선왕의 뜻이 아니라며 이 중 다리 금지를 다시 명하다.

• 감필(減疋)은 균역법, '준천'은 청계천 준설, 호혼(互婚)은 다른 당끼리 결혼하게 한 것, 거체(法髢)는 다리 착용을 금지한 것이다.

10. 3. 다리 없은 것을 금지하는 일에 관해 비변사에서 절목을 올리다.

• 사족(士族)의 처첩과 여염의 부녀자들이 다리를 머리에 없는 것과 밑머리를 땋아 머리에 없는 것을 일체

금지하는 등 직업별·신분별로 여러 규정을 두었다. 특히 대용(代用)한다는 명목으로 다른 장신구에 사치를 부리는 것을 엄격히 막았다.

10. 3. 연신(筵臣)이, 부녀자들의 귀천을 표시하기 위해 품계에 따라 족두리 위에 금전자나 옥전자를 붙일 것을 청했으나 8가지 이유를 들어 단호히 반대하다.

11. 5. 경희궁으로 거둥하다가 종로에 이르러 공시인(貢市人)을 불러 고통을 묻다.

11. 8. 경상도 유생 이진동 등이 상소해 무신년 창의(倡義) 격문과 그 사적을 서술해 아뢰자, 영남은 사부의 고장이라며 영남인 중 명성 있는 이들 한둘을 우선 천거하라 명하다.

11. 10. 영남 유생들의 상언에 대해 논의하고 조덕린·황익재의 죄명을 씻어 주다.

11. 11. 상언한 영남 유생들을 불러 접견하다.

11. 15. 의주에 있는 김상헌과 임경업의 사당에 사액하다.

11. 26. 형판 윤시동이 소를 올려 조덕린 소는 이인좌·정희량의 역모에 앞서 선창한 것이나 다름없다고 하다. 또 채제공이 영남 유생들을 앞세우고 후원자가 되었고 무신년·기유년의 잔당들이 다시 일어나 나라를 어지럽히고 있다고 하다. 이에 윤시동 불서용을 명하다.

11. 27. 장령 조정상이 소를 올려 윤시동을 유배할 것을 청하다.

11. 29. 규장각 제학 김종수가 상차해 조덕린을 논하자, 이쪽저쪽을 조정하고 조화시키려 하지 않고 불화를 조장한다며 파직하고 불서용을 명하다.

12. 1. 이조가, 조덕린·황익재의 죄명을 씻어 주라는 전교를 받들 수 없다고 하다.

12. 3. 대신·비변사·당상을 모두 불러 조덕린에 대한 일을 말하고 상황을 정리하다. 이때 판중추 유언호가 엄한 하교에도 불구하고 들어오지 않자 분개하다. 전교를 듣고도 윤시동의 죄를 청하지 않은 영의정 김치인에 대해서도 유감을

표하다.

12.3. 윤시동 유배.

12.5. 유언호를 대정현에 위리안치하고 김치인을 삭출하다. 유언호에 대해서는 일률을 적용해야 하나 대신을 중히 여기는 조종의 전통을 따라 감사하여 절도에 위리안치하라 명하다.

12.26. 체제공이, 윤시동의 상소 중 무신년·기사년의 잔당이란 말은 나라 사람 절반을 기사년·무신년의 구렁텅이로 몰아넣으려는 것이라며 무신년의 반역은 탁남의 자손들이 주도한 것으로 청남은 참여하지 않았다고 아뢰다.

정조 13년(1789)

1.4. 김치인의 죄명을 씻어 주고 다시 영의정에 제수하다.

1.9. 김치인이 거듭 면직을 청하니 들어주다.

1.22. 황희의 서원에 사액하다.

1.24. 형조에서, 주인을 고발한 사노를 엄히 다스릴 것을 청하다.

1.26. 춘당대에 거둥해 도기유생들의 강경·제술 시험을 보다. 제술에서 장원한 정약용과 강경에서 장원한 김필선에게 전시 응시 자격을 주다.

2.4. 윤시동을 방면하다.

2.12. 영릉·순승·공릉에 전알하다. 월산대군의 사당과 화평옹주·홍봉한·황희·이건명·홍이상의 묘에 치제케 하다.

3.6. 망배례를 행했는데, 복색을 잘못 선정한 예조판서를 파직하고 예방승지를 불서용하라 명하다.

3.20. 의정부가 강제(講製)할 문신으로 서영보·정약용 등 15인을 뽑다.

3.27. 지평 박사기가 상소하여, 시관이 빨리 낸 시권만 취하는 등 과거에 폐단이 있다고 아뢰다.

4.1. 박효삼이 환곡의 폐단에 대해 소를 올리자, 오늘날의 급선무는 백성을 안정시켜 보호하는 것인데 관리들이 청렴하다는 이야기가 들리지 않아 개탄스럽다고 답하다.

5.2. 병판 정호인과 어영대장 이주국이 서로 겨루었다가 둘 다 파직되다.

5.26. 임경업의 업적을 군사들에게 효유하라고 전교하다.

윤5.1. 납육(臘肉)을 위해 행하는 사냥이 민폐를 끼친다 하여 맷돼지·노루·사슴 대신 꿩으로 바치게 하다.
• 납육은 납향날에 잡은 산짐승의 고기를 말한다. 경주·김해 등에서는 꿩보다 사슴을 잡는 것이 쉽다 하여 이전대로 해 줄 것을 청하기도 했다.

윤5.18. 호남과 호서의 장계를 읽고, 두 도신들을 무겁게 추고하도록 명하다.
• 장계에 장황하게 임금의 덕을 칭송하고 있는데, 그보다는 백성을 효유하는 데 더 힘쓰라는 취지다.

윤5.22. 장령 조성규가 소를 올려, 균역법 실시 이후 수령들이 허다한 명목을 만들어 수탈한다고 아뢰다.

7.9. 채제공이, 수군·육군의 조련이 정지된 지 10년이라며 수군·육군의 조련과 순점(巡點) 및 안흥성의 조련을 규례대로 시행해야 한다고 아뢰자, 순점은 그만두고 성조(城操)는 시행하게 하라 이르다.

7.11. 금성위 박명원이 상소해, 영우원의 여러 상황을 아뢰고 뒤를 이을 자손이 더디지고 있다며 천장을 청하다. 자신의 즉위 이래 간절한 일념은 오직 이 일에 있었다며 여러 후보지 중 수원이 마음에 든다고 하다.

7.13. 천장할 터를 살펴보고 온 신하들과 논의하다. 10만 냥을 수원에 떼어 주어 모든 일을 처리하게 하다.

7.15. 수원 읍 소재지를 팔달산 밑으로 옮기고 광주 두 면을 떼어 수원에 붙이다.

7.15. 수원부 죄수들을 석방하다.

7.17. 예조에서 영우원 천장 때의 복색에 관해

아뢰다.

7.27. 이재협 좌의정.

8.9. 천장할 길일을 10월 7일로 잡다.

8.21. 유궁(幽宮)의 지문을 친제하는 문제를 의논하다. 체제공이, 글을 완성한 뒤에는 그대로 어제에 싣도록 하고 안에서 글씨를 새겨 수도(隧道)에 봉안할 것을 청하다. 이에 좌의정 이재협이, 문자는 세상에 드러내 알리려는 성모(聖慕)에서 나온 것인데 숨기려 하는 것은 의혹을 초래할 것이라며 반대하다. 채제공의 뜻에 동의를 표하다.

9.17. 신원(新園)이 너무 멀어 2년에 한 번 간다 해도 여러 폐해가 있을 것이라며 행차의 경비·규모 등에 대한 조목을 모아 《원행정례》를 편찬케 하다.

9.26. 왕대비가 탕제를 물리치면서, 역적 이인을 도로 유배하고 역적 윤승렬을 목 베지 않으면 탕제를 들지 않겠다고 대신들에게 하교하다.

9.26. 왕대비가 다시 언서를 내려, 조정 신하들이 두 마음을 품고 나라의 역적을 토죄하지 않는다고 호되게 나무라며, 이인의 집에 중사를 보내 배소로 압송케 하고 대신들에게는 마음대로 거행한 죄를 대조에 청하라고 하다. 이에 중관이 대전에 알리지 않고 대신에게 전하자 영의정 김익 등이 포도대장·금부 당상으로 하여 이인을 압송케 하다. 이에 소식을 듣고 격노하여 가마를 타고 협양문을 나서자 대신 이하가 관을 벗고 달려와 부복하다. 대비전이 급히 중사를 보내 뜰 가운데에서 환궁을 기다리고 있겠다고 하다. 신하들이 눈물로 막으며 만류해도 뜻을 굽히지 않자 대비전이 자신도 사제로 물러나 살겠다고 언서를 내리자 가마를 돌리다.

9.26. 자교를 집행한 당상을 유배하다.

9.26. 자교에 응한 두 포도대장을 찬배하라 명하였는데 정원이 이를 돌려보내다. 정해진 격식대로 내렸는데 하는 짓이 방자하다며, 승지 이조승·이서구·홍인호를 찬배하라 명하다.

9.26. 장신들을 모두 삭직하다. 수어사 김종수에게 훈련도감·어영청·금위영·총융청·좌우포도대장을 겸찰하게 하다.

9.27. 김종수 우의정, 이재협 영의정, 채제공 좌의정.

9.28. 정승·금부당상·포도대장 찬배 명을 회수하다.

10.2. 현궁을 꺼내 찬궁(攢宮)에다 성빈(成殯)하다.

10.5. 영여(靈轝)가 구원(舊園)으로부터 출발하다.

10.7. 해시에 현궁을 내리다.

• 〈어제장헌대왕지문〉을 밝혔는데, 사도세자의 일대기를 긍정적인 시각에서 서술한 글이다.

10.8. 원 이장에 소요된 경비는 돈 약 18만 냥, 쌀 6,000여 석 등이다.

10.9. 환궁하다.

10.14. 정언 신기현이 소를 올려 그날 금부당상은 독단적인 거조를 취했다고 비판하다. 이에 도승지가 변호하며 신기현을 엄히 징계할 것을 청하자, 독단적으로 처리한 혐의가 없다는 것이냐며 반문하다.

10.16. 3사가 합문 앞에 엎드려 금부당상을 옹호하자 자전의 위세를 빙자해 사령을 막는다며 모두 체직하다.

10.17. 시임·원임 대신을 소견하다. 판중추 서명선이, 신기현을 홍국영·송덕상을 잇는 역적으로 논하자 논쟁하고 불쾌해하다.

10.17. 신기현을 유배하다.

10.20. 합문에 엎드려 있던 여러 대신들을 파직하다.

10.22. 채제공이 상소해 빈청 계청에 불참한 이재간을 비판하다.

10.23. 완성군 이의행이, 자성 전하는 여자 성인이라며 자전의 언교에 대해 따르지 않는 것을 비판하는 소를 올리자 함부로 말했다며 삭직하다.

10. 23. 김종수 등이 채제공의 말을 빌려, 이재간이 신기현의 와굴이라며 공격하자 이재간을 진도에 유배하다.

10. 24. 3사에서, 극악한 역적 이재간이 그의 종제라며 이재협의 치죄를 청하자, 유문양 등 7인을 원방에 유배하다.

10. 30. 교리 심흥영이, 이재간을 비판하면서 이재협은 물론 정민시까지 거론하자, 휴척을 같이해 온 이는 김종수와 정민시뿐이라며 심흥영을 외딴섬에 정배해 참소를 미워하는 뜻을 보이겠다고 하다.

11. 14. 채 판부사를 재상에 임명한 뒤로 청요직에 알맞은 자를 추천한 이가 하나도 없다며 공평함이 결여되었다고 하다.

11. 17. 차대에서 김종수가 임금의 덕목에 대해 아뢰다.

• 하늘이 낸 훌륭한 자질을 갖고 있지만 수양이 늘 부족하고, 일을 도모하는 것에 날카롭지만 지켜 나가는 힘이 미력하고, 사소한 인정을 버리지 못한 채 일을 꼼꼼히 살핀다는 등의 지적을 했다.

11. 25. 이재간이 호송 중에 죽자 양사에서 호송자인 홍격의 치죄를 청하다.

12. 26. 환곡의 폐단에 대해 하교하다.

12. 30. 이해의 호구는 1,752,837호, 7,403,606명이다.

정조 14년(1790)

1. 13. 장령 김이익이, 우의정 김종수가 동소문의 호군과 부장을 묶어 간 일을 가지고 소를 올리자, 비답을 내리기도 전에 상소 내용을 이유로 인피하고 대명하다. 이에 비답을 내리기 전에 내용을 누설해서는 안 된다는 것이 정원의 벽에 명백히 걸려 있다며, 대간의 글을 얻어들은 곳을 물어 오라 하다. 또한 표신을 보내 번을 교체한 다음에야 붙잡아 오게 되어 있는데 멋대로 붙잡아 가서 한나절 동안이나 성문을 지키는

사람이 없게 하였다며 분개하다.

1. 18. 김이익이 다시 소를 올려, 김종수의 일을 듣고도 병조가 못들은 체하고 며칠 지난 다음에도 덮어 두려 했다며 병판의 파면을 청하다. 우의정 김종수에게는 불서용의 벌을, 병조판서 김상집에게는 유배의 벌을 내리다.

1. 19. 김익 영의정, 채제공 좌의정.

1. 19. 3사에서 김종수의 삭출을 청하니 따르다.

1. 20. 3사가 질책을 받고 나서야 김종수의 중도부처를 청하자, 백 사람의 죄를 용서해도 그의 죄는 용서할 수 없다며 아뢴 대로 하라 이르다.

1. 27. 김종수를 특별히 석방하다.

1. 27. 김이익을 칭찬하고 특별히 동부승지에 제수하다.

2. 3. 유민들이 흩어져 사방으로 떠난 데 대한 책임을 묻고 전 평안도 관찰사 정창성과 함경도 관찰사 이병모를 삭직하고 전 원춘도 관찰사 이도묵과 황해도 관찰사 이홍재를 파직하다.

2. 4. 함경도 관찰사 이병모의 삭직 명을 거두다.

2. 4. 종가(鍾街)를 지나다 유민들을 모아 놓고, 올해 환곡의 기한을 물려주고 신포를 탕감하겠다고 약속하는 한편 쌀 3~5두씩을 나눠 주다.

2. 9. 현륭원에 전배하다.

2. 13. 환궁하는 길에 김종수가 머리를 땅에 박고 엎드려 있었는데, 알아보고 특별히 서용하다.

2. 16. 북도의 조총 사용 금령에 대해 논의하다.

2. 19. 다리 금지령이 통하지 않는 실태를 말하고 제신들부터 집안을 단속하라 이르다.

2. 29. 한림 소시를 행해 정약용·김이교를 뽑다.

3. 3. 영중추 김치인이 졸하다.

3. 19. 명나라 사람들의 자손을 불러 접견하고, 한인(漢人) 아병(牙兵)을 한려(漢旅)로 고치다.

3. 19. 병조가 한려 신설 절목을 올리다.

3. 20. 김종수 우의정.

3. 30. 총융청이 중호 한 마리와 새끼 호랑이 네

마리를 잡았다고 아뢰다. 이에 새끼 범을 죽일 수는 없지만 놓아 주면 걱정거리가 될 것이니 기르도록 하되 쇠사슬로 잡아매고 우리를 둘러 놓지지 않도록 하라 이르다.

4. 7. 함양에 나갔던 어사 최현중이, 관곡을 축낸 일, 사노비와 관련한 폐단, 궁방을 없애고 호조에 귀속한 땅에 궁가에서 계속 세금을 거둬 이중 과세가 되는 현실 등을 아뢰다.

4. 15. 평안감사 심이지가 장계를 올려, 장부상의 지출과 실제 사이에 큰 차이가 있다며 목사 오대익을 비롯한 수령들의 행태를 아뢰다.

4. 16. 오대익을 추궁하고 죄를 물어 남해로 귀양 보내다.

4. 17. 춘당대에 나아가 활쏘기를 행하다. 50대 중 4대도 맞히지 못한 자가 많아 그들을 곤장으로 다스리게 하다.

4. 20. 정창성의 막비가 칙사 접대비 10만 냥 중에서 1만 냥에 손을 대다. 이에 정창성을 극변으로 유배하다.

4. 26. 상경 때 뚜껑이 있는 교자를 탄 수령들에게 파직·정배 등의 처벌을 내리다.

4. 29. 《무예도보통지》가 완성되다.

4. 30. 병판 이갑이 무관의 임명·가자 등과 관련해 아뢰다.

5. 2. 내수사가 직접 지방 고을에 공문을 띄우는 일이 없도록 하라 이르다.

5. 7. 좌의정 채제공의 소에 따라, 관리들이 교자를 타는 데 대한 처벌 규정을 세우다.

5. 7. 수원부의 득중정·진남루·좌익문·강무당 및 창고·행랑이 완성되다. 연악을 내려 낙성을 축하하다.

5. 12. 정언 조진성이 소를 올려, 정처는 아직 서울 인근에서 숨을 쉬고 있고 김귀주는 좋은 땅에서 편히 죽었으며 김상로는 대역의 율을 받지 않았음을 아뢰며 채제공까지 거론하다. 이에 이런 상소 백 통이 있다 해도 대신의 머리털 하나 흔들 수 없다며 조진성을 귀양 보내다.

5. 22. 대사간 심환지가, 역적과 관련해 말하고 조진성을 풀어 줄 것을 청하자 견책하다.

6. 5. 함경감사 이문원이, 한집안에서 관찰사가 셋이 나왔다며 사직을 청했으나 불허하다.

6. 10. 부사직 강유가 수원에 성을 쌓을 것을 건의하다.

6. 18. 신시에 창경궁 집복헌에서 원자가 탄생하다.

6. 18. 원자로 칭하고 산실청을 설치하다.

6. 24. 왕자의 탄생을 축하하는 글을 내리고 대사면을 실시하다.

7. 1. 배다리의 제도를 정하다.

• 임금이 직접 《주교지남》을 지었는데, 지형·배의 수효 등에 따른 상세한 지침을 밝혀 놓았다.

7. 7. 오재순을 이판에서 체직하면서, 대신에게 대체할 만한 사람을 추천하게 하다. 좌의정 채제공이 이전 후보자들을 추천하면서 윤시동을 빼자 우의정 김종수가 불만을 갖고 추천을 않다. 이어 형조판서 추천 명이 있었는데 또 다시 추천하지 않자 질책하다.

7. 10. 판중추 김익 졸.

7. 11. 도총관 김한기가 집안의 억울함을 아뢰는 소를 올리다.

7. 11. 홍낙신 형제 중 벼슬을 하지 못한 한 사람을 군직에 붙이라 하다.

• 자궁을 위안하려는 뜻이다.

7. 25. 채제공이 의주부에 후시(後市)를 부활시키는 문제를 건의하자 신하들과 토론하다.

8. 5. 채제공이 과거의 폐단을 아뢰자 발각될 경우 충군케 하다.

• 이즈음, 과거 전에 미리 글을 써 두는 행위가 빈번했다.

8. 9. 산삼의 공납과 관련해 논의하다.

• 해당 지역에서 준비하지 못해 서울에서 사서 바치기도 했다.

8. 10. 장흥 사람 신여척이 이웃집 형제의 싸움을 말리다 살인하게 되었는데, 우애 없는 자의

죄를 다스린 것이라며 방면을 명하다.

8. 11. 사관을 수원부에 보내 새 고을 유생들에게 상황래유(上皇來遊)란 제목으로 작문 시험을 보게 하다.

• 임금이 좌우에 이르기를, 깊은 뜻이 있기 때문이라고 했다. 정조 15년 6월 5일 기사 참고.

8. 16. 선혜청 제조 정창순이, 서도의 토지들이 옥토와 박토 구별 없이 모두 하지하(下之下)로 되어 있다며 토지 측량을 건의하다.

8. 20. 토지 측량과 관련해 논의하고 영남과 호남부터 실시하라 이르다.

8. 20. 도형·유형에 처한 경우, 죄인의 처첩이 따라가기를 청하면 허락키로 하다.

9. 4. 부수찬 이의봉이, 파주목에 안치한 죄인 정치달의 처가 이탈한 죄를 청하다.

9. 12. 동지춘추관사 민종현과 검열 이중련이 《영종실록》과 《국조보감》을 받들고 태백산 사고로 떠나니 곤룡포 차림으로 경건히 전송하다.

10. 8. 성균관 제술 시험에서 체구가 큰 유생이 있어 궁금해하자, 채제공이 허목의 방계손 허일이라고 답하다. 이에 서유대에게 무예를 권장시키라 이르다.

10. 14. 공자·주자 서원에 대해 상소하는 시골 유생들에게, 공자와 주자는 모두 문묘에 제향되어 있는데 다시 무슨 서원이냐며 힐난하다.

11. 14. 지금의 대신들은 너무 아첨을 멀리해 예를 다하지 않고 억측하는 말을 차자에 쓰고 있다며 채제공을 파직하다.

11. 14. 승지 4명을 교체하다.

11. 14. 신기현을 동부승지로 삼다.

11. 15. 승지 이경오가 역적 신기현을 승지에 제수한 것에 대해 이의를 제기하자, 이경오를 통진부사로 내려보내다.

11. 15. 각신·옥당 관리로 체직되거나 파면된 이들을 모두 용서하고 소명 패로 불러들여 입직케 하다.

11. 18. 현임·전임 각신과 여러 승지와 약방제조가 대궐에 들어가 면대를 청하자 모두 파직하다. 지사 김한기가 소를 올려 정처의 일과 신기현 발탁 등에 대해 아뢰자, 담당 가승지를 엄벌하고 원소는 승정원에서 찢어 버리라 하다.

11. 18. 진시에 가교를 타고 선화문으로 나가자 각신들이 눈물로 만류하다. 이에 앞서 은언군 이인을 데려오기 위해 교자 3개를 꾸려 강화로 보내다. 그러나 3일 동안 강화성에서 성문을 열어 주지 않자 선전관을 보내 통진수령을 체포해 오게 하다. 그래도 열어 주지 않아 다시 선전관을 급파해 성으로 들어가 명에 항거한 장수들을 조리돌리고 호되게 곤장 치다. 자전도 내시를 보내 교자를 막게 하다.

11. 18. 자전이 되돌려 보내게 하라는 언교를 내리다. 대신 이하가 거듭 환궁을 청하고, 자전도 언교를 내려 환궁을 간청하게 하라 이르다.

11. 18. 등불·횃불을 일제히 끄게 한 뒤 은언군 이인이 탄 교자를 장막 안으로 들이다. 기병 1명을 보내 간편한 교자로 이인의 어미를 태워 오게 하여 서로 만나 보게 하다.

11. 19. 신하들이 막아 나서서 죄인을 유사에 맡길 것을 청하고, 대비는 직접 온다며 돈화문을 나서는 등 대치가 이어지다. 승지를 보내 죄인을 돌려보냈다고 아뢰게 하고는 환궁하다.

11. 21. 행차 때 장용위가 보여 준 날램과 군기 등을 칭찬하다.

• 길가에서 행차를 바라보던 사람들이 모두 입을 모아 "사람과 말이 나는 것 같아 신병(神兵)과 다름이 없다."라고 했을 만큼 훈련이 잘되어 있었다.

11. 27. 채제공을 다시 좌의정에 제수하다.

정조 15년(1791)

1. 16. 수원부에 이르다.

1. 18. 환궁하다.

1. 25. 채제공이 아뢰고 신하들이 동의함에 따라 금난전권을 폐지하다. 저자의 백성에게 6전

이외에서도 매매할 수 있도록 하다.

2. 12. 좌의정 채제공이 점포의 폐단을 개혁하는 일로 아뢰다.

2. 12. 문풍을 진작시키려 초계문신 제도를 두었는데 도리어 문체가 옹졸해지는 폐단을 낳았다며, 유생들을 깨우쳐 문체를 크게 바꾸려는 뜻을 알게 하라 이르다.

3. 27. 각 도의 노비 신공에 대한 폐단을 바로잡도록 명하다.

4. 4. 한성부 판윤 구익과 5부의 백성이 겪는 폐단을 논의하다.

4. 16. 서얼을 같은 줄에 앉히지 않았다는 이야기를 듣고, 의리에 근거가 없는 행동이라 질책하다.

4. 23. 관서의 무사 백인철·정경행은 상등사수엔 들지 못했으나 재주가 나쁘지 않고, 별부료 무사 이윤모는 문벌도 좋고 활 재주도 낫다 하니 거두어 쓰라 이르다.

4. 26. 충장공 김덕령과 충민공 임경업의 사실에 감동해 각신 김희에게 《임경업실기》를 편집케 하고 서용보에겐 《김덕령유사》를 편집하게 하다. 책이 이루어지자 서문을 어제하다.

4. 30. 《중용》을 강하다. 왕의 해석에 검토관 이의봉 등이 감탄을 거듭하다. 사마광과 왕안석에 대한 논평에서 왕안석에 대해 긍정적으로 평가하다.

5. 8. 좌의정 채제공이, 서얼을 공평하게 대하려는 처우가 가정으로까지 확대되지 않도록 해야 한다고 아뢰니 따르다.

5. 22. 납제에 쓰이는 고기를 진상하는 일과 관련해, 돼지·노루·사슴·꿩 등을 쌀로 받아들이도록 하다.

•말린 숭엇값을 쌀로 받아들이는 예를 준용한 것이다.

5. 26. 금군을 6개 번으로 세우던 옛 제도를 회복하다.

5. 27. 양빈에게 민정이란 시호를 내리다.

•양빈은 세종의 후궁이다. 현덕왕후가 단종을 낳은 후 죽자 단종을 맡아 길렀다. 이때의 공을 기려 시호를 내린 것이다.

6. 5. 공자·주자 등 옛 성인의 화상을 그려 봉안하는 서원을 설치하지 못하게 하다.

6. 5. 장용영 설치에 대해 말하다. 장용영은 궁궐 호위를 위해서도, 비상시를 대비하기 위해서도 아니라며, 장차 자신의 뜻이 성취되는 날이 있을 것이라 하다.

•정조 14년 8월 11일 기사에 나온 상황래유(上皇來遊)라는 시제나 화성 행궁에 노래당(老來堂)이라는 건물을 지은 것으로 보아, 정조는 때가 되면 선위한 뒤 노년을 화성 행궁에서 보내려고 했던 것 같다. 장용영은 자신과 자신의 뒤를 이을 어린 왕을 보호하고 서울과 행궁 왕래 때 경호를 맡기기 위한 것이라고 볼 수 있다.

6. 12. 홍낙성·채제공을 집복헌으로 불러 원자를 보게 하다. 신하들이 경하하며, 눈썹과 이마가 선대왕을 닮았다고 하다.

6. 18. 자전의 탄신일이자 원자의 돌을 맞아 잔치를 벌이다. 원자가 돌잡이에서 실·화살·악기 순으로 잡다. 백관과 군졸은 물론 백성에게까지 떡을 돌리다.

6. 26. 호서 지방 음식 재료의 공납 규정을 변통하다.

6. 30. 성천부사 서형수가 사적인 혐의로 좌의정 채제공에게 부임 인사를 하지 않다. 채제공이 차자를 올려 서형수의 파직을 청하니 따르다.

7. 7. 사직 서호수가 상소해 채제공을 비판하자 불서용을 명하다.

7. 11. 여러 도의 납육을 호서의 규례대로 서울에서 공납토록 하다.

7. 16. 사도세자를 모시던 궁녀로, 사도세자에 대한 의리를 지킨 이 씨에게 수칙이란 작위와 정렬이란 칭호를 내리다. 아울러 쌀·비단·돈·집을 하사하다.

8. 2. 비변사에서, 서책·문체 등 과장에서 금지

시켜야 할 것을 모아 아뢰다.

8. 9. 비국 신하들에게 과거의 폐단을 묻다.

9. 8. 경기·호남·호서의 묵은 환곡을 수납하는 것을 중지하다. 영남과 호남의 수재를 당한 여러 고을에 대한 조세를 면제하고 환곡과 신포도 감해 주다.

9. 13. 서명선이 졸하다.

9. 20. 아비의 원수를 갚은 김계손 형제를 사면하다.

9. 28. 서향각에 나아가 어진의 상초본을 그리다.

10. 7. 어진이 완성되어 규장각 주합루에 봉안하다.

10. 7. 지난 10년간 정치가 나아지지 않고 머리도 하얗게 변해 화공의 붓 끝에 흰색을 섞도록 했다며 부끄럽다고 하다.

10. 10. 유생 황종오가 두 번째 결혼을 했는데 몇 달 뒤 집안이 대등하지 않다는 이유로 부인을 첩으로 강등할 것을 청하자 예판 홍억이 허락하다. 이에 3사가 문제 삼자 대신들이 논의를 거쳐 불허하기로 하고 홍억에게는 불서용의 처벌을 내리다.

10. 16. 사헌부에서, 호남 진산군 선비 몇이 천주학을 공부하고 윤리를 손상했다며 도신으로 하여 엄히 다스리게 할 것을 청하다.

10. 20. 대사간 신기가, 권상연·윤지충이 신주를 태워 버렸다며 이들을 엄히 형문해 처단하고 천주학을 엄금할 것을 청하다.

10. 23. 지평 한영규가 아뢰기를, 지평 홍낙안과 유생 성영우가 장문의 편지를 만들어 사대부 등에게 돌린 일을 아뢰다.

10. 24. 채제공이 차자를 올리기를, 사특한 학술은 응당 깊이 미워하고 엄히 처벌해야 할 일이지만 치우치지 않는 정치를 할 것을 청하다. 이에 서양학을 금지하려면 패관잡기를 금해야 하고 패관잡기를 금하려면 명말 청초의 문집부터 금지시켜야 한다고 답하다.

10. 25. 채제공 등과 천주학 관련 처리를 논하다. 천주학을 배우는 자들이나 공격하는 자들이나 모두 채제공과 아는 이들이라며, 조정하고 진정시킬 것을 채제공에게 명하다. 이에 채제공은 시종 온건론을 펴며 저절로 소멸될 것이라는 입장을 보이다.

11. 3. 이승훈과 권일신을 잡아다 문초하다.

11. 3. 잡서와 무늬 있는 비단을 연경에서 사오는 것을 거듭 금하다.

11. 7. 전라감사 정민시가 윤지충·권상연의 진술 등 조사한 일을 아뢰다. 이에 이번 일이 대부분은 좌상 채제공이 아는 사람들에게서 나왔다며 좌상의 태도를 비판하다. 또 경학을 버리고 잡서를 따라가는 세태를 한탄하며 자신은 소설을 한 번도 본 일이 없고 내각에 소장돼 있던 잡서들도 모두 없앴다고 하다.

11. 8. 권상연·윤지충을 사형에 처하다. 진산군을 5년간 현으로 강등하는 한편 서양의 책을 소지한 자는 관청에 자수하게 하다.

11. 8. 수찬 신헌조가, 홍낙안의 편지를 보고 곧바로 아뢰지 않은 대신을 개탄하고, 학(學)이라는 글자를 서양의 술법에 쓰지 못하게 할 것을 청하다. 이에 학에 정학이 있고 사학이 있는 것은 덕에 덕과 악덕이 있는 것과 같다며 들어주지 않다.

11. 8. 이승훈이 홍낙안의 말을 부인하다. 자신은 이단을 배척하는 글도 지었다고 하자 삭직만 하고 석방해 스스로 반성하게 하라 이르다. 권일신도 홍낙안의 지적에 반박하고 금법이 행해진 이후 천주학 책을 다시 보지 않았다며 천주학은 사학(邪學)임을 인정하다. 권일신을 사형을 감해 제주에 위리안치하다.

11. 11. 형조에서, 체포한 사학죄인들을 깨우쳐 감화시키기도 하고, 그 집안사람들로 하여금 회개하도록 하였다고 아뢰다.

11. 12. 수찬 윤광보의 청에 따라 홍문관에 소장한 서양 책들을 태워 버리다.

11. 13. 전 정언 이기경이 소를 올려 이승훈·정약용 등과 있었던 일들을 말한다. 이승훈의 진술을 거짓으로 몰고 이승훈이 서양 오랑캐에게서 영세를 받아왔을 것이라 아뢰자, 상중에 나와 졸렬하게 군다며 이기경을 경원부에 유배하다.

11. 16. 권일신이 옥중에서 회개하는 글을 짓자 호소로 이배하여 사학하는 자들을 회개시키게 하다.

12. 4. 우의정 채제공이 서명선의 집에 조문한 것을 크게 칭찬하다.

12. 8. 전라감사 정민시가 장계해, 세운(稅運)에 관해 조목조목 진술하니 따르다.

12. 11. 호서의 사학죄인 이존창이 도백에 글을 올려 잘못을 깨달았다고 말하자, 석방해 평민으로 돌아가게 하다.

12. 14. 김상철이 죽자 죄명을 씻어 주고 대신의 예로 장사 지내게 하다.

• 이에 며칠간 대신·승지·3사가 반대하며 명을 거둘 것을 청했다.

정조 16년(1792)

1. 15. 공명첩 400장을 평양 감영에 주어 진휼에 필요한 물자를 보충하게 하다.

1. 21. 충청감사 박종악을 우의정에 제수하다.

• 직급을 뛰어넘는 일이다.

1. 24. 수원부 행궁에 머무르다.

1. 25. 현륭원에 참배하여 자리에 대해 만족감을 표하다.

1. 26. 환궁하고서 가슴이 막히는 병이 있어 고통스러웠는데 배알의 예를 행하고 나니 증세가 가라앉았다고 하다.

2. 24. 친히 제문을 짓고 금성위 박명원·화평옹주·봉조하 홍봉한의 묘소에 제사하다.

2. 28. 이승훈이 천주교에 물들어 3년 동안 공자 사당에 참배하지 않다. 권위가 이 일을 태학생에게 말했는데 태학생이 청금록에서 이승훈을 삭제하다. 이에 이승훈의 아우 이치훈이 무고함을 신원하자 조사하게 하다.

3. 14. 서울의 어떤 여인이, 다리를 금하기 위해 관에서 파견된 이라 사칭하며 여염집을 출입하여 재물을 징수하다 포도청에 붙잡히다.

3. 14. 평택 안핵어사 김희채가 복명하여, 이승훈이 모함을 받았다고 아뢰다.

4. 3. 차천로의 《오산집》을 간행·반포하라 명하다.

4. 4. 각신 이만수가 영남에서 돌아와 영남 유생들이 응제한 시전을 올리니, 직접 점수를 매겨 강세백·김희락을 발탁해 급제를 주고 영남 선비들의 기풍을 칭찬하다.

4. 18. 정언 유성한이 소를 올려 학문에 정념하기를 청하다.

• 근래 경연에 드물게 나가고, 여악이 난잡하게 금원에 드나든다는 등의 내용이었는데, 두 번째 항목에 대해 한 번 웃을 만한 일이라고 했다.

4. 29. 사간원이 유성한을 비난하는 소를 올리다.

4. 30. 좌의정 채제공이 유성한의 소를 비난하며 국문하여 처벌할 것을 청하다.

윤4. 9. 우의정 박종악이 유성한의 변고는 소굴이 있을 것이라며 발본색원을 청하다.

윤4. 10. 부수찬 최현중이, 윤구종이 혜릉을 지날 때 이 능 앞에서도 말에서 내려야 하느냐는 말을 했다고 비판하다.

• 혜릉은 경종의 원비 단의왕후의 능이다.

윤4. 13. 의금부에서 윤구종이 자백했다고 아뢰다.

• 윤구종은 경종에 대해 신하로서의 절개를 지켜야 한다는 마음이 없었다고 했다.

윤4. 15. 윤구종이 죽어 버리다.

윤4. 17. 좌의정 채제공이 차자를 올려, 경종에게 충성하지 않는 자가 어찌 선대왕에게 충성하고 선세자(사도세자)를 무함하는 자가 어찌 전하에게 충성하겠느냐며 유성한·윤구종을 비판하다. 이어 유성한을 국문하여 그들의 소굴을 다스릴 것을 청하다.

윤4. 19. 전 장령 이지영이 유성한·윤구종의 일로 상소하면서 김상로의 일, 나경언의 일, 사도세자의 비극이 있던 날의 일 등을 말하다. 이어 윤구종에게는 노적을 시행하고 유성한은 엄히 신문하여 소굴과 뿌리를 밝힐 것을 청하다.

윤4. 22. 이지영을 불러, 상소가 들어온 지 수일이 되었으나 상소를 본 후부터 마음이 우울하여 수응(酬應)할 겨를이 없었다고 하다. 목이 메어 흐느끼다가 이지영이 잘못 알고 있는 부분 등에 대해서는 설명하다.

윤4. 27. 경상도 유생 이우 등 10,057인이 상소하여, 선세자의 무함이 해명되지 않음을 통탄하고 영남을 돌봐준 것에 대해 감사의 뜻을 올리다.

윤4. 27. 이우 등을 불러 소를 직접 읽게 하고는, 김상로·홍인한·구선복 등의 역적에 대해 말하다. 이어 영남은 나라의 근본이 되는 곳으로 위급할 때 믿는 곳이라 하다.

5. 2. 이우를 의릉 참봉에 제수하다.

5. 2. 병판 이병모가 소를 올려, 흉적들이 기미를 빚어낸 것은 무진년(영조 24년)·기사년(영조 25년)에 시작되어 무인년(영조 34년)·기묘년(영조 35년) 후에 이루어졌다며, 무인년·기묘년의 죄인 박치원·윤재겸·이현중 등에게 역적의 율을 행하고 유성한을 국문해 소굴을 다스릴 것을 청하다.

5. 5. 사직 서유린이, 김상로·홍계희·김양택·홍인한·김하재·정휘량·신만 등에 대해 논하다. 이어 을미년·병신년의 역적은 무진년·기사년의 역적이며 또한 무인년·기묘년의 역적이라며 흉도들의 유래를 밝힐 것을 청하다.

5. 7. 경상 유생들이 다시 소를 올려 선세자의 무함을 분변하여 8도에 반포할 것 등을 청하다.

5. 11. 유성한의 일로 더 이상 상소하지 말라고 전교하다.

5. 22. 중희당에서 대신·각신·비국당상 등을 소

견하다. 등극한 이후 모년의 의리에 대해 한 번도 분명한 말로 유시하지 못했고 그들을 주륙한 것도 다른 일로 인해서였으며 그들을 성토한 것도 다른 조항에 의해서였다고 말하다. 이어 선왕이 했던 당부를 등지지 않으면서도 결말에 가서는 차례로 설욕하고 말 것이라고 하다.

5. 24. 우의정 박종악이 소를 올려, 김종수가 유성환·윤구종의 두뇌라고 공격하다. 이에 박종익을 파직·불서용하라 명하다.

5. 26. 김종수의 손자 김동선이 소를 올려 조부의 무죄를 아뢰다.

5. 27. 김종수가 광주부의 옥에 자리를 깔고 대명하며 박종악과의 대질을 원하다.

5. 29. 김종수가 무관함을 잘 알고 있으니 집으로 돌아가라 이르다.

6. 27. 판중추 박종악이, 김동선의 상소에 대해 반박하는 소를 올리다.

7. 15. 어의를 김종수에게 보내다.

7. 25. 충무공 이순신·충민공 임경업의 후손을, 문정공 송시열의 후손의 예에 따라 황단에 배참(陪參)하게 하다.

8. 8. 검서관을 보내 김종수를 위유하다.

8. 8. 어의를 보내 판부사 박종악의 병을 돌보다.

8. 14. 이복원 졸기.

9. 3. 우리나라에 온 공자의 후손을 예우하라 명하다.

9. 5. 화약을 훔쳐 몰래 팔고 증거를 지우기 위해 창고를 불태우려 한 훈련도감 창고 관리인을 사형에 처하다.

9. 20. 승지 심환지가, 이가환이 이잠의 종손이라며 논척하다. 이에 종조는 종조고 종손은 종손이라 답하며 심환지를 불서용하라 명하다.

10. 4. 채제공·박종악에게 화합을 권하다. 이에 박종악이, 채제공이 윤영희를 탄핵하는 데 동참하지 않았다며 다시 비판하다. 같이 있던 신하들도 일제히 채제공 비판에 합세하다. 채제공이

일일이 대구하며 항변하다.

10.6. 중국과의 돈 무역을 시행케 하니 역원이 그 절목을 올리다.

10.7. 소를 올려 채제공을 거칠게 공격한 이조판서 이문원을 향리로 방출하다.

10.8. 대사헌 정존중이 채제공을 공격하자 남간(南間)에 가두고 추국을 명하다.

10.8. 임금의 후한 은총과 대접을 저버렸다며 채제공을 삭출하다.

10.10. 3사에서 채제공을 중도부처할 것을 청하니 풍천부에 부처하다.

10.10. 김이소 우의정.

10.12. 의주부윤이, 사신이 중국에 갈 때 소요되는 말과 말 모는 사람에 들어가는 비용보다 수레를 세내어 운반하는 비용이 더 적게 든다고 아뢰자, 우선 반은 수레로 한 뒤 효과 있으면 모두 수레로 바꾸도록 하기로 하다.

10.18. 우의정 김이소가, 신기현·윤영희를 엄히 처리할 것을 청했는데 신기현을 승지로 발탁하다.

10.19. 동지 정사 박종악에게, 이번 사행길에는 패관소기稗官小記)는 물론 경서나 사기라도 당판(唐板)인 경우에는 절대 가져오지 못하게 하라 단단히 이르다. 대사헌 김방행에게, 성균관 시험지 중 패관잡기에 관련된 것이 있으면 하고(下考)로 처리하고 그 사람의 이름을 확인해 과거를 보지 못하게 하라 이르다.

10.20. 신하들과 춘당대에서 활쏘기를 하다. 10순에 41발을 명중시키다. 신하들이 사람의 힘으로 된 것이 아니라며 칭찬하다.

• 순(巡)은 활을 쏠 때에 각 사람이 화살을 다섯 대까지 쏘는 한 바퀴를 이르는 말로, 10순은 50발을 쏘았다는 뜻이다.

10.25. 패관의 문체를 썼던 남공철을 복직시키고 이후 문풍을 엄히 할 것을 명하다.

10.30. 10순에 49발을 맞히다. 또 작은 과녁 1순 전부를 맞힌 후 그간의 활쏘기 성적에 대해

전교하다.

11.2. 49발을 맞힌 턱으로 자궁이 음식을 내려 신하들과 나누다.

11.3. 패관소설을 본 김조순에게 공초를 받도록 하다.

11.6. 부교리 이동직이 소를 올려, 신기현·윤영희·채제공·이가환의 처벌을 청하다. 이에 이가환에 대해 직접 변호하는 비답을 내리다.

11.8. 내각에서 동지 서장관 김조순의 함사(緘辭)를 아뢰자, 문체를 칭찬하며 안심하고 먼 길 잘 다녀오라 이르다.

11.10. 근일 신하들이 조금만 칭찬을 받으면 오래지 않아 중한 죄를 범한다며, 괄목상대할 만큼 변화하지 않으면 여생을 고이 마치기 어려울 것이라고 엄한 전교를 내리다.

11.19. 서장관 김조순이 스스로 반성한 시문을 지어 올리자 칭찬하다.

11.20. 《중수무원록》을 간행·반포하라 명하다.

11.21 활을 10순을 쏘아 49발을 맞추다.

• 11월과 12월에 걸쳐 여러 차례 활을 쏘았는데, 그때마다 모두 49발씩 명중시켰다.

11.22. 윤영희의 공초를 보고 무죄 석방토록 하다.

11.23. 신기현이 금부 앞으로 와 거적을 깔고 자신의 상소는 이재간의 사주를 받아 쓴 것이라고 하니 추국해 공초를 받게 하다.

11.24. 신기현을 제주에 유배하다.

11.25. 채제공의 직첩을 돌려주다.

11.26. 선전관에게 활쏘기를 시험 보이고, 항상 49발에 그치고 마는 것은 다 맞힐 욕심이 없기 때문이라고 하다.

12.2. 판중추 채제공에서 신중한 처신을 당부하고 지난번 처분에 대해 위무하다.

12.3. 정민시에게 어제 소서(小序)와 어제 시를 내리다.

12.3. 김종수에게 어제 시를 내리다.

12.8. 채제공을 불러 보다. 이 자리에서 채제공

이 차자를 올려 역적들이 소굴로 모여드는 것은 이인 때문이라며 신기현을 잡아다 당여를 밝히고 뿌리 뽑을 것을 청하다.

12.9. 부사직 이동욱 등이 연명해 이인의 처벌을 청하자 금령을 어긴 죄를 들어 삭직하고 소는 불태우게 하다.

12.10. 이즈음, 태복시가 각 도 목장에서 기르고 있는 말의 총수는 8,618필이다.

12.12. 채제공의 차자를 돌려주고, 금령을 범하는 일이 없도록 하라고 중외에 전교하다.

12.19. 춘당대에서 활쏘기를 하다 10순에 49발을 맞히다. 또 작은 과녁은 모두 맞히고 곤봉을 과녁 삼아 2순에 10발을 쏘아 모두 맞히다.

12.24. 각 도와 개성·강화의 대장에 올라 있는 배·소금가마·어살의 세를 조정하다.

12.27. 활쏘기를 행했는데 20순을 쏘아 98발을 맞히다.

정조 17년(1793)

1.12. 수원 행궁에 가다.

1.12. 수원부의 호칭을 화성으로 고치고 현판을 써서 장남헌에 걸다. 부사는 유수로 승격하고 장용외사·행궁정리사를 겸하게 하다.

1.12. 장용영 설치 연혁과 운영·규모·경비에 대한 기록.

1.12. 채제공 수원부 유수.

1.13. 안산군을 수원에 합병하다.

1.22. 정민시 장용영 제조.

1.24. 개성부 유수 이가환이, 자신이 논핵을 입은 것은 증조부 이잠의 상소 때문이지만, 그 상소도 충정의 마음이라며 이잠을 변호하다.

1.25. 우의정 김이소가 상소해 이가환을 논핵하다.

1.25. 장용영의 내영·외영이 정한 절목.

1.29. 김종수가 소를 올려 이가환을 비판하다.

2.22. 암행어사의 장계에 잘못 표창된 수령의 경우 표창을 건의한 어사를 파직토록 하다.

2.22. 중국 예부에서 돈 무역을 불허하는 자문이 오다.

3.1. 원자의 영특함을 칭찬하다.

3.10. 채제공이 소를 올려, 금난전권 폐지와 관련해 시전 상인들의 항의에 대해 아뢰다.

3.10. 집의 정택부가 소를 올려, 중국 돈을 우리나라에서 유통하는 것은 해로움만 있지 이로움은 없을 것이라고 아뢰다.

3.14. 동지사 박종악을 소견한 자리에서, 중국 돈 무역의 일은 부득이하게 청했으나 허락하지 않을 것을 예상했었다고 하다.

5.1. 부수찬 어용겸이, 토역에 대한 금령 철폐를 청하나 받아들이지 않다.

5.12. 거듭 전조에 신칙해, 서자 중에 오랫동안 벼슬길이 막혀 있던 이들을 거두어 등용하도록 하다. 중인 중에서도 그런 자가 있으면 거두어 등용토록 하다.

5.12. 심낙수가 상소해, 역모에 연루된 것에 대한 결백을 주장하다.

5.25. 채제공 영의정, 김종수 좌의정.

5.27. 이조원을 가짜어사로 의심한 홍주영장 이현택을 삭직하고 아산현감 윤광심을 심문하다.

5.28. 수원유수 채제공이 소를 올려, 선세자의 무함을 씻고 토죄를 크게 시행해야 한다고 아뢰다. 이에 지난해 5월 22일에 내린 하교를 말하며 진노를 보이고 즉시 상경하라 이르다.

5.30. 김종수가 득중정에서 채제공과 만나 나눈 이야기를 전하며, 영남 만인의 속셈은 이덕사·조재한의 역모와 연관돼 있고, 만 명을 불러 모을 수 있는 힘이란 변괴가 있게 마련이라며, 채제공과는 한 하늘 아래 있을 수 없다고 아뢰다. 이에 채제공을 불러 득중정에서 나눈 말이 사실인지를 묻자, 사실이 아니라며 대질을 요청하다.

6.1. 김종수가 채제공을 비난하는 사직 상소를 올리고 성 밖으로 나가다.

6. 4. 채제공과 김종수를 파직하다.

6. 16. 채제공과 김종수를 판중추에 제수하다.

6. 21. 호판 심이지가, 금은광 설치를 금한 탓에 재물을 생산하는 근원이 막힌다며 광맥이 풍부한 곳이 있으면 광산을 설치하게 할 것을 청하니 따르다.

6. 22. 홍낙성 영의정, 김희 우의정.

6. 25. 탐라 문신 강봉서와 변경우를 장령에 제수하다.

7. 2. 머리에 부스럼 병이 나다. 대신·각신·약원의 제조를 불러 보았는데, 홍낙성·정민시·김종수·심환지 등이 한목소리로 채제공의 토죄를 청하다.

7. 4. 머리에 부스럼이 생기고 얼굴에 종기가 나자 침을 놓게 하다.

7. 16. 지방의 의원인 피재길이 고약을 올렸는데, 즉시 효력이 있어서 피재길을 약원의 침의로 임명하다.

7. 17. 측우기와 주척(周尺)을 수원부에 하사하다.

7. 21. 이순신을 영의정에 추증하다.

7. 26. 가짜 암행어사를 경계하고 의심이 될 만하면 감영에 보고해 체포하라 명하다.

8. 4. 우의정 김희가 채제공에 대한 처분이 내려지지 않아 답답하다 아뢰니, 채제공이 올린 소 전체를 싸잡아 비난한다면 장차 의리를 어디에 둘 것이냐고 하다.

8. 8. 대신들과 2품 이상의 문무 경재·내각·3사를 소견하다. 홍낙성 등이 채제공의 소를 보지 못했다고 하니 소 내용을 누구에게 듣고 문제를 제기하는 것이냐고 질책하다. 이어 채제공이 도승지로 있을 때, 선왕이 어서(御書) 한 통을 주면서 신위 아래 간수토록 한 일을 들어 채제공을 옹호하다.

• 금등의 일에 대한 이야기다. 영조가 사도세자를 죽인 뒤 이를 후회하여 기록한 비서를 전해 준 일을 말한다.

9. 11. 광흥창의 폐단을 바로잡는 것에 대한 절목.

9. 24. 비변사가 장용 외영의 친군위에 대한 절목을 아뢰다.

10. 1. 예조정랑 이복휴가 서원의 병폐를 아뢰다.

10. 21. 비변사가 장용 외영에 관한 절목을 아뢰다.

10. 23. 호조가 양향이정(糧餉釐整)이정 절목을 아뢰다.

11. 17. 비변사에서 의주 상인의 변경 무역에 관한 금지 절목을 올리다.

11. 22. 내년에 있을 자전의 오순과 자궁의 육순 잔치에 대한 윤음을 내리다.

12. 10. 《반계수록》에서 수원의 가치를 높이 평가한 유형원에게 이조참판, 성균관 좨주를 증직하다.

정조 18년(1794)

1. 1. 인정전에 나아가 자전의 오순과 자궁의 육순을 축하하고 대사령을 내리다.

1. 4. 강경과 제술에 관한 사목을 고치려고 현재 초계문신의 직함을 가진 사람들을 모두 없애게 하다.

1. 9. 총융사 정민시가 북한산성의 환곡 폐단에 대해 아뢰다.

1. 9. 정언 윤제동이 음관이 날로 많아져 문관·무관과 비슷해진 현실을 아뢰다. 또 인사 적체와 청탁 문제를 아뢰다.

1. 13. 현륭원에 나아가 작헌례를 행하며 오열하다.

1. 15. 수원성 축조에 대해 하명하다.

1. 19. 형신은 30대로 한정하고 장죄는 100대로 한정하다.

1. 24. 김종수가 상소해, 경모궁 참배에 관한 조보 기사 중 대신이 직접 전하를 업었다는 구절

은 사실과 다르고 체모에 어긋난다고 하다.

1. 25. 김종수의 상소 중 몇 구절을 거론하며 진노하다.

1. 29. 조보 기사를 쓴 사직 정민시가 죄를 청하다.

1. 29. 채제공·삼정승이 소를 올려 죄를 청하다.

1. 29. 김종수를 삭탈관직하여 전리방귀하다.

2. 1. 좌의정 김이소와 우의정 김희가 연명으로 소를 올려 김종수의 엄벌을 청하다.

2. 5. 3사가 합계해 김종수의 엄벌을 청하자, 김종수를 평해군에 부처하다.

2. 17. 비변사가 과장의 폐단을 개혁할 것을 진언하다.

2. 19. 3사의 합계를 받아들여 김종수를 극변으로 유배하다.

2. 22. 김종수를 절도에 안치하다.

2. 28. 유성룡의 봉사손이 급제하였으므로, 승지를 보내 치제토록 전교하다.

3. 15. 내원에 나와 꽃을 감상하고 물고기를 낚다.

3. 19. 황단에 나아가 망배례를 행하다.

3. 20. 호판 심이지의 건의에 따라, 민폐를 끼치지 않는 선에서 도신에게 위임해 은광을 개발토록 하다.

3. 20. 3사의 청에 따라, 남해에 안치된 김종수에게 위리를 더하다.

4. 10. 영부사 채제공이 합문 밖에 와 청대하니 고양군에 부처하다.

4. 10. 경기도사·중군·통진부사·김포군수를 모두 잡아 오라 이르다.

4. 10. 왕대비가, 백관들이 역적을 성토하는 일에 대수롭지 않게 대처하고 있다고 언문으로 하교하다.

• 가마와 종자를 갖춰 이인에게 보낸 일 때문에 왕대비가 진노한 것이다.

4. 10. 홍낙성 등이 자전의 전교를 받들고 문을 밀치고 들어가 대현문에 당도하다. 판중추 박종

악 이하 제신들이 문을 밀치고 들어가 중희당 앞에서 눈물로 접견을 청하다. 이에 밀치고 들어온 제신들을 원방에 유배하라 명하다.

4. 10. 판중추 김회가 백관을 거느리고 왕대비전에 고하여, 전하의 마음을 돌려 줄 것을 청하다.

4. 10. 합문을 밀치고 온 정민시 등 11명을 고양에 부처하고 대신들은 파직하다.

4. 10. 합문 밖에 엎드려 있던 대신들을 광주목에 귀양 보내라 명하다.

4. 11. 각신 정민시 등이 연명으로 상소를 올리자, 상소문을 밖으로 던지고는 모두 쫓아내라 명하다.

4. 11. 전 지평 강극성이 도끼를 가지고 와 합문 밖에 엎드리고는 혈서로 이인을 벨 것을 청하다. 하는 짓이 흉측하고 패역하다며 친국을 명하자, 왕대비가 신하들에게 충신을 구하라고 전교하다. 이에 친국 명을 거두고 절도유배를 명하다.

4. 12. 병판 이명식이 경재·시종·백관과 함께 문을 밀치고 들어와 면대를 청하자 모두 유배를 명하다.

4. 12. 대비가 죄인이 들어온 듯하다며, 이후로 올리는 모든 공상을 물리치겠다고 하다.

• 죄인은 이인을 말한다.

4. 12. 통진부사 김이용과 전 강화유수 이홍재를 석방하다.

4. 13. 사옹원 도제조 김이소가 공상을 받아 줄 것을 대비전에 청하다.

4. 13. 간편한 가마를 타고 궁궐을 나와 경기 감영에 도착하다.

4. 13. 대비가 사제로 돌아가겠다고 하다.

4. 13. 고양에 부처한 두 대신 이하 귀양 보낸 사람을 석방케 하다.

4. 14. 대신·경재 들을 불러 소견하다. 이인을 내려보내겠다고 아뢰어 자전이 공상을 받아들였다고 이르면서, 해마다 한 번 만나 회포를 풀

겠다고 하다. 이에 대부분 반대하였는데 이주혁만이 전교를 받드는 게 옳다고 하다.

4. 14. 이주혁을 전라도 병마절도사로 삼다.

4. 14. 오늘 이전의 일은 소장에 언급하지 못하도록 금령을 내리다.

4. 14. 시임·원임·각신 들이 연명으로 차자를 올려, 차마 들을 수 없는 전교와 모든 사람의 입을 막는 조치에 항의하다.

4. 14. 이인의 행동을 탐지한 훈련대장 서유대와 어영대장 이경무를 꾸짖고 곤장을 친 후 강화부에 충군하다.

4. 16. 전 영의정 홍낙성과 전 영부사 채제공을 도성에 들어오도록 명하다.

4. 19. 좌의정 김이소를 장성부에 귀양 보내다.

4. 28. 홍낙성과 채제공 등이 금령의 환수와 언로 개방을 청하다. 또 해마다 이인을 보겠다고 한 명을 환수할 것을 청하다.

4. 28. 이병모를 우의정에.

5. 20. 재작년 5월 22일 통유할 적에, 이른바 올리지 못한 상소가 있다고 들었다며 이에 대해 묻다.

5. 22. 채제공이 《정원일기》를 상고한 결과를 아뢰자, 김상로·홍계희에 대해 말하고 올리지 못한 유소를 보지는 못했지만 내용을 대충 들었다고 하다.

5. 22. 채제공이, 수원성을 쌓는 일에 백성과 승군을 조발할 것을 청하자, 한 명의 백성도 노역시키지 않으려 하는 것에는 뜻한 바가 있기 때문이라고 하다.

5. 25. 이병모가 차대해 일관되게 금령 철회를 청하자 파직하다.

 • 이병모는 금령 철회를 청하며 거듭 사직소를 올렸다.

6. 1. 전 우의정 이병모를 서용하고, 전 좌의정 김이소와 남해에 유배한 김종수를 석방하라 명하다.

6. 3. 빈청에서, 혜경궁에게 글을 올려 탄신 진

하 허락을 청하다.

6. 28. 형판 이득신의 건의에 따라 《무언록언해》를 인쇄·반포하다.

7. 13. 부스럼이 난 지 달포가 되어 내의원에서 숙직하다.

8. 6. 봉조하 정존겸 졸.

8. 6. 판중추부사 박종악이 내사복시의 노비 혁파를 건의하다.

9. 30. 예판 민종현이, 태백산 사고의 《광해군일기》가 아직 정리되지 않은 채 사초만 있다고 하자, 춘추관에 명해 광해군 때의 사초를 정리하게 하다.

10. 5. 좌의정 김이소가, 머리를 화려하고 사치스럽게 꾸미는 것이 예전 같지는 않으나 뒷머리는 점점 높고 커지고 있으니 법조문을 세워 금해야 한다고 아뢰다. 이에 신하들이 각자 집에서 정해진 제도를 어기지 않게 다스리고 신칙하면 사서인들도 본받을 것이라 이르다.

10. 7. 사헌부가 소를 올려, 각궁의 노속들이 갖가지 폐단을 일으키고 있다고 아뢰자, 해조로 하여 엄형으로 다스리게 하다.

11. 3. 영남 위유사 이익운을 불러 행해야 할 조목 12개를 내리다.

11. 4. 호서 위유사 홍대협을 불러 봉서를 내리다.

11. 5. 이양선이 표류해 와 마량진 앞바다에 도착하다.

11. 16. 정약용을 비롯하여 경기 각 읍의 암행어사와 적간 사관에게 별도로 유시를 내리다.

12. 1. 김종수의 죄를 씻어 주고 중추부에 임명하면서 역마 타고 올라오라 이르다.

12. 2. 김종수를 불러 보다.

12. 2. 김종수의 치사를 허락하다.

12. 2. 김종수 봉조하.

12. 25. 주자의 서간문을 모아 《주서백선》을 만들다.

 • 동궁 시절부터 주자의 글 읽기를 좋아해 《선통》·

《회선》·《회영》 등 여러 책을 만들었다.

12. 30. 전 정언 유성한의 졸기.

정조 19년(1795)

1. 16. 왕대비에게 존호·옥책·금보를 올리고 치사와 전문·표리를 바치다.

1. 17. 혜경궁에게 존호·책문·금인을 올리고 치사·전문·표리를 바치다.

1. 17. 명정전에 거둥해 자궁의 환갑을 경축하는 치사·전문·표리를 바치다.

1. 19. 경모궁을 참배하고 옥책문·금보를 봉안하다.

1. 21. 자전·자궁·중궁전이 경모궁에 가서 작헌례를 행하다.

1. 26. 유언호 좌의정, 채제공 우의정.

1. 28. 심환지를 병판에 특별히 제수하다.

2. 1. 혜경궁을 모시고 화성으로 가기로 하다. 화성에서 연회를 베풀 날짜를 잡도록 하다.

2. 8. 우의정 채제공에게 명해 화성에 가서 궁중 연회의 의식을 예행연습하게 하다.

2. 9. 병조·장용영에서, 화성의 성조(城操) 및 야조(夜操)에 관한 의식 절차에 대해 아뢰다.

2. 25. 자궁의 가마를 메는 예행연습을 후원에서 행하다.

2. 25. 현륭원 행차 때, 승지·사관 및 시위하는 당상관·낭관들 모두 군복 차림으로 수행하라 명하다.

윤2. 1. 화성 행궁에서의 계획을 하교하다.

윤2. 4. 박종악 졸기.

윤2. 7. 용인·안산·진위 등 3읍을 화성의 속읍으로 삼다.

윤2. 13. 봉수당에 나아가 혜경궁을 위한 연회를 베풀다.

윤2. 13. 화성 축성 공사를 감독한 신하들에게 상을 내리다.

윤2. 14. 옹성·장안문 누각 등을 두루 관람하다.

윤2. 16. 환궁하다.

3. 10. 내원에서 꽃구경하고 낚시질하다.

3. 11. 김한구에게 치제하다.

3. 18. 신하들에게, 어제 저녁에 이인을 도성으로 돌아오게 했다며 배 위의 군막에 있다고 하다.

3. 21. 경사스러운 때를 맞았는데 어찌 이인만 소외되어야 하느냐며, 역적 토죄의 이름 아래 강경한 행동을 하는 것은 아첨이라고 배척하다.

4. 28. 함흥·영흥 두 본궁의 의식이 완성되다.

4. 28. 미숙한 암행어사들을 질책하다.

5. 11. 친히 지은 이순신상충정무비 인본을 나누어 주다.

6. 18. 명정전에 거둥해 치사·전문·표리를 전하고 내전에 가서 회갑 축하연을 행하다.

6. 20. 전 부총관 김한로가 상소해, 이인을 본도로 축출할 것을 청하다.

6. 21. 김종수가 상소해 이인의 일을 말하다.

6. 22. 관학 유생들이 상소해 토역하고 권당하다. 소에서 나라에 오늘이 있게 된 것은 모두 대비전이 내려 준 것이라고 하다.

6. 22. 3사 신하들이 궐문에 엎드려 세 차례나 아뢰었으나 윤허하지 않고 모두 파직하다.

6. 23. 금령을 다시 밝혀 이인의 일을 제기하지 못하게 하다.

6. 23. 시임·원임 대신이 도성을 나가 강변 쪽으로 가면서 대명하다.

6. 28. 좌의정 유언호·영돈녕 김이소·영중추 김희·판중추 이병모·영의정 홍낙성·우의정 채제공의 직을 해면하다.

7. 15. 화성의 성역 및 물역과 관련한 별단.

7. 24. 관학 유생들이, 천주교 수괴 이가환과 정약전 형제 등의 전형을 청하다.

7. 25. 이가환을 사학의 폐가 심한 충주의 목사에 보임하고, 정약용을 금정찰방으로 삼다.

• 속죄하라는 의미다.

7. 26. 조선에서의 서학의 역사를 거론하며, 서학의 문제에 대해서는 정학을 밝히는 것이 최선의 방도라고 하다. 이승훈이 마음을 고쳐먹기는 했으나 책을 구해 온 것은 사실이므로 예산에 정배하라 이르다.

8. 1. 황해감사 서매수가, 국적불명의 배 한 척이 밀려 와 오차진에 정박했던 일을 치계하다.

8. 10. 홍낙안에게 참하 벼슬을 주되, 먼 지방의 피폐한 역참 찰방에 제수하라 명하다.

8. 24. 창원 안핵어사 유경이, 형구·형신 등을 모두 제도와 어긋나게 하여 25명을 장살한 이여절에 대해 치계하다. 유언호·채제공·김이소 등은 사형에 반대하고 윤시동·심환지 등은 사형을 주장하다. 예판 민종현이, 공적인 일인지 사적인 일인지가 관건이라며 완벽히 조사해 결정해야 한다고 하자 따르다.

9. 14. 《충무공이순신전서》를 발간하다.

9. 21. 이여절에게 차율을 적용해 위원군에 유배하다.

9. 29. 건륭제가 전위하고 새 황제가 즉위한다는 소식과 관련해 논의하다.

10. 11. 선희묘에 작헌례를 행하다. 이인을 소환하고 서강 제일루에 거둥하다.

10. 12. 영의정 허적을 신원하다.

10. 12. 승정원이 허적의 복관 명 취소를 청하자, 허적을 변호하다.

10. 13. 영의정 홍낙성·좌의정 유언호·영돈녕부사 김이소가 허적 복관 명의 취소를 청하자, 조목조목 허적을 변호하다.

11. 7. 화성의 둔전이 완성되다.

12. 5. 충무공 이순신의 치제문을 지은 뒤 통제사에 명해 통영의 충렬사에 제사 지내게 하다.

12. 16. 윤시동 우의정, 채제공 좌의정.

12. 30. 이해의 호구는 1,726,492호, 남 3,571,860명, 여 3,736,335명이다.

정조 20년(1796)

1. 21. 현릉원에 전배하고 작헌례를 행하다. 예를 마치고 부복해 눈물 흘리고 목메어 흐느끼다.

1. 22. 동장대에 나아가 무예를 시험하고 군사를 사열하고 매화포를 구경하다.

1. 24. 환궁하다.

2. 9. 경모궁에서 재숙하다. 우의정 윤시동이 원자의 학문을 칭찬하다.

• 7세에 《소학》 2권을 읽었다.

3. 17. 정리주자(整理鑄字)를 완성하다.

3. 19. 영돈녕 유언호 졸.

4. 4. 13년간 금고되어 있는 이노춘의 죄명을 삭제하라 명하다.

4. 25. 약원제조 심이지에게, 자신은 어렸을 때부터 저녁때까지 꿇어앉아 있어 버선 끝과 바지 무릎이 모두 해졌고, 밤이 되어 잠자리에 들기 전까지는 두건을 벗은 적이 없다고 하다.

5. 28. 이조판서·호조판서·병조판서 세 관직에 사람을 의망할 때는 상신으로부터 천거받은 이를 차상의 동의를 받은 후 망통(望筒)에 넣는다며, 이는 변방의 장수를 임명할 때 비변사가 직첩 천거하는 것과 다르다고 이르다.

6. 10. 유생 박한흠 등이 상소해 조헌·김집을 문묘에 종향하도록 청하다.

6. 25. 고려 태조 능의 제각(祭閣)을 수리케 하다.

7. 1. 하삼도 유생들이 상소해 김인후의 문묘종사를 청하다.

7. 2. 김종수가 내각에 편지를 보내 호남에 퍼진 유언비어를 전하다.

7. 9. 자신의 편지 내용에 대해 금령이 내려지자 김종수가 소를 올려 항의하다.

7. 11. 부교리 오정원이, 상소가 수문장에게 제지당하고 대간의 소에 지나친 말로 비답하는 것 등에 대해 지적하다.

7. 11. 수찬 장지현이, 금령을 환수할 것을 청하다. 또 김종수가 상소하러 왔을 때 병조의 당상

과 낭청이 제지한 죄, 여러 대신들이 청대할 때 채제공이 버젓이 집에 있었던 죄를 말하다.

7. 14. 이후 금령을 범한 자는 마땅히 해당 법률로 논하고, 병조 및 수문장 등이 다시는 상소에 관여하지 않도록 하다.

7. 19. 《충무공전서》을 읽을 때마다 정운의 절개와 활약상에 감동한다며 병판에 추증하다.

7. 21. 장지현을 석방하다.

7. 22. 이완의 봉사손 이득형을 자급을 뛰어넘어 천거하게 하다.
   • 이순신과 이억기의 예에 따른 것이다.

8. 11. 《어정규장전운》을 서울과 지방에 반포해 내리다.

8. 19. 수원성이 완성되다.

9. 17. 관학 유생 홍준원 등이 상소해 김인후의 문묘종사를 청하니 허락하다.

11. 3. 《무원록언해》를 간행·배포하게 하다.

11. 9. 《화성성역의궤》를 완성하다.

11. 25. 제주 기생 만덕이 굶주리는 백성들을 구제했다는 보고를 받다. 만덕이 금강산을 구경하는 것이 소원이라고 하여 들어주다.

12. 3. 서명선에게 제사하고 김종수에게 음식물을 내리다.

정조 21년(1797)

1. 1. 팔순이 넘도록 영상을 계속하고 있는 홍낙성을 축하하고 궤장을 만들도록 명하다.

1. 22. 윤득부·이성보를 각각 원자의 좌유선·우유선으로 삼다.

1. 29. 화성 행궁에 유숙하다.

1. 30. 현릉원에 작헌례를 행하다.

2. 18. 우의정 윤시동 졸기.

3. 16. 이병모 우의정.

4. 20. 원자가 송환기·김근순 등과 《중용》의 뜻을 논하다.

4. 21. 원자에게 《소학》을 읽게 하고, 신하들에게 글의 뜻을 물어보도록 하다. 원자가 대답을 잘하자 신하들이 좋아하다.

4. 24. 홍낙성에게 궤장을 하사하다.

4. 25. 이가환을 특별히 도총부 도총관에 제수하다.

5. 5. 사복시 판관 한대유의 건의로, 영남·호남·관동·관북·관서 등에 태복의 말을 분양하는 규정을 혁파하다.

5. 10. 종로에 글을 붙여 난언한 이를 효시하다.

6. 21. 승지 정약용이 상소해, 자신이 서양의 사설에 빠져들었던 일로 체임을 청하자, 듣는 이를 감동시키기에 충분하다며 사직하지 말라 이르다.

윤6. 6. 우의정 이병모가 인재 등용에 대해 이야기하다가, 이순신은 제갈무후 뒤의 일인자 격이라고 하다.

윤6. 12. 친제한 《육주약선》이 완성되다.

7. 8. 우의정 이병모가, 경기도 순영에 속한 아병(牙兵)의 군사 훈련을 7년에 한 번씩 하는 것을 법식으로 삼을 것을 청하니 따르다.

7. 14. 장령 박도상이 소를 올려, 학술의 병통·서원의 폐단·과장의 폐단 등에 대해 아뢰다.

7. 15. 식년 향시 때, 도백과 경시관이 좌도·우도를 나누어 시취케 하다.

7. 20. 주자소에서, 《삼강행실》과 《이륜행실》을 합해 바로잡고 언해한 《오륜행실》을 인쇄해 올리다.

8. 2. 제주에서 진상한 말이 어승(御乘)이 되자, 제주목사 유사모에게 상으로 내구마를 내리다.
   • 제주에서 진상한 말이 어승이 되는 일은 드물었다.

8. 15. 장릉에 배알하고 김포 행궁으로 가다.

8. 16. 화성으로 출발하다.

8. 16. 이병모가 길가에서 말고삐를 잡아당기며 역적 이인을 배소로 돌려보낼 것을 청하자, 지나친 거조를 취한다며 파직하다.

8. 17. 수원 행궁에 가다.

8. 19. 환궁하다.

9. 24. 시흥과 과천을 수원부에 예속시키다.

10. 8. 원자의 공부에 대해 이르다.

11. 4. 대신들이 세자 책봉을 청했으나, 1~2년 기다리겠다고 하다.

11. 12. 대신·비변사 당상·형조 당상을 소견하다. 근래 성인이 아닌 자의 글을 보기 때문에 폐단에 빠지는 일이 있다며 강이천을 거론하다. 이어 승보시에서 문체와 필획을 보고 경박하고 삐뚤어졌을 경우에는 축출하라 이르다.

11. 12. 강이천는 제주에, 김이백는 흑산도에, 김려는 경원부에 부처하다.

11. 20. 동지성균관사 이병정을 불러, 승보시에서 문체를 엄중히 보고 선발하라 명하다.

12. 20. 조위·조식·정구·장현광·유계·윤황·김경여·김홍욱·박상·기대승·고경명·김천일의 자손을 찾아 보고토록 하고, 이들 외에 고가세족으로 천거할 만한 자가 있으면 천거하라 명하다.

정조 22년(1798)

1. 15. 위화도에 농사짓는 일에 대해 의논하다.

2. 1. 화성 행궁에 도착하다. 편찮다.

2. 4. 회복되자 현륭원에 나아가 친제하다.

2. 6. 경상도 유생 김양섭의 상언에 따라, 고려의 예판 김주의 충절에 시호를 내리도록 하다.

3. 8. 무과 시험에서 착오가 생겨 해당 시관을 파면하다.

3. 11. 향교와 서원에서 무리하게 산지를 개간하는 일을 엄히 다스리도록 하다.

4. 5. 행호군 이성보가, 도통을 전하게 바라지 않을 수 없다고 아뢰다.

4. 19. 20세에 《주서회선》을 편집한 것을 시작으로, 30세 때 《주자회통》·《자양회영》·《주서각체》 편집, 40세 이후 《주서백선》·《주자서절약》 등을 편집하고 있다고 하다.

5. 1. 전 집의 이노춘과 전 응교 정동관을 원자의 요속으로 삼다.

5. 2. 전황의 폐단과 돈의 주조에 대해 논의하다.

5. 3. 원자가 《대학》의 강을 마치다.

5. 12. 시력이 감소된 것에 대해 말하다.

5. 22. 지평 윤함이, 호서 지방에서 서학이 더욱 번성한다며 그들의 소굴을 깨뜨리기를 청하다.

6. 3. 사창법의 시행을 논의하다.

6. 12. 충청감사 한용화가 장계를 올려, 이한복 등을 잡아 흉패한 말을 주고받은 상황을 아뢰다. 이에 이한복 등은 무식한 소치로 그런 짓을 했다며 석방토록 하고 도신과 해당 수령은 추고하게 하다. 내각이 여러 차례 국문을 청하는 차자를 올렸으나 모두 소각하다. 우의정 이병모·영돈녕 김이소 등이 거듭 차자를 올리자, 석방했던 이원복 등을 백령진에 유배하고 금령을 만들어 다시는 말하지 못하게 하다.

7. 22. 시교(詩敎)가 느슨해진 당시의 풍조에 일침을 가할 요량으로 두보와 육유의 시를 모아 간행하게 하다. 이때에 《두육분운》이 완성되다.

7. 22. 이순신의 사손(祀孫)을 서용하라 명하다.

7. 29. 《오경백편》이 완성되다.

• 임금이 5경 가운데 사색의 실마리가 될 만하다고 여긴 것들을 뽑아 5권으로 엮은 것이다.

8. 16. 사행 때, 쇄마에 드는 비용의 폐단과 중국에서 수레를 빌리는 폐단 등을 논의하다.

8. 24. 영돈녕 김이소 졸기.

8. 28. 심환지 우의정, 이병모 좌의정.

8. 28. 금강산에 가 있는 심환지에게 돈유하다.

9. 7. 판중추부사 채제공이 은언군의 일에 대해 상소하자 파직하다.

• 임금이 은언군을 만나기 위해 거둥하려는 뜻을 채제공이 알아채고 말린 것이다.

9. 8. 부호군 서영보가, 유배지에서 도망쳐 나온 은언군 이인을 잡아 압송할 것을 상소하다.

9. 8. 좌의정 이병모가 백관을 거느리고 정청하자, 그동안 열 번 정도 만났다며 그를 서울에 살

게 하여 아침저녁으로 만나고 싶지만 우선 돌려 보낸다고 답하다.

10. 19. 장용위를 경사에 설치해 내영으로 하고 화성에 설치한 것을 외영으로 삼아, 한편으로는 왕도(王都)를 감싸게 하고 한편으로는 선침(仙寢)을 지키게 했다며 그 운용에 대해 이르다.

10. 19. 비변사가 장용위 외영 5읍의 군병 절목을 아뢰다.

10. 19. 화성부 군액 총수

11. 17. 원자의 관례·책봉례를 한두 해 늦춰 치르도록 하다.

11. 30. 《사부수권》이 완성되다.

12. 30. 홍낙성 졸기.

12. 30. 우의정 심환지를 호위대장으로 삼다.

12. 30. 이해의 호구는 1,741,184호, 7,412,686명이다.

정조 23년(1799)

1. 7. 봉조하 김종수 졸기.

1. 18. 판중추 채제공 졸기.

• 정조는 채제공에 대해 혼자만이 아는 깊은 계합이 있다며, 불세출의 인물이라고 평했다.

1. 26. 김종수의 유언이라며, 김종수의 집에서 예장을 돌려보내다.

2. 5. 홍낙성에게는 효안, 채제공에게는 문숙, 김종수에게는 문충의 시호를 내리다.

3. 4. 정처의 죄명을 없애고 완전히 용서하라는 하교를 내리다.

3. 7. 심환지·이시수 등이 정처의 처리에 대해 강력히 반대하다.

3. 24. 대신·3사 등을 불러 통유(洞諭)하는 윤음을 내리다. 복수하는 의리에 소홀하지 않았다고 하면서도, 정처를 친애했던 어버이의 마음을 본받고 효종이 김세룡의 처를 처리했던 고사를 따랐다고 하다.

• 김세룡의 처는 인조의 서녀인 효명옹주다. 효종 2년

(1651)에 효명옹주가 인평대군의 집에 사람의 뼛가루를 뿌리는 등 저주 사건을 벌였다.

4. 3. 이시수 우의정.

5. 5. 이가환의 조부와 부에게 증직하는 일에 대해, 이가환은 사학의 괴수라며 좌의정 이병모가 반대하자 이가환을 변호하다. 이어 근본을 닦는 공부의 중요성을 말하며 자신은 《삼국지》 같은 책도 들여다본 일이 없다고 하다. 몇 년 전부터 눈이 어두워져 안경을 낀다는 이야기도 덧붙이다.

5. 8. 강학청에서 세자의 《논어》 강론이 끝났다고 하자, 《대학》·《논어》를 거듭 강한 뒤 《맹자》·《중용》을 강론하도록 하다.

5. 25. 대사헌 신헌조가 불순한 학문의 상황에 대해 말하면서, 그 소굴에 이가환·권철신·정약종의 무리가 있다는 등의 말을 아뢰다. 이에 노하여 신헌조를 체차하다.

5. 25. 신헌조를 다시 대사간에 임명하자, 신헌조가 다시 상소를 올려 같은 일을 아뢰다. 이에 또 체차하다.

6. 4. 불순한 학설을 물리칠 방도는 바른 학문을 밝히는 길뿐이라 생각한다고 이르다.

6. 25. 내각이 시험의 조목과 규례를 적어 올리다.

7. 16. 당요·우순·하우·상탕의 도는 공부자가 태어남으로써 밝혀졌고, 공자·증자·자사·맹자의 학문은 주부자가 태어남으로써 전해졌으니, 주자는 곧 공자 이후의 1인자라고 하다.

8. 20. 현륭원에 제례한 후 화성 행궁에 머물다.

9. 28. 좌의정 이병모의 사직을 허락하고 심환시를 좌의정에 제수하다.

10. 3. 주자의 시를 뽑아 편집한 《아송》을 완성하다.

10. 27. 내사 관원이 밤중에 이인을 데려가려고 해서 유수와 경력 등이 엄히 막았다고 강화 중군이 경기 감영에 보고하다. 이시수가 급히 청대해 이 일을 아뢰니, 모두 파직하라 명하다.

10. 29. 이인을 데려오는 데 하루가 지체되었지만, 엄하게 막으면서도 분수를 지켰다며 강화유수를 칭찬하다.

11. 26. 대신들이 청대하자 시임·원임·각신을 소견하다. 판중추 이병모가 세자 책봉을 승낙해 줄 것을 아뢰자 신중을 기하고 있다고 답하다.

12. 11. 《제중신편》이 완성되다.

12. 13. 좌의정 심환지가, 금 채취를 금할 것을 청하니 받아들이다.

12. 21. 규장각이 어제선사본(御製繕寫本)을 올리다.

12. 28. 《두육천선》이 완성되다. 근래의 시는 갈수록 슬픈 음조를 띤다며 풍속 교화를 위해서는 두보와 육유의 시가 중요하다고 이르다.

12. 30. 영조조의 하교·비답·묘당의 계책과 관련한 계본을 정리한 《묘모휘편》이 완성되다.

정조 24년(1800)

1. 1. 원자를 왕세자로 삼고, 관례와 책례를 일시에 병행하겠다는 뜻을 밝히다.

1. 1. 이병모 세자사, 심환지 세자부, 홍양호·정민시 좌우빈객, 서용보·이만수 좌우부빈객.

1. 3. 바깥에서는 사대부 집 가운데 마음을 둔 곳이 있을 것이라 하겠지만 어느 집에 처자가 있는지도 모른다고 하다.
• 세자빈 간택에 대한 이야기다.

1. 6. 영중추 김희 졸기.

1. 16. 현륭원에서 친제하고 재실에서 유숙하다.

1. 17. 현륭원에 가서 엎드려 땅을 치며 오열하다.

1. 25. 왕세자의 이름을 이홍, 자는 공보로 짓다.

2. 2. 왕세자 책봉례를 집복헌 바깥채에서 거행하다.

2. 3. 김상복을 비롯해 여럿의 죄명을 삭제하다.

2. 5. 영의정 이병모 등이, 김상복·조영순·이재간·신기현의 사면 철회를 바라는 내용으로 연명 차자를 올리다.

2. 26. 세자빈의 첫 번째 간택을 집복헌에서 행하다. 김조순의 딸 등 다섯을 재간택에 들게 하고 나머지를 허혼하라 이르다.

2. 26. 예참 이노춘에게 국복(國卜) 김해담을 데리고 입시케 하여 김조순의 딸 사주를 묻자, 대길·대귀의 사주라 답하다.

2. 26. 간택이 결정되었다는 뜻으로 유시하다.

2. 27. 간택에 대해, 외인들이 보기에는 그 집의 문벌을 취한 것으로 보이겠지만, 간택 시 단연 군계일학이었다는 것, 자전·자궁이 좋아한다는 것, 국복이 본 사주도 좋다는 것 등을 설명하다. 이병모 등이 일제히 축하하다.

2. 27. 대사간 유한녕이 소를 올려 언로를 여는 문제에 대해 말하다. 이어 금령에 저촉될까 두려워 짧은 소장을 엮어 가지고 들어가 올리려 했는데 수문장이 몸수색을 하는 바람에 길거리에서 방황했다고 아뢰자 거친 비답을 내리다.

2. 29. 우의정 이시수와 지경연사 이병정이 유한녕의 소에 대한 비답이 너무 심하다고 아뢰자, 비답 중 일부를 삭제토록 하다.

3. 5. 심환지가, 예로부터 말하는 것을 금한 때가 없었다며 금령에 대해 지적하다. 징토에 관계된 일이라면 과격한 언사를 한다며 그런 습속 때문에 부득이 금령을 둔 것이라고 답하다. 심환지, 이시수와 논쟁하다.

3. 10. 정민시 졸기. 애석해하며 우의정으로 추증하라 이르다.

3. 28. 관서에서 경학 전공으로 추천받은 김도유를 소견하고 경서 등에 대해 문답한 뒤 이를 편찬 간행토록 하다. 이어 경전의 뜻을 밝히고 특히 주자의 학설을 힘닿는 데까지 가르치도록 하다.
• 이렇게 편찬한 책이 《관서빈흥록》이다.

4. 8. 무과에 급제한 이희장에게 도총부의 경력

을 제수하다.

- 이희장은 명나라 무장 이여송의 후손이다.

4. 10. 이희장의 홍패에 청나라 연호가 들어 있었다며, 옥새를 찍은 승지와 그 패를 안고 선조 사당에 참배한 이희장을 나무라고 연호를 고쳐 다시 내리라 이르다.

윤4. 9. 행호군 김조순의 딸, 유학 박종만의 딸, 신집의 딸을 삼간택에 제수하다. 다시 보니 매우 다행스러움을 한층 더 깨달았다며 김조순의 딸을 칭찬하다.

윤4. 26. 이병모가, 상이 생각이 너무 지나쳐 몸을 보양하는 데 지장이 있을까 염려스럽다고 아뢰자, 연신 중에 자신과 나이가 같은 이는 소년이나 다름없는데 자신은 정력이 쇠약하다며 이상하다고 하다.

윤4. 29. 좌의정 심환지가 청해, 전 부사 이여절의 죄를 용서하고 서용토록 청하다.

윤4. 29. 지평 신귀조가, 사학이 3남을 넘어 기호까지 기승을 부린다고 아뢰다.

5. 2. 좌의정 심환지가 금령을 거둘 것을 청하자, 옳다고 하면서도 상황을 들어 아직은 아니라고 답하다.

5. 22. 장령 권한위가 천주교 금지 등을 청하다.

5. 29. 이판 이만수의 상소를 수찬 김이재가 공격하자, 김이재를 언양현으로 유배하다.

- 이만수의 상소는, 신하는 직분을 다하는 것이 충성인 것이고 사양하는 미덕은 올바른 의리가 아니라는 내용이다.

5. 30. 약원의 제신을 불러 김이재의 일을 거론하며, 자신의 정승 등용 원칙, 의리와 습속 등을 말하다. 이어 각자 책임지고 습속을 바로잡는 방책을 모색하라 이르다.

- 이를 오회연교라고 한다.

6. 14. 종기가 나서 붙이는 약을 계속 올렸으나 효과가 없다.

6. 15. 약원의 제신을 접견해 병세를 말하고 약을 의논하다.

6. 16. 약원의 제신·대신·각신을 접견해 병세를 보이고 의논하다가, 자신의 증세는 가슴의 해묵은 화병 때문에 생긴 것이라며 조정이 두려움을 모른다고 하다. 또한 의리란 둘이 있을 수 없는데 신임 의리를 들먹이는 자들이 있고 그것에 기대 간사한 일을 꾸미려는 자들이 있다고 하다. 그들이 숨어 있는 장소, 악인들과 교제하는 작태를 안다며 종기가 고름이 잡히는 것처럼 조만간 결말이 날 것이라 이르다.

6. 21. 약원 제신을 접견하고 진찰하다.

6. 23. 고름이 흘러나왔다고 하지만 통증이 현저히 줄어든 것을 모르겠다며, 의술에 밝은 자들을 찾아 들이라 이르다.

6. 23. 호남 수령들에 대한 포폄의 장계는 당장 뜯어보지 않을 수 없다며 승지를 대령케 하다.

6. 25. 피고름이 몇 되나 나오고 잠도 잘 잤다고 하다.

6. 27. 탕약을 들고 맛이 좋다고 하다.

6. 28. 승지 한치응을 체직하고 김조순을 후임으로 삼다.

6. 28. 영춘헌에 거둥하다. 김조순·서정수·서용보·이만수를 접견하다. 상이 무슨 분부가 있는 것 같아 신하들이 귀를 기울여 자세히 들어 보니 수정전이라고 하다.

- 수정전은 대비의 처소다.

6. 28. 대비전이 승전색을 통해 병술년 선왕의 증세와 비슷하다며, 성향정기산을 의논해 올리라 명하다. 자궁이 들어가고 나서 심환지도 들어가다.

6. 28. 유교를 선포하고 대보를 왕세자에게 내리다.

6. 28. 영춘헌에서 승하하다.

순조실록

총서

- 휘는 공, 자는 공보이다.
- 정종의 아들이다. 모비는 효의왕후이고, 어머니는 수빈 박 씨다.

순조 즉위년(1800)

7.4. 인정문에서 즉위하다.

7.4. 수렴청정 반교문.

7.4. 영의정 이병모를 영부사로 삼고, 좌의정·우의정을 각각 영의정·좌의정으로, 예판 서용보를 우상으로 삼으라 이르다.

7.6. 빈청에서 대행대왕의 시호, 묘호·전호·능호를 정하다.

7.10. 김조순 장용대장.

7.14. 대왕대비가 지난번 수렴에 대한 비답의 문구를 고쳐 반포하라 명하다.

• "나는 발을 드리우고 있고 충자는 시좌한다."라는 말을 "주상을 정위로 하고 나는 발을 드리우고 앉는다."로 고치라고 했다.

7.20. 대왕대비가 언문 교지를 내려, 여주(女主)가 조정에 임어했다 하여 협잡할 마음으로 소장을 올려 시험해 보려 한다면 용서치 않겠다고 하다.

7.23. 대왕대비가, 대행왕이 세신(世臣)을 보호하기 위해 했던 노력을 말하고 어리석은 무리들이 대죄에 빠지는 것을 걱정하고 있다고 이르다.

8.1. 행호군 김조순이, 자신은 연소한 서생으로 훈신이나 척신도 아니라며 장용대장 사직소를 올렸으나 허락지 않다.

8.1. 3사에서 화완옹주의 처분을 청했으나 허락지 않다.

8.2. 대왕대비가 특지에 의거하여 김조순을 병조판서에 제수하다.

8.2. 박준원 장용대장.

8.2. 김조순이 병판직을 사직하는 소를 올리자 즉시 들어와 숙명토록 하라 이르다.

8.4. 대왕대비가 특지로 윤행임을 이조참판으로, 김조순을 비변사제조로 삼다.

8.7. 대왕대비가, 이후 대전 문안의 차서는 대왕대비전·왕대비전·혜경궁·가순궁의 순서로 기록하게 하여 명위의 차서를 밝히고, 혜경궁의 겸손을 드러내게 하라 이르다.

8.10. 왕대비가 자궁보다 먼저 문안을 받을 수 없다는 뜻을 밝히다.

8.11. 왕대비의 사양을 널리 알리되 차서는 고치지 말라고 명하다.

8.18. 대왕대비가 3정승과 공판 박준원·병판 김조순·유사당상 들을 부르고 선왕은 척신들을 등용하지 않으려 했으나 지금은 그때와 다르다며, 공판 박준원·병판 김조순에게 어린 주상을 보호하고 권도하는 책임을 가져야 한다고 이르다.

8.29. 경연관 김일주를 6품으로 올리다.

9.23. 경상도 안핵사 이서구와 경상감사 김이영이 장시경의 역모를 보고하다.

9.23. 영의정 심환지가, 장시경의 사건 처리에 대해 아뢰자 따르다.

9.24. 양사에서 김낙교 등에 대해 형신할 것과 채홍원의 향리 축출을 청하다

11.8. 장령 이안묵이 상소해, 만인소가 나온 뒤의 서유린의 소를 들어 서유린 형제를 공격하다.

11.18. 수원유수 서유린이 변론 소를 올리자, 대왕대비가 선대왕이 이미 통촉했다며 사퇴하지 말라고 이르다.

11. 20. 상호군 송환기가 선왕의 세실을 청하다.

11. 26. 산릉의 공역이 끝난 지 한 달도 되지 않아 정자각에 탈이 난 곳이 생기자, 산릉도감 당상 서유린·이재학·홍명호를 삭직하다.

12. 6. 어진 1본은 주합루에, 1본은 화성행궁에 봉안하다.

12. 18. 대왕대비가 차대하여, 영조가 행한 모년의 처리에서 이후의 역모들과 사도세자 추숭 노력 등이 연관돼 있고, 오회연교(五晦筵教)는 충역 시비를 환히 밝힌 것인데, 자명·자수하지 않는다면 처분을 내리지 않을 수 없다고 천명하는 장문의 언교를 내리다.

12. 25. 예조참판 김이익을 절도에 안치하다.

12. 25. 서유린을 극변에 안치하다.

12. 25. 대왕대비가 자명·자수하는 이가 없는데도 대신과 3사가 조용하다며 질책하다.

12. 26. 양사에서 김이익·서유린·김이재를 탄핵하다.

12. 27. 대왕대비가, 대신·제신이 한목소리로 화근을 제거해야 한다고 청하고 있으나, 죄를 가하지 않은 선조의 마음을 본받겠다며 이렇게 은혜를 베풀었는데도 두려워할 줄 모른다면 신하들의 청을 기다리지 않고 처벌하겠다고 하다.

12. 27. 양사에서 홍낙임을 탄핵하다.

12. 28. 부응교 민명혁이 홍낙임 부자를 탄핵하다.

12. 29. 전지평 채지영이 이재학·김이도 등을 탄핵하다.

12. 29. 대신들을 소견하다. 영부사 이병모를 비롯해 심환지·이시수·서용보 등이 홍낙임을 결단해 조처해야 한다고 아뢰다. 이조판서 윤행임이 홍국영의 추탈을 청하다.

12. 29. 김이재를 절도에 안치하다. 신기를 홍양현에, 김이교를 명천부에 정배하다.

12. 29. 심낙수를 찬배하다.

12. 29. 심환지가, 김귀주를 제사 지내고 충심을 위로할 것을 청하다. 이병모·이시수 등이 동의

하자 대왕대비가 따르다.

순조 1년(1801)

1. 1. 홍국영의 추탈을 하교하다.

1. 2. 한유에게 사헌부 집의를 추증하다.

1. 4. 정언 엄사언이, 김상로의 친속 김종건과 홍낙임의 인척 이의용을 탄핵하다.

1. 6. 심환지가, 김치묵이 지난해 올린 소는 흉소라며 율대로 처리할 것을 청하다. 이에 대왕대비가, 왕대비의 존속인 데다가 이미 죽은 상황을 들어 반대하다. 김종건은 신지도에, 이의용은 거제부에 정배하다.

1. 6. 장령 이안묵이 홍낙임의 죄를 청하자, 대왕대비가 자신의 마음은 곧 선왕의 마음이라며 우선 내버려 두라 이르다.

1. 6. 부호군 김재익이 홍낙임·김이재·김이익의 죄를 진달하며 3사의 청을 따를 것을 청하고, 채제공을 엄중히 처분해야 한다고 청하다.

1. 6. 김귀주에게 이판을 증직하다.

1. 10. 대왕대비가, 수령은 각기 그 지경 안에서 오가작통법을 닦아 밝히고, 사학하는 무리를 징계하여 다스릴 수 있게 하라 이르다.

1. 10. 대왕대비가 탐람의 풍속이 심해지고 있다며 엄벌을 명하다.

1. 10. 심환지의 청으로 김관주를 종2품에 올리다.

1. 10. 이판 윤행임이 서얼 허통과 관련된 역사를 아뢰면서 대신들에게 물을 것을 청하자, 대신들 모두 영조·정조의 뜻을 좇을 것을 의논하다.

1. 15. 사간원에서 김치묵·심기태·박하원·이조원·홍지섭을 탄핵하다.

1. 15. 헌부에서 심낙수의 아들 심노숭을 탄핵하다.

1. 16. 관학 유생과 진사 김이호 등 564인이 소를 올려, 홍낙임을 탄핵하고 심의지를 추증할

것을 청하다.

1. 16. 전장령 이안묵이 상소해, 홍낙임이 화란의 근본이라며 국청을 설치하자는 청을 들어줄 것을 청하다. 또한 김귀주가 유배됐을 때 해당 수령의 행태를 아뢰고 이에 대한 김한기의 유소가 있다고 아뢰자, 정원으로 하여 김한기 소의 원본을 써서 들이도록 하다.

1. 16. 김한기의 유소 내용.

1. 19. 대신들과 의논해 이재학을 극변에 원찬하고 오재문을 추삭하고 이원배를 절도에 정배하다.

1. 21. 사학 유생 이돈중 등 307인이, 홍낙임·박종악을 엄중히 징토할 것을 청하다.

1. 24. 김조순 형판.

1. 25. 대왕대비가, 이번 거조는 선왕이 지키려 했던 의리를 천명함으로써 마치지 못한 뜻과 일을 끝마치려는 것이라 이르다.

1. 28. 대왕대비가, 선왕이 내노비와 시노비를 일찍이 혁파하고자 했다며 이제 그 뜻을 계승해 혁파하겠다고 이르다. 이어 승지에게 명해 내사와 각 궁방 및 관사의 노비안을 돈화문 밖에서 불태우라 이르다. 이로 인해 6만여 구의 공노비가 해방되다.

1. 28. 내노비·시노비 혁파에 관한 윤음을 내리다.

2. 5. 형판 이의필이 사학의 해독에 대해 아뢰다. 심환지가 최필공·이존창에 대해서는 일률을 적용하지 않을 수 없다고 아뢰다. 이에 대왕대비가, 책은 거두어 불태우게 하고 붙잡힌 자들은 경중에 따라 율을 적용하라 이르다.

2. 5. 김관주 비변사 제조.

2. 5. 3사에서 과거 약원의 왕대비 문안 철폐를 주도한 상신의 처벌을 청하다.

2. 9. 3사에서 채제공을 탄핵하는 소를 올리자 소를 도로 내주도록 하다.

2. 9. 헌부에서 이가환·이승훈·정약용을 탄핵하다.

2. 9. 대왕대비가 사학죄인들을 나국하라 명하다.

2. 12. 정약종의 문서와 일기 가운데 아비와 임금에 대해 부도한 말이 있으니 부대시의 율을 적용할 것을 청하자, 교주와 소굴을 알아내지 못한 채 그에게만 법을 적용하면 다른 이들이 모두 그에게 책임을 전가하려 할 것이라며, 소굴을 알아낸 후 정법하라 이르고 사학을 기필코 소탕할 것을 명하다.

2. 14. 대사간 신봉조가, 국청에서의 이가환·이승훈·정약용의 모습을 아뢰다.

2. 18. 경상 유생 강낙 등 490인이 소를 올려 오늘날의 역괴는 장시경·장시호가 아니라 채홍원이라며, 채제공이 홍낙임의 지휘를 받았고 사학을 주장하고 흉론을 고창했다고 아뢰다.

2. 23. 김조순 총융사.

2. 25. 이승훈·정약종 등을 윤치중·권상연의 예를 따라 부대시참에 처하고, 이존창은 본도로 내려보내 정법케 하다.

2. 25. 수찬 장석윤이 홍낙임·채제공·채홍원을 탄핵하다.

2. 26. 사학죄인들을 추국해 작처하다. 이가환·권철신은 물고, 이승훈·정약종은 정법, 정약전·정약용은 유배하다. 황사영은 도주하다.

2. 26. 추국을 파할 것을 명하다.

3. 10. 이기양은 정배, 오석충은 절도에 유배하다.

3. 13. 교리 윤우열이, 홍낙임이 홍상간의 사당이 된 것이 심상운의 초사에 드러났다며 탄핵하다. 이와 관련하여 채제공·박종악·정민시·이명식까지 탄핵하다.

3. 15. 영부사 이병모가, 사학 괴수 주문모가 자수했다며 주문모에 대해 아뢰다.

3. 16. 주문모가 공초하다. 이인의 처 송 씨와 이인의 아들, 이담의 처 신 씨도 영세를 받았다고 하다. 이에 대왕대비가 이인에 대한 처벌 청을 따르겠다고 하다.

3. 19. 대왕대비가, 사학죄인들을 도배할 경우 네 가지 우려가 있다며, 각 고을에 1명씩 흩어 유배하여 옥에 가두고 다른 죄수와 교통하지 못하게 하다.

• 옥졸·옥리까지도 말을 섞지 못하게 했다.

3. 27. 강이천과 김건순의 처리를 논의하다.

3. 27. 김상헌의 계후사손(繼後祀孫) 김건손을 파양(罷養)하다.

3. 29. 오직 사학에만 뜻을 기울였으니 죽어도 후회하지 않는다고 한 김백순을 정법하다.

4. 1. 유학 정철상·전복(典僕) 이합규·양녀 복혜·양인 최필제·정인혁·여인 운혜 등 주문모를 신부라 부르고 영세를 받은 이들을 부대시 정법하다.

4. 5. 죄인들을 고을별로 찬배하는 일이 늦어지고 있는 이유를 대왕대비가 묻다.

4. 17. 장진부사 이여절이 황씨 성을 가진 이를 붙잡아 고문해 황사영이란 자백을 받고 보고하다. 이에 감영 뜰에서 추핵했는데 황사영이 아닌 것으로 드러나다.

4. 20. 사학에 빠져 사람들을 현혹한 혐의로 김건순이 정법되고 주문모는 효수되다. 그 외 강이문·김정신·김여 등은 정배되다.

4. 23. 충청도의 사학죄인들이 정법되다.

4. 25. 영부사 이병모가 이인·홍낙임의 죄를 말하다. 심환지도 구선복·신기현 등은 모두 홍낙임의 앞잡이이고 그 근본은 역적 이인이라며 처벌을 청하다. 좌의정 이시수·우의정 서용보 등도 한목소리로 요구하였는데, 대왕대비가 기다린 후에 처분할 생각이라 답하다.

4. 25. 영부사 이병모 등이 백관을 거느리고 이인·홍낙임의 처벌을 청하다.

5. 9. 대왕대비가, 한재(旱災)를 광구(匡救)할 방법을 진달하라고 하교하다.

5. 9. 옥당이, 이인·홍낙임을 정법해 하늘의 노여움에 답해야 한다고 아뢰다.

5. 10. 헌납 송문술이 소를 올려, 김이재의 죄가

막중하나 늙은 어미가 있으니 형 김이교를 방면해 간호케 할 것과, 사옥 관련 형옥에서 죄 없이 죽은 이도 많다며 각 도의 도신을 엄히 신칙해 폐단이 없게 할 것을 청하다.

5. 11. 대사간 서미수가 송문술의 절도정배를 청하다. 이에 대왕대비가 절도하라 하교하다.

5. 14. 지평 이윤행이 상소해, 송문술의 소는 윤행임의 사주에 의한 것이라 아뢰다.

5. 14. 대왕대비가 윤행임의 절도안치를 명하다.

5. 16. 전라감사 김달순의 장계에 따라 사학죄인 김유산 등 3인을 잡아다 일률로 다스리다. 신경모 등 8인은 바른 길로 돌아오기를 원하므로 감사(減死)해 유배하고, 나머지 137명은 도신으로 하여금 더 엄중히 조사하라 명하다.

5. 18. 김관주 병조판서.

5. 19. 양사에서 정민시의 관작추탈을 청하다.

5. 22. 포도청에서 사학죄인을 형조에 옮기고 결안을 바치다.

5. 23. 김관주 형조판서.

5. 25. 3사에서 홍국영·김양택·서명선·정민시를 탄핵하고, 홍국영의 노적과 서명선·정민시의 관작추탈을 청하다.

5. 28. 강화유수 황승원이 장계를 올려, 전날 이인과 그의 아들 철득이 어둠을 틈타 달아나려다 붙들렸다고 아뢰다.

5. 29. 강화에 천극했던 이인과 제주에 안치했던 홍낙임을 사사하다.

• 사관은, 홍낙임을 죽여 세상이 김용주의 무리를 불신하게 되었다고 평했다.

6. 10. 토역 교문을 반포하다.

6. 12. 권유가 소를 올려, 명문거족들 중에는 역적의 집안과 관련되어 잘못을 깨닫지 못하는 자가 있을 수 있다며 곡돌사신(曲突徙薪)의 경계를 해야 한다고 아뢰다.

6. 18. 심환지가 권유의 추고를 청하니 따르다.

6. 23. 김치묵의 관직을 추탈하다.

6. 28. 김조순 이판, 김관주 예판.

7.4. 김조순이 소를 올려 전직(銓職)과 장임(將任)을 면해 달라고 청하다. 이에 선왕의 유지를 들어 들어주지 않다.

7.8. 대왕대비가 김조순을 패초해 소임을 다할 것을 신칙하다.

7.12. 대왕대비가 궁녀 희봉을 절도에 정배하라 명하다.

7.15. 사사한 죄인 홍낙임을 곧바로 반장(返葬)하는 것을 허락하다.

7.22. 정민시의 관작을 추탈하다.

7.28. 《화성성역의궤》를 간인하라 명하다.

8.5. 하동에서, 괘서한 이들을 붙잡아 공초를 받고 치계하자, 영의정 심환지가 안핵사를 보내자고 청하다. 대왕대비가 반대하고, 도신으로 하여금 실정을 알아낸 다음에 계달하도록 하는 게 좋겠다고 하다.

8.10. 함경감사의 보고에 따라 이여절의 장죄에 대한 처리를 의논하다.

8.11. 대왕대비가, 이여절을 절도에 평생 충군토록 하겠다고 하다.

8.16. 온성부에 찬배한 이재학이 물고되다.

9.2. 김조순이 병을 이유로 본직과 겸직을 해면해 줄 것을 청하자 총사만 허락하다.

9.5. 국청에서 죄인의 근본은 도배죄인 윤행임이라고 아뢰다.

9.6. 이병모·심환지·이시수 등이 윤행임의 죄를 청하다.

9.6. 투서 중에 흉언이 있어 임시발을 체포했는데, 전 현감 윤가기의 가객으로 드러나다.
 • 윤가기는 윤행임의 추천으로 단성현감에 제수된 자였다.

9.10. 대왕대비가 신지도에 도배한 죄인 윤행임을 사사하라 명하다.
 • 사관은 윤행임에 대한 비판적인 논평을 했다.

9.11. 사학죄인 유항검·유관검·윤지헌·이우집·김유산 등을 대역부도로 정법하다.

9.15. 윤가기의 종 갑금이, 윤가기가 흉언할 때

전 오위장 박제가도 함께 수작했다고 하여 박제가를 종성에 유배하다.

9.18. 《화성성역의궤》를 반포하다.

10.3. 좌우포청에서 황사영을 체포해 의금부로 압송 중이라고 아뢰다.

10.5. 좌포장 임율·우포장 신응주가 황사영의 흉서를 바치다.

10.13. 집의 홍희운·헌납 신귀조가 연명으로 차자를 올려, 황사영 흉모와 관련해 정배죄인 정약용·정약전·이치훈·이학규·신여권을 모두 잡아와 엄중 국문할 것을 청하다.

10.27. 이만수가 토사주문(討邪奏文)을 올려, 윤지충·권상연·정약종·이벽·이가환·주문모·황사영 등에 대해 논하다.

10.30. 경상감사가 괘서의 변이 있다고 밀계하다. 안핵사를 보내 조사케 하다.

10.30. 정체불명의 선박이 제주에 얼굴과 몸이 모두 검은 사람 다섯을 내려놓고 가다. 말이 통하지 않아 글씨를 쓰게 하니 왼쪽에서 오른쪽으로 썼는데 글자 모양이 헝클어진 실 같다. 중국으로 보내기로 하다.

10.30. 장용영 제조 조진관이, 노비공을 혁파한 뒤로 각사에 급대(給代)하는 것을 장용영이 맡기로 했으나, 장용영에서 감당하기에는 크게 모자라다고 아뢰자 대책을 논의하다.

11.2. 판돈녕 박준원이 상소해 사직할 뜻을 보이자, 자신의 외조인데 사직하면 누구를 의지하겠느냐며 만류하다.

11.5. 황사영을 대역부도로 다스리고 옥천희·현계흠을 지정불고죄로 정법하다. 정법죄인 이치훈·정약전·정약용·이학규 등은 형신했으나 새로운 것이 없어 도로 정배하다.

11.10. 이판 김조순이 상소해 체직을 청하니 허락하다.

11.11. 김관주 이판.

11.12. 대왕대비가, 찬배된 자들 중 서유문·김이도·이희갑·심상규·신대현·이광익은 방송하

여 은전의 의사를 보인 반면, 김이익·서유린·김이재에게는 천극을 더해 온 나라로 하여금 그들의 죄가 사면될 수 없는 죄임을 알게 하라 이르다.

12.3. 대왕대비가 고 영부사 서명선의 일에 대해 하교하다.

12.6. 양사에서, 서명선에 대해 정계(停啓)하라는 명을 따를 수 없다고 아뢰자, 공적이 과실보다 크다며 자교(慈敎)에 의해 거행하라 명하다.

12.11. 규장각에서, 선조 때 어제한 184편을 100책으로 만들어 진헌하자, 각 신 이하에게 차등 있게 상을 내리도록 하다.

12.13. 정언 원재명이 상소해 서명선 관련 엄교를 취소할 것을 청하니 파직하다.

12.13. 옥당이 원재명 파직 명을 거둘 것을 청하니 따르다.

12.15. 양사에서 채제공의 추탈을 청하다.

12.18. 비국에서, 채제공은 사역(邪逆)의 뿌리라며 대간의 청을 따를 것을 다시 청하다. 이에 채제공의 관작을 추탈하다.

12.18. 김조순 선혜청 제조.

12.22. 사학 토죄에 대해 진하를 행하다.

12.26. 사학죄인 정광수·홍익만 등을 정법하다.

12.30. 금부도사 박광구가 영남의 괘서죄인들을 정법하고 아뢰다.

12.30. 이해의 호구는 1,757,973호, 7,513,792명이다.

순조 2년(1802)

1.20. 대왕대비가 대신들의 안일함과 대간의 고요함을 질타하다.

1.20. 심환지가, 장용영 설치의 의미와 선왕이 밝힌 뜻을 들어 혁파를 청하다. 대신·제신이 모두 동의하자 장용영을 혁파하다.

1.22. 박준원 금위대장.

1.22. 장용영 철파(撤罷)에 따른 조처를 내리다. 군교·이례의 미납세를 탕감해 주고 떡과 고기를 나누어 먹이라 하다.

1.26. 대왕대비가, 장용영 내영의 별고와 외영의 각 창고를 내탕에 환속시키라 명하자, 대사간 홍희운·정언 홍석주가 반대 소를 올리다.

1.28. 대신들과 호판 선혜청 당상을 소견하다. 대왕대비가 내탕 환속에 반대 소를 올린 대간을 칭찬하자, 심환지가 거듭 제왕의 집안엔 사재가 없다며 내탕 환속을 반대하고 제신들도 모두 동조하다. 이에 대왕대비가 일전에 내린 전교를 환수하고 각 궁방에 귀속시키도록 하다.

2.7. 장용영 철파 별단과 외영의 군제 개정 별단.

3.11. 경흥부에 천극된 죄인 서유린이 물고되다.

4.10. 대왕대비가, 중국에서 돌아온 조윤대를 소대해 주문모의 처형에 대한 중국 측의 반응 등을 묻다.

4.16. 신축년·임인년에 죽은 김용택·이희지·이천기·심상길·정인중 등 5인을 증직하다.

5.29. 전라좌도 암행어사가 남원부사 이영운 등 8명의 불법한 정상을 논핵하니, 심문해 감률(勘律)케 하다.

• 이후 며칠 간격으로 각 도에 나갔던 암행어사들의 보고가 들어왔다.

6.4. 전 승지 김이도·참의 심상규·전 부호군 이희갑·대장 신대현을 탕척·서용토록 하다.

6.4. 김조순이 네 번에 걸쳐 사직소를 올리니 마지못해 허락하다.

6.5. 김조순을 다시 홍문·예문 대제학으로 삼다.

6.10. 도신 이의필이 금령을 무시하고 물고죄인 서유린을 검험(檢驗)·개검(改檢)까지 하다. 이에 심환지가 종중추고를 청하니 따르다.

6.14. 김조순이 다시 사직소를 올리니 체직하다.

7. 1. 김귀주·정이환·김종수 같은 이가 의리를 지켰다며 정이환을 증직하라 명하다.

7. 6. 암행어사들의 보고를 보니 논핵한 대상이 하나같이 세력이 없는 음관들이라며 탐오한 관리는 역적의 무리와 진배없다고 이르고, 생민의 위급함을 고려해 긴장할 것을 요구하다.

8. 4. 시임·원임 대신과 예조 당상이 가례 택일에 대해 아뢰다.

8. 9. 정종대왕을 부묘하다.

• 1899년에 묘호(廟號)를 정조로 추존했기 때문에 그 이전까지는 정종(正宗)으로 쓰고 있다.

8. 10. 대왕대비가 삼간택과 친영의 택일에 대해 하루가 급하다는 입장을 보이다. 예판 이만수가 일관과 논의하고 들어와 친영은 10월 16일, 삼간택은 9월 6일로 건의하니 따르다.

8. 15. 숙종대왕 어진과 영종대왕의 어진을 양지당에서 선원전 제1실과 제2실에 다시 봉안하고, 정종대왕 어진은 주합루에서 제3실로 옮겨 봉안한 뒤 다례를 행하다.

• 어진을 봉안하는 절차에 대해 자세히 기록하고 있다.

8. 20. 김조순 판의금.

9. 2. 김조순 어영대장.

9. 6. 삼간택을 행하다. 김조순의 집으로 결정하려 한다며 대신들의 의견을 묻자 이구동성으로 경하하다.

9. 6. 김조순을 영돈녕부사·영안부원군으로 삼고 부인 심 씨를 청양부부인에 봉하다. 이어 대왕대비가 김조순을 불러 눈물로 기쁨을 표하고 김조순은 사랑으로 가르쳐 줄 것을 청하다.

9. 12. 대왕대비가 호조의 돈 5,000냥·쌀 100석·무명 10동 등을 부원군 집에 보내라 이르다.

9. 12. 비국에서, 장용영 철파 뒤 호조·내수사와 각 아문의 노비공 급대를 조처하는 방안을 별단으로 갖춰 올리다.

10. 5. 대왕대비가 하교를 내리고 5일 동안 감선하겠다고 하다.

• 재변이 있었기 때문이다.

10. 11. 우찬성 송환기·대사헌 이직보·장령 송치규 등에게 돈유하다.

10. 11. 김조순 훈련대장.

10. 16. 어의동 별궁에서 친영례를 행하다.

10. 17. 왕대비전이 왕비의 조현의 예를 받다.

10. 18. 대왕대비전이 왕비의 조현의 예를 받다.

10. 18. 심환지 졸기.

10. 18. 김조순 호위대장.

10. 27. 이시수 영의정, 서용보 좌의정, 김관주 우의정.

11. 27. 대신들이 사양하며 들어오지 않자, 이후로는 공사도 아뢰지 말고 탕제도 올리지 말라 이르다.

11. 27. 이시수가 청대하여 입시하자 대왕대비가 전교를 환수하다.

11. 30. 부수찬 오연상이 상소해 자교가 지나치다고 아뢰다.

12. 1. 대왕대비가, 옥당의 상소는 대신의 거취는 경계하지 않으면서 자신의 거취는 후일의 폐단에 관계된다 했으니 협잡하는 바가 있는 것 아니냐고 질책하다. 부수찬 오연상을 삭직하라 명하다.

12. 10. 신하들의 청이 이어지자 대왕대비가 오연상의 서용을 명하다.

순조 3년(1803)

2. 14. 대왕대비가 각 도의 경시관과 도사를 소견하다. 과거의 폐단을 지적하고 기강해이에 대해 이르다.

2. 20. 조덕린의 관작을 추탈하다.

3. 20. 이병모 영의정.

3. 26. 지평 김후가 이병모를 탄핵하다. 김후의 마음 씀이 가증스럽다며 도배하다.

4. 12. 영의정 이병모가 결백을 주장하는 상소를 올리다.

7. 6. 영의정 이병모에게 돈독한 유시를 내렸으나, 이병모가 옥에 달려가 대죄한다는 뜻을 올리다. 대왕대비가 해직을 허락하다.

7. 6. 이병모 영중추부사.

8. 12. 이병모가 상소를 통해 실록총재관의 사임을 청하니 허락하고 이시수로 대신하다.

10. 15. 전 선혜청 당상 김조순이, 장용영을 혁파한 후 문서에 실리지 않은 전곡에 대해 아뢰자 탁지로 이송하라 이르다.

10. 20. 전 장령 이경신이 이판 이서구를 비난하는 소를 올렸다가 향리로 방축되다.

• 이경신이 자신을 대관으로 삼아 달라거나, 아들을 능참봉으로 삼아 달라고 이서구에게 요구했는데 모두 거절당하자 소를 올렸다.

11. 4. 사직서 악기고에 불이 나다.

11. 30. 대왕대비가, 옹주의 나이 11세가 되어 길례가 가까워졌다며, 청연군주방(淸衍郡主房)의 예에 의거하여 전지 200결 외에 600결을 더 주도록 하다.

12. 9. 우찬성 송환기·좨주 이직보·경연관 송치규·김일주 등을 돈독하게 불렀으나 사양하고 오지 않다.

12. 11. 관학 유생 이근원 등 727인이 상소해, 강세정은 우리나라의 죄인이자 황조의 죄인이라 아뢰다. 이에 강세정을 기장현에 찬배하라 명하다.

12. 13. 인정전이 불타다. 대왕대비와 임금이 모두 감선을 밝히다.

12. 26. 대왕대비가, 외방의 도천(道薦)에 대해 문벌이 한미하다며 쓰지 않는 풍토를 지적하다. 이어 사학이 들어가지 못한 것으로도 유풍(遺風)을 알 수 있다며 영남의 인재를 쓰라 하다.

12. 28. 대왕대비가 수렴청정을 거두겠다고 하다. 이시수 등이 한목소리로 대왕대비의 공적을 찬양하고 환영하다. 대왕대비가 승지로 하여 수렴청정을 거둔다는 언문 교지를 읽게 했는데, 군국에 대한 대정령과 형상(刑賞)에 대한 대처분

과 의리에 관계되는 일은 참여하여 논하겠다고 하다.

순조 4년(1804)

1. 3. 대왕대비가 하교해, 흉측한 상소를 올린 조진정과 패려하게 통문을 돌린 유생들의 초사(招辭)를 받으라 이르다.

1. 9. 의금부에서, 전 장령 이동만·전 현감 홍이유·전 군수 조진정의 구초(口招)를 보고하다.

1. 22. 홍이유·이동만·조진장을 귀양 보내다.

1. 27. 지난겨울 불이 났을 때, 수직을 성실히 하지 않은 내관 김태언과 원인성, 궁비 복련을 유배하다.

2. 24. 종성부의 박제가와 북청부의 이성부를 풀어 주라 했는데도 아직도 거행하지 않았다며, 당시의 금오당상을 파직하고 바로 풀어주라 명하다.

3. 4. 새벽에 도적 둘이 비수를 들고 들어와 인화문 밖에 숨어 있었는데 하나는 금군에 잡히고 하나는 도주하다.

• 이 사건은 9월에야 결말이 났는데, 숨어 있었던 오재영과 이성세는 정법되고 금군별장 이수림은 도배에 처해졌다.

3. 6. 평안감사 김문순이 지난 3월 3일에 평양성 민가에서 불이 났는데 남풍이 불어 민가 5,000여 호·향교·숭인전·숭령전 등을 태웠다고 보고하다. 각종 곡식과 절미 1만여 석, 은자 2만여 냥 및 각종 군기와 화약 등도 소실되다.

3. 12. 강원도 삼척·강릉 등 6개 고을에서 불이 나 2,600여 호가 타고 60여 명이 죽다.

3. 17. 오재영을 정형한 결안.

3. 26. 이시수 좌의정.

3. 28. 오재영의 일로 나처한 죄인 차억만이 목매 죽다.

5. 20. 대사간 박윤수가, 권유의 신유년(순조 1년) 상소를 문제 삼아 국문할 것을 청하니 따르다.

5. 26. 왕부에서 권유를 추국하다. 두 차례의 형신을 가하자 권유가 경폐(徑斃)하다. 권유의 초사를 가지고 흉소에 동참했던 권유의 손자 권사목과 심노현·정재민·윤치행 등을 체포하여 국문하다.

6. 7. 헌납 김회연이 소를 올려 국혼을 훼방한 권유의 죄를 논하다.

6. 23. 대왕대비가 수렴을 치고 대신들을 부르다. 좌의정 이시수가, 주상에게 하교하거나 의논하지 않고 수렴을 치고 나오는 것은 옳지 않다고 주장하고 우의정 김관주도 거드니 결국 물러나다.

6. 24. 이에 앞서 5월 21일, 집의 이기경·사간 이동식 등이 권유의 죄를 연명으로 상소했는데 이때에 와서 모두 알았다고 답하다.
• 상소의 내용은, 권유의 소 해석, 당시 길함이 없다고 한 일관을 조사할 것, 삼간택은 하지 않는다는 말을 창설하고 전파한 자를 정법할 것 등이다.

6. 24. 그 당시의 일관에 대해 국청을 설치할 것과, 유생의 편지를 찾아 들이게 할 것을 명하다.

6. 24. 의혹을 자신에게 겨누는 것에 대해 대왕대비가 분개하고, 일부 해명하는 언문 교서를 내리다.

6. 26. 연명 상소를 한 이기경 등 6인을 찬배하다.

7. 1. 일관 지경철의 구초를 받고, 당시 길일에 관련된 재신의 발언 등은 좋은 뜻에서 나온 것이었다고 결론을 짓다.

7. 10. 이시수는 주옥에서, 김관주는 현옥에서 대명하고 있다고 하자, 지나치다며 모두 삭출하라 명하다.

7. 13. 서매수 좌의정, 이경일 우의정.

8. 8. 대혼(大婚)을 훼방 놓으려 한 혐의로 이안묵을 정법하다.

8. 11. 심노현을 정법하다.

8. 13. 정재민을 정법하다.
• 권유가 자신에게, "이 상소는 대혼을 훼방 놓을 수 있다."라는 말도 하고, "국구가 될 사람은 본래 의리를 지키는 쪽 사람이 아니라 믿을 수 없다."라는 말도 했다고 공초했다.

8. 18. 좌의정 서매수·우의정 이경일이 청대해, 이회상이 권유의 소에는 사주한 자가 있다고 고했다고 아뢰자, 이는 곧 고변이라며 대신들에게 즉시 묻도록 하다.

8. 25. 권유에게 노적의 법을 적용하다.

8. 28. 화성에 행행하다.

9. 16. 충청도 안핵사 이면긍과 감사 민기현이, 건릉 행차 때 글을 바치려 했던 이재륜의 공초를 보고하다.

9. 28. 죄인 이재륜에게 무상부도율(誣上不道律)을 적용하라 명하다.

10. 3. 영돈녕 김조순이 병병(兵柄)의 겸무(兼務)를 사양하는 소를 올리자, 자신을 보도(輔導)하고 보호하는 것이야말로 경의 책임이 아니냐고 하다.

10. 13. 충청감사가 밀계한 한해옥의 일을 좌의정 서매수와 우의정 이경일에게 묻다.

10. 24. 한해옥을 추국하고 정법하다.

11. 30. 자전이 공상을 혁파하기를 원하니 실효가 있도록 조처하라 하교하다.

순조 5년(1805)

1. 7. 대왕대비의 종제 김용주를 특지로 동부승지에 제수하다.

1. 12. 대왕대비가 승하하다.

1. 17. 진시에 성복하다. 복제.

3. 22. 채홍원·이기경 등 14인을 풀어 주다.

3. 22. 김이교·박제가 등 6인을 풀어 주다.

4. 10. 경상감사 김희순이 사창의 폐단에 대해 소를 올리다.

4. 12. 우의정 이경일이, 환곡의 폐단에 대한 대책으로 사창 제도를 건의했다가 이에 대한 비판이 나오자, 사퇴를 청하는 차자를 올리다.

4. 30. 비변사에서, 사창 창설이 어렵다는 황해 감사의 보고 내용을 아뢰다.

5. 7. 국장도감에서, 발인 때 윤여의 배설 절차, 이동 경로 등을 아뢰다.

6. 20. 해시에 재궁을 현궁에 내리다.

7. 9. 전 장령 이경신이 사복 차림으로 승정원에 들어와 자신의 소를 받아주지 않는다며 행패를 부리자, 상소를 받아들이지 않는 것은 불가하므로 받아들이라 하다.

7. 10. 전 장령 이경신을 정배하다.

7. 26. 금오의 회계로 인하여 죄인들을 방면·탕척·복관시키다

8. 2. 《정종대왕실록》 인출 사업이 끝나 네 사고와 춘추관에 보관하게 하다.

10. 3. 과장의 시관을 엄선해 들이라 명하다.

10. 15. 이병모 영의정, 이경일 좌의정, 김재찬 우의정.

12. 6. 영의정 이병모가 머리에 진흙을 바르고 죄인을 자처하면서 대명하자, 삭직의 법을 시행해 편안함을 취하는 자의 경계가 되게 하라 명하다.

12. 6. 우의정 김재찬이 거듭 사직소를 올려, 나아가지 않을 것을 아비의 무덤 앞에 고했다고 하자 재령군에 정배를 명하다.

12. 6. 좌의정 이경일이 50여 번의 사직 단자를 올리자 사임을 허락하다.

12. 7. 특지로 서매수를 영의정에, 예판 한용귀를 좌의정에, 호판 김달순을 우의정에 제수하다.

12. 15. 영의정 서매수가, 두 대신에 대한 처분이 과중하니 은서를 내릴 것을 청하자 따르다.

12. 27. 우의정 김달순이, 사도세자 추숭 논의를 주창한 이들의 처벌을 극력 청하다. 또 사도세자에게 간언했던 당시 대간들에게 시호와 벼슬을 추증해 경모궁의 덕을 찬양할 것을 청하다.

순조 6년(1806)

1. 6. 김달순의 발언에 대해 문제를 제기했으나, 영의정 서매수 이하 입시한 대신들이 김달순 의견에 동조하며 만인소 소두 이우 등의 처벌을 주장하다.

1. 8. 이우를 강진현에 정배하다.

1. 15. 형조참판 조득영이 소를 올려 김달순의 말과 소를 조목조목 비판하자 감동하다.

1. 15. 장령 이지형이 김달순의 죄를 묻다.

1. 16. 김달순이 성 밖으로 나가 대명하다.

1. 16. 부수찬 이유명이, 김달순이 멋대로 진달해 선왕의 의리를 저버렸다며 김달순을 공격하다.

1. 18. 정언 임업이 김달순의 죄를 논하고 그날 입시했던 대간의 찬배를 청하니 따르다.

1. 19. 대사간 신헌조·정언 임업이, 김달순 징토에 참여하지 않은 윤제홍 등의 찬배를 청하니 따르다.

1. 19. 3사가 합계해 김달순의 관작삭탈·문외출송을 청하니 따르다.

1. 20. 3사가 합계해 김달순의 중도부처를 청하니 따르다.

1. 20. 첨지 이동형이, 김달순은 서형수에게 종용을 당했다고 상소하자, 협잡된 마음이라며 이동형을 찬배하다.

1. 23. 3사가 합계해 김달순의 극변찬배를 청하니 따르다.

1. 24. 3사가 합계해 김달순의 절도안치를 청하니 따르다.

2. 1. 특지로 이병모를 영의정에 제수하다.

2. 1. 조득영 병판.

2. 6. 좌의정 한용귀가 사직을 청하며 김달순·서형수의 죄를 청하다.

2. 6. 서형수를 정배하다.

2. 6. 정언 임업이 소를 올려, 서유순이 서기수를 사주해 연설(筵說)을 고치려 했고 김달순을 지금의 김달순으로 만든 것은 서형수라고 아뢰

니 조사를 명하다.

2.13. 서유순·서기수를 찬배하다.

2.15. 이병모와 조정의 일을 논하면서, 모든 논단에 남보다 뒤질세라 두려워하는 풍습을 지적하다.

2.18. 김달순에게 가극하다.

2.19. 화성에 거둥하다.

• 22일에 환궁했다.

2.21. 서용보를 좌의정에 제수하다.

2.30. 양사에서 차자를 올려, 김달순의 와주가 심환지이고 이익모·서매수·서형수 등이 그 무리라며 처분을 청하다.

3.3. 정언 박영재가, 김달순을 처형할 것과 심환지의 여러 죄를 논하자, 경솔하다며 삭직하다.

3.6. 양사에서, 정일환·이노춘·신헌조 등의 처벌을 합계하다.

3.29. 대사헌 조윤대 등이, 김달순·심환지 등에 대한 청을 받아들일 것을 청하다. 좌의정 서용보도 김달순에 대해 처분을 내릴 것과, 심환지와 김관주에게 삼척의 율을 적용할 것을 청하다.

3.29. 우윤 최헌중이 소를 올려 이우를 신구하다.

4.3. 거듭된 제기에 심환지의 관직을 추탈하고 김관주의 삭직을 허락하다.

4.5. 이시수 좌의정, 서용보 우의정.

4.7. 김달순의 사사 등을 받아들이다.

4.10. 서유순·서기수를 원찬하다.

4.20. 이시수가, 본래 천극은 가시로 둘러싸지만 목숨을 용서해 준다는 뜻이며 드나듦도 허락하는 것인데, 근래엔 처마까지 가시울타리를 쳐서 해가 보이지 않을 정도라고 하다. 이는 본래의 뜻에 어긋나므로 본의를 회복할 것을 청하니 따르다.

4.20. 서매수를 삭출하다. 이익모는 찬배, 서형수는 절도안치를 명하다.

4.20. 금부도사 강달수가, 신지도의 가극죄인

김달순을 13일 사사했다고 아뢰다.

5.13. 승지 홍석주에게 명해 도승지 김이영의 소장을 읽게 한 후 묻다. 김한록이 김관주의 아비인지, 당나라 중종 때의 일과 주자가 장경부에게 답한 서찰이란 무슨 뜻인지 등에 대해 묻다. 이에 이병모 등이 8자 흉언 등에 대해 답하다.

5.13. 도승지 김이영의 소.

5.14. 양사에서 김일주에 대해, 유일(遺逸)의 명칭에서 삭제하고 국청을 설치해 진상을 알아낼 것을 청하자 유일 삭제만 허락하다.

5.17. 김일주를 흑산도에 안치하다.

5.19. 역적 김한록은 하늘을 함께 이지 못할 원수지만, 노륙(孥戮)의 법은 이미 양조(兩朝)에서 수교(受教)한 것이 있으니 감히 어기지 못하겠다며, 감정을 억제해 형률을 더하지 않은 선왕을 따르겠다고 이르다.

5.19. 김일주에 대한 국청 설치를 따르겠다고 했다가 곧 취소하다.

5.20. 김필주는 정의현에, 김인주는 추자도에, 김화주는 발포에, 김면주는 조라포에 안치하다.

5.25. 정언 조진순이, 김한록·권유·심환지·김달순의 무리는 한통속이라며 징토를 청하다. 그 내용에 공감하면서도 세신을 보호하던 선왕의 덕을 본받겠다며 들어주지 않다.

6.2. 이재학·이조원·김이익·김이재에게 직첩을 돌려주고 이면응을 탕척시키라 명하다.

6.14. 김이교가 상소해 김한록의 죄상을 아뢰고, 자신의 조부 등 집안에 가했던 압박·견제를 설명하다.

6.15. 선조 초년의 일을 자세히 진달하라는 요구에, 이병모·이시수가 김귀주·김한록은 몸은 다르지만 같은 창자[二體同腸]라 아뢰다.

6.15. 양사에서 합사해 김귀주의 관작삭탈을 청하다.

6.25. 3사의 합사에 의해 김귀주에게 추탈의 전형을 더하다.

• 이날의 기사에, 영조 말년 남당·북당의 대립부터 김이영이 김한록의 흉언을 고하기까지의 과정이 기록되어 있다.

7. 1. 효안전에 나아가 삭제(朔祭)와 김귀주 등을 처벌한 내용을 고하는 고유제(告由祭)를 행하다.

• 효안전은 정순왕후의 혼전(魂殿)이다.

9. 10. 이병모 졸기.

10. 22. 대사간 이우진이 상소해, 김귀주 등의 죄상을 열거하고 토죄를 청하다.

12. 1. 조원철·서유린의 직첩을 환급하다.

12. 10. 호판 서영보가, 금광 개발을 막는 게 어렵다며 합법화할 것을 청하다.

순조 7년(1807)

1. 27. 이시수를 불러, 홍낙임의 신유년 일은 억울하다고 할 수 있고 자궁도 은혜 베풀기를 바라고 있다며 용서하는 게 어떤지를 묻다. 이시수가 홍낙임의 죄는 신유년의 일만이 아니라며 반대하다. 그러나 자궁에 효도하는 도리로 이보다 큰 것이 없다며 홍낙임의 관작복구를 거행하라 이르다. 이에 항의하기 위해 3사가 청대하자 모두 체차하다.

2. 7. 판돈녕 박준원 졸기. 수빈 박 씨의 아비다.

4. 2. 대왕대비의 부묘를 행하다.

6. 1. 숙선옹주의 집에 임하겠다며 시위는 간략히 하라 명하다. 이시수와 옥당이 정지를 청했으나 듣지 않다.

6. 22. 망통(望筒)을 지체한 것과 의망을 신중히 하지 않은 일로, 이조판서·병조판서·승지를 여러 차례 추고하다.

7. 12. 숙장문에 나아가 이경신을 국문하고 대역부도로 정형하다.

7. 23. 김달순·김귀주·김종수 등을 옹호한 이경신·이광욱·이관호 등이 공초하다.

7. 27. 옥당에서 연명 차자를 올려 김종수의 치죄를 청하자, 혐의는 인정하면서도 죽은 것이 김귀주·김한록의 일이 드러나기 전이라며 윤허하지 않다.

7. 29. 집의 여동식이 김종수의 출향(黜享)을 청하다. 좌의정 이시수는, 김종수가 선왕의 지우(知遇)와 은례(恩禮)를 입은 바가 큼에도 김귀주를 비호해 이경신 같은 무리가 나오게 했다고 아뢰다.

7. 29. 김재찬 우의정.

8. 5. 3사가 김종수는 복법(伏法)되지 아니한 김귀주·김한록·이경신·이관호라며 김종수의 처벌을 청하다.

8. 8. 대신들이 김종수의 추탈·출향을 거듭 아뢰니 허락하다.

8. 10. 제주목사 한정운이, 신유년(순조 즉위년) 이국인 5명이 표류해 왔는데 그들의 이후를 아뢰고 남은 이들을 송환시켜 달라고 치계하다.

8. 20. 인정전에 나아가 토역한 것에 대한 진하를 받고 교문을 반포하다.

9. 28. 춘당대에 나가 창검을 쓰는 장관과 교졸의 사방(射放) 기예를 시험하다.

10. 11. 장령 김종후 유일에서 삭적하고 추탈하다.

10. 29. 박준원의 장자 박종보 졸.

순조 8년(1808)

1. 10. 전 통제사 이당을 소견하고 통영의 군총(軍摠) 등에 대해 묻다.

• 이당이 임금의 질문에 하나하나 대답했다. 통영의 군사는 1만여 명이고, 배는 560여 척, 1,000명을 수용할 수 있는 거북선이 있고, 통영의 백성들은 지금도 이순신을 기리고 있다고 했다.

3. 30. 북청·단천의 백성들이 수령을 쫓아내고 좌수(座首)를 불로 지지다.

4. 6. 좌의정 이시수가 병을 이유로 들어 10여

차례 면직을 청하자 허락하다.

윤5.5. 김재찬 좌의정, 김사목 우의정.

8.6. 전라좌도 암행어사 이면승이 서계를 올려 환곡 등의 일을 아뢰자 불러 보다.

9.27. 이심도가 홍세주의 부직(付職)을 거두어 달라는 상소에서 시파·벽파에 대해 거론하다.

10.5. 이심도의 토죄에 대해 의논하다.

10.7. 양사에서 이심도가 양쪽을 비판하는 척 했지만, 한쪽은 띄우고 한쪽은 억제하려 한다 며 추국을 청하다.

10.20. 이심도의 국청을 허락하다.

10.22. 평안병사 조득영의 어미가 당직청에 나 아가 상언해, 암행어사 서능보가 아들의 비행을 고발한 것에 대해 아들의 억울함을 호소하다.

11.4. 이심도를 추국해 결안받고 범상부도로 정형하다.

11.29. 이심도의 상소로 자궁의 마음을 아프게 했다며, 다음 달에 홍봉한의 집에 승지를 보내 치제하게 하라 이르다.

순조 9년(1809)

1.17. 홍낙윤이 홍봉한의 신원을 청하는 소를 올리다.

1.17. 부수찬 권비응이 홍인한을 들며 홍낙윤의 소에 반박하다.

1.22. 혜경궁에게 치사·전문·표리를 올리다.

2.14. 형판 김이도가 청대해, 어제 격쟁한 남원 사람 장몽서의 원장이 모두 흉언이라고 아뢰자 국문케 하다. 장몽서는 경모궁의 존호를 올려 태묘에 부묘할 것을 주장하다.

2.15. 장몽서를 대역부도로 다스리다.

2.27. 혜경궁에게 진찬하다.

• 진찬례에 대한 상세한 기록이 남아 있다.

4.13. 영돈녕 김조순의 거듭된 체직 청에 훈련 대장 해면을 허락하다.

6.26. 여송국 표류인 중 생존한 3인을 중국으로 보내 본국으로 송환케 하다.

8.9. 원자가 탄생하다.

9.21. 윤행임의 처가 남편의 무죄를 상언하자 복관을 허락하다.

9.24. 3사에 이어 대신들까지 거듭 윤행임의 복관 명을 거둘 것을 청하자 따르다.

9.26. 증광감시의 초시를 설행했는데 서울 이소 에서 26,000여 명이 응시하다. 서로 밀치고 뛰 어다니고 나갔다 들어오는 등 난장판이었는데, 거둔 시권은 7,000여 장밖에 되지 않다. 논의 끝에 이소의 초장을 파장시키고 종장만 설행하 여 무엄한 사습을 징계토록 하다.

9.28. 응시한 유생들이 경상과 벌열(閥閱)들의 자제들이고 향유(鄕儒) 또한 사족으로 향리에서 모범이 되어야 할 이들인데 그 같은 거조를 행 했다며 한탄하다.

10.15. 재이와 관련해 차대해 논의하던 주 중 깊이 유념하겠다고 하자, 좌의정 김재찬이 매양 유념하겠다고만 하면서 유념하지 않는다고 비판 하다.

12.2. 도해역관이 대마도에 대해 보고 들은 것 을 아뢰다.

순조 10년(1810)

2.6. 궁인과 짜고 역관의 등제를 도모했던 일 이 드러나다. 변창감을 참대시, 김세환을 교대 시에 처하는 등 관련자들을 처벌하다.

2.16. 채홍원이 아비의 신원을 청하는 소를 올 리다.

2.18. 아비의 신원을 요청했던 채홍원을 전리(田 里)로 돌아가게 하다.

4.30. 별감 최성유 등이 취해 주정하다 금례(禁 隷)에게 붙잡히다. 금주령을 범한 것은 용서할 수 없다며 해당자들을 노량진 모래밭으로 끌고 가 조리돌린 뒤 곤장 50대를 치게 하고 정배하 다.

6.5. 왕대비가 언교를 내려, 구기(拘忌)되는 일이 있어 주상을 모시고 경희궁으로 피해 가 있고자 하나 주상이 따르지 않아 지체되고 있다며, 내일 가순궁과 함께 거처를 옮기고자 하니 대전에 아뢰고 처분을 기다려 거행하라 하다.

• 가순궁은 수빈 박 씨다.

6.5. 대신들이 구기는 무당·점쟁이의 말이라며 자전의 마음을 돌릴 것을 청하다.

6.5. 대신·옥당이 거듭 강력히 반대하다.

6.6. 경희궁으로 이어하다.

6.10. 창덕궁으로 돌아오다.

6.12. 왕대비전과 가순궁도 창덕궁으로 돌아오다.

8.27. 화성에 가서 화령전에 전배하다.

9.21. 정약용의 아들 정후상이 격쟁하여 아비의 신원을 청하자, 정약용을 특별히 향리로 추방하라 이르다.

10.9. 부교리 김계하가 소를 올려 그동안 진작한 바 없다며 분발을 청하니, 크게 칭찬하고 비단을 내리다.

11.11. 예조에서 차왜 강정 절목과 통신사의 응행사건(應行事件)을 아뢰다.

순조 11년(1811)

3.13. 8도 백성의 폐단에 대해 알아보도록 전교하다.

3.30. 비국에서 각 도의 전후 진폐 책자를 가지고 회계하다.

• 거의 대부분의 고을과 주요 현안을 망라하고 있다.

윤3.6. 향실과 예문관에 화재가 나다.

윤3.6. 열조실록 72궤 중 66궤가 불타다.

윤3.13. 각 도의 서원에 도학·성리학 관련 서적을 비치하라고 하교하다.

윤3.13. 원자의 유선 2명과 요속 2명을 천망해 들이라 명했는데, 영돈녕 김조순이 차자를 올려 천망에 참여하라는 명을 거두어 줄 것을 청하다.

윤3.15. 남공철·이직보를 원자의 좌우 유선으로 삼다.

윤3.16. 무예별감 안처의 등이 만취해 포교에게 체포당했는데, 무리를 거느리고 포교 집에 가서 난동을 피우자 모두 절도에 유배하다.

윤3.16. 곡산부의 주민들이 부사 박종신의 병부와 인신을 빼앗아 인근 수안군으로 가져가 바친 일에 대해 논의하다. 비변사의 의논을 따라, 체포된 130명 중 주범 41명을 주민들이 보는 앞에서 부대시하고 부사 박종신은 원방유배하기로 하다.

4.7. 좌의정 김재찬이, 주벌된 자 외에도 수령이 함부로 죽인 자 및 관련해 죽은 자가 100명 가까이 되어 인심이 흉흉하다며, 박종신을 멀리 이배할 것을 아뢰다.

5.6. 전헌납 유현장이 박종신의 죄 10가지를 들어 죄줄 것을 청하자, 대간도 아니고 구언하는 때도 아닌데 남을 논박했으니 망령되다며 파직하다.

7.8. 약원이 입진하자 조금만 걸어도 숨이 차고 입맛이 없다는 등의 증세를 말하다.

7.11. 김조순을 금위대장으로 삼다.

7.23. 김조순이 누차 상소해 금위대장 사직을 청하자 이득제로 대신하게 하다.

8.8. 3~4경이 되어야 잠이 들고, 수라도 평시의 10분의 1밖에 못 든다고 하다.

9.5. 건강 상태에 대해, 금년이 작년만 못하고 작년이 재작년만 못하다고 하다.

10.5. 좌의정 김재찬이 탐관오리는 국가와 백성의 원수라고 아뢰다.

12.20. 평안병사 이해우가 밀계해, 적도가 일어나 가산 고을을 점령했다고 아뢰다.

12.22. 평안병사 이해우가, 가산군수 정시가 적도에게 죽고 정주성이 넘어갔다고 아뢰다.

12.23. 관서의 도신·수신 이하에게 유시하다.

12.23. 평안병사 이해우가, 적 괴수의 성은 홍

이고 아장은 우군칙·오용진·최대원이라고 보고 하다.

12. 23. 평안감사가, 수령들이 성을 버리고 적장에게 머리를 조아린 등의 행태들을 아뢰다.

12. 24. 대신들을 불러 대책을 논의하다.

12. 26. 훈련원·금위영·어영청의 기마병과 보병을 보내되 모두 정예병 위주로 보내라 이르다.

12. 28. 백성을 위무하는 글을 내리다.

순조 12년(1812)

1. 1. 평안병사 이해우가 지난 12월 29일의 승전을 보고하다.

1. 3. 평안병사 이해우가 적도들의 거사 과정에 대한 정보를 모아 보고하다.

1. 9. 평안병사가 부사 김익순의 행태를 보고하다.

1. 10. 지난 12월 18일에 있었던 가산군수 정시의 의연한 죽음에 대해 아뢰다. 정시를 병조판서에 추증하고 아비도 추증하다.

1. 16. 평안감사 이만수를 삭직하고 절도사 이해우를 잡아다 문초하다.

1. 19. 양사의 요청으로 전 평안감사 이만수를 경주부에, 전 평안병사 이해우를 순창군에 유배하다.

1. 19. 평안감사 정만석이, 최신엽 등에 의해 양책참·용골성·서림의 적들이 격파되었다고 보고하다.

1. 21. 의주부윤 조흥진이, 용천·철산·동림의 적을 모두 평정했다고 보고하다.

1. 24. 관동과 북관의 백성들에게 하유하다.

1. 27. 선전관을 파견해 장졸들을 위로하다.

2. 4. 부호군 오연상이 상소해, 관서의 연이은 흉년과 백성의 고통을 보고하다. 이어 이들에 대한 위무 대책이 필요함을 아뢰다.

2. 4. 관서 지방의 환곡·군포 등에 대해 하교하다.

2. 6. 난리에 앞장섰던 정경행·정복일·정성한 등을 정법하고 노적하다.

2. 7. 지난 2월 4일, 관군이 정주성 4문을 공격하다가 철수하다.

2. 19. 선천의 장교 문영기가 적의 직첩을 받지 않고 자살했다 하여 증직했는데, 허위로 밝혀져 노적의 법을 시행하다.

2. 21. 고양의 천민 천오장이 상계군 이담의 아들을 자처하며 백성을 속이고 의식을 요구하다 잡혀 효수되다. 적의 자금을 받고 서울로 와 정보를 수집하던 유한순이 잡히다.

2. 21. 이달 13일, 차마 말할 수도 들을 수도 없는 흉언이 길거리에 전파되었는데 포청이 그 근원을 정탐해 이진채 등 3인을 잡다.

2. 29. 지난 25일, 정주성을 포위 공격했으나 실패하다.

3. 4. 양사에서 이인의 아들들을 전형할 것을 연명으로 차자하다. 이후 3사를 비롯해 의금부·승정원 등이 거듭 역적 이인의 아들들을 전형할 것을 청했으나 끝내 불허하다.

3. 9. 김익순을 복주하다.

3. 13. 지난 8일, 적이 서북문에서 몰래 나와 함종부사 윤욱렬과 의병장 허항의 진을 습격하다.

3. 25. 지난 20일, 적이 서북문에서 나와 공격해오자 맞서 싸우던 의병장 허항이 죽다.

3. 26. 지난 22일, 적이 동남문에서 나와 진을 습격하다. 체포한 87명 중 69명을 목 베다. 이에 평안감사가, 적들이 양식이 떨어지고 힘이 다해 오래 버티기 어려울 것이란 의견을 올리다.

4. 1. 적들의 완고함이 여전하고, 기생을 끼고 풍악을 울리기도 한다고 평안병사가 보고하다.

4. 20. 적에게 투항했던 이장겸을 복주하다.

4. 21. 정주성을 수복하다.

4. 21. 순무영이 장계를 올려 정주성 수복 상황과 홍경래의 난 전말을 고하다. 홍경래는 탄환을 맞아 죽고 선봉장 홍총각 등은 생포해 함거에 실어 보내다.

4. 21. 전투 중 사망한 상교 20여 명, 병사들 총 250여 명.

4. 21. 성을 깨뜨릴 때의 각 군별 위치와 역할.

4. 21. 정주성 공략에 결정적 역할을 한 땅파기와 화약 사용에 대한 설명.

4. 21. 김익순·이장겸·정경행·홍총각·우군칙 등 18명 능지처사 외 적도들에 대한 정법 상황.

4. 26. 평안감사가, 사당·향교는 무사하고 공해(公廨) 여러 곳도 탈이 없으나, 창고의 돈과 곡식은 텅 비었다고 보고하다.

4. 27. 순무영에서, 생포 남녀 2,983명 중 여자 842명과 10세 이하 남자 224명을 제외하고는 모두 효수했다고 보고하다.

4. 28. 적을 평정한 일에 대해 진하를 거행하고 교문을 반포하다.

5. 1. 길일을 가려 왕세자 책봉을 행하라 명하다.

5. 1. 김재찬 영의정 겸 세자사, 한용귀 좌의정 겸 세자부.

5. 5. 추국죄인 우군칙 등을 복주하다.

5. 5. 이만수·이해우를 방면하다.

5. 26. 공을 세운 김경신을 공충도 병마절도사로 삼다.

6. 9. 비국에서 종사관·장관 들의 공과에 대해 아뢰다.

7. 6. 인정전에 나아가 왕세자를 책봉하다.

7. 13. 투항죄인 김인후·김홍섭을 부대시참에 처하다.

7. 20. 승지를 보내 홍봉한에게 치제하다.

7. 30. 양서·관동·관북·경기의 진휼을 마치다.

8. 8. 3사에서 이인의 아들에 대한 전형을 합계하다.

8. 20. 허항의 아내 김 씨에게 정려를 명하다.

• 허항의 아들 허집이, 아버지를 살해한 홍총각이 처형당하기를 기다렸다가 배를 갈라 간을 꺼내와 영전에 고했는데, 이때부터 김 씨가 금식하다가 죽었다.

9. 1. 관서의 신구 환곡을 모두 탕감하라 하다.

10. 13. 춘당대에 나아가 평적경과(平賊慶科)를 시행해 문과 11인, 무과 245인을 뽑다.

10. 30. 정언 김진이, 김한록의 억울함을 호소한 증손자에 대해 상소하다.

10. 30. 김성길이, 김이영·김이교·김희순의 소를 조목조목 반박하다.

11. 7. 대사헌 조득영이, 외척 박종경을 물리칠 것을 청하다.

11. 8. 김이교가 상소해, 김한록의 흉언과 관련한 정조의 발언 등을 아뢰다.

11. 9. 광주유수 김희순이 소를 올려, 김성길의 소와 관련해 말하다.

11. 11. 전 정언 안상묵이 조득영의 상소에 대해 엄중한 처분을 청하니, 조득영을 찬배하다.

11. 13. 양사의 청에 따라 조득영을 절도에 정배하다.

12. 21. 함경감사 김이양이 김성길의 상소에 대해 반박소를 올리다.

순조 13년(1813)

4. 5. 영의정 김재찬이, 왕세자의 교육과 5개 진(자작·강구·어면·신방·묘파) 혁파와 관련해 아뢰다.

5. 27. 황주에 우박이 내렸는데, 큰 것은 주발만 하고 작은 것은 계란만 했으며 쌓인 것이 반 척이나 되다.

6. 28. 영의정 김재찬이 선조의 어제를 간행하려고 하는데 책 이름을 여쭙자, 《정종대왕어제》라 쓰는 게 좋겠다고 답하다.

8. 18. 신미년·임신년의 난리 때, 백성의 재산을 약탈하고 거짓으로 승전을 보고한 초산부사 최신엽을 정배하다.

• 신미년·임신년의 난리는 홍경래의 난을 말한다.

12. 3. 제주목사 김수기가 양제해의 모반을 적발해 고하다.

12. 29. 이해의 호구는 1,637,108호, 7,903,167명이다.

순조 14년(1814)

윤2. 9. 경상감사 김노응이, 조운선 40여 척이 침몰해 1만 3천 석이 유실됐다고 아뢰다.

윤2. 14. 제주 찰리사 이재수가 양제해 모반의 전모에 대해 급보하다.

윤2. 14. 제주 찰리사 이재수가, 제주목사 김수기의 잘못된 사건 처리와 뇌물 수수 등에 대해 아뢰고 치죄를 청하다.

3. 20. 시강원에서 세자가 《천자문》 강의를 마쳤다 하자, 이어 《효경》을 강하라 이르다.

4. 8. 제주찰리사 이재수가 폐해를 이정할 별단을 올리다.

4. 8. 부호군 홍시제가 상소해 채제공에 대한 신원을 청하다.

4. 9. 옥당이 연명으로 차자를 올려, 홍시제를 멀리 내쫓을 것을 청하니 따르다.

4. 17. 식년 문무과 정시를 행하고 문과 38인, 무과 45인을 뽑다.

4. 23. 태학 유생들이 권당하여, 《홍재전서》를 전국에 배포해 집집마다 읽게 할 것과, 전서(全書) 한 부를 《시경》·《서경》·《논어》·《맹자》등과 함께 존경각에 모셔야 할 것을 주장하니 따르다.

6. 14. 고 홍낙인에게 치제할 것을 여러 번 명했는데도, 옥당의 신하들이 끝까지 제문을 지어 올리려 하지 않자 모두 파직하다.

6. 24. 규장각에서 《정종대왕어제》와 열성 어제의 합부본 22책 70건을 인쇄해 올리니, 봉모당·문헌각·5처의 사고·규장각 내각·옥당·춘방·서고(西庫)에 각 1건(件)씩 보관하게 하고 인쇄를 감독한 각 신들에게도 각 1건씩 지급하게 하다.

7. 16. 위외(衛外)에서 유학 채주영이 징을 쳐 그의 조부 채제공을 신원한 일은 극히 분수에 넘쳐 원정(原情)을 시행하지 않고 엄중히 신칙한 뒤 석방했다고 형조에서 아뢰다.

7. 20. 위외에서 징을 친 여주의 김성길이 증조 김한록을 위해 진술한 내용이 흉악해 원정을 시행하지 않고 엄중히 신칙해 내보냈다고 형조에서 아뢰다.

7. 21. 대신·3사가 김성길의 조사를 청했으나 따르지 않다.

• 이후에도 누차 청했으나 끝내 따르지 않았다.

9. 18. 다리의 부기가 현저하다.

11. 23. 종기의 고름이 터지다.

순조 15년(1815)

1. 4. 환후가 평복되어 약방 도제조 한용귀 등에게 상을 내리다.

1. 10. 비국의 건의에 따라, 도성 안의 거지 시체들을 묻어 주게 하다.

2. 20. 차대에서 영의정 김재찬이, 근년에 농사가 한재를 입은 것은 이앙법 때문이라며, 지방관으로 하여 근년에 모내기를 도입한 곳은 모내기를 하지 않게 할 것을 청하니 따르다.

2. 26. 호남의 대동목 중 절반은 돈으로 대납하라 명하다.

6. 18. 경상감사 이존수가 사학이 다시 번지고 있다며 조사를 청하다.

7. 7. 성균관 유생들이 권당해, 양학(洋學)이 영남 산속에 스며든 것은 전 유수 이익운 때문이라고 아뢰다.

7. 7. 대사헌 이익운이 상소해 변론하다.

12. 11. 혜경궁이 병세가 심해지자 약원이 직숙하다.

12. 15. 혜경궁이 경춘전에서 훙서하다.

12. 16. 예조에서 의논해 복제를 올리다.

12. 18. 병조에서, 군복·융복의 복제를 입식(笠飾)을 제거한 흑립에 천담 철릭·흑대로 아뢰다.

12. 24. 자신은 상복을 입고 있는데 신하들은 화복(華服)을 입고 있다며, 조정 신하들도 천담복을 입는 것이 어떤지를 묻다. 대신들이, 상례에는 없지만 정리로 보아 합당하다며 따르겠다고 하다.

순조 16년(1816)

1. 28. 호서·영호남·산간 고을에서 납부할 대동목 3분의 1을 돈으로 대납케 하다.

3. 3. 혜경궁을 해시에 하관하다.

3. 4. 왕세자가 복을 벗다.

3. 6. 김성길이 그의 증조 김한록을 위하여 징을 쳐서 신원하다. 대사헌 박종훈이, 김성길을 엄히 묻고 깊이 조사할 것을 청했으나 윤허하지 않다.

4. 30. 해주에서 공금을 횡령한 하리 안의택·정처길을 효수하다.

5. 1. 중궁전이 복을 벗다.

6. 3. 무뢰배들이 술에 취해 거리에서 사람을 구타하여 체포했는데, 그중 하나가 궁중의 하인으로 그 아비가 왕대비전의 별감을 거느리고 우포장의 집에 들어가 교졸을 구타하다. 비국이, 궁중의 하인을 엄히 다스려야 한다며 우두머리를 절도에 유배할 것 등을 청했으나, 이미 징계했다며 들어주지 않다.

7. 3. 유생 양규 등이 성균관에 통문해 대신을 논척하자, 통문은 불태우고 통문을 발행한 무리는 변경에 충군케 하다.

7. 4. 호판 김이양이, 동(銅) 4전(錢)으로 1전(錢)을 주조하여 당십전(當十錢)으로 유통할 것을 청하며 그 장점을 설명하고 우려하는 주장들에 대해 반박하다.

7. 13. 전 정언 이이희가 소를 올려, 상중에 고기 먹고 도박하고 백성의 가산을 때려 부수었다는 등의 혐의로 남연군 이구를 탄핵하자, 믿을 수 없다며 이이희를 삭직하다.

7. 19. 충청병사 이재홍이 장계를 올려, 마량진 갈곶에 이양선 2척이 표류해 온 상황 등을 아뢰다.

• 위에 표류해 온 이양선은 영길리국(英吉利國), 즉 영국의 선박이다.

8. 1. 혼궁에 나아가 삭제를 행하고 복을 벗다.

8. 24. 승지 박종훈이, 《정원일기》 작성 절차와 근래 주서들의 기강해이에 대해 아뢰다.

8. 27. 김성길이 또 격쟁하자, 승지·옥당 등이 조사를 청했으나 듣지 않다.

10. 18. 좌의정 한용귀가 상소해, 김한록의 죄를 밝히고 김성길을 조종하고 도운 무리를 처벌할 것과 김일주를 국문하고 처벌할 것을 청하자, 옛 의리를 본받아 용서하는 것이나 계속 이어지면 처벌하겠다는 뜻을 밝히다.

12. 4. 의금부 나졸들이 비국 하인을 대신의 집 대문 앞에서 구타하다.

순조 17년(1817)

1. 11. 이우재가 상소해, 이희조의 말을 빌려 김한록의 자손의 상언을 사주한 소굴로 이유성을 거론하고, 이유성과 수작한 유칠재·홍찬모를 탄핵하다.

• 이 소는 1월 1일에 올린 것인데, 이에 대한 비답은 1월 6일에야 나왔다.

1. 11. 이유성이 상소해 무함을 받았다고 호소하다.

1. 16. 홍현주가 상소해, 자신의 형 홍석주가 무함을 당하고 있다며 깨끗이 씻어 줄 것을 청하다.

1. 22. 추국을 정지하다. 유칠재는 추자도, 홍찬모는 흑산도로 유배하고, 이희조와 이유성은 원찬하다.

3. 11. 왕세자의 입학례를 행하다.

3. 16. 약장수로 행상을 칭탁해 역적 무리와 교결하며 유언비어를 유포한 채수영을 모반대역죄로 결안하다. 안유겸·신성문·김맹억 등은 모역에 동참한 것으로, 화적 장응인·권훈 등은 불고지로 결안하고 정법하다.

4. 17. 김조순이 규장각 일의 해면을 청하다.

7. 25. 남공철을 우의정에 제수하다.

7. 26. 판부사 김재찬을 좌의정으로 삼다.

10. 1. 선혜청 당상 이존수의 청에 따라, 대동미

를 미납한 32개 고을 수령들을 잡아다 죄주라 명하다.

10. 11. 간밤에 딸을 낳은 궁인 박 씨를 숙의에 봉작하라 명하다.

11. 26. 대신을 불러 보다. 영부사 이시수가, 근래 신하를 접견하는 때가 드물다며 자주 인접의 명을 내릴 것을 청하다.

11. 30. 영부사 이시수가, 강화의 양적(兩賊)을 다른 곳으로 옮기고 방수(防守)하라 한 명을 거둘 것을 청하다.

11. 30. 승정원이, 은언군 이인의 아들 철득과 쾌득을 옮겨 놓고 방수하라 한 명을 거둘 것을 청하다.

12. 15. 수원관(守園官) 남연군 이구에게 승헌을 가자하고 안구마·노비·전결을 내리다.

순조 18년(1818)

3. 30. 개성유수 조종영이, 고려 왕릉으로 추정되는 무덤에 대한 조사 사실을 아뢰다.

5. 29. 비국에서 과장(科場)의 구폐절목(抹弊節目)을 아뢰다.

6. 5. 홍경래의 난 당시 영변으로 도주했다가, 토벌 뒤 돌아와 낯선 이들을 닥치는 대로 잡아 역도로 몰아 죽인 유정양을 장흥에 유배하다.

8. 8. 경희궁으로 이어하다.

9. 20. 지평 이유수가, 영남 유생들이 채제공의 신원에 관한 일로 소를 올린 일을 아뢰고 받아들일 것을 청하자 따르다.

9. 20. 경상 유생 이학배 등이 소를 올리다.

순조 19년(1819)

1. 25. 서용보 영의정, 김사목 좌의정.

3. 20. 경현당에서 왕세자의 관례를 행하다.

3. 28. 어영청 남소영 화약고가 불에 타다. 공해 100칸이 무너지고 화약 9만여 근을 잃고 20명

이 죽다.

4. 8. 사간 임업이 소를 올려, 침묵이 너무 지나치고 일체의 일을 신하에게 맡겨 뇌물이 성행하는 등의 폐단을 낳았다고 비판하다.

4. 16. 왕세자의 가례를 위해 9~13세의 여아에 대해 금혼령을 내리다.

윤4. 6. 임업을 변방으로 물리치다.

5. 4. 이유성·이희조를 석방하다.

5. 6. 세자빈 초간택을 장락전에서 행하다.

5. 19. 재간택을 행하다.

6. 2. 달포 전에 화성 성문에 괘서가 걸려 국청을 설치하다.

7. 18. 화성 괘서 사건과 관련해 추국하다.

7. 18. 김재묵·이철을 효수하다.

8. 1. 공주 10읍에 홍수가 나 170여 명이 죽다.

8. 8. 액정서 하례와 승정원 하례가 서로 싸워 밤새 거리가 소란하다.

8. 11. 세자빈 삼간택을 행하다.

8. 11. 세자빈을 조만영의 딸로 정하려는 뜻을 밝히자 빈청이 하례하다.

8. 17. 호군 이지연이, 전정의 문란을 아뢰고 개혁을 위해 양전을 실시할 것을 청하다.

9. 10. 신하들과 이지연의 건의에 대해 논의하다. 모두 필요성을 인정하면서도 폐단을 우려해 결정을 보지 못하다.

9. 16. 비변사에서, 호남이 흉년인 지금은 아직 양전할 때가 아니라며 내년 가을에 다시 논의할 것을 건의하니 따르다.

10. 11. 승정원에서 왕세자빈 책빈례를 행하다.

10. 13. 왕세자가 별궁에 나가 친영례를 갖다.

12. 10. 승지 이지연이, 내년에 양전을 시행하려면 겨울에 미리 각 도에 통보해 강구토록 해야 할 것을 청하다. 이에 우의정 남공철이, 수령·감사에 맡겨 더욱 심한 곳부터 시행할 것을 청하니 받아들이다. 이어 양남부터 감사·수령에게 위임해 시행토록 하되 해도에 통보해 방법을 강구하게 하라 이르다.

순조 20년(1820)

2. 23. 대군이 탄생하다.

3. 27. 경상감사 김이재가 양전 사목을 아뢰다.

4. 21. 창덕궁으로 돌아오다.

5. 26. 새로 태어난 대군이 졸서하다.

7. 28. 수원유수 이만수 졸기.

8. 2. 전라감사 이서구가, 거듭된 흉년으로 흩어진 백성이 많고 경작되지 못하는 땅이 많다며, 양전을 실시할 형편이 아니라고 아뢰다.

8. 20. 선혜청 당상 이존수가, 선혜청 하리들이 훔친 것이 50만 냥에 이른다며, 지윤상·노성흠·정광천 등을 효수할 것을 청하니 따르다.

10. 16. 장단 백성 서맹순이, 송사가 뜻대로 되지 않자 서울로 올라와 수령의 아비를 구타하다. 엄히 형신한 뒤 험한 절도로 유배토록 하다.

순조 21년(1821)

3. 9. 왕대비가 승하하다.

3. 14. 성복하다.

• 임금은 재최 3년, 왕세자는 재최 기년 등 각 급의 복제를 정했다.

3. 18. 졸곡 후 시사복은 포과익선관·포과오서대·백피화로 하기로 하다.

3. 22. 김조순이 건릉에 대해 문제를 제기하고 천장을 청하다.

3. 22. 대신 이하가 김조순의 의견에 찬동하다.

4. 4. 김조순이 풍수가들의 말을 빌려, 장릉의 재실 뒤 터와 수원의 옛 향교 자리가 산릉 자리로 좋다고 하다.

4. 21. 대신·상지관·천릉도감 당상 등을 불러보다. 모두 수원 향교 자리가 좋다 하여 그곳으로 결정하다.

4. 29. 합장키로 하다.

8. 12. 중국 《황조문헌통고》에 김창집 등 4대신이 잘못 기록되었다며, 승정원에서 변무 주문을 올리다.

8. 20. 영중추 이시수 졸기.

9. 6. 건릉에서 광중(壙中)의 재궁을 드러내다.

9. 13. 대왕과 왕후 두 분의 재궁을 광중에 봉안하다.

9. 19. 건릉을 천장토록 한 공로를 치하하며 김조순에게 전·노비·내구마를 하사하고 아들·사위·조카를 서용하라 명하다.

9. 21. 김조순이 거듭 소를 올려 명을 거두어 줄 것을 청하자, 받아들이며 내구마는 그대로 받으라 이르다.

11. 19. 김재찬 영의정.

순조 22년(1822)

1. 20. 영의정 김재찬이, 제수에 신중할 것과 탐관오리의 폐해 등을 아뢰다.

1. 22. 이여절 전라좌도 수군절도사.

2. 13. 《황조문헌통고》에서 4대신이 무함받은 일이 삭제된 일을 종묘에 고하기로 하고 4대신의 사당에 승지를 보내 치제하게 하다.

2. 19. 화성 행궁에 가다.

2. 28. 이인의 자녀가 살고 있는 곳의 가시울타리와 방비를 철거하라 명하다.

3. 20. 단양군의 전세·대동미·보미(保米)·군포 등을 돈으로 대납케 하다.

4. 28. 도성 안팎에 떠돌아 다니는 백성을 구제하기를 비국에서 아뢰다.

• 이때에 또 괴질이 작년처럼 유행하였기 때문이다.

6. 26. 청북어사 임준상이 강계부에 이르러 갑자기 구토와 설사를 하더니 죽다.

8. 2. 함경감사 이면승이, 전염병으로 인한 도내 사망자가 1만 명이 넘는다고 보고하다.

9. 1. 포도대장이 승정원 하속들을 잡아다 족친 일이 원인이 되어 포교와 승정원 하례들이 패싸움을 벌이자, 관련자들에게 장 30대를 치고 외딴섬에 충군하게 하다.

9. 4. 개성에 큰 곰 한 마리가 경내를 돌아다니

며 11명을 죽거나 다치게 하다.

9. 5. 명온공주방에 수조전 850결을 떼어 주라 이르다. 이에 호조가 반대했으나 강행하다.

9. 9. 해서어사 홍승규가 성 밖에 당도했으나 죽다.

10. 15. 차대에서 김재찬이, 교령(敎令)·동정(動靜)·다스림·학문하는 마음 등이 모두 성실하지 못하다고 비판하다.

10. 15. 호조에서 심각한 재정 상황을 아뢰다.

12. 26. 가순궁이 서거하다.

12. 28. 복제를 정하다.

12. 29. 교리 엄도와 부수찬 권돈인이 연명으로 소를 올려, 빈궁을 환경전으로 정한 것은 예에 맞지 않는다고 아뢰자, 엄도는 삼수부에, 권돈인은 갑산부에 유배하다.

순조 23년(1823)

1. 1. 대사헌 권상신이, 엄도·권돈인을 유배한 것은 옳지 않다고 아뢰자 권상신을 파직하다.

1. 2. 파직만으로는 가볍겠다며 권상신을 영변부에 유배하다.

1. 2. 지평 김선과 이준호가 연명으로 소를 올려, 두 유신이 곧은 말을 했다며 명을 거두어 줄 것을 청하자, 김선과 이준호를 유배하라 명하다.

1. 3. 연명하여 임금의 잘못을 시정하려 한 홍기섭과 이기연을 유배하고, 조봉진·신위·이학수는 파직하다.

1. 5. 승지에 대해 내린 처분을 거두다.

1. 8. 혼궁을 도총부로 옮기다.

1. 9. 옥당이 소를 올려, 혼궁을 도총부에 두는 것은 옳지 않다고 아뢰다.

1. 10. 대신이 연명으로 소를 올려, 빈소는 대내에 임시 마련하더라도 반우(返虞)는 별궁에 모시어 정리와 예에 모두 유감이 없게 할 것을 청하다.

1. 17. 영의정 김재찬이, 금문 밖에 터를 잡아 묘궁을 짓고 반우하여 영구히 모실 장소로 삼을 것을 청하자 노하여 질타하다.

1. 19. 성균관 유생들이 권당하여 권상신의 상소가 불경하다고 아뢰다.

2. 23. 남공철 영의정.

2. 26. 가순궁 영가가 원소로 나아가자 세자와 함께 홍화문 밖에 나와 송별하다.

2. 27. 현실에 하관하다.

3. 24. 전후로 예를 논하다가 귀양 간 이들을 모두 방면하다.

4. 4. 호군 홍시제가 채제공의 신원을 청하다.

5. 25. 연석에서 백립을 착용하자, 신하들이 백립은 상주의 복이지 심상의 복이 아니라며 한목소리로 이의를 제기하다.

6. 2. 부마를 삼간택하여 김한순의 아들 김현근으로 정하다.

7. 25. 경기·호서·호남·영남·해서·관동의 유생 9,996명이 소를 올려, 명유·석학 들과 선대왕들의 서얼 허통 노력을 아뢰다. 이어 서얼의 처지 개선을 청하자 묘당에 의논하게 하겠다고 답하다.

8. 2. 성균관 유생들이 권당하며 서얼들의 주장을 반박하다.

8. 5. 김일주가 배소에서 물고되자 관련한 논계를 멈추다.

9. 9. 서얼의 벼슬길을 터 주는 문제에 관해 비국에서 아뢰다

10. 2. 왕세자가 태묘의 겨울 제사를 섭행하다.

11. 12. 비국에서 서손의 벼슬길을 열어 주는 것에 대한 10개항의 절목을 마련하다.

순조 24년(1824)

3. 4. 대호군 조득영 졸기.

3. 19. 황단에 나아가 전배하다.

6. 9. 남편을 대신하여 호랑이에게 물려 간 안

변장교 김광재의 처를 정려하다.

8. 21. 영중추 서용보 졸기.

9. 7. 휴가를 마치고 돌아온 영돈녕 김조순을 불러 보다.

9. 22. 특지로 이상황을 좌의정, 이서구를 우의정에 제수하다.

12. 27. 어젯밤 남산에서 불을 낸 이인백을 붙잡았는데, 품속에서 임금을 욕하는 등의 흉서가 나와 부대시참에 처하다.

순조 25년(1825)

1. 3. 동지정사 권상신이 졸하다.

2. 13. 휘경원의 참봉 한자리를 올려 영(令)으로 할 것을 영원한 정식으로 삼으라 이르다.

5. 10. 왕세자와 함께 북원에 나아가 황단 망배례를 행하다.

7. 3. 선혜청에 불이 나다.

7. 14. 집의 김선이 상소해, 술에 취해 송시열을 욕보인 오언의의 처벌을 청하다. 오언의를 종성부에 정배하다.

7. 25. 지평 오갑량의 상소를 받아들여, 서북의 도과(道科)를 특령으로 시행하라 명하다.

7. 26. 제주에도 시취를 시행하라 명하다.

8. 18. 영돈녕 김조순의 회갑에 선온하고 아들 김좌근을 6품직에 조용(調用)하라 명하다.

10. 1. 왕세자와 같이 태묘에 나아가 희생·제기를 살피고 재숙하다.

10. 2. 판중추 이서구의 졸기.

10. 12. 심상규 우의정.

12. 15. 제주에서의 시취 결과 수석한 유생 김유와 시사에서 수석한 박경신을 직부전시하다.

12. 21. 금려(禁旅) 이상륜이 법을 어기고 술을 마시다 포교에게 붙잡히자, 금려 무리들이 몰려가 포교 집에서 행패를 부리다. 이에 군율의 해이를 들어 주모자를 효수하고 나머지도 곤장을 쳐 절도에 충군하는 등의 벌을 내리다.

12. 30. 이해의 호구는 1,549,653호, 남 3,270,862명, 여 3,287,922명이다.

순조 26년(1826)

1. 11. 진휼 문제로 각 도의 봄철 조련을 정지하다.

2. 22. 화성행궁에 유숙하다. 왕세자가 동행하다.

3. 22. 춘당대에 나아가 문무 중시를 행하다. 왕세자가 시좌하다.

3. 28. 승지들의 만류에도 불구하고 명온공주 집에 거둥하다. 왕세자가 함께하다.

4. 10. 김조순 홍문관 대제학, 예문관 대제학.

4. 11. 청주 북성문에 흉서가 나붙다.

4. 13. 대제학 김조순이 상소해 사직하니 허락하다.

4. 15. 내병조에서 정국을 설치하고 괘서죄인 김치규를 국문하다.

5. 3. 괘서한 죄인 김치규와 이창곤을 정법하다.

• 김치규는 요참을 답습하고 홍경래가 죽지 않았다는 흉언을 퍼뜨리면서 민심을 선동하고 임금을 지척(指斥)하였다.

9. 15. 교리 윤정진이, 소대·경연을 정지하고 있는 것에 대해 지적하다.

10. 2. 왕세자가 종묘에 나아가 희생과 제기를 살펴보고 재숙하다.

10. 3. 왕세자가 종묘의 동향대제를 섭행하다.

10. 15. 청주에서 김치규를 답습한 괘서 사건이 다시 발생하다.

10. 24. 관서 도과를 행하여 문과 6인, 무과 99인을 뽑다.

10. 27. 홍경래가 죽지 않았으며 진인이 섬에 있다는 등의 주장을 퍼뜨린 정상채·박형서 등을 추국하다.

11. 2. 정상채·박형서 무리를 효수·원배 등 죄

급에 따라 처리하다.
11. 9. 관련자 신의주·신계량·이규여·황여옥 등을 효수하다.

순조 27년(1827)

2. 9. 왕세자에게 서무를 대리하라고 명하다.
2. 9. 영중추 김재찬을 비롯해 대신 이하가 한 목소리로 대리청정에 환영의 뜻을 밝히다.
2. 9. 의정부에서 올린 왕세자 대리청정 절목.
• 왕의 명령은 전지(傳旨)라 하고 왕세자의 명령은 휘지(徽旨)라 하는 등 왕에게 쓰는 용어와 왕세자에게 쓰는 용어가 여러 분야에서 달랐다.
2. 11. 왕세자가 거듭 상소해 명을 거둬 줄 것을 청했으나 뜻을 바꾸지 않다.
2. 20. 왕세자가 차대하자 대신들이 언로를 넓힐 것을 청하다.
2. 21. 왕세자가 태묘·경모궁·영희전·저경궁에 나아가 전배했는데, 상례가 착오를 일으켜 노창 모양을 갖추지 못하다.
• 상례는 통례원의 정3품 벼슬이고, 노창은 의식을 소리 높여 창도하는 일을 말한다.
3. 11. 우의정 심상규가, 초산의 전 부사 서만수의 탐학을 수자리 군인으로부터 들었다고 아뢰다. 왕세자가 분노하며 대조께 아뢰겠다고 하다.
3. 11. 왕세자가 우승지 김병조를 안핵사로 삼아 도신과 함께 서만수의 일을 조사하게 하다.
3. 28. 유생 서유구가 아비 서만수를 위해 임금의 거둥길에 징을 울려 원통함을 호소하자 도(徒) 3년으로 정배하다.
3. 30. 초산부 안핵사 김병조가 서만수의 죄상을 조사하여 치달하다. 왕세자가 각별히 엄한 형벌로 다스리고 공초를 받아 계달하라 이르다.
4. 1. 왕세자가 서만수에 대해, 역률에 버금가는 법으로 다스려 백성에게 사과해야 한다며 종로 네거리에서 백관과 백성이 보는 가운데 엄형을 가하고 절도에 위리안치하도록 하다.

4. 2. 남공철 영의정, 이상황 좌의정.
4. 9. 춘당대에 나아가 문무과를 시험했는데 왕세자가 함께하다.
4. 10. 중관 김승업과 결탁해 무예별감을 얻고자 한 양인에게 엄한 형벌을 주고 멀리 유배하라 명하다. 이에 승지들이 내시에게도 상응하는 벌을 내려야 한다고 아뢰자 받아들이다.
4. 23. 영중추 김재찬 졸기.
4. 27. 평안감사 김유근이 퇴임한 아전으로부터 칼부림을 당해 서제부(庶第婦)와 주모, 감영 소속 사비 2명이 죽다.
4. 30. 집의 조경진이, 천첩을 데리고 간 김유근의 파직을 청하였는데, 조경진을 유배하다.
4. 30. 왕세자가, 조경진의 말은 혼자 만든 말이 아닐 것이라며 조경진을 친국하겠다고 하다.
5. 1. 조경진의 국문을 멈추고 한 차례 엄형하여 절도에 위리안치하라 명하다.
5. 19. 김유근 병판.
5. 28. 안치죄인 서만수가 물고되다.
5. 29. 조경진 처리에 부담감을 가진 김유근이 거듭 사직을 청하자, 왕세자가 김유근의 집안에 대한 두터운 신임을 보이며 만류하다가 결국 체차하다.
윤5. 19. 이존수 우의정.
6. 10. 왕세자가 김유근을 좌부빈객에 제수했으나 나오지 않자, 외직인 수원부 유수로 삼고 당일로 내려가라 하령하다.
6. 25. 왕세자가, 대조께서 서자의 벼슬길을 터 주었는데도 실효가 없다며, 이번 대정(大政)때부터 시작해 외방의 수령과 내지의 통청 및 낭서를 의망해 들어오게 하라 하령하다.
7. 18. 원손이 탄생하다.
7. 24. 왕세자가 존호를 받을 것을 다섯 차례 아뢰니 따르다.
8. 4. 서유구가 불법으로 이서 복장을 하고 궐문에 들어오려다 붙잡히자, 아비 서만수의 억울함을 담은 원정을 바치다. 이에 허황되다며 서

유규를 멀리 유배하다.

• 서유구는, 이조원 부자가 역적모의를 하다 입을 막기 위해 아비를 모함했고, 당시 도백이나 안핵사의 보고 또한 이조원의 세력을 믿고 허위로 작성한 것이라고 주장했다.

8. 11. 대호군 조정철이 상서해, 갑술년(순조 14년) 성상이 편찮았을 때 이조원이 김기후에게 붙어 농락하고 패거리를 만들었는데 김조순이 미리 알아 흉측한 모의를 막았다고 아뢰다.

8. 11. 영부사 한용귀가, 당시 김기후의 친족 집에서 굴러온 하나의 글을 보았는데 흉측한 말이어서 엄히 배척했다고 하면서, 그것이 이조원의 입에서 나왔는지는 몰랐다고 아뢰다.

8. 12. 영돈녕 김조순이, 당시 서만수가 거론하려 하자 만류한 바 있다고 아뢰다.

8. 16. 이조원과 김기서에게 멀리 귀양 보내는 법을 시행하라 하령하다.

8. 18. 대신들이 연명 차자를 올려 국문하기를 청했으나, 왕세자가 김기후는 남의 종용을 받은 것으로 문책할 필요가 없고 그 집안사람을 차마 처벌할 수 없다고 답하다.

8. 18. 이조원과 김기서를 각각 흑산도와 추자도에 안치하다.

8. 21. 이조원과 김기서를 위리안치하라 하령하다.

9. 9. 자경전에 나아가 존호책보를 받다.

10. 24. 왕세자가 춘당대에서 서총대 시사(試射)를 행하다.

10. 28. 원손이 100일에 이르자 대신과 대각의 신하들을 불러 보고, 경춘전에서 원손을 보이다.

11. 15. 왕세자가, 대간을 계속 체직하거나 파직하는 것이 옳지 않다는 것은 알고 있지만, 전달하라는 영을 듣지 않고 구대(求對)에만 힘쓰는 것은 불성실하다고 질책하다. 대간이 합문에 오래 엎드려 있어도 따르고 싶지 않으면 따르지 않을 것이라 이르다.

12. 12. 왕세자가 사직 납향을 대행하다.

순조 28년(1828)

1. 1. 왕세자가 인정전에 나아가 치사·전문·표리를 대전과 중궁전에 올리다.

1. 1. 왕세자가 모든 지방관들에게 백성을 잘 돌볼 것을 하령하다.

1. 28. 왕세자가 전경문신전강(專經文臣殿講)을 어수당에서 행하다.

1. 29. 왕세자가 전경무신전강(專經武臣殿講)을 어수당에서 행하다.

• 이후로도 여러 번 행했다.

2. 11. 우의정 이존수가 21번 사직을 청하니 왕세자가 허락하다.

2. 12. 왕세자가 자경전에 나아가 대전과 중궁전에 술잔을 올리다.

• 진작(進爵)에 대해 상세히 기록했다.

4. 16. 영부사 한용귀 졸기.

4. 22. 왕세자가 문무과 전시를 춘당대에서 행하다.

8. 3. 부수찬 오치우가 왕세자에게 상서해, 근자에 서연을 정지하는 날이 많고 간쟁을 받아들이는 뜻이 지극하지 못하다고 아뢰자, 진술한 바가 훌륭하다며 마땅히 유의하겠다고 답하다.

8. 11. 왕세자의 외조모 청양부부인이 졸하다.

• 김조순의 부인이다.

8. 12. 왕세자가 청양부부인의 장례에 직접 조문하겠다고 하다.

8. 13. 김조순이, 직접 조문하겠다는 명을 철회할 것을 청하다.

10. 19. 왕세자가 청양부부인의 빈소에 조문하다.

11. 21. 왕세자가, 내년 정월 초하루에 즉위 30년을 기념하는 예를 거행할 것을 청하는 소를 올리다.

11. 24. 왕세자가 연이어 상소하자 따르겠다고

하다. 다만 여러 가지 의물들을 간소하게 하라 이르다.

11. 26. 왕세자가 황감제(黃柑製)를 춘당대에서 설행해 수석한 이를 직부전시하다.

12. 25. 공충감사가 공주목 괘서 사건을 보고했는데 분쟁으로 인한 모함으로 드러나다.

12. 30. 이해의 호구는 1,563,216호, 남 3,325,221명, 여 3,319,261명이다.

순조 29년(1829)

1. 1. 인정전에 나아가 왕세자가 올린 치사를 받고 이어 하례를 받다.

1. 10. 대사헌 박기수가 진하와 관련해, 대내에서 여령들이 기예를 연습하고 왕세자가 직접 참관하는 문제를 지적하다.

1. 13. 박기수를 유배하다.

1. 20. 왕세자가 춘당대에서 춘도기(春到記) 시험을 행해 강(講)에서 수석을 차지한 조직상과, 제술에서 수석을 차지한 심의신을 모두 직부전시하다.

2. 3. 좌의정 이상황이 박기수의 지적을 옹호하고 석방을 청하다.

2. 4. 대사간 정원용이 박기수의 지적을 옹호하고 석방을 청하자, 왕세자가 좌상의 차자를 보고 비로소 말할 기운을 얻었느냐며 힐난하다.

2. 9. 명정전에 나아가 술잔을 받다.

• 절차를 상세히 기록했다.

2. 21. 영의정 남공철이 박기수의 석방을 청하며 사직을 청하다.

2. 24. 왕세자가 대점(代點)하여 조종영을 이조판서로 삼다.

• 이즈음 정승을 제외한 모든 인사를 왕세자가 대점하여 행하고 있다.

2. 24. 왕세자가 박기수를 일러 가련한 물건이라며, 그를 구원하는 주장에 대해 실소하면서도 경사를 맞아 석방한다고 이르다.

6. 11. 판부사 이존수를 좌의정에 제수하다.

7. 20. 부호군 심영석이 호판 김교근 부자를 탄핵하자, 왕세자가 한 소장에서 부자를 아울러 논핵한다며 심영석을 멀리 정배하겠다고 하다.

7. 21. 정언 한진호가 심영석을 구원하자 한진호를 진도군에 유배하다.

7. 21. 양사에서 심영석을 변호하고 김교근 부자의 죄를 논박하자 모두 체차하다.

8. 6. 왕세자가 하향한 김교근을 거듭 불렀으나 들어오지 않자 우선 체직하고 즉시 올라오게 하다.

8. 20. 왕세자가 대점하여 김교근을 형판에 제수하다.

8. 24. 왕세자가 거듭된 하령에도 들어오지 않는 김교근을 황해수사로 보외(補外)하다.

8. 28. 왕세자가 김교근을 옹진부에 유배하다.

9. 9. 왕세자가 김교근이 귀양지에 도착했다는 보고를 받고 풀어 주라 명하다.

9. 26. 고 영부사 이병모의 서자 이노근이 적가를 원수처럼 여겨 답안지를 내며 흉언하자 국문하고 부대시로 정법하다.

10. 3. 경희궁에 불이 나서 절반이 소실되다.

10. 8. 경기감사가 조수에 참혹한 시체들이 떠내려온 일을 보고하다.

10. 15. 이상황을 좌의정에 제수하다.

10. 29. 호조판서 조만영이 상서해 훈련대장·선혜청 당상 겸임의 체직을 청하다.

11. 9. 강화유수가 떠내려온 시체들과 관련해 김수온 등을 체포하고 자복을 받다.

11. 9. 김수온을 모반대역으로 정법하고 10명을 효수하다.

11. 17. 영부사 김사목이 졸하다. 90세.

11. 17. 신의학의 상서가 해괴하다며 친문하겠다고 하다.

• 신의학의 상서에는 오회연교를 잘 음미하여 천양(闡揚)할 방도를 생각하라는 내용이 담겨 있다. 오회연교는 정조가 승하하기 바로 전인 경신년(1800) 음력 5

월 그믐날[晦日] 연석(筵席)에서 내린 밀명(密命)의 하교
를 가리키는 말이다.

11.23. 옥당에서 오회연교를 거론하며 이서구
의 추탈관작을 청하다.

11.27 대신들이 원손의 책봉을 청하니 따르다.

11.28. 신의학을 역적부도로 정법하다.

12.19. 정만석 우의정.

순조 30년(1830)

1.5. 주전소에서, 새 돈 약 73만 냥과 이자(利
子) 조로 20만 냥을 만들어 혜국(惠局)과 훈국(訓
局)에 나누어 소속시켰다고 진달하다.

3.28. 복온공주의 부마를 김연근의 아들 김병
주로 정하다.

4.9. 왕세자가 음악의 중요성과 현실에 대해
말하고, 장악원 제조로 하여 옛 음악을 익히도
록 하라 하령하다.

윤4.22. 약원에서 왕세자의 진찰을 청하다.

• 각혈이 있었기 때문인데, 이후 연일 입진하고 탕약
을 올렸다.

윤4.27. 영돈녕 김조순·호판 조만영·부사과 조
병귀를 입직케 하다.

5.6. 묘시에 희정당에서 훙서하다.

5.9. 성복하다. 왕 이하의 복식.

5.12. 빈청에서, 왕세자의 시호는 효명, 묘호(廟
號)는 문호, 묘호(墓號)는 연경으로 아뢰다.

7.12. 친제한 제문.

8.1. 환경전에 불이 나서 함인정·경춘정·숭문
당·영춘헌 등을 태우다.

8.4. 왕세자의 장례를 치르다.

8.13. 혼궁에 나아가 졸곡제를 행하다.

8.16. 왕세손을 동궁으로 삼고, 강서원과 위종
사를 고쳐서 춘방과 계방으로 일컫도록 하다.

8.27. 부사과 김우명이 소를 올려 김노경을 탄
핵하고 처벌을 청하였는데, 김우명을 삭직하다.

8.28. 부사과 윤상도가 소를 올려 박종훈·신

위·유상량 등의 처벌을 청하였는데, 윤상도를
추자도에 정배하다.

9.11. 양사에서 김노경의 국문을 청하다.

9.15. 인정전에서 왕세손 책봉식을 갖다.

• 절차를 상세히 기록했다.

9.25. 영의정 남공철·좌의정 이상황·우의정 정
만석이 김노경과 윤상도의 처벌을 청하다.

10.2. 지돈녕 김노경을 먼 섬에 위리안치하라
명하다.

11.12. 관학 유생 397인이 상소해 김노경 등을
논하다. 여기에 영의정 남공철·우의정 정만석이
거들자, 교화로 자신을 인도하려는 신하는 없고
오로지 주벌과 성토만을 일삼는다며 질책하다.

11.19. 형조에서 서유규의 석방을 청하자 따르
다.

• 서유구 어미가 상언을 했다.

11.23. 3사에서 김노경·윤상도의 일을 가지고
구대하다. 거듭 물러가라 했으나 물러가지 않자
모두 파면하다.

11.25. 김노경·윤상도에게 천극의 법을 시행하
되 이후로 다시 논하지 말라 명하다.

순조 31년(1831)

1.19. 김이교 우의정.

2.4. 향시의 폐단이 심하다며, 이번에 여러 도
에 파견하는 경시관과 도사에게 엄중한 관리를
명하다.

5.16. 영의정 남공철이 세 번 상소해 병을 말하
고 면직을 청하니 하락하다.

8.24. 김유근 병판.

순조 32년(1832)

2.26. 전 승지 김정희가 격쟁해 아비 김노경이
터무니없는 무함을 당했다고 호소하다.

3.2. 흑산도의 천극죄인 이조원이 풀고되다.

4.2. 영돈녕 김조순의 병환에 어의를 보내 간병하라 명하다.

4.3. 김조순 졸기.

4.3. 김조순에게 영의정을 증직하다.

5.12. 복온공주 졸.

6.13. 명온공주 졸.

7.7. 효명세자의 신주를 문호묘에 입묘하다.

7.20. 경희궁에 이어하다.

7.21. 홍충감사 홍희근이, 영길리국의 배가 정박했을 때 문정(問情)한 내용과 배 안에서 보고 들은 것을 보고하다.

7.21. 영길리국 배와 관련해 중국에 자문을 보내다.

7.27. 방축죄인 김교근과 김병조, 안치죄인 김로 등을 석방하라 명하다.

7.29. 남공철 영의정.

7.30. 우의정 김이교 졸기.

8.11. 황해감사 김난순이, 지난 6월 이양선 1척이 장연의 조이진에 와 정박했던 일을 아뢰다.

• 수사 윤우현과 장연현감 김성익 등이 이 이양선에 대해 제대로 보고하지 않아 모두 감처되었다.

윤9.21. 경기도의 상선이 곡물을 교역하러 영남·호남에 내려갔으나 두 도에서 막다. 경기는 상선의 곡물에 의지하고 있는데 이처럼 교역을 하지 못하면 경기의 곡물가가 폭등할 것이 우려된다며 영남과 호남의 도신에게 하교해 막지 못하게 할 것을 비국에서 청하니 따르다.

윤9.22. 전 우의정 심상규의 죄를 탕척하고 서용해 판중추에 부직하다.

10.10. 영의정 남공철이, 죄인 신사화·이이덕·이두천을 효수할 것을 청하니 따르다.

11.24. 이철구 금위대장.

12.27. 김원근 졸.

순조 33년(1833)

1.19. 영의정 남공철이 차대에서, 서울·경기의 민심 이반과 나라의 재정 상황이 심각함을 아뢰다.

3.8. 비국에서, 도성 안 무뢰배들이 쌀값 폭등에 분노하여 싸전을 부수었다며 잡는 대로 군문에 넘겨 효수할 것을 청하니 따르다.

3.10. 비국에서, 변괴의 근원은 싸전들이 이익을 취하려고 농간을 부린 때문이라며 싸전 우두머리들을 잡아다 조사하고 절도유배할 것과 도매상들을 단속해 쌀을 쌓아 두지 못하게 할 것을 청하니 따르다.

3.11. 폭동을 주도한 고억철 등 7인을 효수하고 황기정 등 11인은 엄형한 뒤 지방에 충군하다.

3.12. 형조에서, 쌀을 둘러싼 폭동의 전말과 사건 처리 후의 격앙된 민심을 아뢰며 쌀가게 주인들에게도 동일한 율을 적용해야 한다고 청했으나, 난민들의 분을 풀어 주기 위해서 목숨으로 갚는 것처럼 할 수는 없다고 하다.

4.2. 김정집이 영길리국 함선 출현을 묵과한 관리들의 처벌에 대해 아뢰다.

4.10. 남공철 등이, 난동의 장본인인 동막의 여객 주인 김재순과 싸전 사람 정종근은 군문에 효수할 것을 청하자 따르다.

4.10. 조만영이 선조의 묘정에 배향할 공신으로 김조순을 추천하다.

4.24. 영부사 이상황을 좌의정에, 심상규를 우의정에 제수하다.

5.16. 영의정 남공철의 사직소를 허락하다.

5.16. 이상황 영의정, 심상규 좌의정, 남공철 봉조하.

5.22. 숭정전에 임어해 봉조하 남공철에게 선마(宣麻)를 내리다.

5.24. 거듭 사직소를 올리며 부름에 응하지 않은 심상규를 중도부처하라 명하다.

6.1. 전 대호군 김교근, 전 호군 김병조에게 직첩을 돌려주다.

6.2. 서만수에게 혐의가 없음이 밝혀지자 죄명을 씻어 주라 이르다.

9. 9. 관학 유생 668인이 상소해 충문공 김조순의 사당을 세울 것을 청하다.

9. 13. 천극죄인 김노경의 석방을 명하다.

10. 9. 사간 윤석영이, 경기 고을 37곳 중 20여 곳에서 출도해 잠행의 의를 어기고 접대의 폐단만 가져온 경기어사 이시원을 탄핵하다.

10. 24. 충문공 김조순의 사당에 원액을 내려 주다.

순조 34년(1834)

1. 27. 강경(講經)에서 장원한 정의각과 제술(製述)에서 장원한 정최조를 직부전시하다.

2. 16. 협잡을 막기 위해 시관의 추천에 엄정을 기하라 명하다.

2. 30. 지평 이병영이 상소해 혼례와 관복의 사치 등을 거론하면서, 사치는 뇌물의 근원이며 뇌물은 탐욕의 근본이고 탐욕은 재정 고갈을 가져온다고 아뢰다.

4. 29. 좌의정 심상규가 복식 개혁에 반대하다.

5. 16. 비국에서, 조정 관원의 의장 변통절목을 아뢰다.

7. 9. 심상규 영의정, 홍석주 좌의정, 박종훈 우의정.

10. 1. 창덕궁의 영건을 마치다.

10. 28. 약원에서 입진을 청하다.

11. 8. 약원에서 입진하였는데, 다리가 불편하다고 하다.

11. 12. 맥후(脈候)가 크게 부족하다. 삼귤다(蔘橘茶)와 죽력(竹瀝) 세 숟가락을 조화(調和)시켜서 올리다.

11. 13. 약원에서, 정약용과 박제안을 진연(診筵)에 동참시킬 것을 청하니 따르다.

• 정약용과 박제안은 의리(醫理)에도 정통했다.

11. 13. 대보를 왕세손에게 전할 것을 명하다.

11. 13. 해시에 경희궁 회상전에서 승하하다.

11. 17. 대신이 백관을 거느리고 거듭 청하니 대비가 수렴청정을 따르다.

11. 17. 수렴청정의 처소를 흥정당으로 정하다.

11. 18. 세손이 빈전에 나아가 대보를 받다.

헌종실록

총서

- 휘는 환, 자는 문응이다.
- 익종의 아들로, 순조 27년에 탄강하다.
- 재위는 15년, 춘추는 23세다.
- 경릉에 장사하다.
- 비는 효현왕후 김 씨로, 김조근의 딸이다.

헌종 즉위년(1834)

11. 18. 숭정문에서 즉위하다. 왕대비가 홍정당에서 수렴청정의 예를 행하다.

11. 18. 왕대비가, 주상이 이미 대위에 올랐으니 추숭을 행해야 할 것이라 이르다.

11. 19. 대행대왕의 시호를 문안무정헌경성효대왕이라 하고 묘호는 순종이라 하다. 효명세자의 시호를 추숭하여 돈문현무인의효명대왕으로 하고 묘호는 익종으로 하다.

12. 16. 남공철·이상황 등이 절실하고 시급한 여섯 가지의 일을 아뢰다.

12. 20. 조만영 호위대장.

12. 30. 이해의 호구는 1,578,823호, 6,755,280명이다.

헌종 1년(1835)

1. 5. 중비(中批)로 조인영을 이조판서에 제수하다.

2. 29. 산릉의 흙빛이 좋지 못한 것 등을 들어 길지를 다시 살피라 이르다.

3. 7. 대왕대비가 산릉을 교하의 장릉 국내(局內)로 옮겨 택하라 명하다.

3. 16. 언서로 윤음을 위조한 최공필을 베다.

4. 19. 순종대왕을 인릉에 장사 지내다.

4. 23. 김로 사은정사.

5. 2. 화약고가 벼락을 맞고 폭발하여 화약 12,800근이 소실되었다고 충청병사가 장계하다.

7. 19. 김유근 훈련대장, 조만영 어영대장.

7. 25. 좌의정 홍석주가 아뢰어, 무의미해진 역서(易書)를 폐지하다.

• 역서는 과장에서 응시자의 서체를 알아보지 못하게 답안을 다른 사람을 시켜 다시 옮겨 쓰게 하던 일을 말한다.

9. 9. 호남 유생 홍병두의 죄를 핵실하라고 명하다.

• 홍병두는 운봉 사람인데 몰래 여산에 호적을 두고 시권을 나누어 받아 좌우도의 문과 초시에 뽑혔다.

12. 23. 수령·변장으로 처음 벼슬하는 이들을 희정당에서 소견하다.

12. 30. 이해의 호구는 1,526,808호, 6,411,506명이다.

헌종 2년(1836)

4. 20. 선주(船主) 김후백이 표류하다 일본에 이르렀을 때, 배 안에 부녀 세 사람이 있는 것이 외국의 금령에 저촉될까 봐 결박해 물속에 던져 버린 일로 사형에 처해지다.

5. 25. 좌의정 홍석주가 금광·은광의 채굴을 엄단할 것을 청하다.

8. 20. 좌의정 홍석주가 당하관인 수령들도 교자를 탄다며 감사로 하여 규찰하고 논죄케 할 것을 청하니 따르다.

9. 5. 대왕대비가 수령들을 각별히 가려 뽑을 것을 전교하다.

10. 11. 대왕대비전·왕대비전에 존호를 올리다.

10. 11. 이시수·김재찬·김이교·조득영을 순종

대왕 배향신으로 정하다.

12. 12. 금부에서 추국청을 설치해 죄인 남응중의 실정을 구핵하다.

12. 19. 부도죄인 남공언을 군기시 앞길에서 능지처사하다.

12. 23. 일본에 들어가 군병을 요청한 남응중·남경중을 사형에 처하다. 고변을 한 천기영은 상을 내려 오위의 장으로 삼다.

헌종 3년(1837)

2. 20. 중비(中批)로 조병귀를 호조참판으로 삼다.

2. 26. 통명전에서 삼간택을 행하다.

2. 26. 김조근의 딸을 중전으로 삼을 뜻을 보이자 대신들이 감축하다.

3. 7. 김조근 호위대장.

3. 18. 인정전에 나아가 김 씨를 책봉하여 왕비로 삼다.

3. 20. 친영례를 행하다.

4. 10. 대왕대비가, 감사나 세력 있는 집안의 수령은 논하지 않고 세력이 없는 무관이나 음관만을 논하는 세태를 지적하다.

5. 12. 대왕대비가 수령을 엄정히 감독할 것을 제기하다. 또 징계를 받은 수령들이 쉽게 복귀하는 문제를 지적하다.

8. 13. 순종의 3녀인 덕온공주가 윤의선에게 시집가다.

8. 19. 금위영에서, 화약을 도둑질한 임창혁을 효수했다고 아뢰다.

10. 4. 함경감사 서경보가, 지난 9월 도둑이 준원전에 들어와 어용을 조각낸 일이 있다고 치계하다. 인조조 때 집경전, 선조조 때 지릉의 능 위에 불이 났던 전례에 따라 거애하고 3일간 곡하다.

10. 20. 대왕대비가 영부사 이상황과 지사 이지연을 정승으로 삼으라 하교하다.

10. 20. 조병현 병조판서.

11. 19. 김유근 예조판서.

11. 25. 대왕대비가 오순(五旬) 기념행사에 반대하며 스스로에게 여군(女君)이란 표현을 쓰다.

12. 7. 태조대왕 영정이 영흥으로부터 도착하자 경희궁 광명전에 봉안하다.

헌종 4년(1838)

1. 1. 대왕대비가 오순을 맞은 데 대해 인정전에 나아가 반교하고 하례하다.

1. 13. 인일제(人日製)을 반궁에서 설행하여 부(賦)에서 수위를 차지한 김좌근을 직부전시하다.

2. 22. 태조 영정의 묘사를 마치다.

3. 15. 영정을 준원전에 도로 봉안한 후 돌아온 대신 이하를 희정당에서 불러 보다.

4. 25. 신급제 김좌근을 부교리로 삼다.

윤4. 13. 《순종대왕실록》이 완성되다.

윤4. 27. 중비로 김조근을 총융사에 제수하다.

6. 10. 서유구가 흉년 구제책에 대해 상소하다.

6. 20. 판중추 심상규 졸기.

7. 20. 조만영 훈련대장.

7. 21. 김조근 어영대장.

7. 30. 조인영 대제학.

9. 9. 김홍근 공조판서.

12. 25. 수령·변장으로 처음 벼슬살이하는 사람들을 희정당에서 불러 보다.

헌종 5년(1839)

2. 18. 윤광안의 아들 윤경규를 혜릉 참봉에 제수하자 성균관 유생들이 권당하다.

• 윤광안이 주자·송시열을 모신 운곡서원을 훼철했기 때문이다.

2. 20. 조병현 형판.

2. 26. 대왕대비가, 방축죄인 홍석주를 석방하라

명하다.

3. 5. 우의정 이지연이, 사학(邪學)의 일을 끝까지 핵실하기를 청하니 따르다.

4. 25. 대왕대비가 대신들에게 주상의 훈도를 당부하다.

5. 25. 대왕대비가 희정당에서 대신과 비국당상을 인견하다. 이 자리에서 사학을 징치하겠다는 뜻을 분명히 하다.

6. 10. 사학죄인 이광렬·김녀·장금 등 8인을 목 베다.

7. 1. 수령·변장으로 나가는 사람들을 불러 보다.

7. 11. 조병현 병조판서.

7. 13. 비변사에서, 소 도살을 금지하는 일이 유명무실한 것은 벌이 가볍기 때문이라며 처벌을 강화할 것을 청하다. 이어 오가작통법을 거듭 밝혀서 사학죄인에 대한 연좌의 율을 엄격하게 세울 것을 청하다.

7. 26. 사학죄인 박후재 등 6인을 참수하다.

8. 7. 서양한(西洋漢) 앵베르 주교 등을 엄중하게 추핵할 것을 명하다.

8. 14. 앵베르 주교·모방 신부·샤스탕 신부·정하상·유진길을 추국하고 목 베다.

8. 19. 사학죄인 남이관 등 9인을 목 베다.

8. 19. 부도한 흉언을 퍼뜨린 박춘성·정관규를 효수하다.

10. 10. 소 주인에게 독이 든 엿을 먹이고 소를 끌고 간 사건이 일어나다.

10. 18. 《척사윤음(斥邪綸音)》을 경외에 내리다.

• 《척사윤음》은 서교(西敎)의 폐를 적어 그 배척하여야 할 뜻을 적고, 끝에 한글로 주석을 달았다. 검교제학 조인영이 제술하였다.

11. 10. 우의정 조인영이, 정학을 밝혀 이단을 물리치는 것을 근본으로 삼을 것과 이를 위해 전국의 주요 서원에 치제할 것을 청하다.

12. 23. 대왕대비가 구휼을 위해 특별히 내탕고은 1,500냥 등을 내리다.

12. 27. 김홍근 이조판서.

12. 28. 사학죄인 3인을 목 베다.

헌종 6년(1840)

1. 30. 집의 김정원이 소를 올려, 신유년(순조 1년) 이래 40년 동안 사학의 근절을 말하지 않은 양사를 비판하다.

2. 5. 우의정 조인영, 김정원이 온 세상을 사를 비호한 죄과로 돌린다며 유배할 것을 청하다. 김정원을 국문하고 신지도로 유배하다.

3. 25. 사신으로 갔던 이정리가 중국의 구휼 제도·서학·서양과의 관계 등을 아뢰다.

3. 25. 별단으로 올린 사교·아편 등과 관련한 중국의 상황.

4. 6. 중비로 조병귀를 이조참판에 제수하다.

7. 10. 대사헌 김홍근이 윤상도·김노경을 탄핵하다.

7. 10. 추자도의 윤상도를 잡아다 국문하라 명하다.

• 김노경은 이미 죽은 상황이다.

7. 12. 김노경을 추탈하다.

8. 11. 윤상도를 대역부도의 율로 능지처사하다.

8. 27. 허성이 끌어댄 김양순이 고문에도 승복하지 않고 죽다.

8. 27. 양사에서, 김양순이 허성을 부추겨 역적 윤상도가 상소하는 일까지 있게 하였다며, 노륙의 법을 시행할 것을 청하다.

8. 30. 모역에 동참한 허성을 죽이다.

9. 4. 우의정 조인영이 김정희의 재처(裁處)를 청하자, 의심스러운 죄는 감사(減死)해야 마땅하다며 김정희를 대정현에 위리안치하다.

9. 5. 3사에서, 윤상도에게 넌지시 뜻을 알려준 이가 김정희이고 사주하여 꾸며 댄 것이 허성과 김양순이라며, 김정희의 국문을 청했으나 허락하지 않다.

9. 27. 대사간 이재학이 판부사 이지연·이조판

서 이기연의 처벌을 상소했다가 간삭(刊削)되다.

10. 6. 이지연·이기연 형제를 향리로 방축하라 명하다.

• 정해년(순조 27년) 대리청정 때, 공을 탐해 정령 하나 하나를 비방했다는 이유다.

10. 7 대신들이 연명으로 차자를 올려 이지연 형제의 천토를 청하다.

10. 14. 이지연은 귀양 보내고, 이기연은 절도안 치하다.

12. 17. 김유근 졸기.

12. 25. 대왕대비가 수렴청정을 거둘 것을 하교 하자 대신들이 우러러 칭송하다.

12. 30. 봉조하 남공철 졸기.

12. 30. 대정현 모슬포 가파도에 영국 배가 2척 정박해 포를 쏘고 소를 탈취해 가다.

헌종 7년(1841)

1. 8. 중비로 김좌근을 공조판서에 제수하다.

3. 11. 이유수 훈련대장, 임성고 총융사.

3. 14. 근래 장신(將臣)들이 죽(竹) 전립을 쓰는데 구례대로 모(毛) 전립을 쓰도록 분부하다.

윤3. 9. 조만영 호위대장.

4. 22. 김홍근을 좌의정에, 정원용을 우의정에 제수하다.

8. 8. 판중추 박종훈 졸기.

9. 4. 영의정 조인영의 사퇴를 허락하다.

12. 26. 이상황 졸기.

헌종 8년(1842)

1. 4. 김좌근 이조판서.

1. 7. 조인영 영의정.

2. 18. 인정전에 나아가 문신의 제술과 일차유 생(日次儒生)의 전강을 행해 으뜸을 한 이유응을 직부전시하다.

4. 11. 김조근 호위대장.

6. 5. 조인영이 가뭄 대책을 아뢰다.

• 이앙을 금지할 것과, 산 중턱의 화전을 금지할 것 등이다.

6. 10. 영중추 홍석주 졸기.

8. 6. 중비로 조병구를 훈련대장에, 이완식을 총융사에 제수하다.

8. 7. 유기상 총융사.

9. 5. 병조에서, 교행 시 시위하는 당하관의 복 색을 전처럼 홍색으로 할 것을 청하니 따르다.

• 홍색 철릭이 군용(軍容)의 중후함과 관련이 있다는 이유다.

9. 12. 영의정 조인영의 사직 상소를 허락하다.

10. 25. 좌의정 김홍근이 사직을 청하니 따르다.

11. 6. 판중추 김홍근 졸.

헌종 9년(1843)

1. 8. 김도희 이판, 김좌근 병판.

4. 6. 좌의정 정원용이 소를 올려 사직을 청하 니 허락하다.

5. 2. 홍봉한에게 부조지전(不祧之典)을 시행하 라 명하다.

7. 3. 김홍근 호판.

8. 25. 중전이 대조전에서 승하하다.

9. 2. 대행왕비의 시호를 효현, 능호를 경릉으 로 정하다.

12. 2. 효현왕후를 경릉에 장사 지내다.

헌종 10년(1844)

1. 3. 김조근 졸.

1. 6. 김영 어영대장, 조인영 호위대장, 김홍근 병판.

5. 15. 조병귀 형판.

6. 16. 산청현 괘서죄인 김유선 등을 효수하고, 문덕규 등을 절도로 보내 종으로 삼도록 하다.

6. 20. 삼가현의 흉서죄인 진유전을 효수하고,

이화근을 절도로 보내 종으로 삼도록 하다.

6. 28. 비국에서, 각 도의 보군미(保軍米) 변통 절목을 수정해 입계하다.

8. 10. 전 영의정 조인영, 전 좌의정 권돈인을 다시 상직에 제배하라 이르다.

8. 21. 결안에 민진용·이원덕의 죄는 부대시 능지처사에 해당한다고 하다.

9. 4. 결안에 최영희·민순용·이종락의 죄는 서소문밖에서 부대시 능지처사에 해당한다고 하다.

9. 6. 서광근이 죽으니 검험케 하다.

9. 7. 이유수 총융사, 김좌근 병판.

9. 7. 홍재룡 금위대장.

9. 22. 영의정 조인영이 소를 올려 사직하니 허락하다.

10. 18. 홍 씨를 왕비로 책봉하다.

10. 30. 난언한 죄인 김재화를 효수하라 명하다.

12. 26. 조기영 병판.

헌종 11년(1845)

1. 10. 좌의정 권돈인이, 영조 때의 《동국문헌비고》를 정조 때 증보토록 했는데 아직도 초고 상태로 남아 있다며, 이후의 새 문헌을 보태 간행할 것을 청하니 따르다.

1. 20. 조병귀 이판.

2. 6. 임성고 어영대장.

5. 3. 조학년 예판, 조두순 공판.

6. 29. 이양선이 호남 흥양과 제주 바다에 출몰하다. 이들 영국 배가 가는 곳마다 기를 세우고 측량하는 등의 모습을 보이다.

헌종 12년(1846)

1. 14. 중희당에서 비국당상과 대신을 인견하다. 전날 무예별감들이 소란을 일으킨 일을 엄중히 조사토록 하고 영의정 권돈인의 건의를 받아들

여 내영을 혁파토록 하다.

1. 17. 변괴를 꾀한 무예별감들에게 각기 벌을 내리도록 하다.

1. 28. 경조(京兆)에서 제주의 호구는 10,896호, 76,701명이라고 아뢰다.

3. 10. 수릉 천장에 돈 3만 민(緡)을 내려 비용으로 쓰게 하다.

4. 14. 김흥근 이판, 조병현 병판.

5. 20. 황해감사 김정집이 이양인(異樣人) 김대건을 잡아 가둔 일을, 묘당으로 하여금 엄히 핵사하게 하다.

윤5. 18. 이유수 금위대장.

윤5. 20. 하현궁하고 우제를 행한 후 환궁하다.

윤5. 23. 이응식 총융사.

6. 23. 홍주의 외연도에서 올린 이양선 관련 보고를 접하다. 비국에서, 제대로 응대하지 못한 해당 수사의 파출·조사를 청하니 허락하다.

7. 3. 충청감사 조운철이 장계하여, 프랑스 이양선과 섬의 백성이 문답한 것을 적은 종이와 이양인의 글을 베껴 올리다.

• 세 신부의 죽음에 대해 항의하고 내년에 대답을 들으러 오겠다는 내용이다.

7. 13. 홍경모 이판, 서희순 병판.

7. 15. 불랑국(프랑스)의 글과 김대건의 문제를 논의하다.

7. 20. 이유수 공판, 김좌근 병판.

7. 25. 김대건을 효수하라 명하다.

7. 29. 현석문을 효수하라 명하다.

8. 5. 숙위의 소홀함이 심하다며 총융청을 고쳐 총위영으로 만들고 번을 나누어 금중에 입직케 하다.

8. 12. 명천에서 사사로이 주전한 황철운 등 4인을 효수하다.

8. 18. 이유수 총위사, 임성고 금위대장.

8. 19. 이응식 어영대장.

10. 14. 조만영 졸기.

10. 14. 금천교에 나아가 조만영의 상에 거애하

다.

11.22. 서희순 병판, 김난순 예판.

헌종 13년(1847)

1.9. 중비로 서희순을 이판에 제수하다.

1.10. 박기수 병판.

1.27. 중비로 서희순을 총위대장에 제수하다.

2.15. 춘도기(春到記)를 설행해 강에서 으뜸한 선문주와 제술에서 으뜸한 김병기를 직부전시하다.

3.12. 김좌근 병판.

5.13. 탐오한 수령 문제에 대해 논의하고, 처벌 강화 방안 마련을 요구하다.

5.16. 조병현 병판.

5.20. 차대할 때, 원임 대신이 나오지 않는 문제를 지적하다.

5.24. 우의정 박회수가 장률(贓律) 개정의 폐단에 대해 아뢰다.

5.24. 수령의 범죄에 가벼운 율만 적용한다면 백성이 어떻게 살겠느냐며, 재차 관련법의 강화를 제기하다.

• 그러나 조정의 의논이 한결같지 않아 끝내 행해지지 않았다.

7.18. 대왕대비가 언문 교지를 내려 중전의 병을 말하고, 후사를 위해 빈어를 간택할 것을 제기하다.

7.18. 14~19세의 처자에 대해 금혼령을 내리다.

8.4. 양식과 배를 원하는 이양선의 서한을 받고 원하는 대로 주기로 하다.

8.9. 불란서(프랑스) 사람들이 표류해 왔다가 떠났는데 700명쯤 되다.

8.11. 고군산에 왔다가 떠난 이양선과 관련한 비국의 논의.

• 자문을 지어 예부에 부쳐 보내고, 황지(皇旨)로 양광 총독에게 칙유하여 다시 오는 폐단이 없게 하도록 청

할 것을 아뢰었다.

8.11. 불란서 배에서 글을 보내다.

• 바람에 배가 부서졌다며, 돌아갈 배와 물·양식을 청했다고 한다.

9.13. 이약우 병판.

10.12. 정언 윤행복이 소를 올려 조병현을 탄핵하자, 논한 것이 충후(忠厚)하지 못하다며 윤행복을 파직하다.

10.14. 양사 연명으로 조병현의 귀양을 청하다.

• 이후 계속 이어졌다.

10.17. 한편으로는 공론을 따르고 한편으로는 보전하는 은혜를 펴겠다며, 조병현을 거제에 유배하다.

10.20. 주부 김재청의 딸 김 씨를 경빈으로 삼다.

11.1. 3사의 신하들이 물러나지 않고 거듭 조병현의 처벌을 청하자, 조병현에게 위리를 더하다.

11.1. 구대한 3사를 모두 파직하라 명하다.

11.2. 대신들이 조병현의 엄한 국문을 청하다.

11.7. 구대한 3사를 모두 체차하라 명하다.

11.15. 대왕대비의 육순과 왕대비의 망오(望五)를 맞아 경하할 준비를 하도록 명하다.

11.21. 우의정 박회수가 세 번째 상소해 면직을 청하니 허락하다.

11.22. 권돈인을 다시 영의정에 제수하다.

12.28. 서희순 이판.

헌종 14년(1848)

1.1. 대왕대비의 육순과 왕대비의 망오를 축하해 성대한 의례를 행하다.

1.19. 중비로 서좌보를 병판에 제수하다.

1.28. 윤의검 어영대장.

3.14. 순종·익종의 추상존호 책보를 받들고 태묘에 나아가다.

3.26. 조기영 이판.

4.10. 경상감사 김공현이 이양선의 모양과 인형

(人形)의 도본을 아뢰다.

5. 9. 아편을 빼는 기구를 가져오다 붙잡힌 역관 박희영을 추자도에 유배하다.

7. 4. 정원용 영의정, 김도희 좌의정.

7. 5. 조학년 이판, 조기영 병판.

7. 15. 패악한 무리가 곤장을 들고 과장에 난입했는데, 저지하기는커녕 버선발로 도주한 함경감사 이가우를 삭직하다. 소란을 일으킨 자들은 묘당으로 하여금 품처하게 하다.

7. 17. 대사간 서상교가 경상감사 김흥근의 귀양을 청하자 공론인지를 묻다.

7. 23. 김흥근을 경상감사에서 삭직하다.

7. 23. 공론에 부쳤는데 3사에서 말이 없다며, 대사헌 서기순과 대사간 권대긍에게 견삭(譴削)의 율을 시행토록 하다.

7. 25. 박효묵·이승보·김응하가 연명하여 김흥근의 귀양을 청하는 차자를 올리자 따르다.

8. 20. 과장의 안팎을 엄히 단속하라 명하다.

10. 25. 유의정의 소에 대해, 전편(全篇)의 견사가 모두 조정을 엿보고 임금을 떠보는 속셈이라고 하다.

10. 25. 이조정랑 유의정의 소를 반포하라 명하다.

10. 25. 영의정 정원용을 질타하고 파직하다.

10. 26. 양사에서 연명으로 차자를 올려 유의정의 나국을 청하니 따르다.

11. 15. 이목연을 무주부로 귀양 보내다.

11. 22. 이승헌을 정의현에 위리안치하다.

12. 6. 이목연·조병현·김정희의 석방을 명하다.

12. 29. 이양선의 출몰이 빈번하다.

• 이해 여름 이래로 이양선의 출몰이 셀 수 없을 만큼 많았다고 한다.

헌종 15년(1849)

1. 17. 이응식 총위사, 임성고 훈련대장, 신관호 금위대장.

2. 2. 중비로 윤정현을 병조판서에 제수하다.

2. 21. 과장의 폐단을 없애도록 신칙하다.

3. 5. 이기연·이학수의 석방을 명하다.

3. 6. 이기연·이학수를 석방하라는 명에 대신들이 반대하자, 자교를 받든 것이라 답하다.

4. 10. 중희당에서 약원이 입진하다. 도제조 권돈인이 옥색이 크게 여위었다고 아뢰자 체기(滯氣)에서 비롯된 병이라 답하다.

4. 20. 춘당대에 나아가 문무과를 설행하다.

5. 13. 시골로 내려간 정원용에게 올라오라 이르다.

5. 14. 약원이 입진하다. 얼굴에 부기가 있다.

5. 17. 이응식 훈련대장, 서상오 총위대장.

5. 18. 홍재룡 어영대장.

6. 5. 약원에 명해 번갈아 입진케 하다.

6. 6. 대보를 대왕대비전에 바치라 명하다.

6. 6. 오시 창덕궁 중희당에서 승하하다.

6. 6. 대왕대비가 권돈인을 원상으로 삼으라 명하다.

6. 6. 대왕대비가 대신들을 소견해 후사에 대해 말하다.

6. 6. 대왕대비가 영묘의 핏줄은 광의 3남으로, 강화에 사는 이원범뿐이라고 하다.

6. 6. 대왕대비가 이원범을 봉영(奉迎)하는 의절을 전례에 따라 거행토록 하다.

6. 6. 대왕대비가 수렴청정을 수락하다.

6. 6. 대왕대비가 봉영하기 전에 병조·도총부의 당상·낭관이 군교를 거느리고 먼저 가서 호위하라 명하다.

6. 8. 대왕대비가 이원범의 군호를 덕완군으로 의망해 들이라 이르고, 은언군 내외의 복작을 거행하라 이르다.

6. 9. 덕완군이 빈전에 나아가 거애하다.

6. 9. 덕완군이 희정당에서 관례를 갖다.

철종실록

총서

- 휘는 변, 자는 도승이다.
- 전계대원군의 3남이고, 어머니는 용성부대부인 염 씨다.
- 순조 31년 사제에서 탄강하다.
- 재위 14년, 춘추는 33세다.
- 비는 명순대비(철인왕후) 김 씨로, 김문근의 딸이다.

철종 즉위년(1849)

6.9. 인정문에서 즉위하다.

6.9. 대왕대비가 시임·원임 대신들을 불러 보도를 당부하다.

6.9. 왕에게 전하는 대왕대비의 언문 하교.

6.17. 빈청에서, 대원군에게 추상할 작호를 전계(全溪)로 의논했다고 아뢰다.

6.17. 대왕대비가 상계군 내외의 복작을 명하다.

6.23. 상계군 이담을 복작하고, 풍계군 이당을 증작하다. 영평군 이욱과 익평군 이희에게 봉작을 추증하다.

6.28. 총위영의 명칭을 총융청으로 복구하다.

7.14. 전 정언 강한혁이 상소해, 조병현과 조병현의 울타리가 되고 있는 윤치영을 탄핵하다.

7.15. 홍재룡 훈련대장, 유상필 금위대장, 이경순 어영대장.

7.15. 대사헌 이경재가, 강한혁과 이정두의 상소에 따라 윤치영 등을 벌할 것을 청하다.

7.21. 3사가 합사해, 윤치영을 국핵할 것과 조병현의 절도안치를 청하다.

7.23. 대왕대비가, 윤치영은 감사해 도배하고, 조병현은 절도안치하고, 이능원은 도배하라 명하다.

7.29. 대왕대비가, 조병현에게 위리의 형을 더하고, 윤치영 등에게 안치의 형을 시행하라 명하다.

8.10. 양사에서 합계해, 이응식·조병현·이능원·이능권의 일을 아뢰다.

8.20. 조병현에게 가극하고, 서상교·윤치영·신관호·이응식에게 위리안치의 형을 내리다.

8.23. 조병현을 사사하다.

9.12. 대왕대비가, 은언군 집안에 소속된 전후의 문적(文蹟)은 모조리 세초하라 명하다.

10.28. 하현궁 때 선정전 뜰에서 망곡하다.

11.15. 김병기 부제학, 김경선 형조판서.

11.18. 이조판서 이헌구와 도승지 김보근을 보내 전계대원군과 은언군에게 치제하다.

12.17. 김좌근 선혜청 당상.

철종 1년(1850)

3.27. 조두순 병판.

3.30. 김보근 형판.

4.9. 김좌근 총융사.

4.14. 김수근 공판.

5.17. 김보근 형판.

5.22. 하직하는 곤수(閫帥)·수령 들을 불러 보다.

10.6. 영부사 조인영과 판부사 권돈인을 다시 상신에 제배하라 명하다.

10.10. 유상필 훈련대장, 김좌근 금위대장, 홍재룡 총융사.

12.6. 영의정 조인영 졸기.

12.22. 은전군의 복작을 명하다.

철종 2년(1851)

1. 6. 홍재철 병판, 조두순 이판.

1. 15. 김흥근 이판.

2. 2. 김흥근 좌의정, 박영원 우의정.

2. 2. 이헌구 이판, 서기순 병판.

3. 17. 전계대원군의 묘소와 은언군의 묘소에 나아가 전배하고 환궁하다.

4. 4. 김좌근 훈련대장.

4. 20. 이가우 이판, 서기순 병판.

5. 23. 대왕대비가 은언군 내외의 사판에 정경을 보내 치제하게 하다.

6. 9. 예조에서, 헌종대왕을 부묘한 후 진종대왕을 조천(祧遷)하는 전례를 대신들에게 수의하다. 이때 권돈인은 진종이 5세가 되어 조천하는 것이 상례이나 고조·증조는 조천에 들지 않는 게 바른 예라며 묘의 수에 구애받지 말 것을 주장하다.

6. 15. 진종을 조천하지 않을 수 없다며, 의조로 하여 조천하는 의절(儀節)을 택일해 거행하라 명하다.

• 이후 권돈인 탄핵이 격렬해졌다.

6. 23. 3사가 합계해 권돈인의 삭출을 청하자, 불경으로 단정하는 것은 옳지 못하다며 정지를 명하다.

6. 25. 대왕대비가, 권돈인을 불경으로 모는 것을 탓하면서도 3사의 요구를 받아들여 삭출하다.

6. 27. 3사에서 합사해 권돈인의 중도부처를 청하다.

7. 1. 3사에서 권돈인을 정배하라는 청을 멈추지 않자, 권돈인을 향리로 방축하라면서도 죄가 더 있어서가 아니라 대각을 대우하는 도리를 따르기 때문이라고 하다.

7. 1. 3사에서 다시 아뢰자 3사를 체차하다.

7. 4. 수해를 입은 경상도 함창에 휼전을 시행하고 환상을 정지해 주게 하다.

7. 5. 조두순 이판, 홍재철 병판.

7. 12. 교리 김회명이, 방축죄인 권돈인에게 율을 더 시행할 것을 청하고 김정희의 절도유배를 청하다.

7. 13. 대왕대비가, 권돈인에게 중도부처를 더하라고 명하다.

7. 15. 양사에서 권돈인과 김정희의 일을 계속 아뢰자, 두 차례의 자교를 들어 따를 수 없음을 분명히 하다.

7. 16. 양사에서 연명으로 상차해, 권돈인·김정희에게 해당하는 율을 시행할 것을 청했으나, 거듭 불가의 뜻을 보이다.

7. 21. 양사에서, 김정희의 절도안치, 그 아우들의 정배, 조희룡·오규일의 엄형을 청했으나 윤허하지 않다.

7. 22. 양사가 거듭 청하니 매우 애석하다면서도, 김정희를 북청에 원찬하고 김명희·김상희는 향리로 추방하라 이르다.

윤8. 24. 희정당에서 중궁전 삼간택을 행하다. 대왕대비가 대혼을 김문근의 집에 정하라 명하다.

윤8. 24. 전 승지 김문근을 영은부원군으로 삼다.

9. 27. 본궁에서 나아가 친영하다.

10. 6. 추국청을 설치하다.

10. 12. 권돈인을 순흥부로 원찬하라 명하면서, 더 이상은 관련해 소란을 피우지 말라 이르다.

10. 19. 항렬(行列)을 고쳐 과거에 선발된 두 사람을 삭과하게 하다.

10. 26. 채희재를 대역부도로 복주하다.

11. 3. 김응도·기덕우를 대역부도로 복주하다.

12. 28. 대왕대비가 수렴청정을 거두다.

철종 3년(1852)

1. 5. 중비로 김수근을 이판에 제수하다.

1. 13. 백은진 총융사, 김문근 금위대장.

2. 25. 화성 행궁에 나아가 유숙하다.

3. 17. 영의정 김흥근이 거듭 소를 올려 사직을 청하니 허락하다.

3. 20. 전계대원군·은언군의 사우(祠宇)에 나아가 전배하다.

4. 26. 김좌근을 상신에 제배하라 명하다.

4. 27. 이경순 훈련대장, 이승권 어영대장.

6. 17. 조기영 병판.

7. 10. 부교리 김영수가, 환첩(宦妾)을 단속할 것을 청하다. 이어 종친들의 기거(起居)를 제한할 것을 청하다.

7. 11. 경상감사 홍열모가, 허황된 말로 민심을 동요시켜 거사를 계획했던 정유룡·이상우 등을 잡아다 문초한 사실을 아뢰다.

8. 3. 어진을 주합루에 봉안하게 하다.

10. 12. 천재지변으로, 사흘 동안 정전을 피하고 감선철악(減膳撤樂)할 것임을 이르다.

10. 22. 3정의 문란, 특히 환곡의 폐단을 지적하고 수령들에게 개선책을 진달하되 감영에서 취합하여 올려 보내라 이르다.

11. 12. 대신과 예조 당상을 소견해 순종과 대왕대비께 존호를 올릴 뜻을 밝히고 의논하다.

12. 25. 홍재룡 훈련대장, 이희경 어영대장.

철종 4년(1853)

1. 16. 하직하는 수령·변장을 불러 백성을 잘 보살필 것을 간절히 하교하다.

2. 25. 우의정 김좌근을 영의정으로.

5. 11. 이경순 총융사.

5. 16. 강화부에 대해서는 늘 한번 뜻을 보이려 했다며, 강화부에 유생·무사를 시험해 뽑도록 하다.

10. 5. 김수근 병판.

10. 10. 조병현에게 탕척의 은전을 내리다.

11. 26. 김수정을 모반대역죄로, 홍영근을 지정불고죄로 복주하다.

12. 28. 경상감사 조석우가 흉서를 얻어 보고하다.

철종 5년(1854)

1. 25. 탐관오리의 해로움을 말하고 이후 엄벌하겠다고 하교하다.

2. 15. 영의정 김좌근이 환곡과 관련하여, 가작전환(加作錢還)과 가분(可分)의 폐단을 금할 것을 청하다.

• 가작전환은 환곡을 출납할 때 미곡을 돈으로 환산하여 그 이자를 규정보다 더 쳐서 받아들이는 것이고, 가분은 환곡을 규정된 수량보다 초과하여 대출하는 것이다.

3. 19. 북원에 나아가 망배례를 행하다.

4. 27. 비변사에서, 저들이 포를 쏘아 포변(浦邊)의 백성이 죽었다며 영흥과 덕원 두 부사를 정죄할 것을 청하자 따르다.

• '저들'은 이양선을 타고 온 양인을 말하는 것이다.

6. 12. 대사헌 강시영이, 함경도 연해읍에 이국선이 와서 교역하는 폐단을 엄중히 신칙할 것을 청하자, 해당 도신으로 하여 엄히 조사하라 명하다.

6. 30. 김수근 이판.

7. 10. 아들을 낳은 궁인 박 씨를 귀인으로 삼다.

8. 4. 전라감사 정기세가 괘서죄인의 봉초를 치계하다.

9. 25. 무고하여 죄를 씌운 전라병사 이건서를 절도에 정배하고, 갇혀 있는 이들은 모두 석방하라 명하다.

11. 4. 지사 김수근이 졸하다.

철종 6년(1855)

1. 18. 인릉(순조)·수릉(익종)·휘경원(수빈 박 씨)의 천봉을 의논해 결정하다.

1. 20. 유상필 훈련대장, 이희경 어영대장, 김병

기 총융사.

3. 5. 예랑을 보내 광해군묘와 연산군묘를 살펴보게 하다.

4. 18. 홍인한의 관작을 회복하라 명하다.

4. 20. 대간·대신이 강력히 반대하자 홍인한에 대한 명을 우선 거두다.

4. 25. 귀양 갔다가 물고된 죄인 이노춘의 죄명은 효주(爻周)하게 하다.

5. 15. 경상도 유생 이휘병 등 10,432인이 상소해 경모궁 추숭을 청하자, 소를 도로 내주라 이르다.

5. 15. 승정원에서 영남 유생의 소두를 불러 효유(曉諭)하다. 아울러 더는 묻지 않을 테니 다시는 이런 일을 장주에 올리면 고의로 범한 것이 된다고 경고하다.

5. 16. 대사간 임기수 등이, 유생들을 엄중히 치죄할 것을 청하자, 이미 참작해 처분했다고 답하다.

7. 22. 경모궁을 추숭하는 전례를 행할 것을 청하는 호군 권재대를 찬배하다.

7. 23. 양사에서 연차해 권재대의 국문을 청했으나, 늙었으므로 특별히 말감(末勘)으로 조처한 것이라 답하다.

8. 2. 팔도 유생 오혁 등 3,416명이 소를 올려, 윤선거·윤증·조석우·이현일을 탄핵하자 소두를 정거시키다.

8. 8. 부응교 박홍양이 오혁을 비판하다.

8. 8. 팔도 유생 황규묵 등 3,415명이 소를 올려, 윤선거·윤증의 관작 추삭, 이현일의 추탈, 조석우의 절도안치를 청하다.

8. 8. 상소한 우두머리를 형조로 하여 정배시키게 하다.

8. 13. 태학의 유생들이, 사문의 죄를 범한 박홍양을 해당 율로 벌할 것을 청하며 권당하자, 간삭의 처분을 내렸다고 답하다.

8. 28. 대사헌 이경재가 상소해, 승정원이 전교는 서둘러 내리고 대간의 소장은 질질 끌며 물리치곤 한다고 아뢰다.

8. 28. 승지들이 연명소를 올려, 이경재의 소가 실상은 당동벌이(黨同伐異)의 뜻을 품고 있다고 아뢰자, 그대들의 말은 당론에서 나온 것이 아니냐며 승지들을 체차하다.

8. 30. 태학 유생들이 권당하여 박홍양·이약우를 논핵하고 해당 율을 시행할 것을 청하다.

9. 1. 시비의 단서를 일으켜 조정의 기상을 괴란시킨다며 오혁을 찬배하라 명하다. 이후 만인소·팔도소라 하면서 복합하는 경우 소두에게 엄중한 징벌을 내리겠다고 하다.

9. 5. 영의정 김좌근과 우의정 조두순이, 두 승선의 체차와 오혁에 대한 처리 등에 대해 이의를 제기하다.

9. 10. 태학 유생이 권당해 박홍양·이약우를 논핵하고 해당 율을 시행할 것을 청하다.

9. 15. 복합하고 있는 유생들을 엄히 계칙하여 물러가게 하라 명하다.

9. 15. 정언 이형회가 소를 올려, 근일 화의 근본은 조석우가 그의 조부 조하망의 흉서를 간행한 데서 비롯되었다며, 조석우의 환배(還配)와 이약우의 변방유배를 청하다. 이에 이형회를 유배하라 명하다.

10. 15. 복합하여 물러가지 않고 있는 유생 중, 소두 이하 두서넛을 원소를 갖고 입시하게 하라 명하다.

10. 15. 유생 유헌구 등을 불러 보다.

10. 15. 조석우를 다시 변방으로 보내다.

11. 6. 섬에 안치한 유치명 등을 석방하다. 이후 반대가 이어졌으나 듣지 않다.

11. 26. 영의정 김좌근이 세 번째 상소해 사직하니 허락하다.

12. 15. 홍인한의 관작회복을 명하자, 승정원과 3사가 거듭 반대하다.

12. 17. 대신들이 홍인한의 관작회복을 반대하자 명을 거두다.

철종 7년(1856)

1. 2. 총융사 김병기와 훈련대장 유상필을 서로 바꾸도록 하다.

1. 9. 금위대장 김문근과 총융사 유상필을 서로 바꾸도록 하다.

6. 30. 수재를 만난 영남에 위유사 신석희를 보내며 구휼에 힘쓰라 당부하다.

8. 27. 황해도 위유사에게 탕은·단목·호초를 내리며 구휼에 힘쓰도록 당부하다.

10. 6. 인릉을 발인할 때 망곡하다.

10. 10. 김정희 졸기.

10. 11. 인릉을 현궁에 내릴 때와 우제를 지낼 때 망곡하다.

11. 24. 좌의정 김도희가 대왕대비와 왕대비전에 존호를 올릴 것을 청하다.

철종 8년(1857)

1. 1. 대왕대비전과 왕대비전에 치사의 전문과 표리를 올리다.

2. 4. 김병기 호판.

2. 20. 5도의 유생 조진룡 등이 상소해, 김창집·이이명·이건명·조태채의 서원을 세울 것을 청했으나 불허하다.

2. 29. 김병교 형판.

3. 21. 김병국 예판.

4. 3. 김노경의 관작회복을 명하다.

4. 4. 대신들이 연차해, 김노경에 대한 명을 거두어 줄 것을 청했으나 허락하지 않다.

5. 23. 경기 양주 유생이 상소해, 김창집을 석실서원에 추배할 것을 청하니 허락하다.

6. 9. 박승종의 8세손이 박승종·박자흥의 관작회복을 청하니 허락하다.

6. 28. 도내 수령들에게 하자가 없다고 보고한 경상감사 신석우를 파직하다.

8. 4. 대왕대비의 환후로 약원에서 윤번으로 숙직하다.

8. 4. 김좌근·김병기·김현근·윤의선·김병주·김병지·김병국·김병필에게 별도로 입직을 명하다.

8. 4. 대왕대비가 양심합에서 승하하다.

8. 9. 지돈녕 이학수가 소를 올려, 순조의 공렬을 찬양하여 조로 일컬을 것을 청하다.

8. 10. 대행대왕 대비전의 시호를 순원으로, 전호를 효정으로, 능호를 문릉으로 정하다.

8. 18. 산릉을 인릉에 합봉하게 하다.

11. 29. 경기유생 이연긍 등이 상소해, 김조순을 석실서원에 추배할 것을 청하니 따르다.

철종 9년(1858)

3. 20. 우의정 조두순이, 방곡하는 폐단을 금할 것을 청하자 따르다.

4. 1. 김좌근 영의정, 조두순 좌의정.

7. 15. 순조의 어진을 남전에 봉안하다.

10. 17. 원자가 탄생하다.

10. 18. 원자 탄생을 축하해 각 도의 구환곡·증렬미·요역 등을 탕감하다.

10. 25. 홍인한의 관작을 회복하다.

10. 25. 이심도의 관작을 회복하다.

11. 9. 상계군·풍계군·회평군에게 정1품을 증직하다.

철종 10년(1859)

1. 7. 판부사 권돈인을 중도부처하다.

1. 12. 영의정 김좌근이 거듭 소를 올려 하직을 청하니 허락하다.

1. 12. 정원용 영의정.

3. 5. 방백과 수령 들의 탐오에 대해 입 다물고 있다고 질책하다.

3. 6. 전 집의 정재영이 소를 올려, 전 평안감사 김기만·경상감사 심경택·전라감사 조휘림·전통제사 유상정 등 10명을 논죄하니, 우선 간삭시

키라 명하다.

3. 30. 약원에서 희정당에 입진했는데, 원자를 안고 나와 제신들로 하여금 보게 하다.

4. 2. 전 평안감사 김기만을 용담현에, 전 경상감사 심경택을 중화부에 정배하다.

4. 15. 권돈인의 방송을 명하다.

4. 18. 권돈인이 졸하다.

4. 23. 원자가 졸서하다.

5. 5. 판부사 박회수를 다시 상직(相職)에 제배하라고 명하다.

7. 5. 찬배죄인 김기만과 심경택을 향리로 방축하다.

10. 7. 순원왕후 부묘대제를 행하다.

10. 13. 궁인 조 씨가 아들을 낳다.

철종 11년(1860)

1. 24. 영의정 정원용이 상소해 사직하니 비답을 내려 허락하다.

2. 7. 행행 시 군복을 간편하게 하도록 하는 것을 정식으로 삼으라 명하다.

윤3. 7. 원릉에 나아가 친제하고 수릉·경릉에 나아가 전알하다. 휘경원과 순강원에도 전배하고 하룻밤 유숙하다.

윤3. 8. 광릉에 전알하고 전계대원군묘에 전배하다.

윤3. 9. 환궁하다.

• 능행·태묘·사직단 제사·문묘 제사·황단 제사 등에 두루 성실했다.

4. 20. 약원에서 희정당에 입진하다.

7. 15. 약원에서 희정당에 입진하다.

7. 18. 과장을 엄정하게 관리하여 말썽이 나지 않게 하라 이르다.

7. 25. 여역을 이유로 가을의 식년 초시를 내년 봄으로 연기하라 이르다.

8. 8. 비변사가 동래부사 정헌교의 장계를 빌려, 일본 측이 노서아·불란서·영길리·아묵리가

등 네 나라와 통교했다고 아뢰다.

8. 29. 탐관오리의 착취로 인한 백성의 고통을 말하며, 사정에 얽매어 숨기지 말고 아뢰라 이르다.

9. 10. 두 포장에게 분부해 괘서죄인을 잡도록 하라 이르다.

11. 2. 대사헌 서대순이 상소해 경평군 이호를 논척하자, 문출의 형전을 시행하라 이르다.

11. 4. 경평군의 작호를 즉시 환수하라 명하다.

11. 4. 양사에서, 이호를 나국해 실정을 알아내고 전형을 결단할 것을 청하다.

11. 4. 대신들이 연차해, 이호를 절도에 위리안치할 것을 청하니 따르다.

11. 4. 호판 김병기·이판 김병국이 소를 올려 인구(引咎)하자, 인피하지 말라 이르다.

11. 5. 영돈녕 김문근이 상소해 스스로를 인구하니 달래다.

11. 6. 판부사 김좌근이 상소해 스스로를 인구하니 달래다.

11. 6. 이호를 강진현 신지도에 천극하다.

철종 12년(1861)

1. 6. 순조·순원왕후에게 추상 존호와 책보를 올리다.

1. 15. 귀인 조 씨가 생남하다.

1. 29. 뇌물의 피해에 대해 말하다.

2. 17. 과거에 공정을 기할 것을 명하다.

2. 20. 비변사의 건의에 따라, 과장의 소란을 막지 못한 입문관과 금란관을 나무라게 하다.

2. 21. 비변사에서, 무고죄인 조시수를 군문에 붙여 효수해 군중을 경계할 것을 청하니 따르다.

3. 6. 내병조에 나아가 조만준을 친국하다.

3. 7. 죄인 조만준을 군기시 앞에서 대역부도로 주살하다.

3. 22. 어진을 완성하다.

3. 26. 과장에서 화폐가 나돈 일을 거론하며, 과시에 뇌물을 주고받은 자를 잡아내 벌하라 이르다.

4. 3. 과시에 편법을 행한 이들을 원방목에서 삭제하여 10년간 정거케 하고, 단속하지 못한 예조의 당상은 봉초하여 파직의 형전으로 시행하게 하다.

4. 18. 대신·종친 들을 소견하고 어진의 표제를 친서한 뒤 들어와 보다.

4. 21. 어진을 주합루에 봉안하다.

6. 1. 영부사 박회수 졸기.

6. 10. 대각이 말하지 않는 풍습을 한심하다고 지적하고, 패초를 어긴 대사간 임백수를 찬배할 것과 나머지는 모두 간삭의 형전을 시행하라 이르다.

6. 19. 열하사를 불러 중국의 사세를 묻다.

9. 30. 영의정 정원용의 건의에 따라, 가작(加作)하는 풍습을 엄히 신칙케 하다.

9. 30. 약원에서 희정당에 입진하다. 이 자리에서 가작은 강탈과 다름없다며, 어째서 묘당이 도백과 수령의 죄를 청하지 않는지 묻다.

11. 1. 훈국의 마보군과 별기군에서 60명을 골라 뽑아 무감을 가설하고 국출신(局出身) 50명을 군오(軍伍)에 옮겨 충당하게 하다.

11. 1. 지사 김병국이 소를 올려 무감의 가설 명을 거두어 줄 것을 청하자, 숙위의 소홀을 말하며 듣지 않다.

11. 6. 강화유수가 염종수의 죄상을 아뢰다.

11. 7. 임금을 기만하고 부도한 짓을 했다 하여 염종수를 참수하다.

11. 14. 염희영을 제주의 종으로 삼다.

12. 30. 이해의 호구는 1,589,038호, 남 3,393,934명, 여 3,354,204명이다.

철종 13년(1862)

2. 29. 경상감사 이돈영이, 진주 난민이 병사를 협박하고 인명을 불태워 죽였다고 치계하다.

3. 10. 진주 안핵사·도신 등에게 민란의 책임을 묻고, 백성들이 억울하게 벌을 받지 않게 할 것을 이르다.

4. 1. 전라감사 김시연이 난민의 일을 치계하다.

4. 2. 익산군의 민란으로 해당 도신을 간삭하다.

4. 4. 경상안핵사 박규수가 치계해, 난민 소동의 원인은 백낙신의 탐욕과 침학 때문이라 아뢰다.

4. 10. 백낙신을 엄히 형신한 다음 절도에 정배시키고 물간사전(勿揀赦前)하라 이르다.

4. 10. 백낙신을 고금도에 정배하다.

4. 15. 희정당에서 대신들과 차대해, 도신들에게 탐오한 수령들의 죄를 아뢰게 할 것과 환곡의 변통을 이르다.

4. 15. 백낙신은 도배만으로는 안 된다며 제주에 위리안치할 것을 명하다.

4. 17. 경상감사 이돈영이 장계를 올려 개령 백성 수천이 난을 일으켰다고 아뢰자, 이는 장리(長吏)들의 죄라면서도, 인명을 살상하고 인가를 불태우는 데까지 이르렀으니 철저히 조사해 크게 징계시켜야 한다고 하다.

4. 21. 전라가도사 민세호가 장계를 올려 함평 백성의 난을 아뢰다.

4. 25. 사폐한 호남선무사 조귀하를 불러 보고 민심을 효유할 것을 이르면서, 전후의 사유를 따져볼 때 장리의 죄임을 거듭 밝히다.

5. 5. 비변사의 건의에 따라 익산의 관련자 처리를 정하다.

• 주모자 10인은 부대시참, 전 군수 박희순은 찬배했다.

5. 12. 회덕의 난민들이 소동을 일으키다.

5. 16. 공주 각 면의 초군(樵軍)들이 도당을 모아 소란을 일으키다.

5. 19. 은진의 난민들이 인가를 불태우다.

5. 20. 연산현의 초군 수천이 인가를 불태우다.

5. 21. 은진의 백성 수천이 지경을 넘어 여산부에 이르러 인가를 불태우다.

5. 21. 부안현 백성들이 선무사 행로를 가로막고 이인(吏人)을 발로 차 죽이다. 금구현 난민들은 인가를 불태우다.

5. 22. 충청감사가 회덕의 초군들이 청주목 읍촌의 인가들을 방화했다고 치계하다.

5. 22. 진주 안핵사 박규수가 상소해, 문제의 근원은 3정의 문란에 있다며 국을 설치해 개혁할 것을 청하다.

5. 23. 비변사에서, 박규수가 민란 관련자들에게 지나치게 가벼운 벌로 논단했다며 10명을 더 부대시참에 처할 것과 박규수를 간삭할 것을 청하다.

5. 25. 장흥부 전 군수 고제환이 도당을 불러 모아 인가와 공해를 불태우다.

5. 25. 3정에 대해 국청을 설치하고 개혁할 것을 청하다.

5. 26. 경술년(철종 1년) 이후 창설한 각 읍의 서원 중, 사액한 것 외에는 모두 철향(撤享)하는 일을 해조에서 각 도에 알리도록 하라 명하다.

5. 26. 영부사 정원용·판부사 김흥근·김좌근·좌의정 조두순을 이정청(釐整廳)의 총재관으로 삼다.

5. 27. 관상감을 이정청 처소로 삼고, 판돈녕 김병기·지사 김병국 등 14명을 이정청 당상관으로 삼다.

5. 29. 생사당도 모두 철거하라 명하다.

5. 29. 비변사에서, 선산·상주·거창의 민란에 대해 아뢰고 도신을 종중추고할 것을 청하니 따르다.

5. 30. 비변사에서, 함평현 안핵사의 계본에 거론된 죄수들의 처리를 청하자, 6명을 부대시참하고 전 현감 권명규는 원찬케 하다.

6. 6. 진주목 안핵사의 사계(査啓)에 따라, 전 병사 이규철·오길선·전우·신효철, 전 목사 박승규·남지구·전영, 전 영장 정완묵을 죄주다.

6. 10. 3정의 경장에 대해 널리 의견을 채집하기 위해 문관·음관·당상·당하 등에게 책문을 시험할 것이라며, 이정청의 총재관을 모두 독권관으로 삼도록 하라 명하다.

6. 18. 여러 유현들에게 유시하여, 3정의 폐단을 바로잡는데 의견을 진달할 것과 조정에 나와 벼슬할 것을 청하다.

6. 23. 이정청의 요구에 따라, 홍재룡·김문근 등 13명을 이정청 당상관으로 충원하고 낭청도 차하하다.

7. 5. 내탕고의 돈 5만 냥을 이정청에 내려 백성의 구휼에 쓰게 하고, 각 영·각사·방백·수재들이 재용을 절약할 것을 요구하다.

7. 6. 이정청에서, 어세세·염세를 각 궁방이나 사대부의 집, 아문에서 억지로 빼앗아 점거하고 있는 경우 균역청에 예속시킬 것을 청하다.

7. 10. 전 전라감사 김시연을 파면해 폐서인하고 제주에 위리안치하라 명하다.

7. 17. 대신들이 포청의 조사 결과를 보고 청대해 처분을 내릴 것을 청하니 따르다.

7. 18. 추국을 행하라 이르다.

7. 25. 국초에 그 이름이 나왔으나 화응한 자취를 보지 못했다며 이하전을 감사해 제주에 위리안치하라 명하다.

• 신하들의 거듭된 반대에도 화응한 자취가 없다며 굽히지 않았다.

7. 26. 김순성을 대역부도로 주참하다.

7. 27. 밀고한 이재두에게 동중추를 제수하다.

7. 29. 3사의 제신이 이하전의 일로 구대하자 모두 체차하다.

8. 9. 내병조에 정국을 설치하고 임일희를 모반죄로 주참하다.

8. 11. 이하전을 사사하라 명하다.

8. 27. 좌의정 조두순이 3정의 개혁에 관해 아뢰다.

8. 30. 이정청에서 적정(糴政)에 대한 책자 때문에 아뢰다.

윤8. 8. 미시에 궁인 이 씨가 아들을 낳다.

윤8. 11. 이정청 총재관 당상들을 불러 3정에 대한 의견을 묻다. 대신들의 의견이 조금씩 다르자, 더 좋은 절목을 만들어 들이도록 하다.

10. 29. 비변사의 건의에 따라, 3정은 다시 구규에 의거해 행하게 하다.

12. 11. 3남에 환정의 폐단을 바로잡는 절목을 행회(行會)하라 이르다.

철종 14년(1863)

1. 4. 익풍부원군 홍재룡 졸.

2. 7. 휘경원 천봉 뜻을 말하니, 시임·원임 대신들이 동의하다.

5. 8. 휘경원의 현실을 내리다.

7. 30. 지난번 민란 때, 소란을 피운 이들 중 죄명이 무거운 자를 제외하고 모두 놓아 보내게 하다 .

7. 30. 가극죄인 김시연·위리죄인 백낙신·도배죄인 서상복 등 3인, 원찬죄인 5인, 찬배죄인 4인, 양이죄인 김후근을 모두 방송하고, 암행어사의 계사로 유배된 이들도 모두 방송하라 명하다.

11. 6. 김문근 졸.

12. 8. 직숙을 명하다.

12. 8. 대보를 대왕대비전에 봉납하게 하다.

12. 8. 묘시에 대조전에서 승하하다.

12. 8. 대왕대비전에서 흥선군의 2남에게 사위(嗣位)시키라 명하고, 영의정 김좌근·도승지 민치상을 보내 잠저에서 봉영하여 오게 하다.

고종실록

총서

《고종실록》은 총서가 없다.

고종 즉위년(1863)

12.8. 대왕대비가, 흥선군의 둘째 아들 이명복을 익성군으로 삼고 익종대왕의 뒤를 잇게 하겠다는 언문 전교를 내리다.

12.8. 대왕대비가 수렴청정을 받아들이다.

12.9. 흥선군을 흥선대원군에, 부인을 영흥부대부인에 봉하다.

12.10. 예조에서 복제 절목을 올리다.

12.13. 인정문에서 즉위하다.

12.20. 선전관 정운귀가 최제우와 동학에 대해 보고하다.

　• 최제우의 원래 이름은 최복술이다. 《실록》에 최복술로 등장하는 예가 있다.

12.30. 종묘와 혼전의 축문 형식을 의논하다.

고종 1년(1864)

1.7. 예조에서, 대원군 궁을 건축하고 수리하는 데 17,830냥을 지출하겠다고 하다.

1.13. 대왕대비가, 의정부와 비변사의 업무 구분, 무신 홀대 등을 지적하다.

1.18. 서얼 등용의 뜻을 보이다.

1.20. 도목정사를 행하여 송내희를 대사헌에, 신철구를 대사간에 임명하다.

1.23. 비변사에서, 영암과 나주의 조운선 파손과 관련해 의심이 가는 정황을 보고하다.

1.24. 대왕대비가, 궁방·내수사·고관의 집안 등에 업고 각종 폐단을 야기하는 일과, 도고들이 가격을 농락하는 일을 엄금하라 명하다.

2.5. 조운선을 고의로 침몰시킨 선주와 멋대로 귀가 조처한 부사를 처벌하라 명하다.

2.8. 풍천에서 민란이 일어나다.

2.10. 영의정 김좌근이, 양전의 단계적 실시와 역참의 폐해 시정 등에 대해 아뢰다.

2.11. 비변사에서, 비변사와 의정부의 사무 분담 절목을 올리다.

　• 비변사의 권한을 강화시키는 방향이었다.

2.15. 대왕대비가, 삼을 몰래 거래하는 일을 금지시키라 명하다.

2.28. 얼음이 언 두만강 위로 아라사(러시아) 사람 3명이 건너와 통상을 요구하다.

2.29. 경상감사 서헌순이, 최복술(최제우)과 동학의 정형을 보고하다.

3.2. 의정부에서 대왕대비의 뜻에 따라, 동학 두목 최복술을 참형해 효수하고 강원보 등 12명은 형배하기로 했다고 아뢰다.

3.3. 의주 암행어사 이응하가, 전 부윤 심이택이 각종 비리를 저지르고 부민들로부터 취한 재물이 27만 냥이 넘는다고 아뢰다. 대왕대비가 심이택을 형구를 채워 나수(拿囚)하라 명하다.

3.5. 대왕대비가, 뇌물이 오가는 등 유배자의 기강이 해이하다 말하고 엄정히 처벌하라 이르다.

3.7. 대왕대비가, 정의현에 표류한 일본인 20명에게 배를 내어 동래부에 넘겨 주게 하다.

3.13. 의정부에서 방곡의 폐단을 엄히 신칙할 것을 청하니 윤허하다.

3.16. 대왕대비가, 조운선의 파손에 대한 보고서가 이제야 도착한 것에 대해 분개하며, 늦게 보고한 공충감사를 엄히 추고할 것을 명하다.

4.7. 철종을 예릉에 장사 지내다.

4.11. 흥인군 이최응이 종부시를 종친부에 통합

할 것을 청하다.

4. 22. 대왕대비가, 전국의 서원·향현사·생사당에 소속되어 있는 결총(結總)과 보액(保額)을 상세히 기록해 보고하라 이르다.

4. 23. 춘당대에 거둥해 선파(璿派) 유생의 응제를 행하고 이근수·이세기·이창호를 직부전시하다.

• 선파는 전주 이씨 가운데 조선 왕실에서 갈리어 나온 파를 뜻한다.

4. 29. 대왕대비가, 포구에서 조세를 거두는 일, 보를 쌓아 이익을 취하는 일, 장시에 도고를 차리는 일을 없앨 것을 거듭 밝히고, 엄격히 실태를 조사해 보고하라 명하다.

5. 18. 대왕대비가, 선파로 죄에 연루되어 있는 자 중, 의리에 크게 관계되거나 역적으로 판명된 이를 제외하고는 심사하여 복관하라 명하다.

6. 6. 대왕대비가, 운현궁과 금위영 사이 담장에 문 하나를 내도록 명하다.

6. 7. 전국의 서원·생사당에 속해 있는 결총·보액을 보고하지 않고 있는 해당 도신·유수를 엄히 추고하라 명하다.

6. 8. 대왕대비가, 해안 경비의 허술함을 말하고 인삼 밀매에 대한 것은 개성 유수부가 전담하라 명하다.

6. 10. 대왕대비가, 종친으로 공충·전라에 부임하는 공충병사·전라좌수사·전라우수사에게 특별히 하유하다.

6. 10. 영의정 조두순, 좌의정 이유원, 우의정 임백경.

7. 11. 홍계희·김양택·김종수·심환지·김달순·김한록·김관주의 관작을 회복하다. 복창군 이정·복선군 이남 등 종친의 관작을 회복하다.

7. 14. 신하들이 관작 회복 명에 강력히 반대하자, 죄가 없다는 뜻이 아니라 죄를 씻어 주는 은전을 베푸는 것이라 답하다.

7. 18. 처분을 내린 지 여러 날이 지났는데 대간이 소란스럽기만 하고 거행하고 있지 않다며, 거

행할 때까지 수라를 들지 않겠다고 하다.

7. 18. 대왕대비께서 수라를 드시지 않고 있으니 같이 수라를 들지 않겠다며 관작 회복의 거행을 명하다.

7. 27. 대왕대비가, 불법으로 서원이나 향현사를 설치하는 것을 금지하도록 명하다

8. 10. 인삼을 밀매한 잠상(潛商) 1인을 효수하고 5인을 정배하다.

8. 17. 대왕대비가 서원의 폐단에 대해 거듭 말하다. 법전에 명시된 전결 외의 민결은 일체 적발하고 하인·고지기 등도 액수를 묘당에서 정해 주라 하다. 그 외에는 군액에 충정케 하다.

9. 24. 대왕대비가 왕대비와 함께 운현궁으로 가다.

10. 20. 선혜청에서, 여러 도의 미납한 수량이 1년 동안 바쳐야 하는 총량과 비슷하다고 아뢰다.

12. 13. 청탁을 위해 서울에 머물러 있는 지방 아전들을 엄히 다스리라 명하다.

12. 21. 대왕대비가 좌승지를 보내 대원군의 생신을 하례하다.

고종 2년(1865)

1. 2. 김귀주의 관작을 복구하다.

1. 4. 태묘의 춘향대제(春享大祭)에 참여한 선파인들에게 과거를 보게 하라 명하다.

1. 13. 김병학이, 능원대군을 인조 묘정에, 인평대군을 효종 묘종에, 남연군과 풍은부원군을 순조 묘정에 배향할 것을 청하니 따르다.

2. 2. 의정부에서, 공납을 받아들일 기한 연장을 청하니, 대왕대비가 50일을 연장하되 기일을 넘기면 일률로 다스리라 명하다.

2. 9. 대왕대비가, 의정부 청사를 새로 지으라 명하면서 2만 냥을 내리다.

2. 9. 의정부 중건하는 일에 대해 자전의 전교가 내렸으니 매우 흠앙하는 바라면서, 각 처의

편액은 어필(御筆)로 내리겠다고 하다.

2. 20. 종친부가 수리되어 옛 모습을 회복했다며 편액을 친히 써 내리겠다고 하다.

3. 3. 김병학 좌의정.

3. 15. 이번 식년시 합격자 명단 끝에 응시한 선파인 전원과 풍양 조씨 전원을 적어 넣으라 명하다.

3. 16. 영의정 조두순이 편찬한 지 80년이 되었다며, 그사이 나온 수교 등을 정리해 《대전통편》을 증보할 것을 청하다.

3. 17. 대왕대비의 뜻에 따라, 합격자 명단에 풍양 조씨를 넣으라는 명을 거두다.

3. 28. 대왕대비가, 비변사를 의정부에 통합하고 비국의 인신(印信)을 영영 녹여 없앨 것을 명하다.

3. 29. 대왕대비, 만동묘 제사를 폐지하고 지방위(紙榜位)와 편액은 황단의 경봉각에 보관하고 편액은 그대로 걸도록 하라 명하다.

4. 2. 대왕대비가 경복궁 중건을 명하다.

4. 3. 대왕대비가 경복궁 영건도감의 설치를 명하고 관련해 대신들과 논의하다. 이어 일체의 일을 대원군에게 맡겼으니 매사를 의논해 처리하라 이르다.

4. 3. 영건도감의 도제조를 영의정 조두순과 좌의정 김병학으로 삼고, 제조에는 흥인군 이최응·좌찬성 김병기·판중추 김병국·호판 이돈영·대호군 박규수·종정경 이재원을, 부제조엔 이재면·조영하·조성하를 삼다.

4. 5. 대왕대비가 경복궁을 중건하는 일에 백성을 동원하는 것을 그만두라 명하다.

4. 6. 운현궁에 문안하다.

4. 12. 담장 밖 백성의 집을 철거할 때는 돈을 지불하라 명하다.

4. 30. 새로 급제한 이휘복·이윤수를 병조참의·병조참지에 제수하다.

5. 3. 대왕대비가, 집집마다 강제로 부역하거나 징수하는 형편이라 들었다며, 이후로 근기(近畿)

지방에서 부역을 지원하는 백성을 모집하지 말라 이르다.

5. 4. 석경루에서 나온 그릇에 대해 말하고 이를 조지에 싣게 하다.

5. 26. 영의정 조두순이, 3군부·6조가 대궐 좌우에 늘어서게 하는 옛 규례를 회복할 것을 청하다.

윤5. 16. 《철종대왕실록》이 완성되다.

6. 15. 안치죄인 이태규가 배소로 갈 때, 행장이 마치 관리의 것과 같고 비용 또한 역참에 물린 데다가 도중에 뇌물까지 수수하다. 이에 이태규를 한 차례 형신한 다음 갑산부에 천극안치하라 명하다.

7. 21. 대군과 왕자군은 영종정경, 대신과 정1품은 판종정경, 종1품과 정2품은 지종정경, 종2품은 종정경으로 하비(下批)하다.

7. 27. 경상감사가 장계를 올려, 이양선이 임곡진에 정박했는데 큰 배가 파손되었다고 하자 배를 내주고 양식도 주다.

• 모선 1척과 종선 3척이 왔다가 모선이 파손된 것이다.

7. 28. 원환곡 168,000여 석 남짓 중에서 실제 수효는 14,000여 석뿐이라고 경기감사가 아뢰다.

7. 30. 삼정(蔘政)이 경비에 보탬이 됨은 다른 세수에 비할 바가 아니라며, 적은 분량이라도 가지고 나가면 적발 즉시 사형에 처하도록 하다.

8. 6. 선산의 난민 이예대가 체포돼 효수되다.

• 이예대는 임술년(1862) 변란의 괴수다.

8. 9. 경기도 장부에 남아 있는 환곡 3분의 1을 탕감하다.

8. 17. 삼척에 고기잡이배를 탄 이양인 3인이 표류하다.

8. 20. 황해감사 홍순목이, 청국의 배가 들어왔는데 그중 1인은 영국인으로 한 뭉치 종이를 던져 놓고 갔다고 아뢰다.

• 종이 뭉치는 이단서 16권과 역서(曆書) 1권을 말한

것이다.

8. 30. 대원군이 덕산에서 돌아오자 숭례문 밖에서 맞이하고 문안하다.

9. 10. 대왕대비가, 법궁의 전각이 차례로 완성되어 간다며 정도전의 훈봉(勳封)을 회복하고 봉사손을 건원릉 참봉에 의망하라 이르다.

9. 14. 대왕대비가, 주상의 백부·중부인 흥녕군·흥완군에게 영의정을 추증하라 명하다.

9. 19. 흥인군 호위대장.

9. 23. 방곡(防穀)하는 수령을 처벌키로 하다.

9. 25. 새 법전의 명칭을 《대전회통》으로 하다.

10. 15. 김상로의 관작회복을 명하다.

10. 17. 대왕대비가 10만 냥을 내리며, 기호·양남 지방의 재해 입은 백성의 구제를 명하다.

11. 1. 이헌구·이희·김수근을 철종묘에 배향키로 하다.

11. 11. 예판 김병국이, 원구단의 제사를 지낼 수는 없으나 해당 분야의 성신(星辰)에 제사할 것을 청하니 따르다.

• 태종 때 원구단 제사를 폐지했다.

11. 25. 성단의 제사를 매년 정월 상인(上寅)에 지내는 것으로 규례를 정하라 명하다.

11. 26. 경상 유생 1,468명이 만동묘 제사를 청하자 물리치다.

11. 30. 《대전회통》·《양전편고》를 완성하다.

12. 21. 대원군의 생신이니, 도승지를 보내 문후하고 오게 하다.

고종 3년(1866)

1. 1. 김좌근에게 궤장을 하사하는 예를 3월 안으로 택일해 거행하라 전교하다.

1. 1. 12~17살의 처자에 대해 금혼령을 내리다.

1. 4. 유후조 우의정.

1. 5. 형조에서, 사학을 믿으며 사람들을 선동하고 미혹시킨 죄인 전장운·최형의 부대시참을

청하자 따르다.

1. 9. 고 봉조하 김종수를 다시 묘정에 배향하라 전교하다.

1. 11. 포청에서 사교를 전파한 서양인을 체포했다고 보고하다.

1. 11. 대신들이 차자를 올려, 사교를 믿은 죄인을 벌하도록 청하다.

1. 11. 부호군 남이윤·호군 남성교·우승지 남종순이 연명으로 상소해, 남종삼을 잡아다 국청을 설치해 전형을 실시할 것을 청하다.

1. 16. 대왕대비가 가례 때 별궁을 운현궁으로 하도록 하다.

1. 16. 좌우포도청에서 사학죄인들을 의금부로 압송하다.

• 베르뇌 등 프랑스인 4명과 홍봉주·이선이 등이다.

1. 18. 추국청에서, 사교를 배신할 것을 맹세한 이선이의 석방을 청하니 따르다.

1. 18. 사학죄인 최형이 출판한 책을 가지고 있는 백성들로부터 책을 거둬 각 감영에서 불태우게 하다.

1. 20. 의금부에서, 프랑스와 조약을 맺어야 한다는 주장을 편 남종삼을 부대시참에 처할 것을 청하다. 이어 서양인과 한집에 살면서 교도를 불러 모은 홍봉주도 부대시참에 처할 것을 청하다.

1. 21. 사학의 책과 판각을 수색해 불태우게 하다.

1. 23. 전장운·최형을 부대시참에 처하도록 하다.

1. 24. 의정부에서, 사교의 무리들이 들어오지 못하게 해안 방비를 철저히 할 것을 주장하니 따르다.

1. 24. 의정부의 건의에 따라, 남종삼의 아비 남상교는 공주 진영에 엄히 가두고, 남종삼·홍봉주의 자식들은 전주 진영에 엄히 가두라 명하다.

1. 25. 사학죄인 신요안·박미가엘알늑산델·정의

배·우세영 등을 군문에 넘겨 효수하게 하다.

• 신요안과 박미가엘알늑산뎰은 프랑스인이다. 실록에 '미가엘알늑산뎰'이 한글로 적혀 있다.

1.26. 잠삼(潛蔘)으로 범월죄를 범한 홍화서 등 4인을 효수하다.

2. 4. 철종의 어진을 천한전에 이봉하다.

2. 6. 남종삼의 처자를 창녕현에 이송해 노비로 삼도록 명하다.

2. 8. 선파의 유생과 무사에게 응제를 행하다. 유학 이연응을 직부전시하고, 무에 입격한 이승준 등 10인은 가자, 이원협 등 49인은 직부전시하다.

2.13. 대왕대비가 수렴청정을 거두다.

2.13. 철종 때 궁인 범 씨가 낳은 딸을 영숙옹주로 봉하다.

2.18. 영국 선박이 해미현 조금진으로 와서 정박하다. 평신첨사 김영준 등이 가서 필담을 하여 보고하다.

• 이 배의 선주는 영국인 오페르트이고, 청나라 상인들도 함께 배에 타고 있었다. 김영준은 무역 요청을 받았다고 보고했다.

2.25. 경상좌수사 구주원이, 이양선에 대해 보고한 부산첨사의 보고서를 올리다.

• 이 배는 미국 선박으로, 배에 대해 상세히 묘사하고 있다.

2.25. 함경도에서 사사로이 돈을 만든 이영운·김문호를 효수하다.

2.25. 중희당에서 초간택을 행하다.

2.25. 대왕대비가, 민치록의 딸·김우근의 딸·조면호의 딸·서상조의 딸·유초환의 딸을 재간택에 넣고 나머지는 허혼하라 명하다.

2.27. 법령을 엄격히 하고 토호의 악습을 근절할 것을 이르고, 이를 언문과 한문으로 베껴 써서 방방곡곡에 붙이도록 하다.

2.29. 중희당에서 재간택을 한 뒤 대왕대비가 첨정 민치록의 딸을 삼간택에 들게 하고 나머지는 모두 허혼하게 하라 이르다.

3. 6. 대혼을 첨정 민치록의 딸로 정하다.

3. 6. 동십자각에 있는 훈련도감의 가건물에 불이 나 800여 칸을 모두 태우다.

3. 6. 고 첨정 민치록에게 영의정 여성부원군을 추증하다.

3.11. 영돈녕 김좌근에게 안석과 궤장을 하사하다.

3.21. 운현궁에 나아가 친영례를 행하다.

3.27. 전좌(殿座)와 동가(動駕)할 때, 선전관과 병판은 융복을 입는 것을 정식으로 삼으라 명하다.

4. 9. 인정전에서 문과중시를, 훈련원에서 무과중시를 행하다.

4.17. 이경하 훈련대장, 이주철 금위대장, 신관호 총융사.

4.19. 이최응 판의금.

4.24. 이재원 한성판윤.

5.10. 대왕대비가 30만 냥을 내려보내 환곡의 폐단을 바로잡도록 하자, 이를 각 도에 내려 환곡을 복구하게 하다.

6. 2. 의정부에서, 군정과 전정의 폐단을 바로잡기 위한 대책을 아뢰자 허락하다.

6.15. 여러 도의 근무 평가에서 정사를 잘한 관리들에겐 표창하는 은전을 베풀도록 하라 이르다.

6.23. 법궁의 축성 공사에 수고한 훈련대장 이경하·금위대장 이주철·어영청대장 이현직에게 가자하다.

7. 5. 영국 상선이 해미현 조금진에 와서 통상을 요구하다.

7. 8. 공전을 마구 써 버린 호조정랑 임면수에게 형장을 가하고 향리로 내쫓으라 명하다.

7. 8. 예부가 자문을 보내, 프랑스가 전교사(傳敎士) 살해를 이유로 조선을 치려 한다고 전하다.

7. 8. 프랑스 쪽에 소식이 신속하게 전해진 것은 내부자들 때문이라며, 사학 무리를 처리하고

연해 고을의 거동 수상자를 효수키로 하다.

7. 12. 영국 상선이 월곶진에 정박해 경성행을 희망하다.

7. 13. 영국 상선이 교역과 음식물을 요구하다.

7. 14. 이양선과 내통하는 무리들을 효수토록 하다.

7. 15. 평안병사 이용상이, 이양선 6척이 주영포에 정박했다고 보고하다.

7. 15. 황해감사 박승휘, 황주목사 정대식이 승선하여 저들과 나눈 문답 내용을 보고하다.

7. 16. 강화유수 이인기가, 승천보에 정박하고 있는 영국 상선은 통상만을 요구하며 타일러도 물러날 생각을 않는다고 보고하다.

7. 18. 강화유수 이인기가, 이양선과 몰래 내통한 안춘득·장치경·이두성을 포도청으로 압송하다.

7. 18. 평양병사 이용상이, 평양 경내로 와서 정박 중인 이양선과 문답한 내용을 보고하다.

• 천주교인을 쫓아낸 것을 항의하고 통상을 요구했다. 이 배가 제너럴셔먼호다.

7. 22. 평안감사 박규수가 장계를 올려, 이양선과 백성의 충돌에 대해 아뢰다.

7. 25. 박규수가 장계를 올려, 이양선이 총을 쏘아대 우리 백성 7인이 죽었다는 등의 내용을 보고하다.

7. 26. 이양선과 내통한 안춘득을 효수하고 장치경·이두성은 형신 후 석방하다.

7. 26. 마패를 위조해 어사 행세를 한 해미현의 조영인을 효수하다.

7. 27. 박규수가 장계를 올려, 화공으로 이양선을 공격해 불사르고 생포한 이들은 군민들이 때려죽였다고 아뢰다.

8. 2. 척사윤음을 지어 이를 한문과 언문으로 써서 방방곡곡에 붙이게 하라 이르다.

8. 3. 척사윤음을 내리다.

8. 7. 이판 이재원이, 영조가 자신의 집안에 하사한 섬 청산도를 공용으로 돌려 그 세금으로

진을 설치하게 할 것을 청하다.

8. 8. 박규수가 장계를 올려, 이양선에서 거둔 것들을 소개하다.

8. 13. 영종방어사가 이양선 1척이 부평 지경에 들어섰다고 아뢰다.

8. 16. 월곶진 앞바다에 정박 중이던 이양선 2척이 서울 쪽으로 향하다.

8. 16. 기정진이 소를 올려, 서양 물건을 소각할 것 등을 청하며 강력한 대응을 촉구하다.

8. 18. 서양 선박이 양화진에 이르자 어영중군 이용희를 보내다.

9. 6. 크고 작은 이양선 6척이 팔미도로부터 올라와 큰 배 1척은 부평 율도 앞에, 나머지는 세어도 쪽으로 이동하다.

9. 7. 경기감영의 도시(都試)에 화포과를 신설케 하다.

9. 7. 영종첨사 심영규가 치계하여, 배 4척이 각기 종선을 내보내 군병과 기계를 싣고 강화 쪽으로 이동했다고 보고하다.

9. 7. 강화유수 이인기가, 양인들 500~600명이 총칼을 지니고 산으로 올라가는데 우리 관리가 문정(問情)하려 하자 응하지 않았다고 아뢰다.

9. 8. 양인들이 동쪽성에 돌입해 성을 파괴하고 나가다. 경력 김재헌이 가서 문정하자, 그들이 서양인 9명을 죽인 이유를 묻고 음식을 요구해서 소와 돼지를 주었다고 하다.

9. 8. 좌의정 김병학의 의견에 따라, 훈련대장 이경하를 순무사로 삼고 이항로를 동부승지로 삼다. 이어 모군(募軍)에 응해 공이 있는 자는 발탁해 쓰겠다는 방을 내걸게 하다.

9. 11. 이용직 등 8명을 소모사로 삼아 의병을 규합해 서울로 올라오게 하다.

9. 11. 종친부 선파 이해조가 군수에 보태라며 1만 냥을 바치다.

9. 11. 대원군이 화친을 반대하는 글을 묘당에 보내다.

9. 12. 동부승지 이항로가 상소해 항전을 주장하다.

9. 14. 사학죄인 이의송 등 3명을 효수하다.

9. 16. 각 도와 감사들에게 화포과를 실시해 포 쏘는 기술을 익히게 하다.

9. 17. 사학죄인 김중은·박영래를 효수하라 명하다.

9. 19. 양이들이 문수산성을 점령하다.

9. 19. 포천의 선파 이규한이, 양이를 토벌하겠다는 혈서 격문을 써서 사람들을 모으다. 이들을 순무영의 선봉진에 보내다.

9. 21. 지존정경 이시원과 그 아우 이지원이 충분(忠憤)으로 약을 먹고 죽자 영의정·이조참판으로 추증하고 정려문을 세우는 은전을 베풀다.

9. 22. 순무영에서 치계하여, 양이들이 육지에 내려 광성진 문루를 불태우는가 하면 민가와 용진의 화약고에 불을 지르고 우리 배에 대포를 쏘았다고 보고하다.

9. 27. 적들이 처음 이르렀을 때 백성들 사이에 유언비어가 비등하다.

• 이미 도성이 함락되었다거나, 나라에서 수도를 버리고 도망려 한다는 등의 난언이 돌았다.

9. 27. 상황을 반전시키지 못하는 책임을 물어, 이인기·이용회를 원악도에 정배하라 명하다.

9. 29. 대간들에 이어 대신들도 이인기·이용회의 사형을 청하다.

10. 3. 정족산성 수성장 양헌수가 적을 물리쳤다고 보고하다.

10. 3. 양헌수를 한성부 우윤에 제수하다.

10. 4. 이항로가 사직소를 올려 토목 공사를 중단할 것과 서양 물건 금지를 주장하다.

10. 5. 양헌수가, 적의 사망자가 50명에 이를 것 같다는 보고를 올리다.

10. 6. 순무영에서 강화도의 피해 상황을 보고하다.

10. 8. 이항로가 사직 소에서 만동묘의 제사를 청하다.

10. 12. 강화도가 점령되었을 때, 서리 조희영 등이 선원각과 사각에 보관돼 있던 책궤들을 토굴을 파서 임시 봉안하다.

10. 12. 외적의 침입 시, 사직과 성묘의 위판을 받들어 내온 이들을 표창하다.

10. 13. 이양선이 모두 팔미도 밖으로 나가다.

10. 15. 의정부에서, 서양 배의 침입은 호응한 이들이 있었기 때문이라며, 철저히 수색케 할 것을 청하다.

10. 15. 의정부의 건의에 따라, 최근 겪은 이양선 관련 사건을 일본에 알려 주기로 하다.

10. 18. 서양 물품의 반입을 금지하고 들어오는 자는 먼저 벤 뒤 보고케 하다.

10. 20. 순무영을 파하다.

10. 20. 동래부에도 공문을 보내 서양 물품의 반입을 금지케 하다.

10. 25. 김포·양천·고양 등의 군포 3분의 1을 탕감해 주다.

10. 25. 문수산성·정족산성의 싸움에 참가한 이들을 포상하다.

10. 30. 좌의정 김병학이 당백전 주조를 청하다.

11. 5. 중국 예부의 자문에 답서를 보내다.

11. 6. 조두순이 당백전 주조에 우려를 표시하다.

11. 11. 의정부에서, 전라감영 화포과에서 뽑힌 포수가 관노의 우두머리라며 문제를 제기하자, 면천하라 명하다.

12. 1. 이달 10일부터 당백전을 행용키로 하다.

12. 2. 각 읍의 공납은 새 돈과 예전 돈을 섞어 쓰게 하다.

12. 12. 러시아인이 집을 짓는 일과 교역을 요구하였으나 허락하지 않다.

12. 29. 러시아인이 경흥 건너편에 와서 머물러 있는 것에 대해 중국에 자문을 보내다.

고종 4년(1867)

1. 9. 익종대왕을 추상하고 대왕대비에게 존호를 올리다.

1. 13. 경흥부사 윤협이 비적의 무리를 쫓고 사람과 가축을 되찾아 오다.

2. 4. 양요가 일어났을 때, 의를 위해 모병에 응하고 재물을 내놓아 도운 이는 대부분 선파인에서 나왔다며 식년과의 방목 끝에 붙이게 하다.

2. 9. 영건도감 감역소에 불이 나다.

2. 17. 새로 주조한 돈 1만 냥을 보내 군기시와 세 군영의 군비를 보충케 하다.

2. 24. 새로 입격한 이용석·이존상이 잠저 시절 동학한 이라며 사악(賜樂)하다.

2. 30. 서울의 각 감영에서 각 성문에서 세금을 거두기 위한 안을 마련해 별단과 함께 올리다.

3. 2. 도주(盜鑄)한 이들을 효수하다.

3. 7. 중국에서 자문을 보내와, 프랑스뿐만 아니라 일본도 군사를 일으켜 조선을 치려 한다고 전하다.

3. 7. 대마도주에 서계를 보내 중국에서 받은 정보에 대해 묻다.

4. 17. 민겸호가 문과에 급제하자 부수찬에 제수하다.

5. 4. 당백전 주조를 5월 15일 이후에 철파하라 명하다.

5. 18. 김병학 영의정, 유후조 좌의정.

6. 3. 환곡 총량이 줄어든다며, 새로 주조하는 돈 중 60만 냥 영남에 내려보내 환곡을 만들라 명하다.

6. 6. 호판 김병국이 사창 설치를 청하자 즉각 허용하다.

6. 11. 경기·3남·황해에 사창을 설치하다.

8. 9. 만여 금이나 훔쳤다가 경성에 유배된 소리(小吏) 김형묵이 함흥에 머물며 기생을 끼고 놀다 적발되다. 효수를 명하다.

8. 23. 의정부에서, 포수 시험을 보아 125명을 난후아병(攔後牙兵) 1초로 만들 것을 청하다.

9. 11. 남한산성 행궁에 가다.

9. 11. 수뢰포의 성능에 만족을 표하고 훈련대장 신관호에게 가자하다.

10. 1. 대마도 태수가 편지를 보내 조선 정벌은 근거 없는 말이라고 하다.

10. 4. 사학죄인 김일복·박영수를 효수하다.

10. 12. 의정부에서, 돈의 밀주조로 물가가 뛰고 있다며 엄금을 건의하다.

10. 28. 사주(私鑄)한 도적 김수길을 효수하다.

11. 14. 경복궁 출입 규정을 마련하다.

• 승지는 영추문, 문관은 광화문 동쪽 협문, 무관은 서쪽 협문을 이용하도록 했다.

11. 16. 경복궁에 나아가 축하를 받고 사명을 반포하다.

11. 22. 사적으로 돈을 주조한 죄인 3인을 효수하다.

11. 30. 《선원속보》를 완성하다.

12. 17. 영의정 김병학이, 정전의 중건을 축하하면서도 경비를 절약할 것을 청하다.

12. 30. 이해의 호구는 1,602,460호, 남 3,422,840명, 여 3,383,559명이다.

고종 5년(1868)

1. 1. 대왕대비 회갑 축하 교문을 반포하다.

1. 2. 돈의 사주를 철저히 단속하라 명하다.

• 이후 도주(盜鑄)한 자를 효수한 기사가 빈번하게 나온다.

2. 30. 암행어사를 각 도에 보내 당백전의 사용을 점검하게 하다.

3. 23. 김좌근 영3군부사.

3. 26. 황해병사가 미국 이양선이 출현해 재작년에 없어진 미국 배를 탐문하고 있다고 보고하다.

• 이들이 《마가복음》과 《신약전서》를 놓고 갔다.

3. 28. 다시 문정하러 접근하자, 승선을 거부하

고 위압적인 분위기를 풍기다.

3. 30. 박규수가 문정의 글을 장대에 높이 달아 그들이 볼 수 있게 했더니 답글을 보내오다.

4. 3. 용강현령이 사람을 보내, 대원군의 편지를 전하려 한다고 하자 저들이 승선을 허락하다.

• 이때 살펴본 배의 규모와 배 안의 모습을 상세하게 기록했다.

4. 8. 이양선에서 14명이 내리고 그중 5명이 마을로 와서 편지를 전하고 돌아가다.

4. 14. 궁궐 공사가 해이해졌다며 기간 내 완공할 것을 명하다.

4. 21. 남연군방에서, 서양인들이 남연군묘의 사초를 훼손했다고 보고하다.

4. 21. 김병학이, 이는 우리나라 사람이 호응하고 부추긴 결과라며 사류(邪流)의 소멸을 청하다.

4. 23. 공충감사 민치상이, 덕산군에서 변고를 일으킨 비적들이 19일 구만포를 떠났는데 배 안에 우리 옷차림을 한 자가 2명 있었다고 보고하다.

4. 23. 영종에 정박해 있는 서양 배에서 편지를 보내오다. 이에 영종첨사가 답서를 보내다.

4. 26. 영종첨사가, 적들이 상륙해 문을 열 것을 요구하자 교전해 적 2명을 베고 성문에 효수했다고 보고하다.

4. 27. 영종첨사 신효철의 집에 백미 10석과 1,000냥을 내리다.

4. 29. 이양선이 장산곶 방면으로 떠나다.

윤4. 10. 궁인 이 씨가 득남하다.

윤4. 17. 궁방으로부터 환수한 전결 중, 조세는 호조에, 부세는 선혜청에 속하게 하다.

5. 29. 수원유수 이경하가, 지난번 양선이 구만포에서 정박하고 있을 때 환호하고 아첨한 백성 둘을 효수하다.

6. 18. 수원유수 이경하가 양선을 찾아 수작질한 사교죄인을 효수하다.

7. 2. 경복궁으로 이어하다.

8. 2. 하동의 황재두가, 정덕기와 윤내형이 역모를 기도했다고 고하여 국청을 열다.

8. 3. 정덕기·윤내형·박윤수를 부대시참에 처하다.

9. 3. 정원 외로 서원에 의탁하고 있는 자는 모두 군정에 소속시키게 하다. 아울러 서원 신설을 불허하고 서원의 원장을 고을 수령이 맡게 하다.

9. 20. 북악산에서 호랑이 3마리를 포획하다.

10. 6. 관리·양반의 하인 중 부역을 면제받은 이들은 1인당 당백전 1엽씩 바치게 하다.

10. 10. 최익현이 상소해, 토목 공사 중지·원납전과 당백전 혁파·문세 폐지 등을 청하다.

10. 14. 사간 권종록이 상소해 최익현의 찬배를 청하며 이항로까지 비판하다.

10. 18. 전 장령 최익현을 돈녕부 도정에 제수하다.

10. 25. 최익현이 사직소에서 스승 이항로를 옹호하다.

12. 6. 근정전에 나아가 대왕대비에게 존호를 올리다.

고종 6년(1869)

1. 2. 대군·왕자군·적왕손·왕손을 제외하고는 모두 외조(外朝)의 규례에 의하여 과거에 응시하고 벼슬에 나아가는 데 장애가 없게 하다.

1. 22. 홍순목 우의정.

1. 24. 종실 관제를 이정하다.

• 종실의 지위를 격상시킨 것이다.

3. 29. 광양현 난민 수백 명이 현감을 위협하여 부절(符節)과 환곡을 빼앗으려 하다. 병영으로 하여금 토벌하게 하다.

• 총과 칼과 깃발까지 갖추었다는 것으로 보아 오래 전부터 준비한 민란이다.

4. 25. 영돈녕 김좌근 졸.

5. 8. 비적들이 의주 강변에 모여 집을 짓고 땅을 개간하는가 하면 약탈까지 일삼다. 이 문제를 북경에 자문하다.

5. 29. 김병학, 재정 문제의 심각성과 비적들의 소굴처럼 되어 가는 북서 4군에 대해 아뢰다.

6. 3. 대성전 등 문묘의 수리를 명하다.

6. 6. 의금부의 건의에 따라, 민회행과 전찬문 등을 부대시참에 처하다.

6. 10. 광양현의 변란에 적극 가담한 한경삼 등 40여 명을 효수하고 그 이하는 차등을 주어 처벌하다.

6. 11. 8월 이전에 성묘의 수리를 완결하라 명하다.

8. 20. 영의정 김병학과 우의정 홍순목이, 모리배들이 내수사와 궁방을 들먹여 가며 개간지는 물론 장부에 올라 있는 경작지에까지 세금을 거두는 세태를 아뢰다.

9. 13. 문묘 수리가 끝나자 나아가 전배하다.

9. 23. 경흥부에 표류해 정박했던 러시아인들이 배를 두고 떠나다. 암양과 말은 기르고 배와 집기는 잘 간수토록 하다.

10. 2. 종정경 이연응이, 나라로부터 받은 토지 500여 결을 호조에 귀속할 것을 청하다. 칭찬하고 50결은 영원히 획급하라 이르다.

10. 21. 함경감사 이흥민이 장계를 올려, 아오지의 군민들이 비적과 호응해 배반하였다고 보고하다.

11. 10. 영의정 김병학이, 종묘와 영녕전의 비가 새는 곳을 수리할 것을 청하다.

12. 13. 대마도주의 글이 격식에 어그러져 있어 개유해 수정케 하다.

12. 10. 경흥에 표류한 이양선의 물건을 약탈한 뒤 배를 불사른 이정호·박수영을 효수토록 하다.

12. 22. 영남 환곡 1만 석으로 함경도 백성의 구제를 명하다.

고종 7년(1870)

1. 13. 선혜청에서 5만 냥을 획송(劃送)하여 종묘와 영녕전 수리 비용으로 쓰다.

1. 22. 영의정 김병학이, 능이나 원의 정자각을 수개(修改)할 것 등을 청하다.

1. 24. 능·원·묘의 정자각 수개에 선혜청의 5만 냥을 영건도감에 획송하라 이르다.

1. 26. 대가가 영희전에 나아갈 때 훈련도감 마병들이 갑옷·투구를 착용하지 않아 군사의 위용을 잃었다며 훈련도감 대장 신헌을 파직하다.

2. 1. 러시아인들에게 공문도 받지 않고 물건을 돌려준 경흥부사를 파출하다.

2. 27. 태묘와 각 능의 공사 비용으로 10만 냥을 수송케 하다.

3. 15. 화성 행궁에 나아가 대신들에게 어제 시를 내리고 화답 시를 바치라 이르다.

3. 26. 봉조하 김흥근이, 환궁 시 편복 차림으로 뵌 것에 대해 청죄하자, 복색이 거슬리기는 했으나 인혐할 것은 없다고 하다.

3. 30. 봉조하 조두순이, 김흥근의 실수는 교만을 넘어서는 것이라며 엄벌할 것을 청하다.

4. 24. 3군부 외행각·금위영·장막고 화재로 79칸이 소실되다.

5. 15. 변경을 넘어가 행패를 부린 벽동군 백성들을 효수하다.

5. 20. 《오례편고》·《대전회통》·《육전조례》의 교정 상황을 묻고, 《오례편고》의 발문은 영의정이 지어 올리라 하고 서문은 직접 짓겠다고 하다.

7. 3. 훈련도감 도제조는 영의정이, 금위영 도제조는 좌의정이, 어영청 도제조는 우의정이 겸하는 것을 정식으로 삼도록 하다.

8. 17. 김흥근 졸하다.

8. 21. 정응기를 봉화백 정도전의 사손으로 삼다.

8. 25. 경주의 숭덕전과 10개의 왕릉을 수리·수호하게 하다.

9. 10. 죄인 신문 시, 형벌을 신중히 하여 인명을 소중히 하라 이르다.

9. 10. 붕당을 만들고 백성에 폐해를 끼치는 서원은 사액서원일지라도 헐어 버리라 명하다.

10. 7. 대궐 문 안에서 말을 타는 일이 없도록 규찰케 하다.

10. 8. 봉조하 조두순 졸.

10. 20. 이후로 대군·왕자 이하가 새로 궁방전을 설치할 경우 면세를 허락하지 말도록 하고 이를 《대전회통》에 기록할 것을 명하다.

윤10. 4. 러시아로 도망간 백성들 문제로 북경에 공문을 보내기로 하다.

윤10. 5. 진무사·동래수사·회령부사·제주목사·강계부사는 무부(武府)에서 추천하게 하고, 경영(京營)의 장신과 좌우포도대장은 의정부에서 추천하게 하다.

윤10. 22. 함흥·영흥의 두 본궁에 규정 외 인원이 투탁해 있으면서 백성들에게 폐단을 일으키다. 이들을 군적에 올리게 하다.

11. 20. 개정한 《양전편고》를 반포하다.

12. 6. 세자·세손의 무덤을 원으로 높이고 《오례편고》에 싣게 하다.

12. 20. 은그릇을 만들어 운현궁에 바친 보은군수 이동순을 파면하라 명하다.

12. 29. 이해의 호구는 1,591,839호, 남 3,345,386명, 여 3,331,615명이다.

고종 8년(1871)

1. 1. 왕대비전이 41세가 됨을 경축하고 대사령을 반포하다.

1. 3. 이재원 이조판서.

1. 3. 성균관에서 선파 유생의 응제(應製)를 설행하여 이재덕과 이재긍을 직부전시하다.

• 이 일과 관련하여 대원군이, 이재긍의 나이가 어리다며 사양하자 대왕대비가 20세 전에는 창명(唱名)하지 말게 하여 대원군의 뜻에 부합되게 하라는 전교를 내렸다.

1. 10. 3군부에서, 울산·김해부·인동부·영해부·함양군에 포군을 설치하겠다고 아뢰다.

1. 19. 황해도에서 소란을 일으킨 중국인 19명을 자문과 함께 의주로 송환키로 하다.

1. 22. 직부전시의 자격을 받은 이재긍에게 행행시 수레를 따르도록 하다.

1. 25. 경기 연해의 각 군에 포군을 두다.

1. 28. 중국과 국경 지역을 떠도는 유랑민들을 찾아 데려오게 하다.

1. 30. 100세가 된 노인들에게 가자를 행하다.

2. 4. 3군부에서 양산군·흥해군·개성부에 별포군을 설치하다.

2. 21. 평안감사 한계원과 의주부윤 송희정이 장계를 올려, 미국 사신이 중국을 통해 조선에 보낸 편지와 이와 관련한 예부의 자문을 보내다. 이에 의정부의 의논을 거쳐 북경에 미국의 서한에 대한 입장과 교역 요구에 대한 조선의 입장을 전하는 자문을 보내다.

2. 28. 박규수를 교정 당상으로 삼아 《동문휘고》를 간행하게 하다.

3. 9. 비록 사액서원이라 해도 중첩해 설치된 것은 철폐하라 명하다.

3. 12. 문묘에 나아가 유생들에게 서원 첩설 금지의 뜻을 재차 강조하다.

3. 16. 경무대에 나아가 대신을 인견하다. 문묘에서의 발언을 재확인하면서 갑자년(1864) 초에 대원군이 인평대군 서원을 헐어 버린 일을 말하다. 김병학이 이에 호응하여 인평대군 서원을 철폐한 일을 칭송하다.

3. 16. 정도전·은언군·은전군 등의 시호를 추증하다.

3. 18. 경상감사 김세호가 치계해, 영해부의 도적 무리 수백 명이 밤중에 들이닥쳐 관장을 죽이고 인신과 병부를 빼앗아 갔다고 아뢰다.

3. 20. 전국의 서원 중 47개소만 남기고 모두 철폐하다.

3. 22. 경무대에 가서 선파 유생들에게 응제를 설행하다.

3. 22. 선파 무사들에게 시취하게 하여 이주덕 등 27인을 직부전시하다.

3. 25. 작년부터 대원군의 분부에 따라, 반호(班戶)는 노비 이름으로 포를 내게 하고 소민은 신포를 내게 한 결과 백골·황구의 원성이 사라졌다며, 이를 장구한 법식으로 삼으라 명하다.

4. 6. 서양 세력과 결탁해 덕산의 난을 일으킨 천주교도들을 친국하다.

4. 6. 수원유수 신석희가 이양선 5척의 출현을 보고하다.

4. 9. 친국 결과, 김창실·이여강은 부대시 능지처참, 이돈호는 부대시참에 처하다.

4. 9. 이양선에서 남양부에 편지를 보내다.

4. 10. 함경도 각 군에 1,400여 명의 포군을 두다.

4. 10. 경기감사 박영보가 통사와 아전을 보내 문정한 내용 및 그들이 보낸 편지를 보고하다.

4. 14. 이양선 2척이 종선 4척을 거느리고 손돌목으로 향하자 광성진에서 대포를 쏘다. 저들이 반격하며 손돌목을 통과하다.

4. 15. 경기감사 박영보가, 양선이 광성진에 이르러 성을 향해 발포하고 도로 내려가다 손돌목에 포탄을 퍼부었다고 보고하다.

4. 17. 대원군이 이양선의 미국 제독에게 편지와 음식물을 보내다.

4. 22. 충청도 각 군에 1,800여 명의 포군을 두다.

4. 24. 광성진이 함락되다. 성이 거의 파괴되고 광성진의 화약고가 불타다.

4. 24. 광성진 양곡 담당 아전이 광성진 함락 상황을 보고하다.

4. 25. 이날 종로 거리와 각 도회지에 척화비를 세우다.

4. 26. 의정부에서, 광성진이 함락될 때 진무중군 어재연이 전사한 듯하다고 아뢰다.

4. 27. 양선을 탐지하기 위해 배를 보냈는데 포로로 잡혔던 9명을 싣고 돌아오다. 적들의 시체 3구가 배 위에 있었다고 하다.

4. 28. 진무사 정기원이, 적들이 퇴각했다는 것과 어재연 등의 시체를 발굴한 일 등을 보고하다.

4. 28. 어재연을 병조판서에 추증하는 등 전사자들에게 관직을 추증하고 표창하다.

4. 29. 전라도 각 군에 포군 2,000여 명을 두다.

5. 25. 강화도에 군사를 증원하고 보루를 튼튼히 할 것을 명하다.

5. 28. 북병사가, 국경을 넘어갔던 백성을 데려왔다고 보고하다.

6. 1. 싸움에 나갔던 장수·군사를 표창하다.

6. 23. 영해부 도적 무리의 주모자 5인을 비롯해 적극 가담자 34명을 효수하다.

7. 5. 《오례편고》의 복제조를 개정하기로 하다.

8. 11. 조령에서 민란을 기도한 44명을 체포하다.

8. 16. 서원 철거령을 즉시 집행하지 않은 도백·수신을 엄중하게 추고하라 명하다.

9. 7. 경상도·함경도의 여러 군에 포군을 두다.

10. 5. 경상도의 여러 군에 포군을 두다.

10. 7. 산실청을 설치하고 대신들을 소견하다.

11. 4. 원자가 탄생하다.

11. 8. 원자가 대변이 통하지 않아 죽다.

11. 11. 건국 480년이 되는 내년에 성대한 의식을 거행하겠다고 하다.

11. 12. 궁가와 양반들이 금양(禁養)을 넓게 차지해 백성들이 장사를 지내지 못하게 되는 일을 지적하며 금지토록 하다. 또 남의 무덤 자리를 빼앗는 행위도 엄금토록 하다.

11. 18. 평안도에 1,800여 명의 포군을 두다.

12. 23. 이필제·정기현은 부대시 능지처사, 정옥현은 부대시참에 처하다.

고종 9년(1872)

1. 18. 이필제·정기현의 잔당 5명을 효수하다.

2. 16. 백성들의 사정에 따라 세금을 곡식 대신 돈으로 대납하는 것을 허락하다.

2. 22. 영혜옹주 부마를 박영효로 정하다.

3. 20. 초파일에 등 다는 것을 영원히 혁파하라 명하다.

5. 2. 어진을 그릴 때 감독한 규장각 관리 이하에게 시상하다.

6. 22. 황해병사 양헌수가, 바다에서 상선을 약탈하고 백성의 물건을 노략질한 임덕삼 등 9명을 효수했다고 아뢰다.

7. 4. 영혜옹주가 졸하다.

7. 25. 후손이 없는 대군과 왕자, 죄명에 걸려 죽은 종친 중 후손이 없는 사람들의 후사를 세워주라 명하다.

8. 26. 평안병사 조태현이 장계를 올려, 저쪽 땅의 상선이 비적에 쫓겨 도망 오자 군사를 동원해 구조하는 과정에서 비적들과 전투해 비적들을 목 베고 우리 측도 사상자가 발생했다고 아뢰다.

9. 20. 영의정 김병학이, 조광조·이이·유성룡·이원익·김육·김좌명·이언경으로 이어진 대동법 관련사를 아뢰다.

10. 12. 홍순목 영의정, 강로 좌의정, 한계원 우의정.

12. 16. 판종정경 이최응 등이 연명으로 임금과 대비의 존호를 추상할 것을 청하다.

12. 24. 근정전에 나아가 대왕대비·왕대비·대비전에 존호와 전문을 친히 올리다.

고종 10년(1873)

1. 3. 영중추 정원용 졸.

2. 13. 중전이 공주를 순산하다.

2. 29. 문묘에 배향한 사람 이외에는 선정신이라 부르지 못하게 하다.

3. 5. 대왕대비전에 올리는 치사·전문·악장 등을 친제하겠다고 하다.

4. 17. 대왕대비전·왕대비전·대비전에 가상(加上) 존호 책보를 올리다.

5. 10. 부호군 강진규가 소를 올려, 건천궁을 화려하게 짓지 말 것을 청하다.

윤6. 20. 관학 유생 이세우가 상소해, 대원군을 대로(大老)라 부를 것을 청하니 따르다.

윤6. 24. 송시열의 사당 현판을 대로에서 강한(江漢)으로 바꾸다.

8. 19. 좌의정 강로가 상소해, 건천궁의 공사 비용 절약을 청하다.

8. 26. 과거에 응시한 유생들에게까지 문세를 받는다고 들었다며, 수레와 등짐 중에서도 큰 짐에만 받도록 하다.

10. 10. 도성 문세의 혁파를 명하다.

10. 25. 동부승지 최익현이 상소해, 대신·대간·조정의 기풍을 비판하고 각종 세금에 백성이 도탄에 빠졌다고 아뢰자, 매우 가상하다며 다른 의견을 내면 소인이라고 이르다.

10. 28. 형조참의 안기영·전 정언 허원식이 최익현을 비난하는 소를 올리다.

10. 28. 진강이 끝나고 최익현의 소와 관련해 논의하면서 안기영·허원식 등을 비판하고 최익현을 옹호하다.

10. 28. 안기영·허원식을 찬배하다.

10. 28. 성균관 유생들이 최익현의 상소를 비판하며 권당하다.

10. 29. 장령 홍시형이 최익현을 옹호하는 소를 올리자, 매우 가상하다며 칭찬하다.

10. 29. 권당의 주모자를 형조에 이송해 엄형을 가하고 원지에 정배하라 명하다.

11. 2. 유생들이, 최익현이 상소에서 말한 바를 밝혀야 한다고 상소하다.

11. 2. 발론한 생원·진사·반수(班首)를 엄형 후 극변에 원찬할 것과 성균관에 들어가지 않은 유생들을 정거할 것을 명하다.

11. 3. 호조참판 최익현이 상소해, 만동묘 복구·서원 복구·호전 통용 폐지·원납전 철폐 등을 거론하다. 또 대원군이 나라의 정사에 관여하지 못하게 할 것을 청하다.

11. 3. 이현일·목내선을 추탈하다.

11. 3. 최익현의 상소에 자신을 핍박하는 어구들이 많다며 찬배의 법을 시행하라 명하다.

11. 4. 영돈령 홍순목·좌의정 강로·우의정 한계원이 최익현의 나국과 전형을 청하다.

11. 8. 신하들의 거듭된 요구에 최익현의 추국을 명하다.

11. 9. 최익현에게 형장을 가하라는 요구를 물리치고 제주에 위리안치할 것을 명하다.

11. 9. 홍순목·강로·한계원이 계속 최익현에 대한 엄정한 처리를 요구하며 물러가자 파직하다.

11. 13. 영부사 이유원을 영의정에 제수하다.

11. 14. 전 헌납 이규형이 호포법의 폐지와 환곡의 개혁 등을 청하다.

11. 15. 강은중이 만동묘의 복구를 주장하다.

11. 20. 운현궁을 찾아뵈다.

12. 2. 박규수 우의정.

12. 5. 이최응 호위대장.

12. 11. 이경하 금위영 대장.

12. 29. 지방 유생 김열제 등이 만동묘 복구를 청하다.

고종 11년(1874)

1. 6. 청나라 돈의 통용을 폐지하다.

1. 13. 무신은 물론 문신과 음관도 가마 타고 관아에 나오는 것을 금지하다.

1. 13. 박규수가 호전(청나라 돈) 폐지 이후의 문제에 대해 아뢰다.

1. 19. 이경하 훈련대장, 조영하 금위대장.

2. 8. 원자가 탄생하다.

2. 9. 충청 보은의 유생 조영표 등이 소를 올려 만동묘 복원을 청하다.

2. 13. 자전의 하교를 받았다며 만동묘를 다시 설치할 것을 명하다.

2. 16. 이후 성균관 유생들의 소는, 대사성의 허락 후에 입품함을 정식으로 삼게 하고 이를 거치지 않고 대궐 앞에 엎드려 상소하는 것을 엄금하라 전교하다.

2. 26. 지평 전재봉이 화양동 서원을 다시 세울 것을 청하다.

3. 4. 유학 황학주 등 398인이 상소해 화양서원의 설치를 청하다.

3. 10. 이후 서원 복구를 청하는 상소는 승정원에서 받아들이지 말라 명하다.

3. 21. 과거의 폐단은 공평하지 못한 시관과 염치없는 선비 탓이라고 이르다.

4. 5. 다가올 과거에서 자리 다툼을 하는 무리가 있으면 도적을 다스리는 율로 다스리라 이르다.

5. 5. 호판 김세균이, 환곡 중에서 수량에 충실한 것은 사환곡뿐이라고 아뢰다.

5. 19. 원자가 백일이 되어 대신·종친·각신 들이 들어가 보다.

5. 28. 운현궁을 찾아뵈다.

6. 1. 아직도 합문밖에 엎드려 물러나지 않는 유생들이 있다며, 소두를 정거하고 추조로 하여 금지토록 하라 명하다.

6. 23. 경원의 굴항진에 작은 이양선 2척이 포를 쏘며 달려들어 백성 최종달의 집에 있던 사람과 가축·물건을 실어갔는데 사실은 호응한 것이다.

6. 24. 중국 예부에서 자문을 보내, 일본이 조선을 노린다며 프랑스나 미국과 통상을 맺으면 일본도 함부로 하지 못할 것이라는 서양 장수(將帥)의 얘기를 전하다.

7. 4. 무위소를 설치하고 금위대장 조영하가 무위도통사를 겸하게 하다.

7. 8. 문묘에 합사되지 못한 사람은 영원히 선정신이라 칭할 수 없음을 정식으로 삼으라 명하

다.

7. 15. 탐오한 수령이 거둔 돈의 처리 문제에 대해 영의정 이유원과 우의정 박규수가 논쟁하다.

8. 7. 대원군이 덕산에 성묘하기 위해 행차하니, 종정경 이연응을 보내 문후하게 하다.

10. 10. 희정당에서 원자와 보양관·유선 들이 상견례를 갖다.

10. 20. 부사과 이휘림이, 대원군이 거처를 옮기고 도성으로 돌아오지 않는 상황과 관련해 돌아오도록 청하지 않고 있음을 지적하자, 이휘림을 멀리 위원군에 귀양 보내라고 명하다.

11. 28. 민승호가 폭사하다.

11. 29. 전장령 손영로가 대원군을 돌아오게 할 것을 청하고 영의정을 비판하다.

12. 2. 손영로를 금갑도에 위리안치하다.

12. 14. 판돈녕 민치구가 졸하다.

12. 17. 운현궁을 찾아가다.

12. 17. 이최응 좌의정, 김병국 우의정.

고종 12년(1875)

2. 5. 의정부에서 새로 가져온 일본의 서계에 대해 의논을 드리다.

2. 9. 제주목에 위리안치한 죄인 최익현의 석방을 명하다.

3. 4. 동래 부사에게, 일본인에 대한 연회 등 제반 일들을 옛 규례대로 하게 하다.

4. 5. 대군이 탄생하다.

4. 5. 경복궁 중건에 탁지부와 선혜청의 돈을 할애해 백성을 괴롭히지 말라 당부하다.

5. 10. 일본에서 보내온 서계, 연향에서의 복장 문제 등에 대해 논의하다. 우의정 김병국은 강경하게 반대하고 좌의정 이최응은 융통성 있는 대응을 주장하다.

5. 17. 대원군의 행차 문제로 상소문을 올린 유생들을 타일러 돌려보내게 하다. 이후 계속 같은 일로 상소하면 범상부도(犯上不道)의 율을 시

행할 것이라 이르다.

6. 17. 다시 상소한 유생 최화식 등 4인을 형구를 채워 잡아다 가두라 명하다.

8. 6. 일본 사신을 소상히 효유해 의심을 풀어주지 못했다고 동래부사 황정연을 교체하다.

8. 22. 영종첨사 이민덕이 이양선이 난지도에 정박하고 있다고 고하다.

• 일본 군함 운요호가 항로를 측량할 때다.

8. 25. 경기감사가 장계를 올려, 운양호가 발포해 화염이 성안에 가득하고 공해까지 불길이 미쳤다고 아뢰다.

9. 18. 경원부 민가 11호가 식구들을 데리고 국경을 넘어 도망가다.

10. 28. 동래부사가, 일본 해군이 총칼을 들고 마을에 난입해 공포 분위기를 조성했다고 아뢰다.

11. 15. 좌의정 이최응이, 일본 서계를 받는 문제는 약조에 따랐는지에 달렸다며, 일단 원본 서계를 받아본 다음 대응할 것을 건의하다.

11. 20. 이최응 영의정.

11. 29. 동래부사가, 일본 해군 장교가 부하 58명과 함께 왜관을 나와 칼을 빼들고 총을 쏘는 등 난동을 부렸다고 보고하다.

고종 13년(1876)

1. 2. 동래부사 홍우창이, 일본 사신의 배가 강화로 향했다고 보고하다.

1. 4. 강화유수 조병식이, 일본 군함이 강화 남쪽에 정박했다는 것과 문정한 내용을 보고하다.

1. 5. 판부사 신헌과 부총관 윤자승을 보내 만나보게 하다.

1. 13. 일본 측이 접견 절차와 날짜를 자신들이 정한다며 멋대로 상륙하다.

1. 14. 각 도에서 뽑아 올린 포수들을 양화진으로 보내 지키게 하다.

1.19. 대관이 일본 변리대신과 연무당에서 만나 회견하고 주고받은 기록을 올리다.

1.20. 다시 만나 나눈 회견 기록.

1.21. 일본 측이 한시가 급하다며 서계 문제와 조약 문제의 답변을 요구하다.

1.23. 최익현이 소를 올려, 일본은 곧 서양이라며 화친을 결사반대하다.

1.25. 접견대관으로 하여금 재량하여 처리하게 하다.

1.27. 최익현을 흑산도에 위리안치하다.

1.29. 신헌이 재량권을 사양하는 소를 올렸으나 판단에 따라 처리할 것을 명하다.

2.3. 대관 신헌과 일본 사신 구로다 기요타카가 수호조규에 서명하다.

• 〈12관의 조규〉·〈본국 비준책〉·〈일본 사신이 의안한 비준책〉·〈일본국 변리대신에게 보내는 조회〉·〈일본 전권대신이 바친 글〉·〈외무대승 미야모토 쇼이치의 수록〉에 대한 기록.

2.6. 신헌과 윤자승을 불러 보다.

2.9. 일본과의 조약 체결 소식을 공포케 하다.

2.22. 의정부에서 수신사로 김기수를 추천하다.

3.1. 수신사의 일본 파견을 중국에 보고하기로 하다.

3.1. 모반죄인 신철균 등의 공초 내용과 그 처리.

3.24. 명화적 이관일을 효수하라 명하다.

4.4. 김기수를 불러 보고할 만한 일은 모두 기록해 오라 이르다.

4.10. 왕자 이선을 완화군에 봉하다.

윤5.18. 수신사 김기수의 보고.

6.1. 김기수를 불러 일본에 대해 묻다.

6.11. 쌀 낭비를 막기 위해 술과 엿을 만드는 것을 금지하다.

7.6. 〈조일수호조규 부록〉과 〈무역규칙〉을 체결하다.

10.6. 방곡(防穀)하는 도신을 엄히 추고하고 수령들을 엄벌키로 하다.

11.4. 경복궁 화재로 교태전·강녕전·자경전 등 830칸이 소실되다.

11.5. 화재로 소실된 부신·표신·마패 등을 새로 만들어 들이라 명하다.

11.8. 화재로 소실된 옥새·인장을 다시 주조케 하다.

12.27. 박규수가 졸하다.

12.30. 이해의 호구는 1,607,751호, 6,691,757명이다.

고종 14년(1877)

1.7. 대왕대비전에 존호·치사·전문·표리를 올리고 대사면을 행하다.

1.25. 경기감사 이재원이 명화적 이창근 등 14명의 효수를 보고하다.

4.6. 전 정언 김기룡이, 《경국대전》·《대전통편》·《대전회통》 중 이조·병조·예조·호조에 실려 있는 금고의 여러 조항을 고쳐 서얼 등용 금지 조항을 폐지할 것을 청하다.

5.27. 왜인과 간통한 막련이 등을 효수했다고 경상좌수사가 보고하다.

6.4. 조세 상납을 지연시킨 수령과 아전을 엄벌할 것을 지시하다.

6.11. 전라우수사가, 영국 배 한 척이 흑산도 앞바다에 정박했다고 보고하다.

8.10. 훈련도감이, 도감 군사 몇 명이 급료를 주지 않는다고 방을 붙였다며 효수할 것을 청하자 엄형 후 원악도에 안치하라 이르다.

9.21. 함경감사가, 우리 백성이 비적 무리와 결탁해 국경을 넘어가 난동을 부린다는 등의 내용을 보고하다.

9.28. 대신들이, 전라도에서 일어난 역모 사건 죄인들을 압송케 할 것을 청하다.

10.12. 일본 외무대승 하나부사 요시타다가 상경한고 해서 홍우창을 반접관에 임명하다.

10.21. 반접관 홍우창이, 일본 외무대승 일행이

관소에 들어왔다고 보고하다.

11.8. 의정부가 전라도 죄인들에 대한 결안을 아뢰다.

11.11. 일본 외부대승 요시타다 이하에게 선물을 내리다.

11.17. 요시타다가 임금과 운현궁에 선물을 바치고 떠나다.

고종 15년(1878)

1.1. 대왕대비가 팔망이 된 것을 축하하는 치사·전문·표리를 올리고 사면령을 내리다.

1.9. 인정전에 나아가 존호·인장·치사·전문·표리를 올리고 사면령을 내리다.

1.24. 전 수찬 박주운이 서원의 복구를 청하다.

1.25. 인정전에 나아가 대왕대비전의 결혼 60돌을 맞아 치사·전문·표리를 직접 올리고 사령을 반포하다.

1.25. 유학 박주종 등 경상도 유생 1만여 명이 상소해 서원 복구를 청하다.

4.4. 서원 복구에 대해 반대 의사를 분명히 하다.

4.22. 세자를 성균관에 입학시키도록 하다.

5.4. 중국 정부를 통한 프랑스의 요구를 받아들여 프랑스 선교사를 봉성으로 보내 주기로 하다.

5.5. 서수라에 비적 수백 명이 배를 타고 오다. 포를 쏘며 진영을 습격하고 사람과 물건 등을 실어가다.

5.12. 대비전이 승하하다.

6.5. 대군이 졸서하다.

6.21. 전 충청감사 조병식을 도배하다.

8.18. 김병국 좌의정.

8.20. 수심을 측량 중인 일본 군함이 홍주목 먼 바다에 정박하다.

9.18. 대비를 장사 지내다.

10.12. 나라에 바치는 세금의 상납 기한을 지킬 것을 명하다.

12.8. 각 관청의 하인 수를 《대전회통》의 규례에 따라 정하게 하다.

고종 16년(1879)

1.4. 대왕대비전에 존호·책보를 올리다.

2.9. 최익현·조병식·김세호 등을 방면하다.

2.21. 세납을 지연시킨 수령들의 처리에 미온적인 도신들을 월봉(越俸) 3등에 처하다.

윤3.4. 동래부사 윤치화가 장계를 올려, 왜관 주재 해군 등이 자유 왕래를 요구하며 행패를 부린 일을 아뢰다.

윤3.22. 일본 공사가 가는 길을 막고 손가락질하고 돌을 던지기까지 한 일이 발생하자, 일본 공사가 지나는 길에 잡인의 출입을 금하다.

윤3.24. 전라감사가 장계를 올려 장흥부의 도적 수십 명이 장교와 군사 4명을 때려죽여 주모자를 효수했다고 아뢰다.

4.11. 프랑스 선교사가 공주 지방의 기찰에 체포되었는데, 작년의 사례에 따라 중국으로 보내다.

4.19. 대리공사 하나부사 요시타다가 편지를 보내, 인천·원산의 개항을 요구하고 인천 개항을 꺼리는 데 대해 반론하다.

4.30. 강화유수 이경하·인천부사 임백현이, 일본인들이 재목을 실어다 제물포 포대 안에 임시 건물을 짓는가 하면, 들어주기 어려운 여러 요구를 했다고 아뢰다.

5.15. 부호군 김두연이 소를 올려 원산 개항이 불가함을 아뢰다.

6.24. 의정부에서, 어제 일본 공사 수행원 20여 명이 멋대로 쏘다니며 월대에 올랐는데 파수꾼이 저지하였다고 아뢰다.

7.9. 북양대신 이홍장이 편지를 보내와, 영국·독일·프랑스·미국과 통상해 일본을 견제하고 러시아가 엿보는 것을 방지할 것을 권하다.

7. 13. 〈원산진 개항 예약〉에 대해 의정하다.

7. 16. 시임·원임 대신이 연명으로 인천 개항에 반대하다.

8. 12. 황해의 화적 수십 명이 우리 측 장교·군졸 5명을 살해하다.

8. 15. 영돈녕 김병학 졸.

12. 21. 왕세자의 천연두가 나아 입직한 이들에게 시상하다.

12. 27. 최익현·조병창·조병식 등을 서용하라 명하다.

12. 29. 이해의 호구는 1,944,598호, 6,648,610명이다.

고종 17년(1880)

1. 12. 완화군 이선 졸.

1. 29. 궁녀 이 씨를 숙원에 봉하다.

4. 10. 경상감사가, 흑암 앞바다에 미국 배가 와서 우호를 맺자는 서계를 가져왔으나 받지 않았다고 보고하다.

7. 9. 군비를 강화하는 일로 예부에 자문을 보내다.

7. 23. 함경감사가 이탈리아 군함이 장덕도에 정박했다고 보고하다.

8. 28. 수신사 김홍집을 소견해 일본에서 보고 들은 것에 대해 묻다.

8. 28. 김병국 좌의정.

9. 8. 영의정 이최응이, 김홍집 일행이 일본에서 환대를 받았다는 것을 아뢰다. 김홍집이 가지고 온 《조선책략》에 대해 논의하다.

• 《조선책략》은 김홍집이 일본에 갔을 때 청나라 관리 황준헌으로부터 받은 책이다. 러시아의 남하 정책에 맞서기 위해 장차 청·일본·조선이 펴야 할 외교 정책에 대해 논술했다.

10. 1. 병조정랑 유원식이, 황준헌의 책자를 비판하다.

• 황준헌의 책에 "예수와 천주의 학문은 우리 유교에 주희와 육구연이 있는 것과 같다."라는 구절을 비판한 것이다. 이런 내용이 담긴 책을 가지고 온 김홍집도 비판했다.

10. 2. 의정부에서 유원식을 비판하고 변방 정배를 청하다.

11. 13. 일본 공사가 인천 경내에 도착해 15일에 상경한다 하자 잡인의 접근을 금하다.

12. 1. 이달 21일이 대원군의 생일이라며 잔치에 쓸 비용을 보내게 하다.

12. 21. 대원군을 소견하다.

12. 21. 의정부에서 아문 설치 관련 절목을 올리다.

12. 22. 통리기무아문 총리대신으로 영의정을 삼고, 김보현·민겸호·김병덕·김홍집 등 10명을 통리기무아문 당상으로 삼다.

고종 18년(1881)

1. 17. 통리기무아문은 기밀 업무를 관장하는 곳이므로 외사로 책응할 수 없으니, 대궐 안에도 설치해 내아문이라 부르고 당상·낭청 이하가 입직토록 하다.

1. 18. 내아문의 처소는 내병조와 전설사 근처로 하다.

2. 4. 무기 제조법을 배우는 문제에 대해 중국에서 회답이 오다.

• 영선사에 대한 이야기다. 영솔할 사신의 명칭과 절차 등을 마련하라고 명했다.

2. 10. 통리기무아문에서, 참획관을 일본에 파견하여 총·포·선박을 살펴보게 할 것을 청하다.

2. 26. 경상 유생 만여 명이 소를 올려 《조선책략》을 비판하다.

2. 27. 통신사의 수를 줄이고 이름도 신사(信使)로 고치기로 하다.

3. 3. 경상 유생들이 물러가지 않고 재차 상소할 기미를 보인다며, 지난번 상소의 소두를 엄형한 후 원방에 유배하라 명하다.

3.6. 유생들의 상소 뒤 누차 패초를 어긴다며 경리사 김홍집을 파직하다.

3.23. 승정원에서, 홍시중·황재현의 소가 흉악해 본원에 보류해 두었다고 아뢰다.

• 홍시중의 소는 왜와의 화친은 속은 것이라며,《조선책략》·《만국공법》등을 종로 거리에서 불태우고 예수교를 배척할 것을 주장했다.

3.25. 대신들이 홍시중·황재현의 처벌을 청하다.

3.25. 홍시중을 원악도에 정배하고 황재현을 의금부에서 엄히 조사하라 명하다.

5.15. 척사윤음을 8도에 내려보내다.

5.22. 일본인들이 울릉도에서 벌목해 원산·부산으로 실어 나르자 검찰사를 파견하다.

6.24. 누차 신칙했으나 숙배하지 않는 김홍집을 김포에 찬배하다.

6.28. 김홍집을 석방하다.

윤7.6. 승정원에서 홍재학 등의 처벌을 청하다.

• 홍재학이 척사를 강력히 주장했다.

윤7.6. 경기 유생 신섭 등이 소를 올려 척사를 주장하다.

윤7.8. 시임·원임 대신이 홍재학·신섭의 처벌을 청하다.

윤7.8. 봉조하 이유원이 감죄(勘罪)를 청하다.

• 자신이 이홍장과 편지를 나눈 것을 신섭이 지적한 일 때문이다.

윤7.9. 홍재학을 잡아와 엄형한 후 원악도에 안치하라 명하다.

윤7.14. 이유원의 찬배를 명하다.

윤7.15. 왜관에 머물러 있던 일본 장사치들이 양산에 사는 백성에게 빚 받을 게 있다며 찾아가 소란을 피우다.

윤7.20. 의금부의 청에 따라 홍재학을 부대시참에 처하다.

윤7.22. 대사간 이원일이 소를 올려, 김평묵을 신문할 것을 청하다.

윤7.22. 김평묵을 엄형한 후 변원에 찬배하라 명하다.

윤7.25. 3사의 거듭된 청을 받아들여 이유원을 거제에 위리안치하다.

8.2. 김홍집이 소를 올려, 황준헌의 일과 이동인의 일에 대해 변론하다.

8.22. 추자도를 제주목에 붙여 관할하게 하다.

8.29. 대신들이 시급히 청대한 후, 안기영·권정호·채동술을 남간에 가두게 하다.

9.5. 이재선에게 형구를 채워 남간에 가두다.

10.10. 안기영·권정호·이철구를 부대시 능지처사에 처하다.

10.23. 의금부에서, 역모에 관여한 강달선·이두영·이종학·이종해 등을 결안하고 부대시참에 처할 것을 청하다.

10.25. 의금부에서, 조중호·이연응·정건섭 등을 결안하고 부대시참에 처할 것을 아뢰다.

10.27. 이재선의 사사를 명하다.

10.27. 고발자 이풍래를 광주 중군에 제수하다.

11.6. 전 지평 송상순이 영호남의 비적들에 대해 아뢰다.

11.15. 세자의 결혼을 내년 봄에 거행하겠다며 금혼령을 내리다.

12.11. 이유원의 방송을 명하다.

12.19. 서당보 우의정.

12.25. 각 영을 합해 두 개의 영으로 만들라는 전교를 받들어 통리기무아문이 절목을 써서 들이다.

12.27. 중궁전 발진이 회복된 데 대해 진하하고 대사령을 내리다.

고종 19년(1882)

1.12. 서당보 좌의정, 송근수 우의정.

1.13. 서당보 영의정, 송근수 좌의정.

1.15. 왕세자빈 초간택을 행하다.

1.18. 왕세자빈 재간택을 행하다.

1.26. 왕세자빈 삼간택을 행하다.

3.3. 홍순목 영의정.

3.15. 영선사 김윤식이, 중국 사신 정여창과 마건충이 미국 사신 슈펠트와 함께 머지않아 도착한다고 알려 오다.

3.27. 민태호의 아내 정경부인 송 씨가 졸하다.

• 세자의 장모다.

4.6. 〈조미조약〉을 체결하다.

4.7. 검찰사 이규원을 소견해, 울릉도의 곁에 있는 송죽도와 우산도에 대해 지도와 함께 별단에 자세히 적어 보고하라 명하다.

4.12. 영국 관리가 중국 총리아문의 편지를 가지고 월미도에 와서 정박하다.

4.13. 희정당에서 국서를 바친 일본 판리공사 요시타다를 접견하다.

5.7. 독일 사신을 태운 배가 월미도로 들어오다.

5.10. 중국 사신을 태운 배가 월미도로 들어오다.

5.23. 교린 때 국서에 찍을 '대군주' 인장과 '대조선국 대군주' 인장을 만들도록 하다.

6.5. 군자감에서 급료를 내줄 때, 받은 곡식이 모자라다며 군졸들이 해당 고지기를 구타하다. 이와 관련한 전후 상황을 홍순목이 아뢰다.

6.5. 검찰사 이규원으로부터 울릉도의 상황을 듣고 개척할 뜻을 밝히다.

6.9. 무위대장 이경하에게, 동별영에서 소란을 일으킨 군졸을 불러들여 조사하라 이르다.

6.9. 수백 명의 군졸이 의금부에 돌입해 옥문을 부수고 남간에 갇힌 죄인 백낙관을 탈출시키다.

6.9. 난민들이 청수관에 있던 일본인을 죽이고 인근 집들에 방화하다. 이어 경기 감영에 몰려가 무기고를 부수고 무기를 탈취하다.

6.9. 이재면 무위대장.

6.9. 무위대장 이경하와 선혜청 당상 민겸호를 파직하다.

6.10. 난병들이 궐을 범하다.

6.10. 군사들의 변란에 대해 자책하다.

6.10. 선혜청 제조 민겸호와 지중추 김보현이 난군에게 대궐 안에서 살해되다.

6.10. 대신들을 소견한 자리에서, 중궁의 소재를 모르겠다고 하다.

6.10. 영돈녕 이최응이 난군에게 살해되다.

6.10. 중궁전이 승하하여 거애하는 절차를 마련하도록 하다.

6.10. 무위영을 종전대로 훈련도감이라 칭하고, 나머지 각 영도 예전으로 복구하다.

6.10. 기무아문을 혁파하고 3군부라 칭하게 하다.

6.10. 신응조 우의정.

6.11. 의정부에서 대원군을 받드는 의절에 대한 별단을 만들다.

6.14. 중궁전의 옥체를 찾을 수 없으므로 옷을 가지고 장사 지내도록 하다.

6.16. 일본인들이 여전히 울릉도에서 벌목을 하므로, 다시 서계를 보내기로 하다.

6.22. 각종 도고를 혁파하다.

6.22. 인천부사 정지용이 일본의 침략 위험을 경계하는 장계를 올리고 자살하다.

6.29. 중국 사신의 배가 도착하여, 조영하와 김홍집에게 회견하도록 하다.

6.30. 일본 공사의 배가 제물포에 정박하다.

7.4. 일본 공사가 데리고 온 군사를 장악원에 임시 거처하게 하다.

7.11. 마건충이 관소에 들어오다.

7.11. 중국의 흠차제독이 도성에 들어온다 하여 훈련대장으로 하여금 영접하게 하다.

7.13. 흠차제독 오장경이 정여창·마건충과 함께 운현궁으로 가다.

7.13. 대원군이 천진으로 행차하다.

• 실제로는 황제의 명에 의해 끌려간 것이지만, 실록에서는 대원군이 천진으로 행차했다고 기록하고 있다.

7.16. 군사를 동원해 원조해 준 것에 감사하는

자문을 가지고 조영하·김홍집이 중국으로 가다.

7.17. 일본과 〈조일강화조약〉·〈조일수호조규속약〉을 체결하다.

7.22. 재주가 있는 자라면, 서북인·송도인·서얼·의원·중인·역관·서리 등을 가리지 않고 등용하겠다고 하다.

7.25. 보부상들은 군오에 적합하지 않으니 향리로 돌려보내 하던 일을 하게 하다.

7.25. 봉상시정 서상조가 중궁 전하가 살아 있다며 의장을 갖춰 맞아들일 것을 청하다.

• 임오군란 때, 중궁은 무예별감 홍재희의 도움으로 궁을 빠져나가 민응식의 집에 피신해 있었다.

7.25. 영의정 홍순목이, 금화·은화는 모든 나라에 통용되는 돈이라며 금전·은전·문전(紋錢)을 모두 통용시킬 것을 청하니 따르다.

7.25. 금릉위 박영효를 수신대사로 삼아 일본에 파견키로 하다.

7.29. 관소에 출입해 일본인들을 살해한 손순길 등 3인을 효수하다.

8.1. 중궁이 환궁하여, 시임·원임 대신 등 여러 관리들이 문안을 올리다.

8.5. 서양과 교류해야 하는 이유를 밝히고 유자들의 반대를 조목조목 비판하다. 척양에 관한 비문을 모두 뽑아 버리라 명하다.

8.11. 중국 예부에서, 조선인들이 지린 변경의 땅을 차지해 경작하고 있다며 세금을 거두고 중국의 법령을 따르게 하겠다고 하다.

8.17. 행호군 이재덕을 문후관으로 삼아 빠른 시일 내에 길을 떠나게 하다.

8.23. 유학 지석영이 상소해, 내외의 서적들을 수집하고 각종 기계들을 구비해 고을마다 유생·관리를 뽑아 익히게 할 것을 청하다.

9.2. 김병국 좌의정.

9.22. 유학 고영문이, 서구 기예 습득·채광 허용·국립은행 설치 등 7가지 시무책을 올리다.

9.23. 민정들을 선발해 오장경 군문에 교습을

요청하다.

9.24. 중전의 상을 발표했던 당시 담당자들을 도배하다.

9.26. 문후관 이재덕과 문의관 어윤중을 소견해 대원군의 환국 여부를 묻자, 이홍장이 1~2년 지난 뒤라 답했다고 답하다.

9.26. 지평 유중교가 소를 올려, 서양을 극악으로 규정하며 김평묵처럼 자신도 벌해 달라고 하다.

10.2. 훈련도감을 혁파하고 후일을 위해 조처할 방도를 헤아려 품처하라 이르다.

10.7. 전적 변옥이 상소해 일본식·중국식을 따지지 말고 우수한 것만 취해 군사 훈련을 행할 것과 윤선·대포·전선도 각국을 본받아 설치할 것 등 적극적인 개혁을 요구하다.

10.17. 〈중조상민수륙무역장정〉을 체결하다.

11.2. 이후 나랏일과 관련해서는 인혐할 수 없다는 내용을 정식으로 삼으라 명하다.

11.5. 전관대관 조영하와 영선사 김윤식을 불러 보다. 조영하가, 조선의 요청에 이홍장이 관세와 외교에 능한 이로 전 톈진 주재 독일 영사 묄렌도르프와 중서 마건상을 데려왔다고 아뢰고, 김윤식은 기술 유학을 떠났던 아이들을 데려왔다고 아뢰다.

11.7. 춘당대에 나아가 새로 설치한 친군을 교련하다.

11.17. 통리아문의 설치를 명하다.

11.17. 조영하·김홍집·묄렌도르프를 판리·협판·참의통리아문사무에 임명하다.

11.18. 궐 안에 내무아문 설치를 명하다. 김병국·홍순목 등이 열악한 재정 형편 등을 아뢰다.

11.22. 홍순목 영의정.

12.2. 일본 판리공사 다케조에 신이치로를 접견하다.

12.4. 통리내무아문을 통리군국사무아문으로, 통리아문을 통리교섭통상사무아문으로 개칭하

다.

12.5. 홍순목·김병국을 총리군국사무로, 민태호 등 4인을 독판군국사무로, 김윤식을 협판군국사무로, 홍영식·어윤중·신기선을 참의군국사무로, 조영하를 독판교섭통상사무로, 민영익·김홍집·묄렌도르프를 협판교섭통상사무로 삼다.

12.25. 중국인 마건상을 의정부 찬의로 임명하고 회판교섭통상사무를 겸하게 하다.

고종 20년(1883)

1.10. 국모가 된지 50년이 되었다며 대왕대비전에 존호를 올리다.

1.17. 김옥균 등 4인을 교섭통상사무참의로 삼다.

1.23. 통리군국사무아문의 건의로 한성부에 순경부를 설치키로 하다.

1.24. 〈부산항해저전선설치조관〉이 체결되다.

1.27. 통리교섭통상사무아문이 국기를 제정했다고 아뢰다. 이어 8도와 사도에 알려 사용하게 할 것을 청하니 따르다.

1.28. 서울과 지방의 융복은 모두 군복으로 대용하고 군무 외엔 흑단령을 사용하라 명하다. 아울러 융복을 없앤 것에 맞춰 각 관청의 조례들이 입던 철릭도 전투복으로 하도록 하다.

2.18. 홍순목이 화폐 부족을 아뢰다. 당오전과 지금 주조하고 있는 돈과 은표를 모두 통용케 하고 박정양이 맡아 관리하게 할 것을 청하니 따르다.

2.24. 공문 없이 돌아다니는 청나라 군인들의 처리를 의논하다.

3.10. 경희궁 염초 굽는 곳에서 화재가 발생해 인근 민가가 소실되고 사상자가 다수 발생하다.

3.16. 김옥균을 동남개척사로 삼아 포경의 일을 겸하게 하다.

4.5. 김옥균 이조참의.

4.14. 편전에 나가 미국 공사를 접견하다.

4.17. 청나라 진영에 나아가 제독 오장경을 접견하다.

4.28. 이재만·이원진의 사사를 명하다.

4.29. 신하들의 거듭된 청에 조병창·조우희·이회정·임응준의 사사를 명하다.

5.1. 감생청이 감생의 일이 끝났다며 본청을 혁파했다고 아뢰다.

5.4. 당오전 7만 냥을 각 아문에 분배하다.

5.11. 묄렌도르프가 명을 받들어 12마력의 화륜기기를 구매하고, 주사 김명균이 천진의 기술자를 고용해 귀국하다.

5.23. 기기국 설치를 명하다.

6.5. 민영익·홍영식이 미국으로 떠나다.

6.10. 장태진·허욱 등 7인을 부대시처참에 처하다.

6.22. 〈조일통상장정〉을 체결하다.

6.22. 〈조일통상장정속약〉을 체결하다.

6.22. 〈어채범죄조규〉를 체결하다.

6.22. 〈한행이정약조〉를 체결하다.

6.22. 〈조일통상장정세칙〉을 체결하다.

8.1. 3군부 혁파 후 보부상들을 귀속할 곳이 없다며 군국아문에 부속시키다.

8.8. 차대에서 좌의정 김병국이 당오전 기피 현상 등에 대해 아뢰다.

8.8. 성주목의 난민들이 결가(結價)가 제대로 되지 않았다며 동헌에 난입해 관장을 끌어내는 등 소동을 일으키다.

8.23. 부호군 허직이 상소해 호포의 폐단 등에 대해 아뢰다.

• 군포 1필이 3냥을 넘지 않는데 7~8냥까지 징수했다.

9.25. 새로 북관왕묘를 세우다.

9.29. 지방 유생 정혼 등이 김집·조헌·김상헌·권상하의 문묘종사를 청하다.

10.6. 의정부가 도적들의 거리낌 없는 행태 등을 아뢰다.

10.7. 김옥균 호조참판.

10. 12. 진사 이재철 등이, 유성룡을 배향할 것과 서원 복구를 청하다.

• 이후 정경세·김집·정구·장현광의 문묘종사에 대한 청이 자주 이어졌다.

10. 18. 당오전은 전환국에서만 주조하고 기타 주전소는 엽전만 주조하게 하다.

10. 23. 새로 설치한 교련소를 친군 전영이라 부르고 어영대장이 겸임케 하다.

10. 27. 〈조영수호조약〉을 체결하다.

10. 27. 〈조독수호조약〉을 체결하다.

11. 20. 조헌, 김집을 문묘에 배향하다.

12. 3. 〈봉천과 조선변민 교역장정〉을 체결하다.

고종21년(1884)

1. 11. 김옥균이 장계를 올려, 울릉도에 일본인들의 벌채가 여전하며 이는 도장(島長) 전석규가 이익을 탐해 금지시키지 않은 때문이라고 아뢰다.

1. 25. 김병국이, 수령들이 백성으로부터는 엽전으로 거두고 상납은 당오전으로 한다고 아뢰다.

3. 16. 경략사 어윤중이 장계를 올려, 혜산진 첨사 등이 연변 유민 1,115명을 쇄환했다고 아뢰다.

3. 23. 탐오한 충청우도 암행어사 이용호를 흑산도에 위리안치하다.

3. 27. 우정총국을 설치하고 홍영식을 우정총판으로 삼다.

5. 9. 우의정 김병덕이, 전환국 폐지·해외 유학생 소환·예전 규례 회복 등 13조목의 시무책을 건의하다.

5. 22. 김병국을 영의정으로 임명한 다음 군국사무를 총괄하게 하다.

5. 26. 〈길림과 조선상민 수시무역장정〉을 체결하다.

윤5. 4. 이탈리아와 〈조의조약〉을 체결하다.

윤5. 5. 러시아 흠차전권대신 베베르가 서울로 오다.

윤5. 15. 러시아와 〈조아조약〉을 맺다.

윤5. 24. 관복으로 오직 흑단령만 입게 하다.

윤5. 25. 사복도포·직령·창의·중의 같은 옷의 넓은 소매의 불편을 지적하고 간편을 추구해 절목을 갖춰 들이라 명하다.

윤5. 27. 대신들이 연명으로 차자를 올려 의복제도 개혁에 반대하다.

6. 3. 예조에서 사복변제 절목을 올리다.

6. 3. 이유원이 소를 올려 의복 개혁에 반대하다.

6. 4. 영의정 김병국과 성균관 유생들이 의복개혁을 반대하는 소를 올리다.

6. 20. 전복(戰服)을 탑호로 고쳐 부르게 하다.

6. 21. 이후 각사의 원역(員役)들은 모두 패도(佩刀)·호패를 차고, 각사의 사령(使令)·양반가의 별배(別陪)도 모두 군복을 입고 전립을 쓰게 하다.

7. 23. 서광범 군국사무참의.

8. 15. 〈인천제물포 각국조계장정〉을 체결하다.

8. 18. 각국의 개시장을 용산에 열기로 하다.

8. 19. 심순택 우의정.

8. 26. 춘당대에 나아가 일본병제를 친람하고 일본 공사 신이치로를 접견하다.

8. 26. 친군영의 제도가 마련되었다며, 전영사·후영사·좌영사·우영사를 임명하다.

8. 27. 각 군영은 친군영의 여러 군영에 이부(移付)하고 금군과 별초기사는 우선 병조판서가 관할하되 조처할 방도를 마련하라 이르다.

8. 29. 통리군국사무아문에서, 용호영·금위·어영청·총융청을 친군사영에 이부한 데 대한 절목을 들이다.

9. 15. 편전에 나아가 일본 공사 신이치로와 육해군 사관을 접견하다. 일본 천황이 배상금 중 40만 원을 돌려주며 개명한 정치를 하는 일에 보태 쓰라 했다고 일본 공사가 전하다. 이어 일본 외무경이 올린 무라다식 총을 왕과 왕세자에게 1자루씩 바치다.

• 임오년(1882) 〈강화조약〉 제4조에 지적된 보상금 50만 원 중 40만 원을 되돌려 줬다.

10. 12. 〈한행이정약조부록〉을 체결하다.

10. 17. 우정국 낙성식 연회 끝 무렵에 담장 밖에 불이 나고 살피러 갔던 민영익이 칼을 맞다. 김옥균 등이 침전에 이르러 이어를 요청해 경우궁으로 이어하다. 김옥균이 일본 공사에 도움을 청해 신이치로가 병사를 이끌고 와서 호위하다.

10. 18. 김옥균 등이 생도와 장사들을 시켜, 좌영사 이조연·후영사 윤태준·전영사 한규직·좌찬성 민태호·지중추 조영하·해방총관 민영목·내시 유재현 등을 살해하다.

10. 18. 서광범을 협판교섭사무로 승차하고 독판(督辦)을 서리하게 하다. 김옥균은 혜상공국 당상에, 서재필은 전영정령관에, 사관생도 부장 12명은 모두 별군관에 제수하다. 이어 홍영식을 좌우영사 겸 우의정에, 김옥균을 호조참판에, 박영효를 전후영사에, 이재원을 좌의정에, 이재완을 병조판서에 제수하다.

10. 18. 전국의 재정을 탁지부에 소속시키다.

10. 18. 종친 이재원의 집으로 이어했다가 관물헌으로 환어하다.

10. 19. 청나라 병사들이 궁문으로 들어오며 총포를 쏘자 일본 병사들이 막다가 궁을 떠나다. 김옥균, 박영효 등은 일본 공사를 따라갔고 홍영식·박영교 등은 남았다가 우리 병사들에게 죽임을 당하다.

10. 20. 일본 공사 신이치로가 병사를 거느리고 거류민을 보호해 도성 밖으로 도주하고, 김옥균 등은 일본 공사관에 몸을 숨겼다가 머리를 깎고 양복 차림으로 인천항을 거쳐 일본으로 망명하다.

10. 20. 김홍집을 다시 독판교섭통상사무에, 김윤식을 다시 협판교섭통상사무에, 묄렌도르프를 다시 협판교섭통상사무에 제수하다.

10. 20. 심순택 좌의정, 김홍집 우의정.

10. 21. 지난 사흘간 내렸던 명을 환수하다. 관료와 사서인의 평상시 복식은 편리한 대로 내버려 두라 이르고, 통리군국아문은 의정부에 합부하고 우정국은 혁파하다.

10. 21. 심순택 영의정, 김홍집 좌의정, 김병시 우의정.

10. 23. 창덕궁으로 환어하다.

10. 26. 민태호 등 화를 입은 신하들에게 치제하고 아들은 삼년상 뒤 서용하라 말하다.

11. 1. 역적의 아비와 형제 들을 파직하다.

11. 7. 전 금위영, 어영청 2영에서 4영에 나누어 소속시켰던 이들을 합쳐 하나의 영으로 만들되 영의 호칭을 친군별영으로 하라 이르다.

11. 21. 낙선재에 나아가 일본 대사 이노우에 가오루를 접견하다.

11. 24. 〈한성조약〉을 체결하다.

11. 26. 부사과 송백옥이 상소해, 역적들의 처단 문제와 군사 편제 등의 일에 관하여 아뢰다.

11. 30. 김병시 우의정.

11. 30. 자책하는 별유를 내리다.

고종 22년(1885)

1. 17. 경복궁으로 환어하다.

2. 17. 과거의 폐단을 엄금할 것을 신칙하다.

2. 29. 의정부에서 광혜원의 설치를 청하니 허락하다.

3. 4. 이홍장과 이토 히로부미가 〈톈진조약〉을 체결하다.

3. 6. 부호군 김교환이 화적에 대해 논하며, 호남의 활빈당은 인원이 만 명에 이른다고 아뢰다.

3. 10. 북경 주재 영국 사신이 조선의 교섭통상사무아문의 독판에게 본국의 자문을 전하다.

• 얼마 동안 해밀턴(거문도)을 점유한다는 내용이다. 영국이 러시아를 견제하기 위한 것으로 거문도 사건의 발단이 되었다.

3. 12. 광혜원을 제중원으로 개칭하다.

3. 20. 이홍장이, 거문도와 관련해 영국의 요구를 허락하면 안 된다는 편지를 보내다.

3. 29. 일본 대리공사 곤도 모토스케가, 거문도와 관련해 김윤식에게 편지를 보내다.

4. 3. 교섭통상사무협판 묄렌도르프가 영국인 선장 맥커이와 담판하다.

4. 6. 영국 수군제독에게 보낸 묄렌도르프의 편지와 답신.

4. 7. 김윤식이 북경 주재 영국 흠차대신에게 보낸 편지.

4. 7. 김윤식이 각국 공사에게 편지를 보내 영국의 태도를 비판하고 도움을 청하다.

5. 25. 청나라 군대가 철병한다는 소식에 우려를 보이고 머물러 있게 할 방도가 있다면 다행이겠다는 의사를 표현하다. 이 틈을 타 러시아가 일본 주재 참찬관을 보내 군사 훈련을 돕겠다는 의사를 전하다.

5. 25. 궐 안에 하나의 국을 설치해 내무부라 칭하고 군국의 사무를 겸하게 하겠다며, 관련규정을 마련하라 명하다.

5. 28. 이탈리아와 〈조의수호조약속약〉을 체결하다.

6. 6. 〈중조전선조약〉을 체결하다.

6. 16. 협판교섭통상사무아문 묄렌도르프를 감하다.

6. 20. 내무부 각국에 사무를 분장해 구관(句管)하라 명하다.

6. 24. 내무부에서, 본부는 기밀을 취급하는 곳이니만큼 각사에 대해 총괄해 거느려야 한다고 아뢰자 허락하다.

7. 26. 총세무사 묄렌도르프를 감하다.

7. 30. 안변부사 이중하를 토문 감계사로 삼다. 이어 중국 관원을 맞이해 상의해 처리하게 하다.

8. 25. 대원군이 돌아온다는 소식에 도승지를 보내 문안하고 오게 하다.

8. 27. 대원군을 모시는 예식 절차를 마련할 것

과, 조사·잡인이 때 없이 왕래하지 못하게 하라 명하다.

9. 7. 미국인 메릴 헨리를 호조참의 겸 총세무사에 제수하다.

9. 10. 대원군 존봉 의식 절차.

9. 22. 영의정 이하 대신들이, 두 차례의 난리에도 종사를 안정시켰다며 존호를 올리겠다고 아뢰다.

9. 23. 일본 측이, 진행 중인 서로의 전선으로 인해 부산 해저 전선이 방해를 받는다며 부산과 서울 간 전선을 요구하다.

11. 2. 김병덕 좌의정.

11. 9. 심순택 영의정.

11. 16. 〈해저전선조관속약〉을 체결하다.

12. 23. 갑신정변 관련자 8명을 부대시참에 처하다.

고종 23년(1886)

1. 1. 대왕대비전의 80세를 축하하고 대사령을 내리다.

1. 2. 사노비 사역을 당사자에게만 국한하고 대대로 복역하지 못하게 하다.

1. 23. 부사과 권봉희가, 무덤 도굴이 성행하고 해골을 자루에 담아 돈을 요구하는 세태에 대해 아뢰다.

2. 8. 이홍장의 전보가 위안스카이를 통해 전해지다.

  • 미국인 데니가 도착할 테니 후대할 것과, 프랑스가 조선과 수교를 맺으려 한다는 것 등이다.

2. 19. 중국이 조선의 육로 전선을 대신 가설한다는 속약을 체결하다.

3. 5. 미국인 데니를 협판내부사겸 관외아문장교사 당상에 제수하다.

3. 11. 노비 문제에 대한 절목을 만들어 경외에 알리다.

4. 10. 김옥균 등과 편지 연락을 한 신기선 등에

게 원악도 안치를 명하다.

5.3. 〈조법조약〉을 체결하다.

• 법국은 프랑스를 말한다.

5.3. 건천궁에 나아가 프랑스 사신 코고르당을 접견하다.

5.13. 제중원의 미국인 의사 알렌과 혜론에게 당상의 품계를 내리다.

5.22. 전환국을 기기창에 합설하다.

6.17. 내무부 계청에 따라, 공원(公院)을 설치해 각국 어학(語學)을 익히라 명하다.

7.15. 내무부 공작사에서 구매한 윤선이 인천항에 정박하다. 각 도의 공부(貢賦)는 윤선으로 운반하게 하다.

7.24. 좌승지 어윤중이 상소해, 갑신년 박원양 부부의 시신을 치운 죄를 사죄하다.

7.29. 위안스카이가, 조선 정세를 논하며 청에 복속되어야 함을 강변하는 장문의 글을 의정부와 왕에게 올리다.

8.1. 육영공원의 학과·학생·교사·학습 등에 대한 절목.

8.6. 김병시 좌의정.

8.28. 김유연 우의정.

9.10. 무명잡세 혁파 명이 지켜지고 있지 않다며, 한성부와 각 도의 세금이 어떻게 생겨났는지 조사해 혁파하라 명하다.

9.27. 미국인 의사 알렌에게 2품 품계를 내리다.

11.17. 봉조하 김상현이 상소해, 이이·민정중·김수항·김석주·김만중의 묘정 배향을 청하니 따르다.

고종 24년(1887)

3.6. 육영공원을 설치하다.

3.25. 부산과 한성 간 육로 전선을 조선이 가설하는 것을 중국이 인정하는 〈합동조약〉을 체결하다.

4.5. 광무국을 신설하다.

4.17. 의정부에서, 거문도를 점령했던 영국군이 철수했다고 아뢰다.

4.26. 부사과 서행보가, 갑신년 흉적의 하령을 반포한 신기선·박영효를 도운 지석영의 처벌을 청하다.

4.30. 신기선을 남간에 하옥하고 지석영을 원악도에 위리안치하다.

윤4.21. 신기선을 다시 귀양지로 보내다.

6.29. 심상학을 영국·독일·러시아·이탈리아·프랑스 주재 전권대사로 삼고, 박정양을 미국 주재 전권대사로 삼다.

8.17. 일본 배가 가파도에서 전복을 따다가 모슬포에 상륙해서 약탈하고 살인까지 하다.

10.29. 좌의정 김홍집을 총리대신에 제수하다.

10.29. 전환국의 조폐창과 기기국의 기기창이 완성되다.

고종 25년(1888)

2.8. 남로의 전선 건설 사업을 배워 행하게 하다.

3.8. 지난밤에 우사당에 불이나 《승정원일기》가 많이 타다.

이에 《조보》·《일성록》을 근거로 속히 보수하게 하다.

4.19. 심순택·김홍집을 소견해 영제의 변통을 의논하고 6개의 영을 3개의 영으로 통합하기로 하다.

5.2. 의정부에서, 조사에게 나눠 줄 녹봉, 군사에게 나눠 줄 요(料)가 부족하다며 절약과 수령들의 농간을 막을 것을 건의하다.

7.13. 〈조아육로통상조약〉을 체결하다.

7.19. 전선 가설 교사 영국인 핼리팩스에게 통정대부의 품계를 내리다.

7.27. 전선 가설이 준공되어 전보총국 이하에게 차등을 두어 시상하다.

8. 26. 좌의정 김병시가, 주전을 한곳에서만 할 것을 청하니 따르다.

10. 8. 동래에 타국 쌀이 들어와 쌀값이 폭락하다.

10. 9. 생화정 주조소만 이전대로 돈을 주조하도록 하고 나머지는 모두 혁파하라 명하다.

12. 10. 각국의 범선들이 마포에 몰래 들어오는 사례가 빈번하다.

12. 21. 대원군의 생신이어서 도승지를 보내 문안하다.

12. 29. 이해의 호구는 6,650,077호, 남 3,377,559명, 여 3,272,518명이다.

고종 26년(1889)

1. 13. 길주 백성이 소요를 일으키다.

1. 30. 정성군 백성이 소요를 일으키다.

2. 8. 일본 공사 곤도 모토스케·러시아 공사 베베르·프랑스 공사 플랑시 등을 접견하다.

3. 24. 의정부에서, 전주부 아전과 종들이 관청 건물을 불태우고 사람을 죽였다고 아뢰다.

4. 18. 친군영·통위영·탕춘신영의 화약고에 화재가 발생하다.

6. 2. 경무대에 나아가 육영공원 학도들에게 응제하다.

6. 28. 의정부에서 인제현·통천군의 민란을 아뢰다.

7. 24. 미국 주재 전권대신으로 있다가 돌아온 박정양을 불러 미국에 대해 묻다.

9. 14. 경희궁 숭정문에 화재가 발생하다.

9. 17. 광양에서 민란이 발생하다.

9. 21. 요미(料米) 지체·군량 부족·공납 지체·토호 폐해·도적 문제 등에 대해 논의할 것을 명하다.

9. 25. 만경전에 나아가 각국 공사와 영국 영사를 접견하다.

10. 7. 조병세 우의정.

10. 20. 일본과 〈통어장정〉을 체결하다.

11. 29. 왕세자가 상소해 부왕과 모비께 존호를 올리겠다고 아뢰다.

12. 5. 근정전에 나아가 영종대왕의 묘호·시호·존호, 정성왕후와 정순왕후에게 추상할 존호를 친히 받고 왕세자가 올리는 전문과 백관이 올리는 전문을 받다.

12. 29. 의정부에서 통천군의 소란에 대해 아뢰다.

고종 27년(1890)

1. 22. 돌아온 일본 주재 판사대신 김가진을 불러 일본의 육군·해군·예산안 등에 대해 묻다.

2. 11. 대왕대비전과 왕대비전에 존호를 가상(加上)하고, 왕세자가 대전과 중궁전에 존호를 가상하다.

3. 6. 경기감사가 전라감영의 삭선(朔膳) 물품을 화적에게 빼앗겼다고 보고하다.

3. 8. 여양부원군을 종묘에 배향할 것을 전교하다.

• 여양부원군은 인현왕후의 아버지 민유중이다.

4. 17. 대왕대비가 승하하다.

8. 30. 대왕대비를 장사 지내다.

11. 23. 미국인 그레이트 하우스를 협판내무부사에 제수하고 외국 법률에 대한 사무를 처리하게 하다.

12. 10. 정범조를 의정부 우의정 총리대신으로 삼다.

• 이해 들어서부터 재직 기간이 한 달도 안 될 정도로 6조의 판서나 대간의 장에 대한 인사가 쉴 새 없이 이어진다.

고종 28년(1891)

2. 9. 지석영을 석방하다.

2. 27. 총융청 군사들을 통위영에 소속시켰던

것은 임시방편이었다며, 총융청 소속으로 하여 탕춘대와 북한산을 번을 나누어 방비하게 하고 경리청이라 부르게 하다.

5.2. 제주 백성들이, 파견되는 관리가 머물고 있는 곳에 달려들어 때리고 배에 실어 내쫓다.

7.25. 근정전에 나아가 왕세자가 올리는 전문과 표리를 받다.

8.22. 일본 배들이 증명서도 없이 제주에 정박해 약탈하고 살인을 행하다.

8.27. 강원도 고성에서, 일단의 무리들이 사람들이 보는 앞에서 사람을 생매장해 죽인 사건이 발생하다.

12.29. 왕자 강에게 의화군의 작위를 주다.

고종 29년(1892)

1.1. 왕세자가 올리는 전문을 받다.
• 보령 41세, 즉위 30년 경사를 기념한 것이다.

3.10. 함흥에 소요가 일다.

3.20. 통제사 민형식을 광무국 회판으로 삼아 도내 각 광산을 구관(句管)하게 하다.

5.29. 오스트리아와 〈조오수호통상조약〉을 체결하다.

6.10. 신정왕후 부묘례를 행하다.

윤6.17. 송근수 좌의정, 정범조 우의정.

윤6.23. 김병덕이 졸하다.

9.17. 용호영·총어영·경리청을 모두 친군이라 부르게 하다.

9.24. 근정전에 나아가 외진찬을 행하다.

9.25. 강녕전에 나아가 내진찬을 행하다.

11.2. 회령 백성이 소요를 일으키다.

12.6. 의정부에서 시전 상인들의 어려운 형편에 대해 아뢰다.

고종 30년(1893)

1.24. 참의내무부사 정경원을 미국 박람회 출

품 사무대원에 차하(差下)하다.

2.2. 심순택 영의정, 조병세 좌의정.

2.15. 유학을 장려하는 전교를 내리다.
• 동학을 의식한 것이다.

2.18. 진사 이건중이 소를 올려, 좌술(左述)을 행하는 무리들의 소두를 엄히 추궁해 실정을 알아내고 처벌할 것을 청하다.

2.21. 대사간 윤길구가, 좌술을 행하는 무리들이 잠시 물러났다고 마음 놓지 말고 소굴을 소탕해 싹을 끊어야 한다고 상소하다.

2.23. 평안도 함종부에 민란이 발생하다.

2.25. 유생 박제삼 등이 상소해, 동학당의 무리를 발본색원할 것을 청하다.

2.25. 홍문관에서 소를 올려, 동학의 괴수를 참수할 것을 청하다.

2.28. 의정부가 논의를 거쳐, 서울과 지방에 통지해 소두를 체포하게 하고 엄히 조사해 실정을 캐낼 것을 청하다. 이어 괴수는 전형을 밝혀 바로잡고 잔당들은 깨우쳐 돌아가게 할 것을 아뢰다.

3.21. 전라감사와 경상감사를 불러 보다. 백성을 안정시키고 동학교도들을 제거할 방도를 마련하라 이르다.

3.25. 대신들과 동학 문제를 논의하다. 도어사로 내려간 어윤중을 충청·전라 선무사로 삼아 권한을 가지고 형편에 맞게 처리하게 하다. 아울러 군사 조치를 논의하면서 청국 군사를 빌리고 싶은 뜻을 드러냈으나 대신들이 반대하다.

3.28. 강화영의 군사 300명을 수원에 내려보내다.

3.30. 양호선무사 어윤중이 보은군의 난민을 효유해 해산했다고 치계하다.

4.1. 양호에 윤음을 내려, 괴수를 사로잡아 바치거나 종적을 신고한 이에게는 상을 내리고 도망쳐 온 이들은 용서하겠다고 하다.

5.18. 경리청이, 북한산성을 중수·보축(補築)했다고 보고하다.

8. 10. 전보총국에서, 전선을 가설한 지 6년이 되어 세워 놓은 전주목이 곳곳에서 썩어 넘어졌다고 보고하다.

8. 12. 재령·청풍·황간에 소요가 일다.

8. 17. 전신국과 우신국을 합설해 전보총국을 전우총국으로 고치게 하다.

8. 21. 부호군 이건창이 상소해, 군인을 동원해 동학도들을 다 토벌할 것을 청하다.

8. 21. 전 정언 안효제가 소를 올려, 부당한 제사를 지내기 좋아하는 자들의 처벌을 아뢰다.

10. 23. 은언군의 사손인 이완용을 의망해 들이라 명하다.

10. 25. 친군영에서, 상납할 조세를 여러 해 동안 연체하고 있는 수령들을 징계할 것을 청하니 따르다.

10. 29. 의화군 이강의 가례를 행하다.

11. 9. 미국 박람회 출품대원인 정경원을 불러 보다.

11. 23. 전 현감 김흔이 백성을 거느리고 개성 유수영에 들어와 관아의 창호를 부수다. 이어 마을로 나가서는 또 다른 전 현감 최익수의 집을 부수다.

고종 31년(1894)

1. 9. 전라감사 김문현이 전 고부군수 조병갑의 잉임(仍任)을 청하다.

1. 10. 세자가 소를 올려 진연을 청하니, 허락하며 간소히 치르라 명하다.

2. 15. 의정부에서, 전라감사 김문현이 고부의 난민에 대해 올린 장계를 보고하다. 김문현을 징계할 것과 장흥부사 이용태를 고부군 안핵사로 차하해 조사해 보고하게 할 것을 청하니 따르다.

• 이날의 기사에 최제우부터 전봉준 봉기까지의 과정에 대한 설명이 있다.

3. 9. 의정부에서, 중국 병선이 월미도에 정박했는데 김옥균의 시체를 싣고 왔다고 아뢰다.

• 김옥균이 홍종우에게 암살당해 청국 관리가 그 시체를 실어 왔다.

3. 9. 대신들이 김옥균의 능지처참을 청하니 윤허하다.

3. 23. 금산군수가, 동도소에서 통문을 돌려 모인 이가 거의 1,000명이라고 보고하다. 의정부에서, 통문을 돌린 동학 괴수의 효수를 청하니 허락하다.

3. 29. 홍계훈을 전라병사로 삼다.

4. 2. 홍계훈을 양호 초토사로 삼다.

4. 4. 좌의정 조병세가, 백성들이 형편이 쪼들리고 억울하여 무리 지어 호소하려던 것이 이렇게까지 된 것이라며, 지금의 상황은 백성의 기대에 부응하지 못했기 때문이라고 아뢰다.

4. 6. 인천을 떠난 경군이 군산포에 상륙하다.

4. 12. 회덕 난민이 흩어지다.

4. 18. 전라감사 김문현을 간삭하고 금부도사를 보내 조병갑을 잡아오게 하다.

4. 24. 의정부에서 고부 안핵사가 보고한 7가지 폐단에 대해 아뢰다.

4. 27. 김옥균과 관련해, 인정전에 나아가 축하 받고 대사령을 내리다.

4. 27. 전라감영이 동학무리에게 함락되다.

5. 1. 청 군함이 곧 온다고 하자, 공조참판 이중하를 영접관으로 삼다.

• 이때 전주가 함락되자, 정부가 비밀리에 위안스카이와 의논해 청 조정에 구원병을 청했다. 이에 청은 군병을 보내 아산에 상륙했다.

5. 4. 조병갑에게 한 차례 형장을 가한 후 원악도에 안치하다.

5. 10. 어제 전주성을 회복하다.

5. 12. 호서·호남 백성에게 윤음을 내리다.

5. 23. 일본 공사 오토리 게이스케를 접견하다. 오토리 게이스케가 서주(書奏)를 올려 내정개혁안을 건의하다.

5. 26. 초토사 홍계훈이 돌아오자 불러 보다.

6. 11. 교정청 설치를 명하다.

6. 13. 교정청 당상·낭청을 구성하다.

6. 20. 김병시 영의정.

6. 21. 일본 군사들이 대궐을 점령하다. 대원군이 입궐해 개혁 문제를 주관하다.

6. 21. 함화당에서 각국 공사를 접견하다.

6. 22. 서무에서 긴중한 사안은 대원군의 결재를 받도록 하다.

6. 22. 좌찬성 민영준·전 통제사 민형식·전 총제사 민응식을 원악도에 안치하다.

6. 22. 가극죄인 이도재와 안치죄인 신기선 등을 방송하다.

6. 23. 부호군 이남규가 일본 군사 납입의 부당성을 아뢰다.

6. 25. 김홍집 영의정.

6. 25. 군국기무처를 차비문 근처에 두다.

7. 1. 군국기무처에서, 개국 기년 사용 등 11개 항을 의안하다.

7. 5. 전 형조참의 지석영이 소를 올려, 민영준·진령군의 도륙을 청하다.

7. 8. 군국기무처에서, 대소죄인은 사법관이 형량을 정하게 할 것 등 4개 항의 의안을 올리다. 모두 허락하다.

7. 9. 호서의 이인역에 동학 무리가 집결하다. 정경원을 호서선무사로 삼아 내려가게 하다.

7. 10. 군국기무처에서, 은행 설립·미곡 무역 허락 등 4개 항의 의안을 올리다. 모두 허락하다.

7. 11. 군국기무처에서, 도량형 개정·화폐 교환 규정 등 5개 항의 의안을 올리다. 모두 허락하다.

7. 13. 군국기무처에서, 날마다 외전에 나와 업무를 볼 것, 청년들의 유학 등 3개항의 의안을 올리다. 모두 허락하다.

7. 15. 김홍집 의정부 총리대신, 이재면 궁내부 대신.

7. 15. 탐오죄를 저지른 조병식을 호남 바닷가로 귀양 보내고, 임치재는 남간에 가두다.

7. 17. 민영준과 민형식에게 위리안치를 추가하다.

7. 18. 각 아문의 대신·장신·경무사는 군국기무처의 의원을 겸하게 하다.

7. 20. 〈조일잠정합동조관〉을 맺고, 철도 건설 문제와 전라도 연해에 무역항을 개항하는 문제 등을 정하다.

7. 22. 〈조일동맹조약〉을 맺다.

• 청나라에 대항하기 위한 조약이다.

7. 28. 군국기무처에서, 소학교 교과서 등을 학무아문에서 우선 편찬한다는 등의 의안을 올리다. 모두 윤허하다.

7. 30. 전라우수사가 동학당 수천 명이 성안에 진입해 무기·공금을 탈취해 갔다고 보고하다.

8. 1. 박영효가 원정(原情)을 제출하다.

8. 4. 박영효의 죄명을 말소해 주다.

8. 12. 각 도의 환곡 중 이무(移貿)·가작(加作)은 영원히 철폐하다.

8. 22. 연좌제를 금지하다.

8. 26. 대궐문 및 대궐 안 순찰은 경무청에서 거행키로 하다.

8. 28. 군국기무처에서, 외국과의 교섭이나 조약 체결 등의 문제는 외무아문의 대신과 협판이 공동으로 처리하고 총리대신의 승인을 받아 시행할 것 등의 의안을 올리다. 모두 윤허하다.

9. 10. 관서에 변란이 있었을 때, 평안도 숙천부사는 도주하고 영변부사·성천부사 등은 모두 관부를 비웠다며, 형률대로 감단하기를 의정부에서 청하다.

9. 11. 군국기무처에서, 의회와 행정부는 서로 대치하고 뒤섞이지 않는 게 세계의 규례라며 군국기무처가 의정부에 속하는 것을 고쳐 대등하게 할 것과, 법사의 공판을 거치기 전에 처단하는 것을 금하는 것 등의 의안을 올리다. 모두 허락하다.

9. 17. 비적들이 남원부를 점령하다.

9. 22. 호위부장 신정희를 양호 도순무사로 삼

다. 남원부에 모인 비적이 약 6만 명에 이르다.

9. 25. 지석영 토포사.

9. 28. 호서의 비적들이 호남의 비적들에게 원군을 청했다는 보고가 올라오다.

10. 2. 충청감사 박제순이, 비적들이 제천 관아의 무기를 탈취해 갔다고 보고하다.

10. 2. 경기감사가, 음죽 관아의 무기도 비적들이 탈취해 갔다고 보고하다.

10. 3. 전 승지 신기선이 상소해, 진행되는 개혁 조치들을 비판하고 일본의 내정 간섭을 비판하다.

10. 4. 도적이 법무아문 협판 김학우를 살해하다.

10. 13. 태안부사와 종친부에서 파견한 관원을 비적들이 살해하다.

10. 23. 일본 공사 이노우에 가오루가 왕실 사무와 국가 사무의 분리 등 20개의 개혁안을 제출하다.

10. 25. 대원군의 결재를 받도록 한 6월 22일의 교시를 거두다.

10. 27. 양호 도순무영에서 장계를 올려, 목천 세성산에서 수천의 비적을 패주시키고 북접의 수괴 김복용을 생포했다고 아뢰다.

• 북접은 동학 조직 가운데 최시형이 이끄는 충청도 지역의 동학도를 이르던 말이다.

11. 4. 칙유를 내려 일본군을 칭찬하고, 지원할 것을 이르다.

11. 13. 박영효의 서용을 명하고 갑신년 관계자들의 죄명을 말소하다.

11. 16. 양호 도순무영에서, 지난 11월 8일 비적에게 포위당했을 때 2개 소대와 일본군이 응원해 격퇴했다고 보고하다.

11. 19. 양호 도순무영에서, 선봉장 이규태의 보고를 빌려 적괴 최한규 등 56명을 생포했다고 아뢰다.

11. 20. 〈청나라 상인 보호 규칙〉을 반포하다.

• 보호 규칙이라는 명칭과 달리 실제로는 제한을 두

기 위한 것이다.

11. 21. 칙령 1호~8호를 내려 공문 식제(公文式制)를 반포하다. 박영효를 내무대신에, 서광범을 법무대신에 등용하다. 또 김병시를 중추원의장, 조병세를 좌의장, 정범조를 우의장으로 삼다.

11. 24. 김홍집이, 충청 감영에 주둔했던 중앙 군사와 일본 군사가 모두 호남으로 떠났다고 아뢰다.

11. 24. 서광범이 갑신년의 죄를 청하자, 사은숙배를 명하다.

12. 4. 칙령으로 〈육군장관 직제〉를 재가해 반포하다.

12. 6. 전라감사 이도재가, 지난 12월 2일 강화 진무영의 군사가 적의 괴수 김개남을 태인 지방에서 생포했다고 보고하다.

12. 10. 전라감사 이도재가, 지난 12월 9일 전봉준을 생포해 압송해 올려 보냈다고 전보하다.

12. 12. 종묘에 나아가, 자주독립 등 〈홍범 14조〉를 고하다.

12. 16. 군신 간의 예절 간소화, 정사 직접 재결, 의정부를 내각으로 고칠 것 등의 조칙을 내리다.

12. 16. 김개남을 서울로 압송하지 않고 효수해 버린 전라감사 이도재에게 월봉 2등의 벌을 내리다.

• 김개남은 동학 남접의 3대 지도자 중 한 사람이다.

12. 17. 왕실의 호칭을 바꿔 정하다.

• 주상 전하는 대군주 폐하로, 왕대비 전하는 왕태후 폐하로, 왕비 전하는 왕후 폐하로, 왕세자 저하는 왕태자 전하로, 왕세자빈 저하는 왕태자비 전하로 바꿨다.

12. 27. 능지처참의 형률을 폐지하다. 법무아문에서 형벌하는 것에는 교수형만 적용하고, 군율에 의해 형벌하는 것에는 총살만 허용하다.

12. 27. 영남 위무사가 장본을 올려, 전 경상감사 이용직이 탐오한 돈이 약 47만 냥, 전전 통제사 민형식이 탐오한 돈이 약 72만 냥이라 아뢰

다.

12. 27. 홍국영·권유 등 25명의 죄명을 취소하고 홍영식·김옥균 등 13명의 벼슬을 회복하다.

고종 32년(1895)

1. 5. 〈내무아문령〉을 포고하다.

• 청으로부터 자주국을 이룩한 것에 대해 반대하여, 민심을 현혹하는 무리들을 역적으로 처벌할 것이라는 내용이다.

1. 7. 〈청나라 상인 보호 규칙 시행 세칙〉

2. 2. 덕양·체양·지양을 강조한 〈교육강령〉을 내리다.

2. 12. 총리대신 김홍집 등이, 일본이 청과의 전투에서 크게 이기고 있으니 칙사를 파견하자고 아뢰다. 윤허하다.

3. 1. 서재필 등 9명의 관작을 회복하다.

3. 5. 일본은행에서 차관 300만 원(元)을 받기로 하다.

3. 10. 내무아문에서 각 도 인민에게, 우리 역사와 글을 가르칠 것, 조혼을 금지할 것, 총·칼·화약을 거둘 것 등 88개 항을 훈시하다.

3. 25. 재판소 구성법을 반포하다.

3. 25. 칙령 제38호로 〈내각 관제〉를 재가하여 반포하다.

3. 25. 칙령 제40호로 〈중추원 관제와 사무장정〉을 반포하다.

• 이날 〈외부 관제〉·〈법부 관제〉·〈학부 관제〉·〈농상공부 관제〉·〈법관양성소 규정〉이 제정 반포되었고, 다음 날에는 〈내부 관제〉·〈탁지부 관제〉·〈군부 관제〉·〈관등봉급령〉 등이 반포되었다.

3. 29. 승도(僧徒)들의 도성 출입 금지령을 해제하다.

3. 29. 전봉준·손화중·최경선 등 5인을 교형에 처하기로 하다.

4. 2. 〈궁내부 관제〉를 반포하다.

4. 19. 특별 법원에서 이준용·박준양 등 27명을 심리해 판결하다. 박준양 등 5명은 교형에, 이준용 등 3인은 종신유형 등에 처하다.

4. 23. 대원군 존봉 의식절차를 하교하다.

4. 27. 박영효에게 내각총리대신 사무를 서리하게 하다.

5. 8. 학부대신 박정양을 내각총리대신으로 삼다.

5. 8. 칙령 제86호 〈공문식〉을 반포하다.

• 법률과 칙령은 임금의 명으로 반포한다는 등의 조항을 담고 있다.

5. 10. 독립 경축일을 정해 명절로 삼으라 명하다.

5. 10. 이완용 학부대신, 유길준 내부협판, 윤치호 학부협판, 서재필 외부협판.

5. 26. 전국을 23부로 하는 〈지방제도 개정 건〉을 반포하다.

윤5. 9. 봉수대와 봉수군을 폐지하다.

윤5. 14. 박영효가 반역을 꾀했다며, 법부로 하여 엄히 신문해 정죄하라 명하다.

윤5. 20. 원구단 건축을 명하다.

윤5. 28. 김홍집 중추원 의장.

7. 5. 김홍집 내각총리대신, 박정양 내부대신, 어윤중 중추원 의장.

8. 10. 궁내부 대신과 조신 이하의 복장 규정을 봉칙(奉勅)하여 반포하다.

8. 20. 묘시에 왕후가 곤녕합에서 붕서하다. 시위대 연대장 홍계훈이 광화문 밖에서 살해되고 궁내대신 이경직은 전각 뜰에서 해를 당하다.

• 이날 왕후가 피살된 사실은 후에 알게 되어 즉시 반포하지는 못했다.

8. 20. 궁내부대신 이경직, 군부대신 안경수, 학부대신 이완용, 농상공대신 이범진, 경무사 이윤용이 파면되다.

8. 22. 왕후를 폐서인하다.

8. 23. 왕태자의 상소에 따라 폐서인한 민 씨를 빈으로 삼다.

9. 1. 이준용을 사면해 등용을 명하다.

9. 9. 태양력을 쓰되, 개국 504년 11월 17일을 개국 505년 1월 1일로 삼게 하다.

9. 13. 훈련대를 폐지하다.

9. 28 장동·계동 등 4곳에 소학교를 세워《오륜행실》·《소학》·우리 역사·지리·국문·산술·외국 역사·지리 등을 가르치게 하다.

9. 29. 인정과 파루 때 종을 치던 것을 폐지하고, 정오의 규례대로 자정에도 종을 칠 것이라 하다.

• 궁내부 포달 제4호의 내용이다.

10. 7. 내부령 제8호로 〈종두규칙〉을 공포하다.

10. 10. 왕후 민 씨의 위호를 회복하다.

10. 10. 8월 20일 사건 관련자들을 체포해 엄히 신문하여 전형하라 명하다.

10. 11. 법부에서, 시종 임최수와 참령 이도철을 잡아다 신문하고 처리할 것을 청하다. 윤허하다.

10. 15. 지난 8월 20일, 왕후가 곤녕합에서 승하했다고 반포하다.

10. 15. 민영준을 탕척해 서용하라 명하다.

10. 25. 서광범을 미국 주재 특명전권공사로 삼다.

11. 14. 박선·이주회·윤석우를 지난 8월 20일 사건과 관련하여 교형에 처하다.

11. 15. 단발령을 내리다.

11. 15. 총리대신 김홍집이, 연호를 건양으로 의정하고 내각의 동의를 거쳤다고 아뢰다.

11. 15. 이재순·임최수·이도철 등에 대한 판결 선고서.

11. 15. 내각에서, 건양 원년의 세입은 4,809,410원, 세출은 6,316,831원으로 결산하다. 부족액 1,507,421원은 국채나 기타 방법으로 보충할 사안을 토의를 거쳐 상주하니 재가하다.

고종 33년(1896)

1. 7. 특진관 김병시가 단발령에 반대하는 소를 올리다.

1. 11. 자신을 따라 단발할 것을 권하는 칙교를 내리다.

1. 22. 단발 관련 칙교는 억지로 깎으라는 것이 아니라며, 스스로 깨닫고 시행하라고 이르다.

1. 31. 친위대가 안동의 폭도를 격파하고 안동부에 들어가 주둔하다.

2. 11. 왕태자와 함께 러시아 공사관으로 이어하다. 왕태후와 왕태자비는 경운궁으로 이어하다.

2. 11. 김병시 내각총리대신, 이재순 궁내부대신, 박정양 내부대신, 이완용 외부대신, 조병직 법부대신, 이윤용 군부대신, 윤용구 탁지부 대신.

• 박정양에게 총리·궁내부대신을 서리케 하고, 이완용에게 학부·농상공부 대신을 서리케 했다.

2. 11. 김홍집과 전 농상공부대신 정병하가 백성들에게 피살되다.

2. 11. 8월 22일과 10월 10일 조칙은 역적의 무리가 속여 위조한 것이니 모두 취소하라 명하다.

2. 11. 도망친 죄인 유길준·조희연·장박·권영진·이두황·우범선·이범래·이진호 등을 잡아오게 하다. 또한 이번 춘천 등지의 소란은 단발 때문이 아니라 8월 20일 사변에 쌓인 울분에서 비롯된 것임을 안다고 이르다.

2. 14. 민영준·민형식의 사면을 철회하다.

2. 17. 어윤중이 귀향하다 백성에게 피살되다.

2. 18. 의병들에게 해산을 권고하다.

2. 20. 임최수·이도철의 관작을 회복하다.

2. 23. 8월 역변과 10월 무옥과 관련해 옥사를 바로잡도록 명하다.

2. 25. 최익현이 소를 올려, 왜적은 두 번이나 역괴의 소굴이 되었다고 비판하고 단발령의 폐지를 청하다.

2. 25. 윤효정 등이 환궁을 청하다.

2. 27. 남도와 강원도에 선유사를 파견해 의병을 타이르게 하다.

3. 29. 미국인 제임스 모스에게 경인철도 부설권을 주다.

• 제임스 모스는 이듬해 3월부터 공사를 시작했지만 자금 부족으로 부설권을 일본인이 설립한 경인철도 인수 조합에 넘겼다.

4. 9. 의병장들의 석방을 명하다.

4. 17. 모스에게 운산 금광 채굴권을 주다.

4. 22. 윤용선 내각총리대신.

4. 23. 중추원 의장 정범조가 환어를 청하다.

4. 28. 안동부 관찰사 이남규가 상소해, 의병장 서상렬이 병력을 거느리고 전 관찰사·군수 3명을 살해했다고 아뢰다. 이어 새 법을 고치고 옛 법을 회복해 충성스러운 신하와 의로운 선비들을 위로할 것을 청하다.

5. 1. 김병시가 소를 올려, 환궁하지 않고 있는 것과 대행왕후의 장례일을 정하지 않는 것에 대해 지적하다.

5. 14. 고무라 주타로와 베베르 사이에 〈제1차 일로(日露)협상〉이 체결되다.

5. 22. 민영준·민형식을 석방하다.

5. 28. 행재소에서 태국 공사를 접견하다.

6. 9. 〈제2차 일로협상〉이 체결되다.

• 여기서 나온 〈조선 문제 의정서〉에는 일본과 러시아 양국은 조선의 재정에 관하여 충고하고 원조를 준다는 것과, 조선 스스로 질서를 유지할 수 있는 군대와 경찰을 창설하고 유지하게 한다는 내용을 담고 있다.

6. 13. 어윤중 살해자들을 처벌하다.

7. 3. 프랑스 회사에 경의철도 부설권을 주다.

7. 24. 종묘 등의 제사는 옛 법을 따라 옛 역서의 날짜로 하도록 하다.

8. 4. 지방 제도를 다시 13개도로 바꾸다.

8. 10. 경운궁의 수리를 명하다.

8. 26. 〈충주·홍주·상주·원주의 지방대(地方隊) 설치에 관한 안건〉을 반포하다.

9. 9. 러시아인 브리너에게 압록강 유역과 울릉도의 벌목권·양목권을 주다.

9. 24. 내각을 폐지하고 도로 의정부로 고쳐 부르게 하다.

9. 24. 칙령 제1호를 내려 〈의정부 관제〉를 반포하다.

• 왕권을 강화하고 내각의 권한을 약화시킨다는 내용이다.

9. 27. 갑오년에 청에 원병을 요청한 혐의와 관련해 중추원 의장 민영준이 해명하는 소를 올리다.

11. 21. 독립협회에서 전 영은문 곁에 독립문을 창건하려고 이날 기공식을 갖다.

고종 34년(1897)

1. 4. 궁내부 관제를 일부 개정하다.

1. 11. 민영환을 특명전권공사로 삼아 영국·독일·프랑스·오스트리아·러시아에 가서 편의대로 주차(駐箚)하게 하다.

2. 19. 김병시 의정부 의정.

2. 20. 경운궁으로 환어하다.

3. 2. 대행왕후의 시호를 명성으로 정하다.

4. 12. 독일인 카를 볼터에게 광산 채굴권을 주다.

5. 1. 전 승지 이최영 등이 황제 즉위를 청하다.

5. 9. 유학 심의승 등이 역적 처벌을 청하는 소에서 미우라 전 공사를 원수라 규정하다.

5. 26. 유학 채광묵 등이 역적 처벌을 청하며, 외부대신 이완용과 법부대신 한규설을 탄핵하다.

5. 28. 이완용이 소를 올려 비판에 대해 해명하다.

7. 3. 의정부에서 목포와 증남포를 개항하기로 하다.

8. 12. 을미년 11월 15일의 조칙·조령의 취소를 명하다.

• 연호(年號)를 세우고 단발령을 내린 조령과 조칙이다.

8. 13. 연호를 세우는 일을 널리 상고해 의정하

라 이르다.

8. 14. 의정부에서, 연호를 광무와 경덕으로 의논해 올리다. 광무로 정하다.

8. 16. 원구단·사직단·영녕전·경모궁 등에서 연호를 세운 것에 대해 고유제를 지내다.

9. 25. 농상공부협판 권재형이, 중국사·우리 역사·《공법회통》·《만국공법》 등을 들어 자주국에 걸맞게 황제 칭호를 올리게 할 것을 청하다.

9. 29. 봉조하 김재현 등 716명이 연명으로 황제 칭호 수용을 청하다.

9. 30. 시임·원임 의정 이하가 연명으로 황제 칭호 수용을 청하다.

10. 3. 칭제 청을 받아들이다.

10. 11. 국호를 새로 써야 한다며 의견을 구하다. 대한(大韓)이라 정하겠다고 하자 대신들이 찬동하다.

10. 12. 황제의 자리에 오르다.

10. 13. 국호를 대한으로 하고 광무 원년으로 삼다. 민 씨를 황후로 왕태자를 황태자로 삼다.

10. 13. 국호를 대한으로 고치고, 이해를 광무 원년으로 삼으며, 종묘와 사직의 신위를 태사와 태직으로 고친다고 선포하다.

10. 20. 궁인 엄 씨가 황자를 출산하다.

10. 22. 궁인 엄 씨를 귀인에 봉하다.

11. 13. 전 러시아 주재 전권공사 민영환이 초빙한 카를 알렉세예프를 탁지부 고문관으로 삼다.

11. 22. 진시에 명성황후를 하현궁하다.

11. 22. 대행황후의 지문과 어제행록을 내리다.

12. 2. 광무 원년 9월 17일을 계천(繼天) 기원절로 칭하게 하다.

고종 35년(1898)

1. 8. 여흥부대부인 홍서.

2. 22. 대원군이 홍서하다.

3. 24. 탁지부 고문관 알렉세예프와 러시아 사관 등이 파면을 당해서 돌아가다.

4. 16. 전 비서승 홍종우가 상소해, 러시아군은 철수했는데 일본군은 수도 안에 있다며 외국 군대를 철수시키고 수도에 벌여 놓은 행상들을 항구로 내보내게 할 것을 청하다.

4. 25. 일본과 러시아가, 한국 내정에 간섭하지 않기로 한 〈제3차 일로 협약〉을 맺다.

5. 12. 운현궁에 나아가 곡림하고 진현하다.

5. 26. 성진·마산·군산을 개항하고 평양에 시장을 열다.

6. 29. 각국의 예에 따라 직접 육해군을 통솔하겠다며, 황태자를 원수로 삼다.

7. 2. 육군을 늘릴 것과 해군 제도를 마련할 것을 명하다.

7. 18. 법부대신이, 최시형 공초 내용을 아뢰고 교형에 처할 것을 청하자 따르다.

7. 22. 전 숭문원 정자 고영중이 소를 올려, 황태자를 옹립하자는 청년 애국회의 흉서가 우편으로 전해졌다며, 이는 안경수나 그의 패거리가 한 것이라고 아뢰다.

8. 14. 법부대신 신기선이 김재풍·안경수 등에 의한 황태자 대리 기도 사건의 전모를 아뢰다. 김재풍·이용한·이충구·이종림 등을 태 100대, 종신유형에 처하다.

8. 25. 뇌물을 받은 김홍륙을 태 100대, 종신유형에 처하다.

9. 8. 일본인에게 경부철도 부설권을 허락하다.

9. 12. 황제와 태자의 건강이 동시에 나빠진 것에 대해 수라 진공에 문제가 있었다며 철저히 조사키로 하다.

• 김홍륙이 공홍식에게 사주하고, 공홍식은 김종화를 시켜 커피에 독을 탔다.

9. 16. 김병시 졸.

9. 23. 심순택 의정부 의정.

10. 6. 성균관 교수 경현수가, 옛 법대로 다스리자고 한 법부대신 신기선을 비방한 윤치호를 공격하다. 이어 역적의 괴수 서재필과 안경수가 창립한 독립협회 윤허 명을 취소하고 회원들을 찬

축할 것을 청하다.

10. 7. 윤치호 등이 상소해, 의관들이 멋대로 소를 올려 잔인한 옛 법을 회복해 여러 나라로부터 망신을 당하게 했다며 해당 의관을 모두 내쫓아 조정의 기강을 세울 것을 청하다.

10. 10. 법부대신 신기선이 김홍륙·공홍식·김종화의 공초를 올리다. 이어 3인을 교형에 처할 것을 청하자 따르다.

10. 11. 규정을 위반한 법부대신 신기선과 수반판사 이인우를 면직하다.

10. 11. 윤치호 등이, 심순택·윤용선·이재순·심상훈·민영기·신기선·이인우 등 일곱 신하를 탄핵하다.

10. 20. 독립협회의 활동을 제약하는 명을 내리다.

10. 23. 윤치호 등이, 그릇된 말을 믿고서 엄한 명을 내렸다면서 독립협회를 옹호하다.

10. 25. 윤치호 등이 심상훈·민영기·윤용선·이인우·민경식 등을 강력히 탄핵하다.

10. 30. 의정부 참정 박정양이, 만민공동회에서 주장한 6개 강령을 보고하다.

11. 4. 이른바 협회라는 것들은 모두 혁파하라 명하고, 민회로부터 재촉을 받고 6조의 결재를 청한 대신들을 파면하다.

11. 5. 조병세 의정, 조병식 참정.

11. 6. 만민공동회란 이름으로 패거리를 모으는 자들을 잡아다 조율하라 명하다.

11. 7. 법부대신 임시 서리 조병식이, 중추원 부의장 윤치호·의정부 총무국장 이상재 등을 잡아 오고 있는 중이라고 아뢰다.

11. 9. 전 승지 윤길병 등이, 이상재 등 17인에 대한 체포령에 대해 투서 등 음모가 있다고 상소하다.

11. 10. 법부에서 이상재 등 17인에 대해 태 40대를 청했는데 방송을 명하다.

11. 12. 전 승지 윤길병 등이, 협회를 옹호하고 5흉 조병식·민종묵·유기환·이기동·김정근을 지

적해 공격하다.

11. 13. 박유진이 소를 올려, 황국협회의 인가도 환수당했다며 협회 혁파 취소를 청했으나 듣지 않다.

11. 14. 전 승지 윤길병 등이 5흉의 심판과 6조의 실행 등을 청하다.

11. 17. 고영근이 상소해, 협회를 옹호하고 민회의 허락을 청하다.

11. 22. 윤치호 중추원 부의장.

11. 22. 백성의 소원에 따라 독립협회를 다시 설치하다.

11. 25. 내일 궐문에 나아가 백성들에게 명확히 타이르겠다며, 시위·입직 등을 준비토록 하다.

11. 26. 인화문 밖에 나아가 각국 공사·영사 들을 부른 자리에서 독립협회에 하유하다.

11. 26. 보부상들에게 하유하다.

11. 26. 이번 소동으로 죽은 자는 묻어 주고 상한 자는 치료해 주라 이르다.

11. 28. 5품 김병일 등이 조병식 등 5인의 용서를 청하다.

12. 6. 고영근이, 심상훈·민영기·김명규 등을 물리치고 5흉을 징계할 것, 보부상을 없앨 것 등을 청하다. 이에 이미 없애 버린 만민회를 설치하자는 것은 명령에 항거하는 것이라 답하다.

12. 9. 전 참서관 안태원이 소를 올려, 외국의 민주·공화제도를 들여와 우리의 군주제를 고치려든다며 민회를 공격하다.

12. 10. 의관 이남규가 민회를 규탄하는 소를 올리다.

12. 10. 참정 최익현이, 민당의 혁파와 옛 제도의 복구 등을 청하는 소를 올리다.

12. 11. 이문화 등이 상소해, 독립협회의 죄목을 열거하며 규탄하다. 이어 윤치호를 효수할 것 등을 청하다.

12. 13. 김석제 등이, 독립협회 윤허 명을 거두고 회장 윤치호에게 찬배의 형전을 시행할 것을 상소하니, 말이 이치에 맞는다고 답하다.

12. 15. 윤치호 한성판윤.

12. 22. 윤치호 중추원 부의장.

12. 23. 중추원 의관 박내동 등이 상소해, 일전 중추원 회의에서 의관들로 하여금 무기명으로 의관 11명을 추천하기로 했는데 박영효·서재필의 이름이 나왔다고 아뢰다.

12. 25. 민회의 11가지 죄를 거론하며, 그간의 죄를 용서할 테니 서로 이끌고 물러가라 명하다.

12. 25. 지난날의 버릇을 답습해 무리지어 모임을 열려는 자들을 엄히 순찰해 금하라 명하다.

고종 36년(1899)

1. 1. 정종락이 독립협회를 규탄하는 소를 올리자, 말이 진실로 합당하다고 답하다.

1. 2. 심상희가 윤치호·고영근 외 27명을 체포해 다스릴 것을 청하다.

1. 3. 의정부 참정 서정순이, 중추원 회의 때 망명죄인들이 뒤섞여 추천되었음에도 옳다고 한 의관 5명의 해임을 청하니 받아들이다.

1. 4. 최익현이, 중추원 회의에서 추천자 중에 박영효·서재필이 나왔다며 사직하는 소를 올리다.

2. 14. 남관왕묘에서 불이 나 정전·비각 등이 타다.

2. 18. 고영근을 중추원 의관에서 해임하다.

3. 29. 러시아인에게 울산포·장진포·함경북도 진포도 등을 고래잡이 근거지로 허락하다.

4. 4. 〈중학교 관제〉를 반포하다.

5. 27. 전차로 인해 사람들이 다치는 일이 없도록 하라는 조령을 내리다.

• 5월 17일에 전차 개통식이 있었다. 그 이후 26일에 다섯 살 난 아이가 전차에 치어 죽자 노한 사람들이 차체를 파괴하고 기름을 뿌려 태워 버렸다. 또 전차가 전복되어 죽거나 다친 사람이 있었다. 이 조령은 그 때문에 나온 것이다.

5. 30. 전차 사장을 처벌하고 농상공부대신을 견책하다.

6. 22. 대황제가 육해군을 통령하고 황태자가 육해군을 통솔한다는 내용을 골자로 하는 〈원수부 관제〉를 반포하다.

7. 3. 3년간 착공하지 않자, 프랑스 회사의 경의철도 부설권을 박탈하다.

7. 5. 〈의학교 규칙〉을 시행하다.

7. 27. 최정식을 교수형에 처하고, 이승만은 태 100대에 종신형에 처하다.

8. 3. 외국에 가는 사신들의 복식은 외국의 규례를 참작해 개정하게 하다.

8. 17. 자주독립국이며 무한한 군주권의 군주제 국가임을 분명히 한 〈대한국 국제〉를 반시하다.

9. 11. 〈한청통상조약〉을 맺다.

9. 27. 영국인 제임스 머독에게 광산 채굴권을 허락하다.

11. 25. 장종대왕의 부묘례를 행하다.

12. 3. 태조·장종·정종·순조·익종 대왕의 추존 예식을 거행하게 하다.

12. 7. 의정부에서 태조·장종·정종·순조·익종 대왕의 황제 추존에 따른 묘호 망단자를 올리니 모두 수망(首望)으로 하라고 답하다.

12. 15. 울릉도가 개척된 지 여러 해가 되어 호구가 늘고 토지가 개간되다. 주민들을 안착시켜 조정에서 돌보아 주는 뜻을 보이게 하다.

12. 22. 태조 고황제를 추존하여 배천(配天)하다.

12. 22. 황태자가 정청하여 상소를 올려, 황제가 50세가 되는 것과 관련해 존호를 올리고 축하하게 할 것을 청하다.

고종 37년(1900)

1. 29. 윤용선 의정.

2. 9. 법부대신이, 박영효와 연계를 꾀해 변란을 꾀했던 강성형·이규완·윤세용 등에 대한 조사 결과를 아뢰고 종신유형 등 처벌을 청하니

따르다.

2. 14. 일본 원양어업 회사 사람에게 경상도·강원도·함경도 연안에서의 포경을 허락하다.

2. 17. 중화전에서 황태자가 백관을 거느리고 존호를 가상하는 예를 행하다.

3. 27. 〈무관및사법관임명규칙〉을 반포하다.

4. 17. 〈훈장조례〉를 반포하다.

4. 17. 〈문관복장규칙〉을 정하고 구라파의 복제를 병용키로 하다.

5. 27. 평리원에서, 권형진·안경수를 심리하고 교형에 처하되 즉시 집행할 것을 결정하다.

5. 28. 평리원 재판장 임시서리 경무사 이유인이, 권형진·안경수에 대해 분개해 마음대로 교형한 것에 대해 대죄하자 유 10년형에 처하다.

5. 31. 원수부로 하여 헌병대를 편재해 들이라 명하다.

6. 21. 이재순이, 홍릉의 자리가 좋지 못하다며 옮길 것을 청하다.

6. 24. 홍릉을 천봉하는 도감을 설치할 것을 명하다.

8. 3. 귀인 엄 씨를 순빈에 봉하고 궁인 이 씨를 소의에 봉하다.

8. 5. 황자들을 왕으로 책봉하는 의식 절차를 의논하게 하다.

8. 16. 일본인 시부자와 에이치 등의 광산 조합과, 직산군 금광 채굴에 대한 합동 조약을 맺다.

8. 17. 중화전에 나아가 황자 이강을 의왕으로, 이은을 영왕으로 삼다.

9. 6. 관서 방어를 위해 1개 대대의 증설을 명하다.

9. 12. 홍릉의 새 자리가 좋지 못해 다른 곳을 알아보게 하다.

9. 17. 의친왕의 사친 장 씨를 숙원에 봉하다.

9. 21. 동학도 서장옥과 손사문을 교형에 처하다.

9. 29. 형률 제6호로 사형 아래 참형을 첨입하

다.

10. 14. 경운궁 선원전에 불이 나다.

10. 25. 울릉도를 울도군으로, 도감을 군수로 개칭하다.

11. 2. 홍릉을 옮길 곳을 군장리로 정하면서, 주산에 해당하는 묘적산의 봉호를 천수산으로 고치다.

11. 3. 잡세를 영원히 혁파하고 인지(印紙) 제도의 실시를 결정하다.

11. 12. 경인철도 개통식을 갖다.

11. 17. 북청 백성이 소요를 일으키다.

12. 19. 홍릉에서 옛 능을 열다.

12. 19. 포병대대·공병 1중대·군악대 설치 등을 재가하다.

12. 22. 황태자가 상소해, 내년 50세가 됨을 축하하여 존호 가상을 청하다.

12. 31. 일본에 가서 박영효를 만나 환국 문제를 논의하고, 돌아와 돈을 모금하려 했던 이승린·이조현을 태 100대, 종신유형에 처하다.

고종 38년(1901)

2. 4. 평양에 1개 대대를 증설하고, 이미 만든 대대와 합쳐 연대를 편성하게 하다.

2. 12. 금화를 본위 화폐로 하는 〈화폐조례〉를 반포하다.

2. 19. 중화전에 나아가 진하를 받고 사령을 반포하다.

• 황제의 성수가 50세가 되고, 명헌태후의 보령이 71세가 되는 것을 경하하였기 때문이다.

3. 8. 경기 인천 해안·남양 대부도·강화 해안·충청 당진 등 연해 지방의 포대 설치에 대한 안건을 반포하다.

3. 23. 벨기에와 〈한비수호통상조약〉을 맺다.

3. 29. 창릉 사초지 안에 화재가 일어, 사흘간 옷차림을 고치고 정전을 피해 감선철악하다.

4. 12. 산릉을 봉표한 곳에 바위의 흔적이 있어

공사를 정지하다.

5.15. 헌병 1개 중대를 늘리도록 하다.

5.29. 천자가 될 거라 한 사이비 교주 김태웅을 참형에 처하고, 박명중·윤소사를 태형 100대, 종신징역에 처하다.

5.31. 제주 대정군에 소요가 일다.

5.31. 파리 만국 박람회에서, 대한 박물국에서 수고한 프랑스인들에게 팔괘장을 하사하다.

6.2. 제주에 유배한 죄인들을 다른 섬으로 이배하라 명하다.

6.15. 제주 소요의 괴수가 이미 붙잡혔고 사람들이 해산했다는 보고에, 백성을 무마하고 학정을 엄히 조사하라 명하다.

6.28. 명헌태후에게 진찬례를 행하다.

7.12. 괴수의 구원을 구실로 제주 백성이 매일 관청에 가득 모여든다.

8.20. 경부철도 주식회사가 북부행 철도 기공식을 영등포에서 행하다.

8.25. 심순택 의정부 의정.

9.12. 순조의 생모인 수빈을 비로 책봉하는 의식을 거행하라 명하다.

9.17. 흥선대원군을 왕으로 추봉하는 절차를 거행하라 명하다.

9.20. 순빈 엄 씨를 비로 봉하는 의식 절차를 거행하라 명하다.

9.21. 경부철도 주식회사가 남부행 철도 기공식을 부산의 초량에서 행하다.

10.9. 법부대신 신기선이, 하원홍 등이 일본에 왕래하며 박영효와 통모해 수구당을 살해키로 하고 경남의 부호들로부터 자금 마련을 하려 했다며 하원홍 등 9명의 참형을 청하다. 또한 제주 민요 사건의 심리 결과를 아뢰고 오대현·이재수·강우백의 교형을 청하다. 모두 허락하다.

10.11. 수빈을 수비로 높여 봉하다.

10.14. 순빈 엄 씨를 순비로 높여 봉하다.

10.16. 〈혜민원 관제〉를 반포하다.

10.29. 외부대신 박제순이 방곡 금령의 완화를 건의하니 따르다.

11.7. 어진을 그리도록 명하다.

12.4. 서울엔 총혜민사, 각 군엔 분혜민사를 두고 각각의 역할을 정하다.

12.17. 다섯 산[五嶽]과 다섯 진[五鎭], 네 바다[四海]와 네 강[四瀆]을 봉(封)하는 일을 미처 하지 못했다며, 장례원으로 하여 널리 상고해 정하도록 하다

12.22. 황태자가 상소해, 51세가 되고 즉위 40년이 되는 것을 축하해 존호를 가상하고 연회를 베풀 것을 청하다.

12.28. 조병식이 임진년(1892)에 있었던 함경도 방곡령 배상금 문제에 대해 해명하다.

고종 39년(1902)

1.27. 국가(國歌) 제정을 명하다.

1.30. 의양군 이재각을 특명대사로 삼아 영국 황제의 대관식에 참가하게 하다.

2.4. 의정부 찬정 이용직이, 이개·성삼문 등에게 사손을 세우게 하고 정려문을 세워 주는 은전을 베풀 것을 청하니 따르다.

2.8. 중화전에 나아가 진하를 받고 사령을 반포하다.

2.21. 러시아 전권대신 카를 베베르, 일본 특명부전권판리대신 이노우에 가오루를 1등에 서훈하고 태극장을 내리다.

3.2. 탁지부에서 공납 징수와 관련한 실태를 아뢰다.

3.19. 왕위에 오른 지 40년을 기념하는 예식을 준비하게 하다.

3.19. 통신원령 1호 〈한성 인천 간 전화설치 건〉을 반포하다.

4.2. 황태자가 상소해 기로소에 들 것을 청하다.

4.13. 함흥 백성이 소요를 일으키다.

5.1. 김규홍이 2개의 수도에 대해 건의하다.

5.4. 기로소에 참여한다는 내용의 어첩을 직접 쓰다.

5.6. 평양에 행궁을 두고 서경이라 부르게 하다.

6.3. 서경 공사를 시작하다.

7.15. 덴마크와 〈수호통상조약〉을 체결하다.

8.4. 황태자가, 51세·즉위 40년·기로소에 든 세 경사가 겹친 일은 열성조 이래 드문 경사라며 백관을 이끌고 치사를 올리게 해 달라 청하니 윤허하다.

8.25. 보병 2개 연대·기병 1개 중대·포병 1개 중대로 한 혼성 여단의 편제를 반포하다.

8.28. 황태자가 백관을 거느리고 올리는 치사와 진하를 받다.

10.10. 도량형을 새로 정하다.

10.19. 중화전이 완성되어 축하받고 대사령을 반포하다.

10.28. 순비를 황귀비로 봉하는 의식을 거행케 하다.

12.2. 김사철이 순비를 황후로 올릴 것을 청하다.

12.18. 능을 헤친 지 해를 넘기고도 봉분할 좋은 날이 없어서 내년으로 늦추게 되었다며 우선 도로 봉분하고 택일하라 명하다.

12.19. 총호사 심순택이 새로 봉분을 여는 날짜와 하관할 날짜를 별단으로 아뢰다.

12.20. 천연두 치료법에 힘입고 있다며, 지석영을 5등에 서훈하고 팔괘훈장을 내리라 명하다.

고종 40년(1903)

1.18. 서경 창건 공사로 평안도의 세금을 2년간 3분의 1로 감해 주게 하다.

2.20. 학부에서 영어학교 졸업 시험을 보아 김진식 등 4명을 뽑다.

3.6. 황태자의 보령이 30세가 된 것을 기념해 대사령을 내리다.

3.19. 오악·오진·사해·사독을 정하다.

4.15. 내장원과 일본국 삼정물산 합명회사가 관삼(官蔘) 위탁 판매 계약을 체결하다.

7.7. 학부에서 의학교 졸업 시험을 행해 지성연 등 15명을 선발하다.

8.3. 환곡을 둘러싼 함흥 백성의 소요 조사 결과와 처리.

8.11. 이범윤을 간도의 시찰관으로 두어, 사무를 관장하고 백성의 생명과 재산을 보호케 하다.

8.21. 의정부 참정 김규홍이, 프랑스인 선교사가 세력을 얻어 행정(行政)까지 행사하고 있다며 프랑스 공사관에 공문을 보내 잡아다 판결하게 할 것을 청하다. 또 그를 믿고 위세를 부린 이들을 처벌할 것을 청하다. 모두 윤허하다.

11.2. 수라에 모래가 섞여 있어 치부(齒部)가 손상받다. 수라상을 차린 전선사장의 본관을 면직시키고 법부로 하여금 엄중하게 처리하게 하다.

11.6. 서경의 태극전·중화전 공사가 완공되다.

11.8. 김승규·이용선·박용화에게 각각 영국·이탈리아·벨기에 주재를 명하다.

11.15. 생홍합을 올려 모래가 들어가게 한 숙수·사환 들을 태형 100대, 징역 3년 등에 처하다.

11.15. 중추원 의장 김가진이 백동화의 폐단을 아뢰다.

11.21. 의정부 의정 이근명이 화폐 폐단 개혁책으로 백동화 주조 정지를 청하다. 또 사적으로 주조한 악화가 통용되지 못하도록 막을 것을 청하다. 모두 윤허하다.

11.21. 찬정 이근호가 백동화 폐지·밀주조 엄단을 말하면서 금은 본위 화폐를 주조할 것을 청하다. 의정부로 하여금 의논하여 품처하게 하다.

11.23. 일본과 러시아가 전쟁을 할 경우, 중립을 지킬 것임을 각국에 알리다.

12. 3. 도피 중인 죄인 고영근이 역적 괴수 우범선을 죽이고 일경에 체포되다. 이에 고영근의 죄를 탕척하고 일본 공관에 조회해 돌아오게 하다.

• 우범선은 명성황후 시해에 가담한 무신이다.

12. 22. 무관학교에서 2회 졸업시험을 시행해 우수한 성적을 받은 이재룡 등 37명을 뽑다.

12. 25. 순비 엄 씨를 황귀비에 책봉하다.

고종 41년(1904)

1. 2. 명헌태후 훙서.

1. 7. 상복 제도를 마련하다.

1. 7. 시호를 효정으로 능호를 정릉(正陵)으로 정하다.

1. 13. 파나마의 독립을 승인하다.

• 미국 주재 파나마 공사가 미국 주재 특명전권공사 조민희에게 요청했다.

2. 23. 〈한일의정서〉를 체결하다.

• 러일 전쟁이 일어나기까지, 러시아와 일본의 관계에 대한 간략한 설명이 있다.

2. 24. 벨기에 황제가 황태자에게 대수훈장을 수여하다.

3. 4. 의정부 관제를 개정하는 것에 관한 사항과 회의 규정을 반포하다.

3. 15. 효정왕후를 장사 지내다.

3. 15. 학부대신 민영환을 일본 특파대사 영접 위원장으로 삼다.

3. 15. 법부대신 이지용이, 을미년에 명성황후가 피하려는 것을 막아 나선 유동근의 공초를 바치고 참형을 청하니 따르다.

3. 18. 함녕전에서 황태자와 함께 일본 특파대사 이토 히로부미를 접견하다.

3. 20. 서울 주재 일본 공사관의 하야시 공사 이하 공사관, 소속된 무관, 일본 영사관 전체 성원을 서훈하여 친목의 뜻을 보이라 명하다.

3. 23. 용암포를 통상 항구로 만들다.

3. 26. 법부대신 이지용을 일본 보빙대사로 특파하다.

4. 14. 경운궁에 불이 나서 함녕전·중화전 등이 모두 타다.

4. 19. 탁지부에 양지국을 추가로 설치해 토지 측량 등을 담당하게 하다.

5. 18. 〈칙선서〉를 서울과 지방에 반포하다.

• 이전에 러시아와 체결한 조약과 협정은 모두 폐기한다는 등의 내용을 담고 있다.

6. 4. 〈한일양국인민어채조례〉를 맺다.

6. 22. 고려 왕조의 소릉이 도굴되다

• 이후 고려 왕릉 도굴이 계속 이어진다.

7. 7. 원수부에서, 장령·위관을 파견해 러일 전쟁을 관전케 할 것을 청하니 따르다.

7. 10. 봉상시 부제조 이순범이, 일본이 그간 벌인 행태와 황무지 개간을 요청한 일 등에 대해 강력히 비판하다.

7. 10. 참정 심상훈이, 이순범의 글은 지나치게 과격하고 외국 사신까지 논박하고 있다며 잡아다 처벌할 것을 청하니 따르다.

7. 13. 참정 심상훈이, 육군부장 권중현을 보내 일본 군사를 위문하고 오게 할 것을 청하니 따르다.

8. 22. 〈한일협정서〉를 체결하다.

• 대한 정부는 대일본 정부가 추천한 일본인 1명을 재정 고문으로 삼아 대한 정부에 용빙(傭聘)하여 재무에 관한 사항은 일체 그의 의견을 물어서 시행해야 한다는 등의 내용을 담고 있다.

9. 2. 참정 신기선이 상소해, 점쟁이와 무당이 가득한 궁궐과 황실의 뇌물 수수 등에 대해 비판하다.

9. 3. 러일 전쟁으로 러시아 유학생을 철수시키기로 하다.

9. 15. 의정부 참정 신기선이, 시흥군 백성 수천 명이 관아에 돌입해 군수와 외국인 2명을 살해했다고 아뢰다. 또 직산군 광부 수천 명도 동헌을 부수고 군수를 타살했다고 아뢰다. 백성이

수령을 살해하는 사태에 대해 놀라움을 표하다.

9.21. 교외에서 경기 사람 3명이 군용 철도를 방해하다 철도 감독소에 붙잡혀 총살되다.

9.22. 동학 무리의 소탕을 명하다.

9.24. 민회 해산을 명하다.

9.24. 일본인 30여 명에게 각급 훈장을 내리다.

9.27. 학부대신 이재극, 군부협판 엄주익, 봉상사제조 민형식, 평리원판사 이상천 등을 일본에 보내 각기 해당 제도와 사무를 시찰해 오게 하다.

9.30. 의정부 찬정 최익현이 거듭 사직소를 올리다.

10.10. 참정 신기선이 광산의 폐해를 말하며, 이미 외국인에게 허락한 곳을 제외하고 폐광할 것을 청하니 따르다.

11.5. 황태자비 민 씨가 홍서하다.

11.13. 홍릉을 아직 옮기지 못한 것은 신중을 위해 그런 것이라며, 홍릉 관련 두 도감을 없애라 이르다.

12.27. 미국인 스티븐슨을 외부 고문에 초빙하다.

12.31. 전장에서 돌아온 위문사 권중현을 불러 전황을 묻다.

12.31. 군부대신 이윤용이, 지난 12월 29일 동영에서 입직하던 병졸들이 일본 헌병을 막아서고 돌을 던졌다며 군법에 따라 조사해 처벌할 것을 청하니 따르다.

고종 42년(1905)

1.7. 최익현을 불러 보다. 최익현이 나라 형편을 아뢰다가 통곡하다.

1.18. 봉조하 김병국 졸.

1.18. 금본위제에 따른 화폐 조례를 실시하다.

1.22. 탁지부 고문의 협박·언쟁 등을 들어, 의정부 참정 김성근이 사직 소를 올리다.

2.22. 황태자와 함께 하야시 공사와 하세가와 군사령관을 접견하다.

2.22. 〈군부 관제〉를 재가하여 반포하다.

2.26. 〈의정부 관제〉를 재가하여 반포하다.

2.26. 〈의정부 소속 직원 관제〉·〈표훈원 관제〉·〈중추원 관제〉·〈각부 관제 통칙〉·〈외부 관제 통칙〉·〈내부 관제 통칙〉 등을 재가하여 반포하다.

2.26. 〈경무청 관제〉·〈광제원 관제〉·〈탁지부 관제〉·〈법부 관제〉 등을 재가하여 반포하다.

3.7. 조병세를 불러 보다. 조병세가, 종묘사직에 위기가 박두했는데도 결단하지 않는 태도와 최익현을 대신의 반열에 세울 것 등을 아뢰다.

3.16. 의양군 이재각을 특파대사로 삼아 일본에 가 전승을 축하하게 하다.

3.21. 법률 제1호로 〈도량형법〉을 재가 반포하다.

4.1. 〈일한통신기관협정서〉를 체결하다.

4.29. 《형법대전》이 완성되어 중앙과 지방에 반포하다.

5.28. 경부선 개통과 관련해 일본국 체신대신 이하 16명에게 서훈하고 훈장을 내리다.

5.31. 〈의정부 회의 규정〉을 재가하여 반포하다.

6.23. 지난 5월, 의병들이 양근 등지에서 일진회원들을 쏘아 죽이다.

6.24. 화폐 교환소를 경성·평양·인천·군산·증남포에 설치하다.

7.8. 대한적십자 병원 설립을 명하다.

7.17. 한일의정서를 위반하고 몰래 외국 사람과 사사로이 조약을 체결한 김한종·이세직을 엄벌케 하다.

7.19. 참정대신 심상훈·학부대신 민영철이 새로 고친 〈국문 실시안〉을 마련해 올리다.

• 〈국문 실시안〉은 일종의 한글 맞춤법 통일안으로, 지석영의 상소로 이루어졌다.

8.1. 멕시코에 이민 가서 고생하는 백성들을

돌아올 수 있게 하라 명하다.

8. 12. 〈일영협약〉이 체결되다.

• 일본이 한국에서 갖는 권리를 영국이 인정한다는 내용 등을 담고 있다.

8. 12. 〈한일약정서〉를 체결하다.

• 일본 선박은 무역을 목적으로 한국의 연해 및 내하를 항행할 수 있다는 등의 내용을 담고 있다.

9. 5. 〈일로강화조약〉이 체결되다.

10. 18. 의병 소탕을 명하다.

10. 29. 우리나라에 주재하고 있는 일본 육군의 장관·좌관·위관 들에게 훈장을 내리다.

11. 2. 해관의 세무를 보고 있는 외국인들의 공로를 기려 훈장을 주다.

11. 5. 곽종석이 상소해, 미우라 고로 등 을미년의 변고에 책임 있는 자들을 벌하지 않는 일본을 비판하고 일본을 질타하지 않는 만국과 공법을 한탄하다.

11. 10. 일본 특파대사 이토 히로부미를 접견하다. 이토가 국서를 봉정하다.

11. 15. 이토와 하야시 공사를 접견하다. 협약문 초안을 제출했기 때문이다.

11. 17. 〈한일협상조약〉을 체결하다.

• 일본국 정부는 한국의 외국과의 관계 및 사무를 감리하고 지휘할 수 있다는 등 한국의 주권을 빼앗는 내용으로 되어 있다.

11. 18. 법부대신 이하영이, 죽음으로 조약을 막지 못한 자신을 체차하고 형률을 적용해 줄 것을 청하다.

11. 18. 조약을 막지 못한 것을 들어 농상공부대신 권중현이 사직을 청하다.

11. 19. 특진관 이근명이, 조약을 맺은 대신들을 처벌할 것을 청하다.

11. 22. 외부대신 박제순에게 임시로 의정대신을 서리하게 하다.

11. 23. 조병세가 청대해, 박제순을 정형하고 대신들을 나라를 판 죄목으로 조율할 것과 조약의 무효화 조칙을 내릴 것을 청하다.

11. 24. 태의원 도제조 이근명이, 매국 역적들은 반드시 처단되어야 한다며 흉흉한 인심을 전하다.

11. 25. 안병찬이 소를 올려, 5적의 머리를 잘라 거리에 달아매고 각국에 공문을 보내 일본인들과 역적들의 죄를 폭로할 것을 청하다.

• 유사 상소가 연일 쏟아졌다.

11. 27. 조병세·이근명이 대궐 뜰에서 계속해서 호소하자 궐 밖으로 내보내게 하다.

11. 28. 외부대신 박제순을 의정부 참정대신에 임용하고, 외부협판 윤치호에게 대신의 사무를 서리하라 명하다.

11. 29. 최익현이 소를 올려 결단을 촉구하다.

• 역적을 처단하고 각국 공사관에 성명을 보낼 것 등 황제의 결단을 바라는 내용이다.

11. 30. 민영환이 자살하다. 의정대신에 추증하고 정문을 세우고 시호를 하사하다. 주영 서리 공사 이한응도 비분강개해 자살하다.

12. 1. 조병세가 분개해 음독자살하다.

12. 1. 외부대신 서리협판 윤치호가 자강을 강조하는 소를 올리다.

12. 4. 학부주사 이상철이 자결하다. 징발되어 온 3대(隊)의 상등병(上等兵) 김봉학이 자결하다.

12. 8. 이완용에게 임시로 의정대신을 서리케 하다.

12. 14. 전 찬정 홍만식이 자결하다.

12. 14. 이완용이, 한일협상조약이 이미 성립되었으니 각국 주재 공사들을 소환할 것을 청하니 따르다.

12. 16. 이완용·박제순·이지용·권중현·이근택 5명이 소를 올려 사직을 청하며 조약의 전후 전말을 아뢰다. 또 자신들만 죄인으로 지적받는 것에 대해 항변하다.

12. 31. 충청남도 관찰사 이도재가 오적을 처벌 소를 올리며 사직을 청하다.

고종 43년(1906)

1.5. 전 주사 오병서가, 이완용 등의 변명을 반박하는 소를 올리다.

2.1. 통감부가 설치되다.

2.2. 경연관 송병선이 자살하다.

2.17. 참정대신 박제순과 내부대신 이지용이, 간밤에 자객이 군부대신 이근택에게 창상을 입혔다고 아뢰다.

2.18. 탁지부대신 민영기에게 임시로 군부대신의 사무를 서리케 하다.

3.9. 이토 히로부미가 해군 중장 이노우에 요시토모 등 16인과 황제를 알현하다. 황태자가 시좌하다.

3.16. 황태자의 가례를 위해 금혼령을 내리다.

3.26. 백성들에게 학업에 힘쓸 것을 권하다.

4.3. 경의철도가 완전히 개통되다.

4.8. 의친왕 이강을 육군부장에 제수하다.

4.25. 경운궁 대안문 수리를 윤허하면서 대한문으로 고치라 명하다.

5.25. 백성들에게 의병의 해산을 명하다.

6.9. 선비들에게 의병 해산을 명하다.

6.22. 일본군 육해군 장성·장교 들에게 훈장을 주다.

6.29. 〈이민보호법〉·〈광업법〉을 재가하여 반포하다.

7.12. 의양군 이재각을 적십자사 총재에서 해임하고, 의왕 이강으로 하여 대신하게 하다.

9.22. 총판 윤택영·교관 심종찬·부첨사 성건호의 딸을 삼간택에 들이고 나머지는 혼인을 허락하라 이르다.

9.24. 〈지방관 관제〉를 개정하다.

10.25. 의병에 가담했던 김상덕을 10년 유배에 처하다.

11.17. 이근택 중추원 의장.

12.5. 법부에서 법관 시험을 보아 김종호 등 12명을 입격시키다.

12.13. 지난 4월, 민종식과 함께 의병을 일으켜 홍주성을 점령했다 붙잡힌 이세영을 종신 유배에 처하다.

12.31. 중명전에서 삼간택을 행해 윤택영의 집안으로 정하다.

고종 44년(1907)

1.24. 중화전에 나아가 윤 씨를 황태자비로 책봉하다.

2.11. 《증보문헌비고》를 완성하다.

6.11. 박영효를 특별히 석방하다.

6.13. 금릉위 박영효의 직첩을 돌려주라 명하다.

6.14. 의정부를 내각으로 개칭하다.

6.14. 〈내각 관제〉를 제정하다.

6.14. 이완용 내각 총리대신.

6.22. 박영효를 불러 보다.

6.27. 교형에 처한 죄인 안경수의 관작을 회복하다.

7.3. 법부대신 조중응이, 의병장 민종식 등에 대한 심리 결과를 아뢰다.

7.6. 법부대신 조중응이, 오적을 처단하려 한 나인영·오기호 등의 조사 결과를 아뢰다.

7.8. 학부대신 이재곤의 청으로 국문 연구소를 설치하다.

7.11. 최제우·최시형의 죄명을 취소하다.

7.15. 이재선의 직첩을 돌려주다.

7.18. 황태자에게 대리하게 하라는 교지를 내리다.

7.19. 황태자가 소를 올려 명의 환수를 청하다.

7.19. 황태자의 대리청정으로 인한 진하(陳賀)는 권정례로 행하다. 이어 사면을 반포하다.

순종실록

총서

- 휘는 척, 자는 군방이며, 호는 정헌이다.
- 고종의 2남이고, 어머니는 명성태황후 민 씨다.
- 고종 11년 창덕궁의 관물헌에서 출생하다.
- 을해년에 왕세자로 책봉되다.
- 광무 원년에 황태자로 책봉되고, 광무 11년 청정하였으며, 이어 황제의 자리를 이어받다.
- 융희 4년 황제의 자리에서 물러나니, 재위 4년이다.
- 춘추 53세에 창덕궁 대조전에서 승하하다.

순종 즉위년(1907)

7.19. 명을 받들어 대리청정하다. 이어 황제의 자리를 이어받다.

7.20. 이상설·이위종·이준을 질타하다.

7.23. 순명비 민 씨를 황후로 추증하다.

7.24. 7개조의 〈한일협약〉을 맺다.

7.24. 법률 제1호 〈신문지법〉을 반포하다.

7.30. 내각령 제1호 〈성벽 처리 위원회에 관한 안건〉을 반포하다.

7.31. 조서를 내려 군대를 해산하다.

8.2. 연호를 융희로 고치다.

8.7. 영왕 은을 황태자로 책봉하다.

8.8. 헤이그의 3인을 체포해 형을 집행하게 하다.

8.12. 내각에서, 태황제에게 올릴 존호를 수강(壽康)으로 의정했다고 아뢰니 따르다.

8.14. 남자 만 17세, 여자 만 15세 이상의 결혼을 허락하다.

8.14. 이준용이 자수하자 원래의 공안을 말소하라 명하다.

8.27. 돈덕전에 나아가 즉위식을 거행하다.

9.3. 〈총포 및 화약류 단속법〉을 재가·반포하다.

9.4. 각종 잡세를 폐지하다.

9.6. 김홍집·조희연·유길준 등의 죄명을 탕척하다.

9.7. 황태자 책봉식을 갖다.

9.13. 내각 총리대신 이완용이, 홍선대원군을 왕으로 추봉할 것을 청하니 따르다.

10.1. 대원왕과 대원비를 추봉하고 인장을 올리다.

- 대원왕은 홍선대원군에게 봉한 임금의 작위다.

10.15. 이완용이 전 참판 허위를 체포하여 신문할 것을 청하다.

10.16. 일본국 황태자 요시히토 친왕이 들어오자, 황태자가 인천으로 가 만나보고 동반하여 서울로 오다.

10.20. 남대문 정거장에 나아가 일본국 황태자를 환송하다.

10.23. 상황이 이렇게 된 것은 모두 우리에게 책임이 있다며, 유길준이 친일적인 내용의 상소를 올리다.

11.10. 황태자가 경성 박람회를 돌아보다.

11.19. 황태자를 일본에 유학시키도록 명하고 이토 히로부미를 태자태사로 삼다.

11.22. 이완용을 태자소사로 삼다.

12.5. 황태자가 일본으로 떠나다.

순종 1년(1908)

1.21. 〈삼림법〉을 재가하여 반포하다.

1.29. 일본국 추밀원의장 육군대장 야마가타 아리토모와 내각총리대신 사이온지 긴모치를 대

훈위에 서훈하고 금척대수장을 수여하는 등 수십 명에게 훈장을 주다.

• 이런 일이 빈번했다.

1. 30. 대원왕의 원소를 파주로 옮기다.

2. 7. 칙령 제5호 〈대한민국 표준시간에 관한 안건〉을 반포하다.

3. 20. 〈일시 대부금에 관한 계약〉을 맺다.

3. 23. 외교 고문 스티븐슨이 휴가를 받고 본국으로 돌아가다가, 전명운과 장인환에게 피살되다.

4. 4. 〈국유 산림과 산야 및 산물 처분 규칙〉을 반포하다.

4. 22. 김윤식 중추원 의장, 신기선 중추원 부의장.

5. 6. 진종·헌종·철종에게 황제의 존호를 추상하라 명하다.

5. 11. 진종은 소황제, 헌종은 성황제, 철종은 장황제로 정하다.

5. 20. 황후가 휘지를 내려 여성 교육을 장려하라 명하다.

5. 21. 비원에 황후와 같이 나아가 각 학교 학생과 여학도의 운동회를 관람하다.

6. 11. 〈폭도 진압 및 안녕 질서 유지를 위하여 헌병 보조원 모집·경성 주재 일본 헌병대에 의탁하는 안건〉을 반포하다.

6. 13. 문묘에 나아가 전배하고 유생 30여 명을 소견하다. 이 자리에서 신학문을 가르칠 것을 명하다.

7. 1. 《증보문헌비고》가 완성되다.

7. 16. 〈토지 가옥 소유권 증명 규칙〉을 반포하다.

7. 16. 〈홍삼 전매법〉과 〈삼세법(蔘稅法)〉을 반포하다.

8. 26. 〈사립학교령〉과 〈학회령〉을 반포하다.

8. 26. 〈동양 척식 주식회사법〉을 반포하다.

10. 8. 내란죄인 이강년을 교수형에 처하다.

10. 13. 내란죄인 허위를 교수형에 처하다.

10. 16. 궁내부 대신 민병석이, 황귀비·의친왕·의친왕비의 생신을 양력으로 개정할 것을 상주하니 윤허하다.

11. 4. 구(舊) 백동화의 교환을 이달 30일부터 폐지하고 이후 유통도 금지하다.

11. 13. 〈한일 어업 협정서〉를 고시하다.

12. 1. 〈일본 유학생 규정〉을 공포하다.

순종 2년(1909)

1. 4. 국내를 순시하며 백성의 고통을 살펴보겠다는 조서를 내리다.

1. 7. 덕수궁에 나아가 문안하고, 남쪽 지방으로 순행하다.

1. 7. 연로에 있는 선비들과 이름난 신하들의 사당에 치제하다.

• 박태보, 김창집·이이명·조태채·이건명, 사육신, 이순신, 송시열, 조헌, 송준길, 김장생· 김집 등의 사당이다.

1. 7. 경시총감 와카바야시 라이조, 헌병대장 아카시 겐지로를 불러 보다.

1. 7. 대구에 머물러 정숙(停宿)하다.

1. 7. 경상북도 관찰사 박종양, 대구군수 양홍묵, 공소원장 도이 요타로, 검사장 구로카와 유타카, 지방재판소장 시마야마 도고야타, 군수·사법경찰관·무관 들을 불러 보다.

1. 8. 청도역에 잠깐 머물러 청도군수 최현달과 지방 위원들을 불러 보다.

1. 8. 경남 관찰사 황철, 동래부윤 김창한, 이사청 이사관 가메야마 리헤타, 일본국 해군소장, 제1함대 사령관 등을 불러 보다.

1. 8. 부산 인근의 이름난 선비와 관리들의 사당에 치제하다.

• 김굉필, 정여창, 이언적, 이황, 수로왕, 김유신의 사당이다.

1. 9. 덕수궁에 전보를 쳐서 문안하다.

1. 9. 일본국 제2함대 기함을 순람하다.

1.9. 송상현과 정발의 사당의 치제하다.

1.9. 제2함대 사령관 데와 시게토, 참모장 마쓰무라 다쓰오 등을 접견하다.

1.10. 기차를 타고 부산을 출발해 마산의 행재소에 도착하다.

1.10. 덕수궁에 전보를 쳐서 문안하고 황태자에게도 친히 전보를 치다.

1.10. 구 마산부청을 순람하고 관찰사 등을 불러 보다.

1.11. 제1함대를 둘러보다.

1.11. 제1함대를 둘러보고, 장관 이하 장병들의 환영과 백성의 환영, 일본 함대의 환영을 만족스럽게 생각한다는 내용으로 덕수궁에 전보하다.

1.12. 마산을 출발해 대구에 이르러 정숙하다.

1.12. 달성 공원에서 각 학교 집합 운동을 순람하다.

1.12. 각 도 관찰사를 불러 오직 백성을 위해 유신과 실제에 힘쓰라 유시하다.

1.13. 대구역을 출발해 대전역에 잠깐 머무르다.

1.13. 남대문 역에 도착한 다음 덕수궁에 가서 인사드리고 대궐로 돌아오다.

1.18. 조정인을 내란죄로 교수형에 처하다.

1.27. 덕수궁에 나아가 문안하고 남문역(南門驛)에 나아가 기차를 타고 서쪽 순행을 떠나다.

1.27. 기차를 타고 평양 행재소에 도착해 정숙하다.

1.28. 평양을 출발하여 신의주 행소에 이르러 정숙하다.

1.31. 신의주를 출발해 선천역을 거쳐 평양에 도착해 묵다.

2.2. 개성에서 묵다.

2.3. 남대문역에 도착하다.

2.8. 〈가옥세법〉·〈주세법〉·〈연초세법〉을 반포하다.

2.18. 〈국세 징수법〉을 반포하다.

3.4. 〈민적법〉 반포하다.

4.12. 내부대신은 간도에 소속 직원을 수시로 파견할 수 있다는 칙령을 반포하다.
• 당해 직원의 복무는 통감부 임시 간도 파출소장의 지휘에 따랐다.

4.27. 비원에 임어해 춘광을 완상하다. 황후와 각 대신 및 부인들이 배참하다.

5.12. 황후와 함께 북일영에 나아가 관립 고등여학교의 운동회를 관람하다.

6.15. 해임된 이토 히로부미에게 친서를 보내 위로하다.

6.23. 새로 부임한 통감 소네 아라스케를 접견하다.

7.6. 이토 히로부미를 접견하고 식사를 하다. 통감 소네 아라스케와 군사령관 오쿠보 하루노 등과 완흥군 이재면, 완순군 이재완, 내각총리대신 이완용 이하 다수가 함께 하다.

7.10. 이토 히로부미가 있는 통감 관저를 방문하다.

7.12. 사법 및 감옥에 관한 사무를 일본 정부에 위탁하는 약정서를 맺다.

7.26. 〈한국은행에 관한 조례〉를 반포하다.

7.30. 군부·시종무관부·동궁무관부·친왕부 소속 문관 관제 등을 모두 폐지하다

8.16. 한국은행 설립 협정서를 작성하다.

9.4. 〈간도에 관한 협약〉을 일·청 간에 체결하다.

9.13. 내란범 이인영을 교형에 처하다.

9.15. 전염병이 크게 번지다.

9.25. 경성 또는 용산에서 흘러 나가거나 그곳을 통과하는 강물에서 채소·식기 등을 씻는 것을 금하다. 또 익지 않은 과일·부패한 육류·음식물의 판매를 금하다.

9.25. 경시청 고유(告諭) 제3호, 위험하다고 판단한 우물물의 사용을 금하다.

10.26. 안중근이 이토 히로부미를 저격한 사실을 황태자가 전보로 알리다.

10.27. 시종원경 윤덕영에게 명하여, 이토 히로부미를 위문하고 오라 하다.

10.27. 곤원절 사연(賜宴)을 정지하라고 명하다.

10.28. 이토 히로부미의 상에 특별히 의친왕 이강을 보내 치제하고, 장사 지내는 자리에 참가하게 하다.

10.28. 사흘 동안 정조시(停朝市)하고 음악도 정지하다.

11.1. 창경궁 내에 동물원과 식물원을 설치하다. 개원식을 행하고 일반인들에게 관람을 허락하다.

11.4. 이토 히로부미의 국장일에 황족·궁내관·각부 관리·인민 들이 함께 장충단에서 추도회를 설행하다.

11.4. 이토 히로부미를 추모하고, 우리의 고약한 백성에 화를 당한 것에 대해 부끄러워하는 조서를 내리다.

• 고약한 백성이란 안중근 의사를 말한다.

11.17. 천황이 공작 이와구라 도모사다를 황태자의 유학 중 보육 총재로 삼으라 명하다.

12.4. 일진회장 이용구가, 100만 회원 연명으로 일한 합방 성명서를 중외에 반포하다.

12.7. 내각에서 일진회의 상소와 장서를 물리쳐 버리다.

12.22. 이완용이 이재명의 칼에 찔리다.

순종 3년(1910)

5.20. 박제순으로 하여금 내각총리대신 사무를 임시로 서리하게 하다.

5.30. 신임 통감 데라우치 마사타케에게 전보를 보내 임명을 축하하다.

6.24. 경찰 사무를 위탁하는 약정서를 체결하다.

7.25. 통감 데라우치 마사타케가 국서를 바치다.

8.15. 완흥군 이재면을 흥왕에 봉하다.

8.21. 황후가 이재순의 처·이재완의 처·이완용의 처 등 수십 인에게 훈장을 수여하다.

8.22. 국무대신 외 황족 대표자 및 문무 원로의 대표자 들이 회동해 일한 병합 조약안에 대해 어전 회의를 하다.

8.22. 한국 통치를 일본국 황제에게 양여하고, 필요한 일들은 내각총리대신 이완용으로 하여금 통감과 회동해 상의하라고 이르다.

8.22. 이완용와 데라우치 마사타케의 서명으로 〈병합 조약〉이 체결되다.

8.23. 〈토지 조사법〉을 반포하다.

8.24. 통감부 경무총감부령으로, 정치 집회와 옥외에서의 대중 집회를 금하다.

8.29. 일본국 황제에게 통치권을 양도한다는 조서를 내리다.

8.29. 일본 천황이 조서를 내려, 전 한국 황제를 책봉하여 왕으로 삼고 창덕궁 이왕이라 칭하게 하다. 또한 칙령으로 한국의 국호는 조선으로 바꾸고 조선 총독부를 설치키로 하다.

• 이 기록은 순종 부록 3년에 있다.

박시백의 조선왕조실록 연표

지은이 | 박시백

초판 1쇄 발행일 2015년 6월 22일

발행인 | 김학원
경영인 | 이상용
편집주간 | 위원석
편집장 | 최세정 황서현
기획 | 문성환 박상경 임은선 최윤영 조은실 조은화 전두현 최인영 이혜인 정다이 이보람
디자인 | 김태형 임동렬 유주현 최우영 구현석 박인규
마케팅 | 이한주 김창규 이선희 이정인 이정원
저자 · 독자 서비스 | 조다영 채한을(humanist@humanistbooks.com)
스캔 · 출력 | 이희수 com.
용지 | 화인페이퍼
인쇄 | 청아문화사
제본 | 정민문화사

발행처 | (주)휴머니스트 출판그룹
출판등록 | 제313-2007-000007호(2007년 1월 5일)
주소 | (121-869) 서울시 마포구 동교로23길 76(연남동)
전화 | 02-335-4422 팩스 | 02-334-3427
홈페이지 | www.humanistbooks.com

ⓒ 박시백, 2015

ISBN 978-89-5862-867-5 03910

이 도서의 국립중앙도서관 출판예정도서목록(CIP)은 서지정보유통지원시스템 홈페이지(http://seoji.nl.go.kr)와 국가자료
공동목록시스템(http://www.nl.go.kr/kolisnet)에서 이용하실 수 있습니다.(CIP제어번호: CIP2015016013)

만든 사람들

기획 | 위원석(wws2001@humanistbooks.com)
편집 | 고흥준
디자인 | 김태형 최우영